ÍNDICE

D0709344

ELEMENTOS DE LA OBRA

◄ TIPS: Numerosas notas al margen ofrecen al lector una visión concisa de las ideas esenciales contenidas en el texto.

► CITAS: Las citas ofrecen agudas reflexiones de los más destacados economistas, gestores y empresarios.

Si alguna vez ven saltar por la ventana a un banquero suizo, salten detrás; seguro que hay algo que ganar.

VOLTAIRE
Filósofo

■ Caso práctico

▲ ► CASO PRÁCTICO: Al final de cada capítulo, uno o más casos prácticos muestran al lector el modo en que los profesionales de la gestión aplican, en la vida real, los principios básicos tratados en la obra.

► DIBUJOS: Los dibujos aportan una visión a la vez clarificadora y desenfada de nociones empresariales básicas.

Una vez que un usuario prueba un procesador de textos, no volverá a dirigir la mirada a una máquina de escribir.

► TABLAS: Las abundantes tablas clarifican los puntos esenciales del texto o aportan información complementaria de modo jerárquico y ordenado.

▼ AUTOEVALUACIÓN: Los ejercicios de autoevaluación permiten al lector valorar objetivamente su nivel de comprensión del texto.

Tabla 5   Motivos vínculos de pertenencia

Necesidades	Motivos a satisfacer	Pertenencia	Políticas que lo refuerzan
De índole material	Extrínsecos	Extrínseco o contractual (de interés)	Retributivas
De índole psicológica	Intrínsecos	Técnico-profesional (de adhesión)	Información, formación y desarrollo profesional

Ejercicios de autoevaluación

Determinar si las siguientes afirmaciones son verdaderas o falsas

1. El Control de Gestión se basa en el análisis de las variaciones de las realizaciones de la empresa respecto de los objetivos marcados por la Dirección a priori y la determinación de las causas de la desviación.
2. Es suficiente con un control a final de año de las situaciones comercial, técnica, económica y financiera, junto con un amplio informe resumen por parte del Jefe de Control, para que la Dirección General pueda tomar sus decisiones al finalizar cada ejercicio.
3. El control Interno supone una organización de las tareas de cada departamento de una empresa y de las relaciones entre los departamentos para que se automatice y se facilite el control de dichas tareas.
4. Los datos contables que surgen de la contabilidad diaria de todas las operaciones económicas de la empresa, requieren periódicamente y sobre todo de cara al cierre de un ejercicio o de un periodo, una serie de ajustes para que los balances y cuentas de resultados reflejen lo más verazmente posible la situación real de la empresa.

→

Soluciones

1. Verdadero
2. Falso
3. Verdadero
4. Verdadero
5. Falso
6. Falso

CUADRO 1.5

Características generales de los argumentos

ARGUMENTARIO

Claro, conciso y concreto.

ARGUMENTOS

Claros y objetivos

Huir de afirmaciones rotundas de superioridad respecto a la competencia.
Demostrable, evitar elementos dudosos.
Evitar que sean repetitivos.
Realzar el servicio proporcionado a la causa que lo provoca.
Evitar argumentos contradictorios.
Se deben preparar según el nivel de la persona a quien van destinados.

◄ ▼ CUADROS Y GRÁFICOS: Numerosos cuadros y gráficos resumen y ejemplifican la información contenida en el texto, en un formato dinámico y visualmente atractivo.

GRÁFICO 4.7

QUÉ NECESITA UNA PEQUEÑA Y MEDIANA EMPRESA PARA LOGRAR SUS OBJETIVOS

COMPETITIVIDAD — Mejora de calidad, costes y servicio

CULTURA EMPRESARIAL — Innovación y mejora continua

NECESIDADES

GLOBALIZACIÓN — Estrategias mundiales de compra, venta, financiación y localización

ORGANIZACIÓN — Innovar en formas de organización y de dirección

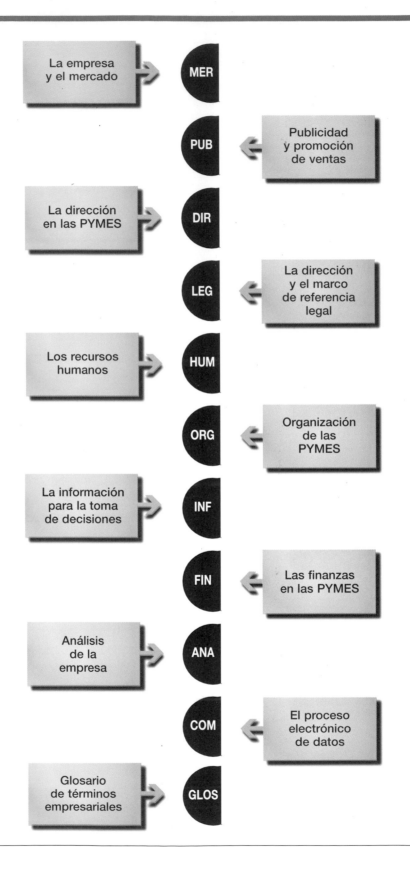

La empresa y el mercado — **MER**

Publicidad y promoción de ventas — **PUB**

La dirección en las PYMES — **DIR**

La dirección y el marco de referencia legal — **LEG**

Los recursos humanos — **HUM**

Organización de las PYMES — **ORG**

La información para la toma de decisiones — **INF**

Las finanzas en las PYMES — **FIN**

Análisis de la empresa — **ANA**

El proceso electrónico de datos — **COM**

Glosario de términos empresariales — **GLOS**

LA EMPRESA Y EL MERCADO

 **INTRODUCCIÓN**

❐ LA FUNCIÓN DEL MARKETING

▪ La actividad comercial como factor de desarrollo

La historia ofrece numerosos ejemplos de cómo la actividad comercial ha sido el medio que posibilitó los contactos económicos y sociales, e incluso los posteriores intercambios políticos y culturales, entre los distintos pueblos de la Tierra. La necesidad de vender sus productos forzó siempre a los comerciantes a buscar en lugares lejanos nuevos mercados donde hallarles salida, actuando así como adelantados de los vínculos políticos o culturales que más adelante podían llegar a establecerse. En este sentido, fue enorme el influjo que para el intercambio cultural tuvo la actividad mercantil de los fenicios y los griegos en las costas mediterráneas. Estos mercaderes fueron los pioneros del posterior asentamiento de núcleos de población, que irradiarían su propia cultura sobre los habitantes del territorio «descubierto». Lo mismo se puede decir de los intercambios –trueque– de los pueblos amerindios, que están en el origen de algunas de las culturas más importantes de la América precolombina.

Aún hoy, la actividad comercial sigue siendo un medio idóneo para reforzar, o incluso para crear, las relaciones entre naciones muy alejadas unas de otras. En muchas ocasiones, estos intercambios han facilitado entendimientos políticos que, de otro modo, habrían resultado muy difíciles de alcanzar.

▪ La actividad comercial en la empresa moderna

La actividad comercial, que desempeñó siempre el papel de «motor» de la empresa, sufrió en el siglo XX una modificación básica. Con anterioridad, lo importante no era vender, sino producir.

Jean-Baptiste Say, conocido economista de finales del siglo XVIII y principios del XIX, sostenía que «toda oferta genera su propia demanda»; es lo mismo que, en términos más vulgares, se quiere decir cuando se afirma que todo acaba por venderse, mejor o peor. Aplicando este principio, las empresas fabricaban determinados productos y forzaban a sus vendedores para que los colocaran en el mercado. Por lo tanto, era el vendedor quien tenía que servir de puente entre el producto y las necesidades del cliente, y esta tarea le planteaba no pocos problemas, ya que dichas necesidades no siempre coincidían con la oferta.

Pero el progreso técnico llevó a las empresas a fabricar más de lo que los clientes podían comprar. Entonces se invirtió la situación: en lugar de fabricar un determinado producto y luego tratar de venderlo, hubo que buscar el mercado y conocer lo que éste deseaba para fabricar el producto correspondiente. El centro de gravedad se desplazó; mientras que antes toda la actividad empresarial descansaba en la producción, a partir de entonces se basó en la venta.

▲ *Grabado del siglo XIX que muestra una industria siderúrgica. El aumento global de la producción, gracias a la fabricación más optimizada, forzó a las empresas a buscar nuevos mercados.*

Este desplazamiento de la importancia de la actividad comercial es lo que se conoce como «enfoque de marketing». La palabra *marketing,* que se traduce a veces por «mercadotecnia», «mercadología» o «mercadeo», designa el conjunto de actividades desarrolladas para conocer el mercado y adecuar a él los productos y servi-

► *La economía está cada vez más interrelacionada entre los distintos países. Un acontecimiento político en su origen ocasionó la crisis del petróleo de 1973, que a su vez desencadenó una grave crisis económica de alcance mundial.*

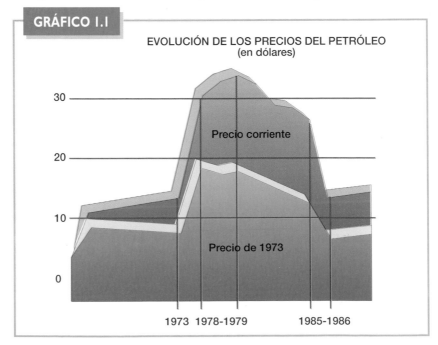

GRÁFICO I.1

EVOLUCIÓN DE LOS PRECIOS DEL PETRÓLEO
(en dólares)

Precio corriente

Precio de 1973

30

20

10

0

1973 1978-1979   1985-1986

cios de la empresa. Estas actividades tenían ya una cierta importancia en Estados Unidos en la década de 1920, pero han alcanzado su mayor evolución posteriormente, a partir de los años cincuenta, en la llamada sociedad de consumo.

■ El marketing como marco de actuación de la empresa

La exposición precedente basta para formarse una idea clara de la trascendencia que el nuevo enfoque del marketing tiene en toda empresa. No sólo afecta a su actividad comercial considerada en sí misma, sino a la totalidad de su estructura, que se ha ido adaptando para asumir el reto que supone esta nueva estrategia. El alcance de estos cambios puede comprenderse fácilmente si se advierte que una acción de marketing supone las siguientes etapas:

GRÁFICO I.2

COMPONENTES DEL MARKETING

- Determinación del mercado potencial mediante la investigación de las necesidades de los clientes.
- Definición de los gustos de los clientes.
- Definición del producto que se les va a ofrecer.
- Análisis de los costos del producto.
- Estudio de los medios de venta.
- Presentación del producto (embalaje, tamaño, etcétera).
- Prueba del producto.
- Fijación del precio del producto.
- Lanzamiento del producto (con ayuda de la publicidad).
- Seguimiento del producto en el mercado.

▲ *El marketing designa el conjunto de actividades desarrolladas para conocer el mercado y adecuar a él los productos y los servicios de la empresa.*

Concretamente, una operación de marketing consiste en partir de unos *datos* (mercado) y aplicar sobre ellos unas *técnicas* (o política de actuación) determinadas.

Mercado. Es el conjunto de consumidores de un lugar determinado, sobre los cuales confluyen unas circunstancias concretas; éstas pueden ser geográficas, sociales (hábitos), económicas (presión ejercida por la competencia), jurídicas (leyes vigentes), etcétera. El conocimiento de las mismas constituye un elemento básico para llevar a cabo la operación de marketing, ya que se llega a este conocimiento a través del denominado «estudio de mercado».

Técnicas de marketing. Son todos aquellos instrumentos o políticas que permiten actuar sobre el mercado. De su aplicación correcta o incorrecta depende el éxito de la operación de marketing que se esté desarrollando. Se pueden clasificar en:

Política de productos. Comprende aspectos como la elección de los productos que van a venderse, sus características técnicas, su presentación (envase y embalaje), la marca bajo la cual van a comercializarse, el precio a que se venderán, etcétera.

Política de distribución. El elemento más importante es la elección del canal de distribución; es decir, la forma de hacer llegar el

Mercado total

División por edades

División por capacidad de compra

División por edades y capacidad de compra

▶ *Las técnicas de estudio de mercado lo dividen en los sectores que puedan interesar a las empresas. La segmentación por edades y capacidad de compra son las más habituales.*

producto a los clientes, prescindiendo de aspectos como el almacenamiento o el transporte. En términos generales, cabe distinguir entre la distribución directa y la distribución mediante intermediario.

Política de promoción. Además de la venta directa, que de algún modo ayuda a la promoción del producto, los pilares en que se basa esta política son la publicidad y la promoción de ventas.

■ El marketing en la pequeña y la mediana empresa

A primera vista se diría que los problemas que conciernen a la pequeña y la mediana empresa tienen muy poco que ver con la noción de marketing que se ha expuesto. Esta opinión sólo es cierta en apariencia; de hecho, la vida de estas empresas se halla estrechamente vinculada al enfoque del marketing por dos razones principales: en general, porque el marketing inspira la «filosofía» de toda empresa moderna, independientemente de la envergadura de ésta, y en particular, porque las pequeñas y las medianas empresas desempeñan un importante papel en relación con alguna de las técnicas de marketing antes expuestas (por ejemplo, de intermediarias en el ámbito de la distribución).

■ El estudio de mercado

La expresión «estudio de mercado» designa el conjunto de operaciones que realiza la empresa desde que dispone de las mercancías para la venta, o aun antes (en algunos casos, al estudiar las

Las nuevas tecnologías hacen que la diversidad sea tan barata como la uniformidad. En realidad, en muchas industrias se trata de amoldarse al cliente o perecer.

ALVIN TOFFLER
SOCIÓLOGO

Tabla 1.1 Cuadro de estudios de marketing*			
Estudio de productos y servicios	**%**	**Investigación de mercados**	**%**
Aceptación del cliente de nuevos productos	82	Situación de los productos de la empresa en relación a los de la competencia	91
Productos de la competencia	79	Dimensión del mercado	90
Determinación del empleo actual de los productos existentes	72	Demanda de nuevos productos	89
Mercados de prueba (test-market)	70	Previsión de ventas	88
Posibilidades de simplificación del producto	63	Características del mercado	87
Estudios sobre la fabricación	60	Factores económicos	73

* Porcentaje de utilización, en un grupo de empresas, de algunos tipos de estudios de marketing.

necesidades del público), hasta que éstas se ponen al alcance de los consumidores. Consiste en un análisis profundo, sistemático y ordenado de los hechos que afectan al mercado y que tienen una seria incidencia en todas las empresas, particularmente en las dedicadas a la venta.

Veamos un ejemplo sencillo. El futuro propietario de un establecimiento de venta de helados y hamburguesas intenta evaluar, antes de instalar su comercio, cuántas personas transitan por el lugar elegido en los diferentes días de la semana, e incluso según las horas; cómo influye el estado del tiempo en las costumbres de su potencial clientela; y también la incidencia de centros de enseñanza, oficinas o grandes locales comerciales en la zona, todo lo cual le permitirá hacerse una idea de sus necesidades de compra para atender la posible venta diaria. Actuando de esta forma, está realizando su propio estudio de mercado.

Es muy importante tener bien claros los objetivos que se pretenden alcanzar con el estudio de mercado, ya que éste supone para el empresario un costo complementario a la inversión realizada, que se verá compensado con el aumento en la cifra de ventas que trata de conseguir. Un buen estudio de mercado debe contener la información necesaria básica sobre los siguientes aspectos:

▼ *Consolidar las ventas de un producto de gran consumo precisa un soporte continuado de publicidad. Las ventas tenderán a bajar cuando otro producto de la competencia irrumpa en el mercado, sobre todo si se acompaña de una fuerte campaña publicitaria.*

- Tipo de clientes que pueden proporcionar mayor utilidad a la empresa, así como los aspectos más débiles del mercado.
- Cambios que se van produciendo en cuanto a gustos y preferencias de los consumidores.
- Métodos de comercialización que sirvan para aumentar el volumen de ventas.
- Previsiones y objetivos que se han de alcanzar para poder realizar ventas más realistas y viables.

La expansión que se observa actualmente en el campo de los estudios de mercado se debe en gran parte a la presión ejercida por la competencia. En sustitución del antiguo sistema por el cual los directores comerciales basaban sus estrategias de venta en sus impulsos, desafiando la realidad aplastante de los hechos que se ofrecían a sus ojos, la rentabilidad de estos estudios está fuera de duda.

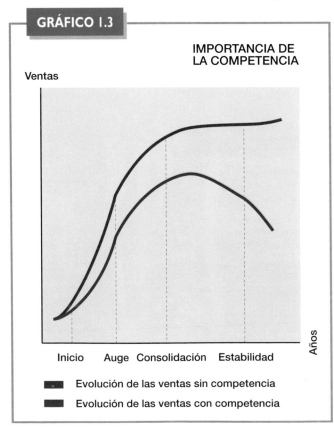

GRÁFICO I.3

IMPORTANCIA DE LA COMPETENCIA

Ventas

Inicio   Auge Consolidación Estabilidad

Años

▬▬ Evolución de las ventas sin competencia

▬▬ Evolución de las ventas con competencia

❏ Metodología

■ Estudio del producto

Para dar a conocer y vender un producto, previamente hay que estudiar y dominar a fondo sus características técnicas (definición, composición, especificaciones), sus aplicaciones prácticas, las necesidades reales de los consumidores, tanto cuantitativa como cualitativamente. El precio que se va a dar a éste, se determina teniendo en cuenta los siguientes aspectos:

- *Relación precio-producto.* Debe analizarse el precio que está dispuesto a pagar el consumidor para satisfacer su necesidad de un producto determinado.
- *Relación precio-competencia.* Es necesario conocer el precio de los competidores y la calidad y características técnicas de sus productos para establecer comparaciones.
- *Relación precio-margen empresa* (y, o margen distribuidor en su caso). El precio siempre debe estar regido por el volumen de producción global de la empresa, su rentabilidad de costos y el beneficio que se ha de obtener.

El precio de determinados productos, en especial los que implican cierto diseño o singularidad, no guarda necesariamente una estrecha relación con el costo.

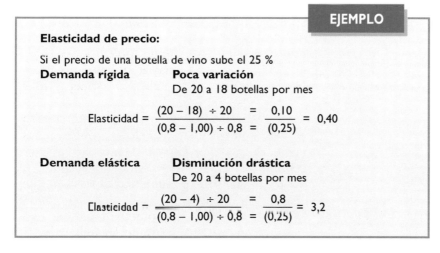

EJEMPLO

Elasticidad de precio:

Si el precio de una botella de vino sube el 25 %

Demanda rígida **Poca variación**
De 20 a 18 botellas por mes

$$\text{Elasticidad} = \frac{(20 - 18) \div 20}{(0,8 - 1,00) \div 0,8} = \frac{0,10}{(0,25)} = 0,40$$

Demanda elástica **Disminución drástica**
De 20 a 4 botellas por mes

$$\text{Elasticidad} = \frac{(20 - 4) \div 20}{(0,8 - 1,00) \div 0,8} = \frac{0,8}{(0,25)} = 3,2$$

Hay que tener en cuenta otros aspectos auxiliares del producto, como son el envase (forma, tamaño, color) y el embalaje, que además de darle seguridad, solidez y garantía, también juegan un papel importante en su imagen.

■ Distribución comercial

Para que el producto llegue al mercado es necesaria la creación de un equipo humano que presente el producto y busque a los posibles consumidores. Por lo tanto, es esencial una buena selección de personal, y para realizarla se deberán establecer previamen-

► *La información especializada del producto que se ha de comercializar debe completarse con la capacidad del personal comercial en el trato directo con el cliente.*

▼ *Organigrama teórico de un departamento de marketing. Una dirección adecuada, una asistencia responsable, una remuneración justa y la posibilidad de concursar para acceder a mejores cargos son los mejores incentivos.*

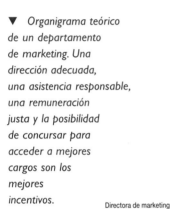

Directora de marketing

Director comercial

Director de publicidad y promoción

Directora de estudios de mercado

Jefa de zona A

Jefe de zona B

Jefe de zona C

Vendedores

Vendedores

Vendedores

te las tareas que tendrá que realizar este equipo comercial y definir el perfil idóneo para cumplirlas; luego se procederá a evaluar a los aspirantes, tanto en el aspecto académico como en el psicológico, mediante las entrevistas y tests psicotécnicos necesarios.

Una vez seleccionado, el grupo de personas deberá recibir información técnica sobre el producto y el mercado con que se va a encontrar, así como sobre otros aspectos teóricos relacionados con la venta y la captación de clientes, además de la formación práctica. Este aprendizaje no debe limitarse al momento previo al inicio de la actuación del equipo comercial, sino que debe tener carácter continuo, según lo exija la evolución del mercado o del producto.

Hay que tener en cuenta también la organización de la red comercial, delimitando el sistema de jerarquía y dependencia de los puestos, sus funciones (derechos y responsabilidades), normas de funcionamiento general en cuanto a ventas (trato a los clientes, distribuidores, descuentos, ofertas, etcétera) y el circuito administrativo que se ha de seguir (presupuestos, *rapports*, informes). Obviamente, otro aspecto importante que se debe definir es el sistema retributivo del equipo comercial mediante sueldo, comisiones, incentivos y dietas, analizando el costo que tiene para la empresa.

■ Comunicación y promoción

Para que un consumidor compre un producto, debe tener primero idea de su existencia y de sus características; por eso es necesario que quien desee vender utilice diferentes técnicas para dar a conocer sus productos. Entre éstas:

Publicidad. Es importante decidir el medio idóneo (prensa, televisión, radio, puntos de venta) en función del tipo de mercado y producto de que se trate, así como tener en cuenta la relación entre el costo del medio publicitario y la rentabilidad del mismo traducido en ventas.

Promoción. Se debe confeccionar la política de ofertas especiales, asistencia técnica, incentivos directos al consumidor, asistencia a ferias, servicio posventa, información, presupuestos y asesoramiento gratuitos.

Relaciones públicas. Es necesario tener presente el conjunto de acciones y gastos dirigidos a atenciones personales, organización de actos públicos, participación en certámenes, relaciones con las administraciones públicas e imagen de la empresa.

■ Políticas de marketing

Se denomina de esta manera a la serie de medidas globales, de delimitación de objetivos, toma de decisiones y planteo de las normas básicas que servirán para definir el trabajo de marketing, combinando los medios y técnicas disponibles y adaptándose a los costos previstos. Se pueden delimitar dos grandes aspectos de actuación de estas políticas: las ventas y las compras.

La política de ventas

Respecto a las ventas, es necesario definir qué técnicas se deben utilizar para alcanzar los objetivos marcados, ya sea publicidad, acciones comerciales, ofertas o la combinación de varias de ellas. Los requisitos básicos de estas políticas de ventas son estabilidad, concreción (aunque permitiendo cierta flexibilidad en las tomas de decisión por parte de los miembros del equipo), que sean inteligibles, bien definidas y delimitadas para cada miembro del departamento comercial (cada uno debe conocer su papel y qué instrumentos debe utilizar) y, sobre todo, deben estar siempre basadas en los objetivos de la empresa (volumen de ventas, de producción y de beneficios). Dentro de las políticas relativas a las ventas cabe distinguir diferentes ámbitos de actuación:

Expansión. Se basa en políticas dirigidas a aumentar la cuota de mercado de la empresa, como, por ejemplo, captar parte del mercado de la competencia, aumentar el consumo del producto mediante el estímulo al consumidor (ofertas, premios, ventajas sociales o una campaña publicitaria atractiva), ampliar el mercado

Un correcto diseño de la política de marketing implica analizar, desarrollar y aplicar adecuadamente los recursos, las técnicas y los canales disponibles.

dirigiéndose a otras zonas geográficas, a otros grupos sociales o, también, aumentando la gama de productos realizados por la empresa.

Canales de distribución. Cada empresa, dependiendo del producto que fabrique o del servicio que preste, debe elegir el sistema más eficaz y más rentable para llegar al consumidor. Los tres más habituales son:

▼ *Los canales de distribución deben ser los adecuados para que el producto llegue al consumidor en los niveles de rapidez y calidad óptimos, especialmente en los productos perecederos.*

> • fabricante-consumidor
> • fabricante-minorista-consumidor
> • fabricante-mayorista-minorista-consumidor

Según el tipo escogido, a la hora de hacer la previsión de las ventas hay que tener en cuenta la incidencia de los costos que supondrán los beneficios de cada intermediario en el precio de venta al público.

Servicio posventa. Está referido tanto al técnico de asistencia al cliente como al sistema de garantías de los productos comercializados. Se puede decidir que este servicio lo preste la propia empresa o se puede subcontratar a otras empresas especializadas.

La política de compras

En cuanto a las políticas de compras, es imprescindible tener perfectamente definidos sus mecanismos para poder ofrecer un buen servicio de venta y atención al cliente, y satisfacer sus pedidos en el menor tiempo posible.

Para que el programa de compras funcione, hay una serie de reglas básicas:

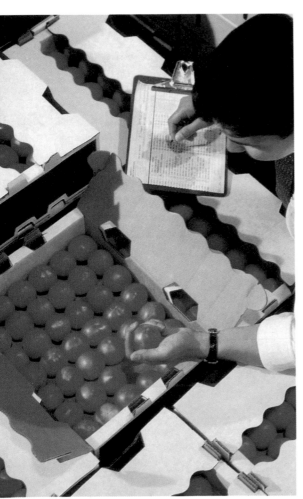

- Programar las compras repetitivas que se correspondan con las ventas más habituales o secuenciales.
- No comprar sin necesidad expresa (control de stocks).
- Analizar siempre las ofertas de productos valorando la relación entre cantidades y precio de almacenaje, teniendo también en cuenta el valor del uso alternativo de la bodega en el caso de estar vacía o infrautilizada.
- Conocer todos los proveedores del sector y analizar y comprobar sus productos, calidades, pre-

cios y seriedad en los plazos de entrega. Normalmente, y siempre que el mercado lo permita, es bueno evitar centrarse en uno solo o en unos pocos proveedores.

• Control de calidad sistemático y exigencia de responsabilidades amparándose en el derecho de garantía de los productos adquiridos por la empresa.

☐ ACTIVIDADES DEL MARKETING

■ Servicios de estudio de mercado

Es fundamental que estos servicios aporten beneficios a la empresa, para lo cual deben reunir los siguientes requisitos:

• *Definir de forma clara el problema.* En caso de dificultades es frecuente que no todos los miembros del equipo directivo de la empresa opinen igual acerca de su naturaleza. Una empresa

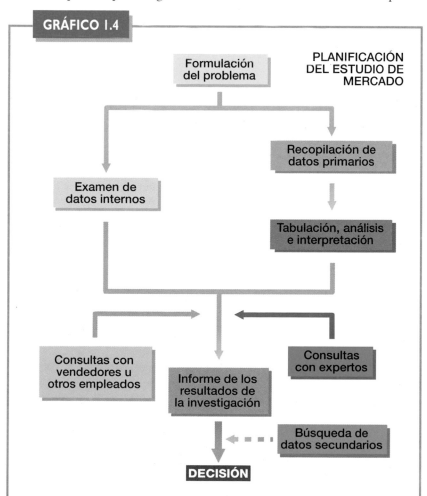

GRÁFICO I.4

PLANIFICACIÓN DEL ESTUDIO DE MERCADO

Formulación del problema

Examen de datos internos

Recopilación de datos primarios

Tabulación, análisis e interpretación

Consultas con vendedores u otros empleados

Informe de los resultados de la investigación

Consultas con expertos

Búsqueda de datos secundarios

DECISIÓN

◄ *Los estudios de mercado representan una premisa fundamental a partir de la cual el empresario conseguirá la información necesaria para la toma de decisiones, con el fin de corregir los objetivos propuestos.*

Una de las principales funciones de las asociaciones empresariales consiste en facilitar el material estadístico preciso para que las empresas realicen estudios de mercado adaptados a sus necesidades.

profesional de estudios de mercado dejará reducido ese problema a sus factores básicos, colocándolos en un primer plano. A continuación, definirá el problema fundamental, determinando los mejores métodos para solucionarlo.

- *Hacer un análisis imparcial y objetivo.* Al contratar los servicios de empresas independientes de estudios de mercado, los resultados serán más objetivos, ya que éstas se hacen responsables de que tanto los datos reunidos como los resultados derivados sean interpretados y expuestos con objetividad.
- *Tener la capacidad técnica necesaria.* La mayoría de las empresas que prestan estos servicios cuentan con personal capacitado para resolver cualquier problema técnico que se presente. En el caso de que no dispongan de él de forma continua, conviene asegurarse de que lo contraten cuando lo necesiten.
- *Conseguir la mayor economía posible.* Es frecuente que la empresa no necesite servicios de estudio de mercado de forma continua, es decir, que entre la realización de un estudio y el siguiente transcurra un cierto período de tiempo. En este caso, es preferible contratar servicios prestados por profesionales independientes, aunque sus tarifas sean más elevadas, que soportar unos costos periódicos fijos.

■ Tipos de empresas que prestan estos servicios

Son tan numerosas, que intentar aquí una exposición exhaustiva resultaría ocioso. En general, pueden responder a los tres grandes grupos siguientes:

- Entidades que tratan de conseguir, por encima de todo, una gran cantidad de estadísticas.
- Empresas que se dedican especialmente a tareas que permiten valorar el mercado, a asesorar o a realizar encuestas.
- Empresas especializadas en una etapa o técnica muy concreta del estudio de mercado.

Oficinas de servicios estadísticos

Es difícil que una pequeña empresa, o incluso una gran empresa, pueda contratar el uso exclusivo de los estudios de mercado realizados por una oficina dedicada específicamente a servicios estadísticos. Por el contrario, lo normal es que el material con que cuentan estas oficinas sea útil a todas las empresas que trabajen en el mismo sector económico.

Organismos y publicaciones oficiales. Los datos estadísticos generales suelen ser recogidos por los organismos oficiales de nivel regional o estatal, en publicaciones de fácil acceso. Así mismo, los organismos oficiales de nivel local publican datos estadísticos sobre los mercados y los procesos de industrialización que se producen en sus respectivas áreas.

Fuentes locales. En las localidades donde existe una cámara de comercio se puede disponer de buena información comercial sobre su demarcación. Las entidades bancarias y los periódicos realizan así mismo estudios de mercado de su respectivo ámbito geográfico, y por lo general suelen ponerlos a disposición de los clientes que los soliciten. Puede obtenerse también información estadística de institutos y universidades, que la proporcionan a través de sus departamentos de estudios.

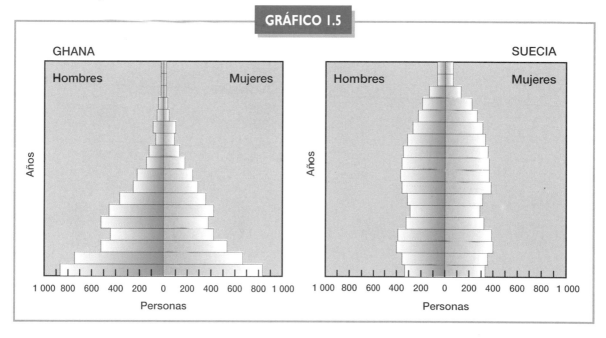

GRÁFICO I.5

GHANA — Hombres / Mujeres — Años — Personas — 1 000 800 600 400 200 0 200 400 600 800 1 000

SUECIA — Hombres / Mujeres — Años — Personas — 1 000 800 600 400 200 0 200 400 600 800 1 000

Asociaciones de empresarios. Estas entidades preparan programas de investigación a partir de los datos estadísticos y los estudios de mercado relacionados con su actividad. Pero no todas trabajan estos aspectos con igual intensidad y, además, suelen limitar el acceso de los miembros de la asociación a una gran parte de los datos. Por otro lado, dentro de la asociación se pueden realizar estudios de mercado a partir del esfuerzo económico compartido por el conjunto de los asociados. Este sistema resulta de gran utilidad, ya que para uno solo de los miembros la realización de ese estudio sería tan costosa que quedaría fuera de sus posibilidades.

Medios publicitarios. Casi todos los medios publicitarios elaboran algún programa de estudio de mercado que sirve de ayuda a sus clientes. Las revistas económicas y especializadas en temas de consumo, la prensa diaria, las emisoras de radio y televisión, suelen ser medios a los que acuden casi todos los empresarios.

▲ *Ejemplos de dos pirámides de población tipo. Los países desarrollados tienen una distribución semejante a la de Suecia, con un notable envejecimiento de su población. Los países en vías de desarrollo suelen tener más población joven.*

Tabla 1.2 Investigación de la competencia				
Quién vende	**Qué**	**Cómo**	**Cuánto**	**Desde cuándo**
Plantilla	Nombre del producto	Organización comercial	Cifra de ventas	Penetración de mercado
Capital social	Características técnicas	Estrategia de distribución	Puntos de venta	Prestigio en el mercado
Ámbito territorial	Características funcionales	Política de precios	Participación en el mercado	
Forma jurídica	Envases y embalaje	Publicidad y promoción		

Empresas especializadas en la planificación y cuantificación del mercado, el asesoramiento o la realización de encuestas

Estas entidades suelen conseguir información interesante para la industria en general o centrada en algún sector determinado, pero es difícil que estudien el problema específico de una empresa en concreto. Si el empresario tiene un problema de comercialización que no puede solucionar utilizando la información existente, puede contratar los servicios de una empresa de este tipo, que le aconsejará de forma general. Dentro de las empresas que prestan servicios de esta naturaleza se distinguen cuatro tipos:

Consultores de gestión. Son empresas que disponen de personal profesional que puede dar solución a cualquier problema administrativo, con más o menos eficacia de acuerdo con su formación y experiencia.

Asesores de mercado. Suelen ser consultores de gestión especializados en los problemas relacionados con el mercado. Entre estos especialistas hay algunos que pueden intervenir en la resolución de numerosos problemas de ventas, mientras que otros tienen un nivel de especialización más limitado. Por lo general, estos asesores realizan encuestas que ellos mismos se encargan de preparar, realizar, tabular, etcétera; en otros casos, saben adónde acudir para conseguir la información que necesiten.

Empresas de estudios de mercado. Su actividad fundamental es planificar y realizar encuestas, pero tienen tantos puntos de contacto con los asesores de mercado que resulta difícil diferenciarlas de éstos. Por regla general, las empresas de estudios de mercado suelen incorporar a sus servicios alguna modalidad de asesoramiento, aunque, por supuesto, a nivel mucho más superficial que los consultores de gestión y los asesores de mercado.

Agencias publicitarias. Su función es poner en contacto al medio publicitario con el cliente, prestándole a este último servicios

La información estadística constituye en la actualidad una de las técnicas básicas para realizar estudios de mercado, existiendo empresas especializadas en su desarrollo.

de diseño y preparación de mensajes, así como de estudios de mercado, aunque el alcance de éstos esté en función de su importancia. En épocas recientes han ofrecido la prestación de servicios de asesoría en relación con los múltiples problemas que plantea el mercado.

Empresas muy especializadas en uno o varios temas concretos del estudio de mercado

En el campo de los estudios de mercado, al igual que en otros ámbitos de la economía, hay empresas que limitan el campo de los servicios que prestan basándose en un alto grado de especialización. Entre los servicios especializados que una empresa puede recibir en materia de estudios de mercado se cuentan los siguientes:

Entrevistas. Hay empresas especializadas en la realización y supervisión de las entrevistas personales, ya sea telefónicas o por correo. Pueden ser independientes, pero es posible que formen parte de los departamentos de una gran empresa.

PLAN DE MARKETING

La estrategia que ha de seguir la empresa debe integrar una serie de elementos, como la idoneidad y oportunidad de sus productos, el precio, la distribución, la promoción y la publicidad.

CUADRO 1.1

Tipos de encuestas

En el propio establecimiento
Este tipo de encuesta presenta las ventajas de que con él se obtienen respuestas de personas que ya son clientes y que, además, son generalmente concisas.

A domicilio
Su costo es superior a los otros tipos de encuestas debido a los gastos de transporte y al mayor tiempo empleado en su realización. Tiene la ventaja de la mayor fiabilidad de los resultados obtenidos.

Por correo
Junto al costo reducido y a la facilidad de tabulación de las preguntas, este método presenta la ventaja de que, por regla general, el porcentaje de respuestas obtenidas es alto y que permite llegar a muchos individuos. Entre los inconvenientes hay que contar con la poca fiabilidad de algunas respuestas.

Por teléfono
Entre las ventajas de este método hay que apuntar la de su costo relativo, no muy elevado, la rapidez con que se obtienen las respuestas y la posibilidad de entrevistar a gran número de personas con pocos encuestadores. Entre los inconvenientes hay que citar que está tan generalizado el uso de este método que muchas personas ya sienten algunos recelos, además de que el cuestionario ha de ser muy reducido y esto va en detrimento de la calidad.

Tabulación estadística. Existen empresas que se dedican a la tabulación de la información obtenida mediante las respuestas a los cuestionarios. La tabulación puede ampliarse a los datos estadísticos procedentes del archivo de la empresa, como son los informes de ventas, las facturas de ventas, los análisis de territorios, etcétera. Esta actividad de tabulación se puede efectuar manualmente o con sistemas mecanizados.

Paneles de consumidores. Pueden dar soluciones rápidas y económicas a muchos problemas graves relacionados con las ventas. Algunas entidades prestan éste como único servicio, mientras que otras ofrecen una gama más amplia.

Comprobación de productos. Existen empresas dedicadas a evaluar la posible reacción de los consumidores ante la aparición de un producto. El sector que mejor admite esta prueba es el de la industria y, sobre todo, la de artículos de consumo doméstico. Con anterioridad al lanzamiento de un nuevo producto, o de un producto ya existente pero que ha experimentado innovaciones, este tipo de pruebas puede ser muy útil. El más utilizado es la entrega de muestras a los consumidores. Es importante que el empresario, antes de contratar un servicio de este tipo, compruebe que los que lo ofrecen cuentan con experiencia suficiente en la línea comercial en la que él trabaja o en alguna similar.

▲ *Existen empresas especializadas en realizar encuestas telefónicas, método que resulta rápido y directo.*

Estudios del envasado y diseño industrial. Hoy, el estudio de las características del diseño de un producto es de inestimable valor debido a la gran competencia existente entre las diferentes marcas comerciales por ganar la atención del cliente sobre sus respectivos productos. El envase, el diseño y los colores del mismo, que en tiempos pasados no merecían la atención de los fabricantes y responsables de la venta, han cobrado en la actualidad una importancia vital y han obligado a que se estudien estos aspectos.

Servicios psicológicos. Un factor al que cada día adjudican más importancia, tanto los empresarios como los especialistas en estudios de mercado, es la motivación y la conducta humana. Gran parte de las empresas que se dedican a los estudios de mercado ya cuentan con uno o varios profesionales que aplican métodos psicológicos para realizar estudios en este campo, y hay algunas empresas dedicadas casi exclusivamente a investigar aspectos de la conducta humana respecto a los hábitos de compra, venta, utilización de los productos, etcétera.

■ **Resultados de los servicios de estudio de mercado**

Para que resulte efectivo, el estudio de mercado debe conseguir alguno o algunos de los resultados siguientes:

- Desarrollar, aglutinar, organizar y dar luz los datos estadísticos básicos en relación con el mercado de bienes y servicios y con la tendencia que se observe en él.
- Valorar y enjuiciar los programas, la organización y los métodos de ventas, y recomendar planes constructivos que den como resultado una mejoría de los mismos.
- Planificar, desarrollar y recomendar formas de actuación que resulten prácticas y sirvan para robustecer la posición comercial y el desarrollo de las ventas de bienes y servicios habituales, y de aquellos otros que se lancen al mercado presentando innovaciones.

Sería un error afirmar que todas las empresas de estudios de mercado dan resultados apropiados. Para seleccionar entre éstas la más conveniente, se han de tener en cuenta sus antecedentes, experiencia y el precio que cobra por sus servicios.

Ejercicios de autoevaluación

Seleccionar la continuación correcta de las siguientes frases:

① Ante el lanzamiento al mercado de un producto nuevo se debe:
   a) Analizar la evolución de la capacidad adquisitiva de los componentes del futuro mercado.
   b) Consultar con una empresa de publicidad.
   c) Determinar el mercado potencial estudiando las necesidades reales del consumidor hacia el producto.
   d) Investigar y copiar en la medida en que la legalidad lo permita los productos de la competencia ya existentes en el mercado.

② El precio del mercado depende:
   a) Del nivel de inflación y de las decisiones de las autoridades monetarias nacionales.
   b) De la demanda del mercado y de la competencia.
   c) De la cantidad de producto producida y lanzada al mercado por la empresa.
   d) Del número de ventas conseguido por el equipo comercial de la empresa.

③ Para garantizar al cliente un buen servicio de venta y de servicio rápido de productos es necesario:
   a) Planificar las entregas basándose en unas previsiones de ventas.
   b) Llevar un control de las compras y del stock.
   c) Pedir al cliente un detalle cronológico aproximado de sus futuros pedidos.
   d) Definir correctamente el sistema de transporte.

④ Una política de expansión de las ventas se refiere a:
   a) Aumentar la parcela de mercado de los productos de la empresa.
   b) Realizar una fuerte campaña de desprestigio de la competencia desleal, ilegal o que ofrezca productos de baja calidad, para así aumentar nuestras ventas totalmente de acuerdo con las normas legales.
   c) Producir al máximo de las posibilidades para así poder vender más.
   d) Aumentar el número de personal que integra el departamento comercial de la empresa.

Soluciones

1. *c)* Determinar el mercado potencial estudiando las necesidades reales del consumidor hacia el producto.
2. *b)* De la demanda del mercado y de la competencia.
3. *b)* Llevar un control de las compras y del stock.
4. *a)* Aumentar la parcela de mercado de los productos de la empresa.

PLANIFICACIÓN DE LAS VENTAS

❏ METODOLOGÍA

■ Técnicas de previsión de las ventas

Como hemos visto en el capítulo anterior, el principal requisito antes de iniciar una acción de marketing es fijar los objetivos en todos los ámbitos de la empresa. Se estimará, por lo tanto, el volumen de ventas previsto para que se cumplan también otros objetivos, como el nivel de beneficios del ejercicio o el nivel de producción, que están relacionados entre sí. La evolución de las ventas debe valorarse desde distintos puntos de vista:

Por productos. Se analiza la evolución de las ventas de un producto teniendo en cuenta las diferentes etapas, salida al mercado, introducción en el mercado, crecimiento, período de madurez (estabilización del crecimiento de las ventas) y obsolescencia (caída de las ventas por la aparición de otros productos sustitutivos o por los cambios de gustos del mercado). Paralelamente a este análisis deben evaluarse los costos en cada fase del producto en el mercado. En la fase de introducción y crecimiento de las ventas se producen muchos gastos de promoción y relaciones públicas, precisamente para dar a conocer la existencia del producto y sus cualidades. En la etapa de madurez de las ventas el producto ya está perfectamente integrado en el mercado, todos los consumidores lo conocen y muchos de ellos depositan su confianza en él, por lo tanto los gastos de promoción se reducen, apareciendo, sin embargo, el costo de mantenimiento y del servicio técnico. En la etapa de obsolescencia se debe pensar ya en la sustitución del producto (y mantener, de esta forma, la cuota de mercado), o en el desarrollo de nuevos usos alternativos para el mismo, con los consiguientes costos de investigación.

El marketing inteligente es aquel que sabe identificar los objetivos, conoce por dónde se mueven y es capaz de reaccionar casi al instante ante cualquier cambio.

STAN RAPP
Empresario

Analogías seres vivos	Génesis e incubación	Nacimiento e infancia	Adolescencia	Madurez	Declive y muerte
Fase	Puesta a punto	Lanzamiento	Desarrollo	Madurez	Declinación
Cifra de negocio	Nula	Crecimiento rápido	Crecimiento elevado	Estable	Desciende
Costes más importantes	Investigación	Investigación	Publicidad y producción	Nuevos usos	Bajan
Precio de venta	No existe	Alto	Baja	Estable	Sube

Tabla 1.3 Ciclo de vida de un producto

Por mercados. Se estudia la evolución del mercado teniendo en cuenta diferentes aspectos: cambio demográfico cuantitativo (crecimiento, decrecimiento o estancamiento), cualitativo (distinción entre grupos de edades, capas sociales y capacidades adquisitivas); cambios en las costumbres sociales que pueden implicar cambios en los hábitos de consumo; cambios tecnológicos que favorezcan la aparición de productos sustitutivos y la coyuntura económica que afectará tanto la capacidad adquisitiva de los individuos como su predisposición a gastar más o menos.

Por puntos de venta. Se realiza un análisis comparativo de las ventas de cada punto y se determinan las causas de las diferencias, que pueden ser de carácter organizativo o estar relacionadas con la eficiencia del personal comercial o, simplemente, obedecer a la diversidad de gustos y capacidades adquisitivas de los diferentes submercados. Por lo tanto, es necesario no sólo el estudio del mercado en su totalidad, sino en partes del mismo, como pueden ser barrios, gremios, pueblos, etcétera.

▼ *El estudio de mercado debe realizarse también en los puntos de venta, analizando las causas responsables de las diferencias entre las cifras de ventas de los mismos.*

Por acciones específicas. Se estudia la repercusión directa de determinadas campañas publicitarias u ofertas especiales en las ventas. Según el tipo de mercado, esta repercusión puede ser más o menos difícil de cuantificar.

Las técnicas básicas de un estudio de mercado conciernen al manejo de información estadística, al análisis de las ventas efectuadas, a la realización de encuestas, a la observación directa, al análisis de la motivación del consumidor y a la experimentación.

■ Información estadística

Una vez que el empresario ha determinado quién va a realizar el estudio, hay que poner en práctica determinadas técnicas. El punto de partida es el manejo de datos estadísticos que aporten información básica. Estos datos, por otra parte, no satisfacen todas las necesidades del estudio, ya que no todos los factores que condicionan a la empresa se pueden ver reflejados en la información estadística; por el contrario, la función de la estadística es facilitar la planificación y cuantificación de otros factores que se han de tener en cuenta al hacer el estudio.

Estadísticas existentes

Esta información se puede obtener en los organismos económicos de ámbito local o nacional. Los datos suelen estar estratificados en función de la edad y del nivel de ingresos de la comunidad, así como de otras variables económicas, y son muy útiles para adquirir un conocimiento lo más amplio y profundo posible sobre el mercado en el que la empresa desarrolla su actividad.

Una fuente especial de información estadística: el censo de población

Los datos extraídos del censo pueden facilitar así mismo el análisis del mercado en cuanto a la edad de las personas, sus ingresos, número de miembros que forman la familia, si ésta habita en vivienda propia o arrendada, si tiene automóvil propio, número de hijos y cuántos están en edad escolar. Mediante la combinación de algunos de estos datos y ampliando porcentajes ya fijados, pueden obtenerse conclusiones de gran utilidad.

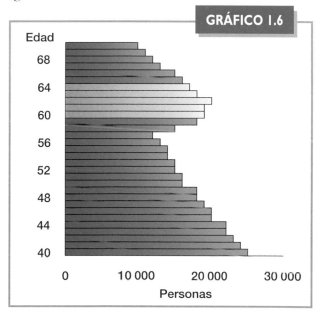

GRÁFICO 1.6

Conociendo el número de habitantes de una localidad y sus ingresos per cápita, se calculan los ingresos totales; el problema reside en obtener información sobre el porcentaje de los ingresos que dedican a la adquisición de productos de un sector del comercio concreto para, una vez conseguido esto, tratar de averiguar la participación que la empresa puede tener en esa demanda potencial.

▲ *La empresa debe elegir el tramo o tramos de mercado al cual quiere dirigir su oferta de productos.*

Un aspecto esencial de los censos de población: el crecimiento demográfico

Si se traza una segmentación de los habitantes en función de la edad, por ejemplo, se observa que en la mayor parte de los países de nuestro ámbito el porcentaje de personas jóvenes sobre el total de la población ha aumentado en los últimos decenios. Esto se debe a que, a partir de finales de los años cuarenta, el índice de natalidad creció notablemente. Sin embargo, a partir del año 1980 la sociedad industrializada ha sufrido un estancamiento demográfico. Sobre todo en los países europeos occidentales se vive hoy un proceso de envejecimiento de la población, llegando incluso, algunos de estos países, a otorgar subvenciones a las parejas jóvenes que se decidan a tener hijos.

Por otro lado, los nacidos a finales de los años cuarenta han llegado a la madurez y han formado sus propias familias. El hecho

Los empresarios que relegan la ética al cuarto oscuro lo hacen basándose en supuestos falsos que ellos jamás llegan a cuestionar.

ROBERT D. HAAS
Empresario

CONTROL
DE VENTAS

Por lo general, las ventas realizadas en los dos ejercicios precedentes permiten calcular la zona de control de ventas, definida por los límites máximo y mínimo.

de contraer matrimonio ya supone un gran aumento de la demanda de los artículos necesarios para constituir un hogar, e influye en la demanda de productos necesarios para los recién nacidos y escolares. Por otra parte, no sólo hay que fijarse en el crecimiento del índice de natalidad, sino que es muy importante también la variación experimentada en el índice de mortalidad. Con los adelantos en la ciencia médica se ha logrado un gran aumento de las expectativas de vida. Actualmente, la longevidad humana se ha elevado y, por tanto, existe un mayor volumen de consumidores de productos relacionados con la población perteneciente a la llamada «tercera edad» (la que corresponde al período de jubilación).

Toda la información procedente del censo es preciso trasladarla, por lo demás, al sector comercial en el que trabaja la empresa, ya que la incidencia de estos fenómenos no es uniforme en todos los sectores.

Obtención de información a través del mercado

La información necesaria no sólo se encuentra en los censos de población, sino también en el propio mercado, y son muchas las publicaciones especializadas que pueden ponerla al alcance de todos. Aunque estas publicaciones proceden en gran parte de países anglosajones, también en los países hispanohablantes se editan revistas económicas de indudable interés. También se puede acudir a las páginas o suplementos de información económica que aparecen regularmente en muchos periódicos y a los folletos informativos y estudios más o menos completos de interés general que publican muchos organismos oficiales y entidades bancarias. Toda esta información, convenientemente clasificada y archivada, constituye una buena base para la preparación de estudios de mercado y, por tanto, para la toma de decisiones acertadas.

■ Análisis de ventas efectuadas

Hay empresarios que desconocen que sus archivos de ventas de ejercicios anteriores tienen un gran valor a efectos de la preparación de un estudio de mercado. Gracias a la información obtenida mediante esta fuente se puede conocer cuál es la marca del producto que más se ha vendido, cuál fue el aumento de las ventas de esa marca en períodos anteriores, etcétera.

■ Encuestas

El problema con el que se encuentra la persona que hace un estudio de mercado, una vez recopilados los datos estadísticos y conocidas las ventas efectuadas, consiste en la rapidez con que deja de ser útil la información así obtenida. Este problema se puede resolver, en parte, efectuando una encuesta, aunque este método resulta costoso.

Una encuesta que aporte información fiable y válida no es fácil de llevar a la práctica. La confección del cuestionario que se debe utilizar es una tarea muy delicada, pues no hay que olvidar que su requisito fundamental es la objetividad. Para lograr este fin se requiere un análisis acertado de los objetivos. Es conveniente, antes de lanzar la encuesta, realizar pruebas con las diferentes preguntas para observar la efectividad de éstas.

■ Observación directa

Otra técnica de estudio de mercado, distinta de la encuesta, es la de la observación directa, que consiste en analizar las reacciones espontáneas de los consumidores cuando se encuentran frente a los productos objeto de estudio. La objetividad en este caso está asegurada, ya que el consumidor cuyo comportamiento se observa no conoce la existencia de la investigación. Esta prueba, que se realiza en los mismos puntos de venta, permite conocer cuáles son los productos, anuncios y rótulos que más llaman la atención de los asistentes al establecimiento, aunque no proporciona ninguna información sobre las razones que inducen al consumidor a dirigir su preferencia hacia un determinado producto, desechando cualquier otro.

En la práctica, la observación puede hacerse simplemente con medios técnicos, como un circuito cerrado de televisión, o bien mediante personal –empleados o el propio gerente del establecimiento– que diariamente dedique una parte de su tiempo a observar el comportamiento de los compradores. Además, esta observación sirve para mejorar la disposición de las distintas secciones y productos del establecimiento.

■ Experimentación

Esta técnica consiste en la realización de un experimento y el análisis de sus resultados. Se comienza por seleccionar un mercado que sea representativo y se introduce el producto en él, acompañado de una pequeña campaña publicitaria en el ámbito seleccionado. Con los resultados obtenidos se sacan conclusiones que permitirán decidir si se puede llevar a cabo el lanzamiento del producto.

▼ La observación directa de las reacciones del consumidor en el punto de venta es un elemento de gran utilidad para completar el conocimiento de los gustos, necesidades y preferencias de los individuos.

Este método se aplica en numerosas ocasiones para discernir sobre la mayor o menor oportunidad de las campañas de promoción de ventas. Se preparan varios anuncios y se hacen diversas pruebas para ver cuál de ellos es el más eficaz. Por regla general, el método experimental supone un costo elevado y requiere mucho tiempo, aunque es el que proporciona resultados más fiables y queda justificado en grandes lanzamientos.

■ Control de las ventas

Una vez analizados los resultados reales de las ventas, utilizando las técnicas necesarias, se deben comparar con las previsiones para ver si se adaptan a los objetivos de la empresa. La responsabilidad de este control debe recaer sobre la Dirección Comercial y es conveniente que esté revisado por la Dirección de Marketing, dada la importancia de las repercusiones para el buen funcionamiento de la empresa (ver tabla 1.4).

Los puntos básicos para llevar a cabo un buen control de las ventas son:

- Comprobar mensualmente las ventas en función de las previsiones y, si fuera necesario, intervenir antes de que acabe el ejercicio, ya sea modificando las previsiones o las políticas de promoción o venta, después de haber analizado las desviaciones y sus causas.
- Definir correctamente los límites de tolerancia que marcarán la zona de control. El traspaso de estos límites determinará el momento de la intervención para la toma de las medidas oportunas. Los límites superior e inferior se calculan teniendo en cuenta las ventas acumuladas de los dos años anteriores, y de la siguiente manera:

> Límite superior = media (de los últimos ejercicios) + tolerancia
> Límite inferior = medio − tolerancia

La tolerancia es la diferencia entre el valor mayor y el menor de las ventas acumuladas, expresadas en porcentaje del total. La media es el total de las ventas mensuales acumuladas, dividido por el número de períodos considerados.

Cuando las ventas realizadas en un mes rebasan los límites superior o inferior, se debe aumentar o reducir el ritmo de producción. Este método afecta también a las políticas de compra y de stock, ya que conociendo los límites de ventas se deberá tener siempre un stock de seguridad que permita producir lo suficiente para cubrirlos.

▼ *La degustación o prueba del producto por parte del consumidor en el propio punto de venta es una fuente de información directa, además de una forma de promoción del producto.*

Tabla 1.4 Cálculo de la zona de control de las ventas

Mes	Ventas			Acumulado			Acumulado en %			(4)	(5)	(6)	(7)
	Año n–2	Año n–1	Año n	Año n–2	Año n–1	Año n	Año n–2 (1)	Año n–1 (2)	Año n (3)				
E	4,0	5,0	6,0	4,0	5,0	6,0	4,4	5,0	5,0	0,6	4,8	5,4	4,2
F	5,0	7,0	8,0	9,0	12,0	14,0	10,0	12,0	11,6	2,0	11,2	13,2	9,2
M	8,0	10,0	12,0	17,0	22,0	26,0	18,8	22,0	21,6	3,2	20,8	24,0	17,6
A	12,0	12,0	15,0	29,0	34,0	41,0	32,2	34,0	34,1	1,9	33,4	35,3	31,5
M	6,0	5,0	7,0	35,0	39,0	48,0	38,8	39,0	40,0	1,2	39,3	40,5	38,1
J	5,0	6,0	6,0	40,0	45,0	54,0	44,4	45,0	45,0	0,6	44,8	45,4	44,2
J	5,5	4,0	5,0	45,0	49,0	59,0	50,0	49,0	49,1	1,0	49,4	50,4	48,4
A	10,0	9,0	10,0	55,0	58,0	69,0	61,1	58,0	57,5	3,6	58,9	62,5	55,3
S	10,0	11,0	12,0	65,0	69,0	81,0	72,2	69,0	67,5	4,7	69,6	74,3	64,9
O	13,0	14,0	15,0	78,0	83,0	96,0	86,6	83,0	80,0	6,6	83,2	89,8	76,6
N	10,0	15,0	20,0	88,0	98,0	116	97,7	98,0	96,6	1,4	97,4	98,8	96,0
D	2,0	2,0	4,0	90,0	100	120	100	100	100	0,0	100	100	100

(4) Tolerancia (Diferencia máxima entre los % acumulados)
(5) Media = [(1) + (2) + (3)] / 3

(6) Límite superior = (5) + (4)
(7) Límite inferior = (5) – (4)

GRÁFICO 1.7

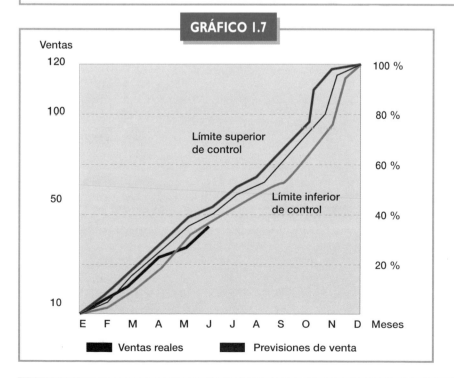

◀ La comparación entre las realizaciones y las previsiones de la cifra de ventas mensual debe servir para la toma de decisiones rectificativas antes de la finalización del ejercicio.

■ Factores que influyen en las ventas

Cuando se produce una superación del límite inferior marcado en la previsión de las ventas (si se supera el superior la solución es más fácil y obvia: aumentar la producción), se deben buscar las causas teniendo en cuenta que los factores que más influyen en las ventas son:

- La evolución de los gustos de los clientes ya existentes de la empresa y los cambios en los deseos propios de compra o de la moda en general.
- La aparición en el mercado de artículos nuevos y mejores –desde el punto de vista del desarrollo tecnológico–, que sustituyen al producido por la empresa; la mejor solución, y seguramente la única, es adaptarse a las nuevas tecnologías y abandonar progresivamente la producción de productos obsoletos. Esta operación no se puede hacer de golpe, ya que se tendrá que mantener un servicio técnico y de atención al cliente del producto anticuado mientras éste tenga presencia en el mercado.
- Los cambios en el poder adquisitivo del mercado, que producen un desplazamiento de las ventas y el consumo hacia otros sectores.
- Las actuaciones de la competencia, que pueden distorsionar inesperadamente las ventas de un producto con el lanzamiento, por ejemplo, de una fuerte campaña de oferta. La solución es intentar contrarrestarla, pero analizando el costo de esta acción.
- La saturación del mercado, que puede producirse con determinados productos. Nunca ocurrirá con los de consumo diario, pero sí con los de alta calidad. En algunos casos, las saturaciones pueden ser de carácter cíclico.

Se debe tratar de evitar el envejecimiento de la clientela de la empresa mediante un inteligente diseño de campañas publicitarias dirigidas a segmentos específicos de la población.

La aparición de nuevas técnicas de venta o nuevos canales de distribución puede hacer ganar ventas a la clientela vendiendo productos idénticos a los de la empresa, siendo por tanto muy importantes, además de las características técnicas del producto, otros aspectos aparentemente secundarios, como pueden ser el transporte, el embalaje y la presentación.

❏ ESTUDIO DE LA CONCURRENCIA EN EL MERCADO

Actualmente, en la mayoría de sectores económicos, la competencia es muy importante, lo que hace que cada vez se hagan mayores esfuerzos y haya más estudios dirigidos a su conocimiento.

Para conocer la posible competencia de una empresa en el mercado se deben analizar tanto las empresas que ofrezcan el mismo bien o servicio, como aquellas que produzcan bienes o servicios sustitutivos.

■ Investigación de la competencia

A la hora de llevar a cabo una investigación de la competencia hay que estudiar tanto a las empresas que vendan el mismo producto que la empresa interesada, como a las que ofrecen productos sustitutivos. El primer paso consiste en analizar de manera detallada el producto de la competencia para saber si su calidad es exactamente igual al de la empresa que realiza el estudio, porque de no ser así se deben clarificar al consumidor las diferencias existentes. Además, se debe conocer cómo es y qué estructura tiene la empresa competidora en cuanto a organización (número de vendedores), distribución (almacenaje, localización, reparto propio o contratado y tipo de transporte utilizado) y tipos de canales de distribución utilizados para llegar al consumidor (directamente o a través de mayoristas y minoristas).

Debe hacerse una estimación lo más objetiva posible de la cifra de ventas de la empresa estudiada, así como de los puntos de venta con los que cuenta y su porcentaje de participación en el mercado. También es interesante conocer desde cuándo vende en el mercado para saber el alcance de su implantación y la evolución de la misma (si está en alza o a la baja).

■ Técnicas para el estudio de la competencia

La más efectiva es la observación directa de los movimientos de la competencia, que son perfectamente observables y públicos. Y nadie mejor que los propios vendedores de la empresa pueden realizar dicha tarea. Es más, una parte importante del trabajo de cualquier vendedor es conocer el mercado en el cual trabaja y, evidentemente, a todas las demás empresas que operan en el mismo, sus productos, precios, condiciones de entrega, de cobro, etcétera. En los informes y *rapports* de ventas presentados a sus superiores directos, los empleados deben responder de los presupuestos entregados que no se han convertido en ventas, indicando qué empresa los ha atendido y en qué condiciones.

Además de esta información permanente y habitual, es conveniente realizar periódicamente una encuesta entre la propia plantilla de vendedores para comparar y poder definir mejor la clase de competencia a la que se enfrenta la empresa.

▲ *Para saber cómo afectará la competencia a la cifra de ventas de la propia empresa es necesario conocer la dimensión de las empresas rivales, su capacidad de producción y sus intenciones de comercialización, incluyendo sus precios y, en algunos casos, las facilidades de financiación y el servicio posventa.*

❏ EL PRODUCTO

Para que un equipo comercial consiga vender la máxima cantidad del producto que comercializa, debe conocerlo perfectamente a nivel técnico, y también debe estar al corriente de los productos sustitutivos, los de la competencia y las novedades en el sector. Por otra parte, los aparatos de decisión de la empresa deben considerar otros aspectos más generales de la vida comercial de los productos.

■ Ciclo de vida de un producto

Las distintas fases por las que pasa un producto a lo largo de su vida en el mercado inciden de forma muy distinta en la economía y estructura de la empresa.

- *Fase de puesta a punto.* Incluye los preparativos y toma de decisiones para introducir el producto en el mercado. El producto se mantiene a nivel de laboratorio, por lo cual todavía no representa ninguna venta para la empresa, pero sí genera gastos de investigación y pruebas técnicas, mientras que la inversión en producción, stocks y comercialización es nula. Al no haber producción ni comercialización, no puede calcularse aún el precio unitario de costo del producto, aunque los gastos producidos en esta etapa se tendrán en cuenta para el momento en que se fije.

NUEVO PRODUCTO

Antes de proceder al lanzamiento de un nuevo producto, se debe valorar su viabilidad de comercialización, sus posibilidades de desarrollo y su adaptación a los recursos de la empresa.

▶ *La composición del gasto de las familias constituye una información básica para conocer el poder adquisitivo de la población en el sector.*

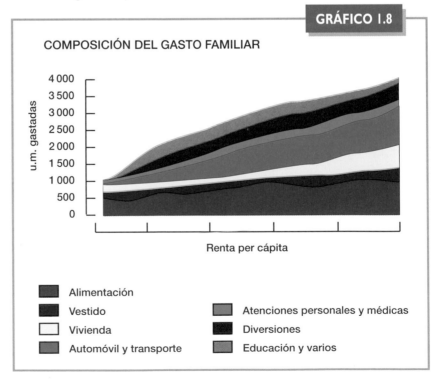

GRÁFICO I.8

COMPOSICIÓN DEL GASTO FAMILIAR

u.m. gastadas

4 000
3 500
3 000
2 500
2 000
1 500
1 000
500
0

Renta per cápita

- Alimentación
- Vestido
- Vivienda
- Automóvil y transporte
- Atenciones personales y médicas
- Diversiones
- Educación y varios

• *Fase de lanzamiento*. Es el primer contacto del producto con el mercado. En esta fase es normal que se produzca una tasa de crecimiento rápida en función de la facilidad de la producción y del interés que muestren los consumidores ante el nuevo producto. Es probable que las inversiones en investigación se intensifiquen al tener que efectuar modificaciones técnicas del producto. Estas primeras inversiones deben hacerse con prudencia, ya que al no estar el producto totalmente consolidado no se conocen todavía las necesidades futuras de producción, ni los medios de fabricación (máquinas, instalaciones) que serán necesarios para introducir las modificaciones, atendiendo a la evolución de su comportamiento en el mercado.

Por motivos similares, no es necesario tener mucho stock en esta fase. Los gastos de comercialización deberán ser prudentes en lo referente a organización de ventas y distribución, pero serán muy importantes con respecto a publicidad y promoción, lo que repercutirá en el costo del producto, lo mismo que el hecho de que las series de producción serán reducidas y se efectuarán diferentes retoques antes de conseguir un producto definitivo.

• *Fase de desarrollo*. El producto llega a amplios sectores de consumo, esto es, las ventas crecen a un nivel importante. Los costos en investigación serán prácticamente nulos, ya que se ha encontrado la forma idónea para que el producto se enfrente al mercado; en cambio, se requiere un aumento considerable de la producción y almacenaje de materias primas y productos terminados. Por otra parte, los gastos también aumentarán en los rubros de organización comercial, distribución, publicidad y relaciones públicas. Estos costos se compensarán con los costos unitarios, ya que al ser masiva la fabricación del producto, éstos serán bajos.

Los precios de venta bajarán al extenderse el mercado a niveles más bajos de ingresos y por el casi seguro nacimiento de la competencia.

▼ *Los gastos de la empresa respecto a un producto determinado variarán en su composición a lo largo de la vida del mismo. Cada fase de la vida de un producto requerirá una inversión en investigación, producción, almacenaje y stocks distintos.*

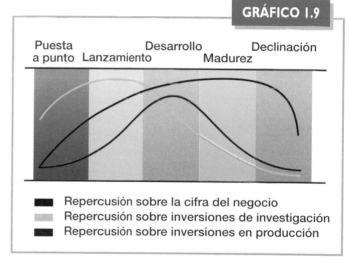

GRÁFICO 1.9

Puesta a punto — Lanzamiento — Desarrollo — Madurez — Declinación

■ Repercusión sobre la cifra del negocio
■ Repercusión sobre inversiones de investigación
■ Repercusión sobre inversiones en producción

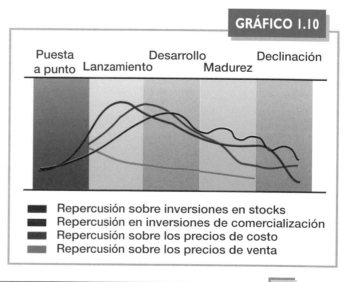

GRÁFICO 1.10

Puesta a punto — Lanzamiento — Desarrollo — Madurez — Declinación

■ Repercusión sobre inversiones en stocks
■ Repercusión en inversiones de comercialización
■ Repercusión sobre los precios de costo
■ Repercusión sobre los precios de venta

- *Fase de madurez.* Las ventas empiezan a estabilizarse; vuelven a aparecer inversiones en investigación de nuevos usos y nuevos usuarios. Consolidado ya el producto, las inversiones en producción se limitarán a las relacionadas con la racionalización y organización de los procesos. Las inversiones en almacenaje se mantendrán como en la fase anterior o se reducirán por la racionalización de las políticas de compras; lo mismo pasará con los gastos de comercialización. Bajarán los costos unitarios y se estabilizará el precio de venta.

- *Fase de declinación.* Desciende el consumo del producto en el mercado. Los gastos en investigación se desplazarán hacia el estudio de nuevos productos sustitutivos. En cuanto a las inversiones en producción, serán nulas, pero aparecerán problemas de desinversión o reconversión de la maquinaria existente. Las inversiones en stocks bajarán rápidamente, así como las de comercialización y publicidad, aunque no desaparecerán del todo.

▲ *Un correcto control de los stocks es imprescindible. Además del proceso computacional, es necesario un inventario periódico de las existencias.*

☐ EL CONSUMIDOR

■ Las necesidades del consumidor

El comportamiento del consumidor está influido por fuerzas que actúan desde el exterior, a la vez que por impulsos íntimos. En el origen de cualquier actitud ligada a lo económico se hallan siempre convicciones, sentimientos, conocimientos, impresiones, etcétera, y no siempre las personas son conscientes de ellos. Los condicionantes externos, como el hecho de vivir en un determinado barrio o sector, en un lugar con un clima determinado, el pertenecer a un delimitado círculo de personas, también influyen en su forma de actuar. La interacción de estos impulsos e influencias crean estados de desequilibrio, de los que surgen diferentes necesidades, algunas de las cuales pueden ser satisfechas mediante el acto de compra.

Existen abundantes clasificaciones de estas necesidades, que se basan, primordialmente, en la diferenciación entre innatas y adquiridas, pudiéndose subdividir éstas según sean de orden biológico o social. Dentro de las necesidades innatas de orden biológico se encuentran la alimentación, el abrigo, el instinto de reproducción, la actividad (física, intelectual y emocional) y el reposo.

Entre las necesidades innatas de orden social destacan la de relacionarse con otras personas, la de observar a los demás, unida al deseo de despertar en ellos el interés por uno mismo, juzgar a los otros, mostrar y recibir su aprobación o desaprobación, estimar y ser estimado (que provoca un gran número de actos de compra), la tendencia a dominar y sobrepasar a los demás, que a veces deriva hacia el impulso de seguir a un guía, un líder o una moda, o bien, en contrapartida, hacia el conformismo. Este conjunto de determinantes es, tal vez, el más importante desde el punto de vista de la venta.

Las necesidades adquiridas conforman uno de los principales puntos de interés para el vendedor, y su objetivo es tratar de estimularlas a través de la publicidad u otros medios, creando así la demanda del producto. Existe una gran cantidad de necesidades de este tipo que aparecen y desaparecen forzadas por motivaciones artificiales. Pueden ser de orden biológico o de orden social y el mercado dispone de multitud de artículos para satisfacerlas. La capacidad adquisitiva del consumidor será el factor que limite la decisión de compra frente a las ofertas.

Por otra parte, las necesidades del individuo son múltiples, aunque no todas pueden ser cubiertas al mismo tiempo, e incluso algunas, como pudieran ser los elevados ideales, difícilmente se satisfacen. Dentro del proceso motivacional ejemplificado anteriormente a través del esquema necesidad-impulso-producto, puede producirse una frustración cuando una barrera se interpone entre el estímulo y el artículo en cuestión. Las causas de la creación de obstáculos pueden ser íntimas, o tratarse de impedimentos que el vendedor puede fácilmente allanar. Por lo tanto, el conocimiento de estas frustraciones le interesarán especialmente. La primera, y de más difícil solución, es la insolvencia económica. Otras pueden residir en deficiencias físicas, que impidan determinadas compras, por ejemplo, el caso de un inválido en relación con una bicicleta. También pertenecen a este apartado determinados conflictos que se plantean al confluir sobre el individuo necesidades incompatibles, como puede ser la elección entre dos alternativas que se desean igualmente, por ejemplo, la decisión entre dos prendas, que puede decantarse gracias a la intervención del vendedor que elogie en grado sumo las cualidades del producto que él conoce, o que el cliente sopese las ventajas e inconvenientes de la adquisición de un determinado artículo, intentando justificar su decisión racionalmente; otra posibilidad es

Toda afirmación breve sobre economía es falsa, excepto, posiblemente, ésta.

ALFRED MARSHALL
Economista

▼ El deseo de saciar sus necesidades personales es el principal motivo que lleva al individuo al consumo.

que el cliente esté seguro de conocer perfectamente los beneficios y deficiencias de un producto, pero, una vez que éste le es presentado se desilusiona.

Las causas que no dependen del cliente, y que igualmente provocan frustración, consisten, en primer lugar, en condicionantes físicos, por ejemplo, acudir a una tienda en busca de un objeto preciso y que éste esté agotado o el establecimiento haya cerrado. En segundo lugar, psicológicos, como es el caso de que una persona se sienta desatendida o ignorada por el personal de un comercio. El vendedor puede superar este obstáculo corrigiendo su actitud en caso de que haya habido descortesía, indiferencia o descaro, o bien reparar el desconocimiento que pudiera sufrir del producto, existencias, etcétera.

Para terminar, se puede aludir a los obstáculos no atribuibles al vendedor o al comprador, sino a la organización, respecto a retrasos y errores en las entregas, insuficiencia de personal de ventas, escasa variedad, ausencia de facilidades de pago, dirección deficiente, reclamaciones no atendidas, procedimientos desleales, etcétera.

■ Análisis de la motivación del consumidor

La motivación del consumidor para preferir un artículo o servicio está basada en complejos factores de índole psicológica y sociológica. El avance en este campo de la ciencia ha sido muy importante en las últimas décadas, y hoy existen muchas teorías acerca de la conducta humana aplicadas a la actividad comercial. La forma fundamental de análisis de la motivación es la encuesta profunda, donde el encuestador estudia psicológicamente al encuestado para determinar las razones que se esconden detrás de las respuestas. Esta exploración debe hacerse de forma discreta para evitar cualquier suspicacia por parte del individuo. Los instrumentos de encuesta más utilizados son:

Prueba completiva. Se pide a la persona cuya motivación se está analizando que cite cuáles son, a su juicio, las palabras más adecuadas para completar una frase inconclusa que se le propone.

Asociación verbal. Después de captar la atención de una persona, se le indican una o varias palabras estímulo y se le pide que diga lo primero que se le ocurra. Cuando se usa esta técnica en el análisis de la motivación del consumidor, las palabras estímulo guardan estrecha relación con los productos objeto del estudio o con los efectos del producto.

Pruebas proyectivas. Tienen su fundamento en la capacidad imaginativa de las personas. Se presenta al individuo un dibujo y

Una cultura constituye un cuerpo complejo de normas, símbolos, mitos e imágenes que penetran en la intimidad del individuo, estructuran sus instintos y orientan sus emociones.

EDGAR MORIN
Sociólogo

se le solicita que exprese lo que le sugiere. Los resultados que se obtienen son muy esclarecedores, ya que las respuestas tienen una gran dosis de espontaneidad, aunque con la limitación de la capacidad imaginativa del individuo.

☐ La rentabilidad de las ventas

El objetivo de toda empresa no es simplemente vender más, sino que se venda la cantidad que represente mayores beneficios para ésta, dada su estructura y organización. En general la fórmula más sencilla para definir la rentabilidad es Rentabilidad = Beneficio/Activo (inversiones realizadas). Para introducir el elemento de las ventas en la fórmula se puede redefinir:

> Rentabilidad = Margen comercial × Rotación del capital propio
>
> Ya que, Margen comercial = Beneficio / Ventas
>
> Rotación = Ventas / Activo

Por lo tanto, para ampliar la rentabilidad se puede operar aumentando los dos factores (margen y rotación) o sólo uno de ellos.

Cada vez se torna más complicado incrementar el margen comercial, por la complejidad de los mercados y la existencia de una gran competencia, con fuertes políticas de ofertas, premios y publicidad. Por consiguiente, tratar de aumentar la rotación constituye la solución más habitual para incrementar la rentabilidad; es decir, conseguir el máximo de ventas con el mínimo costo sin reducir la calidad del producto.

GRÁFICO I.11

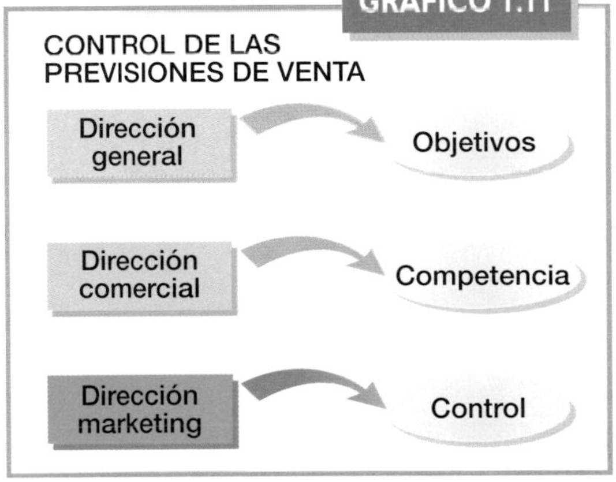

CONTROL DE LAS PREVISIONES DE VENTA

Dirección general → Objetivos

Dirección comercial → Competencia

Dirección marketing → Control

▲ *El control de las previsiones de ventas se articulan en tres tramos a partir de la dirección general, que fija los objetivos que se han de alcanzar.*

■ Control de los gastos que afectan a las ventas

Con tal de aumentar la rentabilidad, hemos visto que hay que intentar reducir los gastos al mínimo posible sin penalizar las características e imagen del producto. Debemos conocer antes todos los tipos de gastos que afectan a las ventas y decidir cuáles podemos reducir o cuáles están demasiado altos.

1. Gastos directos de venta:
   - Fijos: sueldos, seguros sociales y otras asignaciones fijas de los vendedores.
   - Variables: dietas y desplazamientos, comisiones e incentivos (primas, etcétera) de los mismos.

► *En la elaboración de productos perecederos hay que contar como gasto el porcentaje del producto que no se puede comercializar antes de que caduque.*

▼ *El transporte es un elemento importantísimo de los gastos variables que afectan a las ventas.*

2. Gastos de administración de las ventas:
   • Fijos: alquiler de oficinas, sueldos y seguridad social del personal administrativo.
   • Variables: teléfono, electricidad, agua, material de oficina e incentivos.
3. Gastos de bodega y reparto:
   • Fijos: alquiler de bodega, sueldos y seguridad social del personal de bodega y de reparto.
   • Variables: combustible, reparación y mantenimiento de los vehículos; dietas, desplazamientos y portes de las agencias de transporte.

EJEMPLO

Costes marginales:

Cantidad	100,00	Coste	150,00
Cantidad total	110,00	Coste total	155,00
Cambio en la cantidad	10,00	Cambio en el coste	5,00

CM = Cambio en el coste total ÷ Cambios en la cantidad

$$= \frac{5,00}{10,00} = 0,50$$

Para controlar que ninguno de estos tipos de gastos se dispare de forma innecesaria, debe confeccionarse un presupuesto de gastos, basándose en las observaciones propias de la empresa de, como mínimo, los dos últimos ejercicios (valores medios). Hay que tener en cuenta que todos los costos variables, anteriormente vistos, aumentarán con el volumen de ventas, no así los fijos, que sólo aumentarán cuando lo haga la propia estructura de la empresa.

■ Ámbitos del control de la rentabilidad

En la mayoría de empresas y de mercados es necesario realizar los estudios de rentabilidad de las ventas en los ámbitos que tengan diferentes características; de no ser así, un análisis global de la rentabilidad de la empresa distorsionaría los resultados y no reflejaría cuáles son los gastos que se deben reducir. Los ámbitos más habituales en los que se realizan estos estudios son:

Por zonas. Deben hacerse presupuestos de costos y ventas desglosados por países, regiones, ciudades o territorios de ventas distintos, en los cuales la empresa introducirá su producto.

Por sectores. Es decir, por categorías de clientes o clases de negocio, según su volumen y tipo de consumo (personal, industrial, comercial).

Por clientes. Se analiza la evolución de las ventas de cada cliente y los gastos variables que inciden en cada uno de ellos, tratando de distribuir las atenciones a los clientes según el volumen y la rentabilidad de las ventas particulares.

La dirección comercial debe considerar la dimensión de los pedidos durante un período determinado, con el fin de precisar los pedidos que resultan rentables y los que producen pérdidas.

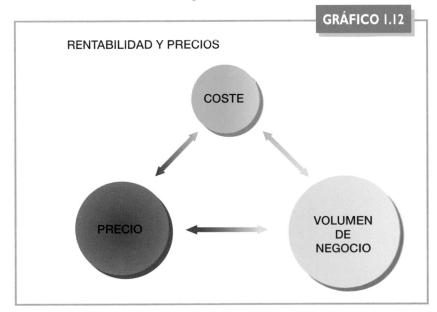

GRÁFICO 1.12

RENTABILIDAD Y PRECIOS

COSTE

PRECIO

VOLUMEN DE NEGOCIO

◄ *De una manera general, el precio de venta de un producto debe fijarse a partir del coste de elaboración del mismo y del volumen de negocio esperado. Sin embargo, los condicionamientos del mercado pueden hacer variar estas premisas.*

■ Caso práctico

La empresa Petal es una sociedad anónima que se dedica a elaborar y comercializar productos compuestos por plantas medicinales. Actualmente tiene en el mercado dos gamas de productos diferenciadas:

GAMA A: productos con finalidades curativas, con ocho años en el mercado nacional y unas ventas ya consolidadas desde los últimos tres años.

GAMA B: cosméticos, que se han introducido este año en el mercado.

I) ESTUDIO DE LA SITUACIÓN DE CADA PRODUCTO EN EL MERCADO

GAMA A: se trata de unos productos que podemos considerar en la fase de consolidación de sus ventas en el mercado.

- Su mercado principal es el sector farmacéutico, las tiendas especializadas en dietética y los médicos naturistas.
- Los gastos en investigación en los productos propiamente dichos son bajos en comparación con los de cinco años atrás, ya que en la actualidad estos medicamentos gozan de plena confianza entre los profesionales. Pero la empresa continúa investigando en nuevas propiedades y aplicaciones de sus productos e introducción de nuevas plantas medicinales.
- Los gastos en producción son mínimos, ya que los técnicos del laboratorio conocen las proporciones exactas de cada materia prima

La empresa **Petal** intenta completar la gama de sus productos con una nueva línea de cosméticos basados también en las propiedades de las plantas.

que se ha de utilizar en la fórmula de los distintos preparados. Se ha podido introducir cierta mecanización en la elaboración y empaquetado de los productos.

- El stock está perfectamente controlado, como consecuencia de una previsión de ventas clara, con los cálculos basados en los últimos tres ejercicios, en los cuales las ventas ya estaban consolidadas.
- Se mantiene cierta publicidad en revistas especializadas y catálogos destinados a las farmacias y tiendas especializadas.
- Los costos unitarios han bajado y los precios se han estabilizado, y es un buen momento para hacer ofertas a los clientes habituales por las compras de altas cantidades.

GAMA B: es el primer año en el mercado, así que se encuentra en la fase de introducción.

- Al ser productos de cosmética, el mercado al cual va dirigido es distinto del de la gama anterior. Los clientes serán ahora principalmente centros de estética, peluquerías y también las farmacias y tiendas de dietética.
- Durante esta fase se realizarán investigaciones de los procesos de obtención de los productos, así como el estudio de su aplicación y uso diario por parte de los consumidores finales.
- Se ha iniciado una fuerte campaña de publicidad en radio para llegar al consumidor final, complementada con una campaña de regalo de pequeñas muestras en los domicilios de los consumidores, acompañadas de un cuestionario que se debe rellenar sobre la valoración de su uso y resultados. Paralelamente, el departamento comercial realiza una serie de visitas a todas las peluquerías y centros de belleza, dejando catálogos de la nueva gama.

Las farmacias y centros de cosmética son los canales de comercialización más apropiados para la nueva gama de productos Petal.

• El costo medio es elevado por los altos costos publicitarios, de investigación y de producción.
• El precio deberá ser elevado para conseguir algún beneficio.

II) VALORACIÓN DEL NUEVO PRODUCTO

La dirección va a realizar un seguimiento importante en los productos de la gama B en distintos aspectos:

• Facilidades de comercialización. Al tener como clientes a un sector nuevo, como es el de la estética, la empresa todavía no conoce la demanda real. Si bien el sector farmacéutico ya compraba la otra gama, y se puede contar con que conoce la empresa, no se sabe cuál será su comportamiento de demanda de esta nueva línea de productos.
• Posibilidades de desarrollo. Como se trata de productos cosméticos naturales, y éstos son relativamente nuevos en el mercado, hay que esperar a ver qué desplazamiento producen respecto a los ya existentes. Dependerá de la eficacia del producto y de que la empresa gane nombre y confianza en este rubro, al igual que ya lo había conseguido con los productos medicinales.
• Adaptación de los recursos de la empresa. Se trata de aprovechar al máximo los recursos existentes para no incrementar innecesariamente el costo del producto. Se intentará formar a los especialistas del laboratorio en la nueva gama, que requiere técnicas de obtención distintas.

El control de la evolución de las ventas es de especial importancia en la fase de lanzamiento de los nuevos productos cosméticos de la firma.

LA GESTIÓN COMERCIAL

❏ ORGANIZACIÓN COMERCIAL

El departamento comercial debe tener una vida y una organización propias dentro del organigrama general de la empresa. Es imprescindible organizar la estructura comercial para que su funcionamiento sea óptimo y se consigan los objetivos marcados por la empresa. Para ello hay que tener en cuenta tres puntos básicos:

1. *Dirección comercial*. Será la encargada de dos tareas básicas dentro de la función comercial de la empresa:

- Fijar tácticas, estrategias, objetivos y fines ante la competencia y decidir sobre temas como cifra de ventas que se debe conseguir, número de puntos de venta, participación en el mercado, incremento sobre ejercicios anteriores y sobre los descuentos y *rappels* de posible aplicación sobre los precios de venta.
- Animación y apoyo, mediante reuniones periódicas, visitas conjuntas y canales de comunicación bien definidos y accesibles.

2. *Control*. Evaluación de los resultados; verificación del cumplimiento de los objetivos marcados; medición de los desfases y los porcentajes de desviación entre lo previsto y lo real; y observación del cumplimiento de las normas de funcionamiento, conducta de los vendedores y redacción de informes.

3. *Información*. Es básica dentro del departamento comercial de una empresa, tanto a nivel descendente, mediante órdenes, normas y directrices del jefe del departamento comercial hacia los subordinados, como ascendente, a través de informes, comentarios, sugerencias y peticiones.

■ Las teorías de venta

En la actualidad, el problema no radica en producir ciertos artículos, sino en distribuirlos de manera adecuada entre la masa consumidora. Si anteriormente el objetivo de una empresa era vender todo lo que fabricaba, ahora es elaborar todo lo que es susceptible de venta. Esta concepción supone centrar el marketing en el consumidor, que surge como componente básico e informador de todo sistema de comercialización.

Por eso, las técnicas de venta y los métodos de promoción tienden a convencer a los clientes sobre la adquisición de determinados productos, muchos de los

▼ *La venta o promoción por catálogo es un medio cada vez más empleado para dar a conocer los productos.*

cuales aparecen como vitales una vez que por estos métodos se ha creado su necesidad, aunque antes el usuario no advirtiera la carencia de los mismos.

No es posible ofrecer una única respuesta en cuanto a qué técnica de venta aplicar en cada caso concreto, ya que la existencia de peculiaridades propias dificulta la imposición de reglas rígidas. Sin embargo, se manejan principalmente dos teorías ya clásicas que aparecen citadas con frecuencia en los manuales de formación de vendedores. Ambas toman su nombre de las letras iniciales de sus distintas etapas.

GRÁFICO 1.13

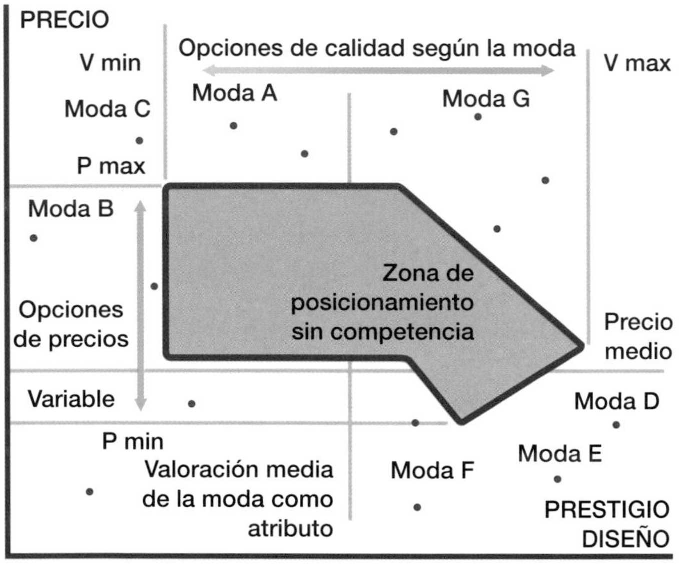

PRECIO

V min

Opciones de calidad según la moda

V max

Moda C

Moda A

Moda G

P max

Moda B

Zona de posicionamiento sin competencia

Precio medio

Opciones de precios

Variable

Moda D

P min

Valoración media de la moda como atributo

Moda F

Moda E

PRESTIGIO DISEÑO

▲ *La empresa debe estudiar con atención su posicionamiento real y potencial en el mercado antes de fijar sus precios y el segmento de mercado en el que actuar con éxito.*

La teoría AIDAS

Plantea las sucesivas etapas mentales del posible comprador:

Atención. No hay métodos que garanticen la atracción de la atención del cliente. El objetivo es alejarlo de sus preocupaciones y centrarlo en una conversación que permita captar positivamente su atención. En gran medida dependerá de la habilidad del vendedor y del conocimiento de su clientela, tanto de sus circunstancias personales (carácter, gustos, situación familiar, posición económica, etcétera) como de la motivación concreta que puede inducirle a la compra.

Interés. Esta etapa es más complicada y laboriosa, ya que en ella se trata de establecer, en primer lugar, el posible foco de interés y si éste responde a una necesidad real o está determinado por un deseo impulsivo. Esto se consigue mediante la observación del cliente y descubriendo su carácter, preguntándole, por ejemplo, por los productos que utiliza, o escuchando sus argumentos, que, seguramente, nos servirán más adelante para dirigir la conversación sobre la venta.

En segundo lugar, se debe demostrar que la oferta que se propone es la que más se ajusta a sus intereses. Se trata de exponer al cliente las ventajas que el producto le proporcionará. La presentación del artículo en este proceso es fundamental y se debe preparar con antelación la entrevista, considerando todos los detalles que promuevan la confianza del cliente. Por otra parte, cuanto mayor y más profundo sea el conocimiento que posea el vendedor del producto, mejor será la presentación de la mercancía. El vendedor intentará hacer aparecer el deseo de compra en el cliente apoyándose en distintos medios: audiovisuales, anécdotas narradas, pruebas de la exposición. Siempre que sea posible se intentará que el cliente participe activamente en la demostración, que sea él quien pruebe el artículo, lo toque, lo haga funcionar, lo experimente, etcétera. Otro punto de apoyo consiste en impactar al cliente con cifras económicas que le supongan posibles ahorros. Finalmente, hay que estar siempre dispuesto a rematar la venta, sabiendo descubrir y aprovechar las oportunidades que se presenten en cualquier momento del diálogo, en que el cliente se comprometa a través de sus respuestas.

Deseo. Esta etapa requiere aún una mayor persuasión. A esta altura de la conversación, el vendedor deberá darse cuenta de las necesidades de su cliente y demostrar sobre esta base cómo su producto las satisface; sabrá además responder a las objeciones que se le hagan, no contradiciendo abiertamente los inconvenientes, sino dando la impresión de admitir el planteamiento general que se le hace, pero presentando al mismo tiempo otras ventajas que contrapesen las trabas observadas por el comprador.

Para despertar el deseo, el vendedor se puede valer de las sugerencias sutiles dirigidas al subconsciente del comprador. Según la teoría del desequilibrio es factible provocar el acto volitivo creando un desnivel entre lo que se tiene y lo que se podría

ORGANIZACIÓN COMERCIAL

Las condiciones y la formación de los vendedores dependerán, por un lado, del perfil de la empresa, y por otro, de las características del producto comercializado.

Tabla 1.5 Argumentario de ventas

General	Comercial	Técnico	Financiero	Económico
Historial de la empresa	Precio	Materias primas	Aplazamiento de pago	Funcionalidad operativa
Planes de expansión	Plazos de entrega	Componentes	Facilidades de crédito	Comodidad de utilización
Objetivos	Exclusividad de venta	Maquinaria y equipo	Estudios de rentabilidad	Comodidad de control
Solidez financiera	Ayudas para la promoción	Especificaciones técnicas	Financiación	Protección de accidentes
Capacidad de producción	Asesoramiento en ventas		Recompra	
Capacidad tecnológica	Defensa ante la competencia			
Equipamiento	Imagen del producto			
Capacidad del personal	Exclusividad del diseño			

poseer, que a nivel funcional consistiría en demostrar primero la necesidad de un producto o servicio y luego cómo la oferta que se hace satisface plenamente esta carencia.

En la aplicación de la técnica del deseo es fundamental la habilidad del vendedor para crear imágenes que provoquen la consiguiente sugestión en la mente del cliente y redunden en la adquisición del producto. Igualmente es de vital importancia el entusiasmo que demuestre el vendedor respecto a su artículo, el cual estará estrechamente ligado al convencimiento que éste tenga de su trabajo. Así mismo se recomienda usar palabras que exciten la imaginación y no escatimar el tiempo dedicado a esta etapa.

Acción. Esta fase corresponde al cierre de la venta. El vendedor tratará de adaptar sus argumentos a las necesidades y al interés del cliente. Si no quiere tomar nota del pedido inmediatamente por temor al rechazo, puede adoptar otras fórmulas, como preguntar sobre la posible fecha de entrega o sobre la cantidad deseada.

Satisfacción. Esta fase está relacionada con la necesidad que tienen las empresas de la repetición de los pedidos; se trata, en consecuencia, de que el cliente quede conforme con el producto adquirido y, por tanto, reincida en la compra.

La teoría DIDADA

Es, en cierto modo, una variante de la anterior recomendada en el caso de bienes industriales o ventas rutinarias a clientes antiguos. Las etapas en esta técnica se muestran en el cuadro 1.2.

MÁS QUE VENDER

Vender no implica exclusivamente colocar la mercancía al cliente, sino, en esencia, satisfacer al consumidor, demostrando el servicio que cumple el producto.

CUADRO 1.2

La teoría DIDADA	
Definición	Corresponde al diálogo en que queda explícita la necesidad y el deseo del cliente.
Identificación	Exposición de los artículos por parte del vendedor tratando de que el cliente los identifique con sus necesidades y deseos, convenciéndolo de que éstos quedan colmados con el producto.
Demostración	El vendedor debe demostrar que el artículo responde a todas las aspiraciones del cliente; es decir, que la idea en que se basa el producto es la más adecuada a su situación.
Aceptación	El cliente está preparado, en esta etapa, para dar su consentimiento, para aprobar la exactitud de la exposición.
Deseo	El cliente debe aceptar que efectivamente desea recibir la oferta, que busca hacer realidad la satisfacción de su necesidad.
Acción	Esta fase corresponde al cierre de la venta.

❏ ORGANIZACIÓN DE LOS VENDEDORES

■ Selección del personal comercial

El tipo de empresa y la clase de producto que comercializa son dos condicionamientos que han de orientar el desarrollo del segundo de los aspectos básicos de la organización comercial, esto es, la selección y formación de los vendedores. Es evidente que no deben tener las mismas condiciones los vendedores de una empresa siderúrgica o de construcción naval, que los de una firma que elabora productos de cosmética. Desde la titulación académica y el nivel de estudios que se les exija, hasta el entorno social en que desenvuelven sus actividades, todas estas condiciones pueden variar en función de que se trate de uno u otro producto.

Hecha esta aclaración previa, es preciso ahondar más en la definición de los factores que deben considerarse en la selección de los vendedores.

■ Requisitos personales

Las características de la empresa y del producto elaborado permiten fijar en este punto algunos de los requisitos que, dentro de unos límites flexibles, habrán de reunir los candidatos al puesto de vendedor. Son éstos, por ejemplo, los relativos a la edad, condiciones físicas, estudios cursados, experiencia previa, carácter y personalidad. Pero ¿dónde encontrar personas con las características adecuadas? Algunas empresas siguen el sistema de reclutar entre sus propios empleados a los futuros vendedores, después de una formación específica. Otras prefieren acudir a las universidades y escuelas técnicas o de enseñanza por correspondencia. Finalmente, otra fuente de buenos vendedores la constituyen las demás empresas, sean o no competidoras.

Una vez configurados los requisitos que deben reunir los candidatos y los lugares en que éstos pueden ser reclutados, es preciso abordar otro aspecto de capital importancia en el proceso de selección: el examen de aptitud.

Para cumplir con esta finalidad sirven diversos medios, desde las simples referencias personales y los exámenes médicos, hasta los cuestionarios que han de rellenar los aspirantes a los puestos de ventas, los

▼ *El mercado se segmenta conforme al estatus socioeconómico, el poder adquisitivo, los gustos y las modas de los consumidores, y esto es algo que deben tener muy presente tanto las empresas como su equipo de vendedores.*

GRÁFICO I.14

tests especializados, las entrevistas personales, los períodos de prueba, etcétera. Los cuestionarios de solicitud de empleo, si están bien concebidos, pueden ofrecer al empresario una valiosa base de los datos personales más significativos del candidato, así como de sus aptitudes; no obstante, por su propia limitación intrínseca deben completarse con otros sistemas de examen.

Actualmente está muy extendido el empleo de *tests*, que pueden clasificarse en tres grupos: los que miden la capacidad intelectual, los que desvelan las actividades de mayor interés para el solicitante y los que están dirigidos a calibrar la capacidad potencial como vendedor. En cualquier caso, no debe olvidarse la conveniencia de completar estas pruebas con algún otro medio de evaluación. La entrevista personal ofrece una amplia gama de posibilidades para este tipo de examen y permite un rigor en la evaluación de la que carecen otros métodos, especialmente cuando es preciso tener en cuenta detalles de la personalidad y el carácter. La cuidadosa preparación y selección de preguntas o temas, que abarquen todos los aspectos de interés para la empresa, así como la necesaria objetividad que en todo momento debe mantener el entrevistador han de ser principios rectores de estas entrevistas.

▼ *La presentación y aspecto externo del producto debe evolucionar de acuerdo con las modas y hábitos del mercado, incorporando envases cada vez más compactos y potenciando el aspecto ecológico.*

■ Características del producto

La explicación detallada del producto, con todas sus virtudes y limitaciones, constituye un nuevo paso en el proceso de selección de los vendedores. De esta forma, el conocimiento cabal de la mercancía que va a comercializar permite al vendedor contrastar las exigencias de la venta de ese producto con sus aptitudes personales, y posibilita a la empresa concluir si está o no ante la persona idónea para el fin que persigue.

■ Actividades de los vendedores

Un punto importante en la selección del personal es la enumeración concreta de todas las tareas y actividades complementarias que ha de asumir el vendedor como parte de su trabajo; éstas se pueden sistematizar en los siguientes grupos:

1. Promoción de ventas

- Hallar nuevas perspectivas de ventas y captar nuevos clientes.
- Conocer y utilizar las campañas de promoción y publicidad de la empresa.

> **CUADRO 1.3**

Características generales de los argumentos
ARGUMENTARIO

Claro, conciso y concreto.

ARGUMENTOS

Leales y objetivos.
Huir de afirmaciones rotundas de superioridad respecto a la competencia.
Demostrable, evitar elementos dudosos.
Evitar que sean repetitivos.
Realzar el servicio proporcionado a la causa que lo provoca.
Evitar argumentos contradictorios.
Se deben preparar según las características de la persona a quien van destinados.

VENDEDOR PERFECTO

Es posible que no exista el vendedor perfecto, pero algunos se acercan a él porque conocen muy bien el producto que tienen, saben a quién lo han de vender y en qué momento deben hacerlo.

- Evaluar la eficacia de tales campañas.
- Vigilar las tendencias del mercado y la aparición de nuevos productos.

2. Ventas

- Explicar adecuadamente al cliente las posibilidades que ofrece el producto.
- Evaluar las posibles necesidades del cliente.
- Exponer la política de la empresa en cuanto a precios, entregas y crédito.
- Controlar las existencias y buscar nuevas aplicaciones del producto.
- Gestionar el cobro de las ventas realizadas e informar sobre los créditos incobrables.

▼ *La formación técnica del vendedor es imprescindible para que pueda efectuar una correcta orientación de los clientes en el mercado.*

3. Actividades complementarias

- Cuidar el equipo y el material de promoción del producto.
- Atender las reclamaciones y devoluciones.
- Organizar el servicio posventa.
- Atender las peticiones de crédito.
- Establecer prioridades en las entregas.

■ Formación humana y profesional del personal comercial

Todo el proceso de selección culmina en la etapa de capacitación de los vendedores, que es especialmente importante en la pequeña empresa

por ser en ella donde la técnica de las ventas está generalmente más descuidada y donde se registran los índices más bajos de facturación por empleado.

¿Cómo se forma a un vendedor? Ciertamente, hay algunas condiciones innatas que pueden resultar muy útiles para la venta, pero, en general, se trata de una función que puede enseñarse y cualquier persona de inteligencia normal puede sacar provecho de un curso de formación bien orientado. Para esta formación, hay una serie de puntos que se deben tener en cuenta.

Conocimiento de sí mismo. Si quiere llegar a ser auténticamente eficaz, el vendedor deberá empezar por tener un conocimiento cabal de su propia personalidad, de su carácter y de su propia imagen.

Cuidará, en primer término, de su apariencia personal, incluida la corrección en el vestir.

En cuanto a su personalidad, deberá esforzarse por calibrar el efecto que cause en los demás, para evitar las actitudes negativas y los criterios meramente subjetivos y personales. En todo caso, no debe olvidarse que un auténtico deseo de servir al cliente, que éste percibe inmediatamente, puede compensar el hecho de que en su persona existan facetas que no sean totalmente positivas.

En su trato con los demás, ha de saber escuchar, no perder nunca la calma y, sobre todo, no discutir, pues es de sobra conocido que de una discusión jamás ha salido una venta. Finalmente, la honestidad e integridad son cualidades que han de brillar en el vendedor, en razón de las funciones específicas que desempeña.

Conocimiento de la empresa. El conocimiento cabal de la empresa constituye una ayuda de valor inestimable para todo vendedor. Este conocimiento debe proyectarse a diversos aspectos de la realidad empresarial, entre los cuales merecen citarse:

- La estructura y los objetivos de la empresa en una perspectiva histórica, desde su fundación, pasando por las modificaciones introducidas con posterioridad, hasta llegar a la época actual. Esta visión de conjunto debe abarcar tanto la organización funcional como las relaciones entre los departamentos.
- La política de ventas, de publicidad, de servicios y de personal.
- Las normas de régimen interior, de actuación económica y financiera, y de control de la calidad.
- Las características del mercado y de las empresas competidoras.

GRÁFICO 1.15

Formación del vendedor

Conocimiento de sí mismo
Aspecto
Trato social
Conversación
Personalidad
Integridad

Conocimiento de la empresa
Mercado
Objetivos
Política
Estructura
Reglamentos

▲ *El vendedor debe cuidar tanto los aspectos técnicos de sus conocimientos sobre el producto como su aspecto personal y la forma de relacionarse con los potenciales clientes.*

Conocimiento del producto. Es indispensable que el vendedor tenga acceso a toda la información disponible sobre el producto que debe comercializar. En la medida de lo posible, la dirección comercial organizará, en beneficio de sus vendedores, conferencias y proyecciones de material filmado, y distribuirá folletos, manuales y publicaciones técnicas.

¿Qué es lo que debe saber el vendedor sobre el producto? Básicamente, cinco cosas:

- Calidad de los materiales empleados en su fabricación y los métodos aplicados en la misma.
- Características y actividades generales del fabricante.
- Fuentes de abastecimiento y de ayuda técnica.
- Aplicaciones del producto, modos de empleo, rendimiento, duración, nivel de seguridad y adaptabilidad.
- Características diferenciales del producto en comparación con otros competidores, y ventajas que presenta.

El conocimiento integral del producto permite al vendedor alcanzar mayor eficacia en la venta. Así, por ejemplo, los resultados pueden ser muy diferentes si el empleado que quiere vender un martillo se limita a decir que es de buena calidad y que tiene gran aceptación, o si, por el contrario, comenta sus características, aplicaciones, materias primas empleadas y durabilidad.

▲ *Creer en el producto que se intenta vender suele proporcionar la seguridad suficiente para convencer al cliente.*

Conocimiento del cliente. Para conocer realmente en qué tipo de mercado la empresa va a introducir su producto es necesario obtener información sobre las verdaderas necesidades del cliente. Para acabar de perfilar esta información, el vendedor debe determinar los verdaderos motivos que impulsan al cliente a com-

CUADRO 1.4

Planificación de visitas

POTENCIAL	TIEMPO	RENTABILIDAD
Ventas desde principios de año Ventas adicionales posibles Ventas esperadas Potencial total anual	Número anual de visitas Duración media de la visita Tiempo de preparación y viaje Tiempo anual empleado	Margen bruto según ventas esperadas Costo del tiempo empleado

En la selección, preparación y control del equipo de ventas conviene sobreestimar a la competencia: ésta nunca duerme y un discreto seguimiento de su trabajo puede servir de punto de referencia.

prar. Estos motivos son muy variados y, en rasgos generales, se pueden clasificar en:

- Sociales: afán de posición social, imitación o emulación, apariencia externa, deseo de estar a la moda.
- Personales: confort, placer estético o físico, salud, descanso o diversión, deseo de aventura, temor, escapismo.
- Económicos: impulso creativo, cautela, deseo de invertir el capital, ánimo de lucro.

En todo caso, hay que tener en cuenta que cuanto más se sepa de los motivos que tiene el cliente para comprar, mejor se podrán satisfacer sus necesidades. Una vez conocidos los gustos personales del cliente y los motivos concretos que le impulsan a la adquisición, resulta más fácil realizar una presentación eficaz del producto, destacando aquellos aspectos que más le satisfarán.

■ Estudio y planificación de rutas

Puede afirmarse que, en promedio, el tiempo que un vendedor dedica a la venta directa, corresponde al 20 % o 30 % de su jorna-

▶ La finalidad de la planificación de las rutas es aumentar el tiempo efectivo de ventas y el número de visitas, así como acostumbrar a los clientes a cierta periodicidad.

da laboral. Por ello es fundamental que organice las rutas, para aprovechar al máximo ese tiempo que significa un costo directo para la empresa en salario y seguridad social.

Los **objetivos** para un buen estudio de rutas son:

- Aprovechar lo mejor posible el tiempo de desplazamiento.
- Hacer que los kilómetros de desplazamiento sean de la máxima rentabilidad.
- Evitar la improvisación de las visitas que se han de realizar.
- Lograr un mejor control de la acción comercial.
- Poder localizar en todo momento y rápidamente a cualquier vendedor.
- Evitar olvidarse de los clientes.

Los **fines** que se persiguen con la planificación de rutas son:

- Aumentar el tiempo efectivo de venta disminuyendo el trabajo improductivo.
- Aumentar el número de visitas.
- Acostumbrar al cliente a una periodicidad en el paso de pedidos, consiguiendo una mayor regularidad de los mismos.

Evidentemente, el tipo de ruta idóneo dependerá de una serie de **factores**:

- Naturaleza de los productos que se han de vender. Los artículos de gran consumo requerirán visitas más periódicas que los artículos de consumo estacional o industrial.
- Zona de ruta. Las zonas rurales con más distancia entre clientes, y normalmente peor comunicadas que las áreas metropolitanas, implicarán más tiempo de ruta para obtener menos venta. Por lo tanto, debe valorarse si es rentable o no hacer visitas a determinado tipo de zonas muy aisladas.
- Tipo de cliente. Según el volumen de ventas, los mayoristas, minoristas o particulares merecerán distinta atención en tiempo y frecuencia de las visitas.
- Medio de transporte utilizado por el vendedor. Se debe valorar la rapidez y costo de las distintas posibilidades de realizar las rutas.
- Tiempos muertos de espera. El tiempo perdido por tener que repetir una visita, en caso de ausencia del cliente, es difícil de valorar; hay que tener en cuenta que afectará a las otras visitas programadas y a la ruta en general.
- Trabajos administrativos del vendedor. Son los relativos a recabar información, elaborar presupuestos, etcétera, que deben intercalarse entre el tiempo de ruta.
- Atenciones especiales. Son las debidas a peticiones concretas de los clientes y son muy difíciles de determinar.

El vendedor debe destinar el tiempo no dedicado a la venta a profundizar en el conocimiento del mercado y a potenciar su propia formación.

Como norma general, se debe dedicar más tiempo a los clientes que ofrezcan más rentabilidad por unidad de tiempo dedicada. Es decir, es muy importante introducir el valor costo al estudiar todos los factores que inciden en el momento de planificar las rutas de los vendedores; hay que tener claro que el objetivo principal es alcanzar el beneficio esperado por la empresa.

▶ *El vendedor dedicará mayor «esfuerzo» a aquellos clientes que representen o puedan representar mayor volumen de ventas.*

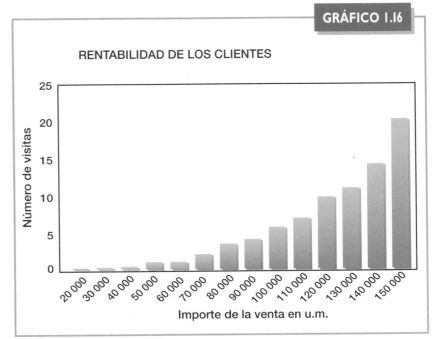

GRÁFICO 1.16

RENTABILIDAD DE LOS CLIENTES

▼ *La remuneración de un vendedor debe combinar la seguridad económica personal con el estímulo para conseguir un mayor volumen de ventas.*

☐ GESTIÓN DE LA RED COMERCIAL

■ Remuneración de los vendedores

Existen determinadas metas que son básicas en todo buen sistema de retribuciones y que se pueden resumir así:

Adecuación a la tarea realizada. Muchas veces se exige al vendedor que desarrolle ciertas actividades que no se insertan estrictamente en la función de venta, sino que son complementarias o preparatorias. En este caso, sería injusta una remuneración que consistiera sólo en el incentivo, puesto que se dejarían de retribuir todas las actividades que no fueran propiamente de venta.

Adaptación a los objetivos de ventas de la empresa. Un sistema variable de incentivos permite a la dirección, por un lado, centrar la atención de los vendedores sobre un producto determinado cuya venta interese especialmente y, por otro, aprovechar cualquier coyuntura económica favorable para incrementar el volumen de ventas en ciertas épocas del año, como pueden ser las vacaciones o la Navidad, o bien conseguir que los vendedores presten mayor atención a los servicios posventa, a los estudios de mercado, etcétera.

Flexibilidad para adaptarse a las variaciones de los costos de ventas, de promoción de productos, publicidad, etcétera.

Simplicidad y transparencia en su aplicación, de forma que se respeten siempre los principios de justicia y equidad, evitando que cualquier discriminación o trato de favor puedan generar actitudes negativas en otros vendedores.

Existen tres sistemas de retribución del trabajo del vendedor:

1. Sueldo fijo. Consistente en tener un sueldo fijo cada mes, independientemente de las ventas conseguidas. Los costos para la empresa serán esos sueldos fijos más los gastos sociales.

Ventajas:

- El tener un ingreso fijo da seguridad al vendedor.
- Es fácil de administrar y controlar, evitando equivocaciones, rectificaciones en su cálculo y retrasos en su cobro, eludiendo así un posible foco de malestar entre la empresa y el vendedor.
- Permite a la empresa contar la retribución del vendedor como un gasto fijo.

LA RED COMERCIAL

Las personas que participan en la actividad comercial de una empresa incrementarán su rendimiento si se les explica su exacto cometido y se les incentiva adecuadamente.

CUADRO 1.5

Errores que se deben evitar en una visita de venta

Hablar demasiado deprisa. Se debe hablar como si sus ideas fueran evolucionando a medida que se avanza en la exposición.

La monotonía. Debe darse cierto colorido a la presentación de los productos.

Un comienzo aburrido. Las primeras palabras deben captar el interés del interlocutor, para que esté pendiente durante toda la exposición.

Incapacidad para ir al grano y no saber poner punto final. Es preciso decidir de antemano tanto el tema principal como la conclusión de la charla.

Permitir que el tema decaiga. Es preferible que el vendedor exponga sus argumentos de forma seguida, sin interrupciones, proponiendo que las preguntas se realicen al terminar la exposición.

Exposiciones muy largas. Se debe ser lo más concreto posible.

Falta de expresión figurativa. Se debe hacer lo más fácil posible la explicación, con ejemplos y analogías con la experiencia diaria.

Exhibición de conocimientos. Evitar la pedantería, desplegando demasiados tecnicismos y citas.

Inconvenientes:

- Es necesario definir exactamente las tareas y funciones del vendedor. Como el sueldo no depende del volumen de ventas, hay que fijar otro tipo de objetivos, como número de visitas o adjudicación de un paquete de clientes.
- Exige mucho control para evitar la relajación de los miembros del equipo comercial.
- Es injusto para las personas más trabajadoras, ya que cobrará igual el vendedor que venda poco como el que venda mucho, lo que desanima a los vendedores más capacitados.
- No estimula la acción de los vendedores, creando funcionarios que siguen unos programas de visitas y no vendedores.

Es *aconsejable* su uso:

- Cuando no interese estimular las ventas de forma continua.
- En la introducción de nuevos productos.
- Para nuevas zonas de venta.

LA REMUNERACIÓN

Entre los distintos tipos de remuneración al vendedor, la modalidad de sueldo fijo más comisión suele resultar satisfactorio tanto para la empresa como para el mismo vendedor.

CUADRO 1.6

Cuestionario para valorar cómo se preparan
las visitas por parte de los vendedores

1. ¿Planifica usted la cifra de ventas que pretende conseguir con cada producto durante un período determinado?
2. ¿Comprueba los progresos conseguidos en sus planes a intervalos determinados?
3. ¿Elabora un programa de visitas para la semana siguiente al final de la anterior?
4. ¿Investiga la frecuencia de visitas más idónea para cada cliente, variando la misma según sus necesidades?
5. Si tiene que cambiar el orden de sus visitas (nuevos recorridos, nuevos clientes), ¿estudia un mapa para decidir los trayectos más apropiados?
6. ¿Acepta la idea de hacer viajes adicionales prolongados con el fin de pasar algunas noches en casa?
7. ¿Hace su primera visita normalmente a un cliente al que puede ver a una hora temprana?
8. ¿Proyecta completar el 60 % de sus visitas antes de la hora de comer?
9. ¿Entran en sus planes de negociación detalles específicos tales como los productos que se propone ofrecer a cada cliente y en qué cantidades?
10. ¿Entran en sus planes de negociación las objeciones previsibles de sus clientes, con sus respuestas?
11. ¿Anota todas las tardes las tareas extras que debe realizar el día siguiente?
12. ¿Recoge información de todas las fuentes disponibles (periódicos, balances, material publicitario, estudios industriales, etcétera) sobre los clientes potenciales antes de hacerles la primera visita?
13. ¿Le asusta concertar una entrevista por teléfono?
14. ¿Entran en sus planes de negociación los pequeños favores que usted puede hacer a sus clientes?
15. ¿Repasa mentalmente sus planes de negociación mientras va camino de la entrevista con el cliente?

2. Comisión. Consiste en cobrar por unidad vendida una cantidad estipulada. Suelen marcarse tramos de volumen de ventas conseguidos, en los cuales la comisión es superior, o se recibe un premio por llegar a ciertas cantidades del producto vendidas.

Ventajas:

• Cuanto más venda, mejor retribuido estará el vendedor y, por lo tanto, incrementará la cifra de ventas de la empresa.
• Exige menos control, ya que el vendedor tiene la obligación de adecuar y mejorar su sistema de venta y de rutas si quiere conseguir un sueldo razonable.
• El margen comercial puede ser presupuestado, ya que la comisión será un porcentaje del valor del producto vendido.
• El vendedor considerará que es un buen sistema porque premia el esfuerzo y el trabajo.

Inconvenientes:

• Se abandona el trato en profundidad de la clientela.
• Se tiende sólo a buscar el pedido importante, descuidando a cierto tipo de cliente que realiza pequeños pedidos, pero que con la suma de muchos de ellos puede representar una parte significativa de la franja de mercado que corresponde a la empresa.
• Se crea demasiada presión en el equipo comercial, fomentando las rivalidades entre los vendedores.

Su uso es *aconsejable*:

• En un momento en que se decida una política de aumento de ventas.
• Cuando el tipo de producto determina que la venta esté muy ligada al esfuerzo del vendedor.
• No debe aplicarse ni en zonas de mercado nuevas ni al contratar a un nuevo vendedor.

3. Sueldo fijo más comisión. Consiste en una combinación de los dos sistemas anteriores; es decir, el vendedor cobra una parte fija y otra variable en función de las ventas conseguidas, según unos baremos fijados *a priori* por períodos. Es el más utilizado en la práctica.

Ventajas:

• Aprovecha al máximo las ventajas que presentan por separado los dos sistemas, es decir, seguridad y estímulo.
• Es un sistema muy justo, tanto para el vendedor como para la empresa.

Las compañías líderes han descubierto ya el método para lograr buenos clientes, buenos productos, buenos servicios y buenos resultados: a través de la optimización del trabajo personal y del grupo.

RICHARD S. HANDSCOMBE
Empresario

Inconvenientes:

- Dificultad para encontrar el punto de equilibrio entre el sueldo fijo y la comisión, de manera que el vendedor se esfuerce.

Aconsejable:

- En el caso de vendedores al frente de una delegación.

❏ EVALUACIÓN DE LA ACTIVIDAD COMERCIAL

■ Determinación de los objetivos comerciales

La premisa fundamental para hacer una buena auditoría de la red comercial de una empresa es que la eficiencia del equipo comercial sea valorada por el cumplimiento o no de los objetivos. Por tanto, resulta fundamental determinar y clarificar los objetivos comerciales que se deben cumplir.

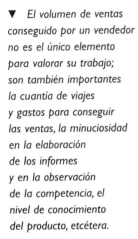

▼ *El volumen de ventas conseguido por un vendedor no es el único elemento para valorar su trabajo; son también importantes la cuantía de viajes y gastos para conseguir las ventas, la minuciosidad en la elaboración de los informes y en la observación de la competencia, el nivel de conocimiento del producto, etcétera.*

Dichos objetivos son de distinto ámbito:

- General: a nivel de toda la empresa para un ejercicio concreto.
- Zonal: objetivos que debe alcanzar cada zona o delegación comercial que tenga la empresa.
- Individual: objetivos que debe cumplir cada miembro del equipo comercial.

Tanto los objetivos generales, como zonales, o individuales tendrán que cumplir una serie de requisitos:

- Deben concretarse al máximo posible al inicio del ejercicio, especificándose en cifras (cuantificables).
  - Deben ser fáciles de medir, dejando clara la forma de certificar que se han alcanzado.
  - Deben ser factibles de alcanzar; para lo cual es conveniente basarse en la experiencia pasada.
  - El punto anterior no quita que estos objetivos requieran un esfuerzo del equipo de vendedores, para evitar el estancamiento y relajación en el trabajo.
  - Deben ser atractivos para el vendedor en cuanto al premio recibido por su cumplimiento.

A continuación se relacionan los posibles objetivos que ha de marcar y controlar la dirección comercial:

- Cifra de ventas total facturada.
- Volumen de ventas por productos o un producto en particular.
- Porcentaje de ventas al contado.

- Porcentaje de devoluciones.
- Porcentaje promedio de descuentos concedidos.
- Porcentaje de los gastos de venta sobre la facturación.
- Porcentaje de incremento de ventas respecto al período anterior.
- Número o porcentaje de clientes nuevos que se ha de conseguir.
- Número total de clientes.
- Visitas o contactos que se deben realizar.
- Porcentaje de visitas sobre visitas realizadas.
- Cifra de ventas por visita.
- Cifra de ventas por cliente.
- Número de pedidos por cada cliente.

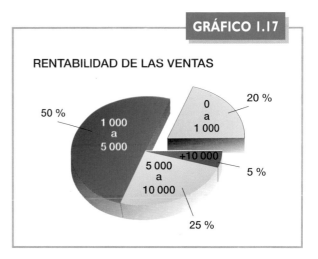

GRÁFICO 1.17

RENTABILIDAD DE LAS VENTAS

50 % — 1 000 a 5 000
20 % — 0 a 1 000
5 % — +10 000
25 % — 5 000 a 10 000

■ Sistemas de medición del cumplimiento de los objetivos

La dirección comercial tiene encomendada, como una de sus principales tareas, la de controlar el funcionamiento de los miembros del equipo humano que dirige. Para ello utilizará, sobre todo, los siguientes instrumentos:

Rapports de los vendedores. Se debe proporcionar a los vendedores una serie de cuestionarios en los que anoten todas las visitas, nombre de clientes y ventas realizadas, para comprobar la consecución de objetivos, y así también conocer mejor el mercado. Deben ser lo más breves posible y sencillos de completar por el vendedor (si es posible, con signos o monosílabos).

Índices y estadísticas. A partir de los datos recopilados, la dirección comercial debe confeccionar los índices y estadísticas para ver y analizar las desviaciones.

▲ *Supongamos que todo pedido inferior a 1 000 u.m. no cubre los gastos fijos correspondientes y es deficitario. El gráfico constata que un 20 % de los pedidos son deficitarios.*

▼ *La evolución de un producto en el mercado suele seguir la curva que muestra el gráfico: cuando los compradores bajan al mínimo, ha llegado el momento de pensar en renovar o cambiar el producto.*

GRÁFICO 1.18

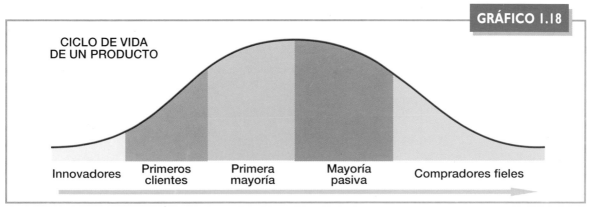

CICLO DE VIDA DE UN PRODUCTO

Innovadores | Primeros clientes | Primera mayoría | Mayoría pasiva | Compradores fieles

■ Caso práctico

La empresa Maquinatrex es una sociedad limitada que se dedica a la comercialización de maquinaria ligera para la industria textil. Tiene una plantilla comercial de 10 vendedores, 3 administrativos y 2 directivos, uno comercial y el otro financiero.

A) El director comercial se dispone a hacer una valoración global del señor Galindo, última incorporación del equipo comercial, tras seis meses en la empresa.

El jefe de zona del señor Galindo ha pasado el siguiente informe sobre su trabajo en estos últimos seis meses:

	Objetivo	Realización
Cuota de ventas	1 000 unidades	815 unidades
Promoción de ventas	50 visitas	40 visitas
Trabajo en la zona	100 visitas	104 visitas
Gastos de viaje (por 1 000 unidades vendidas)	500 u.m.	600 u.m.

Además, el jefe de zona ha establecido la siguiente valoración sobre el comportamiento del señor Galindo en el mercado (las valoraciones son MB, muy bueno; B, bueno; R, regular y M, malo)

Valoración	
Elaboración de informes	R
Conocimiento del producto	B
Trato con los clientes	B

El señor Galindo es un nuevo vendedor cuyo trato con los clientes parece estar a un nivel más que aceptable.

Con estos datos el director comercial debe valorar la actuación global del señor Galindo. Para ello dará distinta ponderación a las diferentes valoraciones anteriores y una valoración de 0 a 10 de cada apreciación.

	Ponderación	Valoración	Puntos
Ventas	40	9	360
Promoción	20	9	180
Trabajo zona	15	10	150
Gastos viaje	4	5	20
Informes	5	6	30
Conocimiento producto	8	9	72
Trato clientes	8	8	64
	100		876

El señor Galindo obtuvo 876 de los 1000 puntos posibles, teniendo en cuenta que esta valoración se rige por la siguiente tabla:

Puntuación	Rendimiento
0 a 399	insatisfactorio
400 a 499	adecuado
500 a 699	medio
700 a 899	bueno
900 a 1000	muy bueno

Estos datos permiten llegar a la conclusión de que el comportamiento del señor Galindo durante el último semestre ha sido bueno, aún más si tiene en cuenta que es su primer período en la empresa. Este sistema de valoración equilibrada da al director comercial un patrón fiable de medida, ya que tiene en cuenta diferentes aspectos del trabajo del vendedor, tanto cuantitativos como cualitativos. Además, este criterio está vinculado al sistema de retribución, ya que a los vendedores se les paga una prima extra semestral, según los puntos obtenidos en el período.

B) El sistema retributivo mensual (además de las primas semestrales) de la empresa Maquinatrex está dotado de sistemas reguladores según una serie de factores:

1. Sobre un promedio del descuento ofrecido en cada venta calculado en el 20 %, la comisión será del 5 % sobre el precio bruto de la venta. Si el descuento es inferior o superior al 20 %, se multiplica el 5 % de comisión por un factor según la escala siguiente:

Descuento	Factor	Descuento	Factor
0 a 4 %	1,5	20 %	1,0
5 a 9 %	1,4	21 a 25 %	0,8
10 a 14 %	1,3	26 a 30 %	0,6
15 a 19 %	1,1		

2. La empresa intenta promocionar dos tipos de producto, por lo que la comisión será más alta para éstos:

	Tipo de producto	Factor comisión
Producto 1	Máquina de coser	0,8
Producto 2	Trenzadora (promocionado)	1,4
Producto 3	Hiladora (promocionado)	1,1

3. La empresa tiene dividido el mercado en el que actúa en tres zonas

Zona	Factor
Norte	0,9
Centro	1,0
Sur	1,2

4. Al observar que históricamente hay fuertes diferencias en la cifra de ventas de unos meses a otros, la empresa ha decidido fomentar con más comisiones las que se producen en los meses tradicionalmente menos favorecidos.

Meses	Factor
Feb. Mar. Abr. Sept. Oct.	0,9
Ene. May. Jun. Nov. Dic.	1,1
Jul. Ago.	1,4

El director comercial valora al vendedor teniendo en cuenta no sólo el rendimiento económico de su gestión, sino otros aspectos relacionados con la imagen que quiere dar la empresa.

El señor Galindo ha vendido en el mes de mayo por valor de 250 000 u.m., distribuidas de la siguiente forma:

Producto 1: 50 000 u.m. con el 12 % de descuento
Producto 2: 125 000 u.m. con el 20 %
Producto 3: 75 000 u.m. con el 16 %

Teniendo en cuenta que el señor Galindo opera en la zona sur, las comisiones se calcularán de la siguiente forma:

Ventas	Comisión	Dto.	Producto	Mes	Zona	Resultado
50 000	0,05	1,3	0,8	1,1	1,2	3 432
125 000	0,05	1	1,4	1,1	1,2	11 550
75 000	0,05	1,1	1,1	1,1	1,2	5 989,5
						20 971,5

Como resultado de estas operaciones, la comisión del señor Galindo en el mes de mayo asciende a 20 971,5 u.m.

Ejercicios de autoevaluación

A) Imaginemos por un momento que formamos parte del equipo comercial de una empresa que vende electrodomésticos. Para hacer una valoración de nuestra tarea debemos contestar a la siguiente serie de preguntas, teniendo en cuenta nuestro comportamiento en el mercado, y valorando si es positivo o negativo para la empresa.

① ¿Planifico la cifra de negocio que se ha de conseguir por períodos de tiempo y por tipo de producto?

② ¿Asigno un número limitado de visitas para cada tipo de cliente dependiendo del volumen de los pedidos?

③ ¿Elaboro un programa de ruta razonable para aprovechar al máximo el tiempo efectivo dedicado a la venta?

④ ¿Procuro, como regla general, cerrar las ventas por teléfono para evitar tiempo y gasto en los desplazamientos?

⑤ ¿Trato de recoger información sobre el mercado y el comportamiento de la competencia, al mismo tiempo que realizo mi trabajo?

⑥ ¿Realizo los informes y *rapports* para presentar a mis superiores de departamento a finales de mes, cuando se liquidan las comisiones?

⑦ ¿Preparo con detalles técnicos, de presencia, de elocuencia, citas para mantener el interés de los interlocutores, etcétera, al menos en las entrevistas importantes?

⑧ ¿Actualizo la ficha del cliente que he visitado antes de finalizar la jornada laboral?

⑨ ¿Proyecto el mayor número de visitas en horarios no comerciales para hablar tranquilamente con los minoristas?

⑩ Ante la no comparecencia del cliente a una cita, ¿insisto y espero el tiempo necesario, aunque pierda las visitas posteriores?

B) Elegir la mejor opción de respuesta a las siguientes preguntas:

① ¿Cuál es el tiempo promedio que un vendedor debe dedicar a visitas?
a) El 50 % y el resto es el tiempo de desplazamiento.
b) El 10 %, el resto será la planificación y la promoción.

c) El 20-30 % para dejar tiempo al estudio del producto y tareas administrativas.

d) El 80-90 %, planificando las rutas para hacer el mayor número de visitas posible.

② ¿A qué clientes dedicaré más visitas?

    a) A los más difíciles de convencer.

    b) A los que por su tipo de negocio representen una mayor cifra de ventas.

    c) A los que estén más cerca, por ser menos costoso el desplazamiento.

    d) A los particulares.

③ La eficiencia en un vendedor se mide:

    a) Por el cumplimiento de los objetivos.

    b) Por el número de nuevos clientes conseguidos.

    c) Por la relación entre las ventas realizadas y su costo para conseguirlas.

    d) Por el número de pedidos por período.

④ Los *rapports* son:

    a) La lista que ordena a los vendedores según la cifra de ventas conseguida.

    b) Informes elaborados por los vendedores.

    c) Relación entre el beneficio obtenido y el costo salarial del vendedor.

    d) Las comisiones obtenidas.

⑤ Para introducir un nuevo producto en una nueva zona de mercado, lo mejor será:

    a) Contratar un equipo joven y nuevo.

    b) Pactar una retribución sólo a comisión.

    c) Pactar una retribución a sueldo fijo.

    d) Dar a elegir al vendedor el sistema retributivo.

Soluciones

A) Positivas: 1, 2, 3, 5, 7, 8
    Negativas: 4, 6, 9, 10

B) 1) c
    2) b
    3) a
    4) b
    5) c

PUBLICIDAD
Y PROMOCIÓN
DE VENTAS

 PUBLICIDAD

❏ INTRODUCCIÓN

■ Definición

La publicidad es la forma de comunicación de las empresas para informar e influir en el comportamiento de sus clientes potenciales. El primer aspecto importante de esta definición es la *comunicación*. La publicidad trata de comunicar al mercado los productos que ofrece y también las características y virtudes de la empresa. El elemento que distingue a la publicidad de las demás disciplinas de la comunicación es su *finalidad económica* de tratar que el consumidor al que se informa, compre el producto ofertado por la empresa.

Pero el concepto de promoción de ventas va más lejos. En muchas ocasiones hemos observado que la gente compra artículos que, en nuestra opinión, son innecesarios. ¿Qué induce al ama de casa a llevar al hogar artículos inútiles? ¿Por qué tantas personas adquieren bienes desproporcionados con las necesidades reales que se les supone?

Las compras más o menos inútiles no se hacen sólo porque sí, puesto que el dinero es escaso y una compra cualquiera limita la capacidad para efectuar otras. Ahora bien, si la utilidad de un artículo no es la razón que en muchas ocasiones guía los pasos del comprador, ¿cuáles son los motivos verdaderos que determinan su decisión de comprar?

El análisis de dichos motivos no es nada sencillo. El discernimiento, las imposiciones del medio social, la capacidad de reflexión y las percepciones de los sentidos, transformadas por la educación, influyen ciertamente en la decisión de compra. Pero al lado de estos factores hay otros impulsos, menos claros y cognoscibles, que hunden sus raíces en el carácter y el sentir de la persona, y que, sin embargo, afloran como los verdaderos motivos del comportamiento comprador. El conocimiento de todos estos motivos y la adopción de las técnicas idóneas para lograr que se traduzcan en actos reales de compra constituyen el objeto de la *política de promoción*.

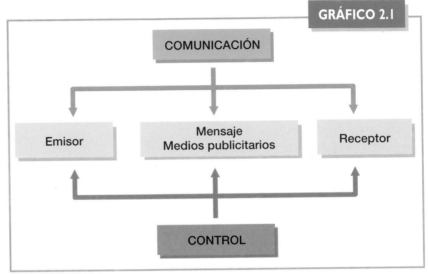

GRÁFICO 2.1

COMUNICACIÓN

Emisor — Mensaje / Medios publicitarios — Receptor

CONTROL

▶ *El mensaje publicitario enlaza un emisor (el vendedor) y un receptor (el posible comprador) por medio de unos canales que son los medios publicitarios.*

▼ *La promoción de un producto en el punto de venta consigue un impacto directo en el cliente; puede incluir ofertas, información detallada en expositores y la demostración práctica de las ventajas del producto.*

QUESOS
MANCHEGOS

INFÓRMESE

CALIDAD Y
PRESTIGIO
EN SU MESA
A PRECIOS
DE
PROMOCI

En un sentido amplio, la promoción es la savia de una empresa. Si falta, el negocio languidece hasta marchitarse o, a lo sumo, lleva una existencia mediocre y sin perspectivas de expansión. Por el contrario, si existe una promoción coherente y perfectamente planificada, la cuota de la empresa en el mercado se incrementará día tras día, hasta alcanzar cotas óptimas desde el punto de vista de la rentabilidad.

Así entendida, la promoción es algo más que la simple *publicidad,* que constituye uno de los medios de los cuales se vale aquélla para alcanzar sus fines. La promoción, además de los anuncios en los medios de comunicación social, el empleo de carteles, expositores, demostraciones, encuestas, etcétera, comprende una gama de técnicas tan diversas como pueden ser las ofertas, los descuentos, los «puntos» para canjear por artículos, los premios, los regalos, etcétera.

❏ OBJETIVOS

Es evidente que la finalidad última de la publicidad y de la promoción es incrementar la cifra de ventas de la empresa, pero ahora veremos los objetivos y pasos previos que tiene que realizar una empresa antes de lanzar una campaña publicitaria.

■ Estudio de mercado

Antes de emprender cualquier campaña de promoción, e incluso antes de perfilar una política general al respecto, la dirección comercial debe realizar un cuidadoso estudio de mercado para determinar su dimensión, sus características y el comportamiento de la competencia. Examinemos con mayor detenimiento estos tres aspectos.

Dimensión. Para elaborar un plan de promoción, el empresario debe conocer la dimensión física y demográfica del mercado al que piensa orientar su actividad.

Características. Otro aspecto importante es definir las características del sector socioeconómico del mercado sobre el que se va a actuar. El director comercial debe esclarecer los siguientes puntos antes de dar forma definitiva y poner en marcha un plan de promoción de ventas:

- Potencial demográfico de la zona y tendencia.
- Características socioeconómicas de la población: grupos de edad, existencia de industrias u organismos públicos, nivel de ingresos, situación profesional, etcétera.
- Hábitos de consumo de la población.

Competencia. De poco valdrán nuestros conocimientos del mercado y de sus características socioeconómicas, si no sabemos el grado de saturación producido por la oferta de nuestros competidores. No hay que olvidar la ley de los rendimientos decrecientes, por lo que, si para ganar unos cuantos puntos de participación en el mercado es preciso realizar una inversión desproporcionada, lo mejor será abandonar la campaña.

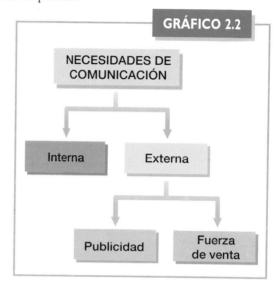

GRÁFICO 2.2

NECESIDADES DE COMUNICACIÓN

Interna — Externa

Publicidad — Fuerza de venta

▲ *La publicidad satisface la necesidad de comunicación externa de la empresa; sin ella resultaría francamente difícil el conocimiento por parte del mercado de sus productos y, por consiguiente, sería imposible que la empresa tuviera una buena cifra de ventas.*

◄ *Tanto las campañas publicitarias como las de promoción deben tener en cuenta la amplitud del mercado, el sector de edad y económico al que se dirigen y los hábitos de consumo.*

■ Elección del artículo

Seguidamente, la dirección comercial debe elegir la gama de artículos que le interesa promocionar. Si las fases previas se han realizado correctamente, el departamento de ventas tiene que estar en condiciones de determinar la cantidad, calidad, precio y condiciones en que debe ofertar su producto.

El cliente es lo más importante. Hay que tener en cuenta que se deben ofertar aquellos productos que el consumidor *desea* adquirir y que a la empresa le *interesa* vender. Es preciso, pues, combinar los siguientes factores:

- Gama de productos.
- Precios rentables.
- Calidad.
- Elección del momento oportuno.
- Diseño adecuado.
- Selección del sector del mercado que mejor se ajuste a las características del producto.

En cualquier caso, la búsqueda del éxito en la campaña de promoción no debe hacernos perder de vista que las ofertas especiales son sólo una parte del esfuerzo global de comercialización de la empresa, y que la imagen y el prestigio de ésta no pueden arriesgarse por el afán de obtener un beneficio inmediato, ofertando artículos defectuosos o pasados de temporada. Cuando se rebajan productos defectuosos, es preciso ofrecerlos como tales y hacerlo constar así en la etiqueta y en la publicidad. No olvidemos que una clientela estable es muy difícil de conseguir y muy fácil de perder.

Motivo central. La campaña de promoción debe estar presidida por un leitmotiv, esto es, por un motivo que fije el interés del cliente y vincule el lanzamiento publicitario con algún acontecimiento importante.

Es preciso tener presente que la feliz elección de un motivo publicitario es un «gancho» que atrae a los clientes y eleva la moral del personal de ventas, puesto que está encaminado a despertar y potenciar la motivación subjetiva del posible comprador.

Sentimientos personales. Las personas compran objetos para regalar a sus seres queridos, a sus amistades, clientes,

PUBLICIDAD Y PROMOCIÓN

Mientras la publicidad constituye una forma de comunicación de la empresa con sus potenciales clientes, la promoción de ventas comprende actividades concretas que complementan la publicidad.

▼ *Las necesidades que se han de satisfacer de cada colectivo y de cada persona en particular difieren notablemente; por ello, antes de proceder a una campaña de promoción la dirección comercial debe realizar un cuidadoso estudio de mercado.*

etcétera, y también adquieren artículos para realzar su apariencia personal o la de su entorno y así agradar a los demás.

Comodidad. Es el denominador común de buena parte de las compras de artículos más o menos duraderos; ciertamente, existe una gama inmensa de productos que adquirimos para evitarnos molestias y aumentar nuestro bienestar, pues es parte de la naturaleza humana huir del dolor y buscar el placer.

Posición social. He aquí uno de los mayores incentivos del consumidor moderno. En la sociedad masificada de hoy, casi todos desean escapar del anonimato y destacar de alguna manera, diferenciándose de sus semejantes. Esta motivación psicológica constituye una oportunidad única para el empresario avispado que sabe anticiparse a las tendencias cambiantes de la moda y presentar artículos exclusivos y de diseño original.

Economía. Es un factor importantísimo en tiempos de crisis, que, por lo demás, coexiste y no siempre es contradictorio con el deseo de alcanzar una posición social. En efecto, muchas personas buscan economía en los artículos de primera necesidad o de mayor consumo para poder invertir el ahorro así realizado en adquirir productos suntuarios que satisfacen su vanidad personal.

Mimetismo social. El deseo de «ser como los demás», de no parecer anticuado y de estar al día en las tendencias del consumo es otro de los factores clave en la motivación subjetiva del comprador. Es esta fuerza la que ha hecho que la moda y la alta costura se hayan convertido en una industria de primer orden, que moviliza grandes capitales en los países desarrollados.

Las necesidades convertidas en deseos de satisfacción, en especial las que atañen a la afirmación de la persona, pasan al plano de motivaciones de compra.

Tabla 2.1   Variables utilizadas en la segmentación de la población objetivo

Demográficas	Geográficas	Socioeconómicas	Personalidad	Específicas
Edad	Regiones	Ingresos	Autonomía	Nivel de consumo
Sexo	Zonas	Clase social	Gregarismo	Motivos de compra
Tamaño familiar	Hábitat	Profesión	Autoritarismo	Fidelidad de compra
Estado civil	Clima	Estudios	Impulsividad	Lugar de compra
Estatura		Religión		Conocimiento del producto
Peso		Nacionalidad		Uso del producto
				Sensibilidad al precio

¿Cuánto hay que vender? El volumen de ventas que se desee realizar de un artículo determinado incide decisivamente en la magnitud y las características de la campaña promocional.

■ Decisión de compra: necesidades y motivaciones del comprador

Ya hemos visto que la política de promoción descansa sobre determinadas motivaciones del comprador. El conocimiento de éstas es imprescindible y constituye el tema de los apartados siguientes.

Necesidades del comprador

El instinto de posesión se manifiesta por el deseo de comprar el artículo que ofrece al usuario la satisfacción de alguna necesidad determinada en un momento preciso. En un intento de clasificar las necesidades de las personas, podríamos dividirlas en cuatro grupos: primarios o de supervivencia, de afirmación de la persona y condicionadas por su yo, culturales y artísticas, y necesidades sociales o impuestas por la vida de relación. Estas necesidades suelen relacionarse y condicionarse mutuamente.

Las necesidades vitales o de supervivencia. Son escasas, pero muy importantes para el individuo. Ante su presencia, en sus formas más acuciantes, la persona tiende a resolverlas de inmediato. Entre ellas, la que adquiere una mayor relevancia es la alimentación.

Otra necesidad vital es la protección de las inclemencias atmosféricas y de los enemigos naturales; para el hombre actual, urbano o rural, la posesión de una vivienda que sea digna y cómoda para él y su familia es una de las preocupaciones fundamentales.

MOTIVOS

Una correcta política de promoción se basa en el profundo conocimiento de los motivos por los cuales los consumidores compran determinados productos.

▼ *Las necesidades que mueven al consumidor a tomar una decisión de compra atienden tanto a razones físicas y psicológicas como culturales.*

GRÁFICO 2.3

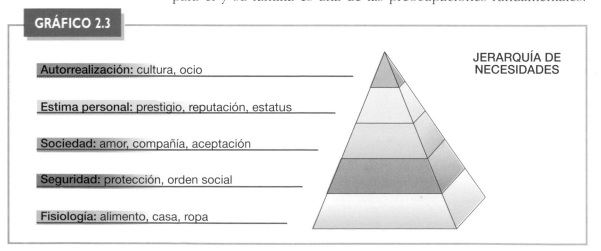

JERARQUÍA DE NECESIDADES

Autorrealización: cultura, ocio

Estima personal: prestigio, reputación, estatus

Sociedad: amor, compañía, aceptación

Seguridad: protección, orden social

Fisiología: alimento, casa, ropa

El abrigo corporal, la defensa del frío y del calor, es otra de las necesidades primarias; el vestido es uno de los factores que más ha evolucionado desde la Antigüedad, dada la facilidad de investirlo de una función adicional, la de adorno del individuo.

La actividad también es algo vital, plasmada desde antiguo en el trabajo, que ha permitido al hombre transformar la naturaleza y fabricar toda serie de útiles que mantuvieran el esfuerzo dentro de unos límites mesurados. En la actualidad asistimos a la paradoja de la «actividad en el ocio», es decir, a la ocupación del tiempo libre en actividades complementarias, ya sean de tipo físico o mental, de aquellas realizadas por obligación en el trabajo. Todas las especies superiores que habitan la Tierra alternan períodos de actividad con otros de reposo, por imposición de la propia naturaleza. El ser humano necesita del sueño, cuya falta puede producir trastornos graves en su organismo. Ahora bien, como en el caso de las demás necesidades vitales, el hombre ha transformado la satisfacción de esta necesidad primaria con la introducción de elementos proyectores de su personalidad distintiva.

Las necesidades culturales y artísticas están condicionadas por la formación del individuo.

Necesidades primarias	
• Alimentación	• Abrigo (vivienda)
• Vestido	• Actividad
• Reposo	

Las necesidades de afirmación de la persona. Tienen que ver con la pretensión de distinguirse de los demás. Una vez satisfechas las necesidades primarias o vitales, son las que más influyen en el comportamiento del individuo.

Las necesidades sociales. Son las impuestas por la sociedad: en primer lugar, la aceptación del individuo por parte de la sociedad; en segundo término, la superioridad, es decir, el deseo de pertenecer a los escalones más altos de esa misma sociedad que abriga la persona, ya sea en el aspecto de poder, ya en el de la riqueza, la inteligencia, el conocimiento o cualquier otro atributo mediante el cual se jerarquicen los individuos.

Las necesidades culturales y artísticas. Vienen condicionadas por la formación de la persona, por la tradición de la cultura a la que pertenezca el individuo, por el marco histórico e incluso por la moda del momento.

De las necesidades, no siempre sentidas de forma consciente, nace el deseo de satisfacerlas. En el mundo del comercio, se dispone de multitud de artículos que satisfacen deseos más o menos urgentes de las personas.

PREVISIÓN

El comportamiento del consumidor varía con el tiempo y la previsión de ese cambio se convierte en una tarea prioritaria.

Motivaciones de compra

Las consideraciones anteriores están relacionadas con todas las actividades de la vida del individuo y, por lo tanto, también con la actividad comercial. Las necesidades que acabamos de enumerar, convertidas en búsqueda de su satisfacción, pasan al plano de las *motivaciones de compra;* éstas, que se configuran por una amalgama de deseos, se combinan y se superponen de modo que no siempre es fácil identificarlas una a una, ni atribuirles el peso justo que tienen en el resultado final.

A pesar de la dificultad de clasificar los motivos individuales de los compradores, dado que las posibilidades de agrupación de las necesidades son infinitas, se puede tratar de dividirlos, a efectos aclaratorios, en algunos que nos van a permitir un análisis de las posibles necesidades que se enmarcan en ellos. Tenemos así la relación de los motivos más comunes: la emulación, la imitación, el ahorro (de tiempo o esfuerzo), el beneficio y la satisfacción del deseo de saber.

- La *emulación*. Es el deseo de igualar e incluso superar a otros en la posesión o logro de determinados bienes o propósitos; si nos centramos en el terreno comercial, este motivo es el que induce a la compra en más casos de los admitidos por los compradores. En realidad, la emulación es un tremendo resorte que impulsa al individuo a la autoafirmación por la superación de los demás.
- La *imitación*. Tiene dos vertientes, ambas muy relacionadas entre sí. La primera, muy similar a la emulación y a veces confundida con ella, influye en el comportamiento de numerosos compradores, que pretenden identificarse con las personas que eligen como modelos. La segunda vertiente tiene sus raíces en la necesidad del individuo de sentirse aceptado por el grupo al que pertenece, tratando de seguir la pauta marcada por ese grupo en su comportamiento, incluidos los hábitos de compra.
- El *ahorro* de tiempo o esfuerzo. Cualquier artículo de cuya compra se deduzca un ahorro de tiempo es seguro que será comprado por un gran número de personas, sobre todo en las comunidades donde el individuo, atosigado por el cúmulo de actividades que le intranquilizan, trata de ganar tiempo para el descanso o para cumplir todas las obligaciones que él mismo, obligado por el medio social y las condiciones de vida imperantes, se ha impuesto. En cuanto al ahorro de esfuerzo, es difícil hoy en día concebir la vida del hombre sin el auxilio de las máquinas de

La publicidad representa el principal dispositivo de impacto al que debe acudir una empresa que pretenda introducir sus productos en un mercado competitivo.

todo tipo que sustituyen el esfuerzo humano no sólo físico, sino también mental, como pueden ser desde los más modernos aviones hasta las simples calculadoras de bolsillo, contribuyendo a una mayor liberación y seguridad de las personas.

- El *beneficio*. Es otro motivo principal de compra, entendiéndose por tal la diferencia entre lo que se obtiene de una compra y lo que se gasta en ella, siendo su expectativa la razón fundamental que induce a la creación de empresas. Ahora bien, ¿cuáles son las razones profundas para la búsqueda del beneficio? Por un lado, garantiza la continuidad de la actividad que lo genera. Por otra parte, puede procurar la ampliación de esa misma actividad, que a su vez hace aumentar el beneficio y así en una espiral cuyo límite está en la capacidad del empresario para llegar al tamaño óptimo de su empresa. Pero no sólo buscan el beneficio los empresarios. También los particulares lo persiguen en muchas de sus compras, buscando igualmente la seguridad y el poder, por la posibilidad de desviar parte del beneficio hacia el ahorro o bien para su uso en la consecución de mayor prestigio y situación social.

- La *satisfacción del deseo de saber*. Constituye otro de los motivos de compra. En este caso, nos encontramos ante una necesidad creada por la formación de la persona, pues el terreno del conocimiento es muy amplio. En conjunto, el deseo de saber se relaciona con el deseo de aceptación por el grupo social, con el deseo de sobresalir de los demás, y en menos casos, con la búsqueda de un sentido en la vida diferente del impuesto por la sociedad.

Hay otros muchos motivos que inducen a la compra. La lista aquí analizada no es exhaustiva, pero nos orienta en el universo de la motivación y nos permite asomarnos al complicado mundo de las razones que inducen a la compra. El pequeño y mediano empresario han de tener en este campo una visión, si no especializada, al menos clara y bien orientada, si desean conducir con éxito su negocio. El desconocimiento de la motivación puede llevar a muchos directivos a la oferta de artículos o servicios que, aun pareciendo ofrecer satisfacción de las motivaciones de compra, no responden a los deseos íntimos de los posibles compradores, con la consiguiente pérdida de beneficios.

■ **Estudio de las preferencias**

Hemos venido haciendo un estudio de las motivaciones de los compradores y hemos descrito algunos atributos importantes de los productos para su elección en un mercado competitivo. Las distintas versiones que se suelen ofrecer de un mismo artículo por las empresas competidoras no difieren mucho, sobre todo cuando el artículo tiene un fin preciso y los elementos que lo componen

▼ *La posesión de un teléfono celular responde a dos tipos de motivaciones de compra: por un lado, es un objeto útil y, por otro, indica un cierto poder adquisitivo.*

▲ Las computadoras constituyen un claro ejemplo de cómo adaptar con éxito un producto que satisfacía necesidades profesionales a un artículo que colma necesidades lúdicas.

▼ El diseño clásico de estos envases dan idea de un producto convencional y mayoritariamente aceptado.

son similares, con pequeñas variaciones introducidas por los ofertantes. Es lo que ocurre con los detergentes, los aceites de automóvil, etcétera. El cliente que, evidentemente, tiene sus preferencias, se basa en la idea que tiene del fabricante –es trascendental la imagen que éste ha creado– de otros productos lanzados con anterioridad al mercado, o en la organización interna, o en el consejo de su proveedor habitual.

La imagen ante el comprador

La imagen del producto viene sugerida muchas veces por el envase. Las cualidades que emanan de éste se trasladan al producto que contiene. Por eso, los fabricantes cambian a menudo el diseño del envase, dentro del campo de variación permitido por los clientes, tratando de encontrar el óptimo que aumente sus ventas. Sin embargo, algunos cambios de envase han revelado tener efectos contrarios al fin que se perseguía: si se traspone el límite permitido por la imagen que el envase da del producto, pueden disminuir las ventas.

El envase es fundamental para muchos productos, pero otras veces los compradores son fieles a las marcas que consumen de manera habitual por haberlas empleado satisfactoriamente a lo largo del tiempo, por recibir buenas referencias de otros consumidores o por la imagen de solidez y garantía que han creado en el mercado. Las campañas publicitarias se fundamentan muchas veces en la necesidad de hacer familiar un producto, bombardeando al potencial cliente con la repetición de un nombre, mencionado tantas veces que de la repetición surge la idea de que se le conoce desde hace tiempo.

En resumen, los compradores emplean imágenes, sugeridas por distintas fuentes, mediante las cuales se atribuyen al producto determinadas cualidades que no siempre responden a las verdaderas. Esta simplificación mental de los compradores, no siempre consciente, es un mecanismo psicológico. Por otra parte, la necesidad que tiene el comprador de asignar una imagen no queda sólo en el producto. Se aplica también a las empresas, de modo que a cada una se le atribuye una cualidad, o quizá varias, como resumen de las distintas sensaciones que suscitan en el comprador en su contacto más o menos continuado con ellas.

De todo esto se deduce la importancia que tiene, para cualquier pequeño empresario, cuidar todos los aspectos de su negocio que influyen en la creación de una imagen ante el comprador. Para lograr este fin, debe tener en cuenta hasta los menores detalles.

■ Incidencia del precio en la decisión de compra

Según la teoría económica, en un sistema de mercado el precio del producto determina la cantidad que se demanda de ese producto. Generalmente, la cantidad demandada varía en sentido contrario a la modificación que sufre el precio. Esta sencilla relación supone, sin embargo, que permanece constante una serie de factores que influyen también sobre la demanda, entre ellos: el número de compradores, las expectativas sobre ingresos y precios futuros que tienen esos compradores, la adopción de los gustos del momento, etcétera. Resulta, por lo tanto, que un solo comprador influye muy poco en el mercado en cuanto a la fijación del precio, y que éste se puede considerar a todos los efectos prácticos independiente de la voluntad del comprador.

Son los demás factores o circunstancias individuales, por lo tanto, los que de verdad deciden en la compra individual. Si bien el precio puede ser una barrera insalvable, en ciertos casos, para que un consumidor compre un producto, en general, el precio le merece una atención diferente según la clase de compra que realiza. En las compras urgentes no le presta atención, pues lo que pretende es el producto o servicio; en las cotidianas, por el contrario, el precio sí es determinante, mientras que en las compras intermitentes el precio representa un papel secundario y, por lo general, en las suntuarias se concretan a precios convencionalmente altos.

Sin embargo, antes que el precio entra en juego una serie de consideraciones sobre la calidad del producto o la satisfacción de las necesidades. Una vez considerados –es decir, valorados estos factores, se establece la comparación entre el beneficio que se espera obtener del producto y su precio.

¿Dónde está el límite?

Se han hecho experimentos para determinar los límites del precio real a partir de los cuales el comprador considera el artículo demasiado caro o demasiado barato. La cuestión tiene interés porque entre los precios máximo y mínimo se pretendía estudiar la variación que sufría la cantidad demandada, con objeto de fijar el precio óptimo, en el cual se darían los mayores beneficios para el vendedor. Como dato curioso, el resultado fue que entre dichos precios máximo y mínimo no cambiaba la cantidad vendida de modo sustancial.

ÉXITO

Para alcanzar el éxito esperado, una campaña publicitaria necesita un diseño adecuado, seleccionar bien el sector del mercado al cual se va a dirigir y también el momento idóneo, además de que los productos tengan calidad y un precio competitivo.

Sabemos que el secreto de la publicidad efectiva es dirigir el mensaje adecuado, al consumidor adecuado, en el momento adecuado.

JOOST VAN NISPEN
Empresario

Esto indica que el vendedor puede aumentar el precio en una cantidad moderada sin sufrir disminución en las ventas. Este resultado, tan satisfactorio para el vendedor, no se da, sin embargo, en todos los artículos: es más frecuente en los bienes que el comprador adquiere de modo ocasional, en las compras intermitentes donde el comprador no presta demasiada atención al precio ni lo recuerda de una vez para otra.

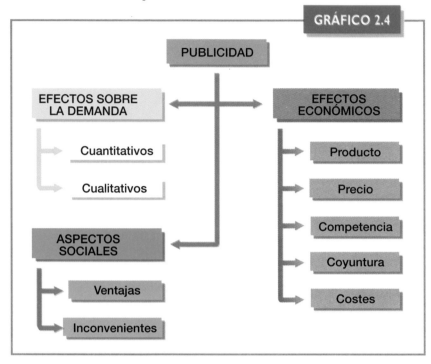

▶ *Al planificar una campaña publicitaria hay que tener en cuenta todas las ventajas e inconvenientes que se producirán: el incremento de los costos totales deberá ser compensado por el aumento de la demanda y del conocimiento que el mercado tenga del producto.*

Un caso especial

En el artículo suntuario, un precio demasiado bajo puede ser contraproducente para las ventas. En este tipo de compras, el cliente tiene como motivación fundamental la afirmación de su yo para diferenciarse de los demás, y por lo tanto el precio alto tiende a marcar más esa distancia entre el comprador y los demás de modo que aumenta la satisfacción del comprador.

Este comportamiento atípico respecto de las leyes de mercado no se da en el caso de artículos de compra cotidiana, ya que en ellos la intensidad de la demanda es bastante alta puesto que componen el grueso del gasto de muchas familias, pero al mismo tiempo existen muchos vendedores. Ello supone un número indefinido de ofertantes y de consumidores, que entran o salen del mercado según sus propias conveniencias.

Podemos decir, en suma, que el precio de un artículo tiene importancia cuando se trata de un consumo permanente, pero que, en los otros casos, predomina como determinante de la compra la motivación principal, generadora del acercamiento al artículo que está basada en las necesidades del individuo y en su carácter. El precio pasaría a un segundo término en cuanto factor de compra siempre que no se le considere excesivo o fuera de los cálculos del comprador.

Decisión de compra: abstención del comprador

Si es importante analizar el proceso por el cual el consumidor decide adquirir uno u otro servicio, no podemos olvidar que en muchas ocasiones no se concluye la compra que todo comerciante desea. El público, por lo general, cuando compra pretende mantener su independencia y no sentirse manipulado por quien está obligado a vender lo más posible –eso piensa– y los artículos más caros. Es normal que la operación la plantee como una partida de ajedrez en la que ha de jugar a la defensiva para evitar los ataques del adversario.

La primera impresión, los primeros comentarios son fundamentales para conseguir atraerse al cliente, para romper su inicial desconfianza, ayudándole a pensar, pero sin darle la impresión de que se sienta manipulado. En ese momento inicial, un vendedor eficaz debe retratar la personalidad del cliente potencial y atraerle al fin que se pretende: vender lo que se desea.

▲ *El alto precio de ciertos productos –perfumes, joyas, relojes, estilográficas, etcétera– constituye y refuerza, precisamente, el atractivo y la motivación de su compra.*

Potenciación del deseo del comprador

Toda venta comienza en una apetencia del comprador de adquirir algo, que puede tener perfectamente predeterminado o cuyas características ha de perfilar; el vendedor se encuentra con una ventaja inicial que ha de conservar y aumentar.

Ofrecimiento de alternativas

Cuando una persona adquiere, o tiene la intención de adquirir, un determinado bien, pretende sentirse satisfecha con la elección realizada, esto es, que la relación calidad-precio sea la óptima entre todas las posibles. Para conseguir esa satisfacción, quien vende ha de mostrar todas las posibilidades al cliente, para que éste elija, seguro de que ninguna posibilidad ha quedado fuera de su alcance.

LEITMOTIV

Toda campaña necesita un leitmotiv, un tema o un motivo central que reclame la atención del consumidor y lo vincule al producto.

El vendedor no debe convertirse en un expendedor de cigarrillos, que entrega siempre lo pedido y, en caso de no tenerlo, sólo despide al cliente con una fórmula más o menos amable.

Comportamiento incorrecto

Cuando se acude a comprar, preferentemente un artículo de consumo no habitual, se pretende conseguir que el vendedor se integre en nuestra personalidad, comprenda la necesidad que sentimos y asesore nuestra decisión. Cuando el cliente cierra la puerta, satisfecho de las atenciones recibidas, le parece que el sacrificio económico realizado es menor; verá el artículo comprado, al vendedor y el establecimiento con un tono risueño y agradable, que facilitará una compra posterior. El éxito está logrado. Esa actitud contrasta con la insatisfacción frecuente que lleva a exclamar sobre la persona que debía haberle vendido: «No tiene el menor interés en su tarea». Se habrá perdido la operación concreta y, seguramente, un cliente para otra posterior.

El trabajo del personal de ventas es muy reiterativo, pero hay que huir de la monotonía. Cada cliente debe sentirse como el «único» y a su manera de actuar habrá que oponer un tratamiento determinado. Por encima de la simple actuación mercantil que toda compraventa implica, no se puede olvidar que cada cliente tiene una personalidad, a la que se debe una consideración. La afabilidad es básica en la venta y viene a ser una norma elemental de educación. Cuesta lo mismo tratar con cortesía a un cliente que hacerlo con acritud; cortesía que no servilismo, ya que éste puede ser igualmente contraproducente.

▲ La publicidad de ciertas empresas –por ejemplo, de ropa o material deportivo– han estado dirigidas a crear la imagen de que sus productos constituyen el estándar que refleja un estilo, un nivel o un modo de vida. Y son esas marcas las que reclaman los pequeños consumidores.

Conservación del prestigio

Es importante ganarse una reputación comercial que propicie una clientela segura y en expansión. Pero los peligros acechan, y multitud de factores pueden malograr la buena imagen creada. Siempre hay motivos extraños y difíciles de detectar cuando se trata de analizar las razones que motivan la abstención del comprador, junto a otros fácilmente identificables. Se trata de prejuicios, sensaciones, intuiciones, que frenan al comprador. ¿Cómo luchar contra estas vaguedades? Creando otras de signo totalmente contrario, esto es, motivando también de forma imprecisa al público para que acuda a comprar. Debajo de todo este razonamiento está la complejidad de la mente humana, que aún constituye un auténtico laberinto para el profano.

Es tarea del empresario eficaz conservar y aumentar el prestigio de su negocio para lograr un aumento de la clientela y de su cifra anual de ventas. Cada vez más se trata de una labor compleja, para la que será precisa la colaboración de personas especializadas, que puedan aconsejar un cambio de decoración interior y de las vidrieras, unos ciertos cambios de personal, el lanzamiento de una campaña publicitaria intensiva, etcétera.

El cliente siempre tiene razón

Todo negocio tiene un objetivo básico: *vender*. Y la venta es una actividad muy concreta que tiene un destinatario primordial: *el cliente*. Cualquier elemento que sirva para conocer mejor la conducta de ese cliente es de interés para un empresario agresivo y ambicioso que intente abrir nuevos mercados. Satisfacer sus apetencias naturales –y aun las creadas más o menos artificialmente– es del todo necesario.

El empresario puede montar una organización muy perfecta, con una gama de artículos excelentes, un personal muy capacitado, un establecimiento cómodo. Pero si se olvida del destinatario final de esa compleja organización, el fracaso será seguro. El axioma número uno del comercio, «el cliente siempre tiene razón», establece una filosofía de la empresa que continúa vigente después de muchos años y distintas situaciones económicas de prosperidad y de depresión. Sabemos que un negocio no es algo estático, sino que nuevas variables han de ser introducidas continuamente. El empresario siempre se preguntará cómo afectarán a su cartera de clientes y a la captación de otros nuevos, pues sin clientes no hay empresas.

El empresario convertido en hipotético cliente

La introducción en los complejos mecanismos del negocio no debe ser incompatible con el conocimiento del comportamiento de quien acude a comprar. Es una buena práctica que el propietario o director atienda a algunos clientes para que no olvide nunca que son la parte más importante de su negocio. Es aconsejable realizar reuniones de grupo con todos los vendedores para que cada uno aporte sus experiencias sobre las reacciones observadas y cómo se podrían corregir los defectos detectados.

El empresario actúa en equipo

Ya se ha indicado que para crear y conservar la imagen de la empresa, es precisa la contribución de toda la pirámide con sus elementos, pero es indudable que ciertas personas inciden más directamente sobre el cliente con su contacto habitual y son las que pertenecen al departamento comercial.

EL CLIENTE

Todo comprador desea ser atendido en singular y obtener justo aquel artículo que precisa. Esto requiere la completa atención del vendedor y su habilidad para proporcionarle aquel producto que más se acerca a satisfacer su necesidad.

La formación del personal de ventas es primordial si se pretende algo, a la vez tan fácil y trabajoso, como es vender. Se deberá incidir en la correcta atención al cliente; en la conveniencia del consejo, sin llegar a pretender forzar su voluntad; en escuchar todo tipo de reclamaciones y darles las respuesta debida; en motivarlo adecuadamente prescindiendo de los aspectos negativos que plantee, etcétera.

▼ *El comportamiento del consumidor es distinto según el tipo de producto que pretende adquirir, bien sea en función del precio, de la frecuencia o de las prioridades de consumo. Estos datos son importantes para decidir qué productos hay que promocionar mediante la publicidad.*

■ Reacciones del consumidor

Cualquier profesional dedicado a la dirección de empresas o empleado en el departamento comercial tiene una obsesión constante a lo largo de su actividad profesional: *conocer a su cliente.* O sea, saber por qué actúa de una manera determinada y no de otra, para llegar a descubrir las claves de su comportamiento.

Investigar el mercado, conocer las reacciones del consumidor, intentar satisfacer sus apetencias son cuestiones clave que ha de plantearse la empresa que pretenda ampliar su relación de clientes. Ese estudio debe ser hacia adelante, adivinando qué va a suceder. Conocer, en definitiva, la tendencia del mercado, pues analizar las causas del cambio *a posteriori* puede ser ya inútil.

La realización de estudios de tendencias, de motivaciones, queda lejos de las posibilidades de las empresas de dimensiones reducidas. Aunque son las que más los necesitan, tienen que aprovecharse de los estudios realizados por otras instituciones o grandes compañías, adaptándolos al caso concreto y a la problemática del sector, de la zona geográfica y de la propia firma. De su correcta actuación en este terreno dependerá, en gran medida, el éxito de su política comercial y el aumento de su línea de ventas.

El papel de la psicología

¿Cuál es el motivo por el que se actúa de una u otra manera? Cada persona realiza infinidad de actos a lo largo del día, muchos espontáneos, reflejos, cuyas causas son muy difíciles de determinar.

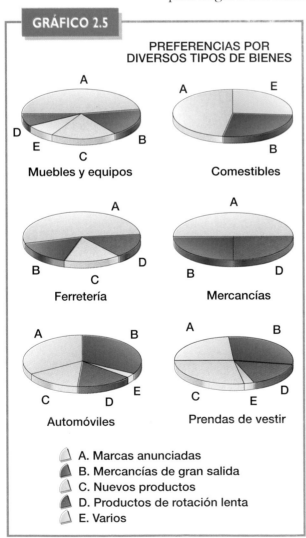

GRÁFICO 2.5

PREFERENCIAS POR DIVERSOS TIPOS DE BIENES

Muebles y equipos

Comestibles

Ferretería

Mercancías

Automóviles

Prendas de vestir

A. Marcas anunciadas
B. Mercancías de gran salida
C. Nuevos productos
D. Productos de rotación lenta
E. Varios

La psicología moderna tiene una aplicación importante en el área empresarial, en su esfuerzo por analizar las motivaciones que mueven a las personas. Con la base obtenida a través de encuestas e investigaciones de mercado y las técnicas precisas, se confeccionará la estrategia comercial adecuada, que incluye el plan de intro ducción, establecimiento de incentivos, creación de un prestigio de marca, etcétera.

Si descendemos de la teoría a la práctica, comprobaremos que la sorpresa es inevitable y que no siempre el consumidor se comporta como los técnicos esperaban. Se debe tener en cuenta que los comportamientos varían. Ante la irrupción de un nuevo artículo (posiblemente nuevo sólo en apariencia) el cliente puede abandonar su marca de muchos años por detalles que podrían juzgarse irrelevantes.

☐ POLÍTICAS Y ESTRATEGIAS

Aunque vulgarmente se suele confundir la publicidad con la promoción de ventas, se trata de dos técnicas distintas. Aquélla actúa sobre el cliente, tratando de suscitar en él la necesidad de comprar un determinado producto; ésta actúa sobre el propio producto, en un intento de allanarle el camino hacia el comprador. Es conveniente tratar de las dos por separado.

■ Medios publicitarios

Se llama así a los vehículos de que se sirve la publicidad para conseguir sus fines. Son básicamente los siguientes:

- *Radio y televisión.* Por el momento, la televisión, debido a su elevado costo, parece estar fuera del alcance de la pequeña y la mediana empresa minorista, al menos en los países en vías de desarrollo. La radio, por el contrario, ofrece mayores posibilidades, particularmente las emisoras locales e, incluso, las de ámbito regional o nacional, siempre que la publicidad se inserte en aquellos programas y horas que registren una mayor audiencia entre el grupo de consumidores al que va dirigida la publicidad.
- *Publicidad directa.* Se denomina así a la publicidad consistente en enviar por correo o directamente a domicilio cartas, circulares, folletos y todo tipo de material impreso a las señas de los posibles compradores, con la ventaja de que los

▼ Observando el porcentaje medio de los países europeos en inversión publicitaria, se observa que está en relación directa a la audiencia potencial de cada medio de comunicación.

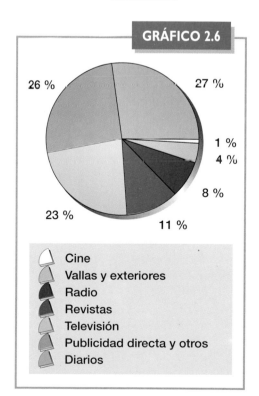

GRÁFICO 2.6

26 % 27 %

1 %
4 %

8 %

23 % 11 %

△ Cine
△ Vallas y exteriores
△ Radio
△ Revistas
△ Televisión
△ Publicidad directa y otros
△ Diarios

▲ *La publicidad directa,
esto es, la que se remite
mediante correo o
distribución concertada
al posible comprador,
tiene las ventajas
de la selección previa
y de que personaliza al
destinatario. Una variedad
es el «buzoneo», que
consiste en el reparto
de folletos en los buzones.*

**LA ANTESALA
DEL NEGOCIO**

La vidriera de un negocio, por una parte, actúa como expositor de los productos que ofrece la empresa y, por otra, su aspecto debe proporcionar una imagen atractiva y seductora que provoque el interés del casual observador y le incline a entrar en el local comercial.

destinatarios se seleccionan previamente entre las personas que puedan estar interesadas.

- *Otros sistemas.* Las vallas anunciadoras colocadas en autopistas y vías de gran circulación están indicadas en particular para el lanzamiento de nuevos productos y ofertas especiales. Pero como se trata de un sistema relativamente costoso, su empleo sólo está justificado cuando se espera obtener una rentabilidad elevada.

Las charlas, conferencias y exposiciones monográficas tienen la ventaja de atraer de modo casi exclusivo a los sectores del público directamente interesados en los productos que se desea promocionar, pero su ámbito geográfico es limitado y su costo unitario suele ser elevado.

Una variante se ha venido generalizando últimamente para la promoción de cosméticos y artículos de uso doméstico. Son las reuniones de amas de casa, organizadas y promovidas por colaboradoras de la empresa vendedora entre sus amistades. Como quiera que la «anfitriona» suele trabajar a comisión y corre con todos los gastos, este sistema resulta bastante rentable y muy eficaz.

■ Promoción de ventas

El valor de la promoción de ventas, esto es, la que se realiza en el propio establecimiento, depende como es lógico del emplazamiento de éste y de la naturaleza de los productos que se oferten. Esta promoción puede contribuir poderosamente a incrementar las ventas de *todos* nuestros productos entre los clientes que acuden al establecimiento atraídos por la publicidad de una oferta especial. Estudiemos por separado algunos medios de promoción en el punto de venta.

- *Vidrieras.* Constituyen el rostro o imagen que la empresa comercial proyecta hacia el exterior y un factor muy importante en la creación de una reputación y en la captación de una cierta clientela.
- *Exposiciones y anuncios interiores.* El arreglo de los medios de exposición exterior tiene su complemento en la disposición de las mercaderías en el interior del local, pues es ahí donde se realizan las ventas. Un ambiente agradable, una decoración acogedora y una distribución inteligente de los artículos en las estanterías contribuyen a fijar la atención del público y a motivarlo para que compre.

Promoción en el propio local

La promoción en el propio establecimiento tiene un objetivo paralelo o complementario de la publicidad en los medios de comunicación social. Son varios los factores que intervienen en la correcta organización de la promoción interna, pero hay cuatro que destacan en especial:

- La calidad de las instalaciones.
- El colorido.
- Los anuncios.
- La actitud de los vendedores.

La correcta colocación de las mercaderías en el punto de venta contribuye poderosamente a captar la atención del público y decidirlo a comprar; muchas veces, un esfuerzo por mejorar la presentación del local puede significar un aumento sustancial de las ventas. Como se puede suponer, las posibilidades de mejorar la distribución de las mercaderías dentro del local están limitadas por la dimensión del mismo, el tipo de artículos que se ofertan y los recursos financieros. No obstante, dentro de los límites impuestos por todos estos factores, un buen organizador puede extraer el máximo rendimiento de los medios disponibles.

La distribución de los artículos en el local no tiene otra finalidad que estimular el interés del público que penetra en el mismo y decidirlo a comprar lo que se oferta. Claro está que, para alcanzar este objetivo, es preciso causar algo más que una impresión pasajera, hay que desencadenar el proceso psicológico que lleva de la simple curiosidad a la decisión de adquirir lo que se exhibe, que dependerá en buena medida de dos elementos: el entorno y la presentación.

Los vehículos que emplea la publicidad para conseguir llegar al futuro consumidor se denominan medios publicitarios.

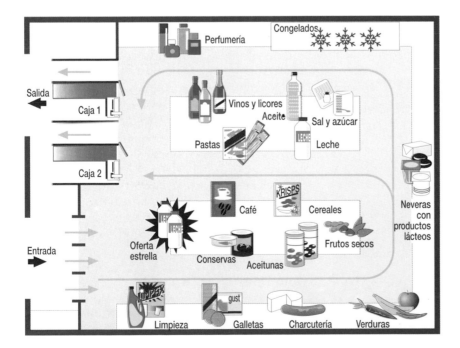

◄ La distribución de los artículos en el local comercial, agrupados por sectores, no debe ser aleatoria. Al comerciante le interesa colocar algunos productos, como los cosméticos o las bebidas alcohólicas, en los pasillos cercanos a las cajas donde los clientes deben esperar para pagar.

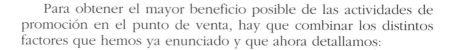
Para obtener el mayor beneficio posible de las actividades de promoción en el punto de venta, hay que combinar los distintos factores que hemos ya enunciado y que ahora detallamos:

Características de las instalaciones. Es necesario disponer las mercaderías con la mayor economía de espacio y en la forma más racional posible. La colocación ideal dependerá de las características del producto, aunque debe observarse siempre la regla de reducir al mínimo los elementos de distracción y colocar los diversos artículos con la separación suficiente.

La funcionalidad de la mejor instalación se ve gravemente disminuida si se encuentra muy apiñada con las demás. En este sentido, resulta conveniente tener en cuenta los siguientes consejos:

- La circulación del público por el interior del local debe regularse de modo que la mayor afluencia discurra por las áreas más despejadas.
- Los pasillos entre los expositores, estanterías, etcétera, deben ser lo bastante amplios para que los compradores no se agolpen y para que puedan apreciar los géneros que se ofrecen.
- En los comercios por departamentos o secciones, las áreas de venta de los artículos de mayor salida deben estar situados en los puntos de acceso más fácil; dentro de cada sección, conviene colocar las mercaderías que estén rebajadas o que se desee promocionar en los sitios más visibles y de más fácil acceso, sin olvidar que deben colocarse juntos los géneros afines.

El colorido. Es el principal aliciente visual. Los efectos cromáticos contribuyen a crear en el establecimiento un ambiente agradable e incitante para el comprador. El color del decorado y de los techos y paredes debe combinarse audazmente con el tono de las instalaciones e, incluso, con los artículos, para producir un efecto grato en el público y motivarlo a interesarse por ellos. Sin embargo, el decorado no debe ser tan rico ni sugestivo que distraiga la atención del cliente de los objetos que se desea vender.

Las variaciones estacionales de la demanda, las ofertas y promociones especiales pueden hacer aconsejable ciertas adaptaciones y reformas parciales de la pintura y el decorado.

Desde un punto de vista general, el uso correcto de los colores puede servir para realzar los aspectos positivos del establecimiento y soslayar los puntos débiles. Por ejemplo, los tonos claros de las paredes y del decorado

▼ *El primer contacto entre el potencial comprador y el negocio suele ser visual. Por ello resultan tan importantes el colorido, las luces y los elementos decorativos, que deben cambiar periódicamente de acuerdo con las campañas.*

dan una reconfortante sensación de amplitud a un local reducido, mientras que las tonalidades oscuras e intensas pueden servir para rellenar un espacio no demasiado bien surtido.

Avisos y anuncios. Los carteles anunciadores, rótulos y avisos constituyen la «voz» del establecimiento. Estos medios complementan eficazmente la labor de los vendedores al suministrar toda la información significativa sobre las mercaderías que se ofrecen al público, si están inteligentemente redactados y puestos de forma correcta. Por eso, son sobre todo importantes en las ofertas especiales y liquidaciones, pues constituyen un filtro de la información mínima necesaria en materia de precios, calidades, condiciones de venta, etcétera, el cual permite canalizar la atención del cliente hacia los artículos que realmente interesan.

Dicho esto, debemos añadir que, para alcanzar los objetivos señalados, el promotor de las ventas debe tener en cuenta algunos consejos útiles al redactar sus carteles anunciadores.

- Los anuncios deben ser explicativos y sucintos al mismo tiempo, procurando condensar la mayor información posible en el menor volumen de texto, dentro de cierta originalidad.
- No hay que repetir los mismos motivos y colores del diseño con demasiada frecuencia, pues perderían toda su eficacia.
- Los carteles y anuncios deben resaltar las características únicas del artículo que pretenden promocionar.

Actitud del personal de ventas. Analicemos ahora el elemento aglutinante de todo ese conglomerado: la actitud positiva del elemento humano. Una campaña promocional perfectamente planificada y dotada de los medios materiales necesarios, pero carente de un equipo de vendedores capaces de extraer el máximo provecho de todo ello, es como un tren expreso conducido por un cochero.

Por eso es tan necesario preparar de manera concienzuda a las personas que han de llevar el trabajo extra generado por las ofertas especiales y otros tipos de esfuerzos promocionales.

Esta preparación no se limita al conocimiento de las técnicas de ventas de las mercaderías y demás aspectos de las relaciones humanas con el cliente, y tampoco basta con asignar al departamento involucrado en la promoción a los más experimentados vendedores. Suele ser necesario, además, que estas personas se familiaricen con los parámetros básicos de la campaña de ventas: los objetivos, las existencias, los márgenes de utilidad, la duración de la oferta especial, la publicidad que se ha realizado en la prensa y otros medios de comunicación, la coordinación de esta actividad con otras campañas publicitarias de la misma empresa y sus posibilidades frente a los esfuerzos de la competencia.

Un economista debe buscar un resultado práctico y ser desinteresado simultáneamente; debe ser tan independiente e incorruptible como un artista y en ocasiones caminar tan a ras de tierra como un político.

JOHN MAYNARD KEYNES
Economista

■ Caso práctico

Limpsec es una sociedad limitada, propiedad de cuatro socios, que emplea a veinticinco trabajadores. Se dedica al negocio de tintorería.

Tras varios años en el sector, la evolución económica ha sido la siguiente: se hizo una fuerte inversión durante el primer ejercicio con la compra de todos los equipos necesarios; se configuró una política comercial orientada, en líneas generales, a ofrecer un servicio excelente a unos precios relativamente competitivos. Gracias al criterio conservador del director financiero y gerente en materia de expansión, al estricto control del gasto y a una constante preocupación por la calidad, a partir del tercer año, la empresa logró cerrar todos los ejercicios con un saldo positivo en la cuenta de resultados.

Pero al quinto año, de repente, ocurrió lo inesperado. Se inició un período de contracción, que duró tres ejercicios, durante los cuales los costos de la actividad aumentaron de forma sostenida, mientras las ventas se mantenían en un nivel relativamente estable, lo cual se tradujo en una clara pérdida al final del ejercicio.

Los servicios de Limpsec

El desglose de los distintos servicios de la empresa era el siguiente:

- Lavandería generaba el 55 % de la facturación.
- Tintorería, el 40 %.
- Limpieza alfombras, el 5 % restante.
- Los costos directos de mano de obra absorbían el 35 % de la facturación, un 55 % más que en otros establecimientos del sector automatizados.

Con el objeto de superar los baches estacionales, la dirección de la empresa decidió:

- Emprender una política de «rebajas» de temporada en el precio de lavado en seco de ciertos artículos (pana, franela, mantas, edredones, etcétera).
- Además de la publicidad acostumbrada en la prensa local, los precios especiales se anunciaban en las liquidaciones que se enviaban a los clientes a fin de mes.

No obstante, estos precios resultaban un tanto caros en comparación con los que cargaba la competencia. Aunque la empresa aseguraba que la calidad de los competidores no podía compararse con la que brindaba Limpsec, no podía evitar, sin embargo, que parte de los clientes habituales se pasasen a la competencia.

La reacción de la dirección consistió en impulsar una campaña de promoción de ventas con el objetivo de incrementar las utilidades de la publicidad y las ofertas especiales. Sin embargo, el esfuerzo publicitario no rindió los frutos esperados.

La empresa contaba con ocho agentes comerciales, distribuidos en diversas zonas geográficas, que trabajaban a base de un sueldo fijo y una comisión de un 25 % sobre las ventas. Pues bien, algunos no llegaban, ni siquiera, a justificar un salario base mínimo.

Nuevas medidas

Para remediar esta situación, la dirección decidió organizar un programa de competencias entre los vendedores, con premios en metálico para los ganadores, que se fijaban en función del potencial de cada zona. El resultado fue menos satisfactorio, pues si bien los concursos a corto plazo suscitaban cierto entusiasmo entre los agentes comerciales, las competiciones más prolongadas acabaron por aburrirles y hacerles perder todo interés.

Otro punto importante de la red comercial de la empresa eran los centro de recogida y entrega de los encargos, enclavados en puntos estratégicos de la ciudad. Los usuarios se ahorraban molestias y gastos de transporte acudiendo a esos locales, amén de un descuento del 5 % sobre el precio de tarifa. Al frente de estos servicios se hallaban, por lo

La empresa Limpsec tenía una implantación aceptable en el mercado, pero el numeroso personal necesario para llevar a cabo la actividad comercial suponía un coste excesivo.

Las campañas especiales de promoción supusieron una mejoría de las ventas. Sin embargo, al cabo de pocos meses el nivel de facturación volvió a descender a los niveles anteriores.

general, señoras de mediana edad que tenían experiencia en tratar al público y que, por encima del sueldo fijo, recibían también una comisión sobre el volumen de ventas. Esto las incentivaba para que procurasen atender rápidamente las exigencias del público.

Además, la empresa tenía concertados varios contratos especiales con hoteles, restaurantes y otros establecimientos análogos, en virtud de los cuales se les abonaba una comisión del 7 % por toda la ropa y lencería que estos centros mandaban a lavar.

De forma global, el volumen de trabajo generado por los puntos de recogida y los contratos de servicio con los establecimientos de hostelería era muy parecido al que aportaban, en conjunto, los vendedores y la promoción directa por correo; por lo cual la dirección pensaba que su negocio tenía una cierta estabilidad, al no depender de una única fuente de operaciones. Estas consideraciones habían impulsado al director financiero a invertir en mejorar la apariencia y la calidad de servicio en los puntos de recogida de ropa, con el fin de potenciar su rentabilidad. En los últimos tiempos, sin embargo, el nivel de facturación había descendido y la dirección estaba considerando seriamente la posibilidad de cerrar algunos locales.

El aumento y la mejora de la gestión de los centros de recogida agilizaron el proceso y lo hicieron más cómodo para el usuario, pero no proporcionaron el aumento de las ventas esperado.

Un cambio

El proceso tecnológico vino a sumar nuevos problemas. En poco tiempo se habían abierto en la localidad varias lavanderías completamente automatizadas, sin personal humano, en las cuales las máquinas lavaban casi todo tipo de ropa mediante la inserción de monedas. Como aumentaba el número de familias que optaba por este método, la dirección de Limpsec decidió probar suerte en el mismo.

Se tomó en arrendamiento un local de 125 metros cuadrados, por un alquiler razonable. Este local estaba magníficamente situado, junto a un cruce de autopistas y justo al lado de un complejo formado por un motel y una estación de servicio. Durante el día se colocó a una empleada para que se hiciese cargo de la ropa y la pusiese a lavar en los equipos automáticos. Durante la noche no había nadie, pero como el lugar era concurrido, no era necesario ningún tipo de vigilancia. Un contrato de mantenimiento con una empresa local de reparaciones permitía hacer frente a cualquier posible avería mecánica. Para complementar el acondicionamiento y la rentabilidad del local, el gerente hizo instalar en el mismo unas máquinas expendedoras de cigarrillos, café, jabón en polvo, toallas de papel perfumadas, etcétera. También se contrató a una señora del lugar para que limpiase el local diariamente.

En los días que precedieron a la apertura del nuevo local automatizado, el director contrató a un grupo de jóvenes estudiantes para que repartiesen unos 7 000 dípticos de propaganda en un área de 5 kilómetros a la redonda.

La empresa suministradora de los equipos aseguraba que, para cubrir gastos, se precisaba un ingreso de alrededor 2 u.m. diarias por lavadora y 4 u.m. por equipo de secado. En estas circunstancias, explotando un total de 30 lavadoras y 10 secadoras, Limpsec debía lograr una facturación semanal de lunes a domingo de 700 u.m. para no perder dinero.

Pero veamos cuál fue el comportamiento de las ventas de la lavandería automática durante los cinco primeros meses.

La evolución de la nueva instalación

El director se mostraba complacido con la evolución positiva del volumen de negocios de la nueva instalación. Al mismo tiempo, se alegraba de haber resistido la tentación de abrir una segunda lavandería hasta no conocer los resultados financieros completos de la explotación del primer centro durante un semestre por lo menos. Inicialmente, había calculado unos gastos globales de traspaso y arrendamiento del local, compra, instalación y puesta en marcha de los equipos en unas 38 000 u.m., y había hecho una previsión del beneficio neto, durante los tres primeros años de explotación, de 2 000, 4 000 y 5 000 u.m.

Meses más tarde se procedió a la instalación de dos nuevas lavadoras y tres equipos de secado, con un costo total de 46 000 u.m. Por otra parte, el consumo de energía eléctrica y otros suministros, como agua

La apertura de un centro casi totalmente automatizado permitió un aceptable aumento de las ventas, manteniendo los costos estables.

y gas, absorbía el 31 % del volumen de facturación. Asimismo, todo hacía presagiar que pronto habría que proceder a realizar trabajos importantes de mantenimiento. Sobre la base de los resultados de explotación obtenidos durante los cuatro primeros meses, la dirección estimó que el beneficio del primer año sería de 5 000 u.m. Sin embargo, estaban convencidos de que la complejidad del negocio era tal que se necesitaba un horizonte de tiempo mayor para poder avanzar conclusiones significativas.

La incorporación de las nuevas máquinas de lavado y secado se anunció en la prensa local valorándose en su justa medida: como un incremento de la capacidad de servicio de la empresa, pero sin despertar esperanzas excesivas en los clientes. Asimismo se destacó con tintes moderadamente optimistas la creación de nuevos servicios, como el depósito de abrigos de piel durante el invierno.

La dirección estaba convencida de que su enfoque propagandístico había sido el correcto al evitar todo dispendio inútil y centrar la campaña en ofrecer a las amas de casa aquellas ventajas que realmente podían convenirles, sin exagerar un ápice ni la capacidad de la instalación de lavado automático, ni los beneficios que se derivaban de sus prestaciones. Ciertamente, la promoción se centró en tres puntos:

Una de las principales ventajas de Limpsec, y que no fue debidamente promocionada, era la calidad de su servicio, claramente superior al de los establecimientos de limpieza en seco automáticos.

• Calidad del trabajo de las máquinas de lavado y secado, garantizada por el buen estado de la instalación.
• Garantía de que cualquier perjuicio que sufriesen los clientes por causa de un eventual desperfecto en la ropa sería rápida y totalmente reembolsado.
• Seguridad personal durante los días festivos y horas de trabajo nocturno, gracias a lo céntrico del local y a su correcta iluminación.

Conclusiones

Evidentemente, se trata de una típica empresa de servicios, que, después de un número de años funcionando correctamente, ha visto mermada su rentabilidad hasta el punto de terminar un ejercicio con números rojos. No toda la culpa de esta situación negativa se puede atribuir a la mala gestión de la dirección, pues es indudable que la empresa se ha visto afectada por la contracción general del sector. Sin embargo, parece evidente que el esfuerzo promocional en el caso que nos ocupa ha sido ineficaz y mal coordinado.

Sin duda, el punto más débil del planteamiento publicitario de Limpsec ha sido no subrayar suficientemente la alta calidad de su servicio, superior a la media de las otras empresas del entorno, pero insuficientemente promocionada. Así mismo, la empresa no se ha esforzado por proyectar en el público su imagen como una firma capaz de proporcionar unos servicios complementarios (lavado y limpieza en seco auto-matizados en horas no laborables, puntos de recogida y entrega espar-cidos por toda la ciudad) que suponen un considerable ahorro de tiem-po y consecuentemente de dinero.

Parece evidente, por otra parte, que la dirección abrigó, en un prin-cipio, unas esperanzas excesivas en la rentabilidad de su equipo de ven-dedores, a pesar de que éstos carecían de incentivos adecuados y de unas directrices sistemáticas de actuación. A la vista de estas circuns-tancias, nos parece un tanto injustificada su posterior desilusión con los resultados obtenidos por estos hombres, y su decisión de abrir canales paralelos de comercialización en lugar de potenciar el esfuerzo del per-sonal de ventas. Claro está, esto no significa que la apertura de los pun-tos de recogida y de lavandería automática fuesen acciones censurables en sí mismas; lo que ocurre es que estas expansiones debieron servir para complementar el trabajo de los vendedores, no para anularlo.

Cuando abrió la segunda lavandería automatizada, el acontecimiento fue precedido por una intensa campaña de publicidad en los diarios loca-les, apoyada por un notable esfuerzo de promoción por correo consis-tente en enviar impresos explicativos de las características de la nueva instalación, las cuales, al mismo tiempo, valían para el lavado o limpieza en seco de una pieza de ropa. En total se enviaron más de 5 000 impresos.

Además, en este segundo local se colocó un mostrador, atendido por una simpática señorita, para la entrega y recogida de ropa durante las horas diurnas. Habiendo comprendido, por fin, la importancia de la pro-moción preinaugural, su táctica resultó acertadísima, como lo demos-traron los resultados obtenidos por el nuevo local desde el primer mes.

Ejercicios de autoevaluación

A) Indicar la frase que desarrolle correctamente cada proposición:

① La política de promoción consiste en:
   a) Hacer propaganda de los productos que distribuye una empresa.
   b) Contratar nuevos vendedores.
   c) Emplear las técnicas más idóneas para potenciar las ventas de una empresa.

② Las campañas de promoción y de ofertas especiales se deben fijar:
   a) En los períodos de mayor volumen de demanda.
   b) Durante las vacaciones escolares.
   c) En Navidad, exclusivamente.

③ Indique en qué tipos de establecimientos es más rentable la promoción:
   a) En un local adecuadamente surtido, dirigido con imaginación y dotado de un personal de ventas ágil y diligente.
   b) En un establecimiento que vende a bajo precio.
   c) En unos grandes almacenes.

B) Indicar si las siguientes frases son verdaderas o falsas:

   a) La publicidad es fundamentalmente el principal medio de comunicación que tiene la empresa para contactar con sus clientes potenciales.
   b) Promoción y publicidad son dos términos y dos conceptos idénticos.
   c) La elección del momento oportuno de realizar una campaña publicitaria es tan importante como el diseño adecuado de la misma.
   d) Las necesidades vitales o de supervivencia son las primarias y más importantes razones de compra por parte de los individuos.
   e) Se puede considerar a la emulación, la imitación y el ahorro de tiempo y esfuerzo entre los principales motivos de elección de compra.

Soluciones

A)	B)
1. c)	a) Verdadero.
2. a)	b) Falso.
3. a)	c) Verdadero.
	d) Verdadero.
	e) Verdadero.

PROPAGANDA

❒ INTRODUCCIÓN

El término propaganda se suele utilizar para la comunicación con las masas con fines religiosos, políticos o sociales. En términos económicos se utiliza para el tipo de publicidad de carácter institucional por parte de una empresa con la finalidad de obtener el conocimiento y la confianza de los consumidores de la empresa en general y no de un producto en particular.

Sin dejar de ser una parte de la publicidad y utilizar los mismos medios de comunicación, la propaganda de una empresa o marca se diferencia por no perseguir la venta inmediata de un producto (evidentemente, el incremento de ventas sí es el objetivo final), sino la divulgación al mercado de las características de calidad, prestigio, historia, etcétera, que están detrás de los productos lanzados al mercado por la empresa.

❒ OBJETIVOS

La propaganda persigue, mediante medios publicitarios, crear entre los consumidores un valor añadido al nombre comercial de la empresa, de tal manera que un consumidor, a la hora de adquirir un producto de nueva aparición en el mercado, al reconocer la marca, esté convencido, sin conocer el producto, de que tendrá unas determinadas características de calidad.

Los argumentos normalmente utilizados en la publicidad institucional de una empresa tienen caracteres distintos, pero siempre con el objetivo de conseguir en el consumidor una asociación entre empresa y calidad de producción para lograr su plena confianza:

- *Argumentos históricos.* La permanencia durante muchos años en un mercado con una cifra de ventas importante significa que mucha gente ha confiado y sigue confiando en los productos de la empresa.
- *Argumentos tecnológicos.* Un reportaje sobre las instalaciones de la empresa mostrando la utilización de la tecnología más avanzada provocará en el consumidor una seguridad de modernidad en el producto que va a consumir.

> **PROPAGANDA**
>
> **Es la publicidad dirigida no directamente a la promoción de la venta de un producto, sino a consolidar el nombre y la imagen de la empresa en el mercado.**

▼ *Dar a conocer las técnicas de obtención y selección de las materias primas, la pulcritud en su manejo y envasado, la perfecta conservación y distribución, etcétera, sobre productos alimentarios, constituye un ejercicio de propaganda.*

- *Competencia del personal de la empresa*. No sólo la calidad de un producto se mide por la tecnología utilizada, sino que es vital el buen nombre y formación de los ingenieros, responsables, investigadores y productores directos de los productos de la empresa.
- *Calidad de las materias primas utilizadas*. La calidad del producto final dependerá del material utilizado para fabricarlo.

Tabla 2.2   Objetivos propagandísticos de diferentes entidades

Empresas	*Asociaciones*	*Administraciones públicas*
Imagen	Dar a conocer la entidad	Informar
Notoriedad	Modificar actitudes	Favorecer el conocimiento de las leyes
Competencia	Modificar costumbres sociales	Modificar hábitos sociales
Crear o reforzar actitudes	Localizar nuevos miembros	Modificar comportamientos
Modificar hábitos sociales	Obtener fondos	Crear, mantener o mejorar la imagen
Ampliar mercados	Sensibilizar a la población	Favorecer la actividad de algunos sectores
Confianza		Promocionar servicios

☐ POLÍTICA Y ESTRATEGIA

■ Concepto de marca

Dentro de la propaganda del nombre de una empresa merece mención aparte el concepto de marca. La marca es el nombre o símbolo, o combinación de ambos, que trata de identificar los productos o la empresa, diferenciándolos de la competencia.

Cabe distinguir la marca del nombre de la empresa. No tienen porque coincidir. El nombre de la empresa tiene carácter legal, mientras la marca es únicamente comercial. La marca puede estar integrada por dos elementos distintos o uno solo de ellos:

- *Nombre del producto*: permite que los consumidores identifiquen el producto.
- *Logotipo*: expresión gráfica de una marca.

Funciones de la marca

Las diferentes funciones que desarrolla la marca de los productos de la empresa nos ayudará a ver que es un elemento esencial para llevar a cabo una campaña de propaganda global del buen nombre y categoría profesional de la empresa:

La marca es el nombre o símbolo que identifica los productos de una empresa, diferenciándolos de los de la competencia.

- Identifica un producto, un servicio o una compañía entera del resto de la competencia.
- Diferencia los productos, gamas o calidades de productos dentro de una misma empresa.
- Representa un gran valor añadido para la empresa en cuanto a la confianza de los consumidores.
- Es una propiedad legal muy importante para la empresa. Aunque hemos dicho antes que la marca tiene carácter comercial, esto no quita que deba ser debidamente registrada para evitar problemas de usos ilegales de marcas.

Requisitos de las marcas

Por ser un elemento esencial en la publicidad que se debe desarrollar como propaganda de la empresa, la marca, para ser un toque atrayente para el consumidor, debe reunir unas características:

- Brevedad: por razones de economía visual y oral, desde el punto de vista publicitario es preferible que la marca sea breve, para aumentar las posibilidades de ser recordada.
- Fácil lectura y pronunciación: la comodidad en la lectura y pronunciación del nombre de una marca es esencial para que un lector u oyente reciba el impacto del anuncio. Los nombres extranjeros de difícil pronunciación puede llevar a confusiones a la hora de reconocer los productos de una marca.
- Memorización fácil: tanto visual como auditiva.
- Asociación y evocación: es importante que una marca sea asociada por los consumidores al tipo de producto a que corresponde y que evoque o recuerde dicho producto.
- Distinción: una marca se diferencia de otra; por consiguiente, el nombre y el logotipo de una marca deben ser distintos de los de los competidores.
- Protegida por ley: debe estar registrada.

▲ La marca de un producto debe ser un nombre o logotipo que lo relacione con la empresa y con la clase de producto y mercado al cual va dirigido.

▼ Uno de los objetivos de la propaganda es lograr que las personas asocien de inmediato una marca o un producto con sólo ver un dibujo, un color, una forma.

■ Estrategias de marcas

El mercado actual se caracteriza por una multiplicidad de consumidores, cada uno con gustos y preferencias distintas, dentro de la demanda de un mismo producto básico; por lo cual, la empresa debe tener un nombre para cada producto a fin de que el consumidor pueda distinguirlo. A la hora de poner marcas a los distintos productos de la empresa existen diferentes estrategias:

Marcas únicas. Consiste en utilizar la misma marca para todas las líneas o familias de productos de una empresa. Presenta la ventaja de que todas las acciones que realicemos en un producto (publicidad, promoción, etcé-

tera) repercuten en el beneficio de todos los demás productos de la empresa. Otra ventaja que tiene es que un nuevo producto de la marca introducido en el mercado es fácilmente reconocible por el consumidor. Para poder utilizar una única marca es necesario que los productos sean bastante homogéneos y de calidades y aspecto similares.

Marcas individuales. Consiste en diferenciar la gama de productos de una empresa con marcas distintas. Esta estrategia presenta la ventaja de que el fallo en un producto no tiene por qué repercutir en el resto de productos de la empresa, al no visualizar el consumidor fácilmente los diferentes productos de una misma empresa por poseer nombres distintos. Por el contrario, las acciones de marketing de una empresa se multiplican por cada una de las líneas de productos. Se suele recurrir a esta estrategia cuando los productos son muy heterogéneos y la calidad de los mismos se diferencia claramente.

Marcas mixtas. Intentan aprovechar las ventajas y evitar los inconvenientes de los tipos anteriormente vistos. Hay tres posibilidades distintas de marcas mixtas:

Modificación de la raíz. Consiste en utilizar marcas individuales pero con un principio común que sería la marca principal (o madre), modificando sólo la terminación para distinguir los productos.

Nombre más apellido. Uso de un sistema de marcas únicas compuestas por un mismo nombre (marca principal) y una segunda palabra (apellido) distinta que distinguiría a cada producto.

Asociación publicitaria. Se pretende que las marcas individuales se asocien con la empresa, a través de acciones publicitarias (misma música, color, presentador, estilo, etcétera).

Marcas múltiples. Utilización de marcas distintas dentro de una misma línea de productos, para distinguir diferentes calidades, mejorar el prestigio de la marca principal o simplemente saturar de marcas el mercado para evitar o dificultar la entrada de los posibles competidores.

■ Elección del nombre de marca

Conocidas las estrategias y características de las marcas, describiremos el proceso de elección de un nombre de marca. Se trata de escoger entre unas primeras propuestas el nombre más apropiado para los productos de la empresa. Se suelen seguir las siguientes etapas:

▼ *El logotipo de la marca, al ser un referente de la empresa productora, debe permanecer invariado en todos los productos de la misma, no importa cuál sea su naturaleza.*

Generación de nombres de marca. Establecer un conjunto amplio de posibles nombres de marca para un producto. Es una etapa de creatividad.

Legalidad del nombre. Comprobar si los nombres propuestos han sido registrados anteriormente por otras empresas o si son similares a alguna marca competidora. En el caso de ocurrir alguna de las dos anteriores posibilidades, se descartaría el nombre propuesto.

Tests cuantitativos. Someter los nombres propuestos a distintos tests de valoración. Se deben definir previamente los criterios de puntuación que se han de utilizar en cada test. Al final de esta etapa se valorará si la puntuación final obtenida por cada nombre es favorable o no. Existen tres tipos distintos de tests cuantitativos:

- *Test de composición de nombre*. Consiste en medir el número de palabras, letras y sílabas. Las puntuaciones se basarán en estudios de realidad obtenidos observando los nombres de marcas del mercado. Normalmente se premian más los nombres breves.
- *Test de memorización*. Mediante encuestas y entrevistas se realizan pruebas de memoria visual y auditiva.
- *Test de preferencia*. Hay dos tipos: el test de eufonía (mide para cada nombre propuesto la agradabilidad en la audición del mismo) y el test de elección espontánea (se utiliza para establecer un orden de preferencias).

Test cualitativo. Dirigido a contrastar la evocación o recuerdo del nombre.

- *Test de asociación*. Pregunta sobre lo que sugiere el nombre.
- *Test de contrastación*. Compara nombres de otros productos (inventados, no existentes en el mercado) para ver la asociación entre ellos y los productos.

▲ *La mejora en la composición de un producto debe reflejarse en su presentación. En este ejemplo, Petal plus da idea de renovación sin romper la continuidad de la imagen de marca.*

■ Caso práctico

La empresa Hilopractic es una sociedad anónima con 30 años de experiencia y diferentes marcas en el mercado textil con una plantilla de 120 trabajadores. Tras los últimos 3 años con un notable estancamiento de la cifra de ventas, la dirección se plantea el lanzamiento de

El lanzamiento de una nueva línea de productos pone en funcionamiento un proceso creativo por parte de los directivos de la empresa, asesorados por una agencia de publicidad para encontrar el nombre apropiado para la nueva marca.

una nueva marca de ropa juvenil para modernizar la imagen de la empresa y también los productos lanzados al mercado.

Para ello, el director comercial debe encontrar antes un nombre adecuado para la nueva marca de ropa juvenil. A tal fin cuenta con la ayuda de una agencia publicitaria ajena a la empresa y la colaboración de otros tres directivos de la propia empresa. Por consiguiente, se confecciona una primera lista de seis posibles nombres: Pompas, Libertad, Espacial, Fresas, Parche y Órbita, entre los cuales se debe decidir cuál es el más apropiado.

Se realizan una serie de pruebas y estudios:

1. Se aplica el llamado estudio de *brevedad de nombre.*

Nombre	Palabras	Sílabas	Letras	Media
Pompas	1	2	6	3
Libertad	1	3	8	4
Espacial	1	3	8	4
Fresas	1	2	6	3
Parche	1	2	6	3
Órbita	1	3	6	3

Este test premia al nombre que tenga una media más baja. Todos los nombres oscilan entre 3 y 4, puesto que, ya desde el principio, se escogieron nombres cortos de una sola palabra.

Se ha llegado a un acuerdo con una institución de estudios secundarios que, aprovechando la visita de sus alumnos a la empresa para ver las instalaciones de la fábrica textil, pasará a dichos alumnos una encuesta sobre los nombres propuestos como un ejercicio más de la visita de estudios.

2. Para llevar a cabo el test de memorización visual y auditiva, se somete a los alumnos a 3 exposiciones de diapositivas de cada uno de los nombres y a 15 segundos de lectura de cada uno de los nombres de marca propuestos. Los resultados son los siguientes:

Nombre	Visual	Auditiva	Media
Pompas	3	5	4
Libertad	4	6	5
Espacial	5	2	3,5
Fresas	2	1	1,5
Parche	1	3	2
Órbita	6	4	5

Se ha ordenado de 1 a 6 según la mejor o peor respuesta a la memorización de los nombres por parte de los estudiantes. Resulta en este caso que el nombre más recordado es Fresas.

3. Se realizan también dos *tests de preferencia:* el llamado de eufonía, por el cual cada estudiante ordenará de mejor a peor sus preferencias entre los seis nombres, y el de elección espontánea, eligiendo un nombre entre todo el grupo de nombres.

Nombre	Eufonía	Espontánea	Media
Pompas	6	6	6
Libertad	4	4	4
Espacial	3	1	2
Fresas	5	5	5
Parche	2	2	2
Órbita	1	3	2

Aquí se produce un empate triple entre Espacial, Parche y Órbita.

4. Los tres tests anteriormente utilizados eran los llamados cuantitativos. Para finalizar el estudio de nombres se efectúa un test cualitativo, llamado de asociación, consistente en preguntar al encuestado qué tipo de producto le sugiere el nombre de marca propuesto. Se valorará como acierto el que los estudiantes relacionen el nombre con una marca de ropa.

Nombre	% aciertos	% errores
Pompas	20	80
Libertad	0	100
Espacial	5	95
Fresas	2	98
Parche	65	35
Órbita	8	92

Así se obtiene el claro resultado que el nombre Parche es el que más se relaciona con la ropa juvenil.

Al realizar los test para elegir el nombre de la nueva marca, el director comercial escoge un colectivo representativo del mercado al cual va dirigido el nuevo producto.

Un nombre de ropa juvenil debe sugerir desenfado, libertad y comodidad, por lo que es importante que cuente con la aprobación entre los estudiantes a los que se realiza la encuesta.

Finalmente, si resumimos todos los resultados anteriores en la misma tabla obtendremos:

Nombre	Test nombre	Memorización	Preferencias	Media tests cuantit.	% errores	Result.
Pompas	3	4	6	4,3	80	3,46
Libertad	4	5	4	4,3	100	4,30
Espacial	4	3,5	2	3,16	95	3,01
Fresas	3	1,5	5	3,16	98	3,09
Parche	3	2	2	2,33	35	0,81
Órbita	3	5	2	2,33	92	3,06

Siendo el resultado más bajo el que se debería escoger, el nombre de la nueva marca sería:

PARCHE

Ejercicios de autoevaluación

Valorar si las siguientes afirmaciones son verdaderas o falsas:

① La propaganda es la publicidad dirigida a crear unas necesidades inexistentes en los consumidores para aumentar la cifra de ventas.

② El objetivo de la propaganda es crear una confianza en una marca para que cualquier producto presente o futuro de la misma goce, sin necesidad de una publicidad individual de cada producto, del convencimiento entre los consumidores de unos requisitos determinados de calidad.

③ Los principales argumentos para que una marca obtenga la confianza en el mercado son de tipo histórico (cifra de ventas y número de años en el mercado), tecnológicos, humanos y de calidad de materias primas utilizadas en la elaboración de los productos.

④ La marca es el nombre o símbolo que identifica los productos o la empresa, diferenciándolos de la competencia.

⑤ La marca y el nombre de la empresa suelen ser el mismo, reforzando así el reconocimiento de los productos en el mercado.

⑥ La marca debe estar debidamente registrada ya que constituye una propiedad legal muy importante para la empresa.

⑦ Es preferible que el nombre de una marca sea breve, de fácil lectura y pronunciación, para facilitar la memorización por parte de los consumidores.

⑧ Una empresa normalmente sólo suele tener una marca.

⑨ La elección de una marca es únicamente una tarea específica de los expertos creativos de las agencias de publicidad.

⑩ Es legal y muy frecuente utilizar nombres parecidos a marcas ya existentes y con mucho prestigio en el mercado.

Soluciones

1. Falso.
2. Verdadero.
3. Verdadero.
4. Verdadero.
5. Falso.
6. Verdadero.
7. Verdadero.
8. Falso.
9. Falso.
10. Falso.

SELECCIÓN DE MEDIOS

❏ INTRODUCCIÓN

Una vez seleccionada la marca y teniendo claros los objetivos que la empresa ha de alcanzar, ésta debe decidir qué tipo de publicidad va a hacer, qué medios va a utilizar y qué tipo de soporte publicitario. La elección de los medios publicitarios depende de una serie de factores:

- El producto o servicio ofertado.
- Los objetivos perseguidos por la campaña publicitaria.
- El presupuesto disponible.
- La planificación creativa.

▼ Al seleccionar ciertos medios para insertar publicidad, se debe considerar tanto el ámbito geográfico como, sobre todo, la especificidad del sector de público al cual van dirigidos.

❏ OBJETIVOS

La selección de medios se centra en analizar cómo cada una de las alternativas consideradas satisfacen los objetivos planteados en la campaña. La primera cuestión importante que se plantea es considerar si se utilizará un solo medio publicitario o varios a la vez. Veamos a continuación las ventajas de cada una de estas posibilidades.

Un solo medio

- La empresa anunciante puede dominar el medio frente a sus competidores.
- Se logra una aureola de aceptación masiva del producto por las personas que frecuentan el medio y reciben de forma intensiva y concentrada el anuncio.
- Se logra una mejor comprensión del anuncio por la audiencia debido a la mayor repetición.

Varios medios

- Menores defensas de la audiencia ante la publicidad.
- La cobertura poblacional es mayor, aunque el valor de la frecuencia de los impactos será menor.
- Se pueden diseñar mensajes diferentes que ayuden y complementen la comprensión de las comunicaciones de una campaña publicitaria.

• Posibilidad de realizar una segmentación de la población y utilizar para cada uno de los segmentos estrategias adecuadas a cada tipo de mercado.

□ CRITERIOS DE SELECCIÓN

Para tomar una decisión sobre qué medio y qué soporte publicitarios utilizar para comunicarse con el mercado, se tienen en cuenta toda una serie de criterios:

• Audiencia de los medios.
• Eficacia de los medios.
• Nivel de comunicación.
• Costo.

Veamos a continuación, por separado, los conceptos más importantes.

Audiencia

En términos publicitarios se suele hablar de audiencia bruta (o, simplemente, audiencia) para referirse al número de personas que frecuentan regularmente un medio o soporte determinado.

Al decir «regularmente» se hace referencia a que la audiencia es un valor medio de personas que entran en contacto con el medio. Se debe matizar que las agencias de publicidad consideran audiencia a todos los individuos que se comunican con el medio, de los cuales sólo una parte entrarán en contacto con el anuncio de la empresa.

Lo realmente interesante sería evaluar la audiencia de los anuncios, no la del medio de comunicación o sus programas. De todos modos, la audiencia constituye uno de los principales criterios para elegir entre varios soportes publicitarios y también es el principal motivo de encarecimiento de los medios. El conocimiento de la audiencia se puede lograr de dos modos distintos:

• *Datos primarios.* Consiste en que la empresa anunciante lleve a cabo las oportunas encuestas y sondeos en el mercado. Es una técnica muy poco rentable por

MEDIO IDEAL

La selección del medio idóneo para una campaña dependerá del tipo de producto, del presupuesto disponible y de la planificación de la empresa, tanto en lo que respecta a objetivos como en el nivel creativo.

▼ *La efectividad publicitaria de un medio de comunicación estará marcada por el número de contactos realizados en el mercado que busca la empresa para colocar sus productos.*

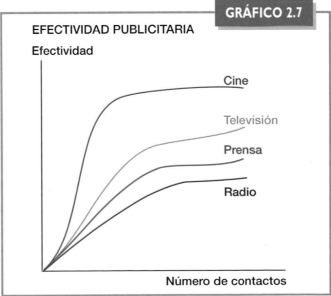

GRÁFICO 2.7

EFECTIVIDAD PUBLICITARIA

Efectividad

Cine

Televisión

Prensa

Radio

Número de contactos

su elevado costo. Lo que sí se suele preguntar por parte de los vendedores de las empresas a los posibles nuevos clientes, es de dónde han sacado la referencia para dirigirse a demandar un producto a la empresa, llevando además una estadística de estas respuestas.

- *Datos secundarios*. Los medios de comunicación suelen tener datos sobre sus audiencias, y además existen empresas especializadas en control de audiencias.

Costo del soporte

El precio que los anunciantes tienen que pagar por efectuar sus inserciones publicitarias es un criterio clave en la selección del soporte que se debe utilizar. Esencialmente, el precio de una inserción está en función de tres factores:

- Audiencia del soporte (a más audiencia, más caro será).
- La calidad de medios y soportes. Por ejemplo, será más caro un anuncio en color que en blanco y negro en una revista.
- El tamaño o duración del anuncio.

Si sólo tenemos en cuenta el costo de la publicidad, de poco nos servirá para tomar una decisión. Por eso suele combinarse el costo y la audiencia mediante el concepto conocido como CPM (costo por mil), que se define como el costo que representa llegar a mil personas a través de una inversión publicitaria en un soporte.

$$CPM = (\text{Precio inserción} / \text{Audiencia}) \times 1000$$

Cuanto más bajo sea el CPM de un soporte, más interesante será para la empresa.

Perfil de audiencia

Supone la presentación de la composición de la audiencia de un soporte o medio publicitario en función de varios criterios utilizados al respecto (edad, clase social, sexo, etcétera). El conocimiento del perfil de la audiencia de los soportes se revela como una de las herramientas básicas para estimar la audiencia útil de los soportes.

Audiencia útil

La audiencia útil de un soporte es la parte de población útil (sector del mercado que interesa a la empresa) alcanzada por una inserción publicitaria en dicho soporte. Para poder calcularla es necesario disponer del perfil de audiencia y la audiencia bruta. A

La publicidad televisiva, a pesar de su mayor costo, cuenta con el tremendo impacto de la imagen y su difusión masiva.

TIRÁNICA
AUDIENCIA

La audiencia constituye cada vez más un factor determinante en el momento de determinar los precios de las inserciones en un medio publicitario y, dentro de éstos, en cada zona horaria o estratégica.

cada criterio o variable que componen el perfil de audiencia se le
debe asociar una ponderación por parte de la empresa anunciante.

Tabla 2.3 Perfil de audiencia de la programación de una emisora de radio

Programas	Horario	Audiencia	Sexo %		Clase social %			Edad %		
			H	M	Alta	Media	Baja	–35	36-50	+50
Matinal	7,30 a 9	4 900 000	45	55	16	48	36	40	28	32
Mediodía	11 a 12	4 800 000	30	70	13	44	43	49	28	23
Noticias	14 a 15	5 000 000	44	56	13	44	43	43	24	33
Radio Novela	16 a 17	1 500 000	14	86	10	35	55	47	21	32
Tarde	17 a 19	2 000 000	24	76	14	44	42	43	30	27
Informativo	20 a 22	2 500 000	52	48	8	52	40	45	30	25
Medianoche	0 a 2	1 000 000	57	43	15	50	35	67	13	20
Madrugada	2 a 5	500 000	53	47	16	56	28	66	17	17
Musical Sábado	10 a 13	2 500 000	40	60	15	50	35	82	10	8
Fútbol Domingo	18 a 21	5 000 000	77	23	15	43	42	54	24	22

Ejercicios de autoevaluación

**Seleccionar la continuación correcta
de las siguientes frases.**

A) Indicar cuál de las proposiciones es incorrecta:

① La elección de los medios publicitarios que debe utilizar una empresa depende de:
   a) El producto o servicio ofertado.
   b) El presupuesto publicitario disponible.
   c) El precio de venta del producto.
   d) Los objetivos perseguidos.

② Los criterios más importantes para seleccionar entre diferentes medios y soportes publicitarios son:
a) Audiencia.
b) Especialización.
c) Costo.
d) Eficacia.

B) Indicar si las afirmaciones siguientes son verdaderas o falsas:

① El precio de una inserción depende de la audiencia del medio, el tamaño o duración de la inserción y de la calidad técnica y artística de la misma.

② La audiencia útil de un soporte publicitario es la parte de población a la cual la empresa quiere vender el producto, alcanzada por una inserción publicitaria en dicho soporte.

③ Se entiende como audiencia bruta los programas o sectores horarios en los que un medio de comunicación alcanza cifras más altas de audiencia.

④ El perfil de audiencia ayuda a conocer las características de las personas (edad, sexo, nivel cultural y económico) que siguen un determinado programa o leen un cierto tipo de publicación.

Soluciones

A)
1. *c*)
2. *b*)

B)
1. Verdadero.
2. Verdadero.
3. Falso.
4. Verdadero.

EVALUACIÓN DE LOS RESULTADOS

❑ CONTROL DE LA CAMPAÑA

Como en toda acción dentro de una empresa, es esencial que antes, durante y al finalizar una campaña publicitaria, se efectúe un control para saber si se han conseguido los objetivos previstos y poder rectificar a tiempo en caso necesario. A continuación se tendrán presentes todos los elementos necesarios para poder analizar los resultados de una acción publicitaria.

■ Presupuesto publicitario

Una de las decisiones más comprometidas que deben tomarse en la elaboración de la campaña publicitaria de una empresa es la que hace referencia a la determinación del presupuesto publicitario. El importe total del mismo es un indicador del esfuerzo o presión que una empresa realiza para alcanzar los objetivos publicitarios fijados y contribuir a la obtención de los objetivos comerciales en colaboración con las otras variables que componen el plan de marketing de la firma.

Para determinar el presupuesto publicitario se pueden tomar tres vías distintas:

▼ *El importe total del presupuesto publicitario incluye no sólo las inserciones publicitarias, sino también los gastos relacionados con el diseño y realización de los anuncios que se van a insertar.*

1. *Práctica corriente de las empresas.* Consiste en una atenta observación y un discreto seguimiento de lo que hacen las demás empresas del sector.

2. *Vía de optimización o rentabilidad.* Consiste en fijar como montante publicitario la cifra que nos proporcione un óptimo, así el presupuesto publicitario será aquella cantidad con la que obtenemos el máximo volumen de ventas, o el máximo beneficio, o, también, la máxima rentabilidad. Para ello debemos conocer u observar la relación entre publicidad y ventas o beneficio.

GRÁFICO 2.8

3. *Vía de la eficacia*. Este enfoque consta de cuatro fases diferenciadas:

CONTROL

Todo control se debe realizar respecto de los objetivos marcados antes de iniciar una campaña, y el presupuesto publicitario es el elemento esencial para realizar el control de la campaña publicitaria.

- Fase primera: estudio profundo de la problemática de la empresa, especialmente los aspectos comerciales o de marketing, de manera que se ponga de manifiesto el papel que debe desempeñar la publicidad.
- Fase segunda: fijar los objetivos de la publicidad de forma clara y precisa.
- Fase tercera: valorar los planes alternativos propuestos tomando como base la eficacia y la eficiencia publicitaria alcanzada. La *eficacia* de un plan publicitario se mide por el grado de cumplimiento de los objetivos, siendo Eficacia = Resultado / Objetivos. Este índice se complementa con el de *eficiencia*, que se define como la relación entre los resultados respecto al costo del plan publicitario; Eficiencia = Resultados / Costo del Plan. El índice de eficiencia tiene valor únicamente a efectos comparativos, permitiéndonos seleccionar, entre planes con similares valores de eficacia, el más económico.
- Fase cuarta: el costo del plan publicitario elegido en la anterior fase será el presupuesto deseado. El montante estará formado básicamente por las siguientes partidas: costo de las inserciones; costo de la creatividad y honorarios de la agencia de publicidad.

Está claro, por consiguiente, que este método teórico sería el más válido para tomar una decisión sobre el mejor presupuesto publicitario para una empresa al tener en cuenta los objetivos de la misma.

La mejor forma de fijar y elaborar un presupuesto publicitario, incluso en las empresas pequeñas, es basándose en criterios de «eficacia».

Tabla 2.4 Presupuesto publicitario

Forma de determinar el presupuesto publicitario	N.º de empresas	Porcentaje
Cifra de ventas pasadas	185	41
Cifra de ventas futuras	25	5,5
Objetivos de venta	40	9
Situación del mercado	70	15,5
Competencia	50	11
Arbitrariamente	60	18
Total	450	100

Resultado del estudio sobre la forma de determinar su presupuesto en publicidad sobre 450 empresas del sector alimentario.

Práctica presupuestaria de las empresas

Veamos a continuación las formas más utilizadas en la práctica por las empresas para fijar el presupuesto publicitario y las ventajas e inconvenientes de cada uno de los métodos.

Presupuesto fijado arbitrariamente. Consiste en fijar el presupuesto de publicidad en función del montante que el responsable publicitario puede utilizar de los beneficios anteriormente conseguidos por la empresa, sin justificar la razón de esa cantidad y sin considerar los objetivos publicitarios que se han de alcanzar. Se puede considerar que no tiene ninguna ventaja y todos los inconvenientes, pero todavía es un método bastante utilizado a tenor de los resultados de las encuestas.

Porcentaje sobre la cifra de ventas del período anterior. Se trata de calcular la cuantía del presupuesto detrayendo un determinado porcentaje fijo de la cifra de ventas o beneficios del período anterior. El criterio para determinar dicho porcentaje es diverso, e incluso arbitrario en muchos de los casos, aunque suele basarse en la media de inversión publicitaria de la competencia en el sector. Podemos destacar dos *ventajas* de este método:

▼ *Destinar a publicidad un parte proporcional de las ventas es una práctica habitual de la pequeña empresa. Sin embargo, este método es demasiado simple y no tiene en cuenta factores determinantes, como objetivos, competencia y precio.*

- Simplicidad: el presupuesto se determina de forma automática al cerrar un ejercicio.
- No compromete financieramente a la empresa, ya que los fondos necesarios son sustraídos siempre de cantidades disponibles por parte de la empresa.

Pero, sin embargo, presenta inconvenientes que superan con mucho a las ventajas anteriormente vistas:

- Procedimiento tanto arbitrario como irracional.
- Este método conduce a que, cuantas más ventas se produzcan en un período, más se invertirá en publicidad en el siguiente, cuando la lógica sugiere que la inversión publicitaria vaya bajando a medida que el producto se venda mejor.

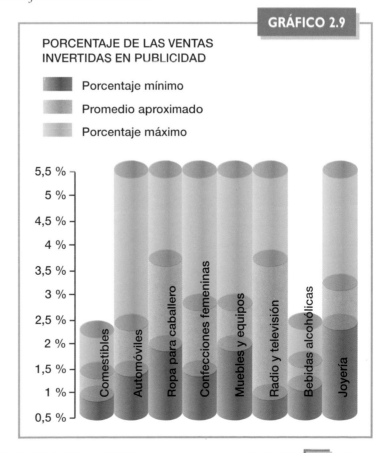

GRÁFICO 2.9

PORCENTAJE DE LAS VENTAS
INVERTIDAS EN PUBLICIDAD

- Porcentaje mínimo
- Promedio aproximado
- Porcentaje máximo

5,5 %
5 %
4,5 %
4 %
3,5 %
3 %
2,5 %
2 %
1,5 %
1 %
0,5 %

Comestibles · Automóviles · Ropa para caballero · Confecciones femeninas · Muebles y equipos · Radio y televisión · Bebidas alcohólicas · Joyería

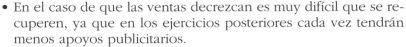

- En el caso de que las ventas decrezcan es muy difícil que se recuperen, ya que en los ejercicios posteriores cada vez tendrán menos apoyos publicitarios.
- No es optimizante, al no tener en cuenta los objetivos de la empresa ni criterios de eficacia o eficiencia.

Costo-beneficio

La relación costo-beneficio debe ser el principal indicativo a la hora de evaluar los resultados de cualquier campaña de promoción de ventas.

Método del porcentaje sobre la cifra de ventas prevista. Este método trata de salvar los inconvenientes del método anterior; es decir, trata de que las ventas sean consecuencia de la publicidad y no lo contrario. Sin embargo, el inconveniente persiste ya que se fija el gasto publicitario en función de las ventas previstas, y dicha previsión también incluye la influencia de la publicidad anterior.

Método de la paridad competitiva. Se basa en analizar y estudiar los gastos publicitarios (pasados y previstos) de la competencia. Este método funciona sectorialmente, es decir, si todas (o las más importantes) empresas del sector incrementan los gastos publicitarios, una empresa que opere en el mismo mercado deberá seguir los mismos pasos si no quiere verse desplazada.

Importe fijado por unidad que se ha de vender. Se basa en que es necesario un cierto esfuerzo publicitario para vender una unidad de producto. El presupuesto se fija multiplicando el número de unidades que se han de vender por el esfuerzo publicitario unitario. La cuestión estriba en estimar, sobre unas bases sólidas, el importe publicitario por unidad. Los problemas se agudizan cuando la gama de productos de una empresa es amplia.

Un elemento
de gran interés
informativo
para el control
reside en comprobar
si la campaña se
ha realizado en el
momento oportuno.

■ Control de la política de promoción

Costo de la promoción

La relación costo-beneficio es tan importante en la promoción comercial como en cualquier otra faceta de la economía empresarial. Una vez fijados los objetivos de ventas, la dirección debe elaborar un presupuesto de promoción que, necesariamente, ha de estar en función de dichos objetivos. El montante de este presupuesto puede consistir en una cantidad fija o bien en un porcentaje sobre las ventas, teniendo esta última modalidad la ventaja de poder ajustar los costos a la evaluación de los ingresos, con lo cual se evita el temible riesgo de que los gastos en promoción superen a los beneficios.

No obstante, algunos especialistas sostienen la tesis contraria; para ellos, el momento en que las ventas comienzan a declinar es, precisamente, cuando se debe intensificar el esfuerzo promocional con el fin de invertir la tendencia.

Tabla 2.5   Otros componentes del presupuesto publicitario

Gastos que suelen incluirse en el presupuesto de publicidad	Gastos que no deben formar parte del presupuesto
Estudios publicitarios	Obras de beneficiencia
Cotizaciones a asociaciones publicitarias	Circulares
Periódicos de empresa	Tarifas
Ferias y exposiciones	Fabricación embalajes
Muestras	Películas informativas para vendedores o clientes
	Descuentos especiales
	Cotizaciones a asociaciones comerciales
	Reuniones de representantes
	Relaciones Públicas

Existe, así mismo, la posibilidad de elaborar un presupuesto flexible, capaz de ajustarse a las características de cada línea de productos y a las circunstancias cambiantes del mercado. Tomando como base de cálculo las cifras de facturación del período correspondiente del ejercicio anterior –ponderadas en función del comportamiento previsto de los distintos factores del mercado–, se realiza una estimación de las ventas para el año en curso o, quizá, para un horizonte de un mes o aun menos. Todos estos consejos pueden resumirse en una regla de oro: ajustar el volumen del gasto a los objetivos de ventas previstas, con el fin de mantener el signo positivo de la relación costo-beneficio.

Puntos que se deben considerar. El costo de la promoción está sujeto a diversas variables, las más significativas de las cuales suelen ser las siguientes:

- Arraigo y dimensión relativa de la empresa.
- Naturaleza del sector.
- Situación geográfica.
- Dimensiones del mercado potencial.
- Situación competitiva.

▼ En la composición del presupuesto en publicidad del lanzamiento de una nueva línea de ropa deportiva, se deben mantener diferenciados los gastos creativos (diseño, agencia y fotografías) de los de los medios publicitarios. Ello ayudará a fijar el presupuesto de futuras campañas en las que estas partidas varíen.

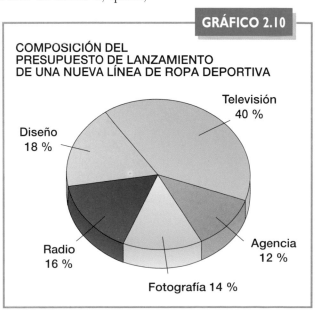

GRÁFICO 2.10

COMPOSICIÓN DEL PRESUPUESTO DE LANZAMIENTO DE UNA NUEVA LÍNEA DE ROPA DEPORTIVA

Televisión 40 %
Diseño 18 %
Agencia 12 %
Radio 16 %
Fotografía 14 %

Función de los registros contables. La valoración de la rentabilidad obtenida de cualquier campaña de promoción se basa en una contabilidad detallada de todos los gastos generados por la misma.

Así mismo, los registros tienen un valor enorme como medio de previsión, pues el estudio comparativo de los gastos habidos y los beneficios obtenidos en campañas anteriores nos permite calcular con un elevado grado de exactitud las posibilidades de futuras campañas que se desee emprender.

Pero para que tales estudios sean significativos, es preciso matizar la finalidad de las cifras con algunas observaciones aclaratorias, como pueden ser:

▼ *Las empresas deberán variar estratégicamente los esfuerzos de promoción de aquellos productos de venta claramente estacional, concéntrandolos en las fechas adecuadas.*

- Época de la campaña y condiciones ambientales.
- Motivo central de la publicidad.
- Productos incluidos en la campaña de promoción.
- Reducciones de precio y otras condiciones especiales.
- Comparación costo-beneficio.

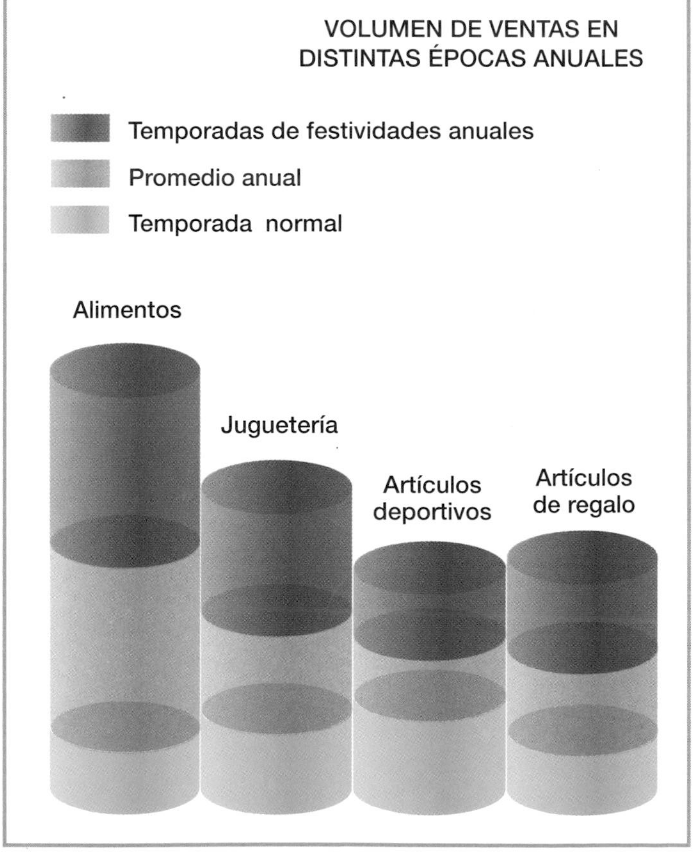

El estudio ponderado de todos estos factores ayudará a elaborar un presupuesto razonable y ajustado a nuestras necesidades.

Momento de la promoción

Hagamos ahora algunas consideraciones sobre los factores que intervienen en la fijación del momento en que se debe iniciar una campaña de promoción.

Cadencia de las ofertas especiales. El problema de la frecuencia y duración de las ofertas especiales debe resolverse en función de la política global de la empresa. Si se desea conservar una imagen de calidad y una reputación de seriedad, es preciso que las campañas de este tipo no se prodiguen ni se prolonguen demasiado, pues el público acabaría por pensar que los precios «reducidos» son, en realidad, los normales, y que el comerciante sólo vende artículos de saldo.

GRÁFICO 2.11

VOLUMEN DE VENTAS EN
DISTINTAS ÉPOCAS ANUALES

Temporadas de festividades anuales
Promedio anual
Temporada normal

Alimentos
Juguetería
Artículos deportivos
Artículos de regalo

Existe, sin embargo, un límite absoluto a las posibilidades de las ofertas especiales: la rentabilidad. Si tenemos en bodega artículos con un margen de beneficio muy bajo, es probable que cualquier reducción del precio de venta se traduzca en números rojos en el balance de fin de año.

Elección de la época. El momento exacto en que debe realizarse la campaña de promoción depende de factores coyunturales.

Algunos de éstos estarían indicados por:

- *Fechas señaladas.* Navidad, el día de la madre, el comienzo del curso escolar y las fechas más destacadas del Santoral son ocasiones especialmente indicadas.
- *Estaciones y temporadas.* Ciertas prendas de vestir y otros artículos de temporada están sumamente vinculados con los factores climáticos.
- *Fiestas populares.* La cercanía de las fiestas populares, como Navidad, el patrón de la ciudad, carnaval, etcétera, son la ocasión ideal para incrementar la venta de juguetes, bebidas y alimentos típicos, disfraces y otros artículos especiales.
- *Fin de temporada.* Los artículos que no han podido venderse durante la estación y que no pasan rápidamente de moda, aunque su aceptación descendería en la temporada siguiente, se suelen liquidar a unos precios algo rebajados al final de la misma.

RESULTADOS

Los resultados de una campaña publicitaria deben ser supervisados para comprobar su eficacia, teniendo en cuenta que la eficacia de una campaña publicitaria no sólo se mide en términos económicos.

☐ ANÁLISIS DE LOS RESULTADOS

■ Control y eficacia publicitaria

Es una práctica habitual que, aunque las empresas se gasten grandes sumas en la planificación publicitaria, las partidas destinadas al control publicitario sean escasas. Esto trae consigo la inexistencia o bajo valor de los controles publicitarios y, por consiguiente, que las empresas no conozcan la efectividad de las campañas realizadas. Además, otra práctica frecuente es que las empresas que llevan a cabo los controles presupuestarios encomiendan esta labor a las propias agencias publicitarias que llevan a cabo la campaña. Desde el punto de vista organizativo esto constituye una aberración, y es lógico suponer que los controles efectuados de esta forma den como resultado grandes logros de la publicidad llevada a cabo.

En la gestión publicitaria, las funciones de control están ejercidas por el sistema de control publicitario, que no solamente fija los objetivos de publicidad, sino que también, mediante determinados indicadores, pone de manifiesto la eficacia del sistema de publicidad y su estado interno.

ELASTICIDAD PRECIO-DEMANDA

Demanda variable   Demanda rígida

50 u.m.

Comprador 2   Comprador 1

40 u.m.

Precio

D

Cantidad

18 ◄──── 20
Comprador 1
Comprador fiel

4 ◄──────────── 20
Comprador 2

▶ *Los efectos de la publicidad dependerán de qué tipo de reacción tengan los consumidores ante los cambios del precio de los productos (elasticidad de la demanda de cada producto).*

Para evaluar la eficacia de la gestión publicitaria es preciso partir de los siguientes supuestos:

- Conocer el modo en que actúa la publicidad.
- Conocer los objetivos publicitarios.
- Determinar los criterios que permitan ver en qué grado se han satisfecho los objetivos.
- Definir los instrumentos de medida.
- Definir las unidades de medida.

■ Criterios de control publicitario

Los criterios para medir la eficacia de una campaña, o de un elemento de la misma, deben estar en función de los objetivos publicitarios. Los criterios utilizados dependen de los siguientes elementos:

- Los productos.
- La estrategia empresarial.
- La estrategia publicitaria.
- La oferta de la competencia.
- La etapa del ciclo de vida en la que se encuentra el producto.

Por la asiduidad de su uso destacamos, entre otros, los siguientes criterios:

PROGRAMAS

Los programas publicitarios no deberían derivarse de la intuición del empresario, sino ser instrumentos elaborados orgánicamente.

- *Recuerdo de la publicidad*. Se fundamenta en la creencia de que la publicidad será más eficaz en la medida en que deje un recuerdo mayor. Se acostumbra relacionar este criterio con las ventas generadas por la campaña. Es decir, se supone que una tasa de recuerdo elevado debe implicar una alta cifra de ventas.

- *Notoriedad o conocimiento de la marca*. La publicidad no constituye un fin en sí misma y, por tanto, el recuerdo no es indicativo del nivel de eficacia. Sin embargo, el grado de conocimiento de un producto o de una marca, en la medida en que acerca al individuo hacia la compra, puede concebirse como un indicador de la eficacia de la publicidad. Este criterio adquiere su máxima utilidad en los casos de lanzamiento de un nuevo producto.

- *La actitud de los consumidores*. La publicidad puede actuar sobre las actitudes que los consumidores tienen acerca de una marca o producto, modificándolas favorablemente. Según el grado en que se manifiesta este cambio, la publicidad habrá sido más o menos eficaz.

- *Comportamiento de compra*. El comportamiento de compra asociado a un objetivo de ventas permite evaluar la eficacia de la publicidad en la medida en que ésta contribuya a la satisfacción de aquél. Sin embargo, la cifra de ventas no es un objetivo publicitario directo. Por tanto, en la consecución del volumen de ventas de una empresa intervienen, además de la publicidad, otras variables del marketing como son el producto, la marca, calidad, precio, fuerza de ventas, distribución, etcétera.

Es una ley no escrita de publicidad que un trabajo no inspirado, no inspirará. Si escribes para el mundo, no puedes ayudar excepto que estés inspirado.

Lein Weinreich
Empresario

■ Técnicas e instrumentos de control

Las técnicas de control publicitario se pueden clasificar de diferentes formas. Existe un acuerdo generalizado en agrupar las

Tabla 2.6 Criterios de control publicitario	
Campo de acción	**Criterios**
Cognitivo	Memorización o recuerdo
	Notoriedad
Afectivo	Escala de agrado
	Puntos de imagen
Precomportamiento	Intención de compra o recompra
Comportamiento	Penetración
	Recompra

diversas técnicas que permiten evaluar la eficacia publicitaria en dos clases diferentes, según que se impliquen antes (pretests) o después (postests) de haber ejecutado la campaña.

Técnicas de control pretests

Las técnicas de control pretests pueden ser definidas como el conjunto de procedimientos que permiten apreciar, antes de su difusión efectiva, el valor de una campaña en función de determinados criterios.

Constituyen un auxilio imprescindible en las tareas de creación, orientando al técnico creativo en la elección de los temas y anuncios más adecuados. Se pueden aplicar, bien durante las fases de construcción de mensajes, con objeto de determinar qué decir y cómo decirlo, o bien, una vez que ya están a punto pero antes de su difusión, con el fin de comprobar la correspondencia entre los anuncios seleccionados y los objetivos establecidos.

Más que evaluar la eficacia, los pretests permiten verificar y rectificar los errores cometidos en la fase de planificación de la campaña publicitaria, y en este hecho reside una de las ventajas de

▼ *Antes de planificar cómo se controlarán los resultados de una campaña publicitaria hay que pensar en utilizar técnicas tanto de análisis cuantitativo como psicológico y sociológico, debido a los diferentes efectos sociales y económicos que provoca la publicidad.*

GRÁFICO 2.13

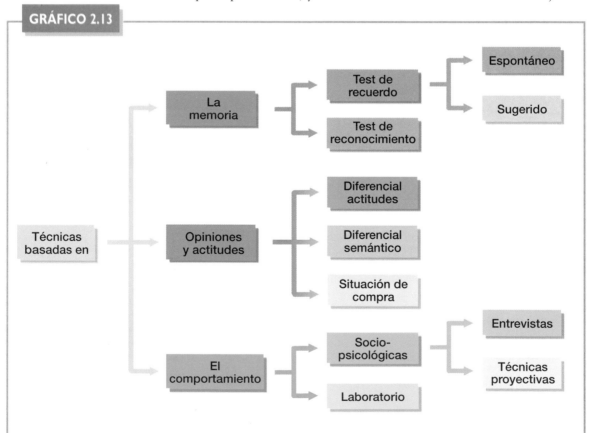

este tipo de técnicas. Sin embargo, los resultados de los pretests no deben ser tomados de forma dogmática, puesto que presentan ciertos *inconvenientes*, entre los que destacamos los siguientes:

- Las condiciones en que se realiza no se ajustan a la realidad.
- El efecto de la publicidad no es inmediato, debiendo pasar un tiempo determinado para que se manifieste.

En general, los controles pretest deben seguir los siguientes criterios o variables:

- Rapidez de lectura.
- Concordancia de la distribución de la atención real con la importancia intencional acordada a los diversos elementos del anuncio.
- Interés global del anuncio.
- Dinamismo del lenguaje.
- Concordancia entre emisor y receptor en la emisión.
- Potencial de motivación y comportamiento.

Técnicas de control postests

Pueden definirse como los procedimientos que permiten la evaluación de la eficacia publicitaria durante el curso o al término de la campaña. Estos controles pueden realizarse en distintos niveles dependiendo de los objetivos publicitarios. En el estado más elemental, el de percepción de la publicidad, se aplican para estimar la proporción de personas que han sido impactadas, teniendo en cuenta unas determinadas condiciones de calidad de esa percepción. En otro nivel, el de penetración de la comunicación publicitaria, la evaluación se realiza en términos de modificación de actitudes, de predisposición hacia la compra, etcétera.

Algunos publicistas señalan el comportamiento de compra como el último estadio donde aplicar el control postest, siendo entonces el volumen de ventas el criterio que determina el grado de eficacia alcanzado. Los investigadores publicitarios disponen de un gran número de métodos e instrumentos de medida que, tomados de disciplinas tan dispares como la estadística, la psicología, etcétera, pueden ser aplicados generalmente tanto a los controles pretests como postests.

■ Publicidad y entorno

Para hablar del control de la publicidad en su máxima extensión es vital conocer los efectos y repercusiones que la publicidad ejerce no sólo en el mercado, sino en toda la sociedad, y tratar de controlarlos en la medida de lo posible.

ORIENTACIÓN

Las campañas de orientación dirigidas al usuario pueden convertirse en magníficas campañas de ventas.

La mentalidad de comprar y tirar debe sustituirse por la mentalidad más equilibrada de comprar y aprovechar al máximo.

KURT WEISS
Empresario

▼ *Los datos que recogen las encuestas, los cupones de respuesta, etcétera, constituyen una valiosísima información para el diseño, la corrección, el control y el análisis de las campañas publicitarias.*

Cupón de respuesta – ¡Envíelo ya!

Nombre	Edad
Empresa	Cargo
Domicilio	
Ciudad	Código Postal
Teléfono	Dirección E-mail

Encuesta

Estado civil
❏ Soltero   ❏ Separado/divorciado
❏ Casado   ❏ n.º de hijos

Estudios
❏ Primarios   ❏ Secundarios
❏ Formación profesional   ❏ Universitarios

Situación profesional
❏ Estudiante   ❏ Obrero
❏ Empleado   ❏ Comercio
❏ Administración   ❏ Directivo
❏ Empresario   ❏ Profesión liberal
❏ Otras

Ingresos anuales
❏ < 20 000 u.m.
❏ 20 000 - 40 000 u.m
❏ 40 000 - 60 000 u.m.
❏ 60 000 - 80 000 u.m
❏ > 80 000 u.m.

Tiempo libre
❏ Lectura   ❏ Deporte
❏ Música   ❏ Arte
❏ Viajes   ❏ Bricolaje

Hay que tener en cuenta que la acción de la publicidad sobre la población, objetivo de la comunicación, tendrá efectos diferentes que dependen de las siguientes consideraciones:

- *El producto*. La influencia de la publicidad sobre su audiencia va a producir efectos de intensidad diferente en función del tipo de producto que se anuncia. Productos que son muy similares o sobre los que se tiene muy poca información se prestan más a conseguir mayores logros publicitarios.
- *Motivaciones de compra*. Los productos de compra por impulso son más influenciables por la publicidad que los productos de compra racional.
- *Gastos publicitarios*. El presupuesto de publicidad marca el esfuerzo que realiza la empresa en esta variable de acción comercial. El esfuerzo publicitario va a depender del montante del presupuesto, pero su eficacia descansa también en la habilidad de manejo del mismo.

Veamos a continuación los tipos de efectos que produce la publicidad.

Efectos económicos sobre la demanda

Los efectos económicos sobre la demanda pueden ser divididos en dos apartados: cuantitativos y cualitativos.

Efectos cuantitativos. A su vez, se subdividen en tres apartados:

- *Aumento de ventas*. El primer efecto cuantitativo de la publicidad sobre la demanda es que provoca que ésta aumente manteniendo constante el precio del producto.
- *Incremento de la oferta*. Es lógico pensar que si la demanda sube, la empresa aumente su oferta para poder atender dicho incremento.
- *Elasticidad de la demanda*. Es un concepto que mide la respuesta de la demanda a una variación en el precio del producto. Se habla de una demanda rígida, cuando a una variación del precio la demanda responde con una variación menos que proporcional, y se considera que una demanda es elástica cuando la reacción es más que proporcional.

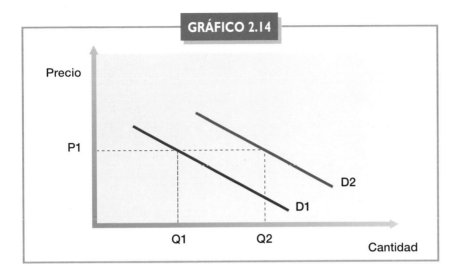

GRÁFICO 2.14

Precio

P1

D2

D1

Q1   Q2

Cantidad

◄ *El primer efecto
de la publicidad en
el comportamiento
de los consumidores
es aumentar la cantidad
demandada de un producto
sin necesidad de que
baje el precio (la curva
de la demanda se
desplaza de D1 a D2).*

Pues bien, la publicidad puede afectar al comportamiento (elasticidad) de la demanda dependiendo del contenido de los mensajes publicitarios. Una publicidad con un contenido básicamente afectivo o competitivo, realzando las características subjetivas de los productos de una empresa, produce unos efectos de rigidez en la demanda. Este tipo de publicidad busca conseguir una fidelidad de marca por encima del nivel de precios.

Una publicidad básicamente informativa, que concentre sus mensajes en las características esenciales de un producto, contribuye a aumentar la elasticidad de la demanda. La publicidad objetiva favorece el conocimiento de los productos por parte del consumidor; en esta situación, variaciones en el precio provocarán importantes variaciones en la demanda.

Efectos cualitativos. Así mismo, se pueden subdividir en tres apartados principales:

- *Diferencia de los productos.* Una parte importante de los productos que se venden en la actualidad son muy semejantes a los de la competencia. La publicidad contribuye a diferenciar los productos, resaltando características que respondan a móviles de compra.
- *Acelerador de tendencia.* Otra de las aportaciones de la publicidad se concreta en que puede acelerar ciertas tendencias que de otra forma tardarían mayor tiempo en cristalizar en el mercado, por ejemplo, el lanzamiento de nuevos productos o la adición de ciertas innovaciones a los mismos.
- *Uniformidad de la demanda.* Ciertos sectores empresariales tienen una demanda que varía con las estaciones del año. No cabe duda de que a alguna empresa esta situación le ocasiona graves problemas: variaciones en la plantilla de personal, dife-

La libertad
de elección de
lo que se va
a consumir
implica la
utilización
de dinero.
Una economía
sin dinero tendría
que recurrir,
para distribuir
el producto social,
al racionamiento
de los bienes
de consumo,
y dejaría escaso
margen a la
expresión de
las preferencias
individuales.

GEORGE N. HALM
Empresario

rentes ritmos de fabricación, necesidades de almacenamiento, etcétera. La publicidad puede contribuir a lograr que en algunos casos se uniforme la demanda. En el sector ocio, por ejemplo, se puede llevar a cabo una campaña publicitaria fomentando las ventajas que tienen las vacaciones fuera de los meses de verano (mejores precios, atención al cliente, etcétera).

GRÁFICO 2.15

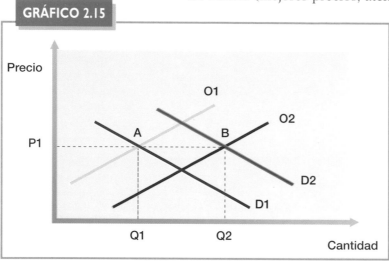

▲ Ante el incremento de la demanda del producto causado por la publicidad, la empresa productora reacciona aumentando la oferta del producto en el mercado, que era el objetivo perseguido con la campaña (la curva de oferta se desplaza de O1 a O2).

Efectos sobre la competencia

El modelo económico clásico consideraba el precio como la variable clave que iba a influir en la demanda. En la actualidad, el precio sigue siendo una variable importante, pero no la única, que influye en las ventas. Una observación de la mayoría de los sectores empresariales nos lleva a la conclusión de que, a la hora de competir, la variable precio juega un papel poco relevante. Pudiera pensarse, a veces, que hay un acuerdo entre las empresas para no competir en base al precio.

La competencia basada en el precio puede ocasionar muchos problemas para todas las empresas participantes; por ello, la competencia se ha desplazado hacia otras variables, como son la publicidad, la calidad del producto, la marca, la distribución, etcétera.

La publicidad, por consiguiente, es una de las variables básicas con la que compiten comercialmente las organizaciones y que puede ser utilizada de dos formas:

• Como variable competidora por sí misma, por ejemplo, a través de una mayor presión publicitaria, creando una imagen de marca o una personalidad del producto.
• Como variable que va a informar sobre la variable competidora, por ejemplo, la gama de productos, la calidad y los servicios diferenciales.

Efectos sobre los costos

Los presupuestos publicitarios, cada vez más cuantiosos, suponen una carga empresarial, es decir, un costo comercial o de marketing. En principio podríamos suponer que la publicidad incrementa los costos de una empresa, pero no siempre sucede este hecho.

Hay que pensar que la publicidad es una variable comercial que influye de manera positiva en las ventas de una empresa. Incremento de ventas que ocasiona, correlativamente, incremento de la producción; para muchas empresas los aumentos de producción llevan aparejadas economías de escala y, como consecuencia, disminución del costo unitario de los productos. Por tanto, la publicidad incrementa los costos comerciales de una empresa, pero puede disminuir los costos de fabricación.

Efectos sobre los precios

El gasto en publicidad es una carga empresarial y, por tanto, siempre supone un costo; en este sentido podemos afirmar que lo normal (aunque, como hemos visto en el caso anterior, es relativo) es que aumente los costos empresariales. Puede pensarse que las empresas

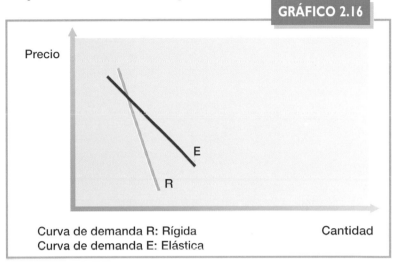

GRÁFICO 2.16

Precio

E

R

Curva de demanda R: Rígida
Curva de demanda E: Elástica

Cantidad

▲ *Una campaña de publicidad que obtenga resultados en cuanto a fidelidad de marca, produce un cambio en el comportamiento del consumidor ante futuros cambios de precio de producto ya consolidado en el mercado (la curva de demanda se convierte más rígida, pasa de F a R)*

repercuten sus costos en el precio de venta de sus productos, por tanto, mayores costos implican mayores precios de venta. Este razonamiento no siempre es cierto. Los factores determinantes de un precio de venta son tres: costo, demanda y competencia.

- *El costo.* Por lo general, indica un precio por debajo del cual no se va a fijar el precio de venta.
- *La demanda.* Nos pone en conocimiento del precio adecuado para un volumen determinado de ventas.
- *La competencia.* Los precios de los productos de la competencia nos marcan los niveles que debemos fijar si queremos subsistir en el mercado.

Considerar conjuntamente los objetivos de la política de precios y los factores determinantes de éstos es la forma más adecuada de fijar el precio de venta. La mayoría de las veces el elemento clave es el precio de los productos competidores. Así, los efectos de la publicidad sobre el precio de venta serían prácticamente nulos, ya que la publicidad se incluiría como un costo que marca el límite inferior de un precio de venta, pero no un nivel. La argumentación que acabamos de realizar para fijar un precio de venta la consideramos normativa; no obstante, hay empresas que fijan sus precios de venta en función de sus costos, es decir, adicionando un margen a sus costos empresariales. En este caso, está fuera de toda duda que la publicidad sí influye en el precio de venta del producto.

Efectos sobre la coyuntura

La publicidad, según la forma en que se use, puede acentuar o atenuar una coyuntura económica. Una de las formas más frecuentes para determinar el presupuesto publicitario es el de fijar su montante en un porcentaje sobre la cifra de ventas. Una coyuntura económica desfavorable, que ocasione la disminución de ventas, implica una bajada en los presupuestos publicitarios, lo que supondría una posterior bajada de ventas, que acrecentaría la crisis económica. De manera sucesiva se reproduciría un ciclo de consecuencias nefastas para la economía. Por el contrario, la coyuntura económica favorable incrementa las ventas y, en consecuencia, los presupuestos de publicidad, que inciden en mayores ventas; este ciclo económico presenta consecuencias muy positivas. Desde esta perspectiva la publicidad puede ser considerada, alternativamente, como un elemento que contribuye a frenar o a hacer avanzar la situación económica de una empresa, sector o país.

Creemos que esta forma de actuar no es recomendable. Si la publicidad incide sobre las ventas con orientación positiva, en circunstancias económicas desfavorables es un instrumento válido para la reactivación económica. El aumento o mantenimiento de los montantes publicitarios podría ser una estrategia recomendable en muchísimos casos de situaciones coyunturales recesivas.

COYUNTURA

Los efectos de una campaña publicitaria pueden superar a la propia empresa anunciante, al tener influencia sobre la demanda de los productos, los precios, los costos, la competencia y en general toda la coyuntura económica de la zona donde se desarrolle la campaña.

■ Aspectos sociales de la publicidad

El análisis de la publicidad desde una orientación social lo vamos a visualizar como una balanza, donde, en un primer platillo, depositaremos las ventajas y en otro los inconvenientes o aspectos sociales negativos.

Ventajas sociales de la publicidad

- *Fuente de información.* La publicidad constituye una fuente de información sobre los productos que una persona compra, siendo en muchos casos la única fuente disponible a la que se puede recurrir.
- *Financia los medios de comunicación.* Los medios de comunicación poseen libertad de expresión gracias a que el principal elemento de financiación son las inserciones publicitarias. La gran proliferación de medios y soportes publicitarios es posible gracias a los grandes dispendios publicitarios.
- *Nuevos productos y nuevos mercados.* La introducción de nuevos productos y la apertura de nuevos mercados se realiza de forma rápida gracias a la publicidad. La utilización de los medios de comunicación masivos permite dar a conocer un producto en el mercado de forma inmediata.

- *Canaliza el consumo.* La publicidad es un elemento de comunicación que puede utilizarse, cuando se considere necesario, como elemento de guía del consumidor para circunstancias anormales.

Inconveniente sociales de la publicidad

- *El consumidor paga la publicidad.* Es indudable que el comprador paga la publicidad, pero cabría preguntarse qué tendría que hacer una empresa para comunicarse con sus clientes si no existiera la publicidad. En este caso debería buscar otros medios que también tendrían su costo.
- *Aumenta los costos del producto.*
- *Crea necesidades.* La publicidad atrae a la gente, provocando interés hacia productos que no le son necesarios, que no pensaba comprar o que no están al alcance pecuniario de ciertas personas.
- *Produce confusión en la elección de la compra.*
- *La información resulta parcial e interesada.*
- *Crea barreras de entrada.*

Los tres últimos inconvenientes se acentúan si la publicidad es competitiva en un sentido afectivo y subjetivo; la publicidad de tipo informativo produce los efectos contrarios.

EFECTOS

La publicidad tiene efectos sociales –positivos y negativos– que también deben ser considerados.

Ejercicios de autoevaluación

1. Reflexionar y decir si las siguientes afirmaciones son verdaderas o falsas:

- *a)* El control publicitario es preferible que sea realizado por una agencia publicitaria especializada, ya que forma parte de sus funciones.
- *b)* El presupuesto publicitario debe fijarse mediante criterios de eficacia y eficiencia, siempre de acuerdo con los objetivos publicitarios y de beneficios marcados por la empresa.
- *c)* Basar el presupuesto publicitario sobre la cifra de ventas del período anterior beneficia la lucha contra una coyuntura económica desfavorable.
- *d)* La publicidad afecta a la demanda tanto cuantitativa (aumentándola) como cualitativamente (produciendo una diversificación de productos demandados).

e) En la actualidad, la principal vía de competencia entre las empresas está basada principalmente en los precios.

2. Cuestionario de control para el vendedor que visita a los minoristas:

1. ¿Están bien limpios los exhibidores y los estantes?
2. ¿Están debidamente llenos los estantes con nuestros productos?
3. ¿Están correctamente colocados nuestros productos?
4. ¿Se han dejado las adecuadas separaciones de acceso?
5. ¿Se ha dado a cada producto la amplitud de exhibición adecuada?
6. ¿Se exhibe mercadería anticuada?
7. ¿Está situado cada producto cerca de otros que tienen relación con él?
8. ¿Están visibles los letreros y los rótulos de precios?
9. ¿Han sido colocados en los lugares debidos y en cantidad suficiente los artículos en campaña y ofertas especiales?
10. ¿Aparecen limpios y sin deterioro los artículos y los envases?
11. ¿Conocen bien nuestros productos los encargados de compras, jefes de departamento, ayudantes y personal de ventas?
12. ¿Ha ensayado o probado nuestros productos el personal de ventas de nuestro cliente?
13. ¿Conoce bien el personal de ventas las ventajas y características especiales de nuestros productos respecto a los de la competencia?
14. ¿Está dispuesto el material publicitario de forma claramente visible?
15. Los artículos que se exhiben en la vidriera, ¿aparecen debidamente expuestos y con sus precios?

Soluciones

1.
a) Falso,
b) Verdadero.
c) Falso.
d) Verdadero.
e) Falso.

La dirección
en las PYMES

Capítulo 3

INTRODUCCIÓN

La evolución del mundo de los negocios, la globalización de la economía, la mayor incidencia de la tecnología en los procesos industriales y el impacto de la electrónica, tanto en los aspectos productivos como en los de gestión y control de las actividades económicas, hacen que cada vez sea más necesaria la constante actualización de los conceptos que marcan la dirección empresarial.

La incesante aparición de nuevos productos y la evolución de los mercados llevan a una necesidad de «conocer» el día a día para poder reaccionar de una manera ágil y eficaz, a fin de evitar ser marginados del mercado por la competencia o por la obsolescencia de los productos ofertados.

Si bien de un modo aparente esto parece limitarse al ámbito de las grandes empresas nacionales o multinacionales, hay que tener en cuenta que buena parte de la economía de los diferentes países se basa en las empresas pequeñas y medianas. Éstas, ya sea por su propia y directa actividad, o como proveedores o subcontratistas de las grandes empresas, constituyen una sólida base del volumen económico, incluso en países de economía muy desarrollada, donde dichas empresas aportan el 45 por ciento del giro económico, y ocupan entre el 35 y el 55 por ciento de la población activa.

La actualización permanente

Todo lo expuesto nos lleva a considerar imprescindible la toma de conciencia de que el pequeño y mediano empresario debe mantener, de un modo constante, una actitud de permanente actualización y optar siempre por métodos de gestión empresarial cada vez más sofisticados y profesionalizados.

Muchas personas mal informadas subestiman la contribución de los pequeños negocios a la economía global, y atribuyen sus

▼ *La globalización de la economía obliga a la pequeña y mediana empresa a adaptarse a nuevos conceptos de competencia y reconsiderar sus políticas de aprovisionamientos a la vez que debe redefinir el sector de mercado en el que participa.*

dificultades al problema personal y familiar de unos cuantos empresarios que se «atrevieron» a competir con los grandes. Sin embargo, los hechos demuestran lo contrario. En un país muy desarrollado como Estados Unidos, en el cual existen estadísticas sobre este tema desde hace bastantes años, los datos son los siguientes:

- El 95 por ciento de las empresas son pequeñas y medianas.
- El 40 por ciento del volumen total de negocios lo aportan las compañías pequeñas y medianas.
- Igualmente, un 40 por ciento de la población activa trabaja en estas empresas.

GRÁFICO 3.1

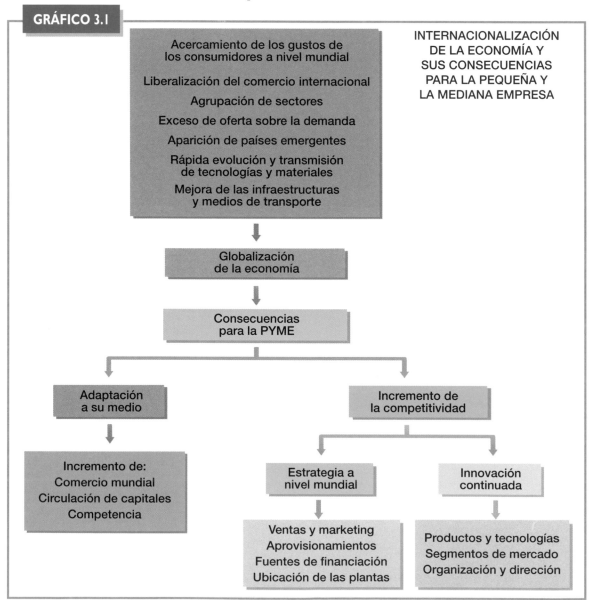

INTERNACIONALIZACIÓN DE LA ECONOMÍA Y SUS CONSECUENCIAS PARA LA PEQUEÑA Y LA MEDIANA EMPRESA

Acercamiento de los gustos de los consumidores a nivel mundial

Liberalización del comercio internacional

Agrupación de sectores

Exceso de oferta sobre la demanda

Aparición de países emergentes

Rápida evolución y transmisión de tecnologías y materiales

Mejora de las infraestructuras y medios de transporte

Globalización de la economía

Consecuencias para la PYME

Adaptación a su medio

Incremento de la competitividad

Incremento de:
Comercio mundial
Circulación de capitales
Competencia

Estrategia a nivel mundial

Innovación continuada

Ventas y marketing
Aprovisionamientos
Fuentes de financiación
Ubicación de las plantas

Productos y tecnologías
Segmentos de mercado
Organización y dirección

La mala gestión de la pequeña y mediana empresa supone, pues, algo más que la pérdida de empleo de unos pocos equivocados o inexpertos que no han sabido sacar adelante su negocio: afecta a sectores amplios de la población, que pierden los ingresos de que disponían para gastarlos en los demás sectores de la economía.

Por el contrario, una pequeña y mediana empresa viable influye positivamente en la oferta de trabajo, en la de productos y servicios, en el aumento del producto nacional y en la extensión del bienestar a un mayor número de ciudadanos.

❑ EL DIRECTIVO COMO ELEMENTO DINÁMICO DE LA EMPRESA

LO ESENCIAL

Un mal directivo no sabe detectar aquello que resulta esencial en las cuestiones que tiene planteadas su empresa y, por consiguiente, no puede concentrarse adecuadamente en las mismas.

El director es el elemento en el que se basa la vida y la continuidad de la empresa. En un sistema cambiante y de alta competencia, es la calidad y capacidad de los directores lo que determina el éxito de una actividad económica y, más aún, su continuidad.

La dirección de la empresa es el órgano de la sociedad encargado de hacer productivos sus recursos, es decir, es responsable de lograr, de un modo organizado, el progreso de dicha empresa.

Para conseguir lo anteriormente expuesto el director debe, ante todo, desarrollar de una manera armónica diferentes actividades que le lleven a obtener resultados económicos satisfactorios, con lo que permite establecer las bases de la evolución positiva de la empresa. Podríamos sintetizar estas actividades de la siguiente manera: conocer «el negocio», planificar, conducir a sus subordinados para la consecución de los objetivos fijados y establecer los modos y momentos de actuación de cada uno de ellos.

Función en la empresa

El director debe ser capaz de ver la empresa como un todo y de integrar su propia función, así como ser capaz de relacionar sus productos e industria dentro del ambiente total, descubrir qué es significativo en él y tenerlo en cuenta para tomar sus decisiones. Tendrá, en suma, que aprender a ver cada vez más las novedades económicas, políticas y sociales a nivel mundial e integrar las tendencias en sus propias decisiones.

A escala interna debe dirigir mediante objetivos y ser capaz de tomar decisiones estratégicas que, ayudado por un equipo integrado y organizado por él mismo, puedan ser puestas en práctica. Así mismo, debe crear sistemas que permitan la medición tanto de los resultados como de su propio desempeño, utilizando circuitos de información rápidos y fiables.

Un defecto característico de un directivo mal preparado es no saber integrar y coordinar las partes de la organización que tiene a su cargo.

En el ámbito de la pequeña y mediana empresa esto implica una constante búsqueda de la eficiencia tanto personal como de cada uno de los elementos que la componen. Para ello el director debe, ante todo, consagrarse a la permanente formación personal y mantener un constante conocimiento de su empresa, su mercado y, como hemos dicho, del devenir económico político y social internacional.

Todo ello le permitirá desarrollar las **funciones básicas** e inherentes a su cargo, como son las siguientes:

- Establecer objetivos.
- Planificar el trabajo de sus colaboradores (para conseguir dichos objetivos).
- Organizar el trabajo planificado, de tal modo que se realice de la manera más efectiva y eficiente.
- Motivar a sus colaboradores a fin de que lleven a cabo la labor planificada tal como se había organizado.
- Controlar la ejecución del trabajo.

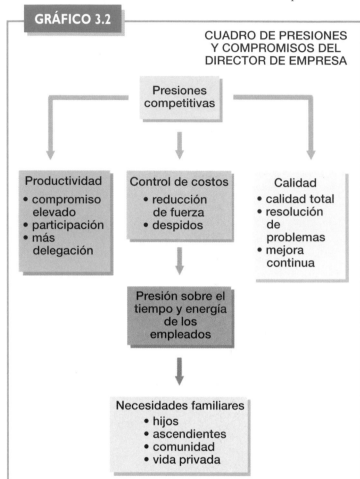

GRÁFICO 3.2

CUADRO DE PRESIONES Y COMPROMISOS DEL DIRECTOR DE EMPRESA

Presiones competitivas

Productividad
- compromiso elevado
- participación
- más delegación

Control de costos
- reducción de fuerza
- despidos

Calidad
- calidad total
- resolución de problemas
- mejora continua

Presión sobre el tiempo y energía de los empleados

Necesidades familiares
- hijos
- ascendientes
- comunidad
- vida privada

▲ *Los distintos factores de presión que recibe un directivo, tanto en el ámbito de la empresa como en su vida familiar, le condicionan y pueden influir en una toma equivocada de decisiones. Un buen empresario debería poder aislarse de estos condicionantes a la hora de ejercer su función.*

Este proceso se verifica en todos los niveles y en todos los departamentos de la empresa, de tal modo que en definitiva se constituye en un sistema en sí mismo.

Tal como hemos expuesto, la aplicación de esta dinámica, es decir, la continuidad del funcionamiento de este «sistema», permite calibrar la dimensión de la figura del director de la empresa.

❏ INTEGRACIÓN DE OBJETIVOS

◼ Las etapas

El célebre filósofo y pedagogo John Dewey, en su libro *How we think* (*Cómo pensamos*), enumera tres etapas en la resolución de problemas:

- ¿Cuál es el problema?
- ¿Cuáles son las alternativas?
- ¿Qué alternativa es la mejor?

Este proceso supone la existencia de un problema. En este caso podemos definir el problema como algo que se interpone en el logro de los objetivos, proposición, que podríamos plantear de la siguiente forma: «La elección de los objetivos determina los tipos de problemas que se presentarán y que tendrán que ser resueltos». Por ello parece oportuno que se analice cuál es el ámbito de los objetivos de la dirección.

■ Niveles de objetivos

Parece claro que a cada nivel de la organización empresarial, cada objetivo plantea un problema para el nivel inferior, ya que éste debe fijar objetivos inmediatos para resolver aquellos problemas. Los objetivos establecidos de este modo crean problemas en el nivel empresarial siguiente y así hasta el nivel más bajo.

Un ejemplo de esto lo constituye el caso de planificar el volumen de producción de mercaderías, si se considera que el objetivo

▲ John Dewey (1859-1952), filósofo y pedagogo estadounidense, para quien toda actividad humana es productiva y tiende a transformar el mundo.

máximo de una empresa es la obtención de un rendimiento determinado en función del retorno del capital invertido. Esto plantea el problema de un programa óptimo de producción de bienes acabados. Las cantidades y fechas de entrega de cada artículo acabado en la línea de producción, según estén fijadas en ese programa, constituyen objetivos que a su vez crearán problemas de programar la llegada de materias primas y componentes y su conversión en producto acabado.

Estos programas crean así mismo problemas de colocar órdenes de compra con una anticipación suficiente para mantener los adecuados ritmos productivos sin llegar a faltas o excesos de existencias. Se plantea así claramente un problema jerárquico, es decir, que es preciso resolver el subproblema de nivel superior antes de poder solucionar los subproblemas de nivel inferior.

De ese modo, la jerarquía de los objetivos es esencialmente una cadena de medios y fines, en la que los fines equivalen a los objetivos y los medios a las alternativas disponibles para lograr esos fines.

Es, pues, en este ámbito donde la dirección debe equilibrar los medios para lograr los fines globales de la empresa. Para ello debe ponerlos siempre a prueba con las siguientes realidades:

- ¿Son compatibles con los recursos internos?
- ¿Son compatibles con las condiciones medioambientales?
- ¿Son equilibrables con las relaciones eficiencia/costo para lograr el objetivo más amplio o superior?

◻ TRIUNFO/FRACASO, SUS CAUSAS

En la problemática de la pequeña y mediana empresa, la primera observación importante es que muy pocos tropiezos se deben únicamente a un desconocimiento técnico por parte del empresario; raro es el constructor que tiene problemas sólo porque no conoce a fondo el negocio de la construcción, el minorista de alimentación que no sale adelante exclusivamente porque carece de una visión global y un conocimiento detallado del sector alimentario, o el pequeño fabricante que no puede competir por el nimio motivo de desconocer algún secreto de los métodos de fabricación que le atañen.

▼ *La evaluación crítica de los resultados de un negocio permite equilibrar las decisiones futuras, evitando riesgos e incertidumbres. Esto se consigue mediante la aplicación de sistemas de control.*

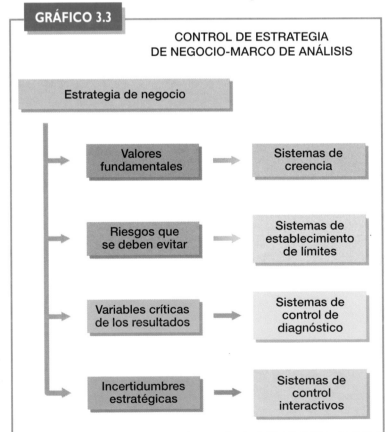

GRÁFICO 3.3

CONTROL DE ESTRATEGIA
DE NEGOCIO-MARCO DE ANÁLISIS

Estrategia de negocio

Valores fundamentales	→	Sistemas de creencia
Riesgos que se deben evitar	→	Sistemas de establecimiento de límites
Variables críticas de los resultados	→	Sistemas de control de diagnóstico
Incertidumbres estratégicas	→	Sistemas de control interactivos

¿Dónde se esconde la razón de las tribulaciones que atraviesan algunas empresas? Sin duda, el problema que se plantea al pequeño empresario es el de adquirir una verdadera «capacidad de dirección». No es lo mismo dirigir una empresa que la explotación de una empresa; son dos funciones diferentes.

¿Explotación o dirección?

La función de explotación tiene por objeto hacer funcionar la empresa desde el punto de vista técnico, es decir, conseguir que aquélla fabrique el producto o preste el servicio que constituye su razón de ser. Hay una complejidad enorme en dicha explotación, y además, en cada sector y subsector, los métodos y procedimientos son distintos.

En cambio, los principios de la buena dirección empresarial son universales. Se aplican por igual a las empresas del mismo sector, y aun a las de sectores diferentes. Y es en esta función, llámese dirección o gestión, donde se encuentran los verdaderos problemas. (Aquí adoptaremos, en general, el término «dirección» y en menos casos el de «gestión».)

Los problemas de explotación suelen enmarcarse en los de dirección. Si abordamos estos últimos, que son los más importantes, simultáneamente estaremos solucionando, o al menos atenuando, aquéllos.

Por tal motivo, insistiremos en las causas de los problemas que aquejan a muchas empresas, que será tanto como señalizar los caminos que no se han de seguir en la dirección de la pequeña y mediana empresa. Y colocaremos en dichos caminos hitos o señales de advertencia que avisen de los peligros que encierra cada una de esas azarosas vías.

Algunos pequeños empresarios confunden, por otra parte, los problemas de fondo con sus manifestaciones superficiales. A continuación trataremos de descubrir aquéllos, con la esperanza de que el empresario se dedique a solucionarlos.

FALTAS GRAVES

La ausencia de visión de futuro, de adaptación al entorno y a los cambios que se producen en el panorama económico constituyen algunas de las faltas más graves de los directivos.

■ La personalidad del empresario y el desarrollo de la gestión

Si bien hemos señalado que adoptaremos, en general, el término dirección frente al de gestión, hay que tener en cuenta que la materialización de algunos aspectos de la dirección es, en el día a día, el desarrollo (gestión) de la actividad de la empresa en sus diferentes niveles.

Una de las bases de la pequeña y la mediana empresa es la importancia de las relaciones humanas. Su dimensión, perfectamente delimitada, implica una interrelación intensa que hace que la personalidad del empresario y su elenco directivo marquen el funcionamiento y la evolución de la empresa.

En otras palabras, es la personalidad del empresario la que da un carácter «especial» a su propia creación, que es su «negocio». De ahí que sea necesario analizar qué características destacan en este tipo de sociedades.

Un primer punto de referencia nos lo brinda un distinguido profesor universitario, especializado en la formación de personal directivo para las empresas pequeñas, al describir así el carácter de estas personas: «La dirección de las pequeñas y medianas empre-

Subsiste dentro de la economía moderna (...) un mundo de pequeñas firmas para las cuales la información que les transmite el mercado sigue siendo decisiva, para las cuales el Estado es algo remoto...

JOHN KENNETH
GALBRAITH
Economista

sas se suele hallar en manos de personas que son los rebeldes impenitentes del mundo empresarial. No están sujetos a las inhibiciones que, a modo de impronta, fijan las grandes compañías a sus directivos medios, todos cortados por el mismo patrón. (Los pertenecientes a un mismo nivel de la organización se parecen; visten, caminan y piensan de forma similar.) En las empresas pequeñas, por el contrario, esas personas son duras y enérgicas».

GRÁFICO 3.4

CARACTERÍSTICAS PERSONALES
DE LOS DIRECTIVOS

Unidad
de persona
y propósito

Resolución

Innovación
y audacia

Resistencia
y
perseverancia

Capacidad
de inspirar
a otros

▲ *El gráfico indica las cualidades que debe reunir un buen empresario de las PYMES, que pueden resultar insuficientes si no se compensan con un adecuado sentido de la autocrítica.*

Rasgos de la personalidad del pequeño empresario

La anterior descripción podría constituir, sin duda, una de las características más diferenciadas del pequeño empresario. Por otra parte, recientes estudios han definido tres rasgos fundamentales de su personalidad: sentido de la independencia muy desarrollado o, por lo menos, un gran deseo de no depender del control ajeno; gran sentido empresarial, o quizás un deseo de poner en práctica sus propias ideas y aptitudes; estar dominado por consideraciones personales y familiares, o bien por motivos impersonales o de lucro, ya sea al iniciar su negocio o al continuarlo. A continuación desarrollaremos cada uno de estos rasgos.

Sentido de la independencia. Puede convertirse en el peor enemigo del empresario si se acentúa el aspecto negativo. El excesivo sentido de independencia le lleva a no admitir consejos de nadie. Se considera autosuficiente y niega a los demás los conocimientos precisos para indicarle el camino que se debe seguir. En una encuesta realizada por una empresa de estudios se preguntó a varios pequeños empresarios si aceptaban consejo o asesoramiento de otras personas. La mayoría respondió que no admitía consejos de nadie, ya que los asesores, explicaron, saben mucho de teoría, pero nada de problemas prácticos. Llamaban «asesores» a sus banqueros, contadores o proveedores. Está demostrado que ese espíritu de independencia perjudica al pequeño empresario. Es frecuente, por ejemplo, que éste pague excesivos impuestos por no pedir asesoramiento.

Espíritu emprendedor. Es la segunda característica del pequeño y mediano empresario; su deseo de plasmar las ideas en una obra viva y de aplicar sus aptitudes al mundo de los negocios. Pero este espíritu empresarial, que constituye el motor de su actividad, al permitirle que vea oportunidades donde otros no ven nada, y que le impulse a emprender negocios allí donde otros sólo encuentran dificultades insuperables, no está exento de riesgos, una veces por defecto y otras por exceso. Quien carezca de la suficiente iniciativa, haría mejor en buscar empleo en una gran compañía y renunciar a crear una empresa propia. En el otro extremo del espectro, quienes asumen riesgos sin análisis suficiente o trabajan a «tanteo» se exponen a desperdigar inútilmente sus esfuerzos.

Entre el lucro y ciertos imperativos. La tercera peculiaridad distintiva del pequeño y del mediano empresario es la de moverse en un terreno intermedio entre el frío afán de lucro y los imperativos personales y familiares. Así como la gran compañía persigue el beneficio como único objetivo y en él fundamenta sus decisiones, a menos que esté en juego su supervivencia –entendida en función de la obtención de beneficios en el futuro–, el pequeño empresario adopta una postura un tanto ambigua entre ese afán de ganancia y otras consideraciones, como su edad, su salud, sus relaciones familiares y sociales, y algunos otros factores sin relación directa con el beneficio.

Estas consideraciones no financieras pueden ocultar un serio peligro para el empresario. Por ejemplo, no se deben elegir los proveedores sólo por amistad o por vínculos familiares, sino porque, además, los precios sean idénticos o más convenientes, los plazos de entrega iguales o más cortos, las condiciones de pago más favorables y las partidas defectuosas menos frecuentes. No hay que dejarse arrastrar por consideraciones personales, familiares o sociales que puedan poner en peligro la supervivencia de su empresa.

Influencia del entorno

Aparte de las dotes personales del empresario, es indudable que las condiciones del entorno, es decir, el conjunto de las variables económicas y sociales no sólo de su propio y directo ámbito de acción, sino también internacionales, ejercen un influjo decisivo en la evolución de las empresas. Esto es, existe un entorno en continua actividad, en el que las «reglas de juego» están permanentemente cambiando y obligan a la empresa a mantener un constante conocimiento de la realidad de su entorno y la conducen inexorablemente a adaptarse y evolucionar o al fracaso.

Esa necesidad de conocer el entorno y de adaptarse a la posible evolución de las variables ambientales se pone de manifiesto en un reciente estudio de ochenta y una pequeñas empresas, que cubrió un horizonte de dos años. Al cabo de ese período, cuarenta de ellas habían cerrado, mientras que otras afrontaban serios problemas y su supervivencia se debía en buena medida a la tenacidad de los empresarios. En palabras textuales del informe: «La elección de la ubicación (factores sociales, económicos, geográficos, etcétera) se ha basado muchas veces en motivos tales como disponibilidad de locales, proximidad al hogar, conocimiento del

CIRCUNSTANCIAS

El propietario de una pequeña o mediana empresa debe procurar, sobre todo, que sus circunstancias personales no afecten la marcha de la empresa.

El liderazgo no es una consecuencia de la autoridad, sino que más bien radica en el hecho de reconocer en la práctica que aquel que sabe más, se encuentra más cerca del problema.

vecindario y ofertas de traspaso de negocios. Con excesiva frecuencia, tales razones parecían suficientes a los nuevos dueños, quienes no se molestaron en evaluar objetivamente la rentabilidad potencial del emplazamiento. Al no hacerlo así, algunos no se dieron cuenta de que la zona elegida estaba en plena decadencia, bien por haberse producido un éxodo de población, porque se iba a construir una carretera en otro lugar, o porque no era el sitio adecuado para el tipo de negocio proyectado. En algunos casos, éste era demasiado especializado para la zona, y en otros, el mercado de los artículos o servicios en cuestión, estaba ya saturado».

No podemos afirmar que los factores reseñados en el informe fueran los únicos que determinaron la desaparición de la mitad de estas empresas, pero en todo caso, parece lógico deducir una mayor probabilidad de supervivencia y desarrollo para las firmas que se ven favorecidas por las condiciones del entorno. En resumen, el pequeño empresario que desee sobrevivir y prosperar deberá conocer su negocio y los factores ambientales que influyen en el mismo, y tomar sus decisiones en función de éstos.

El individuo que se dispone a crear y dirigir una empresa debe ser consciente de su propia capacidad, pues la empresa debe contar con una dirección competente, que esté al corriente de todos los aspectos de la gestión.

■ El fracaso en la pequeña y mediana empresa

La ley biológica de adaptación al medio es aplicable también a los negocios. La pequeña y mediana empresa sigue el curso marcado por su director; así pues, de la preparación, experiencia directiva e información de éste depende la supervivencia de aquélla. Se han analizado muchas empresas con problemas en períodos largos de tiempo. Uno de los estudios más serios, realizado sobre una muestra significativa de empresas potencialmente estables, señala que las causas de sus tribulaciones son casi siempre las mismas y que, directa o indirectamente, pueden imputarse a la dirección. La clasificación de las mismas es la siguiente:

Incompetencia

Casi la mitad de los problemas empresariales se deben, en alguna medida, a la falta de preparación de sus directores o dueños. Algunas personas sin la suficiente preparación para hacer frente a las responsabilidades de un negocio deciden, sin embargo, crear una empresa. ¿Hay leyes que regulen el acceso al mundo empresarial de los menos dotados? Es una cuestión de opciones políticas; o se coarta la libertad económica del individuo, o los requisitos para la creación de pequeñas empresas son más bien formales, como puede ser la concesión de una licencia fiscal. En una economía de mercado, e incluso mixta, el pequeño y el mediano empresario tienen plena libertad, incluida la de fracasar y volver a empezar. Y sobre esta libertad descansa en buena medida la riqueza de los pueblos.

Tabla 3.1 Las causas de los problemas empresariales

| Fallos en la dirección | | Fallos administrativos | |
Factores	Porcentaje	Factores	Porcentaje
Incompetencia	46	Negligencia	3
Experiencia directiva escasamente diversificada	21	Fraude o deslealtad	2
Falta de experiencia directiva	18	Siniestros	1
Desconocimiento del sector	7	Otras causas	2

En este punto conviene destacar una distinción fundamental que suele omitirse cuando se habla del pequeño empresario. Se trata de la diferencia entre la formación técnica y la capacidad directiva. No son pocos quienes, fiados en su conocimiento técnico de un proceso de producción o de los métodos de trabajo dentro de una empresa, consideran que saben lo suficiente para instalarse por su cuenta, y así lo deciden. Muchos de ellos salen adelante y transforman su capacidad creadora en una empresa floreciente, pero otros se estancan en el negocio y han de buscar colaboradores para rescatar su inversión. La mayoría de las veces, la diferencia del resultado se debe a la incapacidad para dirigir.

Experiencia directiva escasamente diversificada

En la pequeña y mediana empresa, el director gerente ha de realizar una serie de funciones que se caracterizan por una cierta especialización en campos diferentes, como son las compras, la planificación, el control de la producción, la explotación, las ventas, la financiación, etcétera. Es difícil que una sola persona esté preparada en temas tan diversos, y a ello se deben veintiuno de cada cien fracasos en los negocios, según muestra la anterior estadística.

Suele ocurrir que el director de una pequeña empresa, que destaca por su conocimiento o experiencia en una función específica, dedique a ésta la mayor parte de su tiempo, bien por afición o bien por seguridad de hacerla bien, mientras que las demás funciones quedan sin la atención suficiente.

DESEQUILIBRIO

La multiplicidad de tareas y responsabilidades que debe desempeñar el directivo de una pequeña o una mediana empresa provoca, en muchos casos, que las áreas para las que aquél está menos preparado queden poco atendidas.

EJEMPLO

El especialista en explotación del equipo pasa casi todo su tiempo en el taller, produciendo quizá más de lo que se va a vender; pero seguramente descuida otros aspectos de la dirección donde no se siente tan dueño de la situación, como pueden ser la administración o la promoción. Por el contrario, el especialista en financiación se ocupa con preferencia de las gestiones bancarias y quizá descuida la producción, la calidad de los artículos que fabrica o de los servicios que presta y, es posible que, también, la disciplina de su personal.

Todo
conocimiento
es un instrumento
forjado por la
vida para
su adaptación
al medio.

JOHN DEWEY
Filósofo y pedagogo

▲ *La cantidad y tipología de empresas similares en una misma zona influyen decisivamente en la marcha global del negocio. La diversificación y consistencia de los servicios que ofrece esa zona constituye un atractivo para los potenciales clientes.*

Falta de experiencia directiva

El 18 por ciento de los fracasos en la pequeña y mediana empresa se deben, como hemos visto, a la falta de experiencia en la dirección del negocio. Esta experiencia se logra adquiriendo primero un bagaje técnico en todos los aspectos de la dirección, y preocupándose luego de asegurar la puesta al día de los conocimientos directivos. También hay que tener prevista la continuidad de la dirección para el caso de que falte el responsable. Dos medidas apuntan hacia la solución de este problema:

• Adquirir una formación directiva completa y actualizada.
• Capacitar al posible sucesor en la dirección.

Quien no sigue esta línea de conducta está provocando inconscientemente serios problemas para su empresa. Hay ejemplos aleccionadores al respecto, como el de cierto empresario latinoamericano que, deseoso de dejar su floreciente negocio a su hijo, lo incorporó al negocio sin haberle dado antes una preparación específica. Lo tuvo unos meses como adjunto y por fin le cedió la dirección para poder retirarse a descansar de sus muchos años de entrega al trabajo. Al cabo de dos años, se interesó de nuevo por la marcha del negocio y descubrió que las ventas habían descendido de modo alarmante, el beneficio se había convertido en pérdida y el cierre parecía inevitable. Y así fue como debió ponerse otra vez a dirigir la empresa, con sus facultades disminuidas, con el propósito de salvar la obra donde había empleado todo el esfuerzo de sus años jóvenes. El fallo consistió en no haber capacitado a su sucesor en todos los aspectos directivos, o quizás, en no haber buscado un sucesor adecuado fuera de su familia.

Desconocimiento del sector

En el cuadro de las causas del fracaso empresarial, hemos visto que el 7 por ciento de éstas se deben a la falta de experiencia del empresario en el sector económico en que su negocio se desenvuelve. Muchos hombres de empresa confunden la capacidad y experiencia adquiridas en un sector de la economía con una disposición innata que les asegura el triunfo en cualquier actividad empresarial que deseen acometer. Por ello, recomendamos sinceramente a todo aquel que desee emprender un negocio que contraste sus conocimientos del sector.

Con seguridad, el lector recordará algún caso de su propia experiencia en que un empresario, anteriormente favorecido por el éxito en una actividad, ha experimentado serias dificultades en otro sector menos conocido por él. Estos casos suelen recordarse, pero no siempre con provecho. La valoración objetiva de las necesidades y de los riesgos que cualquier aventura entraña, no siempre están al alcance del pequeño empresario, aunque el éxito le acompañara en el pasado.

▼ *El conocimiento exhaustivo de un tipo de negocio y su correcta dirección no garantiza a un empresario el éxito en la gestión de un negocio de otro sector económico.*

Entre los muchos ejemplos que conocemos de este tipo de equivocaciones, presentamos aquí el de un emprendedor hombre de negocios que consiguió, tras muchos años de esfuerzo, crear una cadena de restaurantes en una gran ciudad latinoamericana. Llegado a la edad de cincuenta años, decidió retirarse, después de negociar el traspaso de todos sus restaurantes a personas de su entera confianza, por lo general, buenos conocedores del sector. Pasados algunos años, comenzó a aburrirse de su inactividad. Imbuido por la idea de que no debía volver al sector que tan bien conocía, y llevado de su espíritu emprendedor, fundó una pequeña fábrica de muebles. Sin embargo, se reveló incapaz de dominar los problemas de su nueva empresa, acumuló pérdida sobre pérdida y llegó al borde de la ruina. Por suerte, una de las personas a quienes había traspasado su cadena de establecimientos gastronómicos y que había conservado con él fuertes lazos de amistad le sacó de su error y lo admitió como socio en el negocio que otrora había sido suyo. Sin duda, había sido más clarividente que él.

Negligencia

De las deficiencias de tipo administrativo, la más grave de todas es la negligencia, responsable del 3 por ciento de los fallos que se producen en la pequeña y mediana empresa.

CONOCIMIENTO DEL SECTOR

Para evitar el fracaso de su gestión, el empresario debe conocer bien el sector económico en el que se desenvuelve.

«El ojo del amo engorda el caballo», dice un refrán castellano. La sabiduría popular de muchos siglos expresa así que no basta con crear una empresa y mantenerla floreciente si, a partir de un momento dado, le volvemos la espalda.

La negligencia es peor que la dirección deficiente; es la ausencia de toda dirección, es dejar los asuntos propios en manos de otros sin la supervisión ni el control suficiente. Tiene su origen en la falta de salud, en la pérdida de interés por el negocio, en las dificultades familiares, en la adquisición de malos hábitos o en la pereza. Es frecuente ver cómo una empresa que comienza impulsada por un propietario que le dedica su esfuerzo año tras año, aumenta sus ventas y proporciona buenas utilidades. La prosperidad del negocio hace creer al empresario que puede disfrutar de una vida más fácil, y esto se traduce en falta de puntualidad, ausencias constantes durante la jornada de trabajo y, por fin, el abandono de responsabilidades propias en manos extrañas. Al final está el fracaso, si el propio interesado no reacciona a tiempo.

▲ *El costo del seguro contra incendios es sumamente bajo en relación con los bienes y esfuerzos que protege.*

Otros fallos administrativos

Vistas ya las consecuencias de las negligencias, nos quedan otras causas que, en total, son responsables del 5 por ciento de los resultados adversos en la pequeña y mediana empresa. La más significativa de ellas es el fraude o la deslealtad personal, que por sí sola motiva el 2 por ciento de los problemas empresariales y que también constituye un fallo de la dirección en el sentido de no haber adoptado a tiempo las medidas adecuadas.

Los siniestros, responsables de uno de cada cien fracasos empresariales, pueden cargarse también al debe de la dirección, que no se ha preocupado a su debido tiempo de tomar las medidas preventivas adecuadas (instalación de extintores de incendio, por ejemplo) ni de suscribir las pólizas de seguro necesarias para salvaguardar a la compañía de determinados riesgos.

Confusión de la propiedad con la capacidad de dirigir

Buena parte de los empresarios del mundo de la pequeña y mediana empresa caen en el error de confundir su carácter de titulares del negocio con la función propiamente de dirección.

El hecho de conocer profundamente una actividad económica determinada no es una garantía de que se tenga la capacidad de marcar las políticas y las estrategias que conduzcan a la obtención de los resultados deseados o alcanzar los objetivos que aseguren la buena continuidad de la empresa.

Confusión de los lazos económicos

La no segregación de los lazos, objetivos y necesidades económicas entre el propietario/director y la empresa conduce, necesariamente, a una confrontación interna en la toma de decisiones: ¿Retirar/distribuir beneficios o reinvertir para consolidar la empresa? ¿Asegurar una profesionalización a todos los niveles de la empresa o confiar en las relaciones personales y/o familiares?

La conclusión del concepto «patrimonio personal» y patrimonio de la empresa acarrea, a la larga, un estrangulamiento de las posibilidades de evolución de esta última y la lleva a la pérdida de competitividad en la mayoría de los casos.

La valoración objetiva de las necesidades y los riesgos que entrañan la gestión y funcionamiento de una empresa, debe ser realizada seriamente por quienes inician un negocio.

LAS FUNCIONES DEL DIRECTOR DE LA EMPRESA

❏ FUNCIONES BÁSICAS

Tal como señalábamos en el capítulo precedente, las funciones básicas de la dirección de una empresa son:

* La fijación de objetivos.
* La planificación.
* La organización (coordinación).
* La motivación.
* El control.

Debemos destacar que estas funciones son también aplicables a todos los niveles de conducción de la empresa, es decir, que se verifica en todos los niveles jerárquicos de la dirección y en todos los departamentos de la empresa.

La dirección superior desempeña esa labor para la empresa en su totalidad, los directores departamentales para su ámbito de acción. Las funciones que constituyen el proceso no se excluyen unas a otras. Por el contrario, están íntimamente interrelacionadas, constituyendo un verdadero sistema. Es decir, las funciones básicas de dirección ya mencionadas no son más que casos particulares de un proceso general que es el de la decisión.

A lo largo de otros puntos de este capítulo veremos en qué consiste cada una de ellas, cómo se interrelacionan y qué consecuencias prácticas comportan para la empresa.

LA DIRECCIÓN

La dirección es responsable del buen funcionamiento del conjunto de la empresa: toma las decisiones adecuadas y fija los objetivos.

■ Caso práctico

DISTRIBUIDORA DE RECAMBIOS, S.L.

A) **Estructura social**

Distribuidora de Recambios, sociedad de responsabilidad limitada, está constituida por cinco socios partícipes procedentes de dos grupos familiares.

B) **Objeto social**

Su actividad principal es la comercialización al por mayor de recambios para la industria de la calefacción.

C) **Evolución histórica**

Comienza sus actividades cubriendo una pequeña zona geográfica y con unas instalaciones de reducidas dimensiones. Al cabo de cinco años opta por comprar un local de mayor superficie y se traslada no demasiado lejos de su anterior domicilio. Expande su actividad en toda la provincia y contrata agentes comerciales y amplía su personal de bodega. No refuerza el departamento de administración, finanzas y contabilidad.

D) **Situación actual**

Ha mantenido un constante incremento de su volumen de ventas y un adecuado margen bruto; pese a ello, no alcanza a sostener una adecuada rentabilidad final, lo que le ha llevado a momentos de tensión financiera.

Para hacer frente a sus necesidades de almacenaje, Distribuidora de Recambios tuvo que comprar un nuevo y amplio local, que a menudo estuvo infrautilizado.

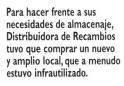

El director general convoca a los directores departamentales, todos correspondientes a socios de la empresa, con la finalidad de analizar la situación.

Director general: Pese a que mantenemos un ritmo de crecimiento de ventas constante en los últimos cuatro años y que el margen bruto de éstas está por encima de la media del sector, no logramos unos beneficios finales adecuados y esto perjudica nuestra capacidad financiera ya que, como ustedes saben, aún estamos pagando el local así como parte de las maquinarias de movimiento de mercaderías y los de transporte externo. ¿Por qué creen que sucede esto?

Director comercial: Según mi criterio, aún no hemos alcanzado el volumen necesario para equilibrar nuestras necesidades, pero si continuamos con la misma política de inversión en el área comercial y ampliamos nuestra zona de actividad con más vendedores, creo que el éxito estará a nuestro alcance.

Director de compras: Creo que el director comercial está en lo cierto, pero considero que también deberíamos potenciar nuestra capacidad de almacenaje, ya que en algunas oportunidades no somos capaces de hacer frente a todas las demandas de un modo ágil.

Director administrativo-financiero: En lo único que estoy de acuerdo es en el hecho de que la situación es verdaderamente delicada, tal como ha señalado el director general, pero discrepo tanto con el diagnóstico que han expresado los señores directores comercial y de compras,

En el amplio análisis llevado a cabo por los directivos de **Distribuidora de Recambios**, se comprueba que no siempre las soluciones de la financiación de una empresa pasan por contar con un adecuado crecimiento del volumen de negocio con márgenes adecuados. Es imprescindible planificar y estudiar cada paso antes de una ampliar el negocio.

como con las soluciones que ofrecen. Según mi criterio, existen varios factores que contribuyen a que, pese a mantener un constante crecimiento de las ventas y aunque mantengamos unos beneficios brutos más que importantes, no alcancemos a generar unos beneficios netos que nos permitan consolidar la empresa. El primero de ellos es la falta de planificación y de dirección efectiva de la empresa. Esto se puso de manifiesto en el momento de la compra de nuestro nuevo local y en los equipos de movimiento de cargas y de transporte: la sociedad no tenía el capital suficiente para hacer frente a tal inversión y solicitó préstamos a devolver en cinco años. Se compró un local de dimensiones exageradas para nuestras necesidades y, por tanto, su equipamiento también fue excesivo. Esto, además de crear una carga financiera muy elevada, nos ha restado capacidad de compra, lo que en definitiva ha alterado nuestra capacidad operativa cotidiana. La ampliación de nuestra zona de ventas ha obligado a no mantener un adecuado control sobre los clientes, lo que ha originado atrasos en los cobros de nuestras ventas y ha impedido una mejor fiscalización de nuestros vendedores. En suma, hemos pretendido crecer demasiado rápidamente y, pese al ritmo de crecimiento real, éste no ha sido acompañado por un crecimiento de nuestra capacidad de planificación ni de organización a todos los niveles de actividad. Es decir, no hemos observado las normas básicas de una buena dirección, no supimos planificar nuestro crecimiento, acompasándolo con nuestra capacidad de invertir. No hemos sabido organizarnos para hacer más eficiente la gestión comercial. No sólo se trata de vender con un buen beneficio bruto, también hay que cobrar bien y en plazos adecuados. No hemos sabido controlar la eficiencia de nuestros vendedores y esto nos ha significado que tengamos unas existencias comerciales descompensadas: por un lado, productos obsoletos o de poca rotación que nos inmovilizan cantidades significativas de dinero y, por otro, poca existencia de productos de alta rotación.

Director general: Entonces, ¿cuál es su propuesta?

Director administrativo-financiero: Muy simple, analizar la empresa nivel por nivel y elemento por elemento. Llegar a determinar cuáles son las necesidades financieras reales, fruto de las inversiones ya realizadas, estructurar unas existencias lógicas y acordes con el mercado en que nos movemos y reciclar todo el cuerpo comercial, de modo que sea eficiente y controlable. Repito: planificar, organizar, controlar. Debemos prever en lugar de sufrir las consecuencias de nuestro propio desorden y de la improvisación.

Preguntas sugeridas

1. ¿Es adecuado el planteo del director comercial en cuanto a su política expansionista?
2. Por el contrario, ¿el análisis del director administrativo-financiero permite establecer una línea de salida para los problemas de la empresa?

DISTRIBUIDORA
DE
RECAMBIOS, S.L.

La planificación, la coordinación y el control son las funciones básicas e imprescindibles de la dirección empresarial. Todo ello nos permite reaccionar rápidamente frente a imprevistos y encontrar la solución más adecuada.

Respuesta a las preguntas

1. No, no toma en consideración aspectos como la eficiencia y su evaluación.
2. Sí. Permite crear las condiciones para una gestión adecuada de la empresa

Ejercicios de autoevaluación

A) Cuestiones generales

① Pida en su asociación o cámara de comercio una lista de libros y publicaciones que puedan ayudarle a dirigir su empresa con métodos profesionales.

② Haga un examen de los contratiempos que ha sufrido como empresario y pregúntese si no hubiera evitado muchos de ellos de haber solicitado asesoramiento profesional.

③ Examine su actitud hacia sus empleados en cuanto a su formación se refiere. ¿Procura explicarles el método de trabajo que se debe seguir para aumentar su eficacia? ¿Les invita a adquirir conocimientos sobre las materias que les pueden convertir en mejores empleados y capaces de tomar decisiones acertadas en caso necesario?

④ Prepare una lista de las ventajas que usted cree tener como pequeño o mediano empresario y que no tendría en el caso de pertenecer como empleado a una gran empresa.

⑤ Elabore otra lista con los inconvenientes que sufre por el hecho de ser un pequeño o mediano empresario frente a las empresas grandes. ¿Hay medios de superar los inconvenientes asociándose con otros como usted?

⑥ Trate de esquematizar en un listado las características personales que, según su criterio, debería reunir un empresario de su sector. Compárelo con su perfil personal y saque las consecuencias debidas.

⑦ Refleje en un cronograma cuánto tiempo dedica usted semanalmente a:
  • Realizar personalmente el trabajo.
  • Dirigir el trabajo.
  • Planificar el trabajo futuro.

¿Cuál de estas tres funciones exige más atención?

¿Cuál debería ser la distribución de tiempo?

¿Dónde están sus puntos fuertes y dónde sus puntos débiles?

⑧ Resuma en un pequeño cuadro la clase de control que realiza sobre las ventas, los costos y las existencias. ¿Dónde están sus puntos fuertes y dónde sus puntos débiles?

B) Conteste: verdadero o falso.

① La dirección de la empresa es el órgano encargado específicamente de hacer productivos sus recursos.

② El pequeño empresario tiene un acusado sentido de la independencia.

③ La planificación resulta superflua en la pequeña y mediana empresa.

④ La influencia del entorno es decisiva para la buena marcha del negocio.

⑤ La mayoría de las empresas son de grandes dimensiones.

⑥ El retiro de fondos sólo incumbe al empresario y no incide en la marcha del negocio.

⑦ El patrimonio del empresario y el de la empresa constituyen una unidad que no debe separarse.

⑧ El empresario debe dejar la capacitación de sus empleados a la iniciativa de cada uno de ellos.

⑨ El director general debe fijar los objetivos de la empresa y tomar decisiones estratégicas y ponerlas en práctica.

Soluciones

B)
1. Verdadero.
2. Verdadero.
3. Falso.
4. Verdadero.
5. Falso.
6 . Falso.
7. Falso.
8. Falso.
9. Verdadero.

DINÁMICA DE LAS FUNCIONES DE DIRECCIÓN

Las actividades básicas que hemos enumerado con anterioridad tienen en su ejecución la función de regular la evolución de la empresa. De la correcta aplicación de las mismas depende el éxito e, incluso, a ellas se atribuye el desarrollo de las compañías en los últimos años.

Esto debe hacernos reflexionar sobre las claves que conducen a ese crecimiento dinámico y al aumento constante de las ventas y los beneficios. Si la pequeña y la mediana empresa aspiran a su consolidación y prosperidad, no está de más analizar qué aspectos pueden asimilar de las grandes sin perder sus características peculiares. Entre las más importantes, trataremos las siguientes:

- La planificación.
- La coordinación (u organización).
- El control.
- La evaluación.
- La retroalimentación.

❑ PLANIFICACIÓN

Esta técnica consiste en estudiar cuál va a ser, presumiblemente, la actividad de una empresa en los próximos años. La gran empresa planifica siempre, llegando a veces a cubrir un horizonte temporal de cinco a diez años, y esos planes los tiene constantemente presentes. Además, elabora presupuestos para los años venideros, tanto más detallados cuanto más cercano está el ejercicio en cuestión. El pequeño empresario, por el contrario, suele estar demasiado ocupado con sus tareas diarias para emplear su tiempo en planificar el futuro de su empresa. Debería ser consciente, sin embargo, de que la planificación le permite tomar medidas hoy para hacer frente a los problemas que se producirán mañana.

Por ejemplo, a partir de la evolución de los gustos del público en los

---

PLANIFICACIÓN

En la base de toda organización empresarial seria se encuentra indefectiblemente una buena planificación, que incluye los objetivos globales y los privativos en una adecuada integración.

▼ *Para poder tomar las decisiones más adecuadas se hace necesario mantener un gran nivel de información sobre todas las áreas de la empresa.*

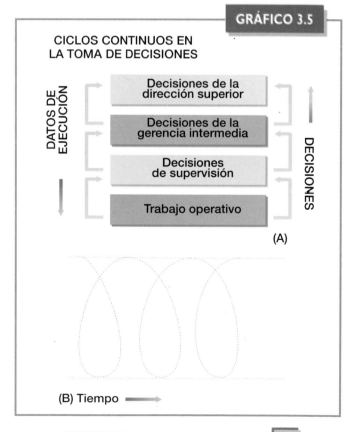

GRÁFICO 3.5

CICLOS CONTINUOS EN LA TOMA DE DECISIONES

DATOS DE EJECUCIÓN

- Decisiones de la dirección superior
- Decisiones de la gerencia intermedia
- Decisiones de supervisión
- Trabajo operativo

DECISIONES

(A)

(B) Tiempo ➡

Los problemas
y las dificultades
deben constituir
un estímulo
y ser una fuente
de experiencia
para el empresario
creativo y tenaz.

EL OBJETIVO

El establecimiento de
un objetivo claro y bien
analizado estimula (y
facilita) el desarrollo de
las actividades que de-
ben contribuir a su con-
secución.

últimos años puede deducirse, con cierta aproximación, qué artículos deberán ofrecerse en el futuro, y de la situación económica
prevista podrá deducirse qué clase de bienes serán más solicitados. También el conocimiento de las medidas que tome la competencia nos permitirá adoptar las nuestras para garantizar la supervivencia de la empresa.

■ Identificación del problema

Muchos esfuerzos y tiempo de la dirección pueden perderse
trabajando en un problema equivocado o en algo que no constituye un verdadero problema a la luz de algún aspecto más amplio
de las actividades empresariales.

El sentido común impone que, antes de dedicar el escaso tiempo del director de la pequeña y mediana empresa a una labor analítica, se investigue con esmero las preguntas: «¿Existe aquí un problema? ¿Es realmente éste o algún otro?». Una vez aclarada esta
situación, corresponde responder a otro interrogante: «¿Debemos
trabajar en este problema ahora?, y luego ¿o quizás el tratamiento
de otros problemas contribuirán por sí solos a solucionar éste?».

■ Estructura de los problemas

En la práctica de la dirección, los problemas se extienden
desde los bien estructurados hasta los muy mal estructurados.
Entendemos por un problema estructurado aquél que es más o
menos simple y que, por lo general, no tiene demasiadas alternativas de acción para solventarlo.

Los problemas mal estructurados son aquéllos en que las alternativas de acción no están claras y además tienden a ramificarse y
multiplicarse en el curso del proceso de análisis. Este tipo de problemas se caracteriza, por lo general y a diferencia de los bien
estructurados, por su componente de riesgo y de inseguridad.

■ Análisis de las alternativas

Los problemas de dirección se presentan en forma de alternativas de acción que abarcan todas sus posibilidades, desde ninguna
(en cuyo caso hay una sola acción posible) hasta numerosas. En la
mayoría de los casos, el número de alternativas puede reducirse
de forma rápida mediante la inspección. Entonces el criterio del
director le dice que algunas alternativas son, indudablemente, inferiores a las otras. Por ello avanza un paso más en el proceso de
decisión: la evaluación de las alternativas de acción.

El método científico de análisis

Este método, aplicado a problemas con muchas alternativas, es de gran valor en el proceso de toma de decisiones en la pequeña y mediana empresa. Existe un sinfín de descripciones del método científico, pero todas concluyen en un esquema parecido al gráfico 3.6.

Frente a los problemas con muchas alternativas, donde es indeseable, si no imposible, examinarlas todas, el enfoque conveniente consiste en establecer y poner a prueba la validez de una hipótesis que describa las relaciones entre las variables del problema que existirían en la mejor de las alternativas. El analista tiene que cuantificar todos los factores contenidos en el problema.

El método aísla todos los factores que no pueden cuantificarse y que serán resueltos en el último paso, por aplicación de la regla de decisión. Veamos ahora en qué consiste cada uno de los pasos de este método.

Observación. En esta etapa debe establecerse un objetivo apropiado. Esto es necesario para identificar las variables que influyen en el mismo y determinar las relaciones funcionales entre las variables y el objetivo.

Planteo de la hipótesis o modelo. Este paso trata de desarrollar una explicación de las relaciones funcionales que hemos mencionado. Si la primera fase (la observación) ha sido eficiente, el encargado de tomar la decisión estará en condiciones de relacionar las variables entre sí y con el objetivo elegido, de un modo que pueda explicar claramente la situación problemática. En este punto tal explicación no es más que una hipótesis. Hasta que se ponga a prueba, será un medio peligroso para tomar decisiones. Un procedimiento necesario para la concreción de la hipótesis es la abstracción. Los teóricos, los hombres de negocios y hasta las amas de casa recurren a él para lograr explicaciones satisfactorias para cual-

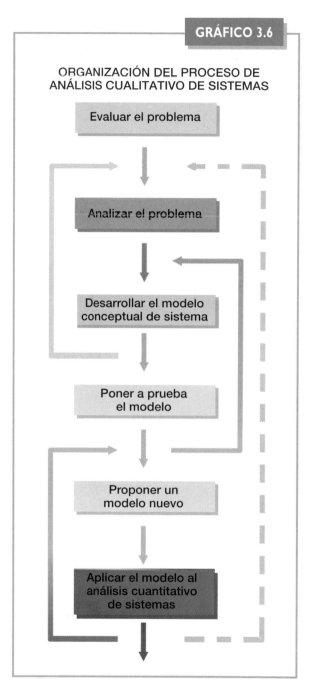

GRÁFICO 3.6

ORGANIZACIÓN DEL PROCESO DE
ANÁLISIS CUALITATIVO DE SISTEMAS

Evaluar el problema

Analizar el problema

Desarrollar el modelo
conceptual de sistema

Poner a prueba
el modelo

Proponer un
modelo nuevo

Aplicar el modelo al
análisis cuantitativo
de sistemas

▲ *Debemos considerar la toma de decisiones como un sistema de retroalimentación, un proceso en el que cada etapa analiza y se nutre de los resultados posteriores.*

quier acontecimiento. En una tentativa de explicar una situación compleja, no incluimos todos los detalles. Abstraemos de la situación real sólo aquellos factores que consideramos importantes.

Es imprescindible seguir cuidadosamente la pista de las suposiciones que se hacen en el proceso de abstracción, y esto por dos razones:

- Para evitar una situación en que el problema se ha dado por inexistente.
- Para poder volver más tarde sobre las suposiciones, con el fin de ajustar la decisión final por medio de nuestro propio juicio.

Después de abstraer de la situación real y llegar a una explicación plausible de ella, llegamos a lo que se denomina el modelo, que no es más que todo aquello que representa una cosa real de una manera útil y relativamente simple.

Puesta a prueba del modelo. El modelo no es más que una explicación plausible de una situación problemática. Sin embargo, no debe tomarse una decisión basada en un modelo no probado. La prueba de los modelos puede realizarse con tests de predicción y con tests de explicación.

▼ *Las políticas que se aplican en una empresa, en este caso en el área de producción, deben provenir de un adecuado análisis de los diversos factores que intervienen en el proceso; las ideas, sugerencias y consejos de las personas más cercanas al problema siempre deben ser tenidos en cuenta.*

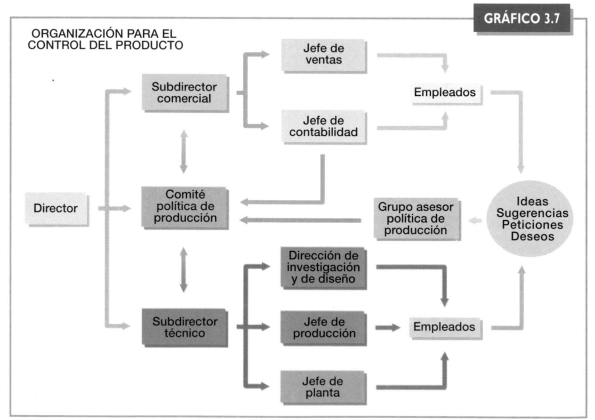

GRÁFICO 3.7

ORGANIZACIÓN PARA EL CONTROL DEL PRODUCTO

Si bien el primero es el más deseable, entraña riesgos ciertos. Llevar a cabo tests de predicción en el mundo de los negocios es, a menudo, difícil y peligroso o hasta imposible. Por ejemplo, un test real de una hipótesis concerniente al efecto de algunos cambios en publicidad y política de distribución de un producto determinado, podría alterar el volumen de ventas y hacer naufragar el negocio si la hipótesis fuera falsa.

En cambio, en el test de explicación se procede a insertar en él datos del pasado para determinar si el modelo explica satisfactoriamente acontecimientos pasados. En caso afirmativo, se considera razón suficiente para creer que podrá predecir de una manera así mismo satisfactoria acontecimientos futuros de la misma índole.

Desarrollo de la regla de decisión. Una vez que el modelo haya dado un resultado eficaz en la prueba, puede utilizarse para la toma de decisiones. Pero a fin de aumentar su valor debería convertirse, siempre que fuera posible, en una «regla de decisión». Ésta no hace más que enunciar otra vez el modelo, pero de una forma directamente relacionada con el objetivo.

Esto se materializa en muchas oportunidades mediante una fórmula del tipo:

$$X = a + b$$

donde x es el objetivo, a y b las demás variables del problema, preferentemente variables que la dirección pueda controlar.

Aplicación de la regla de decisión. Para utilizar la regla de decisión, es suficiente establecer los valores de las variables. Pese a ello, esto no da la respuesta final. Sólo indica a quien debe tomar la decisión cuál es el «blanco» y no el «centro». Hasta aquí no es más que una ayuda para la toma de decisiones. La última respuesta necesita que se introduzcan en la solución final ajustes derivados del juicio personal del director para atenuar el efecto de imponderables que pueden haberse eliminado o que hayan sido considerados inexistentes en el proceso previo.

☐ COORDINACIÓN/ORGANIZACIÓN

La segunda función que desarrollaremos es la que hace referencia a la coordinación del potencial humano de la empresa de un modo eficiente y fácilmente evaluable, es decir, la organización. Resulta muy importante dotar a un negocio de una organización y estructura óptimas que permitan la división del trabajo y la correlativa asignación de responsabilidades.

DECISIÓN

Una de las tareas más habituales y arriesgadas que deben asumir los directivos es la toma de decisiones. El alto o bajo porcentaje de aciertos en su desempeño es lo que define el éxito o las dificultades de la empresa.

La organización de una compañía importante descansa, en líneas generales, en el siguiente cuadro:

- Presidente del consejo de administración
- Director gerente. Director administrativo. Director financiero
- Director de personal
- Director de explotación
- Director de investigación y desarrollo

Existen además otros puestos directivos que se crean en función de las características de la empresa. En la pequeña y mediana empresa, en cambio, los recursos humanos son relativamente escasos, y un solo hombre o un grupo reducido de mandos tienen que ocuparse de todas las tareas directivas. En efecto, en muchas compañías pequeñas, el mismo hombre es, a la vez:

- Dueño
- Director general
- Director administrativo
- Analista financiero
- Director de ventas
- Director de explotación
- Abogado

El organigrama permite al empresario una visión global de la estructura de la empresa.

Esta diversificación funcional del pequeño y el mediano empresario es bastante difícil de lograr. El fenómeno tiene dos causas principales: la primera es la dificultad de adquirir un conocimiento profundo en todas las ramas de la dirección empresarial; la segunda es la falta de tiempo para cumplir con todas las obligaciones a la vez. En cuanto al conocimiento, es evidente la necesidad de actualizarlo y reciclarlo permanentemente. A pesar de ello, será preciso disponer de información suministrada por fuentes especializadas y fiables. En lo que respecta al tiempo, su distribución entre las distintas funciones debe responder a un plan de trabajo establecido de antemano, del que sólo es factible desviarse en caso de una sobrecarga imprevista en alguna de las áreas funcionales. El consejo que podemos dar al pequeño empresario en este campo es que trate de alcanzar los siguientes objetivos:

- Crear una estructura en el seno de la empresa.
- Determinar con exactitud cuáles son los trabajos y tareas que es preciso realizar para que los planes y programas se cumplan con eficacia.
- Establecer unas normas de rendimiento y diversos puntos de control para cada persona ocupada en cada una de las funciones principales.
- Perfeccionar, seleccionar y distribuir el personal entre las distintas funciones.

■ Análisis de la estructura de la empresa

Una vez que hemos establecido los objetivos y las políticas que desarrollaremos para su obtención, cabe preguntarse lo siguiente:

- ¿Disponemos de una estructura que permita desarrollar las actividades que conduzcan a la obtención de los objetivos?
- ¿Dicha estructura será lo suficientemente eficiente para hacerlo de un modo adecuado?
- ¿Podremos generar la suficiente información de un modo ágil?
- Y, a su vez, ¿dicha información tendrá la fiabilidad para poder tomar decisiones basándose en ella?

La respuesta es que será posible únicamente con una estructura que cuente con jefes responsables que sepan dentro de qué límites o áreas deben desarrollar sus funciones.

La organización debe adaptarse a las posibilidades reales, llámense dinero, elementos materiales, equipos u hombres. Por otro lado, la empresa pide servicios, pero también debe servir. Para conseguir eficiencia debe satisfacer las necesidades humanas de su personal. Cada responsable de área necesita que su cargo sea reconocido y que su autoridad sea efectiva. Todo ello nos conduce a los conceptos básicos de la organización.

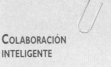

**COLABORACIÓN
INTELIGENTE**

La alta dirección y cada grupo de trabajo constituido en la empresa colaboran orgánicamente. En ésta, cada persona debe saber qué tiene que hacer y por qué debe hacerlo.

CUADRO 3.1

Cómo saber si la empresa está bien o mal organizada

Para intentar valorar la organización de una empresa y establecer un baremo que califique su calidad, se puede empezar por respuestas objetivas y reales a las siguientes cuestiones

	Sí	No		Sí	No
1. El término «organización» tiene importancia y merece atención dentro de la empresa	❑	❑	7. Existen esquemas en los que se plasman las relaciones organizativas	❑	❑
2. Existe una base escrita sobre las políticas fijadas por la empresa	❑	❑	8. Son conocidas las condiciones reales de la empresa y se encuentran establecidas en el esquema que refleja la organización	❑	❑
3. Se puede decir que están especificadas con el suficiente detalle las funciones y las consiguientes responsabilidades	❑	❑	9. El máximo responsable tiene un puesto concreto dentro del esquema organizativo	❑	❑
4. Para lo establecido en el punto tres, se tienen en cuenta los condicionamientos personales	❑	❑	10. Existe la posibilidad real de que con cierta regularidad se haga una revisión de las bases organizativas y se modifique lo que corresponda	❑	❑
5. Existen procedimientos homogéneos en materia de operatividad	❑	❑			
6. Cada participante en la actividad empresarial tiene su inmediato superior, pero tiene sólo uno	❑	❑			

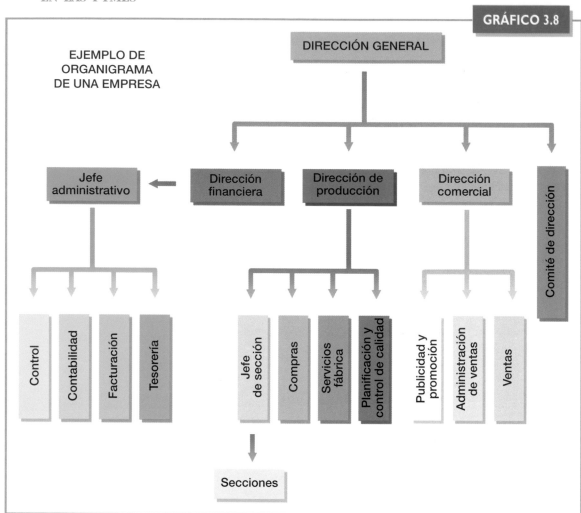

GRÁFICO 3.8

EJEMPLO DE
ORGANIGRAMA
DE UNA EMPRESA

DIRECCIÓN GENERAL

Jefe administrativo

Dirección financiera

Dirección de producción

Dirección comercial

Comité de dirección

Control

Contabilidad

Facturación

Tesorería

Jefe de sección

Compras

Servicios fábrica

Planificación y control de calidad

Publicidad y promoción

Administración de ventas

Ventas

Secciones

▲▶ *Un organigrama nos permite apreciar de un modo gráfico las diferentes áreas de actividad de una empresa y los diferentes niveles jerárquicos. Esto facilita, de un modo ágil, obtener un «retrato» de cómo está organizada la empresa y los diferentes niveles de dependencia.*

■ Principios de la estructura de la empresa

Unidad de mando. Ninguna persona debe tener más de un jefe. Cada uno debe saber ante quién debe responder como superior, así como cada jefe debe saber quién depende de él.

Alcance del control. Ningún jefe debe tener mando directo sobre un número de subordinados mayor que el compatible con una supervisión efectiva. Existen problemas no sólo técnicos, sino incluso físicos para que un jefe pueda desempeñar correctamente sus funciones de jefatura sobre más individuos de los que realmente puede dirigir.

Homogeneidad operativa. Ningún jefe puede desarrollar funciones heterogéneas. Es decir, que en el área de actividad de cada jefe deben desarrollarse únicamente funciones de las mismas características. No podemos pretender, por ejemplo, que el jefe de fábrica sea a su vez encargado de ventas.

Delegación efectiva. La delegación de funciones debe comprender una autoridad compatible con las mismas y una responsabilidad equivalente dentro de su área.

Además...

Una vez enumerados estos principios, cabe destacar una serie de conceptos complementarios que se deben tener en cuenta en la pequeña y mediana empresa:

Aquí yace un hombre que supo cómo alistar a su servicio hombres mejores que él.

Inscripción en la tumba del industrial ANDREW CARNEGIE

- La estructura de la empresa se hace para concretar en la práctica los objetivos de la misma.
- Tales objetivos se materializarán mediante unas políticas que se han de concretar.
- Por tanto, los objetivos y las políticas deberán determinarse previamente y por escrito.
- Cada función necesaria en la empresa será asignada específicamente a un único responsable.
- La estructura de la organización debe ser lo más simple posible y el número de tareas y sectores el mínimo posible.
- El número de niveles jerárquicos también se mantendrá en el mínimo.
- Ninguna persona debe informar a más de un superior.
- La responsabilidad estará equilibrada con la autoridad; cada responsable de área debe asumir la responsabilidad de las acciones u omisiones de quienes dependan de él.

El éxito de la delegación efectiva se basa en reconocer que en la práctica existen en la empresa una serie de relaciones, que podríamos sintetizar en las siguientes:

- Relaciones jerárquicas, que podríamos resumir en las respuestas a dos preguntas: ¿de quién dependo y a quién informo? y ¿quiénes dependen de mí y deben informarme?
- Relaciones funcionales: la relación funcional implica que el jefe no debe convertir su sector en un compartimento estanco, sino en una parte interdependiente con los demás sectores de la empresa.
- Relaciones asesoras: cada uno de los especialistas de la empresa trata de influir con su especialidad en los demás sectores de la organización. Además, con el constante avance de la tecnología, cada especialista necesita más el apoyo y servicio de los demás.

La conducción de esta red de relaciones requiere jefes hábiles. ¿Cuáles son las características que pediríamos para afirmar que es un buen jefe?:

- Habilidad técnica, para cumplir con funciones o trabajos específicos.
- Habilidad humana: significa trabajar como miembro de un grupo para conseguir el logro de un esfuerzo cooperativo del grupo que él dirige.
- Habilidad conceptual: consiste en comprender la empresa como un todo.

▼ *Al tener que escoger entre diferentes alternativas debemos dar prioridad a la disminución de riesgos, los menores costes, la fiabilidad y su adecuación a los recursos existentes.*

☐ CONTROL

Para el logro de sus objetivos, el director necesita mantener un adecuado conocimiento de la evolución de la empresa. A este fin es imprescindible que la información que le llegue sea suficiente, ágil y fiable. Así podrá mantener un adecuado nivel de control, tanto en lo referente al cumplimiento de sus objetivos como al grado de eficiencia de cada uno de los sectores de la empresa.

Podríamos decir que el control es el que regula el comportamiento de la organización empresarial. Para poder hacer efectivo el control sobre toda la empresa, el director debe poner en marcha sistemas que le aseguren obtener una información que cumpla con los siguientes requisitos:

GRÁFICO 3.9

ELECCIONES DE SOLUCIONES ALTERNATIVAS

ESFUERZO
Iguales resultados con menor esfuerzo

OPORTUNIDAD
Asegurar que es la más fiable

LIMITACIÓN DE RECURSOS
Menor empleo proporcional de recursos

RIESGO
Menor coeficiente de riesgo

Valoración

DECISIÓN

- Claridad: la información debe ser clara y precisa, de modo que pueda ser leída e interpretada con un esfuerzo mínimo.
- Amplitud: debe cubrir toda la empresa y tratar de los hechos esenciales.
- Homogeneidad: debe ser coherente y más sintética cuanto mayor sea el nivel jerárquico que la recibe.
- Adaptabilidad: la información debe ser revisada para adecuarse a las cambiantes condiciones de la empresa.
- Económica: su utilidad debe ser mayor que su costo.
- Periodicidad: la información debe presentarse en plazos previamente determinados.
- Fiabilidad: debe ser comprobable y exacta.

▢ EVALUACIÓN - RETROALIMENTACIÓN - PROYECCIÓN

El análisis de la información por parte del director, le permite mantener un adecuado nivel de control en el cumplimiento de los objetivos establecidos, y así mismo, por la vía de la evaluación de los resultados, un método para adecuar las políticas en función de la incidencia de los cambios en el entorno. En otras palabras, como resultado de la información recibida y su análisis, la dirección cumple con un objetivo primario: el control como medida del cumplimiento de los objetivos fijados con unos métodos establecidos y con una eficiencia medible.

Al mismo tiempo, obtiene una información que le permite retroalimentar el sistema. La información recibida le brinda posibilidades de reformular aspectos determinados de los objetivos políticos y estrategias. Es aquí dónde la retroalimentación permite una proyección en el futuro para adecuar la empresa a nuevos horizontes, con objetivos más claros y métodos más eficientes y fácilmente controlables.

CONTROL

Los procesos de control de gestión pueden actuar como agentes de cambio, ya sea intencionado o que surja por sí solo.

CUADRO 3.2

¿Conocemos las condiciones reales
de la empresa tal como la ven sus componentes?

Este cuestionario debe ser contestado por el personal. En empresas de más de cincuenta empleados, obtenerlo selectivamente y por departamento.

1. ¿Qué tarea realiza?
2. ¿Cuánto tiempo dedica por término medio a la realización de cada tarea?
3. ¿Quién y con qué cargo le imparte órdenes o instrucciones y supervisa el desarrollo de cada tarea?
4. ¿Cuáles son las sugerencias que recibe y cuáles son las que emite?
5. ¿Qué informes prepara y quiénes son sus receptores?
6. ¿Qué informes recibe, de quién y qué utilización da a su contenido?
7. ¿Existe algún factor importante, además de los comentados, que influya sobre sus tareas?

En próximos capítulos desarrollaremos los diferentes tipos de información para la toma de decisiones y los esquemas maestros de la organización en la pequeña y mediana empresa.

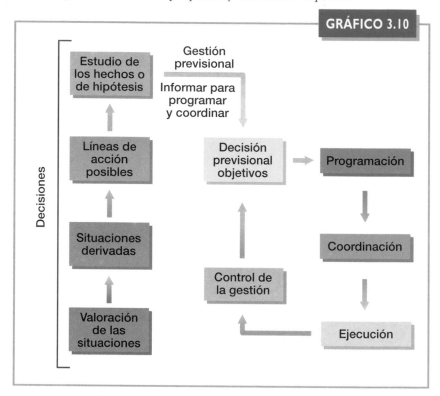

GRÁFICO 3.10

► *Una vez evaluadas las diferentes líneas de acción, decidiremos sobre cada una de ellas, las comunicaremos, programaremos, coordinaremos esfuerzos y, finalmente, controlaremos los resultados obtenidos.*

■ Caso práctico

Cerámicas del Norte, S.L.

Estructura social

Cerámica del Norte, sociedad de responsabilidad limitada, está constituida por tres socios partícipes sin lazos familiares.

Objeto social

Su actividad principal es la fabricación de elementos cerámicos para la decoración.

Evolución histórica

Comienza sus actividades fabricando baldosas y azulejos decorados. Con la sustitución de uno de los socios fundadores y las características profesionales del recién incorporado cambia paulatinamente su actividad hasta dedicarse por completo a la cerámica ornamental.

Situación actual

Presenta una relativa solidez económica, aunque sufre constantes problemas financieros en el día a día. Por tal motivo solicita a un grupo de consultores externos que realicen un estudio de la empresa y presentan el siguiente informe:

Situación contable

Hemos revisado los estados contables de Cerámicas del Norte, S.L. y, según nuestra opinión, tanto el balance al 31 de diciembre de 19.., como la cuenta de pérdidas y ganancias por el ejercicio cerrado en dicha fecha, representan razonablemente la situación patrimonial y el resultado económico de sus operaciones.

El director de la fábrica, a pesar de ser una persona competente y trabajadora, intenta controlar excesivamente todos los procesos productivos.

Situación financiera

Pese a que la sociedad se mantiene dentro de una situación económica sana, se han detectado tensiones de tesorería. Según nuestra opinión, dichas tensiones provienen de una gestión demasiado condicionada por aspectos de organización. Enumeramos a continuación los más significativos:

1. Fabricación. No existe un adecuado equilibrio entre las instalaciones de fábrica y la capacitación media del personal. Algunas de las instalaciones son obsoletas o no específicamente indicadas para el tipo de productos que se elaboran en la actualidad.

Aunque no esté específicamente preparado para ello, el director de la fábrica también controla la gestión financiera de la empresa.

El personal de producción en todos sus niveles tiene una excesiva dependencia directa con el director de fábrica. Existen procesos que no sostienen el adecuado ritmo de trabajo por la imposibilidad de presencia, en momentos puntuales, del mencionado director que, por otra parte, no cuenta con suficientes cargos intermedios, debiendo asumir personalmente tareas en todas las etapas del proceso productivo. Esta circunstancia, unida al hecho de que se produce prácticamente por encargo, ralentiza todo el ciclo económico de la empresa.

2. Comercialización. Está orientada únicamente a un sector del mercado que se mueve por encargos específicos. No se ha potenciado la posibilidad de comercialización de productos estándares, que simplificarían los procesos pro-

ductivos. El director comercial asume también las tareas de dirección financiera.

3. Política de compras y de bodegas. Dadas las características de la producción, no existen programas de compras. Se adquiere en función de las necesidades de los trabajos en curso. Esto origina problemas de abastecimiento, con el consiguiente efecto en los ritmos productivos y, por otro lado, existen algunas materias primas con índices de rotación muy lentos.

Conclusiones

En los casos en que la empresa no planifica el proceso productivo, es frecuente que se produzcan «rupturas» de las existencias de materias primas, lo que conlleva la discontinuidad de los ritmos de producción.

Cada miembro del equipo directivo debe asumir su función sin intentar ejercer dos cargos no complementarios. Al asumir la responsabilidad de áreas de diferente contenido, se pierde el contacto con la realidad de cada una de ellas.

- No existe una adecuada organización de fábrica. El director de fábrica no ha creado una escala de mandos intermedios que le permita mantener un adecuado grado de control sobre sus subordinados, a la vez que entorpece el ritmo de fabricación.
- Como consecuencia, no puede cumplir con otras funciones, tales como la planificación de sus actividades ni evaluar el grado de cumplimiento de las normas de la organización. En otras palabras, «trabaja al día».
- El resultado final de esta situación es la poca rentabilidad de la producción y el alargamiento innecesario del ciclo de fabricación.
- Consideramos que la empresa debe ampliar su oferta con líneas de productos estandarizados, luego de hacer un adecuado estudio de mercado. Esto le permitiría optimizar la administración de las

compras y de sus existencias de materias primas, evitando inmovilizaciones que repercuten en limitaciones financieras.
- La superposición de funciones que se presenta en el caso del director comercial, asumiendo funciones en el área financiera, impide por falta de homogeneidad, alcanzar grados adecuados de eficiencia en las dos actividades.

No se ha alcanzado un ajustado grado de conocimiento del mercado y, por otro lado, la sociedad no ha explotado las condiciones de financiación que ofrece el sector bancario.

Recomendaciones

- Implementar una adecuada organización de fábrica, estableciendo diversos niveles jerárquicos, delegando funciones y otorgando los grados correspondientes de autoridad.
- Efectuar los estudios de mercado oportunos para lanzar una línea de productos de tipo estándar que permitan el aprovechamiento eficiente de las instalaciones industriales existentes.
- Solicitar financiación a medio y largo plazo para la compra de maquinaria acorde con las características de los productos actuales.
- Fusionar el departamento de contabilidad y administración con el de finanzas, liberando al director comercial de tal manera que pueda dedicarse únicamente a sus funciones específicas.

Ejercicios de autoevaluación

A) Cuestiones generales

① Exponga sus métodos de planificación.
② Detalle todos los elementos de que dispone para la toma de decisiones, tanto en lo referido a la información externa (diarios, revistas especializadas, publicaciones gubernamentales, revistas sectoriales) como a la interna (estados contables, estadísticas de producción, ventas, costos).
③ Evalúe si en la toma de decisiones expuesta en el punto 1 se tienen en cuenta todos o algunos de los medios de información contenidos en su respuesta del punto 2.

④ Trate de detallar la organización de su empresa, indicando áreas de actividad y niveles jerárquicos con sus correspondientes grados de autoridad y de responsabilidad.

⑤ Averigüe y analice las relaciones funcionales entre los diferentes sectores de su empresa.

⑥ Haga una síntesis de la evolución de su empresa en los últimos cinco años. Correlacione esto con la evolución económica general y con otras circunstancias del entorno.

⑦ Analice cuál fue el proceso que le llevó, en cada caso, a tomar las decisiones que marcaron los cambios significativos que hubieran podido surgir del detalle del punto 6.

B) Conteste: verdadero o falso.

① Cada miembro de una organización puede tener más de un jefe.

② El responsable de un área no lo es de las omisiones o errores de sus subordinados.

③ El número de niveles jerárquicos debe mantenerse en el mínimo.

④ Si no ha sido puesto a prueba, un modelo es un elemento de riesgo para la toma de decisiones.

⑤ El jefe de un departamento debe mantener a su personal aislado del resto de la empresa.

⑥ La información debe ser lo más amplia posible, con independencia del nivel jerárquico al que va dirigida.

⑦ Un jefe tiene habilidad humana cuando mantiene buenas relaciones con todos sus subordinados.

Soluciones

B)

1. Falso.
2. Falso.
3. Verdadero.
4. Verdadero.

5. Falso.
6. Falso.
7. Falso.

ADECUACIÓN DE LA EMPRESA AL MERCADO

Cuando nos planteamos la creación de una empresa, además de determinar su actividad principal, debemos analizar en qué zona geográfica es más conveniente situarla, qué dimensiones y tipo de locales necesitamos y, una vez definidos estos aspectos, cómo será la distribución de las plantas comerciales, fabriles y las oficinas.

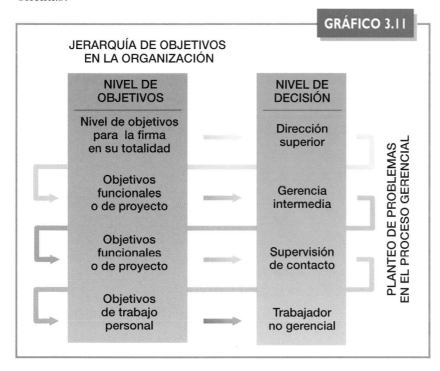

GRÁFICO 3.11

JERARQUÍA DE OBJETIVOS EN LA ORGANIZACIÓN

◄ *Pese a la comunidad de los objetivos, cada nivel jerárquico da prioridad a algunos aspectos que le son particulares; así, se pasa de los objetivos eminentemente personales en los niveles más bajos de la empresa a los de carácter global en la dirección.*

☐ UBICACIÓN

Una vez decidida la forma jurídica de la empresa, la primera decisión que ha de tomarse se refiere a su ubicación. De una encuesta realizada sobre una muestra de 81 pequeños comercios minoristas y de servicios, se desprende lo siguiente:

- Para la elección del emplazamiento de una empresa, algunos pequeños propietarios suelen tener en cuenta motivos no estrictamente económicos, como disponibilidad de locales, proximidad a su domicilio particular, conocimiento personal del vecindario y facilidad para adquirir otras empresas ya en funcionamiento.
- Algunos de los futuros empresarios no se molestaron en estudiar objetivamente el potencial del lugar elegido para establecer su comercio, y no tuvieron en cuenta aspectos tan impor-

UBICACIÓN

La ubicación de los emplazamientos industriales se basará menos en la medida clásica del coste de la mano de obra y más en la infraestructura industrial.

Los valores éticos deben formar parte de la cultura de una compañía.

ROBERT D. HAAS
Empresario

▼ *La elección de la ubicación de la empresa, en un determinado contexto geográfico, social y económico, es un factor de gran importancia.*

tantes como que la zona estaba en decadencia económica por la emigración de la población a otros lugares o a la existencia de una excesiva competencia.

Según la encuesta, al cabo de dos años, 20 de las 81 empresas habían cerrado, debido a su falta de previsión, mientras que las otras eran escasamente rentables. Esto no quiere decir que la ubicación de su empresa sea lo único importante que ha de tener en cuenta el hombre de negocios. Ciertamente, existen otras encuestas que demuestran que sólo el 3 por ciento de los fracasos se deben a su ubicación, mientras que el 97 por ciento restante lo son como consecuencia de una gestión deficiente.

Sin embargo, es incuestionable que la ubicación y el local elegido para el establecimiento de una empresa tienen por sí mismos tanta importancia, que el futuro empresario no debe olvidar nunca que su selección debe hacerse con arreglo a ciertos principios y condicionamientos que vamos a tratar a continuación.

■ Perspectivas de promoción del entorno

Ni las ciudades ni su población son estáticas, aunque a veces lo parezcan. Las ciudades están en un proceso continuo de cambio que ha de ser tenido en cuenta, ya que una evolución positiva desde el punto de vista económico no es lo mismo que una tendencia desfavorable. Incluso si la tendencia es favorable en general, puede ocurrir que para un *determinado* comercio no lo sea tanto.

Por otra parte, es imposible prever el futuro en un horizonte infinito; pero es más fácil predecir lo que va a ocurrir si contemplamos el horizonte económico en un plazo de cinco a diez años, o incluso mayor. Para ello, es de gran utilidad adquirir información sobre los programas municipales o estatales de renovación urbana, construcciones viales y demás proyectos oficiales relacionados con la zona en cuestión.

■ Posibilidades de expansión en función del entorno

El propósito de todo buen empresario no debe limitarse a que su negocio se mantenga siempre igual; debe aspirar a superarse, a que la empresa crezca. Para ello, es imprescindible conocer si el local elegido permite su futura ampliación. Si el local es pequeño, quizá la empresa no consiga lograr su pleno desarrollo, salvo que lo cambie o, manteniéndolo, adquiera otros para sucursales.

■ Otros factores específicos

No es posible exponer todos los factores que deben tenerse en cuenta para la ubicación de cada tipo de empresa. Sin embargo, creemos conveniente examinar en profundidad los que se exponen en los apartados siguientes; para una mayor claridad, vamos a distinguir entre la elección de la localidad y la elección de la zona concreta en esa localidad.

Elección de la localidad

Son tan numerosos los factores que debe tener en cuenta el comerciante empresario para elegir con acierto la localidad en que ha de instalar su empresa, que resulta prácticamente imposible enumerarlos, sobre todo si se tiene en cuenta que cada tipo de empresa debe moverse en unas determinadas circunstancias que, quizá, no sean válidas para las demás. Sin embargo, con carácter general y sin ánimo exhaustivo, pueden señalarse los siguientes:

Factores económicos. Tal vez sea éste el aspecto más importante que debe tener en cuenta el futuro empresario. Es imprescindible conocer las condiciones económicas de la zona, lo cual supone tener muy en cuenta cuestiones tales como la instalación de nuevas empresas o la desaparición de las antiguas, la existencia de otras empresas del mismo carácter que la proyectada, etcétera. A modo de síntesis, deberían tomarse en consideración los siguientes factores de tipo económico:

- *Situación de las empresas*. Tanto las agrícolas como las fabriles y las comerciales. Su existencia y número influyen decisivamente.
- *Tendencias económicas*. Que pueden ser muy positivas, o estar en vías de desarrollo, o bien hallarse estancadas o incluso en declive. Lógicamente, no será adecuado el establecimiento de un comercio en una localidad cuya tendencia sea decreciente.
- *Arraigo*. La actividad económica de una localidad puede tener larga tradición y estar bien consolidada, o bien ser antigua pero haberse reactivado hace poco, o bien ser nueva y prometedora, o incluso reciente e incierta. El buen empresario sabrá lo que le conviene a su empresa en cada caso.
- *Diversificación sectorial*. Las empresas locales pueden pertenecer a variados sectores, o bien existir cierta concentración sectorial, o corresponder todas al mismo sector.

RELACIÓN

Los contactos sociales del empresario con las fuerzas vivas del lugar donde se ubique su empresa servirán para dar a conocer su competencia y pericia.

La ubicación de las instalaciones más próxima a los mercados finales, con menos énfasis en el coste de la mano de obra, constituye una progresión natural.

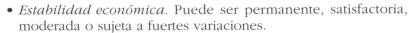

- *Estabilidad económica.* Puede ser permanente, satisfactoria, moderada o sujeta a fuertes variaciones.
- *Comunicación de la ciudad.* ¿Cuenta la ciudad con una buena red de carreteras, autopistas, ferrocarriles, etcétera? No debe olvidarse que los clientes, sobre todo los proveedores, pueden estar ubicados en otras ciudades y que unas buenas comunicaciones ahorran gastos y tiempo de transporte.

▼ *Al planificar la ubicación de un negocio se hace necesario pensar a qué tipo de mercado nos dirigimos y estudiar la masa potencial de clientes y su capacidad de consumo.*

Factores demográficos. En realidad, la población es también un factor económico. Lamentablemente, algunos comerciantes se olvidan de considerar aspectos tan importantes como el crecimiento o el decrecimiento de la población, su nivel económico, características de la población por edades, etcétera, que tanto han de influir en la rentabilidad de su empresa. En cuanto a la población, también deberían tenerse en cuenta los siguientes factores:

- *Ingresos y su distribución.* Pueden dar lugar a una población muy acomodada, con una buena posición económica, equitativamente distribuida en especial entre los niveles medios y bajos.
- *Tendencia demográfica.* Puede ser expansiva o decreciente, amplia o pequeña, y estable o inestable.
- *Condiciones de la vivienda.* Nos referimos a las condiciones de que disfruta el colectivo y, en general, a la vivienda que ocupa. En este sentido, pueden ser viviendas en propiedad o con un alquiler alto, moderado o bajo. Éste es un dato muy significativo para definir la riqueza de la población.
- *Ocupación de la población.* Sobre todo, de los jóvenes. En general, la población industrial tiene unos ingresos más elevados que la agrícola, y su poder adquisitivo también es mayor.
- *La propia ciudad.* Muchos comerciantes prefieren instalar su comercio en la misma ciudad en que viven, lo cual tiene ciertas ventajas: conocimiento de la gente y del desarrollo de la zona, amigos que pueden hacerle propaganda o facilitarle préstamos, etcétera; pero esta medida no es en absoluto una garantía de éxito.

Elección de la zona concreta en la localidad

Una vez elegida una localidad, el futuro empresario debe seleccionar la zona más adecuada a su empresa, teniendo en cuenta, también en

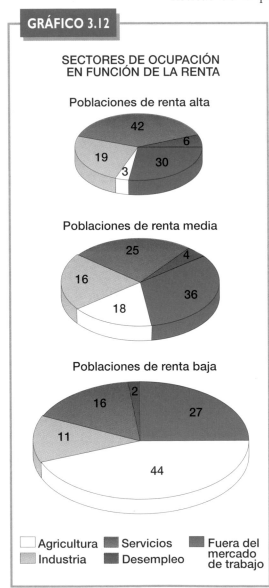

GRÁFICO 3.12

SECTORES DE OCUPACIÓN
EN FUNCIÓN DE LA RENTA

Poblaciones de renta alta

42
6
19
3
30

Poblaciones de renta media

25
4
16
36
18

Poblaciones de renta baja

2
16
27
11
44

☐ Agricultura   ▨ Servicios   ▨ Fuera del mercado de trabajo
▨ Industria   ▨ Desempleo

este caso, una serie de factores demográficos y económicos. Pero quizá lo más importante sea no olvidar nunca el tipo de comercio que se pretende abrir ni la clase de movimiento que se necesita para mantenerlo.

Algunos comercios dependen del tráfico pedestre y deben ubicarse cerca de sus clientes (comestibles, peluquerías, farmacias, librerías, etcétera). Otros consiguen su clientela entre los automovilistas y se ubican a cierta distancia de los núcleos (estaciones de servicio, moteles, etcétera).

Sin embargo, lo primero que debe seleccionarse es el tipo de ubicación, ya que cada situación puede ofrecer ventajas e inconvenientes según la clase de empresa. Las características de toda ubicación comercial son las siguientes:

Ubicación suburbana

- Recluta su clientela entre los residentes locales.
- Los costos de explotación son generalmente más bajos y los alquileres, por lo común, moderados.
- Suele ser una zona de fuerte competencia.
- Los comercios y las empresas especializadas son, por lo general, más pequeños.

Ubicación al borde de las vías de tránsito

- Los costos de explotación y los alquileres son generalmente bajos.
- Mercaderías de bajo precio.
- Amplios espacios para estacionamiento.

Centros comerciales

- Tienen interiores y exteriores modernos, y el precio de los alquileres suele ser entre moderado y alto.
- Facilitan las campañas promocionales de ventas.
- Por lo general, constituyen un buen emplazamiento para las sucursales.
- Existen facilidades para el estacionamiento.

Distrito comercial céntrico

- Atrae clientes de toda la ciudad.
- Los costos de explotación y los alquileres son, por lo general, altos.
- Es una zona de fuerte competencia.
- Predominan los grandes comercios.

CAMBIOS

La tecnología, las comunicaciones y la presión que ejercen la competencia y los costes mundiales, están cambiando el modo de actuar y trabajar de las empresas y las personas.

▼ La ubicación de un taller de maderas, por ejemplo, tendrá en cuenta tanto la facilidad de la entrada de camiones con la materia prima como el prudente alejamiento de un núcleo habitado para no molestar con sus ruidos.

Zona comercial de barriada

- Forma su clientela entre el vecindario.
- Los costos de explotación y los alquileres son, generalmente, más bajos.
- Permite prestar una atención personal.
- Los comercios y las ventas suelen ser menores.

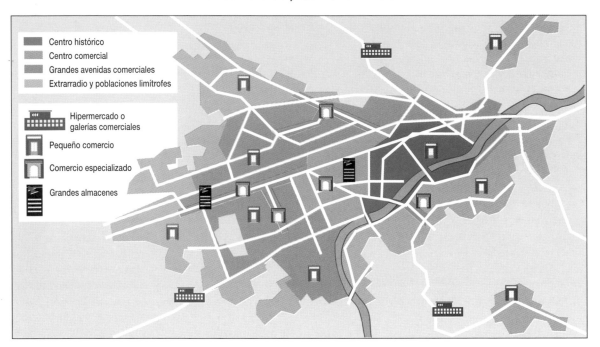

Centro histórico
Centro comercial
Grandes avenidas comerciales
Extrarradio y poblaciones limítrofes

Hipermercado o galerías comerciales

Pequeño comercio

Comercio especializado

Grandes almacenes

▲ *Antes de montar un negocio hay que valorar las distintas ubicaciones posibles. Instalarse en el centro histórico o comercial de una ciudad implica costes más altos, justificables en establecimientos de productos selectivos. Sin embargo, una gran tienda de ropa informal tendría una mejor ubicación en unas galerías comerciales.*

■ Poder adquisitivo del público

No debe olvidarse nunca que una empresa no puede subsistir sin clientes, por lo que ha de valorarse justamente el poder adquisitivo de los compradores potenciales. Cuando la población es grande, el poder adquisitivo suele ser elevado. Sin embargo, hay que ponderar detenidamente este aspecto y tener en cuenta determinados factores, como son los siguientes:

Procedencia de los ingresos

La procedencia de los ingresos de los futuros clientes es muy significativa, ya que, por ejemplo, si el distrito cuenta con una industria arraigada que ofrece ocupación estable y perspectivas de crecimiento, lo más probable es que estas circunstancias se reflejen favorablemente en la economía de la población. Si los ingresos de la población son, en general, elevados, esto permitirá establecer un nivel superior en el precio y en la calidad de las mercaderías, así como prever un gran volumen de ventas. Si los ingresos son bajos, las previsiones serán de signo contrario.

Medición del poder adquisitivo. Efectivamente, la evaluación de estos factores suele ofrecer algunas dificultades. Sin embargo, el pequeño comerciante puede realizar ciertas estimaciones aproximadas del poder adquisitivo de una determinada zona con ayuda de unos cálculos muy simples.

EJEMPLO

Para evaluar el volumen de un negocio:
- Conocer el ingreso medio por unidad familiar. Digamos 3 000 unidades monetarias (u.m.) anuales (puede obtenerse este dato de las empresas de servicios públicos o, quizá, del municipio).
- Multiplicar ese ingreso medio de la unidad familiar por el número de familias. Calculemos 1 200 aproximadamente (determinado por el número de contadores de gas o de energía eléctrica, etcétera).
- En total, 3 000 × 1 200 = 3 600 000 u.m. de poder adquisitivo total.

Si un comerciante está dedicado, por ejemplo, al ramo de la alimentación, debe hacer el siguiente cálculo: el promedio regional del gasto en alimentación es del 22 % del ingreso neto familiar, entonces: 22 por ciento de 3 600 000 = = 792 000 u.m. = gasto anual estimado de la zona en productos comestibles.

Por las publicaciones de alguna asociación sectorial o por algún informe económico, se entera de que las operaciones minoristas de productos comestibles en el distrito sumaron 667 000 u.m. durante el año anterior. Además, haciendo abstracción de los nuevos competidores que podrían establecerse en la zona, ésta tiene un potencial anual adicional de 125 000 u.m. en el sector de comestibles. Comparando dicha capacidad con lo que anualmente le costaría explotar un comercio de esos productos (alquileres, sueldos, promoción, etcétera), el comerciante puede determinar si el distrito ofrece un potencial suficiente.

Una vez efectuados los cálculos, debe cotejar sus conclusiones con las cifras oficiales. Para ello puede servirse de los datos que los municipios facilitan, así como de las estadísticas y de cualquier otra fuente de información que ofrezca suficiente garantía.

La competencia

Además de conocer las ventajas e inconvenientes que cada zona supone para el tipo de comercio que se pretende establecer, así como la capacidad adquisitiva de la población de dicha zona, el futuro comerciante debe ponderar cuidadosamente la existencia y volumen de la competencia. La inexistencia de competencia, esto es, de empresas del mismo tipo que el que se pretende implantar, no siempre indica que la zona ofrezca buenas perspectivas, ya que también puede significar que los otros comercios del mismo tipo han tenido que desaparecer por no ser la zona adecuada para sus actividades, o no se han implantado por los mismos motivos.

EMPLAZAMIENTO

Los factores demográficos influyen en la rentabilidad de la empresa. Así, con frecuencia, el potencial objetivo del sitio elegido para emplazar la empresa resulta determinante.

Cantidad de competidores. Por regla general, no siempre, una elevada población con un gran poder adquisitivo y poca competencia indica la necesidad o la conveniencia de contar con más comercios del mismo tipo. Pero un buen empresario no puede conformarse con estos datos.

Calidad de los comercios rivales. Es decir, si son atrayentes, normales, antiguos, si están bien establecidos, etcétera. Con este factor, es fundamental tener en cuenta el volumen de ventas de los competidores, así como la calidad de los productos o servicios que ofrecen al público, ya que ello influirá en el tipo de mercadería que se ha de seleccionar para que ésta sea competitiva.

Clase de competencia. La competencia varía según que los distintos comerciantes mantengan una intercomunicación adecuada y de saludable cooperación o, por el contrario, se hallen envueltos en una lucha abierta. En todo caso, aunque el «ambiente» actual fuese de amistosa convivencia y colaboración, el futuro comerciante no debe olvidar que las circunstancias pueden cambiar. También debe tener en cuenta la calidad de la dirección de los otros comercios, si es moderna y progresista o, por el contrario, si es poco efectiva, así como la existencia o no de cadenas comerciales.

Concentración del comercio. Como norma general, puede afirmarse que, para los comercios minoristas o de prestación de servicios, una ubicación conveniente es aquella que está correctamente equilibrada con la presencia de otros comercios, ya que ciertos tipos de establecimientos se complementan entre sí; es decir, cada uno atrae a un público con el cual se benefician los demás (caso, por ejemplo, de una librería y una tienda de discos). El comerciante debe conocer que ciertos emplazamientos «dinámicos» generan competencia, pero que ésta, a su vez, suele atraer al público, que prefiere efectuar sus compras donde tenga diversas alternativas. Lo fundamental es saber atraer a ese público.

ERRORES

Las empresas cometen errores de apreciación, no sólo en las expectativas y necesidades de sus clientes, sino también de la opinión que sus clientes tienen de ellos.

CUADRO 3.3

El emplazamiento
del negocio

1. ¿Podría enumerar cinco razones convincentes por las que ha elegido su establecimiento?
2. ¿Y la zona en que se encuentra?
3. ¿Ha analizado cuántos establecimientos serán competidores directos del suyo?
4. ¿Conoce cuál es el espacio necesario para desarrollar su actividad?
5. ¿Sería posible extenderlo si el negocio aumentara de volumen?
6. ¿Le sería fácil el traslado si comprendiese que se había equivocado en la elección?
7. ¿Ha pensado en realizar por sí mismo la decoración de los escaparates?
8. ¿Sabe dónde situar cada una de las secciones de su negocio?

☐ DIMENSIONAMIENTO

Una vez elegida la zona, se procede a la elección del local. Éste depende, en primer lugar, del tipo de actividad que se quiera emprender, y en segundo lugar, de la competencia en la zona.

▉ Factores básicos en la elección

Los factores fundamentales que se deben sopesar son:

El piso o planta del edificio

Como es lógico, este punto dependerá del tipo de comercio. Lo que es conveniente para una mueblería, puede no serlo para una relojería. Sin embargo, como norma general pueden señalarse los siguientes criterios:

Pisos superiores o subsuelos. Tienen sus ventajas e inconvenientes. En general, los alquileres son de un 40 a un 50 por ciento inferiores a los que se pagan por los pisos que están a la altura de la calle. Este tipo de locales puede ser útil para oficinas, empresas de comisionistas y, en general, para las profesiones liberales (estudio de abogados, consultorios de médicos, etcétera). Ciertas clases de restaurantes, bares y centros nocturnos consideran ventajosos los locales situados en el subsuelo, por permitirles crear un ambiente más íntimo o contener mejor el ruido. No obstante, un local ubicado en un piso superior da más prestigio que el situado en el subsuelo.

◄ *La distribución funcional ha de ajustarse a la tipología del comercio. En el caso de las grandes superficies, se puede incentivar la compra «impulsiva» ofreciendo al cliente la posibilidad de verlo todo.*

Pisos a la altura de la calle. Sus alquileres son mucho más elevados. Sin embargo, pueden ser interesantes para los comercios que ofrecen mercaderías atractivas o que necesitan ser «vistas» por los futuros clientes para poder captar su atención; en ellos un porcentaje cuantioso de los gastos de explotación está constituido por la promoción de ventas (minoristas, tiendas de ropa a bajo precio y todos aquellos comercios en los que sean imprescindibles las vidrieras).

Locales internos. Suelen usarlos las empresas de servicios, como peluquerías, agencias inmobiliarias y determinados minoristas.

Locales situados en esquinas. Son preferibles para determinados comercios de artículos de consumo, como farmacias, bares, supermercados, etcétera. Su alquiler suele ser muy elevado.

El costo

El precio del alquiler tiene gran importancia en la elección del local; pero esta importancia debe ponderarse en función del tipo de empresa. Si se pretende establecer un comercio de peletería, el local habrá de ser lujoso y su alquiler resultará caro. Aunque no pueden establecerse unas normas fijas al respecto, a continuación se señalan algunos factores que se relacionan con el costo de ocupación, y que pueden servir de ayuda al pequeño comerciante:

Alquiler alto

- Alto valor de las mercaderías en proporción a su volumen.
- Es importante la exhibición en los vidrieras.
- Alto índice de renovación de las mercaderías.
- Bajo margen de ganancia bruta por unidad.
- Venta de artículos de gran consumo.
- Clientela «de paso».
- Escasa publicidad en prensa.
- Venta basada en precios y utilidad.
- Menores gastos generales.

Alquiler bajo

- Menor valor de las mercaderías en proporción al volumen.
- Mucho espacio para exhibiciones internas.
- Bajo índice de renovación de mercaderías.
- Alto margen de ganancia bruta por unidad.
- Incluye venta de artículos de «capricho».
- Clientela fija.
- Mucha publicidad.
- Diversos recursos para atraer clientes.
- Elevados gastos generales.

▼ *Ciertos negocios –como pueden ser restaurantes o salas nocturnas– dependen a veces de su infraestructura exterior; en este caso, facilidad de acceso y estacionamiento, ausencia de vecindario al que se pueda molestar, etcétera.*

Otros factores

Aunque quizá los factores que hemos expuesto sean los más importantes, no son los únicos que deben considerarse al seleccionar un local. Existen otros, como los siguientes:

- Competencia: se valora en función del número de comercios del mismo ramo en las proximidades, volumen de venta del comercio más cercano, etcétera.
- Tráfico: sexo, edad y número de transeúntes, número de automóviles, horas de mayor tránsito, etcétera.
- Transportes públicos: ómnibus, trolebús, etcétera.
- Facilidades de estacionamiento.

Locales poco recomendables

- Edificios antiguos o deteriorados.
- Fincas de poca altura y que queden perdidas en medio de grandes edificios con el lógico desmerecimiento.
- Lugares poco higiénicos, con abundancia de humo, desperdicios y malos olores.
- Zonas muy ruidosas.
- Aceras o calles deterioradas, que alejan a los clientes.
- Accesos difíciles, como entradas con escalones, pasillos tortuosos o vestíbulos mal iluminados.

EVOLUCIÓN

Así como el poder adquisitivo de que disfruta la presunta clientela es un índice indispensable para la futura empresa, el medio natural en que se desenvuelve el negocio ejerce un influjo decisivo en su evolución.

☐ LOGÍSTICA-PLANTA-ORGANIZACIÓN

Una vez seleccionado el local, el empresario debe encarar un aspecto que, con el transcurso del tiempo puede ser definitivo para el éxito o fracaso de su empresa: la distribución en planta y diversos detalles que le permitirán un determinado grado de eficiencia y, al mismo tiempo, transmitir una imagen a su mundo de relaciones, clientes, proveedores, entidades de crédito, etcétera.

■ Organización y distribución de planta

Un buen comerciante sabe que no debe abandonar nada a la improvisación. Todo debe ser planificado de forma precisa para que el negocio sea rentable. El local será decorado y distribuido debidamente y la presentación de las mercaderías resultará atrayente para provocar la curiosidad e inducir a su adquisición a los posibles clientes.

▼ Al diseñar un local y disponer sus elementos no sólo se debe tener en cuenta agradar a los posibles clientes, sino también el bienestar de quienes van a trabajar en él.

Ambiente sugestivo

Antiguamente solía decirse que el «buen paño en el área se vende». Pero el comerciante moderno sabe que hoy tal afirmación no pasa de ser una frase hecha. Es cierto que en la venta de un artículo influye sobre todo su calidad; pero en un mercado competitivo como el actual, esto no es suficiente. Se necesita que el artículo sea visto y, además, con agrado. Por ello, la distribución debe tener en cuenta todo aquello que atraiga a los clientes y que contribuya a la productividad del comercio, como la adecuada utilización de la luz natural y artificial, la ventilación, el acondicionamiento de aire, la calefacción, etcétera. Todos estos factores, en los que antes ni se pensaba, son hoy prácticamente imprescindibles para que el cliente se sienta satisfecho en el local, sin prisa por abandonarlo.

Distribución funcional

La distribución funcional ha de ser lo más ajustada a cada tipo de comercio. En una tienda que ofrece artículos de varias líneas en venta masiva –saldos, rebajas, etcétera–, los productos deben estar «al alcance de la mano» de los clientes, para que ellos mismos se sirvan, esto es, que busquen lo que quieren. En cambio, en una joyería se compran artículos de alto valor, el cliente ha de meditar, y necesita ser atendido sin prisas; son imprescindibles, pues, unos sillones cómodos, lujosas alfombras y un ambiente acogedor. No hay reglas fijas, pero en general, al disponer la distribución en planta, el comerciante debe tener en cuenta:

- La clase de mercadería que vende.
- La superficie del local.
- La estructura del edificio.
- El número de clientes previsto en los momentos de mayor concurrencia.
- La cantidad de empleados y las comodidades que necesitan.
- Las medidas de seguridad y de prevención contra incendios.
- Los servicios para los clientes, incluidos los baños, los probadores, etcetera.
- Los gastos de explotación de todo el negocio y de cada una de sus secciones.

Para la distribución de los espacios, la decoración interior y exterior del local, la disposición los elementos de seguridad, etcétera, es conveniente que el empresario se deje asesorar por los expertos.

CUADRO 3.4

Sobre el sistema de ventas

1. ¿Conoce las técnicas más adecuadas de introducción en el mercado?
2. ¿Ha analizado las de sus competidores?
3. ¿Sabe qué vehículo publicitario (diarios, revistas, radio, televisión, vallas) sería más interesante?
4. ¿Sabe qué motivaciones tienen los clientes para adquirir sus artículos?
5. ¿Sabe cómo puede influir sobre el mercado para potenciar sus ventas?

También debe tenerse en cuenta la necesidad de distribuir las mercaderías siguiendo ciertos criterios funcionales: las de mayor venta deben estar más cerca del vendedor, las más lujosas en las zonas más nobles del local, etcétera.

Necesidad de asesoramiento profesional

«Zapatero, a tus zapatos», reza un viejo refrán. Con ello se quiere decir que no todas las personas son expertas en cualquier tema. Igual ocurre con los comerciantes que, lógicamente, no pueden saber de aspectos tan dispares como tendencias del mercado, ambientación de locales, distribución en planta, demografía, etcétera. Sería un error no reconocer esta realidad; por ello, el comerciante debe buscar asesoramiento de las personas u organizaciones que puedan facilitárselo con garantías de acierto.

Hay entidades especializadas en asesoría que ofrecen a sus miembros informes sobre la distribución interna de los locales. Lógicamente, tienen experiencia en la materia y sus consejos pueden evitar costosos errores de construcción, remodelación y modernización. En todo caso, siempre será posible consultar a un arquitecto, sobre todo si está especializado en locales comerciales.

El comerciante puede servirse también de la información publicitaria que facilitan gratuitamente las empresas suministradoras de los muebles y equipo de aplicación en el comercio (mostradores, mesas, estanterías), así como los fabricantes de cajas registradoras, máquinas de contabilidad, etcétera.

En algunos casos es imprescindible la intervención de un decorador. No debe olvidarse que una buena decoración interior influye considerablemente en el éxito de la empresa. Además, no se decora un local todos los días, por lo que es muy recomendable que el comerciante consulte con un profesional, al menos para contrastar sus propias ideas. Un buen decorador puede resolver todos los problemas que se planteen en relación con el color de las paredes, del techo y de los suelos, la iluminación directa o indirecta, la elección de las cortinas y alfombras, el estilo de los muebles, etcétera. Hay que tener en cuenta que una buena decoración interior influye de manera considerable en el éxito de la empresa.

▲ *La concentración de comercios y servicios resulta adecuada cuando se complementan entre sí. Las grandes galerías comerciales permiten, además, efectuar publicidad y promociones que están fuera del alcance individual de cada uno de los negocios.*

El fin de la
organización
es hacer que
hombres
comunes
hagan cosas
no comunes.

LORD BEVERIDGE
Político

Por último, el comerciante debe mantenerse siempre dentro de la ley; es preciso obtener la aprobación de los planos por la autoridad competente, solicitar la correspondiente licencia de obras, comprobar si el local reúne las condiciones de seguridad (incendios, salidas de emergencia, etcétera) establecidas por las ordenanzas municipales o los reglamentos aplicables. Todo ello, además de evitarle posibles sanciones, le garantiza una mayor protección contra los daños por siniestros y puede significar una reducción considerable de las primas de los seguros correspondientes.

Rentabilidad del espacio físico

Según una encuesta, más de las dos terceras partes de las ventas anuales de una tienda se realizan en la parte delantera del local, que suele ocupar el 25 por ciento de la superficie total. El comerciante puede calcular el valor de arrendamiento de cada superficie de venta de su propio comercio y, comparándolo con las utilidades generadas por los diversos tipos de mercaderías, determinar cuánto espacio debería asignar a cada una de éstas. Los valores también le permitirán decidir la ubicación de los diversos tipos de artículos en lugares de altos o bajos valores de arrendamiento.

Algunos minoristas opinan que colocando los productos de gran consumo en el fondo del local se obliga a los clientes a pasar por delante de otros que dejan más margen, con lo cual se favorecen las compras «impulsivas» de estos últimos. Si bien esto ocurre en cierto tipo de negocios, como las tiendas de comestibles, donde se pueden adquirir diversos artículos a la vez, no es una regla infalible.

En efecto, a muchos compradores les disgusta verse obligados a recorrer todo el local para hallar lo que buscan, y muchos quizá se nieguen a hacerlo y se dirijan, en cambio, a otra tienda donde puedan encontrar el producto deseado junto a la puerta. No hay, en suma, reglas fijas, sino que el comerciante debe examinar lo que le conviene en cada caso.

Organización moderna de la pequeña empresa comercial

En ocasiones, el pequeño comerciante advierte que disminuye el número de clientes y, en consecuencia, también las ventas. Los motivos pueden ser de diversa naturaleza: falta de atención al público, existencias inadecuadas o escasas, mala gestión comercial, pobre imagen del comercio, etcétera.

Uno de estos motivos, y no el menos importante, concierne al carácter más o menos moderno de la organización dado a la empresa, y en particular a su ubicación y distribución en planta. En las páginas que siguen examinaremos esta cuestión desde el punto de vista práctico.

En definitiva, lo que se desea es saber cómo y por qué debe darse a un comercio una organización moderna.

Cómo comprobar la modernidad de la organización en un comercio

Hay cuatro procedimientos para comprobar si un comercio está adaptado a las circunstancias:

El punto de vista del cliente. Al examinar su establecimiento, el dueño debe plantearse estas preguntas: ¿Si yo fuera un cliente, me impresionaría favorablemente? ¿Me sentiría atraído por él? ¿Desearía entrar? También deben dedicar unos minutos, por ejemplo, a observar a la gente que pasa por delante del establecimiento, si éste les llama la atención y los artículos que se exhiben en la vidriera despiertan comentarios, si se detienen muchos transeúntes a mirarlos, etcétera.

La prueba de las ventas. Luego puede cotejar sus cifras de ventas durante los recientes ejercicios. Si sólo aumentaron ligeramente, o si permanecieron nivelados o disminuyeron un poco, es una señal clara de que el comercio no está modernizado.

La prueba de la competencia. Antes de saber si su comercio es realmente atrayente, quizá sea necesario que el pequeño comerciante efectúe una prueba de competencia, observando el propio local y analizándolo con ojo crítico, como si fuera un competidor. ¿Están las instalaciones y la distribución un tanto desfasadas? ¿Es tan débil la iluminación que se hace difícil ver con claridad las mercaderías? ¿Ha envejecido el mobiliario? ¿Se puede comparar el aspecto del comercio con los de la competencia? ¿Es tan actual como otros locales que operan en localidades y centros comerciales cercanos?

▼ *La proximidad a la clientela permite optimizar esfuerzos dedicados a su atención, ser más eficientes en el servicio y obtener, además, informaciones de primera mano sobre su grado de satisfacción.*

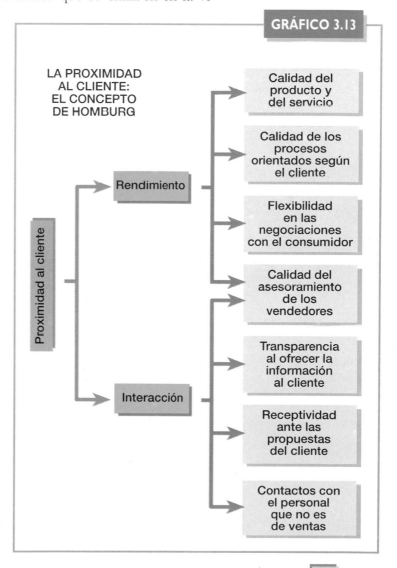

GRÁFICO 3.13

LA PROXIMIDAD AL CLIENTE: EL CONCEPTO DE HOMBURG

Proximidad al cliente

Rendimiento
- Calidad del producto y del servicio
- Calidad de los procesos orientados según el cliente
- Flexibilidad en las negociaciones con el consumidor
- Calidad del asesoramiento de los vendedores

Interacción
- Transparencia al ofrecer la información al cliente
- Receptividad ante las propuestas del cliente
- Contactos con el personal que no es de ventas

La prueba del tiempo. Ésta es la evidencia más concreta e importante de la necesidad de modernizar el comercio. Es preciso que el local sea renovado periódicamente. Es cierto que existen comercios, como las casas de antigüedades, que quizá deban permanecer inalterados. Pero los comerciantes agresivos saben que la modernización suscita un incremento en el nivel de ventas.

Planificación de la modernización

Una buena planificación de la modernización ha de tener en cuenta los siguientes factores:

Asesoramiento. En primer lugar, es preciso consultar las posibles fuentes de financiación, en particular, al banco. Sus orientaciones sobre cuánto debe invertirse y cómo se debe financiar el proyecto pueden ser valiosísimas.

Es igualmente necesario conocer la opinión de decoradores de interiores, expertos en renovación de fachadas, etcétera, para recabar ideas y presupuestos. A veces es aconsejable someter las ideas básicas a un arquitecto, pues éste dispone de la experiencia necesaria para convertir los deseos del comerciante en un plan concreto y rentable.

Tipo de diseño. Antes de acometer la modernización, el empresario debe decidir qué tipo de diseño piensa adoptar. Para ello no hay reglas fijas. Ciertamente, en unos casos será preferible un diseño muy revolucionario; en otros, por el contrario, lo oportuno será adoptar un diseño conservador. Lo importante es que sea el más adecuado para el tipo concreto de comercio y para el gusto de los clientes, cosa que no debe olvidarse nunca. También debe tenerse en cuenta que un buen diseño puede ser, a la larga, más rentable que un diseño malo, aunque éste sea más barato.

Requisitos de las reformas. Al modernizar el comercio es muy importante tener en cuenta las recomendaciones que se dan a continuación:

- *Armonía interna*. Antes de hacer una reforma, obsérvense las características del local en su conjunto para asegurarse de que cualquier cambio que se efectúe armonizará con el resto del local, o que las alteraciones futuras combinarán con las que se realicen actualmente.

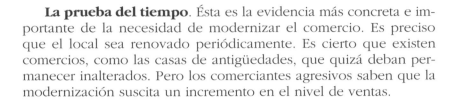

MODERNIZACIÓN

La pequeña y mediana empresa tienen una notable ventaja frente a las grandes corporaciones: pueden modernizar su imagen e instalaciones fácilmente y adaptarlas con cierta agilidad a las nuevas necesidades y demandas.

▲ *Los cambios introducidos en la modernización de la empresa no deben atentar contra su capital de explotación. El asesoramiento por personal especializado suele resultar rentable y ahorra una preocupación más al empresario.*

- *Armonía externa.* Que las reformas, en especial las exteriores, armonicen, por lo menos en términos generales, con el aspecto físico de los locales vecinos. Este último punto es importante si el negocio está situado en un centro o galería comercial.

Limitaciones prácticas. Al invertir en la modernización, el pequeño comerciante no debe llegar al límite de poner en peligro su propia solvencia, o de disminuir su capital de explotación hasta el punto de verse en dificultades para mantener un inventario adecuado. No vale la pena aumentar la afluencia de público en un 20 o en un 30 por ciento si luego las existencias de mercaderías son insuficientes y los clientes potenciales se pasan a la competencia porque el surtido es demasiado pobre. En este sentido, las consultas a que antes nos hemos referido pueden contribuir poderosamente a mantener el equilibrio entre una inversión excesiva y un gasto insuficiente.

El costo de la modernización. Es cierto que cualquier reforma cuesta dinero, y que a veces resulta difícil obtenerlo. Si el crédito del empresario es bueno, y cuenta con una favorable disposición de su banco, es muy posible que éste le facilite los fondos suficientes. Naturalmente, el banco espera un beneficio y no está dispuesto a invertir el dinero de sus depositantes sin saber de antemano en qué se utilizará. De modo que, si el comerciante recurre al banco, debe elaborar antes unos planes coherentes y provistos de un apoyo documental adecuado.

En ciertas condiciones, si los bancos no están dispuestos a facilitar el dinero, puede obtenerse ayuda financiera de las asociaciones de pequeños empresarios y otras entidades, tanto públicas como privadas. Las condiciones de los préstamos varían según la cuantía.

LEALTAD

Los detalles que tienen determinadas empresas –modernización del local, redistribución de los artículos, promociones, obsequios, etcétera– con sus clientes les hacen merecedoras de su lealtad y confianza.

CUADRO 3.5

Sobre las necesidades de financiación

1. ¿Sabe cuál es el nivel mínimo que deben alcanzar los ingresos en los primeros meses para lograr la supervivencia de su empresa?
2. ¿Conoce la rentabilidad probable de esta etapa inicial?
3. ¿Ha elaborado un presupueto de gastos?
4. ¿Sabe que, desde el punto de vista contable, el capital aportado a título particular precisa una remuneración?
5. ¿Y que lo mismo puede decirse de su trabajo, y de las naves y oficinas?
6. ¿Conoce la cantidad de capital que tendrá que buscar fuera del negocio?
7. ¿Sabe qué garantías se le exigirán para la concesión de cualquier préstamo? ¿Está dispuesto a concederlas?
8. ¿Está en buenas relaciones con algún banco local?
9. ¿Es suficiente su patrimonio particular para respaldar la marcha del negocio si surgieran problemas?

Ciertamente, la modernización debería inyectar vida nueva al negocio y ponerlo en condiciones de competir con ventaja.

Los precios demasiado ventajosos. Deben estudiarse con cuidado las ofertas que sean sospechosamente bajas. Es sabido que sólo se obtiene un valor equivalente al de la suma que se paga. Tales «gangas», por lo tanto, podrían carecer de la calidad deseada.

La modernización por etapas. El proyecto de renovación total no sólo es más económico a la larga, sino que, además, redunda en un mayor impacto comercial.

Pero si el comerciante no quiere o no puede comprometerse en una inversión inmediata demasiado elevada, debe planificar la modernización por etapas. Lo aconsejable es, pues, comenzar la remodelación por la fachada, ya que el frente del comercio es uno de los elementos decisivos en la proyección de su imagen al público y de los que más contribuyen a estimular la concurrencia de éste.

De todas formas, cualquiera que sea la decisión que se adopte respecto de la remodelación, es preciso realizar desde el comienzo un trabajo integral de planificación.

El arrendamiento. Si el local está arrendado, la planificación de la modernización debe hacerse tomando en consideración ciertos factores especiales. El más importante es el contrato de arrendamiento. Por ello, es preciso recabar la cooperación del propietario en el programa de modernización ya que, al fin y al cabo, un edificio descuidado no es bueno para aquél ni para el arrendatario. Hay muchos métodos prácticos de cooperación financiera entre propietarios y arrendatarios; pero, como cada caso es distinto, lo más práctico es que lleguen al acuerdo que más convenga a los intereses de ambas partes.

La modernización no es lo único. No caigamos en el error de creer que la mera renovación física del comercio soluciona de forma automática todos los problemas, ni que asegura el éxito comercial. Si hubiera otras cuestiones graves, como la incompetencia del personal de ventas, unas existencias inadecuadas de mercaderías, mala ubicación, falta de superficies de esta-

▼ *Los supermercados suelen ofrecer artículos en promoción cuyos precios deben ser cuidadosamente evaluados. Rebajar mucho algún producto poco conocido puede inducir al cliente a dudar de su calidad, por lo que, no sólo se abstendrá de adquirirlo, sino que puede perder su confianza en el establecimiento.*

cionamiento, errónea política de precios, etcétera, las reformas materiales no bastarían para incrementar las ventas. A los clientes puede que les encanten los colores y los nuevos decorados, pero seguirán exigiendo calidad, amabilidad y selección. Tales características, además de una modernización eficaz, pueden hacer del negocio un «motor de ventas» realmente efectivo.

■ Organización y distribución de oficinas

La constante evolución tecnológica ha afectado no sólo de un modo directo a las actividades administrativas de la empresa, sino que de un modo indirecto también condiciona su organización y distribución. La electrónica empleada en la empresa da un carácter completamente diferente a los espacios de trabajo, hace que algunas zonas pierdan su importancia y otras, por el contrario, se realcen. Mientras que antes del impacto de la electrónica era muy importante prever que se necesitarían superficies relativamente importantes para los archivos de la empresa, en la actualidad tanto el área destinada a ellos como sus características físicas han cambiado.

Por otro lado, esto también implica que los tendidos de líneas de alimentación de energía eléctrica y de teléfonos tienen que tener una consideración muy diferente. Así, en una oficina moderna, se tienen que prever puntos de energía para cada equipo terminal de computación (o computador terminal), sus impresoras, la posibilidad de trabajo en «red» de varias computadoras personales, así como también las líneas telefónicas para conexiones vía «módem» o de receptores /transmisores de «fax».

▼ En todo tipo de trabajos se tiende a la especialización y, por tanto, las posibilidades frente a la competencia serán mayores cuanto más se domine el campo sobre el que se deba actuar. La distribución de unas oficinas deben seguir un criterio de racionalidad, comodidad y aprovechamiento del espacio. Los grandes espacios y las mamparas separadoras impiden la globalización de las tareas.

Todo lo enunciado, por sí sólo, ya implica una concepción diferente de las oficinas de una empresa. Si a esto añadimos el concepto de globalización de las tareas, vemos que también desaparecen las divisiones físicas, como paredes y mamparas de grandes dimensiones, para llegar a espacios abiertos con pequeñas divisiones modulares. Únicamente quedan como áreas semiaisladas las zonas de recepción a terceros, ya sean proveedores, clientes y otros visitantes, y los despachos de reuniones o de directivos.

Esta nueva situación crea espacios más amplios, menos ruidosos (una impresora es más silenciosa que una máquina de escribir) y a la larga con unas mejores condiciones de trabajo y de comunicación. Los paquetes de programas para computadores incluyen elementos que permiten la modificación de viejas figuras dentro de la organización de la oficina. Los catálogos, las listas de precios, las agendas quedan incorporadas al mundo de la electrónica.

Una visión actual de la oficina sería la siguiente: un área de recepción y espera, uno o varios despachos para recibir a clientes o proveedores, un área de trabajo con más o menos subdivisiones, una o más salas de reuniones y los despachos de los directores. Queda lejos ya el esquema tradicional de división en área de ventas, administración, contabilidad.

◼ Caso práctico

Confecciones El Sol

Estructura social

Confecciones El Sol es una empresa unipersonal.

Objeto social

Comercio de ropa masculina.

Situación actual

Enrique Fernández había regentado su empresa durante varios años y, pasado cierto tiempo, firmó un contrato de arrendamiento de un local a poca distancia de la principal calle comercial de la ciudad. El comercio había funcionado en el mismo lugar desde su fundación. El contrato firmado tenía una duración de diez años, con opción a renovarlo por otro período igual con el mismo alquiler. El edificio formaba parte de un caudal hereditario administrado por un banco en calidad de fideicomisario. Los propietarios habían heredado la propiedad y no la querían vender.

Antes de firmar el contrato, Fernández pidió que se realizaran las mejoras que precisaba el edificio, pero el fideicomisario se negó en redondo a financiar cualquier obra de reparación, de modo que Fernández tuvo que remodelar el frente y el interior del edificio por cuenta propia.

Poco antes de finalizar el contrato, comenzó a estudiar la conveniencia de renovarlo o no, y pidió a varias agencias inmobiliarias que le buscaran un buen local. Éstas le indicaron varios posibles lugares. El primero se hallaba en un barrio antiguo que se había convertido en una interesante zona comercial. Uno de los edificios más viejos de una vía importante que unía el centro de la ciudad con una zona residencial de la periferia había sido demolido, y en el local situado en la esquina del nuevo edificio que se había construido en su lugar iba a instalarse una tienda de confecciones femeninas. Entre este establecimiento y un sanatorio vecino se hallaba disponible el local que le habían propuesto, con una superficie equivalente y un alquiler casi la mitad del que aún ocupaba. Fernández rechazó este local porque el espacio disponible para el estacionamiento de vehículos en esa zona era insuficiente para el número de comercios que soportaba y no había lugar adicional en las calles cercanas.

La evaluación de las diferentes alternativas debe considerar las posibilidades futuras de expansión de la zona.

Con posterioridad, le habían ofrecido un local situado en un centro comercial que se construiría en las afueras de la ciudad y cuya inauguración estaba prevista para el último trimestre del año siguiente, pero la obra aún no había comenzado. El propietario no quiso dar garantías a Fernández sobre una fecha para la inauguración de su comercio. El alquiler del local, casi las tres cuartas partes de la superficie de su local actual, sería más elevado. El contrato incluiría instalaciones de aire acondicionado y otras ventajas, según los deseos de Fernández. El empresario pensó en conservar su actual ubicación e inaugurar una sucursal en el centro comercial estudiado. Sin embargo, en su contrato de arrendamiento se especificaba que no podía abrir otro comercio dentro de un radio de 90 kilómetros. Por esta causa, solicitó del fideicomisario que rescindiera esta cláusula, pero éste se negó. Fernández rechazó entonces el local que le ofrecían en el centro comercial, ya que su contrato vencía de forma inmediata y no podía esperar hasta la terminación del centro comercial. Comprendió que en caso de aceptar, estaría inactivo desde agosto hasta febrero, pues no podía ins-

La posibilidad de abrir un nuevo local en un centro comercial tenía sus atractivos, pero la fecha imprecisa de terminación de las obras suponía un inconveniente insalvable.

talarse en un local temporalmente para mudarse de nuevo al poco tiempo. Además, el fideicomisario no quiso renovar el contrato vigente por un plazo tan corto.

El tercer local estaba a poco más de una manzana de su actual emplazamiento y en el mismo lado de la calle, en un edificio que había tenido cuatro arrendatarios en los últimos nueve años. Los tres primeros quebraron y el cuarto había cerrado su negocio recientemente y deseaba subarrendar el local. El dueño del edificio deseaba que Fernández ocupara el local hasta completar la vigencia del contrato y le ofrecía, además, otro contrato de arrendamiento por cinco años, con opción a cinco años más con el mismo alquiler.

Un local cercano parecía atractivo por la proximidad al negocio actual, sin embargo, el hecho de que hubiera tenido varios arrendatarios en pocos años hacía necesario un estudio más amplio de los antecedentes.

Después de hablar con uno de los antiguos inquilinos que habían quebrado, Fernández resolvió permanecer en su actual situación. Razonó que los clientes sabían dónde estaba su negocio y que no necesitaba un edificio mayor, con un alquiler casi igual al que pagaba actualmente. El antiguo dueño señaló que el público, que generalmente se dirigía hacia otros puntos, no transitaba por la acera donde estaba el local que deseaba subarrendar, y que había notado que la gente sólo iba a su comercio «como último recurso». Por ello, Fernández llegó a la conclusión de que no era un buen local para él.

Recapitulando sobre la conveniencia de cambiar

Fernández hizo un estudio de sus gastos y comprobó que los alquileres habían ascendido a cerca del 5,9 por ciento de sus ventas netas durante los últimos cinco años, o sea un 2,75 por ciento sobre la media nacional de los establecimientos similares.

Analizó así mismo las cifras correspondientes a los últimos cuatro ejercicios de varios comercios del sudeste del país, las cuales demostraban que sus gastos estaban dentro del nivel medio nacional. Al examinar sus propias cifras, Fernández comprobó que el volumen de sus ventas no había aumentado tanto como el de otros negocios, pero que los sueldos y el alquiler que pagaba eran más elevados. Creía también que sus costos publicitarios habían sido muy altos, pero el análisis demostró que estaba gastando por debajo de la media. Fernández sabía que su alquiler era un tres por ciento mayor que la cifra ideal, teniendo en cuenta el volumen de sus ventas, y pensó que debería gastar menos en publicidad debido al alto costo de su alquiler.

Escribió entonces a un consultor especializado solicitándole información y recomendaciones. La respuesta confirmó su sospecha de que el alquiler actual era aproximadamente un 2,80 por ciento demasiado elevado. La carta decía que debería esforzarse por concertar un contrato por cinco años, prescindiendo de la cláusula que le prohibía la apertura de sucursales en la ciudad.

Fernández trató de conseguir que el arrendador le firmase un contrato por cinco años en el que se reconociera su derecho a abrir otros locales en la ciudad, pero el fideicomisario rechazó nuevamente la propuesta. Tras un cuidadoso examen, Fernández llegó a la conclusión de que no había efectuado ningún cambio sustancial en la distribución, ni en el surtido de marcas, ni en las técnicas de ventas aplicadas en su comercio durante casi diez años.

Ofreció al arrendador un alquiler mensual razonable, informándole que estaba pagando un 2,80 por ciento más de lo habitual para su tipo de comercio. Al no obtener una respuesta del interesado, llamó al banco para comunicarle que se proponía traspasar el comercio y aceptar un trabajo de viajante para una empresa de ropa para caballero cuando expirara su contrato de arrendamiento. Pocos días después, el banco le ofreció un contrato por diez años por un alquiler igual al que él había ofrecido, pero con la condición restrictiva de que no le permitía inaugurar otro comercio dentro de un radio de 90 kilómetros. Fernández devolvió el contrato con el comentario de que no lo firmaría si se incluía la cláusula restrictiva. A la semana recibió una nueva copia del contrato —esta vez sin la dichosa cláusula— y Fernández se decidió a firmarlo.

Tiempo después, al analizar nuevamente su cuenta de gastos, verificó que su alquiler era igual a la media nacional.

Fernández comprobó que la evolución de su negocio había mejorado mucho y que ahora estaba en condiciones de desarrollarse. La disyuntiva se planteaba entre si debía intentarlo en su actual ubicación o si era preferible abrir una sucursal en algún otro lugar de la ciudad.

Preguntas sugeridas

1. ¿Procedió correctamente Fernández al no aceptar uno de los contratos que le fueron ofrecidos como alternativas al local que ocupaba?
2. ¿Tenía razón al pensar que un comercio que pagase un alquiler elevado debería controlar sus gastos de publicidad?
3. ¿Habría procedido correctamente si el arrendador se hubiese negado a satisfacer sus demandas, después de haber planeado el traspaso del comercio?

La posibilidad de expandir un negocio debe ser evaluada con sumo cuidado. No siempre se puede mantener el mismo grado de atención directa ni transmitir, inicialmente, la filosofía de empresa a distancia. Primero consolidemos el negocio y el grupo humano, luego pensemos en la expansión geográfica.

Respuestas a las preguntas sugeridas

1. Sí.
2. Los gastos de publicidad deben controlarse siempre, con independencia de que el alquiler sea elevado o no.
3. No.

Ejercicios de autoevaluación

Contestar a las siguientes preguntas:

① ¿Cuáles son las tres consideraciones más importantes que se deben tener en cuenta al estudiar la ubicación de un local comercial?

② Citar las ventajas e inconvenientes de radicarlo en:
  • La localidad de residencia.
  • Un centro comercial ya establecido.
  • Un distrito comercial situado en un lugar céntrico.
  • Una zona aledaña a una vía importante.

③ ¿Cuáles son los principales aspectos que es preciso tener en cuenta al estudiar la posible instalación de los siguientes establecimientos en un distrito comercial céntrico?
  • Golosinas.
  • Mueblería.
  • Comercio de variedades.
  • Venta de discos.
  • Tienda de ropa femenina.

④ ¿Cómo distribuiría el lector el espacio útil de un pequeño comercio minorista dedicado a los siguientes ramos?
  • Ferretería.
  • Comestibles.
  • Farmacia.
  • Mercería.

⑤ ¿Cuáles son los principales factores que se deben tener en cuenta en la distribución de un local dedicado a la venta y reparación de electrodomésticos? ¿Y en un taller mecánico?

⑥ ¿Por qué es rentable abrir un comercio de trajes de caballero junto a una tienda de ropa femenina, pero no al lado de una confitería?

Soluciones

1. *a*) Ubicación (afluencia de público).
   b) Poder adquisitivo de la población.
   c) Competencia.
2. • La localidad de residencia:
   Ventajas: conocimiento de las gentes y del desarrollo de la zona; facilidad para concertar préstamos.
   Inconvenientes: recesión de las variables económicas.
   • Centro comercial establecido:
   Ventajas: interiores y exteriores modernos; facilidad para las campañas de promoción y estacionamiento de vehículos.
   Inconvenientes: dificultades para su arrendamiento.
   • Distrito comercial céntrico:
   Ventajas: atrae clientes de toda la ciudad.
   Inconvenientes: los costos de explotación y los alquileres son altos.
   • Zona aledaña a una vía importante:
   Ventajas: costo de explotación y alquileres más bajos; facilidades para estacionar.
   Inconvenientes: sólo atrae a un público marginal.
3. Competencia y características del local.
4. Situando los artículos que se desean promocionar en la parte más accesible y visible.
5. La zona de ventas deberá situarse en la parte delantera y el taller, en la trasera.
6. Por la mayor afluencia de público interesado en el género que se vende.

LA CONTINUIDAD EN LA PEQUEÑA Y MEDIANA EMPRESA

❏ INTRODUCCIÓN

La sucesión directiva es un factor decisivo para garantizar la continuidad de la empresa. No basta con la cobertura del «personal clave», ya que la misma no protege íntegramente a la empresa cuando fallece o queda incapacitado el dueño o alguno de sus altos empleados. Para garantizar la sucesión directiva también es necesario realizar una cuidadosa planificación.

La adopción de toda una serie de medidas encaminadas a preservar la proyección futura de un negocio es un claro indicio de la

En la pequeña
y mediana empresa
se tiende más
a retrasar el proceso
sucesorio en
la dirección que
a adelantarlo.

▶ *Si bien existen
diferentes criterios
en el momento de
priorizar objetivos,
es también cierto que
existen diferentes maneras
de dirigir una empresa
para alcanzar esos
objetivos. Algunas
dependen de la actitud
personal o capacidad
de comprender la realidad;
otras, simplemente, de los
medios que se emplean.*

GRÁFICO 3.14

PLANTEAMIENTOS BÁSICOS

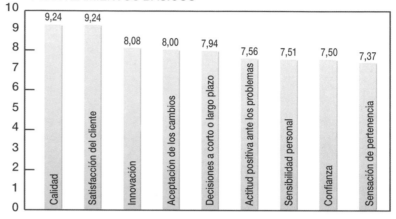

OBJETIVOS

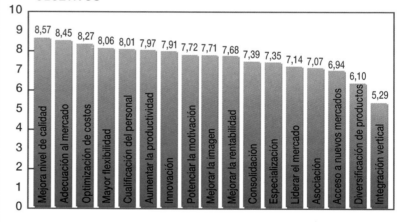

SISTEMAS Y MÉTODOS DE DIRECCIÓN

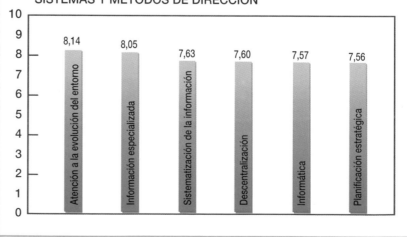

sagacidad y la clara visión de un empresario, pues si una empresa sigue funcionando después de la muerte, incapacidad o retiro del propietario, debe admitirse que éste fue previsor en la planificación de la sucesión directiva. Su preocupación por el futuro no sólo preservó el patrimonio de su familia, sino también los empleos, la utilidad económica y los valores sociales relacionados con su empresa. En fin, gracias a la previsión del dueño, la pequeña unidad empresarial, que podría haber desaparecido, ha logrado sobrevivir y prosperar.

Pero ¿con cuánta frecuencia se ocupan los propietarios y directores de las pequeñas empresas de planificar la sucesión en la dirección de las mismas? Desafortunadamente, muchas veces se descuidan estas precauciones elementales. Algunos directivos de pequeñas empresas parecen sustentar la teoría de que la dimensión del negocio no justifica el costo de tales medidas y tienen una fe ciega en que los problemas de la sucesión directiva podrán ser solucionados sin mayores contratiempos y dilaciones en el momento que se produzcan.

Resulta muy recomendable que los propietarios de las pequeñas empresas consideren la conveniencia de contratar o preparar un eventual sucesor para que éste pueda hacerse cargo del negocio en cualquier emergencia. Sin embargo, como en muchos casos sucede, el dueño de un pequeño negocio que ha dedicado toda su vida a levantarlo, por la misma naturaleza de su lucha puede haberse tornado escéptico e individualista y, por ende, renuente a aceptar la necesidad de un posible sucesor.

El empresario debe admitir esta realidad y pensar en lo que sería de su empresa, su familia y su patrimonio si el día de mañana un quebranto de salud le impidieses abrir su establecimiento. Si esto sucediera, ¿quien se haría cargo del negocio? Vamos a suponer que sea su hijo. Parece una buena solución, pero veamos, ¿qué sabe él de la empresa? Quizá no tuvo su padre la precaución de iniciarlo y capacitarlo para asumir la dirección de la misma.

Este defecto de no capacitar a los jóvenes en el manejo de un negocio constituye una falta de planificación para el futuro y no sólo es uno de los peores fallos que se pueden dar en la dirección de las pequeñas empresas, sino también uno de los motivos de su posible estancamiento.

SUCESIÓN

Una sucesión podría ser exitosa únicamente cuando el empresario entiende que la propia empresa debe perpetuarse. Por otra parte, el empresario que ha de ser sucedido debe emprender un prudente retiro para no interferir con su presencia en las funciones del sucesor.

■ **Consecuencias de la falta de planificación sucesoria**

Varias encuestas realizadas entre centenares de pequeños empresarios, albaceas y directivos bancarios han puesto de manifiesto que entre el 70 y el 90 por ciento de las empresas objeto de estudio no habían sido suficientemente previsoras en cuanto a la planificación de la sucesión directiva.Esto puede tener consecuencias tan serias como las siguientes:

- La falta de ejecutivos capacitados puede dar lugar a sensibles pérdidas de explotación y causar, además, cierta desorganización en el negocio.
- Las personas elegidas por el propietario para continuar el negocio quizá prefieran traspasarlo a terceros.
- La escasa formación de los herederos puede suponer serias dificultades para la empresa.
- Es posible que los socios, accionistas o empleados realmente capacitados para continuar una explotación rentable vean frustrados sus buenos propósitos por la carencia de los fondos necesarios para adquirir la participación del socio fallecido.
- La escasez de fondos acaso comprometa el pago de los impuestos sobre la sucesión y de otros gastos derivados de la misma.
- Existe el peligro de que sea legalmente necesaria la venta forzada de la empresa a un precio inconveniente.

Los anteriores son sólo algunos de los riesgos probables, pero cualquiera de ellos resulta ilustrativo de la vital importancia que tiene la planificación para evitar lo riesgos inherentes a la sucesión. Muchos pequeños propietarios han adoptado medidas adecuadas en previsión de su propia muerte o incapacidad. Existen diversas posibilidades para hacer frente al problema, y el empresario sagaz haría bien en considerar los varios procedimientos que ya han sido ensayados con éxito por otros empresarios.

El empresario no debe olvidar que su formación directiva ha de ser transmitida al posible sucesor en la dirección. En todo caso, la capacitación de los jóvenes en el mando de un negocio evita el estancamiento.

❑ PLAN DE SUCESIÓN

Una vez consideradas todas las cuestiones relativas a la sucesión, estaremos en condiciones de elaborar un plan que contemple todos los factores importantes. En ellos se encuentran implicadas complejas situaciones legales, tributarias, de seguros y de política empresarial que son de un carácter altamente técnico, así que no siempre los pequeños empresarios pueden preparar un plan adecuado por sí solos. Por consiguiente, el mejor enfoque de estas cuestiones se conseguiría asesorándose por abogados con experiencia en la planificación de sucesiones, banqueros, expertos en fideicomisos, contadores públicos, consultores de empresas o asesores de inversiones o de seguros.

Factores que deben tenerse en cuenta

Para preparar un buen plan de sucesión, conviene tener presentes los siguientes elementos:

- Testamento.
- Seguros.
- Impuestos.
- Capacitación de los directivos.
- Régimen de transición.
- Programa de jubilaciones.

El testamento. Es esencial que la sucesión de la empresa descanse sobre un testamento pormenorizado, que evite cualquier trauma en el momento que desaparezca el fundador. Por ello, una vez que el empresario ha bosquejado un plan para el futuro de su empresa y de su familia, debe consultar con un abogado para dar una adecuada forma legal al conjunto de disposiciones que tenga previstas.

Seguros. Se debe recabar el asesoramiento de un especialista competente en esta materia para determinar cuáles son los tipos de pólizas y de cobertura que mejor se adaptan a las necesidades específicas del caso.

Impuestos. La ignorancia de los efectos del impuesto sobre la sucesión puede suponer un fuerte gravamen sobre el futuro de la empresa si el propietario tiene la mayor parte de su patrimonio invertido en la misma.

Un buen método de aminorar el efecto en la empresa del impuesto sobre sucesiones sería adoptar un plan jurídico, con el debido asesoramiento, que garantizase la continuidad empresarial.

El impuesto sobre la renta es otro factor que se ha de tomar en consideración al elaborar dichos planes. Debe consultarse a un experto en cuestiones fiscales con antelación a la fecha prevista para la jubilación del propietario si se quieren aprovechar al máximo las posibles desgravaciones que permite la ley.

Capacitación de directivos. La capacitación del personal directivo es muy recomendable en cualquier circunstancia y, más especialmente, si el propietario decide que la empresa deberá con-

Tradicionalmente, los fundadores que están dispuestos a planificar su sucesión se apoyan en exclusiva en el consejo de sus abogados y especialistas financieros.

IVAN LANSBERG
Empresario

CUADRO 3.6

Diversas cuestiones de interés

1. ¿Ha contratado los seguros precisos?
2. ¿Sabe cómo mantenerse al corriente de las novedades que se introducen en el mercado?
3. ¿Ha fijado una división óptima del trabajo?
4. ¿Ha determinado en qué momento finalizaría su actividad si incurriera en pérdidas?
5. ¿Sabe cómo ponerse al corriente de las nuevas técnicas financieras, organizativas, de personal, etcétera?

tinuar a pesar de su retiro. A estos efectos tendrá que prever la adecuada capacitación de la persona o personas que le deban sustituir en las responsabilidades directivas; por ejemplo, desde la de un hijo en el caso de pequeños negocios, hasta la formación de un buen equipo directivo cuando se trata de empresas más grandes.

Régimen de transición. En cualquier caso, debería preverse un plan de transición directiva, en especial cuando todavía no se ha decidido cuál será el sucesor definitivo. A estos efectos, es conveniente incluir en el conjunto de disposiciones una que contemple la sucesión interina, y añadir en el testamento el correspondiente poder. Esta medida ofrece la ventaja de que, en caso de desaparición repentina del propietario, alguien queda encargado de manera interina del funcionamiento diario del negocio hasta que se adopten medidas permanentes. De esta forma puede hacerse una selección meditada y sin prisas del sucesor definitivo, ya que no es tan perentoria la necesidad del mismo.

Programa de jubilaciones. Con alguna frecuencia, los propietarios de las pequeñas empresas son renuentes a retirarse, dilatando cualquier decisión a ese respecto hasta que comienzan a fallarles sus fuerzas o su rendimiento. Sin embargo, evitarían muchos problemas futuros si admitieran la probabilidad de que esta situación se produzca y, en consecuencia, incluyeran en su plan de sucesión, al margen de las prestaciones normales que les correspondan, un programa de jubilaciones tanto para sí mismos como para sus ejecutivos. Para estos últimos significará una tranquilidad tener la seguridad de que contarán con una pensión decorosa cuando les llegue el momento.

■ **Plan sucesorio en función del tipo de organización**

El tipo de organización empresarial es un factor que se ha de tener muy en cuenta cuando se elabora el plan de sucesión.

Propiedad individual

Ésta constituye la forma más simple de organización empresarial; por lo general, se trata de empresas muy pequeñas donde toda la dirección radica en el propietario. En estos casos, el dueño debe considerar la conveniencia de que su esposa o alguno de sus hijos se haga cargo finalmente del negocio. A este fin, ha de proporcionarles el mayor grado de capacitación posible, para lo cual se atendrá, por ejemplo, a los siguientes procedimientos:

▼ *La planificación de la sucesión directiva debe considerarse vital para la marcha de cualquier empresa; el testamento pormenorizado evita traumas en el momento de desaparición del fundador de la misma.*

- Explicarles el funcionamiento normal de la empresa.
- Tratar sus problemas con ellos.
- Emplearlos en sustitución del personal que se ausente
- Instruirlos en los principios de dirección.
- Informarlos de los planes y la política empresarial y financiera.

En el caso de que estas tareas sobrepasen la capacidad actual de la esposa e hijos, el propietario debe considerar también las posibilidades de capacitar a empleados de confianza, e incluso, a personas ajenas al negocio, de modo que la esposa o hijo no tengan que soportar toda la responsabilidad de la dirección.

Es muy importante también que el empresario individual tenga la precaución de contratar un seguro de vida con una cobertura suficiente para facilitar los fondos necesarios con que hacer frente a las posibles deudas e impuestos y, además, financiar el período de transición de la empresa.

PROPIEDAD INDIVIDUAL

En la organización empresarial de propiedad individual, el dueño debe ser consciente de la conveniencia de que su esposa o hijos aprendan a llevar el negocio.

Sociedad regular colectiva

Este tipo de sociedad necesita un plan más complejo para garantizar la continuidad directiva. El plan podrá adoptar alguna de las formas que se relacionan más adelante, todas las cuales tienen una premisa básica: la adopción de un acuerdo que obligue de alguna manera a los herederos del fallecido.

- La formación de una nueva sociedad que incorpore como socios gerentes a los herederos del socio fallecido.
- La continuación de una nueva sociedad que incluiría la participación de terceros, que comprarían la parte del socio fallecido y, a la vez, asumirían sus funciones directivas.
- La continuación de la sociedad mediante la adquisición por parte del resto de los socios de la participación del miembro fallecido o retirado. Para ello, la fórmula más viable es establecer un contrato de compraventa que permita adquirir una porción especificada de la participación de un socio, a un valor predeterminado, a su muerte o jubilación. El efectivo necesario para cubrir esta operación se puede obtener contratando pólizas de seguro de vida sobre cada uno de los socios.

Sociedad anónima

La planificación concreta de la continuidad directiva está en función de la dimensión de la sociedad anónima. Sin embargo, los principios que enunciamos a continuación son aplicables a cualquiera de ellas con independencia de sus dimensiones.

- *Capacitación de personal directivo.* Uno de los requisitos básicos para conseguir una buena gestión empresarial es la forma-

La alta gerencia también puede estimular la creación de estructuras y procedimientos destinados a reducir la dependencia de la empresa respecto del fundador.

IVAN LANSBERG
Empresario

ción de un equipo directivo competente y equilibrado, tanto en aptitudes como edades. Esto último es especialmente importante pues, cuando los ejecutivos de una empresa envejecen al mismo tiempo, tienden a retirarse casi simultáneamente, lo cual origina un gran vacío directivo. Si para evitar este tipo de situaciones fuera menester ampliar el equipo directivo mediante ascensos internos o por contratación de personal nuevo, no se debería vacilar en hacerlo. Esta solución puede ser más difícil en las pequeñas empresas, que no disponen de los recursos y técnicas de capacitación de que gozan las grandes compañías, pero no hay que olvidar que existen muchos métodos al alcance de todos para capacitar adecuadamente a directivos potenciales.

▼ *Los factores que encuadran la capacidad directiva marcan como eje o punto medio la creatividad, el desarrollo personal, el pensamiento analítico y el aprendizaje.*

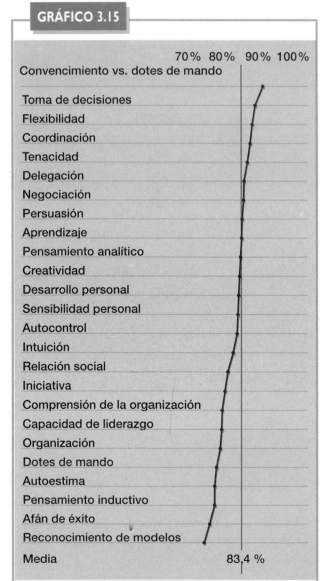

GRÁFICO 3.15

Convencimiento vs. dotes de mando	70% 80% 90% 100%
Toma de decisiones	
Flexibilidad	
Coordinación	
Tenacidad	
Delegación	
Negociación	
Persuasión	
Aprendizaje	
Pensamiento analítico	
Creatividad	
Desarrollo personal	
Sensibilidad personal	
Autocontrol	
Intuición	
Relación social	
Iniciativa	
Comprensión de la organización	
Capacidad de liderazgo	
Organización	
Dotes de mando	
Autoestima	
Pensamiento inductivo	
Afán de éxito	
Reconocimiento de modelos	
Media	83,4 %

Aunque, dado el volumen de la empresa, el número de puestos directivos sea insuficiente para promocionar a todos los empleados jóvenes con aptitudes, no se debe desatender su adecuada capacitación y paulatina extensión del ámbito de sus conocimientos, con el fin de poder disponer de los mismos cuando se presente la oportunidad.

• *Asesoramiento externo.* Un procedimiento muy adecuado para las pequeñas empresas es acudir al asesoramiento externo, lo cual les permite incorporar indirectamente al equipo directivo a profesionales de alta cualificación y experiencia. Este asesoramiento puede ser de mucha utilidad al establecer los planes para la sucesión. Además, los asesores pueden contribuir a mejorar el grado de organización existente y a la formación de un eficiente equipo de dirigentes, hacer recomendaciones acerca del posible sucesor y aconsejar y ayudar a éste en los comienzos de su gestión.

• *Acuerdo de compraventa de acciones.* Mediante este acuerdo se establece la recuperación, por parte de la sociedad anónima, de las acciones de un socio cuando fallezca éste o cuando quiera venderlas; esta operación suele respaldarse financieramente con un seguro de vida. Se trata de un sistema muy empleado para mantener la continuidad directiva al fallecer un accionista mayoritario y evitar los trastornos originados por el cambio de titular.

Sociedad anónima de propiedad familiar

Esta forma de organización empresarial presenta una serie de peculiaridades que hay que tener muy presentes para lograr una planificación efectiva de sucesión.

La sucesión en el patrimonio. Resulta fundamental para el director y dueño de una sociedad anónima de propiedad familiar la comprensión de un problema latente, típico de esta forma de organización: al mantener en el seno de la familia, tanto la propiedad como la dirección de la empresa, puede peligrar la continuidad de la misma en el caso de que los hijos o parientes cercanos se hagan cargo de ella basándose exclusivamente en sus respectivas participaciones en el capital y no en su experiencia y aptitudes.

En los casos en que el empresario prevea un futuro conflicto en la relación patrimonio-dirección, puede adoptar una de las dos siguientes precauciones:

- Si desea que un determinado miembro de su familia sea su continuador como accionista mayoritario y como máximo ejecutivo, puede ordenar en su testamento que se le transfiera un paquete de acciones suficiente.
- Si, por las razones que sean, quiere que permanezca en poder de la familia el control patrimonial pero no el control directivo, tiene la opción de conceder a terceros el poder preciso para que asuman la dirección y el derecho de voto en representación de los familiares.

La sucesión en la dirección. Éste es el otro aspecto que vamos a analizar, y quizás el más importante. La sucesión en la dirección plantea diversos problemas. Unas veces, la solidaridad familiar es el factor decisivo del éxito de la nueva dirección, mientras que en otras ocasiones, las rencillas y discordias surgidas en el seno de la familia causan el fracaso de la empresa. Cuando los parientes acceden a los puestos directivos, sus puestos dentro de la jerarquía directiva deben estar subordinados a sus méritos personales y a su capacitación como dirigentes. Hay ejemplos sobresalientes de negocios, tanto grandes como pequeños, en los que el hijo ha sucedido con éxito al padre. Y no faltan tampoco los fracasos, por

COMPARTIR

La carga total de la dirección puede ser compartida por un familiar allegado o algún empleado de máxima confianza.

▲ *El empresario que prevea conflictos sucesorios cuenta con medios legales para asegurar su voluntad. La selección del sucesor, realizada con la suficiente antelación, incide en el buen desarrollo de la gestión futura de la empresa.*

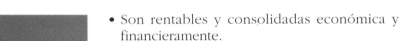

no haberse prestado la debida atención a la selección o preparación de los parientes que luego pasaron a ocupar los cargos directivos de la empresa.

■ Esquema del proceso sucesorio

Teniendo en cuenta diversas encuestas y datos estadísticos, se ha llegado a las siguientes conclusiones:

- Frente a la pregunta «¿a qué edad piensan los empresarios que deberían retirarse?», se han obtenido los siguientes resultados:

  - Antes de los 55 años: 12 por ciento.
  - Entre los 55 y 65 años: 16 por ciento.
  - Después de los 65 años: 11 por ciento.
  - Nunca: 49 por ciento.
  - No sabe: 12 por ciento.

Queda claro que la pequeña y mediana empresa retrasa la sucesión antes que adelantarla.

El **perfil de las empresas** pequeñas y medianas que sobreviven a la sucesión es el siguiente:

- Son rentables y consolidadas económica y financieramente.
- Están bien organizadas.
- Están consolidadas en su mercado e integradas en el entorno.
- La sucesión se realiza con miembros experimentados en la dirección de la pequeña y mediana empresa.
- El promotor, o líder de la sucesión, es flexible y progresista.

Veamos ahora qué **limitaciones** se presentan al promotor o líder de la sucesión:

- No querer ceder el poder y el control total de la empresa.
- Pérdida de identidad.
- Incapacidad para elegir entre los candidatos a sucederle.
- Incertidumbre personal ante el retiro.

El promotor de la sucesión debe comprender que la única manera de terminar su obra debe ser compartirla con los demás. Además

▼ Los problemas de salud, la edad del propietario, etcétera, son ocasiones para que éste piense en el futuro de su negocio. En cualquier caso, la cobertura del seguro de vida empresarial y de la planificación de la sucesión exige la colaboración de un asesor experimentado.

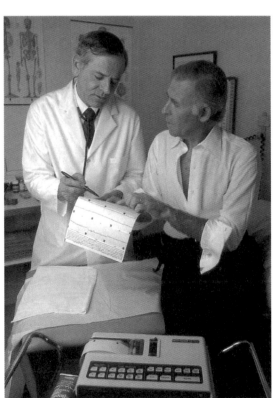

de las barreras y limitaciones propias del promotor, la sucesión tiene otros problemas que soportar, como la actitud del entorno, ya que en ocasiones tanto algunos directivos y empleados de la empresa como bancos, clientes y proveedores pueden demostrar desconfianza hacia el nuevo líder.

Como conclusión de este esquema podemos indicar que la planificación de la sucesión permite que sea exitosa, y las claves residen en que este proceso, además de planificado, tiene que ser evolutivo y que el viejo director debe ser el motor y timón de este proceso. De esta manera el alejamiento prudente del antiguo director es la base de la confianza en la nueva dirección.

> **PREVISIÓN**
>
> La falta de una planificación adecuada para el caso de fallecimiento del propietario individual de una empresa puede originar fuertes pérdidas a sus herederos.

▮ Caso práctico

Gráfica Central, S.L.

Forma jurídica

Sociedad de responsabilidad limitada, propiedad de un grupo familiar.

Objeto social

Artes gráficas.

Situación de la empresa

La sociedad se encuentra en un momento de gran solidez económica, con una estructura financiera saneada y con una más que aceptable rentabilidad.

La directora, también fundadora de la sociedad, ha llegado a los sesenta años y comienza a plantearse su retiro de las actividades directivas. Dado que cuenta con dos hijos y tres sobrinos, considera que la sucesión está garantizada, pero para tener un planteo más claro decide contratar a un grupo de expertos a fin de que le permitan determinar en quién debe recaer la sucesión, en qué modo y en qué plazos.

Las **conclusiones** de los expertos fueron las siguientes:

Premisas de la sucesión

• Elección del sucesor:

a) Debe tener experiencia profesional fuera de la empresa, no inferior a los cinco años.

b) Debe desarrollar su aptitud para la gestión de tareas de responsabilidad.

c) Es necesario crear la figura de un instructor interno.

d) La entrada del sucesor debe ser profesionalizada.

• El retiro del fundador y líder de la sucesión:

a) Debe hacerse mediante un compromiso público con la fecha fija de retiro.

b) Hay que evitar que después de haber previsto una fecha, el fundador siga aferrado al poder.

c) No se deben realizar retiros a medias.

• Planificación del retiro:

a) Preparar financieramente el retiro.

b) El empresario que se retira puede seguir siendo útil a la empresa: en el desarrollo de nuevos productos; en planificación estratégica a largo plazo; en la expansión a nuevos mercados; conectando a los nuevos directores con personas y organizaciones.

La sucesión debe ser programada no sólo en cuanto a la persona que será la continuadora en la actividad, sino también en lo que hace a la vida de quien se retira, sus nuevas actividades, la situación económico-financiera en que queda, y, sobre todas las cosas, en la definición de sus relaciones futuras con la empresa.

• Perfil del candidato:

a) Debe estar comprometido con los objetivos de la empresa y ser conocedor de sus valores y cultura.
b) Debe tener habilidad para hacer progresar la organización.
c) Ha de poder pensar con independencia y tomar decisiones.
d) Debe tener capacidad de liderazgo.
e) La sucesión no es un proceso de clonación.

• La selección. Debe realizarse lo antes posible, esto tranquiliza a trabajadores, bancos, proveedores y clientes.

• Evitar superposiciones e interferencias en el proceso sucesorio.

En el caso particular

Se considera que en Gráfica Central, S.L. únicamente dos de los cinco candidatos reúnen los elementos mínimos para estar inmersos en el proceso sucesorio, pero se da la circunstancia de que la formación profesional y experiencia externa de uno de ellos lo hace como el sujeto más idóneo para la sucesión. Por tal motivo se sugiere que se ponga en marcha el proceso de acuerdo con las premisas indicadas.

Ejercicios de autoevaluación

Contestar a las siguientes preguntas:

① ¿La falta de planificación sucesoria puede provocar la desaparición de la empresa?
② ¿En qué consiste el régimen de transición en un proceso sucesorio?
③ La sucesión en la pequeña o mediana empresa, ¿se adelanta o se retrasa en comparación con otro tipo de empresas?
④ ¿Cuál es la manera lógica que tiene el fundador de la pequeña y mediana empresa de terminar su obra?
⑤ ¿Quién debe ser el promotor y conductor del proceso de sucesión?

Soluciones

1. Verdadera.
2. Es el conjunto de disposiciones que prevé un período de interinato en la dirección hasta que se den las condiciones para la sucesión de la misma.
3. Se retrasa.
4. Compartirla con los demás.
5. El propio director o fundador que planifica su retiro.

LA DIRECCIÓN Y EL MARCO DE REFERENCIA LEGAL

 ## SELECCIÓN DEL MARCO JURÍDICO

❏ INTRODUCCIÓN

Desde el mismo momento en que nace la idea de emprender una actividad económica determinada, existen una serie de decisiones que pueden afectar el buen fin de dicho negocio. Es de vital importancia que, desde ese mismo momento, se analice el tipo de actividad que se piensa desarrollar, los medios con que se cuenta y la localización de la sede social, y que se defina la forma jurídica que enmarcará la vida de la sociedad.

La decisión

Toda empresa nace de la conjunción entre una o varias personas que pretenden llevar a cabo una actividad económica en común, y cuentan con una idea que procuran poner en práctica y con un capital para hacerlo factible. Llegados a este punto, se debe tomar la decisión sobre cuál será la forma jurídica que regule la vida de la empresa y las relaciones entre los socios. Ésta ha de estar en consonancia con las características de sus promotores, sus objetivos, el capital disponible y el volumen previsto de operaciones.

Inicialmente, la decisión que se ha de tomar será bastante simple: empresa individual o sociedad mercantil. Más adelante, a lo largo de la vida del negocio y en función de diferentes variables, tales como su crecimiento, su situación financiera y fiscal, etcétera, las condiciones pueden aconsejar la incorporación de nuevos socios o la transformación en una forma jurídica diferente.

En todo caso, y como síntesis, la forma jurídica que se decida adoptar deberá estar en función de los intereses de los fundadores y la legislación vigente.

❑ FORMA JURÍDICA

La forma jurídica de las empresas varía de acuerdo con la legislación vigente en cada país; por ello, vamos a tratar aquí las principales modalidades existentes, a fin de presentar un modelo básico que sólo esté sujeto a las naturales variaciones existentes en el marco del derecho comparado.

Entre las formas de organización empresarial más generalizadas podemos citar las siguientes:

- Empresa individual (un solo propietario).
- Sociedad solidaria o regular colectiva (constituida por dos o más socios).
- Sociedad anónima.
- Sociedad en comandita.
- Sociedad de responsabilidad limitada.

Antes de adentrarnos en el estudio casuístico de estas modalidades, conviene aclarar que, como norma, las diferentes legislaciones nacionales no ponen impedimentos a la constitución de sociedades mercantiles atípicas, es decir, distintas de las que están expresamente reguladas por la ley.

Empresa individual

Constituye la forma más sencilla de organización y gestión de una empresa; el empresario es el único propietario del negocio y, por tanto, es el que lleva la dirección global, aunque, por supues-

---

FORMA JURÍDICA

La forma jurídica que se decida adoptar deberá estar en función tanto de las preferencias de los fundadores de la empresa como de la legislación vigente.

▶ *La sociedad regular colectiva está formada por dos o más socios, que aportan el capital y responden de los riesgos con su patrimonio personal.*

VIRTUDES

Habilidad, austeridad y serenidad son virtudes imprescindibles en el pequeño empresario.

to, esto no es óbice para que contrate a otras personas que colaboren en la gestión social.

La responsabilidad patrimonial del empresario individual es ilimitada, es decir, que responde con todos sus bienes presentes y futuros de los resultados de la gestión y de los actos u omisiones cometidos por sus empleados en el cumplimiento de sus funciones y que perjudiquen a terceros.

La propiedad individual es típica de la pequeña empresa que comienza; del *self made man* que tiene una idea propia y que la ofrece al mercado casi sin otra ayuda que su esfuerzo.

Sociedad regular colectiva

Es la forma jurídica más simple que puede adoptar una empresa en la que hay más de un propietario. En su caso, la gestión corresponde a dos o más personas, que han aportado el capital y responden de los riesgos con *todo* su patrimonio.

Se puede definir esta modalidad como «la asociación de dos o más personas, en forma solidaria o colectiva, para dirigir, en calidad de propietarios, una empresa con fines lucrativos».

Los socios solidarios aportan a la empresa su trabajo, además del capital, siendo esta nota y la responsabilidad ilimitada de los socios las que caracterizan esta modalidad.

Su constitución se hace mediante el denominado contrato de sociedad, que otorgan los futuros partícipes y en el cual se hacen constar los derechos y obligaciones recíprocos de éstos.

ESTRUCTURA

La sencillez estructural de las pequeñas y medianas empresas tiende a agilizar los procedimientos formales, facilitando también la visión de conjunto.

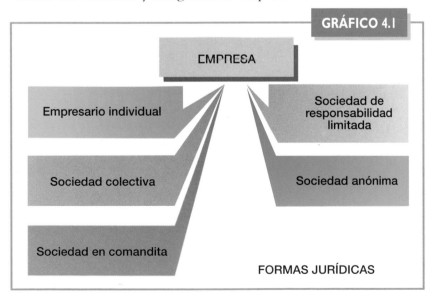

GRÁFICO 4.1

FORMAS JURÍDICAS

◀ *La actividad empresarial puede adoptar diversas formas, algunas de ellas las llamamos sociedades de personas y, las otras, de capital o personas jurídicas.*

La estadística
es una ciencia
según la cual
todas las
mentiras se
tornan cuadros.

DINO SIGRE PITIGRILLI
Escritor y humorista

La forma y el contenido del contrato de sociedad, que se otorga en documento público, no está sometido a normas rígidas; los firmantes pueden estipular libremente tanto la gestión de la empresa como la forma en que se repartirán los beneficios o pérdidas, siempre dentro de los requisitos de responsabilidad patrimonial que la ley establece en defensa de los acreedores.

Personalidad jurídica. La sociedad suele tener personalidad jurídica propia, es decir, que constituye una entidad diferente de las personas físicas que la componen. Algunas legislaciones, sin embargo, no le reconocen esta personalidad jurídica, sino que estiman que la sociedad es una mera unión de personas físicas.

Los socios llevan directamente la gestión, es decir las relaciones internas de la empresa e, igualmente, ostentan la representación legal o conjunto de relaciones externas de la misma. La sociedad responde de los resultados de la actividad gestora de cualquiera de los socios, aunque el resto de los socios, de resultar perjudicados por la actividad de uno o varios de ellos puede exigir responsabilidad a éstos.

Los problemas derivados de la división de autoridad suelen resolverse mediante la concesión de un poder legal a uno o más de los socios, para que actúe como representante de los demás.

Sociedad anónima

Es una asociación de personas que tiene capacidad jurídica propia, es decir que según las normas legales, la personalidad de la sociedad es diferente de la privativa de cada uno de los socios. La sociedad anónima actúa, pues, como una entidad única en el concierto económico.

Los socios aportan capital en metálico u otros bienes patrimoniales y adquieren así, tanto el derecho a participar en los beneficios, como la obligación de sufragar las pérdidas de la sociedad hasta el límite de su aportación. Por supuesto que, si aportan los recursos con los cuales se forma el neto patrimonial de la sociedad, cuando ésta entre en período de liquidación, el derecho de los socios sobre dicho patrimonio neto estará en proporción a sus respectivas participaciones en el capital social.

Las «acciones». Este capital está representado por *acciones,* que son títulos que confieren a su propietario la cualidad de socio accionista, y el derecho de participación alícuota en las decisiones y utilidades de la compañía.

Una característica básica de la sociedad anónima es la responsabilidad limitada de los socios; esto quiere decir que cada socio

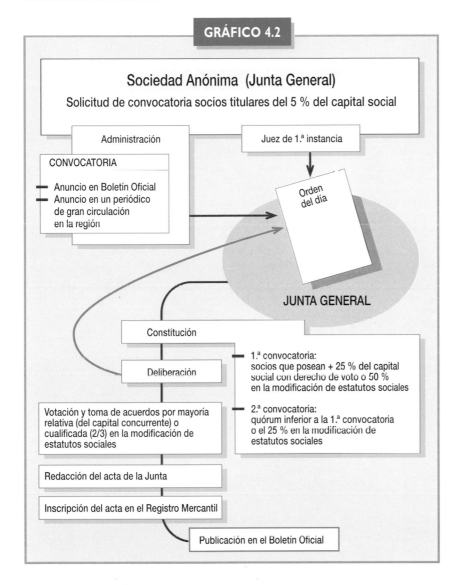

GRÁFICO 4.2

Sociedad Anónima (Junta General)

Solicitud de convocatoria socios titulares del 5 % del capital social

Administración

Juez de 1.ª instancia

CONVOCATORIA

- Anuncio en Boletín Oficial
- Anuncio en un periódico de gran circulación en la región

Orden del día

JUNTA GENERAL

Constitución

Deliberación

1.ª convocatoria:
socios que posean + 25 % del capital social con derecho de voto o 50 % en la modificación de estatutos sociales

2.ª convocatoria:
quórum inferior a la 1.ª convocatoria o el 25 % en la modificación de estatutos sociales

Votación y toma de acuerdos por mayoría relativa (del capital concurrente) o cualificada (2/3) en la modificación de estatutos sociales

Redacción del acta de la Junta

Inscripción del acta en el Registro Mercantil

Publicación en el Boletín Oficial

◄ *La Junta General de Accionistas (o Asamblea) es el órgano máximo de la sociedad anónima. Para su convocación, y según las diferentes legislaciones, debe cumplirse una serie de requisitos. Las decisiones tomadas por este órgano también están sujetas al cumplimiento de normas en cuanto a las mayorías necesarias para cada tipo de decisión.*

sólo responde de los resultados de la actividad empresarial con los bienes que aportó o prometió aportar al capital social. En otras palabras, el accionista sólo arriesga lo que ha pagado por las acciones que posea, aunque si el importe de éstas no está totalmente desembolsado, hay que añadir lo que falte para llegar al montante de la responsabilidad de cada socio.

Los «estatutos». Con respecto a la constitución de la sociedad anónima se tienen que observar los requisitos establecidos por la legislación del país en que ha de constituirse. El primer requisito suele ser la redacción de unos *estatutos*, en los que ha de figurar el nombre o razón social bajo el cual funcionará la sociedad, las actividades que va a desarrollar, es decir el objeto social, el número de acciones que se emiten y el valor nominal de las mismas. Estos es-

PODER LEGAL

Los problemas derivados de la división de autoridad suelen resolverse mediante la concesión de un poder legal a uno o más de los socios.

tatutos se han de elevar a escritura pública e inscribirse en el registro público correspondiente.

A diferencia de la sociedad regular colectiva, cuyas relaciones internas se pueden formular en algunas legislaciones mediante un contrato privado, la sociedad anónima se debe regir en todo momento por los estatutos y su escritura social, en los cuales se deberá establecer, entre otros particulares, la cuantía mínima del capital en acciones que cada miembro debe desembolsar para constituir la sociedad.

La gestión. Las relaciones internas, o sea, la gestión de la sociedad anónima, no tienen por qué realizarla los mismos accionistas, sino que se pueden encargar de ella terceras personas que integran el órgano directivo de la empresa. Estas personas tendrán un alto grado de especialización en el desarrollo de sus labores y habrán de rendir cuentas a los accionistas constituidos en un órgano decisorio, que es la Junta de Accionistas.

De los accionistas se puede decir que el valor fundamental que tienen para la sociedad no reside, claro está, en la aportación de sus conocimientos profesionales, sino en su participación econó-

▼ La forma en que se establecen las características de una empresa según su visión del mercado, hace que pueda tener una vocación introspectiva o abierta frente al mundo que la rodea.

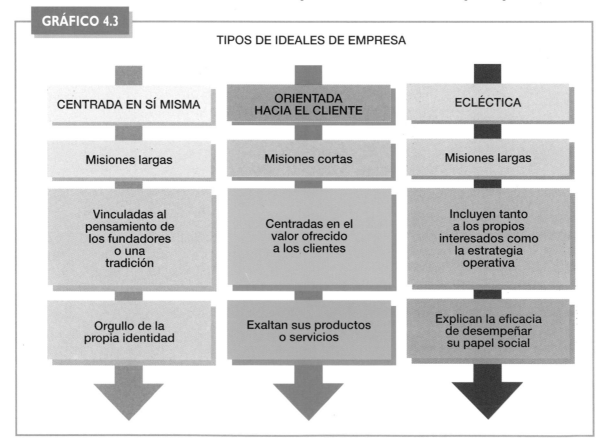

GRÁFICO 4.3

TIPOS DE IDEALES DE EMPRESA

CENTRADA EN SÍ MISMA	ORIENTADA HACIA EL CLIENTE	ECLÉCTICA
Misiones largas	Misiones cortas	Misiones largas
Vinculadas al pensamiento de los fundadores o una tradición	Centradas en el valor ofrecido a los clientes	Incluyen tanto a los propios interesados como la estrategia operativa
Orgullo de la propia identidad	Exaltan sus productos o servicios	Explican la eficacia de desempeñar su papel social

mica. De ello se deduce que una sociedad anónima sigue funcionando normalmente aunque llegue un momento en que uno o varios de los accionistas mueran o se separen de la sociedad. Por la misma razón, las acciones o participaciones en el capital se pueden transmitir a personas que, hasta ese momento, sean ajenas a la sociedad.

Un último aspecto importante de la sociedad anónima es la relativa facilidad para conseguir nuevos socios que aporten capital, por lo cual esta forma jurídica es la que mejor se adapta para las explotaciones económicas de gran dimensión o que precisan gran cantidad de recursos de financiación. Sin embargo, la progresiva flexibilización de las legislaciones nacionales ha dado lugar a que cada día sean más las empresas medianas, e incluso pequeñas, que revisten esta forma de sociedad, atraídas, sin duda, por las ventajas citadas.

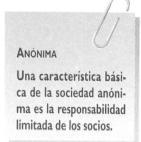

ANÓNIMA

Una característica básica de la sociedad anónima es la responsabilidad limitada de los socios.

Sociedad en comandita

Se trata de una modalidad intermedia entre la sociedad anónima y la regular colectiva. Como ya hemos dicho, esta última adolece de un inconveniente fundamental, consistente en la relativa dificultad para conseguir aportaciones de capital, dada la responsabilidad ilimitada de los socios.

Pues bien, si en una sociedad colectiva se admite la posibilidad de que entren a formar parte como socios personas que aporten un capital pero que respondan limitadamente, sólo con lo que aportaron o prometieron aportar –con lo cual el riesgo que corren es también limitado–, nos encontraremos con la característica esencial de una sociedad en comandita.

En este tipo de sociedad, por decirlo así, conviven socios de tipo colectivo (que toman el nombre de comanditados) –y, por tanto, de responsabilidad ilimitada con socios comanditarios, con responsabilidad limitada. El número de socios colectivos puede variar, pero al menos ha de haber uno.

Los estatutos. La sociedad en comandita está sujeta también al requisito legal de regirse por unos estatutos otorgados en escritura pública e inscritos en el registro público correspondiente.

Los problemas derivados de la división de la autoridad suelen resolverse mediante la concesión de un poder legal a uno o más de los socios.

En los estatutos se ha de establecer una relación nominativa de los socios colectivos y de los comanditarios. Por lo demás, si no se cumple con el requisito de redactar unos estatutos e inscribir la escritura en el registro correspondiente, se presumirá que todos los socios son colectivos, lo cual supone, como es natural, que todos responden de forma ilimitada de los resultados de la actividad empresarial.

En este tipo de compañía, al limitarse la responsabilidad de los socios comanditarios, se restringe en mayor o menor medida la posibilidad de éstos de participar en la gestión de la empresa, la cual queda únicamente para los socios colectivos. Esto es del todo lógico, dado que dichos socios son responsables ilimitadamente y, por tanto, si los comanditarios pretendieran tomar parte en la gestión, se les exigiría, como contrapartida, que pasasen a responder de forma ilimitada como los demás miembros.

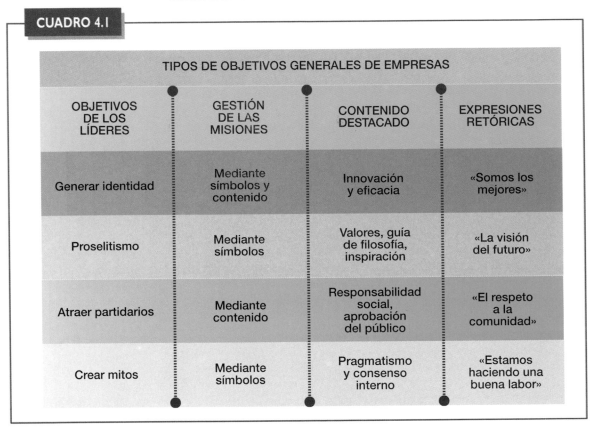

CUADRO 4.1

TIPOS DE OBJETIVOS GENERALES DE EMPRESAS

OBJETIVOS DE LOS LÍDERES	GESTIÓN DE LAS MISIONES	CONTENIDO DESTACADO	EXPRESIONES RETÓRICAS
Generar identidad	Mediante símbolos y contenido	Innovación y eficacia	«Somos los mejores»
Proselitismo	Mediante símbolos	Valores, guía de filosofía, inspiración	«La visión del futuro»
Atraer partidarios	Mediante contenido	Responsabilidad social, aprobación del público	«El respeto a la comunidad»
Crear mitos	Mediante símbolos	Pragmatismo y consenso interno	«Estamos haciendo una buena labor»

Sociedad de responsabilidad limitada

Este tipo de sociedad era mucho más frecuente antes del desarrollo de la sociedad anónima.

Para dar un concepto fácil y conciso de este tipo de empresa, se puede decir que se trata de una sociedad semejante a la anónima, pero con una serie de limitaciones en cuanto al número mínimo y máximo de socios, así como en el montante del capital social.

Al igual que ocurre con la sociedad anónima, los socios de una sociedad limitada responden limitadamente de los resultados de la actividad empresarial; esto es, sólo con los fondos que aportaron o prometieron aportar.

La sociedad de responsabilidad limitada tiene personalidad jurídica propia, por cuyo motivo su constitución exige el otorgamiento de una escritura pública y la redacción de unos estatutos que contengan el nombre o razón social –al cual se ha de añadir el calificativo de «sociedad de responsabilidad limitada»–, el número de socios, sus respectivas aportaciones, el valor que se confiere a las aportaciones no monetarias y el capital social con que cuenta la empresa.

Como se comentó para los otros tipos de sociedades, las leyes sancionan a las sociedades de responsabilidad limitada que no observen este requisito con la aplicación de una responsabilidad ilimitada para los socios, al igual que si fuera una sociedad colectiva. Esto supone, sin duda, una desventaja con respecto a la sociedad anónima.

Nuevos socios. En cuanto a la posibilidad de admitir nuevos socios, por ejemplo mediante la transmisión de la participación de un socio a otra persona, se observa que, frente a la libertad absoluta que existe en la sociedad anónima, en la que ahora nos ocupa el nuevo socio tiene que ser aceptado por los antiguos.

En el mundo de la pequeña empresa, la sociedad de responsabilidad limitada tiene su principal campo de aplicación en los negocios familiares o cuasifamiliares, constituidos por coherederos, cónyuges en régimen de separación de bienes, etcétera.

En la mayoría de las legislaciones se exige que las sociedades de responsabilidad limitada retengan en reserva una parte de las utilidades obtenidas a fin de constituir una reserva legal que sirva de garantía colateral para sus acreedores. Además, en toda su documentación se debe consignar que se trata de una sociedad limitada, así como la cuantía de su capital social.

■ Forma jurídica e influencia sobre la valoración del capital

Es frecuente confundir el capital de una empresa con la aportación original que se efectuó para su constitución. Nada más incorrecto; la cifra de capital no es una realidad estática, sino el fiel reflejo de los éxitos o fracasos obtenidos en el curso de las operaciones y del empeño que sus dueños hayan puesto en asegurar el desarrollo y crecimiento del negocio.

Entonces, no debe parecer extraño que esta movilidad inherente al capital suscite una serie de problemas respecto a la valoración de la participación de los socios cuando se produce la transformación o liquidación de una sociedad.

LIMITADA

La sociedad de responsabilidad limitada tiene personalidad jurídica propia.

DIRECCIÓN EFICAZ

Las ventajas de la pequeña empresa eficazmente dirigida están representadas por la sencillez, la flexibilidad y las relaciones directas.

A continuación, vamos a tratar de exponer los principales problemas que se pueden originar en tales situaciones en las diversas modalidades empresariales, a fin de que se puedan prevenir sus posibles consecuencias.

Empresario individual

Esta modalidad no plantea problema alguno en cuanto a la valoración de la participación, dado que ésta es única. Por tanto, la cifra del capital correspondiente a un empresario individual siempre estará representada por la diferencia existente entre su activo y su pasivo netos.

Sociedad regular colectiva

Esta forma de sociedad es la que plantea mayor número de problemas cuando se suscitan cuestiones de valoración de las participaciones en el haber social. Por consiguiente, las mismas deberían ser debidamente recogidas en la escritura de constitución a fin de evitar futuros conflictos entre los socios o sus causahabiente o delegados.

Son diversas las causas que pueden significar la terminación de una sociedad regular colectiva como ente jurídico, aunque no siempre implican que cese la actividad del negocio en sí, ya que éste podría continuar operando bajo otra razón social o con una forma jurídica diferente.

En cualquier caso, siempre estará latente el problema de la valoración de la participación de los socios, si el procedimiento que se ha de seguir para determinarla no se ha plasmado de manera adecuada en el pacto social. A estos efectos, vamos a describir el procedimiento más aconsejable en cada caso.

Liquidación de la sociedad. Aquí se suscita la problemática de la valoración de la participación de los socios en la liquidación del capital social, pues, como hemos dicho anteriormente, no se trata de una cifra estática.

El capital escriturado puede haber sido modificado por las utilidades o pérdidas, las que aun habiendo sido repartidas de forma proporcional entre los socios, bien pudieran no haber sido hechas efectivas; esto ocurre, por ejemplo, cuando un socio retira la parte proporcional que le corresponde de las utilidades y otro, en cambio, la retira de manera parcial o no retira ninguna, manteniéndolas en el negocio.

Puede coincidir también la circunstancia de que uno de los socios haya hecho un préstamo al negocio, por diversas causas. En

RESPONSABILIDAD

Es en el mundo de la pequeña empresa donde la sociedad de responsabilidad limitada tiene su principal campo de aplicación.

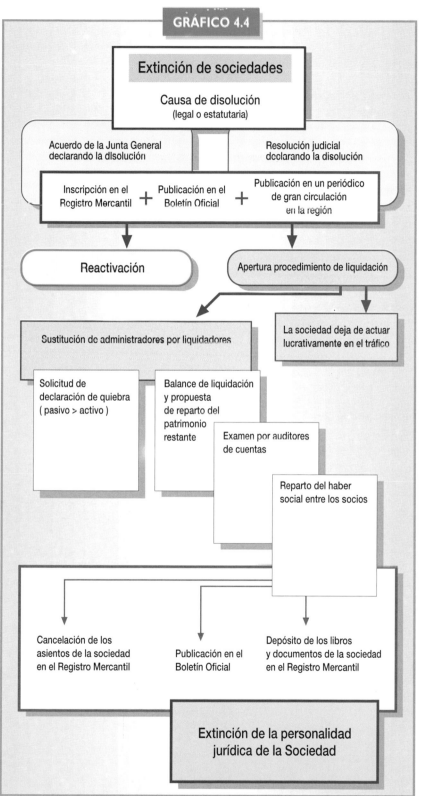

GRÁFICO 4.4

Extinción de sociedades

Causa de disolución
(legal o estatutaria)

Acuerdo de la Junta General
declarando la disolución

Resolución judicial
declarando la disolución

Inscripción en el
Registro Mercantil + Publicación en el
Boletín Oficial + Publicación en un periódico
de gran circulación
en la región

Reactivación

Apertura procedimiento de liquidación

Sustitución de administradores por liquidadores

La sociedad deja de actuar
lucrativamente en el tráfico

Solicitud de
declaración de quiebra
(pasivo > activo)

Balance de liquidación
y propuesta
de reparto del
patrimonio
restante

Examen por auditores
de cuentas

Reparto del haber
social entre los socios

Cancelación de los
asientos de la sociedad
en el Registro Mercantil

Publicación en el
Boletín Oficial

Depósito de los libros
y documentos de la sociedad
en el Registro Mercantil

Extinción de la personalidad
jurídica de la Sociedad

Una minuciosa
escritura de
constitución
de la sociedad
regular colectiva
evita futuros
conflictos entre
los socios.

◄ *La desaparición
de la sociedad como
persona jurídica implica
una serie de pasos.
Esto puede producirse
por circunstancias aleatorias,
es decir, malos resultados
o quiebra, por motivos
estatutarios, el haber
conseguido los objetivos
prefijados, o por decisión
de los socios. Según
sean unas u otras las
circunstancias, existen
procesos diferentes
que deben cumplirse.*

caso de liquidación, este préstamo podría considerarse como una aportación de capital; de hecho, bajo ciertas circunstancias, la mayoría de los bancos le dan este tratamiento cuando preparan los índices financieros del estado de situación de sus clientes.

Por tanto, la participación de cada socio se determinaría por su aportación escriturada, más (menos) el saldo neto de su cuenta personal. La suma de estas participaciones representará el 100 % del capital real, por lo que la participación individual se representa por el tanto por ciento que le corresponde del total.

Esta conversión de la participación individual en un tanto por ciento de la cifra de capital es muy importante, ya que es el método más preciso de que se dispone para distribuir de forma equitativa entre los socios el resultado de la liquidación del activo neto de la sociedad. En efecto, éste difícilmente coincidirá con la cifra del capital neto que aparece en la contabilidad, por la diferencia que casi siempre existe entre el valor del mercado y las cifras de valor histórico que se reflejaron en la contabilidad.

Liquidación forzosa. En los casos de liquidación forzosa por motivo de quiebra se utiliza un procedimiento conocido como *liquidación por dividendos parciales,* para la cual se utiliza también el sistema porcentual descrito anteriormente.

Una vez determinado el porcentaje de participación de cada socio, el procedimiento consiste en abonar de forma proporcional a cada cual, en cuentas individuales abiertas al efecto, el resultado de la venta de cada uno de los activos de la empresa y cargar sobre la misma base el pago que se efectúe a los acreedores, así como el saldo que queda por pagar a los mismos, si la liquidación de los activos no hubiera sido suficiente para ello.

Terminada la liquidación del negocio, el saldo que presentan las cuentas individuales de los socios representará, si es acreedor, la suma que le será reintegrada en concepto del resultado neto de la liquidación; y si es deudor, la cantidad que tendrá que entregar de su peculio particular para completar las cantidades que aún se adeudan a los acreedores después de ser liquidados todos los activos de la empresa.

Transformación de la sociedad. La transformación de una sociedad regular colectiva puede producirse por el cambio de la razón social o por modificación de su forma jurídica.

El procedimiento más idóneo para la valoración de la participación de cada socio en la nueva sociedad es el que se ha descrito, basado en la determinación del tanto por ciento de participación en el haber social.

DEPENDENCIA

La dependencia de terceros de la pequeña y la mediana empresa exige tacto, madurez y energía por parte del directivo responsable.

TRANSFORMACIÓN

La transformación de la sociedad regular colectiva puede producirse por el cambio de la razón social o por modificación de su forma jurídica.

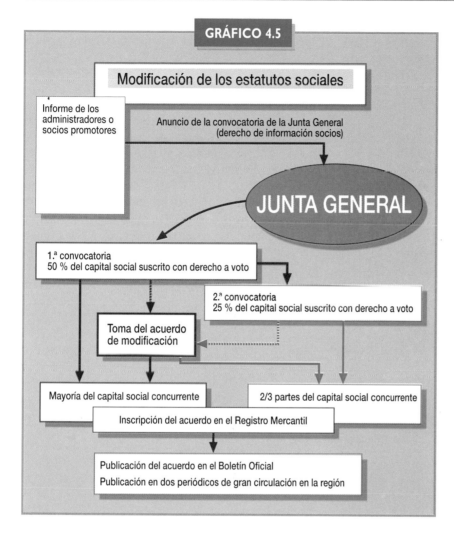

GRÁFICO 4.5

Modificación de los estatutos sociales

Informe de los administradores o socios promotores

Anuncio de la convocatoria de la Junta General (derecho de información socios)

JUNTA GENERAL

1.ª convocatoria
50 % del capital social suscrito con derecho a voto

2.ª convocatoria
25 % del capital social suscrito con derecho a voto

Toma del acuerdo de modificación

Mayoría del capital social concurrente

2/3 partes del capital social concurrente

Inscripción del acuerdo en el Registro Mercantil

Publicación del acuerdo en el Boletín Oficial
Publicación en dos periódicos de gran circulación en la región

◄ *Los estatutos sociales conforman el marco jurídico de la empresa. Para efectuar cualquier modificación de los mismos deben materializarse una cantidad de hechos de tipo formal, concurrir una serie de condicionantes, algunos fijados por los propios estatutos y otros por la legislación vigente.*

Sociedad anónima

En principio, la valoración de la participación de los socios en una sociedad anónima no presenta dificultades, ya que la misma está basada en la cantidad de acciones que posee cada uno.

Sin embargo, con la preponderancia cada vez mayor de las grandes compañías, en la actualidad es frecuente que se presenten situaciones complejas, cada vez que se produce la absorción de una pequeña o mediana sociedad anónima por una de estas grandes sociedades.

Por consiguiente, los pequeños empresarios deberán estar alerta cuando tengan que afrontar una situación de esta índole, procurando conseguir un buen asesoramiento profesional para enfocar de forma debida esta operación, pues a veces es más conveniente vender su participación total o cambiar sus acciones comunes por otras de tipo preferente que permanecer como accionista común de una pequeña sociedad que ha pasado a ser controlada por una gran compañía.

Un caso especial: la representación comercial

En los últimos decenios, el funcionamiento operativo de las empresas se ha complicado en gran medida, pues se han tenido que buscar nuevos modelos que permitan aumentar el volumen de ventas, poniendo las mercaderías y los servicios al alcance del mayor número de clientes y tratando, al mismo tiempo, de minimizar los costos.

Uno de los medios de conseguir este fin es el sistema de representación, que podemos definir como el acuerdo en virtud del cual un empresario, al que se le llama representante o concesionario, adquiere el derecho de comercializar los productos fabricados por otra empresa que va a ser representada, llamada también empresa matriz o principal.

Este concepto se puede analizar en sus diversos elementos:

▼ *La representación comercial es un tipo de empresa que conoce muy bien una parcela de sector, y viene a representar una especie de departamento comercial de otra empresa, por lo general de grandes dimensiones.*

- *Acuerdo.* Es preciso que haya acuerdo entre las dos partes, representante y representado; y este acuerdo se ha de plasmar en un contrato de carácter bilateral, es decir, que establece obligaciones para ambas partes.
- *Adquisición del derecho de comercializar.* La representación consigue, por así decirlo, que el representante sea una prolongación del representado; en otras palabras, aquél se convierte en una especie de departamento comercial de éste. La representación puede ser en exclusiva; en este caso el representante será la única persona física o jurídica que pueda vender los productos del representado.

La exclusiva se puede referir bien a un ámbito geográfico, bien a un producto o una serie de productos. Desde luego, el contrato de representación supone para la empresa representada la obligación de pagar al representante un porcentaje fijo o variable sobre el volumen de ventas, que supondrán los ingresos para este representante.

El sector económico en que mayor influencia tiene el sistema de representación es, sin duda alguna, el del automóvil, pues todas las fábricas de este producto tienen a lo largo y ancho de cada país un número elevado de representantes, que hacen las veces de departamentos comerciales independientes de la fábrica, que, lógicamente, está localizada en un punto geográfico concreto o, lo más frecuente, cuenta con varias fábricas en diversos países.

Otro sector donde la representación es muy importante es el inmobiliario, en el que existe un empresario (representado) que construye edificios y unas empresas promotoras (representantes) que se encargan de hacer llegar estos productos (viviendas, locales comerciales) a los posibles clientes.

También se ha extendido este sistema al sector de los servicios, que tienen gran importancia en la gestión de crédito y cobranzas; mediante el mismo, un representante se encarga de gestionar, en un ámbito geográfico concreto, los derechos de cobro que tenga la empresa representada (a veces, incluso de ciertas entidades públicas). Otro sector importantísimo en el que se opera con este sistema es el de los productos petrolíferos.

Son prácticamente innumerables los sectores de la actividad económica donde la representación actúa en su labor específica.

Variantes. Conviene aclarar que la representación exclusiva presenta algunas variantes:

- La exclusividad puede ser *obligación de la representada*; esto quiere decir que, en un ámbito geográfico dado, las mercaderías o servicios de la representada sólo los puede comercializar un representante concreto, que, a su vez, puede gestionar la venta de muchos productos fabricados por varios representados. Sería el caso, por ejemplo, de un distribuidor de automóviles, que es el único que vende los vehículos de la marca X en un lugar G, pero, a su vez, puede gestionar ventas también de la marca Y, con lo cual habría un solo representante y varios representados.
- La exclusividad puede ser *obligación de ambas, representante y representada*; es decir, la representada concede la exclusiva de sus productos o servicios en un lugar geográfico a la representante, pero ésta, a su vez, otorga la exclusiva en ese lugar de sus servicios de gestión de ventas a la representada. Sería el caso, por ejemplo, de un distribuidor de automóviles que es el único que puede vender la marca X en ese lugar, pero sólo puede vender la marca X.

Ventajas de la representación exclusiva. Vamos a estudiar a continuación algunas de las posibles ventajas de esta modalidad de representación:

REPRESENTACIÓN

Más del 70 % de las mercancías se negocian en un mercado internacional, y un buen porcentaje corresponde al régimen de representación comercial.

Un número creciente de empresas está exigiendo a sus proveedores que mejoren continuamente la calidad medioambiental de sus componentes.

- En parte está justificada por la ayuda financiera que la representante obtiene de la representada.

- De igual forma, se reduce la inversión en productos o servicios; es decir, el volumen de existencias que ha de mantener el
representante es menor, con lo cual el volumen de recursos
financieros inmovilizados es también menor; está en función
de la rapidez con que la representada sea capaz de proveer al
representante de unos productos cuyas existencias en poder
de éste se encuentran próximas al agotamiento.

- Por lo general, la representada se encarga de dar a conocer en
el mercado el producto o servicio antes de entregárselo al
representante

- Puede ocurrir que el representante, por ser una empresa de dimensión mucho más reducida que la representada, no tenga
unos conocimientos muy amplios en la gestión del negocio;
por tanto, la ayuda que en este aspecto otorgue la representada
puede ser muy importante.

- Las grandes empresas que otorgan exclusivas facilitan asistencia
técnica de forma continua, así
como una buena parte de los recursos financieros, la promoción
y la publicidad de los productos.

- Como consecuencia de todo lo
dicho en los cinco puntos anteriores, la eficacia en la labor del
representante puede ser muy
grande, con lo cual sus márgenes
de beneficio llegan a ser muy
amplios.

- De la concesión de operaciones
comerciales obtienen, lógicamente, beneficio las dos partes: tanto
la empresa representante como la
representada; esto hace que el esfuerzo de ambas sea común para
llevar a feliz término el mayor número de operaciones posibles.

▲ Las grandes
empresas multinacionales
tienen una política
de concesión de servicios
muy bien estudiada,
por lo que es imitada
por otros tipos de relación
representante-representada.

Inconvenientes de la representación exclusiva. Pero no
todo son ventajas en la representación; vamos, por tanto, a examinar sus inconvenientes.

- Las tarifas, los precios de los productos y las formas de pago
son establecidos de manera más o menos fija por la empresa
representada; estos precios pueden ser altos para el mercado
de la zona geográfica en que el representante ejerce su labor,
lo que puede dar lugar a que los productos no tengan precios

competitivos y, por consiguiente, que las ventas no sean muy brillantes.

- La independencia del representante queda limitada, ya que la empresa representada fija las condiciones generales de la comercialización, que suelen ser homogéneas para todo el mercado en que opera.
- Si el contrato de representación tiene vigencia a largo plazo, el representante puede verse imposibilitado para rescindirlo antes de su vencimiento, si se cuenta con la oposición de la representada.
- Se puede dar el caso de que los agentes de la representada que contactan con el representante crean que siempre tienen razón y que saben mejor que nadie lo que se debe hacer, a pesar de no conocer a fondo las condiciones del lugar en que el representante va a operar.
- Como consecuencia de la limitación que sufre la independencia del representante, éste puede perder operaciones que, de otra forma, podrían llevarse a buen fin.

MIOPÍA

La mayoría de empresas creen conocer a sus clientes, sin embargo, éstas sufren frecuentemente «miopía estratégica».

GRÁFICO 4.6

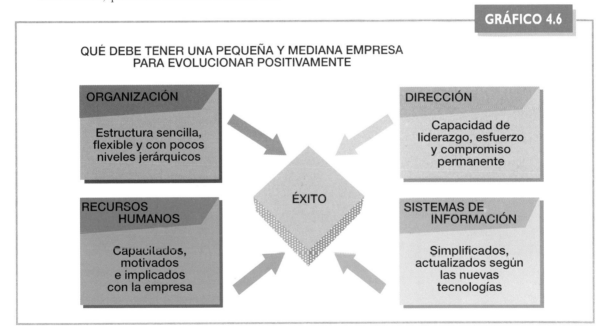

QUÉ DEBE TENER UNA PEQUEÑA Y MEDIANA EMPRESA PARA EVOLUCIONAR POSITIVAMENTE

ORGANIZACIÓN
Estructura sencilla, flexible y con pocos niveles jerárquicos

DIRECCIÓN
Capacidad de liderazgo, esfuerzo y compromiso permanente

ÉXITO

RECURSOS HUMANOS
Capacitados, motivados e implicados con la empresa

SISTEMAS DE INFORMACIÓN
Simplificados, actualizados según las nuevas tecnologías

Estos inconvenientes inhiben a muchos pequeños inversores que, de otro modo, se integrarían en alguna red de concesionarios. A pesar de ello, las ventajas que antes hemos estudiado animan a muchos otros pequeños empresarios, más arriesgados, a crear unidades económicas que se dedican a la comercialización y venta de productos y servicios en régimen de exclusiva.

Modo de obtener una representación exclusiva. La representación puede originarse de varias maneras:

▲ *El éxito en los negocios depende de una serie de condiciones que deben amalgamarse de un modo simple, natural y continuado.*

- La empresa que busca representante puede dirigirse al público en general a través de anuncios insertados en la prensa, tanto la especializada en los negocios como la de carácter general.
- El representante puede dirigirse directamente a un posible interesado para ofrecerle sus servicios de representación. Con independencia de que la iniciativa parta de una u otra parte, como paso previo a la firma del contrato de representación en exclusiva debe haber un intercambio de propuestas y contrapropuestas hasta que quede delimitado el contenido del contrato; es decir, los derechos y obligaciones de ambas partes, el porcentaje de comisión que percibirá el representante, etcétera.

En una pequeña empresa, reviste especial gravedad cualquier decisión de este tipo tomada por sus directores; no obstante, en el caso de una representación en exclusiva, el asesoramiento de los ejecutivos de la representada puede facilitar el proceso de adaptación de su concesionario al nuevo esquema operativo.

❏ LA RESPONSABILIDAD, POSIBLES COBERTURAS

Con el objeto de salvaguardar al máximo el patrimonio individual y evitar que el mismo responda de modo ilimitado por los actos sociales, vamos a analizar las medidas que en el campo del seguro pueden cubrir estas eventualidades.

■ El seguro: concepto del riesgo

El azar, ese imponderable factor cuya influencia tantas veces se deja sentir en el acontecer humano, nos indica que todas las previsiones que se deben tomar son pocas cuando se asume algún riesgo, por remoto e improbable que parezca.

Existe una probabilidad en todo riesgo; su estudio es el campo de la teoría de las probabilidades, una de las bases en que se asienta la ciencia de los seguros y que está destinada a precaver estas eventualidades. Por consiguiente, el seguro es el medio más «seguro» de que dispone el empresario para resguardarse de los riesgos que entraña el futuro.

El incendio que destruye edificios, mercaderías e ilusiones; el pago de sumas cuantiosas en concepto de indemnización por el accidente que malogró la vida de uno o varios trabajadores; y el empleado de toda confianza que, en un momento dado, nos traiciona y se alza con todos los fondos de la empresa, son quebrantos que, a veces, hacen que se desmorone la más sólida empresa si ésta no cuenta con una cobertura de seguros adecuada para hacer frente a estas eventualidades. Los seguros no sólo previenen pérdidas, también alivian preocupaciones, liberan fondos para inversiones y facilitan la obtención de créditos.

El seguro guarda cierta similitud con las típicas garantías comerciales sobre equipos, automóviles, mercaderías, servicios, avales de pago, etcétera. En realidad, el empresario actúa como un asegurador cuando garantiza que sus mercaderías no defraudarán a sus clientes. Sin embargo, como no hay una definición escrita de la indemnización que se ha de percibir, esas garantías comerciales quizá no constituyen contratos obligatorios de seguros, al menos, en el sentido estricto que conlleva este término.

No obstante, el coste de estas garantías debería ser calculado por el comerciante para incluirlo en el margen con que forma sus precios de venta; así planificaría la absorción de estos costos mediante el establecimiento de una cierta «prima» que correría por cuenta del cliente, ya que en definitiva es él quien está «asegurado». Algunos tribunales han sostenido este criterio en pleitos originados a causa de las garantías ofrecidas a compradores de automóviles usados.

▼ *Las necesidades de la empresa son cambiantes. Por ello se hace preciso mantener una actitud innovadora tanto en los aspectos operativos como en la conducta empresarial. Ello permite mantener un adecuado nivel de información sobre los mercados.*

GRÁFICO 4.7

QUÉ NECESITA UNA PEQUEÑA Y MEDIANA EMPRESA PARA LOGRAR SUS OBJETIVOS

COMPETITIVIDAD
Mejora de calidad, costes y servicio

CULTURA EMPRESARIAL
Innovación y mejora continua

NECESIDADES

GLOBALIZACIÓN
Estrategias mundiales de compra, venta, financiación y localización

ORGANIZACIÓN
Innovar en formas de organización y de dirección

Sin embargo, la sucesión directiva en una pequeña empresa es un riesgo contra el cual el seguro no proporciona una adecuada protección. Cuando el dueño de un negocio fallece, lo más probable es que la unidad familiar trate de continuar operando en el mismo y de sacar adelante la empresa a la que el cabeza de familia dedicó sus mejores empeños. Pero, por causas de incapacidad de los miembros de la familia o de discordias surgidas en el seno de la misma, puede acontecer también que se vea comprometida la subsistencia de la propia empresa.

Si se quiere asegurar su continuidad y evitar que se produzcan situaciones lamentables en el seno de una familia, originadas por intereses contrapuestos, es preciso realizar previamente una cuidadosa planificación de la sucesión directiva. En resumen, una precisa evaluación de los riesgos a que está expuesto y su comparación con la cobertura actual facilitarán al empresario la determinación de la protección que necesita, lo cual, unido a un plan bien trazado de sucesión directiva, le garantizará el cauce adecuado para canalizar los acontecimientos futuros, por incierta que sea la naturaleza de éstos.

¿Hay que asegurar siempre?

No siempre es posible o resulta práctico concertar un seguro, pues hay ocasiones en que, dada la naturaleza del riesgo, las compañías especializadas rehusan asegurar el mismo y, en otras, el propio empresario no debería recurrir al seguro comercial, aunque le fuera ofrecido, cuando el quebranto potencial del riesgo que se ha de cubrir no justifique el costo que representaría la prima.

Pérdidas insignificantes

La insignificancia de una pérdida siempre estará en relación con los recursos financieros de una empresa, ya que no reviste la misma magnitud la pérdida sufrida por un siniestro en un comercio de víveres, que otra por el mismo importe ocurrida en un almacén de una gran fábrica de automóviles. Así, si la pérdida potencial en caso de que ocurriera un siniestro fuera insignificante para un negocio dado, no tiene sentido asegurarla. Por consiguiente, los seguros deberían concertarse primeramente sobre aquellos riesgos que representen pérdidas potenciales para un negocio.

Se necesita protección mientras exista la posibilidad de una pérdida cierta, es decir, que produzca un verdadero quebranto al negocio. Por ejemplo: una empresa, al examinar la cobertura de seguros que tenían los activos fijos de su propiedad, se dio cuenta de que tenía asegurada contra incendios una vieja casa que estaba instalada en la parte trasera de los terrenos que ocupaba su fábrica y cuya demolición había sido programada, ya que, en el plan de ampliación del negocio, su lugar habría de ocuparlo una nueva nave bodega, así que, si la casa se hubiera incendiado aún se habría ahorrado la empresa su costo de demolición. Por supuesto, el seguro fue cancelado tan pronto como la dirección tuvo conocimiento del hecho.

Cobertura desproporcionada. Cuando el costo de un seguro comercial es tan elevado que la prima equivale a una considerable proporción del valor total del bien asegurado, se plantea la cuestión de la conveniencia de contratar semejante tipo de seguro. Sin

Si alguna vez ven saltar por la ventana a un banquero suizo, salten detrás; seguro que hay algo que ganar.

VOLTAIRE
Escritor y pensador

embargo, resulta sorprendente observar con cuanta frecuencia se pasa por alto esta consideración, tan sencilla en apariencia.

■ Alternativas a los seguros

Existen otras alternativas para enfocar los riesgos latentes en cualquier tipo de negocio que pueden ayudar al empresario a reducir el costo de protección, mediante métodos que algunas veces son ajenos al seguro comercial y otras se pueden combinar con éste para obtener una disminución del costo de las primas.

De estas alternativas, las que se utilizan con más frecuencia son las siguientes:

- Aceptación de riesgos.
- Programa de prevención de siniestros.
- Eludir el riesgo.
- Autoseguro.

Aceptación de riesgos

Esta alternativa implica prescindir de los seguros, es decir, no asegurarse contra ciertos riesgos. Debido a que no resulta práctica la contratación de seguros contra todo riesgo, la mayoría de los empresarios ha llegado a la conclusión de que inevitablemente es necesario asumir algunos riesgos. Con esto no debe entenderse que no se contraten los seguros sencillamente porque el costo de las primas sea considerado como «prohibitivo» para la empresa. Si el empresario no puede hacer frente al desembolso que representa una prima, difícilmente podrá afrontar una pérdida en caso de un siniestro.

Por tanto, habiendo seguros con primas razonables es insensato exponerse a correr grandes riesgos; éstos sólo deben afrontarse cuando la pérdida potencial es relativamente baja. Por otra parte, la carencia de seguro debería limitarse en exclusiva a aquellos riesgos que son más o menos previsibles y cuantificables y sobre los cuales es posible actuar en algunos sentidos, bien sea previniéndolos o reduciéndolos de manera apreciable. Los llamados «riesgos comerciales» son los que más se prestan al ejercicio de esta práctica.

Prevención de siniestros

Existe una serie de medidas de seguridad encaminadas a evitar que se produzcan siniestros o pérdidas; estas medidas adoptan por lo general la forma de un programa de prevención de riesgos, encaminado a reducir las probabilidades de que los mismos ocurran. De esta manera, los sistemas de prevención de incendios, de

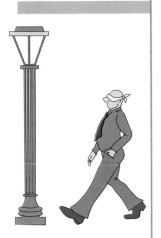

Las previsiones que necesariamente realizará el equipo directivo de una empresa deben intentar un perfil de equilibrio entre riesgo calibrado y cobertura de los posibles imprevistos.

VULNERABILIDAD

No resulta imprescindible ampliar la cobertura del seguro a todos los aspectos o factores vulnerables de la empresa. Sí conviene analizar el programa más adecuado de prevención.

protección antirrobos, de seguridad en el trabajo, los mantenimientos preventivos, la construcción de edificios dotados de medidas de seguridad contra siniestros y accidentes, etcétera, de forma habitual disminuyen, a largo plazo, los costos de explotación del negocio.

Estos programas tienen la ventaja adicional de que redundan en una reducción de las primas cobradas por las compañías aseguradoras, pues, aunque muy pocas veces se consigue eliminar los siniestros en su totalidad, sí se reduce mucho su frecuencia, por lo que pueden concertarse los seguros correspondientes a primas más bajas.

Eludir el riesgo

Ésta es una fórmula que en algunas ocasiones permite transferir ciertos riesgos a terceros, ajenos a las compañías aseguradoras. Esto resulta a menudo posible y económico. Por ejemplo, un empresario puede alquilar los vehículos que necesita mediante un contrato en el cual se estipula que todos los seguros corren por cuenta del arrendador, quien es muy posible que cuente con una flota de vehículos que, por su gran cantidad, pueden ser asegurados a un costo más bajo de lo que representaría para el empresario. De esta forma el interesado puede transferir a un tercero los riesgos de pérdidas resultantes de accidentes automovilísticos. Otro caso, muy frecuente en este sentido, se produce con los ascensores, para los cuales se pueden concertar con terceras personas contratos de mantenimiento y reparación que también incluyan una adecuada cobertura de seguros contra los riesgos inherentes al uso de estos equipos.

Autoseguro

Mediante este procedimiento, el empresario puede convertirse en su propio asegurador siempre que esté en condiciones de cumplir ciertos requisitos. La cumplimentación de los mismos es la que lo hace diferente de la aceptación pura y simple de riesgos. En ésta se asume un riesgo sin efectuar ninguna provisión de fondos u otra medida similar con que hacer frente a las posibles contingencias de un riesgo, mientras que en el autoseguro, con toda formalidad, habrá de administrarse un programa de protección contra riesgos.

RIESGO

La fórmula de eludir o minimizar el riesgo resulta, por lo general, posible y económica.

▼ *En ocasiones, resulta más rentable en todos los sentidos subcontratar determinados servicios a empresas especializadas, cuyo volumen y experiencia permite cubrir trabajos y riesgos a un menor costo.*

Por ello es imprescindible, para su correcta aplicación, contar con personal capacitado, financiación adecuada y una gama de riesgos suficientemente diversificada. Por supuesto, debido a lo limitado de sus operaciones, es frecuente que los pequeños empresarios no puedan reunir todos estos requisitos.

■ Es preciso saber elegir

Una vez que se ha llegado a la lógica conclusión de que el seguro es la mejor forma de protegerse contra las posibles pérdidas por los riesgos a que se halla expuesto un empresario, no basta con contratar algún tipo de seguro. Antes es necesario hacer una serie de consideraciones acerca de a qué agentes y compañías aseguradoras es más conveniente acudir, y realizar una evaluación cuidadosa de cuáles son las ventajas e inconvenientes que cada uno reporta antes de efectuar la selección.

Al contratar un seguro no debemos olvidar un hecho importante, y es que, en realidad, estamos *comprando* una garantía. Por consiguiente, al igual que en situaciones similares en cualquier empresa, la pericia del comprador es fundamental para realizar la compra en las condiciones más ventajosas que se puedan encontrar en el mercado. Al comprar mercaderías o materias primas se atiende con preferencia a considerar su precio y calidad, las condiciones de pago, la aceptación de devoluciones de productos defectuosos y las garantías ofrecidas por el proveedor. La consideración de los factores anteriores garantiza el éxito de todo buen comprador. De modo similar, entre los factores de vital importancia en la contratación de un seguro figuran el estudio de la situación financiera y jurídica de la casa aseguradora, la clase de servicios que pueda prestar su agente y la flexibilidad de las pólizas para adaptarse a las necesidades específicas del asegurado.

Para obtener el máximo rendimiento de sus pólizas de seguro, el empresario deberá procurarse un asesoramiento especializado en cuestiones básicas en esta materia, como la determinación del monto y tipo más adecuado de cobertura, previsión de posibles complicaciones legales, la contratación de personal entrenado con este propósito y, además, la adopción de todas aquellas medidas de dirección que configuren la política de seguros que desarrollará la empresa.

PROPORCIÓN

La cobertura del seguro debe estar en proporción al valor total del bien asegurado.

▼ *En determinadas empresas, ya sea por la naturaleza del trabajo que en sus instalaciones se realiza, ya sea por el tipo de materiales que se manipulan, ciertos riesgos son superiores a lo normal. En ellas, la prevención y la cobertura deben estar adecuadas a la realidad.*

Selección del asegurador

La cuidadosa selección de la empresa aseguradora es fundamental para obtener un adecuado grado de protección. En la actualidad, existen tres tipos diferentes de empresas aseguradoras. De acuerdo con su configuración jurídica y especialización, dichos tipos son:

- Sociedades anónimas.
- Mutualidades.
- Recíprocas.

El ánimo de lucro es lo que fundamentalmente distingue estos tipos de empresas aseguradoras, pues, mientras las sociedades anónimas persiguen un beneficio, las mutualidades y las recíprocas están organizadas en forma de cooperativas con el ánimo de ofrecer seguros al «costo». En la práctica, sin embargo, las primas que cobran estas cooperativas no siempre resultan inferiores a las que establecen las sociedades de lucro.

Al seleccionar entre los distintos tipos de empresas aseguradoras, el empresario debe tomar en consideración los siguientes aspectos:

- Solidez financiera.
- Especialización.
- Flexibilidad de la cobertura.
- Costo de la prima.

Veamos estos aspectos con mayor detalle.

Solidez financiera. Este aspecto resulta un tanto irónico, pues plantea la siguiente cuestión: ¿Es «segura» la empresa aseguradora? Con mucha frecuencia, los pequeños empresarios confían en los agentes con que tratan para formarse un juicio de la solidez financiera de la compañía de seguros. Ésta no es la actuación más acertada pues el agente bien pudiera no estar debidamente enterado de la posición financiera de la compañía que representa. En estos casos, la actuación más recomendable para el empresario es que trate de adquirir esta información a través de su propio banco, o bien mediante publicaciones especializadas que puedan facilitar una calificación financiera y un análisis de la compañía con quien quiere establecer tratos. Esta indagación resulta elemental, ya que el propósito al contratar un seguro comercial es obtener una garantía sólida de que las reclamaciones por las pérdidas ocasionadas por un siniestro serán reconocidas y abonadas sin dilaciones innecesarias. Por supuesto, un asegurador insolvente o financieramente inestable, no podrá atender al pago de las indemnizaciones o bien tratará de dilatar su pago.

IDONEIDAD

Cuando se ha decidido que el seguro es la mejor forma de protegerse, es necesario evaluar cuidadosamente cuál será la compañía más idónea a la que se confiará este aspecto de previsión.

A menudo, la especialización de las compañías aseguradoras facilita la tarea de elegir cuál es la más adecuada.

CUADRO 4.2

Algunos términos de un multiseguro oficina

Asegurado
La persona física o jurídica, titular del objeto del Seguro, que en defecto del Tomador asume las obligaciones derivadas del contrato.

Capital asegurado
Es el valor que el Asegurado ha atribuido a los bienes protegidos por el Seguro, y que figura en las Condiciones Particulares, debiendo corresponderse con el valor en estado nuevo de los mismos.

Contenido
Conjunto de bienes muebles, enseres, máquinas, aparatos de comunicación, útiles de oficina, impresos, efectos de escritorio y, en general, todo objeto propio de la actividad asegurada que se encuentre dentro del local.

Continente
El edificio o local descrito en las Condiciones Particulares de la Póliza, incluidas cuantas instalaciones formen parte del mismo.

Daño corporal
La lesión corporal o muerte causada a personas físicas.

Daño material
La destrucción o deterioro que sufran las cosas o los animales.

Explosión
Acción súbita y violenta de la presión o depresión del gas o de los vapores.

Expoliación
Sustracción o apoderamiento ilegítimo, contra la voluntad del Asegurado, de los bienes cubiertos por la Póliza, mediante actos de intimidación o violencia realizados sobre las personas que los custodian o vigilan.

Franquicia
Es la cantidad que en cada siniestro y según lo pactado en la Póliza para cada uno de los riesgos cubiertos, se deducirá de la indemnización.

Hurto
Sustracción o apoderamiento de bienes, contra la voluntad del Asegurado, sin fuerza sobre las cosas ni violencia o intimidación sobre las personas.

Incendio
La combustión y abrasamiento con llama, capaz de propagarse, de un objeto u objetos que no están en principio destinados a ser quemados en el lugar y en el momento en que se produce.

Póliza
El documento que contiene las condiciones reguladoras del contrato de Seguro. Forman parte integrante de la Póliza:
- las Condiciones Generales,
- las Particulares, que individualizan el riesgo,
- los suplementos o Actas que se emitan a la misma para complementarla o modificarla.

Prima
Es el precio del seguro, en el que se incluyen los recargos e impuestos que sean de legal aplicación.

Robo
Sustracción o apoderamiento ilegítimo, contra la voluntad del Asegurado, de los bienes cubiertos por la Póliza, mediante actos que impliquen fuerza o violencia en las cosas, incluido el uso de ganzúas, llaves falsas u otros instrumentos no destinados ordinariamente a abrir las puertas; o penetrando secreta o clandestinamente, ignorándolo el Asegurado, su familia y/o empleados, ocultándose y cometiendo el delito cuando el local se halle cerrado.

Seguro a valor parcial
Modalidad de cobertura que consiste en asegurar una parte alícuota del valor total declarado por el Tomador o Asegurado. En caso de siniestro, las pérdidas o daños se indemnizarán por su valor, pero con un importe máximo igual a la parte alícuota asegurada.

Seguro a valor total
El capital asegurado en la Póliza coincide con el valor total del objeto garantizado.

Siniestro
Todo hecho cuyas consecuencias estén garantizadas por la presente Póliza. Se considerará que constituye un solo y único siniestro el conjunto de daños derivados de un mismo hecho.

Suma asegurada
Límite máximo de la indemnización que deberá pagar la Compañía en caso de siniestro.

Valor de nuevo
Es el coste de adquisición o de reconstrucción en estado de nuevo que en el momento inmediatamente anterior al siniestro tienen los bienes asegurados.

Valor real
Se determina deduciendo del valor en estado de nuevo la depreciación por edad, uso y desgaste.

▼ *La contratación de un seguro requiere el asesoramiento de un agente especializado, que ajuste con honestidad las condiciones de la póliza a las necesidades de la empresa asegurada y que garantice una valoración adecuada de la indemnización en caso necesario.*

Especialización. Existen muchos campos de especialización en los que se integran los diferentes tipos de empresas aseguradoras y esta condición es importante a la hora de seleccionar la compañía aseguradora más adecuada para un riesgo particular, pues algunas casas aseguradoras se especializan en determinados tipos de seguros y ofrecen la ventaja de una mayor experiencia en sus respectivos campos de actuación.

Las organizaciones recíprocas frecuentemente se especializan en una determinada clase de seguros, por ejemplo, vehículos motorizados, contándose como el principal atractivo que ofrecen el bajo costo de las primas del seguro.

Flexibilidad de la cobertura. Puede resultar de mucha utilidad para el empresario conocer que algunas compañías aseguradoras pueden adaptar sus pólizas a las necesidades específicas del contratante. De acuerdo con esta peculiaridad el empresario puede insertar cláusulas con disposiciones especiales, así como establecer fórmulas atípicas para determinar la prima y, aún más, puede también establecer ciertos servicios de acuerdo con sus necesidades particulares. El monto de la cobertura contratada, según sea su cuantía, suele ser base para que se negocien condiciones que disminuyan el costo de las primas. Cuando se trata de seguros de grupo, por ejemplo seguros colectivos de vida o enfermedad, el asegurador puede convenir en conceder el reintegro de una parte de la prima si las indemnizaciones no exceden de ciertos niveles convenidos en el contrato de seguro.

Coste de la prima. Después de haber comprobado los extremos concernientes a la solidez financiera, la cobertura y la flexibilidad de la póliza ofrecida por un determinado asegurador, el empresario está en condiciones de comparar costes. A estos efectos, primero hay que analizar la composición de las primas, pues no se debe cometer el error de confundir la prima inicial con la neta.

Algunos aseguradores cobran una baja prima inicial, denominada prima de tasa desviada, otros, en cambio, fijan una prima inicial más alta, pero abonan un dividendo a los tenedores del seguro. Todas estas modalidades deben ser tomadas en cuenta al

AGENTE

El agente de seguros es un profesional, por lo que su elección no difiere de los criterios empleados en la selección de cualquier otro profesional cuya colaboración resulte necesaria para la empresa.

efectuar las comparaciones de costos y esto a veces resulta difícil, pues el empresario debe estimar el probable valor del dividendo y en los seguros de vida que se extienden por un largo plazo este cálculo generalmente no resulta fácil.

El coste de la prima está íntimamente relacionado con las características de la empresa aseguradora, y se ve influido por la eficiencia con que opera la misma y por el cuidado que pone en admitir a sus asegurados. Esto hace que algunas compañías cobren primas bajas, pero, en cambio, sus normas de selección son tan estrictas que muchos solicitantes del seguro no son admitidos por no cumplir cabalmente todos los requisitos exigidos. Sin embargo, aun cuando se cumplan todos estos requisitos, debe ponerse especial cuidado en evitar a los aseguradores que ofrecen primas bajas, cuando las mismas son el resultado de:

- Rigurosas formalidades antes de proceder a la liquidación de las reclamaciones.
- Reservas insuficientes para los riesgos asegurados.
- Bajas comisiones a los agentes, que impiden o dificultan que éstos presten un servicio de la calidad y amplitud necesarias para el asegurado.

No es fácil que el empresario, por sí solo, pueda efectuar una comparación válida de los costes del seguro, pero, en este empeño, le pueden ser de ayuda los comisionistas, agentes de seguros y asesores independientes, que son especialistas en estas materias. Este esfuerzo está plenamente justificado, pues un exhaustivo análisis de los costos bien vale el tiempo, el trabajo y el gasto invertidos en él.

Selección del agente

Teniendo en cuenta que el agente de seguros es un profesional especializado en la materia, su selección se deberá efectuar de la misma manera con que se elige a otros profesionales que dentro de sus respectivos campos prestan servicios a la empresa. Es decir, primero se determinará la clase de servicio que se desea recibir para precisar las cualidades que deberá reunir el agente y después se buscará a la persona adecuada, bien sea a través de colegas del propio empresario o de otras personas que hayan tenido experiencia con diversos agentes.

A estos fines, los siguientes criterios pueden ser de utilidad en el proceso selectivo.

Conocimientos. A efectos de determinar el nivel de profesionalidad de los candidatos, resulta muy útil responder a las siguientes cuestiones:

PRIMA

El costo de la prima está íntimamente relacionado con las características de la empresa aseguradora.

ESPECIALIZACIÓN

El empresario examinará cuidadosamente la incidencia del riesgo que afronte su empresa a fin de contratar el agente que le proporcione una especialización más acorde con sus necesidades y una flexibilidad más dúctil, para una mejor adaptación del seguro a los eventos que deban ser abarcados.

▼ *El seguro contra incendios, debido a la frecuencia y a los devastadores efectos de este fenómeno, es uno de los más solicitados por cualquier empresa.*

- ¿Durante cuánto tiempo ha ejercido su profesión?
- ¿Es conocido como un profesional competente o, sencillamente, porque es complaciente y conserva a sus clientes por sus dotes de simpatía personal?
- ¿Qué formación profesional tiene?
- ¿Es capaz de evaluar consultas sobre seguros de modo correcto y rápido?
- ¿Ha obtenido algún título profesional en su especialidad?

Relación con empresas aseguradoras. Con el fin de determinar el grado de introducción del agente en el campo de los seguros es conveniente averiguar las respuestas a las cuestiones siguientes:

- ¿Son suficientemente amplios los contactos del agente como para que consiga a precios razonables y sin demoras excesivas todos los seguros que necesita el empresario?
- ¿Puede conseguir cualquier tipo de seguros, aunque se trate de riesgos extraordinarios o fuera de lo corriente?
- ¿Es capaz de captar con precisión la necesidad y características de sus clientes como para evitar la contratación de seguros que podrían ser rescindidos porque el empresario o la cobertura no reúnen las condiciones requeridas, dando lugar a gastos y demoras innecesarias?

Calidad de los servicios profesionales. Entre los servicios profesionales que se espera recibir de un agente de seguros se encuentran los siguientes:

- Estudio y evaluación de los riesgos.
- Propuestas de programas de seguros adecuados.
- Propuestas de medios para prevenir o controlar pérdidas.
- Propuestas de métodos de seguros, con exposición de ventajas e inconvenientes.

Prestigio del agente. Otro aspecto de interés que se debe tener en cuenta en el proceso de selección del agente es el prestigio que éste ha adquirido en el ejercicio de su profesión. La colaboración que ha prestado a sus clientes en los casos de pérdidas es muy importante.

- ¿Disfruta el agente de cierto prestigio como resultado de prestar un buen servicio a sus clientes cuando éstos han padecido algún siniestro?

- Por el contrario, ¿ha sido el causante de que otros de sus clientes hayan tenido pérdidas no aseguradas o que no hayan cobrado fácil y rápidamente por su culpa?

Para que el empresario pueda tener la certeza de que el dinero que pague por su cobertura de seguros le produce un buen rendimiento, antes de proceder a la contratación de los seguros deberá investigar minuciosamente a las compañías aseguradoras y a los agentes.

Clases de seguros

Existen en el mercado muchas y variadas modalidades de seguros, y esto es causa de que algunos pequeños empresarios experimenten cierta confusión ante el elevado número de coberturas posibles y por las muchas complejidades que plantea su interpretación a la hora de planificar sus programas de seguros.

Es difícil encontrar alguna póliza que resulte fácilmente comprensible, pues aun las denominadas «comprensivas» en realidad no son más que un conjunto de complejos acuerdos. Para proporcionar una noción general que facilite la comprensión de las diferentes clases, estudiamos a continuación algunos de los seguros básicos.

Seguro contra incendios

Esta clase de seguros se ha ido uniformando en la mayoría de los países. En la actualidad, la póliza básica es muy similar en muchas naciones y comprende lo siguiente:

- Una cláusula aseguradora.
- Aproximadamente 165 líneas de estipulaciones y condiciones que cubren tanto el contrato básico como los agregados. Éstos son comúnmente denominados extensiones o endosos.
- El formulario, que es un agregado donde se describe el bien asegurado.

La información básica relativa a esta póliza de seguros se condensa en los siguientes términos.

Riesgos cubiertos y excluidos. Sin tomar en consideración las variantes que se puedan incluir en los endosos, la póliza básica contra incendios cubre tres riesgos solamente: incendio, rayos y daños a bienes retirados temporalmente del local asegurado a causa de un incendio. Mediante el agregado de un endoso a la póliza se puede asegurar cualquier riesgo colateral adicional, pero ello aumenta la prima que se ha de pagar.

GIGANTES

Las compañías de seguros, a veces asociadas a grupos bancarios o sociedades financieras, constituyen a menudo auténticos gigantes.

Existen en el mercado muchas y variadas modalidades de seguros, lo que suele producir cierta confusión en algunos contratantes.

Si el empresario no puede hacer frente al desembolso que representa una prima, difícilmente podrá afrontar una pérdida en caso de siniestro.

▶ *La peligrosidad de ciertas materias —como la fibra de vidrio— requiere a menudo una cobertura más costosa que la ordinaria. Por ello, la póliza debe establecer claramente la cantidad máxima de mercancía almacenada.*

Se encuentran excluidos de esta póliza los riesgos de robo, daños resultantes de guerra o disposiciones de las autoridades civiles, así como la negligencia por parte del asegurado en emplear todos los medios razonables para rescatar sus bienes tras un siniestro. Existen varios factores que pueden anular el valor de la cobertura:

- Si bajo el control o conocimiento del asegurado se aumenta el riesgo del bien objeto del seguro.
- Si el local queda desocupado por un plazo prolongado.
- Si ocurre una explosión o un tumulto público, salvo que de los mismos resultara un incendio. En tal caso, sólo los daños ocasionados por éste quedan cubiertos por el seguro.

Por ejemplo, la cobertura queda sin efecto si el empresario instala en el sótano de su establecimiento un depósito para combustible que aumenta el riesgo de incendio, o si cambia las mercaderías de su comercio por otras que aumentan el peligro de siniestros.

Bienes cubiertos y bienes excluidos. En el formulario agregado, tanto como en la cláusula aseguradora, se detallan los bienes asegurados bajo la póliza uniforme contra incendios. De la misma queda excluida la pérdida de ciertos bienes, como libros de actas y contabilidad, documentos, títulos de propiedad, valores negociables, dinero en efectivo, oro, plata y manuscritos, salvo que se incluyan mediante un endoso específico. En el formulario de la póliza se adjunta información más específica relativa a los bienes asegurados, indicando hasta qué punto quedan cubiertos por el seguro el contenido y los cimientos del edificio, los árboles, las plantas, las edificaciones externas, las cercas, los muros y otros tipos de bienes. El formulario se utiliza también para añadir nuevos riesgos a los ya especificados en el contrato básico.

Pérdidas excluidas. La cobertura del seguro contra incendios abarca las pérdidas físicas de los bienes asegurados; sin embargo, del siniestro se derivan una serie de perjuicios colaterales que en ciertos casos se excluyen totalmente o bien se limitan en la cobertura. Por ejemplo, la póliza no cubre el detrimento que se produce en las utilidades de un negocio a causa de un incendio. Para obtener cobertura contra tales perjuicios se debe contratar una póliza de lucro cesante, punto éste que será tratado más adelante. Dentro de las pérdidas excluidas, por lo general, se encuentran los daños producidos en exclusiva por los cambios de temperatura y también los resultantes de un aumento en los costos de reparación o reconstrucción que fueran requeridos para ajustarse al código de edificación. Los daños ocasionados en árboles, plantas y césped están limitados generalmente al 5 % de la cobertura de la póliza básica.

Período de cobertura. El plazo de duración de la póliza es de tres años normalmente. Este término no es rigurosamente obligatorio, pues el asegurado puede cancelar la póliza en cualquier momento, sin previa notificación. También el asegurador puede cancelarla por cualquier motivo, pero con una previa notificación que habrá de hacer con cinco días de anticipación. En estos casos, cualquier prima pagada anticipadamente por el asegurado deberá serle reintegrada en proporción al plazo no vencido de la póliza.

Riesgos añadidos. La póliza básica de seguro contra incendios generalmente no colma las necesidades de cobertura de la mayoría de las empresas; entonces se opta por complementarla con un endoso que cubre una serie de riesgos adicionales. Este endoso no aumenta el valor básico de la póliza; simplemente agrega otros riesgos a la cobertura, como temporales, granizo, explosiones, motines, daños causados por aviones, vehículos y humo. Las limitaciones a la cobertura de cada uno de estos riesgos también se definen y especifican en el endoso.

Seguros de responsabilidad civil

La responsabilidad civil está definida por las leyes y se produce cuando, por causa de negligencia, se ocasionan perjuicios a terceras personas. A su vez, la negligencia puede definirse como la falta de la diligencia necesaria en virtud de las circunstancias. En el curso normal de sus operaciones, el empresario está sujeto a una serie de disposiciones legales que regulan la responsabilidad civil. En los países con legislación fundamentada sobre los principios del derecho escrito, esta responsabilidad se deriva principalmente de los perjuicios ocasionados por vehículos motorizados, ascensores, instalaciones y accidentes de índole laboral.

COBERTURA

Un análisis de las compañías aseguradoras y de sus agentes dará al empresario la certeza de que el dinero que paga por su cobertura de seguros le produce un respaldo efectivo.

▼ La gama de modalidades de seguros en el ramo del automóvil es muy amplia, si bien hay algunos riesgos básicos cuya cobertura es obligatoria.

Responsabilidad derivada del uso de vehículos motorizados. La posesión, mantenimiento y uso de automóviles o camiones pueden producir daños a terceros y hacer incurrir al titular en responsabilidades a las que son aplicables los principios básicos del seguro de responsabilidad civil. En adición, con frecuencia las empresas son responsables también por el uso de automóviles, camiones y vehículos de pasajeros, aunque no posean ninguno. Por ejemplo, esta situación se produce cuando un empleado o subcontratista usa su propio automóvil por cuenta del empleador. El empresario, generalmente, es responsable por un accidente que se produce cuando sus empleados, en el desempeño de su trabajo, utilizan vehículos alquilados, contratados, de su propiedad o de un cliente. Existen varias modalidades de seguros contra responsabilidades derivadas del uso de automóviles destinados a proteger a las empresas contra riesgos específicos. En casi todas las legislaciones se obliga a los propietarios de vehículos motorizados a suscribir pólizas de seguros que garanticen los perjuicios ocasionados a terceros. Así mismo los propietarios de automotores suelen asegurarse contra daños ocasionados por colisiones, incendios, robos y otros perjuicios, existiendo varias modalidades de seguros contra esta clase de daños. Por lo general, los diversos tipos de riesgos inherentes a la tenencia de automotores quedan comprendidos en una modalidad de póliza conocida como «seguro a todo riesgo», la que generalmente sólo excluye:

- Los perjuicios originados por el uso y desgaste.
- Los daños a los neumáticos (excepto los ocasionados por incendio, vandalismo o los que sean resultado de un choque).
- Los causados por contaminación radiactiva.
- Las fallas mecánicas o eléctricas y los perjuicios derivados por la congelación.

Si los daños anteriores se hubieran producido como consecuencia de un robo, entonces no procederían estas exclusiones. Por lo tanto, en ese caso el asegurado está igualmente al cubierto de esos daños, excepto el de contaminación radiactiva.

Existe la opción de asegurar los diversos riesgos separadamente si no se desea contratar un seguro a todo riesgo. Por ejemplo, las primas de las pólizas contra incendio y robo son algo inferiores a las de todo riesgo. El seguro contra robo no sólo cubre la pérdida del vehículo, también indemniza todos los daños ocasionados por los ladrones si el automóvil fuera recuperado posteriormente y, además, abona al asegurado una cantidad diaria, dentro de ciertos límites, por los perjuicios ocasionados por la carencia del vehículo.

Seguro contra accidentes de trabajo y responsabilidad del patrono. Las diversas legislaciones son muy estrictas en esta materia. Suelen establecer las siguientes disposiciones obligatorias:

MOTORIZADOS

En casi todas las legislaciones se obliga a los propietarios de vehículos motorizados a suscribir pólizas de seguros que garanticen los perjuicios ocasionados a terceros.

LABORALES

Las legislaciones sobre seguros que cubren accidentes de trabajo y responsabilidad del empresario son muy estrictas.

- Facilitar a sus empleados un lugar seguro de trabajo.
- Contratación de personal competente.
- Suministrar herramientas que no sean peligrosas.
- Advertir al personal sobre cualquier peligro existente.

De acuerdo con lo dispuesto tanto en el derecho común como en las leyes especiales sobre accidentes de trabajo, la no cumplimentación de estas normas hace que el empleador esté sujeto al pago de indemnizaciones originadas en demandas iniciadas por su personal. Por consiguiente, todos los empresarios deben protegerse contra las responsabilidades derivadas de las disposiciones de ambas legislaciones.

Cobertura. La contratación de una póliza de seguros contra accidentes de trabajo y de responsabilidad del patrono garantiza al empleador que la compañía aseguradora se hará cargo del pago de todas las sumas a las que viene legalmente obligado como consecuencia de la responsabilidad contraída bajo la ley ordinaria. La compañía aseguradora se compromete a pagar todas las indemnizaciones y beneficios previstos por la ley correspondiente sobre accidentes de trabajo.

Indemnizaciones. Las indemnizaciones o beneficios que se han de pagar por las pólizas contra accidentes de trabajo están establecidas por las leyes; por lo tanto, la compañía aseguradora no determina el nivel o la clase de beneficios. Las disposiciones establecidas en la mayoría de dichas leyes disponen el pago de asistencia médica al trabajador accidentado, el abono de determinadas indemnizaciones por causas de muerte o amputación originadas en el trabajo, beneficios y pensiones a trabajadores o a sus dependientes por incapacidades producidas por enfermedades de origen laboral. En algunos casos, estas pensiones pueden prolongarse durante todo el tiempo que dure la incapacidad, aun si ésta fuera permanente.

Exclusiones. Pueden variar de acuerdo con la legislación aplicable en cada lugar. En muchos países el seguro sobre accidentes

▼ *La protección y coberturas adecuadas de los trabajadores de una empresa es, además de obligatorio por ley, una exigencia moral de todo empresario.*

de trabajo se encuentra incluido dentro del régimen de seguros sociales, con lo cual el empresario, al pagar su cuota de contribución a los mismos, queda protegido contra este tipo de riesgos.

Fianzas de fidelidad

Las fianzas de fidelidad de empleados adquieren paulatinamente mayor importancia, pues, de año en año, las defraudaciones cometidas por empleados van en aumento, llegando sus cifras a igualar casi las pérdidas ocasionadas por robos y hurtos. Estos fraudes se producen en su mayoría mediante la sustracción periódica de pequeñas cantidades durante muchos años, despojando de esa forma a sus patronos de sumas muy considerables. Cuando estos desfalcos son descubiertos, en muchas ocasiones se intenta mantenerlos en secreto, para tratar de evitar de ese modo que se produzca un ambiente de desconfianza entre clientes y acreedores. De acuerdo con estadísticas realizadas por organizaciones especializadas en estas materias, menos del 10 % de las pérdidas que se originaron por esta causa estaban aseguradas. Dado el volumen de pérdidas que así se producen, sería conveniente que los pequeños empresarios consideraran seriamente la conveniencia de contratar fianzas de fidelidad para contar con una protección adecuada ante un riesgo tan ostensible.

Seguro contra hechos delictivos

El uso de este tipo de seguros está poco extendido entre los pequeños empresarios y, de hecho, es el menos conocido por los comerciantes minoristas. Es conveniente saber que esta clase de seguros cubre las pérdidas ocasionadas por hechos delictivos cometidos contra las propiedades de la empresa por personas ajenas a la misma.

Aunque no se cuenta con estadísticas completas o exactas del montante de las pérdidas así causadas en los negocios, las cifras disponibles muestran que son tan voluminosas, o más, como todas las pérdidas materiales producidas anualmente por los incendios. Esto constituye una amenaza criminal sumamente grave, en especial contra la pequeña empresa. En algunas de las pequeñas empresas que fueron víctimas de robos de consideración hubo que proceder a su liquidación por carecer de la protección del seguro, ya que la pérdida que se produjo sobrepasaba las reservas financieras de sus propietarios.

Debido a la imprevisibilidad de las pérdidas producidas por estos riesgos, las primas de seguros contra hechos delictivos son por lo habitual elevadas y su importe varía de acuerdo con la ubicación de la propiedad asegurada, la cantidad relativa de vigilantes nocturnos, las medidas de protección y los sistemas de alarma antirrobo, el número de locales expuestos y la clase de negocio. El aumento de los índices de criminalidad también influye, así como la variación de la índole de los delitos. Existen varias modalidades de pólizas entre las que se encuentran las siguientes:

Seguro contra hurtos. La protección básica de la mayoría de los minoristas contra las pérdidas ocasionadas por actos criminales cometidos por «extraños» está constituida por esta modalidad de seguro que cubre las cajas fuertes con su contenido y las mercaderías en existencia.

Seguro contra robos. El robo se define en derecho como el despojo de bienes de una persona a cuyo cargo se encuentran, mediante la intimidación o la violencia. Con este tipo de seguro se protege al empresario contra las pérdidas ocasionadas por el robo de bienes, dinero o valores, que hayan ocurrido en su negocio o fuera de él.

Pólizas integrales contra actos criminales. Ésta es una modalidad de seguro que ofrece una cobertura de riesgos más amplia, pues no sólo cubre el robo y el hurto, sino también otros tipos de sustracciones y la destrucción o desaparición de bienes. En otras también se incluyen las pérdidas originadas por falsificaciones.

▲ *Con independencia del seguro establecido para cubrir los bienes de una empresa, una adecuada vigilancia y control de las instalaciones permite protegerlas de riesgos innecesarios.*

Póliza «a todo riesgo» contra daños

Las compañías de seguros especializadas en incendios elaboraron con posterioridad a la Segunda Guerra Mundial pólizas de «tipo múltiple», y otras que ofrecían cobertura contra «todo riesgo» sobre bienes, estando las mismas sujetas a determinadas limitaciones y exclusiones. La protección que ofrece esta modalidad de seguro es mucho mayor que la contenida en las pólizas típicas contra incendios y perjuicios afines. Las pólizas contra todo riesgo se caracterizan porque cubren todas las contingencias, excepto aquéllas específicamente excluidas.

Seguro contra pérdidas colaterales

Hay algunos tipos de negocios y ciertos establecimientos minoristas a los que, aun en el caso de que sus propias instalaciones quedaran destruidas, les es posible seguir funcionando mediante el arriendo de locales o equipos pertenecientes a terceros. Hay una modalidad especial de seguro que se denomina seguro contra pérdidas colaterales que cubre los gastos adicionales que implica la continuación de las actividades comerciales mediante el uso de instalaciones ajenas.

Seguro de lucro cesante

En el caso de que se produjera la paralización de las actividades comerciales de un negocio, las pérdidas indirectas o a consecuencia de la interrupción de los negocios son, con frecuencia, mucho más graves, por el perjuicio total que representan, que las pérdidas directas causadas por un siniestro. Considérese, por ejem-

LUCRO CESANTE

Todo pequeño empresario debería considerar la protección que ofrece el seguro de lucro cesante.

▶ *Las pólizas de seguros deben brindar una información clara de los riesgos cubiertos, del costo de las mismas y de las condiciones en las que el asegurado puede ejercer los derechos dimanantes del contrato.*

RIESGOS GENERAL   Modelo de póliza de seguros

A la consideración de: **Fecha de elaboración:**

Entidad aseguradora:
Oficinas centrales: **NIF:**

Sucursal: **Tel.:**   **Fax:**

Descripción del riesgo

Oficina general, situada en edificio viviendas.

Situación del riesgo

calle Tamarindo, 16, local 3 - CALI

Seguridades del riesgo

Protección física. Lunas doble capa.

Detalle de garantías y suma aseguradas en u.m.

Garantías básicas:
Continente/inmueble   EXCLUIDO
Obras de reforma   INCLUIDO
Contenido   INCLUIDO
Capital flotante   EXCLUIDO
Responsabilidad civil   INCLUIDO

Garantías opcionales
Daños agua   INCLUIDO
Robo   INCLUIDO
Rotura lunas y cristales   INCLUIDO
Pérdidas de beneficio   INCLUIDO
Daños eléctricos   INCLUIDO
Avería computadoras   EXCLUIDO
Infidelidad empleados   EXCLUIDO
Asistencia   INCLUIDO

plo, las consecuencias que tendría para un empresario si se viera obligado a cerrar su negocio o fábrica durante varios meses por causa de un incendio. Aunque estuviera plenamente asegurado contra las pérdidas ocasionadas a sus propiedades y existencias, mientras se reconstruye la fábrica o el negocio no sólo dejaría de percibir utilidades, sino que tendría que seguir pagando los sueldos de su personal clave y los gastos permanentes del negocio y, al no percibir ingresos por la falta de producción o venta, se vería colocado en una situación difícil.

El seguro contra la interrupción de los negocios, que se contrata en forma de un endoso agregado a la póliza de incendio, fue concebido para hacer frente a semejantes situaciones, y es de evidente utilidad sobre todo en aquellos casos en que el empresario tiene pocas reservas económicas. Todo pequeño empresario debería considerar seriamente la protección que ofrece.

Otra modalidad de esta póliza cubre al empresario contra las pérdidas que sufriría su empresa por la interrupción que significaría si las instalaciones de un proveedor o cliente muy importante fueran dañadas o destruidas por incendio u otro siniestro. Esta eventualidad no queda cubierta en la póliza ordinaria de interrupción de actividades.

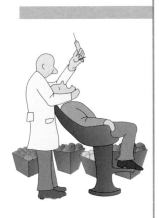

El seguro contra pérdidas colaterales cubre los gastos adicionales que implica la continuación de las actividades comerciales mediante el uso de instalaciones ajenas.

Seguro sobre generadores de energía

Esta clase de seguros es generalmente conocida como seguros sobre calderas y maquinaria, y cubre las pérdidas ocasionadas por explosiones en hornos, calderas, tuberías de vapor, motores y equipos eléctricos.

Seguro sobre vidrios y cristales

Este seguro cubre las pérdidas causadas por las roturas de vidrios y cristales. La cobertura de este seguro abarca las roturas producidas en cristales de vidrieras, vitrinas, puertas, mostradores, pantallas de cine, ladrillos vitrificados, letreros y paneles de vidrio aislados.

Seguro de vida de la empresa

Los negocios también tienen vida; sin embargo, la suya no es una vida propia, sino el reflejo de la existencia de sus dueños o directores.

Así, cuando se aseguran las vidas de estos últimos en beneficio de la empresa, en realidad, se está dotando al negocio de un seguro de vida que le permitirá seguir existiendo cuando ya haya dejado de hacerlo su personal directivo.

CONTINUIDAD

En las pequeñas empresas reviste especial importancia la aplicación del seguro de vida destinado a garantizar la continuidad del negocio.

Esta aplicación del seguro de vida destinada a garantizar la continuidad del negocio reviste especial importancia en el caso de las pequeñas empresas, pues suelen resultar las más desvalidas cuando les falta el dueño o uno de sus hombres clave, ya que cuentan con pocos recursos para afrontar esta situación.

■ Sistemas de pensiones

En la misma medida en que han evolucionado los sistemas sociales en los últimos decenios, podría decirse que también han evolucionado los conceptos relativos a la protección que deben recibir las personas cuando cesan de trabajar por razones de edad, enfermedad u otras causas justificadas.

Son muy diversos los sistemas de pensiones que existen actualmente y van desde los que están enteramente a cargo del Estado hasta los de carácter privado.

A los últimos nos referiremos en el presente estudio, para el cual hemos preparado un esquema que podría complementar las prestaciones de la seguridad social estatal cuando resultaran deficitarias.

Los pequeños empresarios demuestran un interés creciente por los planes de pensiones, y esto se debe principalmente a las siguientes razones:

- Porque la población del país tiene ahora una expectativa de vida más larga.
- Por causa de la competencia comercial.
- Por las ventajas que se derivan de la adopción de esos planes.

El establecimiento y mantenimiento de un plan de pensiones abarca muchos factores, uno de los cuales es su costo. Las características del plan, los beneficios que se desea conseguir mediante su contratación y los medios de financiamiento son otros tantos elementos decisivos a la hora de determinar el costo presente y futuro de un plan de pensiones.

Muchas veces, los pequeños empresarios experimentan los inconvenientes de no contar con planes de pensiones, como sucede cuando uno de sus trabajadores jóvenes más brillantes acepta un empleo con un competidor que ofrece dichas ventajas. Entonces el pequeño empresario desearía poder proporcionar los mismos beneficios a sus empleados, pero le inhibe la creencia de que estos planes son demasiado costosos para la pequeña empresa. El presente estudio intenta disipar esos criterios erróneos y fácilmente solventables, además de subrayar las ventajas e inconvenientes de los diferentes tipos de planes de pensiones privados.

GRÁFICO 4.8

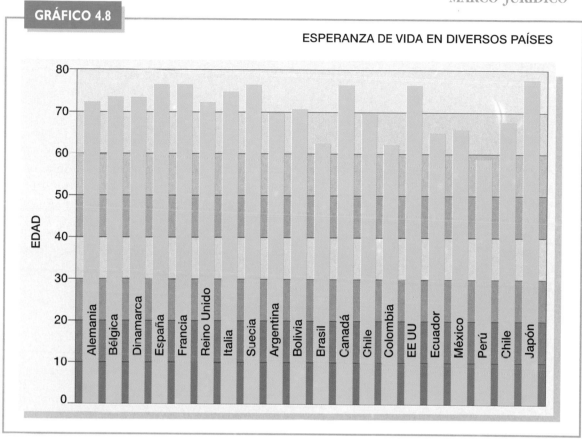

ESPERANZA DE VIDA EN DIVERSOS PAÍSES

Ventajas de carácter general

La adopción de un plan de pensiones aporta una serie de ventajas, tanto en el orden laboral como en el tributario, entre las cuales se pueden citar las siguientes:

Beneficios laborales

- Derecho a una pensión mensual al llegar a la edad de jubilación.
- Beneficios por terminación del empleo. Éstos dependen del tipo de plan que la empresa ha adoptado y deben estar previstos en un plan de participación en las ganancias o en un plan de pensiones. Son optativos, y si los empleados contribuyen al plan, siempre tendrán el derecho a recibir la devolución de sus contribuciones en el caso de que se retire del mismo.
- Beneficios por incapacidad. Éstos se conceden al empleado si queda incapacitado antes de llegar a la edad del retiro. El empleado recibe, por lo general, menos que cuando se jubila normalmente, y la cantidad exacta que ha de percibir está en función de sus años de servicio y de su edad.

▲ *La esperanza de vida forma parte de los elementos incorporados a los cálculos de los costes y condicionantes de los seguros de vida y de jubilación.*

LAS MISMAS

Los pequeños empresarios deben ofrecer a sus empleados las mismas condiciones de seguridad y previsión que las grandes empresas.

• Beneficios a los herederos. Éstos garantizan a la familia del empleado fallecido casi toda su pensión si el fallecimiento ocurre antes de su jubilación normal.

Beneficios tributarios

▼ *Los planes de pensiones o de jubilación permiten evitar penurias en el momento del retiro de la actividad económica del individuo. Paralelamente, y según los diferentes marcos fiscales, pueden aparejar incentivos complementarios.*

• Dentro de ciertos márgenes, son deducibles como gastos empresariales.
• Las contribuciones de los empleados son deducibles de sus propios impuestos.
• Los fondos de pensiones en fideicomiso y sus ganancias están exentos del impuesto.
• Los empleados no tienen que incluir en su declaración de renta los fondos que la empresa coloca a su nombre en el plan de pensiones.
• A la edad de la jubilación, los empleados pueden obtener un tratamiento preferencial en materia de impuestos.

GRÁFICO 4.9

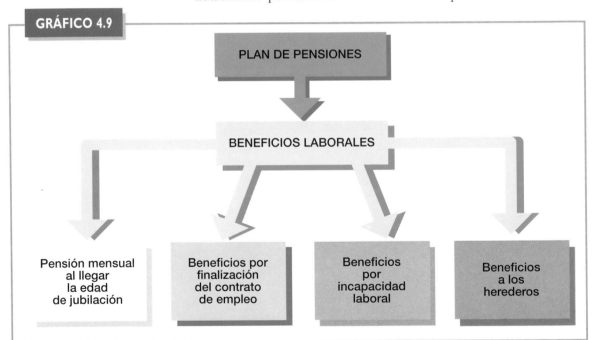

Para conseguir las anteriores ventajas, la empresa tiene que acogerse a un plan de pensiones autorizado por la correspondiente autoridad tributaria.

Establecimiento de un plan de pensiones

El establecimiento de un plan de este tipo es una decisión que no se puede adoptar a la ligera, pues antes hay que tener en consideración las características y posibilidades financieras de la empresa.

Una de las primeras medidas que se han de tomar antes de crear un plan de pensiones es tratar del asunto con un especialista en la materia. Este especialista puede ayudar a encontrar las respuestas exactas a las siguientes preguntas:

- ¿Existe capacidad financiera en la empresa?
- ¿Cuál es el plan que más conviene a la empresa?
- ¿Qué método de financiamiento se debe utilizar?
- ¿Qué flexibilidad se tendrá en las contribuciones anuales al plan?
- ¿Qué beneficios se desean proporcionar y en qué circunstancias?
- ¿Se quiere proporcionar beneficios a todos los empleados o sólo a determinadas clases?

Requisitos de un plan autorizado. Para que un plan de pensiones disfrute de los beneficios tributarios, debe estar previamente aprobado por la correspondiente autoridad. Para esto, casi siempre es suficiente que el cumplimiento del plan sea efectivo y que signifique el establecimiento de un fondo irreversible, del cual el empleado recibirá una pensión.

CONTRIBUCIONES

Las contribuciones de los empleados son deducibles de sus propios impuestos.

Tabla 4.1 Tipos de interés e inflación esperada

País	Tipos de interés (% anual)	Tasa media de inflación
País 1	9,1	4,0
País 2	11,5	9,9
País 3	33,0	53,6
País 4	12,8	9,1
País 5	30,0	25,4
País 6	11,6	9,7
País 7	11,9	10,6
País 8	15,1	13,8
País 9	17,2	16,2
País 10	4,8	2,5

◄ Las perspectivas de un plan de jubilación privado dependen del tipo de interés anual del país en el que se lleva a cabo el contrato.

Además, la empresa deberá cumplimentar los siguientes requisitos para establecer un plan de pensiones autorizado:

- El plan debe ser para beneficio exclusivo de los empleados o de sus beneficiarios.
- El plan no puede ser discriminatorio, en el sentido de que favorezca preferentemente a aquellos empleados accionistas o a los ejecutivos con sueldos elevados.
- Los fondos con que contribuye la empresa pueden no ser retornables.

▼ Las instituciones financieras y especializadas ofrecen un amplio abanico de soluciones personalizas de plan de pensiones.

- El plan debe establecerse por escrito y los empleados deberán conocerlo.
- Debe constar la intención expresa de que el plan sea permanente.

Diferentes planes de pensiones

Los planes de pensiones proporcionan al empleado una prestación por jubilación, adicional a las prestaciones que recibe de la Seguridad Social. Aunque los beneficios tributarios son casi iguales para todos los planes autorizados, en la actualidad predominan tres tipos de planes, que son:

- El plan de pensiones diferido de carácter simple.
- El plan de pensiones diferido con participación en las ganancias.
- El plan de pensiones combinado (síntesis de los dos anteriores).

Además de los tres anteriores, existe el llamado «plan de compensación diferida individual», pero no siempre está autorizado, ya que permite una política selectiva en la elección de los empleados que se desea incluir en él.

El plan de pensiones diferido de carácter simple. La principal característica de este plan es garantizar al empleado un beneficio determinado para cuando se retire. Por tanto, la aportación anual de la empresa depende de la cuantía de los fondos que sea preciso acumular para lograr este objetivo.

Esto es lo que se conoce comúnmente como cálculo actuarial, ya que este tipo de cálculo permite determinar la cantidad anual que tendría que aportarse –por ejemplo, durante los próximos treinta y cinco años– para proporcionar una pensión vitalicia determinada a un empleado que hoy tiene treinta años de edad. Este tipo de plan permite al empresario contemplar en el mismo, tanto a los empleados jóvenes, como a los más entrados en años, pues en un período de tiempo relativamente corto se puede acumular el fondo de pensiones necesario para el retiro de los empleados de más edad.

El importe de la pensión que se ha de recibir, por lo general, se determina con una fórmula que puede ser un porcentaje de los sueldos percibidos por el empleado, o bien una cantidad fija basada en los años de servicio, o una combinación de ambos. De todos modos, sea cual fuere la fórmula utilizada, se aplica a todos los partícipes del plan. Existen algunas empresas que también permiten que el empleado contribuya al fondo de pensiones; en este caso su aporte generalmente es del 1 al 5 % de su sueldo.

Plan de pensiones diferido con participación en las ganancias. Este plan se dota con los fondos provenientes de las utilidades de la empresa y no garantiza al empleado una cantidad determinada sobre su sueldo mensual. El procedimiento seguido para financiar el fondo de pensiones se basa en depositar todos los años en el mismo una parte determinada de las utilidades, cuya cantidad puede variar de un año a otro, o bien puede establecerse de acuerdo con una fórmula.

> **PLANES Y GASTOS**
>
> Los planes de pensiones, dentro de ciertos márgenes, son deducibles como gastos empresariales.

Tabla 4.2 Ejemplo plan de pensiones

Hipótesis del plan de pensiones				Total satisfecho en cuotas ordinarias		Capital acumulado a la Jubilación	
(1) u.m.	(2) años	(3) %	(4) %	u.m.	u.m. actuales	u.m.	u.m. actuales
10 000	30	7,60	3,20	3 600 000	1 399 302	13 150 039	5 111 356
10 000	30	6,60	4,20	3 600 000	1 047 782	10 924 883	3 179 693

(1) Aportación mensual   (2) Duración del plan   (3) Tipo de interés   (4) Inflación

Usualmente, la participación de cualquier empleado en las utilidades se basa en el valor de su sueldo. De la misma forma se calcula en este plan la participación del empleado en el fondo de pensiones al llegar a la edad de jubilación.

Un inconveniente que se señala a este plan es que casi nunca es suficiente para proporcionar una pensión sustancial a los empleados de más edad. Sin embargo, para los más jóvenes puede ser tan bueno como el plan de pensiones diferido simple.

Costo de los planes de pensiones

En términos generales, el costo de un plan de pensiones es la suma de los siguientes elementos: contribución en efectivo necesaria para la constitución del fondo más gastos de administración, menos los intereses, dividendos y deducciones tributarias. El plan de pensiones de una empresa debe estar hecho a su medida; esto es, configurado en función de los objetivos que se desean alcanzar. Por ejemplo:

Los planes de pensiones proporcionan al empleado una prestación por jubilación, adicional a la prestación que recibe de la Seguridad Social.

- Clases de beneficios que se desean otorgar.
- Empleados que incluirá el plan.
- Las respectivas edades de los empleados.

Es necesario adoptar una serie de precauciones antes de determinar las cifras de costo de un plan de pensiones; entre las principales se encuentran las siguientes:

- Cerciorarse de que se ha ofrecido al empresario una variedad suficiente de métodos de creación de fondos de pensiones como para que la elección del método que se vaya a utilizar sea la más adecuada.
- Sobre la base anterior, pedir al asesor que haga estimaciones de costo basadas en proyecciones de veinte a treinta años.
- Establecer cuál será la contribución máxima y mínima que debe efectuarse y analizar las bases de determinación de las mismas.
- Comprobar que el método de financiamiento fue verificado por un actuario, pues el más pequeño error en los cálculos puede convertirse en un importante factor de disminución del fondo durante años.

EN EL FONDO

En cualquiera de los planes de pensiones se deberá crear un fondo acumulativo, el cual recibe las contribuciones, las invierte y paga las pensiones.

Tabla 4.3 Plan de pensiones flexible

Supuesto práctico: *Una persona con 40 años comienza su plan de ahorro con:*
- *20 000 u.m./mes*
- *Revalorización anual de las primas del 5 %*
- *A 25 años de duración*

Pero, a medida que avanza su plan, decide realizar algunos cambios adaptándolo a sus necesidades

	Situación	Aportación	Revalorización	Utiliza la flexibilidad para...
Año 1998	Inicia el plan	20 000 u.m./mes	5 %	
	Dispone de un dinero extra	500 000 u.m.*		Realizar una aportación extraordinaria
Pasados 6 años	Mayor capacidad de ahorro	40 000 u.m./mes		Incrementar la prima mensual
Pasados 10 años	Piensa jubilarse a los 60 años			Reducir la duración
Pasados 12 años	Dispone de un dinero extra	1 000 000 u.m.*		Realizar una aportación extraordinaria
Pasados 16 años	Menor inflación		3 %	Bajar la revalorización
Pasados 20 años	SE JUBILA CON 60 AÑOS	CAPITAL GARANTIZADO 15 664 937 u.m.		CAPITAL ESTIMADO** 23 133 537 u.m.

*Aportación extraordinaria   **Rentabilidad anual estimada del 8 %

- Asegurar la continuidad de la contribución, pues, aunque en el plan de pensiones se estableciera una supuesta cuota anual «fija», el plan debe prever cierta elasticidad para efectuar contribuciones menores cuando las circunstancias así lo requieran. De esta forma se protegerá a la empresa en años de poca o ninguna ganancia.
- Si fuera necesario suspender las contribuciones anuales por causas de «necesidad comercial», debe recordarse que tarde o temprano habrá que realizar otras mayores, para mantener el fondo en sus niveles.
- Aunque la contribución anual al fondo no esté constituida por una suma fija, deberán vigilarse las deudas que se tengan con el mismo, pues habrá ocasiones en que, ya sea el fondo o el empresario, tendrán que pagar, aunque la empresa no haya obtenido ganancias en ese año.

Cuando se efectúa la evaluación del costo de un sistema de pensiones, debe recordarse que, en cierto modo, se están «comprando» los beneficios de jubilación para los empleados de la empresa. Se debe considerar como partida de costo la compensación que se hace al desgaste humano y también la potenciación del atractivo de los puestos de trabajo de la empresa.

Por supuesto que si la mayoría de los empleados de una empresa son jóvenes, el costo anual será menor que si esa mayoría fuera de más edad. La causa de esto es que, cuanto más joven sea el grupo, más tiempo devengan intereses las cantidades que se depositan en el fondo.

Métodos de financiación

En cualquiera de los planes de pensiones siempre deberá crearse un fondo acumulativo, el cual recibe las contribuciones, las invierte y paga las pensiones. En algunos casos este fondo es administrado por las compañías de seguros. Debe recordarse que las ganancias de un fondo están exentas de gravámenes mientras sean reinvertidas en el mismo.

Existen varios métodos de financiación, pero los más utilizados son los siguientes:

- El plan asegurado.
- El plan no asegurado.
- El plan combinado.

En el plan asegurado se recurre a una compañía de seguros para contratar cualquiera de las formas de seguro de renta obligatoria. Cuando llegue la edad de la jubilación, la compañía aseguradora pagará el beneficio estipulado. Este plan alivia al empre-

Un seguro de vida siempre tiene que tener un capital de cuatro o cinco veces el sueldo anual del asegurado.

RICHARD TURBO
Empresario

FINANCIACIÓN

Entre los métodos de financiación de los planes de pensiones más utilizados figuran el plan asegurado, el plan no asegurado y el plan combinado.

sario de la mayor parte de las cargas administrativas y es la compañía aseguradora la que garantiza la solvencia del fondo de pensiones. O sea, que una vez que se han solucionado los primeros trámites, termina la responsabilidad del empresario por el pago de los beneficios del plan.

A diferencia del anterior, en el plan no asegurado, también conocido como «autoasegurado», el empresario administra el fondo de pensiones y garantiza a los empleados que el dinero estará disponible cuando les correspondan sus beneficios. Probablemente el potencial de ganancias de este fondo será mayor que lo que sería bajo la cartera conservadora de una compañía de seguros, pero, consecuentemente, el riesgo también será mayor.

El plan combinado, o «plan de fondos divididos», es un método intermedio que combina la mayoría de las garantías de un plan asegurado con el principio inversor del no asegurado.

▼ *El reclamo publicitario dice: «la salud no se compra con dinero, pero...». Evidentemente, un seguro de salud (que cubre los gastos de hospitalización, una indemnización diaria, etcétera) ayuda a sobrellevar una situación indeseada.*

■ Otros sistemas de beneficios

En algunos países del área latinoamericana se está generalizando un sistema conocido como seguro de grupo o colectivo. Se realiza a través de compañías de seguros y las primas son pagadas por el empresario, más una modesta aportación de los empleados. Este tipo garantiza una indemnización por accidente o muerte y, al llegar a la edad de la jubilación, se entrega una cantidad alzada al beneficiario.

El hombre de negocios y el seguro de vida. La vida del hombre de negocios y la de la empresa que dirige son casi una misma cosa, por eso si se quiere evitar que al fallecimiento del propietario se produzca también la desaparición del negocio, hay que adecuar los medios necesarios para perpetuar la actividad empresarial. Uno de los medios más eficaces de lograr este propósito se encuentra en el seguro de vida empresarial.

¿Quién garantiza que una enfermedad no sea además un problema económico?

SEGURO DE SALUD

CERRADO POR ENFERMEDAD

¿Qué es el seguro de vida empresarial?

Este tipo de seguro tiene por finalidad proteger a la familia del empresario y a la empresa en sí de los quebrantos financieros producidos por el deceso de una persona de vital importancia dentro de la empresa.

El seguro de vida empresarial y el contratado para cubrir necesidades personales y familiares pertenecen a la misma modalidad y no existen diferencias fundamentales entre ellos. Sin embargo, en la protección pactada por las empresas se incluye una gran cantidad de complejas disposiciones que abarcan problemas de orden legal, financiero, tributario y técnico. En realidad es un seguro de vida adaptado a las necesidades específicas de la empresa y, por eso, no son posibles dos planes exactamente iguales en todos sus detalles.

¿Quién protege mis ingresos en caso de invalidez?

RENTAS TEMPORALES DE INVALIDEZ

Propósito del seguro. El propósito de contratar un seguro de vida empresarial está determinado por la necesidad de alcanzar una serie de objetivos específicos, entre los que se destacan los siguientes:

- Obtener una cobertura adecuada para compensar el perjuicio que significaría para la empresa la pérdida de uno de sus hombres clave o, en su defecto, proporcionar los medios necesarios para su reemplazo.
- Seguro de sociedad, destinado a devolver a la familia de un socio la participación de éste en caso de fallecimiento.
- Seguro de accionistas, encaminado a reintegrar el valor de su paquete de acciones a la familia de un accionista, en el caso de su muerte.
- Seguro de propiedad individual, para garantizar la continuidad de un negocio tras la muerte de su único propietario.
- Seguro de solvencia económica, para afianzar el crédito de un negocio durante la vigencia de un préstamo o de una hipoteca sobre los bienes de la empresa, mediante una póliza de seguro sobre la vida del dueño o de un empleado importante.
- Seguros de beneficios al personal, destinados a la creación de fondos para jubilaciones, seguros de vida colectivos, pensiones por incapacidad, hospitalización y asistencia médica y quirúrgica, o de asistencia médica integral. Todos ellos constituyen tipos de seguros personales con frecuencia empleados por las empresas para estimular a su personal con la finalidad de aumentar la eficiencia operativa y contribuir a la estabilidad de sus actividades.

▲ *La invalidez, otro riesgo que puede ser cubierto en todas sus modalidades: la incapacidad temporal, la invalidez permanente total, la invalidez permanente absoluta, la gran invalidez, etcétera.*

SEGURO, SEGURO

La cobertura del seguro de vida empresarial y la planificación de la sucesión exige la colaboración de un asesor experimentado.

En un Estado
con leyes,
la libertad no
puede consistir
más que en poder
hacer lo que
se debe querer
y en no ser
obligado a hacer
lo que no
se debe querer.

BARÓN DE MONTESQUIEU
Escritor y filósofo

Enfoque de la cuestión. El enfoque de la cobertura de estos seguros y la planificación de la sucesión representa un complejo conjunto de problemas, muchos de ellos de índole técnica, por lo cual es necesario que el pequeño empresario busque un adecuado asesoramiento en estas cuestiones.

El procedimiento más extendido consiste en consultar a cuatro expertos para garantizar que con el plan adoptado queden resguardados debidamente todos los intereses de la empresa.

El grupo de expertos está constituido por el abogado, el contador de la empresa, el albacea o fideicomisario de su banco y su agente de seguros de vida. Este último proporciona el asesoramiento técnico relativo a la contratación de las pólizas, en tanto que los demás suministran la información esencial en la que se deberá fundamentar el plan. Una vez instrumentado el plan, este grupo de expertos asume la responsabilidad de cumplir con los trámites legales y bancarios, y también se encarga del control y seguimiento de las directrices.

Es frecuente encontrar entre los agentes de seguros a verdaderos especialistas en el ramo del seguro de vida empresarial, familiarizados con toda suerte de problemas que presentan estas cuestiones; no obstante, ellos casi siempre prefieren la concurrencia del abogado, el contador de la empresa y el funcionario bancario en un plan de consultas que salvaguarden la efectividad del plan.

Por lo general, el empresario-propietario consagra todos sus esfuerzos a conseguir el éxito en su gestión empresarial, y esta ingente tarea le resta tiempo para analizar sus necesidades de seguros, que, a veces, por la complejidad que conllevan, incluso están fuera de sus conocimientos. Por consiguiente, la obtención de una cobertura adecuada para todos los riesgos que afronta una empresa entraña la necesidad de conseguir un asesoramiento técnico especializado.

Aspectos tributarios. Estos aspectos revisten trascendental importancia al considerar los problemas inherentes a la continuidad empresarial, pues el impuesto sobre la renta y el impuesto sobre sucesiones plantean serias cuestiones financieras y, por tanto, deben ser tomados en consideración en los planes de seguro de vida empresarial; de lo contrario, se corre el riesgo de que todo el plan se resquebraje por su base, en especial en el caso del empresario individual.

Sin embargo, debido a que la legislación tributaria cambia con frecuencia, un plan elaborado en la actualidad teniendo en consideración los presentes beneficios fiscales puede resultar desventajoso en el futuro, si en el interior se ha reforzado la ley respectiva

CLAVE

Cuando un negocio depende de la gestión o aportación de personas clave, es aconsejable asegurarlas.

o se le da una nueva interpretación a la existente. Por consiguiente, éste es un asunto que, por las complejidades que presenta, debe ser puesto en manos de expertos en la materia.

Reserva para contingencias. Por lo general, las pólizas que se utilizan en los planes de seguro de vida empresarial contemplan un valor de rescate, que va en aumento con el transcurso de los años y que constituye para las empresas una valiosa reserva a la que se puede acudir en caso de que se produzcan graves trastornos financieros. En esas contingencias se pueden tomar préstamos sobre los valores de rescate acumulados de las pólizas.

Seguro sobre personal clave

Las mejores posibilidades de éxito de una empresa descansan a menudo sobre los hombros de unas pocas personas. Con frecuencia se trata del propietario o de uno de sus máximos ejecutivos, como el director financiero, cuando sobre él recae toda la responsabilidad del crédito del negocio, la obtención de préstamos y líneas de financiamiento; también podría ser el director de ventas, y quizás, en una empresa minorista, el mejor vendedor o comprador. En otros casos, esta persona puede ser un químico, un ingeniero o un hombre de ciencia, sobre cuyos aportes técnicos descansa el éxito de la empresa. En resumen, cualquier empleado cuyo fallecimiento representara un quebranto de graves consecuencias para los resultados de la empresa.

Cuando concurre la circunstancia de que un negocio depende de la gestión de uno o más hombres claves, el seguro sobre estas personas es muy aconsejable para mitigar la pérdida que su potencial ausencia pudiera ocasionar. Este grupo permite compensar el quebranto producido y facilitar los recursos necesarios para contratar o capacitar a un sucesor idóneo.

Al decidir adoptar esta fórmula de protección, uno de los primeros factores que se ha de considerar es el montante de la cobertura. A estos efectos es recomendable calcular minuciosamente el importe de las utilidades atribuibles a la gestión del hombre clave, y capitalizar dicha cantidad en una cifra apropiada. Deben considerarse también e incluirse en el importe de la cobertura los gastos adicionales que podrían derivarse de su fallecimiento, por ejemplo, honorarios de las agencias de reclu-

▼ Determinadas personas ocupan, dentro de la empresa, un lugar clave, ya sea por la especialización del puesto como por la misma responsabilidad que desempeñan. Es posible cubrir con un seguro el daño que sufriría la empresa debido a la falta de una de estas personas.

tamiento de personal, el costo de la capacitación del sustituto y la pérdida de ventas a clientes importantes.

Seguro sobre sociedades no anónimas

Una sociedad que no tenga la condición de anónima puede entrar en liquidación al fallecimiento, o poco después, de cualquiera de sus socios, si en su escritura de constitución no se han pactado acuerdos en contra. Cuando no ha sido prevista la continuidad de los negocios, cesa la realización de las actividades normales de la sociedad y los socios sobrevivientes se convierten en lo que se denomina «socios liquidadores».

Colocados en esta situación, los socios no pueden emprender ningún negocio nuevo, ya que quedan legalmente obligados a limitarse a la liquidación de los activos y pasivos de la sociedad. Si prosiguen sus actividades, son personalmente responsables de cualquier pérdida no cubierta por el activo de la sociedad.

Huelga cualquier comentario acerca de los inconvenientes y peligros que presenta la anterior situación. Sin embargo, existen diferentes formas de obviarla. Una de ellas consiste en un pacto de compraventa, debidamente financiado, que permita la adquisición, a un valor predeterminado, de la participación del socio fallecido. La confección del instrumento legal que recoja los deseos de los socios en este sentido, debe encargarse a un abogado.

Una vez concertado e instrumentado el pacto de compraventa, el paso siguiente es proporcionar los medios para su financiación, los cuales pueden conseguirse mediante el seguro de vida empresarial. Esta fórmula facilita a los restantes socios la reorganización y continuidad inmediata de las actividades empresariales. También garantiza una liquidación sin pérdidas de la participación del socio fallecido, proporcionando a sus causahabientes la entrega del valor justo y equitativo de su participación en la empresa, sin demoras y con un mínimo de molestias. Todo esto redunda en la consolidación del prestigio crediticio del negocio.

Seguro sobre sociedades anónimas

El fallecimiento de un accionista no afecta directa e inmediatamente a una sociedad anónima, como sucede en los otros tipos de sociedades a la muerte de uno de sus miembros, pero eso no es óbice para que también pueda verse muy afectada por semejante acontecimiento. La sociedad anónima no queda disuelta por el deceso de alguno de sus accionistas, pero la transferencia de las acciones del fallecido podría originar una serie de trastornos para la incorporación de nuevos accionistas que sean desconocidos por la dirección y que podrían constituir elementos perturbadores den-

TENEDOR

El deceso del tenedor de un paquete mayoritario de acciones puede suponer cierto desconcierto y pérdida de cotización de una empresa, que puede soslayarse con previsión y un adecuado plan de seguros.

tro de la organización. También el fallecimiento del tenedor de un paquete mayoritario de acciones significaría un rudo golpe, tanto para el crédito como para la organización de la empresa.

Existen varias formas de enfocar este problema. Una de las más utilizadas consiste en adoptar un acuerdo de compraventa de acciones preparado por el abogado de la empresa y dotado con un apropiado medio de financiamiento. Casi siempre el seguro constituye la mejor solución económica en esta clase de acuerdos. Un plan adecuado de seguros sobre la vida de los accionistas mayoritarios permite liquidar la participación de cualquiera de ellos a su muerte, con lo que se consigue reintegrar a los herederos el valor justo de su participación sin mayores dilaciones, así como neutralizar el efecto que produciría el cambio en los tenedores de las acciones.

Esto último reviste especial importancia en una pequeña sociedad anónima de pocos accionistas, cuyos intereses los mantienen íntimamente ligados a la dirección de la empresa, que en general la llevan directivos y accionistas a la vez. Resulta sorprendente la cantidad de sociedades anónimas que se encuentran encuadradas en esta categoría. Muchas de ellas fueron empresas de propiedad restringida que se transformaron en anónimas sobre todo para conseguir las ventajas legales, tributarias y de continuidad que esta forma de organización empresarial ofrece.

Esta conversión en sociedad anónima no significa que los propietarios se libren de las contingencias que afectan a cualquier empresa por el fallecimiento de alguno de 'ellos. En este caso el seguro de vida continúa siendo un medio válido que facilite a la empresa los fondos necesarios para adquirir la participación del accionista fallecido.

Seguro sobre empresarios individuales

Éste es un aspecto de la protección empresarial que aún no se ha desarrollado debidamente y que se encuentra bastante desatendido, tal vez por considerarse que el mismo corresponde al área del seguro de la vida personal.

Sin embargo, los riesgos que afronta la empresa individual deben ser objeto de amplia divulgación y cuidadoso estudio, pues a este tipo de empresas pertenece la mayoría de los pequeños y medianos negocios, ya que se estima que entre el 60 y el 80 % del total de empresas en funcionamiento son de un solo hombre y están dirigidas por él.

Riesgos que afronta la empresa personal. Existen multiplicidad de riesgos que hacen peligrar la continuidad de la empresa

Los riesgos a que debe hacer frente la empresa individual han de ser objeto de amplia divulgación y cuidadoso estudio.

POR SEPARADO

Si no se desea contratar un seguro a todo riesgo, existe la opción de asegurar los diversos riesgos separadamente.

personal a la muerte de su propietario. En la mayoría de los casos, las leyes establecen que, al fallecer el propietario único, su negocio pasa a formar parte de la sucesión hereditaria, la cual suele ser administrada por un albacea, quien deberá traspasarlo a los legítimos herederos en el plazo previsto, salvo disposición en contra.

▲ *Por diferentes motivos, la empresa individual debe cubrir ciertas contingencias y prever situaciones embarazosas para sus posibles herederos.*

Resulta evidente que los herederos del dueño de una empresa de propiedad individual se verán expuestos al riesgo de sufrir fuertes pérdidas si no se ha elaborado, con antelación a la muerte del propietario, un plan específico que asegure la continuación del negocio, o en su defecto, que permita su liquidación en las condiciones más ventajosas.

A la muerte del propietario puede ocurrir alguno de los siguientes supuestos:

- Que la empresa sea legada a la viuda, al hijo, o a otros herederos.
- Que se venda a los empleados.
- Que se venda a terceros.
- Que siga funcionando bajo la dirección de albaceas o fideicomisarios.
- Que sea liquidada.

PÉRDIDAS

La falta de planificación adecuada para el caso de fallecimiento del propietario individual de una empresa puede originar fuertes pérdidas a sus herederos.

Problemas planteados. En cualquiera de los anteriores supuestos se suscitarán problemas para los herederos del dueño, salvo que todas las eventualidades estén previstas en un plan cuidadosamente elaborado a estos fines. Uno de los principales problemas que se ha de resolver es evitar una venta forzada por necesidad de fondos, pues ésta podría ocasionar fuertes pérdidas.

Otro tipo de problema se plantea cuando la empresa queda a cargo de un albacea, ya que presumiblemente éste contratará a un gerente, que quizá no la atienda como es debido, entre otras razones, por saber que el cargo que ostenta es sólo temporal.

También podría acontecer que a los herederos les faltase la experiencia necesaria para dirigir el negocio, o que el único heredero fuera menor de edad, o bien que hubiera roces entre varios herederos, o entre éstos y los empleados, o incluso, que surgieran dificultades por falta de capital de explotación o de crédito.

Podrían suscitarse discrepancias sobre la valoración de la empresa, y también surgir dificultades por la carencia de recursos financieros para efectuar la transferencia de la propiedad, si ésta fuera vendida a terceros.

Cualquier trastorno en la administración del negocio originado por la sucesión causaría serias pérdidas; en efecto, los cambios pueden afectar a la clientela y al estado anímico del personal. En fin, toda esta conjunción de problemas incidiría negativamente en el prestigio de la empresa y mermaría sensiblemente su crédito.

Necesidad de fondos. En cualquier circunstancia, con independencia del destino que se vaya a dar a la empresa a la muerte del propietario, siempre habrá necesidades de fondos. En esa coyuntura se generan impuestos, deudas y gastos que deberán pagarse y habrá que atender, además, a sufragar las necesidades de la familia del finado.

▼ La necesidad de fondos es, quizás, el principal problema que se plantea a los que se hacen cargo de una empresa individual en el momento de la desaparición de su titular, tanto si son empleados como familiares del anterior empresario.

La familia también necesitará capital de explotación, por lo menos durante cierto tiempo, si se propone seguir con el negocio. Así mismo podría surgir la necesidad de contratar a una persona para que lo dirija.

En el caso de que sean los empleados quienes deban hacerse cargo de la empresa, habrá que facilitarles los medios de obtención de los fondos necesarios para ello.

Si la decisión adoptada es vender el negocio, se necesitarán fondos para seguir operando hasta que surja una oferta de compra ventajosa y, aun así, quizá también sean necesarios fondos para compensar la posible desvalorización de bienes que trae aparejada cualquier venta de este tipo.

Urgencia de fondos. El tiempo es un factor importante en los problemas de la sucesión, pues la mayoría de esos fondos se necesitan de forma inmediata, mucho antes de poder obtenerse mediante la venta del activo, salvo que se trate de una liquidación forzada y acelerada por la urgencia de dinero, en cuyo caso, con seguridad casi absoluta, habría fuertes pérdidas. Las obligaciones tributarias vencen a muy corto plazo y no pueden ser soslayadas ni postergadas, y las exigencias crediticias serían más urgentes aún si se desea continuar la explotación del negocio.

El tipo de negocio es factor determinante de la urgencia en recabar fondos. Por ejemplo, un almacén de comestibles que vende artículos perecederos podría requerir sus fondos con mucha más urgencia que un comercio de ropas.

Las características del negocio también determinan la duración del período de transición, pues podría resultar difícil encontrar un comprador para cierta clase de empresas, como una fundición de hierro o una planta de trabajo muy especializado, las cuales también necesitarían fondos cuantiosos para mantener su funcionamiento hasta que se encontrara un adquiriente.

En otros casos, resultaría casi imposible encontrar comprador para muchas pequeñas empresas cimentadas sobre la base de alguna técnica particular o una especialidad del propietario.

Solución del problema. La oportuna ejecución de un plan adecuado parece ser la solución más acertada para esta clase de problemas. El propietario necesita elaborar un programa práctico y bien orientado que proteja su negocio y a su familia tras su fallecimiento. Dicho programa debería contemplar los siguientes requisitos:

- Un testamento que establezca el destino que deberá darse a su negocio.
- Un pacto de compraventa o un plan cuidadosamente preparado para la continuación o, en su defecto, liquidación del negocio.
- Un cálculo de las necesidades de efectivo para cumplimentarse las disposiciones establecidas en el plan.
- Un medio que proporcione los fondos requeridos.

Según los anteriores requisitos será necesario redactar un testamento, un acuerdo de administración y, quizás otro de compraventa, así como un plan de seguros. Por consiguiente, resulta evidente la necesidad de que se efectúen consultas de índole técnica entre el agente de seguros, el contador, el albacea o administrador fideicomisario y el abogado del propietario, que son las personas capacitadas para determinar lo que hace falta y preparar un plan que contemple los tecnicismos legales y que se ajuste a las necesidades financieras involucradas en la sucesión.

Los objetivos del plan, los tipos de pólizas de seguros que se han de contratar y las condiciones que deberán reflejarse en los documentos legales, dependen de diversos factores.

Cuando la evaluación de los fondos disponibles, incluidos los provenientes de los seguros de vida personales, revela que los mismos son insuficientes para atender a las necesidades previstas en el plan, es recomendable recurrir al seguro de vida empresarial a fin de cubrir el déficit de cobertura. Un buen programa de seguros de este tipo suele proporcionar los siguientes resultados:

- En caso de que se decida la continuación de la empresa, la coloca en una buena situación financiera.
- Estabiliza el crédito de la empresa.
- Garantiza, de inmediato, los fondos necesarios para hacer frente a impuestos, deudas y gastos administrativos.
- Distribuye equitativamente el valor de la propiedad entre los herederos.
- Provee de una renta a los herederos.
- Si la familia no desea hacerse cargo del negocio, permite al fideicomisario venderlo en las mejores condiciones posibles.
- Al eliminar la incertidumbre y los riesgos, asegura buenas relaciones con el personal de la empresa.

PROGRAMA

Un correcto programa de seguros, en caso de que se decida la continuación de la empresa, coloca a ésta en una buena situación financiera.

Otras aplicaciones del seguro. Cuando se cuenta con un grupo numeroso de empleados, las necesidades de seguros que experimentan otros tipos de organizaciones empresariales son comunes para los empresarios individuales. Éstos podrían necesitar también de seguros colectivos, como los de vida, rentas vitalicias o pensiones, de hospitalización y asistencia médica y quirúrgica, y de indemnizaciones por incapacidad o muerte.

En el caso de que los empleados fueran pocos, se pueden arbitrar planes equivalentes sobre la base de contratar pólizas individuales emitidas de forma colectiva.

El interés de los propietarios individuales en estos planes suplementarios ha aumentado de manera notable en los últimos años y es probable que siga acrecentándose en los años venideros. Ejerce una considerable influencia en este sentido la competencia por conseguir buenos empleados y esta clase de beneficios resulta muy útil para atraer a los mismos.

Se debe efectuar una revisión periódica de las pólizas para verificar su eficacia y su puesta al día.

Control periódico. El control periódico es el medio con que cuenta el propietario para cerciorarse de que el plan establecido se mantiene en concordancia con las exigencias que plantea su condición simultánea de cabeza de familia y empresario. Éste debería efectuarse por lo menos una vez al año, ya que podría resultar para la empresa aún más importante que el inventario anual de

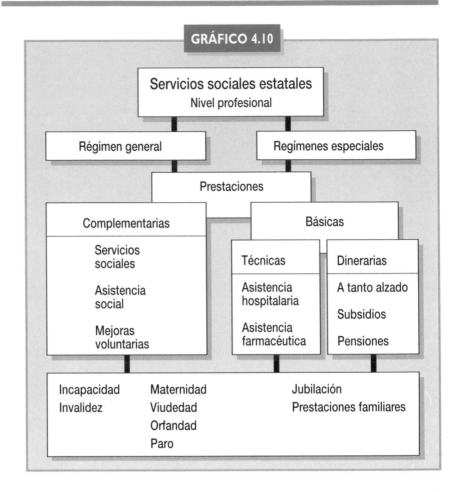

GRÁFICO 4.10

Servicios sociales estatales
Nivel profesional

Régimen general — Regímenes especiales

Prestaciones

Complementarias

Servicios sociales

Asistencia social

Mejoras voluntarias

Básicas

Técnicas

Asistencia hospitalaria

Asistencia farmacéutica

Dinerarias

A tanto alzado

Subsidios

Pensiones

Incapacidad Invalidez — Maternidad Viudedad Orfandad Paro — Jubilación Prestaciones familiares

▶ *Los servicios sociales a cargo del Estado varían según los diferentes países. Pese a ello, la mayoría cubren las enfermedades, jubilación, pensiones de aquellos sectores menos capacitados económicamente o de aquellos que se encuentran en situaciones especiales, ya sea de un modo transitorio o permanente.*

mercaderías, en razón de que cualquier alteración en la exactitud de sus supuestos básicos afecta al futuro de la empresa.

El plan, si no se controla de manera sistemática, a la larga podría ser no sólo inadecuado, sino también desventajoso para solventar los problemas en el momento del fallecimiento del proletario. Por consiguiente, no basta con estructurar y formalizar un plan si luego se archiva y olvida éste durante largo tiempo.

■ El seguro en la pequeña y la mediana empresa

El seguro debe tener una consideración especial tanto en las pequeñas como en las medianas empresas, que son las que cuentan con menos reservas financieras con que hacer frente a los posibles quebrantos que puedan producir los riesgos a que se hallan expuestas. Sin embargo, si bien su necesidad de cobertura ante semejantes eventualidades es evidente, su capacidad para atender al costo de las primas es limitada y necesita, por otra parte, un detenido estudio.

Un estudio

A estos efectos se realizó uno que cubría las características que, en este sentido, presentaban las 385 pequeñas empresas minoristas que fueron objeto de análisis. Se pudo determinar, en el mismo, que las primas de seguros constituyen un factor importante en el presupuesto de estos negocios. Los pagos efectuados por las primas encuestadas oscilaban entre un mínimo de poco más de 100 unidades monetarias por año y un máximo de alrededor de 2 600. El promedio obtenido fue aproximadamente de 260. Esta cifra representó casi el 3 % de sus gastos totales de explotación.

Se detectó que muchos pequeños empresarios estaban asegurados contra pérdidas por incendios relativamente pequeñas, pero no contra las grandes pérdidas potenciales. Estas primas representaron alrededor del 40 % de las primas totales pagadas por estos empresarios.

La mayor parte de los negocios consultados habían contratado por lo menos tres coberturas generales: contra incendios, contra responsabilidad por el uso de automóviles y contra responsabilidad proveniente de sus propiedades y actividades comerciales. Sólo dos terceras partes de ellas estaban aseguradas contra pérdidas por actos delictivos y unas pocas tenían algún tipo de seguro (marítimo o terrestre) sobre mercaderías en tránsito.

Se puso de manifiesto que era una creencia muy extendida entre los pequeños empresarios estimar que los agentes de seguros tenían más interés en contratar una póliza que en proporcionar un servicio. La falta de comunicación fue la causa principal de estos malentendidos.

ÚNICO

La contratación de todas las pólizas con un solo agente ajusta la eficacia del sistema.

◄ *La mayoría de las empresas tienen pólizas de seguro por incendio, circulación y daños a terceros. Sin embargo, hay otros riesgos importantes que no se suelen cubrir, como el de mercaderías en tránsito.*

En muchas ocasiones los minoristas contrataron, con distintos agentes, pólizas sobre una misma propiedad, como gesto de reciprocidad comercial. Tanto los empresarios como los agentes de seguros sabían que eso no era una buena práctica comercial, pero se mostraron renuentes a cambiarla.

No obstante, las conclusiones del estudio al que nos estamos refiriendo muestran que muchos pequeños empresarios carecen de una buena cobertura de seguros.

Tanto los minoristas como los agentes aseguradores deberán esforzarse en lograr mejores programas de seguros, según se recomienda en el informe.

Recomendaciones

De las conclusiones derivadas del estudio se desprenden las siguientes recomendaciones:

- Se debe mejorar la comunicación existente entre los pequeños empresarios y los agentes de seguros. A estos efectos sería conveniente la contratación de todas las pólizas con un solo agente. Además, muchos agentes de seguros deberían adoptar una actitud más profesional en la programación de seguros. En realidad, algunos de ellos necesitan ampliar sus conocimientos sobre su propio campo de acción; sus asociaciones profesionales podrían serles de ayuda a este respecto. Por parte de los minoristas se necesitan mejores métodos de contabilidad y una mejor disposición para suministrar a los agentes de seguros los datos necesarios.
- Se podría mejorar la consistencia de los programas de seguros si los minoristas mantuvieran al mínimo la cantidad de agentes intervinientes. Esto evitaría tanto la superposición como la falta de cobertura y mejoraría el servicio en caso de siniestros.
- Se debería efectuar una revisión periódica de las pólizas para tener la certeza de que las coberturas son lo suficientemente amplias como para cubrir los aumentos de precios de las mercaderías y los inmuebles y el riesgo creciente de fallos adversos en los pleitos de responsabilidad civil.
- Debería estudiarse la posibilidad de utilizar de manera más amplia las pólizas deducibles en los seguros contra incendios y responsabilidad civil.
- En los casos de los minoristas que mantienen al mínimo sus riesgos, habría que estudiar la forma de conseguir tasas especiales.
- Se debería mejorar la calidad y variedad de la información. Las agencias que recopilan y publican datos sobre seguros y siniestros harían bien en considerar la posibilidad de proporcionar información más completa acerca de todos los tipos de pérdidas en las diferentes clases de empresas.

■ Caso práctico

Caso de «Andrés Fernández e Hijos»

Queremos ahora exponer la historia de Andrés Fernández, inmigrante español que se asentó en una pequeña localidad de Centroamérica. Durante catorce años trabajó en una mueblería de dicha localidad, que quebró por problemas financieros. Para entonces, el señor Fernández ya había constituido una familia y también contaba con algunos ahorros que le permitieron adquirir la empresa a muy bajo precio.

En aquella época, los agricultores de la zona prosperaron y la población aumentó al instalarse en ella las familias de los trabajadores de una refinería de petróleo que se construyó en las inmediaciones. El comercio también prosperó en ese período y poco después su hija se casó con uno de los empleados que había trabajado en la construcción de la refinería y que se incorporó a la empresa de su suegro.

Crecimiento del sector

Con motivo del establecimiento en la zona de industrias derivadas del petróleo, los negocios experimentaron un nuevo auge en la locali-

Un incendio, cuya póliza solamente cubría las pérdidas de mercancía, dio a Andrés Fernández la oportunidad de mejorar el local.

dad. En los primeros años sólo había tres establecimientos dedicados a la venta de muebles; diez años más tarde el número de los mismos ya alcanzaba la cifra de siete. En una ocasión, un cortocircuito produjo un voraz incendio en el local comercial de Andrés Fernández que ocasionó la pérdida de las existencias y dañó seriamente las paredes y el techo del local. Como la cobertura del seguro que tenía no incluía las pérdidas por interrupción de los negocios, el señor Fernández tuvo que solicitar de su banco un préstamo para hacer frente a esa inesperada eventualidad.

Se aprovechó la coyuntura del incendio para remodelar el local y dedicarse en exclusiva al comercio de muebles, los cuales tenían mucha demanda por el constante afluir de nuevas familias a la localidad. Transcurridos cuatro años, ya eran doce las tiendas de muebles existentes en la ciudad.

Después de haber completado sus estudios, los dos hijos del dueño se incorporaron a la empresa. El dueño siguió al frente de la casa durante dos años, fecha en que se retiró por motivos de salud. Hasta entonces, el negocio había crecido y contaba con cuatro vendedores, tres empleados en la oficina, dos en el depósito y cuatro más se encargaban de la entrega de los muebles y del transporte en vehículos propios.

Mientras tanto, durante el período de su gestión, las ventas se triplicaron y el negocio marchaba viento en popa. Se contrató a una firma de contadores públicos para la preparación de los estados financieros y el establecimiento de un sistema de cobros y pagos, así como para llevar los registros de contabilidad. A raíz de la incorporación al negocio

Cuando Andrés Fernández decidió retirarse, sus dos hijos y su yerno estuvieron de acuerdo en hacerse cargo del negocio.

del menor de los hijos, la tienda se dividió en departamentos para determinar con más precisión los resultados. Dichos departamentos fueron: dormitorios, sofás, sillas, mesas, escritorios, tapicerías, comedores, espejos y lámparas, alfombras y electrodomésticos.

Durante los dos años siguientes a su jubilación, el yerno se ocupó de las actividades de la oficina, además de realizar la mayor parte de las compras, colaborar con la firma de contadores públicos y supervisar al personal. Los dos hijos ayudaban en todo y no tenían asignada ninguna responsabilidad determinada, aunque a uno de ellos le gustaba colaborar en la promoción de ventas. Así mismo, de manera ocasional ambos realizaban compras bajo la supervisión del yerno.

Los primeros problemas

Al finalizar este período, éste propuso que se confeccionara un esquema de organización, y así se hizo. La idea surgió del hecho de la venta de otro establecimiento similar situado en su misma calle. Dicho negocio lo compró una cadena nacional de mueblerías que tenía éxito en este tipo de negocios. Además, un comercio que había cerrado enfrente de la mueblería, fue adquirido por el ex gerente de una gran cadena de mueblerías que funcionaba en el sur del país, y estaba renovando la fachada del local con la intención de abrir otra mueblería en el mismo.

Esta situación tenía preocupado al yerno, pues las utilidades habían disminuido últimamente y este aumento de la competencia sin duda afectaría a las ventas y mermarían, aún más, las ganancias. Al ser cuatro familias las que dependían de los rendimientos que producía el negocio era necesario que éstos se incrementaran, así que pensó que si cada uno de los hijos se hiciera cargo de algunos departamentos, sus sueldos podrían salir de las utilidades netas de aquéllos. A estos efectos tuvo presente que el depósito y la sección de expediciones no producían utilidades, pero consideró que esto quedaría compensado por el esfuerzo que él realizaba en las oficinas y en la supervisión general del personal.

Al perfilar su plan, estimó que el dueño debería recibir un 8 % sobre su inversión, más el 10 % de las utilidades. El yerno y los hijos se repartirían de forma proporcional el resto de éstas sobre la base del rendimiento de los departamentos que les estaban confiados. El padre estuvo de acuerdo con la propuesta y se mostró dispuesto a pagar, tanto al yerno como a sus propios hijos, un sueldo razonable, además del porcentaje de las utilidades. Pero abrigaba ciertas dudas acerca de si sus hijos podrían manejar sus respectivas secciones, pues les faltaba capacitación y experiencia en la adopción de decisiones directivas.

Consultado el plan con los hijos, se llegó a la conclusión de que el plan era bueno para todos y se procedió a estructurar el campo de actividades de cada uno. Una vez delimitadas las mismas, se reflejaron en un organigrama.

La condición de líder, es decir, la posición que permite hacer trabajar a los demás, consiste en enunciar los objetivos y las prioridades, reclutar al personal, motivarlo haciendo coincidir las necesidades personales con los objetivos de la organización, animar, formar, aprobar, etcétera.

HENRY MINTZBERG
Empresario

En el transcurso del año, a pesar de que se realizaron notables esfuerzos para ajustarse a la división de funciones tal como se planteaban en el organigrama, los socios mantenían criterios dispares acerca de la cantidad y la calidad de las mercaderías que había que adquirir para sus respectivos departamentos y también sobre los márgenes de utilidad, las ventas especiales y asuntos de diversa índole.

Los diferentes departamentos a cuyo frente estaban los tres socios, vendían mobiliario de muy diversa calidad y precio.

A principios del siguiente ejercicio, luego de comentar los resultados obtenidos durante el año anterior, mantuvieron una reunión con el contador, quien les informó de que en otras mueblerías estaban rápidamente incrementando sus ventas mediante la concesión de amplias facilidades de crédito y que otros negocios que habían renovado sus locales y realizaban campañas de propaganda lograban mayores rendimientos sobre sus inversiones.

También hizo patente que el porcentaje de utilidades de la razón social Andrés Fernández e Hijos había declinado de modo persistente durante los últimos tres años. Según su opinión, cuatro familias intentaban vivir de las utilidades de la mueblería, siendo esto la causa de que los sueldos crecieran en los últimos años.

Así mismo se había aumentado el nivel de los inventarios debido al hecho de que el índice de rotación de las mercaderías estaba decayendo en algunos departamentos, ocasionando un aumento en el pago de intereses debido al mayor inventario que se debía financiar. Los pagos a proveedores se retrasaban y que la utilidad bruta era menor a causa de mayores descuentos. El contador finalizó su exposición recomendando un mayor control sobre las compras, que se modernizara la apariencia del comercio y que se implantaran mejores sistemas de gestión.

Disensiones graves

En general, la situación era preocupante y, en particular, el yerno y los dos hermanos tenían suspicacias sobre la utilidad neta que cada uno producía en sus respectivos departamentos. El primero consideraba que estaba produciendo una parte apreciable de las utilidades netas debido a su habilidad en la comercialización. En cambio, uno de los hijos creía que el yerno percibía mayores utilidades netas porque vendía mercaderías de inferior calidad a las que se vendían en otros departamentos. En su opinión, recargaba un sobreprecio mayor de lo que correspondía y se aprovechaba del prestigio de la firma para aumentar sus ventas.

En efecto, el yerno ofrecía menos artículos de marca que sus cuñados en sus respectivos departamentos. El segundo hijo pensaba que los gastos generales no eran repartidos de manera equitativa entre todos los departamentos; según creía, se cargaba a los que él dirigía una proporción mayor de los gastos de mantenimiento y reparaciones de la que les correspondía, y estimaba que la mayor parte de éstos eran ocasionados por mercaderías compradas por el yerno. Además, los dos hijos creían que la demora que se producía en los pagos era a consecuencia de la política comercial del yerno.

Como consecuencia de la reunión mantenida con el contador, se produjo un período de discusiones entre los socios que se prolongó durante tres meses, en los que se sucedían altercados y disputas acaloradas sobre las decisiones tomadas por cada uno de ellos. Frecuentemente, las discusiones tenían por escenario el salón de ventas y llegaron a producirse incluso en presencia de algunos clientes. Como resultado de esta penosa situación, el yerno planteó la alternativa de retirarse de la empresa si sus dos cuñados no accedían con él a establecer un plan de operaciones que fuese satisfactorio para todos. Esto originó que los dos hermanos acudieran a consultar a un viejo amigo del padre, que también era el gerente de su banco. Éste no se sorprendió ante el motivo de la visita, pues había previsto que se crearía una situación semejante, dado que estaba en antecedentes de que los socios no se ponían de acuerdo sobre la política empresarial que debían desarrollar. Aconsejó que celebraran una reunión con él,

La relación entre los tres socios fue deteriorándose hasta llegar a discutir en público, lo que causaba un pésimo efecto entre los empleados e incluso entre los clientes.

a la que asistiera también el yerno. Esa misma noche se efectuó la reunión y, tras arduas discusiones, los presentes acordaron volver a reunirse el sábado siguiente. Convinieron en que, mientras tanto, no se repetirían las discusiones en público ni en privado.

Atisbo de solución

En la reunión que se efectuó el sábado por la tarde el gerente expresó la conveniencia de formular por escrito las políticas de dirección. Después de varias horas de trabajo, se habían logrado acuerdos unánimes sobre una serie de puntos importantes, que se consignaron por escrito, quedando establecido el método que debían seguir en las discusiones. Además, el gerente del banco recomendó que los socios siguieran reuniéndose todas las noches en el local comercial para deliberar acerca de la futura política empresarial. Así se hizo, y tras largas discusiones se logró un acuerdo mutuo referente a las relaciones entre los socios, las existencias, la promoción, los servicios a los clientes, el personal y la política de precios.

El consejo del gerente
del banco fue definitivo:
tenían que decidir
entre los tres socios
la política empresarial
y los medios para conseguir
los objetivos propuestos.

Una vez establecidos los acuerdos por escrito, los pusieron en conocimiento del contador de la empresa, que manifestó que los estudiaría y propuso que se reunieran con él próximamente a fin de planificar las compras, ventas y presupuestos para los tres meses siguientes. En dicha reunión el contador les ayudó a preparar, para cada departamento, un plan de comercialización que cubría las ventas previstas, las existencias a principios de cada mes, las compras, los descuentos y los márgenes comerciales.

En el curso de la reunión el contador se interesó por los planes para hacer frente a la nueva competencia. Se le manifestó que uno de los socios había mantenido contactos con una firma especializada en instalaciones de locales comerciales y que tenía algunos bosquejos y sugerencias preparadas por el arquitecto de esa empresa. El presupuesto para la modificación de la fachada, incluyendo la colocación de un anuncio luminoso, un nuevo piso de mosaicos, la pintura interior y exterior del local y la instalación de una nueva iluminación ascendía a una cantidad importante.

Una vez examinado el presupuesto, el contador advirtió que los fondos requeridos por las obras deberían ser proporcionados por un préstamo, debido a que el capital de explotación no soportaría semejante reducción, y sugirió que hablaran con el gerente del banco acerca de las posibilidades de concertar uno. El gerente se mostró dispuesto a conceder el préstamo con la condición de que los socios realizaran una explotación lucrativa y armoniosa del negocio.

Emergiendo de la crisis

Se estableció un sistema de planificación de compras y un presupuesto mensual de gastos por departamentos. Se acordó celebrar también una reunión todos los jueves a fin de acordar las campañas de promoción para la semana siguiente y tratar diversos aspectos del negocio. Todas las discrepancias se solventaban en esas reuniones y después de lograr un mutuo acuerdo, los socios se separaban dispuestos a realizar las decisiones tomadas.

Sin embargo, en aquellas reuniones seguía prevaleciendo un enconado debate acerca de la calidad y la marca de las mercaderías vendidas. El yerno argumentaba que para hacer frente a la reciente competencia era necesario vender mercaderías que proporcionaran un adecuado porcentaje de utilidad bruta y ésa era la razón de su empeño en seguir comercializando muebles de menor calidad.

En cambio, los hijos alegaban que era preferible vender mercaderías respaldadas por una amplia campaña publicitaria, con indicación de los precios de venta, ya que los clientes estaban familiarizados con la calidad y prestigio de tales marcas de fábrica.

La programación y la evaluación de nuevas estrategias comerciales permiten evitar los errores derivados de la improvisación y ponderar las necesidades de financiación y el origen de las mismas.

Las ventas experimentaron un notable incremento durante un determinado año, especialmente en los departamentos a cargo del yerno. Esto ocasionó que su remuneración aumentara en mucha mayor proporción que la de los hijos. El yerno era partidario de aceptar el préstamo bancario para modernizar el local, pero los hijos no

Una vez conseguido el acuerdo, los tres socios pusieron manos a la obra para salvar la empresa y su relación personal.

querían hacerlo mientras la empresa siguiera funcionando bajo su actual organización; por otra parte, el padre quería que todos continuaran integrando la propiedad familiar.

Cuestionario

1. ¿Cree usted que la cobertura de la póliza de seguro contra incendios era adecuada? Caso contrario, ¿qué cobertura se debió contratar?
2. A su juicio, ¿qué equivocación importante cometió el padre al retirarse del negocio?
3. Teniendo en cuenta el organigrama de la empresa, ¿podría expresar cuál es el principal defecto del esquema organizativo?
4. ¿Cree usted que cuatro familias pueden vivir de este negocio?
5. ¿Por qué el gerente del banco presumía que surgirían desavenencias entre los socios?
6. ¿Cree que los acuerdos que adoptaron los socios eran suficientes para asegurar una dirección estable para la empresa?
7. ¿Qué programa de capacitación y qué plan para la asunción paulatina de responsabilidades directivas deberían haberse establecido cuando los hijos se incorporaron a la empresa?
8. ¿Considera que es poco probable que una situación similar se presente en las empresas que usted conoce?
9. ¿Cómo se puede resolver este conflicto familiar?
10. Quién cree usted que tiene la razón, ¿el yerno, los hijos o ninguno de los tres?
11. ¿Qué recomendaría para programar la planificación de las actividades de este negocio?
12. ¿Qué plan de remuneraciones debería utilizarse para el padre, el yerno y los hijos?
13. ¿Es inusitado el papel que desempeñó el contador en esta tienda? ¿Es habitual que los contadores den consejos tan detallados sobre el funcionamiento de un negocio?
14. ¿Cuál debería ser la política de comercialización de la tienda?
15. ¿Cómo puede resolverse este conflicto familiar?

Respuestas al cuestionario

1. No, debería haber incluido una cláusula de lucro cesante.
2. No planificar adecuadamente la sucesión.
3. Que no existe una dirección centralizada.
4. Sí.
5. Porque estaba en antecedentes de que existían discordias en el seno de la sociedad.
6. No.
7. Debería haberse establecido una dirección única y capacitado a los hijos para el nivel que se les iba a asignar.
8. No. Puede darse con frecuencia.

9. Con una adecuada planificación de la sucesión.
10. El yerno.
11. Una nueva estructura de organización con dirección centralizada.
12. A base de sueldo fijo y participación proporcional en las utilidades.
13. Es habitual que los contadores aconsejen a la dirección.
14. La expuesta por el yerno.
15. Con una adecuada planificación y organización.

Ejercicios de autoevaluación

A) Contestar a las siguientes cuestiones:

① ¿Para qué actividades públicas suministran fondos los impuestos?
② ¿En qué forma está limitada la obligación de pagar?
③ ¿Por qué es importante conocer los impuestos?
④ ¿Qué formas de organización empresarial deben ser objeto de estudio?
⑤ ¿Cuáles son los efectos de la evolución de las leyes tributarias?
⑥ ¿Quién debe tomar las decisiones?
⑦ Cite los principales tipos de impuestos que conoce.
⑧ ¿Qué actividades grava el impuesto sobre los consumos?
⑨ ¿Cuántos tipos de impuestos laborales conoce usted?
⑩ ¿Qué responsabilidades implica la retención de impuestos?
⑪ ¿Cuáles son las ventajas del testamento?
⑫ ¿Cuál es el objetivo de la supervisión del impuesto?
⑬ ¿Qué ayuda proporciona a las autoridades tributarias el proceso electrónico de datos y qué tipo de ventajas obtiene de su consulta?
⑭ ¿Qué aspectos se verifican principalmente en las declaraciones de impuestos?
⑮ ¿Por qué es necesario llevar sistemas adecuados de contabilidad y de registro?
⑯ ¿Cuáles son las normas de cautela para el manejo del efectivo en la empresa?
⑰ ¿Cómo puede el recurso de apelación proteger los derechos del contribuyente?

⑱ ¿Qué se entiende por coste subyacente?

⑲ ¿Qué se conoce como coste incidental?

⑳ ¿Cuáles son las deficiencias más frecuentes que presentan los sistemas de gestión empresarial?

㉑ ¿Qué ventajas proporciona un sistema de pensiones?

㉒ ¿Cuáles son los requisitos para el establecimiento de un plan de pensiones?

㉓ ¿Cuáles son las modalidades más conocidas de los planes de pensiones?

㉔ ¿Qué incidencia tienen los impuestos en función del sistema de organización adoptado?

B) El siguiente cuestionario tiene como propósito ofrecer una guía para que usted mismo pueda evaluar el grado de protección con que cuenta su negocio.

① En primer lugar vamos a revisar la cobertura de los seguros. ¿Cuántas pólizas tiene suscritas? ¿Con cuántas compañías de seguros y agentes? ¿Tiene usted alguna cobertura superpuesta?

② A continuación, efectúe una relación de los diferentes riesgos a que está expuesto el negocio, con expresión del posible quebranto monetario máximo que ocasionaría la ocurrencia de cada uno de estos riesgos.

③ Compare esta relación de riesgos con expresión de importes con su cobertura actual y determine las lagunas que hay en la cobertura.

④ Planifique un nuevo programa de seguros que se ajuste a sus actuales necesidades tomando en consideración los siguientes aspectos:

a) ¿Qué vacíos existen en su actual cobertura?

b) ¿Qué cobertura nueva necesita?

c) ¿Se podrían consolidar algunas de las actuales pólizas?

d) ¿Se debería suspender la cobertura de algunos de los riesgos cubiertos actualmente?

e) ¿Qué necesidades futuras debería prever su plan?

f) ¿Sería conveniente formular un plan de sucesión empresarial, si éste no existiera en la actualidad?

g) ¿Cuál sería el costo de ajustar su actual plan de seguros a las necesidades reales de cobertura?

⑤ Elabore un plan de sucesión empresarial para su negocio, incluyendo una breve descripción de los requisitos que deben contener los siguientes elementos:

a) Testamento.

b) Cobertura de seguros.

c) Consideraciones tributarias.

d) Desarrollo directivo.

e) Interinidad directiva.

f) Planes de jubilación.

Soluciones

A)

1. Para financiar las actividades destinadas a conseguir la protección y el bienestar de los ciudadanos.
2. A lo estrictamente estipulado en la ley tributaria.
3. Para aprovechar todos los beneficios que otorga la ley.
4. La empresa individual, la sociedad regular y la sociedad anónima, principalmente.
5. Desgravaciones, bonificaciones, cambios de escalados, etcétera.
6. El empresario.
7. Directos, indirectos y sociolaborales.
8. La venta de ciertos artículos.
9. Impuesto sobre el rendimiento del trabajo, seguridad social y desempleo.
10. La retención de los propios impuestos y su informe e ingreso en los plazos estipulados.
11. Asegurar que la transmisión patrimonial se efectúe de acuerdo con la voluntad del testador, y conseguir todas las ventajas fiscales que otorga la ley.
12. Que todo el mundo pague su cuota justa de impuestos.
13. Procesar eficientemente una gran cantidad de declaraciones de impuestos.
14. El tratamiento de todas las partidas en general, las transacciones en efectivo, asientos en los libros de actas y contabilidad y gastos de viajes e inventarios.
15. Para registrar adecuadamente las transacciones.
16. Debe manejarse a través de los bancos.
17. Porque se puede recurrir la decisión de un inspector ante las autoridades superiores.
18. Es el costo de administración de los impuestos que recae sobre el contribuyente.
19. La absorción de impuestos y las multas.
20. Uso inadecuado de la contabilidad, escasa utilización de la información que proporcionan los estados financieros y deficiente capacidad del personal de contabilidad.
21. Beneficios laborales y tributarios.
22. Capacidad financiera, beneficio exclusivo de los empleados, no ser discriminatorio, establecerse por escrito y ser permanente.
23. Diferido simple, diferido con participación en las ganancias y el plan combinado.
24. El costo del gravamen impositivo varía según a la forma de organización adoptada.

LA FISCALIDAD

☐ INTRODUCCIÓN

Una de las tantas definiciones de la palabra impuesto nos dice que: «Es la cuota parte de la riqueza que los ciudadanos (o empresas) dan obligatoriamente al Estado y a los entes administrativos locales de derecho administrativo, para ponerlos en condiciones de proveer a la satisfacción de las necesidades colectivas. Su carácter es coactivo y su producido se destina a la prestación de servicios de utilidad general y de naturaleza indivisible. En cierto sentido, se podría definir como el sacrificio de cada ciudadano (o empresa) por su común participación en la vida de relación».

A esta definición cabría la posibilidad de subdividirla entre el concepto de impuesto y el de tasa. Así, impuesto corresponde a una función del Estado, de interés general y de carácter indivisible, mientras que tasa es el precio pagado por un servicio cuyo beneficiario puede discriminarse concretamente.

El impuesto se utiliza, así mismo, con fines económicos, es decir, como un medio de corregir tendencias y situaciones naturales del comercio y de la producción, constituyendo un medio eficaz, en manos del Estado, de fomentar o desalentar el desarrollo de la industria, el comercio exterior (importaciones y exportaciones), el consumo y la circulación de mercaderías.

ASESORAMIENTO FISCAL

Un buen asesoramiento fiscal permitirá al empresario aprovechar al máximo las desgravaciones y otras ventajas ofrecidas por la norma vigente.

▶ *Los impuestos se encuentran inmersos dentro del sistema económico. Inciden en todos los niveles: empresa, particulares y, en definitiva, en el propio Estado, tanto como elemento regulador de la economía como en el de suministrador de servicios públicos.*

GRÁFICO 4.11

LA EMPRESA Y LOS IMPUESTOS

Dentro de este concepto económico también se utiliza como un medio de ir corrigiendo, de un modo paulatino, la despareja distribución de la riqueza.

La política fiscal necesita, para ser justa, estar basada en algunos principios que han sido altamente debatidos por diferentes tratadistas a lo largo de la Historia. Algunas de esas bases son las siguientes:

- *Capacidad contributiva.* Cada contribuyente debe pagar en proporción a sus rentas y a sus riquezas.
- *Igualdad de sacrificio.* Ningún contribuyente debe hacer ningún sacrificio pecuniario en forma de impuesto mayor que otro, en relación con los medios disponibles; consiste, pues, en una igualdad relativa, no absoluta.
- *Mínimo de sacrificio.* El impuesto debe ocasionar el mínimo de sacrificio a cada contribuyente, para no entorpecer el desarrollo económico global.
- *Uniformidad.* No deben imponerse tributaciones o normas diferentes para situaciones iguales.
- *Generalidad.* Todos los que se hallan en una misma situación deben ser gravados por el impuesto, sin excepciones injustas.

Entendiendo la empresa como uno de los sujetos que han de ser gravados por el sistema fiscal, queda claro que el análisis de los diferentes tipos de impuestos permitirán determinar en qué medida pueden afectar a la evolución de los negocios de la sociedad.

■ El empresario ante la obligación tributaria

Repercusión tributaria de las decisiones empresariales

Condición fundamental de la buena gestión empresarial es conocer y evaluar la incidencia de las cuestiones tributarias en la toma de decisiones. Dichas cuestiones pueden transformar los beneficios estimados en pérdidas tangibles o bien revalorizar de modo sustancial a una empresa que se explota con déficit. El empresario debe conocer a fondo las consecuencias que, en el plano tributario, pueden acarrearle las decisiones que tome en su negocio.

No hay más que pensar en lo que sucedería si el empresario tomara una decisión sin estar en posesión de ese previo conocimiento. Podríamos considerar, por ejemplo, la posibilidad de que tenga que decidir que, a efectos tributarios, su empresa se clasifique como sociedad anónima o como empresa individual.

Supongamos que llega a la conclusión de que los impuestos correspondientes a una sociedad anónima son los que más benefi-

TRANSPARENCIA

La correcta supervisión y clasificación suponen un requisito fundamental en toda organización ya que, por la clarificación y transparencia que comportan, permiten el acceso y aprovechamiento de leyes que proporcionan un incentivo fiscal, y estimulan las inversiones y los intercambios.

EVALUACIÓN

La evaluación de la cuestión tributaria en la toma de decisiones de la empresa es índice de una buena gestión.

No hagas
a los demás lo
que no quieres
que los demás
te hagan a ti;
sus gustos pueden
ser los mismos.

GEORGE BERNARD SHAW
Escritor

cian a la empresa y, por ello, opta por este tipo de sociedad sin tener presentes más elementos de juicio que la diferencia de las tasas impositivas entre ambos tipos de organización empresarial. ¿Será esta decisión la más correcta?

La elección de pagar los impuestos como sociedad anónima quizá no resulte tan ventajosa como a primera vista podría parecer, pues no sólo está obligada a pagar impuestos la sociedad anónima como tal, sino que también son conceptos imponibles los dividendos que la misma produce a sus accionistas. En cierta medida, ésta es una doble imposición sobre un mismo ingreso. Aunque éstas sólo son consideraciones elementales, en muchas ocasiones se suelen pasar por alto.

Por otra parte, aun cuando la decisión de pagar los impuestos como sociedad anónima quizá no sea el planteo tributario más beneficioso, puede ser que dicha modalidad jurídica resulte ventajosa por otros motivos. La consideración de las consecuencias tributarias no debe dominar de forma absoluta en la adopción de las decisiones empresariales, aunque sí deben ser justamente valoradas al efectuar la toma de las mismas.

Evolución de las leyes fiscales y decisiones empresariales

La ordenación jurídica de los sistemas tributarios no está definida en una ley única; por el contrario, está constituida por un conjunto de normas, las cuales, con sus respectivos reglamentos, pueden parecer un laberíntico conjunto de disposiciones inconexas a ojos de un profano en la materia. Si a esto añadimos que estas leyes no son estáticas, sino que se encuentran en perpetua evolución, se comprenderá la dificultad que entraña que el empresario,

▶ A menudo, el pequeño o medio empresario no está suficientemente asesorado en materia fiscal, sobre todo en lo que respecta a eventuales bonificaciones o desgravaciones.

por sí solo, pueda mantenerse permanentemente actualizado en materia fiscal.

La evolución de las leyes fiscales y los cambios introducidos en las mismas revisten una gran importancia, ya que están originados en general por la necesidad que tienen los sistemas tributarios de adaptarse a la evolución económico-social que experimenta cada país, por lo que resulta evidente que estos cambios también afectan de forma directa a la gestión empresarial. Estos cambios pueden ser estructurales (cuando afectan casi en su totalidad al sistema jurídico-fiscal), aunque no ocurre con frecuencia, o coyunturales (cuando se modifican aspectos específicos de la legislación fiscal vigente). Estos últimos, que son los más frecuentes, están destinados a adaptar la reglamentación tributaria a las cambiantes exigencias de la actualidad socioeconómica.

Entre las modificaciones de este tipo que corrientemente se producen, podríamos citar: desgravaciones fiscales para alentar las inversiones, el nivel de empleo o las exportaciones, modificaciones de las escalas o tipos de imposición tributaria, tasas de amortización aceleradas, traslado a ejercicios posteriores de pérdidas netas de explotación, bonificaciones sobre actividades específicas, planes de jubilación voluntaria, etcétera.

El empresario debe conocer a fondo las consecuencias que en el plano tributario pueden acarrearle las decisiones que tome en su negocio.

☐ TIPOS DE IMPUESTOS

Para clasificar los distintos tipos de impuestos vigentes en los diferentes sistemas tributarios de los países occidentales, podemos partir de varios criterios:

Por su naturaleza

- *Directos*. Son aquéllos que gravan directamente al contribuyente, sin que exista por parte de éste la posibilidad de trasladarlo a otras personas.
- *Indirectos*. Son aquéllos repercutibles en terceros, ya que, en realidad quien paga el impuesto es el consumidor final del bien o servicio gravado. El empresario actúa como agente de retención/recaudación del impuesto y está obligado a ingresarlo en la hacienda pública en unos modos y plazos fijados por la legislación fiscal.

Por su incidencia visible

- *Al consumo*. Generalmente indirectos.
- *A la renta*. Directos; se aplican a todo tipo de ingresos o rentas de personas físicas y jurídicas.
- *Al capital*. Directo, se aplica por la sola tenencia de bienes.

SISTEMA TRIBUTARIO

Los cambios en el sistema tributario responden a las transformaciones económicas y sociales de cada país.

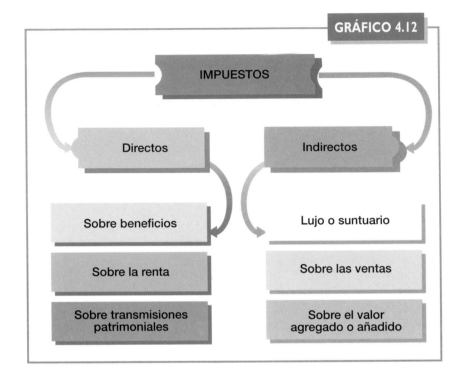

GRÁFICO 4.12

IMPUESTOS

Directos — Indirectos

Sobre beneficios — Lujo o suntuario

Sobre la renta — Sobre las ventas

Sobre transmisiones patrimoniales — Sobre el valor agregado o añadido

▶ *Los impuestos pueden ser directos o indirectos en función de que graven directamente al contribuyente, o que puedan repercutir a terceros, como el IVA.*

Por su gravitación

- *Proporcionales.*
- *Progresivos.*

■ Análisis de algunos impuestos

Por razones obvias, nos limitaremos a dar un tratamiento somero y un tanto abstracto a este esquema tributario, ya que una exposición detallada obligaría a tomar en consideración las particularidades que, en su aplicación, tienen las legislaciones de los diferentes países.

No obstante, las principales características que componen este esquema tributario general, estarán, por supuesto, en este estudio.

Impuesto sobre los beneficios de las sociedades

Este impuesto grava los beneficios que se producen en los diversos tipos de sociedades. En algunas legislaciones quedan excluidas de este tributo aquellas sociedades de tipo personal, como las colectivas y en algunos casos las de responsabilidad limitada, que ven cómo los beneficios se imputan directamente a los socios, tributando éstos por el impuesto sobre la renta de las personas físicas.

En general, el sistema tributario occidental responde al esquema de: impuestos directos, indirectos y sociolaborales.

Por lo general, este impuesto está marcado por un tipo impositivo fijo que tiende a llegar a porcentajes algo más bajos que los máximos en las tributaciones personales.

Desde el punto de vista de la pequeña y la mediana empresa conviene señalar que existe cierto tipo de gastos que pueden ser imputados a la sociedad y que en parte significan retribuciones a la dirección.

La mayoría de legislaciones entienden que los sueldos pagados al director son gastos deducibles para la sociedad. También las retribuciones a los componentes del órgano de administración disminuyen la base imponible de la sociedad. Queda entendido que luego los perceptores de dichos pagos tributarán por su cuenta.

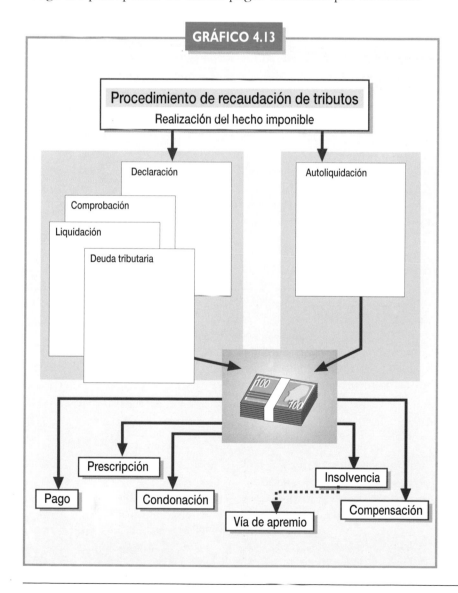

GRÁFICO 4.13

Procedimiento de recaudación de tributos
Realización del hecho imponible

Declaración

Comprobación

Liquidación

Deuda tributaria

Autoliquidación

Prescripción

Pago

Condonación

Vía de apremio

Insolvencia

Compensación

◀ *En el proceso de recaudación de impuestos existen diferentes etapas. En un primer nivel encontramos la actividad centrada en el contribuyente, a posteriori, la administración efectúa su actividad fiscalizadora. Esta puede, o no, traer aparejada una revisión más profunda de los hechos imponibles y de la liquidación del propio impuesto. De ello pueden aparecer sanciones e intereses resarcitorios.*

Mayoritariamente la distribución de beneficios en forma de dividendos puede implicar una doble imposición ya que, además del impuesto pagado por la sociedad, el accionista deberá incluir dichos ingresos en su declaración individual de renta.

En algunas legislaciones se introducen fórmulas para atenuar o eliminar este doble impacto fiscal, mientras que en otras no se considera que deban incluirse en la base imponible del accionista.

Es imprescindible, por otro lado, mantener una constante actualización en materia fiscal. Como ya mencionáramos, existen modificaciones que pueden significar un considerable ahorro fiscal por el aprovechamiento por parte de la empresa de desgravaciones y/o bonificaciones fiscales que eventualmente puedan ser introducidas en las diferentes legislaciones para potenciar algunos sectores económicos.

Cabe señalar también que la política de la empresa respecto a la composición de partidas tales como los gastos generales corrientes, gastos de viajes y atenciones, amortizaciones y la forma de inclusión en los gastos de la empresa, serán determinantes en la cuantía del impuesto sobre beneficios.

Por último hay que tener en cuenta que de acuerdo con las diferentes legislaciones, las pérdidas de un ejercicio fiscal pueden llegar a compensar beneficios de futuros ejercicios. En algunos casos se establecen limitaciones temporales, por ejemplo, que únicamente puedan compensarse con beneficios de los cinco u ocho años posteriores.

Impuesto sobre la renta

Este gravamen se impone sobre los ingresos de las personas físicas, con independencia de que sean o no empresarios.

Pese a que su tratamiento desborda en cierta medida el marco de nuestro estudio y, aun teniendo en cuenta las diferentes legislaciones, haremos un pequeño esbozo de sus principales características.

Tipos de ingresos gravados:

- El trabajo personal en relación de dependencia.
- Las actividades profesionales y artísticas.
- Las actividades empresariales (cuando no asumen la forma de persona jurídica).
- Las rentas del capital (intereses, dividendos, etcétera).
- Las actividades agrícolas, la silvicultura y la pesca.
- Las rentas de los bienes inmuebles.

RENTA, RENTA

El impuesto sobre la renta se impone sobre los ingresos de las personas físicas, con independencia de que sean o no empresarios.

INDIRECTO

En el impuesto indirecto, quien paga en realidad es el consumidor final del bien o servicio prestado.

En cada legislación se establecen una serie de *deducciones* que, por lo general, contemplan los siguientes apartados:

- Situación familiar (estado civil, hijos).
- Edad.
- Gastos de enfermedad.
- Seguros de vida.
- Planes privados de pensiones.
- Incentivos para cierto tipo de inversiones.

Por lo general es un impuesto progresivo que incluye bases mínimas no imponibles.

Impuesto sobre los capitales

En algunas legislaciones se gravan los capitales emergentes de la suma total del patrimonio de las personas físicas. En otras se incluyen también las de las personas jurídicas.

Por lo general es un impuesto que obedece más a fines de fiscalización de la titularidad de los patrimonios que a un interés de recaudación, ya que comúnmente los tipos impositivos son relativamente bajos.

Impuesto sobre las transmisiones patrimoniales

Cabría efectuar una división dentro de los impuestos que quedan englobados en esta clasificación:

- Aquellos que gravan las transacciones en las que intervienen bienes sujetos a derechos reales y otros actos jurídicos documentados.
- Aquellos en que se producen transmisiones hereditarias y vía donación intervivos.

Los primeros generalmente tienen tipos impositivos bajos, mientras que los segundos, de acuerdo con las legislaciones de los diferentes países, pueden llegar a tipos progresivos realmente elevados.

▼ *Los diferentes impuestos implican una interferencia entre las partes implicadas en una relación. La presencia del Estado se pone de manifiesto de un modo más o menos aparente en uno u otros casos.*

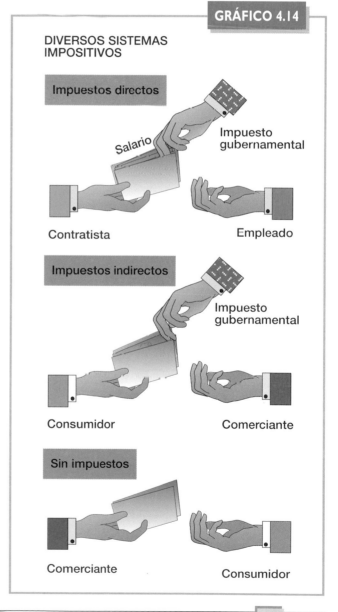

GRÁFICO 4.14

DIVERSOS SISTEMAS IMPOSITIVOS

Impuestos directos

Salario

Impuesto gubernamental

Contratista

Empleado

Impuestos indirectos

Impuesto gubernamental

Consumidor

Comerciante

Sin impuestos

Comerciante

Consumidor

Impuestos sobre las ventas

Este impuesto grava todo tipo de ventas efectuadas por una empresa. Existe una tendencia a su desaparición ya que se transforma en un impuesto en «cascada», es decir que se incorpora al precio de cada subsecuente transacción, con la clara incidencia a acrecentar el proceso inflacionario.

► *La legislación sobre impuestos indirectos, como el IVA, no son uniformes en todos los países. Los bienes culturales, como es el caso de los libros, soportan un gravamen diferente.*

Impuesto sobre el valor añadido o agregado

Este impuesto, de gran implantación en los países occidentales, pretende gravar únicamente el valor que se añade en el proceso económico global.

Así, las compras de materiales y de servicios ya vienen cargadas con un impuesto que se podrá deducir del impuesto originado por las ventas.

De esta manera cada empresario únicamente ingresa el diferencial entre los impuestos «facturados a sus clientes» y los «comprados a sus proveedores».

En cada legislación se establecen mecanismos para compensar las situaciones especiales tales como los saldos de impuestos soportados y no repercutidos por las características de cada negocio. En algunos casos se permite la compensación en períodos fis-

VIVA EL IVA

El IVA está considerado como el impuesto más perfecto. Grava las entregas de bienes y las prestaciones de servicios efectuados por empresarios y profesionales.

cales posteriores, en otros se produce una devolución del impuesto por parte del Estado y en otros se permite la compensación del crédito fiscal con deudas por otros impuestos.

Cabe señalar que es un impuesto que repercute en el consumidor final.

❏ GESTIÓN FISCAL

Por lo general, los diferentes sistemas impositivos evolucionan mediante legislaciones fiscales cada vez más complejas. Ello comporta inexorablemente la necesidad de contar con una sólida formación en la materia y una constante actualización.

Si a esto añadimos que la empresa es utilizada como agente de recaudación y de retención para varios tipos de impuestos (impuesto sobre el valor añadido, impuesto sobre las rentas del trabajo personal, ya sea en relación de dependencia o de profesionales independientes, etcétera), vemos que se constituye un entorno complejo y de alto riesgo para la empresa.

La solución debe buscarse bien por la formación constante del personal de la empresa, o por el asesoramiento de profesionales en la materia.

La permanente actualización en esta materia por medio de algunas de las fuentes indicadas permite a la empresa evitar cualquier tipo de sanciones a la vez que explotar al máximo las diferentes posibilidades de desgravaciones, bonificaciones, deducciones o devoluciones de impuestos.

Los modernos equipos de proceso electrónico permiten a las autoridades tributarias un control casi inmediato de la gestión.

▼ *La gestión fiscal integrada implica la definición de objetivos, la planificación de los efectos de los impuestos sobre los mismos y su práctica cotidiana.*

GRÁFICO 4.15

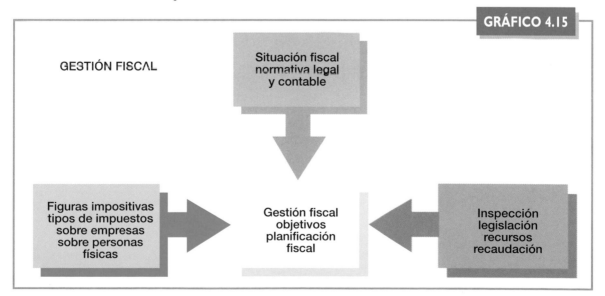

GESTIÓN FISCAL

Situación fiscal normativa legal y contable

Figuras impositivas tipos de impuestos sobre empresas sobre personas físicas

Gestión fiscal objetivos planificación fiscal

Inspección legislación recursos recaudación

■ Caso práctico

Fundiciones Atanor, S.A.

Estructura social

Fundiciones Atanor, S.A. es una sociedad anónima en la que su accionariado está compuesto por socios que mantienen una relación laboral con la empresa, desde su director general hasta los trabajadores y administrativos de todos los niveles y un cierto porcentaje de socios netamente capitalistas.

Objeto social

Fundición de bronce.

Situación actual

La sociedad se mantiene dentro de unos adecuados parámetros de solvencia y rentabilidad. La planta industrial se encuentra ubicada en las cercanías de una pequeña ciudad de un elevado nivel de crecimiento demográfico y urbano. Esta circunstancia hace que Fundiciones Atanor deba desalojar la planta industrial que alquila, dado que la normativa vigente impide la existencia de una industria de esas características en los aledaños de núcleos urbanos.

En la búsqueda de una nueva ubicación, además de tener en consideración los aspectos de comunicaciones, suministros y comercialización, se ha planteado también la necesidad de obtener la mayor cantidad de beneficios fiscales posibles. A tal efecto, además del estudio económico-financiero de la inversión, se encarga a un experto fiscal el análisis del marco impositivo de referencia.

Conclusiones del informe

Concernientes a la sociedad en su ubicación actual:

• El desalojo de la planta industrial origina una cantidad de pérdidas fiscales por la imposibilidad de traslado de parte de las instalaciones de fábrica.
• Esto implica un crédito fiscal a favor de la empresa, susceptible de compensarse con beneficios de ejercicios futuros.

Concernientes a la nueva fábrica

• Existe en este momento una desgravación fiscal en el caso de inversiones en activos fijos nuevos que incluyen tanto la construcción de las naves industriales y nuevas oficinas como las instalaciones, maquinaria y resto de equipo de fábrica.

- Este apartado puede proporcionar a la sociedad un ahorro fiscal del orden del 25 % de sus impuestos sobre beneficios de los próximos tres ejercicios fiscales.
- En la medida en que la sociedad reinvierta cualquier beneficio derivado de la venta de los activos fijos antiguos, se verá exenta de tributación por la parte de esos beneficios.
- En el proceso de inversión se debe analizar la posibilidad de que parte de la misma se realice mediante sistemas de arrendamiento financiero o *leasing*, que permite hacer incidir en las cuentas de pérdidas y ganancias de los ejercicios en los que se paga el *leasing* unas cantidades mayores que las que corresponden a las amortizaciones contables/fiscales de los activos fijos involucrados. Esto significa una especie de amortización acelerada que redunda en un diferimiento del pago en el impuesto sobre beneficios, con la consiguiente mejora en la situación financiera del proyecto de inversión.

Comentarios finales

Como puede observarse, dejando de lado las peculiaridades de cada tipo de legislación fiscal, cualquier clase de proyecto de cierta envergadura que deba acometer una empresa, necesita que sea integrado en el marco fiscal que rodea a la sociedad. Si se omitiera este paso, podría verse afectado seriamente todo el proceso y condenar a la empresa a una pérdida de competitividad por no haber sabido aprovechar los incentivos de tipo fiscal que puntualmente aparecen en la dinámica legislativa de cada país.

Antes de decidir el emplazamiento de un nuevo local, es importante analizar todas las ventajas fiscales que se puedan obtener.

Ejercicios de autoevaluación

Indique verdadero o falso a cada una de las proposiciones que siguen:

① El impuesto corresponde a una función del Estado, de interés general y de carácter indivisible.

② Los impuestos indirectos son aquellos que no pueden repercutirse.

③ El impuesto sobre los beneficios de las sociedades gravan directamente a los socios de las empresas estructuradas como personas jurídicas.

④ El impuesto sobre el valor añadido o agregado es un impuesto de carácter acumulativo o en «cascada».

⑤ Las empresas se constituyen en agentes de retención o recaudación de determinados impuestos.

⑥ La planificación fiscal es una herramienta imprescindible para la toma de decisiones por parte del empresario.

Soluciones

1. Verdadero.
2. Falso.
3. Falso.
4. Falso.
5. Verdadero.
6. Verdadero.

LOS RECURSOS HUMANOS

Capítulo 5

INTRODUCCIÓN

El pequeño y el mediano empresario que debe dirigir y orientar el trabajo de sus empleados necesita conocer el mecanismo de las relaciones humanas aplicadas al contexto empresarial. Sólo este conocimiento le permitirá incentivar a sus subordinados y ejercer un verdadero liderazgo moral que permita el logro de los objetivos fijados. No hay que perder de vista que el hombre es un ser psicológicamente complejo, que se mueve en función de anhelos y necesidades específicas. Y este hecho tiene una incidencia muy concreta en el mundo de las relaciones laborales; el empresario debe reconocer como legítimas las necesidades de sus empleados y procurar conciliarlas con sus planteamientos gerenciales, de modo que el esfuerzo de todos tienda hacia la consecución de la meta común. El empleado aspira, sobre todo, a ser tratado como un ser humano, que se reconozcan sus deseos de promoción, se le recompense moral y materialmente y se respete, en suma, su dignidad humana.

Optimizar los recursos disponibles

No se trata, pues, como norma general, de buscar en el exterior las personas necesarias para desarrollar una tarea, una función o un conjunto de ellas, sino de identificar el potencial oculto en los mismos empleados de que se dispone.

Tengamos en cuenta que los recursos humanos son los más preciados de una empresa. En muchas empresas su prosperidad radica en la valía de su personal, y las grandes compañías cifran su supervivencia en la labor investigadora de sus hombres mejor preparados.

Una vez descubierto el potencial de los empleados, el siguiente paso es proporcionar los estímulos, posibilidades y oportunidades que les inviten a mejorar su situación y la de la empresa, adap-

▼ *La gestión de los recursos
humanos comprende
un entramado de áreas
bien diferenciadas, de cuya
articulación y coordinación
dependerá su eficacia.*

tándose ante un nuevo planteamiento. Es la propia entidad la que, además de procurar el estímulo, tiene que aportar los medios para esa adaptación, por lo general en forma de enseñanza, entrenamiento o descripción de la tarea que se ha de realizar, según el tipo de empleado en cada caso.

El área de recursos humanos

Ciñéndonos a un orden lógico, vamos a estudiar todos los aspectos de la dirección de personal. Tal como venimos viendo, el funcionamiento de las organizaciones se asienta sobre tres bases principales:

• El logro de unos rendimientos que permitan el pago de costos y la obtención de beneficios.
• Una estructura social de acuerdo con los negocios y protectora de las operaciones.
• El empleo correcto de los bienes productivos o capital propiedad de la organización.

La organización, para lograr sus objetivos, requiere una serie de recursos, que podemos agrupar en tres grandes grupos: materiales, técnicos y humanos. En el presente capítulo nos ocuparemos de los recursos humanos. Éstos no sólo comprenden el esfuerzo o la actividad humana, sino también otros factores como pueden ser: conocimientos, experiencias, motivación, intereses vo-

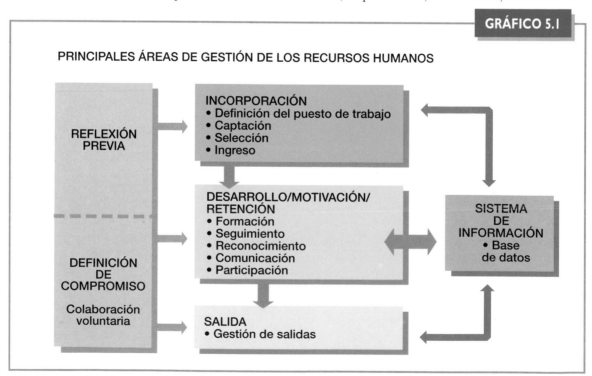

GRÁFICO 5.1

PRINCIPALES ÁREAS DE GESTIÓN DE LOS RECURSOS HUMANOS

REFLEXIÓN
PREVIA

INCORPORACIÓN
• Definición del puesto de trabajo
• Captación
• Selección
• Ingreso

DESARROLLO/MOTIVACIÓN/
RETENCIÓN
• Formación
• Seguimiento
• Reconocimiento
• Comunicación
• Participación

DEFINICIÓN
DE
COMPROMISO

Colaboración
voluntaria

SALIDA
• Gestión de salidas

SISTEMA
DE
INFORMACIÓN
• Base
de datos

cacionales, actitudes, aptitudes, habilidades, potencialidades, salud, etcétera. Los recursos humanos son fundamentales en el funcionamiento de una empresa ya que pueden mejorar y perfeccionar el empleo y diseño de los recursos técnicos y materiales, lo cual no sucede a la inversa.

Lo que se espera del área

El área de recursos humanos se ocupa de recibir las demandas, analizarlas y dar una respuesta a los problemas que puedan surgir respecto del factor humano. Así, selecciona las personas que la empresa necesita (para la creación de nuevos puestos, por bajas laborales, etcétera) y, una vez incorporadas, hace el seguimiento de su adaptación al puesto de trabajo, promueve su formación, su posible rotación dentro de la empresa y gestiona sus contratos.

En resumen, los recursos humanos son las acciones encaminadas al análisis de las necesidades y puesta en marcha de programas resolutivos referidas a las personas que integran una organización, entendiendo que éstas son también un recurso fundamental de la empresa.

La función de asistir, asesorar, esclarecer ideas en temas referidos a personas, lleva implícito un componente de autoridad profesional que sólo se sostiene si va acompañado de una posición ética, que implica el respeto por el otro y la confidencialidad de los datos. La dimensión ética también se manifiesta en el ejercicio responsable del cargo, teniendo presentes los objetivos, alcances y límites del mismo, así como la distancia estructural entre la persona y la función que ésta pueda ocupar.

Así, por ejemplo, a la hora de seleccionar personal, no extraeremos más información que la que sirva a nuestros objetivos (circunscritos a la adecuación de tal aptitud a tal puesto de trabajo) ni le daremos otro uso que el que nos determina nuestra función. O cuando estamos al frente de un programa de formación, procuraremos que las expectativas se ajusten a las potencialidades estimadas de las personas pero también a sus intereses particulares, que en definitiva son el resorte de la motivación.

El respeto por las personas con las que trabajamos y la delimitación clara de los alcances y límites de nuestra función son elementos claves a la hora de desempeñar nuestro papel de un modo profesional, operativo y eficaz.

El factor humano como recurso

En la historia de las organizaciones, el último en tomar su lugar fue el ámbito de recursos humanos. En la actualidad vemos que la

–¿**P**or dónde quiere su majestad que comience?
—**Comienza por el comienzo** –le dijo el rey, con toda gravedad–; continúa por la continuación y finaliza en el final. Y luego, párate.

LEWIS CARROLL
Escritor y matemático

LA CLAVE

Evitar la rutina y buscar nuevas metas y objetivos, tanto personales como de la empresa, es la clave para mantener la motivación de los trabajadores.

La colaboración
del personal es
un elemento clave
de los recursos
humanos; su ausencia
puede impedir
la realización de
tareas necesarias
para el funcionamiento
de la empresa.

inclusión de la dimensión humana dentro del inventario de recursos es un hecho, y las personas se han revelado como un pilar fundamental de la vida de toda empresa.

Esta idea hoy resulta evidente, pero en realidad es fruto de un largo recorrido. La aplicación de diferentes teorías sociológicas, económicas, etcétera, al servicio de la producción ha ido determinando diferentes focos de interés y con ellos diferentes formas de entender el papel de los recursos humanos dentro de las empresas.

El concepto de *cultura de empresa* da cuenta de esta incidencia. Entendemos por cultura el conjunto de normas, valores e ideologías que determinan tanto la forma de organización como el establecimiento de los objetivos, las vías de mando, los canales de comunicación y la forma de resolución de problemas que conforman el «espíritu» de una empresa.

El espíritu de empresa es un factor fundamental respecto de la vivencia que el empleado pueda tener de la misma. Es sabido que el mecanismo de identificación con los valores e ideales de la compañía incide favorablemente en el rendimiento de los trabajadores, ya que contribuye a crear un ambiente de colaboración y de trabajo en equipo, en pos de objetivos comunes.

La concepción tradicional de organización como sistema cerrado (Taylor, Weber, Gulik, etcétera) basaba sus acciones en la idea de que el cumplimiento de objetivos era posible si se aseguraba el

▶ *Los lazos de identificación con la empresa son más importantes que cualquier vínculo contractual, ya que generan un fuerte sentimiento de pertenencia.*

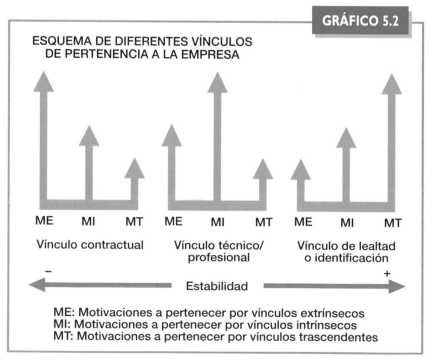

GRÁFICO 5.2

ESQUEMA DE DIFERENTES VÍNCULOS DE PERTENENCIA A LA EMPRESA

ME   MI   MT   ME   MI   MT   ME   MI   MT

Vínculo contractual   Vínculo técnico/ profesional   Vínculo de lealtad o identificación

− ◄──────────── Estabilidad ────────────► +

ME: Motivaciones a pertenecer por vínculos extrínsecos
MI: Motivaciones a pertenecer por vínculos intrínsecos
MT: Motivaciones a pertenecer por vínculos trascendentes

cumplimiento de la norma interna, priorizando así los resultados del rendimiento, la eficiencia, el control, etcétera.

Esta visión de la empresa como isla ha ido dando paso a corrientes mixtas (a partir de mediados del siglo XX), en las que se comienzan a tener en cuenta las incidencias del entorno geográfico, social, económico, etcétera, al mismo tiempo que evoluciona el estudio de su medio interno, en el que va adquiriendo importancia el estudio de la dinámica de roles, los mecanismos de toma de decisiones, los diferentes canales de comunicación, etcétera.

Es a partir de la década de 1970 cuando las turbulencias e imprevisibilidad de los mercados, los avances tecnológicos por un lado, y por otro el valor que alcanza el factor humano (sus capacidades, motivaciones, valores, la dinámica de los grupos, etcétera) como clave del buen funcionamiento empresarial, abren una nueva visión dentro de las tesis organizativas.

Así, los factores externos (el entorno empresarial, los mercados), los aspectos técnicos y los aspectos humanos (sociales y psicológicos) se conjugan dando lugar a nuevos abordajes que atienden a la complejidad de su estructura y su dinámica, desde una perspectiva globalizadora.

La motivación

El ser humano tiene ciertas necesidades espirituales, como es el reconocimiento y el aprecio por haber realizado bien su tarea. Hoy sabemos hasta qué punto esta necesidad repercute en la productividad del trabajo.

Uno de estos estímulos, ya clásico, se realizó en el primer cuarto de este siglo en las factorías de una importante empresa norteamericana de electrodomésticos. En el curso del experimento se facilitaron a los trabajadores unos test con cuyas respuestas se pretendía conocer su opinión sobre el puesto de trabajo, las relaciones con sus compañeros y sus superiores, y la empresa en general.

La primera sorpresa que experimentaron los autores del cuestionario y la propia dirección de la empresa fue que, a pesar de la escasa representatividad de los resultados, la simple realización de la encuesta contribuyó a potenciar la productividad. Para eliminar toda duda, el equipo de psicólogos decidió realizar una serie de experimentos complementarios, consistentes en maniobrar las variables testadas, como aumentar y reducir consecutivamente la potencia de iluminación, el tiempo de descanso, la temperatura ambiente, los niveles de tolerancia de la contaminación, etcétera. Comprobaron con gran asombro que, con independencia de los cambios que realizasen en el entorno, el aumento de productividad

MANEJO

El manejo de los recursos humanos consiste en recibir, analizar y dar respuesta a las demandas y problemas que puedan surgir respecto de las personas que componen la organización: selección, formación, políticas salariales, evaluación del desempeño y el análisis de las necesidades forman parte de este área.

se mantenía. Por último, decidieron interrogar a los obreros para saber las causas de aquel comportamiento tan atípico. «Es que tenemos otras cosas importantes en que pensar, en lugar de preocuparnos por esas pequeñeces», fue la respuesta casi unánime.

Ninguno sabía decir cuáles eran esas «cosas importantes», pero lo cierto era que *ellos* se sentían ahora importantes, «distintos» de los demás. Se sentían seres humanos, no simples engranajes de un sistema de producción impersonal. El simple hecho de que «los jefes» se hubiesen preocupado por sus condiciones de trabajo les hacía sentirse dignificados y ennoblecidos, como miembros respetados de la organización, por lo cual las reivindicaciones laborales y las quejas pasaron a un segundo plano. Su trabajo se les antojaba, de repente, mucho más ameno e interesante, y este entusiasmo se hizo contagioso. Habían adquirido un cierto estatus.

Lo que esta antigua experiencia nos enseña es el papel fundamental que juega la dirección contribuyendo a la satisfacción en el puesto de trabajo. El director de una empresa puede colaborar decisivamente a crear en sus subordinados esa satisfacción con su trabajo, ese sentimiento de valoración, que tanto favorece a la productividad. Todo depende de la filosofía que impregne su actuación en materia de selección, capacitación, disciplina, relaciones jerárquicas, información, formación en el puesto de trabajo, promoción y retribución.

No debemos olvidar que, ante todo, es preciso motivar al personal mediante una correcta evaluación de su esfuerzo y un reconocimiento franco de sus capacidades, que satisfagan sus anhelos de sentirse considerado e integrado a la empresa como un colaborador importante. De otro modo es bastante difícil que el empleado dé lo mejor de sí mismo, pues el hombre sólo avanza movido por impulsos positivos, no cuando se le humilla recordándole exclusivamente sus puntos débiles.

La motivación del personal dependerá de la filosofía que la directiva transmita por medio de sus acciones en materia de selección, capacitación, disciplina, relaciones jerárquicas, promoción, retribución, etcétera.

❏ CARACTERÍSTICAS DE LOS RECURSOS HUMANOS

Una de las principales diferencias entre el desarrollo de los recursos humanos de un gran empresa y una PYME es que en ésta última la importancia del factor humano es vital. Ya sea porque es el recurso por excelencia con el que cuentan, o porque la selección de un nuevo empleado significará la incorporación de un nuevo miembro al clan familiar, entre otras.

Si las grandes empresas disponen de departamentos de recursos humanos, con una buena dotación de recursos materiales y un prestigio dentro de la organización, en ocasiones esto no basta para evitar la dificultad de conocer de cerca a los empleados y el ambiente en el que desempeñan su trabajo. A la hora de solventar dificultades, resolver conflictos o montar programas de formación, la distancia que la burocracia impone en organizaciones de grandes dimensiones puede hacer inoperante tanta infraestructura.

Por otro lado, el delicado manejo de las relaciones humanas hace que en aquellas empresas pequeñas o medianas, en las que el contacto es más directo y cotidiano, sea la directiva quien tenga que estar más capacitada en el manejo de las relaciones interpersonales.

La competitividad, la rivalidad, los enfrentamientos directos o velados así como la necesidad de motivaciones e incentivos, posibilidades de crecimiento personal, etcétera, son elementos que están presentes en todo grupo humano.

De la importancia que se le otorgue y de la capacitación en su manejo dependerá en buena medida el ambiente de trabajo que se respire en la empresa, así como las consecuencias directas que ello tenga en el logro de objetivos.

ÉTICA

La conducción de personas implica una dimensión ética que se manifiesta en el ejercicio responsable del cargo.

◄ *Un elemento clave en el manejo de las relaciones humanas es tomar en cuenta la opinión de los empleados. Contar con ellos para la solución de los problemas, además de ser necesario, despertará el espíritu de colaboración.*

❏ LOS OBJETIVOS DEL ÁREA DE RECURSOS HUMANOS

Los recursos humanos han de ser un servicio al conjunto de la estructura empresarial y deben cumplir una función de impulso y apoyo. Uno de los objetivos fundamentales en todo plan de desarrollo de recursos humanos es el logro de mejoras sectoriales e integrales de la gestión empresarial. Para ello cuenta con dos vías:

- La elaboración e implementación de los programas que el departamento gestiona. Dentro de los que se contemplan con más frecuencia están los de selección de personal, formación y política salarial.

▼ *La mecanización y la introducción de las nuevas tecnologías han conllevado un aumento en la importancia de los puestos de gestión y administración.*

• La valoración e integración del departamento en el contexto de la empresa, es decir la participación y el apoyo en las actividades funcionales y transversales de la empresa. Aquí entrarían las informaciones y la injerencia en la toma de decisiones que sus programas abarcan.

LA GESTIÓN DEL PERSONAL

❏ ESTIMACIÓN DE LAS NECESIDADES PERSONALES

Una tarea primordial del empresario cuando va a iniciar la actividad se centra en la estimación del número de empleados que precisará. También, después, cuando la empresa está en funcionamiento, hay que efectuar análisis periódicos del personal necesario, bien para aumentarlo si la compañía está en expansión, o si se tiene prevista una ampliación, bien para amortizar algunos puestos de trabajo si la actividad disminuye o los nuevos métodos mecanizados de producción liberan personal de determinadas funciones, precisando entonces su readaptación a otros cometidos.

El cálculo del número de empleados no puede improvisarse. En efecto, la estimación realizada debe responder a las necesidades reales de la empresa, porque un exceso de mano de obra significa mayores costos, personal utilizado por debajo de sus posibilidades y desmoralización, o malos hábitos de ese mismo personal; pero una falta de mano de obra puede entrañar el incumplimiento de la producción planificada y la existencia de personal sometido a una tensión excesiva.

Para ello, el primer paso consiste en definir la tarea y el número de horas que se invierte en realizarla; posteriormente, es preciso conocer el perfil de la persona que se ha de buscar.

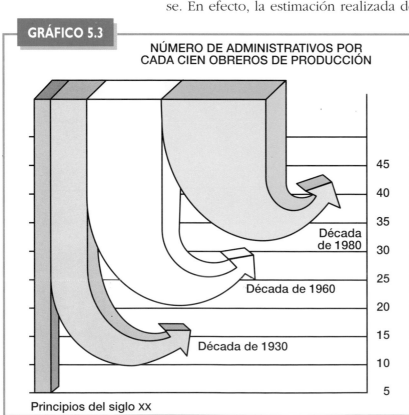

GRÁFICO 5.3

NÚMERO DE ADMINISTRATIVOS POR CADA CIEN OBREROS DE PRODUCCIÓN

45
40
35
Década de 1980
30
25
Década de 1960
20
15
Década de 1930
10
5

Principios del siglo XX

Agrupación de tareas en los puestos de trabajo

El primer paso para calcular el número de personas necesarias en una empresa consiste en saber qué tareas deben realizarse y aplicar a cada una el tiempo que una persona invierte en su ejecución. Así, dependiendo del número de veces que la tarea ha de llevarse a cabo y de la extensión de la jornada de trabajo de una persona, se obtiene el número de personas que se necesitan.

Existen dos procedimientos para acumular las tareas en los diversos puestos de trabajo. En los procesos de producción en que una labor o una secuencia simple de ella se repite muchas veces, el número de puestos de trabajo necesarios para su realización resulta muy simple de calcular. Lo normal, sin embargo, es que una misma persona deba ejecutar una diversidad de tareas. En tal caso, habrá de tenerse en cuenta la frecuencia o número de veces que tal actividad se realiza, en relación con una cierta frecuencia tomada como referencia o respecto de un período fijo de tiempo, como el día, la semana o el mes.

Un puesto de trabajo queda determinado, por lo tanto, por un cierto conjunto de tareas que debe efectuar una sola persona. Conviene, no obstante, que su desempeño sea objeto de una detallada descripción por escrito. Con ello se asegura que el puesto esté bien definido en cuanto a su verdadera relevancia y desarrollo, puesto que en la descripción sólo han de constar las tareas reales. Por otra parte, la disponibilidad de estas descripciones permite encontrar después los requisitos indispensables para realizar las funciones que dichos cometidos precisen, y no otros requisitos más o menos caprichosos que dependan del juicio de quien hace la selección.

Un puesto de trabajo queda determinado por el conjunto de tareas que debe realizar una sola persona.

Contratación

La contratación de personal es otro de los asuntos que no se pueden dejar al azar cuando la necesidad presiona. Ante todo, debe responder a un plan elaborado con tiempo suficiente y en el que se especifiquen los requisitos necesarios. Además, hay que utilizar procedimientos científicos para la selección entre los candidatos. Después hay que familiarizar al empleado con su puesto y vigilar su proceso de adaptación antes de exigirle el rendimiento idóneo.

De la trayectoria prevista de la empresa depende el número de personas necesarias. ¿Cómo puede conocerse ese número, si no se conoce el futuro? En el caso de las empresas de nueva constitución, el número de puestos de trabajo se habrá calculado conforme a la clasificación de las tareas que se han de realizar. Pero si se trata de una empresa en funcionamiento, la estimación de puestos que

URGENCIA

Si dejamos la contratación del personal en manos de las necesidades inmediatas, puede ocurrir que no estemos contratando a la persona adecuada sino únicamente a la que estaba disponible en ese momento.

► *Cuando el personal
de un área debe permanecer
reiteradas veces más tiempo
del habitual para terminar
una tarea, sin duda existe
un fallo en la planificación
de las necesidades de
esa área o en el
desarrollo de ese trabajo.*

deben cubrirse dependerá de
que se prevea o no la expansión o contracción de la actividad, de la rotación espera-
da del personal y de los cambios tecnológicos que nos
puedan obligar a una nueva
formulación cuantitativa o
cualitativa (o de ambas clases) de la plantilla.

En cualquier caso, habrá
que hacer una previsión de
vacantes, con objeto de preparar la contratación con
tiempo suficiente. Si dejamos
que sea la necesidad inmediata la que nos obligue a
contratar personal, se corre el riesgo de no contratar las personas más adecuadas, sino sólo
la que esté disponible en aquel momento.

GRÁFICO 5.4

GESTIÓN DE PERSONAL

► **Determinación de las necesidades**

► **Selección del personal**

► **Política salarial**

► **Formación**

► **Evaluación**

| Recursos materiales | Recursos técnicos |

Tareas del gestor de personal

La gestión del personal desde el momento mismo en que son identificadas las
necesidades de cubrir un puesto de trabajo,
es decir, la trayectoria personal y profesional
efectuada por los empleados de una empresa, es un elemento fundamental de su buen
funcionamiento.

Tal como venimos diciendo, se trata de
un área de trabajo cuyo grado de complejidad hace que la planificación y la organización estén presentes a lo largo de todo el
proceso.

▲ *Los tres recursos
básicos de toda
empresa: humanos,
técnicos y materiales,
se encuentran en relación
de íntima dependencia.*

Tareas que el gestor de personal deberá realizar:

- Hacer un análisis a fin de identificar las necesidades (tanto de
selección de personal nuevo como de rotaciones, de formación, etcétera).
- Planificar y realizar los procesos de selección de personal
- Supervisar y asesorar en la contratación y retribución de los
empleados.
- Coordinar los planes de formación pertinentes.
- Colaborar en la implementación de sistemas de evaluación del
desempeño.

❑ SELECCIÓN DE PERSONAL

■ Introducción

Este apartado trata de la gestión del movimiento del personal, desde el momento en que se detecta la necesidad de cubrir un puesto de trabajo hasta su ocupación por la persona seleccionada. Son cambios estructurales que tienen una influencia directa en el día a día de la empresa y en sus resultados a medio y largo plazo.

Las fases del proceso de selección de nuevos empleados dependen del método que se siga. Por ello, no todas las que vamos a describir aquí se aplican siempre. Muchas veces, una simple y breve entrevista con el futuro empleado es suficiente para decidirse por su contratación. Sin embargo, hemos de ser conscientes de que ésta es tan importante para el empleado y para la propia empresa que conviene aplicar sistemas científicos y modernos, aun cuando se trate de candidatos a puestos de baja cualificación.

La selección de personal es un proceso que puede tener su punto de partida en situaciones muy variadas, que podemos agrupar según:

- Las que responden a la creación de nuevos puestos de trabajo (introducción de nuevas tecnologías, el planteo de nuevos objetivos productivos con la apertura de nuevas áreas, procesos de fusión/adquisición, entre otros).
- Las que responden a reorganizaciones internas (bajas, rotaciones, despidos, traslados, ascensos, reducción de costos, ajuste persona-puesto, etcétera).

Una vez detectada la necesidad, habremos de pasar al proceso de búsqueda propiamente dicho, que a su vez puede orientarse dentro o fuera de la empresa. Entonces hablaremos de selección interna o externa.

- *Selección interna*. Cuando este proceso orienta su búsqueda en el propio ámbito de la organización. Las ventajas de cubrir una vacante con personal de la propia empresa reside en que el proceso de interiorización y conocimiento de la cultura empresarial ya está hecho. Por otro lado, podemos pensar que tendremos ciertas garantías por cuanto ya contamos con un conocimiento sobre el desarrollo profesional, las características y estilo de la persona. Por lo demás, el proceso de adaptación al puesto, la capacitación, la evaluación, etcétera, deberán estar presentes como en el caso de incorporar personal externo.
- *Selección externa*. Cuando, partiendo de la propia empresa, se recurre a una persona ajena a la organización, buscando un perfil determinado en relación a un puesto concreto.

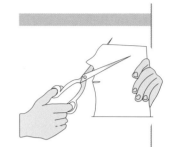

El perfil del puesto de trabajo y el perfil del candidato son herramientas fundamentales que nos permitirán orientar el programa de selección.

ESTRUCTURA

La necesidad de incorporar personal nos enfrenta a cambios estructurales que tendrán influencia directa en el día a día de la organización, así como en sus resultados a medio y a largo plazo.

En ocasiones, las organizaciones no cuentan con los medios idóneos para poner en marcha este proceso, ya sea por falta de personal experimentado en esta área, ya sea por falta de tiempo o por estimarlo más económico, y recurren a los servicios de selectores externos. Éstos serán quienes llevarán a cabo el proceso, pero en definitiva, la decisión final quedará en manos de los directivos.

Otras veces es personal del área de recursos humanos o de personal quien se ocupa de esta delicada tarea. En resumen, la selección de personal puede realizarse:

- Por el área de recursos humanos u otra, dentro de la empresa.
- Recurriendo a empresas de selección.

Al introducir el capítulo de Recursos humanos, insistimos en la importancia que tiene el factor humano en el buen rumbo de la organización. La correcta definición del puesto de trabajo y el hallazgo de la persona que se acerque al perfil idóneo son elementos claves en el rendimiento de los recursos humanos. Lograr con éxito la tarea de selección implica poder hablar de una buena integración, rendimiento, eficacia y satisfacción del individuo en su nuevo puesto de trabajo.

La selección de la persona idónea para cubrir determinado puesto implica un movimiento de puesta en sintonía entre la realidad interna de la organización y el contexto social del que forma parte. El análisis del sistema social en el que se enmarca la organización le permitirá conocer el mercado de trabajo así como las fuentes de convocatoria y poder efectuar un cierto cálculo a fin de ajustar las expectativas de búsqueda.

■ Etapas del proceso de selección

Análisis de las necesidades

Una vez detectadas las necesidades, hemos de poner en marcha el proceso de selección, que comienza con el análisis de las mismas y el diseño de los instrumentos clave: el puesto de trabajo y el perfil del candidato.

Definición del puesto de trabajo. A partir de la definición de la tarea o función podremos elaborar el perfil del candidato idóneo. El puesto de trabajo se define a través de los siguientes elementos:

- *Problemas que ha de resolver.* Aquí entra el nivel de complejidad de las tareas, así como las capacidades, conocimientos y habilidades necesarias para resolverlas.

PUESTO Y PERSONA

La correcta definición del puesto de trabajo y la selección de la persona que se acerque al perfil idóneo, son elementos claves en el rendimiento de los recursos humanos de la empresa.

▶ *La selección del personal no debe tomarse a la ligera. La planificación correcta de cada una de las etapas y el seguimiento del proceso (como se indica en el gráfico de la página siguiente) aseguran la obtención de un óptimo resultado.*

GRÁFICO 5.5

ETAPAS DEL PROCESO DE SELECCIÓN

ETAPAS	TAREAS	RECURSOS	INSTRUMENTOS
1. Análisis de las necesidades	▶ Realización del análisis de la empresa y del puesto de trabajo que se ha de cubrir ▶ Elaboración del perfil del candidato ▶ Determinación del método de selección	▶ Información sobre puestos similares en otras empresas ▶ Entrevistas al personal de mando del puesto que se ha de ocupar ▶ Confección del profesiograma y perfil del puesto	▶ Cuestionarios ▶ Entrevistas ▶ Observación ▶ APT estándar
2. Reclutamiento	▶ Selección y consulta de las fuentes de reclutamiento ▶ Determinación de técnicas de reclutamiento ▶ Publicación de la oferta de empleo	▶ Consultoras de RRHH ▶ Oficinas de empleo y centros de formación ▶ Anuncios en prensa ▶ Búsqueda directa ▶ Base de datos propia	▶ Anuncios ▶ Contactos telefónicos, reuniones, cartas
3. Preselección	▶ Recepción y análisis de las candidaturas ▶ Primera selección de candidatos ▶ Efectuar los comunicados de respuesta	▶ Formularios y cuestionarios ▶ Currículum vitae	▶ Currículum vitae ▶ Carta de presentación
4. Entrevista inicial	▶ Estudio del currículum ▶ Realización del guión de la entrevista ▶ Selección del tipo de entrevista (abierta, cerrada, semi) ▶ Análisis de los resultados y comunicación de respuesta	▶ Entrevista ▶ Formularios y cuestionarios ▶ Profesiograma ▶ Perfil del puesto	▶ Currículum vitae ▶ Cuestionario solicitud ▶ Técnicas de entrevista ▶ Técnicas de observación
5. Aplicación de pruebas	▶ Selección de pruebas ▶ Realización y corrección ▶ Análisis y valoración de los resultados ▶ Comunicación a todos los candidatos	▶ Evaluación técnica ▶ Pruebas de personalidad y de inteligencia	▶ Tests psicotécnicos ▶ Tests proyectivos ▶ Técnicas de Role Play, In basket, etcétera
6. Entrevista en profundidad	▶ Estudio del material hasta ahora obtenido ▶ Preparación de la entrevista ▶ Análisis, valoración y elaboración de informes sobre la entrevista ▶ Respuesta a todos los candidatos	▶ Entrevista ▶ Currículum vitae ▶ Perfil del puesto	▶ Informes anteriores ▶ Entrevista dirigida ▶ Entrevista semidirigida ▶ Entrevista abierta
7. Presentación de candidatos y elección final	▶ Presentación de informes a la organización ▶ Entrevistas a los candidatos finalistas ▶ Decisión final ▶ Comunicación a todos los candidatos	▶ Currículum vitae ▶ Perfil del puesto ▶ Informes anteriores	▶ Técnicas de entrevista ▶ Informe final
8. Incorporación y acogida	▶ Contratación ▶ Recepción y entrevista de ingreso ▶ Capacitación y formación inicial ▶ Itinerario profesional en la empresa	▶ Medios documentales ▶ Gestoría ▶ Planes de carrera ▶ Planes de formación	▶ Marco legal ▶ Marco jurídico de la empresa
9. Seguimiento	▶ Establecimiento del calendario de seguimiento ▶ Control de rendimiento	▶ Sistemas de evaluación del desempeño	▶ Técnicas de observación ▶ Técnicas de entrevista

• *Tareas que ha de realizar.* Son las acciones que habitualmente se realizan para sacar adelante el trabajo diario.
• *Rol que ha de cubrir.* En él confluyen el conjunto de expectativas personales, institucionales y sociales correspondientes al ejercicio de su función. Permite al individuo ubicarse desde determinada posición para desempeñar su papel y vincularse con los demás.
• *Ubicación dentro del organigrama.* Es la posición que el puesto ocupa dentro de la estructura formal de jerarquías y funciones organizacionales.
• *Características culturales de la organización.* Es el sistema de valores, los grados de libertad, la ideología, etcétera, que definen el carácter particular de cada empresa.

▼ *Una clara definición
del puesto vacante
y del perfil del candidato
permiten seleccionar
con facilidad y garantías
la persona que deba
desempeñar el trabajo
solicitado.*

Como vemos, en el diseño del puesto y del perfil confluyen los aspectos culturales y las necesidades particulares de un determinado puesto. En este sentido es importante que la persona o departamento que lleve a cabo la gestión del proceso de selección cuente con el apoyo de los cargos inmediatamente superiores al puesto que se ha de cubrir, ya que el perfil es algo que debe construirse.

A continuación, sugerimos algunos de los elementos que nos permiten definir las capacidades requeridas por el puesto:

- *Nivel de complejidad del proceso mental* (de lo concreto a lo abstracto). El procesamiento de la información: descriptivo, acumulativo, seriado o paralelo.
- *Manejo del tiempo* (ajustar el logro de los objetivos al tiempo con el que se cuenta).
- *Horizonte de planeamiento* (planificación de acciones que incluyen la variable temporal).
- *Grado de autonomía* (capacidad de tomar decisiones al propio cargo).
- *Ritmo* (grado de intensidad y agilidad requerida).
- *Nivel de exposición* (presión que deberá soportar).

En las entrevistas es importante tener en cuenta que, básicamente, no se evalúa a la persona, sino su adecuación o no al perfil buscado.

Definición del perfil del candidato. Efectuada la descripción de los puestos de trabajo y calculado el número de personas que se necesitan de cada categoría, a continuación debe trazarse el perfil de los candidatos para cada uno de los puestos. Es evidente que la personalidad humana presenta una gran variabilidad y que no pueden recogerse todos sus aspectos en algo tan simple como una descripción de trabajo. Sin embargo, se trata de una primera orientación que conduce a la fijación de las cualidades que debe reunir el candidato al puesto.

Ahora bien, las condiciones personales de los aspirantes pueden medirse con parámetros especiales. Éstos pueden centrarse, de manera ilustrativa, en los siguientes aspectos:

- *Conocimientos*. La formación básica de la persona, la información de que dispone, la comprensión de los problemas que tiene el puesto de trabajo.
- *Experiencia*. Trabajo en un puesto similar o con problemas semejantes al del puesto de trabajo que se pretende ocupar.
- *Aptitud*. La capacidad para resolver los problemas nuevos que se le plantean en el puesto de trabajo, o al menos los más probables, de un modo lógico y esperado.

CUADRO 5.1

PREGUNTAS CLAVE PARA DETERMINAR EL PERFIL DEL CANDIDATO

? ¿Qué tareas habrá de realizar? ¿En qué consiste su trabajo?

? ¿Qué resultado se espera?

? ¿Qué grado de presión implica este puesto?

? ¿Cuál es el grado de responsabilidad respecto del resultado esperado?

? ¿En función de qué parámetros se evalúa su rendimiento?

? ¿Cuál es el nivel de autonomía requerido para el puesto?

? ¿Qué ubicación tiene en la estructura de la empresa?

? ¿De quién depende? ¿Tiene personal a su cargo?

? ¿Trabaja solo o forma parte de un equipo?

? ¿Qué grado de interdependencia con otros departamentos tiene su tarea?

• *Actitud.* La forma de comportarse ante las tareas del puesto de trabajo o los problemas nuevos que en él se presenten. (De las cuatro cualidades anteriores, la más difícil de determinar es ésta.)

El perfil es una herramienta que nos permitirá guiarnos a la hora de efectuar la selección. Según las características del perfil, buscaremos el candidato. Una vez definidas, habremos obtenido los criterios que nos permitirán discernir las calidad de la información que obtengamos a lo largo de todo el proceso de selección.

La selección consiste en mirar al candidato a través del perfil. Para elaborar su diseño, contamos con la guía de tres elementos:

• Las características de la tarea.
• Su ubicación en el contexto.
• La cultura de la empresa.

Reclutamiento

Conocidos los puestos de trabajo que es necesario cubrir, el paso siguiente consiste en aplicar el procedimiento adecuado para divulgar el deseo de la empresa de llenar esas vacantes. Uno de los procedimientos más corriente, que muchas compañías aplican, es el de encargar a sus propios empleados que anuncien la existencia de vacantes entre sus familiares y conocidos. La dirección considera en estos casos que la propuesta de candidatos por parte de los empleados es una garantía. Hay otras empresas que, por el contrario, rechazan tal procedimiento. Sin salir de la misma compañía, pueden anunciarse los puestos de trabajo ofrecidos para que opten a ellos los empleados propios, que dejarán así otros puestos libres para anunciar. El procedimiento permite que las personas de la empresa se acoplen a puestos más idóneos que los ocupados hasta el momento y mantiene la motivación de la plantilla, que confiará en nuevas oportunidades para su futuro profesional.

Un procedimiento muy utilizado en la actualidad, sobre todo si el sistema de selección posterior es adecuado, consiste en anunciar las vacantes en la prensa diaria o en las publicaciones profesionales. También los anuncios en los centros de enseñanza de donde suelen proceder los candidatos puede ser un procedimiento eficaz.

▼ *La prensa diaria y la prensa especializada son un buen vehículo para dar a conocer la oferta de trabajo. El anuncio o aviso debe ser transparente y proporcionar la máxima información posible.*

IMPORTANTE EMPRESA INDUSTRIAL, FABRICANTE DE BIENES DE EQUIPO, CON FUERTE ACTIVIDAD INTERNACIONAL, PRECISA INCORPORAR

DIRECTOR COMERCIAL

Se requiere:
• Titulación de Ingeniero Industrial.
• Experiencia comercial mínima de cinco años en empresas del sector de bienes de equipo, ingenierías o plantas industriales.
• Edad entre 30 y 45 años.
• Dotes de mando y carácter extrovertido.
• Imprescindible dominio del idioma inglés, hablado y escrito.
• Disponibilidad para viajar al extranjero.

Se ofrece:
• Incorporación inmediata.
• Retribución fija acorde con la experiencia aportada y variable en base a resultados.
• Vivienda y vehículo a cargo de la empresa.
• Buen ambiente de trabajo.

Los interesados pueden dirigirse urgentemente al apartado de Correos   adjuntando el currículum vitae y teléfono de contacto, indicando como referencia en el sobre "DIRECTOR COMERCIAL".

Las asociaciones profesionales que dispongan de servicio de empleo para los afiliados constituyen otro de los medios aptos para conseguir candidatos que opten a los puestos disponibles.

Por último, las empresas de la competencia pueden poseer el personal cualificado que nos interese. Si podemos ofrecer mejores condiciones salariales o ventajas de otra índole, es probable que acudan personas de otras empresas del sector. Por ello, es conveniente que hagamos saber a nuestro personal qué anuncios de vacantes se publican para evitar situaciones embarazosas.

En caso de que se necesite contratar personal temporal, o cuando la demanda de puestos de trabajo sea muy escasa, recurrir a los antiguos empleados, que conocen la empresa y no precisan mucha adaptación, constituye a veces un procedimiento rentable.

Preselección

Se trata de una fase muy importante, ya que deberemos de evaluar las candidaturas que se hayan presentado. Si los requisitos formales están claramente expuestos, será más fácil la tarea de revisar currículos y entrevistas e ir descartando aquellos que no los cumplan.

Habremos de comenzar haciendo una selección previa, a partir de las solicitudes de empleo. Todos los candidatos tendrán que cumplimentar, por tanto, una solicitud. El modelo que se utiliza varía mucho de unos casos a otros. Por lo general, consiste en un formulario donde se hacen constar los datos de identidad, los estudios realizados, la experiencia anterior en puestos similares y cualquier otro aspecto específico que interese conocer. A veces en la misma solicitud se piden referencias, aunque éstas sólo pueden utilizarse poco antes de la contratación.

Una vez recibidos los currículos y las cartas de presentación provenientes del medio de captación elegido (prensa, empresa de empleo temporal, base de datos propia, etcétera), se clasifican según la adecuación de los requisitos formales (formación, especialidad, idiomas, edad, experiencia previa, etcétera). Tras esperar un plazo prudencial para asegurarse de que no llegarán más solicitudes, se descartan todas aquellas cuyos datos no concuerdan con el perfil que se tenga del candidato al puesto de trabajo, y las restantes solicitudes pasan a la segunda fase de la selección.

PRESELECCIÓN

La integración del personal es una de las claves del desarrollo y del progreso de la empresa, y ello depende en buena parte de una adecuada preselección.

▼ *Así como los currículos idóneos pasan a la siguiente fase de selección de candidatos, los currículos desechados deben archivarse calificados para una posible ulterior necesidad.*

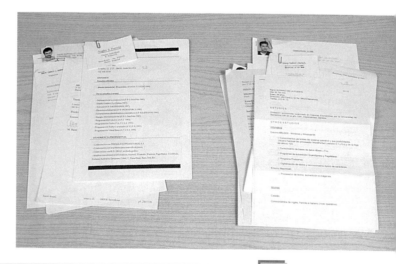

Entrevista inicial

La primera entrevista se hará con aquellos candidatos que se ajusten a los requerimientos formales requeridos. Contaremos ya con el diseño del perfil, y sobre la base de éste nos orientaremos para la nueva selección.

En la entrevista se evalúan los candidatos técnicamente aptos de los cuales se seleccionarán los más idóneos en relación al puesto y a la cultura de la empresa, quienes serán convocados para la fase de aplicación de pruebas.

En este primer encuentro se establece un contacto interpersonal en el cual se evaluará la presencia, la disposición, el ritmo, el interés en el puesto y la coherencia entre la información escrita y la primera impresión causada por el candidato.

Aplicación de pruebas

La evaluación técnica consiste en efectuar una prueba de conocimientos, habilidades y destrezas requeridos para el puesto que se ha de ocupar. Puede efectuarse mediante una prueba práctica, de múltiple elección, problemas para resolver, preguntas varias o una charla con el mando inmediatamente superior. Se trata de verificar que el nivel técnico del candidato se ajuste al requerido.

Entre las pruebas generales se cuentan las de inteligencia, razonamiento abstracto, memoria, imaginación y atención. Las dos primeras reflejan la capacidad del individuo para enfrentarse a situaciones inesperadas y responder a ellas con cierta lógica. Los tres factores siguientes nos muestran si el candidato podrá realizar su trabajo en las condiciones que se han especificado. Existen, además, otros factores que también suelen investigarse, según el tipo de trabajo, como son el razonamiento numérico, el razonamiento espacial, la fluidez y comprensión verbal y otros. En cuanto a las pruebas de personalidad, nos indican la capacidad de adaptación del individuo al medio social y laboral, así como la confianza en sí mismo y otras cualidades que indican su futuro comportamiento.

▼ *En la actualidad existe una gran variedad de test que miden cualidades como la inteligencia, la personalidad o las aptitudes motoras. Se seleccionarán aquéllos que nos brinden la información más completa acerca de los aspectos de la persona que más nos interesan conocer.*

Los test son un medio rápido de obtención de información de un individuo, pero es importante tener en cuenta que los datos que arrojan no tienen mayor validez si no se consideran en función de su comprensión clínica global. En este sentido es aconsejable que esta fase del proceso sea cubierta por un psicólogo u otro profesional experto.

La batería de test debería incluir:

- *Test proyectivos*, para explorar los aspectos cualitativos de la personalidad (cómo responde, cómo piensa, cómo se relaciona, cómo resuelve un problema).
- *Test de inteligencia*, para saber cómo funciona el pensamiento a la hora de resolver un problema (desde un nivel concreto a un nivel más formal).

> **ENTREVISTA**
>
> A la hora de dirigir una entrevista conviene considerar la función, los objetivos y la metodología que debe implementar. Ello garantizará al entrevistador trabajar con una distancia óptima respecto al candidato.

Tabla 5.1   Clasificación general de algunos test aplicados al mundo laboral

Tema		Descripción	Denominación	Áreas de aplicación			
				Adultos	Escolar	Laboral	Clínica
Inteligencia general		Escalas de desarrollo y test de inteligencia (individuales)	Alexander	●	●	●	
			Wais	●	●		●
		Test de inteligencia (colectivos)	AMPE elemental	●	●	●	
			D-70	●	●	●	●
			Naipes	●	●	●	
			Cambios	●	●	●	
Aptitudes		General	DAT	●	●	●	
			PMA	●	●	●	
		Percepción/Atención	Cuadros de letras	●	●		
		Musicales	Seashore	●	●	●	
		Destreza motora	Bennett	●	●	●	
		Mecánicas	MacQuarrie	●			
		Administrativas	BTA	●		●	
		Comerciales	BAC	●		●	
Personalidad	Generales	Proyectivos	HTP			●	
			Familia			●	
			Rorschach	●		●	●
		Cuestionarios	HSPQ	●	●	●	●
			16 PF-5	●		●	
	Específicas	Sociabilidad	Sociograma	●	●	●	●
		Adaptación	Bell	●	●	●	●
		Intereses	Kuder-C	●	●	●	●
Aptitudes pedagógicas		Aptitudes escolares	TEA	●	●	●	
		Aptitudes psicolingüísticas	ITPA		●		●

A través de las pruebas psicodiagnósticas se exploran las posibilidades del candidato. Las limitaciones deben ser consideradas en función del perfil. Es importante tener en cuenta que no se evalúa a las personas, sino su adecuación o no al perfil determinado.

Por último, las pruebas profesionales deben ser de tal naturaleza que permitan saber el grado en que el candidato cumplirá de inmediato los requisitos profesionales del puesto que ha de ocupar o el tiempo que tardará en adaptarse al mismo y en adquirir los conocimientos precisos.

Entrevista en profundidad

Se trata de una situación intersubjetiva cuyo objetivo es el conocimiento del candidato, mediante la exploración de datos históricos, características personales, sistema de valores, intereses, estilo vincular, proyectos y expectativas respecto del nuevo puesto de trabajo.

Se trata de un herramienta central del proceso de selección y muchas veces es el elemento definitorio.

Tipos de entrevistas. Hay diferentes tipos de entrevista. Las *estructuradas*, por ejemplo, son aquellas en las que se va desarrollando un temario prefijado. Si bien es una herramienta que ofrece datos de fácil valoración, la información que nos da es de nivel manifiesto y generalmente se complementa con otro tipo de observaciones. Luego están las *semiestructuradas*, que se basan en temas disparadores, permitiendo mayor grado de libertad. Tienen la ventaja de adaptarse a las particularidades del encuentro, a lo que el entrevistador estime conveniente profundizar y a lo que el entrevistado pueda sugerir con sus respuestas. La consigna ha de ser clara, invitando al candidato a organizar sus respuestas a partir de las propuestas del entrevistador, manifestando su disposición para adecuarse y responder con una cierta autonomía. Por último, las *libres*: a partir de determinadas áreas que se han de explorar y en función de las respuestas del entrevistado se desarrolla el hilo de la entrevista. Por lo general, se utilizan fórmulas muy amplias a modo de disparadores como «hábleme de usted», y luego se trabaja sobre el material que va apareciendo. Este estilo de entrevista permite conocer la forma de estructurar el tiempo y la organización de las ideas del postulante. También los recursos con los que cuenta a la hora de manejar sus ansiedades o cómo utiliza la libertad otorgada.

La entrevista es una situación que suele generar ansiedad y tensión, tanto para el entrevistador como para el entrevistado. Se trata de una situación asimétrica, lo cual hace aún más necesario que se desarrolle en un marco de sumo respeto. Debemos recordar que estamos cumpliendo con una función y que no somos quienes tienen el poder de decisión, aunque en ese momento representemos

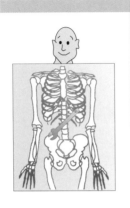

La entrevista en profundidad suele aportar los datos definitivos para conocer la valía y los intereses del candidato, así como su idoneidad al puesto que se persigue cubrir.

ese papel para el candidato. Es responsabilidad del entrevistador conducir la entrevista; para ello, cuanto más clara tenga la estructura con la que se maneja, más fácil le será leer las variaciones que se produzcan en el comportamiento del postulante, así como el control de situaciones de mayor nerviosismo, etcétera.

Las entrevistas más frecuentes cuentan con un plan trazado de antemano, con una lista de preguntas muy concretas y en las condiciones que establece la técnica de selección de personal. En primer lugar, hay que tener presente que las pruebas no siempre dan una idea completa de las cualidades de quien las realiza, de modo que en la entrevista es preciso subrayar los aspectos más importantes que convenga conocer a ciencia cierta. Por tanto, en la lista de preguntas que se prepare deben figurar aquéllas que permitan confirmar tales aspectos.

El candidato debe sentirse cómodo durante la entrevista; si está nervioso, el entrevistador ha de esforzarse por tranquilizarlo. La entrevista debe celebrarse, pues, a solas con él, sin otros testigos que puedan alterarlo o ponerlo a la defensiva. Una forma de tranquilizarlo consiste en exponerle en tono distendido las características del puesto, o bien comenzar la conversación con temas banales. A continuación comenzarán las preguntas conforme al plan trazado. Conviene que el entrevistado responda con toda libertad; hay que cuidar de no interrumpirlo y estar atento a todo cuanto diga. No perdamos de vista que hemos de formar un juicio cabal no sólo de sus conocimientos y experiencia, sino también de su personalidad.

La secuencia de preguntas puede adoptar un carácter amplio y en ella se pide al candidato que describa: primero, su historial académico, con mención a los centros de enseñanza a los que asistió y de los títulos sucesivos que fue obteniendo, así como las expectativas e inquietudes que en cada momento tenía; a continuación, su historial profesional, en el cual nos hablará de los sucesivos puestos de trabajo que ocupó, las responsabilidades que tuvo en cada uno de ellos y quiénes fueron sus subordinados, en su caso, y sus jefes. Por último, nos interesa interrogarle sobre su situación actual, desde los puntos de vista profesional, familiar y social. La finalidad de estas últimas preguntas es averiguar si estamos ante una persona estable y decidida a mantener una relación laboral igualmente estable con nuestra empresa.

ESPONTANEIDAD

Las entrevistas demasiado rígidas o estructuradas impiden a menudo captar aspectos de gran interés del candidato. Así, una parte de la entrevista debe permitir al candidato expresar libre y espontáneamente sus inquietudes y sus expectativas.

▼ *La entrevista es una situación asimétrica que genera ansiedad en el entrevistado. Esto determina la importancia de que sea realizada en un marco de absoluto respeto.*

Sólo tras una
rigurosa selección
debe escogerse
al nuevo colaborador.
Nunca debe
seleccionarse
al menos malo
de los entrevistados.

La distancia óptima. Tener presente nuestra función, los objetivos y la metodología que debemos implementar son factores que permiten al entrevistado trabajar en una distancia óptima respecto del candidato y de la situación. La distancia excesiva impide crear un ambiente distendido, necesario para hablar de ciertos temas y el relajamiento de las formas puede llevar a invertir los roles haciendo que el entrevistador pierda las riendas de la entrevista (por ejemplo, no podrá evaluar cómo el entrevistado se maneja en situaciones límites).

Un rol bien delimitado permite operar en situaciones críticas, porque ayuda a mantener la distancia, asegurando un marco para el pensamiento y la reflexión.

Comprobación de las referencias. Como última parte de esta fase de selección, hay que contrastar las referencias que se han consignado en la solicitud. Cuando tales referencias son sólo académicas, deben tener un soporte escrito que aportará el propio candidato. Ahora bien, para las referencias profesionales conviene, cuando sea posible, establecer contacto telefónico con las personas o centros que puedan confirmar, aunque sea de modo informal, los datos más significativos.

Presentación de candidatos y elección final

Las tareas comprendidas en esta fase son la presentación de informes a la organización, las entrevistas a los candidatos finalistas, la decisión final y la comunicación a todos los candidatos.

Para ello habremos contado con la información de los currículos vitae de los postulantes, con el perfil del puesto como guía y con las valoraciones de los test y la entrevista en profundidad. Si hemos contratado una empresa de selección de personal, contaremos también con su opinión y su experiencia.

Llegados a este punto, si tenemos más de un candidato, es importante dejar clara la necesidad de elegir y el interés en mantener el contacto para futuras colaboraciones, con quien no haya optado al puesto.

Incorporación y acogida

Al tiempo que se desarrollan las gestiones para la definitiva contratación, es necesario disponer de un plan que familiarice a los nuevos empleados con el que será su trabajo. De nada vale una buena selección de personal si luego dejamos a los seleccionados abandonados en un ambiente poco conocido para ellos, con unos métodos distintos de los que se han venido utilizando en sus empleos anteriores y sin un mínimo de preparación en el

ADAPTACIÓN

La ambientación del nuevo empleado con sus compañeros y sus tareas es una de las claves para favorecer su adaptación a la empresa.

manejo del equipo auxiliar que han de usar en su nuevo puesto de trabajo.

Preparativos para la incorporación al puesto. Contemplan una serie de factores para lograr una mayor eficacia.

- *Pautas de trabajo.* Las tareas que ha de realizar el nuevo empleado deben esquematizarse en forma de pautas de trabajo. La confección de estas pautas no siempre es tarea fácil, aunque, si la empresa ya tiene realizados los estudios de los trabajos, podrá sintetizarlas. Si no fuera así, conviene, de todos modos, confeccionar unas pautas generales que puedan aprovecharse en lo sucesivo y en las cuales deben aparecer no sólo las operaciones que se han de realizar, sino también la razón o el objetivo de cada una, así como los medios auxiliares que se han de emplear (herramientas, equipo, material). En muchos casos, conviene incluir como aclaración algún dibujo con el resultado de la operación o la forma de realizarla.
- *Supervisor.* Será la persona encargada de vigilar al nuevo empleado en su fase de adaptación al puesto y a la empresa. Su elección es muy importante, pues el nuevo empleado tenderá a imitar sus técnicas y copiará su modo de trabajar. Debe conocer las tareas que se han de realizar, tener experiencia práctica de las posibles consecuencias de una defectuosa ejecución y provisto de paciencia para enseñar al nuevo empleado.
- *Lugar de trabajo.* El lugar de trabajo que debe ocupar el nuevo empleado debe estar preparado cuando éste se incorpore. Sea un despacho o un puesto a pie de máquina, una zona de mostrador cara al público o una mesa de oficina, el empleado ha de comprender que se le está esperando y que sus jefes se han interesado por él.
- *Medios auxiliares de trabajo.* Los medios auxiliares para la realización eficaz de las tareas también deben estar dispuestos desde el mismo día de incorporación del empleado. Junto con el lugar de trabajo, contribuyen a rentabilizar la actividad productiva desde el comienzo.

Incorporación al puesto de trabajo. Toda la preparación anterior, en forma de pautas de trabajo, de presencia de un supervisor y de reserva de un lugar y ciertos medios de trabajo, se tienen que aprovechar en este punto.

Será el encargado de la selección, bien sea el propio director, el jefe de personal o la persona directamente responsable de esa función, quien ponga en contacto al supervisor con el nuevo empleado. Por su parte, el supervisor asumirá su función desde ese mismo momento. En primer lugar, comenzará por una exposición introductoria de las tareas, tomando como base los esquemas ya preparados, aunque considerándolos en términos generales. A

INCORPORACIÓN

Cada ocupación y cada tarea necesitan un período mínimo de rodaje. La incorporación debe ser gradual y será tanto más lenta como complejo sea el trabajo que se ha de desarrollar.

La experiencia
nos dice que
el individuo
activo se recoloca
mucho más
deprisa que
el apático.

R. BUSOM
Empresario

▼ *La capacitación permite al empleado afrontar con éxito cualquier eventualidad que se presente en el desempeño de sus tareas. Promover la formación profesional y humana de los empleados garantiza la competitividad.*

continuación, acompañará al nuevo empleado al lugar de trabajo, donde le presentará a sus compañeros. No está de más, incluso en la explicación preliminar de las tareas, incluir un esquema general que permita al nuevo empleado conocer cómo encaja su trabajo concreto en la actividad total de la empresa. Éste es el momento de poner de relieve la importancia de las tareas que se le encomiendan en el contexto global de la producción. Con ello se conseguirá en él una actitud positiva y una disposición favorable a realizarlas bien.

Se pasa seguidamente a la enseñanza práctica de las tareas tal como se deben efectuar, es decir, con los mismos materiales y equipos que se utilizarán en el contexto productivo. El supervisor debe hacer el trabajo en primer lugar, resaltando los detalles importantes para que el trabajo quede bien. Esta demostración debe hacerse con una explicación sencilla y lógica de la serie de operaciones y de las consecuencias que los fallos más frecuentes provocan en el producto final.

En el paso siguiente será el propio nuevo empleado quien realice lo que acaba de ver. En la primera tarea que lleve a cabo, conviene corregirle sólo en los errores más importantes. Después de este primer ensayo, se le deja trabajar por su cuenta, indicándole que puede recurrir al supervisor siempre que encuentre alguna dificultad.

Seguimiento

Una vez que la incorporación se produce, se inicia una nueva etapa en la cual el candidato escogido se incluye en el campo. Toda experiencia nueva en el ámbito laboral-profesional comprende un cúmulo de expectativas, basadas en la esperanza de encontrar un campo propicio para satisfacer las necesidades ligadas al área esencial de interés del participante.

Reconocimiento social, crecimiento económico, desarrollo profesional y otras son las diferentes y particulares razones que puede tener el nuevo miembro de la empresa para lograr un espacio institucional y participar de una red de relaciones estables, obteniendo la satisfacción de sus necesidades.

Ésta nueva etapa del proceso comienza confrontando al nuevo componente del equipo con la realidad de su puesto de trabajo, la tarea que ha de realizar, las relaciones con sus compañeros, jefes y/o subordinados y las primeras dificultades.

Las expectativas tanto de un lado como del otro se ponen a prueba y son verificadas en las respuestas que se van produciendo. Estas respuestas incluyen aspectos técnicos, aspectos vinculares y la incidencia de factores contextuales y culturales de la organización.

Los programas de inducción. El proceso de ajuste cultural cuenta con programas de inducción, consistentes en presentar al nuevo empleado la organización, pero esta vez «desde adentro», a través de datos, imágenes, organigramas, funciones, etcétera.

Puede incluir:

- Los proyectos generales.
- La posición de la empresa en el mercado.
- La identificación de pares y competidores.
- El manejo del tiempo y del espacio
- La organización viviente (dinámica empresarial).

Esta presentación es una manera de transmitir los criterios de elección de alternativas, de valor, de éxito, de sanción, etcétera. El período de inducción contribuye al establecimiento de un vínculo fuerte, basado en la seguridad recíproca. La incorporación se habrá realizado con éxito si se sortea adecuadamente el proceso de introducción a la cultura empresarial, con la consiguiente adaptación a las pautas vigentes, a partir de precedentes.

Un buen programa de política salarial debe propiciar el equilibrio necesario entre la calidad de vida de los empleados y la rentabilización exigida por la economía de la organización.

☐ POLÍTICA SALARIAL

▮ Introducción

La retribución del personal es uno de los grandes retos de la gestión interna de toda empresa. La preocupación de cómo rentabilizar al máximo esta inversión encuentra tantas respuestas como tipos de empresa, estilos de dirección y culturas corporativas existan.

El punto que queda fuera de toda variabilidad es el reconocimiento de la retribución salarial como factor de motivación –o desmotivación– de los empleados. Si bien la motivación no es uno de los objetivos directos de las empresas, conocemos sus efectos en la eficacia organizacional y en la calidad de vida de sus empleados. Un buen programa de política salarial puede aportar el equilibrio necesario entre la calidad de vida de los empleados y la rentabilización exigida por economía de la empresa.

CUADRO 5.2

PLAN DE POLÍTICA SALARIAL

OBJETIVOS

▶ Mejorar el rendimiento del personal
▶ Estimular su implicación en el logro de los objetivos empresariales
▶ Disminuir el absentismo y la rotación (no planificada)
▶ Mejorar el ambiente laboral y promover el trabajo en equipo
▶ Cubrir las necesidades económicas de sus empleados
▶ Atraer y mantener al personal de mayor valía para la empresa
▶ Facilitar la promoción de las personas más cualificadas dentro de la empresa

NECESIDADES QUE CUBREN

ALTA DIRECCIÓN	LÍNEA DE MANDO	PERSONAL TÉCNICO, ADMINISTRATIVO Y OPERATIVO
▶ Mantener y/o mejorar los niveles de competitividad, productividad y rentabilidad empresarial ▶ Transmitir la cultura empresarial ▶ Crear identidad corporativa ▶ Integrar al personal y lograr mejoras en la compañía y en la función ▶ Prever los presupuestos salariales y los aumentos por departamentos ▶ Motivar al personal ▶ Potenciar la equidad interna y la competitividad externa	▶ Lograr mejoras en su función ▶ Conocer el nivel de rendimiento / desempeño de sus subordinados ▶ Repartir equitativamente los aumentos salariales ▶ Definir y estimular la consecución de los objetivos del personal a su cargo, a nivel de compañía, función, puesto de trabajo y persona ▶ Motivar a los empleados y reducir el absentismo ▶ Favorecer el buen clima laboral, la participación y el trabajo en equipo	▶ Satisfacción de las necesidades básicas ▶ Sentirse reconocidos en su puesto de trabajo ▶ Estimular la mejora y la integración en su función

Las decisiones sobre la remuneración del personal suelen estar determinadas por convenios colectivos y, por ello, más que estar sujetas a políticas de la empresa, entran en el marco de la dinámica de las negociaciones entre los sindicatos y la patronal.

Por lo general, el programa retributivo se implementa para el establecimiento del personal de alta cualificación (directivos y cuadros), y a mediano o largo plazo se revela como vehículo esencial para reforzar las políticas y objetivos de la empresa.

■ Formas de retribución

Existen dos formas básicas, a saber:

Remuneración directa

Está asociada estrechamente con alguno de los parámetros que miden la producción del empleado.

SALARIO

El salario, la forma más simple de retribución, se halla en relación directa con el trabajo ocupado, la responsabilidad que comporta y el grado de esfuerzo realizado.

- Es el caso más simple, se trata del sueldo o salario por tiempo de trabajo, que depende exclusivamente del tiempo dedicado a la empresa. Puede fijarse en salario por hora, por jornada de trabajo, por semanas o por meses.
- Otro método de retribución directa es el pago por unidad producida o vendida. En este último caso se inserta la retribución a comisión. El incentivo que caracteriza esta clase de remuneración es obtener una retribución total más alta si la producción o la venta se incrementa. En la realidad, sin embargo, el pago unitario se establece de modo que, con un rendimiento normal, el salario es también normal.
- Un método intermedio entre el salario fijo y el pago por unidad es el de primar la producción que exceda de un cierto límite. De esta suerte, el empleado tiene garantizado un sueldo mínimo con su sola permanencia en el trabajo, pero obtiene primas a la producción o a la venta a partir de un determinado valor, que se reputa normal. La ventaja de este método es que disfruta de los aspectos positivos de los dos sistemas anteriores. Por una parte, el empleado no queda nunca sin ingresos, y por otra, la empresa obtiene un rendimiento superior al normal a cambio del incentivo monetario que ofrece por unidad. Éste se calcula de modo que ofrezca un interés permanente para el empleado, pues en caso contrario, cuando el incentivo monetario decrece a medida que aumenta el número de unidades producidas, el empleado suele reducir el esfuerzo a partir del punto en que no considera rentable el aumento de su rendimiento.
- Un último método, que se aplica por lo general a los empleados de confianza y los directivos, es el de la participación en los beneficios, manteniendo un sueldo fijo, que se suplementa de acuerdo con los beneficios obtenidos por la empresa.

Retribución indirecta

Este tipo de retribución tiene un componente legal, que varía según el país de que se trate, y otro voluntario. Se suele identificar también con la expresión beneficios adicionales, e incluye un conjunto de conceptos retributivos indirectos, entre los cuales se cuentan los siguientes:

- Pago de los días festivos.
- Vacaciones anuales pagadas; la duración efectiva de las mismas varía, por lo general, con la antigüedad del empleado en la empresa.
- Pago o complemento de sueldo por las ausencias debidas a enfermedad.
- Pago a los organismos oficiales o privados para cubrir enfermedad, jubilación o ambas.
- Asistencia médica y hospitalaria.

▼ *En las empresas cuyo tamaño lo justifique, el servicio de comedor a un precio muy asequible para los trabajadores constituye una forma de retribución indirecta.*

- Ayuda económica por enfermedad.
- Dotaciones para el disfrute del tiempo libre.

■ Revisiones salariales

Los sueldos y salarios no acostumbran ser estáticos, sino que se acomodan a la evolución de las circunstancias socioeconómicas del país y deben ser una fuente permanente de motivación para los empleados. La revisión de los salarios es, pues, un imperativo necesario.

Además, dicha revisión debe ser justa y diferencial; esto quiere decir que en las revisiones ha de tenerse en cuenta el rendimiento del empleado durante el período transcurrido desde la revisión anterior. La revisión no puede ser la misma para todos los empleados, sino superior para los que rindieron más y de menor cuantía para quienes no sobrepasaron los objetivos de producción. Las diferencias en la revisión, aunque a primera vista pueda parecer que crean enfrentamientos y recelos, constituyen, sin duda, un incentivo importante.

▼ *Un empleado que se considera bien pagado es un empleado motivado, pero un salario es adecuado sólo si está en relación de paridad con el mercado y con el resto de los trabajadores de la empresa.*

GRÁFICO 5.6

CLAVES PARA LA MOTIVACIÓN DESDE LA POLÍTICA SALARIAL

Coherencia entre el esfuerzo y la responsabilidad del empleado con la retribución que recibe a cambio

Competitividad externa de la retribución (en relación al mercado laboral) y equidad interna (en relación a puestos similares)

Equidad de incrementos salariales dentro de la empresa

MOTIVACIÓN

■ Tendencias en política salarial

La política retributiva cristaliza el estilo de dirección y la cultura de empresa. Según ello, tendremos organizaciones de tendencias burocratizadas, que premiarán la antigüedad, se desligarán de los objetivos estratégicos de la empresa y serán arbitrarias y desmotivadoras; de tendencias paternalistas, que premiarán la fidelidad y serán poco equitativas, y finalmente, la tendencia sobre el desempeño, que premiará la contribución del empleado a los resultados empresariales, priorizará el rendimiento y será más equitativa y motivadora.

El diseño tradicional de los sistemas retributivos se basa en los puestos de trabajo, pero en los últimos tiempos la tendencia introduce la remuneración basada en las personas, es decir no sólo en la relación salario/dificultad, sino también en la relación salario/destrezas/conocimientos y resultados del desempeño.

En esta línea se ha desarrollado el sistema de remuneración según rendimiento, que intenta motivar a los empleados bajo la perspectiva de integrar una fracción del salario total como variable, según el nivel de consecución de los objetivos previamente fijados.

Como consecuencia, se procede a la individualización de los salarios, retribuyendo a cada empleado de acuerdo con su actuación y su aporte a los objetivos planteados.

Las ventajas de este sistema es la motivación, el logro de una mayor identificación con la empresa, la transmisión de la cultura y de los objetivos de la misma, y el refuerzo del interés por el trabajo efectivo dentro de los diferentes equipos.

Los posibles riesgos que comporta este tipo de programa van aparejados a situaciones de un cierto escepticismo y malestar producidas por la excesiva individualización de la retribución, por la falta de claridad en la transmisión de las reglas del sistema implementado (creando un ambiente de confusión e incoherencia, de falta de equidad, etcétera), la excesiva burocratización, entre otros.

Las condiciones mínimas de éxito requeridas por este tipo de programas son:

Todo programa remunerativo que se precie debe contar con un alto grado de competitividad externa y un ambiente de equidad interna.

- Concordancia entre la cultura de la empresa y su estilo de dirección (descentralización del poder, estimulación de la participación, etcétera).
- Implicación de la alta dirección (para promover y sostener los cambios por la introducción del nuevo sistema).
- Adaptación de las estructuras organizativas (descentralización de responsabilidades y dirección por objetivos),
- Formalización de herramientas de gestión necesarias (descripción de puestos y objetivos, evaluación del desempeño y valoración de puestos y objetivo).

Así, la implementación del sistema de remuneración según rendimiento deberá ir precedida por un estudio de viabilidad en función de las características de cada empresa.

■ Control del sistema de incrementos salariales

Tradicionalmente, los incrementos salariales se fijan según criterios automáticos, aplicados al colectivo de trabajadores, como por ejemplo el IPC o lo pactado en los convenios colectivos.

Estas políticas tienen el inconveniente de ser rígidas y poco motivadoras. La individualización de los aumentos salariales –sobre todo del personal cualificado– es un medio de revertir esta tendencia, favoreciendo la movilización hacia los objetivos de la compañía.

INCENTIVOS

Una forma de remuneración aplicada a cierto tipo de empleos –por lo general, servicios directos al público–, consiste en el pago de una cantidad fija, relativamente baja, y la participación en otros beneficios complementarios que dependerán de la buena realización del trabajo.

La política de revisión de salarios sobre la parte fija de la retribución implica los siguientes factores:

- Los incrementos generales anuales establecidos teniendo en cuenta las bandas salariales de cada puesto de trabajo, lógicamente fijadas en el marco de la estructura de remuneraciones de la empresa.
- El estudio individualizado del historial de cada trabajador según la carrera que ha efectuado, los conocimientos que posee, las habilidades, la antigüedad, el historial retributivo de los últimos años, entre otros.

Los objetivos centrales de toda propuesta de formación apuntan a la familiarización con técnicas y dinámicas de otras áreas, a la promoción del trabajo en equipo, al establecimiento de vías recíprocas de comunicación y a la dirección de grupos.

CUADRO 5.3

EVALUACIÓN DEL NIVEL DE MOTIVACIÓN

● Contestar con una puntuación según nivel de acuerdo de menos a más, entre 1 y 4

Me siento valorado profesionalmente en mi empresa

La retribución es uno de los factores más motivadores

Mi trabajo es esencial para el buen funcionamiento de mi área de trabajo

Considero que mi retribución es proporcional al valor de mi trabajo

Estoy de acuerdo con la formulación que se ha hecho de mis objetivos:
Por empresa
Por función
Por puesto de trabajo

Estoy de acuerdo con la valoración del cumplimiento de mis objetivos:
Por empresa
Por función
Por puesto de trabajo

Considero que, en general, la política salarial de mi empresa es motivadora

Considero que, en general, la política salarial de mi empresa es eficaz

En mi empresa se remunera al personal de forma equitativa

Mi salario incide en mi rendimiento

Las funciones y responsabilidades que me han sido asignadas me parecen razonables respecto a mi puesto de trabajo

☐ FORMACIÓN

■ Un nuevo concepto de formación

La formación, entendida como acción permanente se ha consolidado en todas las actividades y sectores socioeconómicos; desde las industrias, los servicios, las profesiones liberales, las ofertas recreativas y los espacios culturales hasta el mundo de la vida doméstica.

La aceleración tecnológica en el campo de la robótica, de la computación y en el ámbito de las comunicaciones ha obligado a muchas empresas a hacer importantes movimientos en sus departamentos de personal y, aún así, muchos de sus empleados han quedado en la calle debido a la caída de competitividad en su rendimiento profesional.

El aumento de la complejidad tecnológica que se desarrolla dentro del ámbito económico señala la necesidad de trabajar de forma interdisciplinaria, abriendo un terreno que la atomización hasta ahora reinante había mantenido cerrado.

La formación es entonces un medio eficaz para dar respuesta a este nuevo escenario, de tal modo que el trabajo en equipo, la familiarización con técnicas y dinámicas diferentes de las de las propias áreas, el establecimiento de vías recíprocas de información y comunicación, la dirección de grupos y, por supuesto, la cualificación tecnológica son los objetivos centrales de su propuesta.

La implementación de planes de formación contribuyen no sólo a la transmisión de los conocimientos estándares sino que son un medio privilegiado de cristalización y aprovechamiento de la experiencia, optimizando un saber hacer que los propios profesionales han ido construyendo en sus puestos de trabajo, al estar en contacto con procesos tan diversos como pueden ser los de organización, planificación, apoyo logístico, técnico o didáctico, en la elaboración de programas, etcétera.

Se trata entonces de hacer de la formación un recurso al servicio de las empresas y organizaciones. Para ello, se hace necesario que la empresa posea un programa de formación para sus empleados. Como en tantos otros capítulos de la actividad empresarial, también en éste

---

**FORMACIÓN
Y COMPETITIVIDAD**

El aumento de la complejidad tecnológica en el puesto de trabajo hace de la formación un elemento indispensable para mantener el grado de competitividad de los empleados de toda organización.

CUADRO 5.4

FUNCIONES DEL GESTOR DE FORMACIÓN

▶ Interpretación de las necesidades formativas de cada grupo o sector

▶ Evaluación del coste global de la acción formativa que se ha de implementar

▶ Explicitación y acuerdo con los cargos directivos de la empresa

▶ Implementación de programas, planificación de la duración y lugar en el que se realizará la formación, etcétera (teniendo en cuenta la disponibilidad de los empleados sin ir en perjuicio de su dedicación laboral)

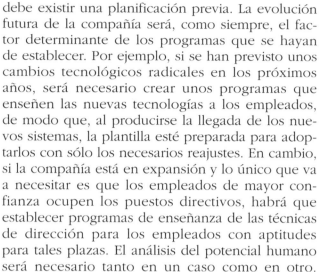

▲ *La formación administrada de manera planificada y organizada, e impartida por entidades especializadas, hace de aquélla una verdadera inversión para el desarrollo de la empresa.*

debe existir una planificación previa. La evolución futura de la compañía será, como siempre, el factor determinante de los programas que se hayan de establecer. Por ejemplo, si se han previsto unos cambios tecnológicos radicales en los próximos años, será necesario crear unos programas que enseñen las nuevas tecnologías a los empleados, de modo que, al producirse la llegada de los nuevos sistemas, la plantilla esté preparada para adoptarlos con sólo los necesarios reajustes. En cambio, si la compañía está en expansión y lo único que va a necesitar es que los empleados de mayor confianza ocupen los puestos directivos, habrá que establecer programas de enseñanza de las técnicas de dirección para los empleados con aptitudes para tales plazas. El análisis del potencial humano será necesario tanto en un caso como en otro.

Concebido así el proceso de formación de la plantilla, constituye una actividad constante dentro de la empresa. Si ésta tiene la magnitud suficiente, está claro que debe existir un departamento especializado que se haga responsable de esta tarea. Si la empresa es algo menor, esta función se puede integrar en el departamento de personal. Por último, en el caso de las pequeñas empresas, será la propia dirección la que debe asumir la responsabilidad.

■ Áreas básicas del proceso de formación

Área de gestión

Identificación de las necesidades formativas de la empresa. El punto de partida de toda acción formativa pasa por la puesta en común y el esclarecimiento de las políticas tanto generales como sectoriales que están vigentes en la compañía.

A partir de aquí es posible realizar el análisis y la demarcación de aquellos departamentos o ámbitos de la empresa en los que se estime aconsejable imprimir la acción de formación a corto y mediano plazo.

La gran cantidad de datos que genera la evaluación, la formación y el control de los trabajadores de una empresa, de poco sirven si no se procesan y analizan adecuadamente.

Algunas de las necesidades detectadas pueden surgir del mismo marco referencial, como la reorganización de recursos, nuevas cualificaciones, nuevos roles y especializaciones, etcétera. Otras pueden aparecer en relación con bajos niveles de productividad, con el incumplimiento de los objetivos fijados, también a partir de la detección de índices de falta de motivación en el personal, por la creación de nuevos puestos de trabajo que requieran espacios inéditos de relación interdepartamental (necesidad de establecer códigos compartidos), la emergencia de conflictos a interpersonales y conflictos con las líneas de mando, etcétera.

Los planes de formación y la política empresarial. En muchos casos, las necesidades formativas de las PYMES pueden solventarse haciendo uso de recursos mixtos, como el aprovechamiento del personal cualificado y con más experiencia dentro de la empresa para llevar adelante las acciones formativas, los cursos de perfeccionamiento ofrecidos por gremios u otros dispositivos oficiales, o, si es el caso, la consolidación de un área de formación dentro de la propia empresa. En cualquier caso, entendemos que toda acción ha de enmarcarse en una política general para ser eficaz y adecuarse a la ideología y cultura de la compañía.

Para ejemplificar esta incidencia, tomaremos dos casos paradigmáticos de política empresarial: por un lado están los casos en que ésta se orienta hacia el mantenimiento y/o ampliación de la actividad, y por otro, aquellos en los que se implementan estrategias de reducción a fin de ajustarse a las coyunturas del sector.

CUADRO 5.5

ÁREAS DEL PROGRAMA DE FORMACIÓN

▶ **Gestión del plan de formación**

Interpretación y detección de las necesidades formativas
Construcción de planes de formación
Elaboración del presupuesto
Evaluación de la relación coste-resultados

▶ **Proceso didáctico de la formación**

Elaboración de los programas
Selección de los participantes
Evaluación de la formación

▶ **Métodos de formación**

La formación en el puesto de trabajo
La formación fuera del puesto de trabajo

CUADRO 5.6

PARTICIPACIÓN DE LA DIRECTIVA Y EL PERSONAL DE LÍNEA EN LAS ACCIONES FORMATIVAS

1 La información sobre el proyecto del plan. Debe estar dirigida a todo el personal y firmada por el departamento responsable de la elaboración del plan conjuntamente con algún miembro de la dirección.

2 Durante el proceso de detección de las necesidades de formación, como hemos visto ya en ese apartado, la coparticipación y colaboración con el personal de línea es condición sin la cual no sería posible recoger la información necesaria.
Es parte de la función del formador, o formadores, transmitir esta importancia y ofrecer las herramientas pertinentes de cara a la realización de esta tarea.

3 Una vez obtenido el listado de necesidades de formación por parte del equipo gestor o la persona responsable, será tarea del equipo directivo realizar un análisis detallado y una selección (o bien sugerir temas a añadir), según las prioridades y planes de viabilidad de la compañía.

4 El proceso de diseño así como el de aplicación de las acciones formativas requieren una comunicación fluida entre el gestor y el personal de línea, a fin de realizar los ajustes convenientes o solucionar problemas que puedan surgir sobre la marcha (correspondencia entre los contenidos que se han de transmitir y las necesidades, desfase entre la formación y las posibilidades técnicas existentes en la empresa, etcétera).

En el primer caso, el ingreso de nuevos empleados o la creación de puestos de trabajo centrará la acción formativa en la adaptación a la empresa y al puesto, la formación del nuevo personal,
la capacitación en las nuevas áreas, etcétera.

En el segundo, las políticas de ajuste incidirán en programas de
formación cuyos objetivos serán la mejora de la gestión de costos,
los reciclajes, las conversiones de puestos, etcétera.

Desde otra perspectiva, pero también en la articulación política
empresarial-políticas de formación, todo programa de formación
genera a partir de su construcción y puesta en marcha una gran
cantidad de datos e información que, de estar correctamente ordenados y clasificados, constituyen un soporte documental que será
de gran provecho en futuras acciones, ya sean de formación, de
reestructuración, etcétera.

Como vemos, la formación no es un área independiente, sino
que está íntimamente relacionada con lo que podemos llamar el
punto neurálgico de toda empresa.

Elaboración del presupuesto. La dificultad de demostrar de
forma inmediata el valor de la formación hace que en ocasiones se
deje de lado esta compañera fundamental del desarrollo de empresas y organizaciones.

El presupuesto de formación puede estar incluido dentro del
ámbito de gestión de personal o bien ponerse en marcha de
manera eventual e independiente; también pueden darse formas
mixtas. Las operativas presupuestarias responden al modelo de
gestión formativa elegido.

Criterios para elaborar un presupuesto de formación. Estos criterios han de enmarcarse en la estimación de la inversión económica correspondiente a la necesidad formativa detectada y a la
puesta en marcha del plan de formación.

- Establecimiento presupuestario hecho sobre un porcentaje de
la facturación.
- Relación cantidad-empleado (número de horas necesarias por
año, por empleado).
- Investigación sobre la política presupuestaria de compañías
similares.

Deben detallarse por separado los gastos directos (compra de
programas, salario de los formadores, etcétera), los gastos indirectos (como la disposición de horas dentro de la jornada laboral), los
gastos de infraestructura y/o material y los costos de la acción según el área o departamento y según los niveles jerárquicos.

Evaluación de la relación costo-resultados. Esta evaluación, cuando los resultados no son evidentes, requiere un análisis de todo el proceso desde la identificación de las necesidades formativas hasta la concreción del plan de formación, con el objetivo de medir la pertinencia y el rigor de los métodos empleados, la correcta elección de los instrumentos utilizados, el costo de los recursos invertidos, etcétera.

Un estudio de esta magnitud lleva tiempo y requiere una gran precisión, así como el acceso a la información completa sobre el plan de formación en todas su etapas (que no siempre está disponible ni organizada); por lo tanto, suele justificarse sólo en casos en que la envergadura del plan y su inversión sea de un cierto calibre.

Elaboración de los programas. Si bien en la actualidad el medio empresarial cuenta con toda una serie de programas que ofrece el «mercado de la formación», este capítulo propone algunos instrumentos útiles tanto a la hora de adaptar dichos programas a las necesidades particulares como a la de elaborar programas propios. Creemos que este capítulo podrá ser de gran utilidad ya que, por lo general, las PYMES no cuentan con personal especializado en formación y esta tarea acaba siendo encomendada a aquellos empleados que o bien se manejan de forma ejemplar en su puesto o bien poseen una serie de conocimientos altamente especializados.

Aquí desarrollaremos entonces dos puntos que tienen que ver más bien con la función específica del formador, como herramientas que se han de utilizar a la hora de encontrarse encomendados a impartir acciones formativas.

Selección de participantes. Con frecuencia, el mismo proceso de detección de las necesidades indica una preselección de

▼ *El vínculo que el trabajador establece con la empresa y los demás integrantes de la misma será más estable cuanto menor sea la distancia entre el compromiso deseado y el compromiso sentido.*

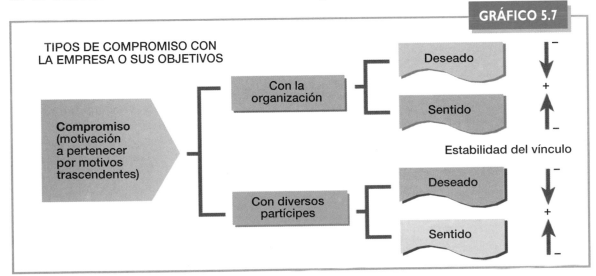

GRÁFICO 5.7

aquellos departamentos o puestos de trabajo que son candidatos para la acción formativa.

Aún así, hay ocasiones en que o bien el número de participantes o los objetivos de la formación requieren algún criterio de agrupación. A continuación indicaremos algunos criterios posibles de agrupación, que pueden ser relativizados y adecuados a diferentes situaciones.

Criterios de agrupación. Una primera forma de agrupación es a partir de la homogeneidad o heterogeneidad del grupo (véase tabla 5.2). Este dato en sí no nos ofrece mayor solución, a menos que lo evaluemos en conjunción con las características de la acción formativa.

Evaluación de la formación. La idea de evaluación que presentamos en este apartado está relacionada con su operatividad. Una vez planificada y puesta en marcha la acción, ésta encuentra su verdadero significado en la evaluación. Se trata de un momento en el que se valoran los hechos a la luz de los objetivos prefijados y de los hallazgos acaecidos durante el proceso.

Lo que vamos a evaluar en este caso serán las variables fundamentales intervinientes en el programa (humanas, materiales, financieras). Para ello habrá una persona o grupo encargado de la evaluación, quien hará explícitos, en lo posible, los criterios con los que enfocará su tarea.

Generalmente, los criterios de evaluación serán los mínimos y máximos cualitativos y cuantitativos que deben medirse, la escala de ponderación de los mismos (de 1 a 10, satisfactorio/insatisfactorio, etcétera) y el medio de evaluación (entrevistas, test, pruebas prácticas en el puesto, etcétera).

La formación en el puesto de trabajo. Se trata de la acción formadora por excelencia, ya que de alguna manera es siempre en la práctica de la acción donde el personal completa su capacitación.

No necesita una infraestructura particular, pero a pesar de su aparente informalidad, la formación en el puesto de trabajo

---

FORMACIÓN

La formación en el puesto de trabajo permite que cada empleado conozca perfectamente su labor y tenga el máximo de recursos a su alcance para su correcta realización.

CUADRO 5.7

MATRIZ DE EVALUACIÓN DE LA FORMACIÓN

✔ Evaluación del aprendizaje por parte de los participantes: evaluación inicial, evaluación formativa y evaluación sumativa.

✔ Evaluación de los formadores en su capacidad didáctica. Quienes pueden aportar esta información son básicamente los alumnos (directa o indirectamente).

✔ La validez y fiabilidad del programa respecto de los objetivos establecidos.

✔ La logística de la acción (espacio físico, dotaciones, calendario, horario, etcétera).

✔ Aplicación de lo aprendido en el puesto de trabajo.

✔ Inversión económica.

puede convertirse en un medio eficaz de formación permanente, si la enfocamos aplicando aportes organizativos y metodológicos.

Las ventajas de este medio son, entre otras, la inmediatez de su aplicación (ante la urgencia de formar personal especializado) y no requerir tiempo paralelo al de la jornada laboral.

La formación en el puesto de trabajo requiere la presencia de jefes o personal de mando con una cierta capacidad como formadores.

Fases de implementación. La puesta en marcha de este tipo de formación requiere, como decíamos antes, una serie de aportes organizativos y metodológicos. Una vez detectada la necesidad de formación y elegida la opción de formación en el puesto, se procederá al diseño de la acción formadora. Éste comprende dos partes:

* La elaboración del programa. Abarca la agrupación de las etapas de realización del trabajo en unidades de aprendizaje y la explicación detallada de cada uno (conocimientos técnicos, habilidades, actitudes, estándares de rapidez y calidad correspondientes a esa fase, etcétera) a fin de guiar y apoyar conceptualmente lo que ocurre en la práctica.
* La organización de la acción en el puesto. Cuando el tipo de trabajo lo requiera, se harán las modificaciones necesarias que permitan las condiciones de aprendizaje. También se contará con la posibilidad de hacer cambios provisionales en el mando a fin de dar lugar a los responsables de supervisión. El formador se encargará de hacer una introducción a cada unidad-tarea, luego la explicación de conocimientos técnicos, la demostración práctica y el seguimiento del aprendizaje de cada participante.

Métodos de formación. Algunos de los métodos de formación empleados con más frecuencia son:

Realización de nuevas tareas con ayuda de la supervisión. Este método de formación se aplica, sobre todo, en las empresas pequeñas. El empleado recibe una explicación sumaria de cómo se ha de efectuar una tarea y, de inmediato, se le imparte el encargo de repetirla. El supervisor ejecutará la misma tarea, de modo que el empleado puede aprender por vía de comparación directa. Cuando el empleado hace su tarea con la perfección suficiente, queda libre de la supervisión especial y la formación se considera terminada.

Intercambio de puestos de trabajo. Una de las principales necesidades de la empresa moderna es que sus empleados, incluidos los directivos, sean capaces de comprender y ejecutar un número

La formalización de los sistemas de evaluación convierte la valoración del desempeño en un elemento clave de la gestión y desarrollo de los recursos humanos de la organización.

elevado de tareas que, por un lado, les haga más consciente de la repercusión de cualquiera de las tareas o funciones con respecto a las demás y, por otro, confiera a la empresa una mayor flexibilidad en cuanto al empleo de sus recursos humanos, que se convierten así en multiespecializados. La técnica del intercambio de funciones o de rotación en los puestos de trabajo permite cumplir el objetivo de conseguir una especialización múltiple que, en muchos casos, está en función de la capacidad y de la formación anterior de las personas. Es evidente, que, en el inicio de cualquier cambio de puesto de trabajo, pueden producirse algunos inconvenientes en cuanto a la eficacia en el desempeño de la tarea o función recién asumida, pero también se generan algunos beneficios, como es el aporte de nuevas ideas por el empleado, en parte debidos a la falta de hábitos rutinarios. A la larga, la empresa se aprovecha de las ventajas de disponer de un empleado al que puede cambiar de puesto de trabajo en función de sus necesidades. El método se ha demostrado efectivo, sobre todo para los puestos de dirección, como forma de adquirir una visión global de la empresa.

Sesiones individuales de formación. En general, se trata de cuestiones en las que están implicadas pocas personas, como pueden ser la implantación de un nuevo método de trabajo, la decisión de realizar una transferencia de funciones de un puesto de trabajo a otro, o bien cuando la dirección tiene quejas fundadas sobre el desarrollo de una función o sobre el comportamiento de una persona por fallos en su formación.

El objetivo que en estos casos debe perseguirse es triple: en primer lugar, enseñar al empleado cómo debe realizar la tarea; en segundo término, obtener del empleado información sobre los problemas que le impiden hacer las cosas bien y cómo piensa que se podrían hacer mejor; por último, conseguir de él colaboración para el futuro.

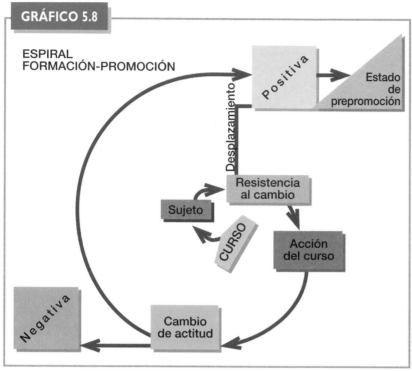

GRÁFICO 5.8

ESPIRAL FORMACIÓN-PROMOCIÓN

▲ *Hoy en día la formación continuada es un elemento esencial tanto para la empresa como para el trabajador.*

DESARROLLO

La valoración del desempeño, efectuada de forma planificada, permite proyectar acciones futuras en pos de un mayor desarrollo del individuo y de la empresa, convirtiendo la evaluación en un proceso de mejora continua.

En las entrevistas individuales deben seguirse una serie de reglas que aseguren unos resultados positivos:

- Fijar un día y hora convenientes para el empleado, y ser puntual a la cita con él, o esforzarse por estar libre cuando llegue: nada le molestará más que estar esperando a que se le atienda después de haber sido citado a una hora precisa.
- Tener un tema concreto y un tiempo prefijado para su tratamiento. Esforzarse por no salir del tema ni sobrepasar el tiempo fijado.
- No pensar que el empleado nada tiene que decir o que es poco importante lo que diga. Por el contrario, es preciso escucharlo con atención.
- Hacer ver al empleado que se cuenta con él para la solución de los problemas (como parte interesada que es en el bien de la empresa) y que su contribución es importante. Con ello se despertará su espíritu de colaboración y una actitud favorable al cambio.
- Debe resumirse el resultado de la entrevista de forma nítida para que le sirva de norma en su actuación futura.
- Por último, es preciso agradecer al empleado su asistencia a la entrevista, así como su aporte a la formulación y solución del problema.

Reuniones de formación. Las reuniones desempeñan un papel muy importante en la marcha de las empresas, sobre todo si son de cierta magnitud o de una complejidad notable. En la empresa moderna se suele producir un fenómeno de aislamiento entre los distintos departamentos que debe salvarse de algún modo. Sin duda, el procedimiento más conveniente es el estudio de los problemas en grupo.

La entrevista individual con un empleado permite obtener, de primera mano y sin coacciones, interesantes observaciones sobre su trabajo y sobre la perspectiva que aquél tiene de la empresa.

Tabla 5.2 Criterios de agrupación			
Formación	**Criterios**	**Homogéneo**	**Heterogéneo**
Adquisición de destrezas básicas especializadas	Especialidad	●	
	Nivel jerárquico	●	
Adquisición de destrezas básicas de una tecnología transversal	Especialidad		●
	Nivel jerárquico		●
Conocimientos de gestión y comunicación	Especialidad	●	
	Nivel jerárquico		●
Habilidades directivas y de liderazgo	Especialidad		●
	Nivel jerárquico	●	
Adquisición de nuevos valores y maneras de trabajar	Especialidad		●
	Nivel jerárquico		●

Las reuniones sirven, pues, para resolver las cuestiones más complejas en las que estén implicados distintos departamentos, así como para tomar decisiones en diferentes niveles de la empresa, con pleno conocimiento de la repercusión que tendrán en los demás estratos. Al mismo tiempo, los asistentes obtendrán información sobre la experiencia de otras personas que les será útil desde el punto de vista formativo. Por último, el estudio en común de los problemas despertará en todos un espíritu de colaboración y establecerá entre ellos una corriente de comunicación que facilitará su relación posterior.

En el caso de una reunión entre iguales, los asistentes deben estar autorizados para tomar decisiones sobre el tema tratado, pues de nada serviría que se llegara a determinados acuerdos, aceptables para la mayoría, si no se pueden implantar las políticas acordadas.

Al comienzo de la reunión, el ejecutivo que la preside debe hacer una presentación somera del tema y de los resultados que se pretende conseguir y de las razones que impulsaron a su tratamiento en la reunión. De esta introducción depende que el enfoque posterior sea positivo y franco por parte de todos. El resumen de lo tratado se hará al final, bien por el presidente de la reunión, bien por la persona que actúe de secretario.

Los acuerdos que se han de tomar se distribuirán por escrito en forma esquemática, uno o dos días después de la reunión, enviándose copias a todos los asistentes y a otras personas de la organización que tengan alguna medida que tomar o resulten afectadas por los acuerdos. Las resoluciones tendrán una fecha prevista para

RENDIMIENTO Y ADQUISICIÓN

La evaluación ha de orientarse en dos direcciones; la primera, en términos de valoración del rendimiento del empleado, y la segunda, en términos de la adquisición de medios para mejorar su quehacer profesional.

► Los directivos deben fomentar las reuniones periódicas de sus empleados. Aunque no siempre se obtengan resultados inmediatos, suponen un interesante intercambio de experiencias y aumentan el espíritu de colaboración del personal.

su implantación, que debe figurar en el acta que se distribuya, y los acuerdos llevarán una fecha de vigencia, de modo que todos puedan prepararse con el tiempo suficiente para hacer frente a la nueva situación.

La formación fuera del puesto de trabajo. En muchas ocasiones, las sesiones de formación son más provechosas cuando se celebran fuera del recinto de la empresa, pues así se logra que los empleados se concentren mejor en los temas, no se distraigan con interrupciones a veces inevitables y se sientan transportados por completo al asunto que se va a tratar. Otras veces, en cambio, es imposible disponer en la empresa de las condiciones e instalaciones que requiere la moderna formación. Por último, en determinados casos es obligado asistir a otros centros para adquirir conocimientos específicos, o bien el tipo de formación es de índole personal y debe adquirirla el empleado dentro de su tiempo libre. Todos estos tipos de formación se agrupan en unos cuantos capítulos principales, que se exponen a continuación.

La formación continuada, a todos los niveles de la empresa y en los más diversos ámbitos, facilita la promoción de los colaboradores y un más fácil logro de objetivos.

Cursillos impartidos por los proveedores. Los proveedores cuentan muchas veces con cursillos de formación para sus clientes, bien como forma de introducir sus productos en el mercado, bien como complemento a esa introducción. Las empresas deben aprovechar estos cursillos para que el personal adquiera ciertos conocimientos sobre las nuevas técnicas o equipos. Suelen ir acompañados, además, de la enseñanza teórica necesaria para su comprensión, aunque esté enfocada desde un punto de vista práctico.

Películas didácticas. La enseñanza puede impartirse por medio de películas, sobre todo cuando no se dispone de los elementos físicos que se desea estudiar. Este medio permite conocer los equipos, el modo de empleo, las operaciones manuales y el ambiente, todos ellos muy difíciles de representar por otros medios.

Cursillos de formación de la empresa. Muchas veces interesa, aun tratándose de cursillos impartidos por la empresa, que los receptores de la formación se concentren en un lugar distinto del de trabajo, sobre todo cuando deban realizarse durante varios días. Para que la formación resulte más provechosa, suelen elegirse lugares tranquilos, como un hotel situado en un lugar aislado.

COOPERACIÓN

Cooperar con los centros de formación facilitará el reciclaje del personal de la empresa.

Cursillos impartidos por empresas especializadas. En la actualidad, hay en el mercado empresas que imparten cursos de formación en temas culturales, técnicos o empresariales, a los que puede recurrirse cuando la empresa propia no dispone de medios para facilitarlos directamente o bien entiende que le resulta menos gravoso. Otras veces, el número de asistentes previsto es tan pequeño que resultaría antieconómico organizar un cursillo. Por el contrario, en los cursos a cargo de empresas ajenas pueden inscribirse alumnos procedentes de distintas compañías, con la ventaja adicional de que todos ellos se relacionarán entre sí y, con sus diferentes puntos de vista, comprenderán mejor el papel que desempeñan en sus respectivas empresas.

La formación a distancia. Este recurso tiene la ventaja de ahorrar tiempo, un factor clave de la vida empresarial. Evitar desplazamientos y poder acomodar el horario de estudio a las propias necesidades hacen de ésta una buena alternativa. Es verdad que, aunque en desarrollo en los últimos tiempos, no es un medio que goce aún de gran prestigio. En la selección del curso estará entonces la clave de su provecho. Por otro lado, la flexibilidad en la aplicación exige cierta autosuficiencia por parte del usuario, una mayor organización y responsabilidad respecto del proceso de aprendizaje. A la hora de optar por esta alternativa se deberá tener en cuenta el diseño del programa de formación, la organización administrativa que asegure la entrega de materiales y comunicación a los participantes y la selección de tutores.

▼ El aprendizaje y el dominio de idiomas es un requisito prácticamente ineludible en la empresa actual. Los métodos y medios utilizados por las empresas especializadas suelen ofrecer excelentes resultados.

Enseñanza en centros oficiales. En este apartado se incluye todo tipo de formación a cargo de centros de formación profesional, escuelas técnicas y universidades. En todos estos centros, donde la enseñanza es aplicable a más de una especialidad y a diversas empresas, los empleados pueden adquirir conocimientos generales que los preparen mejor para un mayor número de cometidos. La empresa debe estimular entre su personal la asistencia a estos cursos, y ayudarle por medio de una compensación parcial de sus gastos.

❒ EVALUACIÓN

▉ Introducción

La evaluación del desempeño es una herramienta fundamental de los recursos humanos de una empresa. Entre compañías en igualdad tecnológica, los recursos humanos marcan la diferencia.

Los empleados siempre han sido sometidos a una valoración de su desempeño: mediante el juicio explícito de sus supervisores,

DESEMPEÑO

La evaluación del desempeño debe realizarse en función de criterios claramente definidos y fundamentados.

mediante notas de calificación, por medio de informes realizados a la hora de cubrir un puesto, a la hora de promover o detener una promoción, o bien a través de la actitud directa de los mandos hacia sus subordinados.

En la actualidad, la evidencia de la valoración del desempeño como herramienta administrativa de calificación y como elemento clave de la gestión y desarrollo de los recursos humanos, hace que cada vez más se implementen programas de evaluación a través de sistemas formalizados.

La valoración del desempeño efectuada de forma planificada permite proyectar acciones futuras para un mayor desarrollo del individuo y de la organización. Así, la evaluación se convierte en un proceso de mejora continua.

CUADRO 5.8

OBJETIVOS DE LA EVALUACIÓN DEL DESEMPEÑO

■ La valoración del desempeño permite:

✓ Clarificar las líneas maestras y prioridades de cada actividad

✓ Que el trabajador conozca sus puntos fuertes y sus puntos débiles

✓ La posibilidad de acordar compromisos de mejora respecto a la calidad del propio trabajo

✓ La realización de acciones formativas que contribuyan al proceso de mejora

✓ La mejora de la comunicación y el conocimiento mutuo entre el empleado y su superior inmediato

✓ El establecimiento de un compromiso respecto a la mejora de los puntos débiles

✓ Facilitar el conocimiento del personal, detectando capacidades, competencias y potencialidades, para tener en cuenta en acciones de gestión de personal (promociones, rotaciones, etcétera)

✓ Contribuir a la toma de responsabilidad por parte de los empleados respecto de su rendimiento (lo cual tiene efectos en las relaciones con el personal de mando)

✓ Mejorar la cooperación del personal y la línea jerárquica, instalando un clima de diálogo y corresponsabilidad

✓ Aportar elementos de información para la toma de decisiones sobre adecuación al puesto, retribución, promoción, etcétera

■ Los objetivos fundamentales de la evaluación se resumen en:

Mejora en el desarrollo
y comunicación
de los trabajadores

Desarrollo y mejora
del conjunto de los sistemas
de la organización

Mayor ajuste persona / puesto
y en el conocimiento profesional
del propio evaluado

Los objetivos fundamentales de la evaluación pueden resumirse en los siguientes puntos:

- Mejora en el desarrollo y comunicación de los trabajadores.
- Desarrollo y mejora del conjunto de los sistemas de la organización.
- Mayor ajuste persona/puesto y en el conocimiento profesional del propio evaluado.

■ Detección de las necesidades

Para identificar las necesidades de la organización respecto de los puntos que se deben evaluar, será necesario conocer cuál es la situación general de la empresa, definir claramente su política, establecer objetivos a corto y mediano plazo, y obtener información sobre las evaluaciones previas y sus resultados.

Los recursos con los que contamos para ello son la participación de la directiva, los niveles jerárquicos y las áreas funcionales implicadas. También podemos utilizar la documentación escrita sobre las políticas y los programas de acción/ gestión, si los hubiere. La opinión de los mandos, así como la de los empleados, adquiere gran importancia a la hora de conocer el verdadero clima que se vive en la empresa.

A través de entrevistas, cuestionarios, informes y la programación que pueda realizar el departamento o el encargado de los recursos humanos, podremos obtener finalmente un inventario jerarquizado de las necesidades (logros, objetivos, etcétera), así como un diagnóstico de la situación de la organización en cuanto al desempeño.

■ Criterios de evaluación

El proceso de evaluación debe realizarse en función de criterios claros y bien fundamentados. Sólo así la evaluación del desempeño podrá resultar operativa tanto en términos de valoración de la contribución del empleado a la empresa como en términos de la adquisición de medios para conocer y mejorar aspectos relativos a su quehacer profesional.

Se trata de que la evaluación sea vivida como un instrumento de perfeccionamiento profesional más que como un castigo o amenaza.

Los criterios de evaluación pueden establecerse según dos modelos:

Toda valoración del desempeño ha de abarcar dos áreas: la de los resultados obtenidos en condiciones normales, y la de las respuestas dadas en situaciones atípicas o imprevistas.

- *En función de los objetivos.* Miden grados de consecución sobre metas previamente establecidas, en cuya disposición han estado de acuerdo jefes y empleados. La definición de los objetivos es una parte fundamental del proceso de evaluación, que consiste en la identificación por parte de jefe y empleado de las áreas de responsabilidad y de los indicadores para medir los resultados. Las ventajas de este sistema son la mayor implicación y compromiso del empleado en su trabajo, la obtención del conocimiento de lo que se espera de él y los medios para conseguirlo, la estimulación de la comunicación y el valor de la evaluación como herramienta de logros futuros.
- *En función de los factores de valor.* Se trata de evaluar el desempeño según el perfil socioprofesional (habilidades, capacidades, actitudes, organización, resolución de problemas, toma de decisiones, etcétera) de cada puesto de trabajo.

La medición de los factores de valor es un instrumento clave en aquellas empresas que basan su gestión sobre prioridades corporativas. No obstante, a la hora de definir los aspectos que se han de valorar ha de tenerse en cuenta, además de la cultura de la empresa, su vinculación concreta con el puesto de trabajo ya que puede haber discrepancias (por ejemplo, la capacidad de toma de decisiones cuando ésta queda reservada únicamente para la directiva). Otro factor que se ha de analizar en el momento de implementar este modelo es la necesidad de definir claramente los valores ya que los conceptos pueden ser demasiado amplios y perder su capacidad normativa (como el valor de autonomía, liderazgo, etcétera).

Los factores de valor han de definirse según se apliquen a directivos, mandos intermedios y empleados. A continuación proponemos algunos factores de valor, agrupados por niveles jerárquicos (que, por supuesto, deben ser cotejados con la cultura empresarial en la que se planteen).

- *Directivos*: dinámica de gestión, liderazgo integrador, razonamiento positivo, solución de problemas y estímulo al desarrollo.
- *Mandos intermedios*: responsabilidad, conocimiento amplio del puesto, planificación, delegación, análisis de problemas y toma de decisiones, iniciativa, innovación, jerarquización, actuación bajo presión, capacidad tanto de comunicación como de negociación y liderazgo.

▼ *El grado de conocimiento que el trabajador posea sobre su puesto de trabajo redundará directamente en su rendimiento, así como en sus posibilidades de adaptación ante los imprevistos que puedan surgir.*

GRÁFICO 5.9

¿QUÉ DEBE SABER CADA EMPLEADO O SUPERVISOR SOBRE SU PUESTO DE TRABAJO?

- El objetivo que persigue su tarea
- Cuáles son sus obligaciones
- Cuáles son sus facultades
- Quién dirige la sección o departamento en el que trabaja
- Qué personas están bajo su supervisión
- Cómo se espera que se desarrolle su labor

• *Personal operativo*: cantidad y calidad del trabajo, resistencia, disciplina, puntualidad, compromiso, análisis y solución de problemas, capacidad de aprendizaje, flexibilidad y compañerismo.

Toda valoración ha de centrarse normalmente en las siguientes grandes áreas:

• Los resultados producidos en el marco del desarrollo normal de la tarea.
• Los resultados producidos en situaciones imprevistas y de mayor dificultad.
• Las conductas o actitudes negativas, relativas a los factores de valoración.

ENTREGA

El grado de entrega y rendimiento de los empleados de una empresa guardan una estrecha relación con el reconocimiento y valoración de su trabajo.

■ Métodos de evaluación

Para poder valorar el desempeño de un individuo en su tarea, deberemos asignar un valor a las formas de efectuarla y a los resultados obtenidos. A continuación proponemos algunos métodos de evaluación, susceptibles de ser adaptados según convenga a cada puesto de trabajo y a cada empresa:

Clasificación. Se trata de elaborar una lista de los evaluados en orden de sucesión según su ámbito profesional.

Comparación. Una vez agrupados los empleados según puesto de trabajo o áreas, se efectúa un análisis comparativo entre los individuos del mismo grupo. Se evalúan tanto aspectos globales como aspectos concretos relativos a la tarea.

▼ *Dar prioridad a los motivos trascendentes amplía la visión y permite un manejo más realista de las diversas situaciones.*

Curva de rendimiento. Partiendo de la hipótesis de que en toda organización la curva de distribución de frecuencias da una distribución alta en el centro (rendimiento medio) y más baja en

GRÁFICO 5.10

los extremos (rendimiento alto y bajo), se ubica a los empleados según su rendimiento en la parte correspondiente de la curva.

Listados de características. Se confecciona una lista con las características y los objetivos de cada puesto de trabajo y se puntúa a cada empleado según el grado de adecuación a éstos. También se puede establecer un listado paralelo con los aspectos desfavorables o errores más frecuentes, para tener una apreciación más global del rendimiento. Se trata de una evaluación de la respuesta del individuo, no en términos comparativos.

Evaluación abierta. Consiste en dejar abierto el campo de los aspectos que se deben evaluar. El evaluador podrá tener en cuenta también elementos como el valor potencial, la capacidad de aprendizaje y otros aspectos relativos al trabajador y su adecuación al puesto.

Evaluación del personal jerárquico. Puede hacerse de manera directa, a través de un protocolo de preguntas que los subordinados contestarán; o, de manera indirecta, a través de los resultados de las valoraciones del desempeño del personal a su cargo.

Autovaloración. Puede ser estructurada o abierta. En el primer caso se pasará un protocolo que el empleado deberá cumplimentar, mientras que en el segundo caso éste tendrá que exponer cuáles son a su parecer sus logros y cuáles sus puntos débiles. Esta forma de evaluación tiene la ventaja de potenciar la responsabilización del trabajador respecto de su desempeño.

Evaluación entre áreas. Una vez elaborado un protocolo de evaluación que incluya los objetivos que se han de cumplir, las responsabilidades asignadas y las actitudes requeridas, cada miembro del sector o área puntuará a los empleados del otro departamento.

■ Incidencias de la evaluación en las demás áreas de recursos humanos

- *Valoración de potenciales*. Permite contrastar los potenciales percibidos por el propio individuo con los obtenidos a través del tiempo.
- *Formación*. Determina la puesta en marcha de futuros programas en función de las carencias o puntos mejorables.
- *Política salarial*. Brinda información útil para la toma de decisiones respecto de incentivos y retribuciones.
- *Selección de personal*. Ofrece criterios para la toma de decisión en relación con rotaciones, promociones, etcétera, así como para la incorporación de trabajadores habilitados en áreas específicas.

OBJETIVOS

La mejora en el rendimiento y la calidad del trabajo sólo es exigible cuando están claramente planteados los objetivos, responsabilidades y funciones de cada trabajador, y su valoración debe tener esto en cuenta.

COORDINACIÓN

La coordinación entre las diferentes áreas o departamentos evita las actuaciones fragmentarias y la cultura funcional en la que cada uno actúa por separado.

La comunicación, la motivación, la valoración de puestos de trabajo y otros son programas que pueden verse beneficiados por los aportes del plan de evaluación implementado.

Grita un guerrero: «El jefe ha perdido la cabeza», y todos los asirios emprenden la fuga. Sin que el peligro aumente, basta la pérdida del jefe –en cualquier sentido– para que surja el pánico.

SIGMUND FREUD
Médico

▶ *Un directivo incapaz de interpretar correctamente las experiencias negativas y de mantener su formación al día ejerce una mala influencia tanto en su propio rendimiento como en el de sus subordinados.*

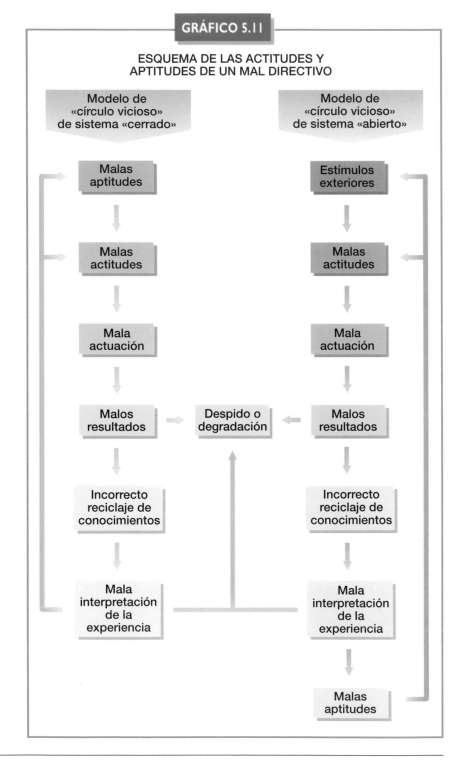

GRÁFICO 5.11

ESQUEMA DE LAS ACTITUDES Y APTITUDES DE UN MAL DIRECTIVO

Modelo de «círculo vicioso» de sistema «cerrado»

Modelo de «círculo vicioso» de sistema «abierto»

Malas aptitudes → Malas actitudes → Mala actuación → Malos resultados → Incorrecto reciclaje de conocimientos → Mala interpretación de la experiencia

Estímulos exteriores → Malas actitudes → Mala actuación → Malos resultados → Incorrecto reciclaje de conocimientos → Mala interpretación de la experiencia → Malas aptitudes

Despido o degradación

DIRECTIVOS

En el conjunto empresarial, los directivos constituyen el armazón básico. Son el esqueleto de la organización, el marco integrante del personal de la empresa. Interpretan las órdenes de la alta dirección y aplican en última instancia la política de la compañía. De aquí la importancia de un buen plantel de directivos.

¿Cuál debe ser la procedencia de estos directivos? En primer lugar, la propia empresa. Nada motiva más a los empleados de todos los niveles de la organización que la seguridad de que pueden acceder a puestos más altos por medio del conocimiento, la entrega y fidelidad a la empresa y la mejora de su trabajo, es decir que tienen un cierto margen de desarrollo y progreso dentro de la empresa.

Ahora bien, la calidad ideal de directivos se obtiene cuando la experiencia y la fidelidad a la empresa están vitalizadas por conocimientos técnicos, por lo que es posible que el reclutamiento interno no pueda proporcionar todo el personal para cubrir la totalidad de los puestos previstos, y haya que recurrir al campo profesional exterior.

Esta contribución exterior es muy conveniente en todas las empresas, pues aporta actualización de conocimientos y técnicas y constituye un revulsivo para el personal interno, que se ve obligado a ponerse al día o a aprender áreas hasta ahora desconocidas.

Las pequeñas y medianas empresas no quedan excluidas de esta necesidad general de rejuvenecimiento. Si muchas de ellas no progresan o fracasan, es porque no han sabido planificar a tiempo una renovación de los directivos, desde los inferiores hasta los superiores. En el caso de las empresas pequeñas, en que el único puesto directivo es el de gerente o empresario, es preciso tener preparada su sucesión con la persona adecuada para garantizar la continuidad.

Rejuvenecimiento de los directivos

No se puede desatender la necesidad de preparar a los jóvenes para asumir los puestos directivos en el momento oportuno. Por ello, en el capítulo dedicado a la Formación hemos desarrollado los planes y las metodologías de implementación necesarias, que permitan hacer del personal de la empresa una fuente propia de recursos.

El procedimiento que emplean algunas empresas en la preparación de futuros directivos puede esquematizarse de forma sencilla, en los puntos siguientes:

Los directivos constituyen el soporte de la empresa y su gestión vehiculiza la política de la organización en el resto de los empleados, de ahí la importancia de una correcta selección y formación de los mismos.

PREVISIÓN

La planificación de las necesidades de personal directivo a corto, medio y largo plazo, es el medio más eficaz de contar con un equipo a la medida de la empresa.

- Planificar con una prudente antelación los puestos que deben tener un sucesor.
- Seleccionar a los candidatos, mediante reclutamiento interno, externo o ambos, con la preparación fundamental y las dotes personales adecuadas.
- Hacerlos participar en cursos de formación que complementen sus conocimientos.
- Nombrarlos adjuntos de aquellos puestos que se prevé han de ocupar en el futuro.

Cómo preparar a un adjunto

Veamos cuál es el mejor modo de que éste alcance cuanto antes la capacitación necesaria para desempeñar las funciones del puesto principal. Al adjunto hay que darle a conocer cuáles son sus funciones y qué se espera de él, con objeto de centrarlo en su situación y evitar ambigüedades.

Una información general sobre la marcha de la empresa y sus objetivos a corto y medio plazo le ayudarán también a identificarse con su nuevo puesto.

De nada serviría encomendarle una serie de tareas si no se le proporcionan los medios para llevarlas a efecto. Habrá que delegar en él la autoridad congruente con su cometido. El jefe no debe vacilar al concedérsela, pues, sin duda, es el mejor modo de que adquiera experiencia en el mando.

Es conveniente informar también a los demás directivos, así como al personal del departamento propio, de las funciones que se asignan a aquél. Una presentación formal ante los miembros del equipo de trabajo es quizás el medio más adecuado. En dicha presentación se pedirá la colaboración de todos para el éxito del nuevo adjunto.

La delegación de autoridad no debe mantenerse en el escalón inicial, sino aumentarse gradualmente a medida que el adjunto demuestre ser digno de confianza.

Un punto de notable importancia es el del control. El jefe inmediato ha de mantener una vigilancia permanente sobre el adjunto, que, sin embargo, ha de gozar de libertad en el desempeño de sus funciones.

A medida que progresa su formación, sus emolumentos y las condiciones del trabajo han de ser más satisfactorios para el adjunto, de modo que no se pierdan el esfuerzo y el tiempo empleados en él a favor de alguna otra compañía que lo pudiera contratar una vez preparado para la dirección.

La clave
para los
nuevos retos
empresariales
pasa por
la formación.

E. ALCAT
Empresario

CANDIDATO

Un buen candidato a ejecutivo es aquel que no sólo se enorgullece de sus aciertos, sino aquel que también aprende de sus errores. Por otra parte, la iniciativa, la responsabilidad y la autocrítica son tres virtudes que ha de reunir un buen directivo.

Función coordinadora de la gerencia

La función del gerente de una empresa pequeña o mediana no se limita a dar órdenes, sino que comprende, además, una importantísima faceta como coordinador de su equipo de trabajo en interés de satisfacer las exigencias de quien realmente importa: el cliente.

En el ámbito de las relaciones laborales, la dimensión más importante de esta función coordinadora del empresario, la que potencia la calidad del trabajo de sus empleados, consiste en formar, orientar, estimular y dirigir a sus hombres. Puede decirse, entonces, que la función coordinadora tiene más contenido de planificación y formación que de supervisión directa.

Éstos son los resultados que pueden derivarse del correcto desempeño de la función coordinadora:

- La formación en el puesto de trabajo permite que cada empleado conozca perfectamente su labor.
- Una correcta planificación de las tareas evita indeseados conflictos de competencia e inoportunas actuaciones paralelas en el seno de la empresa.
- La capacitación permite al empleado afrontar con éxito cualquier eventualidad que se presente en el desempeño de sus tareas.
- La conjunción armoniosa entre la función coordinadora y la formación en el puesto de trabajo hacen innecesaria la supervisión constante del gerente, por lo que éste dispone de más tiempo para dedicar a las tareas realmente estratégicas de su cargo.

La gerencia es responsable del buen funcionamiento del conjunto: toma las decisiones y fija los objetivos. Los efectos de la falta de planificación y organización repercuten en el plano económico y humano de toda empresa.

◄ *Planificar consiste en estudiar las necesidades, definir los objetivos y establecer los medios adecuados para conseguirlos a través de una acción eficaz, y ello constituye una de las tareas de los directivos.*

■ Selección y permanencia de los directivos

Uno de los retos con que ha de enfrentarse el pequeño y mediano empresario en los tiempos actuales es el de la adecuada selección de personal.

Las modernas técnicas productivas tienen un doble efecto:

- *Cuantitativo*. Para una misma tarea, cada vez se necesitan menos empleados.
- *Cualitativo*. El nivel de preparación de los mismos ha de ser mayor.

Esta circunstancia obliga a no cometer errores cuando se decide la incorporación a la plantilla de nuevos trabajadores, y más aún al tratarse de directivos. Constituye este escalón profesional un elemento determinante dentro de la estructura global de la empresa, por ser aquéllos los colaboradores directos de la gerencia de la empresa y tener que armonizar sus directrices con los trabajadores menos cualificados y con las tareas concretas que se han de realizar.

Funciones de la dirección. Podemos establecer cinco funciones típicas de la dirección de empresas:

- *Planificar*. Consiste en determinar con la antelación suficiente qué se pretende conseguir y cómo hacerlo; esto es, señalar los fines y, en su función, arbitrar los medios necesarios, tanto de maquinaria, como financieros, de personal, etcétera.
- *Organizar*. Se basa en ensamblar esos medios de la manera más eficaz posible para conseguir un rendimiento máximo. Aspectos concretos serían los de establecer las áreas precisas, sus órganos de mando, delimitar responsabilidades, delegar poderes, etcétera.
- *Decidir*. Es escoger, entre las varias alternativas posibles, la más adecuada. El empresario tendrá que contar previamente con todos los datos e informes precisos para evitar errores nefastos. A nadie escapa la importancia de esta función y el número de veces por día que el empresario la realiza, a menudo, inconscientemente.
- *Informar*. Establece la necesidad de que los diversos departamentos en que se haya dividido la empresa estén relacionados entre sí. Cuando el departamento de compras efectúe un pedido a un proveedor, tendrá que informar a la bodega, a contabilidad, a ventas y a la dirección general. Separar funciones no quiere decir que cada área de la empresa sea un castillo, totalmente independiente del resto de la empresa.
- *Controlar*. Consiste en comprobar que la organización de la empresa cumple los fines propuestos, consiguiendo que el medio natural o tecnológico influya positivamente en esa con-

VALORES

El sistema de valores de un directivo es un factor fundamental para una buena integración con la cultura de la empresa.

RESPONSABILIDAD

Toda persona que presta sus servicios a una empresa a cambio de una compensación económica tiene un grado de responsabilidad, variable según el cargo que ocupe.

CUADRO 5.9

PREGUNTAS PARA LA ENTREVISTA A UN DIRECTIVO

? Sobre sus fracasos y puntos de dificultad:
▶ «A juzgar por su currículo y su experiencia tiene usted un enorme historial de éxitos; ahora hábleme de sus fracasos y cómo los resolvió.»

? Preguntas dirigidas a explorar la adecuación del candidato en función de las obligaciones, capacidades y responsabilidades requeridas:
▶ «¿Cuál es el logro más significativo que ha conseguido en la empresa durante el año pasado, aquél en el que ha aprovechado usted la iniciativa y ha superado las expectativas?»

? Exploración de las cualidades del candidato para resolver una situación dada en determinado contexto:
▶ «Nuestro departamento de contabilidad es realmente estricto e inflexible. ¿Cómo lo resolvería?»

? Cuestionamientos que aporten información acerca de cómo se ve el propio candidato:
▶ «Si una entrevista del ámbito empresarial le describiese a usted en un artículo, ¿sobre qué versaría principalmente ese artículo?»

? Las capacidades directivas del candidato, en base a qué ha realizado las contrataciones:
▶ «Hábleme de todas las personas que ha contratado en el pasado, hágame un organigrama.»

? Para conocer los modelos de logros del candidato:
▶ «¿A qué destacado hombre de negocios admira más y le gustaría parecerse?»

? Para determinar el posible papel del candidato dentro de la empresa, teniendo en cuenta que las cosas que más agradan a una persona suelen ser aquellas para las cuales está más capacitada:
▶ «Describa tres o cuatro experiencias de logros importantes fuera del trabajo».

? Preguntas orientadas a explorar el pragmatismo del candidato, así como su capacidad de resolución de problemas y de razonamiento y el estudio que ha realizado sobre la empresa:
▶ «¿Qué otros recursos necesitaría para cumplir los objetivos que hemos fijado para el puesto?»

? Planteos que aborden el sistema de valores del candidato, y sus facultades de adaptación a la cultura de la empresa:
▶ «Algún día usted estará sentado junto a su estanque dorado valorando su vida, ¿cuáles serían sus criterios?»

? Se trata de una pregunta de choque, que apunta a obtener respuestas espontáneas y por ello más comprometidas:
▶ «Como puede ver, el puesto de trabajo es fundamental para la organización, si estuviera en mi lugar, ¿qué pregunta me haría que yo todavía no le haya hecho?»

secución. Para cumplir esta función existen controles de muy diversos tipos: generales, parciales, financieros, sociales, jurídicos, laborales, etcétera.

Responsabilidad en distintos niveles

Toda persona que presta sus servicios en una empresa a cambio de una remuneración tiene un grado de responsabilidad, que varía según la posición que ocupe: no es la misma la del adjunto a dirección que la de quien atiende las llamadas telefónicas. Podemos establecer una regla común, basada en la misma división del trabajo: al ascender en el escalafón, aumenta la responsabilidad.

En el último escalón, el empleado tendrá que hacer lo mejor posible su trabajo, pero no tendrá que ocuparse de lo que hagan sus compañeros.

Cuando ya tenga personal a su cargo, una de sus misiones consistirá en que éste actúe según las directrices marcadas. El responsable de una sección está obligado a su perfecto ensamblaje con las demás secciones dentro del todo que es la empresa en su conjunto. Otro ascenso supondrá la responsabilidad con respecto a varias secciones o departamentos.

En la cúspide del organigrama figura el empresario o director, que ha de coordinar adecuadamente todos los elementos. Resulta así que quien ostenta un cargo cada vez más importante disminuye el tiempo que dedica a una labor concreta para destinarlo a controlar, supervisar y organizar el trabajo de los empleados a su cargo.

Hay personas a las que les resulta muy difícil someterse a esa diversidad de responsabilidad, limitando sus posibilidades a los primeros escalones enumerados, porque no quieren o no pueden ser responsables más que de su propia actividad.

Por el contrario, el directivo que el empresario busca para su promoción más o menos inmediata debe estar dispuesto a ello, obteniendo la preparación precisa.

■ Necesidad de directivos en las PYMES

Ya hemos indicado que la complejidad de tareas a las que ha de hacer frente el empresario lleva a la absoluta necesidad de encontrar colaboradores eficaces que le permitan ocuparse únicamente de las realmente fundamentales.

La empresa es consciente de esa necesidad y se preocupa por conseguir los directivos precisos con el menor margen de error

Ningún proyecto
se lleva a cabo
sin ánimo
ni entusiasmo.

RALPH WALDO EMERSON
Ensayista y filósofo

RENOVACIÓN

También para las pequeñas y las medianas empresas es fundamental la planificación de la renovación de los directivos.

posible. Ese proceso de selección, además, ha de ser continuado para conseguir en el futuro los hombres apropiados.

El empresario tiene que planificar adecuadamente sus necesidades en este terreno a corto, medio y largo plazo, por ejemplo,

▼ *Los organigramas reflejan el lugar que cada empleado ocupa en la empresa.*

GRÁFICO 5.12

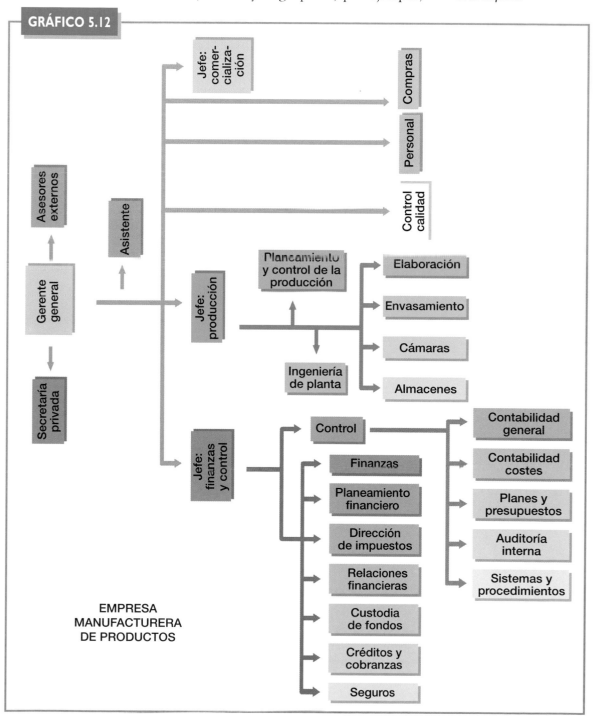

EMPRESA
MANUFACTURERA
DE PRODUCTOS

en los próximos dos, cinco y diez años. Debe plantearse las exigencias que estima necesarias para cada puesto en cuanto a nivel de estudios, experiencia y perfil psicológico, teniendo en cuenta las disponibilidades actuales y la situación aproximada que alcanzarán los directivos con que cuenta en la actualidad: edades, posibilidades de ascender o de dejar la empresa, etcétera.

Este último aspecto es más importante de lo que a primera vista pudiera pensarse. Siempre será más fácil promocionar al personal propio, ya imbuido en el espíritu y en el conocimiento de la empresa, que acudir a la selección de personal extraño.

Como queda apuntado, el paso previo puede reflejarse en un informe que señale:

- Los directivos que se estima dejarán la empresa en breve plazo.
- Los directivos actuales que ya han llegado al «techo» de sus posibilidades y los que pueden acceder a puestos de mayor responsabilidad.
- Los empleados que pueden ascender a puestos directivos, con detalle de si lo desearían, su nivel de estudios y de experiencia y la formación que debería proporcionárseles.

Se tendría así una idea, siquiera aproximada, de las necesidades próximas y futuras y de las posibilidades de satisfacerlas dentro de la propia empresa.

■ Caso práctico

Los Arrayanes, S. L.

Forma jurídica: Sociedad de responsabilidad limitada, constituida por dos socios sin lazos familiares.

Objeto social: Hostelería

Situación de la empresa

Se trata de un hotel de considerable envergadura, que hasta el momento venía realizando únicamente funciones de hostelería turística. Recientes cambios urbanísticos en la zona han hecho pensar a sus dueños en la ocasión para ampliar su oferta. La inminencia de un congreso que atraerá un importante número de participantes precipita las decisiones y el hotel ofrece sus servicios a gran parte de congresistas y asistentes. Así mismo se ven en la necesidad de habilitar salas de reunión en el mismo hotel.

Ponen en marcha la contratación de personal especializado. Los medios que utilizan para efectuar la captación son un anuncio en prensa y hacen correr la voz entre personas conocidas del medio.

Tras una primera preselección de los candidatos, se encuentran esperando para entrevistarse con cada uno de los dueños dos personas, una viene por medio de un conocido y la otra fue preseleccionada.

Los dueños de Los Arrayanes piensan que ha llegado el momento de ampliar su campo de acción.

Esta coincidencia obliga a los dueños a resolver la situación entre pasillos. Entrevistan al postulante recomendado por el conocido. La entrevista sucede con prisas, al final uno de los dueños se inclina por cerrar el trato en ese mismo momento, teniendo en mente la inmediatez del congreso y la urgencia por contar con alguien que pueda hacerse cargo de la situación.

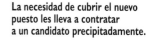

La necesidad de cubrir el nuevo puesto les lleva a contratar a un candidato precipitadamente.

Para convencer al postulante de tomar la decisión en ese mismo momento, se hace una oferta salarial claramente por encima de los honorarios existentes en el sector y también más elevados que su colega del área de turismo.

La incorporación del nuevo empleado se realiza sin más dilación. Muchos de los antiguos empleados se encuentran sorprendidos con esta situación: han cambiado de jefe y han quedado relevados de sus tareas habituales. La persona que ocupa el cargo de gerencia del hotel también se entera al mismo tiempo que el resto del personal de la nueva incorporación.

Es informado también súbitamente de que deja de contar con la colaboración de un núme-

Las relaciones entre el personal antiguo y el nuevo directivo son un factor potencial de conflictos. Para solventar el problema, serían necesarios la clara definición de las funciones de cada uno, el respeto de las jerarquías de mando y la puesta en reserva de los sentimientos personales.

ro importante de camareros y personal de habitación, mientras dure el congreso.

Ya con la comitiva instalándose, las instrucciones que recibe el personal se superponen; en muchas ocasiones no se sabe cuáles son las órdenes ni para qué se han de efectuar ciertas tareas, que muchas veces quedan sin hacer.

Los dos encargados, el antiguo y el recién incorporado tienen enfrentamientos verbales y se pasan responsabilidades el uno al otro. Los empleados a su cargo comentan entre pasillos la actitud de ambos, formándose diferentes grupos según las alianzas establecidas.

El saldo de esta experiencia es la renuncia del antiguo gestor, quien era reconocido por todos los empleados como líder y pilar de la misma, y en la que era el empleado de mayor experiencia.

Por otro lado, la recepción de los conferenciantes y participantes, la habilitación de las salas de reunión y otras tareas específicas de la nueva área no dejó satisfechos a los clientes.

Análisis del caso

En primer lugar, encontramos que la idea de ampliación de la oferta en función de las nuevas posibilidades que el entorno ofrece (cambios urbanísticos, presencia de congresistas en la zona, etcétera), es una idea interesante y viable.

Lo que observamos es que la ansiedad y las prisas han pasado por encima de la planificación y la organización, y esto tiene efectos en el aspecto económico y en el aspecto humano de la empresa. La gestión de personal en este caso ha sido claramente deficitaria.

Podemos destacar algunos aspectos de esta mala gestión:

1. El proceso de selección fue muy irregular. No hubo coordinación entre los dueños y se superpusieron las entrevistas. El criterio de selección del postulante fue únicamente la confianza en las referencias. No fue definido el puesto de trabajo ni el perfil del candidato, lo que no sólo tuvo efectos en la selección, sino también en la prosecución posterior de sus tareas. Las prisas y la falta de organización hizo que el postulante que se presentó por el anuncio no fuera tratado correctamente. Esta actitud puede redundar en contra de futuros intentos de solicitar sus servicios.
2. No fue respetado el proceso de incorporación y adaptación a la empresa. Esto ha hecho que la relación con los colegas y subordinados no se afianzara, perdiendo así su capacidad de mando y su operatividad.
3. La mala gestión de la incorporación del personal nuevo resintió a otros empleados claves de la empresa. Sabemos la importancia que tiene para las personas el respeto hacia su trabajo y su función. Nunca hemos de motivar un empleado por medio de una acción si va en desmedro de otro.
4. La falta de definición del perfil y del puesto de trabajo tuvo como otra de sus consecuencias la imposibilidad de efectuar un mínimo plan de formación en el puesto para los empleados subordinados que pasaron de un área de gestión a otra.
5. Se olvidó la importancia que tiene el hecho de que los subordinados vean con claridad cuál es su función y sobre todo sepan bajo el mando de qué directivo están. Identificar explícitamente la línea de mando es condición necesaria del cumplimiento eficiente de la tarea asignada.

La gestión de los recursos humanos de una empresa conforma un engranaje en el que cada pieza tiene valor. Los empresarios tendrán que hacer sentir esta importancia a todos y cada uno de los empleados, procurando la colaboración entre ellos.

6. La mala gestión de la política salarial en este caso apunta a una competitividad externa que también se traduce en competitividad interna, ya que el otro empleado de igual categoría y de mayor antigüedad percibía un sueldo inferior (acordado en otras condiciones).

7. La falta de coordinación entre las diferentes áreas de servicio del hotel (la tradicional y la nueva) hace que se instale una cultura funcional en la que cada una intenta sacar adelante el trabajo por separado; lo cual, para este tipo de servicios, es imposible. En vez de trabajar en un clima de colaboración se trabaja en un ambiente de competencia y rivalidad.

8. La evaluación del desempeño se torna sumamente difícil por haber partido de una difusa definición de los objetivos, responsabilidades y funciones del nuevo puesto de trabajo. Cuando esto no está claro, es muy difícil exigir resultados.

Ejercicios de autoevaluación

A continuación se proponen unos ejercicios que permitirán al lector valorar en términos de *Verdadero* o *Falso*, mediante la simple comprobación de sus respuestas, una serie de frases sencillas pero claves para juzgar si se ha captado la importancia de la gestión del personal y sus distintos aspectos.

① En la pequeña y mediana empresa, la gestión del personal es una función importante de la dirección.

② La primera impresión del candidato es un dato fundamental que se ha de tener en cuenta.

③ El mejor medio de evaluar al solicitante de un puesto de trabajo son las pruebas psicológicas.

④ Las cartas de recomendación constituyen una gran ayuda para seleccionar a los candidatos a aquellas vacantes que se trata de cubrir.

⑤ La entrevista es necesaria para contrastar los datos y la personalidad del candidato.

⑥ Cuando se pretende asignar tareas de manipulación, son más importantes la destreza física que el grado de autonomía de la persona.

⑦ Para cubrir vacantes de trabajos simples no es necesario realizar el perfil del puesto de trabajo.

⑧ Cuando se entrevista a un candidato, conviene exponer los puntos de vista propios para que luego se manifieste él con mayor franqueza.

⑨ Aunque a veces no lo reconozcan públicamente, casi todos los empresarios tienen su propia opinión sobre la dirección del personal.

⑩ La formación en el puesto de trabajo es una inversión más que un gasto.

⑪ Es posible efectuar planes de formación sin tener que recurrir a centros formativos fuera de la empresa

⑫ Deben restringirse los planes de formación a largo plazo, que no producen beneficios inmediatos.

⑬ Una función necesaria para la empresa puede quedar invalidada por falta de colaboración del personal.

⑭ Es incuestionable que todos los empleados de una empresa aspiran a ocupar puestos de responsabilidad.

⑮ Cuando a un empleado se le concede un puesto de responsabilidad, es necesario dotarle de la autoridad correspondiente.

⑯ Quizá resulte lo más oportuno revelar a cada empleado los resultados obtenidos de la evaluación que se le hace periódicamente.

⑰ La idea que sobre sí mismo y sobre su valía tiene un empleado no suele tener relación con el modo como cree realizar su trabajo.

⑱ Los pequeños y medianos empresarios no suelen tener todos la misma idea de cuáles son los factores importantes para calificar a sus empleados.

⑲ Más que el sueldo individual que reciben los empleados de una empresa, suele influir tanto en su ánimo como en su rendimiento la comparación con otros salarios de su mismo nivel.

⑳ Siempre que se pague lo suficiente a los empleados, éstos no se preocupan del sistema retributivo.

㉑ El grado de entrega y el máximo rendimiento del personal están íntimamente ligados a las expectativas de promoción y del reconocimiento de su trabajo.

㉒ La política salarial de la empresa no tiene efectos sobre el grado de responsabilidad con el que trabajan los empleados.

㉓ Una vez jubilado un empleado sigue siendo necesario mantener la confidencialidad de su expediente.

㉔ Toda evaluación es vivida por el empleado como una experiencia amenazante y negativa.

㉕ En una PYME no es fundamental la planificación de la formación de los empleados.

㉖ A la hora de contratar un ejecutivo no nos importan sus fracasos, sino únicamente la cantidad de éxitos obtenidos

㉗ El sistema de valores de un directivo es un factor fundamental para una buena integración con la cultura de la empresa.

Soluciones

1. Verdadero.	10. Verdadero.	19. Verdadero.
2. Falso.	11. Verdadero.	20. Falso.
3. Falso.	12. Falso.	21. Verdadero.
4. Falso.	13. Verdadero.	22. Falso.
5. Verdadero.	14. Falso.	23. Verdadero.
6. Verdadero.	15. Verdadero.	24. Falso.
7. Falso.	16. Verdadero.	25. Falso.
8. Falso.	17. Falso.	26. Falso.
9. Verdadero.	18. Verdadero.	27. Verdadero.

ORGANIZACIÓN DE LAS PYMES

ORGANIZACIÓN FUNCIONAL

☐ INTRODUCCIÓN

Los numerosos planes que afectan a una empresa, sea cual fuere su tamaño, requieren el desarrollo de una cantidad de actividades y, para dirigir éstas de una manera eficiente, es esencial alguna forma de organización.

En el mismo momento en que dos o más personas aportan sus esfuerzos para la consecución de una empresa en común, se hace necesario fijar la tarea de cada una de ellas. Las actividades de trabajo y dirección deben ser clasificadas en grupos de deberes o funciones para que puedan ser asignadas a determinadas personas, y hay que establecer las relaciones entre estas personas para asegurar que sus esfuerzos están coordinados para el mismo objetivo.

El proceso de organización

El proceso de organización, ya sea de la empresa como un todo o de cada una de las partes consiste en:

- Dividir el trabajo que se ha de realizar en tareas individuales.
- Definir las relaciones que se establecen entre las personas que deben cumplir con dichas tareas.

Las cuestiones más importantes que se presentan en este momento son las siguientes:

1. ¿Cómo clasificar en grupos las actividades?
   - ¿Qué guías deben emplearse para asignar trabajos a los departamentos?
   - ¿Qué secciones deben crearse?
2. ¿Qué relaciones se deben establecer entre individuos?

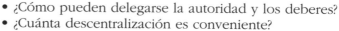

- ¿Cómo pueden delegarse la autoridad y los deberes?
- ¿Cuánta descentralización es conveniente?
3. ¿Cuál debe ser la estructura de organización superior del conjunto?
    - ¿Se han comprobado los límites del alcance de control?
    - ¿Es equilibrada y operativa la estructura superior?

A continuación desarrollaremos las principales respuestas a los temas planteados.

A PRUEBA
La fortaleza interna de una organización es ficticia cuando no supera la incorporación de elementos externos a la misma con tranquilidad y madurez.

☐ ASIGNACIÓN Y DELIMITACIÓN DE FUNCIONES

La agrupación de actividades conduce a la creación de departamentos o áreas de actividad que deben tener un encargado que, a su vez, informe a los niveles superiores de dirección. La pregunta común que se plantea el directivo, sea del nivel que sea, es: ¿cómo deben agruparse los deberes en tareas para que produzcan los mejores resultados y de un modo eficiente? Las secciones creadas pueden llamarse divisiones, oficinas, ramas, secciones, unidades o llevar cualquier otro nombre; sea cual fuere el nombre de la sección creada, este proceso se llama generalmente departamentalización.

Seguidamente expondremos algunos de los criterios más usuales para proceder a la departamentalización.

Agrupación por localización. Cuando las actividades están ampliamente dispersas, es aconsejable conseguir una dirección basada en la localización. Por ejemplo, si existe una red de ventas que abarca una amplia zona geográfica, conviene crear direcciones regionales que permitan la adaptación a las necesidades de cada zona para agilizar la gestión.

INTEGRACIÓN
Una empresa en la que todos sus servicios están adecuadamente integrados gozará de una firme organización y estará dotada de una gran capacidad funcional.

Agrupación por productos o servicios. Ésta se basa en el hecho de que se puede lograr un alto grado de especialización al asignar la gestión de productos homogéneos a una dirección. Por ejemplo, en centros de venta de alimentación, asignar secciones para carnes, vegetales y demás productos frescos, y otras para envasados.

Este tipo de agrupación, al alcanzar un alto grado de conocimiento especializado, permite una mayor coordinación de las diversas etapas de gestión del producto (compra, producción, almacenaje, venta, etcétera) y hace más fácil la evaluación de sus gestores en función de los resultados obtenidos.

Agrupación por procesos. En estos casos se agrupa en el mismo departamento a toda o la mayor parte del personal que

GRÁFICO 6.1

ORGANIGRAMA DE UNA EMPRESA DE REVENTA CON RED DE SUCURSALES

emplea un equipo o maquinaria determinado. En otros casos, en especial en fabricación, la agrupación puede estar basada en procesos claramente definidos de una secuencia de operaciones.

Este tipo de departamentalización tiene como ventaja: la optimización en el uso (y por lo tanto en el rendimiento de la inversión) de todos los equipos y, cuando la actividad se desarrolla en un espacio físico determinado, una mejora en la supervisión de la misma.

Agrupación por funciones. Cuando hablamos de funciones cabe hacer una aclaración previa. Podemos entender que una función depende o bien de una «habilidad para dirigir», como puede ser la supervisión de la investigación, o bien del desarrollo de trabajos que tienen un grado de similitud, como un departamento administrativo, o también aquellas actividades que tienen un obje-

▲ *En este organigrama vemos que existen dos departamentos que cubren las necesidades comunes a las diferentes sucursales y uno que se encarga específicamente del aspecto comercial.*

**FACTORES BÁSICOS
DE LA DEPARTAMENTALIZACIÓN**

Llegado el momento de agrupar y asignar actividades en unidades de trabajo, debe buscarse la combinación óptima de las ventajas siguientes:

▶ Que prevalezca la especialización

▶ Que facilite el control
Que puedan existir comprobaciones independientes
Facilidad de supervisión

▶ Que ayude a la coordinación

▶ Que asegure una atención adecuada

▶ Que contemple las condiciones objetivas
Horarios
Personal disponible

▶ Que reduzca el gasto

▶ *La departamentalización debe efectuarse de un modo racional, ponderando los diferentes factores de modo tal que nos permita alcanzar nuestros objetivos de un modo ágil y coordinado.*

tivo común. La principal ventaja de este tipo de departamentalización es la especialización, aprovechándose para una mayor eficiencia.

Cada empresa en particular debe disponer de una estructura conforme a su tamaño, medios, naturaleza, productos y elementos directivos y ejecutivos de que disponga. Pero la descripción de las tareas, sus definiciones, así como el conocimiento y utilización de los elementos de la dirección, forman en su conjunto un modelo que, en mayor o menor medida, deben ser de aplicación a cualquier tipo de empresa con independencia de su volumen. Para su mejor comprensión transcribiremos las áreas de actividad y funciones que el ACME (Association of Consulting Management Engineers) publicó oportunamente (véase tabla 6.1).

❒ DELEGACIÓN Y RESPONSABILIDAD

La organización crea una relación entre ejecutivos y subordinados y una variedad de departamentos, que frecuentemente están interrelacionados. Por lo expuesto, es de vital importancia que estas relaciones estén bien definidas y claramente comprendidas.

Como elemento básico de este proceso debemos tener en cuenta que cuando un directivo delega una tarea a un subordinado se produce un cambio tanto en la autoridad como en la responsabilidad. Estos conceptos, por su «intangibilidad», deben ser

RELEVANCIA
Las personas necesitan tener una sensación de propiedad sobre el conjunto y conocer la relevancia de su trabajo.

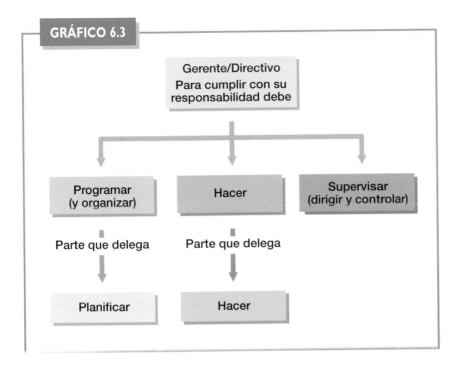

GRÁFICO 6.3

Gerente/Directivo
Para cumplir con su
responsabilidad debe

Programar
(y organizar)

Hacer

Supervisar
(dirigir y controlar)

Parte que delega

Parte que delega

Planificar

Hacer

◀ *El directivo
debe mantener
un equilibrio entre
los aspectos de
programación, ejecución,
dologación y control.*

estudiados en detalle, analizando su inserción dentro del proceso de delegación. Por ello examinaremos los límites que deben y pueden darse a la autoridad delegada.

■ Diferentes significados de «autoridad»

Antes de tratar acerca de la delegación de autoridad y responsabilidad, nos ocuparemos de los distintos significados de este término.

Autoridad legal

En muchas oportunidades la autoridad está tomada en el sentido legal del término, es decir, si un individuo está legalmente autorizado para efectuar una acción. En el caso de empresas, se trata de cuestiones tales como quién está autorizado para representar a la compañía en sus relaciones externas, y quién y hasta qué grado puede comprometer a la empresa. Por ejemplo, los representantes legales de la sociedad pueden firmar contratos, cheques o cualquier otro medio de pago. Así mismo, el órgano administrativo de una sociedad puede adoptar una resolución para autorizar a uno o varios subordinados, mediante poderes especiales, a que tengan la autoridad legal de firmar cheques sobre las cuentas bancarias de la compañía y luego proceder a la implantación de controles internos que restrinjan el ejercicio de esa autoridad legal.

DINÁMICA
Y CONSTRUCTIVA

El establecimiento de un sistema de comunicación abierto –tanto sea para impartir órdenes como para facilitar información–, que asuma con inteligencia la importancia del valor de una interrelación dinámica y constructiva en todos los estamentos de la empresa, sólo redunda en la eficacia de ésta y en el buen entendimiento de todos sus componentes.

Tabla 6.1 Áreas de actividades

1. Investigación y desarrollo	1.1 Investigación	1.1.1 Investigación básica 1.1 2 Investigación aplicada
	1.2 Desarrollo	1.2.1 Desarrollo avanzado 1.2.2 Desarrollo de productos nuevos y mejora de productos 1.2.3 Desarrollo de procesos nuevos y mejora de procesos 1.2.4 Rediseño de productos para reducir costos
	1.3 Ingeniería de producto	1.3.1 Diseño de productos 1.3.2 Ensayos de ingeniería 1.3.3 Seguimiento de la producción 1.3.4 Asesoramiento de ventas
2. Producción	2.1 Ingeniería de fábrica	2.1.1 Diseño y operaciones de servicio 2.1.2 Diseño y especificación de instalaciones 2.1.3 Mantenimiento 2.1.4 Control de equipos de fábrica
	2.2 Ingeniería industrial	2.2.1 Estudio de métodos 2.2.2 Trazado de fábrica 2.2.3 Medición de tareas 2.2.4 Manejo de materiales 2.2.5 Fabricación y reparación de herramientas
	2.3 Compras	2.3.1 Adquisiciones 2.3.2 Seguimiento de los aprovisionamientos 2.3.3 Registro y archivo de compras 2.3.4 Investigación de compras 2.3.5 Venta de materiales recuperados
	2.4 Planificación y control de la producción	2.4.1 Recepción en fábrica 2.4.2 Despacho de fábrica 2.4.3 Obtención de materiales 2.4.4 Calendario de operaciones 2.4.5 Instrucciones para la producción 2.4.6 Activación 2.4.7 Curso de la producción 2.4.8 Informes de ejecución 2.4.9 Almacenamiento 2.4.10 Control de existencias
	2.5 Fabricación	2.5.1 Fabricación de elementos 2.5.2 Submontajes 2.5.3 Montaje final 2.5.4 Servicios y reparaciones
	2.6 Control de calidad	2.6.1 Desarrollo de métodos de control 2.6.2 Control de medidas 2.6.3 Inspección y ensayos 2.6.4 Reclamaciones de clientes 2.6.5 Recuperación de materiales
3. Comercialización	3.1 Investigación del mercado	3.1.1 Análisis del mercado 3.1.2 Determinación de las características del mercado 3.1.3 Análisis de los problemas de distribución
	3.2 Publicidad	3.2.1 Planeamiento de la campaña 3.2.2 Preparación de textos 3.2.3 Selección de medios 3.2.4 Producción
	3.3 Promoción de ventas	3.3.1 Desarrollo del problema 3.3.2 Elementos auxiliares para las ventas
	3.4 Planeamiento de ventas	3.4.1 Determinación de política de ventas 3.4.2 Presupuesto 3.4.3 Política de precios 3.4.4 Compras 3.4.5 Embalaje

y funciones de la empresa

3. Comercialización (cont.)	3.5 Operaciones de venta	3.5.1 Obtención de vendedores 3.5.2 Entrenamiento de vendedores 3.5.3 Dirección de vendedores 3.5.4 Remuneración de vendedores 3.5.5 Servicio de pedidos 3.5.6 Ventas
	3.6 Distribución física	3.6.1 Bodegas 3.6.2 Expedidicón 3.6.3 Servicio del producto
4. Finanzas y control	4.1 Finanzas	4.1.1 Planificación financiera 4.1.2 Relaciones financieras 4.1.3 Administración de impuestos 4.1.4 Custodia de fondos 4.1.5 Créditos y cobranzas 4.1.6 Seguros
	4.2 Control	4.2.1 Contabilidad general 4.2.2 Contabilidad de costos 4.2.3 Planificación y presupuesto 4.2.4 Auditoría externa 4.2.5 Sistemas y procedimientos
5. Administración de personal	5.1 Reclutamiento	5.1.1 Búsquedas 5.1.2 Selección 5.1.3 Instrucción 5.1.4 Ascensos y transferencias 5.1.5 Despidos
	5.2 Administración de sueldos y jornales	5.2.1 Clasificación de empleados 5.2.2 Determinación de escalas 5.2.3 Calificación de méritos 5.2.4 Compensación suplementaria 5.2.5 Control de horarios
	5.3 Relaciones industriales	5.3.1 Comunicaciones 5.3.2 Negociación colectiva 5.3.3 Disciplina de personal 5.3.4 Investigación del personal
	5.4 Planeamiento y desarrollo de la información	5.4.1 Planeamiento de la organización 5.4.2 Desarrolllo del personal 5.4.3 Instrucción
	5.5 Servicios para empleados	5.5.1 Servicios médicos 5.5.2 Recreación 5.5.3 Servicios personales 5.5.4 Seguridad 5.5.5 Protección
6. Relaciones externas	6.1 Comunicaciones e información	6.1.1 Intercambio de información con empleados 6.1.2 Comunicaciones públicas 6.1.3 Apreciación de la actitud y opinión 6.1.4 Comunicaciones a acreedores e inversores
	6.2 Coordinación de actividades públicas	6.2.1 Participación en actividades cívicas 6.2.2 Relaciones con sociedades y asociaciones
7. Secretaría y legales	7.1 Secretaría	7.1.1 Accionistas 7.1.2 Directorio 7.1.3 Sociedad
	7.2 Legales	7.2.1 Sociedad 7.2.2 Empleados 7.2.3 Asesoramiento en finanzas 7.2.4 Patentes

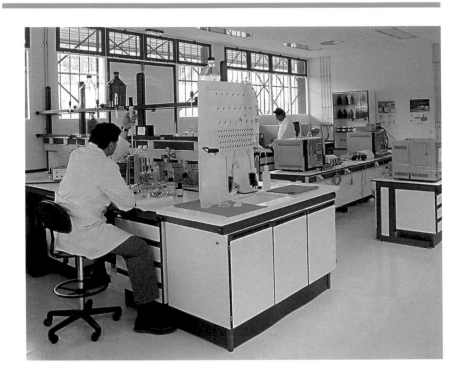

▶ *La autoridad no siempre está en la cúspide del organigrama empresarial. Hay otro tipo de autoridad —como, por ejemplo, un experto o un técnico en determinados procesos—, sobre la que recae la responsabilidad y la decisión sobre ciertos aspectos.*

Autoridad técnica

Es también frecuente emplear la palabra autoridad para referirse a una persona que es reconocida como experta en una determinada materia. La autoridad técnica está estrechamente ligada a la dirección, por lo que la gente se siente inclinada a aceptar y a actuar según el consejo de un experto reconocido en la materia. Es importante tener presente que la autoridad técnica tiene un carácter eminentemente individual, y no es algo que un directivo pueda asignar o conceder. Con respecto a una materia determinada, es muy posible que un antiguo empleado tenga más autoridad técnica que el directivo que dirige la actividad. Cuando ocurre esto, el ejecutivo juicioso consultará al hombre que posee autoridad técnica y seguirá su consejo con frecuencia; y si esto no es posible, tratará de hacer ver a sus subordinados los motivos que le obligaron a adoptar un camino diferente.

Por todo lo expuesto, concluimos que se pueden facilitar los medios para que determinadas personas obtengan la formación o adiestramiento para ayudarles a desarrollar su autoridad técnica, pero, como ya hemos visto, ésta no es delegable.

Autoridad última

En una empresa, como en cualquier otro nivel de la sociedad en la que vivimos, debe haber una aceptación general de alguna forma de gobierno y de un grupo de dirigentes encargados del

GRÁFICO 6.4

UN CICLO DE LOS
SISTEMAS DE EMPRESA

Un negocio es un
conjunto de problemas
que se deben resolver

La organización es el proceso de
asignar la solución de los problemas
a la persona más cualificada

La persona más cualificada
es aquella que necesita el menor
servicio posible de información
para adoptar las mejores decisiones

La información es la medida
del valor (valía) de un mensaje para
una persona que ha de tomar
decisiones

La finalidad de un sistema
es llevar la información
a los que han de tomar decisiones

Un sistema de empresa
es una lógica configuración de
los elementos de importancia en
un área seleccionada de problemas

Cuando en una
organización se cree
un entorno que
permita que todos
los directivos se
transformen en líderes,
tendremos una
empresa autodirigida
y autorrenovada.

◄ *Como vemos, existe
una retroalimentación
dentro de la empresa.
Siempre observaremos
que, en el momento en
que llegamos a resultados,
éstos vuelven a integrarse
en los problemas
que debemos resolver.*

cumplimiento de los objetivos. Por tal motivo se les reconoce la autoridad «última» o «básica» para conducir la empresa a sus metas.

Autoridad operacional

En un sentido simple, delegar autoridad es dar a alguien permiso para realizar ciertas cosas. Teniendo en cuenta que el ejecutivo que delega está autorizado a hacerlo, él tan sólo extiende su permiso a personas que trabajan para él.

En la práctica, un ejecutivo raramente delega la autoridad funcional sin indicar también cómo debe utilizarse ese permiso. En definitiva, la autoridad está ligada a deberes y obligaciones.

■ Naturaleza de la delegación

Podemos destacar que el proceso de delegación consta de tres aspectos:

- La asignación de deberes de un ejecutivo a sus subordinados más inmediatos.
- La concesión de la autoridad para que dichos subordinados puedan cumplir con esos deberes.
- La creación de una responsabilidad, por parte de cada subordinado al ejecutivo, para el cumplimiento satisfactorio de los deberes encomendados.

En toda empresa existe una serie de redelegaciones descendentes que se extienden por la «línea de mando» y una serie correspondiente de obligaciones o responsabilidades que ascienden por la misma línea.

■ Principios generalmente aceptados en el concepto de delegación

- *La responsabilidad no puede ser delegada*. Tal como hemos visto, ésta siempre repercute hacia el nivel superior.
- *Evitar la doble subordinación*. Únicamente se pueden recibir instrucciones de un jefe, pudiendo, por lo tanto, obtener la correspondiente delegación de autoridad de ese único superior y debiendo también hacerse responsable frente a éste.
- *La autoridad debe igualar a la responsabilidad*. No se pueden exigir cuentas a una persona por los resultados que ha obtenido a través de una actividad en la que no se le ha permitido guiarse por su propio juicio; así mismo, implica que si se le ha dado una gran libertad de acción, se le puede exigir una sabia utilización de esa facultad.

AUTONOMÍA Y DELEGACIÓN

La concesión de autonomía es un proceso progresivo de delegación que requiere una gran participación por parte de la dirección superior de la empresa.

EN EQUIPO

En todas las modalidades, el trabajo en equipo –con las responsabilidades y tareas bien especificadas de cada uno de sus miembros– se ha demostrado como el medio más operativo, estimulante y productivo en la consecución, en las mejores condiciones posibles, de los objetivos propuestos.

☐ LA COMUNICACIÓN EN LA EMPRESA

La palabra comunicación deriva del latín *communis*, común. Cuando nosotros comunicamos, estamos tratando de establecer «algo en común» con alguien, es decir, intentamos compartir una información, una idea, una actitud. Sin embargo, el lenguaje es el medio principal de comunicación. Si entendemos que, en el sentido más amplio, comunicación es la interrelación a través de palabras, cartas o medios similares de expresión de pensamientos y opiniones, concluimos que también es información.

Éste es el sentido vital del concepto de comunicación dentro de la empresa, la transmisión de información desde y hasta todos los niveles. Así entendido, se comprende que, sea cual fuere el tamaño de una empresa, es elemental para su funcionamiento que estén establecidos los canales adecuados para que la información fluya en las direcciones adecuadas, de forma clara y con la máxima rapidez.

El problema es de muy diferente solución según se trate de una gran empresa o de un pequeño negocio. En la primera, los diversos niveles jerárquicos actúan como «cadenas de transmisión» de las comunicaciones. Para el pequeño empresario la situación cambia ya que, dado su contacto directo son los subordinados, es el principal encargado de mantener esos canales en un adecuado funcionamiento.

El contribuyente es la única persona que trabaja para la Administración sin necesidad de haber ganado unas oposiciones.

RONALD REAGAN
Político

■ Relaciones de mando y subordinación

Si se observa el funcionamiento de cualquier empresa, se advierte inmediatamente la situación de dependencia en que se encuentran unos servicios o personas respecto a otros y cómo, desde el gerente hasta el simple peón, hay una línea jerárquica (de mando) que recorre toda su estructura. La gerencia tiene la responsabilidad suprema del buen funcionamiento del conjunto: dirige, coordina y armoniza la actividad de todos los departamentos de la empresa, toma las decisiones y fija los objetivos.

Ocurre, sin embargo, que según el tamaño de la empresa –nos referimos al número de empleados– esta dirección se ejerce de distintas maneras. En las más pequeñas, las formadas por un solo empleado o por un número muy reducido de ellos, el propietario asume todas las responsabilidades, y la función de mando es más sencilla, al ejercerse directamente y sobre muy pocas personas. En cambio, cuando el número es mayor, mandar y obedecer no son tareas fáciles, sino que exigen un extraordinario equilibrio para que no surjan conflictos que perjudiquen la buena marcha de la organización y, en consecuencia, de la productividad.

SUBORDINADO

La actitud y el rendimiento del subordinado se perfeccionarán en la medida en que halle comprensión y diligencia en los mandos.

■ Significado de la comunicación

En ambos supuestos, deben cuidarse mucho no sólo las relaciones de mando y subordinación a que nos hemos referido, sino también las de comunicación de todo tipo.

La comunicación significa *intercambio* de información, de pareceres, de opiniones, de directrices, de sugerencias, etcétera, entre el director y los distintos miembros del grupo que constituyen la empresa, incluso entre ésta y otras empresas, personas y entidades ajenas a la misma, pero con las cuales se relaciona. En efecto, la eficaz ejecución de las órdenes exige la existencia de una red de comunicación adecuada, pero no es suficiente que la comunicación se establezca sólo de *arriba abajo*, sino también de *abajo arriba*, ya que ambos tipos de comunicación se complementan, y *horizontalmente*.

▶ *Luego de seguir el proceso que nos lleva a una acción, se generan nuevas situaciones que implican nuevos problemas que resolver y una nueva información que analizar.*

GRÁFICO 6.5

FORMACIÓN DE LA INFORMACIÓN

FORMACIÓN DE LA INFORMACIÓN EN LA MENTE HUMANA

DECISIÓN

DATOS

PROBLEMA

ACCIÓN

NUEVOS DATOS

NUEVOS PROBLEMAS

LA ORDEN

Comunicar implica que la orden emitida ha sido comprendida en su auténtico significado y motivación.

Así mismo, comunicar supone no sólo transmitir una orden, sino también adquirir la seguridad de que aquélla ha sido comprendida en su auténtico significado y motivación. Es decir, el subordinado ha de entender *qué* ha de hacer, *cómo* ha de ejecutarlo y *por qué* (comunicación descendente); a su vez, el que da la orden debe tener conocimiento de las posibles dificultades y demás circunstancias que condicionan su cumplimiento, y en qué forma ha de emitirla para que sea aceptada con la mejor disposición (comunicación ascendente).

Por último, la comunicación implica *comprensión*, ya que nadie puede comunicarse con otra persona sin ser *entendido*. Para ello debe utilizarse el «lenguaje» adecuado. Así, por ejemplo, si la comunicación es entre personas que hablan el mismo idioma, el lenguaje utilizado será la palabra; y si se trata de individuos de diferente idioma, tendrán que recurrir a un intérprete.

Aplicado este ejemplo a la empresa, implica que no sólo se debe utilizar la palabra, sino todo aquello con lo que consiga un entendimiento y una cooperación voluntaria (gestos, actitudes, forma en que se dan las órdenes, de qué se informa, etcétera).

■ Ventajas de la comunicación

En las relaciones de dependencia (dentro de la empresa)

La comunicación incrementa el rendimiento de los empleados. En efecto, las circunstancias de nuestra época hacen cada vez más necesario el trabajo en equipo y que todas las personas que forman parte de la empresa estén perfectamente compenetradas e informadas. El director es el representante de la empresa, pero, a la vez, es también un miembro del grupo de personas que la integran. Por ello, cuanto mejor sepa conjugar ambos papeles, más adecuadamente realizará su función, lo cual repercutirá favorablemente en la productividad de la empresa.

En primer lugar, debe tener siempre presente que sus funciones incluyen el trato con las demás personas, las cuales tienen sentimientos y emociones y que, al ser comprendidas, interpretadas y bien dirigidas, mejorarán su actitud y rendimiento en el trabajo. Si se admite esta realidad, quedan justificados perfectamente cuantos esfuerzos se hagan para mejorar las comunicaciones. De este modo se podrán conocer determinadas posturas y podrán superarse los conflictos o rendimientos insatisfactorios.

La comunicación ayuda al director a conocer los distintos condicionamientos de la empresa. En segundo lugar, el jefe debe conocer las distintas condiciones que puedan influir en el mayor o menor rendimiento de la empresa en todos los niveles, lo cual resultaría imposible sin una adecuada comunicación. Por este motivo, ha de esforzarse por estimular en sus subordinados el deseo de comunicación, para lo cual habrá de fomentar un ambiente favorable, estudiar la disponibilidad de medios de comunicación y suprimir los obstáculos que se opongan a ello. Si consi-

COMUNICACIÓN

Una buena comunicación evita suspicacias y facilita la toma de decisiones de la dirección.

UNA VENTAJA

El directivo de la pequeña empresa tiene la ventaja de que su contacto con el personal es directo e inmediato.

gue todo esto, el diálogo y el *intercambio* de sugerencias y opiniones surgirán de forma espontánea y beneficiosa.

La comunicación incrementa el rendimiento de la empresa. Cuando la comunicación tanto vertical como horizontal entre el director y el personal de la empresa resulta adecuada, se consigue:

• Que cada uno de los miembros de la empresa obtenga y comprenda la información necesaria para realizar correctamente las tareas que le han sido asignadas.
• Que la información sea precisa y adecuada a cada caso, y que esté bien coordinada.
• Que todos sepan y entiendan a quiénes deben transmitir o solicitar información sobre cuestiones específicas.
• Que todos comprendan la necesidad de cada una de las tareas que se realizan.
• Que todos tengan una motivación para cumplir con las tareas fijadas y para cooperar con los demás.
• Como consecuencia, todos realizan sus tareas con una mayor dedicación y el rendimiento general de la empresa se ve sensiblemente incrementado.

Con personas o entidades no integradas en la empresa

Además de los contactos internos, la empresa mantiene relaciones con otras personas, empresas y entidades que no dependen de ella, pero con las cuales es necesario establecer la debida co-

► *La comunicación
vertical debe ser adecuada:
hay que comprender
que los subordinados
no son robots o máquinas
que cumplen órdenes
repetitivas sin preguntar
qué, por qué y para quién
hacen las cosas.*

municación a fin de conseguir la mayor cooperación voluntaria de las mismas. Se trata de los clientes y proveedores, ante los cuales hay que dar una imagen de confianza y colaboración.

Por ejemplo, los proveedores suministran a la empresa los materiales necesarios (materias primas y semimanufacturadas, o productos acabados para la venta) dentro de unos plazos convenidos. Pero no hay duda de que una buena comunicación, con el lenguaje adecuado –en este caso el de la «conveniencia» de cooperar con la empresa en beneficio propio–, puede conseguir que estos plazos de entrega sean más reducidos o que, en los supuestos de escasez, se conceda preferencia de suministros a la empresa mejor comunicada.

Sin embargo, estas relaciones no deben confundirse con las publicitarias, ya que su objetivo es distinto. La publicidad se orienta fundamentalmente a la «venta de un producto», mientras que la comunicación pretende preferentemente crear imagen, confianza y voluntad de cooperación.

La comunicación descendente, ascendente y horizontal determina el correcto cumplimiento de las tareas.

■ La comunicación como instrumento de gestión

Hemos visto que la comunicación es útil para el desenvolvimiento de las actividades de las empresas, al constituir un instrumento mediante el cual se consigue la cooperación voluntaria, el espíritu de equipo, etcétera, que, en suma, sirve para incrementar la productividad de la empresa. Pero su utilidad se manifiesta también en relación con la gestión de la empresa, y más concretamente con el ejercicio de las funciones directivas del empresario. Esta utilidad se presenta, en general, en dos facetas:

- Como instrumento necesario en la planificación y dirección de las actividades empresariales.
- Como medio para facilitar la supervisión o control de lo realizado, y de cómo se ha llevado a cabo.

En este apartado nos ocuparemos sólo de la primera faceta; la segunda se tratará en el relativo al control y la supervisión.

Todo plan o programa pretende la conjunción de un equipo de hombres, máquinas y materiales para alcanzar uno o varios objetivos en las mejores condiciones posibles (de tiempo, calidad, economía, etcétera). El plan o programa supone la toma de una decisión previa, pero después de estudiar las diversas posibilidades, los medios y los problemas existentes.

La necesidad del plan radica en que una empresa moderna debe evitar en lo posible la influencia del azar y de la decisión precipitada. Supone un paso intermedio entre la realidad y la mera posibilidad, y exige un conocimiento profundo de todas las circunstancias y la problemática de la empresa. Así mismo, el programa o plan requiere la existencia de unas instrucciones previas y de una información adecuada para llevarlo a cabo.

► *Los colaboradores de una empresa enriquecen el funcionamiento y la dinámica de la misma aportando sus ideas, discutiendo los métodos y poniendo en práctica alternativas de mejora.*

Por todo ello, la comunicación contribuye a la planificación y ejecución de los diversos aspectos de las funciones directivas, por el hecho de facilitar ideas, instrucciones, órdenes y conseguir la adecuada cooperación por parte de todos.

De una parte, la comunicación ascendente facilita al gerente todos los conocimientos necesarios, no sólo los datos estadísticos y numéricos, sino también las actitudes del personal, su problemática, sus opiniones y sugerencias, etcétera. Pero, además, no debe olvidarse que toda decisión que toma el pequeño empresario afecta a alguien. Sus programas laborales y salariales, de compras o precios, de producción o venta, de reorganización de la empresa, etcétera, pueden ocasionar dificultades económicas o psicológicas a sus empleados. Todas estas posibles repercusiones debe conocerlas el director a través de la comunicación ascendente, para tratar de paliarlas dentro de lo posible o para tratar de informar correctamente sobre los motivos de las medidas adoptadas.

Por ejemplo, puede citarse el caso de un trabajador al que se le notifica que ha sido trasladado de un edificio a otro de la misma empresa. Si a dicho trabajador se le explica adecuadamente que su traslado está motivado por una remodelación de los departamentos de la empresa que redundará en beneficio de todos, es probable que su actitud en el futuro será la adecuada, ya que, mediante la comunicación descendente, habrá comprendido que su traslado era beneficioso para todos, incluido él mismo. En definitiva, la co-

DELEGACIÓN

El director debe delegar responsabilidades en sus subordinados de mayor confianza.

municación facilita la toma de decisiones de la dirección y aminora las suspicacias de los empleados, al exponer la verdad de los hechos. En este sentido, la comunicación informativa influye sobre las actitudes, del mismo modo que la comunicación de las órdenes tiende a controlar actividades.

■ Canales de comunicación en la pequeña empresa

Como hemos apuntado en materia de comunicación, el directivo de una pequeña empresa tiene ventaja respecto al ejecutivo de una organización mayor, por las siguientes razones:

- En las grandes empresas, las líneas de jerarquía y subordinación son mayores y las relaciones de mando son más complejas; requieren la existencia de los llamados «directivos», lo que supone que las órdenes o instrucciones no suelen recibirse directamente del máximo ejecutivo, sino que se canalizan a través de dichos mandos. Por el contrario, en la pequeña empresa, la vía jerárquica es más corta y, en muchos casos, el propietario-gerente mantiene relaciones directas con todo el personal. Al distribuir el trabajo o impartir instrucciones, puede hablar personalmente con aquellos que han de realizarlos y entenderlos; no necesita recurrir a las circulares escritas y, sobre todo, tiene la ventaja de poder responder inmediatamente a las preguntas que se plantean, observar las reacciones positivas o negativas y escuchar y ponderar por sí mismo los comentarios y sugerencias de sus subordinados. En las empresas algo mayores, la distribución del trabajo y la supervisión de los resultados es más difícil, y el gerente, al no poder mantener contacto directo con todos y cada uno de sus subordinados, establece unos canales de comunicación más complejos; para

EL CONTACTO

Para obtener los mejores frutos de su contacto con los demás, el empresario o el directivo debe adoptar una actitud apropiada, valorando la aportación del interlocutor.

▼ *La comunicación en la empresa debería funcionar como la savia en un árbol: cuanto mayor es, más ramificaciones utiliza; así, cada rama recibe la savia (las instrucciones) de su rama inmediatamente superior, y a ella recurre cuando algo no funciona bien.*

ello contará con los directivos o supervisores, en quienes ha delegado la autoridad. Por el contrario, en la pequeña empresa, el gerente puede distribuir directamente el trabajo y observar de una forma inmediata sus resultados; la comunicación es prácticamente de persona a persona.

■ Bases para crear los canales de comunicación

▼ *Ficha para la aplicación de JOB RATING, medio para aumentar los conocimientos de los directivos sobre los trabajadores, lo que permite valorarlos mejor.*

A pesar de que la pequeña empresa ofrece posibilidades ilimitadas para una comunicación efectiva, debe tenerse en cuenta que ésta no surge «por generación espontánea». En efecto, el empresario debe crear los canales de comunicación de su negocio, teniendo en cuenta determinados criterios, con objeto de que aquéllos sean lo más eficaces posible. Las bases para crear una comunicación eficaz son numerosísimas y dependerán de cada entidad; sin

CUADRO 6.1

APLICACIÓN PRÁCTICA DEL PLAN DE «JOB RATING»				Hoja de valoración del trabajo		
				Empresa		
Elementos determinados de valoración				Factoría		
N. Factor	Grado	Puntua-ción	Notas	Sección		
1. Instrucción				Fecha	Sector	
2. Experiencia						
3. Iniciativa				Trabajo		
4. Esfuerzo físico						
5. Esfuerzo mental y visual				Sexo		
6. Responsabilidad, material				Categoría	Pieza fabricada	
7. Condiciones ambientales						
8. Riesgo				Instrumentos de trabajo		
Clase de trabajo	Puntua-ción total					

embargo, para la pequeña empresa, pueden generalizarse en algunas reglas:

- **Saber escuchar.** La atención prestada por el empresario le permite conocer datos y hechos fundamentales, así como lograr una mejor comprensión del problema y, por otra parte, da al empleado la sensación de que participa en la solución del asunto, lo cual incrementa su interés por la tarea que ha de realizar. Deben escucharse no sólo las quejas, sino también las ideas y sugerencias.
- **Informar permanentemente al personal.** Como regla general, el personal debe estar enterado de cuantos asuntos le afecten. Así, por ejemplo, se le deben comunicar los proyectos sobre reformas de la estructura orgánica o de procedimientos y trámites de la empresa, sobre horarios, salarios, etcétera. Es fundamental dar a conocer el motivo de las citadas reformas.
- **Estimular la comunicación recíproca.** Además de la comunicación descendente (escuchar e informar), el director estimulará la comunicación ascendente de toda la empresa. Los empleados deben sentirse libres para tratar los problemas con los supervisores. El correcto cumplimiento de las tareas depende, en gran parte, de una continua comunicación ascendente, descendente y horizontal.
- **Promover la participación de los subordinados en la toma de decisiones.** Cuando ha de adoptarse una decisión que afecta al personal, debe facilitarse a los interesados la oportunidad de participar en las discusiones previas, para que expongan sus criterios y opiniones. De esta forma, se conseguirá que los empleados apoyen voluntariamente la opinión de la mayoría con más firmeza que si se tratase de una decisión tomada sin esta consulta.
- **Crear un clima de confianza y buena voluntad.** La comunicación eficaz surge cuando se consigue un clima de confianza. Al informar verazmente y cumplir con sus promesas, el empresario consigue una reputación de seriedad y sinceridad capaz de inspirar confianza a su personal.

ORDEN

Es importante el respeto del orden jerárquico en todos los estamentos para preservar la disciplina interna y el adecuado funcionamiento de la comunicación.

CLIENTES

La comunicación efectiva con los clientes es tan valiosa como la comunicación interna.

◼ Comunicación y cumplimiento de los objetivos empresariales

Clases de mensajes

La comunicación será más eficaz cuanto más contribuya al cumplimiento de las funciones de dirección.

En efecto, la mayoría de los mensajes, comunicados y notas internas emitidos por las empresas son rutinarios y se repiten de modo constante, por lo que, tanto el que los emite como el que los recibe, aprenden enseguida cómo deben formularse. Así, un empleado del departamento de ventas aprenderá con rapidez cómo debe anotar las operaciones efectuadas cada mes, sin necesidad de que se le den constantemente instrucciones detalladas. Ésta es la razón de que en las organizaciones empresariales se utilicen con frecuencia fórmulas normalizadas, impresos o abreviaturas, para transmitir la información rutinaria o para la iniciación de los procesos repetitivos.

Sin embargo, en ocasiones es necesario formular algunos mensajes no rutinarios o iniciar ciertos procesos no repetitivos, aplicables a situaciones especiales, en que deben comunicarse ideas o alternativas nuevas.

Siempre que sea posible, deben establecerse las normas a las que tiene que ajustarse la comunicación, con lo que se conseguirá reducir los errores, omisiones y fricciones entre el personal en la tramitación rutinaria.

Para las informaciones no rutinarias, es preciso establecer unos procedimientos vinculantes en los que se indique: *a*) qué debe hacerse; *b*) quién debe hacerlo; *c*) qué debe solicitarse de terceros y cómo hacerlo; *d*) de qué debe informarse y a quién; *e*) quién es el responsable de dicho sistema especial de comunicación.

Tanto las normas para las situaciones rutinarias como los procedimientos para los supuestos especiales pueden ilustrarse con gráficos de movimientos (diagramas) o bien describirse por escrito, con objeto de conseguir la mayor claridad posible.

Requisitos que debe reunir el mensaje

Toda comunicación pretende transmitir un mensaje que, a su vez, tiene un objetivo. Si el mensaje logra ese objetivo, la comunicación será eficaz; en caso contrario, será deficiente y deberá ser modificada.

¿Qué requisitos debe reunir un mensaje? No puede responderse a esta pregunta de un modo absoluto, pero sí puede afirmarse que, por regla general, es posible eliminar una mala comunicación si se tiene en cuenta una serie de condicionamientos en cuanto al contenido, al modo de presentarlo y al punto de vista del destinatario. Pasemos a estudiarlos más detenidamente.

Requisitos del contenido. El emisor del mensaje debe tener muy en cuenta los siguientes requisitos:

- *Debe ser preciso.* El mensaje debe ser claro y conciso. La imprecisión del mensaje puede presentarse tanto en los hechos o en

La comunicación informal es una de las causas de la deformación informativa.

EL MENSAJE

Debe ser preciso, convincente, adecuado, simple y unívoco, además de oportuno en el tiempo y bien dirigido en cuanto a su destinatario.

las cifras mencionadas como en la redacción o en el lenguaje utilizado para transmitirlo. Jamás debe aprobarse un mensaje que pueda dar lugar a malentendidos.

- *Debe estar bien definido.* El mensaje debe transmitir seguridad en cuanto a su contenido. Si un mensaje deja alguna duda, la alarma cunde en toda la empresa. Una vez que haya sido tomada una decisión, ésta debe ser presentada en el mensaje de forma definitiva, dejando que los hechos posteriores demuestren si fue acertada o no. Aun cuando una decisión sea acertada, su credibilidad se resiente si suscita alguna duda por parte del ejecutivo que la presenta.
- *Debe ser convincente.* Un mensaje carente de poder de convicción puede ser comprendido y cumplido, pero sólo de forma convincente provoca satisfacción y sirve para superar cualquier recelo que pudiera haber causado una nueva idea o un cambio de procedimientos.
- *Debe ser adecuado.* El mensaje debe ser el idóneo para cada circunstancia. En caso contrario, puede generar resentimientos o actitudes negativas y resultar inoperante. Por ejemplo, un nuevo sistema de control no puede dar la impresión de que su propósito es hacer trabajar más a los empleados, sino, más bien, que tiende a establecer ciertos incentivos para el personal.
- *Debe ser simple.* Un mensaje no debe transmitir un número excesivo de ideas, que producirían cierta confusión entre los destinatarios. Un buen sistema sería presentar una sola idea a la vez y desarrollarla con ejemplos. Se ha demostrado que, en muchas ocasiones, la extensión del mensaje es un obstáculo

Las utopías
parecen ahora
mucha más
realizables de
lo que se creyó.
Nos enfrentamos
ahora con
una cuestión
enormemente
más angustiosa:
¿Cómo puede
evitarse su
realización?

NICOLAS BERDIAEV
Filósofo

◄ *Para que el mensaje
sea comprendido y
aceptado por la persona
a quien va destinado,
es necesario no intentar
imponerlo por medio
de una discusión acalorada.
Es preferible convencer
a través del diálogo.*

menor que la dificultad para comprenderlo. El mensaje, pues, debe ser claro.

- *Debe ser unívoco.* Debe tenerse en cuenta que el contenido del mensaje varía según las circunstancias. Para evitar cualquier malentendido originado por hechos concomitantes, es recomendable, en ocasiones, resumir brevemente los hechos o circunstancias que motivan el mensaje.

Cuando un mensaje es susceptible de impugnación por intereses contradictorios, suele ser poco efectivo. Por eso es conveniente que las cuestiones salariales y otros aspectos laborales que afecten a las dos partes de las relaciones de trabajo sean objeto de comunicados conjuntos, en vez de ser expuestos por separado.

También debe tenerse en cuenta que la repetición de un mensaje en distintas formas lo hace más comprensible y convincente. Por eso, es preciso evitar toda ambigüedad que pueda dar lugar a que el mensaje sea leído «entre líneas».

Requisitos formales. Debe cuidarse en todo momento la elección de la forma en que se presenta un mensaje, ya que ésta influye poderosamente en su efectividad. La elección entre una comunicación oral o escrita depende, sobre todo, de la complejidad del mensaje y del nivel cultural de los destinatarios. Los mensajes simples y breves se ajustan a la comunicación oral. Sin embargo, una persona habituada a la lectura preferirá, por lo general, el mensaje escrito, porque le permitirá releer los pasajes más difíciles y asimilarlo mejor.

Cuando se pretenda que un mensaje sea persuasivo, debe utilizarse generalmente la relación personal y directa, sobre todo cuando se trate de temas de alto contenido emocional.

Si por el contrario se trata de mensajes meramente informativos, el medio más adecuado de expresión es la escritura, a la que se dedica generalmente mayor atención mental.

Si el destinatario tiene un alto nivel cultural, acostumbra a ser más efectivo el mensaje que incluya también los posibles argumentos contrarios, refutándolos uno por uno. Cuando el nivel cultural del destinatario es bajo, la presentación conjunta de los argumentos afirmativos y negativos es posible que sólo le produzca dudas e incertidumbres.

Por último, cuanto mayores sean la autoridad y el prestigio del exponente, mayor será la influencia que ejercerán sus opiniones.

El punto de vista del destinatario. Todo mensaje va destinado a alguien, de quien se espera que lo acoja favorablemente,

OPORTUNIDAD

La oportunidad con que el mensaje llega a conocimiento del personal evita eventuales malinterpretaciones.

LOS ESTRATOS

Las empresas presentan la tendencia de construir estratos y normas innecesarios, y resulta conveniente reducirlos periódicamente.

pues en caso contrario el mensaje no tendría eficacia. Por ello, además del contenido y de la forma –requisitos a los que ya nos hemos referido–, debe tenerse en cuenta el punto de vista del destinatario. Al redactar un mensaje, siempre hay que estar atento a la posible reacción de sus destinatarios, procurando que ésta sea favorable. En todo mensaje debe exponerse con claridad lo que significa su contenido para las personas a las que afecta.

Comunicación y equipo directivo de la empresa

Importancia de la comunicación en el equipo directivo

Ya hemos señalado en otro lugar que la buena comunicación produce una serie de beneficios que se concretan en una mayor agilidad de las operaciones, en un mejor estado de ánimo general, en una superior actitud o disposición para el trabajo y en la eliminación de errores costosos. Por el contrario, la mala comunicación en la gestión de la empresa causa una distribución desequilibrada de las tareas, crecientes suspicacias y desconfianzas entre el personal y el deterioro gradual del espíritu de cooperación, tan imprescindible en cualquier equipo de trabajo.

GRÁFICO 6.6

DATOS PARA LA DECISIÓN DEL DIRECTIVO

Asesores, clientes, proveedores y publicaciones especializadas

Reuniones periódicas de empresarios directivos y personal

DATOS

Información → Empresario directivo → Toma de decisiones → Aplicación y verificación práctica

◄ *La empresa es receptora de información y de nuevos incentivos. Éstos pueden generarse fuera de la misma, o bien tener su origen en la propia dinámica interna. En ambos casos se genera un nuevo ciclo de estudio y de decisiones.*

Tanto las ventajas como los inconvenientes de una buena o mala comunicación se amplifican cuando se trata del personal directivo, y esto por una razón muy simple: ¿Cómo van a informar adecuadamente a sus inferiores si ellos mismos no están bien informados? ¿Cómo van a ordenar y orientar si no tienen su autoridad y responsabilidad claramente definidas?

El primer paso que debe tomarse para mejorar la comunicación en el nivel directivo es definir quiénes integran el equipo de dirección. En muchos casos no se encuentra claramente delimitada la línea divisoria entre el personal directivo y el subordinado. Esa confusión es mucho mayor en las empresas pequeñas, donde las tareas no suelen estar claramente definidas ni individualizadas.

A modo de síntesis, debe tenerse muy en cuenta que un directivo es aquel cuya tarea básica consiste en planificar y dirigir el trabajo de otros; que los elementos de sus funciones están integrados por personas, hechos, planes e ideas; que es responsable de que se logren determinados objetivos; y que para todo ello debe estar investido de cierta *autoridad*, cuyos límites tiene que conocer a fin de que pueda ejercerla adecuadamente.

Datos que debe conocer el equipo directivo

Todos los integrantes del equipo directivo necesitan disponer de información completa sobre cualquier aspecto o factor que afecte a su ámbito de actuación, incluidos los aspectos siguientes:

- Las vías jerárquicas y la estructura de la empresa.
- Las funciones individuales de cada cual en relación con los niveles jerárquicos superiores, los demás departamentos y la empresa en general.
- Los efectos y resultados de las tareas que están bajo su responsabilidad.
- La política general de la empresa.
- Las utilidades y el potencial de crecimiento.
- Las tendencias del mercado que pudieran incidir en las futuras operaciones de la empresa.
- Los cambios en el equipo directivo.

Métodos para mejorar la comunicación en el nivel directivo

Reuniones entre todos los niveles de la organización. El trato directo entre todos los niveles de la dirección, desde un encargado al más alto ejecutivo, constituye el método más eficaz de la comunicación en el nivel directivo. Este sistema de comunicación se lleva a cabo generalmente mediante reuniones periódicas. El verdadero valor de estas reuniones consiste en que facilitan la co-

MARGINACIÓN

Las reuniones periódicas entre todos los niveles de la organización evitan la marginación.

REUNIONES

Las conversaciones de grupo y las reuniones en pie de igualdad no sustituyen a las relaciones personales.

municación, tanto en sentido ascendente como descendente. Otra ventaja de las mismas es que permiten *la participación directa*, evitando que los niveles jerárquicos inferiores se sientan *marginados*.

Entre sus inconvenientes cabe destacar que, cuando a dichas reuniones asisten demasiadas personas, o cuando la concurrencia está integrada por individuos de diversas jerarquías, suele suceder que los de menor categoría tienden a mantenerse callados y no participan activamente en las discusiones.

CUADRO 6.2

Test de la organización de la pequeña y mediana Empresa

		SÍ	NO
1.	El concepto de organización tiene importancia y merece atención dentro de la empresa	❑	❑
2.	Existen manuales u otra base escrita sobre las políticas fijadas de la empresa	❑	❑
3.	Están especificadas de un modo detallado las funciones y las correspondientes responsabilidades	❑	❑
4.	No se tienen en cuenta, para lo establecido en el punto tres, las características y condicionamientos personales	❑	❑
5.	Existen procedimientos homogéneos en materia de las diferentes operativas	❑	❑
6.	Cada persona depende únicamente de un solo superior inmediato	❑	❑
7.	Existen organigramas u otros elementos en los que se plasman las relaciones organizativas y sus circuitos	❑	❑
8.	Son conocidas las condiciones reales de la empresa y se encuentran establecidas en el esquema que refleja la organización	❑	❑
9.	El máximo responsable tiene un puesto concreto dentro del esquema organizativo	❑	❑
10.	Existe la posibilidad real de que con cierta regularidad se revisen las bases organizativas y se modifique lo que corresponda	❑	❑

Asigne diez puntos por las respuestas afirmativas y compare con la siguiente tabla:

Puntos	Calificación
80-100	Buena organización
40-70	Organización regular
0-30	Organización deficiente

Conferencias de supervisores. Los problemas que afectan a los mandos de menor nivel jerárquico suelen solucionarse más efectivamente en ese mismo nivel que sometiéndolos a jerarquías superiores. Estas conferencias facilitan también el intercambio de información que interesa a todos los supervisores del mismo nivel jerárquico (comunicación horizontal).

Boletines y comunicados. Son muy útiles para transmitir de modo muy detallado la información técnica, sobre todo cuando debe ser analizada cuidadosamente, ya que permite profundizar en la lectura. También son eficaces para anuncios de rutina o para recordar o actualizar disposiciones vigentes.

Cartas del director. Las enviadas a los domicilios particulares dan un matiz más personal al contenido del mensaje e inducen a los destinatarios a sentirse verdaderamente integrados en el equipo. Estas cartas son muy valiosas para explicar los puntos de vista de los altos directivos sobre los temas conflictivos o para tratar asuntos más o menos confidenciales.

Manuales para supervisores. El objetivo básico de estos manuales es incluir en su texto toda la información que pudieran necesitar los supervisores en un momento dado, para que estén en condiciones de hacer frente a determinadas situaciones sin tener que consultar continuamente a sus superiores. Su texto debe ser comprensible y preciso, para que su consulta y referencia sea más fácil.

Asesoramiento. Esta técnica es relativamente nueva en la gran industria y casi desconocida en las pequeñas empresas. El asesoramiento por parte de personas o entidades ajenas a la empresa ayuda, tanto a los supervisores como a los altos cargos directivos, a enfocar y analizar debidamente los problemas internos, con la suficiente objetividad. Como es lógico, la eficacia del asesoramiento depende, en gran parte, de la persona o entidad asesora.

Interferencias en las vías de comunicación

En ocasiones, la comunicación sufre interferencias que la dificultan, pero el buen jefe tratará de descubrir las barreras y se esforzará por suprimirlas. Por lo general, esos obstáculos se deben a uno u otro de los siguientes motivos:

No captar la atención del destinatario del mensaje. Para evitar estas situaciones hay que procurar que la atención de los destinatarios no se desvíe hacia otros asuntos. Por ejemplo, si se utiliza el tablón de anuncios para transmitir el mensaje, no deben incluirse al mismo tiempo cuestiones de menor importancia; y cuando se utilizan las reuniones como medio de comunicación, los temas del día deben tratarse de manera rápida y eficaz.

La efectividad del mensaje depende en gran parte de la forma en que se presenta al receptor.

IMPRESCINDIBLE

El cuadro organizativo y la correcta información bidireccional son absolutamente imprescindibles, cualquiera que sea la dimensión de la empresa.

El mensaje debe expresar directamente su objetivo y su naturaleza. Si se obliga a leer un mensaje a quien no le afecta, quizá no preste atención a otro posterior. Por ello, en el encabezamiento del mensaje se debe indicar con claridad a quiénes va dirigido.

No relacionar un mensaje con las tareas y las responsabilidades del destinatario. Al lector se le debe indicar *por qué* le conviene prestar atención al mensaje. Antes de entrar en el tema, el remitente debe indicar al destinatario en qué forma le afecta el mensaje.

No redactar el mensaje de manera precisa y comprensible. La comunicación inequívoca es imposible cuando el mensaje se refiere a un asunto que presenta matices oscuros y diversos. Para que un mensaje sea eficaz, el remitente debe precisar su modo de pensar y expresar sus ideas en términos que no den lugar a confusión o duda.

No destacar el elemento humano de la comunicación directiva. Está demostrado que los individuos se compenetran mejor con el contenido de un mensaje cuando éste se orienta a las personas.

No debe olvidarse, siempre que ello sea posible, que a la mayoría de la gente le interesan más las personas que las cosas.

■ Comunicación recíproca en el seno de la empresa

Comunicación y relaciones humanas

Aunque ya la hemos tratado con anterioridad, la comunicación recíproca tiene tanta importancia que merece ser estudiada con más amplitud. En este epígrafe abordaremos la comunicación interna, esto es, la que se efectúa en el seno de la empresa; y en el siguiente trataremos de la comunicación con otros grupos ajenos a la empresa.

La comunicación recíproca incluye tanto la ascendente como la descendente y la horizontal. Como también se ha indicado, tiene una gran repercusión en el estado anímico general del personal. No debe olvidarse que la comunicación es un factor importantísimo en la productividad, ya que, cuando el estado general de ánimo es bajo, el personal no siente ninguna preocupación por el éxito de la empresa.

En otras palabras, es imprescindible la creación de un eficaz sistema de comunicación recíproca.

INTERCAMBIO

La comunicación interna implica intercambio de información funcional y de los distintos aspectos relacionados con la gestión empresarial.

RIESGO

La gestión del riesgo frecuentemente no es un problema de falta de información, sino más bien una falta de conocimiento para interpretar el sentido correcto de la información.

Efectos de la comunicación recíproca

Los canales de comunicación de la empresa tienen dos funciones principales:

- Permitir un intercambio de información y de opiniones.
- Dar a cada integrante de la organización la sensación de que participa en los asuntos de la empresa.

Tales funciones están estrechamente interrelacionadas, ya que ninguna de las dos, por sí sola, podría originar la lealtad del personal. Por otra parte, en todo sistema de comunicación, surgen dos interrogantes: ¿Qué ha de ser comunicado? ¿Cómo ha de comunicarse? Vamos a tratarlos en profundidad.

Datos que desea conocer el personal

- Toda la información relacionada con la empresa: la historia de la misma y su organización, nombres y características de los altos ejecutivos y la situación financiera de la empresa.
- Cómo son las relaciones laborales en el seno de la empresa: la política del personal, las oportunidades de capacitación y las posibilidades de promoción.
- Los futuros planes de la empresa: posibilidades de expansión, campañas publicitarias, introducción de nuevos equipos y procedimientos.

INSATISFACCIONES

Las innovaciones muy importantes suelen ser el resultado del descubrimiento de insatisfacciones muy profundas.

▼ *Una encuesta llevada a cabo en diversas empresas proporcionó una interesante información sobre el punto de vista de los trabajadores.*

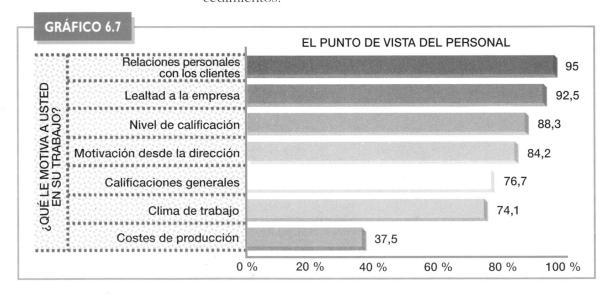

GRÁFICO 6.7

EL PUNTO DE VISTA DEL PERSONAL

¿QUÉ LE MOTIVA A USTED EN SU TRABAJO?

Relaciones personales con los clientes	95
Lealtad a la empresa	92,5
Nivel de calificación	88,3
Motivación desde la dirección	84,2
Calificaciones generales	76,7
Clima de trabajo	74,1
Costes de producción	37,5

0 %   20 %   40 %   60 %   80 %   100 %

Datos que quiere conocer la dirección

- La actitud del personal hacia la empresa.
- Hasta qué punto se comprenden la normativa, la política y los programas de la empresa.

- Cómo puede contribuir con mayor eficacia al buen funcionamiento de la empresa.
- Sus quejas y reivindicaciones.

Procedimientos para potenciar la comunicación recíproca

Contacto personal. Consiste en la comunicación verbal de persona a persona. Se trata de las reuniones a distintos niveles, a las que ya nos hemos referido: en ellas un supervisor puede escuchar los problemas y transmitir información; también puede establecerse este contacto durante la celebración de entrevistas o en el transcurso de conversaciones informales, etcétera.

▼ *La interacción entre el nivel directivo y su entorno, ya sea dentro de la empresa o de los diferentes sectores externos a la misma, es de vital importancia. «El medio —o entorno— nos condiciona, pero nosotros también influimos en él.»*

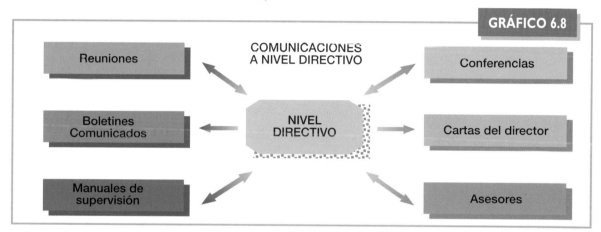

GRÁFICO 6.8

Las comunicaciones impersonales. Pueden ser escritas, visuales o verbales. Las comunicaciones escritas incluyen los anuncios sobre cambios de procedimientos, etcétera. Las visuales comprenden películas cinematográficas, carteles, cuadros estadísticos, etcétera. Las verbales, por último, pueden consistir en la transmisión de discursos o mensajes mediante grabaciones, altavoces, etcétera.

Otros métodos de comunicación. Pueden consistir en una combinación de los antes expuestos. Así, en algunas empresas se realizan de modo regular reuniones amplias en las que los altos ejecutivos transmiten información a todo el personal. A estas reuniones siguen otras de grupos de trabajo más reducidas para discutir los temas y facilitar su comprensión o solucionar dificultades.

COMUNICADOS

La formulación de los comunicados emitidos por la empresa usará criterios «normalizados» para asegurar la eficacia de la información.

Comunicación con el exterior

La comunicación con los terceros interesados es tan importante como la interna, ya que, para mantenerse en un mercado competitivo, la empresa ha de sostener una comunicación efectiva con clientes, comunidades, proveedores y otros grupos externos a la misma.

Comunicación con los clientes

La finalidad de la comunicación con los clientes consiste en enterarse de sus necesidades por ellos mismos y, después, explicarles cómo se pueden satisfacer esas necesidades con los productos y servicios de la empresa. Esta comunicación puede ser muy *rentable* para el pequeño empresario.

Comunicación con el entorno social

No debe olvidarse que todos los miembros de la comunidad en que se desenvuelve la empresa son otros tantos clientes potenciales. Por ello, la comunicación recíproca es imprescindible en cualquier programa de relaciones comunitarias. Se requiere conocer las necesidades de la comunidad, para luego explicarle cómo la empresa contribuye a satisfacerlas.

No debe confundirse la publicidad con la comunicación, pues la primera consiste en informar al público sobre la empresa, pero centrando esa información en la promoción de ventas, mientras que la comunicación pretende ganar amigos.

Para conocer la opinión de la comunidad, los directivos de la empresa pueden servirse de diversos medios, como pueden ser la asistencia de sus representantes a reuniones y conferencias de interés general, la escucha de las emisoras de radio locales, la lectura habitual de diarios y otras publicaciones que afecten a la comunidad, etcétera.

Por su parte, la empresa ha de darse a conocer en el seno de la comunidad, lo que se puede conseguir facilitando informes a los diarios, emisoras de radio, etcétera, de cualquier actividad de la misma que afecte a la comunidad. Otras posibilidades son asistir a las reuniones y conferencias, o colaborar con las campañas en favor de objetivos de interés público. En general, la empresa debe aprovechar cualquier medio que fomente las relaciones públicas con el entorno social.

Comunicación con los proveedores y otros grupos externos

En estos supuestos, la comunicación recíproca tiene su fundamento en los intereses comunes. Hay que hacer llegar a los proveedores la idea de que la comunicación con la empresa también es conveniente para ellos, ya que, en la práctica, esta comunicación sólo puede ser eficaz cuando todo el mundo se beneficia de ella.

En otras palabras, el comerciante o empresario debe manifestar sus objetivos en relación con los intereses de la persona o el grupo sobre el cual pretende ejercer influencia.

CLIENTES

En todo proceso de reestructuración, los ganadores son aquellos que saben a la vez reducir sus costos y fidelizar a sus clientes.

Los informes y las reuniones potencian el mensaje y anulan las interferencias.

■ Cómo servirse de las buenas ideas

Todo el mundo tiene ciertas ideas sobre sus propias tareas y responsabilidades. Además, casi todos se forman un criterio acerca del conjunto de operaciones en el que se integra su propio trabajo.

Esas ideas abarcan toda una gama de aspectos y factores concomitantes del trabajo. En una fábrica, las ideas pueden referirse a métodos de producción, a la utilización de herramientas, a la programación del trabajo, a la preparación de los equipos y de las maquinarias, al control de calidad, a las compras o al mantenimiento. Prácticamente, en cualquier tipo de empresa, las ideas personales se refieren a las ventas y a la promoción, a la atención al cliente, a la simplificación de sistemas y procedimientos o al control de costos.

No todas estas ideas son buenas, ni siquiera viables, pero, incluso si son positivas, necesitan ser elaboradas y adaptadas antes de que puedan ser aprovechadas. Sin embargo, los empresarios que logran mayor éxito son aquellos que saben utilizar mejor a las personas, estimular el desarrollo de sus procesos mentales y explotar sus experiencias y su imaginación. Este tema se divide en dos partes:

- La primera, dirigida al empresario, está destinada a enseñarle cómo puede aprovechar mejor las ideas que llevan al progreso y producen utilidades.
- La segunda, destinada a los empleados, obedece al propósito de indicarles cómo pueden hacer llegar sus ideas a las instancias superiores.

Para el empresario

Nadie conoce mejor un trabajo que las personas que dedican toda su jornada laboral a realizarlo, y son precisamente estas personas las que tienen mayores posibilidades de idear procedimientos adecuados para hacerlo mejor.

Ésta es una realidad comprobada en miles de empresas, tanto grandes como pequeñas. Así, cuando un ingeniero experimentado se encuentra ante un problema que incide en la producción, acude primero a los operarios que realizan el trabajo concreto. Por su parte, la planificación de las ventas comienza con las experiencias diarias de los vendedores.

Pero, generalmente, sólo se aprovecha una pequeña parte de las ideas que surgen de las instancias operativas. En muchos casos, los empresarios ni siquiera se enteran de las magníficas soluciones que a veces se originan en el propio personal.

Nuestra riqueza
no se midió
nunca por
lo que tenemos,
sino por la manera
de organizar
lo que tenemos.

LEÓN FELIPE
Poeta

UN TODO

Comúnmente, los directivos se preocupan más de proteger sus departamentos que de conseguir que la organización funcione como un todo integrado.

▲ *Las mejoras en el funcionamiento de la empresa no siempre son fruto de una inspiración; el análisis de los procedimientos propios y de los de la competencia, la reflexión sobre los medios técnicos y humanos, etcétera, a menudo ponen sobre la pista de nuevos métodos o la mejora de los procesos.*

Pero ¿por qué ocurre esto? Posiblemente se deba a que, por lo general, el empresario no sabe prestar atención o está demasiado ocupado. Aunque la explicación más frecuente, como demuestra la experiencia, es que no es suficiente con tener una idea. Para llevarla a la práctica, la idea debe ser elaborada y presentada en forma *convincente*.

El potencial de ideas que surge en cualquier empresa es muy grande. En efecto, estas ideas nacen, por lo general, siempre que se presenta un interrogante: ¿Cómo podríamos hacer esto? ¿Podría mejorarse aquello?

He aquí algunas maneras de aprovechar las ideas de las personas que trabajan en la empresa:

Formular ciertas preguntas. Cuanta más habilidad se tenga para plantear las preguntas, mejores serán las respuestas que logrará el empresario. En todo caso, las preguntas pueden ser de carácter general o específico:

- ¿Qué hacer para reducir los plazos de cumplimiento de los pedidos? ¿Y para estimular las ventas?
- ¿Cuál es la verdadera causa de aquel defecto? ¿La calidad o la presentación del producto?
- ¿Qué dificultad tiene su trabajo que no le permite rendir todo lo que puede?

Fijar objetivos e informar sobre los mismos. Todo se realiza con mayor rapidez cuando cada uno conoce los objetivos y la parte que le corresponde.

Los objetivos deben ser específicos: un aumento del 13 por ciento en las ventas, la presentación de un nuevo producto dentro de cierto plazo, determinado porcentaje de reducción en los desperdicios o mermas, etcétera.

Estimular la cooperación entre las personas afectadas. Una vez planteado un problema, las probabilidades de lograr soluciones correctas serán mucho mayores si los empleados que tienen un interés directo las buscan conjuntamente. Por otra parte, es posible que estos empleados expongan y discutan mejor sus ideas si el empresario o directivo no está presente. Por lo general, una solución que ha sido debatida y propuesta por un grupo de trabajo suele dar los mejores resultados.

Fijar unas fechas para atender las ideas del personal. El empresario no debe esperar que su personal lo acucie en espera de una oportunidad para exponerle esas ideas. Si no logran entrevistarlo o no son capaces de captar su atención, llegarán a la conclusión de que él no tiene interés en sus ideas. Todo directivo debe destinar una parte de su tiempo a escuchar las ideas de los demás, y la solución ideal sería fijar determinado día y hora para este menester.

Prestar una atención positiva. Las respuestas evasivas o ambiguas del tipo «sí, pero», el desinterés y la desgana son otras tantas maneras de terminar definitivamente con la presentación de las ideas por parte del personal. El hecho de que éste trate de aportar su ayuda es una ventaja que no se debe desperdiciar. Aun cuando la idea provechosa o la solución constructiva no esté bien delineada, el hecho es significativo y, a veces, el empresario puede colaborar con el proponente para desarrollarla.

Si una idea es equivocada o poco práctica, el hecho no debe ser disimulado. No obstante, haciendo uso de la habilidad, se puede alentar a los interesados para que realicen nuevos esfuerzos para lograr mejores resultados.

PRESTIGIO

Las personas afectadas por el contenido de un mensaje lo recibirán más favorablemente cuanto mayor sea el prestigio y la autoridad del exponente.

◄ *Ciertos estudios indican que el fracaso o la ineficacia en la comunicación dentro de la empresa reside, principalmente, en tres aspectos: falta de claridad en la exposición por parte de quien la emite, falta de atención o de capacidad por parte de quien la recibe, falta de discusión y clarificación entre ambos.*

Establecer recompensas. Si un empleado formula una sugerencia que contribuye a incrementar las utilidades del negocio, merece ser recompensado por sus esfuerzos.

Un aumento de sueldo y una gratificación, aunque estimulante, no siempre es el mejor reconocimiento. No hay que olvidar que el haber contribuido al éxito de la organización en la cual trabaja puede ser un motivo de honda satisfacción para cualquier empleado. Por ello, el reconocimiento público, sincero y explícito de tales aportaciones por los más altos ejecutivos contribuye a incrementar el sentimiento de autoestimación y la satisfacción en el trabajo, y constituye el más poderoso estímulo para lograr la máxima eficiencia en el funcionamiento de toda la organización.

Para el personal

Un respetado consejero de empresas afirma que, entre las miles de entrevistas mantenidas con diversos supervisores, vendedores, oficinistas, ingenieros, mecánicos, contadores, auditores, operarios y otros empleados, raramente se ha encontrado con alguno que no tuviera algún motivo de queja.

Algunas de ellas se referían a la remuneración del trabajo o a las condiciones laborales, pero la mayoría se centraban en los obstáculos que les impedían desarrollar y realizar mejor sus funciones.

Los operarios se quejan de la maquinaria defectuosa o la pobre calidad de los materiales, los vendedores protestan por las demoras en las entregas, los mecánicos se lamentan del tiempo perdido en las paradas de las máquinas por falta de repuestos.

Todos aducen que sus respectivas empresas podrían mejorar su funcionamiento. ¡Y tienen mucha razón!

¿Cuál es el obstáculo? El consejero asegura que, una y otra vez, ha recibido la misma respuesta: «El patrón (o el encargado) no presta atención».

Sin embargo, incluso en este caso, hay algunos métodos que permiten a los empleados hacer llegar sus ideas al empresario.

Lo que tiene que hacer es «venderle» las ideas. Si un vendedor se contentara con llamar a la puerta de sus posibles clientes y preguntarles con ingenuidad: «¿Querría comprar una aspiradora automática?», no tendría mucho éxito. Necesita poner en práctica un plan para lograr la venta. Y lo mismo ocurre con los empleados que quieren hacer llegar sus ideas al patrón. Cualquier estrategia de comunicación de este tipo debería contemplar las siguientes consideraciones:

Que a una
empresa
le vaya mal
no quiere decir
que no le
pueda ir peor.

PETER LYNCH
Empresario

Preparación. Es difícil «vender» una simple *idea*, es mucho más fácil «vender» un *plan*. En lugar de pedir una entrevista con el jefe tan pronto como se le ocurra una idea, lo que debe hacer el subordinado es tomarse el tiempo preciso para desarrollarla. ¿Cuál es el problema? ¿Qué podría hacerse para solucionarlo? ¿Cómo? ¿Quién haría el trabajo? ¿Cuánto costaría? ¿Cómo se financiaría?

Cuanto más se elabore la idea, mejor resultado tendrá. En efecto, es posible que el proyecto final exija la realización de estudios de ingeniería o de investigaciones de otra índole, por lo que es frecuente que se requiera la intervención de varias personas poseedoras de distintos conocimientos. Sin embargo, el empleado siempre puede aplicar su propia experiencia al objetivo de lograr que su plan sea práctico. Como norma, podría preguntarse si él adoptaría el plan en el caso de que fuera el empresario.

Trabajar en equipo. La unión hace la fuerza, y cuando varias personas unen sus conocimientos y experiencias para la elaboración de un plan, éste sale fortalecido.

Aunque no siempre un empleado de línea puede convocar una reunión con carácter oficial, sí le es fácil, por el contrario, conversar con sus compañeros de trabajo durante la hora del almuerzo, mientras toman el café o en cualquier otro momento, y así contribuir a formar el equipo de trabajo necesario.

Conviene tener presente que es más probable que el patrón preste mayor atención a un proyecto elaborado por un grupo que al preparado por una sola persona.

Ser oportuno. Un vendedor sabe elegir siempre el momento oportuno para visitar a sus clientes. Por ejemplo: jamás visitaría a un minorista cuando su local estuviera abarrotado de compradores. De igual modo, el empleado inteligente sabe elegir el momento en que su patrón está menos ocupado para abordarle.

Hacer una presentación positiva de la idea. Todos hemos oído exposiciones que comienzan con estas palabras: «No lo he pensado a fondo, pero...», «Aunque sólo es una idea, creo que...». Si el planteamiento se inicia de esta forma, casi resulta ocioso decir más, ya que nadie le prestará mayor atención; las exageraciones y los argumentos carentes de apoyatura fáctica resultan igualmente negativos.

El problema debe ser presentado tal y como lo ve el interesado, que debe desarrollar su propuesta en la forma más clara posible. Además, debe señalar los objetivos que, en su opinión, se lograrían con el plan y, si fuera posible, dar una estimación del costo y exponer las posibles repercusiones en otras áreas.

IDEA

La presencia de una propuesta o de un objetivo claros estimula las ideas que contribuyen a su consecución.

RECOMPENSA

Las ideas operativas que plantea el personal deben ser significativamente recompensadas.

Mantener su criterio pero sin discutir. El empresario podría formular preguntas o poner algunos reparos que el empleado no estuviera en condiciones de clarificar en el momento. Si éste fuera el caso, debilitaría su posición si respondiera apresuradamente. Quizá su propuesta no sea práctica por motivos que él desconoce, en cuyo caso, puede aprender algo. Y también podría ocurrir que, aunando sus esfuerzos con los del patrón, sus ideas fueran aplicables a otro proyecto distinto del que el empleado tenía en mente, pero al cual habría hecho una contribución positiva, aunque involuntaria.

Mantener abiertos los canales. Quizás en algunos casos la reacción del jefe sea una respuesta favorable e inmediata. Pero lo más probable es que conteste que necesita verificar algunos aspectos del proyecto o recabar más información. A veces ocurre que él también tiene un superior jerárquico a quien debe someterlo. Su respuesta entonces podría ser: «Muy bien, lo pensaré».

Quizá lo haga realmente, o quizás ésta sea una manera de desembarazarse del asunto. En todo caso, la mejor reacción del empleado es esforzarse por conseguir que la «puerta quede abierta». Para ello, puede preguntar, por ejemplo: ¿tiene inconveniente en que lo vuelva a ver dentro de una semana?

La mejor solución consiste en fijar un plazo para una segunda entrevista.

Insistir. A muchos empresarios les cuesta decir «no», aun cuando no pueden decir «sí». Recordemos en este sentido que un buen vendedor sigue insistiendo mientras la venta parece posible, pero sabe cuándo debe desistir, ya que no le interesa que lo rechacen de nuevo.

■ Comunicación interna: ventajas y metodología para su implantación

Cuando el sistema de comunicación vigente en una pequeña empresa es eficaz y todos reciben puntualmente la información que necesitan para realizar sus tareas, se ahorra tiempo y costos; los directivos son más eficaces en el desempeño de sus funciones. La estructura de la organización es adecuada y flexible.

A continuación pasamos a exponer:

- Un procedimiento eficaz para estimular la comunicación en el seno de la empresa, mediante la implantación de una política adecuada, la celebración de reuniones regulares y la cumplimentación de breves informes.

SOLUCIÓN

La insistencia en la comunicación no debe caer en la mera demagogia, sino traducirse en una solución objetiva de los problemas.

PORMENORIZACIÓN

Las funciones de las personas que deben tomar decisiones relevantes, deben estar minuciosamente pormenorizadas.

- Cómo deben corregirse los defectos de organización que se ponen de manifiesto gracias a la comunicación efectiva, mediante los informes y estadillos pertinentes sobre operaciones, la fijación de responsabilidades definidas y una adecuada coordinación de funciones.
- Cómo la comunicación consigue potenciar la dirección de la empresa.

Además, los procedimientos expuestos tienen el propósito de coadyuvar a que el empresario:

- Pueda ejercer un control firme y eficaz sobre las operaciones en general.
- Prepare a los futuros directivos.
- Forme un equipo de gestión estrechamente compenetrado.

Las interferencias impiden la transmisión del mensaje

El empresario puede ser el responsable. En algunas empresas, la comunicación es todavía tan deficiente que nos recuerda las emisiones radiofónicas de la década de 1920. En aquel tiempo, las perturbaciones de todo tipo solían impedir una recepción clara del sonido. Los avances tecnológicos de la radiodifusión han eliminado en gran medida estos fenómenos, de modo que hoy las transmisiones se reciben con absoluta claridad. Sin embargo, la mejor tecnología no puede hacer nada por remediar la pobre comunicación que existe entre personas.

Ocurre algunas veces en la pequeña empresa que el mismo director es el máximo responsable de las alteraciones que se producen en la comunicación interna; incluso los mensajes que él origina suelen ser confusos si se apresura demasiado en prepararlos o si trata de atender varios asuntos a la vez, o bien si se empecina en emplear un sistema de comunicación informal, olvidando que su empresa ha crecido considerablemente.

A medida que aumenta el personal de una empresa y se incorporan nuevos mandos a la línea operativa, el intercambio de información se hace más difícil. Las vías

▼ *En un proceso de comunicación es importante evaluar la incidencia de cada etapa entre el origen o fuente y el destino final. Cada una de ellas pueden condicionar la percepción del nivel o proceso siguiente.*

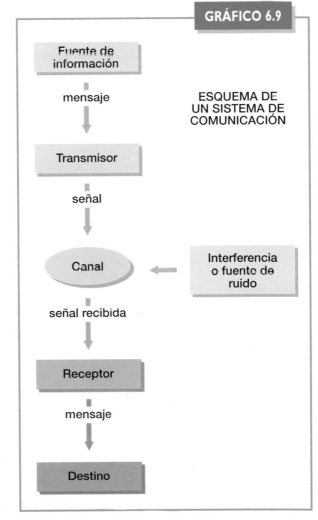

GRÁFICO 6.9

ESQUEMA DE
UN SISTEMA DE
COMUNICACIÓN

Fuente de información

mensaje

Transmisor

señal

Canal ← Interferencia o fuente de ruido

señal recibida

Receptor

mensaje

Destino

informales, como pueden ser las conversaciones personales, las llamadas telefónicas, las notas manuscritas y las charlas ocasionales, ya no son suficientes.

Está claro que muchos intercambios de información siguen teniendo lugar por esta vía informal, pero, a medida que se expansiona la empresa, se hace necesario sistematizar en cierta medida el intercambio de ideas e informaciones, y este objetivo se consigue mucho mejor con la realización de reuniones regulares.

Cuando estas reuniones se encauzan favorablemente, nace entre los directivos de la empresa esa sensación de confianza que da por resultado el conocimiento mutuo y la comprensión de los problemas de los demás. A medida que crecen estos sentimientos mejora la comunicación, tanto informal como formal, entre todos los interesados.

▲ *A menudo, en las reuniones de trabajo se pierde más tiempo en intentar la comunicación que en efectuar la misma.*

Unos pocos empresarios se muestran reticentes a la celebración de estas reuniones periódicas. Sin embargo, son esos mismos empresarios los que luego se quejan cuando las cosas van mal por causa de la mala comunicación. Sus empresas carecen de planes para hacer frente a la competencia de nuevos productos y su organización no funciona eficazmente. Por lo general, se trata de personas que toman sus decisiones bajo la presión de los acontecimientos y que suelen reincidir sobre cuestiones que ya han sido resueltas por sus subordinados.

Estos empresarios suelen justificarse así: «Veo a mis colaboradores todos los días, así que no podemos perder todo nuestro tiempo en charlas de salón». Sin embargo, pierden el tiempo en sus intentos de comunicarse con los demás. La carencia de una planificación coherente y de unas directrices claras produce interferencias y genera confusión entre todo el personal.

Otros directivos son partidarios de las reuniones periódicas, pero las celebran con *demasiada* frecuencia, de modo que el personal pierde interés en los asuntos.

Transmisión de mensajes claros. Cualesquiera que sean los esquemas de comunicación vigentes en su negocio, la primera tarea del empresario para hacerlos más eficaces es analizar sus propios métodos de transmitir la información. Debe preguntarse si son claros e inequívocos los mensajes que transmite cuando habla con sus colaboradores inmediatos o cuando traba contacto con otras personas.

Cuando el empresario logra conocer cuáles son sus puntos débiles en la transmisión de información, está en condiciones óptimas de acometer el perfeccionamiento de la comunicación en el seno de su empresa.

Cómo se estimula la comunicación eficaz

El primer paso para estimular la comunicación eficaz entre el personal estriba en predicar con el ejemplo. El segundo paso es la fijación de una política orientada al mejoramiento de la comunicación. El último paso consiste en reforzar dicha política con un eficiente sistema de intercomunicación en el nivel directivo.

Política extendida al conjunto de la empresa. El empresario debe poner en conocimiento de sus colaboradores más inmediatos que espera de todos ellos un serio esfuerzo por comunicarse de modo eficaz con él mismo, entre sí y con sus subalternos.

GLOBALIDAD

El cuadro organizativo permite al empresario una visión global de la estructura de la empresa.

▼ *El conocimiento del marco que nos rodea y de nuestras aptitudes y defectos nos permite desarrollar el plan estratégico que conduzca a conseguir nuestros objetivos.*

GRÁFICO 6.10

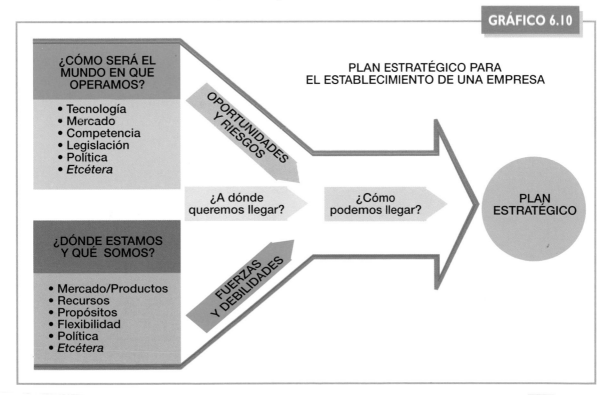

PLAN ESTRATÉGICO PARA EL ESTABLECIMIENTO DE UNA EMPRESA

¿CÓMO SERÁ EL MUNDO EN QUE OPERAMOS?

• Tecnología
• Mercado
• Competencia
• Legislación
• Política
• *Etcétera*

OPORTUNIDADES Y RIESGOS

¿A dónde queremos llegar?

¿Cómo podemos llegar?

PLAN ESTRATÉGICO

¿DÓNDE ESTAMOS Y QUÉ SOMOS?

• Mercado/Productos
• Recursos
• Propósitos
• Flexibilidad
• Política
• *Etcétera*

FUERZAS Y DEBILIDADES

Es preciso que cada persona integrada en la estructura de la empresa sepa qué tiene que hacer y por qué debe hacerlo.

Esa política avivará la conciencia de que la comunicación constituye un proceso de interacción entre las personas, que funciona en sentido vertical entre los distintos niveles jerárquicos, y horizontalmente, entre los distintos departamentos y unidades operativas.

Por ende, uno de los principios básicos de toda política de comunicación interna es que los directivos no deben actuar como compartimientos estancos, sino que tienen que mantenerse en comunicación constante, de acuerdo con las normas establecidas por el empresario. Por ejemplo, si aparece un producto defectuoso o de calidad inferior, el director de ventas se comunicará, en primer lugar, con el jefe de producción. Sólo si no logran ponerse de acuerdo, deberán elevar el problema al director general de la empresa. Este principio, por supuesto, debe aplicarse en todos los niveles jerárquicos de la organización.

Pero también en este punto es preciso predicar con el ejemplo. No es posible que un director general pase por alto los niveles jerárquicos –al dirigirse, directamente, por ejemplo, a un jefe de equipo– y pretender luego que los mandos respeten los eslabones de la cadena de comunicación que él mismo ha roto.

También conviene hacer patente a los miembros del equipo directivo que la comunicación interna cumple dos funciones. En primer lugar, posibilita ese intercambio de información funcional que tan necesario resulta para el cumplimiento de las tareas cotidianas y, en segundo término, facilita el intercambio de información sobre diversos aspectos de la gestión, así como la difusión de los datos e ideas que se requieren para la planificación y para la adopción de las decisiones más importantes.

Las reuniones como sistema eficaz de comunicación interna. Un sistema eficaz de comunicación interna debe contemplar los siguientes puntos básicos:

- Todo directivo debe informar de modo regular (por escrito) con una periodicidad mínima semestral acerca de sus problemas actuales y de sus objetivos a medio y largo plazo. Estos informes, que deben ser escuetos, no han de limitarse a una simple descripción de las operaciones, ni a la repetición de los datos y cifras incluidos en los informes regulares sobre producción, ventas, existencias, rotación del personal y trabajos especiales.
- Tras estudiar los informes, el empresario debe reunirse con sus colaboradores más allegados para tratar conjuntamente los temas suscitados por aquéllos. Las reuniones deben ser breves y basarse en una agenda sucinta. Si no se pueden tratar todos los puntos incluidos en la misma, es preferible celebrar una segunda reunión antes que prolongar la conversación durante horas y más horas.

- Cuando los directivos se hayan habituado al sistema de las reuniones de análisis, deberán implantar un sistema similar con sus subordinados, que presentarán un breve informe sobre sus problemas específicos, y se reunirán con ellos uno o dos días antes de redactar su propio informe mensual para el director general.

Esto hará que los beneficios del sistema se extiendan de manera gradual hasta los niveles jerárquicos inferiores. Los informes y las reuniones se programarán de modo que se inicien, en cada ocasión, en el nivel inferior y se vayan sucediendo en los escalones superiores de la línea. De esta forma es posible la participación de todos los mandos intermedios para que en la reunión final, al máximo nivel, se «concentren» todas las cuestiones de verdadera importancia, contando con todos los datos y antecedentes necesarios.

La sencillez de los informes potencia el contenido del mensaje. Los informes sobre las cuestiones de gestión deben redactarse con claridad y precisión. Por lo general, conviene que se limiten a unas cuantas observaciones directas sobre unos pocos temas. Sólo cuando sea estrictamente necesario se extenderán a la exposición detallada de algún problema complejo.

Los informes pueden referirse a cuestiones de ventas, costos, tendencias del mercado y de la competencia, planes a medio y largo plazo, necesidades de equipo, maquinaria y mano de obra, programación y utilización de los medios de producción, rendimiento del personal, etcétera.

> **DATOS, DATOS**
>
> La recopilación de datos relacionados con el funcionamiento de una determinada actividad debe abarcar todos los niveles implicados en la misma; y el informe que se redacte subsiguientemente debe apoyarse en la sencillez y concreción para su rápida comprensión.

◄ *Como en una obra de teatro, las reuniones de trabajo deben tener un esquema de desarrollo: exposición, nudo y desenlace; esto es, planteamiento del problema o situación, discusión de las posibles soluciones o estrategias y decisión final.*

Los informes que reciben los ejecutivos medios de sus propios colaboradores deben contener, como es natural, mayores precisiones sobre las operaciones específicas que sobre los problemas generales de la gestión. Sin embargo, todo este conjunto de informes y reuniones debe contribuir a que los mandos comiencen a pensar en términos más amplios y acordes con la dirección general de la empresa.

En el caso, por ejemplo, de que un superior considere inconveniente mantener en funcionamiento determinada maquinaria, su superior inmediato podría pedirle que llevara un control del tiempo invertido en la reparación y el mantenimiento de la unidad. De todo ello podría originarse una recomendación al empresario en el sentido de que proceda a la inversión de los fondos necesarios para la reposición solicitada.

La tarea del responsable de la recopilación final de los datos consiste en seleccionar e incluir en su informe mensual aquellos problemas de gestión que conciernen a la empresa en su conjunto. La elaboración del presupuesto anual, por ejemplo, incumbe a todos los altos cargos directivos, ya que cada uno es el que mejor conoce el montante de los gastos e ingresos deseables para el óptimo funcionamiento de la operaciones sometidas a su dirección.

Ventajas del sistema. Se requieren ciertos datos para establecer un buen sistema de comunicación interna. No obstante, después de unos cuantos meses de «rodaje» debe rendir algunas de las siguientes ventajas:

- Informes regulares y sistemáticos que expongan de forma nítida y rigurosa los problemas globales de la empresa.
- Ahorro de tiempo y dinero. Los problemas se detectan y se solucionan en los niveles jerárquicos más idóneos. Según los datos obtenidos a través de los informes y reuniones, los mandos y los supervisores podrán resolver muchas cuestiones que anteriormente elevaban a sus superiores. Esto permitirá al empresario y a sus colaboradores inmediatos disponer de más tiempo para planificar y dirigir globalmente las operaciones.
- Un equipo dirigente más eficaz y mejor coordinado. Más adelante, trataremos este punto en mayor profundidad.
- Un mejor ajuste de la estructura organizativa. En efecto, las posibles mejoras de esta estructura –y los correspondientes canales de comunicación interna en que deben tratarse– se harán más evidentes a medida que la atención se centre en el intercambio eficaz de información en todos los niveles de la empresa.

Dicho en otras palabras –y recurriendo de nuevo al símil de las radiocomunicaciones– los informes y las reuniones se programan

El liderazgo no tiene que ver con el control de los demás, sino con el arte de persuadirles para colaborar en la construcción de un objetivo común.

DANIEL GOLEMAN
Empresario

con el fin de potenciar el mensaje y anular las interferencias, de modo que su utilización se traduzca, efectivamente, en medidas y decisiones orientadas al mejor cumplimiento de las tareas.

Superación de defectos organizativos

Al implantarse un nuevo procedimiento, a veces se detectan –dependiendo del nivel de eficacia de la comunicación precedente– algunos defectos de organización. Por ejemplo, podría descubrirse que ciertos estadillos, informes, etcétera, confeccionados regularmente, son innecesarios, poco claros o excesivamente largos, o que existe un cierto solapamiento de funciones y responsabilidades entre los directivos, o bien que algunas actividades requieren mayor coordinación.

Cuando esos defectos se hacen palpables, el equipo directivo debe encontrarles una solución, pues en caso contrario el personal subalterno pensará que la insistencia en las ventajas de la comunicación es mera demagogia del empresario y de sus colaboradores allegados.

Utilización de los informes sobre la marcha de las operaciones. A veces ocurre que en una empresa se siguen confeccionando determinados informes o estadillos de las operaciones, aun cuando ya no son útiles. En otros casos, dichos documentos no contienen los datos más relevantes, o bien no llegan a poder de las personas que realmente los precisan o pueden hacer mejor uso de ellos.

Si tales situaciones se produjeran, deberían ser reflejadas en los informes que elevan los mandos, pues con frecuencia el error puede ser subsanado por el ejecutivo directamente responsable. Otras veces, en cambio, es preciso plantear la cuestión en las reuniones de los altos ejecutivos, en especial si afecta a diversos ámbitos jurisdiccionales.

Fijación inequívoca de las responsabilidades. Ciertas responsabilidades se desempeñan mejor si se centran en un solo directivo. Por ejemplo, para que se cumplan cabalmente los programas de producción, el director de fábrica debe tener la autoridad suficiente para tomar decisiones operativas sobre la marcha.

En ciertos casos, sin embargo, la responsabilidad por un trabajo de especial importancia podría ser compartida por diversos cargos directivos. El problema es que, a veces, esta solución da como resultado cierta confusión y dispersión de responsabilidades. El proceso de solución de un conflicto de competencias puede contribuir a que los ejecutivos se sitúen a la altura de sus responsabilidades.

INFLEXIBILIDAD

Una organización inflexible suele resultar tan contraproducente como una gestión negligente.

COOPERACIÓN

La cooperación de los ejecutivos con su equipo se traducirá en una articulación orgánica y en una confianza constructiva para el desarrollo de la actividad general.

GRÁFICO 6.11

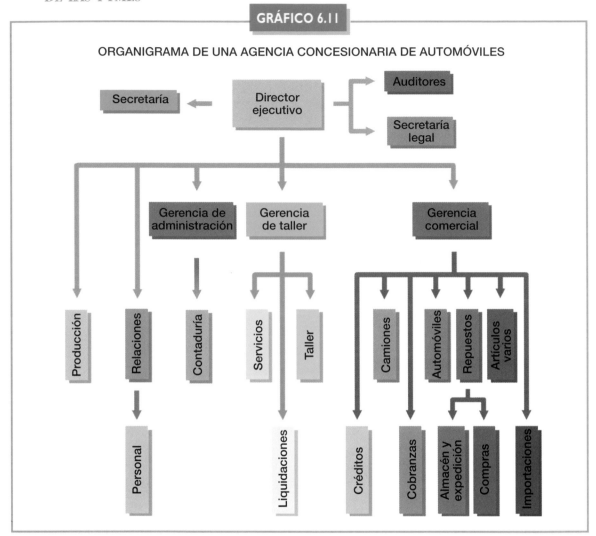

ORGANIGRAMA DE UNA AGENCIA CONCESIONARIA DE AUTOMÓVILES

Director ejecutivo — Auditores — Secretaría legal — Secretaría

Gerencia de administración — Gerencia de taller — Gerencia comercial

Producción — Relaciones — Contaduría — Servicios — Taller — Camiones — Automóviles — Repuestos — Artículos varios

Personal — Liquidaciones — Créditos — Cobranzas — Almacén y expedición — Compras — Importaciones

▲ *Este organigrama permite apreciar un profundo sentido de la especialización en la departamentalización establecida. Pese a ello, se advierte un excesivo peso en el área comercial, ya que tiene a su cargo aspectos de aprovisionamientos, ventas, concesión de créditos (o financiación a clientes) y el cobro final.*

Coordinación funcional. A veces se pierde el tiempo y se despilfarran valiosos recursos porque no existe la debida coordinación entre los ejecutivos de la empresa, lo que puede incidir de manera negativa en el estado de ánimo del personal y en la disposición de los clientes. Por ejemplo, cuando se valora el mercado potencial de determinado producto, es preciso analizar los resultados del estudio de dicho mercado antes de elaborar los programas y fijar los volúmenes de producción. De modo similar, el director de ventas no debe atribuir determinadas cualidades a los productos terminados sin que las mismas hayan sido previamente confirmadas por los ingenieros y por los responsables de producción.

Una mejor coordinación genera una mayor confianza entre los principales directivos. Por ejemplo, si un diseñador crea el prototipo de un nuevo producto, la propuesta siguiente merecerá mayor atención por parte del director de comercialización si le llega por conducto del jefe de producción, con quien está acostumbrado a tratar. Pensará así: «Si él me lo envía, seguramente es bueno».

Si los directivos no logran establecer una buena coordinación de sus actividades, habrá que buscar una solución aceptable en las reuniones mensuales. De no hacerse así, las medidas correctivas que deba tomar el empresario se harán más evidentes a través de los informes periódicos sobre los distintos aspectos de la gestión.

❏ SUPERVISIÓN Y EVALUACIÓN

La programación de la actividad y de los objetivos de la empresa ha de ser complementada por el control de su ejecución, ya que de nada serviría la elaboración de un programa y su posterior desarrollo si no hubiera de someterse a una cierta valoración. Según Blanco de Tella: «El control es una función complementaria de la programación que permite conocer los resultados obtenidos, valorarlos en atención a las previsiones contenidas en el programa y adoptar las medidas necesarias de rectificación y ajuste». Como puede observarse, el control así definido es una de las funciones directivas complementarias de la programación que es, al mismo tiempo, *posterior* y *anterior* a ésta, ya que primero sirve para *comprobar* los resultados, y después para *adoptar* medidas de rectificación y ajuste.

El control sirve para facilitar el ejercicio de las restantes funciones de la dirección, hasta tal punto que puede afirmarse que toda empresa constituye, básicamente, un sistema de control. En las empresas con un personal reducido, el control de la actividad cotidiana es ejercido directamente por el empresario, pero, cuando el número de empleados aumenta, debe realizarse esta función a través de los mandos o supervisores, los cuales, a su vez, serán controlados por el ejecutivo. La clave de control efectivo reside en la habilidad del directivo para comunicarse y delegar esta autoridad en el personal encargado de la supervisión.

Las funciones de control son las mismas, cualquiera que sea la naturaleza de la empresa o la estructura de su organización.

■ Métodos para ejercer el control y la supervisión

En la empresa, los resultados se logran por la intervención de varias personas. La diferencia entre la buena y la mala dirección se manifiesta, precisamente, en los distintos tipos de control necesarios para lograr idénticos resultados de un mismo grupo de trabajo. En este sentido, la recompensa y la sanción son los métodos

**REQUISITOS
BÁSICOS**

Organización y coordinación entre las distintas funciones de explotación son requisitos básicos de la prosperidad y el éxito.

MADUREZ

El grado de madurez de un directivo está dado por su capacidad para expresar sus ideas sin excluir los criterios ajenos.

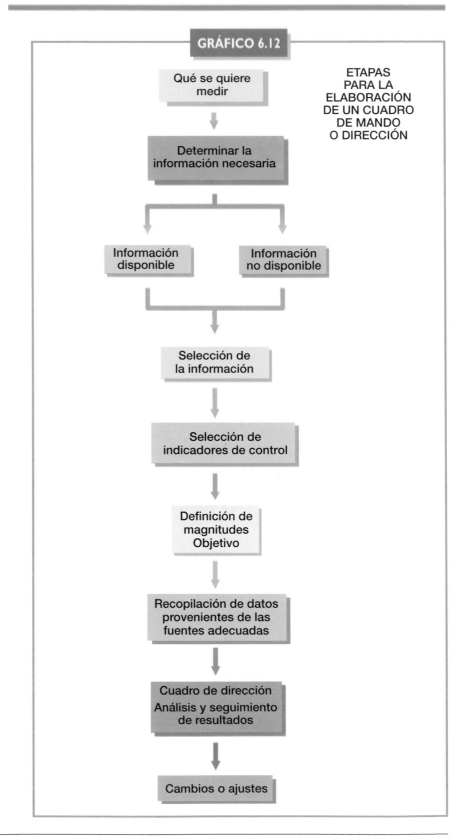

GRÁFICO 6.12

ETAPAS
PARA LA
ELABORACIÓN
DE UN CUADRO
DE MANDO
O DIRECCIÓN

Qué se quiere
medir

Determinar la
información necesaria

Información
disponible

Información
no disponible

Selección de
la información

Selección de
indicadores de control

Definición de
magnitudes
Objetivo

Recopilación de datos
provenientes de las
fuentes adecuadas

Cuadro de dirección
Análisis y seguimiento
de resultados

Cambios o ajustes

▶ *El cuadro de mando*
o de dirección debe
brindar, de un modo
analítico pero ágil,
la posibilidad de establecer
objetivos, controlarlos,
analizarlos y cambiarlos,
o proceder a su ajuste.

disponibles para ejercer el control en las actividades de las empresas e incrementar la productividad de los empleados. Existen, pues, dos opciones: fomentar en el personal la voluntad de cooperación y de luchar por el bien común o, por el contrario, emplear la rigidez para asegurar la disciplina.

La sanción. En otras épocas, en que se desconocía la importancia de las relaciones humanas para el buen funcionamiento de la empresa, el director conducía a sus subordinados con mano de hierro. Sus métodos, duros, desconsiderados e inhumanos, lograban, a veces, algunos resultados, pero sólo por plazos limitados, ya que esos procedimientos tan rígidos acumulaban, en poco tiempo, la antipatía y el resentimiento entre el personal, que perdía toda disposición a la cooperación voluntaria.

El empresario moderno debe conocer que la sanción como método de control no es rentable, ya que su costo es mayor de lo que, a primera vista, pudiera parecer. De acuerdo con unas estimaciones estadísticas recientemente efectuadas, se sabe que el 65 por ciento de todas las bajas producidas en el personal son consecuencia de la falta de armonía entre los empleados y la dirección. También se ha comprobado que el alto costo que representa reemplazar el personal saliente por el de nuevo ingreso puede llegar a ser bastante elevado, dependiendo de la especialidad u oficio de que se trate. Con arreglo a estos datos, cualquier empresa puede calcular lo que le cuesta anualmente la rotación de personal. Multiplicando este costo por el número de empleados que se han reemplazado en un año, se obtiene una estimación de lo que puede haber costado a la empresa la sustitución. Multiplicando la cifra resultante por 0,65, se obtiene el costo estimado (65 %) de utilizar el poder como método de control en lugar de las relaciones humanas.

La recompensa y el buen uso de las relaciones humanas. La comunicación interna orientada a la supervisión, al ejercerse entre personas, es, fundamentalmente, un problema de entendimiento mutuo, de relación. Sin embargo, conviene insistir en que la comunicación interna debe ser permanente, ya que produce en el personal una sensación de participación en la empresa y, al mimo tiempo, incrementa su sentido de dignidad personal. Todo ello asegura una mejor supervisión interna, que exige menos esfuerzo por parte de la dirección y que resulta menos molesta a los empleados.

No es raro que un empleado con un brillante historial y una formación elevada no se adapte a su puesto de trabajo y que su rendimiento sea pobre. Es responsabilidad del jefe del departamento buscar una vía de comunicación con el empleado problemático, con vistas a determinar las causas reales de ese comporta-

La mejor
estrategia es
estar siempre
muy fuerte,
al principio
en general,
después en el
aspecto decisivo.

KARL VON CLAUSEWITZ
General y
teórico militar

DIÁLOGO

Aprender a dialogar con los demás implica para el ejecutivo atraer afectos y actitudes positivas, así como recabar apoyo fundamental para la consecución de los objetivos propuestos.

miento: falta de adecuación al puesto de trabajo, dificultades personales, etcétera. Una conversación franca y abierta es suficiente, en la mayoría de los casos, para resolver estos conflictos.

El cumplimiento de las siguientes normas no tardará en convertir a un grupo de individuos dispares en un eficiente equipo de trabajo:

- Fomentar en los empleados el deseo de participar.
- Hacer que se sientan importantes; evitar las órdenes innecesarias; estimular las preguntas; promover el esfuerzo voluntario.
- Elogiar a los empleados siempre que lo merezcan.
- Tratar a los empleados con cortesía y consideración, para conseguir su lealtad y amistad.
- Mostrar confianza en ellos, delegándoles autoridad.
- Como resumen de todas las anteriores normas, mantener siempre abierta la comunicación recíproca.

Participación en la responsabilidad y delegación de autoridad. Salvo en las empresas con reducidísimo número de empleados, el director no puede dar instrucciones y supervisar a cada uno de sus subordinados. Es necesaria una organización, mediante la cual la empresa se estructura en una serie de departamentos o unidades cuya supervisión y dirección se asigna a una persona de la empresa, elegida por el jefe y que debe contar con su confianza. Se trata de los mandos o supervisores. Cuando las empresas son mayores, los departamentos se dividen, a su vez, en otras unidades inferiores.

<aside>
IDEAS

Cuando un directivo sabe que es escuchado por las instancias superiores se impondrá la obligación de presentar sus ideas y proyectos debidamente madurados.
</aside>

▶ *A medida que la empresa crece, sus nuevos departamentos deben depender o ser controlados por un nuevo responsable. Una jerarquía equilibrada y una delegación efectiva son dos de los pilares del funcionamiento de la empresa.*

Ello supone que se ha creado un sistema de participación en las responsabilidades y delegación de autoridad que debe extenderse desde el nivel más alto al más bajo de la empresa. En otras palabras, cada jefe de departamento se hace responsable de su funcionamiento y tiene autoridad para dirigirlo y supervisarlo, pero siempre siguiendo las directrices que le marque el director.

Ahora bien, todo ello supone que el director ha delegado parte de su autoridad y participado de su responsabilidad; por lo que esta delegación debe hacerse en personas de su confianza y que simpaticen con sus propósitos y objetivos. En un sistema de control delegado, el director debe respetar las líneas de autoridad, apoyar las decisiones que afecten a sus deberes y responsabilidades.

En una empresa en la que se comparten adecuadamente la autoridad y la responsabilidad, no se producen decisiones arbitrarias. Por el contrario, se consigue:

- Coincidencia de criterios.
- Un sistema de comunicación que no transmite órdenes, sino intercambio de información y entendimiento.
- Un sistema de control en el que todos los empleados integran el equipo directivo.
- Menor estado de ansiedad y de sobrecarga de trabajo.

SIGNIFICADO

Es preciso comprender exactamente el significado de «comunicarse» y el sistema que vehicula tal intención. En el proceso comunicativo la información no es sólo verbal, sino que también viene determinada por la apariencia, la conducta o, incluso, los gestos.

■ Vinculación entre comunicación y control

Ya hemos indicado que el control es una de las funciones directivas, además de un factor fundamental en cualquier actividad que haya de ser desempeñada por un grupo de personas que tratan de alcanzar un determinado objetivo. También hemos significado que la empresa pretende conseguir unos objetivos previamente concretados en un plan o programa, cuya ejecución y resultados deben controlarse, y que en las actividades de la empresa el control se ejerce mediante la comunicación. Ahora vamos a tratar de los diversos elementos que conforman el ciclo de control y del papel que la comunicación juega en cada uno de ellos.

El control se ejerce fundamentalmente sobre las actividades de la empresa, en las siguientes fases: planificación, ejecución, autoridad, instrucción, supervisión, verificación y ajuste de métodos.

EXPERIENCIA

La capacidad de dirección se mide a través de la experiencia, habilidad técnica y participación del directivo en tareas ejecutivas previas.

Planificación

El plan puede ser elaborado por un solo individuo o por un grupo, pero en ambos casos, la redacción del plan debe ser clara y sólo debe prestarse a una interpretación. La menor desviación en la redacción o interpretación inicial del plan puede hacer que una empresa se desvíe de sus objetivos iniciales, ya que ese plan ha de ser ejecutado de acuerdo con las instrucciones que el mismo contiene.

Nunca debe olvidarse que en la empresa existen intereses divergentes, que podrían ocasionar en los empleados puntos de vista del todo distintos en la interpelación del plan de los que tienen los directivos si el mismo no es claro.

Por ejemplo, la empresa puede considerar que las horas extraordinarias son un medio de incrementar la producción sin necesidad de contratar a más personal. Pero el personal, en cambio, las considera como un medio para conseguir incrementos de sus ingresos.

Para que una planificación sea bien aceptada por los empleados, la dirección debe redactarla en unos términos que se ajusten, en lo posible, a los deseos del personal y que puedan ser interpretados, justamente, en el lenguaje de éste.

Ejecución del plan

Una vez redactado, el plan ha de ser ejecutado. Pero su correcta ejecución exige tres requisitos que se relacionan entre sí:

Oportunidad. Para conseguir el efecto buscado, el mensaje debe llegar al personal en el momento oportuno, con el fin de evitar que su interpretación pueda ser afectada por otros hechos que nada tengan que ver con el mensaje.

Coordinación de la aplicación. En las empresas, las tareas se realizan conforme a determinados procedimientos, según los cuales cada persona debe realizar la labor prevista en un momento dado. Pero esta labor debe estar coordinada con la que realizan otros empleados de la misma empresa para asegurar una eficaz continuidad en el proceso.

Por ello, es preciso arbitrar unos medios rápidos y eficaces para transmitir instrucciones a través de toda la organización, teniendo en cuenta que los mensajes deben llegar a todos los niveles de la empresa, incluso a ciertas entidades o personas ajenas a la misma, pero cuya cooperación es necesaria.

Dotación de medios materiales. La comunicación contribuye igualmente a la ejecución del plan mediante la información anticipada a las necesidades de materiales y equipos. La buena comunicación asegura la correcta provisión de los materiales al reducir al mínimo las posibilidades de error. A estos efectos, son de gran ayuda la utilización de abreviaturas para los procedimientos y

Para tomar decisiones comerciales inteligentes, debemos ser capaces de mantener nuestra postura acerca de una cuestión y, al mismo tiempo, considerar otras alternativas.

S. M. CAMPBELL
Automovilista

◀ *El progreso de una empresa se basa en dotarla de los medios humanos y técnicos adecuados. Forma parte de la responsabilidad de dirección el detectar qué puntos de la empresa necesitan esos medios.*

materiales conocidos y las fórmulas simples y fácilmente identificables para los intercambios rutinarios de información.

Autoridad en la ejecución

La autoridad es necesaria para el control, ya que las personas que imparten órdenes han de asumir la responsabilidad de su ejecución en lo que se refiere a las tareas que se cumplen bajo su dirección. Cuanto más importante sea el contenido del mensaje, más imperiosa será la necesidad de una comunicación directa con el ejecutivo autorizado. Esto es lo que hace que la política comercial de una empresa no pueda encomendarse a un simple peón.

La autoridad, en consecuencia, es también un concepto legal; en efecto, sólo determinados empleados de una empresa (los autorizados para ello) pueden tenerla legalmente.

Instrucción

El control se refiere no sólo a lo que debe hacerse, sino también a cómo ha de realizarse. Por ello, la responsabilidad del que manda no termina cuando imparte la orden; también debe dar las instrucciones complementarias que permitan ejecutar la tarea correctamente. La instrucción adecuada es esencial en el control. Para que la instrucción sea efectiva, es preciso que exista intercambio de ideas y mutua comprensión. Por ello, la comunicación desempeña un papel fundamental en la instrucción.

AUTORIDAD

En todos los campos, incluido el empresarial, la problemática de la autoridad está vinculada en la teoría y en la práctica a su legitimación.

Supervisión

La supervisión es la base del control que permite que cada empleado realice desde el principio sus tareas con eficacia, y, al mismo tiempo, a plena satisfacción. El trabajador tiene derecho a una supervisión competente. Desde el punto de vista empresarial, la supervisión sirve también para reducir el despilfarro y para capitalizar el esfuerzo de formación. El papel de la comunicación en la supervisión consiste en incrementar la colaboración y el entendimiento, en lograr que los directivos consigan ganarse el respeto de sus subordinados, en establecer una atmósfera cordial entre todos los que han de ejecutar el plan. Por ello, el idioma de la supervisión es el idioma de las relaciones humanas. El supervisor está para ayudar, no para entorpecer la labor de los demás.

Verificación y evaluación de resultados

El control exige que se realice una verificación constante de la ejecución del plan, para que los resultados se ajusten a los objetivos previamente determinados en el programa. Todos los integrantes de la dirección deben conocer en todo momento si los resultados se adecuan a los objetivos, y este conocimiento sólo puede lograrse mediante un buen sistema de comunicación interna.

Ajuste de métodos para lograr los objetivos

El ciclo del control concluye cuando los directivos están informados de los posibles defectos de la ejecución del plan. En este caso, se hace preciso elaborar nuevos planes para corregir los errores de los planteamientos originales. Estos planes, al igual que el primitivo, son documentos vivientes que, al ponerse en práctica, originan un nuevo ciclo de control mediante la comunicación. El ciclo del control se repite de modo incesante.

■ Caso práctico

La puerta abierta

Luis González, jefe de contabilidad, y Andrés Rodríguez, responsable del departamento de artículos para caballeros, salían a almorzar juntos por el pasillo principal del establecimiento Confecciones Ortiz. Al acercarse a la puerta de salida, se encontraron con Juan Ortiz, presidente de la empresa, que conversaba con la señorita Moro, jefa del departamento de novedades y bisutería. Ortiz hacía evidentes esfuerzos por escabullirse, hasta que por fin con tono algo impaciente, cortó tajante:

– Tengo prisa, por favor. Pase por mi despacho esta misma tarde, si puede...

Una vez en la calle, Andrés comentó, sin poder contener una sonrisa maligna:

– Te apuesto algo a que añadió: «Mi puerta está siempre abierta.»

Luis devolvió la sonrisa al responder:

– No te acepto la apuesta; perdería a buen seguro.

Una vez sentados a la mesa del restaurante al que solían acudir diariamente, Andrés comentó:

Los empleados de Confecciones Ortiz están disgustados y decepcionados por la falta de atención que Juan Ortiz, el dueño, les dispensa.

– A Juan le resulta difícil sustituir a su padre al frente del negocio. Sin duda, fue un golpe muy duro para él que el viejo Ortiz muriese en aquel accidente de aviación. Sin embargo, ya han transcurrido ocho meses y Juan sigue en estado de tensión permanente. No le falta experiencia en la gestión empresarial, pues su padre le hizo familiarizarse con todos los departamentos. Recuerdo que aún estaba en el colegio cuando comenzó a trabajar como aprendiz en las bodegas, y luego pasó cierto tiempo en cada una de las secciones. No hay departamento que no conozca y, además, durante cinco años estuvo ayudando a su padre el tiempo que le dejaba libre la asistencia a la universidad. Así que no es experiencia lo que le falta.

Luis meditó un rato su respuesta.

– Sí, estoy de acuerdo en que conoce el funcionamiento –comentó al fin–, pero quizás ahí radique precisamente el problema. No me interpretes mal, te aseguro que lo considero una persona muy agradable, pero me cuesta mucho transmitirle mis ideas y sugerencias, a pesar de los esfuerzos que hago –calló por unos instantes y luego continuó–. Hace dos años, yo era ayudante del jefe de contabilidad de otra empresa, cuando me enteré de que aquí necesitaban un contador. Me dijeron que el señor Ortiz, el padre de Juan, era un empresario excelente en sus relaciones humanas. Y, efectivamente, así fue. Me dio carta blanca para implantar mis ideas en el departamento de contabilidad y me permitió hacer muchos cambios, después de haberlos analizado con él, lógicamente. Era agradable tratar con el señor Ortiz, pues aquel hombre estimulaba las iniciativas. Ahora, en cambio...

La actitud de Juan Ortiz contrasta con la de su padre, el anterior dueño, que siempre estaba dispuesto a escuchar las sugerencias de sus empleados.

– Ya lo sé –respondió Andrés–, ahora ya no tenemos oportunidad de exponer ninguna idea ni plantear nuestros problemas al nuevo empresario. ¡Y pobres de nosotros si hacemos algún cambio por iniciativa propia! A mí me cuesta muchísimo entrar por esa «puerta abierta». Por ejemplo, la semana pasada tenía fijada una entrevista con Juan para hablar sobre la nueva línea de camisería y trajes de caballero que hemos estado ofertando desde hace un mes.

Andrés contó entonces que Juan estaba comunicando por teléfono cuando él entró en el despacho; le hizo señas de que se sentara, y cuando hubo terminado de hablar, colgó el teléfono y salió apresuradamente, sin decir palabra, para ordenar algo a su secretaria. Al regresar a su mesa, hizo algunas anotaciones en un papel y añadió unas notas a un borrador que tenía sobre el escritorio. Luego, dirigiéndose a Andrés, le preguntó: «Bueno, ¿qué nuevos problemas me traes hoy?».

Andrés le recordó el objeto de la entrevista. A continuación, añadió que había recopilado algunas cifras de ventas y que, además, deseaba poner en su conocimiento ciertos comentarios formulados por los clientes que le habían transmitido los vendedores y que deberían ser tenidos en cuenta.

– Apenas mencioné la palabra «vendedores» –continuó Andrés–, Juan me interrumpió y empezó a despotricar contra la escasez de personal en el departamento de confecciones femeninas. Luego sonó el teléfono una vez más. Terminada la comunicación, retornamos al hilo de la conversación, pero sólo durante unos cinco minutos. Juan estaba revisando las cifras de ventas, y yo comentaba la tendencia favorable de las últimas semanas cuando, de pronto, me preguntó inopinadamente: «¿Cuál es tu opinión sobre Fernández, el que trabaja en tu departamento? ¿No crees que su rendimiento está mermando?». Mis nervios estaban a punto de estallar, pero me salvó el teléfono. Juan estaba rojo de cólera cuando terminó de hablar. Me miró como si viese a través de mí y me dijo: «Tienen otro problema en el departamento de publicidad. Ese chiflado de López siempre me toma por su paño de lágrimas. Bueno, creo que hemos resuelto tu asunto, ¿no te parece? López viene hacia aquí y he de atenderlo, pero cuando tengas un momento libre, vuelve y podremos conversar largo y tendido, en especial de esa nueva gama de artículos que introdujimos hace algunas semanas...».

Mientras me acompañaba hacia la puerta, Juan hablaba sin cesar. Al despedirme le dije: «Gracias por recibirme, Juan». Él me contestó un tanto distraído, mientras hacía señas para que entrase su secretaria: «No hay de qué. Vuelve cuando quieras. Ya sabes que mi puerta está siempre abierta».

Conclusiones

Aunque este relato carga un poco las tintas, subraya la importancia de saber escuchar positivamente.

Como ejercicio, nos gustaría que el lector contestase a las siguientes preguntas:

- ¿Cree usted que Juan sabe realmente escuchar?
- ¿Cuál es la reacción que han efectuado los empleados ante la actitud de Juan?
- ¿Por qué ha sido incorrecto el proceder de Juan al encontrarse con la señorita Moro?
- ¿Qué puede hacer Juan para que las entrevistas con sus subordinados resulten más fructíferas? Basar el análisis en el ejemplo descrito por Andrés.
- ¿Conoce usted algún empresario que tenga los mismos defectos que Juan? ¿Cree que esa persona se reconocería a sí misma en el propietario de Confecciones Ortiz?

Ejercicios de autoevaluación

① Realizar una estimación de la media de tiempo que cada uno dedica diariamente a las diversas modalidades de comunicación. Luego, durante varios días, anotar el tiempo efectivamente empleado en analizar los problemas con los directivos, en instruir y preparar a los empleados, en redactar diversos procedimientos o en cualquier otra actividad relacionada con la comunicación. Entonces, cotejar los resultados con la estimación inicial.

② Confeccionar una lista de los fallos más recientes en la comunicación que han podido causar confusión, pérdida de tiempo o desmoralización en el personal.
- ¿Cómo se podrían haber evitado estas deficiencias?
- ¿Se han adoptado medidas tendentes a evitar la repetición de estos fallos en el futuro?

③ Cada situación específica demanda un método distinto de comunicación. Sopesar con detenimiento los métodos que deben emplearse para:
- Formar a un nuevo empleado.
- Implantar un nuevo método o procedimiento que incida en el trabajo del personal adscrito a uno o más departamentos.
- Recabar la colaboración de otras personas para realizar un trabajo urgente.
- Anunciar un calendario de vacaciones más flexible.
- Comunicar una reducción próxima del personal de la empresa.

④ Las siguientes preguntas inciden sobre los principios básicos de la comunicación eficaz.
- ¿Sabe usted escuchar a los demás?
- ¿Tiene por costumbre informar al personal sobre todas las cuestiones que afectan a su trabajo, además de otras de carácter más general, como la política de personal, los planes de la empresa, etcétera?
- ¿Le gusta estimular la comunicación recíproca entre los diversos niveles?
- ¿Permite que sus subordinados participen en el proceso de adopción de las decisiones que inciden directamente sobre su desempeño?
- ¿Qué se puede hacer para modificar la situación en los casos en que las respuestas hayan sido negativas?

⑤ Responda: verdadero o falso

a) En toda organización, hay dos líneas interrelacionadas de comunicación: la vertical y la horizontal.

b) La necesidad del plan radica en que, en toda empresa moderna, es preciso jugar al azar y tomar decisiones precipitadas y poco meditadas.

c) El miedo y la coacción son los instrumentos más recomendables en el marco de las relaciones laborales.

d) Un requisito esencial para que una idea o sugerencia despierte el interés de los demás es presentarla de modo claro y convincente.

Soluciones

5.

a) Verdadero.
b) Falso.
c) Falso.
d) Verdadero.

ORGANIZACIÓN FORMAL

Por el solo hecho de su existencia, una empresa entraña en sí misma una cierta estructura organizativa. Esta misma puede haberse producido de forma espontánea por la existencia de algunas necesidades específicas, o puede ser el resultado de la aplicación consciente de principios reconocidos para una situación dada. La estructura puede ser informal, existiendo únicamente un reconoci-

▶ *En este cuadro podemos apreciar diferentes maneras de presentar la estructura de una empresa. La lineal nos muestra los niveles jerárquicos, la funcional la de relaciones de acuerdo con la actividad, y la de staff el hecho de que existen sectores que no tienen un nivel jerárquico, y se limitan a asesorar a los diferentes niveles o sectores.*

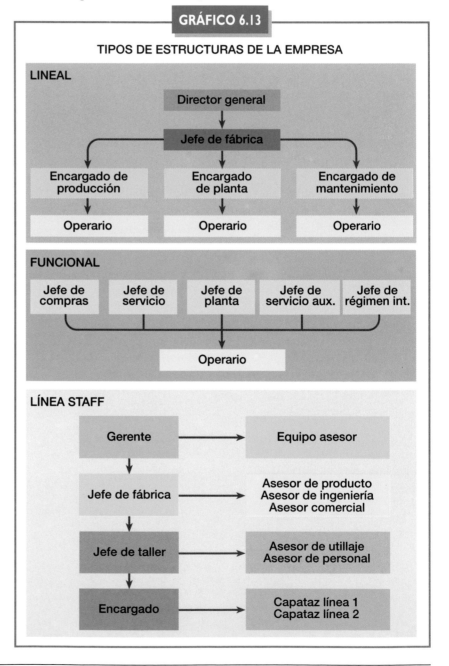

GRÁFICO 6.13

TIPOS DE ESTRUCTURAS DE LA EMPRESA

LINEAL

Director general → Jefe de fábrica → Encargado de producción / Encargado de planta / Encargado de mantenimiento → Operario / Operario / Operario

FUNCIONAL

Jefe de compras / Jefe de servicio / Jefe de planta / Jefe de servicio aux. / Jefe de régimen int. → Operario

LÍNEA STAFF

Gerente → Equipo asesor

Jefe de fábrica → Asesor de producto / Asesor de ingeniería / Asesor comercial

Jefe de taller → Asesor de utillaje / Asesor de personal

Encargado → Capataz línea 1 / Capataz línea 2

miento tácito entre los directivos y sus subordinados con respecto a qué funciones corresponden a cada uno, o puede ser formal con la asignación de responsabilidad funcional especificada de un modo concreto por escrito, además de gráficos de organización u organigramas para facilitar su entendimiento.

En las empresas de pequeñas dimensiones, con pocos directivos, puede no ser necesario formalizar la estructura de la organización. Sin embargo, a medida que crecen en tamaño y complejidad,

			Elementos de trabajo	
Área	Énfasis	Unidad de análisis	Escritos	Gráficos
Estructura	Quién y qué	Departamentos	Manuales de organización	Organigramas
Procedimientos	Cómo	Tarea / circuito	Manuales de procedimientos	Diagramas de procesos

Tabla 6.2 Organización formal

es preciso que definan una estructura de organización de tipo formal, con líneas de autoridad bien establecidas, con canales de comunicación previamente definidos y atribución específica de responsabilidades. Si no se dan estas tres condiciones, es bastante improbable que la dirección pueda funcionar de un modo eficiente.

El otro elemento que constituye la base de una correcta organización es el manual de funciones. Del mismo modo que el objetivo de los organigramas es el de presentar áreas de responsabilidad claras y, eventualmente, niveles jerárquicos, los manuales tienen por objeto indicar por escrito a cada jefe lo que se espera de él en materia de funciones, tareas, responsabilidad, autoridad, comunicaciones e interrelaciones dentro y fuera de la empresa

☐ ORGANIGRAMAS

Habiendo indicado ya el concepto de organigrama, siempre cabe una última pregunta: ¿sería útil para la empresa el diseño del mismo? La respuesta es afirmativa por tres razones:

- Sería absurdo pensar que mediante una representación gráfica se asegurará la calidad de la organización, pero este dibujo es el mejor camino para conseguir dicha calidad.
- Porque implica una voluntariedad de planificar la organización.
- Porque asegura la utilización de procedimientos sistemáticos, eliminando la improvisación.

Lo que entorpece
el entendimiento
de la coyuntura
económica es la
contradicción que
se ha desarrollado
entre economía
privada y
economía estatal.
El individuo,
o la empresa
individual, no
puede malgastar
su dinero;
pero el Estado
sí puede hacerlo.

DENIS GABOR
Físico

Al comenzar la tarea de diseñar un organigrama, surgen de un modo espontáneo aspectos poco conocidos de la empresa, duplicidades, conflictos, puntos débiles. La experiencia demuestra que uno de los valores más importantes en el proceso del diseño de los organigramas lo constituye precisamente el descubrir los defectos implícitos en la estructura.

Cabe señalar también una serie de consideraciones para evaluar la importancia y características de los organigramas:

- El proceso de estructurar la empresa es complejo, por lo tanto, el organigrama es una representación gráfica incompleta de la estructura.
- Es imposible diagramar una estructura dentro de los requerimientos ideales de la organización administrativa. Quizá se pueda aspirar a lograr un equilibrio adecuado entre los esquemas técnicos y el potencial humano con que se cuenta.
- Todo organigrama debe responder a una estructura empresarial dada, pero pese a ello no hay que considerarlo como un hecho inamovible. Éste debe sufrir tantos cambios como sean necesarios para amoldarse al desarrollo de la empresa como ente con vida. Existen factores que afectan la organización y deben tenerse presentes. A título de ejemplo podemos hablar de cambios tecnológicos, condiciones económicas, cambio en las políticas de negocios, potencial humano, etcétera.

Finalmente, diremos que en la definición y diseño del organigrama aplicaremos todos los conceptos ya tratados hasta ahora:

- Unidad de mando.
- Alcance de control.
- Homogeneidad operativa.
- Delegación efectiva.

En los sucesivos gráficos expondremos ejemplos de organigramas de diferentes tipos de empresas, tanto por sus actividades como por su tamaño.

☐ MANUALES

Como hemos visto, la organización formal es una de las partes del sistema. La comunicación es uno de los procesos que unen las partes. Los manuales en sí son parte de este sistema de interrelación y consecuencia inmediata de los organigramas, al comunicar a todos y cada uno de los jefes los siguientes contenidos:

- La designación formal de su cargo.
- El enunciado de sus funciones.

El exceso de técnicas directivas ha logrado que la sociedad sea indirigible. La intuición es la verdadera base del management.

HENRY MINTZBERG
Empresario

- La descripción de sus tareas habituales.
- Sus vinculaciones dentro y fuera de la empresa.
- Quiénes dependen de él y de quién depende él.
- La información que recibe, la que procesa y la que emite.
- Los distintos tipos y niveles de autoridad.

En empresas pequeñas o en aquellas de tipo familiar podría llegar a cuestionarse la importancia de los manuales. En grupos

▼ *Un modelo de organigrama empresarial, aquí referido a una empresa industrial fabricante de tejidos.*

GRÁFICO 6.14

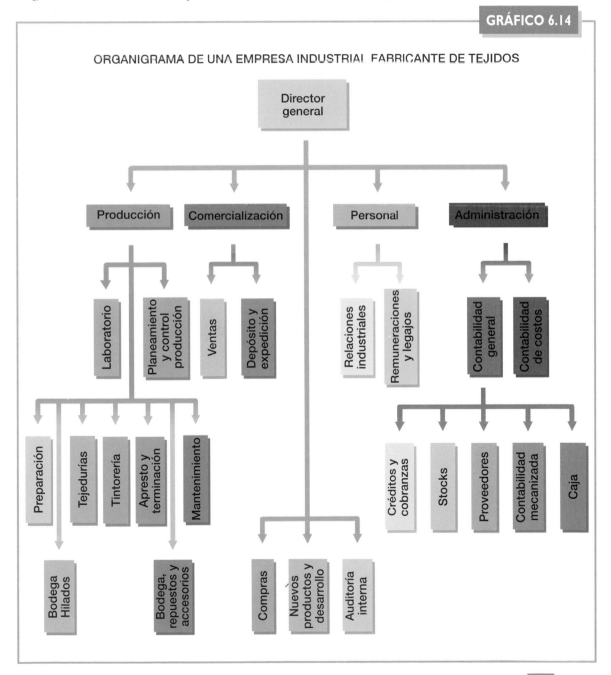

ORGANIGRAMA DE UNA EMPRESA INDUSTRIAL FABRICANTE DE TEJIDOS

reducidos o primarios, la tradición termina por diluir los aspectos formales. Pese a ello consideramos que los manuales son elementos útiles, sobre todo, en los momentos conflictivos, ya que su existencia permite un mejor análisis de la situación o una salida de la crisis.

■ Alcance y limitaciones de los manuales

- Los manuales constituyen parte del proceso de comunicación en la empresa; sirven para cumplir la función unificadora de la organización.
- En todas las organizaciones se producen casos de conflictos; el manual es útil para dirimir jurisdicciones, responsabilidades, superposición de funciones y autoridad.
- El legado de la experiencia, la habilidad y la capacidad de los directores encuentra una vía natural de transmisión en los manuales.
- Proveen de una información para todas las prácticas de la empresa.
- Normalizan o establecen un estándar de trabajo.
- Suministran un elemento de base para la revisión del sistema de manera periódica, ordenada y permanente.
- Establecen un medio para coordinar la recepción y emisión de informaciones.
- Aseguran la continuidad en las prácticas aceptadas por los jefes.
- Ayudan a que todos los jefes tengan una mejor comprensión de las necesidades totales de la empresa y de cómo se llevan a cabo las funciones de otras áreas de actividad.

■ Contenido del manual de organización

El manual debe contener como mínimo los siguientes puntos: funciones básicas, responsabilidades, autoridad, las finanzas de su departamento, el sistema de información, el sistema de relaciones, la contribución al progreso de la empresa.

A continuación desarrollaremos los conceptos de este contenido mínimo, que podríamos definir como de funciones básicas y comunes a todos los jefes o directores de cada departamento.

Funciones básicas

- *Planificación del trabajo.* Planifica el trabajo de sus subordinados, prevé las necesidades de materiales, servicios y equipos para evitar posibles interrupciones en las tareas de su área. Planifica también las necesidades de personal.

DE MANUAL

El manual de organización recoge aspectos como las funciones básicas, las responsabilidades, la autoridad, el sistema de información y el modo relacional de la empresa.

- *Asignación de responsabilidad y delegación de autoridad.* Esta función asigna responsabilidades a sus subordinados y delega la autoridad necesaria para el cumplimiento de tales responsabilidades.
- *Dirección de tareas y conducción del personal.* Obtiene el mejor resultado con su personal, los materiales y equipos. Conduce y asesora al personal bajo sus órdenes. Recomienda ascensos y mejoras salariales.
- *Mantenimiento y mejora de la calidad.*
- *Mejora los métodos y procedimientos de trabajo.* Procura la reducción de costos.
- *Información dentro de la empresa.* Mantiene informada a la dirección superior de las actividades de su departamento. Informa a su personal de todo aquello que le ayude a mejorar su trabajo, así como a otros jefes departamentales sobre cualquier asunto que pueda interesarles o afectarles.
- *Automejoramiento.*
- *Mejora de las relaciones con los clientes y público en general.*

**RIGOR
Y FLEXIBILIDAD**

En la aplicación de los manuales es tan efectivo el rigor en situaciones normales como la flexibilidad en casos puntuales.

Tabla 6.3 Tipos de producción				
Sistemas de producción	**Producto**	**Proceso**	**Puestos de trabajo**	**Ciclo de producción**
Por proyectos	Único	Complejo (red de operaciones), con un principio y un final	De posiciones variables, según el proceso y el producto	Único y, generalmente, largo
Tipo taller	Muy variado, en lotes y series cortas o unitarias	Variado (distinto por producto)	Organizados por grupos homogéneos	Largo, con esperas entre puestos
En línea	Poco variado y de series largas	Bien definido y estable para cada producto	Organizados de acuerdo al proceso productivo	Igual a la suma de los tiempos de trabajo del lote de tránsito

Responsabilidad como jefe

- Asume responsabilidad en la planificación, coordinación, control, organización y operaciones.
- Tiene la obligación de comunicar todas las novedades y cambios a su superior inmediato.
- Debe mantener al día los programas de trabajo de su departamento.
- Debe supervisar el cumplimiento de las tareas de organización, trabajo cotidiano y los sistemas de control.

Autoridad

- Autoridad que recibe (en cuanto a personal, en cuanto a gastos, en cuanto a finanzas).
- Autoridad que puede delegar.

Finanzas de su departamento

- Elaborar los presupuestos anuales y mensuales de su departamento.
- Intervenir como colaborador en la elaboración de los demás presupuestos de la empresa.
- Efectuar el control presupuestario.

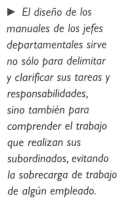

► *El diseño de los manuales de los jefes departamentales sirve no sólo para delimitar y clarificar sus tareas y responsabilidades, sino también para comprender el trabajo que realizan sus subordinados, evitando la sobrecarga de trabajo de algún empleado.*

Comunicaciones

- Con su superior jerárquico.
- Con otros jefes departamentales.
- Con sus subordinados.

■ Esquema de un manual

A partir de este nivel debe comenzarse la tarea de desarrollar los diferentes manuales de los jefes departamentales.

A título de ejemplo indicaremos el esquema que podría adoptar el manual del director o gerente de compras.

Funciones generales. En él se especifica que es el responsable de la obtención de los productos necesarios para el abastecimiento de la empresa, a los mejores precios y condiciones posibles, de acuerdo con los estándares de calidad que se le hayan fijado y en los plazos programados.

Funciones específicas. Se detallan en este apartado todas las funciones vinculadas a la función de compras. Programas, búsqueda de proveedores, establecimiento de relaciones contractuales de compras, investigación de mercados de abastecimientos y nuevos productos.

Cumple, así mismo, la función de velar por las mejores condiciones de financiación de las compras y el meticuloso cumplimiento de los plazos de entrega por parte de los abastecedores.

▼ *Este organigrama nos presenta unos aspectos parciales de una empresa, centrándose en las áreas de control y servicios y destacando el departamento de finanzas y control.*

GRÁFICO 6.15

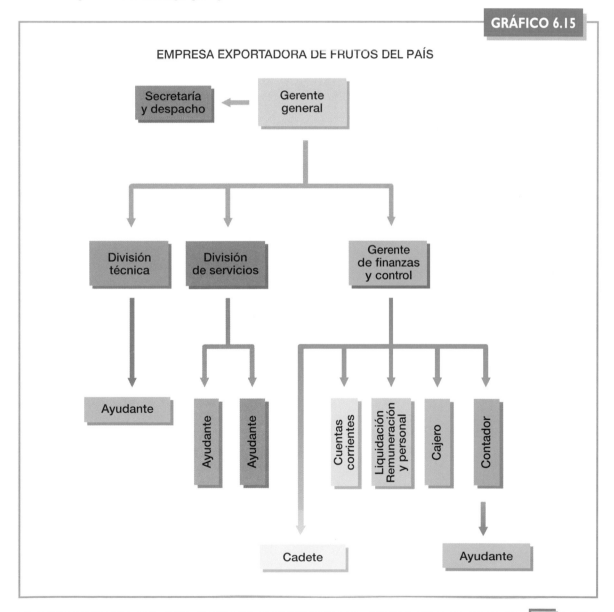

EMPRESA EXPORTADORA DE FRUTOS DEL PAÍS

Características de su puesto de trabajo. Aquí se determinan sus grados de dependencia, frente a quién responde y quiénes le responden a él. Se establece el resto de relaciones, ya sea a un mayor nivel, a su mismo nivel (otros jefes departamentales), y a un nivel menor.

También se indica todo el tipo de información que debe recibir y toda la que debe emitir.

Perfil del puesto. En este apartado se determinan las características que debe reunir el jefe de compras, tanto en lo que se refiere a su nivel de educación como a su especialización y condiciones personales.

Autoridad. Se establecen dos tipos de áreas de autoridad: la que hace referencia al personal a su cargo, y la inherente a su capacidad de decisión en el área de compras, con las limitaciones que establezcan las normas generales de la empresa.

Del mismo modo se procederá con el resto de manuales que afecten a todos los jefes departamentales.

☐ CIRCUITOS ADMINISTRATIVOS

Utilizando una analogía, el diseño de la estructura de una organización es semejante a los planos del esqueleto de hormigón de un edificio. Así columnas y pilares se entrelazan de modo que cada uno de ellos, además de cumplir su misión, contribuye y es consecuencia de los restantes. En nuestro caso, el plano de esta estructura es el organigrama, y su traducción escrita es el manual de organización que indica puntualmente qué actividades desarrolla cada uno de los componentes de la misma.

Llegados a este punto nos queda una visión «estática» de la organización. Hemos situado a personas, medios y elementos, les hemos asignado funciones y conocen las tareas que deben realizar para llevarlas a la práctica. Es en este momento cuando, al incorporarse la propia dinámica de la empresa, es decir, el «día a día», pueden aparecer nuevos problemas no previstos por el capítulo que llamaríamos de «estructura». Aquí nace la pregunta: ¿cómo ejecutar la tarea que marca el manual de organización? Para ello llegamos al tema de procedimientos. Si a la estructura agregamos el concepto de procedimientos continuos y coordinados, llegamos, por su interconexión al de circuitos, a que no son más que aquellos canales de comunicación por donde fluye la información.

Mientras que cuando estudiamos la estructura de la empresa la unidad básica de análisis son los departamentos, secciones o divi-

ORGANIGRAMA

Un organigrama es una sinopsis o esquema de organización, en el que se detalla la estructura administrativa y técnica, los distintos órganos y funciones de la empresa, la jerarquía y la coordinación entre los distintos departamentos, así como la definición de los responsables que deben llevar a cabo cada una de las funciones señaladas.

siones, al plantearnos los procedimientos, la unidad básica de análisis es la tarea o grupo de tareas homogéneas, es decir, el trabajo que encadena la participación de cada sector con independencia de su encuadre departamental y de su nivel jerárquico. De este modo, el objetivo final es la elaboración de un gráfico que refleje el fluir de la información y un manual que describa cómo deben cumplirse cada una de las etapas que componen la tarea analizada.

Para el estudio de los procedimientos se hace necesario que el analista del sistema consiga la información mediante encuestas y cuestionarios, entrevistas y el estudio directo del trabajo. El producto acabado toma el nombre de diagrama de proceso o cursograma, que, en definitiva, es la representación gráfica de un circuito mediante la utilización de símbolos convencionales.

Estos gráficos de secuencia o cursogramas están compuestos por dos elementos fundamentales:

- Los símbolos convencionales que se utilizan para identificar las diversas operaciones que pueden realizarse con relación a la información que fluye por el circuito.
- La forma de representación y disposición de esos símbolos, hecho que da lugar a toda una técnica de diagramación.

Ejercicios de autoevaluación

Conteste verdadero o falso a las siguientes afirmaciones:

① Los organigramas expresan únicamente los niveles jerárquicos de la empresa.
② Las líneas de dependencia que marcan los organigramas indican las únicas relaciones operativas de cada puesto de trabajo.
③ Los organigramas aseguran la utilización de procedimientos sistemáticos eliminando la improvisación.
④ Los organigramas deben adecuarse a las constantes variaciones que existen a lo largo de la vida de la empresa.

⑤ Los manuales de organización son útiles para dirimir jurisdicciones, responsabilidades y evitar la superposición de funciones y de autoridad.

⑥ Los manuales proveen información de un modo parcial, no abarcan todas las áreas de la empresa.

⑦ Los manuales son una consecuencia directa de los organigramas, ya que implican la concepción dinámica de los puestos definidos en éstos.

⑧ Los manuales no sistematizan o normalizan estándares de trabajo.

⑨ Los circuitos administrativos nos permiten seguir secuencialmente las rutinas de trabajo de una empresa.

⑩ Los circuitos administrativos son aquellos canales de comunicación por los que fluye la información dentro de la empresa.

⑪ En los circuitos administrativos no se encadenan los diferentes sectores de la empresa.

⑫ Los circuitos administrativos enlazan las tareas establecidas en los diferentes manuales operativos.

⑬ Las áreas de actividad indicadas en los organigramas se ponen de manifiesto mediante los manuales de funciones y los operativos, que a su vez se enlazan mediante los circuitos administrativos.

Soluciones

1. Falso.
2. Falso.
3. Verdadero.
4. Verdadero.
5. Verdadero.
6. Verdadero.
7. Verdadero.
8. Falso.
9. Verdadero.
10. Verdadero.
11. Falso.
12. Verdadero.
13. Verdadero.

EL ASESORAMIENTO EXTERNO

❏ INTRODUCCIÓN

La diversidad de acontecimientos políticos y económicos que influyen sobre la vida de la empresa moderna entraña una primera dificultad: la de conocerlos en el momento oportuno.

¿Para qué se necesita el asesoramiento externo? Para tomar las decisiones pertinentes, una vez contrastada la veracidad de la información recibida y su incidencia en la evolución de la empresa.

Hoy día no es recomendable que el pequeño empresario no esté al corriente de cuantos hechos se producen y que pueden ser de interés para la buena marcha de su negocio.

Una de las tareas fundamentales del empresario eficaz es organizar adecuadamente los recursos materiales y humanos de que dispone, haciendo que cada persona cumpla una función determinada. Está claro que el propietario del negocio no puede realizar todas las labores que en el mismo se desarrollan, por lo cual se impone una distribución funcional de las tareas dentro de un esquema común.

Junto a esta división de funciones, generalmente admitida, el pequeño empresario deberá instrumentar los cauces precisos que le asesoren sobre lo que realmente necesita saber, lo cual configura otra de las funciones empresariales. ¿Cómo se organizará ese proceso de asesoramiento externo? ¿Qué tratamiento hay que dar a la información recibida? Ésta es la base del estudio que vamos a desarrollar en las siguientes páginas.

La adopción de uno u otro sistema de asesoramiento dependerá fundamentalmente del tipo y dimensión de la empresa. La gran empresa dispone, por lo general, de un departamento especializado en la obtención de información del exterior. Esta información, convenientemente elaborada, se dará a conocer a todos los

▼ *Las publicaciones técnicas y económicas proporcionan una información que un empresario no puede pasar por alto. Los ratos libres son un momento adecuado para hojear revistas y periódicos que puedan aportar noticias interesantes y actuales.*

interesados. Nadie duda de que el volumen de información comercial que posean los empleados responsables puede contribuir a optimizar los resultados que se pretenden; sin embargo, está demostrado que en la práctica el sistema que suelen adoptar las grandes compañías no ofrece un rendimiento aceptable en la mayoría de los casos. El hecho se agrava si se tiene en cuenta el costo del servicio.

Por todo ello, el servicio de información interno se complementa con el asesoramiento externo, que suele tener una visión más global y más orientada a la competencia, en respuesta a la necesidad de conservar los clientes.

Agentes de asesoramiento externo

Agentes del asesoramiento externo son las empresas de auditoría, los consultores, la administración pública, los organismos dependientes de las corporaciones profesionales, asesores contables, fiscales, jurídicos, etcétera. Es un campo que ha adquirido un desarrollo muy notable en los últimos decenios, hasta el punto de poder afirmar, sin temor a equivocarnos, que detrás de cada empresa con éxito hay un entramado de asesoramiento que funciona a la perfección.

Pero, para la pequeña empresa, en su laborioso proceso de consolidación y expansión, la problemática del asesoramiento puede constituir un serio reto no previsto en el momento de su constitución. Si sus grandes competidores, con una disponibilidad de medios muy superior, se encuentran con dificultades importan-

PLANIFICACIÓN

Un adecuado asesoramiento es indispensable, por ejemplo, para una eficaz planificación sucesoria.

▶ *Para la toma de decisiones es necesario mantener un constante y fluido sistema de comunicaciones con el entorno de la sociedad y las fuentes específicas de información empresarial.*

GRÁFICO 6.16

COMUNICACIONES EXTERNAS DE LA EMPRESA

Clientes

Entorno social

Consultores externos

Asociaciones gremiales

Empresa

Medios de comunicación

Proveedores

Asociaciones empresariales

Entidades de crédito

Entidades públicas

tes, ¿cómo podrá hacer frente a este nuevo desafío la pequeña empresa?

Pues bien, esta dificultad es superable, como todas las demás, si el pequeño empresario se lo propone seriamente. El planteamiento inicial consiste en responder positivamente a estas preguntas:

- ¿Qué información se precisa?
- ¿Qué tratamiento se dará a la información recibida?
- ¿Qué costo se está dispuesto a pagar?

Ante todo, insistimos en que se debe descartar la actitud de una pequeña minoría de empresarios que consideran que ocuparse de este tema es una pérdida de tiempo y de dinero. Por el contrario, es preciso agudizar todos los sentidos y tener la mente lúcida pare recoger cuanto de interés sucede en el exterior.

La simple lectura del periódico o la escucha de la emisora de radio local aportan datos que han de considerarse debidamente. Desde este asesoramiento primario al otro, mucho más sofisticado, que puedan proporcionar revistas económicas más especializadas, existe una gama muy amplia.

Una información elaborada de modo deficiente en el seno de la gran empresa puede quedar diluida entre el resto de los datos recogidos, ya que el análisis realizado por una persona o un departamento puede poner de relieve el error cometido. En cambio, la pequeña y mediana empresa, que tiene menos soportes técnicos, no puede tolerar un tratamiento erróneo de la información que recibe. Sus consecuencias pueden ser muy serias, hasta el punto de que el fracaso de muchas empresas se origina, en parte, por un uso inadecuado del asesoramiento recibido o por la inexistencia total de información.

Entre el éxito y el fracaso

Vamos a analizar a continuación algunas de las causas que conducen al desenvolvimiento perfecto o al fracaso de una empresa.

No se puede montar un negocio sin una base apropiada, pues con el primer golpe de viento, el edificio se puede resquebrajar. En épocas de prosperidad económica, muchos sienten la tentación de montar su propio negocio para obtener los beneficios que ven alrededor y que consideran fácilmente alcanzables. Pero incluso aquí, en los inicios, es importante ya buscar el asesoramiento especializado. Ese empresario potencial necesita conocer, con el menor error posible, qué mercado puede ser el suyo, qué capital tendrá que movilizar, cuál será la ubicación más correcta, etcétera.

ASESORAMIENTO

La experiencia demuestra que las empresas que someten algunas decisiones a un asesoramiento adecuado alcanzan un mayor nivel de éxito.

ENFOQUE OBJETIVO

Un enfoque objetivo de los problemas de una empresa puede obtenerse mediante la intervención de un agente asesor externo.

Pero, pasada esta fase inicial, el esfuerzo debe continuar y la dirección del negocio ha de estar preparada para sortear las dificultades. Cuanto antes se conozcan éstas, las medidas correctivas serán de más fácil aplicación.

Analizando los motivos que generan el éxito de las pequeñas empresas, vemos que sus rectores han demostrado tener en el momento oportuno un conocimiento adecuado de la situación, entereza ante las dificultades, imaginación y eficacia. Cuando, por el contrario, predominan la ignorancia, la impaciencia, el desaliento o la ineficacia, el fracaso es seguro.

Estas posibles causas del fracaso empresarial dejan de existir si el empresario dispone del asesoramiento adecuado. Aceptar que sus conocimientos del entorno económico en que se mueve pueden no ser suficientes es una premisa fundamental para la supervivencia de la organización.

Pero ¿hasta qué punto el pequeño empresario reconoce y adopta esta necesidad como propia? Existen evidencias en el sentido de que toda la cadena que debe desarrollarse para el tratamiento de la información puede fallar desde el principio, debido a que no se ha tomado en consideración esa necesidad. Todos hemos oído alguna vez aquello de «prefiero equivocarme yo a que se equivoquen otros». O «el negocio es mío y en él hago lo que quiero». Pero suponer que las fuentes de asesoramiento externo sólo pueden inducirnos a error es una evidente falacia; como también lo es negarse a aceptar que la empresa es una parte de la sociedad y que su desarrollo afecta a toda la comunidad.

De estas afirmaciones se deduce que todo empresario debe estar preparado para:

- Buscar el asesoramiento oportuno.
- Localizar las fuentes de información precisas.
- Tratar adecuadamente esos informes.
- Tomar decisiones sobre la base de la información obtenida.

Este planteamiento dependerá, en su proceso de ejecución, de la estructura del negocio y de sus posibilidades y necesidades. Pero el planteamiento deberá respetarse en todo momento, no únicamente en épocas de dificultades, pues el asesoramiento procura, precisamente, actuar sobre éstas, antes de que se produzcan.

❑ NECESIDADES DE INFORMACIÓN

Estamos analizando por qué es fundamental que el empresario esté correctamente informado de todo cuanto sucede a su alrede-

CONOCIMIENTO

El asesoramiento externo no debe considerarse como una intromisión en los asuntos de la empresa, sino como una fuente de conocimiento.

EXTERIOR

Los conocimientos internos deben ampliarse con un asesormiento en el exterior.

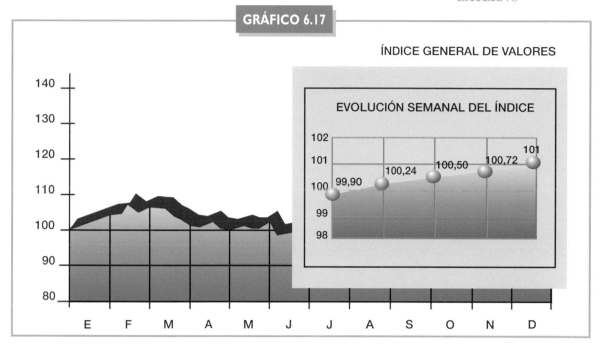

GRÁFICO 6.17

ÍNDICE GENERAL DE VALORES

EVOLUCIÓN SEMANAL DEL ÍNDICE

dor. Veremos a continuación qué se debe hacer con la información que se recibe, y sus diferentes clases.

Cada empresa necesitará contar con una información concreta e individualizada. Sin embargo, es cierto que se producirán una serie de hechos que pueden afectar, en mayor o menor medida, a toda la comunidad empresarial. Pensemos, por ejemplo, en una elevación de los tipos de interés o del precio de los carburantes, o en un cambio importante de la ideología del equipo gobernante.

Por el contrario, la elevación de los precios de la madera sólo será un dato importante que deberán considerar los fabricantes y comerciantes de muebles. Nos enfrentamos así con otro aspecto que se debe tener en cuenta dentro del terreno de la información: el de su selección. El pequeño empresario debe tratar de conseguir toda la información necesaria, en la forma más sencilla posible. De nada sirve la superabundancia de datos, si luego no pueden ser interpretados y tomadas las decisiones oportunas. Todo el asesoramiento adicional que no sea adecuado supondrá un costo innecesario de tiempo y dinero.

El típico comerciante deseará conocer sólo la información que le permita responder a preguntas del tipo siguiente:

- ¿Qué influencia tendría una elevación de los precios sobre la cifra de ventas?
- ¿Qué salarios se pagan generalmente en el sector?

▲ *La evolución de los mercados de valores puede ser un elemento imprescindible para la empresa. Ellos nos indican las tendencias, no sólo del mercado, sino de la economía en general.*

- ¿Cómo se podrían incrementar los clientes? ¿Sería conveniente una campaña publicitaria? ¿Cuál sería la manera más efectiva de desarrollarla?
- ¿Dónde se debería colocar el exceso de liquidez de que se puede disponer?
- ¿Qué medidas habría que tomar para disminuir la presión fiscal?

Una correcta recogida de datos es el paso inicial en todo el proceso que la información desencadena. Si son erróneos, por partir de una base falsa, todos los razonamientos y conclusiones que se obtengan tampoco serán válidos.

Evaluación de la información

No es fácil que todos los datos que se obtengan sean los apropiados. Pero aun así, el siguiente paso –su correcta interpretación– ofrece a menudo serias dificultades. En esta fase de evaluación, el pequeño empresario necesita siempre un asesoramiento eficaz. Los datos que ha recogido representan un abanico suficientemente amplio y su complejidad es tan evidente que solamente las personas expertas podrán mostrarle el camino más conveniente.

Se cometen con cierta frecuencia dos serios errores en las fases iniciales que ahora estamos analizando:

- El empresario no consigue toda la información precisa y gran parte de la que obtiene no es lo suficientemente fiable. El rumor, la opinión de un amigo o el consejo interesado de un fabricante no se verifican suficientemente y sobre su base se tomarán decisiones equivocadas.
- La evaluación de la información obtenida es deficiente por no habérsele concedido todo el tiempo necesario, pues el empresario se ha dejado guiar por una primera impresión subjetiva. Es aquí donde la atención del profesional se hace imprescindible.

Un empresario que haya estado trabajando toda su vida en el sector del mueble será, lógicamente, un experto conocedor de la calidad de las maderas, de lo que pide el público en cada momento, etcétera. Pero puede ocurrir que tenga conocimientos muy limitados de la problemática fiscal, del acceso a nuevas fuentes de financiación o de los problemas laborales que puedan presentarse.

Cada día es más frecuente que este tipo de cuestiones sean resueltas por empresas asesoras, que están en condiciones de concentrar su atención en los aspectos del negocio que conocen más a fondo, y en los que tienen más interés.

El profesional de la asesoría lleva dedicado a esta labor muchos años y todas las horas de su jornada laboral; está en contacto con

GESTIÓN

La gestión de la empresa, así como el ejercicio de las funciones directivas del empresario, son eficazmente asistidos por una comunicación fluida.

Copiar
de uno es
plagiar.
Copiar de
muchos es
investigar.

WILSON MIZNER
Empresario

infinidad de empresas que presentan una problemática similar, en la mayoría de los casos. Su experiencia le permite conocer si el remedio aportado a una empresa fue eficaz y si será aplicable a otras.

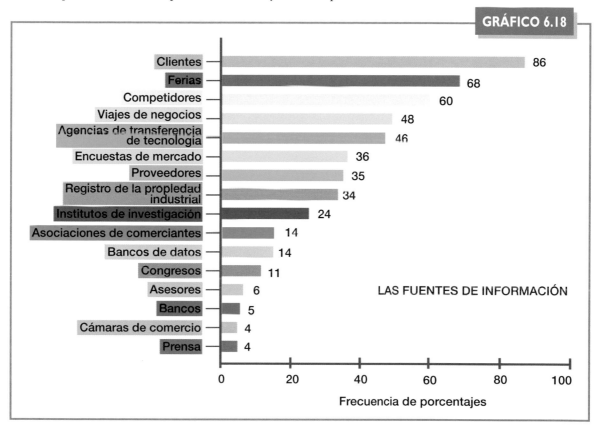

GRÁFICO 6.18

Clientes — 86
Ferias — 68
Competidores — 60
Viajes de negocios — 48
Agencias de transferencia de tecnología — 46
Encuestas de mercado — 36
Proveedores — 35
Registro de la propiedad industrial — 34
Institutos de investigación — 24
Asociaciones de comerciantes — 14
Bancos de datos — 14
Congresos — 11
Asesores — 6
Bancos — 5
Cámaras de comercio — 4
Prensa — 4

0   20   40   60   80   100

Frecuencia de porcentajes

LAS FUENTES DE INFORMACIÓN

Sin temor a pecar de exageración, puede afirmarse que su función es similar a la del médico; hay multitud de empresas enfermas o que tienen una salud frágil. Al igual que se habla de la medicina preventiva, también aquí hay que arbitrar los medios oportunos para que la empresa no se vea en serias dificultades.

Cuando el empresario se halla enfermo, rápidamente acude a la consulta del médico; pero es menos frecuente que, cuando su negocio afronta ciertas dificultades, se dirija a recabar el informe del experto económico o jurídico. Y a veces le resulta más fácil admitir que algo no marcha debidamente en su organismo físico que en el cuerpo social creado por él.

Necesidad de ser precisos

En ocasiones, la información que se obtiene no es todo lo clara y precisa que se necesitaría, si pensamos que un pequeño error en la base de nuestras decisiones puede ocasionar un gran desastre. Podríamos resumir esta problemática con el siguiente ejemplo:

▲ *Los empresarios se nutren de información mediante el aprovechamiento de orígenes. Este gráfico nos muestra las frecuencias de alguna de ellas.*

Se comenta en los periódicos que el gobierno va a variar el sistema fiscal para favorecer la inversión empresarial. Un determinado empresario se planteará, por ejemplo: «¿En qué medida varían mis previsiones? ¿Será el momento de invertir más? ¿Cuánto tiempo durará la campaña del gobierno?».

Para conseguir esa precisión, la ayuda de expertos es imprescindible. Cómo, dónde y cuándo conseguir ese asesoramiento calificarán al buen empresario.

Toma de decisiones

La importancia de la recepción de datos y su posterior tratamiento no es un mero ejercicio intelectual, sino que tiene un fin determinado, que es la adopción de una serie de decisiones.

Cuáles deben ser y en qué momento serán adoptadas es la cúspide del proceso de toma de datos. Sin una base eficaz, las decisiones serán erróneas; pero de nada servirá un proceso lógico de información si las decisiones que se toman no son las más adecuadas.

La práctica muestra que, en el caso de la pequeña empresa, la decisión debe tomarla una sola persona –su propietario o director–, pues no suele haber un equipo directivo con el que contrastar opiniones. Pero el aserto de que «cuatro ojos ven más que dos» es plenamente aplicable en este terreno. Cuanto mejor sea el asesoramiento de que disponga esa única persona, las posibilidades de error serán menores. Y no podemos olvidar que estamos en una fase decisiva para la futura marcha de la empresa: de la decisión que se tome dependerá su estabilidad.

Adoptar una decisión correcta, en principio, pero en un momento inoportuno, puede convertirla en errónea. La precipitación en la inversión –ante una variación de los impuestos– puede resultar negativa; y también lo será tomar esa decisión con retraso. El riesgo es factor definitorio de la empresa, y todo empresario que quiera estar a la altura de su función debe hallarse dispuesto a asumir sus riesgos. Pero esto no quiere decir que su carrera esté llena de sobresaltos y su caminar bordee continuamente el precipicio del fracaso. Seguramente tomará las medidas precisas para evitar el mayor número posible de dificultades.

La toma de decisiones se convierte en un mecanismo habitual, casi automático y que actúa cada día en el empresario. Pero hay decisiones de gran importancia que han de ser objeto de un meditado estudio, porque un error puede traer desagradables consecuencias. Es en este terreno donde todo asesoramiento eficaz es

MEDIOS

El examen y respeto de los medios de información de que dispone la empresa permite crear un ambiente que estimule las inciativas individuales de los subordinados y promueva un diálogo rico y beneficioso.

**ASESOR O
NO ASESOR**

El requerimiento de los servicios de un asesor conlleva la disposición a aceptar y llevar a la práctica sus recomendaciones; de lo contrario, es inútil gastar tiempo y dinero. Sin embargo, existen ocasiones en las que no es necesaria su contratación, por ejemplo, cuando el conflicto surgido revela nítidamente las causas que lo han provocado.

imprescindible. La experiencia del empresario en su propio negocio, unida a la del asesor sobre cuestiones similares, propiciarán la decisión más adecuada.

Optimización de soluciones

Adoptar la solución idónea para cada problema no es un acto de inspiración, sino el fruto de un proceso bien pensado en que se hayan adoptado una serie de precauciones, convenientemente relacionadas.

Definición del problema

Las dificultades no se presentan normalmente solas, sino relacionadas entre sí. Pero, para su mejor estudio, hay que distinguir entre lo que es fundamental y lo accesorio. Es cierto que si el banco reduce bruscamente nuestra línea de descuento, las funciones financieras de ventas y de personal se verán afectadas. Pero, fundamentalmente, se trata de un problema financiero que hay que resolver.

PROBLEMA

A menudo, el solo hecho de definir, acotar o aislar un problema concreto, permite entrever su solución.

◄ Para la solución
de los problemas,
el primer paso consiste
en acercarse a él,
comprender por qué
y cuándo se produce.
A menudo, quien está más
cerca de un problema,
es quien está más
capacitado para apuntar
una solución, pero
no para aplicarla.

Volviendo al ejemplo de la medicina: para curar a un enfermo es primordial conocer el mal que le aqueja. Sólo en función del mismo, el médico podrá aplicar el tratamiento adecuado. Sucede lo mismo en la empresa: para tomar la decisión «salvadora», hay que conocer cuál es el mal que hay que curar.

Se deberá contestar de la manera más precisa posible a cuestiones de este tipo:

- ¿Qué áreas de la empresa tienen responsabilidad en el problema: finanzas, marketing, personal, administración, producción?
- ¿De cuánto tiempo se dispone para conseguir la solución?
- ¿Cuáles son los factores más importantes del problema?
- ¿Cuál será el costo aproximado de la solución del problema?
- ¿Cuáles serán las consecuencias si no se soluciona?
- ¿En qué medida se verán afectados los distintos departamentos de la empresa que no están implicados, en un principio, en el problema?

Consecuencias de las soluciones adoptadas

La solución del problema debe contribuir a mejorar la situación global de la empresa, pues no se puede sanar un resfriado, provocando una úlcera de estómago. Por tanto, hay que considerar con suma atención los efectos que las soluciones que se piensa adoptar provocarán en toda la organización.

En consecuencia, convendrá conocer lo siguiente:

- ¿Será mejor la situación de la empresa antes o después de poner en práctica la solución adoptada?
- ¿Habrá que tomar medidas complementarias para subsanar los efectos producidos por la decisión elegida?
- ¿Está preparada la organización de la empresa para afrontar sus consecuencias?
- ¿Qué tiempo sería preciso para adaptarse a la nueva situación creada?

Existencia de otras soluciones

Lo normal es que, para cualquier problema, existan diversos tipos de soluciones, por lo que no debemos aceptar la primera o más sencilla que se nos ocurra. Cuanto más importante sea la decisión que se ha de tomar, mayor será la necesidad de evitar precipitaciones funestas y de detenerse todo el tiempo preciso en el análisis de la cuestión.

Así, será conveniente considerar algunos puntos:

- ¿Existe una *única* solución?
- ¿Es la primera en que se ha pensado la idónea?
- ¿Convendría emplear más tiempo en la búsqueda de otras soluciones o no se dispone de él?
- ¿Se han analizado convenientemente las ventajas e inconvenientes de unas y otras desde el punto de vista económico, de su fácil aplicación, de su eficacia y de sus consecuencias?
- ¿Hasta qué punto sería interesante conseguir un asesoramiento externo?

Pide consejo antes de empezar y cuando estés decidido, actúa rápidamente.

SALUSTIO
Historiador

DEDICACIÓN

La dedicación que requiere un mundo competitivo y dinámico no debe ser óbice para que el directivo atienda positivamente sus relaciones con el personal y mantenga abiertos de forma permanente los cauces comunicativos.

- ¿Son aplicables en el terreno práctico todas las soluciones en que se ha pensado?

Elección de la solución

Cuando se han analizado todas las posibles soluciones, se elegirá la que se juzgue más apropiada. En ocasiones, cuando se descubra que se ha cometido una equivocación, será posible aplicar una segunda solución. Pero aun en este caso, que es el supuesto más favorable, se habrá producido una lamentable pérdida de tiempo y de eficacia en el remedio del problema; en otros casos ni siquiera será ya viable, por lo que la situación será irreversible. De aquí nace la importancia de acertar en la selección.

El empresario toma infinidad de decisiones diariamente, la mayoría de ellas de manera instintiva, siguiendo la práctica habitual, al no necesitar un examen mayor.

Pero esa práctica no le bastará ante acontecimientos nuevos que pueden incidir singularmente en la vida de la empresa.

Para llegar a esta solución óptima, el empresario debe conocer:

- ¿Se han examinado convenientemente todas las soluciones posibles?
- ¿Es la escogida necesariamente la mejor?
- ¿Provoca su puesta en práctica efectos secundarios negativos?
- En el caso de que fallara, ¿sería posible instrumentar una segunda solución?

▼ *Frente a la necesidad de emprender un plan para la modernización de la empresa, se deben considerar tanto las opiniones internas como externas e incorporar la evaluación de la capacidad económica y financiera para llevarla a cabo.*

GRÁFICO 6.19

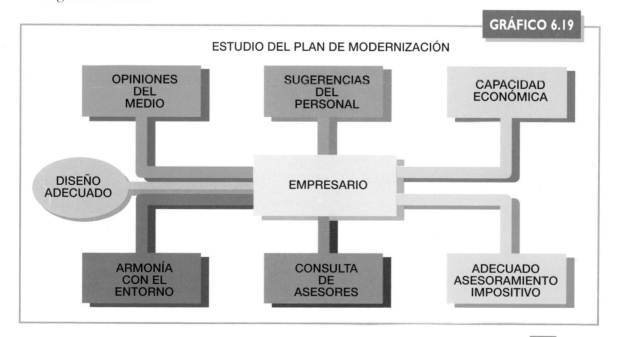

ESTUDIO DEL PLAN DE MODERNIZACIÓN

OPINIONES DEL MEDIO

SUGERENCIAS DEL PERSONAL

CAPACIDAD ECONÓMICA

DISEÑO ADECUADO

EMPRESARIO

ARMONÍA CON EL ENTORNO

CONSULTA DE ASESORES

ADECUADO ASESORAMIENTO IMPOSITIVO

Pero el proceso aún no ha terminado. Si es posible, la solución elegida deberá ser contrastada en la práctica, durante un corto período en el cual se comprobará si se consiguen los resultados esperados o si, por el contrario, se hace preciso poner en práctica alguna de las soluciones alternativas.

El cumplimiento de todas esas fases y su realización práctica será más eficaz si el pequeño empresario actúa según las directrices de unos asesores que le indiquen cómo se han desarrollado otros procesos similares y las consecuencias que se han seguido de los diversos tipos de actuación posibles.

Fuentes de información

El pequeño y mediano empresario puede llegar a convencerse de la importancia de tener acceso a una información correcta. Sin embargo, dada la dimensión reducida de su negocio se puede suponer que no será fácil conseguir la información adecuada en el momento oportuno y con el menor costo posible. Y, en cierta medida, así es. Pero vamos a analizar de qué instrumentos se puede servir nuestro empresario para conseguir el fin propuesto.

Público

Es muy importante el contacto con diferentes tipos de público en una empresa de las características que nos ocupan. Esa habitualidad en el trato, normalmente cordial, propiciará la obtención de una información muy valiosa y de primera mano. Pero también hay que señalar que existe el peligro de que los informes así recibidos no sean del todo veraces, y ésta es una característica fundamental que debe reunir la información con que se cuente. Los rumores infundados y los datos sin contrastar suelen tomarse por buenos, y a la hora de ser verificados, se comprueba que la situación es muy distinta de la prevista. Resumamos indicando que del público se puede obtener una información rápida y económica, pero cuya fiabilidad ha de ser comprobada por otros medios.

Clientes. Los clientes habituales de nuestra empresa no adquirirán sólo los productos que les interesen en nuestro establecimiento, por lo cual, el conocimiento que tengan de nuestros competidores nos será, sin duda, de gran utilidad. Se pueden hacer preguntas directas en el transcurso de una conversación informal, envío de cuestionarios periódicos, intentar conocer por qué un cliente se ha alejado, etcétera. Con esos instrumentos, nos podremos formar una idea de cuál es nuestra posición en el mercado y en qué aspectos debemos mejorar.

Esta posibilidad de adquirir conocimiento no debe reducirse al tema de los precios, que siempre parece el más preocupante.

En efecto, la publicidad, las nuevas ideas, atenciones al cliente, etcétera, son aspectos que no deben desdeñarse. No hay que olvidar que los clientes suelen quejarse de que otros competidores les ofrecen mejores condiciones de pago, para que las nuestras les sean más favorables. Con frecuencia, esto resulta falso, por lo que la información así obtenida desvirtúa nuestras conclusiones.

Proveedores. Se acentúa día a día la tendencia de todos los proveedores, sobre todo de los fabricantes, a ofrecer mayor información al público consumidor, a los minoristas, a los organismos de la administración, etcétera.

El proveedor es el más interesado en que su producto se venda en las mejores condiciones; por tanto, suele prestar una colaboración de singular importancia al desarrollo del negocio, pues de la buena marcha de los minoristas dependerá, en gran medida, el éxito del proveedor.

INFORMACIÓN

El análisis y valoración de la información que brindan las relaciones con los clientes y proveedores, e incluso la observación de la competencia, permiten corregir procesos y optimizar esfuerzos.

◄ *El contacto con los minoristas permite no sólo proporcionarles información sobre los propios productos, sino también obtener unos comentarios e información muy valiosa respecto de lo que piensa o espera el público consumidor, el cliente final.*

Al elaborar la lista de proveedores de una serie de artículos, no se debe menospreciar este aspecto del posible asesoramiento que nos pueden prestar y que puede ser más importante que la obtención de un precio ligeramente inferior.

Empresarios del entorno. A menudo, cuando se presentan «dificultades», el pequeño empresario tiende a pensar que se encuentra desamparado y que esa «desgracia» le ha ocurrido sólo a él. Pero «nada hay nuevo bajo el sol»: siempre habrá quien haya tenido que afrontar un problema similar.

El pequeño empresario conocerá entre su círculo de relaciones a otros empresarios con características similares a las suyas. El comerciante eficaz dedica todas las horas del día a su negocio, no sólo las que éste permanece abierto. En sus momentos libres, en cualquier situación, los asuntos profesionales son tema habitual de conversación. Cuando necesite asesoramiento, siempre habrá otro empresario dispuesto a ofrecer su ayuda o a señalar el camino que se debe seguir. La experiencia que pueden aportar será inestimable para ponerla en práctica en el propio negocio.

Empleados. Es preciso fomentar por todos los medios las posibilidades de cooperación del personal que presta sus servicios en la empresa para conseguir un equipo responsable e integrado en la tarea común que es preciso realizar. Dar confianza a los empleados, escuchar sus sugerencias y llevarlas a la práctica cuando sea preciso es una política que siempre da buenos resultados; el empresario no debe creerse en posesión de la verdad absoluta, pues, así como él tiene un más fácil acceso a cierto tipo de información, el empleado puede llegar a otros centros; tiene un contacto más directo con los clientes, que le suelen exponer sus quejas y observaciones, y esta información suele inspirar las medidas correctivas que se pueden introducir.

Es importante celebrar reuniones periódicas, bien con todos los trabajadores, bien por departamentos, donde se comenten los aspectos fundamentales del trabajo, y donde puedan expresarse con entera libertad las opiniones. Con ese sistema se conseguirá un doble objetivo: recoger una información válida e integrar al personal con los intereses de la empresa.

En muchas empresas se establecen premios para los empleados que ofrezcan informaciones de gran interés, con la finalidad de estimular este tipo de conducta.

■ Necesidades de asesoramiento

Se hace de día en día más necesaria la colaboración de auténticos profesionales en el campo de la asesoría. La improvisación es mala consejera, en especial cuando las decisiones que se han de tomar son relevantes. El pequeño empresario debe buscar esa ayuda eficaz que únicamente puede proporcionar un equipo de personas perfectamente preparadas en ciertos temas específicos.

El desarrollo conseguido en este campo merece una atención preferente, pues es un aspecto fundamental en el desenvolvimiento correcto de un buen negocio. Pero debe advertirse aquí que la asesoría es un sector en el cual, junto a profesionales auténticos, se han introducido personas con escasa o ninguna preparación, que

Las soluciones mágicas no existen, por lo que es conveniente huir de aquellos que prometen espléndidos resultados antes de conocer a fondo el problema.

buscan un dinero fácil, habida cuenta de la escasa responsabilidad que para ellos puede derivarse de su actuación, cuyas consecuencias recaerán plenamente sobre el empresario. Antes de ponernos en manos de uno de estos equipos o personas, habrá que reconocerlos suficientemente, evitando todo tipo de precipitación.

Asesores

Constituyen una profesión que ha adquirido una gran relevancia en un período de tiempo relativamente corto. Su variedad es impresionante: podemos acudir a la gran multinacional o al profesional posgraduado que acaba de abrir su despacho, en una amplia escala. ¿Qué tipo es el más interesante para el pequeño empresario? Para contestar a esa pregunta habría que conocer con detalle el tipo de empresa de que se trata, sus necesidades y a qué asesores puede tener acceso.

Pero si se trata de establecer un diagnóstico general, hay que reconocer que las grandes empresas asesoras quedan fuera de las posibilidades de la pequeña empresa; por una parte, el costo de sus servicios suele ser importante y, por otra, su atención a este tipo de empresas es demasiado «estandarizado», sin el tratamiento directo que pide cada caso.

En principio, parece más apropiada la utilización de los servicios de alguna firma local o, incluso, del asesor individual que está más familiarizado con los problemas típicos de esa comunidad, y es que, muchas veces, estos problemas requieren soluciones singulares. Además, el importe de sus honorarios será menor, pues también lo son los costos de su organización, ofreciendo la ventaja suplementaria de un contacto más directo.

Entre los servicios que pueden ser de utilidad para la pequeña empresa citaremos el de asesoramiento relativo a:

- Problemas laborales y de adecuación de plantillas, pues la normativa laboral es cada día más compleja. Pueden orientar sobre la conveniencia de integrar en la plantilla a personal desempleado o de cierta edad, con importantes ventajas fiscales.
- Problemas contables y administrativos. La experiencia en ellos será útil para organizar de forma adecuada el sistema contable, con el fin de que éste no refleje sólo datos históricos —esto es, el pasado—, sino que sirva para la toma de decisiones. El aparato burocrático de la empresa, por un proceso de inercia, tiende a ser excesivo y el sistema de control tiende a perder rigor. Mejorar esa organización supondrá un ahorro considerable de tiempo y dinero, y es una ardua tarea que el empresario, con sus únicas fuerzas, raramente estará en condiciones de emprender con éxito.

LA ÚLTIMA PALABRA

La actuación del asesor suele ser decisiva aun cuando el empresario se reserve la última palabra.

DÓNDE ELEGIR

Desde las grandes multinacionales hasta los bufetes de un solo profesional, existe un amplio abanico de asesores potenciales a los que acudir.

- Problemas financieros. Son cada vez más patentes en muchas pequeñas empresas y suelen producir verdadera angustia en los casos más acuciantes. Adónde dirigirse para obtener el préstamo más adecuado, en qué momento y con qué garantías se solicitará, son cuestiones vitales. Si, por el contrario, la situación financiera es óptima, también podrán orientar sobre la mejor manera de colocar los fondos no utilizados.

- Conveniencia de efectuar ampliaciones del negocio. El conocimiento que puedan aportar de la tendencia prevista en los próximos meses, tanto para la economía en general como para el sector en particular, es un factor que se ha de considerar antes de ampliar el negocio. Hay que saber cómo reaccionaría la clientela potencial ante un incremento de la oferta y, si existen posibilidades de que ésta aumente, cual será la influencia sobre los precios.

- Correcta ubicación del establecimiento. Quizás el empresario piense en trasladar su negocio del centro de la ciudad a una zona residencial más alejada o a un distrito modesto, obteniendo una utilidad adicional por el traspaso. Pero, antes, conviene conocer cuál será la influencia en la marcha del mismo. Incluso cuando lo apropiado sea efectuar el traslado, habrá que estu-

ASESOR

Es necesario confirmar la reputación y valía del asesor antes de contratar sus servicios.

Tabla 6.4 Aplicación de los instrumentos para obtener información sobre el personal

Instrumento \ Objeto de la información	Puestos de trabajo			Personas		
	Individuos	Grupos	Entorno	Individuos	Grupos	Entorno
Encuesta o entrevista	Análisis y valoración del trabajo	Análisis de las tareas colectivas	Investigación del mercado	Información propia o ajena	Sondeos de opinión	Sondeos de opinión
				Entrevista para valoración, contratación o despido	Sociogramas	Investigación de mercado
				Psico-diagnóstico		
Observación				Tiempo de experimentación	Análisis de interacción	Observación de mercado
				Valoración rendimiento		
Análisis de documentos	Interpretación de descripciones	Interpretación de resultados	Interpretación de resultados de investigaciones	Interpretación de currículos, testimonios, etcétera	Interpretación de estadísticas Contabilidad	Estudio de publicaciones

diar qué zona será la más idónea, bien porque se abone el menor precio posible, o porque se puedan aprovechar las ventajas que la administración pública haya ofrecido por la utilización de determinadas zonas.

- Organización de campañas publicitarias. La publicidad es cada vez más compleja, por lo que la organización de una buena campaña no es tarea fácil. Hay que conocer los medios oportunos para llevarla a cabo, los momentos de su intensificación, qué costo nos podemos permitir, etcétera.
- Organización comercial. Es éste el aspecto en que el pequeño empresario se juzga más capacitado. Pero la complejidad del comercio moderno, la competitividad creciente convierten en imprescindible este tipo de asesoramiento. Se puede conseguir así introducirse en nuevos mercados dentro de la propia ciudad, la comarca o el exterior, sin que haya que renunciar a ninguno de antemano.

Como se desprende de estas cuestiones, que abarcan la totalidad de las posibles actuaciones de la empresa, la importancia de adquirir los servicios de buenos asesores aparece imprescindible. Y, antes de contratar sus servicios, hay que tomar todo tipo de precauciones, pues si se les otorga –como debe ser– gran confianza, su actuación será casi tan decisiva como la del propio empresario, por más que éste siempre diga la última palabra.

ACTUALIZACIÓN

Las técnicas y la legislación varían con el tiempo, y la actualización de los conocimientos se hace indispensable.

▼ *Cuando un empresario se encuentra con un problema específico de financiación, como la cesión de créditos, es preferible contar con un asesor.*

GRÁFICO 6.20

1
Un acreedor concede un crédito «A» contra un deudor

2
Un tercero concede un nuevo crédito «B» contra el acreedor

3
El acreedor cede el crédito «A» al tercero, de modo que éste pasa a ser acreedor del deudor original

El crédito «B» se extingue

Abogados

Las empresas asesoras cuentan normalmente con un equipo jurídico competente; si firmamos un contrato con alguna de ellas, quedarán a cubierto nuestras necesidades en este sentido.

Si la dimensión del negocio es muy reducida y los problemas escasos, puede convenir, al establecer el contrato, excluir ese servicio. De esta manera, en un caso concreto, habría que buscar los servicios de un letrado, o acudir al consejo de otros empresarios o de la corporación profesional que nos pueda orientar.

Las precauciones que se deben tomar al recurrir a un abogado son similares a las del apartado anterior, siendo tanto mayores cuanto más amplio sea el campo de su actuación.

Por tanto, la labor del abogado no consiste únicamente en solucionar los litigios que se presentan, sino en canalizar una serie de actuaciones en el sentido más ventajoso para la empresa, incluso evitando recurrir a las vías legales mediante la concertación de compromisos satisfactorios para las partes en conflicto.

FISCAL

La consulta al asesor fiscal redunda en beneficio del contribuyente y del Estado.

► *Por pequeño que sea el negocio, la asesoría jurídica externa permite soslayar determinados problemas y optimizar recursos. Es muy difícil que el empresario tenga un conocimiento preciso de las leyes vigentes, lo que es necesario para la gestión correcta de una sociedad.*

Personal de instituciones crediticias

Los bancos e instituciones financieras son buenos conocedores de la vida económica del país y de la zona concreta en que cada sucursal opera. Los contactos entre empresarios y banqueros son habituales y provechosos, pues éstos disponen de informaciones fiables de la coyuntura. Para conceder un crédito, se exige cada vez más que el empresario aporte más datos, ya que los servicios de estudios del propio banco controlan la marcha de cada sector de la economía.

Los boletines que regularmente editan esas entidades y que cada día son más y mejores, pueden ser una ayuda inestimable para el empresario por su contenido al día y perfectamente documentado. Pensemos en las informaciones de comercio exterior, bursátiles, de carácter general, de temas fiscales, etcétera.

Pero esa información escrita debe ser completada con el contacto directo con el personal del banco. En una conversación franca y abierta, se puede tener acceso a informaciones que casi nunca se den por escrito, por su carácter casi confidencial. Cuántas veces el director del banco aconseja a su cliente sobre la manera de invertir sus fondos o cuál es el tipo de préstamo más conveniente, o qué títulos debe adquirir en el mercado bursátil. Por ello, el empresario debe personarse con relativa frecuencia por su banco y mantener con el personal directivo y administrativo unas relaciones cordiales.

Empresas de servicios contables

La organización contable del pequeño empresario suele ser elaborada por las empresas especializadas en este tipo de trabajos. La escasa dimensión del negocio desaconseja la contratación de personal propio para este fin, pues estaría ocioso parte del tiempo o habría de dedicarse a otras labores administrativas.

De esta manera se consigue un menor costo y una mayor eficacia, al estar este tipo de empresas —o de profesionales– habituados a las características específicas del trabajo. Labor complementaria es tanto el análisis de balances como los estados de pérdidas y ganancias, el *cash-flow*, los cuadros de amortizaciones, las previsiones financieras, etcétera.

▲ La pequeña, e incluso la mediana empresa, puede confiar su contabilidad a una empresa especializada, ahorrando equipos y personal.

El trabajo que realicen para la empresa no debe quedar limitado a la confección de esos estados contables o financieros. El pequeño empresario debe aprovechar sus conocimientos y pedir que se aseguren sobre si la situación de la empresa es óptima o si se podría mejorar y, en ese caso, de qué manera.

La importancia que se concede a la contabilidad es cada día mayor, tanto si se trata de la contabilidad financiera o externa, como de la interna o de explotación. Una correcta organización contable será un auxiliar imprescindible para la toma de decisiones; basándonos en el pasado, podremos prevenir el futuro.

Cuándo los asesores no deben ser utilizados

Al requerir los servicios de un asesor, el empresario tiene que estar dispuesto a llevar a la práctica sus recomendaciones. Si no quiere efectuar ningún tipo de cambios, es mejor no perder ni tiempo ni dinero. Un enfermo no sanará si no toma las medicinas que le recetó su médico.

También puede suceder que la índole del problema escape a las posibilidades del asesor y aun del empresario, a no ser que prácticamente se produzca una reconversión total de la empresa; ello puede estar motivado por una obsolescencia de los artículos ofrecidos o por importantes medidas de la administración central, por citar algunas causas.

Vamos a considerar algunas situaciones, a título de ejemplo, en las que el asesor poco podrá hacer y es preferible no acudir a solicitar su ayuda, pues ésta es prácticamente imposible por las características del problema.

- Una estación de servicio situada en una carretera comarcal con elevado tráfico ha visto reducidas sus ventas hasta en un

CUERPO ASESOR

Cuando la empresa revela un crecimiento suficientemente importante puede crear su propio cuerpo asesor permanente.

▶ *Los más altos niveles de decisión deben contar con un período de planeamiento más prolongado que los niveles netamente operativos.*

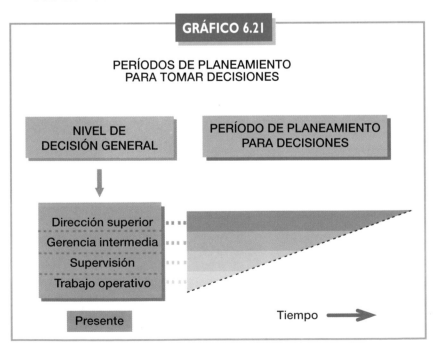

GRÁFICO 6.21

PERÍODOS DE PLANEAMIENTO
PARA TOMAR DECISIONES

NIVEL DE
DECISIÓN GENERAL

PERÍODO DE PLANEAMIENTO
PARA DECISIONES

Dirección superior
Gerencia intermedia
Supervisión
Trabajo operativo

Presente

Tiempo ⟶

60 por ciento por la construcción de una autopista próxima por la que se desvían los automóviles y camiones.

- Un pequeño hotel de una ciudad de tres mil habitantes se encuentra con que la presa que se está construyendo a pocos kilómetros, se terminará en dos meses y, prácticamente, la totalidad de su clientela son ingenieros y capataces que allí trabajan.
- Una pequeña fábrica se dedica exclusivamente a la creación de repuestos para una maquinaria que ya no se vende, pues los fabricantes han quebrado.
- Una empresa de servicios está controlada en todos sus puestos directivos por los miembros de una familia que no quieren dejar la dirección a ejecutivos expertos que salven a la firma de las consecuencias de su inoperancia.
- Un viejo empresario tiene un importante problema de liquidez, pero tozudamente se niega a cualquier tipo de negociación con los bancos, pues en otra ocasión, veinticinco años antes, no acudieron en su ayuda.

Cuándo debe acudirse a los asesores

Es enorme el número de problemas concretos que hace aconsejable acudir al asesor para que colabore en su solución. Pero indicaremos tres casos típicos donde se hace conveniente:

Problema aislado. La empresa no tendrá necesidad de contar en su plantilla con personal adecuado que le permita resolver un caso único, o que se presentará en muy raras ocasiones. El resto del tiempo tendría que estar ocupado en tareas que no le son propias y que podrían resolverse con personal menos capacitado. Es, por tanto, preferible la contratación de un asesor para que resuelva ese problema, con lo que normalmente se ganará en eficacia y, sobre todo, se producirá un importante ahorro, por elevados que sean los honorarios que deban satisfacerse. Imaginemos varios casos como ejemplo:

- Una empresa debe adquirir una máquina de una cierta importancia para su servicio de contabilidad. Se incorporará en una sucursal piloto y, si el rendimiento es satis-

> TEORÍA Y PRÁCTICA
>
> **El asesor indicará si las soluciones teóricas decididas por el empresario tienen una correcta –o posible– aplicación práctica.**

▼ *Antes de acudir a las grandes posibilidades que ofrecen las asesorías externas especializadas, es preferible acordar un presupuesto, lo más ajustado posible, para evitar una sorpresa desagradable al recibir la minuta.*

factorio, se efectuará una compra masiva para las otras 46 sucursales y la central administrativa. El director no desea cometer errores en esa compra y contrata los servicios de una asesoría para que haga una prospección de mercado e informe qué tipo de máquina es el más aconsejable.

- Una pequeña empresa quiere verificar si el sistema de control interno que se ha establecido es aceptable, pues está vigente desde hace ocho años y no se ha introducido ninguna variación importante. Con acierto, entiende que esa labor sólo la puede realizar un profesional preparado.

- Un pequeño comerciante de ropa femenina decidió introducirse en una ciudad vecina de sesenta mil habitantes. Pero dudaba dónde debía abrir el negocio, pese a que había recibido varias ofertas, pues todas le parecían reunir ciertas ventajas. Consultó a una asesoría que controlaba toda la región y le sugirió la idea de atender a otro tipo de público del suyo habitual en esa ciudad. De esta manera, nuestro comerciante se decidió por un local pequeño en un barrio apartado del centro, pero con residentes de alto nivel de vida.

Revisión habitual. La empresa necesitará los servicios de una empresa asesora cuando desee un servicio reiterado. Pensemos en el caso anterior del control interno, cuando ha de ser revisado cada dos años, por ejemplo. Será mejor encargarlo a la misma firma, pues el trabajo será más sencillo, y menores los honorarios.

Tabla 6.5 Fases del desarrollo de la organización en la pequeña y mediana empresa

Fase de desarrollo	Dimensión número de empleados	Problemas organizativos	Consecuencias
A	2-10	Formular objetivos	División del trabajo y reparto del tiempo del propietario en diversas áreas: producción, ventas, administración, finanzas
B	10-20	Delegación de responsabilidades. El propietario ha de delegar parte de sus funciones. La personalidad de los miembros de la organización y las relaciones humanas es determinante	Reforzamiento de la estructura organizativa o fracaso
C	50-100	Mayor delegación de responsabilidades por parte del titular-director	Definición del alcance del control para cada director. El titular director se reserva las funciones de planificación, coordinación y control

Otro caso típico es el de las empresas de auditoría, que deben dictaminar al final de cada ejercicio sobre la fiabilidad de los estados financieros. O las empresas especializadas en el área comercial que al inicio de la temporada de primavera y otoño averiguarán lo que el público desee adquirir.

Estudio de las posibilidades reales. Puede ocurrir que las soluciones que haya ideado en la mesa de su despacho no sean aplicables en la práctica. El conocimiento de esa posibilidad escapará en la mayoría de casos a los conocimientos del empresario, y deberá buscar quien le asesore convenientemente.

Podemos imaginar a un empresario que ante un descenso en sus ventas, haya pensado en rebajar los precios un ocho por ciento para que aquéllas vuelvan a aumentar. Pero es conveniente que un asesor indique si ello será posible sin reducir la utilidad a límites peligrosos que alterarán sustancialmente su situación financiera, es decir, no bajar los precios por debajo del umbral de la rentabilidad.

Ayuda de los asesores

Será importante y necesaria para la pequeña empresa por una serie de causas que vamos a analizar a continuación.

Visión complementaria. Con la ayuda de alguien ajeno a la propia empresa se ganará la opinión de un experto habituado a tratar una serie de temas, que son extraños al pequeño empresario, con un sentimiento más frío. Además, al no estar viciado por la rutina del personal de nómina, descubrirá fallos en la organización que de lo contrario se pasarían por alto. Y finalmente, su opinión, por unir la condición de ser un experto pero ajeno a la empresa, servirá para que los empleados discutan menos las decisiones que se tomen según sus indicaciones.

Examen objetivo de la situación. El asesor actúa sobre la empresa aplicando unas técnicas determinadas, como especialista que es. Su opinión tendrá una carga subjetiva menor y por ello las conclusiones a que llegue serán más asépticas. Ante una aconsejable reducción de personal o de unas líneas determinadas de productos que se comercializan, el empresario se mostrará reacio, por la carga emocional que ello pueda suponerle, al tiempo que constituye una solución en la que no se hubiera atrevido a pensar.

Esta actuación tiene una mayor importancia cuando el negocio está en declive. El empresario se resistirá a reconocerlo, pensando que se trata de una situación pasajera y que los malos tiempos tendrán que cambiar. Pero es posible que la opinión del asesor sea más descorazonadora y que haya que tomar drásticas medidas ante una situación muy difícil.

OPINIÓN

A menudo, la opinión del asesor externo es mejor acogida que la generada en el seno de la propia empresa.

INVERSIÓN

La contratación de los servicios de un gabinete consultor, para el empresario, debe ser considerada como una inversión más.

▼ *Circuito, en algunos aspectos cerrado, del proceso de toma de decisiones. El control de los resultados y su evaluación lo retroalimentan.*

Aportación de experiencias anteriores. Los males que aquejan a una empresa no son generalmente inéditos. Siempre habrá otras que hayan pasado por situaciones similares, sobre las que habrá actuado el asesor, si posee gran experiencia. Conocer cómo respondieron otras empresas ante el mismo problema, y la solución aportada, resulta una garantía para el empresario en dificultades. Ello supondrá, además, un ahorro considerable, pues el trabajo que el asesor tendrá que realizar será mucho menor.

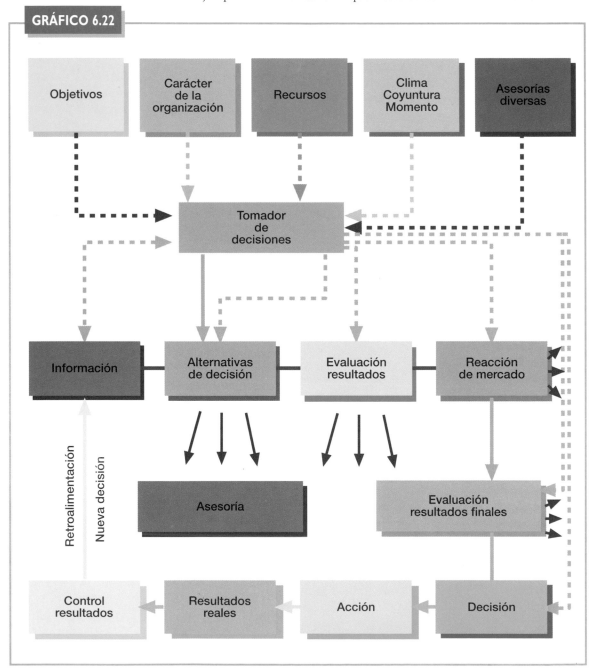

GRÁFICO 6.22

Si el empresario decide que la misma firma de asesores actúe de manera repetida para resolver ciertos problemas o indicar soluciones diversas, el trabajo de ésta será más fácil, pues conocerá mejor el entramado y las influencias de unas decisiones en el resto de la empresa. Aunque existe el peligro de que el asesor también caiga así en la rutina, éste es un tema que afecta a la profesionalidad de la firma de manera fundamental.

Tiempo necesario. En la pequeña empresa, tanto su director como todo el personal están normalmente sobrecargados de trabajo. Y difícilmente podrán dedicar algunas horas o días a resolver problemas nuevos, que demandan gran atención. Por el contrario, la empresa de asesoría tiene por finalidad dedicarse a esos problemas y no ve interferida su actuación por otro tipo de trabajos.

Y, como ya hemos indicado, lo normal es que al profesional le baste con un tiempo menor, habida cuenta de su experiencia, para realizar un diagnóstico correcto.

Pero también existe aquí un posible fraude. Que el asesor, que cobrará probablemente por el tiempo empleado, se extienda más allá de lo necesario. Pero que en la realidad se hayan dado algunas actuaciones en este sentido, no quiere decir que se trate de una práctica habitual que deba dificultar la colaboración entre la empresa y los asesores.

Rigor de los métodos. La primera impresión o la intuición son malas consejeras en el terreno de la economía. Si bien esos elementos pueden ser de gran importancia para el empresario ineficaz, que no tiene otras bases en las que asentarse, para el asesor ni siquiera existen. Sus conocimientos científicos –la economía es una ciencia–, unidos a la multitud de casos que pasan por sus manos, le han permitido adquirir seguridad en el tratamiento que se dé al problema.

Pero también hay que considerar que no nos movemos en el campo de las ciencias exactas y este profesional puede cometer indudables errores. Una solución acertada en un caso concreto puede no serlo en otro muy similar, debido a que algunas circunstancias sean diferentes.

Cómo seleccionar al asesor

Cuando el empresario llega al convencimiento de que necesita la colaboración del asesor, surge el problema de elegir al más adecuado. Las posibilidades varían sustancialmente según la ubicación del empresario; es decir, no serán las mismas en una pequeña localidad de un país en vías de desarrollo que en una gran capital de elevado nivel económico.

La mala administración es como una telenovela: todos los espectadores se dan cuenta de lo mala que es, pero no los que trabajan en ella.

Anónimo

PLANTEAMIENTO

Aunque resulte peligroso y baldío, no siempre se hace un planteamiento claro al asesor externo.

Desde las grandes multinacionales hasta los pequeños bufetes montados por un solo profesional hay un amplio abanico de potenciales asesores a los que acudir.

Antes de decidir. A continuación, vamos a facilitar algunas recomendaciones útiles que se deben seguir antes de decidirse por alguno de ellos:

- Fijar qué es lo que se desea resolver. Para poner remedio a una cierta situación, hay que conocerla de manera expresa y poder explicarla a quien deba tratarla. El tipo de asesoría que se deba elegir dependerá de la ayuda que se necesite.
- Poseer una información sobre las firmas de asesoría a que se tenga acceso y la lista de servicios que ofrecen. Esa información será obtenida de otros empresarios que ya reciban este tipo de colaboración, comprobando su grado de satisfacción; de asociaciones de empresarios, cámaras de comercio y mediante solicitud directa a varios despachos profesionales, para comprobar el personal con que cuentan y si el trabajo en común no presentará dificultades.
- Solicitar en concreto a las firmas en que se esté pensando amplias referencias sobre los encargos que han cumplido recientemente o estén realizando, para saber si existen analogías con la tarea que deban realizar en nuestra empresa, pues siempre será de utilidad.
- A fin de evitar problemas posteriores, convendrá fijar por escrito un documento en que se establezca el trabajo que han de realizar, qué personas se emplearán, si será o no necesaria la colaboración de empleados de la propia empresa, su duración, el costo, etcétera.
- Saber qué sucederá cuando el asesor haya finalizado su labor.

A veces, del resultado de su asesoramiento se desprenden observaciones difíciles de llevar a la práctica por la propia empresa, sin un previo período de preparación. Esa preparación puede correr por cuenta de la empresa consultora, mediante el adiestramiento del personal, confección de gráficos y documentos impresos, etcétera.

- Asegurarse de que ninguna información en poder de las firmas con que se está tratando haya salido de sus oficinas, esto es, que se haya respetado el secreto profesional.
- Conocer la solvencia del asesor. Su posición económica y financiera puede ser importante. En caso de dificultades, tratará de elevar sus honorarios en el curso de la realización del trabajo, o suspendiéndolo, si encontrara otro más rentable. Este aspecto de su solidez financiera habrá de ser correctamente ponderado y, para obtener conocimientos de la situación, se debe acudir a una oficina de informes comerciales.

HONORARIOS

Los honorarios de los asesores, por tratarse de personal altamente cualificado, suelen ser muy elevados. Pero, también, pueden resultar muy rentables.

DEMASIADO TARDE

Cuando se acude al asesor demasiado tarde no pueden esperarse demasiadas soluciones, pero con recurrir a él no se pierde nada.

• Desconfiar de quien promete más de lo razonable, tratando de conseguir al cliente por todos los medios. Las asesorías son, ante todo, empresas, y como tales deben obtener una rentabilidad adecuada. El trabajo que han de realizar exigirá muchas horas y su personal, por necesitar una cierta cualificación, suele estar bien pagado, por tanto, un precio anormalmente bajo redundaría en la calidad del servicio.

A tener en cuenta. Hasta aquí hemos analizado algunas de las precauciones que hay que tomar a la hora de elegir asesor. Pero también desde el punto de vista de la empresa que quiere contra-

▼ *El diseño debe tener en cuenta las necesidades de los consumidores y los procesos para implantar una producción que lo materialice; una asesoría especializada puede ser imprescindible.*

GRÁFICO 6.23

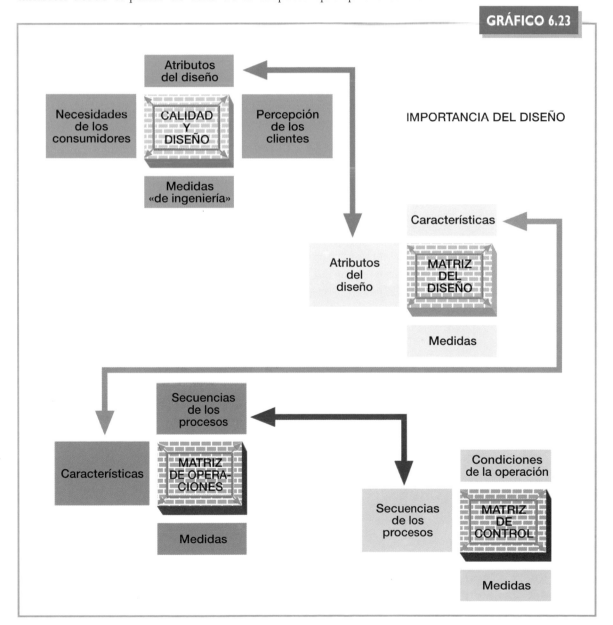

IMPORTANCIA DEL DISEÑO

tar sus servicios surgen, a menudo, dificultades que impedirán conseguir una eficacia total de su actuación.

- Acudir tarde al asesoramiento externo, pues existe la tendencia a pensar que los problemas se resolverán por sí solos, que el tiempo solucionará lo que antes parecía insalvable.

La resistencia inicial del empresario a que alguien ajeno intervenga en asuntos internos que él lleva en exclusiva no es desconocida por nadie. Y existe el temor de que las soluciones que ofrezca, sean de difícil y costosa aplicación. En consecuencia, cuando se toma la decisión de solicitar la colaboración del asesor puede resultar ya demasiado tarde, o el tratamiento que se ha de emplear será más difícil y costoso que de haber acudido en el momento oportuno.

- El orgullo inherente al pequeño empresario le hace desear que el informe del consultor coincida con su propio diagnóstico de la situación. Y aunque sea de manera inconsciente, puede influir para que el informe final vaya en este sentido, ocultando datos importantes o manipulando información. Resulta cuando menos extraño que alguien quiera engañarse a sí mismo, pero la experiencia nos hace advertir ese peligro.
- No aceptar las recomendaciones recibidas. También es normal que el empresario se resista a cumplir las indicaciones recogidas en el informe del asesor, especialmente si no son las que deseaba obtener, o son de difícil aplicación. Cuando se decide acudir a los servicios de un asesor, hay que estar dispuesto a seguir sus indicaciones hasta el final.

Tarea del asesor

Tomada la decisión de solicitar los servicios de un determinado asesor, éste iniciará en la fecha prevista la realización de la tarea propiamente dicha.

Una primera fase consistirá en establecer un detallado estudio previo con la toma de datos iniciales que vayan propiciando tanto el conocimiento del asunto que se ha de resolver como una visión global de la empresa.

Lo normal es que ese estudio previo se facture por separado, aunque hay firmas que reparten su importe entre los correspondientes al trabajo propiamente dicho.

Pero se prefiere el primer método, porque hay ocasiones en que la asesoría y su cliente comprenden que es imposible la realización del trabajo previsto por falta de entendimiento y colaboración o por su propia índole.

Realizado el mismo, el asesor ya tendrá una idea bastante aproximada del tiempo que deberá dedicar a esa empresa, ofrecerá unos presupuestos bastante exactos y determinará el tipo de colaboración que la empresa tendrá que prestarle.

Estando de conformidad ambas partes, comienza el trabajo propiamente dicho. El consultor recabará toda la información que estime precisa: entrevistas directas con el personal, análisis de los libros de contabilidad, de los registros estadísticos, informes de clientes y proveedores y cuanto sea necesario para el resultado que ha de conseguir.

Si todo sigue el camino adecuado, al finalizar su tarea, emitirá un informe con una lista de recomendaciones que se deberán seguir y en qué forma.

Es en ese momento cuando el pequeño empresario puede encontrarse con la desagradable sorpresa de que su organización no

◄ *Si los asesores externos aconsejan la adquisición de equipos más sofisticados para aumentar la productividad de la empresa, deben explicar la financiación de su costo. Sin embargo, es el empresario quien debe decidir la conveniencia de asumir el riesgo.*

está preparada para aplicar las indicaciones recibidas, al menos de manera inmediata. La solución que normalmente se escoge es que continúe la labor del asesor en esa puesta en práctica de las soluciones consideradas ideales, hasta que el propio personal adquiera la capacitación precisa. Analicemos algunos ejemplos:

- Del informe elaborado por el asesor, resulta que el control interno de la empresa es muy deficiente. Debería confeccionarse un nuevo manual de procedimientos que los empleados asimilarán para su puesta en marcha. Pero un pequeño empresario, por muy reducido que pueda ser el manual, no estará capacitado para redactarlo. Por ello encargará a la asesoría su elaboración y enseñanza.
- Puede ocurrir que el sistema contable que se lleve no sea el adecuado. Pensemos en el caso de que se deba implantar una contabilidad de costos o analítica. También se encargará a la empresa asesora la creación del nuevo plan y el adiestramiento de las personas que tengan que cumplirlo.
- La primera vez que el empresario piensa en la utilización de los servicios de una empresa asesora se asombra de los honorarios que cobran estos profesionales. A primera vista, es un servicio caro. Pero ya indicamos que el personal que se emplea es altamente cualificado y se trata de un sector con demanda alta de profesionales, a los que hay que pagar adecuadamente. Hay que pensar cuánto estaríamos dispuestos a gastar por salvar a nuestra empresa de problemas que pueden llevarla a una situación crítica, y dejar de lado las prevenciones que se puedan tener sobre el particular.
- Un moderno empresario ya admite que no hay empleados caros o baratos; esto es ampliable a máquinas del proceso de fabricación o al alquiler del establecimiento. Su adquisición dependerá del rendimiento que se pueda obtener. «Compre caro para que le resulte económico» es una afirmación que, debidamente matizada, se ha convertido en un axioma de la vida profesional y aun particular.
- A corto plazo, puede ocurrir que los números no nos salgan. Pero al asesor se le paga por un servicio determinado una sola vez y los rendimientos que se puedan obtener persistirán a lo largo de varios años, puesto que, por principio, la vida de la empresa es ilimitada. En suma, hay que señalar que se trata de una inversión más, debiendo analizarse su cuantía y el rendimiento esperado de la misma, antes de tomar una decisión.

Valga como ejemplo el caso de un pequeño comerciante de baldosas, con un establecimiento muy bien instalado. Se dio cuenta, aun con la escasez de sus registros, de que sus utilidades descendían vertiginosamente. Pensó en una reorganización importante de su sistema de compras, pero prefirió asegurarse antes de dar ese paso, ya que necesitaba conocer dónde adquirir esos artículos

VIRTUDES

El equipo asesor elegido deberá manifestar lógica y sentido común, habilidad en el diálogo y facultad de convencimiento.

en el exterior, pues tenía un conocimiento difuso de que podría conseguir mejores precios.

De esta manera, la firma asesora hizo un doble trabajo: aconsejarle su entrada en alguna de las asociaciones de comerciantes que ya existían, dando amplias referencias de cada una, y hacerle una prospección de mercado, que indicó que Brasil, Italia y España eran los mercados más adecuados, ofreciendo una lista completa de fabricantes de esos países. Al ser un servicio no demasiado complicado, los honorarios de los asesores no fueron elevados. Pero la transformación que pudo llevar a cabo supuso un crecimiento de sus ventas y utilidad, de lo que quedó gratamente sorprendido.

❏ NECESIDADES DE FORMACIÓN

Centros de enseñanza

La formación del empresario no acaba nunca. Pensemos en un empresario que alcanzó un título universitario y creó su propio negocio hace cuarenta años. La evolución sufrida por el mundo en general y por las relaciones económicas en particular ha sido enorme. Los «dogmas» de aquella época hoy son objeto de total revisión, y nuevos conceptos han surgido a la luz con inusitada fuerza, los cuales, a su vez, seguramente dejarán de estar en vigor a la vuelta de pocos años. ¿Cuánto durará la teoría del crecimiento cero? ¿O la crisis energética? ¿O la inflación galopante?

Ante estos nuevos acontecimientos, se debe arbitrar una serie de medidas específicas y la preparación del empresario debe actualizarse día a día. Un empresario moderno y eficaz será aquel que estudie continuamente cómo hacer para que sus servicios sean más útiles a la empresa.

Es cierto que dominar todos los campos es muy difícil. Pero se deberá poseer una visión global mínima y tratar de profundizar en algunos de ellos.

Lo expuesto es aplicable al personal de la empresa; conseguir su mejor capacitación redundará en una mayor productividad y eficacia. Se trata de una de las mejores inversiones que se pueden practicar, contribuyendo asimismo a la satisfacción del personal.

Es notorio en los últimos tiempos la proliferación de centros de enseñanza que lanzan al mercado diversos cursos que van desde los idiomas, con los modernos sistemas audiovisuales, a los económicos, en una amplia escala. Pueden realizarse en el propio centro, en la empresa interesada o por correspondencia, siendo posi-

Detenerse
en el aprendizaje
y en la formación
del personal
equivale a detener
los resultados
y a rezagarse
en la carrera
hacia el futuro.

ble la negociación de precios especiales para un número de empleados determinado.

Esa enseñanza teórica será complementada en la empresa con la solución de los problemas reales que se presenten. Estos cursos fijan su atención, cada vez más, en reflejar casos prácticos, evitando la tradicional distancia entre teoría y praxis.

La diversidad de los cursos que se ofrecen es enorme: dirección general, administrativa, comercial, asesoría contable y fiscal, ventas, relaciones humanas y personal, etcétera.

Un curso de dirección administrativa proporcionará un enfoque general de los diversos aspectos de la empresa y un conocimiento de casos prácticos que será de gran utilidad.

CAPACITACIÓN

La capacitación profesional puede ser general, aplicable a todo tipo de empresa por su contenido básico, o concreta, es decir, especializada.

▶ *Es obvio que todos los campos progresan. Por ello, el personal de la empresa –incluidos sus directivos– debe recibir periódicamente un reciclaje y puesta al día; de lo contrario, perderá competitividad.*

Por su evidente complejidad, no bastará con realizar uno de estos cursos en un momento determinado. Las técnicas y la legislación varían con el transcurso del tiempo, y la puesta al día de los conocimientos adquiridos se hace indispensable. Por esa necesidad, se intensifican los cursos de reciclaje, pues insistimos en que nunca se acaba de aprender.

Cuando se entra en el mundo de la enseñanza, a menudo, nos damos cuenta de la limitación de nuestros conocimientos. Después de realizar uno de esos cursos de dirección administrativa de carácter general, tendremos ansia de ahondar en temas determinados que nos sean más gratos o consideremos más necesarios para la empresa. Sucede igual con las lecturas: cuando se adquiere el hábito de leer sobre temas económicos, el buen empresario continuará en esa línea, buscando un máximo de conocimientos.

A menudo, el pequeño empresario no considera importante que su equipo se promocione mediante este tipo de cursos, entendiendo que es la práctica diaria la que hará más capaz al personal, y que él podrá corregir los fallos que advierta. Otro pensamiento habitual es que el empleado al que se capacite puede exigir un mayor salario o buscará un nuevo trabajo. Existe, evidentemente, ese riesgo, pero las ventajas que se pueden obtener, en conjunto, lo recompensan con creces.

Un curso para directivos de carácter general tratará de aspectos comerciales, financieros y de personal. Se intentará explicar al ejecutivo alumno qué puede hacer con sus posibilidades financieras

EFICACIA

El organigrama de enseñanza será más eficaz si es elaborado conjuntamente por la escuela y la empresa.

◄ El nivel de conocimientos de los jóvenes en técnicas de computación suele ser elevado, por lo que es aconsejable exigir estos conocimientos al nuevo personal que se incorpore. De todas maneras, los cursillos de técnicas de computación son numerosos, por lo que es fácil reciclar al personal antiguo.

actuales y cómo obtener nuevas fuentes. En el área del personal, también se desarrollará cómo conseguir la mayor eficacia con el elemento humano de que se disponga y qué modificaciones habría que hacer para conseguir una mayor productividad.

Vamos a establecer una serie de características comunes que reúnen la casi totalidad de los centros dedicados a la formación de personal directivo y medio cualificado:

- Formación de los directivos actuales y futuros.
- Realización de cursos de dirección administrativa global.
- Confección de cursos especializados en áreas concretas.
- Consultas individualizadas, que complementen la enseñanza escrita.
- Envío de informes, fruto de los recibidos de las empresas colaboradoras.
- Cursos de reciclaje de menor duración.
- Concesión de títulos o diplomas administrativos.

Contenido de los cursos. Señalemos a continuación lo que podría ser el contenido detallado de alguno de estos cursos:

Curso de Dirección General

1. La previsión en la empresa. Desarrollo y ciclos.
2. La política económica de la empresa.
3. Planificación estratégica y organización empresarial.
4. Control presupuestario y sus clases.
5. Control económico y financiero.
6. Análisis de estados contables.
7. Análisis financiero. Controles adecuados.
8. Control de producción y comercialización.

Curso de Dirección Administrativa

1. La política económica general.
2. Organización administrativa y medios disponibles.
3. Análisis contable y fiscal.
4. Control presupuestario y sus clases.
5. Gestión de compras.
6. Dirección financiera.
7. Gestión de personal.
8. Análisis de costos.
9. Gestión de ventas.

Curso de Dirección Financiera

1. La previsión en la empresa.
2. Análisis de inversiones.

SEGURIDAD

La atención que se preste al correcto aprendizaje constituirá el instrumento esencial para que el educando encuentre seguridad en la que ha de ser su profesión u oficio ulterior, evitando, así, su inicio en actividades que con el tiempo le resultarán frustantes.

AGRESIVOS Y COMPETENTES

Si el personal no se capacita a tiempo, cae en la rutina y la empresa pierde su agresividad y competitividad.

3. Control presupuestario.
4. Análisis de costos.
5. Gestión de compras.
6. Análisis y control económicos.
7. Dirección financiera.
8. Controles financieros.

Curso de Dirección de Comercio Exterior

1. La previsión en esta área.
2. La política de empresa.
3. Planificación.
4. Organización.
5. Control presupuestario y sus clases.
6. El comercio internacional.
7. Los sistemas internacionales.
8. La importación y la exportación.

Curso de Dirección Comercial

1. La distribución comercial.
2. Análisis de la oferta y la demanda.
3. Posibilidades de explotación.
4. La creación de una imagen.
5. Las relaciones humanas.
6. Estudio del mercado.
7. Planes comerciales.
8. La organización comercial.

Curso de Dirección Industrial

1. Análisis de costos.
2. Planificación de inversiones y proyectos.
3. Estudio de sistemas y métodos.
4. Tecnología.
5. Control de calidad.
6. Gestión de personal.
7. Sistemas de aprovisionamiento.
8. Análisis de la productividad.

Curso de Dirección Social

1. Las relaciones sociales y laborales.
2. El conocimiento humano.
3. El desarrollo empresarial.
4. Análisis de valoraciones y retribuciones.
5. Modificaciones en la empresa.
6. Incorporación de personal.
7. Estudio del comportamiento.

¡A LA ESCUELA!

El empresario que siga cursos de capacitación profesional general estará en condiciones de aplicar en su empresa cuanto ha aprendido en virtud de una adecuada relación entre teoría y práctica.

Con demasiada frecuencia, la gente sólo expresa sus críticas cuando las cosas han llegado ya a un punto extremo; en otras palabras, cuando están demasiado enfadados como para poder controlar lo que dicen.

J. R. LARSON
Empresario

8. La organización del personal.
9. Análisis de recursos humanos.
10. La reconversión social.
11. La formación en la empresa.

Curso de Dirección de Auditoría

1. Principios de contabilidad general.
2. La auditoría de costos.
3. Auditoría económica y financiera.
4. Auditoría externa e interna.
5. Auditoría por secciones.
6. Análisis del sistema fiscal.
7. Procedimientos de auditoría.
8. Normas internacionales.
9. Auditoría administrativa.

Analizando estos epígrafes, comprobamos que se presentan apartados comunes a varios de ellos. La empresa no puede ser dividida en compartimentos separados, sino que sus diferentes secciones están interrelacionadas, con influencia directa de unas sobre otras. Desde los niveles directivos, es preciso tener, al menos, una visión global de las partes fundamentales de la empresa.

Organizaciones empresariales

El empresario, aun el más modesto, es consciente de la necesidad que tiene de unirse a otros empresarios de similares características con el fin de lograr una mejor defensa de sus intereses. La eficacia de estas organizaciones es muy variable: desde una relativa ineficacia hasta la plena consecución de los objetivos para los que fueron creadas.

En el terreno del asesoramiento a la pequeña y mediana empresa, pueden desempeñar un importante papel, aglutinando las experiencias de las empresas asociadas para ser ofrecidas a los demás. Esa información tratará sobre toda la problemática de la gestión empresarial: administrativa, comercial, financiera, de personal, etcétera.

Cámaras de comercio. Constituyen unas organizaciones típicas extendidas por la totalidad de los países del área occidental. Su centro está situado en una importante localidad, desde donde irradia su actividad a los empresarios adheridos en una zona más o menos amplia. Se establece una relación de doble sentido, entre la cámara y el empresario: aquélla recibe informaciones de esas empresas y realiza cursos de formación, edita boletines informativos y convoca ciclos de conferencias para la mejor formación del empresario y de su personal.

ORGANIZACIÓN

La unidad de organización y métodos utilizará técnicas especiales y ya establecidas para desarrollar su cometido.

Además de esta información de tipo general, siempre se puede acudir a la cámara para obtener asesoramiento sobre problemas de carácter jurídico, comercial, etcétera.

Asociaciones de empresarios. Vienen a completar la labor desarrollada por las cámaras de comercio, agrupando a los empresarios por ramos de producción o por volumen de las empresas. Así, se consigue una mayor afinidad entre los adheridos con una problemática parecida, a la que se pueden aplicar soluciones similares.

Organismos de la administración

La administración del Estado moderno es muy compleja. La excesiva burocracia generalmente resta efectividad a los organismos públicos, que interfieren a menudo sus actividades y campos de actuación. Pero no todo es negativo. El pequeño empresario debe obtener de la administración estatal aquello que le sirva para una mejor información y asesoramiento.

Los diferentes ministerios tienen publicaciones al alcance de las empresas y servicios de consultas bien organizados, que en determinados momentos son de utilidad. Pensemos en los servicios e informes acerca del comercio exterior, la localización preferente de nuevas industrias, de facilidades de financiación, etcétera.

Son así mismo de interés las informaciones que se puedan obtener de los bancos oficiales, y las repercusiones que tengan sobre

EL ESTADO

El pequeño empresario debe obtener de los organismos públicos todo aquello que le sirva para una mejor información y asesoramiento.

◄ *Las organizaciones empresariales no sólo sirven de relación y referencia entre las empresas del sector correspondiente, sino que a menudo estimulan a las empresas con reconocimientos públicos.*

la economía de la pequeña empresa, o de las oficinas reguladoras de empleo y de capacitación de personal.

Información escrita

A diario aparecen publicaciones sobre temas económicos en general, y de administración de empresas en particular. Incluso para conocer cuáles son de interés, es preciso prestar oído al consejo de personas capacitadas. Puede resultar muy interesante crear en la empresa una biblioteca, aun con un número reducido de volúmenes, que permita la consulta sobre un asunto particular en el momento que sea preciso, y la formación del personal interesado en su promoción personal y profesional.

Esa biblioteca estará actualizada convenientemente para conseguir estar al día en las modernas técnicas administrativas y comerciales. El costo de la creación de este servicio no es excesivo, y las editoriales ofrecen bonificaciones en sus ventas a estas empresas. También habrá que motivar a los empleados para que lean los volúmenes de esa biblioteca y se evite, como es demasiado corriente, que las publicaciones adquiridas por la empresa no sean consultadas por nadie.

Actualización constante

El proceso de modernización de las estructuras del negocio ha de ser un proceso constante e ininterrumpido. Hay que prevenir al pequeño empresario contra la tentación de efectuar cambios repentinos y bruscos, de una sola vez, ya que se podrían producir problemas de adaptación, tanto en el área comercial como administrativa.

Por ello, es fundamental marcar un ritmo adecuado en la adopción de nuevas ideas, que vendrá determinado por la propia vida de la empresa y la urgencia que ésta reclame.

El personal y el mismo empresario se muestran reacios, en principio, a las nuevas ideas, siendo más proclives a la rutina. Pero no enfrentarse a ellas implica situaciones difíciles de salvar a corto plazo.

Nunca el empresario debe sentirse enteramente satisfecho de cómo se desarrolla el negocio; ha de ser un inconformista por principio, pues sólo así podrá buscar nuevas soluciones e incorporarlas a las nuevas complicaciones.

Su mente debe ser una fábrica de ideas de las que tendrá que analizar su conveniencia y que abarcarán todos los campos de la empresa. Las publicaciones que pueden asesorarle son muy varia-

Al observar de cerca su funcionamiento, lo que más me impactó de Microsoft no fue la cuota de mercado de la empresa, sino la seriedad con que tomaban sus decisiones.

RANDALL S. STROSS
Empresario

das y de distintos niveles, y facilitarán su labor. Es conveniente un cierto distanciamiento: considerar el propio negocio como si fuera ajeno, para darse cuenta de los errores en que se está incurriendo y proceder a su eliminación.

Continuidad en la aplicación de las soluciones

No hay que esperar soluciones mágicas, de efectos inmediatos. Las medidas que se apliquen necesitarán un tiempo prudencial para que se puedan apreciar sus frutos, pero sí que deberá procederse a la vigilancia de los efectos que se produzcan, por si éstos no fueran los apetecidos.

Sólo una política adecuada y perseverante de aplicación de nuevas ideas permitirá resolver ciertas situaciones delicadas para la vida de la empresa. Ideas que, en principio, pudieran parecer improcedentes, se convierten, con su aplicación continuada, en soluciones óptimas para la empresa

▼ *La necesidad de controlar la contaminación ha obligado a muchas empresas a variar sus costumbres o secuencias operativas para adaptar las diferentes medidas anticontaminantes.*

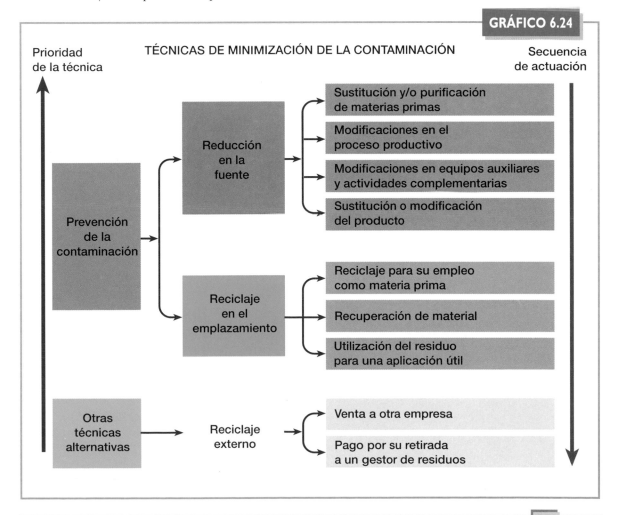

GRÁFICO 6.24

TÉCNICAS DE MINIMIZACIÓN DE LA CONTAMINACIÓN

Prioridad de la técnica

Secuencia de actuación

- Prevención de la contaminación
  - Reducción en la fuente
    - Sustitución y/o purificación de materias primas
    - Modificaciones en el proceso productivo
    - Modificaciones en equipos auxiliares y actividades complementarias
    - Sustitución o modificación del producto
  - Reciclaje en el emplazamiento
    - Reciclaje para su empleo como materia prima
    - Recuperación de material
    - Utilización del residuo para una aplicación útil
- Otras técnicas alternativas
  - Reciclaje externo
    - Venta a otra empresa
    - Pago por su retirada a un gestor de residuos

Origen de las nuevas soluciones

Ya hemos indicado de dónde puede obtener la información precisa el pequeño empresario: sus empleados, los clientes, los asesores, abogados, cámaras de comercio, etcétera. Pero cualquiera de las relaciones que pudiera establecerse no recogería todas las posibles fuentes.

Los diarios de información general, las emisoras de radio o televisión ofrecen noticias que pueden ser de interés para la marcha del pequeño negocio. Piénsese en el anuncio de un posible conflicto en Oriente Medio, una próxima elevación de la cotización del dólar, una remodelación de la línea política del gobierno. Son informaciones de interés general que afectarán, sin duda, a la marcha del negocio que nos ocupa.

Pero no todas las nuevas soluciones que se le ocurren al empresario serán aplicables. Una de sus tareas fundamentales es la de saber elegir las necesarias, una vez analizadas.

Es cierto que su tiempo es limitado debido a una gran diversidad de actividades propias del cargo, pero de una u otra forma debe estar al corriente de cualquier información sobre el entorno económico, aun a costa de delegar otras tareas y responsabilidades que puedan ser asumidas por personal subalterno.

■ Caso práctico

Un joven emprendedor

Un joven empresario de treinta años tiene un negocio de cafetería, del que se hizo cargo cuando su padre decidió retirarse debido a su delicada salud. En los cinco años que lleva ocupándose de él, ha introducido cambios sustanciales: el principal fue la incorporación del servicio de comidas preparadas que se reparten a domicilio a la hora que los clientes determinan. Entre éstos figuran amas de casa, empleados, pequeñas industrias, etcétera. El auge logrado es muy importante y constituye cerca del 70 por ciento de su beneficio total, pero adivina que la competencia se fortalecerá.

Dentro de sus limitadas posibilidades y por la formación académica que posee, procura estar al corriente de cuanto puede afectar a su

	Número de casos en cada 100 entrevistados	
	Amas de casa	Empleados
1. Porcentaje de familias y empleados que compran platos preparados		
Nunca	28	24
Menos de una vez al mes	12	19
Menos de una vez a la semana	44	40
Más de una vez a la semana	16	17
2. Tipos de platos preferidos		
Entremeses	32	28
Carnes	24	31
Pescados	11	16
Postres	33	25
3. Aumento de compra en el caso de invitados		
Sí	61	-
No	39	-
4. ¿Comen los niños estos platos?		
Sí	86	-
No	14	-
5. Estatus de los consumidores		
Alto	27	19
Medio alto	35	48
Medio bajo	24	28
Bajo	14	5
6. Motivos de la compra		
Comodidad	32	32
Calidad	14	12
Ganancia de tiempo	27	43
Prestigio	9	4
Causas imprevistas	18	9
7. Aumento de las compras si se elevara la calidad		
Sí	44	29
No	56	71
8. Disminución de las compras sin el servicio a domicilio		
Sí	78	44
No	22	56
9. ¿Cómo conoció el servicio?		
Publicidad en prensa	19	28
Publicidad en radio	26	24
Vecinos y amigos	31	26
Sin determinar	24	22
10. Satisfacción alcanzada		
Plena	17	14
Bastante	26	32
Regular	21	25
Deficiente	20	16
Escasa	16	13
11. Aspectos que desearía mejorar		
Mayor variedad	17	15
Puntualidad en la entrega	14	16
Más calidad	38	27
Menor precio	31	42
12. Porcentaje de compras	67	33

LA PAUTA

La dimensión de la empresa es la que marca la pauta para decidir la creación o no de la unidad de organización y métodos que sustituirá la ayuda del asesoramiento externo.

negocio. Recibe diversas publicaciones locales y nacionales, acude a una reunión nacional del sector hotelero que se celebra anualmente y a las de su localidad. Preocupado por tener un conocimiento exacto de los gustos del público, piensa en confeccionar un cuestionario que repartirá entre sus clientes, ofreciendo una serie de premios a quienes lo cumplimenten. Pero duda sobre la forma de hacerlo y acude a la correspondiente cámara de comercio solicitando información.

El servicio de comidas a domicilio ha permitido a un empresario de restauración aumentar sus cifras de negocio.

Así se entera de una encuesta sobre este tema realizada a nivel estatal que partía de una muestra significativa de un nivel de confianza del 95 por ciento. A partir de ella pudo recoger y analizar estos datos.

Nuestro joven empresario no se mostró, según su experiencia, muy de acuerdo con algunos porcentajes. Así mismo, interpretó que los dos años transcurridos desde la elaboración de la encuesta debían tenerse en cuenta por las transformaciones del sector.

Pero el estudio le permitió tener una primera idea del comportamiento de los clientes a nivel nacional y una base para confeccionar el cuestionario que pretendía.

Preguntas que se deben contestar

1. ¿Cómo convencería al público que no acude a ese establecimiento, o lo hace raras veces, de que lo haga?
2. ¿Cómo debería introducirse en las empresas?
3. ¿Qué premios daría a quien respondiese al cuestionario de nuestro empresario?
4. Confeccione el cuestionario que él quiere hacer.

Lejos de sentirse satisfecho
con su situación actual
el joven empresario recaba
información que le permite
consolidar y ampliar su negocio.

Conteste a las siguientes cuestiones

1. ¿Adónde acudiría para obtener información sobre las posibilidades de exportar a Ceilán? ¿O importar de Hungría? Explique los motivos.
2. ¿Qué tanto por ciento de la facturación anual se debe dedicar al rubro general del asesoramiento externo en sus diversas modalidades?
3. ¿Qué cursos para directivos considera más importantes?
4. ¿Cuál es el mejor sistema para disponer de la información económica precisa?
5. ¿Hasta qué punto considera provechoso el intercambio de opiniones con otros empresarios?
6. ¿Existe alguna asociación de empresarios en la ciudad donde reside?
7. ¿Cree que la administración pública está suficientemente informada de las necesidades de los pequeños empresarios? ¿Qué medidas deberían tomarse en caso negativo?
8. ¿En qué criterios se basaría para contratar a un asesor?
9. ¿De quién recabaría información para organizar una campaña publicitaria?
10. ¿Qué inconvenientes señalaría usted a las reuniones con el personal? ¿Cómo procurará que éste aporte sus ideas?
11. ¿Son más provechosas las conferencias que las reuniones?
12. ¿Qué tiempo necesitaría para decidirse a incorporar una idea que le diera un empresario amigo?

Ejercicios de autoevaluación

Conteste verdadero o falso a las siguientes proposiciones:

① El asesoramiento externo suele tener una visión más globalizada, y esto es incompatible con las necesidades de la pequeña y mediana empresa.

② Los proveedores pueden llegar a ser una fuente de información muy interesante para la pequeña y mediana empresa.

③ En los casos que se presentan con poca frecuencia, es preferible contar con asesores externos que mantener especialistas dentro de la propia empresa.

④ El pequeño empresario, de un modo inconsciente, espera que las conclusiones del asesor externo coincidan con las suyas.

⑤ La mejor formación continuada es la que se imparte dentro de la propia empresa sin necesidad de ayuda externa.

⑥ Los cursos de formación sólo deben ser utilizados por los altos directivos de la empresa.

⑦ Las organizaciones empresariales no brindan información fiable al pequeño y mediano empresario.

⑧ En la pequeña y mediana empresa, la sobrecarga de trabajo impide que se pueda dedicar el tiempo necesario a resolver problemas nuevos o a planificar adecuadamente.

⑨ El empresario debe estar decidido a aplicar las sugerencias de los asesores; si no es así, mejor que no contacte con ellos.

Soluciones

1. Falso.	4. Verdadero.	7. Falso.
2. Verdadero.	5. Falso.	8. Verdadero.
3. Verdadero.	6. Falso.	9. Verdadero.

LA INFORMACIÓN PARA LA TOMA DE DECISIONES

 ## INTRODUCCIÓN

☐ REQUISITOS QUE DEBE REUNIR LA INFORMACIÓN

Muchos hombres de negocios, sobre todo los pequeños empresarios, se preguntan a veces: «¿Por qué tengo que gastar mi tiempo en anotar y calcular cifras que no me van a servir para nada, si no es para calcular el impuesto que deberé pagar, cuando tengo tantas cosas que hacer y que están esperando a que las haga?».

Es cierto que la normativa legal hace aumentar en cierta medida el trabajo administrativo, tanto de registro de datos como de archivo, pero es un error creer que ese registro y archivo de datos es una obligación inútil, un tiempo perdido o un derroche de recursos. Para aquellos empresarios que todavía consideran que los datos históricos sólo sirven para constatar el éxito o el fracaso pasado, pero no para prever el futuro, es posible que los registros contables sean, en verdad, un derroche de recursos, pero no es así para quienes creen que «la historia es maestra de la vida».

Los registros contables no sólo sirven para calcular el impuesto que se debe pagar, o para demostrar la solvencia del empresario individual o de la sociedad mercantil que exigen los bancos al concederle un crédito. Sirven también para conocer aspectos como:

- La situación patrimonial y financiera de la empresa, bien en un momento dado, bien en una perspectiva temporal más amplia.
- Los aumentos y disminuciones del patrimonio, esto es, las pérdidas y las ganancias. El empresario no obtiene esta información a través del balance, sino de la cuenta de resultados.
- La evolución de la empresa, que se puede conocer anotando de forma ordenada y cotidiana todos los acontecimientos que ocurren en la misma. Esta información actualizada ayudará al

empresario a tomar decisiones más eficaces y racionales, es decir, decisiones basadas en hechos y no en simples hipótesis.

- Las tendencias de las principales variables de la explotación de los recursos propios.

GRÁFICO 7.1

USUARIOS DE LA INFORMACIÓN CONTABLE

Propietarios-Accionistas — DIRECCIÓN-GERENCIA — Departamentos de la empresa

Nivel interno

Información contable

Nivel externo

Estado Organismos — Proveedores Clientes — Bancos

▶ *La información contenida en los estados contables se utiliza con diferente finalidad, según sea empleada por personas de los ámbitos interno o externo de la empresa.*

Para que el sistema contable logre alcanzar los niveles de utilidad y eficacia que se esperan del mismo, debe reunir las siguientes condiciones:

- Ajustarse a las necesidades de información de la empresa.
- Ser manejable y de fácil interpretación.
- Ser exacto en el reflejo de la realidad, además de coherente y fiable.
- Proporcionar información actualizada que sirva de base a la toma de unas decisiones racionales.

La administración pública de todos los países se esfuerza por conseguir la unificación de los sistemas contables de todas las empresas en general o al menos por sectores, para facilitar sus estadísticas y la recaudación de impuestos. Para muchos, sin embargo, esta política atenta contra el principio de independencia de la empresa, que se concreta aquí en la confección del sistema que cada una juzgue más adecuado a sus necesidades y posibilidades. Comprobamos que, una vez más, los criterios de la administración y la empresa no siempre coinciden.

Si el empresario individual no dispone de tiempo, o no tiene la suficiente preparación contable pare hacerse cargo él mismo de

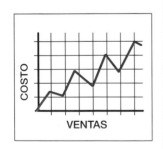

El tipo de información, su transformación y posterior presentación deben estar al servicio de las necesidades de la empresa.

la contabilidad, debe encomendar esa función a un especialista contratado por la empresa o a un experto de fuera (firma contable, colaborador individual, etcétera).

Registros contables y gestión empresarial

Los historiadores, para explicar las áreas de penumbra que no han podido ser desveladas en su tarea investigadora, suelen hablar de los «misterios» de la historia. Estos puntos oscuros suelen tener, sin embargo, una explicación mucho más prosaica: la imposibilidad de descifrar los materiales arqueológicos legados por las antiguas civilizaciones, debido a la ausencia de escritura o, en caso de haberla, al desconocimiento de sus códigos de interpretación. Por esta razón aún permanecen parcial o totalmente inexplicados aspectos importantes de las culturas precolombinas de América.

Lo mismo puede decirse del mundo empresarial. Es evidente que el medio más idóneo para conocer la historia de la empresa es registrar el acontecer de su vida; no sólo las efemérides más importantes, sino también los pequeños hechos cotidianos que van configurando la vivencia empresarial.

▲ *Si bien las técnicas contables eran ya conocidas por los fenicios y mejoradas por los romanos, no fue hasta finales de la Edad Media cuando el método contable de la partida doble se desarrolló a remolque de las exigencias del desarrollo mercantil.*

Necesidad de emplear un lenguaje común

Los datos deben registrarse empleando un lenguaje común; es decir, un método normalizado que permita establecer comparaciones con otras empresas. Lo que hace falta, en suma, es un método que permita registrar de forma ordenada la gran variedad de operaciones de la empresa.

Necesidad de registrar las operaciones económicas de la empresa

Una vez ordenados y debidamente clasificados, los datos nos permiten conocer las siguientes realidades de la empresa:

- Cuantía y distribución de los recursos disponibles (capital propio y capital ajeno).
- Disposición de esos fondos, es decir, su inversión en activos de distinta naturaleza (edificios, maquinaria, mercaderías, disponibles, etcétera). Esto es lo que constituye su activo.
- Ingresos y sus fuentes.
- Gastos y su distribución.

Con estos datos, la empresa puede conocer otras realidades menos evidentes que requieren un proceso de análisis. De ellas citaremos sólo algunas:

- Beneficio o pérdida del ejercicio o del período deseado.
- Volumen de ventas y su distribución, tanto espacial y temporal como por clases de productos.
- Rentabilidad de los distintos artículos que componen la gama de productos.
- Solvencia de la empresa, es decir, su disponibilidad financieras para hacer frente a las contingencias.
- Rendimiento de la inversión, es decir, del capital utilizado en la explotación.

Estos instrumentos de análisis permiten a los directivos de la empresa revisar su gestión, hacer previsiones y establecer objetivos.

▼ *El ciclo contable se inicia con el registro de las operaciones. La información obtenida se clasifica y ordena, resumiéndola en dos documentos: el balance de situación y la cuenta de pérdidas y ganancias.*

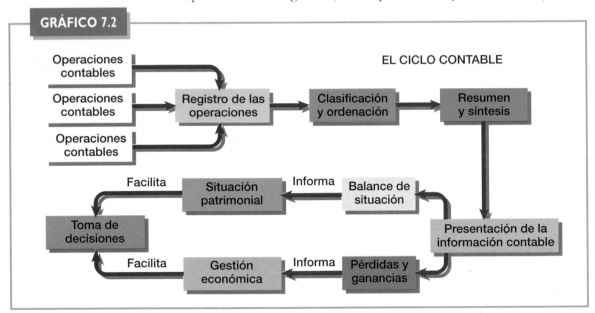

GRÁFICO 7.2

EL CICLO CONTABLE

Elección del sistema contable

Las necesidades de información de una empresa varían sensiblemente, en cuanto a magnitud y a nivel de detalle, en función del sector y de la complejidad de su organización. No son iguales ciertamente los requerimientos de una pequeña concesionaria que distribuye dos líneas de productos, que los de una sociedad multinacional de la rama electrónica cuyos resultados dependen de la interacción de un gran número de variables.

Algunos pequeños empresarios se limitan a llevar una especie de contabilidad de cobros y pagos, basada en las anotaciones hechas en el talonario de cheques. Esta «contabilidad» no permite conocer casi nada de la empresa y, con frecuencia, tampoco facilita la total identidad con los extractos del banco.

Otras empresas llevan ya una contabilidad de ingresos y gastos, que permite conocer con más detalle la realidad de la empresa. Pero incluso ésta resulta insuficiente para la toma de decisiones.

Por último, otras empresas disponen de un complejo esquema contable, con desglose detallado de ingresos y gastos y un vasto sistema de información. El problema de estas empresas es el exceso de trabajo causado por la lectura de los informes, y la escasa manejabilidad de los datos. Así olvidan que la información debe estar en función de su utilización y de su costo.

Soportes informativos y datos a registrar

La información se registra en libros o cuentas generalmente establecidos por la ley, de acuerdo con unos procedimientos normalizados, gracias a los cuales es posible la comparación de datos entre distintas empresas.

A BUEN RECAUDO

El archivo de la información es fundamental para las tareas contables y de control de la empresa; con las herramientas informáticas se simplifica en espacio y en tiempo de consulta la problemática de archivo de documentación.

MES	DIA	CONTRAPARTIDA	N° ASIENTO	IMPORTE	SALDO	MES	DIA	CONTRAPARTIDA	N° ASIENTO	IMPORTE	SALDO
Enero	10	A ventas	03	400.000	400.000	Enero	01	De caja	01	200.000	200.000
Febrero	25	A ventas	06	200.000	600.000	Enero	30	De Bancos	05	200.000	400.000
Marzo	30	A ventas	10	500.000	1.100.000	Marzo	02	De Bancos	08	700.000	1.100.000
Abril	30	A ventas	17	250.000	1.350.000	Junio	22	De Bancos	29	800.000	1.900.000
Mayo	31	A ventas	21	150.000	1.500.000	Septiem.	15	De Bancos	41	600.000	2.500.000
Junio	30	A ventas	28	500.000	2.000.000	Octubre	30	De Bancos	46	400.000	2.900.000
Julio	30	A ventas	34	300.000	2.300.000	Diciem.	31	Asiento de Cierre	60	1.100.000	4.000.000
Septiem.	30	A ventas	40	400.000	2.700.000						
Octubre	31	A ventas	45	300.000	3.000.000					4.000.000	4.000.000
Noviem.	30	A ventas	49	500.000	3.500.000						
Diciem.	31	A ventas	57	500.000	4.000.000						
				4.000.000	4.000.000						

DEBE — MAYOR — CLIENTES — CLIENTES — MAYOR — HABER

En principio deben registrarse todos los datos exigidos por la legislación, además de todos los que sean necesarios para una correcta gestión de la empresa y para la información de terceros legítimamente interesados.

Objetivos que debe cumplir la información

- Facilitar la gestión de los fondos de tesorería o caja.
- Viabilizar el control interno de la empresa.
- Facilitar la supervisión de las relaciones con terceros (bancos, proveedores, clientes, etcétera).
- Crear una base de información estadística a efectos de cálculo presupuestario.

▲ La ley exige registrar determinados datos contables en soportes normalizados. Aquí se reproduce un fragmento cumplimentado del libro mayor. En la actualidad, este proceso suele llevarse a cabo con hojas encuadernables emitidas por una computadora.

• Facilitar la planificación (económica, comercial, de producción, de personal, etcétera).
• Servir de base a la elaboración de previsiones sobre el comportamiento de las diversas variables (costos, ventas, etcétera).
• Facilitar la evaluación de activos y pasivos.
• Permitir de una forma sencilla la determinación de la cobertura óptima del seguro.

☐ INFORMACIÓN BÁSICA

■ Clasificación de la información

Criterio legal

En casi todos los países, las empresas deben llevar los siguientes libros contables:

• Un libro de inventarios y balances.
• Un libro diario.
• Un libro mayor.

Así mismo, en algunos países la normativa vigente requiere que se lleven otros libros, como pueden ser el de compras, efectos o letras, etcétera.

▶ *Reproducción de un fragmento cumplimentado de una hoja de libro diario manual. Tal como su nombre indica, este libro recoge los ingresos y gastos pormenorizados de la empresa.*

	1	1 ENERO 19..		
120.000'-	01	Caja - Bancos		
320.000'-	02	Clientes		
185.000'-	04	Materias Primas Aux.		
75.000'-	05	Productos semielaborados		
93.000'-	06	Productos acabados		
420.000'-	10	Acciones Sociedad Z.		
4.200.000'-	07	Maquinaria		
200.000'-	08	Edificios		
		a Capital	03	3.000.000'-
		a Reservas	12	350.000'-
		a Obligaciones	13	1.500.000'-
		a Proveedores	09	255.000'-
		a Crédito Bancario	11	508.000'-
	2	8 ENERO 19..		
170.000'-	02	Clientes		
		a Ventas	14	170.000'-
	3	7 FEBRERO 19..		
170.000'-	19	Efectos a cobrar		
		a Clientes	02	170.000

Criterio económico y de control

Desde el punto de vista del control económico, estas exigencias mínimas de la ley suelen resultar insuficientes. En efecto, las necesidades básicas de control precisan los libros contables y estados financieros siguientes:

- El diario y los diarios auxiliares.
- El mayor y los mayores auxiliares.
- El balance.
- Las cuentas de resultados.
- Los estados financieros de origen y aplicación de fondos (flujo de fondos).
- El libro de caja.

Diario y mayor. Como su propio nombre indica, en el diario se registran, por orden cronológico, todos los movimientos de la empresa, como, por ejemplo, el pago de las facturas por parte de los clientes, la compra de mercaderías, los sueldos y salarios pagados a los empleados, etcétera.

El diario permite conocer, entre otros datos, cuáles han sido los ingresos y gastos de la empresa durante un ejercicio, así como el costo de las materias primas adquiridas y de las mercaderías vendidas a lo largo de cierto período.

La información contenida en el mayor es la misma que la reflejada en el diario, pero la primera está convenientemente desglosada y clasificada para facilitar la lectura y el manejo de los datos más significativos. A tal efecto, el mayor puede desglosarse en varios mayores auxiliares, en los que se recoge la información específica, clasificada por cuentas o partidas principales; por ejemplo, libro de caja, libro de bancos, de mercaderías compradas, de mercaderías vendidas, etcétera. Podríamos decir, en síntesis, que el libro mayor es un exponente del principio de especialización contable.

El diario sirve, pues, de base al libro mayor y a los mayores auxiliares, al pasarse la información registrada en el primero a los auxiliares correspondientes, según el plan contable que aplique la empresa.

Los libros contables y sus auxiliares son importantes para la toma de decisiones, ya que sirven de base para la confección de los estados contables, como el balance y la cuenta de resultados.

Balance, cuenta de resultados, flujo de fondos y otros. Estos estados financieros constituyen una de las bases, aunque no la única, sobre la cual se fundamentan las decisiones económicas que inciden sobre el futuro de la compañía.

Los libros diario y mayor recogen el día a día de las actividades de la empresa, que se reflejan en los balances al final de cada período.

GRÁFICO 7.3

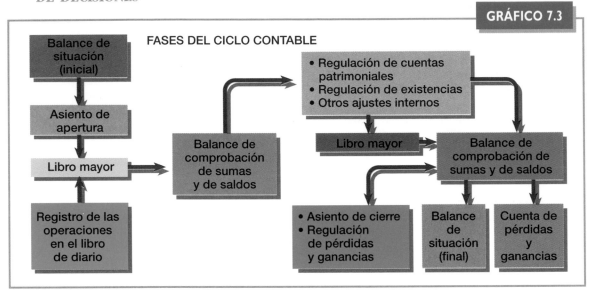

FASES DEL CICLO CONTABLE

▲ *En este esquema
se recogen las fases del ciclo
contable; de la comparación
de los balances inicial
y final resultará la variación
del patrimonio empresarial.*

INDISPENSABLES

Los libros contables y sus auxiliares son indispensables para la toma de decisiones en la empresa.

Su importancia relativa ha ido variando en los últimos años en función del desarrollo de la ciencia contable. Tradicionalmente se pensaba que el balance era el estado financiero fundamental, por ser el que mejor reflejaba la situación patrimonial y la composición de los recursos de la empresa. Sin embargo, ha ido adquiriendo preeminencia la cuenta de resultados. Según sus partidarios, mientras el balance refleja una situación estática, como puede ser la existencia de un beneficio reflejado en el saldo, aquella cuenta es el exponente del aspecto dinámico de la empresa, pues nos dice cómo se ha producido ese beneficio.

Las cifras del balance y de la cuenta de resultados sirven de base para confeccionar otros estados financieros, como el de origen y aplicación de fondos (flujos de fondos), donde se aprecia detalladamente su movimiento a lo largo del ejercicio.

Se utilizan, así mismo, algunos coeficientes, llamados también «ratios», que están destinados a cuantificar ciertos aspectos fundamentales de la explotación, como son:

- Estado de liquidez (o capacidad de pago).
- Rentabilidad del capital.
- Rotación de las existencias.
- Plazo medio de pago.
- Cobertura del pasivo mediante los recursos propios.
- Márgenes de utilidad.

Además de la función económica y de control de la clasificación anterior, existen determinadas cuentas que requieren una evaluación especial, ya sea por la necesidad de calcular su amortización y su valoración en el balance, ya sea debido a su adecuada estimación y reflujo en la cuenta de resultados. Estas cuentas son:

- Cuentas de inmovilizado o de activo fijo (para el cálculo de la amortización y valoración en el balance).
- Cuenta de existencias (a efectos de valoración en la cuenta de resultados).
- Cuentas varias de activo y de pasivo.

Falta de recursos técnicos o humanos

Si se carece de los conocimientos técnicos sobre la materia, o si la disponibilidad de tiempo es escasa, se puede optar entre diversas alternativas:

- Emplear a un contable.
- Dirigirse a un gabinete fiscal y contable.
- Encargar la contabilidad a una empresa de auditores y consultores preparada para ello.

Al contratar con terceros la contabilidad de su empresa, se evaluarán sus necesidades, las exigencias legales y, por supuesto, el costo del servicio.

Computación de la contabilidad

En la actualidad, con la gran aceptación del mundo de los negocios y de la empresa de las herramientas informáticas, existen multitud de programas que facilitan la introducción, archivo y claridad de los datos contables, aunque como es obvio sigue siendo imprescindible un sólido conocimiento contable para utilizar dichas herramientas informáticas.

EL SISTEMA

En la contabilidad llevada mediante computador, la intervención del contable se realiza en la fase de entrada de datos, y es aquí donde su concurso sigue siendo fundamental.

▼ Con la implantación mayoritaria de la informática en el proceso contable, los libros de contabilidad tradicionales han perdido protagonismo en favor de archivos y listados informáticos.

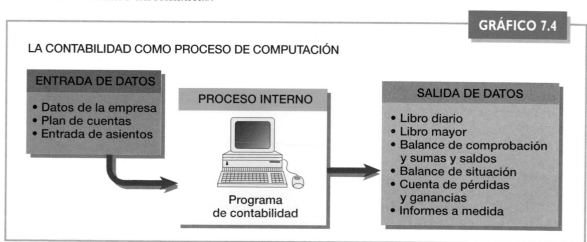

GRÁFICO 7.4

LA CONTABILIDAD COMO PROCESO DE COMPUTACIÓN

ENTRADA DE DATOS
- Datos de la empresa
- Plan de cuentas
- Entrada de asientos

PROCESO INTERNO
Programa de contabilidad

SALIDA DE DATOS
- Libro diario
- Libro mayor
- Balance de comprobación y sumas y saldos
- Balance de situación
- Cuenta de pérdidas y ganancias
- Informes a medida

En el momento de seleccionar un programa de computación para llevar la contabilidad de la empresa se han de tener en cuenta una serie de factores, que, sin pretender ser exhaustivos, enumeramos a continuación:

CUADRO 7.1

CRITERIOS DE SELECCIÓN DE UN PROGRAMA DE CONTABILIDAD

- Aspectos técnicos
- Facilidad de uso
- Flexibilidad-Adaptabilidad
- Operativa ágil
- Informes-Documentos
- Aspectos fiscales
- Enlaces con otros programas
- Seguridad

- *Aspectos técnicos.* Debe ser fácil de instalar, rápido de ejecución, con un buen soporte técnico en previsión de fallos o errores.
- *Facilidad de uso.* Ha de ser un programa muy intuitivo, fácil de aprender y utilizar.
- *Flexibilidad.* Se ha de poder adaptar a las particularidades de la empresa, sin necesidad de que tenga que ser un programa hecho a medida.
- *Operativa ágil.* A la entrada de asiento y la consulta de cuentas se le dedica mucho tiempo, por lo que este tipo de operaciones deben realizarse con gran agilidad.
- *Informes.* Ha de ser rico en informes y documentos finales, y debe tener la posibilidad de adaptarlos a la propia empresa.
- *Aspectos fiscales.* Ha de contemplar y facilitar el cumplimiento de las normas fiscales.
- *Seguridad.* Ha de poder limitar el acceso de los usuarios a los diferentes niveles de información.
- *Enlace con otros programas.* Ha de contemplar la posibilidad de poderse enlazar con otros programas de gestión, como, por ejemplo: facturación, bodega, sueldos, etcétera.

INFORMACIÓN CONTABLE

☐ INTRODUCCIÓN

La contabilidad tiene como objetivo facilitar la imagen fiel del patrimonio, de la situación financiera y de los resultados de la empresa. La contabilidad en general es un instrumento al servicio de la gestión de la empresa que persigue dos objetivos fundamentales:

- Dejar constancia de las operaciones económicas realizadas, para lo cual procede a su registro.
- Aportar información útil para interpretar lo ocurrido en el pasado y tomar decisiones acerca de la actuación en el futuro.

Principios y normas contables

Uno de los objetivos básicos del mantenimiento de un sistema de contabilidad es la posibilidad de que a través del mismo sea posible construir unos estados financieros que reflejen la imagen

IMAGEN DE EMPRESA

Los principios contables habitualmente aceptados para reflejar una imagen fiel de la empresa son los de: prudencia, empresa en funcionamiento, precio de adquisición, devengo, correlación de ingresos y gastos, no compensación y uniformidad.

fiel del patrimonio, de la situación financiera y de los resultados de una empresa; y para que eso sea posible se marcan unos principios básicos que deben regir la contabilidad de las operaciones económicas de una empresa. Los principios básicos obligatorios son:

- *Principio de prudencia.* Únicamente se contabilizarán los beneficios realizados a la fecha de cierre de ejercicio. Por el contrario, los riesgos previsibles y las pérdidas eventuales con origen en el ejercicio o en otro anterior, deberán contabilizarse tan pronto como sean conocidas. Igualmente se tendrán presentes toda clase de depreciaciones, tanto si el resultado del ejercicio fuese positivo como negativo.
- *Principio de empresa en funcionamiento.* Se considerará que la gestión de la empresa tiene prácticamente una duración ilimitada. En consecuencia, la aplicación de los principios contables no irá encaminada a determinar el valor del patrimonio a efectos de su enajenación global o parcial ni el importe resultante en caso de su liquidación.
- *Principio de registro.* Los hechos económicos deben registrarse cuando nazcan los derechos u obligaciones que los mismos originen.
- *Principio del precio de adquisición.* Como norma general, todos los bienes y derechos se contabilizarán por su precio de adquisición o costo de producción.
- *Principio del devengo.* La imputación de ingresos y gastos deberá hacerse en función de la corriente real de bienes y servicios que los mismos representan y con independencia del momento en que se produzca la corriente monetaria o financiera que deriva de ellos.
- *Principio de correlación de ingresos y gastos.* El resultado del ejercicio estará constituido por los ingresos de dicho período, menos los gastos del mismo realizados para la obtención de aquéllos, así como los beneficios y quebrantos no relacionados directamente con la actividad de la empresa.
- *Principio de no compensación.* En ningún caso podrán compensarse las partidas del activo y del pasivo del balance ni las de gastos e ingresos que integran la cuenta de pérdidas y ganancias.
- *Principio de uniformidad.* Adoptado un criterio en la aplicación de los principios contables dentro de las alternativas que en su caso éstos

CUADRO 7.2

Registro de los hechos contables

Clasificación y ordenación

Resumen y síntesis

Presentación de la información contable

Balance de situación

Cuenta de pérdidas y ganancias

▼ *Los asientos contables deben reflejar todas las fases del ciclo productivo, desde la compra de materias primas hasta el eventual ingreso de los beneficios.*

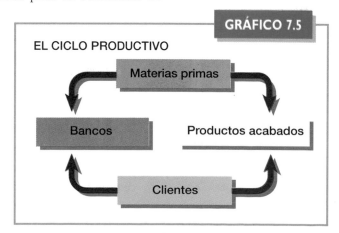

GRÁFICO 7.5

EL CICLO PRODUCTIVO

Materias primas

Bancos

Productos acabados

Clientes

La contabilidad proporciona un enfoque comparativo con las fases anteriores e implica un útil conocimiento global a la hora de adoptar la orientación más apropiada para la planificación.

permitan, deberá mantenerse en el tiempo y aplicarse a todos los elementos patrimoniales que tengan las mismas características, en tanto no se alteren los supuestos que motivaron la elección de dicho criterio.

Interpretación, medida y representación contable de la información

- Interpretación, valoración y representación. Los documentos en que se contienen las operaciones de la empresa son interpretados, valorados y representados en contabilidad en el libro diario por orden cronológico, a través de los asientos.
- Ordenación de la información del diario. Como en el diario las representaciones contables se han formalizado por orden cronológico, es necesario ordenar la indicada información con referencia a cada cuenta, para conocer su valor inicial y los aumentos y disminuciones habidos a lo largo del período. Esta ordenación se consigue con el libro mayor. Éste ordena con relación a cada cuenta la información contenida en el libro diario.
- Periodificación contable. Consiste en delimitar los gastos e ingresos que corresponden al período cuyo resultado se desea conocer, no tomando en consideración la fecha de formalización de las deudas o los créditos.
- Hipótesis de fin de ejercicio. Al cierre de un ejercicio se estimarán los valores de las existencias en la bodega, las dotaciones a provisiones y a amortizaciones.
- Verificación de la información. Mediante el balance de comprobación se verifica si todas las anotaciones del diario han sido transferidas al libro mayor.

Conservación de los registros contables

La conservación de la documentación de la empresa es un aspecto importante, dadas las graves consecuencias que su pérdida puede acarrear en virtud de:

- La exigencia legal de llevar determinados libros o registros.
- Las dificultades que pueden surgir a la hora de hacer la declaración de impuestos.

Exigencia legal de llevar determinados libros o registros

Señalemos a título indicativo:

1. De contenido patrimonial. La empresa está obligada a conservar determinados justificantes y registros, principalmente de los activos inmovilizados, en los que deben reflejarse: fecha y precio de adquisición, vida económica estimada, amortizaciones realizadas y valor residual.

En el proceso de resumir y condensar la información contable, los medios informáticos constituyen una ayuda inestimable, cuando no imprescindible.

2. Para comprobación y verificación:
- Libros y cuentas.
- Declaraciones fiscales.
- Facturas a clientes.
- Facturas de proveedores.
- Albaranes o remitos.
- Pólizas de crédito.
- Pólizas de seguro.

Medidas de seguridad

Las medidas de seguridad que se deben tomar están en función de la naturaleza del documento:

- Medidas especiales, para los documentos que no son reproducibles (cajas fuertes de seguridad, etcétera).
- Conservación de duplicados o copias.
- Conservación especial de documentos especiales.

☐ ESTADOS CONTABLES

Como hemos visto, el libro diario y el libro mayor nos permiten introducir y clasificar la información económica de las operaciones de empresa en el circuito contable. Pero para obtener información de la contabilidad para conocer el estado económico de la empresa se utilizan los llamados estados contables, que ordenarán la información introducida en la contabilidad de la empresa de forma útil para que los responsables de la empresa conozcan su situación y puedan tomar las decisiones necesarias en caso necesario. Existen cuatro tipos de estados contables, que se estudiarán por separado:

- *Balance e inventarios.* Reflejan la situación patrimonial de la empresa.
- *Cuenta de pérdidas y ganancias.* Informa del resultado (pérdida o ganancia) de un ejercicio.
- *Estados de origen y aplicación de fondos.* Revela cómo se han obtenido los fondos necesarios para financiar la actividad de la empresa y cuál ha sido la aplicación de dichos fondos financieros.
- *Flujos de tesorería.* Informa de la planificación financiera para administrar correctamente los flujos financieros

GASTOS E INGRESOS

La periodificación de gastos e ingresos es vital para poder conocer el resultado real de un período.

▼ *En los balances de comprobación de sumas y saldos las sumas del debe y del haber han de coincidir entre sí, y las de los saldos deudores con las de los acreedores. Aquí, reproducción parcial de un balance.*

Balance

CUENTAS DEL MAYOR		SUMAS DEL		SALDOS	
Folios	TÍTULOS	DEBE	HABER	DEUDORES	ACREEDORES
	Construcciones	1 000 000		1 000 000	
	Maquinaria	3 000 000	900 000	2 100 000	
	Mobiliario	500 000		500 000	
	Acciones	500 000		500 000	
	Mercaderías	1 650 000	900 000	750 000	
	Clientes	3 550 000	2 800 000	750 000	
	Efectos C. a cobrar	1 792 000	150 000	1 642 000	
	Deudores diversos	53 000	13 000	40 000	
	Bancos	1 278 000	935 000	343 000	
	Caja	1 353 000	900 000	453 000	
	Capital Social		6 000 000		6 000 000
	Reserva legal		142 400		142 400
	Efectos C. a pagar		85 000		85 000
	Proveedores	225 000	2 075 600		1 850 600
	TOTALES	14 901 000	14 901 000	8 078 000	8 078 000

en sus entradas (cobros) y salidas (pagos), de modo que la empresa siempre tenga capacidad suficiente para hacer frente a sus obligaciones.

■ Balance e inventario

El balance constituye uno de los elementos básicos en el marco de la información de la empresa. Se puede calificar como la radiografía de la situación económica, financiera y patrimonial de la empresa. Es un documento de carácter contable, jurídico y fiscal, que constituye un valioso instrumento de gestión y control, imprescindible para la dirección, los accionistas y cualquier tercero que tenga relación con la empresa.

El balance extracta un resumen de todos los derechos y propiedades de la empresa por un lado y, en contrapartida, todas las obligaciones y deudas contraídas por la misma.

El balance lo forman, por un lado, la cuantificación de todas las propiedades y derechos de la empresa, activo, y por otro todas las obligaciones y deudas, pasivo.

Cualquier elemento que influya de forma positiva y que genere recursos susceptibles de cuantificación económica, que sean propiedad de la empresa o que representen un derecho sobre algo o alguien a favor de la empresa, se engloba en el balance bajo la denominación de activo.

El balance refleja —o debería reflejar— la situación de la empresa en un momento determinado.

▶ *El análisis de la composición del activo y del pasivo de una empresa es la principal herramienta para el conocimiento de la situación económica de la misma en un momento determinado.*

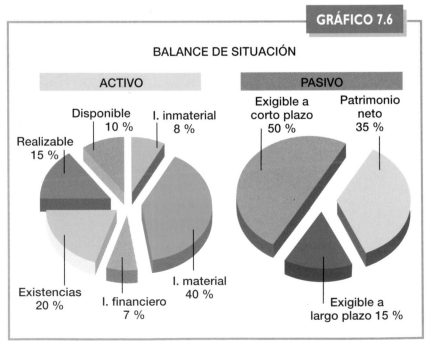

GRÁFICO 7.6

BALANCE DE SITUACIÓN

ACTIVO

PASIVO

Disponible
10 %

I. inmaterial
8 %

Realizable
15 %

Existencias
20 %

I. financiero
7 %

I. material
40 %

Exigible a
corto plazo
50 %

Patrimonio
neto
35 %

Exigible a
largo plazo 15 %

Por el contrario, aquellos que afectan de forma negativa y representan una obligación o una deuda para la empresa, se registrarán en el pasivo. De igual forma, podemos decir que en el activo se engloban todos aquellos conceptos en los que la empresa invirtió los fondos que se pusieron a su disposición, y el pasivo determina y clasifica los orígenes de los fondos invertidos.

Disposición de las partidas en el balance

Los elementos del balance suelen agruparse en distintas partidas, cuyo nivel de detalle está en función de las necesidades de la empresa o bien de lo dispuesto en la legislación vigente. El balance puede clasificarse, según lo antes expuesto, en las diversas rúbricas.

En casi todas las empresas existen dos clases de activo, con distinta finalidad: el fijo y el circulante. El primero agrupa aquellos bienes que, siendo imprescindibles para la normal actividad de la empresa, no pueden convertirse de inmediato en efectivo: maquinaria, edificios, etcétera. El circulante está destinado a su continua rotación con elementos movibles: el dinero en caja, las materias primas, los productos acabados.

El pasivo se subdivide, a su vez, en pasivo a corto plazo y pasivo a largo plazo. La diferencia entre estas dos categorías está indicada por su propia denominación. Concretamente puede decirse que en la mayoría de los países se llama pasivo a corto plazo al pasivo con un plazo de pago inferior a doce meses, y pasivo a largo plazo al que tiene fijado un plazo de pago superior a esos doce meses.

Claramente diferenciado del pasivo se nos presenta el capital, rúbrica que incluye tanto el capital social como las reservas, primas de emisión, beneficios no distribuidos de ejercicios anteriores y beneficio (o pérdida) del ejercicio.

CUADRO 7.3

ACTIVO

Bienes y derechos

Inversiones

PASIVO

Obligaciones y deudas

Financiaciones

EQUILIBRIO

El cotejo entre las partidas del activo y del pasivo comprendidas en el balance debe expresar un equilibrio que será el índice de una buena gestión de los responsables y asegurará la pervivencia del negocio.

◄ En una compañía de alquiler de automóviles, los vehículos representan el activo fijo de la empresa, mientras que el arriendo de los mismos a los usuarios significan el activo circulante.

CUADRO 7.4

Modelo de balance de situación

ACTIVO

Accionistas desembolsos no exigidos
Gastos de establecimiento
Inmovilizado inmaterial
Inmovilizado material
Inmovilizado financiero
Acciones propias a largo plazo
Gastos a distribuir en varios ejercicios

Total activo fijo

Existencias
Clientes y deudores
Inversiones financieras temporales
Acciones propias a corto plazo
Accionistas desembolsos exigidos
Bancos y cajas
Ajustes por periodificación

Total activo circulante

TOTAL ACTIVO

PASIVO

Capital social
Reservas
Resultados ejercicios anteriores
Resultados del ejercicio

Total fondos propios

Provisiones para riesgos y gastos
Subvenciones de capital
Préstamos a largo plazo
Obligaciones a largo plazo
Acreedores a largo plazo
Fianzas y depósitos recibidos

Total exigible a largo plazo

Préstamos a corto plazo
Proveedores
Acreedores
Ajustes de periodificación

Total exigible a corto plazo

TOTAL PASIVO

Estructura del balance

El balance, como documento contable, se presenta en forma «contable», es decir, a la izquierda el activo o cuentas contables con saldo positivo, y a la derecha el pasivo o cuentas contables con saldo negativo. Estos saldos, positivos y negativos, se presentan de arriba abajo, atendiendo a la liquidez y/o exigibilidad de los mismos, que sigue un criterio puramente de disponibilidad y/o exigibilidad financiera.

Activo. Recoge todas las cuentas contables que tengan signo positivo o debe, y también aquellas que representan correcciones valorativas de las anteriores, de signo negativo, como son las amortizaciones, depreciaciones y dotaciones. El activo se divide en dos grandes partes

Activo fijo. Representa la estructura sólida de la empresa, recogiendo el valor de aquellos bienes y derechos, tangibles o no, con trayectoria plurianual.

• *Gastos de establecimiento*: formado por los gastos de constitución de la empresa, de ampliación de capital, de primer establecimiento, etcétera.
• *Inmovilizado inmaterial*: derechos y bienes que duran más de un ejercicio y que son intangibles, tales como patentes y marcas, propiedad industrial, intelectual, programas de computación, bienes en arrendamiento financiero.
• *Inmovilizado material*: engloba aquellos elementos que duran más de un ejercicio y que son tangibles: terrenos, construcciones, maquinaria, instalaciones técnicas, elementos de transporte, equipo para el proceso de computarización, mobiliario y enseres, etcétera.
• *Inmovilizado financiero*: aquellos derechos y propiedades de naturaleza financiera, cuya disponibilidad no se puede ejercer en un período inferior al año; tales como acciones, participaciones y créditos concedidos a empresas del grupo, inversiones en

cartera de valores a largo y medio plazo, fianzas y depósitos constituidos, etcétera.

- *Acciones propias*: en situación especial siempre que sea a largo plazo.
- *Gastos a distribuir en varios ejercicios*: gastos que la empresa difiere por considerar que tienen proyección y trascendencia futura. En este apartado se encuadran los gastos para formalización de deudas a largo plazo, tales como emisiones de los títulos de obligaciones, gastos de notaría, registro, los intereses a pagar por esas deudas, etcétera.

Activo circulante. Determina la aplicación de los recursos financieros de que dispone una empresa para su operatividad.

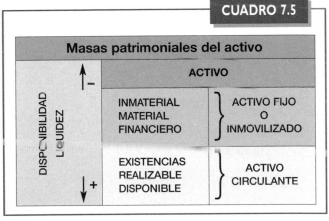

CUADRO 7.5

Masas patrimoniales del activo

	ACTIVO	
INMATERIAL MATERIAL FINANCIERO	}	ACTIVO FIJO O INMOVILIZADO
EXISTENCIAS REALIZABLE DISPONIBLE	}	ACTIVO CIRCULANTE

DISPONIBILIDAD / LIQUIDEZ

- *Realizable:* recoge los saldos a favor de la empresa tanto de las mercaderías como de cualquier tercero relacionado con la misma, saldos positivos pendientes de cobro, es decir, el destino de los fondos invertidos por exigencias de la propia actividad.

a) Existencias: recoge las cuentas contables que reflejan el valor de las mercaderías que se poseen en la bodega, sean de la índole que sean, se hayan transformado o no, las provisiones por depreciación de las mismas y el valor de los consumos no realizados.

b) Deudores: recoge las cuentas que reflejan los saldos pendientes de clientes y deudores, las provisiones por insolvencias, los anticipos concedidos al personal, las cuentas corrientes con socios, administradores, empresas del grupo y asociadas y a las administraciones públicas.

c) Inversiones financieras temporales: recursos financieros cedidos, ya sean créditos cedidos o participación directa en capital, tanto a empresas del grupo como a cualquier tercero.

- *Disponible*: área puramente de tesorería, recoge las cuentas contables que reflejan los saldos de efectivos financieros, siempre y cuando sean líquidos y sin restricción de ninguna clase a la disponibilidad (caja por los saldos en metálico y bancos por los saldos en cuentas corrientes o a la vista).

▼ *El activo circulante disponible de una empresa está formado por el dinero en efectivo que haya en la caja, así como por los saldos de las cuentas corrientes o a la vista que tenga en los bancos.*

Pasivo. Refleja el origen de los fondos invertidos, es decir, las deudas y las obligaciones contraídas por la empresa. Contablemente recoge las cuentas con saldo acreedor o negativo, salvo aquéllas que recojan depreciaciones o correcciones valorativas.

Fondos propios. Recoge los recursos financieros aportados por los accionistas o partícipes, y los generados por la propia entidad. Agrupa las siguientes cuentas:

- Capital suscrito y primas de emisión, si las hubiere.
- Reservas legales, estatutarias, voluntarias o de revalorización.
- Resultados de ejercicios anteriores, que recoge desde los remanentes no distribuidos hasta las pérdidas de ejercicios anteriores.
- Resultado del ejercicio, sea beneficio o pérdida.

Exigible a largo plazo. Recoge aquellas obligaciones y/o deudas, cuya exigibilidad es superior a un ejercicio. Comprende tres grupos de cuentas:

- Ingresos a distribuir en varios ejercicios: subvenciones de capital, cuyos saldos se traspasarán a explotación a medida que se amortice la inversión objeto de la subvención, diferencias positivas de cambios, es decir, aquellas que afectan a bienes de inversión.
- Provisiones para riesgos y gastos.
- Acreedores a largo plazo: por emisión de obligaciones y otros valores negociables, por deudas con entidades de crédito, por deudas con empresas del grupo o asociadas, por por deudas con otros acreedores, por fianzas y depósitos recibidos o por desembolso pendiente sobre acciones suscritas.

Exigible a corto plazo. Deudas a corto plazo de carácter general, según se trate de préstamos recibidos de vencimiento inferior al año, representados por obligaciones, valores negociables tales como pagarés, efectos, letras de cambio o cualquier otro documento de crédito, cedido ya sea por proveedores y acreedores de carácter comercial, de entidades financieras, deudas de carácter no comercial y las provisiones de tráfico.

Masas patrimoniales

Son agrupaciones de cuentas contables que tienen el mismo significado económico financiero patrimonial y que se agrupan atendiendo a su disponibilidad.

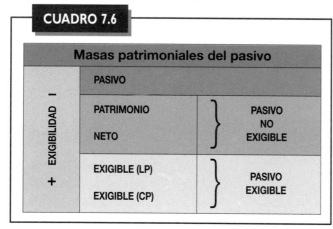

CUADRO 7.6

Masas patrimoniales del pasivo		
PASIVO		
PATRIMONIO NETO	}	PASIVO NO EXIGIBLE
EXIGIBLE (LP)	}	PASIVO EXIGIBLE
EXIGIBLE (CP)		

EXIGIBILIDAD − +

Estas agrupaciones se realizan con el objetivo de extractar la información para poder compararlas y efectuar un análisis del balance.

Normas de valoración de las partidas del balance

Aunque existen muy diversas normas de valoración atendiendo a la naturaleza de cada partida del balance, a continuación veremos las más elementales.

- Los bienes comprendidos en el inmovilizado material, inmaterial, gastos de establecimiento y existencias deben valorarse al precio de adquisición o al costo de producción. Cuando se trate de bienes adquiridos a título gratuito se considerará como precio de adquisición el valor venal de los mismos en el momento de la adquisición, es decir, el precio que se presume que estaría dispuesto a pagar un adquirente eventual teniendo en cuenta el estado y el lugar en que se encuentra el bien.
- Los clientes, proveedores, deudores y acreedores de tráfico figurarán en el balance por su valor nominal. Deberán realizarse las correcciones valorativas que procedan, dotándose, en su caso, las correspondientes provisiones en función del riesgo que presenten las posibles insolvencias con respecto al cobro de los activos de que se trate.

■ Cuenta de pérdidas y ganancias

La cuenta de pérdidas y ganancias es el estado contable que suministra información sobre:

- Clasificación y cuantificación de todos los gastos habidos en el ejercicio.
- Clasificación, volumen y cuantificación de los ingresos del ejercicio.
- Determinación del resultado del ejercicio.

Estructura de la cuenta de pérdidas y ganancias

La cuenta de pérdidas y ganancias establece seis tipos de resultados, siendo el último el resultado de los cinco restantes que son parciales. Se presenta de forma contable de dos columnas. La izquierda para el debe de la cuenta, es decir los gastos agrupados por conceptos de la misma naturaleza y los beneficios de cada grupo de resultado. A la derecha, los

▼ *Representación gráfica de los estados contables: el resultado de explotación suele ser el componente mayor de la cuenta de pérdidas y ganancias.*

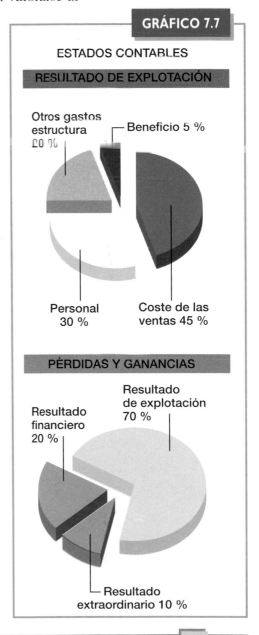

GRÁFICO 7.7

ESTADOS CONTABLES

RESULTADO DE EXPLOTACIÓN

Otros gastos estructura 20 %

Beneficio 5 %

Personal 30 %

Coste de las ventas 45 %

PÉRDIDAS Y GANANCIAS

Resultado de explotación 70 %

Resultado financiero 20 %

Resultado extraordinario 10 %

ingresos, clasificados por la naturaleza de los mismos, y las pérdidas habidas en los sendos resultados.

Resultado de explotación. Determina los beneficios o las pérdidas que pudieran resultar de la propia explotación del ejercicio. El resultado se obtiene por la diferencia existente entre los gastos y los ingresos de explotación.

Deberán imputarse los importes netos (bases imponibles) sin contemplar los tributos de carácter indirecto que afecten a gastos e ingresos.

Gastos

- Consumos de explotación: es la suma de todos los consumos habidos en la bodega, cuyo cálculo se efectúa por las compras más la diferencia entre las existencias iniciales menos las existencias finales. También deben incluirse los trabajos realizados por otras empresas, tales como subcontratas o cesiones de parte de la actividad que se ha de desarrollar, para ese trabajo, a terceros. En resumen comprende los aprovisionamientos efectuados por la empresa durante el ejercicio.

> **MAGNITUD**
>
> Para determinar el resultado económico de un ejercicio, basta con analizar los datos del balance, aunque éste no indica cómo se ha generado ese resultado, sino sólo su magnitud.

Tabla 7.1 Estructura básica del resultado de explotación en una empresa comercial

Gastos		Ingresos	
Consumo mercaderías	Compra mercaderías	Ventas	
	Variación de existencias de mercaderías		
Gastos de personal	Sueldos y salarios	Ingresos accesorios	Arrendamientos
	Seguridad social a cargo de la empresa		Comisiones
Servicios exteriores	Arrendamientos	Subvenciones	
	Reparaciones y conservación		
	Servicios profesionales independientes		
	Transportes		
	Primas de seguros		
	Suministros		
	Otros servicios		
Tributos			
Total Beneficio de explotación		Total Pérdida de explotación	
Total		Total	

- Gastos del personal: es la suma de los sueldos, salarios, indemnizaciones, aportes jubilatorios y gastos sociales a cargo de la empresa, gratificaciones, uniformes y cualquier gasto de personal, excepto los desplazamientos y viajes.
- Dotación de amortizaciones de los bienes afectos a la actividad.
- Variaciones a las provisiones por obsolescencia, insolvencia, pérdidas de créditos incobrables, o cualquier otra provisión de tráfico.
- Otros gastos de explotación: entre los que se engloban los servicios exteriores, los tributos directos e indirectos, estatales o locales, a excepción del impuesto sobre sociedades, gastos de gestión corrientes y dotaciones al fondo de reversión para algunas concepciones administrativas.

Ingresos

- El aumento de las existencias en la bodega de productos que hayan sufrido algún tipo de transformación, productos acabados, semiacabados, etcétera.
- Ventas directas o indirectas a clientes, menos los descuentos y/o *rappels* del ejercicio concedidos a clientes.
- Prestaciones de servicios.
- Ingresos accesorios de explotación, tales como ingresos por comisiones, por alquileres, de la propiedad industrial, por servicios al personal, etcétera.
- Subvenciones concedidas de explotación.
- Exceso de provisiones de tráfico.

Resultados financieros. Son la suma/resta algebraica de los ingresos y gastos que tengan carácter puramente financiero, es decir aquellos que han sido generados como consecuencia de la percepción o cesión de flujos financieros o monetarios.

La cuenta de explotación refleja el resultado económico de un período de la actividad de la empresa. La cifra de ventas en la cuenta de explotación debe aparecer en su valor neto.

Tabla 7.2 Estructura básica del resultado financiero	
Gastos y pérdidas	*Ingresos y beneficios*
Intereses y préstamos	Dividendos
Descuentos sobre ventas por pronto pago	Intereses
Otros gastos financieros	Descuentos sobre compras por pronto pago
Total .... X Resultados financieros positivos (si Y > X)	Total .... Y Resultados financieros negativos (si X > Y)
Total....................	Total...............

PATRIMONIO

El patrimonio de la empresa está constituido, en la parte positiva, por los bienes y derechos, y en la parte negativa, por las obligaciones.

Gastos financieros

- Intereses devengados durante el ejercicio por la percepción de recursos financieros, ya sean de deudas con terceros (bancos, financieras, acreedores, proveedores) o con empresas del grupo o asociadas.
- Las pérdidas en la cartera de valores, o cualquier inversión financiera, y los gastos bancarios por la cesión de capitales.
- Los descuentos realizados por pronto pago.
- Las diferencias negativas de cambios como consecuencia de transacciones en moneda extranjera.
- Las variaciones en la dotación de las provisiones financieras.

Ingresos financieros

- Los descuentos sobre pronto pago efectuados por los suministradores.
- Los intereses a nuestro favor, por la cesión de recursos financieros, matizando cuáles vienen de empresas asociadas y de terceros.
- Los beneficios obtenidos en la enajenación de la cartera de valores.
- Las diferencias positivas de cambio por la utilización de moneda extranjera.

Resultado de las actividades ordinarias. Es la suma de los resultados de explotación positivos/negativos, más los resultados financieros positivos/negativos. Este apartado nos da información sobre el beneficio o pérdida habido en el ejercicio, como consecuencia de la actividad normal de la empresa, es decir, por la explotación del objeto social.

Resultados extraordinarios. Contempla la diferencia entre los ingresos y gastos de carácter extraordinario o esporádico que no están contemplados en la actividad normal de la entidad.

Gastos extraordinarios

- La variación en las cantidades dotadas a provisiones con el fin de corregir la valoración de determinadas partidas, como depreciaciones en el inmovilizado, existencias, insolvencias de clientes, deudores, créditos concedidos.
- Correcciones de valor en las inversiones financieras.
- Pérdidas producidas en la enajenación del inmovilizado material o inmaterial.
- La baja de inventario de aquellos bienes, sea real e irreversible.
- Las pérdidas procedentes de las participaciones de capital, aquellas que se generen como consecuencia de las operaciones con acciones y obligaciones propias.

▼ *Al fijar el precio de venta de una botella de vino hay que contabilizar todos los gastos que han intervenido en el proceso de elaboración.*

GRÁFICO 7.8

Beneficios
Gastos
Administración
Distribución
Envasado
Coste de elaboración y crianza

RESULTADO DE EXPLOTACIÓN

- Gastos extraordinarios, entendiendo como tales, las pérdidas y gastos que no se consideran habituales, que no se hayan generado por la actividad ordinaria o típica de la empresa, que no se espere que ocurran con frecuencia. Se consideran los generados por siniestros, sanciones, etcétera.
- Gastos y pérdidas generados en el pasado, cuyo conocimiento se haya realizado en el presente.

Tabla 7.3 Estructura básica del resultado extraordinario

Gastos y pérdidas	Ingresos y beneficios
Pérdidas del inmovilizado inmaterial	Beneficios del inmovilizado inmaterial
Pérdidas del inmovilizado material	Beneficios del inmovilizado material
Pérdidas del inmovilizado financiero	Beneficios del inmovilizado financiero
Gastos extraordinarios	Ingresos extraordinarios
Total .... X Resultados extraordinarios positivos (si Y > X)	Total .... Y Resultados extraordinarios negativos (si X > Y)
Total....................	Total.................

Ingresos extraordinarios

- El exceso de carácter positivo efectuado en las provisiones.
- Correcciones de valor positivo en las inversiones financieras.
- Los beneficios en la enajenación de elementos del inmovilizado.
- Los beneficios procedentes de las participaciones en capital.
- Los beneficios o ingresos no habituales a la actividad de la empresa.
- Subvenciones de capital transferidas al resultado del ejercicio.
- Ingresos o beneficios generados en tiempos pasados, cuyo conocimiento se haya realizado en el presente.

Resultado total. Al resultado de las actividades ordinarias se suma o resta el resultado extraordinario y se deducen los impuestos que graven el resultado y aquellos ajustes impositivos de naturaleza directa o indirecta, generados por modificaciones en tipos de gravamen, que afecten a la actividad.

La diferencia del resultado antes y después de impuestos será el resultado contable final.

Beneficio contable y beneficio real

La determinación del beneficio es uno de los problemas más difíciles que se presentan a la hora de valorar la gestión empresarial.

CAJA FUERTE

Es conveniente que la empresa no deje inmovilizado su dinero en la caja fuerte, puesto que el valor de la moneda se devalúa constantemente y, por lo tanto, pierde poder adquisitivo.

RESULTADO CONTABLE

Para determinar correctamente el resultado contable hay que tener en cuenta los ajustes de inventario (diferencia entre existencias iniciales y finales) y las amortizaciones.

Esta dificultad deriva, principalmente, del hecho de que, para determinar el beneficio, es necesario *valorar* antes los elementos con referencia a los cuales se determina el mismo, según unos criterios más o menos subjetivos.

Cuando se habla de beneficio, deben distinguirse, por tanto, dos realidades bien distintas, a saber:

1. El *beneficio contable,* determinado matemáticamente por el proceso de igualación de los saldos del debe y del haber.
2. El *beneficio real,* que es un beneficio desconocido, que sólo puede determinarse de forma aproximada.

La diferencia entre estos dos conceptos de beneficio radica, sobre todo, en:

- La dificultad de establecer el valor de los elementos patrimoniales de la empresa (existencias, inmovilizado, etcétera), debido a las fluctuaciones de su precio o del dinero en general.
- Los inconvenientes de determinar el costo derivado de la utilización del activo inmovilizado.
- La aplicación de diversos métodos de valoración de las existencias.
- La dificultad de determinar tanto los beneficios imputables a la fluctuación de precios (inflación) como los imputables a la gestión empresarial.

En este apartado analizaremos cuatro espacios importantes de esta problemática, a saber:

- La estimación del beneficio contable.
- El cálculo de la rentabilidad general de la empresa.
- La determinación de la rentabilidad de los distintos productos.
- El análisis de tendencia de las variables.

Determinación del beneficio contable

Existen dos sistemas de contabilizar las operaciones, a saber:

- Sistema de pagos y cobros.
- Sistema o método del «devengo».

Según el primero, se contabilizan todas las operaciones cuyo cobro o pago se efectúa dentro del ejercicio. Una operación ejecu-

GRÁFICO 7.9

NIVELES DE RESULTADO

Resultado de explotación + Resultado financiero

Resultado de las acitividades ordinarias + Resultado extraordinario

Pérdidas y ganancias

▲ *Aunque normalmente el resultado de explotación es el más importante, deben tenerse también en cuenta los demás para conformar la cuenta de pérdidas y ganacias final.*

AMORTIZACIÓN

Una correcta contabilización debe tener en cuenta que la maquinaria sufre un desgaste (físico y tecnológico); por ello, la estimación de su valor en el balance debe irse depreciando con el transcurso del tiempo mediante la amortización.

tada en el ejercicio se contabiliza dentro del siguiente, si el pago o el cobro correspondiente se realiza dentro de este último.

Tabla 7.4 Determinación del beneficio	
Gastos	*Ingresos*
+ I. Beneficio explotación	+ I. Pérdidas explotación
+ II. Resultado financieros positivos	+ II. Resultado financieros negativos
= III. Beneficio de las actividades ordinarias	= III. Pérdidas de las actividades ordinarias
+ IV. Resultados extraordinarios positivos	+ IV. Resultados extraordinarios negativos
= V. Beneficios antes de impuestos	= V. Pérdidas antes de impuestos
– I. Impuestos de sociedades	
– 2. Ajustes impositivos	
= VI. BENEFICIO DEL EJERCICIO	= VI. PÉRDIDA DEL EJERCICIO

Según el método del «devengo», las operaciones concluidas en un ejercicio e imputables al mismo se contabilizan en dicho ejercicio, aunque el cobro o pago tenga lugar en otros ejercicios. Así, el alquiler correspondiente al mes de enero de un año se contabiliza en ese mismo año, aunque el pago del mismo se haya realizado en diciembre del año anterior utilizando las llamadas «cuentas de orden». En lo sucesivo, supondremos que las operaciones se contabilizan según este método.

Factores determinantes. Los principales factores determinantes del beneficio contable son los siguientes:

Cálculo de las amortizaciones. El activo inmovilizado (maquinaria, medios de transporte, etcétera) se va depreciando con su utilización, con el transcurso del tiempo, o con la aparición de máquinas o instalaciones más modernas; ésta es la depreciación tecnológica.

Para calcular la pérdida de valor (costo del inmovilizado), se divide el precio de compra del activo por el número de años de vida económica estimada, obteniéndose así la cuota anual de amortización.

Dotaciones a las cuentas de provisiones por:

• Insolvencias.
• Depreciación de existencias.

La tecnología asume una posición cada vez más privilegiada en los sistemas de administración empresarial. Los antiguos métodos de contabilidad y control son sustituidos hoy por la fiabilidad y capacidad de los medios computadorizados.

- Obras y reparaciones extraordinarias.
- Provisión para responsabilidades futuras.

Determinación del costo de las mercaderías vendidas y del valor de las existencias al final del ejercicio. Esta determinación depende del criterio utilizado para la valoración de las mercaderías que se encuentran en bodega al comienzo y al final del ejercicio, que debe ser el mismo.

CUADRO 7.7

Modelo de cuenta
de pérdidas y ganancias

DEBE		HABER	
Consumos de explotación Gastos de personal Dotaciones amortización inmovilizado Variación de las provisiones de tráfico Otros gastos de explotación		Importe de la cifra de negocios Otros ingresos de explotación	
Total gastos de explotación **BENEFICIOS DE EXPLOTACIÓN**		**Total ingresos de explotación** **PÉRDIDAS DE EXPLOTACIÓN**	
Gastos financieros Variación de las provisiones financieras Diferencias negativas de cambio		Ingresos financieros Diferencias positivas de cambio	
Total gastos financieros		**Total ingresos financieros**	
RESULTADOS **FINANCIEROS POSITIVOS**		**RESULTADOS** **FINANCIEROS NEGATIVOS**	
BENEFICIOS DE LAS **ACTIVIDADES ORDINARIAS**		**PÉRDIDAS DE LAS** **ACTIVIDADES ORDINARIAS**	

Variación provisiones de inmovilizado
Pérdidas procedentes del inmovilizado
Pérdidas por operaciones
    con acciones propias
Gastos extraordinarios
Gastos de otros ejercicios
		Beneficios por enajenación
		    de inmovilizado
		Beneficios por operaciones
		    con acciones propias
		Subvenciones de capital transferidas
		    al resultado
		Ingresos extraordinarios
		Ingresos y beneficios de otros ejercicios	

Total gastos extraordinarios		**Total ingresos extraordinarios**	
RESULTADOS **EXTRAORDINARIOS POSITIVOS**		**RESULTADOS** **EXTRAORDINARIOS** **NEGATIVOS**	
BENEFICIOS ANTES **DE IMPUESTOS**		**PÉRDIDAS ANTES** **DE IMPUESTOS**	
Impuesto sobre sociedades Otros impuestos		**RESULTADO DE EJERCICIO** **(PÉRDIDAS)**	
RESULTADO DE EJERCICIO **(BENEFICIOS)**			

El valor de las existencias al final del ejercicio se determina generalmente por su precio de adquisición, o bien por el precio que las mercaderías en bodega tengan en el mercado al final del ejercicio, o por su costo medio ponderado. Cuanto mayor sea el valor atribuido a las existencias al final del ejercicio, mayor será también el beneficio contable. Por sus consecuencias fiscales, la ley suele determinar el método de valoración que se debe aplicar a efectos de determinación del beneficio contable.

Periodificación de los gastos e ingresos. Al confeccionar un estado financiero, ha de procederse a la imputación periódica de los gastos para ajustarse a la realidad de la gestión como ocurre con:

- Gastos de alquiler de maquinaria, edificios, etcétera.
- Primas de seguro.
- Gastos financieros.
- Gastos de conservación y mantenimiento, etcétera.

Determinación de la cifra de ventas. La cifra de ventas debe ser «neta», es decir, importe bruto de ventas menos devoluciones y descuentos.

Los principales factores que se deben tener en cuenta en la determinación del beneficio real son:

- Beneficios debidos a las fluctuaciones de precios.
- Beneficios y gastos extraordinarios.
- Cobertura de riesgos.
- Distinción entre inversión (por ejemplo, obras de mejora o ampliación) y gasto (mantenimiento).
- Diferencia entre el valor contable y real de las amortizaciones.
- Revalorización de activos.
- Sueldo del empresario individual.

■ Estados de origen y aplicación de fondos

Concepto de fondos y flujos financieros

El concepto de fondo responde al valor intrínseco que tiene en dinero cada una de las cuentas contables representativas de las diferentes partidas que integran el balance. Es común a la estructura económica (aplicaciones) y a la estructura financiera (orígenes).

Los fondos se clasifican en función de la realización de su estructura:

- Fondos fijos: los integrados por las masas patrimoniales del inmovilizado y el pasivo a largo plazo más los fondos propios.

Un banquero es una persona dispuesta a prestarle dinero si usted prueba que no lo necesita.

HERBERT V. PROCHNOW
Asesor de empresas

• Fondos circulantes: aquellos que afectan a la estructura del activo circulante y del pasivo circulante.

Por flujos financieros entenderemos los movimientos que experimentan los recursos financieros como consecuencia de las entradas y salidas de medios financieros.

Cuadro de origen y aplicación de fondos

Es la relación de los orígenes de los fondos y sus correspondientes aplicaciones, en un período determinado, que generalmente comprende un ejercicio económico. Revela cómo se han obtenido y cómo se han aplicado los fondos de carácter financiero. Las entradas y salidas de medios financieros se conocen con el nombre de flujo financiero.

El cuadro de origen y aplicación de fondos tiene como objetivo recoger sólo aquellas transacciones en las que se han utilizado medios financieros (sólo financieros), originados por la explotación de la actividad. Determina y cuantifica los flujos financieros de los circuitos empresariales, tales como ventas/cobro y compras/pago y también las inversiones en masas de activo o pasivo, generado ya sea por la venta o disminución del activo o la obtención de beneficios por la actividad.

CUADRO 7.8

Modelo de cuadro de origen y aplicación de fondos

FONDOS APLICADOS	N	N-1	FONDOS OBTENIDOS	N	N-1
1. Fondos aplicados en la actividad empresarial			1. Fondos procedentes de la actividad empresarial		
2. Gastos establecimiento y formalización deudas			2. Aportaciones de los accionistas		
3. Adquisiciones de inmovilizado			3. Subvenciones de capital		
a) Inmov. inmaterial			4. Deudas a largo plazo		
b) Inmov. material			a) Empréstitos		
c) Inmov. financiero			b) De empresas grupo		
4. Adquisición de acciones propias			c) Empresas asociadas		
5. Reducciones de capital			d) De proveedores de inmovilizado		
6. Dividendos			5. Enajenación de inmovilizado		
7. Provisiones para riesgos y gastos			a) Inmov. inmaterial		
			b) Inmov. material		
			c) Inmov. financiero		
			6. Enajenación de acciones propias		
TOTAL APLICACIONES **EXCESO DE ORÍGENES** **SOBRE APLICACIONES**			**TOTAL ORÍGENES** **EXCESO DE APLICACIONES** **SOBRE ORÍGENES**		

Siempre se debe cumplir:

> aplicaciones (inversiones) = origen (financiación)

La variación del activo será igual a la variación del pasivo más la variación del neto patrimonial, o, lo que es lo mismo, en síntesis:

> fondos aplicados = fondos obtenidos

Veamos a modo de ejemplo unas operaciones muy habituales en la actividad económica de las empresas:

- Un aumento de existencias vendrá como consecuencia de un aumento en proveedores o una disminución de tesorería.
- La reducción en préstamos genera disminución de tesorería.
- Un aumento en la tesorería, vendrá como consecuencia del cobro de clientes (disminución del activo) o del aumento de préstamos (aumento del pasivo) o aumento de los fondos propios.

Las **aplicaciones** son las que generan:

- Aumento del activo.
- Disminución del pasivo.
- Disminución de los fondos propios.

Los **orígenes** son los que a su vez generan:

- Aumento del pasivo.
- Disminución del activo.
- Aumento de los fondos propios.

El cuadro de origen y aplicación de fondos suele revelar las variaciones patrimoniales habidas en dos ejercicios económicos consecutivos, mediante un sistema de comparación de balances (n y n–1), fijando las diferencias patrimoniales en ese período.

Ajustes al cuadro de origen y aplicación de fondos

El objetivo de los ajustes al cuadro es eliminar aquellas variaciones que no representan ni origen ni aplicaciones de fondos. Estas alteraciones patrimoniales no originan transacciones de los flujos financieros. De forma general, enumeramos las más frecuentes:

- Revalorizaciones de partidas del activo inmovilizado, debidas a leyes de actualización de activo.

**FLUJOS
FINANCIEROS**

Las entradas y salidas de los medios financieros se conocen con el nombre de flujos financieros.

**APLICACIONES
Y ORÍGENES**

Las aplicaciones generan aumento del activo, disminución del pasivo y disminución de los fondos propios. Los orígenes generan aumento del pasivo, disminución del activo y aumento de los fondos propios.

- Saneamiento de los gastos amortizables.
- La dotación del ejercicio de las amortizaciones.
- La dotación del ejercicio de las depreciaciones.
- Aumentos de capital con cargo a reservas.
- Traspaso a explotación de las subvenciones de capital.
- Aquellas partidas contables que representen simples anotaciones en cuenta como consecuencia de traspaso de partidas, de largo a corto plazo o de inmovilizaciones en curso a inmovilizado efectivo.
- Las que provengan de saneamientos de cuentas.

▲ En la planificación financiera debe tenerse también presente la amortización de las máquinas y equipos que se deben ampliar, modernizar o sustituir periódicamente.

■Flujos de tesorería

Planificación financiera

Se denomina planificación financiera a la gestión adecuada de la administración y control de los flujos financieros, ya sea en sus orígenes o en su aplicación. El objetivo de cualquier planificación financiera consiste en controlar, orientar, impulsar y suministrar información sobre la situación de la masa de dinero que generan los recursos productivos de la empresa. El fin último es conocer la liquidez de la empresa en cada momento para que siempre sea capaz de hacer frente a los pagos o en su caso recurrir a financiación externa temporal.

Con tal de realizar eficazmente una planificación financiera, deben tenerse en cuenta los siguientes aspectos:

Tabla 7.5   Presupuesto de pedidos

Delegación	Artículo A	Artículo B	Artículo C	Total
Centro	10 000	5 000	2 000	17 000
Levante	40 000	1 000	10 000	51 000
Sur	20 000	10 000	5 000	35 000
Totales	70 000	16 000	17 000	103 000

El presupuesto debe partir de las estimaciones de pedidos generados. Esta información la suministra el departamento comercial.

Recogida de datos. Para confeccionar los informes de flujos de tesorería es recomendable recoger los máximos datos de las posibles entradas y salidas de dinero a partir de:

Tabla 7.6 Presupuesto de ventas del ejercicio

	Enero	Febrero	Marzo	Abril
Pedidos	300 000	400 000	500 000	500 000
Ventas realizadas	250 000	450 000	500 000	400 000
Diferencia	-50 000	+50 000	0	-100 000

Las diferencias que puedan existir entre los pedidos y las ventas se deben, fundamentalmente, a diferencias en la logística de bodega, inadecuación del plazo de suministro, etcétera.

HIPOTECAS

Las hipotecas sobre las propiedades de la empresa suponen un ingreso de dinero que permite adquirir la maquinaria e iniciar la actividad productiva.

Tabla 7.7 Presupuesto de pagos a realizar

Conceptos	Enero	Febrero	Marzo	Abril	Pago	Total
Ejercicio anterior	2 000					2 000
Compras bodega	1 200	1 300	1 400	1 400		5 300
Gastos ejercicio	180	195	210	210		795
Inversiones		1 000		2 000		3 000
Total compras	3 380	2 495	1 610	3 610		11 095
Pagos compras						
Ejercicio anterior	1 600	400				2 000
Enero	600	780				1 380
Febrero		1 000	1 000	495		2 495
Marzo			610	1 000		1 610
Abril				2 610	1 000	3 610
Pagos a realizar	2 200	2 180	1 610	4 105	1 000	11 095
Pendientes de pago	1 180	1 495	1 495	1 000	0	

Las instituciones bancarias son de vital importancia en la gestión de la empresa, asistiéndola y promoviendo decisivamente el mejor desempeño de sus funciones.

- La contabilidad.
- Las estimaciones de gastos y pedidos efectuados.
- La cartera de pedidos y ventas realizadas.
- Los datos que suministren los responsables de los distintos departamentos (compras, ventas, etcétera).
- Actas de los consejos, sean de directores o de administración.

Realización. La temporalidad debe referirse siempre a un plazo determinado, que deberá mantener los siguientes parámetros:

- A la vista: lo más inmediato posible.
- Inmediato: mensualmente. Partiendo de la planificación a la vista debe elaborarse uno de carácter mensual.
- Postinmediato: trimestralmente.
- A corto plazo: anualmente.
- A medio y largo plazo.

Desviaciones. Análisis de las posibles desviaciones que hubieran surgido y estableciendo las correcciones oportunas.

Presupuestos financieros

Su objetivo consiste en determinar el posible déficit o superávit de los fondos monetarios de la empresa.

El presupuesto tiene su aspecto crítico en la previsión de los cobros y pagos que origina lo que se denomina capital circulante, que se define como aquel capital que está continuamente en movimiento, y contempla desde la rotación de los flujos financieros, velocidad de giro de las existencias, plazo de ventas, y cobro de clientes, hasta los pagos a terceros.

Para confeccionar un presupuesto hay que determinar las siguientes consideraciones:

- Disponibilidad inicial: considerando el dinero líquido existente, disponible en el momento de realizar la previsión.
- Volumen de ingresos: teniendo en consideración, fundamentalmente, el momento del cobro, esto es, el instante en que la empresa tendrá disponible en dinero el producto de las ventas.
- Volumen de pagos: teniendo en cuenta el instante de obligación de pago.
- Volumen de inversión: considerando dos aspectos fundamentales de toda inversión: primero, que el valor actualizado de los rendimientos sea superior al valor actualizado de los costos y, segundo, que la empresa mantenga el volumen de inversión, es decir, que pueda soportar financieramente el plazo que media entre el momento de pago y el momento de recoger los frutos generados por la misma.

DISPONIBILIDADES

Es fundamental el conocimiento de las disponibilidades de la empresa para no incurrir a corto plazo en suspensión de pagos.

Como regla general, para elaborar un presupuesto deberá considerarse la siguiente operación:

```
  + saldo inicial disponible
  + entradas previstas
  – salidas previstas
  ─────────────────────────────
  = saldo previo disponible
  – mínimo necesario disponible
  ─────────────────────────────
  = déficit o superávit
```

Caso práctico 1

La empresa Jullaiama, S.A. se dedica a la elaboración de abonos naturales, consta de 100 trabajadores y realiza las siguientes operaciones:

1. La empresa compra un edificio.

Una empresa industrial no puede tener todo su dinero inmovilizado en la caja fuerte, sino que los fondos deben emplearse en comprar lo necesario para que la empresa pueda trabajar. Lo primero que se necesita es un edificio, esto es, un lugar donde poder desarrollar la actividad social. Para ello la empresa compra al contado un edificio por 150 000 u.m. Después de esta transacción y suponiendo un volumen inicial en caja de 220 000 u.m., el balance de la empresa es el siguiente:

APLICACIÓN DE FONDOS		ORIGEN DE FONDOS	
Caja	70 000	Capital propio	220 000
Edificio	150 000		
TOTAL	220 000		220 000

El capital social no ha sufrido ninguna variación, ya que no se han aportado nuevos fondos a la empresa. Lo único que ha sucedido es que se han tomado 150 000 u.m., por ejemplo, de la caja y se han invertido en un edificio.

2. La empresa compra materias primas

La empresa también necesita materias primas para desarrollar su actividad. Supongamos que la empresa invierte 60 000 u.m. en materias primas. Como los fondos de caja ya han quedado fuertemente reduci-

La empresa Julia Rama ha invertido gran parte de su capital inicial en la compra de un amplio local, pues sus actividades hacen necesario bodegas para materias primas y productos elaborados, y naves de fabricación.

dos después de comprar el edificio, intenta buscar la financiación a través de sus proveedores mediante pago aplazado.

Si los proveedores acceden a esta petición, el balance de la empresa tendrá ahora la siguiente configuración:

APLICACIÓN DE FONDOS		ORIGEN DE FONDOS	
Caja	70 000	Capital propio	220 000
Materias primas	60 000	Deuda proveedores	60 000
Edificio	150 000		
TOTAL	280 000		280 000

Después de realizar la compra a crédito por el importe mencionado, la columna del pasivo ha aumentado en la misma cantidad, a 280 000 u.m. En otras palabras, la empresa ha tomado un préstamo (consistente en la compra de mercaderías con pago aplazado) por un importe de 60 000 u.m.

3. La empresa hipoteca el edificio

Para la transformación de las materias primas que ha adquirido, la empresa precisa maquinaria y herramientas. Pero, para su compra, necesita más fondos de los que tiene a su disposición, por lo que contrata con el banco un préstamo hipotecario sobre el edificio por

100 000 u.m. Después de esta transacción, el balance de nuestra empresa queda de la siguiente forma:

APLICACIÓN DE FONDOS		ORIGEN DE FONDOS	
Caja	170 000	Capital propio	220 000
Materias primas	60 000	Deuda proveedores	60 000
Edificio	150 000	Préstamo hipotecario	100 000
TOTAL	380 000		380 000

4. Adquisición de maquinaria y herramientas

La empresa dispone ahora de fondos suficientes, así que decide comprar las máquinas y herramientas necesarias. El precio de adquisición de estos elementos es de 80 000 u.m., de los cuales la empresa paga al contado 50 000. El balance queda ahora de la siguiente forma:

APLICACIÓN DE FONDOS		ORIGEN DE FONDOS	
Caja	120 000	Capital propio	220 000
Materias primas	60 000	Deuda proveedores	90 000
Edificio	150 000	Préstamo hipotecario	100 000
Maquinaria	80 000		
TOTAL	410 000		410 000

Determinación del beneficio o de la pérdida a partir de las cifras del balance

Veamos ahora por qué el balance no sólo sirve para determinar la situación económica de la empresa en un determinado momento, sino también para conocer el resultado de la actividad económica desarrollada en el transcurso del tiempo, y valorar su idoneidad. Volvamos, para ello, al balance correspondiente al 31 de diciembre que hemos expuesto anteriormente.

1. La empresa comienza la fabricación

La empresa cuenta ya con edificios, maquinaria, herramientas y materias primas y, además, dispone de fondos tanto en caja como en bancos. En este punto, la compañía ha contratado algunos empleados y ha comenzado a trabajar en un pedido recientemente recibido de un cliente.

Una vez terminada la fabricación del lote de productos que componen el pedido, se comprueba que en el proceso de fabricación se han gastado materias primas por valor de 5 000 u.m., habiéndose pagado 6 000 en salarios.

No es cierto que existan los gastos por un lado y los ingresos por otro. Hay, por un lado, los ingresos y los gastos útiles, y por otro, los gastos inútiles.

AUGUSTE DETŒUF
Empresario

Si la empresa hiciera ahora un nuevo balance, tendría la siguiente configuración:

APLICACIÓN DE FONDOS		ORIGEN DE FONDOS	
Caja	114 000	Capital propio	220 000
Materias primas	55 000	Deuda proveedores	90 000
Productos terminados	11 000	Préstamo hipotecario	100 000
Edificio	150 000		
Maquinaria	80 000		
TOTAL	410 000		410 000

AMORTIZACIÓN

Calculando *a priori* la vida económica de una máquina, podrá determinarse la amortización que se ha de efectuar en cada período.

La partida del balance correspondiente a la caja ha disminuido en 6 000, que han sido pagados en conceptos de sueldos y salarios, y las «materias primas» han mermado en 5 000. Sin embargo, en el balance figura ahora una partida que antes no existía, a saber, «productos terminados», por valor de 11 000. Este importe representa, por tanto, el valor de los sueldos y salarios pagados, y las materias primas consumidas en el proceso de producir el pedido.

El balance no ha sufrido más modificaciones que la que acabamos de reseñar, y el saldo total sigue siendo de 410 000 u.m.

2. La empresa vende los productos acabados

Una vez concluido el proceso de producción, la empresa entrega al cliente el pedido, pagando aquél al contado la cantidad de 12 000 u.m. El balance tiene ahora el siguiente aspecto:

APLICACIÓN DE FONDOS		ORIGEN DE FONDOS	
Caja	126 000	Capital propio	221 000
Materias primas	55 000	Deuda proveedores	90 000
Edificio	150 000	Préstamo hipotecario	100 000
Maquinaria	80 000		
TOTAL	411 000		411 000

Si centramos la atención en la columna izquierda del balance, nos daremos cuenta de que los fondos de «caja» han aumentado en 12 000 u.m., que es el importe del pago al contado del cliente. Por otra parte, la partida «productos acabados», por importe de 11 000, ha desaparecido. Si nos fijamos en la suma total del balance, nos damos cuenta de que ésta se ha incrementado en 1 000 u.m. La parte derecha del balance debe también aumentar, por tanto, en 1 000. Pero ¿qué partida de la parte derecha debe aumentar entonces? El costo de fabricación de los productos acabados vendidos fue de 11 000 u.m., pero los vendió por 12 000, lo que quiere decir que se ha obtenido un beneficio de 1 000. El capital propio ha aumentado, por tanto, en 1 000.

Examinemos ahora la problemática de la valoración de las existencias

En los ejemplos que siguen prescindiremos de otros costos, como los de venta, etcétera. El beneficio así obtenido es, por tanto, una especie de beneficio bruto.

Digamos que la empresa comienza su actividad sin disponer de existencias en la bodega y que, durante el ejercicio, compra 5 000 unidades a 20 u.m. cada una (precio de adquisición). De éstas, se venden 3 000 unidades a 25 u.m. por unidad (precio de venta); en bodega quedan, pues, 2 000 unidades. Durante el mismo ejercicio, se ha producido una reducción del precio de compra a 17,5 u.m. por unidad (precio real).

Resumiendo lo anterior:

```
Adquisición 5 000 unid. a 20    =    100 000 (precio de adquisición).
      Venta 3 000 unid. a 25    =    75 000.
Existencias 2 000 unid. a 20    =    40 000 (precio de adquisición).
Existencias 2 000 unid. a 17,5  =    35 000 (valor real).
```

VALORACIÓN

Un principio generalmente aceptado por casi todas las legislaciones es que el activo debe valorarse por su valor de adquisición, o por su valor de mercado, si éste fuera menor que aquél.

¿Qué beneficio contabilizará la empresa en su balance? Vemos que se ha realizado un beneficio de 15 000 u.m. (3 000 x 5). Valorando las existencias a 20 u.m./unidad, tendremos el cuadro:

a) Alternativa 1. Valoración por el precio de adquisición

BALANCE POSTERIOR A LA ADQUISICIÓN			
Existencias	100 000	Capital social	100 000
TOTAL	100 000		100 000

BALANCE POSTERIOR A LA VENTA DE 3 000 UNIDADES			
Caja	75 000	Capital social	100 000
Existencias	40 000	Beneficio	15 000
TOTAL	115 000		115 000

Pero si al final del ejercicio valoramos las existencias en bodega en 40 000 u.m., es decir, a un precio de 20 u.m. por unidad, no habremos tomado en consideración la reducción de precios que ha tenido lugar durante el ejercicio. El valor real de las existencias es de sólo 35 000 u.m. (2 000 unidades x 17,5 u.m.). Para expresarlo de otro modo, la empresa ha experimentado una pérdida de 2,5 por unidad, es decir, un quebranto de 5 000 u.m. Si tomamos en cuenta esta pérdida, es decir, si valoramos las existencias por su valor real, tendremos el siguiente balance al final del ejercicio:

b) Alternativa 2. Valoración por el valor real

BALANCE POSTERIOR A LA VENTA DE 3 000 UNIDADES			
Caja	75 000	Capital social	100 000
Existencias	35 000	Beneficio	10 000
TOTAL	110 000		110 000

El beneficio del ejercicio ha bajado, por tanto, de 15 000 a 10 000 u.m., según el siguiente cálculo:

Beneficio de la venta de 3 000 unidades 15 000
Menos: pérdida por reducción de precios
al final del ejercicio, correspondiente
a las existencias en bodega (2 000 a
2,5 cada unidad) 5 000
Beneficio contable del ejercicio 10 000

Supongamos ahora que, durante el ejercicio, se ha producido un aumento en el precio de compra de estas mercaderías y que, al final del mismo, las existencias tienen un valor real de 22 u.m. por unidad, es decir, de 44 000 u.m. Como el precio de adquisición era de 20 u.m., la empresa habría obtenido un beneficio por apreciación de 4 000 u.m. (2 x 2 000). Si tomamos en consideración el aumento de valor, es decir, si valoramos las existencias por su valor real, el balance tendría el siguiente aspecto:

BALANCE POSTERIOR A LA VENTA DE 3 000 UNIDADES			
Caja	75 000	Capital social	100 000
Existencias	44 000	Beneficio	19 000
TOTAL	119 000		119 000

La empresa contabiliza ahora un beneficio de 19 000 u.m. que se calcula de la siguiente forma:

Beneficio de la venta de 3 000 unidades 15 000
Más: aumento precio, al final del
ejercicio, de existencias en bodega
(2 000 a 2 cada unidad) 4 000
Beneficio contable del ejercicio 19 000

DIVIDENDOS

La liquidación de dividendos no conviene determinarla al alza, pues existe el peligro de descapitalizar la empresa, con lo que no podrán atenderse los posibles imprevistos o decidir inversiones que reactiven su marcha.

Caso práctico 2

Historia de Rafael Marquetti

Descendiente de una familia de inmigrantes, modestos artesanos establecidos tiempo atrás en una populosa ciudad de América Latina, Rafael Marquetti montó un pequeño negocio gracias a sus ahorros y contando con un pequeño local arrendado que le dejara su padre. Aunque el negocio era muy modesto, pues constaba de una línea de producción bastante limitada de muñecas de poliéster para niñas pequeñas, Rafael se sentía realmente muy feliz, pues aquella actividad llenaba sus ansias de independencia económica y de iniciativa comercial, ya que, además de fabricar las muñecas, las vendía a las tiendas al precio de 200 u.m. la unidad.

Movido por su dinamismo y su afán de superación, nuestro hombre logró aumentar gradualmente los niveles de producción, a pesar de las muchas dificultades iniciales.

El problema más serio era de carácter técnico y consistía en la calidad de los productos empleados para dar el acabado correcto a la «piel» de las muñecas. Pero, por fin, se resolvió este problema al aparecer un proveedor capaz de suministrar un material fiable.

Al conseguir aumentar la producción y mejorar el acabado de sus muñecas, el señor Marquetti veía el futuro con optimismo.

Sin embargo, el volumen de mercancía no vendida al terminar la campaña navideña enfrió su entusiasmo.

Transcurrido el primer semestre de explotación del negocio, Rafael Marquetti preparó una cuenta intermedia de resultados que arrojó un saldo netamente positivo y esperanzador. Veamos las cifras:

RESULTADOS DE EXPLOTACIÓN DURANTE EL SEMESTRE TERMINADO EL 31 DE DICIEMBRE			
Importe neto de ventas			410 000
Existencias a 1 de julio		7 500	
Materia prima comprada	250 000		
Mano de obra	410 000		
Arrendamiento maquinaria	100 000	760 000	
COSTO TOTAL		767 500	
Existencias a 31 de diciembre		575 000	
COSTO MERCADERÍAS VENDIDAS			192 500
BENEFICIO BRUTO			217 500
Gastos venta		76 000	
Intereses		2 600	
BENEFICIO NETO			138 900

Por consiguiente, el balance arrojaba el resultado siguiente:

BALANCE 31 DE DICIEMBRE		
ACTIVO		
Caja y bancos	15 000	
Inventario al costo	575 000	590 000
PASIVO		
Efectos a pagar	150 000	
Cuentas a pagar	136 000	286 000
CAPITAL CONTABLE		304 000

En vista de estos estados financieros, ¿puede el lector establecer cuáles han sido las principales realizaciones del señor Marquetti y cuáles sus perspectivas futuras?

Algunas observaciones

Una mirada superficial a los datos que hemos expuesto hasta ahora permitiría a un observador no docto abrigar la ilusión de que la actual situación económica del señor Marquetti es magnífica y que sus perspectivas futuras son inmejorables. Sin embargo, una sombra empaña este risueño cuadro.

Finalizado el momento de ventas más brillante para las muñecas del señor Marquetti, que en el país en que está establecido corresponde a la Navidad, se encuentra todavía con un volumen de existencias notable, que difícilmente podrá reducir en los meses venideros. Así, la partida de cuentas a pagar asciende a 136 000 u.m., mientras que sólo dispone de 15 000 u.m. en caja y bancos para hacer frente a esta deuda. Hemos de llegar forzosamente a la conclusión de que el beneficio realizado por el señor Marquetti es un tanto ficticio y que un golpe de adversidad podría poner su negocio en serios aprietos.

Caso práctico 3

Los negocios del señor Pablos

El señor Pablos decidió comprar una bodega para dedicarse a la venta de vinos. El local (incluidas la bodega y las instalaciones exteriores) era bastante grande. Para aprovechar convenientemente la parte del establecimiento que no era utilizada para carga-descarga y estacionamiento, decidió crear un negocio de venta de automóviles usados y de esta forma diversificar el riesgo.

Pablos conocía bien el sector vinatero, así que pronto se hizo con una numerosa clientela, tanto de venta al por mayor como al detalle. Las ventas a los mayoristas las hacía por lo general a crédito, mientras que a los minoristas siempre les vendía con pago al contado. Su gran capacidad de trabajo le permitía llevar un adecuado control de las cuentas.

El amplio local del que disponía el señor Pablos le dio la idea, en principio acertada, de diversificar su inicial negocio de venta de vino y ampliarlo a la venta de automóviles de segunda mano.

DISTRIBUCIÓN DE VINOS

COMPRA-VENTA AUTOMÓVILES

Las ventas de automóviles usados siempre se realizaban a crédito, salvo en casos excepcionales. Además, para facilitar las operaciones, Pablos no imponía a sus clientes el pago inicial, legalmente exigible, del 30 por ciento del precio de venta, y prefería financiar estos fondos con préstamos recibidos de su banco, debidamente garantizados con sus bienes patrimoniales.

La abundante cosecha de aquel primer año hizo que la oferta sufriera un fuerte incremento, lo cual se tradujo casi inmediatamente en una reducción de los precios de venta. No tardó mucho en estallar una verdadera guerra de precios en la región, y Pablos, acosado por la necesidad de reintegrar los préstamos recibidos y salvaguardar así su buena reputación comercial, se vio obligado a vender el vino muy barato, incluso por debajo del costo real de compra.

La buena marcha del negocio de venta de automóviles le tranquilizaba y le hacia suponer que las pérdidas de una parte se verían compensadas por los beneficios obtenidos por la otra.

A pesar de que las ventas, tanto de vino como de automóviles, eran satisfactorias, los créditos que pidió para sostener sus dos negocios le supusieron problemas de financiación difíciles de resolver.

Empero, pronto nuestro hombre descubrió la triste realidad. Las pérdidas sufridas y la imposibilidad de hacer frente al pago de los préstamos obtenidos para financiar el «floreciente» negocio de automóviles, le obligarían a recurrir a la ayuda de dos hermanos, mejor establecidos que él, para salvar los terrenos y la bodega sin necesidad de hipotecarlos.

Conclusiones

Todo parecía indicar que se cumplían las condiciones necesarias para el éxito de la empresa. Pablos conocía el negocio del vino, era un hombre activo y la diversificación de riesgos parecía una medida prudente. ¿Dónde estaba, entonces, el fallo? Veamos algunas respuestas:

- Un grave error de Pablos fue meterse en un negocio que no conocía: la venta de automóviles.
- Los beneficios obtenidos del vino, que se acumularon durante los primeros tiempos, fueron luego «invertidos» para financiar las compras de los clientes de automóviles.
- Nunca debió vender el vino por debajo del costo (variable) de compra.
- La razón principal de su mala situación fue, sin duda alguna, la financiación de las compras de sus clientes con préstamos recibidos de su banco.

Ejercicios de autoevaluación

A) Conteste a las siguientes preguntas:

① ¿Qué fines debe cumplir la información contable?
② ¿Cuál es el precio que la empresa debe pagar por no tener la información contable adecuada?
③ ¿Qué condiciones debe cumplir todo sistema contable?
④ ¿Por qué es tan necesario llevar libros y registros contables?
⑤ ¿Cuál es la función de los diarios y mayores auxiliares?
⑥ ¿Cuál es, en su opinión, la partida más importante del activo? ¿Por qué?
⑦ Explique las razones por las cuales los elementos del inmovilizado pueden tener una valoración diferente a efectos de seguro, de tributación y de valoración del patrimonio. Indique así mismo las ventajas e inconvenientes, en cada caso, de valores por exceso o por defecto.
⑧ Si usted tuviese la intención de aumentar la dimensión de su negocio, ¿recurriría al endeudamiento a largo plazo o procuraría aumentar el capital social? Explique las razones.

B) Responda verdadero o falso según su criterio:

① Los registros contables se utilizan también para llevar el historial de los empleados.
② La cuenta de resultados refleja la variación del capital contable a lo largo de un período de tiempo.
③ El balance es un reflejo estático de la empresa y la cuenta de resultados es una constatación dinámica.
④ El mayor da una versión detallada de los asientos del diario.
⑤ La principal característica del activo circulante es su escasa rotación.
⑥ El pasivo puede ser mayor que el activo.

C) Escoja la respuesta correcta:

① El resultado de una empresa se calcula como:
   a) Ingresos - Gastos.
   b) Activo - Pasivo.
   c) Cobros - Pagos.

② Determinar de las siguientes partidas, cuáles son gastos:
a) Compras.
b) Mercaderías.
c) Intereses por descuentos de efectos.

③ En la cuenta de pérdidas y ganancias:
a) En el debe recogemos el total de gastos.
b) En el haber recogemos el total de ingresos.
c) Las dos afirmaciones anteriores son correctas.

④ ¿Qué se encuentra recogido en el balance?:
a) El resultado de la empresa.
b) El patrimonio o situación patrimonial de la empresa.
c) Las cuentas de la empresa.
d) La empresa.

Soluciones

A)

1. Permitir revelar la situación patrimonial y financiera dando a conocer la existencia de pérdidas o ganancias, la evolución de la empresa en su conjunto y de las partidas fundamentales.

2. Además de las sanciones que fije la administración, la empresa carecerá de base para decidir en la forma más conveniente, por no disponer de los datos necesarios a su debido tiempo.

3. Facilitar la información precisa, ser manejable y de fácil interpretación, reflejar la realidad de manera coherente y servir de soporte a la toma de decisiones.

4. Para tener recogida de la manera más breve y sencilla la vida de la empresa y cumplir las instrucciones de la administración.

5. Deben ofrecer un detalle más concreto que los libros principales (aspecto analítico).

6. ...

7. Para el seguro, afectará a la prima que se contrate y a la cantidad que se podrá recibir en caso de siniestros; la prima será tanto mayor cuanto más elevada sea la valoración.
Fiscalmente, se incide en el problema de las amortizaciones. Al valorar más, la amortización será mayor, con lo que disminuye la utilidad y,

por tanto, el impuesto que hay que pagar.
A efectos de patrimonio, cuanto mayor sea el importe considerado en el inmovilizado, mayor será el activo de la empresa, dándose una imagen más sólida. Valorando por defecto, ocurre lo contrario.

8. ...

B)
1. Falso.
2. Falso.
3. Verdadero.
4. Falso.
5. Falso.
6. Verdadero.

C)
1. a
2. a y c
3. c
4. b

CONTROL DE GESTIÓN

☐ INTRODUCCIÓN

Contabilidad de dirección

Durante mucho tiempo, la contabilidad ha sido vista como un sistema adecuado únicamente para recoger datos sobre la gestión empresarial y para determinar, al final de cada período, los valores del patrimonio y los resultados económicos del ejercicio. Pero el papel de la contabilidad actualmente va mucho más lejos. Ha pasado de ser un simple colector de datos históricos a un eficiente medio de gestión. Los empresarios han comprendido la importancia que tiene, desde el punto de vista de la programación general, el disponer a tiempo de informaciones analíticas acerca de la situación empresarial. Programar significa establecer objetivos generales y estándares de actividad, y también elegir entre posibles alternativas de acción. En este proceso de elección, indudablemente, las informaciones de la contabilidad constituyen una gran ayuda.

▼ *Las particularidades de registro, archivo e informes contables se deben adaptar a las necesidades y estructura de la empresa.*

Programar las actividades de la empresa carece de sentido sin un subsiguiente control, realizado mediante la comparación entre los valores efectivos y los valores previstos. El control requiere después el análisis de las variaciones y la determinación de las causas de desviación. La contabilidad ha extendido así gradualmente su campo de acción desde el original control financiero al de costos, control operativo y control presupuestario, adquiriendo de este modo la configuración de lo que actualmente se denomina contabilidad de dirección.

La contabilidad de dirección, por tanto, ha de verse como la recogida, elaboración y presentación de informaciones financieras y económicas en la forma más adecuada para asistir a la dirección en la creación de normas de política de empresa y en la programación operativa de la misma. De acuerdo con este concepto, la contabilidad no se limita a la recogida de datos básicos, sino que procede también a la elaboración y análisis con el objeto de preparar estados e informes, y proporcionar medios concretos de decisión.

GRÁFICO 7.10

Presupuestos de gestión · Programación · Estudio de métodos contables · Organización · Análisis y rapports · Control · Supervisión · Registro de datos y determinación de costes · Integración entre el ciclo de dirección y el ciclo de contabilidad

Concepto de control de gestión

Esta evolución de las funciones de la contabilidad ha influido en un nuevo y más amplio significado de la función de control de la gestión empresarial. La palabra control puede ser aplicada en el campo de la producción lo mismo que en el de la administración; el control es, así mismo, una de las principales funciones de la dirección.

GRÁFICO 7.11

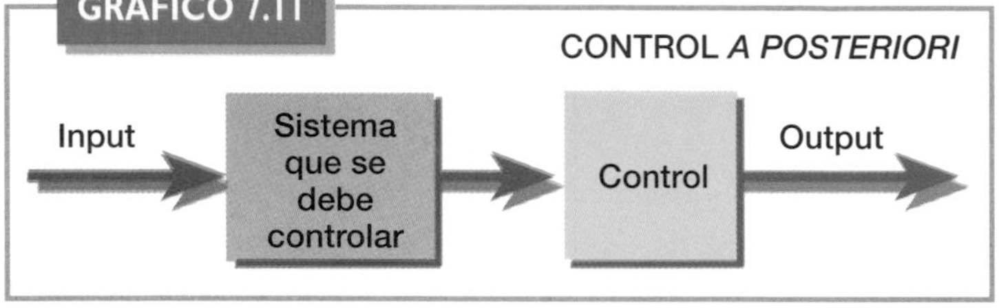

CONTROL *A POSTERIORI*

Input → Sistema que se debe controlar → Control → Output

▲ *Un control* a posteriori *de la marcha de la empresa no permite una actuación ni rectificación a tiempo.*

El control hasta hace pocos años ha sido entendido como la valoración *a posteriori* de los resultados de una operación o conjunto de operaciones. Pero se ha evolucionado hacia un control concomitante, en el cual la medida y la comparación se realizan mientras el proceso se está desarrollando. De este modo, todos los resultados del control pueden ser comunicados oportunamente a los responsables para que se pueda rectificar la actuación y mantener un máximo nivel de eficacia.

Un sistema de medida y comparación debe desempeñar las siguientes funciones fundamentales:

▼ *El control concomitante es más completo al basarse en la medida y comparación de resultados a lo largo del desarrollo de la actividad.*

- Medida de la actividad desarrollada.
- Comparación de la actividad desarrollada con los valores previstos.
- Determinación del tipo y entidad de las correcciones (*feedback*).

Este tipo de control es aplicable tanto al campo de la producción como al de la administración.

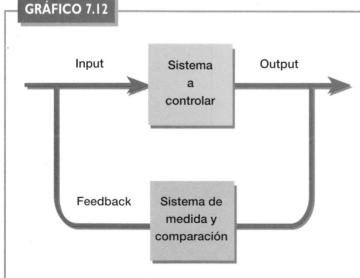

GRÁFICO 7.12

Input → Sistema a controlar → Output

Feedback ← Sistema de medida y comparación

El *feedback* consta de las siguientes fases:

- Comunicación a la dirección de los datos e informaciones recogidas por el servicio que tiene a su cargo el control de gestión o por otros servicios operativos.
- Flujo sucesivo de órdenes correctivas de la dirección de la empresa, al objeto de mantener las diversas actividades dentro del ámbito de los límites establecidos.

Funciones del control de gestión

Por lo general, en una empresa suele haber un director de control (o *controller*), cuyas misiones dependerán del tipo y dimensiones de la empresa; pero, en general, existen los siguientes grupos de funciones:

- Registro de los datos contables relativos a la contabilidad general y a la contabilidad industrial.
- Preparación de presupuestos operativos y financieros, y control correlativo.
- Preparación de informes periódicos sobre las variaciones respecto de los presupuestos e indicación de las posibles medidas de corrección.
- Control administrativo-contable, especialmente en cuanto se refiere a los procedimientos y las elaboraciones aplicadas en la empresa.
- Desarrollo de diversas funciones, comprendidas las dedicadas al estudio de las inversiones de capital, política de precios, métodos administrativos-contables, problemas fiscales y elaboración y estudio de estadísticas.

En el desarrollo de sus funciones el director de control asume necesariamente la posición de colaborador directo del director general de la empresa. El director de control, en efecto, debe ser considerado como una parte de la alta dirección, aun cuando respecto a los otros sectores de la empresa no pueda ejercer autoridad alguna; es, pues, una unidad de servicio en relación con los otros departamentos de la empresa. Por esta razón en muchas ocasiones dicho servicio lo realiza una empresa o profesional experto ajeno a la propia empresa.

Un análisis correcto y a tiempo de la situación de la empresa permitirá anticipar, dentro de ciertos límites, cuáles son las perspectivas de futuro.

▼ *Observando la estructura de la dirección de control de una empresa industrial vemos que afecta a todos los departamentos de la misma.*

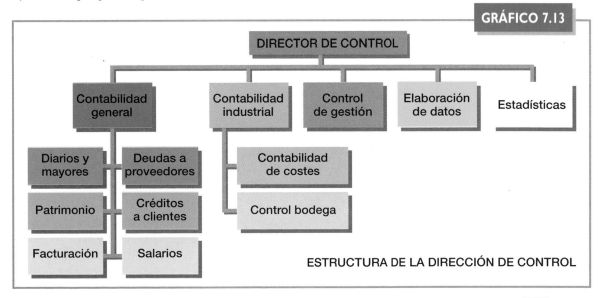

GRÁFICO 7.13

DIRECTOR DE CONTROL

Contabilidad general · Contabilidad industrial · Control de gestión · Elaboración de datos · Estadísticas

Diarios y mayores · Deudas a proveedores

Patrimonio · Créditos a clientes

Facturación · Salarios

Contabilidad de costes

Control bodega

ESTRUCTURA DE LA DIRECCIÓN DE CONTROL

En algunas empresas, además de la figura del director de control, existe la del director financiero o tesorero, que se encarga de la custodia del activo de la empresa incluida la caja, de asegurar la estabilidad financiera y de encontrar los fondos necesarios para las operaciones de la empresa. La posición del director financiero en relación con el director de control puede variar según la empresa.

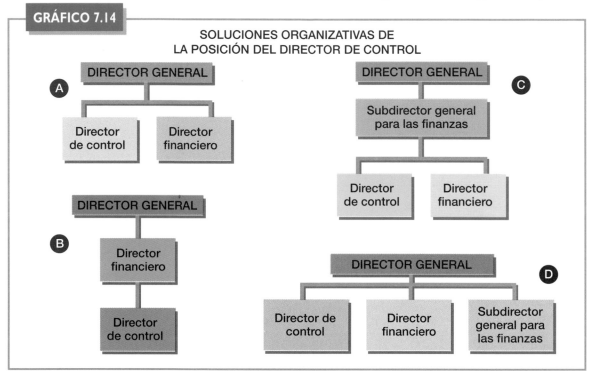

GRÁFICO 7.14

SOLUCIONES ORGANIZATIVAS DE
LA POSICIÓN DEL DIRECTOR DE CONTROL

▲ *Existen diferentes soluciones organizativas para determinar la posición del director de control dentro del organigrama directivo de la empresa.*

SORPRESAS, NO

Un conocimiento realista del contexto en que se desarrolla un determinado negocio podrá salvaguardar al empresario de sorpresas desagradables.

Limitación de los datos contables

En el empleo de los datos contables para la programación y el control, es preciso considerar con atención los presupuestos estimados válidos en el momento de su obtención. La contabilidad debe proceder a menudo a interpretar la situación de la empresa, a fin de traducirla en expresiones cuantitativas. Esto conduce inevitablemente a aproximaciones y alteraciones de realidad que es preciso conocer y saber valorar.

Consideremos, por ejemplo, el balance de situación y la cuenta de pérdidas y ganancias. Constituyen una representación esquemática de la situación patrimonial y económica de la empresa al terminar cada año de actividad. Esta representación de un período de un año de actividad es en sí misma una aproximación, puesto que la vida de una empresa no puede ser subdividida en períodos de doce meses sin incidir en su continuidad. Podemos decir que cada resultado anual es aproximado, y que sólo pueden conocerse los verdaderos resultados al concluirse la empresa o su objeto social.

A continuación veremos los problemas más habituales con los que se enfrenta la contabilidad para reflejar fielmente la situación de la empresa:

1. El valor de las materias primas existentes en la bodega al final de cada ejercicio es necesario para determinar el costo de los productos vendidos y, por tanto, los beneficios del ejercicio. Si el precio de todos los lotes de materias primas adquiridos ha sido constante durante todo el año, no surgirá dificultad alguna en la valoración de las existencias finales. El problema nace, en cambio, cuando los precios de adquisición presentan variaciones, puesto que entonces pueden aplicarse varios criterios de valoración con las correspondientes consecuencias respecto a la cuenta de pérdidas y ganancias.

Podemos, por ejemplo, valorar las existencias de bodega según uno de los métodos siguientes:

a) LIFO (*last in first-out:* última entrada, primera salida). En este caso las existencias de la bodega deberán ser valoradas al precio antiguo, ya que este sistema significa que la parte antigua de las existencias se mantiene como reserva.

b) FIFO (*first-in first-out*: primera entrada, primera salida). Empleando este método, el esquema de utilización de las materias primas procede a la renovación de la reserva de materias primas continuamente y ésta está constituida por las mercaderías de nueva adquisición. En este caso, por tanto, las existencias de bodega deberán valorarse al último precio.

c) Costo medio (media simple, ponderada o móvil).

> **FIFO**
>
> Sistema de valoración de existencias consistente en dar prioridad a las valoraciones de las primeras entradas, con respecto a las primeras salidas.
>
> **LIFO**
>
> Consiste en valorar las existencias dando prioridad a las valoraciones de las últimas entradas, con respecto a las primeras salidas.

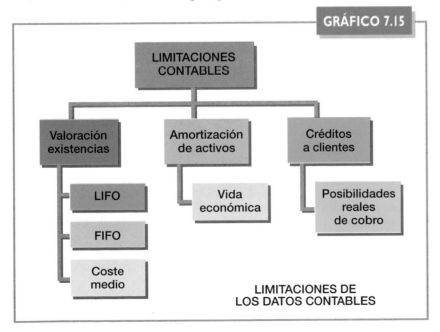

GRÁFICO 7.15

LIMITACIONES DE
LOS DATOS CONTABLES

◀ *Al finalizar un ejercicio contable deben realizarse una serie de ajustes y regularizaciones contables para superar las limitaciones de la contabilidad diaria.*

Considerando una tendencia de aumento del nivel de precios, el valor de las existencias con el sistema LIFO resultará inferior al valor atribuido con el sistema FIFO; los beneficios del ejercicio, en consecuencia, serán inferiores en el primer caso.

2. Una influencia análoga sobre los beneficios tiene el método empleado en la amortización de las instalaciones, maquinaria y edificios. Las cuotas de amortización se toman en consideración en la cuenta de pérdidas y ganancias como resultados negativos del resultado de explotación.

El número de años durante los que se amortiza el valor del bien se denomina «vida económica de un activo». La cuota anual de amortización que se debe imputar cada año en el ejercicio depende, por tanto, de la vida económica prevista.

Si, por ejemplo, la vida económica prevista es más larga que la real, se cargarían cuotas de amortización más pequeñas que las verdaderas. En otras palabras, al final del período de utilización de la máquina, nos encontraremos aún con parte del valor original sin amortizar.

3. Los valores de balance de los créditos a clientes son por fin otro ejemplo de aproximación a la realidad. Es evidente que no puede considerarse en balance un crédito sin tener la seguridad de su reembolso.

Vistos todos estos problemas de la contabilidad a la hora de reflejar la realidad de la empresa, podemos concluir que, mientras la misión de la contabilidad es representar la situación actual de la empresa lo más fielmente posible, la de la dirección es la de intentar comprender lo mejor posible las aproximaciones empleadas en este proceso de representación.

❏ ESQUEMA BÁSICO

Cualquiera que sea el sistema de control que se adopte en una empresa, debe suponer una estructura preestablecida; de otra forma no se logrará su normal desarrollo.

Primera fase

Después de establecer la estructura, la primera fase que ha de cumplir el director que desee implantar un sistema de control ha de ser la clasificación de las cifras y datos, disponiéndolos de forma que se ajusten a la finalidad que se persigue, ya que todo el sistema de control empieza a funcionar cuando la dirección de la empresa ha fijado los objetivos que se deben cumplir.

ESTRATEGIA

El planeamiento estratégico es el proceso de decisión acerca de objetivos de la organización, de cambios en esos objetivos, de recursos empleados para lograrlos y de las políticas que han de regir la adquisición, el uso y la distribución de tales recursos.

TAREAS ESPECÍFICAS

El control operacional es el proceso consistente en asegurar que las tareas específicas se cumplan de forma eficaz y eficiente.

Segunda fase

La segunda fase que se debe considerar consiste en el análisis de la situación de la empresa, considerándola desde cuatro puntos de vista esenciales:

- *Aspecto comercial.* La cifra de ventas necesaria para alcanzar el beneficio que se pretende obtener se establece de acuerdo con el director de ventas.
- *Aspecto técnico.* El jefe de fabricación expondrá su opinión sobre si las instalaciones, maquinaria y mano de obra disponibles son adecuados para alcanzar la producción deseada, y de acuerdo con él se establecerán las modificaciones necesarias.
- *Aspecto económico.* La posición económica será establecida por el director general, quien ha de preparar un avance de la liquidación de ingresos y gastos basado en la cifra de ventas que se pretenda alcanzar, estableciendo un programa detallado de toda clase de gastos que, al deducirlos de la cifra de ventas previamente establecida, dará el beneficio esperado. Es interesante destacar que en este punto no se tienen en cuenta los beneficios extraños al negocio (a menos que normalmente constituyan una parte notable de los beneficios de la empresa), que se dejan en reserva para compensar los gastos extraordinarios que puedan surgir de forma imprevista.

PROCESO PRODUCTIVO

Los factores esenciales que intervienen en el proceso productivo son el trabajo, las materias primas y el capital. Las relaciones entre estos tres aspectos deben ser clarificadas mediante la planificación y delimitación precisas de las diversas etapas.

Tabla 7.8 Esquema sinóptico del control de gestión

| | Programación | | | | |
	1.ª fase	2.ª fase	3.ª fase	Fase de control	Fase de acción
Comercial		Determinar la cifra de ventas	Clasificar venta por productos y zonas	Vigilar la tendencia de las ventas	Estimular las ventas
Técnico		Comprobar los medios de producción	Adquisición de nuevos equipos y máquinas	Vigilar las instalaciones y la producción	Producir en cantidad y calidad previstas
Económico		Marcar los límites de los gastos	Clasificar los conceptos de gastos	Vigilar la tendencia de los gastos y los beneficios	Reducir los gastos
Financiero		Capital circulante disponible suficiente	Clasificar el capital circulante	Vigilar la tesorería y la relación existencias con ventas	Disponer de los recursos para tener tesorería suficiente

Deducir el beneficio que debe alcanzarse, ya sea:
a) en relación con el valor neto de la empresa
b) según estimaciones razonables

- *Aspecto financiero.* El director general debe hacer un análisis para asegurarse de que se dispone de un capital líquido suficiente para financiar el desarrollo de la empresa según el programa de ventas establecido.

Tercera fase

Llegamos así a la tercera fase del programa, que consiste para cada uno de los aspectos en las siguientes acciones:

- *En el aspecto comercial.* La cifra global de ventas señalada se distribuye entre los diferentes productos de la empresa y se asignan cuotas para las distintas zonas de ventas, con el fin de poder vigilar y estimular el desarrollo del programa de ventas.
- *En el aspecto técnico.* Se dispone la adquisición e instalación de los elementos y máquinas, y se contrata a los trabajadores necesarios, estableciendo un programa de fechas para las experiencias, pruebas y ensayos técnicos que es preciso realizar para poner a punto los nuevos modelos, para la preparación de diseños y planes de trabajo y para la preparación de los elementos de montaje, herramientas especiales, etcétera; se informa al servicio de compras respecto de las necesidades probables de los diversos materiales y respecto del programa de desarrollo de las nuevas instalaciones.
- *En el aspecto económico.* Se deben establecer los costos de fabricación de los distintos productos y comprobar si cada uno de éstos rinde el porcentaje de beneficios que ha servido de base al programa; por otra parte, se establece una previsión de los distintos conceptos de gastos generales para evitar, en cuanto sea posible, que haya que realizar pagos de importancia no previstos, que pueden alterar fundamentalmente el programa.
- *En el aspecto financiero.* Hay que clasificar el capital circulante necesario para obtener la cifra de ventas prevista, estableciendo niveles normales para los siguientes conceptos y un límite máximo para cada uno de ellos, con el fin de vigilar cualquier acumulación excesiva:

  a) Efectivo en caja y bancos.
  b) Cuentas deudoras.
  c) Volumen de productos terminados almacenados.
  d) Volumen de trabajos en curso de fabricación.
  e) Existencias de materias primas.

  Con esto se concluye la fase de programación del plan de control de gestión. Desde

---

CONTROL DE GESTIÓN

El sistema de control de gestión es una unidad compleja formada por diversos aspectos claramente diferenciados, sujetos a un plan y que persiguen un fin común.

▼ La tercera fase del programa de control de gestión incluye reflejar el volumen de productos terminados. Estudiar el aspecto comercial para estimular las ventas corresponde a la última fase, la fase de acción.

este momento los informes presentados a la dirección y los documentos contables mensuales han de servir para comprobar que las cifras reales se ajustan, en los cuatro aspectos enumerados, a la orientación establecida. Ésta sería la denominada **fase de control**.

Fase de acción

Esta fase es la esencia del sistema, es decir, el desarrollo de las decisiones que hay que tomar de acuerdo con los resultados que pone de manifiesto el método de control.

- *En el aspecto comercial.* La acción se orientará casi siempre a estimular las ventas o a incrementar la cartera de pedidos. Aquí entrarían los estudios de mercado, el estudio de las necesidades del consumidor, la competencia, las campañas publicitarias, etcétera.

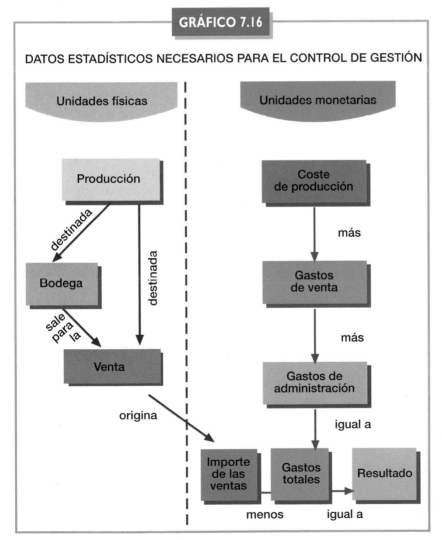

GRÁFICO 7.16

DATOS ESTADÍSTICOS NECESARIOS PARA EL CONTROL DE GESTIÓN

Unidades físicas

Unidades monetarias

Producción

destinada

destinada

Bodega

sale para la

Venta

origina

Coste de producción

más

Gastos de venta

más

Gastos de administración

igual a

Importe de las ventas

Gastos totales

Resultado

menos

igual a

◄ *Los datos estadísticos, tanto económicos como físicos, de los diferentes departamentos serán imprescindibles para llevar a cabo el control.*

Ya no existen
las previsiones
automáticas,
no existe la
certidumbre,
no existen
decisiones
inamovibles:
todo debe ser
revisado
continuamente.

Arnold Kaufmann
Empresario

- *En el aspecto técnico.* La acción consistirá en un control permanente de los retrasos con que cada una de las secciones de producción cumple los objetivos del programa previsto. Las nuevas máquinas adquiridas deben ser recibidas en las fechas comprometidas, las ampliaciones de los pabellones deben quedar terminadas en los plazos señalados, los ensayos y pruebas deben ser realizados con toda actividad, alcanzando resultados satisfactorios en el tiempo previsto. Los diseños y planes de trabajo tienen que quedar ultimados de acuerdo con el plan previsto para que pueda disponerse la compra de materiales, así como la adquisición y preparación de herramientas y útiles de trabajo.

- *En el aspecto económico.* La acción ha de orientarse primordialmente a la investigación de los métodos que permitan reducir los costos de fabricación y los gastos generales. Siempre existe la posibilidad de adoptar nuevos procesos, mejores máquinas y de disponer de forma más racional los medios de producción; esto puede lograrse estudiando cuidadosamente los elementos disponibles. Los gastos generales deben ser sometidos de forma continua a un control riguroso; se pueden ordenar los trabajos de talleres y oficinas de forma que se obtengan economías adicionales; en ocasiones es posible obtener reducciones en las primas pagadas a las compañías de seguros y en determinadas contribuciones, de forma que una organización inteligente y una administración hábil pueden reducir sustancialmente los precios de costo de los productos.

- *En el aspecto financiero.* La acción debe orientarse a obtener descuentos de pronto pago de los acreedores, acelerar el cobro de los productos vendidos, reducir las existencias de productos terminados o en curso de fabricación y de materias primas con el fin de lograr una rotación rápida del capital circulante. Esto permitiría operar con un margen de beneficios sobre las ventas ligeramente inferior y, en consecuencia, reducir los precios. Finalmente, y aunque se enumere en último lugar no es el aspecto de menor importancia, es preciso mejorar las relaciones con los bancos e instituciones de crédito a fin de poder contar con su ayuda en determinadas circunstancias especiales, evitando que puedan adoptar posturas desfavorables cuando se necesite esa ayuda.

Así pues, se debe insistir en la necesidad de establecer un triple control en la empresa:

1. El control presupuestario permite establecer liquidaciones de los gastos de las distintas secciones, de las que se deducen los beneficios o pérdidas totales de la empresa; pero si se quiere tener un control efectivo sobre los distintos aspectos del negocio, hay que considerar además los aspectos comercial, técnico y financiero, y también los costos de fabricación.

2. El control de los costos de fabricación permite determinar los beneficios o pérdidas que reportan los diferentes productos que vende la empresa.

3. El control de gestión facilita una información completa sobre los aspectos comercial, técnico, económico y financiero de la empresa. Si a eso se añade el análisis de los precios de costo y el de los gastos de las distintas secciones, se tendrá una visión panorámica completa de la marcha de la empresa.

Hay muchas empresas que no disponen de un servicio organizado de estudio de los precios de costo y son pocas las que clasifican los gastos de sus diversas secciones. Sin embargo, todas las empresas, grandes o pequeñas sin excepción, establecen previsiones financieras similares a las que sirven de base para el control de gestión.

La información que se facilita al director general por parte de los responsables del control de gestión de la empresa, debe ser lo más gráfica posible (un 90 por ciento de datos estadísticos y un 10 por ciento de explicaciones sobre los hechos, causas y consecuencias).

El TAM. Un elemento operacional que ayuda a hacer más gráficas y comprensibles las estadísticas presentadas en el control de gestión de la empresa es el llamado total anual móvil (o tendencia anual móvil), al cual nos referiremos en lo sucesivo como TAM. Es una herramienta para saber mes a mes el resultado de un hipotético ejercicio que hubiera empezado doce meses antes, a fin de no tener que esperar a la finalización real de un ejercicio para tener informaciones globales de los resultados de un período de doce meses.

Para formar un TAM se parte de los resultados del último ejercicio. Al finalizar cada mes se añaden los resultados del nuevo mes y se restan los resultados del mes correspondiente del ejercicio anterior. De esta forma se obtiene, de nuevo, un total de doce meses. A medida que el año avanza, se añade al total anterior el resultado del nuevo mes y se resta el del mes correspondiente del ejercicio precedente, y así sucesivamente todos los meses del año. De esta forma la dirección puede comparar, de forma directa y sin necesidad de hacer cálculos, su posición al final de cada mes con su posición a la terminación del ejercicio económico anterior.

La información que el jefe de control transmite a la dirección general para la toma de decisiones debe contener como mínimo un 90 por ciento de datos estadísticos y gráficos.

TAM, TAM...

El total anual móvil (TAM) es una herramienta que ayuda a hacer más gráficas y comprensibles las estadísticas presentadas.

☐ IMPLEMENTACIÓN Y PUESTA EN MARCHA

Una vez vista la estructura general del control de gestión, analicemos los puntos concretos que se deben trabajar en los cuatro aspectos diferenciales en que se divide: comercial, técnico, económico y financiero.

■ Situación comercial

En la mayoría de empresas el conocimiento de la situación comercial permite establecer las bases de la política que han de desarrollar a corto plazo. Se deben analizar los pedidos recibidos, los pedidos cumplimentados y los pendientes de entrega, ya que sus tendencias nos permitirán sacar conclusiones en relación con el aspecto comercial de la actividad de la empresa. Un examen detenido de estas tres tendencias muestra que, a pesar de su interdependencia, cada una de ellas tiene significación propia desde el punto de vista de la dirección de la empresa.

Al reunir mensualmente estas cifras no hay que pretender una exactitud absoluta, lo cual no quiere decir que se pueda registrar dos veces un mismo pedido ni que se admita el cómputo de facturas aún no extendidas en las cifras de pedidos cumplimentados.

Debe establecerse como regla inmutable la presentación de los datos relativos a la situación comercial de la empresa, precisamente el último día de cada mes; cuando algunas cifras ofrezcan dudas, un responsable debe señalar una cifra estimada.

Normalmente, el aspecto comercial es el primero que se analiza en el control de gestión por ser sus datos relativamente fáciles

---

SITUACIÓN COMERCIAL

Para conocer la situación comercial de la empresa deben analizarse las tendencias de los pedidos recibidos, los cumplimentados y los pendientes de servir.

▼ *El control de gestión debe observar un orden cronológico basado en las diferentes fases seguidas en la actividad de la empresa.*

GRÁFICO 7.17

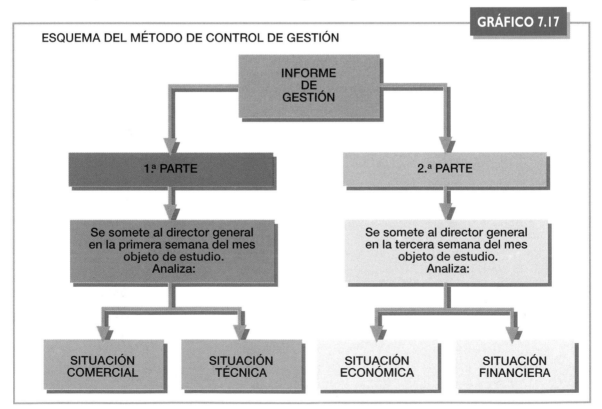

ESQUEMA DEL MÉTODO DE CONTROL DE GESTIÓN

INFORME DE GESTIÓN

1.ª PARTE — Se somete al director general en la primera semana del mes objeto de estudio. Analiza: SITUACIÓN COMERCIAL / SITUACIÓN TÉCNICA

2.ª PARTE — Se somete al director general en la tercera semana del mes objeto de estudio. Analiza: SITUACIÓN ECONÓMICA / SITUACIÓN FINANCIERA

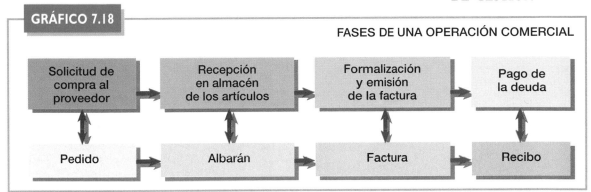

GRÁFICO 7.18

FASES DE UNA OPERACIÓN COMERCIAL

| Solicitud de compra al proveedor | Recepción en almacén de los artículos | Formalización y emisión de la factura | Pago de la deuda |
| Pedido | Albarán | Factura | Recibo |

de seguir, ya que es indispensable tenerlos al día para el correcto funcionamiento diario de la empresa.

Veamos ahora por separado las tres situaciones de los pedidos que deben analizarse.

Pedidos recibidos. El importe total de los pedidos recibidos durante el mes es uno de los elementos más importantes para el control de gestión. Sirve para medir la eficacia de los vendedores, para estimularlos cuando decae la cifra de ventas. Así mismo, cuando se compara con la cartera de pedidos pendientes, revela si es necesario revisar la política y las actividades de la empresa. Normalmente, los datos se agrupan de la siguiente forma:

- Análisis por productos. Guarda relación con su rendimiento económico.
- Análisis por zonas geográficas. Guarda relación con los esfuerzos y actividad de los vendedores.
- Análisis por categorías de clientes. Guarda relación con la política de ventas de la empresa.

Pedidos cumplimentados. Si el estudio de los pedidos recibidos tiene gran importancia para controlar la marcha de una empresa, ya que informa sobre la actividad comercial que alimenta al negocio, no tiene menor importancia el estudio de los pedidos cumplimentados, a través de las facturas emitidas, que miden la actividad de la empresa en cuanto a los bienes y servicios que suministra al exterior. Si se produce una disminución en el volumen de facturación en relación con la

▲ *Toda operación debe estar bien respaldada por la documentación necesaria, debidamente archivada.*

▼ *Cada responsable debe emitir su informe para aclarar la situación comercial de la empresa.*

GRÁFICO 7.19

CONTROL DE LA SITUACIÓN COMERCIAL

SITUACIÓN COMERCIAL

Informe del jefe de ventas sobre los pedidos recibidos

Informe del jefe de fabricación sobre los pedidos cumplimentados y órdenes pendientes

Hoja de comparación de la situación comercial

Gráficos

Pedidos recibidos

Pedidos cumplimentados

Órdenes pendientes

Comentarios del adjunto de control

cuota prevista, puede deducirse que los beneficios previstos no serán alcanzados.

La frecuencia del control de la facturación debe ser lo más corta posible, semanal o diaria, según el volumen de la misma. Es un tema esencial ya que si la empresa no factura a su debido tiempo, tampoco cobrará en el momento previsto, resintiéndose la estructura y la planificación financiera de la empresa. Por tanto, es fundamental para toda empresa facturar en el momento adecuado para que las facturas emitidas representen nuevos recursos que permitan una rotación más rápida del capital circulante. Para ello debe existir una coordinación entre el departamento de producción y el departamento de facturación (administrativo), para que todo lo fabricado (o servicio prestado) y entregado sea inmediatamente facturado; y además debe haber un control rutinario para comprobar que no queda ninguna salida de producto o servicio terminado sin su correspondiente factura.

Pedidos pendientes de cumplimentar. La cartera de pedidos pendientes de servir en una empresa al final de cada mes se forma partiendo del total pendiente a principios de mes, añadiendo los pedidos recibidos y deduciendo el importe de las facturas emitidas a lo largo del mes.

▼ *Los pedidos cumplimentados, esto es, ya expedidos, deben ser controlados y facturados en el momento de la venta para evitar tanto una descoordinación entre los departamentos de expedición y facturación, como un enlentecimiento del capital circulante.*

Los mayores problemas surgen con los contratos de larga duración. Para estos casos debe definirse una política de facturación periódica o de pagos anticipados (cuyo importe se deducirá del importe total de los pedidos pendientes de cumplimentar).

El valor de los pedidos pendientes de cumplimentar por secciones de una empresa sirve a la dirección de la empresa para saber en qué sección puede llegar a faltar trabajo, pudiendo en su caso tomar las medidas oportunas; es preciso mantener siempre la mano de obra disponible en la empresa a su máximo rendimiento.

Se da la circunstancia de que al establecer el control de gestión en una empresa, la posición comercial resulta no sólo la más fácil de adaptar, sino que es la que antes pone en evidencia las ventajas que supone el conocimiento de las líneas de tendencia. Para un director general habituado a recibir periódicamente una serie de estadillos en los que figuran las cifras mensuales y, en el mejor de los casos, también las cifras acumuladas del ejercicio junto con las cifras correspondientes al mismo período del año anterior, la presentación de todos estos datos en forma de tendencias tiene un efecto asombroso porque permite desarrollar inmediatamente un sentido de control y de dominio de la situación.

Para ello, paralela o conjuntamente a la contabilidad, es imprescindible para toda empresa llevar un registro de las facturas emitidas, que permitirá conocer el desarrollo de la cifra de negocio de la empresa, así como también constituye una herramienta ideal para las declaraciones fiscales.

Las cifras básicas relativas a la situación comercial deben ser reunidas y presentadas por una persona que muestre disposición para estos trabajos, que será responsable de la exactitud de los datos registrados. Los datos relativos a los pedidos recibidos y a los pendientes de entregar pueden ser obtenidos en el departamento de ventas; los relativos a los pedidos cumplimentados, en el de facturación o contabilidad a través de las facturas emitidas. Si se desea conocer más detalles relativos a los pedidos pendientes, como puede ser la cifra relativa a los productos fabricados pero no entregados, en relación con el total de los pedidos pendientes de cumplimentar, será preciso que intervenga el departamento de fabricación o técnico. En todo caso la dirección de la empresa debe designar a la persona responsable de reunir mensualmente los datos de la situación comercial que se establecerá dentro de los dos días siguientes a la terminación del mes, sin que en ningún caso pueda exceder el plazo de tres días.

■ Situación técnica

El control del departamento técnico se basa en la contabilidad industrial y de los precios de costo, de la misma forma que el control administrativo se basa en las cuentas de gastos de la empresa. En algún aspecto pueden considerarse los talleres como unidades autónomas, y no faltan empresas en que los talleres son realmente entidades distintas de la administración y de la venta.

La finalidad del control de gestión referido a cuestiones técnicas es asegurar que la producción y las ventas marchan en armonía, actuando el almacén de productos terminados como un regulador que amortigua las diferencias que se producen entre ambas actividades. Si el ritmo de ventas es más rápido que el de producción, se perderán pedidos por no poder garantizar los plazos de entrega; si

PEDIDOS PENDIENTES

Para optimizar la producción debe conocerse la mano de obra necesaria para satisfacer los pedidos pendientes en los plazos previstos, sin que en ningún momento los trabajadores dejen de rendir al máximo.

Un examen atento de las distintas situaciones —comercial, técnica, económica y financiera— de la empresa facilita su control y anticipar, dentro de ciertos límites, las perspectivas de futuro.

GRÁFICO 7.20

CONTROL DE LA
SITUACIÓN TÉCNICA

SITUACIÓN TÉCNICA

- Informe del jefe de fabricación sobre la marcha del taller
- Informe del ingeniero jefe sobre el desarrollo de los trabajos y mejora de métodos
- Informe del jefe de personal de la situación laboral
- Estadísticas de fabricación
- Hoja de comparación
- Gráficos

▲ *Para clarificar la situación técnica se requieren informes especializados, emitidos por personal cualificado en los diferentes temas.*

SITUACIÓN TÉCNICA

Para controlar la situación técnica de la empresa es necesario que la producción esté en sintonía con la facturación y los pedidos recibidos por la empresa.

la producción se desarrolla a un ritmo superior a las ventas, se producirá una acumulación de productos terminados en bodega, originando una inmovilización de capitales que puede comprometer la seguridad financiera de la empresa.

Para conocer la evolución de la relación entre producción y ventas deben tenerse en cuenta diferentes aspectos por separado

Órdenes de fabricación o trabajo. Cuando se establece en la práctica el sistema de control de gestión en su aspecto técnico, es preciso decidir si las órdenes recibidas, los pedidos en cartera, las existencias en bodega y la producción serán valorados a precio de costo o a precio de venta. Desde el punto de vista de los talleres no es racional establecer estas cifras a precio de venta, que incluye el beneficio bruto. En la mayoría de empresas la evaluación de los pedidos a precio de venta daría un reflejo inexacto de la situación, por lo tanto debe evitarse dicha valoración. La mejor valoración es, pues, al precio de costo industrial probable, que se establece con la suma del costo de los distintos conceptos que se estima han de componer su precio de fabricación real, es decir, materiales, mano de obra y costos comunes de fabricación. No es preciso que el total sea absolutamente exacto; lo esencial es que el valor que se asigne al pedido que se inscribe en el registro correspondiente, al tiempo de recibirlo, sea el mismo que se deduce al tiempo de dar por terminado el trabajo.

El cálculo de estos precios de costo no presenta dificultad alguna ya que las empresas trabajan sobre la base de ofertas y presupuestos comerciales bien estudiados, que suponen un conocimiento previo de los precios de costo.

Cartera de pedidos pendientes de entregar. El registro de pedidos pendientes de entregar puede establecer la distinción entre la totalidad de pedidos pendientes de entrega y el volumen de trabajos aún no realizados, con deducción de los terminados pero no entregados a los clientes. Esta distinción resulta interesante para el control de fabricación, ya que puede ocurrir que la cartera de pedidos pendientes de servir se mantenga en un nivel elevado, a pesar de haber concluido gran parte del trabajo, por lo que realmente el volumen de trabajo en perspectiva es reducido, dando una impresión inexacta de la situación real. Para evitar que esto ocurra se pueden deducir de la cartera de pedidos todos aquellos trabajos que han pasado la inspección final pero que aún quedan pendientes de entrega y naturalmente no han dado lugar a la emisión de las correspondientes facturas. De esta forma, las cifras netas de la cartera de pedidos reflejan exactamente el volumen de trabajo pendiente de realizar por los talleres, y la línea de tendencia de las cifras netas será la que ha de vigilar el jefe de fabricación para conocer las verdaderas perspectivas de trabajo.

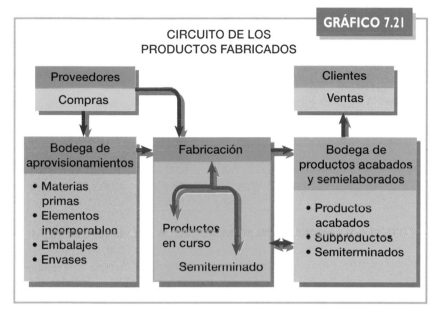

GRÁFICO 7.21

CIRCUITO DE LOS
PRODUCTOS FABRICADOS

Proveedores
Compras

Clientes
Ventas

Bodega de
aprovisionamientos

- Materias primas
- Elementos incorporables
- Embalajes
- Envases

Fabricación

Productos en curso

Semiterminado

Bodega de
productos acabados
y semielaborados

- Productos acabados
- Subproductos
- Semiterminados

◄ *Si se tienen claros los circuitos de circulación de productos, dinero y documentación, será fácil saber quién debe suministrar información al director de control.*

▼ *El exceso de productos terminados no sólo requiere una inversión adicional en materias primas y en gastos de fabricación, sino también en los costos de almacenamiento.*

Productos terminados almacenados. La distinción entre cifras brutas y netas de la cartera de pedidos presenta otra ventaja si se considera que los productos terminados pero no entregados ocupan espacio y corren el peligro de sufrir deterioros. No se puede evitar esta situación intermedia, pero interesa que se tenga presente esta existencia de mercaderías terminadas pero que aún no han permitido extender sus facturas, para que se tome alguna determinación.

Por otra parte, los directores comerciales deben estar bien informados con respecto a la evolución de la coyuntura del mercado comprador a corto plazo para

poder determinar las cantidades de cada modelo que conviene tener en almacén para entrega inmediata. Para una buena gestión del stock de productos terminados se debe establecer el ciclo de fluctuaciones normales de los pedidos, determinando las previsiones de fabricación para cada uno de los meses según la producción anual estimada, y las rectificaciones oportunas ante las observaciones de las realizaciones mes a mes.

Mano de obra. Es preciso vigilar con cuidado la cifra de obreros contratados en la empresa. Pero lo antes comentado sobre la planificación de la fabricación de productos facilita a los talleres una orientación de los trabajadores necesarios para las distintas épocas de producción. Igualmente es preciso vigilar el volumen de mano de obra disponible en relación con los turnos de trabajo establecidos y las horas extraordinarias. Las horas extras constituyen una carga para la empresa y no conviene utilizarlas como norma habitual. Constituyen una herramienta útil en caso de aumento de la producción extraordinaria y temporal que no requiere la contratación de nuevo personal eventual, evitando así los costos de contratación.

Producción de los talleres. La producción de los talleres debe ser medida en las mismas unidades establecidas para los registros de órdenes de fabricación y pedidos pendientes de servir. De esta forma constituye un indicador muy útil del esfuerzo de producción.

El ritmo de producción estará marcado por la planificación anteriormente mencionada, pero se debe tener en cuenta el calendario laboral ya que no todos los meses ni todas las semanas tienen las mismas horas de trabajo efectivo.

Un instrumento que ha resultado muy útil en materia de gestión de empresas es el registro de producción diaria. Debe registrar la producción en unidades físicas de los diferentes productos o departamentos, los productos rechazados por los controles de inspección, las detenciones y paradas de producción indicando sus causas y, finalmente, las facturas emitidas durante el día con las cifras acumuladas a lo largo del mes. Si se registran todos estos datos diarios en una hoja comparativa, a fin de mes se dispondrá de una serie de datos de valor inapreciable. De esta forma se puede comprobar, día a día, qué cifras resultan insuficientes en relación con las cuotas señaladas, así como los retrasos imprevistos y los progresos conseguidos.

De entre todas, la posición técnica es la que ha de suscitar mayor número de comentarios respecto de las incidencias diarias. Los otros tres asuntos del control de la empresa se refieren a aspectos del negocio más estadísticos.

No es aconsejable abusar de las horas extras como sistema de retribución, aunque es útil para cubrir producciones puntuales extraordinarias.

**CONTROL
Y ROTACIÓN**

El simple control de las existencias y del detalle de su rotación permiten prever el nivel óptimo de las mismas y anticiparse a las posibles fluctuaciones del mercado.

◾ La situación económica

El estado de situación económica normalizado para los fines del control de gestión, muestra mes por mes la situación económica de la empresa. Es una combinación de las cuentas de explotación y de los resultados. Se parte de la cifra de ventas, de la cual se deduce el precio de costo de fabricación o el costo de los servicios que presta la empresa, para obtener el beneficio bruto. De éste se deducen, unos tras otros, los gastos generales de la empresa, los gastos extraordinarios de la explotación, los gastos financieros, llegando así después de los ajustes necesarios al beneficio final que figura en el balance.

Los conceptos de gastos pueden agruparse de distintas maneras según las preferencias individuales de la dirección o de las características de la empresa. Las tres principales agrupaciones son:

- *Por conceptos.* En este caso los gastos se registran de acuerdo con su propia naturaleza (teléfono, salarios, publicidad, combustibles, etcétera), cualquiera que sea su categoría o el departamento al que afectan.
- *Por departamentos.* En este caso se asignan al departamento correspondiente, prescindiendo de la naturaleza del mismo. Se sigue este método cuando es posible adaptarlo, con la finalidad de determinar los beneficios y pérdidas de cada departamento productivo por separado.
- *Por responsabilidades de gestión.* En este caso se combinan los dos anteriores para obtener la mayor cantidad de elementos de juicio sobre la actividad general de la empresa. Es el más general y completo, y es al que con mayor frecuencia nos referiremos en este capítulo.

Comúnmente se clasifican los gastos en fijos y variables. Esta clasificación no tiene mucha importancia para el control de gestión ya que resulta vaga e imprecisa. Puede servir para estudiar a nivel de los distintos departamentos algunos de sus problemas de costo, pero tiene poca aplicación en los estados mensuales de la situación de la empresa a nivel de la dirección.

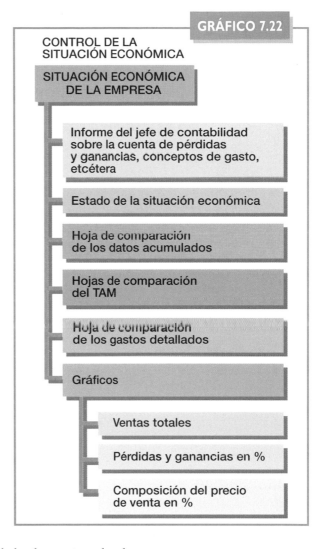

GRÁFICO 7.22

CONTROL DE LA
SITUACIÓN ECONÓMICA

SITUACIÓN ECONÓMICA
DE LA EMPRESA

- Informe del jefe de contabilidad sobre la cuenta de pérdidas y ganancias, conceptos de gasto, etcétera
- Estado de la situación económica
- Hoja de comparación de los datos acumulados
- Hojas de comparación del TAM
- Hoja de comparación de los gastos detallados
- Gráficos
  - Ventas totales
  - Pérdidas y ganancias en %
  - Composición del precio de venta en %

▲ *La situación económica requiere analizar todos los detalles que afecten al resultado.*

GASTOS

Los gastos deben agruparse por responsabilidades de gestión según las necesidades y características de la empresa.

El estado de la situación económica de la empresa constituye la esencia del control de gestión.

▼ *El consumo global de una empresa en un período determinado no sólo depende de las compras realizadas, sino también de las existencias iniciales de materiales.*

En el método de clasificación por responsabilidades de gestión, los distintos conceptos de gastos se agrupan de la forma más ajustada a las distintas responsabilidades. El jefe de taller, y aun el director técnico, son responsables de los beneficios brutos, al igual que el jefe de ventas responde de los gastos asociados a las ventas. En las pequeñas y medianas empresas el director general suele asumir la responsabilidad por los restantes conceptos de gastos: generales, extraordinarios, financieros, etcétera.

El estado de la situación económica constituye la esencia del control de gestión, que desarrolla una estructura de dirección empresarial basada en datos procedentes de los registros contables. Los resultados de explotación de la empresa, presentados de esta forma, ponen de manifiesto claramente las diferencias que se producen en los diversos departamentos y sólo el hecho de elaborar el resumen de datos obliga a ordenar los conceptos de gastos de forma adecuada para que reflejen con exactitud la marcha de la empresa.

Aspectos importantes

Para aclarar la presentación del estado de la situación económica de una empresa vamos a aclarar diferentes conceptos muy importantes:

Cifra de ventas. Debe representarse esta cifra con la mayor exactitud. Es el total de ventas realizadas en un período, descontando el total de impuestos indirectos y de portes y descuentos comerciales.

Consumo (o gastos directos de explotación). Se entiende esta cifra como el consumo de materiales (materia prima) necesarios para la producción de los bienes resultantes de la actividad de la empresa. Para calcularla hay que tener en cuenta las compras de material y las existencias finales e iniciales de materias primas. El consumo en un período será igual a la diferencia entre las existencias iniciales y finales sumada a las compras de materiales del período.

La mano de obra directa. Esta cifra incluye todos los gastos de esta categoría (salarios y cargas sociales) durante el período, con independencia de que los productos a que se incorpora hayan sido vendidos durante el período, continúen en curso de fabricación o hayan sido almacenados.

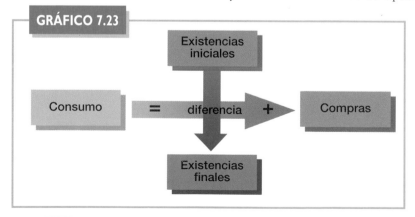

GRÁFICO 7.23

Existencias iniciales

Consumo = diferencia + Compras

Existencias finales

Costo de fabricación. Se compone del consumo directo de materiales más la mano de obra directa, los materiales secundarios, gastos generales de fabricación y gastos del local.

Beneficio bruto. El beneficio bruto es un dato de gran importancia para el control de gestión ya que representa la diferencia entre la cifra de ventas y el costo de fabricación. Este concepto es esencial para la comparación entre diferentes departamentos de una empresa o entre distintas empresas.

Gastos generales. Esta cifra comprende todos los gastos que, sin poder ser incluidos en la categoría de costos de fabricación, se producen como consecuencia de las actividades comerciales y administrativas de la empresa. Por lo general se pueden diferenciar en gastos de venta, gastos generales de administración y gastos de local. En los gastos de venta se reúnen todos los originados o relacionados de alguna forma con la venta de las mercaderías, entre otros, los sueldos fijos y las comisiones de los agentes y representantes, los gastos de propaganda, ediciones de catálogos, prospectos, gastos de atención a clientes, gastos de viaje, descuentos especiales, etcétera. Los gastos de local se refieren a las oficinas, ya que los del taller van directamente al costo de fabricación.

Impresos relativos a la situación económica. Los documentos que se utilizan habitualmente para registrar la situación económica son los siguientes:

- *Estado de situación económica - cifras del mes*: presenta todas las cifras económicas del mes.
- *Estado de situación económica - cifras acumuladas*: es el documento fundamental para el estudio de la situación económica ya que recoge los resultados obtenidos hasta el momento desde el comienzo del ejercicio.
- *Estado de situación económica - total anual móvil*: su elaboración es complicada, por lo que no es un documento habitual. Pero tiene extraordinario valor para la dirección de la empresa, ya que le permite disponer de unos datos que pueden ser comparados directamente con los resultados registrados al final del ejercicio precedente. Partiendo de estos datos se pueden trazar planes para reducir los gastos o aumentar los ingresos, y esto con la máxima claridad, pudiendo mantener las cifras de los meses sucesivos perfectamente controladas.
- *Hoja detallada de gastos*. El estado de situación económica presenta únicamente los conceptos esenciales de ingresos y gastos, y conviene conocer con más detalle cómo se integra cada categoría de gastos. Las subdivisiones no deben ser excesivas.
- *Registro del costo de pedidos cumplimentados*.
- *Relación de existencias en bodega*.

EL BRUTO

El beneficio bruto nos indicará la diferencia entre la cifra de ventas y el costo de fabricación, y es un concepto esencial para la comparación entre departamentos, gamas de productos, distintas empresas competidoras, etcétera.

EL MARGEN

Se conoce como margen económico de una empresa (o de un producto determinado) la diferencia entre el precio de venta y el costo total.

■ La situación financiera

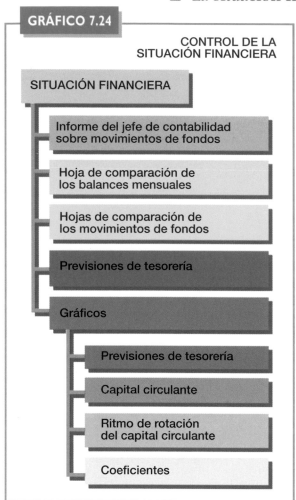

GRÁFICO 7.24

CONTROL DE LA SITUACIÓN FINANCIERA

SITUACIÓN FINANCIERA

- Informe del jefe de contabilidad sobre movimientos de fondos
- Hoja de comparación de los balances mensuales
- Hojas de comparación de los movimientos de fondos
- Previsiones de tesorería
- Gráficos
  - Previsiones de tesorería
  - Capital circulante
  - Ritmo de rotación del capital circulante
  - Coeficientes

▲ *La situación financiera dependerá tanto de la situación de la tesorería actual como de las previsiones para el próximo ejercicio.*

El aspecto comercial del control de gestión pone de manifiesto la actividad de la empresa, el aspecto técnico permite vigilar la calidad de los productos fabricados, el aspecto económico permite analizar si se obtienen rendimientos adecuados a los capitales empleados; aun cuando todas estas facetas reflejen una situación satisfactoria, es posible que la empresa vaya a la ruina si no se establece un control financiero racional. El dinero que se mueve en un negocio constituye la base de la estructura de una empresa.

El elemento básico para analizar la situación financiera de la empresa será el balance de situación. El balance constituye el documento básico fundamental de todo negocio, ya que indica de dónde procede el dinero que maneja la empresa y dónde está invertido en la fecha a que se refieren las cifras. Conviene que contenga cifras detalladas, que deben recogerse en un orden lógico para que pueda apreciarse con claridad la situación de la empresa. Es preferible que el balance destinado al control de gestión contenga los conceptos del activo clasificados en orden decreciente de liquidez y los del pasivo en orden decreciente de exigibilidad. Comenzando por el activo, debe contener el activo disponible (efectivo en caja y partidas de próxima realización) y el activo operacional (productos terminados, productos en curso de fabricación, materias primas) que está en fase más o menos avanzada de convertirse en líquido, cosa que ocurre cuando se realiza su venta. La suma del activo disponible y del operacional constituye el activo circulante, que da vida a la empresa. Sigue el activo fijo, constituido por los elementos básicos para la producción de los bienes que vende la empresa, que se compone a su vez del activo tangible (terrenos, edificios, instalaciones), el intangible (derechos y concesiones) y el ficticio (pérdidas arrastradas de ejercicios anteriores). El total de las partidas del activo, deducido el ficticio, constituye el capital de la empresa.

En el pasivo comenzaremos por el exigible a corto plazo, con vencimiento a menos de doce meses (acreedores diversos, efectos que se ha de pagar, previsiones de impuestos), seguirá el exigible a plazo medio (entre uno y tres años) y finalmente el exigible a largo plazo. El total de las partidas de pasivo exigible indica las deudas de la empresa o capitales recibidos en préstamo. La parte del capital propiedad de los partícipes resulta de la determinación del valor neto de la empresa, que sumado con el pasivo exigible coincidirá con el capital total empleado en la empresa que figura invertido en el activo. El valor neto (o recursos propios) de la empresa se compone normalmente de tres partidas: el capital desembolsado, las reservas y los remanentes de beneficios de ejercicios anteriores.

Aspectos importantes

Veamos a continuación los aspectos más importante que se deben tener en cuenta al estudiar la situación financiera en el control de gestión.

Activo. La liquidez es un factor muy importante de la política financiera. Las mercaderías y servicios que adquiere la empresa deben pagarse al contado excepto cuando se establecen compensaciones con otros créditos. Por tanto, uno de los principios básicos de la gestión financiera es que el activo disponible debe ascender a una cifra muy similar al importe del pasivo exigible a corto plazo. En el grupo de activo disponible se incluyen el efectivo en caja y bancos, los efectos que se han de cobrar, los saldos deudores comerciales y los títulos o valores que pueden ser realizados rápidamente en Bolsa.

La liquidez del activo operacional varía según las distintas categorías de las mercaderías que comprende. Los productos terminados pueden ser vendidos rápidamente, convirtiéndose así en disponible, los trabajos en curso de fabricación requieren algún tiempo para completar su transformación, en cambio las materias primas pueden tardar meses en convertirse en disponible.

Cuando es preciso hacer frente rápidamente a créditos vencidos o de vencimiento próximo, puede resultar difícil contar con los valores procedentes de la realización del activo operacional, en cuyo caso todo el esfuerzo financiero recaerá sobre el activo disponible.

Éste es el caso que ocurre en las empresas que trabajan habitualmente en descubierto. Como los recursos de una empresa (prescindiendo de los posibles ingresos eventuales no relacionados con la explotación de la empresa) proceden de los saldos pagados por sus clientes, si éstos demoran la liquidación de las facturas, el efectivo recibido por la empresa puede no ser suficiente para atender sus deudas, en cuyo caso, a menos que obtengan un préstamo, puede verse forzada a retrasar el pago de sus deudas para poder atender a los pagos más apremiantes de salarios y

LA BASE

El dinero que circula en un negocio constituye la base de la estructura de una empresa.

ACTIVO CIRCULANTE

Es la suma de las existencias, los saldos a favor de la empresa de deudores y clientes, las inversiones financieras temporales y los saldos de tesorería, ya sean en efectivo en caja o en cuentas bancarias.

otros gastos. Estas dificultades financieras pueden dar lugar a una situación legal de suspensión de pagos e incluso a la liquidación de la empresa.

Debe, pues, tenerse muy en cuenta que uno de los puntos fundamentales para vigilar la situación financiera de la empresa consiste en comprobar su liquidez, que se determina mediante la siguiente relación: activo disponible/pasivo exigible a corto plazo.

Pasivo. Los conceptos más importantes del pasivo para el control de gestión son los que forman el exigible a corto plazo, que pueden ser clasificados en tres grupos:

a) Créditos vencidos o con vencimiento hasta 90 días.
b) Créditos con vencimiento hasta 6 meses.
c) Créditos con vencimiento hasta 12 meses.

En realidad, no deben existir créditos vencidos, ya que debieran haber sido liquidados en el instante de su vencimiento. Sin embargo, por una u otra causa, pueden quedar sin liquidar algunos créditos vencidos, que serán incluidos en el primer grupo. Los créditos pueden ser de carácter comercial, por suministros de materiales o por inversiones de cualquier orden, o bien de carácter financiero, como son los dividendos, intereses del dinero recibido en préstamo, impuestos, etcétera. Estas últimas cantidades suelen desplazarse gradualmente del grupo *c*) al *b*) y posteriormente al *a*), de forma que se conoce claramente su existencia.

Valor neto de la empresa. El valor neto de la empresa se compone del capital desembolsado, las reservas y los remanentes de beneficios no distribuidos. A medida que evoluciona la empresa y se obtienen beneficios, suele dejarse en la cuenta de pérdidas y ganancias un remanente del beneficio que permita regularizar los dividendos y atender a algunas contingencias. El resto suele transferirse a alguno de los fondos de reserva. Cuando las reservas no están afectadas a una atención concreta, o no están destinadas a compensar una pérdida del activo conocida al tiempo de establecer el balance, pueden considerarse como tales reservas e incluidas en este grupo.

Como el valor neto de la empresa está constituido por la diferencia entre los valores contabilizados en el activo y el pasivo, esta diferencia representa el valor que habrían que recibir los partícipes en caso de liquidación del negocio seguida de la realización del activo y la cancelación del pasivo.

Por otra parte, el valor neto de la empresa representa la parte de capital total empleado en la empresa perteneciente a los partícipes y que está integrado por las aportaciones iniciales incrementa-

El conocimiento de la estructura de la empresa y una previsión a corto, medio y largo plazo son condiciones previas a cualquier toma de decisión en el área financiera.

▶ *En la página siguiente, gráfico que refleja el sistema de calcular el valor neto de una empresa.*

GRÁFICO 7.25

SITUACIÓN DEL DINERO EN LA EMPRESA Y SU PROCEDENCIA

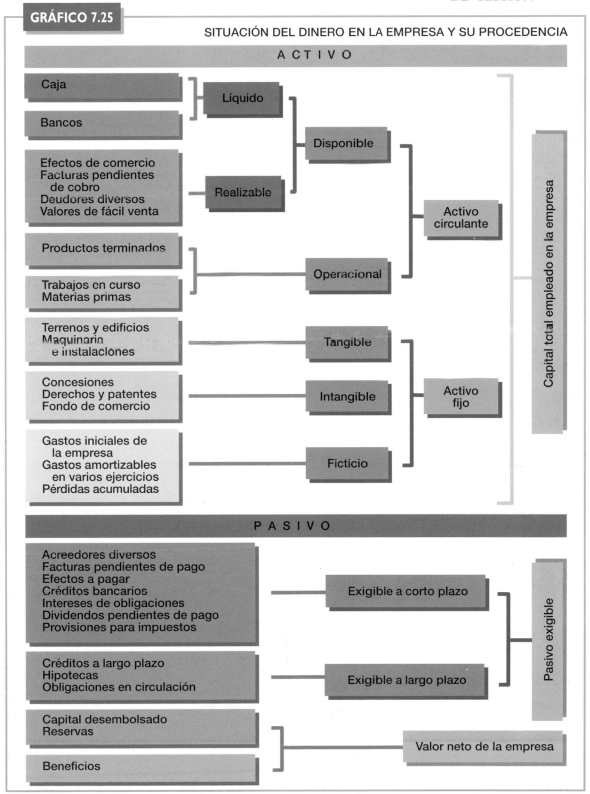

A C T I V O

Caja

Líquido

Bancos

Disponible

Efectos de comercio
Facturas pendientes
   de cobro
Deudores diversos
Valores de fácil venta

Realizable

Activo
circulante

Productos terminados

Operacional

Trabajos en curso
Materias primas

Terrenos y edificios
Maquinaria
   e instalaciones

Tangible

Concesiones
Derechos y patentes
Fondo de comercio

Intangible

Activo
fijo

Gastos iniciales de
   la empresa
Gastos amortizables
   en varios ejercicios
Pérdidas acumuladas

Ficticio

Capital total empleado en la empresa

P A S I V O

Acreedores diversos
Facturas pendientes de pago
Efectos a pagar
Créditos bancarios
Intereses de obligaciones
Dividendos pendientes de pago
Provisiones para impuestos

Exigible a corto plazo

Créditos a largo plazo
Hipotecas
Obligaciones en circulación

Exigible a largo plazo

Pasivo exigible

Capital desembolsado
Reservas

Valor neto de la empresa

Beneficios

das por los beneficios acumulados en forma de reservas o por nuevas aportaciones. En una empresa bien dirigida, la parte neta correspondiente a los partícipes debe aumentar constantemente.

Problemas de inmovilización. El activo fijo invertido en elementos productivos de la empresa, sólo indirectamente origina beneficios. En cambio, el activo circulante, que es el que efectivamente da vida al negocio, es el que origina los beneficios necesarios para retribuir a los capitales fijos invertidos, así como al propio activo circulante. Si las cantidades invertidas en activo fijo son altas, exigen un esfuerzo también alto por parte del activo circulante para mover la empresa. Por tanto, la relación activo fijo/activo circulante debe ser tan baja como sea posible.

Por lo anteriormente dicho, cualquier nueva inversión de carácter fijo debe ser meditada para que no afecte a la estructura financiera de la empresa.

Cuando se emplean capitales tomados a préstamo para ampliar las instalaciones fijas, aumenta la carga sobre el activo circulante, que habrá de obtener nuevos rendimientos para compensar el costo de la financiación externa, antes de que puedan lograrse nuevos beneficios para la empresa procedentes del aumento de la capacidad de producción logrado de esta forma.

Promedios diarios. Las cifras que aparecen en las liquidaciones de los resultados y en los balances son de naturaleza muy distinta. Las primeras (exceptuando los valores de las existencias en almacén y de los productos en curso de fabricación) son cifras acumulativas que van creciendo a medida que transcurren los meses. Las últimas son saldos corrientes de las cuentas del mayor en el día a que se refiere el balance. Se puede decir que las primeras son cifras de período y las segundas son cifras del momento.

▲ *La computarización de una empresa puede significar una inversión alta en activo fijo. Aunque origine un aumento indirecto de beneficios a la larga, de momento supone un esfuerzo importante del activo circulante.*

Cuando se han de hacer cálculos o comparaciones que exigen tener en cuenta ambas clases de cifras, las procedentes de las liquidaciones de pérdidas y ganancias y las del balance, es preciso referirlas a un denominador común que permita su comparación.

Este problema se resuelve hallando los promedios diarios correspondientes a las cifras que se refieren a un período. Así, pueden hallarse promedios diarios de las ventas reales del mes, de las cifras acumuladas y del TAM, dividiendo las cifras reales del mes por el número de días del mes, las cifras acumuladas por los días transcurridos y las del TAM por 365. De todas estas cifras unitarias la más empleada en el control de gestión es la última. A veces se registran también los promedios diarios de las cifras del mes, que resultan útiles cuando se analizan los saldos de las cuentas deudoras.

Rotación del activo circulante. Hemos visto anteriormente que el activo disponible y el operacional constituyen el activo circulante. El dinero que entra en caja procedente de las ventas a clientes es el que permite pagar los salarios, materiales y gastos de toda clase. Todos estos gastos permiten desarrollar los trabajos en curso de fabricación para que al quedar terminados puedan ser vendidos. Los clientes se convierten en deudores y cuando liquidan sus saldos facilitan nuevas cantidades de dinero a la empresa, que se vuelven a emplear en el pago de salarios, materiales y gastos. Mientras la empresa continúa desarrollando sus actividades, el ciclo se repite indefinidamente.

Por otra parte, el valor total de las mercaderías vendidas a lo largo del año forma la cifra de ventas anual. Si dividimos el total de la cifra de ventas anual por el activo circulante, obtenemos una cifra que representa el número de veces que el activo circulante revierte en el circuito a lo largo del año.

Análisis del activo circulante. Para calcular el ritmo de rotación de las distintas partidas que integran el activo circulante suele tomarse como unidad de medida el promedio diario TAM de la cifra de ventas. El coeficiente hallado se emplea como instrumento de control de gestión y que permite al director general alcanzar los siguientes objetivos:

La complejidad de las actuales operaciones empresariales representa un importante factor de riesgo; para reducir éste, la empresa debe contar con buen equipo interno y, preferiblemente también, con asesoría externa.

- Establecer unos límites claros y definidos a cada uno de los conceptos de su activo circulante con el fin de poder controlar cualquier disminución de su ritmo de rotación.
- Tener la seguridad de que los niveles en que se desenvuelven cada uno de sus componentes no son excesivamente elevados ni peligrosamente escasos.

Este método de control de los saldos deudores y de las existencias de almacén, que constituyen el activo circulante, resulta más eficaz que el sistema clásico de vigilar la relación entre la cifra de ventas y cada uno de dichos conceptos.

Beneficios de explotación. Hay otro factor revelador de la buena o mala gestión financiera que es preciso tener en cuenta. Es la cifra de los beneficios de explotación, integrada por la suma de los beneficios procedentes de todas las actividades de la empresa calculados antes de efectuar deducción alguna por impuestos sobre beneficios o por pagos de intereses a los capitales tomados a préstamo. Estos beneficios se comparan con el capital total empleado en la empresa al comienzo del ejercicio o bien con su cifra media cuando dicho capital ha sufrido fuertes variaciones a lo largo del año.

Aun cuando la cifra relativa a los beneficios de explotación no aparece casi nunca con claridad en los resúmenes contables que se presentan a lo largo del ejercicio, tiene gran importancia para la dirección de la empresa, ya que revela si se hace un uso adecuado de los fondos comprometidos en el negocio. A estos efectos, no importa que los fondos que maneja la empresa sean propios o procedan de préstamos, lo que interesa es que rindan unos beneficios proporcionados a su cuantía al ser empleados en el conjunto de las actividades que integran el aspecto dinámico de la empresa. Interesa así mismo conocer la eficacia y rendimiento bruto de dichos fondos, prescindiendo en este lugar de que llegue a los accionistas una mayor o menor parte de dichos rendimientos brutos como consecuencia de las liquidaciones tributarias, la paga de intereses, etcétera.

Previsiones de tesorería. Las cifras del activo líquido y del pasivo exigible a corto plazo que se reflejan en los balances mensuales no contienen el detalle de los pagos que han de hacerse semanalmente. La situación de tesorería puede ser muy diferente de la marcha de los resultados, de forma que se dan casos en que a pesar de que sobre el papel la empresa prospera y gana dinero, carece del dinero efectivo para atender el pago de sus obligaciones y compromisos.

Todas las empresas deben realizar periódicamente previsiones de tesorería que comprendan los tres meses próximos; se parte de las existencias en efectivo en el momento inicial y se registran a continuación los ingresos que se esperan a lo largo del mes, procedentes de clientes, cobro de efectos en cartera y otros conceptos, así como los recursos de otra naturaleza que puedan llegar a la empresa. La suma de todos estos conceptos indica el total del efectivo disponible para el mes.

A continuación se registran los pagos que han de realizarse a lo largo del mes, comenzando por los que se originan por el normal desarrollo de las actividades del negocio (salarios, materiales y gastos de toda clase) y las inversiones en bienes de equipo, que deben quedar claramente separadas de los anteriores. Debajo del total de esta suma se registran los desembolsos de carácter financiero (pago de dividendos, intereses de préstamos y operaciones de crédito, etcétera), indicando la suma parcial de este concepto. La suma total de ambos grupos indica el efectivo necesario para cubrir todas las atenciones durante el mes.

Deduciendo de los ingresos previstos la suma total de pagos estimados, la diferencia dará un déficit o un superávit; el primero habrá de ser cubierto mediante crédito bancario o forzando determinadas realizaciones.

Conviene no limitar la previsión al período de un mes y, como hemos dicho, completar el estudio con una nueva estimación para los tres meses siguientes. Es aconsejable hacerlo por tres meses, ya que al transcurrir cada mes se tiene la oportunidad de revisar las cifras previstas para los dos meses finales del período de tiempo, a fin de reunir los datos relativos al nuevo tercer mes. Es preferible abarcar tres meses que no uno solo en el segundo cuerpo de la

CUADRO 7.9

Situación financiera
Previsión de tesorería

CONCEPTOS	MES PRÓXIMO OCTUBRE		TRES MESES SIGUIENTES		
	Estimación	Real	Noviembre	Diciembre	Enero
INGRESOS					
Saldos iniciales caja y bancos					
Pagos clientes	2 000 000	1 798 700	2 500 000	2 000 000	2 000 000
Efectos en cartera	75 000	64 200	75 000	75 000	75 000
Otros recursos		18 500	15 000		10 000
TOTAL INGRESOS	2 075 000	1 881 400	2 590 000	2 075 000	2 085 000
PAGOS					
Desembolsos explotación					
Materias primas	625 000	601 300	500 000	500 000	650 000
Mano obra directa	185 000	192 600	150 000	160 000	200 000
Costes de fabricación	665 000	685 400	530 000	540 000	675 000
Otros gastos	300 000	354 400	250 000	250 000	300 000
Inversiones	137 500	134 700		260 000	
SUMA PARCIAL	1 912 500	1 968 400	1 430 000	1 710 000	1 825 000
Desembolsos financieros					
Intereses				30 000	
Dividendos	400 000	400 000			
Impuestos			560 000		
Varios					
SUMA PARCIAL	400 000	400 000	560 000	30 000	
TOTAL PAGOS	2 312 500	2 368 400	1 990 000	1 740 000	1 825 000
EXCEDENTE			600 000	335 000	260 000
DÉFICIT	237 500	487 500			
Crédito bancario Límite 2 500 000					
Saldo inicial	1 127 500	1 127 500	1 614 500	1 014 500	679 500
Deducir excedente			600 000	335 000	260 000
Sumar déficit	237 500	487 000			
SALDOS A FIN DE MES	1 365 000	1 614 500	1 014 500	679 500	419 500

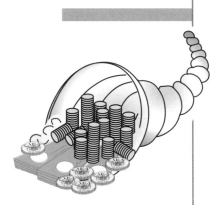

Es preciso enfocar el reparto de beneficios con una óptica previsora. No conviene determinarlo ajustadamente, pues existe el peligro de descapitalizar la empresa, con lo que no podrán atenderse los posibles imprevistos o decidir inversiones que reactiven la marcha empresarial.

EL CAPITAL

Diferenciado del pasivo, el capital incluye el capital social, las reservas, las primas de emisión, los beneficios no distribuidos de ejercicios anteriores y el beneficio (o las pérdidas) del ejercicio.

previsión no sólo porque permite examinar la situación con mayor amplitud de horizontes, sino porque haciéndolo por un solo mes puede haber diferencias notables en las previsiones según se asiente un cobro importante en los últimos días del mes o en los primeros del siguiente.

Capital circulante. Si del activo circulante (disponible + operacional) se deduce el importe del pasivo exigible a corto plazo, la diferencia representa el capital circulante de la empresa. En la práctica del control financiero, esta cifra tiene por sí misma escaso valor, a menos que se la considere como un indicador auxiliar para comprobar que el activo circulante excede del pasivo exigible a corto plazo. Interesa más saber cómo está integrado el capital circulante que conocer su importe neto. La situación financiera de dos empresas puede ser bien distinta a pesar de que el importe de sus capitales circulantes sea idéntico. En una de ellas puede estar invertida la mayor parte del capital circulante en trabajos en curso de fabricación y en materias primas, mientras que en la segunda empresa predominan los saldos de clientes y otros elementos del activo realizable o disponible. En estas circunstancias no puede considerarse que las dos empresas se hallen en la misma situación.

Para vigilar esta distribución de los fondos que integran el capital circulante conviene establecer cada mes un estadillo en el que figuren, en primer lugar, las partidas del pasivo exigible a corto plazo y, a continuación, algunos elementos del disponible en cuantía idéntica a la del pasivo exigible a corto plazo. El resto del activo disponible y el operacional constituyen el capital circulante, cuyo grado de liquidez puede comprobarse muy fácilmente.

Cuentas personales deudoras y acreedoras. Las cuentas personales representan el importe de las ventas (deduciendo algunas bonificaciones y descuentos) e incluyen la parte correspondiente a beneficios, cualquiera que sea su cuantía. En las cuentas de acreedores sólo figuran los proveedores que han suministrado mercaderías y servicios, tanto destinados al proceso de fabricación como los que integran las inversiones en capital fijo. No figuran en las cuentas personales acreedoras otros conceptos del costo de las mercaderías vendidas, como los sueldos y otros conceptos de gastos que no se reflejan en las cuentas de compras del libro mayor. La cuantía de exceso entre las cuentas deudoras y las acreedoras indicada en porcentaje, depende de las circunstancias de cada caso y conviene vigilarla mensualmente, siendo muy recomendable establecer en cada empresa un nivel normal, tanto por su periodicidad como por su conveniencia, que servirá para contrastar el porcentaje mes a mes.

Variaciones del activo. El dinero invertido en un negocio está en circulación constantemente. El activo fijo va perdiendo valor lenta pero gradualmente por medio de las amortizaciones, mientras que el activo circulante cambia sus valores constantemente. Por esta circunstancia, al establecer un control sobre el aspecto financiero de una empresa hay que referirlo a momentos bien definidos, plasmando y vigilando la situación existente precisamente en esos momentos.

Con esa finalidad se prepara un estadillo que puede titularse «estado de las variaciones del activo», que en realidad es un balance dispuesto verticalmente con un formato especial que permita reflejar las alteraciones sufridas por las distintas cuentas a lo largo del período que se examina.

CUADRO 7.10

Situación financiera
Variaciones de activo

	31 Oct. Año n	31 Dic. Año n–1	Diferencia en más	Diferencia en menos
ACTIVO				
Caja y bancos	297 500	24 200	273 300	
Deudores diversos	9 265 100	8 945 500	319 600	
Productos terminados	417 300	1 179 900		762 600
Trabajos en curso	2 237 900	1 968 600	269 300	
Materias primas	3 037 200	2 874 700	162 500	
Terrenos y edificios	11 861 200	11 959 900		98 700
Maquinaria	14 488 900	14 808 900		320 000
Vehículos	161 000	236 000		75 000
Instalación de oficinas	235 000	275 000		40 000
Materiales indirectos	346 500	358 800		12 300
Inversiones en filiales	11 234 100	10 965 000	269 100	
Fondo de comercio	10 000 000	10 000 000		
TOTAL ACTIVO	53 581 700	63 596 500		
PASIVO (Variaciones invertidas)				
Acreedores comerciales	7 246 300	8 575 100	1 328 800	
Efectos a pagar	2 100 000	100 000		2 000 000
Obligaciones	5 000 000	5 000 000	2 622 600	
Suma	14 346 300	13 675 100		3 308 600
Deducir				2 622 600
Aumento del valor total				
Disminución del valor total				686 000
VALOR NETO DE LA EMPRESA				
Capital desembolsado	41 000 000	41 000 000		
Reservas	1 000 000	1 000 000		
Pérdidas y ganancias	7 235 400	7 921 400		686 000
TOTAL VALOR NETO	49 235 400	49 921 400		686 000

Este análisis se funda en el hecho real de que una empresa industrial no crea dinero. Todas las empresas inician su actividad con una suma de dinero recibida a cambio de unos títulos o acciones; a medida que se desenvuelven las operaciones, este capital inicial se va incrementando con los beneficios que obtiene la empresa, que se materializan en diversas cuentas de activo. Aparte de este proceso natural, pueden seguirse otros procedimientos para aportar nuevas cantidades de dinero:

a) Anticipos de carácter temporal procedentes de un banco o personas particulares.
b) Mediante emisiones de obligaciones con carácter de préstamos a largo plazo, en cuya garantía puede quedar afectado en todo o en parte el activo de la empresa.
c) Mediante nuevas aportaciones de capital.

Es, por tanto, normal que el director de la empresa desee vigilar el movimiento del dinero que da vida al negocio, tanto por lo que respecta al dinero que ingresa como al que sale de la empre-

---

CUADRO 7.11

Estado del movimiento de fondos
al 31 de octubre comparado con el 31 de diciembre anterior

FONDOS PROCEDENTES DE:		
a) Recursos propios de la empresa		
Venta de productos terminados	762 600	
Amortización activo fijo	546 000	1 308 600
b) Recursos exteriores (pasivo):		
Efectos a pagar aceptados		2 000 000
c) Beneficios explotación		
TOTAL DE FONDOS OBTENIDOS		3 308 600
FONDOS APLICADOS A:		
a) Incremento del activo:		
Aumento en caja y bancos	319 600	
Aumento saldos y deudores	273 300	
Aumento trabajos en curso	269 300	
Mayor inversión en filiales	269 100	
Aumento de materias primas	162 500	1 293 800
b) Disminución de pasivo		
Liquidación de créditos		1 328 300
c) Pérdidas de explotación		686 000
TOTAL DE FONDOS APLICADOS		3 308 600

sa. Esto quiere decir que ha de vigilar las fluctuaciones de su tesorería y, si disminuye, tendrá que averiguar qué ha ocurrido con el dinero; por lo general, la respuesta suele ser que se ha inmovilizado en alguna de las partidas del activo fijo.

El estado de las variaciones del activo tiene por finalidad resolver este problema. En él se anota en primer lugar el activo en el mismo orden que en el balance, indicando el aumento o la disminución de cada una de las partidas en comparación con el mes precedente o con las cifras del último mes del ejercicio anterior. A continuación se relacionan las partidas de pasivo. Con el fin de que la posición resulte más clara, los incrementos del pasivo se consideran como disminuciones del activo y viceversa, lo cual permite sumar las columnas. Suele acompañarse de otro estadillo del movimiento de fondos que explica de dónde procede el dinero y a qué atenciones se ha aplicado (estado del movimiento de fondos).

Coeficientes financieros. Se han realizado numerosos estudios con el fin de valorar por medio de porcentajes de diversas clases la eficacia del desenvolvimiento industrial y comercial de las empresas, partiendo del análisis de las cuentas de explotación y de los balances. Los coeficientes tienen el inconveniente de que no dejan referencia de las cifras que los integran, y cuando se alteran no se puede decir si la variación procede de una u otra cifra de las que componen la relación o de ambas simultáneamente. A pesar de todo, constituyen un medio de comprobación para vigilar la relación entre unas cifras y otras en el transcurso de los meses.

Veamos a continuación los coeficientes más útiles para el control financiero de la empresa.

Para conservarse, el hombre empezó implantando valores a las cosas, él fue el primero en dar un sentido a las cosas, un sentido humano.

FRIEDRICH NIETZSCHE
Filósofo

- *Activo disponible/pasivo exigible a corto plazo*. Es sin duda el más importante e indispensable. Se considera ideal que ambos grupos del coeficiente coincidan y que la relación sea uno. Cuando el coeficiente es inferior a la unidad, conviene examinar la situación y tratar de realizar una parte del activo operacional o, en otro caso, tratar de reducir el pasivo exigible retrasando los vencimientos de los pagos pendientes.
- *TAM de las cifras de ventas/activo fijo*. Para un activo fijo determinado, cuanto mayor sea el volumen de ventas, mayores serán los beneficios que obtenga la empresa.
- *TAM de los beneficios de explotación/activo fijo*. Es parecido al anterior; conviene que la relación vaya en aumento.
- *TAM de la cifra de ventas/capital total empleado*. Mide el ritmo de rotación de los recursos, que debe procurarse que sea lo más elevado posible.
- *TAM de los gastos originados por los capitales recibidos en préstamo/promedio anual de los capitales recibidos en préstamo*. Conviene vigilar el costo real del dinero recibido en préstamo.

• *TAM de los beneficios netos finales/valor neto de la empresa*. Refleja el beneficio repartible entre los partícipes de la empresa.

Presentación de los resultados. Los datos indispensables para el control de la situación financiera son los siguientes:

- Balance mensual.
- Estructura y ritmo de rotación del activo circulante, con su gráfico correspondiente.
- Previsiones de tesorería.
- Estado resumiendo la distribución del capital circulante, con su gráfico correspondiente.
- Estados de las variaciones de activo y de los movimientos de fondos.
- Gráficos de los coeficientes financieros.
- Cualquier otro estado o gráfico que resulte conveniente de acuerdo con las características peculiares de cada empresa.

Gestión financiera. La gestión financiera de una empresa es el menos complicado de todos los problemas que tiene que afrontar el director general (aunque pudiera parecer lo contrario). En cuanto se toma la molestia de estudiar la forma en que se haya invertido el dinero y lo que ocurre con su capital circulante, basta con un poco de sentido común para orientar correctamente la empresa.

El capital total empleado debe producir un beneficio adecuado; el activo circulante debe moverse con firmeza, a un ritmo adecuado, sin estancarse en inmovilizaciones inoportunas; el activo fijo debe producir las mercaderías destinadas a la venta y las instalaciones industriales deben mantenerse siempre a punto para que rindan al máximo. El pasivo debe liquidarse en los vencimientos normales y los partícipes propietarios del capital desembolsado deben recibir una compensación adecuada por el dinero invertido. Todo esto es muy fácil de vigilar, aun cuando a veces surjan problemas de origen no financiero que influyen en la situación financiera.

Es muy raro que en la evolución financiera de la empresa se produzcan alteraciones distintas de la evolución normal gradual de plazo largo. Normalmente, el dinero no desaparece repentinamente; los acreedores no exigen inesperadamente el pago de sus créditos; los deudores no se ponen todos de acuerdo para suspender pagos en un momento determinado, y sólo en casos muy excepcionales se producen paralizaciones en el equipo productivo.

No es corriente que surja repentinamente la obligación de pagar una deuda sin que antes haya sido prevista con varios meses de antelación. Cuando se plantean situaciones financieras delicadas, puede asegurarse que en todos los casos la empresa ha tenido avisos con varios meses de anticipación; normalmente, sólo llegan

**GESTIÓN
Y SITUACIÓN**

El elemento básico para analizar la situación financiera de una empresa es el balance de situación, ya que indica de donde procede el dinero que maneja la empresa y dónde está invertido.

a plantearse los problemas si no se han dado los pasos necesarios para resolverlos.

Hay un aspecto de gran importancia en el control financiero que conviene tener siempre muy presente. La evolución de las dificultades financieras es con frecuencia lenta, aunque perfectamente perceptible; si se deja que la situación vaya agravándose paulatinamente hasta que se aproxima el desastre, la recuperación y el restablecimiento de la situación normal puede requerir un proceso igualmente lento, que exigirá años de paciente lucha en condiciones penosas y difíciles antes de que se logre nuevamente una situación saneada.

Los efectos de una gestión financiera desacertada son mucho más difíciles de remediar que los efectos de una gestión desacertada en los restantes aspectos de la actividad de la empresa, el comercial, el técnico y el económico.

Si se permite una sangría de dinero circulante de la empresa, originada por pérdidas de la explotación, por la política censurable de repartir dividendos excesivamente elevados o por la devolución inoportuna de los capitales tomados a préstamo, se plantearán a la empresa una serie de problemas graves, como son la reposición de los equipos anticuados, la puesta a punto de las instalaciones, que tendrán que rendir al máximo puesto que no se han realizado las reparaciones oportunas, o la necesidad de disponer de un volumen mayor de capital circulante.

ACTIVO Y PASIVO

La regla básica de la gestión financiera es que el activo disponible debe ser como mínimo igual al pasivo exigible a corto plazo.

▼ *Una correcta dirección y gestión financiera suele detectar con tiempo los problemas que puedan poner en peligro la continuidad de una empresa. Por ejemplo, no poder hacer frente a los gastos financieros provocados por una inversión excesiva en remodelación y equipamientos.*

Sin una transfusión de capitales nuevos, la empresa no podrá desenvolverse a ritmo conveniente. En estos casos suele ocurrir que la empresa no puede dar garantías o presentar atractivos que muevan a hacer nuevas aportaciones de capital.

De esta forma, después de una lucha desesperante en que se intentan en vano todos los procedimientos posibles de financiación, la empresa acaba sucumbiendo, y no porque sus productos no tengan demanda, sino por culpa exclusivamente de una gestión financiera desacertada, cuyo origen quizá se remonte a muchos años atrás.

❏ SU UTILIZACIÓN. ESTIMACIÓN DE RESULTADOS

Normalmente se suele designar a un responsable en la empresa que recopile y exija los datos necesarios para realizar, periódicamente, el control de gestión a los responsables de cada departamento (comercial técnico, económico y financiero). A esta figura se la denomina jefe de control.

El jefe de control debe darse cuenta, desde el primer momento, de que la tarea que va a realizar es compleja y entraña una gran responsabilidad. Debe desempeñarla de forma metódica y ordenada, ya que servirá dc base al director general para gobernar la empresa, y cualquier omisión o comentario desatinado puede originar una actuación desacertada.

El jefe de control debe preparar cada mes un resumen claro de la evolución de la empresa según se desprende de los datos estadísticos, con el fin de que el director general pueda tomar decisiones para la buena marcha de la empresa.

En la práctica, las funciones del jefe de control suponen cinco fases:

1. Reagrupación de los datos originales que recibe, de forma que se ajusten a las necesidades del plan de control establecido.
2. Adaptación de los datos, realizando las clasificaciones, combinaciones y cálculos que sean necesarios para obtener de ellos la información necesaria para el control.
3. Análisis de los datos ya ordenados, poniendo de manifiesto la información que sirva para comprobar lo que ha ocurrido desde que fue preparado el último informe de control.
4. Diagnóstico, explicando las causas que han motivado las situaciones que revela el análisis precedente.
5. Crítica general de la situación de la empresa según se desprende del diagnóstico, de forma que el director general esté plenamente informado.

■ Situación comercial

Teniendo en cuenta que no es necesaria una reorganización interna de la empresa, el jefe de control, al recibir el estado de la situación económica y el resumen de las estadísticas de fabricación, iniciará de manera inmediata la fase de adaptación. Su primera tarea será pasar a las hojas de trabajo de control de gestión todas las cifras básicas del mes y calcular los totales anuales móviles de los datos que sean más importantes; a continuación registra-

▼ *Flujos de información*
necesarios para
el control de gestión.

GRÁFICO 7.26

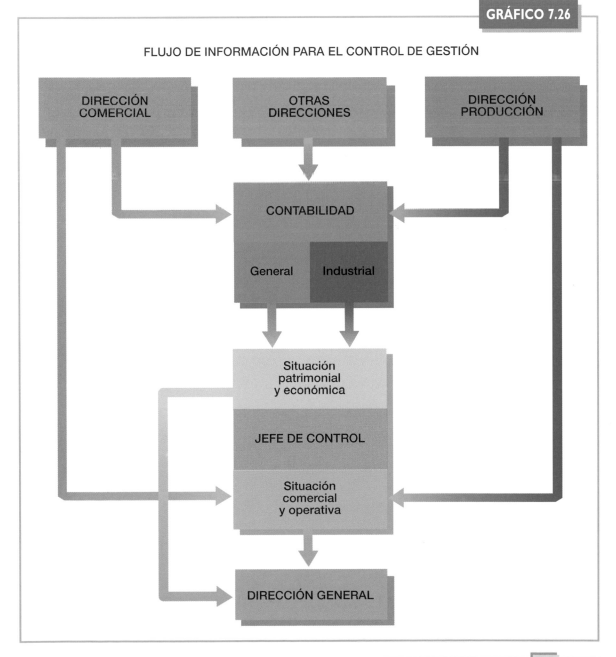

FLUJO DE INFORMACIÓN PARA EL CONTROL DE GESTIÓN

rá en los gráficos de tendencias las cifras acumuladas y los TAM obtenidos.

A continuación establecerá las hojas de comparación que, por lo general, serán solamente dos: una de ellas para registrar los pedidos recibidos, los pedidos cumplimentados que han dado lugar a la emisión de factura y los pendientes de entrega; la segunda recogerá las estadísticas de fabricación. Todos estos datos puede ir reuniéndolos en gráficos.

Los datos de la situación comercial apenas requieren ninguna adaptación y el jefe de control puede pasarlos directamente a la fase de análisis para estudiar qué es lo que ha ocurrido. Los pedidos y las facturas emitidas se comparan con las cuotas señaladas de antemano, y se señala cualquier desviación favorable o adversa que se produzca en el mes.

Los pedidos pendientes de cumplimentar no suelen recibir la consideración que se merecen. Un volumen de pedidos pendientes excesivo puede suponer una pérdida de operaciones, mientras que si es muy reducido puede llevar a la empresa a una situación delicada. En las fases de prosperidad puede resultar difícil resistirse a la tentación de recibir pedidos de clientes nuevos, aun cuando esto pueda suponer que la clientela antigua quede descontenta al no cumplir los plazos de entrega estipulados.

Si se conoce el detalle de los pedidos pendientes, relativos a las distintas secciones o productos de la empresa, el jefe de control debe estudiarlos, haciendo resaltar la posición tanto de las cifras del mes como de las cifras unitarias referidas al TAM. Finalmente, conviene llamar al atención del director general respecto del aumento o disminución de los retrasos en cumplimentar las órdenes.

■ Situación técnica

Después de haber analizado los cambios que se han producido en las cifras de la situación comercial, el jefe de control deberá pasar a estudiar las estadísticas de fabricación.

Hará los cálculos necesarios para determinar los siguientes coeficientes indicadores:

- Relación entre el valor de la producción y el importe de la mano de obra directa.
- Relación entre el número de unidades (de peso o medida) producidas y el valor de la mano de obra directa.
- Relación entre el valor neto de la transformación y el importe total de los sueldos y salarios pagados a los empleados.

SINCRONISMO

El funcionamiento empresarial debe asimilarse al de una máquina cuyos mecanismos se ajusten de una forma sincrónica para determinar un conjunto equilibrado que garantice un correcto proceso productivo.

DETERIORO

La acumulación o descontrol de los gastos fijos en una empresa pueden llegar a producir un importante deterioro de liquidez de la misma.

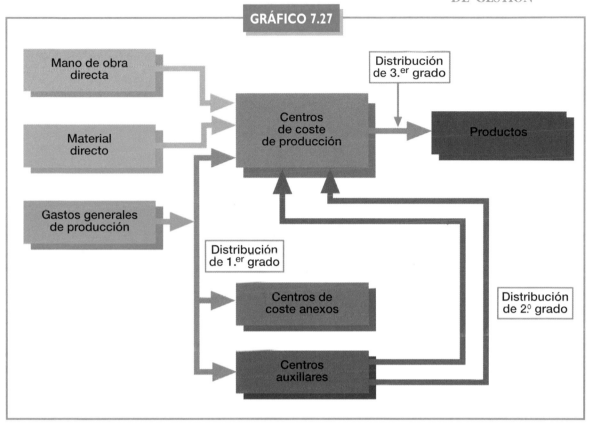

GRÁFICO 7.27

Hasta aquí llegaría la primera parte del informe de gestión; es decir, la parte comercial y la técnica.

■ Situación económica

A fin de empezar la segunda fase, el jefe de control debe recibir la siguiente documentación para analizar la parte económica y financiera:

- Estados de situación económica: detalle de la cuenta de pérdidas y ganancias.
- Hojas detalladas de gastos.
- El balance.
- Previsiones de tesorería.
- Registro de los costos de los pedidos cumplimentados.
- Relación de las existencias en el almacén.

Al recibir estos documentos el jefe de control debe establecer las causas de que las cifras de beneficios o pérdidas sean de tal signo y cuantía, cuál es la evolución de la marcha de la empresa en relación con la meta prevista para el ejercicio actual y si la

▲ La contabilidad de costes pretende diferenciar las diversas fases de la actividad de la empresa que generan costos de naturaleza distinta.

situación financiera resultante de los movimientos de fondos es favorable o adversa.

Ante todo se ocupará de la situación económica. Después de efectuar los reajustes necesarios en las cifras, completará sus hojas de comparación, de trabajo y de tendencias, poniendo finalmente al día los gráficos de control. Su trabajo de adaptación consistirá principalmente en elaborar las cifras y calcular los porcentajes de algunos conceptos, como son el total bruto, el neto, los beneficios finales, las cifras mensuales, las acumuladas y TAM. Posteriormente efectuará los cálculos del valor en venta de la producción que permite determinar la estructura porcentual de la cifra de ventas.

Este último análisis de la composición del precio de venta en forma unitaria o porcentual permite apreciar la proporción de los materiales directos, mano de obra directa, costos comunes de fabricación, gastos generales de la empresa, gastos extraordinarios, gastos financieros y beneficios que integran el precio de venta real. Cuando se anotan todos estos conceptos en sus valores reales, no es fácil controlar las fluctuaciones, ya que resulta difícil comparar, por ejemplo, un aumento de la cifra de ventas con el aumento, de la parte correspondiente a su costo, de la mano de obra directa.

Si los resultados se expresan en forma de porcentaje, se obtiene inmediatamente una base de comparación, y pueden establecerse los niveles normales que deben alcanzar los componentes principales del precio de venta.

En la práctica del control de gestión se ha podido comprobar que esta presentación de la cifra de ventas desglosada en sus diversos componentes, en cifras porcentuales presenta grandes ventajas para la dirección. Si el director general considera que debe obtener un 5 por ciento de beneficio en relación con la cifra de ventas, quiere esto decir que dispone del 95 por ciento del importe de las ventas para atender a todos los costos y gastos. Si después de un análisis detenido puede reagrupar para mayor comodidad los gastos enumerados anteriormente en cuatro grupos (reuniendo a este efecto en un solo grupo, que puede titularse «otros gastos», los gastos generales de la empresa, los extraordinarios, los gastos financieros y los gastos especiales), podrá comprobar cada mes si va obteniendo el 5 por ciento de beneficios previsto, y en caso de que no lo obtenga podrá determinar la causa, observando cuál de los porcentajes de los cuatro grupos de gastos rebasa el nivel previsto.

El estado de situación económica indica el beneficio o la pérdida obtenidos durante el período a que se refiere el estudio. Su punto de partida es la cifra de ventas del mes que, según sea alta o baja, tendrá repercusión en el beneficio o en la pérdidas del período; así, los beneficios pueden convertirse en pérdidas si por alguna razón la cifra de ventas desciende por debajo del nivel previsto para que los beneficios brutos cubran toda clase de gastos.

Aun cuando la cifra de ventas haya sido excepcionalmente baja en un período, ha podido permanecer invariable el volumen de fabricación desarrollado, quedando en la bodega gran parte de los productos fabricados. Desde el punto de vista comercial se ha podido cerrar el período con pérdidas, si bien hay que tener en cuenta los beneficios potenciales de la producción almacenada, que se manifestarán al liquidar las existencias en fecha posterior.

La estructura de control debe basarse en la producción de la empresa y no en las ventas. Toda la actividad interna de la empresa gira en torno de la producción que puede obtenerse de su equipo industrial. Ese volumen de producción no guarda necesariamente relación con la actividad externa de la empresa, que se refleja en la cifra de ventas. De aquí que, aun cuando las ventas indiquen el volumen de dinero efectivo que se espera recibir de los clientes, no constituyen el indicador más fiel de lo que ha ocurrido en la empresa a lo largo del mes. Por esta razón es preciso establecer otro sistema para fijar el valor de la producción.

▼ *La composición de todos los gastos que se incluyen en el coste real de un producto revelará la incidencia de los distintos costos en el resultado final obtenido con las ventas de la empresa.*

GRÁFICO 7.28

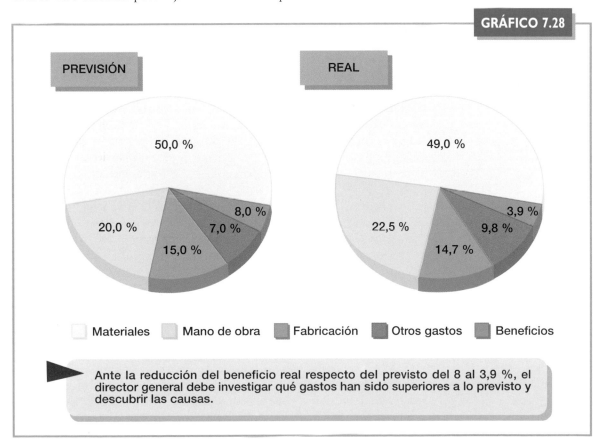

PREVISIÓN

50,0 %
20,0 %
15,0 %
7,0 %
8,0 %

REAL

49,0 %
22,5 %
14,7 %
9,8 %
3,9 %

☐ Materiales ☐ Mano de obra ☐ Fabricación ☐ Otros gastos ☐ Beneficios

▶ **Ante la reducción del beneficio real respecto del previsto del 8 al 3,9 %, el director general debe investigar qué gastos han sido superiores a lo previsto y descubrir las causas.**

Para registrar el valor de la producción, es preciso expresar en valores de venta los aumentos o disminuciones de los trabajos en curso de fabricación y de los productos terminados, añadiendo o deduciendo de la cifra real de ventas el valor de venta correspondiente a dichos aumentos o disminuciones. Para determinar este valor en venta, se toma como base la relación entre la cifra de ventas y el costo de las mercaderías vendidas a lo largo del mes, multiplicando por esa cifra la diferencia en más o en menos, en relación con el mes anterior, de las existencias de productos en curso de fabricación y de productos terminados. Esto supone dar por buena una serie de factores:

- Si las mercaderías producidas hubiesen sido vendidas en lugar de ser almacenadas, hubieran rendido un porcentaje de beneficios idéntico al que han producido las mercaderías realmente vendidas.
- Las mercaderías procedentes de bodega que han sido vendidas en el transcurso del mes han rendido el mismo porcentaje de beneficios que las restantes mercaderías producidas y vendidas en el mes.

Puede ocurrir que ninguno de estos dos supuestos se ajuste a la realidad, pero la experiencia demuestra que el dar por buenas estas afirmaciones resulta útil para el trabajo de control de gestión.

Como hemos visto, el director general trata siempre de obtener un cierto beneficio, que normalmente sólo se puede obtener cuando el valor en venta de su producción excede de los gastos en la misma cuantía. Si no logra alcanzar este objetivo debido a que los gastos son excesivos en relación con el valor de venta de la producción alcanzada, será preciso reducir algunos de los gastos. La determinación de los conceptos de gastos que habrá que reducir la hará previo estudio de los porcentajes de los distintos conceptos.

La reducción de los costos directos es la fuente más importante de las economías, ya que una pequeña economía de tiempo o de materiales en cada una de las piezas, aunque por unidad represente una cantidad ínfima, puede suponer una cifra respetable al cabo del año. Son muy pocas las empresas en las que no es posible obtener economías en los costos directos por no haber llegado a la perfección en sus procesos de fabricación y por no haber afinado al máximo en las condiciones de compra de los materiales.

La reducción de los costos comunes de fabricación supone, en general, una vigilancia mayor de las distintas secciones, así como del dinero que se gasta en los servicios anexos. Con frecuencia es más difícil reducir estos costos comunes de fabricación que los costos directos. Muy pocas veces se puede establecer un límite a las actividades de un departamento auxiliar, ya que la rutina, las

Rentabilidad

Un adecuado control de las disponibilidades líquidas de la empresa contribuye a evitar que las ventas se efectúen por debajo del nivel de rentabilidad mínimo.

Contexto

Un conocimiento realista del contexto en el que se desarrolla un determinado negocio podrá salvaguardar al empresario de sorpresas desagradables.

◀ *La planificación implica, por un lado, la logística, que se ocupa de tener los recursos adecuados en el lugar adecuado y, por otro, la estrategia, que significa el ajuste del plan a las reacciones anticipadas de quienes serán afectados por él (clientes, competidores, proveedores de material, etcétera).*

situaciones de hecho y los derechos adquiridos se oponen a la introducción de reformas.

Los gastos extraordinarios de la explotación deben mantenerse en un nivel moderado, para que no ocasionen problemas a la empresa; con todo, conviene establecer unos límites de previsión que permitan absorber estos gastos excepcionales.

La reducción de los gastos generales de la empresa supone siempre la adopción de medidas drásticas. Cuando se hace necesario un saneamiento de esta clase de gastos, debe realizarse con gran prudencia y guardando todas las consideraciones necesarias para que no sufra alteración la eficacia de la organización comercial.

Los gastos financieros que están integrados por los intereses pagados por el dinero tomado a préstamo podrán ser reducidos o no en función de la situación financiera de mayor o menor liquidez.

Casi siempre es posible, con creatividad y optimizando las técnicas y recursos, reducir ligeramente los costos directos y los gastos generales de la empresa sin afectar a los productos o servicios.

■ Situación financiera

El último paso del jefe de control será el estudio de la situación financiera, que es, con mucho, la más compleja.

Las tareas en este área serán:

1. Determinar los promedios diarios de las cifras mensuales, de las acumuladas y TAM.

2. Ritmo de rotación del activo circulante.
3. Análisis del activo circulante.
4. Relación entre las cuentas personales deudoras y acreedoras.
5. Estado de las variaciones de activo.
6. Coeficientes relativos a los datos del balance.
7. Composición del capital circulante.
8. Determinación del capital total empleado.

METAS Y OBJETIVOS

Las metas que una empresa y su dirección deben perseguir se enmarcan en una política dentro de la cual deben operar en permanente eficacia, en un esfuerzo por alcanzar los objetivos buscados.

Normalmente, el único trabajo de carácter analítico que tendrá que realizar el jefe de control será la preparación de los movimientos de fondos, por el que se podrán apreciar las variaciones de la situación del dinero desde el momento en que se hizo la última revisión.

Finalmente, procederá a establecer su diagnóstico, que constituye la parte más delicada de su trabajo y que pondrá de manifiesto las verdaderas cualidades del control de gestión.

■ Control interno

Como hemos visto hasta ahora, el control de gestión es imprescindible para conocer el funcionamiento (en todos los aspectos) de la empresa y así poder tomar las oportunas medidas co-

---

CUADRO 7.12

Ejemplo de análisis del activo circulante

TAM de la cifra de ventas	38 860 600
Promedio diario del TAM (partido por 365)	106 500

ACTIVO CIRCULANTE	Unidades monetarias	Relación al promedio diario del TAM de ventas
Efectivos en caja y bancos	297 500	2,8
Deudores y efectos a cobrar	9 265 100	86,9
Productos terminados	417 300	3,9
Trabajos en curso	2 237 900	21,0
Materias primas	30 037 200	28,4
TOTAL ACTIVO CIRCULANTE	15 255 000	143,0

La cifra de deudores es excesivamente elevada.
La cifra de productos terminados es excesivamente baja.

rrectivas en caso necesario. No obstante, existen una serie de medidas de funcionamiento diario, distintas del control de gestión, pero evidentemente vinculadas a él, que son fundamentales para el correcto funcionamiento de la empresa y la correcta elaboración de los datos y estadísticas que cada departamento remitirá periódicamente al jefe de control.

Es fundamental que dichos informes sean lo más ajustados posible a la realidad, y para ello es imprescindible que cada departamento tenga perfectamente organizada su forma de trabajo, de modo que el control de sus tareas en el departamento sea lo más automatizado posible.

Todas estas medidas organizativas y de control, destinadas al buen funcionamiento de cada departamento de la empresa, así como a garantizar la calidad de las informaciones remitidas al jefe de control de gestión, están englobadas dentro del denominado «control interno».

Control y momento

Según el momento en que se produzca el control, lo clasificaremos de la siguiente forma:

Control *a priori*. Se inicia con anticipación a las operaciones objeto del control; por ejemplo, un presupuesto de pagos como elemento de control de pagos.

Control «simultáneo» o «directo». Lo efectúa la propia persona u órgano responsable de las operaciones o informaciones objeto de control sobre la marcha de las tareas que hacen a su responsabilidad; por ejemplo, el que debe hacerse al aprobarse una partida de gasto o al firmarse un cheque.

▼ *El control interno persigue la automatización y simplificación del control, intentando que este control sea algo inherente a las actividades de todos los empleados.*

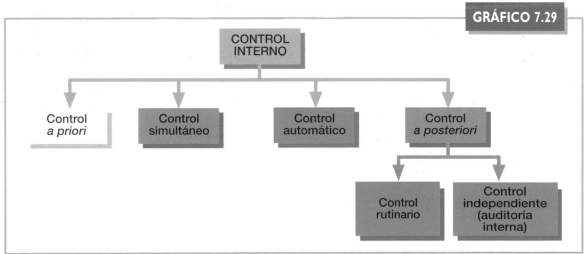

GRÁFICO 7.29

Control «permanente» o «automático». Lo ejerce el sistema mismo de la empresa a través de la separación de funciones y del establecimiento de comprobaciones independientes. Por ejemplo, la segregación en distintas personas del manejo de la contabilidad general y control de cobros y pagos, control que lleva aparejada la debida conciliación que debe existir entre ambos elementos contables.

Control «*a posteriori*» o «adicional». Se efectúa con posterioridad a las operaciones y a la producción de las informaciones objeto de control, perfectamente por parte de una persona u órgano ajeno a la responsabilidad sobre dichas informaciones. Este control, a su vez, puede clasificarse en:

- Control rutinario. Como norma general, conviene ejecutar en todos los casos en que se producen los elementos de juicio que permiten el control, por ejemplo, la realización de conciliaciones bancarias.
- Control selectivo independiente. Lo realiza una persona u órgano ajeno a los elementos objetos de control, examinando éstos por medio de pruebas selectivas.

Caracterizados los controles de la manera descrita, puede decirse que el departamento de auditoría interna debe circunscribirse al área de los controles selectivos independientes.

Requisitos

Para que el plan que una organización emplea, a fin de promover la eficiencia operativa, asegurar el grado de confianza de las informaciones y salvaguardar sus bienes, sea efectivo, debe reunir una serie de requisitos mínimos:

Organización

- Publicación de un gráfico de organización con líneas verticales de responsabilidad claramente distinguidas de las líneas de comunicación.
- Cada uno debe ser responsable ante una sola persona.
- La responsabilidad de cada uno será definida de forma individual, precisa y absoluta, para evitar las superposiciones.
- Autoridad delegada por escrito.
- Los empleados claves deben tomar sus vacaciones con regularidad y sus funciones, en el ínterin, deben ser asignadas a otros.

Control contable

- Restricción en el empleo de los asientos del diario.
- Atención para pagar el mínimo de impuestos y derechos.

La planificación consiste en determinar qué se debe hacer, cómo debe hacerse, quién es el responsable de que se haga, y por qué.

American
Management
Association

- Control sobre las transferencias a otras manos del dinero u otros bienes de la empresa hasta el momento en que son devueltos o completamente pagados.
- Completa contabilización de todos los ingresos que se deban a la empresa y cobro de todas las concesiones, derechos o privilegios otorgados.
- Adecuados registros contables, estadísticas, estados, informes, gráficos e índices que sean requeridos por la ley o contribuyan a la toma de decisiones.
- La situación de la empresa mostrada con la mayor veracidad posible en el estado patrimonial y en el de resultados.
- Verificación independiente de las conciliaciones de las cuentas y balances.

Compras

- La cantidad adecuada comprada al precio adecuado y en el momento adecuado.
- Obtención de cotizaciones competitivas para las compras significativas.
- Independencia entre el comprador y los encargados de recibir y custodiar las existencias.
- Recuperación del valor de los bienes devueltos a proveedores.
- No dependencia exclusiva de un único proveedor.

Cuentas a pagar

- Facturas, notas de crédito y estados de cuentas recibidos por el tesorero directamente de los proveedores.
- División de responsabilidades para las compras, procesamiento de facturas de proveedores, revisión de facturas para el pago y firma de cheques.
- Facturas aprobadas para el pago solamente cuando se cuenta con la constancia fehaciente de que los bienes o servicios facturados han sido correctamente recibidos.
- Justificación económica de los descuentos obtenidos por pago anticipado.
- Investigación independiente de los casos de mora denunciados por los proveedores.
- Conciliación entre las compras y las entradas en los registros de existencias, y ello para tener la seguridad de que la totalidad de los bienes pagados por la empresa son incluidos en el registro de almacén.

Cuentas financieras

- Comprobación de que los cheques y otros medios de pago, al recibirse, sean endosados en la cuenta bancaria de la empresa.
- Control de los valores recibidos por correo.

Un eficaz control sobre la aplicación de la organización, sobre las compras y gastos, los procesos productivos, la contabilidad, etcétera, redunda de forma real en el aumento de los beneficios de la empresa.

■ Control independiente de los depósitos con referencia a los registros originales

- Independencia entre el custodio del fondo fijo de caja y los empleados que manejan los ingresos de caja.
- Registro de los adelantos de caja, tanto los temporales como los permanentes.
- Documentación completa y aprobación para efectuar cualquier pago.
- Cancelación de los comprobantes para evitar que la misma documentación se utilice para más de un pago.
- Los estados de cuenta de los bancos deben ser recibidos por alguien independiente del cajero.
- Control de los cheques adquiridos, cheques emitidos y cheques sin usar.
- Dos firmas para los cheques, transferencias y cualquier otro tipo de extracción de dinero del banco.
- Prohibición de firmar cheques en blanco (sin monto y/o beneficiario).
- Los que firman los cheques deben adjuntar la documentación que justifique el pago, para identificarla.
- Verificación del inmediato registro de las transferencias entre cuentas bancarias.

Sueldos y salarios

- Control independiente del total bruto de los sueldos y salarios pagados.
- Notificación escrita y firmada por persona autorizada para justificar los ajustes de sueldos y sus deducciones.
- Control sobre la toma de tiempo y las ausencias.

▶ *En la valoración de los sueldos y salarios del personal, debe también computarse el costo de los cursos de aprendizaje, de cambio de maquinaria o de técnicas, etcétera, que son directamente improductivos.*

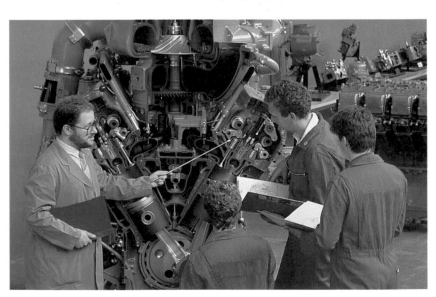

- División de responsabilidades entre los que preparan las nóminas, los que determinan los jornales y los que los pagan.
- Verificaciones especiales de las horas extras.

Existencias

- Las existencias deben estar aseguradas contra incendio, robo y demás riesgos.
- Las salidas de materiales deben estar debidamente documentadas y aprobadas.
- Los ajustes en los registros de existencias por roturas, daños, obsolescencia y pérdidas no pueden ser realizados por el encargado del almacén, sino por un tercero ajeno a dicha tarea.
- Verificaciones independientes y sorpresivas para conciliar las existencias físicas con los registros.
- Control sobre las transferencias de depósitos.

Ventas

- Verificar que todas las salidas por ventas son facturadas sin demora y por la cantidad y el precio que correspondan.
- Sistema predeterminado de aprobaciones para los ajustes de precios, descuentos y bonificaciones.
- Control especial sobre las notas de crédito emitidas.
- Pronta atención a las preguntas, pedidos y reclamaciones de los clientes; en caso contrario se puede producir una demora en el pago por parte del cliente.
- Planificación de los gastos de promoción, exposición gráfica de los progresos logrados y evaluación de los resultados.

Cuentas a cobrar

- Control del crédito en relación con la experiencia en incobrables y los riesgos involucrados.
- Sistema predeterminado de aprobaciones para las condiciones de liquidación, extensión del crédito y las cláusulas sobre ventas y devoluciones.
- Sistema de control que asegure que todas las facturas emitidas son cobradas por la empresa.
- Sistema de control que asegure que los descuentos por pronto pago que se conceden no son excesivos u otorgados fuera de tiempo.
- Revisión regular de las facturas pendientes y de las vencidas.
- Determinación de autoridad para aprobar ajustes a las cuentas a cobrar y para eliminar de los registros las que resulten incobrables.
- Control sobre otras cuentas a cobrar (por conceptos varios, como reclamos de alquileres, etcétera) estructurado de forma similar al que se aplica a las cuentas a cobrar por ventas regulares.

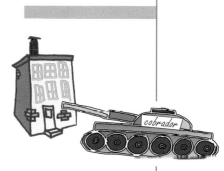

Ciertas facturas de difícil cobro generan más gastos que su propio importe. Hay que saber renunciar a partir de un punto razonable y extremar las precauciones.

Inmovilizado

- Inventario físico de equipos y otros bienes de valor.
- Verificación periódica e independiente de la existencia de bienes.
- Registro de las disposiciones de bienes de uso y obtención de cotizaciones competitivas cuando se venden bienes significativos para la actividad de la empresa.

Producción

- Programación de la producción que asegure que se fabrica la cantidad adecuada, de acuerdo con las especificaciones del producto y en las fechas establecidas.
- Información y control del tiempo de producción perdido en espera de materiales, reparaciones u otros trabajos.
- Información y control del exceso en el uso de materiales, mal empleo de los mismos, despilfarros o reprocesamiento de materiales mal trabajados.
- Control de calidad.

■ Control interno de las existencias

Dentro del control interno, merece mención aparte el control de las existencias, ya que diversos aspectos de la responsabilidad sobre estos bienes de la empresa afectan a muchos departamentos y cada uno de ellos ejerce cierto grado de control sobre los productos, a medida que los mismos se mueven a través de los distintos procesos del inventario. Todos estos controles que abarcan, desde el procedimiento para desarrollar presupuestos o pronósticos de venta y producción hasta los registros de costos, constituyen el sistema de control interno sobre los inventarios.

Veamos a continuación la problemática que se genera en cada una de las diferentes funciones generales que afectan al inventario de la empresa:

Planeamiento

La base para planear la producción y estimar las necesidades en cuanto a los inventarios la constituye el presupuesto o pronóstico de venta. Los distintos departamentos influyen de forma diversa sobre el presupuesto:

- El departamento comercial desea tener existencias disponibles para entregar rápidamente a los clientes.
- El departamento de producción desea llevar a la práctica tareas prolongadas de fabricación, a fin de obtener el máximo de eficiencia y un costo bajo por unidad.

El costo de la producción no causaría ningún efecto en el precio competitivo si no lo hiciera en la oferta.

JOHN STUART MILL
Filósofo y economista

- El departamento de ingeniería desea obtener un producto de alta calidad.
- El departamento financiero desea mantener una inversión mínima en inventarios y un tipo o coeficiente alto de rotación, a fin de llevar las utilidades a un máximo y reducir el riesgo de envejecimiento de los materiales.

Los programas de producción, presupuestos de inventarios y los detalles de materias primas y mano de obra necesarias se preparan o desarrollan con vistas al presupuesto de ventas. Aunque dichos planes se basen en estimaciones, que siempre tendrán una variación con respecto a los resultados reales, ellos facilitan un control global de las actividades de producción y niveles de inventarios, y ofrecen una base para medir la efectividad de las operaciones actuales.

Compra u obtención

En la función de compra u obtención se distinguen normalmente dos responsabilidades separadas:

- La de control de producción, que consiste en determinar los tipos y cantidades de materiales que se requieren.
- La de compras, que consiste en colocar la orden de compra y mantener la vigilancia sobre la entrega oportuna del material.

Es recomendable que las funciones de control de producción y de compras se encuentren segregadas, a fin de que el jefe de compras pueda concentrarse en la adquisición de los materiales en las condiciones más favorables de acuerdo con una relación de proveedores aprobados.

El departamento de compras no debe realizar funciones de contabilidad o recepción.

Recepción

El departamento de recepción debe ser responsable de las siguientes funciones:

- La aceptación de los materiales recibidos, después de que éstos hayan sido contados, inspeccionados en cuanto a calidad y comparados con una copia aprobada de la orden de compra.

▲ *La experiencia y el conocimiento del mercado y de las propias posibilidades permiten un correcto planeamiento de la producción, ajustándola sin riesgos al flujo de ventas.*

- La preparación de informes de recepción para registrar y notificar la recepción y aceptación.
- La entrega o envío de las partidas recibidas a las bodegas, depósitos u otros lugares determinados.

Como precaución contra la apropiación indebida de activos, es recomendable que las funciones de recepción sean independientes de las actividades de compra, almacenaje o expedición.

Almacenaje

Las materias primas y piezas disponibles para ser procesadas o armadas, así como los productos terminados, etcétera, pueden encontrarse bajo la custodia de un departamento de bodegas.

La responsabilidad sobre los inventarios en las bodegas incluye lo siguiente:

- Comprobación de las cantidades que se reciben para determinar su corrección. Esto determina un control independiente de los recuentos que se hayan efectuado en los departamentos de recepción y producción.
- Facilitar almacenajes adecuados, como medida de protección contra los elementos y las extracciones no autorizadas.
- Extracción de materiales contra la presentación de autorizaciones de salida para la producción o expedición.

Entre los trabajos que preferiblemente deben excluirse de las funciones del departamento de bodegas se comprende el de llevar los inventarios permanentes, la recepción o embarque de los materiales y el control contable sobre las cantidades bajo custodia física.

Producción

Los materiales en proceso se encuentran, generalmente, bajo el control físico del departamento de producción, pero, a través de inventario permanente o de otra forma, podrá mantenerse un control sobre cantidades por un departamento independiente.

En lo que se refiere al control interno sobre los inventarios, la responsabilidad principal del departamento de producción incluye lo siguiente:

▼ *Sistematización de un sistema de control interno.*

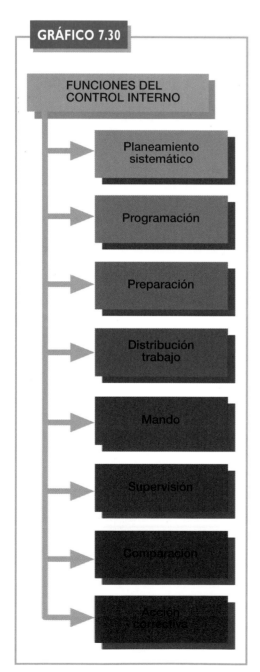

GRÁFICO 7.30

FUNCIONES DEL CONTROL INTERNO

- Planeamiento sistemático
- Programación
- Preparación
- Distribución trabajo
- Mando
- Supervisión
- Comparación
- Acción correctiva

- Información adecuada sobre los movimientos de la producción y los inventarios.
- Notificación rápida sobre desperdicios productivos, materiales dañados, etcétera, de modo que las cantidades y costos correspondientes de los inventarios puedan ser debidamente ajustados en los registros.

Expedición

Todos los embarques, incluyéndose aquellas partidas que no forman parte de los inventarios deben efectuarse, preferiblemente, a base de órdenes de expedición debidamente aprobadas y preparadas independientemente del departamento de expedición. Este departamento debe obtener un recibo o firma del cliente o de la empresa de transporte para justificar la recepción del artículo. El departamento de expedición no debe ejercer funciones relacionadas con la venta, contabilidad de inventarios o almacenes.

En resumen, es de gran ayuda para el funcionamiento interno y posterior control, la definición de las funciones de cada departamento y cada trabajador, así como sus respectivas responsabilidades, ya que, por una parte, el sistema en sí impone una serie de sistemas de control automático, lo mismo que la relación entre departamentos, y por otra parte facilita la confección y claridad de los documentos requeridos por el jefe de control de gestión, el cual los remitirá al director general para la toma de decisiones.

Para facilitar el control automático entre departamentos, hemos visto que es preferible la máxima diversificación de funciones entre distintos departamentos o personas. No obstante, este aspecto se debe racionalizar según el tipo, tamaño y estructura de la empresa, puesto que una excesiva división en diferentes departamentos puede llevar al caos y a la burocratización y ralentización del proceso productivo de la empresa, y no debe olvidarse que todo mecanismo de control debe tener como finalidad última la máxima eficiencia de la actividad de la empresa.

LOTES

Con frecuencia, los gastos de manipulación y expedición de los lotes de mercancías no son superiores a los que generan las unidades sueltas.

◼ Caso práctico 1

En la empresa Surcotal, S.A., distribuidora de material audiovisual que tiene 25 trabajadores (20 de los cuales son vendedores), el director comercial debe alcanzar una cuota mensual de 3 500 000 u.m.

En marzo de este año recibe pedidos por un total de 4 500 000 u.m., que incluye un pedido de su principal cliente Karaokebis, S.A. por un importe global de 1 500 000 u.m.

La cifra lograda constituye un éxito y el TAM (total anual móvil) aumenta desde 40 000 000 hasta 40 750 000 al finalizar el mes, ya que en el mes de marzo del año anterior tan sólo se habían recibido pedidos por un valor de 3 750 000 u.m. Los meses de abril, mayo y junio presentan igualmente cifras superiores en relación con los mismos meses del año pasado, llegando a un TAM de 42 000 000 a finales de junio.

En el mes de julio del año anterior había recibido pedidos por un total de 3 020 000 u.m., mientras que en el mes de julio del año en curso los pedidos han ascendido a 3 570 000 u.m. Pero a principios del presente mes de julio la empresa Karaokebis, S.A. se ha visto obligada por distintas razones a anular el pedido de 1 500 000 del mes de marzo.

La empresa Surcotal, S.A. adopta una actitud razonable y accede a la cancelación del pedido, con la condición de que Karaokebis, S.A. se haga cargo de los trabajos realizados hasta ese momento, que ascienden a un total de 300 000 u.m.

Aquí conviene considerar dos cuestiones:

a) La eficacia del servicio de ventas.
b) La cifra de pedidos recibidos que debe servir de guía para el director general.

El director comercial de Surcotal no puede evitar que su principal cliente, **Karaokebis, S.A.**, anule el importante pedido de material audiovisual que había contratado en marzo.

Respecto de la primera cuestión, el director comercial se justificará alegando que él obtuvo un pedido en firme por un valor de 1 500 000 u.m. registrado en el mes de marzo, después de haber seguido una serie de hábiles negociaciones. Precisamente este pedido ha permitido rebasar la cuota asignada para dicho mes de marzo. En el momento en que se recibió el pedido no eran previsibles las circunstancias que dieron lugar a su posterior anulación, y cuando hablaron por primera vez de este asunto hizo todo lo posible por evitarlo. Como no había posibilidad de obligar al cliente a hacerse cargo de las mercaderías pedidas, no quedaba otra alternativa que la anulación del pedido. Por tanto, el pedido original era un auténtico pedido en firme y el hecho de que el pedido registrado inicialmente en 1 500 000 quedase en definitiva reducido a 300 000 no puede afectar a la capacidad o eficacia del servicio comercial.

Respecto de la segunda cuestión, la de fijar cuál es la verdadera cifra de los pedidos recibidos, el director general comprueba que a finales del mes de julio no sólo han disminuido los pedidos en cartera en 1 200 000, sino que, en su conjunto, la marcha de las ventas ha sido profundamente afectada. Si se deducen 1 200 000 de la cifra de ventas de julio, se reduce de 3 570 000 a 2 370 000, que resulta inferior a la cuota mínima señalada, lo que no sólo daría una falsa impresión al director general, sino que suscitaría la oposición del director comercial.

Y esto no es todo. Como las órdenes recibidas en el mes julio del año precedente ascendieron a 3 020 000 u.m., si no se tiene en cuenta la anulación, la tendencia del mes de julio del año actual sería creciente, mientras que si se deduce la cifra anulada la tendencia sería decreciente.

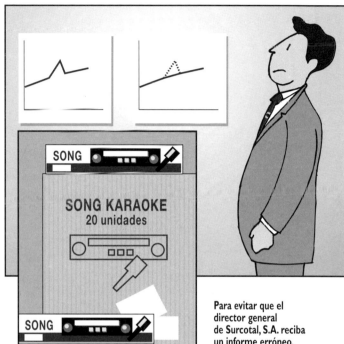

Hay que advertir que esta caída únicamente lleva a la línea de tendencia a la posición que hubiera alcanzado si el pedido anulado no hubiera sido registrado. Si la anulación y la consiguiente reducción se hace en el mes de julio, reflejará en el gráfico una situación equívoca. Parece que lo mejor será efectuar la rectificación en el mes en que el pedido original fue anotado (marzo) y corregir las curvas a partir de esa fecha. Sin duda supone algo de trabajo y posiblemente habrá que rehacer el gráfico; pero esto, después de todo, es una cuestión sin importancia en comparación con la transcendencia que tiene presentar al director general una imagen exacta de la situación de la empresa.

Por lo que respecta al servicio de ventas, lo mejor es dejar las curvas originales y trazar una nueva línea de puntos con la posición rectificada. Se aprecia la importancia de este problema de las anulaciones si se tiene en cuenta que las líneas de tendencia desempeñan un papel vital en el control de gestión y que las tendencias del próximo año quedarían falseadas si no se dedujesen en el mes en que aparecen registrados los pedidos objeto de anulación. En el caso que nos ocupa, si el mes de marzo siguiente se obtienen pedidos por 4 000 000 u.m., la tendencia disminuirá si la anulación no ha sido deducida y crecerá en caso contrario. Como puede verse también en los años próximos podría el director general tener una visión falseada de la situación.

Desde el punto de vista del director general, lo que interesa es presentar la verdadera situación sin que aparezca deformada por consideraciones relacionadas con los esfuerzos realizados. Cualquiera que sea la habilidad desarrollada por el director comercial, la realidad para la empresa es que el pedido ha sido de 300 000 u.m. y no de 1 500 000.

Para evitar que el director general de Surcotal, S.A. reciba un informe erróneo, lo más adecuado desde el punto de vista contable es eliminar de los registros el pedido de Karaokebis, S.A., ya que no ha supuesto ningún aumento de gasto real.

Esto es un hecho y como tal debe ser registrado en los informes que se presenten al director general. Pero, desde el punto de vista comercial, ha habido un pedido de 1,5 millones que debe ser considerado como pedido en firme y puede ser registrado como tal en su propio gráfico de pedidos recibidos. Una razón más para que lo haga es que lo estimulará en el mes correspondiente del año próximo a obtener una cifra superior, para que no disminuya su propia tendencia.

Cuando las rectificaciones debidas a anulaciones o a aumentos en los pedidos registrados son frecuentes, el mejor procedimiento es considerarlas como conceptos distintos, positivos y negativos, incorporándolas como tales en los datos mensuales, en los totales acumulados y en los totales anuales móviles.

■ Caso práctico 2

La empresa Circuitex, S.A. se dedica al montaje de circuitos eléctricos, cuenta con 50 trabajadores y, para el caso que nos ocupa, su director de control ha elaborado el estado del capital circulante a 31 de octubre del presente año y lo quiere contrastar con el mismo estado al último cierre.

Para confeccionar estos estados se utiliza la parte de la partida de deudores diversos necesaria para cubrir junto con el dinero disponible en caja y bancos, el pasivo exigible a corto plazo. En el último cierre (diciembre año n − 1) se utilizaba el 97 por ciento y en octubre del presente año (año n) un 97,7 por ciento.

Para el cálculo del coeficiente entre el activo disponible y el pasivo exigible a corto plazo, se toma como cifra de activo disponible el total de caja y bancos y de deudores diversos, no el activo disponible que cubre el pasivo.

Conclusiones

Comparando los dos estados del capital circulante se puede apreciar que la situación era peor en octubre que en el último cierre. El importe del activo disponible, que forma parte del activo circulante, apenas ha variado, pero la composición del activo operacional es menos favorable. Los productos terminados constituían antes el 19,6 por ciento y han descendido hasta el 7,3 por ciento, habiendo pasado la diferencia a incrementar el volumen de trabajos en curso de fabricación y el de materias primas en almacén, de forma que el capital circulante es menos líquido.

Igualmente es menos favorable la relación entre el activo disponible y el pasivo exigible a corto plazo que, recordemos, indicará una mejor situación de la empresa cuanto más se acerque a la unidad.

CAPITAL CIRCULANTE A 31 DE DICIEMBRE DEL AÑO N -1		
PASIVO EXIGIBLE A CORTO PLAZO:		
Acreedores comerciales	8 575 100	
Efectos a pagar	100 000	
TOTAL EXIGIBLE A CORTO PLAZO		8 675 100
ACTIVO DISPONIBLE:		
Caja y bancos	24 200	
Deudores diversos (97 %)	8 650 900	
ACTIVO QUE CUBRE EL PASIVO		8 675 100
CAPITAL CIRCULANTE REPRESENTADO POR:		
ACTIVO DISPONIBLE:		
Deudores diversos (3 %)	294 600	
ACTIVO OPERACIONAL:		
Productos terminados	1 179 900	
Trabajos en curso	1 968 600	
Materias primas	2 874 700	
TOTAL CAPITAL CIRCULANTE		6 317 800
TOTAL CAPITAL CIRCULANTE (COMPROBACIÓN)		14 992 900

Coeficiente: $\dfrac{\text{Activo disponible}}{\text{Pasivo exig. c.p.}} = 1{,}03$

CAPITAL CIRCULANTE A 31 DE DICIEMBRE DEL AÑO N		
PASIVO EXIGIBLE A CORTO PLAZO:		
Acreedores comerciales	7 246 300	
Efectos a pagar	2 100 000	
TOTAL EXIGIBLE A CORTO PLAZO		9 346 300
ACTIVO DISPONIBLE:		
Caja y bancos	297 000	
Deudores diversos (97,7 %)	9 048 800	
ACTIVO QUE CUBRE EL PASIVO		9 346 300
CAPITAL CIRCULANTE REPRESENTADO POR:		
ACTIVO DISPONIBLE:		
Deudores diversos (2,3 %)	216 300	
ACTIVO OPERACIONAL:		
Productos terminados	417 300	
Trabajos en curso	2 237 900	
Materias primas	3 037 200	
TOTAL CAPITAL CIRCULANTE		5 908 700
TOTAL CAPITAL CIRCULANTE (COMPROBACIÓN)		15 255 000

Coeficiente: $\dfrac{\text{Activo disponible}}{\text{Pasivo exig. c.p.}} = 1{,}023$

CASOS PRÁCTICOS

Al igual que cualquier aprendizaje, la comprensión de los problemas de índole empresarial puede verse enormemente facilitada por el planteamiento de ejemplos clarificadores o de casos prácticos.

■ Caso práctico 3

El jefe de control de la empresa Inventarama, S.A., que se dedica al montaje de piezas para automóviles y cuenta con una plantilla de 120 trabajadores, ha recibido del departamento comercial el estado de situación económica del último mes (septiembre).

CONCEPTOS	u.m.	u.m.	TOTALES	%
VENTAS TOTALES			3.557.700	100
PRECIO DE COSTO DE				
LAS MERCADERÍAS VENDIDAS:				
Existencias iniciales:				
Productos terminados	584 600			
Trabajos en curso	2 314 500			
Materias primas	2 683 200			
TOTAL		5 582 300		
Materias primas compradas		1 603 800		
Mano de obra directa		542 600		
Costos fabricación		604 100		
Suma		8 332 800		
Existencias finales				
Productos terminados	417 300			
Trabajos en curso	2 237 900			
Materias primas	3 037 200			
TOTAL		5 692 400		
COSTO DE LAS MERCANCÍAS VENDIDAS			2 640 400	74,2
RESULTADOS BRUTOS DE LA EXPLOTACIÓN:				
BENEFICIOS			917 300	25,8
PÉRDIDAS				
Deducir				
Gastos generales		939 400		
Gastos extraordinarios		9 800		
Gastos financieros		20 800	970 000	27,3
RESULTADO NETO DE LA EXPLOTACIÓN				
BENEFICIOS				
PÉRDIDAS			52 700	1,5
Añadir				
Gastos especiales			41 600	1,2
BENEFICIOS FINALES ANTES DE AJUSTES				
PÉRDIDAS FINALES ANTES DE AJUSTES			94 300	2,7
AJUSTES				
Error en la mano de obra				
indirecta del mes de julio	27 300			
TOTAL AJUSTES DEL MES			27 300	
PÉRDIDA TOTAL DEL MES DESPUÉS DE AJUSTES			121 600	

El jefe de control debe analizar este estado de situación económica de la siguiente forma.

1. Cálculo del valor en venta de la producción

Cifra de ventas del mes	3 557 700
Costo de las mercaderías vendidas	2 640 400
Tomando como base 100 el precio de costo, el coeficiente de la cifra de ventas es de	134,7 %
Variaciones de las existencias:	
Existencias iniciales de trabajos en curso de fabricación	2 314 500
Existencias iniciales de productos terminados	584 000
SUMA	2 899 100
Existencias al cierre de trabajos en curso de fabricación	2 237 900
Existencias al cierre de productos terminados	417 300
SUMA	2 655 200
Por tanto, las existencias en bodega han disminuido en:	243 900
La disminución de las existencias valorada al precio de venta (aplicando el coeficiente 134,7 %) será	328 500
Por consiguiente:	
Cifra de ventas del mes	3 557 700
Deducción de la disminución de las existencias valorada en función del precio de venta	328 500
VALOR EN VENTA DE LA PRODUCCIÓN	3 229 200

2. Cálculo de las materias primas empleadas.

El estado de situación económica refleja las compras registradas en las cuentas correspondientes del libro mayor, que debe llevarse siempre al día, por lo que es necesario determinar la cantidad de materiales directos empleados durante el mes. Los materiales comprados pero no utilizados aparecen en las existencias al cierre, y por tanto se deducen automáticamente del costo de las mercaderías vendidas. Con frecuencia se sigue la orientación de comprar los materiales en cantidades fuertes con vistas a una posible alza de precios para obtener mejores condiciones económicas. Puede ocurrir que la cifra de materiales directos comprados resulte muy superior a la de los realmente aplicados.

Observando el estado anterior tendremos:

Existencias iniciales de materias primas 2 683 200
Compras de materias primas . . . . I 603 800
SUMA 4 287 000
Deducción existencias al
   cierre de materias primas 3 037 200
DIFERENCIA MATERIALES DIRECTOS APLICADOS . . . . I 249 800

A partir de la cuenta de explotación se debe conocer la rentabilidad de la producción de la empresa.

En este cálculo se supone que el volumen de los materiales existentes en los talleres en espera de ser transformados supone una cantidad normal que no sufre variaciones de un mes a otro. Por lo menos esto es lo que debe ocurrir cuando la empresa está bien gobernada. Sin embargo, cuando la dirección se desentiende de la marcha normal de la empresa, puede ocurrir que se saquen del almacén cantidades fuertes de materiales que quedan en el taller sin utilizar al finalizar el mes; el mes siguiente sólo se sacará de almacén una pequeña cantidad para completar el programa de fabricación del mes. En estas circunstancias, los cálculos realizados no serían correctos y, como veremos más tarde, el porcentaje de materiales directos aplicados puede variar notablemente, poniendo de manifiesto que el sistema que se sigue para controlar los materiales sería inadecuado.

Después de determinar los materiales aplicados, los sueldos pagados, los costos comunes de fabricación y los restantes gastos producidos durante el mes, el jefe de control debe determinar la relación porcentual de cada uno de estos conceptos con el valor en venta de las mercaderías fabricadas a lo largo del mes.

DESCOMPOSICIÓN DEL VALOR EN VENTA DE LA PRODUCCIÓN	u.m.	%
Materiales directos aplicados	I 249 800	38,8
Mano directa	542 600	16,8
Costos comunes de fabricación	604 100	18,7
Precio de costo de fabricación	2 396 500	74,3
Otros gastos	I 011 600	31,3
Precio de costo total	3 408 100	105,6
Déficit (diferencia con el valor en venta)	178 900	5,6
Valor en venta de la producción	3 229 200	100,0

■ Caso práctico 4

La sociedad Chasis, S.A. es una empresa industrial que fabrica y vende determinados productos del ramo del automóvil. Ha cerrado el último ejercicio con 1 144 200 u.m. de pérdida, habiendo alcanzado una cifra de ventas que pasa de los 8 000 000 u.m.

El señor Ruano es el máximo accionista y a la vez el director general; los restantes socios son amigos personales suyos.

Las pérdidas del último ejercicio han sido debidas a que el director había previsto una demanda importante para algunos de sus productos, por lo que desarrolló su organización comercial y almacenó una cantidad importante de productos terminados para su entrega inmediata. Diversas circunstancias impidieron la realización de sus previsiones y, al

finalizar el ejercicio, la empresa se encontró sobrecargada de existencias que suponían una inmovilización importante de fondos; por otra parte, los gastos generales, que resultaron altamente incrementados por la orientación general seguida, fueron muy crecidos en relación con la cifra de ventas alcanzada realmente.

Como el banco con el que trabajaba la empresa se negó a aumentar el límite de crédito concedido, surgieron problemas financieros y el señor Ruano contactó con uno de sus amigos, a quien pidió que hiciese una aportación de capital de 500 000 u.m. Aunque el amigo del señor Ruano apreciaba en su justo valor sus dotes de energía, entusiasmo y capacidad comercial, y reconocía además que los productos fabricados eran de excelente calidad y respondían a las necesidades evidentes del

A la empresa Chasis, S.A., fabricar un exceso de mercancías en previsión de unos hipotéticos pedidos ha supuesto terminar el ejercicio contable con pérdidas, ya que el aumento de la inversión de materias primas y en gastos de fabricación no ha sido compensado por las ventas reales.

mercado, tenía alguna información desfavorable respecto de la situación de la empresa y no estaba dispuesto a realizar aportaciones de dinero sin antes conocer la verdadera situación de la empresa. Una vez entregado el dinero sería difícil movilizarlo a corto plazo y su propietario, naturalmente, deseaba obtener un rendimiento razonable, evitando al propio tiempo cualquier riesgo en sus inversiones.

En estas circunstancias, el señor Ruano requirió los servicios del señor Teruel, asesor profesional sobre estas cuestiones, y le expuso su problema, presentándole en la forma usual el estadillo de pérdidas y ganancias y el balance de la empresa.

PÉRDIDAS Y GANANCIAS EJERCICIO N			
Existencias iniciales	2 745 200	Ventas	8 053 100
Mano de obra	2 266 200	Existencias finales	4 362 300
Compras	5 188 700		
G. mantenimiento	287 500		
Comisiones	18 500		
G. automóvil	8 700		
Material oficina	19 700		
Propaganda	48 300		
Embalajes	318 500		
Electricidad	83 500		
Gas	13 200		
Agua	4 700		
Seguros sociales	71 200		
Combustibles	23 700		
Intereses bancarios	27 500		
Contribuciones	12 700		
Descuentos	34 100		
Impuesto beneficios	28 600		
Gastos generales	433 400		
Seguros	48 200		
Gastos viaje	24 900		
Correo y teléfono	38 500		
Sueldos empleados	1 066 500		
Material proyectos	8 300		
Reparaciones	17 400		
Gastos sucursal	387 400		
Exposiciones	16 900		
Clientes fallidos	1 500		
Asesorías	43 200		
Amortizaciones	73 400		
Ensayos técnicos	186 500		
Alquileres	13 000	Pérdidas	1 144 200
SUMA	13 559 600	SUMA	13 559 600

BALANCE AL 31 DE DICIEMBRE DEL AÑO N

ACTIVO

Terrenos y edificios		2 413 100
Instalaciones y maquinaria	959 000	
Amortización	45 600	913 400
Herramientas	256 800	
Amortización	23 300	233 500
Mobiliario	49 000	
Amortización	4 500	44 500
Concesiones y patentes		750 000
Existencias de productos terminados		
y en curso de fabricación		4 362 300
Deudores diversos		642 100
Caja		4 900
Pérdidas ejercicios anteriores	150 900	
Pérdidas ejercicio	1 144 200	1 295 100
		10 658 900

PASIVO

Capital suscrito		
6 000 acciones de 1 000 u.m.	6 000 000	
3 000 accs. preferentes de 1 000 u.m.	3 000 000	
	9 000 000	
Capital desembolsado		
6 000 accs. ordinarias	6 000 000	
2 000 accs. preferentes	2 000 000	8 000 000
Reservas		250 000
Préstamos bancarios		576 200
Acreedores diversos		1 832 700
		10 658 900

Después de explicar al señor Teruel la razón por la que se requerían sus servicios y el deseo expresado por su nuevo socio de conocer las verdaderas perspectivas de la empresa, el señor Ruano, director de la empresa, y el asesor señor Teruel procedieron a examinar los distintos conceptos de la cuenta de pérdidas y ganancias. Se puede imaginar ese diálogo en los siguientes términos:

T. –Antes de efectuar un examen crítico de estas cifras, yo desearía, señor Ruano, formularle algunas preguntas. Hemos de clasificar los gastos por categorías y supongo que el contador de su empresa los habrá agrupado en la forma usual. Por tanto, tendremos que conocer las cifras con algún detalle para hacer las clasificaciones convenientes.

R. –Ya me imaginaba que me pediría este detalle, de forma que he traído un detalle completo de las cifras de los balances.

T. –Muy bien. ¿Quiere decirme, para empezar, si la cifra de ventas que me indica es bruta o neta?

R. –La cifra de ventas que aquí figura con un total de 8 053 100 está formada por los ingresos netos recibidos de nuestros clientes, después de deducir todos los descuentos comerciales.

T. –En este caso podemos pasar al siguiente punto, que es el relativo a las compras de primeras materias. Veo que figura la cifra de 5 188 700 en el concepto de compras. Esto puede entenderse de distintas maneras. ¿Incluye sólo los materiales que entran directamente en la composición del producto terminado o, por el contrario, incluye otras compras?

R. –No. En el epígrafe compras únicamente incluimos los materiales utilizados directamente para formar el producto final. Los restantes materiales están englobados en la cuenta de gastos generales.

T. –Esto simplifica las cosas. Con frecuencia observo que los contables engloban en el epígrafe de compras todo lo que se adquiere fuera de la fábrica; cuando esto ocurre, hay que desglosar los distintos conceptos, lo cual no siempre es fácil. Sin embargo, en su caso no tendremos esta dificultad.

Pasemos a considerar la mano de obra directa. En sus cuentas figura una partida de mano de obra por un total de 2 266 200, pero no veo ninguna partida correspondiente a ciertos empleados, como son los encargados, bodegueros y delineantes, así como los obreros ocupados en tareas generales de entretenimiento. Por tanto, me parece que han agrupado ustedes en un solo concepto todos los gastos relativos a la mano de obra.

R. –En efecto, tiene usted razón. Sin embargo, tengo aquí el detalle de los sueldos y salarios pagados, y creo que podremos hacer una clasificación sin mucha dificultad. Permítame unos minutos y le diré como se descompone esta cifra.

Las principales partidas son 1 263 700 de mano de obra directa y 1 022 500 de mano de obra indirecta. Esta última comprende:

- Capataces y encargados: 183 500
- Control y supervisión: 271 900
- Oficina de delineación: 147 100
- Almaceneros: 58 700
- Empleados administrativos en fábrica: 114 500
- Jornales de entretenimiento: 226 800

T. –Veamos ahora los gastos generales; sin duda vamos a encontrar una serie de conceptos de gastos atribuibles en parte a la producción y en parte a los gastos generales de la empresa. Los costos imputables directamente a la producción son la mano de obra directa y los materiales incorporados en el producto terminado, que ya hemos examinado. Los restantes gastos de su cuenta de gastos generales de explotación deben ser clasificados según la categoría a que pertenecen, en los siguientes términos:

1) Costos comunes de fabricación.
2) Gastos extraordinarios de la explotación.
3) Gastos generales de la empresa.
4) Gastos financieros.
5) Gastos especiales.

Los costos comunes de fabricación por su parte pueden desdoblarse en materiales indirectos, mano de obra indirecta, gastos de local y gastos generales de fabricación. Por otra parte, los gastos generales de la empresa se pueden dividir igualmente en gastos de venta, gastos de administración y gastos de local. De esta forma podremos clasificar los gastos en sus distintas categorías y así podremos ver las cosas más claramente.

HOJA DETALLADA DE LOS GASTOS DE FABRICACIÓN			
COSTOS DIRECTOS DE FABRICACIÓN			
Materiales directos comprados		5 188 700	
Mano de obra directa		1 263 700	6 452 400
COSTOS COMUNES DE FABRICACIÓN			
A) Materiales indirectos:			
1. Energía eléctrica	83 500		
2. Gas	13 200		
3. Agua	4 700		
4. Combustibles	23 700		
5. Materiales escritorio	10 500		
6. Material proyectos	8 300		
7. Material mantenimiento	147 500		
8. Embalajes	86 500	377 900	
B) Mano de obra indirecta:			
1. Capataces	183 500		
2. Inspectores	271 900		
3. Oficina de proyectos	147 100		
4. Empleados oficina del taller	114 500		
5. Bodegueros	58 700		
6. Servicio de entretenimiento	140 000		
7. Diversos trabajos de taller	226 800	1 142 500	
C) Gastos generales fabricación:			
1. Sueldos de los técnicos	160 600		
2. Sueldos de empleados taller	127 900		
3. Seguros y cargas sociales	66 900		
4. Correo y teléfono	18 200		
5. Cantina y economato	124 600		
6. Gastos de viaje	8 300	505 500	
D) Gastos de local:			
Renta y contribuciones	9 700		
Seguros	34 000		
Amortizaciones	68 900	112 600	2 139 500

HOJA DETALLADA DE OTROS GASTOS

GASTOS EXTRAORDINARIOS DE LA EXPLOTACIÓN			
Gastos asistencia a exposiciones			16 900
GASTOS GENERALES DE LA EMPRESA			
A) *Gastos de venta*			
1. Sueldo de empleados	375 600		
2. Gastos de oficina de ventas	48 300		
3. Seguros y cargas sociales	1 400		
4. Gastos sucursal	452 500		
5. Comisiones	218 500		
6. Propaganda	48 300		
7. Descuentos	34 100		
8. Gastos viaje	13 000		
9. Gastos de automóvil	4 400		
10. Material de oficina	4 000		
11. Correo y teléfono	16 300	1 215 800	
B) *Gastos de administración*			
1. Sueldos administrativos	216 300		
2. Dietas consejeros	42 000		
3. Sueldo director	96 400		
4. Seguros y cargas sociales	2 900		
5. Gastos viaje	3 600		
6. Gastos automóvil	4 300		
7. Material de oficina	5 200		
8. Correo y teléfono	4 000		
9. Gastos bancarios	3 300		
10. Clientes fallidos	1 500		
11. Asesorías	43 200		
12. Ensayos técnicos	186 500		
13. Reparaciones	17 400		
14. Gastos diversos	43 700	670 300	
C) *Gastos de local*			
1. Renta y contribuciones	3 000		
2. Seguros	14 200		
3. Amortizaciones	4 500	21 700	1 907 800
GASTOS FINANCIEROS			
1. Intereses bancarios	24 200		
GASTOS ESPECIALES			
1. Impuesto sobre beneficios	28 600		
2. Alq. bodegas no utilizadas	13 000	41 600	

RESUMEN DE GASTOS

Materiales directos comprados	5 188 700
Mano de obra directa	1 263 700
Costos comunes de fabricación	2 139 500
Gastos extraordinarios de explotación	16 900
Gastos generales de la empresa	1 907 800
Gastos financieros	24 200
Gastos especiales	41 600
TOTAL DE GASTOS	10 582 400
Existencias iniciales en la bodega	2 745 200
TOTAL	13 327 600

El señor Ruano y el señor Teruel van estudiando meticulosamente cada uno de los conceptos que figuran en la cuenta de pérdidas y ganancias y los agrupan de forma ordenada. Algunos de los conceptos han de ser distribuidos entre diferentes partidas; así, por ejemplo, las 71 200 u.m. que figuran en el concepto de seguros sociales se distribuyen entre los costos directos de fabricación con 66 900, los gastos de venta con 1 400 y los gastos de administración con 2 900. El capítulo de sueldos que figura con un total de 1 066 500 u.m. se distribuye en la siguiente forma: 288 500 como gastos comunes de fabricación, 423 300 por gastos de venta y 354 700 como gas-

tos de administración (esta cifra, por su parte, se desdobla así: 42 000 de sueldos de consejeros, 96 400 del director y 216 300 de sueldos de los empleados administrativos).

Es, de esta manera, que cada uno de los conceptos queda individualizado.

T. –Ahora podemos, señor Ruano, establecer el estado de situación económica del ejercicio que estamos analizando. Partimos de la cifra total de ventas, de la que deducimos los gastos de envío pagados por cuenta de clientes debitados de facturas, y de la cifra que queda restamos los costos de fabricación, directos y comunes, con lo que determinamos el beneficio bruto. De la cifra de beneficios brutos deduciremos a continuación todos los restantes gastos que se producen en la empresa y tendremos al final del estadillo la cifra de pérdidas registrada por usted, que asciende a 1 144 200 u.m.

A sugerencia de un nuevo socio, el dueño de **Chasis, S.A.** solicita el consejo de un asesor externo para estudiar la problemática de la empresa y evaluar las soluciones posibles.

ESTADO DE SITUACIÓN ECONÓMICA				
31 DE DICIEMBRE AÑO N	**U.M.**	**U.M.**	**U.M.**	**%**
IMPORTE TOTAL VENTAS (BRUTO)		8 053 100		
Portes pagados por cuenta clientes (deducir)		232 000		
IMPORTE TOTAL VENTAS (NETO)			7 831 100	100
COSTO DE LAS MERCADERÍAS VENDIDAS				
Existencias iniciales		2 745 200		
Materias primas compradas		5 188 700		
Mano de obra directa		1 263 700		
Costos comunes fabricación:				
Materiales indirectos	377 900			
Mano de obra indirecta	1 142 500			
Gastos generales fabricación	506 500			
Gastos de local	112 600	2 139 500		
SUMA		11 337 100		
Existencias al cierre (deducir)		4 362 300		
COSTO DE LAS MERCANCÍAS VENDIDAS			6 974 800	89,2
BENEFICIO BRUTO			846 300	10,8
Gastos generales:				
Gastos de venta	1 215 800			
Gastos administración	670 300			
Gastos de local	21 700	1 907 800		
Gastos extraordinarios		16 900		
Gastos financieros		24 200	1 948 900	24,9
PÉRDIDA TOTAL EXPLOTACIÓN			1 102 600	14,1
Ingresos diversos (deducir)				
PÉRDIDAS DE LA EMPRESA			1 102 600	14,1
Gastos especiales (añadir)			41 600	0,5
PÉRDIDA FINAL DE LA EMPRESA			1 144 200	14,6

R. –Verdaderamente, presentando los datos de esta forma es más fácil de comprender la verdadera situación de la empresa. En los resúmenes que ya he dispuesto hasta ahora estaban tan entremezcladas las cifras que nunca he podido ver con claridad la situación de mi negocio.

T. –Esto ocurre con frecuencia. Pero volvamos a considerar la situación. Si se fija en el nuevo estadillo observará que el costo total de las mercaderías vendidas alcanza el 89,2 % de la cifra de ventas. Este arranque es poco satisfactorio ya que del beneficio bruto restante del 10,8 % hay que deducir aún una serie de gastos para determinar el beneficio final. Estos gastos ascienden a 1 990 500 u.m., es decir, el 25,4 % de la cifra de ventas, de forma que la primera impresión que podemos sacar de todo esto es que los costos de fabricación son demasiado elevados y que los costos generales son excesivos para la cifra de ventas lograda.

R. –También yo lo creo. Nunca he visto las cosas con tanta claridad como ahora y ciertamente me parece exagerado que los gastos totales de la empresa lleguen al 25,4 % de la cifra de ventas.

Claro que hay que tener en cuenta, como ya le he dicho antes, que confiaba lograr un notable incremento en el volumen de ventas, y desgraciadamente mis previsiones no se han cumplido, pero de haber logrado el volumen de ventas esperado, el porcentaje de los gastos no hubiera sido tan elevado.

Puede estar usted seguro de que hoy me doy cuenta de que he de aumentar la cifra de ventas si quiero evitar un desastre en mi negocio. Mis productos tienen un mercado y si las negociaciones que he venido desarrollando hubiesen tenido éxito, los resultados hubieran sido mucho mejores. De todos modos, la situación real es ésta, no sólo he agotado mis recursos para constituir un stock de productos terminados, que sigue en mi bodega, sino que además he pagado unos sueldos y he tenido unos gastos de venta que hasta ahora me han rendido muy poco. Con esto, estoy convencido de que con una nueva aportación de medio millón de u.m. podré hacer frente a la situación, dando tiempo para llevar a término las negociaciones iniciadas, vender los productos almacenados y lograr los beneficios que espero de la ejecución del plan de ventas que establecí el año pasado.

T. –En este caso, quizá su situación no sea tan crítica como a primera vista parece. Pero vamos a hacer una previsión de los resultados que confía poder alcanzar en el ejercicio actual y supongamos que la aportación de su amigo permite alcanzar esas metas.

Lo primero que vamos a hacer es calcular lo más exactamente posible sus costos de fabricación teniendo en cuenta los ajustes que hay que hacer en los valores de los productos terminados y de los productos en curso de fabricación. Sus cuentas muestran una existencia de productos terminados por un valor de 2 745 200 al iniciar el ejercicio y un saldo de 4 362 300 al terminar el año. ¿Conoce usted el detalle de estas partidas?

R. –Sí, creo que sí. Éstas son las cifras:

Una moderna fábrica japonesa no es, contra lo que creen muchos estadounidenses, el prototipo de la fábrica futura. Es algo mucho más difícil de copiar: es la factoría del presente funcionando como es debido.

ROBERT HAYES
Economista

EXISTENCIAS INICIALES:
Materias primas 1 164 700
Trabajos en curso 1 253 900
Productos terminados 326 600
TOTAL 2 745 200

EXISTENCIAS A FIN DE EJERCICIO:
Materia primas 1 023 400
Trabajos en curso 1 194 200
Productos terminados 144 700
TOTAL 4 362 300

T. –Se ve claramente que ha habido un aumento de productos terminados, como usted me indicaba antes. Los productos fabricados han permitido hacer ventas por un valor de 7 821 000 u.m., mientras que las mercaderías que han quedado en la bodega, valoradas a precio de costo, han tenido un aumento de 1 758 400 u.m. Las cantidades que figuran entre los costos de fabricación se han aplicado a un lote de productos que en parte se han quedado en la bodega y en parte han sido vendidos. Por consiguiente, si deseamos saber los verdaderos porcentajes de los materiales aplicados y de la mano de obra directa empleada, hemos de añadir a la cifra de ventas realmente alcanzada el valor computado a precio de venta de las mercaderías fabricadas durante el año, que han ido a engrosar la cifra de existencias en bodega; de esta forma obtendremos el valor en venta de todas las mercaderías fabricadas en el transcurso del año.

Vemos por la cuenta de explotación que el precio de costo de las mercaderías vendidas asciende a 6 974 800 y que su valor en ventas ha sido de 7 821 100. De aquí se puede deducir que las mercaderías que han sido almacenadas en el ejercicio, cuyo precio de costo ha sido de 1 758 400 u.m., en caso de ser vendidas hubieran producido un total de 1 970 000 u.m.

Podemos reunir estas cifras en un cuadro resumido:

Importe total de las ventas	7 821 100
Costo de las mercaderías vendidas	6 974 800
Porcentaje de las ventas sobre el costo	112,1%
Existencias iniciales	−1 580 500
Existencias finales	+3 338 900
Aumento de existencias valoradas al costo	1 758 400
Valor en venta correspondiente al aumento de existencias (costo × 112,1)	1 970 000
(Añadir) Importe total de las ventas	7 821 100
Valor en venta de la producción	9 791 100

Vamos a considerar ahora los precios de las materias primas empleadas en la fabricación de sus productos. La cifra de 5 188 500 u.m. que figura en sus cuentas representa el importe de sus compras, que no tiene que coincidir necesariamente con el valor de los materiales realmente empleados en la fabricación. Para comprobar este extremo podemos comparar los inventarios de apertura y cierre de las primeras materias, que presentan las siguientes cifras:

Materias primas existentes al comienzo del ejercicio	1 164 700
Añadir los materiales comprados en el ejercicio	5 188 700
SUMA	6 353 400
Deducir los materiales existentes a fin de año	1 023 400
Valor de los materiales empleados en fabricación	5 330 000

Como usted ve, han empleado en fabricación más cantidad de materiales que los que han sido adquiridos durante el ejercicio. Ahora, partiendo de esta base, podemos calcular los porcentajes de los distintos valores en relación con el valor en venta de la producción y obtendremos las cifras siguientes:

CONCEPTOS	U.M.	%
Materias primas aplicadas	5 330 000	54,4
Mano de obra directa	1 263 700	12,9
Costos comunes de fabricación	2 139 500	21,8
Costo de fabricación	8 733 200	89,1
Gastos generales de la empresa	1 907 800	19,5
Otros gastos	82 700	0,9
Costo total	10 723 700	109,5
Pérdidas	932 600	9,5
Valor en venta de la producción	9 791 100	100,0

Si se fija usted en las cifras que acabamos de calcular, podrá comprobar que sus problemas no sólo proceden de la inmovilización de 2 000 000 u.m. de su tesorería en productos terminados almacenados. Aun teniendo en cuenta el beneficio que usted hubiera obtenido con la venta de este stock, continúa habiendo un déficit del 9,5 por ciento sobre el valor en venta de la producción del ejercicio.

A no ser que consiga usted reducir los costos de fabricación en relación con el nivel de ventas de forma que cubra ampliamente los gastos, no conseguirá nada con sólo liquidar el stock de mercaderías terminadas que tiene en el almacén.

T. —Sí, ya me doy cuenta de que la cifra de ventas es muy baja. En los últimos ejercicios hemos tenido algunos beneficios y aunque siempre me han parecido insuficientes, no pude imaginar que mis costos de fabricación fuesen tan elevados.

T. —Bien. Vamos a ver si concretamos las ideas. ¿Quiere usted decirme qué cifra de ventas confía poder alcanzar en el próximo año?

R. —En las circunstancias actuales, creo que podríamos llegar a unos 15 millones de u.m.

T. —Me parece mucho. Supone un aumento del 100 por ciento sobre las cifras actuales. ¿Podrá su taller alcanzar ese nivel de trabajo? ¿Ya está preparada su organización para realizar el esfuerzo que representa un aumento de ese orden? ¿Puede absorber el mercado esas cantidades?

R. —Sí, por parte del taller no hay ningún problema. Además estoy convencido de que el mercado puede absorber esa producción y nuestra organización comercial ya sabe usted que ha sido ampliada. Yo no creo que la cifra de 15 millones sea demasiado optimista.

T. —¿Y qué beneficio neto espera obtener con esas ventas?

RENTABILIDAD

Aun cuando el beneficio y la rentabilidad de la empresa sean aceptables en términos generales, conviene determinar también la rentabilidad de cada uno de los distintos componentes que intervienen en la actividad global.

R. —Por lo menos un 5 por ciento. Quizá se puede obtener algo más, pero me parece prudente calcular un 5 por ciento.

T. —Bien. Si vende usted 15 000 000, el 5 por ciento representa un beneficio de 750 000, de forma que quedan 14 250 000 para cubrir todos los costos y gastos. Vamos a distribuir esa cifra empezando por el final. ¿No cree usted que sería posible reducir algo los capítulos de gastos especiales y los gastos financieros?

R. —Sí. Los gastos especiales creo que pueden quedar en unas 35 000 y en otra cantidad igual los gastos financieros. Por otra parte, hemos subarrendado a otra empresa la bodega primitiva, de forma que puede desaparecer la partida consignada para el pago de su alquiler.

T. —Conforme. Confío en que ha tenido usted en cuenta los intereses de los créditos bancarios. Pasemos ahora a los gastos generales. ¿Será posible alguna reducción?

R. —Vamos a ver. Los gastos de venta actuales ascienden a 1 215 800. Creo que podríamos reducir los gastos de la sucursal a 100 000 anuales. Por el contrario, probablemente tendremos que aumentar los gastos publicitarios. En conjunto creo que podremos reducir la cifra de gastos de venta hasta 1 150 000. También en los gastos de administración podemos lograr una reducción de unas 20 000 u.m. en el capítulo de investigaciones y nuevos estudios. Los restantes gastos no es fácil reducirlos.

T. —Todo esto nos pone los gastos generales en una cifra del orden de 1 820 000. ¿Espera usted que puedan producirse gastos extraordinarios crecidos?

R. —No creo. Podemos señalar una cifra de 25 000 como simple previsión.

T. —Muy bien. Vamos, pues, a establecer el resumen de gastos de explotación:

CONCEPTOS	U.M.	U.M.	%
Importe de las ventas previstas (neto)		15 000 000	100,0
Costo de las mercaderías vendidas (deducir)		12 335 000	82,2
BENEFICIO BRUTO		2 665 000	17,8
Gastos generales de la empresa:			
Gastos de venta	1 150 000		
Gastos administración	650 000		
Gastos local	20 000	1 820 000	
Gastos extraordinarios de explotación:	25 000		
Gastos financieros:	35 000	1 880 000	12,6
BENEFICIO TOTAL DE LA EXPLOTACIÓN		785 000	5,2
Gastos especiales:		35 000	0,2
BENEFICIO FINAL		750 000	5,0
(Cifras calculadas partiendo del beneficio final.)			

T. –Como ve usted, nos quedan 12 335 000 para el costo de las mercaderías vendidas, es decir el 82,2 por ciento sobre las ventas. En la liquidación del último ejercicio, que hemos reconstruido hace poco, obteníamos un coeficiente del 89,2 por ciento, por tanto hay una rebaja del 7 por ciento que hay que sacarla de alguna parte. Sus costos comunes de fabricación (sin contar los materiales ni la mano de obra directa) ascendieron en el año anterior a 2 139 500 para una producción valorada a precio de venta de 9 791 100. ¿A cuánto ascenderán los correspondientes a los 15 000 000 que espera vender?

R. –Es evidente que han de aumentar en alguna cantidad, no creo que se pueda evitar, pero confío en que no será mucho. He tomado hace poco un ayudante para el jefe de fabricación. Es un muchacho joven e inteligente, que va a dedicarse a organizar la circulación de los materiales dentro de la fábrica y armonizar las operaciones: cuidará también del mantenimiento general del taller, con lo que espero poder reducir los gastos actuales. Naturalmente, debo estudiar todo esto con más detenimiento, pero creo que los costos comunes podrán quedar reducidos a una cifra de 2 335 000 u.m.

T. –Nos quedan, por tanto, 10 000 000 para los costos directos, es decir, para los materiales y la mano de obra. En el último año, los porcentajes correspondientes a estos conceptos fueron el 54,4 y el 12,9, respectivamente, sobre el precio de venta. Si aceptamos estos coeficientes para el nuevo ejercicio, tendremos las siguientes cifras:

Materiales aplicados	54,4 % de 15 000 000	8 160 000
Mano de obra directa	12.9 % de 15 000 000	1 940 000
TOTAL		10 100 000

T. –Como ve, nos acercamos mucho a la cifra antes señalada, gracias a que sólo hemos previsto un pequeño aumento de la cifra de costos comunes, en relación con el aumento bastante notable previsto para las ventas. A pesar de todo, hay un exceso de unas 100 000 u.m., que ha de procurar usted economizar en los materiales; no parece que sea difícil, de forma que tendríamos en definitiva:

Materiales aplicados	8 060 000	53,7 %
Mano de obra	1 060 000	12,9 %
TOTAL	9 120 000	66,6 %

Por tanto el estado de la situación económica prevista para el próximo año sería el siguiente:

Cualquiera puede enfadarse; eso es algo muy sencillo. Pero enfadarse con la persona adecuada, en el grado exacto, en el momento oportuno, con el propósito justo y del modo correcto es algo que ya no resulta tan sencillo.

ARISTÓTELES
Filósofo

31 DE DICIEMBRE AÑO N+1 (Previsión)	u.m.	u.m.	u.m.	%
IMPORTE TOTAL VENTAS (NETO)			15 000 000	100
COSTO DE LAS MERCADERÍAS VENDIDAS				
Materias primas aplicadas	8 060 000			
Mano de obra directa	1 940 000			
Costos comunes fabricación:	2 335 000			
SUMA			12 335 000	82,2
BENEFICIO BRUTO			2 665 000	17,8
Gastos generales:				
Gastos de venta	1 150 000			
Gastos administración	650 000			
Gastos de local	20 000	1 820 000		
Gastos extraordinarios		25 000		
Gastos financieros		35 000	1 880 000	12,6
BENEFICIO NETO EXPLOTACIÓN			785 000	5,2
Gastos especiales			35 000	0,2
BENEFICIO FINAL			750 000	5,0

Los coeficientes que habrá que obtener en la producción son los siguientes:

CONCEPTOS	u.m.	%
Materias primas aplicadas	8 060 000	53,7
Mano de obra directa	1 940 000	12,9
Costos comunes de fabricación	2 335 000	15,6
Costo de fabricación	12 335 000	82,2
Otros gastos	1 915 000	12 8
Costo total	14 250 000	95,0
Beneficio	750 000	5,0
Valor en venta de la producción	15 000 000	100,0

Estas cifras han de constituir para usted unas metas que ha de alcanzar mes por mes, partiendo del valor en venta de su producción, que constituye la única base sólida de cálculo. Como estos cálculos suponen unos beneficios que aún no han sido logrados mientras no se vendan los productos, debe usted naturalmente vigilar cuidadosamente el nivel de existencias de productos terminados, que ha de mantenerse lo más bajo posible. Pienso que en la situación actual no debe descuidar este detalle tan importante.

Finalmente y como conclusión le diré, señor Ruano, que ahora que hemos clasificado los gastos en sus diversas categorías, puede facilitarle mensualmente su contador las cifras que se produzcan, clasificadas en la forma que hemos señalado, y cada mes podrá usted comprobar si se mantienen dentro de los límites previstos. Si alguna excede de lo previsto, se dará usted cuenta inmediatamente y podrá tomar las medidas oportunas.

La primera cuestión que debe vigilar usted es la cifra de ventas. Calcule usted el total anual móvil de sus ventas por lo menos de un año y recoja los datos en un gráfico. De este modo podrá usted comprobar mensualmente si sus ventas tienden a alcanzar la meta deseada de 15 000 000 de u.m. anuales que usted mismo ha señalado.

Haga que le presenten a fin de cada mes un resumen de las órdenes en cartera y trace un nuevo diagrama con el fin de tener siempre la seguridad de que su cartera de pedidos permite mantener el taller en plena actividad. En su empresa, si aspira a esos 15 000 000 anuales, necesita disponer de pedidos en un nivel no inferior a 2 500 000 mensuales.

Para que su negocio pueda desenvolverse, necesita usted disponer constantemente de dinero en efectivo, por tanto, debe tener un gráfico que recoja el valor de las facturas emitidas. Si no gira usted a cargo de sus clientes y espera a que éstos le transfieran el importe de sus facturas a los treinta días, observará que los cobros tienen, en relación con las facturas, un retraso de un mes.

En el aspecto financiero, ante todo debe usted tratar de conseguir que el activo disponible de la empresa sea, por lo menos, igual al pasivo exigible; y después, debe procurar que el activo realizable a corto plazo sea, por lo menos, el doble de su pasivo exigible a corto plazo.

No siempre es posible mantener estas proporciones, pero si usted recibe una nueva aportación de capital y procura liquidar el stock de productos terminados que tiene en la bodega, tendrá una situación financiera mucho más favorable que la actual. Le aconsejo que haga mensualmente una previsión de tesorería que comprenda el período de los tres meses siguientes, teniendo en cuenta solamente los cobros y pagos en efectivo.

De esta manera podrá vigilar la marcha de su negocio y, en una palabra, tendrá en sus manos las riendas de su empresa.

R. – Se lo agradezco mucho, señor Teruel. Procuraré seguir sus consejos y, así mismo, ya le tendré informado sobre los resultados que obtenga.

Conociendo el origen de los problemas es mucho más fácil argumentar posibles soluciones y evitar que se reproduzcan en el futuro.

Una buena organización de los trabajos e informes administrativos facilitará en el futuro la toma de decisiones.

Ejercicios de autoevaluación

A) Razonar las siguientes preguntas y sus respuestas:

① ¿Cuáles son las funciones de la dirección general de una empresa en relación con el control de gestión?
  - Vigilar los resultados de la empresa en su conjunto, sin dejar ningún aspecto de la misma. Por eso esta dirección tiene el calificativo de «general».
  - Intervenir con energía en aquellas funciones secundarias que siguen una orientación que pueda comprometer la prosperidad de la empresa.
  - Tanto si se trata de problemas de producción, de venta o de administración, debe estar preparado para aconsejar y dar las orientaciones necesarias, siempre que las estadísticas que analiza periódicamente, o su intuición, pongan de manifiesto que es necesaria su intervención.

② Pero un director general tiene otras tareas que realizar y siempre suele estar muy ocupado. ¿No suponen estas tareas de control de gestión un trabajo de estudio y análisis muy detallado y por consiguiente muy entretenido?
  - No debe suponer tanto tiempo si se plantea como un trabajo «rutinario» o para realizarlo cada mes.
  - Para ello es imprescindible organizar previamente todos los departamentos para que entreguen en su momento los informes necesarios para el análisis de la empresa y que estos informes sean totalmente fiables, es decir, que reflejen la realidad de la empresa.
  - Siempre es posible que el control lo haga un experto externo a la empresa, pero igualmente el director general debe conocer los análisis realizados por el asesor, ya que el director general es el responsable último de la empresa.

B) Determinar si las siguientes afirmaciones son verdaderas o falsas:

① El control de gestión se basa en el análisis de las variaciones de las realizaciones de la empresa respecto de los objetivos marcados por la dirección *a priori* y la determinación de las causas de la desviación.

② Es suficiente con un control a final de año de las situaciones comercial, técnica, económica y financiera, junto con un amplio informe resumen por parte del jefe de control, para que la dirección general pueda tomar sus decisiones al finalizar cada ejercicio.

③ El control interno supone una organización de las tareas de cada departamento de una empresa y de las relaciones entre los departamentos para que se automatice y se facilite el control de dichas tareas.

④ Los datos contables que surgen de la contabilidad diaria de todas las operaciones económicas de la empresa requieren periódicamente, y sobre todo de cara al cierre de un ejercicio o de un período, una serie de ajustes para que los balances y cuentas de resultados reflejen lo más verazmente posible la situación real de la empresa.

⑤ El consumo de materiales de un período se mide por las compras de materiales realizadas en el período, valoradas a precio de costo neto.

⑥ Los sistemas LIFO y FIFO son formas diferentes de presentar el esquema y detalle de gastos en una cuenta de explotación.

⑦ Los informes que el responsable de control presenta al director general serán más efectivos para la toma de decisiones, cuanto más gráficos sean.

⑧ El TAM (total anual móvil) es una herramienta estadística para conocer mes a mes los resultados de un ejercicio hipotético cerrado al final de cada mes.

⑨ Para conocer la situación comercial de la empresa basta con analizar con detenimiento la cifra de ventas y su evolución.

⑩ Es importante, para que la empresa pueda obtener los recursos necesarios que permitan una rotación rápida del activo circulante, que se facturen de forma inmediata las órdenes de entrega o de trabajo terminado.

⑪ Cada departamento debe remitir sus informes directamente al director general, sin ser necesaria una figura que recoja, organice y analice previamente la información, ya que ésa es una de las funciones del director general.

⑫ Lo importante que se ha de vigilar en lo que hace referencia a la situación técnica de una empresa es asegurar que la producción y las ventas mantienen una evolución armónica, y así regular el stock de productos terminados.

C) Elegir la opción correcta:

① Para analizar la situación económica de una empresa son necesarios los siguientes informes:
   a) Balance y cuenta de explotación.
   b) Balance de situación de los últimos tres años y los informes de tesorería a tres meses vista.

c) Estado de la situación económica, mensual, acumulada y TAM, relación detallada de los gastos, registro de pedidos cumplimentados y relación de las existencias en la bodega.

② El análisis económico de la empresa permite:

    a) Analizar si se obtienen rendimientos adecuados de los capitales empleados.

    b) Analizar la evolución del volumen de ventas.

    c) Racionalizar el stock de productos terminados en la bodega.

③ El instrumento básico para analizar la situación financiera de una empresa es:

    a) La cuenta de explotación.

    b) El balance.

    c) Los gráficos de tendencias de cobros y pagos.

④ El total del pasivo exigible de una empresa indica:

    a) El dinero que circula en la empresa para completar el circuito productivo.

    b) Las deudas de la empresa o capitales recibidos a préstamo.

    c) Las aplicaciones del dinero aportado por los socios.

⑤ El valor neto de una empresa es:

    a) El capital desembolsado, las reservas y los beneficios no distribuidos de ejercicios anteriores.

    b) El valor de mercado de todos los bienes de la empresa.

    c) La diferencia entre la tesorería y las deudas de la empresa.

⑥ El ratio más importante que se ha de vigilar para controlar la situación financiera de la empresa es:

    a) Activo/pasivo.

    b) Pasivo-recursos propios/exigible a corto plazo.

    c) Activo disponible/pasivo exigible a corto plazo.

Soluciones

B)

1. Verdadero.		7. Verdadero.	
2. Falso.		8. Verdadero.	
3. Verdadero.		9. Falso.	
4. Verdadero.		10. Verdadero.	
5. Falso.		11. Falso.	
6. Falso.		12. Verdadero.	

C)

1. c)   3. b)   5. a)

2. *a)*   4. b)   6. c)

LAS FINANZAS EN LAS PYMES

Capítulo 8

INTRODUCCIÓN

❏ PROBLEMÁTICA

Toda empresa que acude al exterior para obtener recursos lo hace con la confianza de obtener con ellos la máxima utilidad, con lo cual podrá devolver ese capital, con el costo correspondiente, después de haberlo invertido de la manera más adecuada. Este principio es básico para todo tipo de empresas, pues cuanto más se desarrollen y crezcan, más necesitarán de capital para continuar su crecimiento.

La obtención en las mejores condiciones de ese capital se convierte en un objetivo básico de la política económica de cualquier empresa, por lo que se hace imprescindible una adecuada dirección financiera.

Para conseguir los créditos que necesita, el empresario debe acudir a las fuentes de financiación habituales con la mayor preparación profesional posible, pues va a negociar con auténticos expertos en estos temas. Necesita conocer, por tanto:

- En qué va a invertir, cuánto dinero y de qué manera.
- Cuándo y cómo devolverá el capital recibido.

Para saber cuáles son sus necesidades reales, precisa conocer, a través de sus registros contables, el volumen de ingresos y gastos, determinando así el beneficio; el dinero en efectivo, las obligaciones de pago, el activo inmediatamente realizable y el capital inmovilizado; la relación entre capital propio y capital ajeno; el porcentaje de rendimiento de la inversión, etcétera.

Con esta información, la empresa podrá controlar sus cobros y pagos, sus gastos e ingresos y sus necesidades financieras, y podrá fijar sus objetivos y hacer sus previsiones. En una palabra, la empresa dispondrá de instrumentos adecuados de gestión y podrá determinar su propio rumbo. El desarrollo del complejo mundo financiero y de sus variadas posibilidades será el tema fundamental que se va a desarrollar en la siguiente sección.

Financiación en distintas fases de la empresa

La necesidad de financiación no se manifiesta de la misma manera en todas las etapas de la vida de la empresa. Es difícil, por consiguiente, establecer una reglas comunes y generales, ya que esa necesidad depende en gran medida de la actividad y del entorno económico.

► *La financiación de la pequeña y mediana empresa está vinculada a los fondos propios y al sistema financiero general. Éste influye tanto como fuente de alimentación de las necesidades de la empresa como de la de los clientes de la misma.*

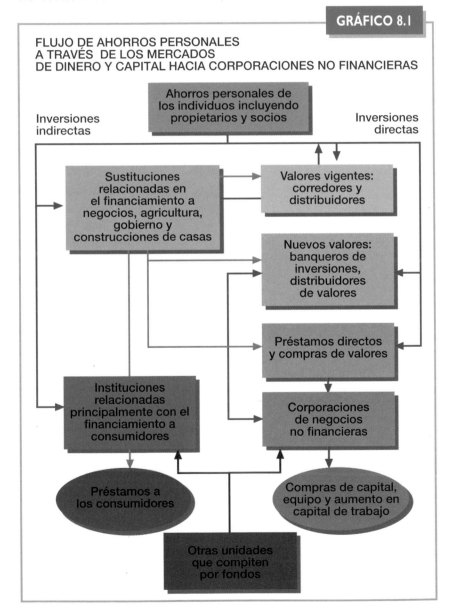

GRÁFICO 8.1

FLUJO DE AHORROS PERSONALES
A TRAVÉS DE LOS MERCADOS
DE DINERO Y CAPITAL HACIA CORPORACIONES NO FINANCIERAS

Ahorros personales de los individuos incluyendo propietarios y socios

Inversiones indirectas

Inversiones directas

Sustituciones relacionadas en el financiamiento a negocios, agricultura, gobierno y construcciones de casas

Valores vigentes: corredores y distribuidores

Nuevos valores: banqueros de inversiones, distribuidores de valores

Préstamos directos y compras de valores

Instituciones relacionadas principalmente con el financiamiento a consumidores

Corporaciones de negocios no financieras

Préstamos a los consumidores

Compras de capital, equipo y aumento en capital de trabajo

Otras unidades que compiten por fondos

TRES FASES

Toda empresa deberá superar tres fases clave: constitución e introducción en el mercado, desarrollo y consolidación.

Con todo, podemos establecer tres fases claves, por las que toda empresa debe pasar: constitución e introducción en el mercado, desarrollo y consolidación.

Constitución e introducción en el mercado

En la fase inicial de la vida de la empresa, la financiación propia adquiere gran relevancia, pues aquélla no es conocida en el mundo exterior, que será hostil en principio a facilitar la financiación necesaria para su puesta en marcha.

Es imprescindible realizar una óptima previsión de sus necesidades y posibilidades en esta etapa. Antes de que la empresa se desarrolle en ella, tendrá que contar con un adecuado equipo directivo y formar de manera apropiada su personal, a fin de obtener la aceptación del mercado.

Desarrollo

Superada la primera etapa, la empresa crecerá de manera sostenida, y afrontará en lo sucesivo una serie de problemas nuevos y, ciertamente, algo delicados, dependiendo ahora el éxito de las bases construidas anteriormente.

Las vías de expansión de la empresa pueden ser diversas: aumento de las ventas a su clientela habitual, captación de nuevos clientes al aumentar su grado de organización y su potencial, creación de nuevas líneas de trabajo complementarias o totalmente nuevas, etcétera.

Cualquiera de estos caminos, o sus posibles combinaciones, llevan consigo una mayor necesidad de financiación, que se podrá conseguir por varios medios.

Por una parte, se puede acudir a las reservas que se han debido crear con anterioridad, esto es, a la autofinanciación, que parece ser, en principio, el método más económico y más seguro.

Pero esto no siempre es posible en la cuantía necesaria y quizá no sea la solución más recomendable, así que normalmente se acudirá a las fuentes externas de financiación.

Pero, frente a los problemas apuntados anteriormente, también esta fase del desarrollo empresarial tiene una serie de ventajas. La normal diversificación –bien de la producción, bien de los clientes– que acompaña al desarrollo de la empresa, permitirá que el impacto producido por un posible descenso en las ventas de un sector determinado se vea compensado por el éxito presentado en los demás sectores.

EVOLUCIÓN

La empresa que no crece, ni se consolida, ni evoluciona, ni se actualiza, está destinada, más pronto o más tarde, a desaparecer.

Las causas definitivas de los cambios sociales y de todas las revoluciones políticas no deben buscarse en la filosofía, sino en la economía de la época a que se refieran.

FRIEDRICH ENGELS
Filósofo y economista

Consolidación

Siguiendo el camino ideal que hemos trazado para enmarcar la vida de la empresa, llegamos a la etapa final de consolidación. Esto no quiere decir que se tenga que fijar un límite, conseguido el cual, el único objetivo será el mantenimiento del nivel alcanzado, sino que siempre habrá que marcar nuevos objetivos para evitar la relajación de todo el sistema productivo.

La estructura financiera seguirá desempeñando un papel esencial en el mantenimiento de la salud empresarial, para evitar cualquier decaimiento que pueda dar al traste con los niveles de desarrollo que se han logrado.

☐ MEDIOS

Para desarrollar su actividad, el negocio precisa inmuebles, maquinaria, equipos de transporte y de oficina, etcétera, es decir, del marco y de los medios de que se vale toda empresa para su funcionamiento y que forman su inmovilizado.

Necesidad de liquidez

La financiación que requieren estos elementos debe hacerse con fondos propios; esto es, con las aportaciones iniciales y posteriores de los accionistas o del propietario, y con las reservas, que son fondos detraídos de los beneficios de años anteriores.

▼ *La mayoría de empresas necesitan, para desarrollar sus actividades, unos medios físicos (un local, máquinas, vehículos, equipos de oficina, etcétera) que deben adquirirse ya sea con unas aportaciones propias o mediante financiación.*

El efectivo que se emplea para adquirir el capital circulante se invierte en mano de obra, materias primas, artículos acabados y suministros de energía, o sea, en la explotación normal de la empresa. Dicho efectivo debe ser generado por los ingresos derivados de esa misma explotación comercial.

Aunque la diferencia, así expuesta, aparece muy clara, es muy frecuente la confusión de conceptos y la consiguiente aplicación de los fondos disponibles de modo indistinto, lo que puede llevar incluso a una descapitalización de la empresa si la liquidez disponible para la adquisición de inmovilizado se emplease para nutrir el circulante. De igual modo, el emplear el dinero generado por la facturación a los clientes para la compra de maquinaria puede conducir a que no se disponga de recursos para pagar las facturas de los proveedores a su vencimiento.

El asunto es algo más serio cuando se necesitan grandes inversiones en inmovilizado para el desarrollo de la actividad. Pensemos en una firma que se encuentra ante un fuerte e inesperado aumento de la demanda por parte de una empresa dedicada a la fabricación de aceros. Si decide la adquisición de los equipos necesarios para atender en su totalidad a esa nueva demanda, el suministrador se encontrará, posiblemente, con una gran utilidad –consecuencia de su mayor cifra de negocios–, pero con una escasez acusada de liquidez para poder hacer frente a los compromisos derivados de aquella compra.

La solución más lógica habría sido el pago diferido al mayor plazo posible, o bien acudir al alquiler de esos equipos; esta solución le hubiera permitido comprobar si este aumento de la demanda era circunstancial o si se mantendría de manera indefinida. En cualquier caso, la disponibilidad de liquidez de la empresa habría sido mayor.

La adquisición de elementos de activo fijo debe ser efectuada con suma precaución incluso si se hace en condiciones ventajosas respecto a los precios habituales en el mercado, pues con una herramienta no se puede pagar el recibo de la luz. Y, cuando se necesita dinero, la venta de estos elementos no es fácil, ni aún perdiendo gran parte de lo invertido en la compra.

Movimiento del dinero

El efectivo que se emplea en la explotación normal es, simplemente, el dinero líquido. Este dinero se invierte, en primer lugar, en materias primas, en la mano de obra necesaria y en los gastos generales de fabricación, si se trata de una empresa manufacturera. La conjunción de esos factores producirá el artículo acabado, que se venderá a un determinado precio. Como el importe correspondiente a la venta se cobra al contado en un momento posterior, se vuelve a convertir en efectivo. Si, como es normal, se produce un beneficio, ese efectivo será mayor que el que inició el ciclo.

La duración de este ciclo varía en función del sector económico y de los condicionamientos específicos de cada empresa. Sin embargo, debe preverse su duración total y la de cada una de las partes que lo componen, para así conocer las necesidades financieras de las mismas y el momento en que se obtendrá más liquidez, con el fin de asegurar el normal funcionamiento de la empresa.

El complejo universo de las finanzas y sus múltiples características exigen un análisis exhaustivo por parte del empresario o el recabar ayuda especializada.

REACTIVACIÓN

A partir de una situación recesiva, una empresa puede variar sus costos con la introducción de una maquinaria nueva y así paliar los efectos negativos de ese período de reflujo económico.

Resulta, por tanto, imprescindible confeccionar una previsión del ciclo de rotación del efectivo, para lo cual hay que determinar y presupuestar las principales partidas de ingresos y gastos que se van a producir. Así mismo, habrá que contestar a preguntas como cuál es el período medio de cobro a los clientes y de pago a los proveedores, la periodicidad del pago al personal y todas las demás partidas significativas.

Si nos fijamos en un pequeño taller de confección, vemos que su ciclo de rotación del dinero es muy breve. Suele obtener sus ingresos mensualmente, mediante el cobro de las prendas confeccionadas y entregadas, semanalmente pagará también al personal, y mensualmente hará efectivos el recibo de alquiler, teléfono, luz, etcétera. Se puede deducir así que el ciclo se completa cada mes. Es interesante constatar que el tratamiento de este tema es muy distinto cuando la actividad de la empresa registra variaciones sustanciales en función de ciertos factores estacionales. En estos casos, las necesidades de liquidez sufrirán oscilaciones importantes. No será preciso tener el dinero ocioso en el banco durante algunos meses, así que se le podrá dedicar a otros fines que ofrezcan mayor rentabilidad. Y habrá otros meses en que se necesitará un nivel de liquidez mayor de lo normal.

▲ *El tipo de actividad de la empresa determina el volumen de dinero en efectivo en circulación y su ciclo de rotación. Una botillería, por ejemplo, suele tener un importante stock de producto inmovilizado, por lo que el ciclo de rotación del dinero es prolongado.*

En algunas ocasiones, cuando la empresa topa con problemas imprevistos de financiación a muy corto plazo, puede resolverlos orientando con habilidad y prudencia su política de compras y pagos. Ciertamente, el viejo refrán de que «el hambre despierta el ingenio» también resulta aplicable a la actividad empresarial.

Estudio de rotación del efectivo

Un índice importante para conocer la marcha de una empresa, es el estudio del ciclo de rotación del efectivo, que ayudará a determinar cómo se utilizan los fondos.

El presupuesto de las necesidades de efectivo debe cumplir un doble requisito: eficacia y claridad. No por contener muchos datos será mayor su validez, ya que si aquéllos no son necesarios, será difícil tomar las decisiones correctas.

Se suele establecer dicho presupuesto para todo un año, con carácter general, aunque se pueden confeccionar estados contables con menor periodicidad –mensual o trimestral–, y también se pueden preparar planes para varios ejercicios.

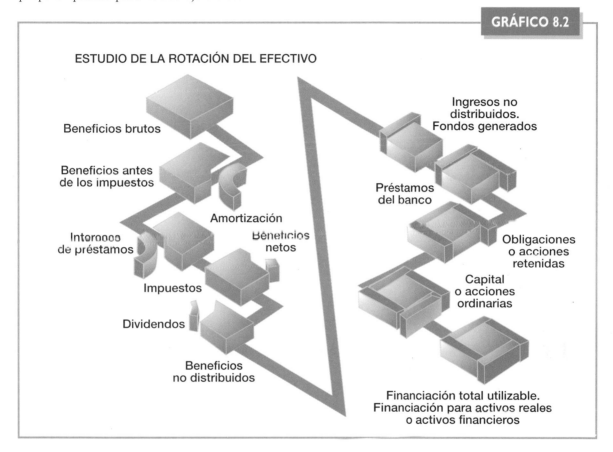

GRÁFICO 8.2

ESTUDIO DE LA ROTACIÓN DEL EFECTIVO

Beneficios brutos

Beneficios antes de los impuestos

Intereses de préstamos

Amortización

Beneficios netos

Impuestos

Dividendos

Beneficios no distribuidos

Ingresos no distribuidos. Fondos generados

Préstamos del banco

Obligaciones o acciones retenidas

Capital o acciones ordinarias

Financiación total utilizable. Financiación para activos reales o activos financieros

Vigilancia de algunas magnitudes

Una adecuada planificación y administración de los medios líquidos que están a disposición de la firma pone de relieve la necesidad de una correcta actuación sobre magnitudes fundamentales en la empresa, según vamos a demostrar a continuación.

Compras y ventas de exceso. Una política de compras inadecuada es una de las causas principales del drenaje de fondos líquidos. Si a lo largo de este apartado hemos subrayado la necesidad de una correcta dirección administrativa y financiera, ahora tenemos que poner el acento sobre la necesidad de evitar cualquier error grave en la dirección comercial, pues la empresa desarrolla su actividad en función de las cifras de compra y venta.

▲ *Al capital de la sociedad se añaden los beneficios después de impuestos y no distribuidos, y los préstamos bancarios; esto nos brinda la financiación total de la empresa que permite invertir en activos reales y, en algunos casos, en operaciones financieras.*

Si las compras se efectúan por un importe inferior a lo debido, se producirá un descenso en la cifra de ventas y, lo que es peor, una deficiente atención a los clientes, que se pueden «pasar a la competencia», y que luego serán difíciles de recuperar. Un aspecto fundamental que se debe considerar es el tiempo medio que tardan los proveedores en suministrar las mercaderías desde que se efectúa el pedido, puesto que en función de ese período se calcula el nivel del inventario.

Cuando se efectúen compras en exceso, la mercadería queda retenida en la bodega más tiempo del debido y tarda en convertirse en dinero, por lo que pueden surgir dificultades para liquidar a los proveedores.

Dentro de la gestión general de compras y en conexión con la política financiera, deberán examinarse las posibles modalidades de pago. Si hay liquidez sobrante, el pago al contado puede suponer una rentabilidad que no se conseguiría teniendo los fondos inmovilizados en una entidad financiera sin realizar ninguna función. Insistimos en que la política de pago a los proveedores puede manejarse con suma flexibilidad, debiendo adecuarse en función de las disponibilidades de la empresa.

Siempre hay que tener en cuenta la rotación prevista para cada artículo, por lo que se debe ejercer una vigilancia continua para detectar de inmediato cualquier desviación.

Recordemos que una mala política comercial puede inducir al enorme error de aumentar la cifra de ventas a expensas de la utilidad generada.

La captación de nuevos clientes tampoco debe hacerse mediante unos descuentos que absorban buena parte de la rentabilidad mínima prevista. Así mismo, no hay necesidad de «hacer la guerra» a la competencia cuando ésta juegue a la baja de precios.

Un adecuado control de las disponibilidades líquidas contribuye a evitar que las ventas se efectúen por debajo de esa rentabilidad mínima. En determinadas situaciones será preferible no efectuar una operación a realizarla en condiciones desfavorables. Sin embargo, no siempre se puede dejar el mercado a la competencia, por lo que, si el fenómeno se repite, habrá que analizar las causas de que la competencia ofrezca mejores precios, pues a veces se revela necesaria una readaptación de la política comercial en que se mueve la empresa.

Nivel de las cuentas a cobrar. Hasta que la empresa no convierte en dinero el importe de la venta efectuada, la operación no está finalizada. Si hacemos un análisis de los balances de algunas

---

CONTROL

El empresario debe establecer un riguroso control de inventarios a fin de mantener las existencias estrictamente necesarias.

ERROR GRAVE

Una deficiente política comercial puede llevar al grave error de intentar incrementar las ventas a costa de establecer un precio inferior al costo de producción.

▲ Cuando la «guerra de precios» lleva a vender de manera sostenida por debajo del costo, indefectiblemente aparecerán los problemas. Las rebajas y descuentos deben estudiarse atentamente y realizarse sólo de manera promocional o para liquidar restos de serie.

empresas, comprobaremos que, dentro de las cuentas del activo, figuran en la partida de cuentas a cobrar algunas cantidades que nunca se convertirán en efectivo y que, por tanto, deberían aparecer en la contabilidad reflejando esa posible pérdida.

El control de las cuentas de clientes es imprescindible para conseguir el cobro de lo adeudado en la fecha prevista. Para lograr este fin, es preciso realizar un seguimiento exhaustivo de todas estas cuentas y de las operaciones que las generan de principio a fin.

Una vez conocidas las necesidades de tesorería, se fijarán unos descuentos adecuados por pronto pago. Se debe subrayar que estos descuentos tienden a ser cada vez mayores por el persistente aumento del costo del dinero en los mercados financieros y porque el empresario prefiere el cobro seguro y rápido, aunque ello le suponga un beneficio menor.

OPERACIÓN FINALIZADA

Hasta que la empresa no convierta en dinero el importe de la venta efectuada, la operación no está finalizada.

Conjugando los factores aquí expuestos, se configurará en cada momento la mejor política de ventas a crédito, con los descuentos correspondientes en las ventas al contado.

Margen de utilidad. Ya indicamos al tratar el tema de la política de ventas lo importante que es alcanzar el volumen de utilidad previsto en la realización de las operaciones comerciales. Para marcar correctamente ese margen al fijar los precios de venta, es preciso conocer cuál es el precio de costo, lo cual ha llevado a un rápido desarrollo de la contabilidad analítica o de costos.

El precio de venta estará influido no sólo por las condiciones del mercado en que opera la empresa, sino también por los condicionamientos internos de la misma. En cualquier caso, también en este terreno, un eficaz control de la tesorería contribuye a detectar los posibles errores en la obtención real de la utilidad, que es el objetivo de toda gestión de los recursos líquidos.

■ Tipos de recursos de financiación

Vamos a examinar los diferentes tipos de recursos a los que la empresa puede acudir cuando necesita fondos de financiación para agilizar la marcha de su negocio.

Aunque existen diferencias de un país a otro, en general, los préstamos a corto plazo son aquellos que se deben devolver antes de los 18 meses. Son préstamos a medio plazo los que se reembolsan entre 18 meses y cinco años; mientras que los concedidos a largo plazo tardan más de cinco años en reembolsarse.

Préstamos a corto plazo

Son los que se solicitan para ser devueltos antes de los 18 meses. Normalmente se emplean para la financiación del activo circulante, siempre y cuando las necesidades de la empresa no sean muy grandes ni superen ese período de tiempo. Con este tipo de préstamos suelen trabajar toda clase de empresas, bien mediante los créditos que obtienen de sus proveedores y acreedores, que les conceden un aplazamiento en el pago de sus obligaciones, o bien gracias a los préstamos obtenidos de las instituciones bancarias y similares, que anticipan los fondos que los clientes harán efectivos fechas más tarde. El caso más frecuente en que se cifra la financiación del activo circulante antes indicada es el de la adquisición de materias primas y mercaderías.

Este tipo de préstamo será devuelto después que la empresa haya cobrado sus ventas, por lo que el riesgo, en principio, parece mínimo. El único problema se planteará cuando las ventas sean inferiores a las previstas y, por ello, no se obtengan los fondos necesarios para la devolución del préstamo en el plazo fijado.

Así pues, no es conveniente abusar de esta modalidad, y en todos los casos es preciso ponderar con la mayor precisión posible cuánto se va a vender y qué porcentaje de las ventas se cobrará en el plazo previsto.

Si el aumento de la facturación no es esporádico o coyuntural, sino que se debe al proceso normal de expansión de la empresa, será preciso acudir a un aumento del capital circulante en una medida que permita consolidar la estructura de la misma.

Préstamos a medio plazo

Son los que permiten la obtención de capital y que han de ser devueltos entre los 18 meses y los cinco años desde su formalización. En ese momento, normalmente se fijan las cuotas y los períodos de amortización, o sea, que se determinan los plazos en que habrá de devolverse el capital más los intereses producidos.

▼ *Dentro del cuadro de origen de los recursos financieros y de sus aplicaciones, vemos que las economías domésticas son las que abastecen mayoritariamente el sistema, y las empresas comerciales e industriales sus mayores usuarios.*

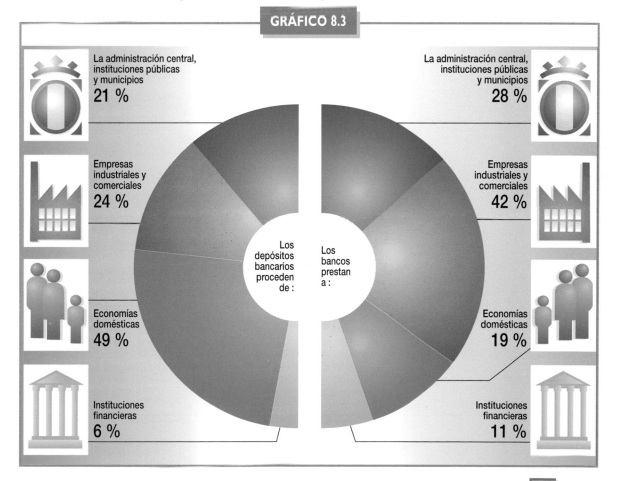

GRÁFICO 8.3

La administración central, instituciones públicas y municipios
21 %

Empresas industriales y comerciales
24 %

Economías domésticas
49 %

Instituciones financieras
6 %

Los depósitos bancarios proceden de :

Los bancos prestan a :

La administración central, instituciones públicas y municipios
28 %

Empresas industriales y comerciales
42 %

Economías domésticas
19 %

Instituciones financieras
11 %

Los propios equipos productivos que se suelen adquirir con los préstamos a medio plazo son los que permiten hacer frente a las amortizaciones correspondientes. Sin embargo, es preciso realizar un estudio adecuado del plan financiero del préstamo y de la utilidad que se va a conseguir con la incorporación de aquellos equipos. En efecto, un plan mal concebido llevaría a tener que utilizar recursos procedentes de la venta del capital fijo o de nuevos endeudamientos, que pondrían en peligro la estabilidad financiera de esa firma.

Este tipo de préstamos es el más utilizado por la pequeña y mediana empresa, ya que, normalmente, a éstas les es difícil obtener créditos a más de cinco años. Se trata de un instrumento financiero fundamental para su desarrollo, y que les permite aumentar el nivel de actividad que, con sus recursos, se vería muy limitado. En general, para conceder este tipo de préstamo a medio plazo, el banco o la entidad financiera a que acuda la empresa pondrá una serie de condicionamientos mayores que cuando se trata de la

▼ *Desde la iniciativa para la consecución de un producto hasta su producción para la venta existen diversas fases, y dentro de cada una de éstas, otras etapas; en todas ellas se vive el proceso de pruebas, rediseños y contrastación con el proyecto original.*

GRÁFICO 8.4

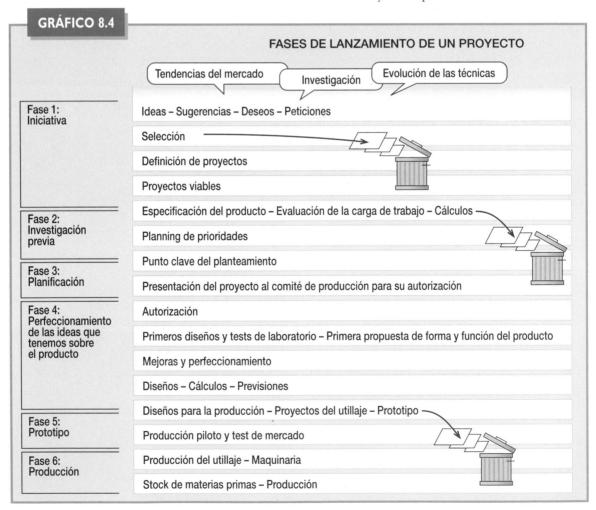

FASES DE LANZAMIENTO DE UN PROYECTO

Tendencias del mercado — Investigación — Evolución de las técnicas

Fase 1: Iniciativa
- Ideas – Sugerencias – Deseos – Peticiones
- Selección
- Definición de proyectos
- Proyectos viables

Fase 2: Investigación previa
- Especificación del producto – Evaluación de la carga de trabajo – Cálculos
- Planning de prioridades

Fase 3: Planificación
- Punto clave del planteamiento
- Presentación del proyecto al comité de producción para su autorización

Fase 4: Perfeccionamiento de las ideas que tenemos sobre el producto
- Autorización
- Primeros diseños y tests de laboratorio – Primera propuesta de forma y función del producto
- Mejoras y perfeccionamiento
- Diseños – Cálculos – Previsiones

Fase 5: Prototipo
- Diseños para la producción – Proyectos del utillaje – Prototipo
- Producción piloto y test de mercado

Fase 6: Producción
- Producción del utillaje – Maquinaria
- Stock de materias primas – Producción

concesión de préstamos a plazo más corto. No se debe olvidar que estamos tratando de créditos de hasta cinco años, que es un horizonte temporal lo suficientemente amplio en una coyuntura económica normal para que la entidad que concede el crédito trate de asegurar su devolución mediante la adopción de las cláusulas contractuales pertinentes.

Como norma general, la empresa se verá obligada a presentar el balance y la cuenta de resultados del ejercicio, debidamente auditados, los presupuestos de las magnitudes más significativas para el año siguiente, estudios de mercado, detalle de la estructura de sus activos, etcétera. En suma, el control «de seguimiento» que se ejerza sobre la empresa afectada será mayor, y su nivel organizativo y financiero tendrá que poseer una gran claridad.

Préstamos a largo plazo

Son los préstamos que es preciso devolver en un lapso de cinco años o más desde la fecha de su formalización. Sin embargo, estos períodos son orientativos y un tanto arbitrarios, dependiendo de la norma habitual en cada país y del tipo concreto de negocio. Cada vez es más frecuente considerar como un préstamo a largo plazo aquel que se concierta a más de tres años, pues es preciso tener en cuenta los importantes cambios que se suceden a velocidad vertiginosa en el entorno económico que nos rodea –agudización de la competencia, inflación, etcétera–, de los que no escapa ningún país ni sector productivo alguno.

En función de lo antes expuesto, las garantías que suelen considerar necesarias las entidades financieras son cada vez mayores y, en muchos casos, la pequeña y mediana empresa no pueden acceder a este tipo de préstamos, haciéndose necesaria una ampliación de su capital propio o una aplicación inversionista de las reservas generadas en ejercicios anteriores.

Capital propio

El capital propio debe servir para financiar la denominada estructura sólida de la empresa. Está formado por los recursos aportados por los propietarios o accionistas –en metálico o en especie–, bien al nacer la sociedad o bien en distintas fases de su desarrollo –ampliaciones de capital–, o por las utilidades generadas en la actividad de la propia empresa y que figuran como reservas.

Fuentes de recursos de financiación

En este apartado vamos a estudiar cómo podemos obtener financiación para la *gestión normal* del negocio, tema muy amplio y

LOS DATOS

La empresa deberá facilitar al banco del que pretende un crédito una serie de datos transparentes y actualizados de su gestión.

LARGO PLAZO

Las entidades financieras exigirán un mayor número de condiciones a medida que el préstamo solicitado tenga un plazo de devolución superior.

complejo dada la variedad de posibilidades que se ofrecen, y que a menudo no son contempladas en su totalidad.

Financiación propia

Cuando la empresa se plantea la necesidad de obtener nuevos medios de financiación, lo primero que debe hacer es averiguar si ella misma posee estos medios y si son utilizables sin poner en peligro su normal funcionamiento. La financiación propia constituye, en principio, el medio de inversión más económico y el que suele originar menores problemas. La financiación propia consiste en hacer productivos los recursos que están ociosos dentro de la empresa, normalmente en la cuenta de reservas.

Fondos de capital propios

Agotada la posibilidad de obtener recursos en el seno de la propia empresa, en razón de la estructura de su capital, el propietario debe estudiar la conveniencia de obtener capital propio para invertir en la empresa. Ésta es una situación que se da normalmente en una empresa de dimensión reducida, con escaso número de accionistas.

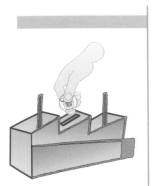

El capital propio debe servir para financiar la denominada estructura sólida de la empresa.

▶ *El ciclo del efectivo en la empresa va desde la compra de materiales, sueldos, fabricación, hasta la comercialización y cobro de las ventas, para luego poder reiniciar la actividad. Si existen beneficios, éstos permiten aumentar el volumen o invertir en maquinaria.*

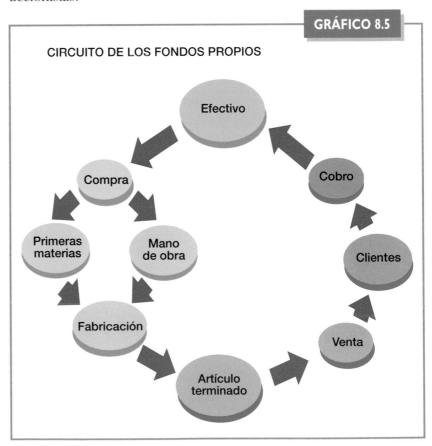

GRÁFICO 8.5

CIRCUITO DE LOS FONDOS PROPIOS

Efectivo — Compra — Primeras materias — Mano de obra — Fabricación — Artículo terminado — Venta — Clientes — Cobro

Así, podrán acudir a la colocación de préstamos personales garantizados por sus bienes, a la obtención de capital en el círculo en que se desenvuelven –otros comerciantes, familia, amistades, personas con disponibilidades ociosas–, o en otras empresas que se hallen dispuestas a invertir.

Crédito del negocio

La marcha habitual de la empresa genera determinadas fuentes crediticias que normalmente adquieren –o que pueden adquirir, según vamos a ver– una gran relevancia.

Los acreedores y proveedores son, en gran medida, agentes generadores de crédito para la empresa cuando se aplazan los pagos de sus suministros y servicios. La posibilidad de conseguir una prórroga de los plazos de pago de sesenta a noventa días, por ejemplo– dependerá de la propia solvencia, de la situación coyuntural del mercado y del proveedor en cuestión.

Merece especial atención la financiación obtenida mediante la mercadería que la empresa posee en depósito. Esta modalidad consiste en que el proveedor entrega el producto en los almacenes del cliente y hasta que éste no lo venda, no deberá realizar el pago.

Insistimos en que todas estas posibilidades deben ser ponderadas por el empresario que necesite financiación, y el éxito de la negociación con la entidad financiera dependerá fundamentalmente de la situación del mercado, y de quién esté en mejor situación para imponer sus condiciones, el proveedor o el cliente.

En otras ocasiones, el crédito puede ser facilitado por los clientes, suponiendo que ello les reporte en un futuro no muy lejano ventajas en la calidad o en el servicio, aunque no es conveniente abusar de esta práctica para obtener créditos.

Entidades bancarias

Siempre que alguien –particular o empresario– precisa de dinero, lo primero que hace es pensar en un banco que se lo facilite.

Sin embargo, dada la complejidad alcanzada por estos órganos financieros en los últimos años, no siempre se conoce bien la gama completa de posibilidades que ofrecen, y menos aún cuál es la más conveniente para cada caso.

El préstamo más sencillo es el *personal,* que se concede en función de la solvencia del solicitante, y que éste puede dedicar a la inversión en su propio negocio. No suele concederse por impor-

CRÉDITOS, CRÉDITOS

La fuerte competitividad de la actividad bancaria determina la continua creación de nuevos instrumentos para la concesión de créditos.

El préstamo personal, la más sencilla de las modalidades, se concede en función de la solvencia del solicitante.

► *Las entidades bancarias son empresas que, además de prestar un servicio, buscan el lucro con sus operaciones. Por ello, cuando la pequeña o mediana empresa precisan financiación, siempre conviene estudiar las propuestas de más de una entidad bancaria.*

¿QUIÉN DA MÁS?

La empresa debe examinar qué crédito es más económico: el conseguido a través de una entidad financiera o el que le facilitan sus proveedores.

tes muy elevados, a menos que el empresario tenga unos bienes importantes que ofrecer como garantía al banco.

Más frecuente es el llamado préstamo *comercial,* que tiene generalmente un plazo de hasta noventa días. En este caso, el banco, mediante el cobro de los intereses y las comisiones correspondientes, adelanta a la empresa el importe que ésta ha de recibir de su cliente transcurridos esos noventa días. Conseguir que esos intereses y comisiones sean mínimos es uno de los objetivos esenciales de todo empresario, sobre todo si se tiene en cuenta que el dinero cada día cuesta más y que el negocio de los bancos consiste, precisamente, en comprar y vender dinero.

Los préstamos a *medio plazo* pueden tener un plazo de hasta cinco años y se conceden con garantía o sin ella. Estos créditos se amortizan periódicamente, de manera lineal o progresiva, según que las cuotas sean iguales o crecientes. Los bienes que normalmente se aceptan como garantía de la devolución son los inmuebles, títulos, pólizas de seguros, etcétera. Una variante del préstamo con garantía es el denominado préstamo avalado, en el que alguien se presta como fiador ante el banco para el caso de que la persona a quien se concedió el crédito no pueda devolverlo a su vencimiento.

En razón del carácter fuertemente competitivo de la actividad bancaria, cada día se crean nuevos instrumentos para la concesión

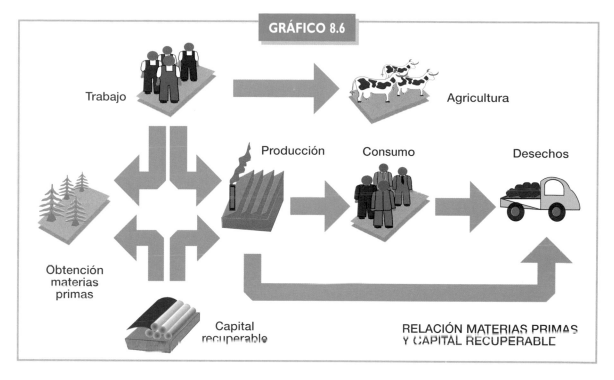

GRÁFICO 8.6

Trabajo

Agricultura

Producción

Consumo

Desechos

Obtención
materias
primas

Capital
recuperable

RELACIÓN MATERIAS PRIMAS
Y CAPITAL RECUPERABLE

de créditos, de modo que la empresa siempre puede plantear nuevas modalidades para su negociación.

Otras entidades financieras

Asistimos actualmente al desarrollo creciente de una variada gama de compañías que constituyen otras tantas fuentes de financiación de los fondos de explotación. Entre ellas se encuentran las siguientes:

Empresas de financiación. De cara a la empresa-cliente, su funcionamiento es muy similar al de los bancos, y constituyen un complemento de la actividad de éstos. Tienen, en general, mayor flexibilidad para la concesión de créditos, aunque las comisiones que cobran son mayores.

Ciertas empresas de este tipo se dedican igualmente al cobro de la facturación producida por la empresa-cliente, asumiendo el riesgo de los impagados que se puedan producir, lo que suele ser muy positivo para la liquidez de su cliente. El principal problema de este servicio es su elevado costo, pues se suman el gasto producido por el anticipo del importe de la factura y el derivado de la misma gestión de cobro.

Compañías de seguros. En razón de las características tan especiales de su actividad, las empresas de seguros buscan dónde

▲ *Las fuerzas de trabajo se emplean en la obtención de materias primas, producción y comercialización. Estos trabajadores son, a su vez, consumidores. Existe además un capital recuperable que se recicla en los procesos.*

invertir con seguridad, pero también con rentabilidad, el dinero que reciben de las primas de sus asegurados.

Ciertamente, las empresas aseguradoras pueden conceder préstamos, pero la garantía que piden suele ser de un elevado nivel de liquidez –inmuebles, pólizas, títulos de deuda, etcétera–, por cuyo motivo se están viendo desplazadas por otro tipo de entidades operativamente más flexibles.

Agentes hipotecarios. Estas entidades actúan fundamentalmente en el sector de la construcción de bienes inmuebles, por lo que la empresa necesitada de fondos puede acudir a ellos cuando adquiere bienes de este tipo.

Entidades públicas

La creación de bancos estatales y otros tipos de entidades públicas de financiación adquiere cada día mayor importancia. Estos organismos constituyen un interesante complemento de las actividades del sector privado y cubren un área muy extensa en el campo de la financiación.

▼ La mayoría de las promociones inmobiliarias cuentan con facilidades hipotecarias. Sin embargo, es preferible acudir a diferentes bancos o agentes hipotecarios para obtener las condiciones más favorables.

El Estado, en el marco de su política social, concede a través de estos organismos préstamos que, en muchos casos, un banco o una entidad de las estudiadas anteriormente se negaría a conceder. Esta situación puede plantearse por lo elevado de la cuantía del préstamo, por lo problemático de su reembolso total en el plazo determinado y por otros muchos factores. Se requiere, en todo caso, que la operación revista un interés social tutelado por el Estado.

Al constituir una modalidad de financiación económica de la empresa que es reembolsable a largo plazo, estos préstamos configuran una fuente de sumo interés.

Sin embargo, por regla general y dada la complejidad y la lentitud que suelen caracterizar a la administración, la empresa interesada tendrá que determinar sus objetivos tomando en cuenta este factor y previendo un tiempo más que suficiente; debe, además, preparar con detalle cuantos documentos resulten exigibles.

Corporaciones mixtas

El capital de estas entidades es en parte estatal y en parte privado, por lo general de asociaciones gremiales o cooperativas que no funcionan con ánimo de lucro.

Su forma de actuar es muy diversa. A veces conceden avales a las empresas, con los que éstas pueden acudir a los organismos financieros habituales; otras veces facilitan préstamos directamente, si la dimensión de sus recursos propios se lo permite, o bien ponen en contacto a la empresa con aquella entidad que puede concederle el préstamo, incluso realizan funciones de asesoramiento financiero para las empresas clientes.

Frecuentemente, el Estado canaliza a través de estas corporaciones la ayuda a los pequeños empresarios o a los sectores en crisis, pues el conocimiento que poseen de sus problemas específicos es mucho mayor.

Sociedades de inversión

Constituyen una variante de las entidades anteriores, pero tienen como fin la obtención de una utilidad. Los préstamos que conceden las sociedades de inversión son generalmente a largo plazo, de hasta diez o más años.

Con ello se completa la gama de posibilidades que el mercado financiero ofrece al empresario para la obtención del capital que necesita para la expansión de su negocio.

■ La gestión financiera

Los problemas más frecuentes

Estudiar con detalle las causas que provocan una estructura financiera deficiente es una tarea sumamente compleja, pues habría que considerar cada firma en concreto, así como el sector en que desarrolla su actividad.

SOCIEDADES DE INVERSIÓN

A diferencia de las corporaciones mixtas, las sociedades de inversión persiguen la obtención de una utilidad.

La sorpresa no sólo es el medio para conseguir una superioridad, sino también un principio sustantivo en sí misma, por su efecto moral.

KARL VON CLAUSEWITZ
General y
teórico militar

No obstante, sin aspirar a un carácter de exhaustividad, vamos a desarrollar algunas de las causas más frecuentes de la inestabilidad financiera, las cuales se pueden plantear en diversas áreas de la actividad de la empresa. Analicemos por separado algunas de las causas que pueden perjudicar el estado financiero de la empresa.

Existencias. Un volumen de existencias excesivo, que sea causa de una escasa rotación de las mismas, provocará dificultades financieras tanto mayores cuanto más se prolongue esa situación. A ella se puede llegar no sólo por unas ventas menores que las previstas, sino también por unas compras poco coherentes con la tendencia del mercado.

Activo fijo. Esta partida debe responder al conjunto de los recursos de la empresa. Por ejemplo, no tiene sentido construir una bodega de grandes dimensiones, para que luego esté vacía en sus tres cuartas partes, o contar con unos equipos de transporte que estén casi permanentemente detenidos en la bodega. Como el montante de los elementos del activo fijo es normalmente muy elevado, hay que estudiar muy a fondo cada adquisición que se pretenda efectuar.

Cifra de negocios. Quizás el origen más frecuente de los problemas financieros en la pequeña y mediana empresa sea el de unas cifras menores de lo previsto, lo que da lugar, evidentemente, a una menor generación de recursos. Su causa puede ser un deficiente estudio preliminar del mercado, la aparición de un nivel de competencia inesperada, el mal servicio de la empresa, una deficiente introducción en el mercado o una contracción de la demanda por causas ajenas a la propia empresa.

Cobros. Si importante es vender, no lo es menos cobrar lo que se ha vendido; por tanto, un volumen importante de facturas que no se cobran impedirá hacer frente a las necesidades de la empresa. Por ende, practicar una política adecuada de clientela, escogiéndola cuidadosamente y asegurando los cobros con entidades especializadas, puede evitar importantes problemas financieros a la empresa.

Créditos bancarios. En muchas ocasiones, bien por sus propios condicionamientos o bien por la actuación del Estado, la política crediticia de los bancos y de las demás instituciones financie-

▲ *El equilibrio entre
la capacidad de producción
y las ventas asegura
la estabilidad económica
de la empresa,
al no tener mucho
producto manufacturado
sin vender.*

ACTIVO FIJO

La adquisición de elementos de activo fijo debe ser efectuada con suma precaución.

ras no es totalmente uniforme. Por ello, si la empresa basa un porcentaje importante de su política financiera en los créditos de estas instituciones y luego se producen restricciones, aquélla se verá con problemas de liquidez delicados de resolver.

Personal. Si los salarios que la empresa debe pagar están por encima de sus posibilidades, en razón de la baja productividad o de la escasa cifra de negocio, se producirá una carga financiera que, si se prolonga excesivamente, se puede convertir en un factor permanente de inestabilidad.

Gastos generales. El tratamiento de los gastos generales ha de ser análogo a los costos de personal. Hay que considerarlos en profundidad con el fin de que su volumen global no resulte excesivo. En muchas ocasiones no se da la importancia debida a este apartado, pero la acumulación de unos gastos fijos puede producir un deterioro importante de la liquidez.

▲ *El control de los gastos fijos de tipo general (alquiler de local y mantenimiento, los consumos de agua, electricidad, gas, material de oficina, etcétera) no debe ser obsesivo pero sí riguroso.*

Algunos consejos útiles sobre gestión financiera

A continuación vamos a considerar algunas precauciones que es necesario tomar y los conocimientos que se deben tener para conseguir una eficaz dirección financiera.

Conocimiento de la situación financiera futura. Es la etapa previa a cualquier toma de decisión en el área financiera. Debemos averiguar cuál será la estructura de la empresa en el futuro, estableciendo una previsión a corto, medio y largo plazo.

Acertar en la confección de esos planes evitará que la empresa mantenga un capital ocioso que supondría, en la mayoría de los casos, un costo financiero importante, si estimamos nuestras necesidades de capital en una cantidad excesiva.

En caso contrario, si las previsiones se han quedado cortas, pueden surgir problemas en la marcha de la explotación de la empresa.

El plan financiero deberá reflejar, al menos, las causas de esa necesidad, el importe estimado de la inversión, en qué fechas será precisa, cuándo y cómo será reembolsada, etcétera. El empresario tiene que saber dónde puede acudir para obtener el crédito y determinar el costo que está dispuesto a pagar por la cantidad recibida.

Coeficiente capital ajeno/capital propio. Este índice es muy importante para conocer el endeudamiento y la financiación ajena de la empresa. Es el empresario, precisamente, quien debe conocer en cada momento cuál será esa proporción. Como norma general, y con todas las salvedades del caso, la proporción entre el capital propio y el ajeno estará próxima a la unidad.

La obtención de financiación en fuentes ajenas provoca, indudablemente, una menor independencia de los propietarios, tanto si esta financiación es obtenida mediante la entrada de nuevos socios como si se origina en una inyección financiera por parte del banco o de una institución similar. Pero si no se tienen posibilidades de

▼ *Las fuentes del ciclo del efectivo son los capitales propios y la financiación externa (bancos, proveedores, etcétera). Dentro de la circulación de la empresa se dedica a inmovilizaciones en activo fijo, y a financiar existencias y a los clientes.*

GRÁFICO 8.7

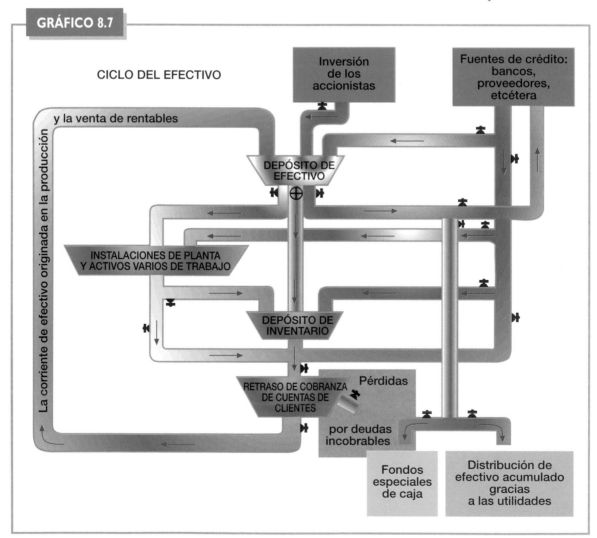

incrementar el capital propio y no se quiere acudir al ajeno, la empresa tendría dificultades para continuar su proceso de expansión, con lo cual la utilidad conseguida por los propietarios tenderá a reducirse a la larga. Hasta qué punto compensa al empresario esa pérdida de utilidad potencial a cambio de un mayor control sobre su propio negocio es la cuestión clave que se debe determinar. Sin embargo, no parece razonable frenar el crecimiento de la empresa por este concepto.

Otra postura, no poco frecuente, es la del pequeño empresario que pretende reducir a la mínima expresión el volumen de su endeudamiento, llegando incluso a pagar al contado a sus proveedores en la mayoría de los casos. Esto, como queda dicho, sólo es posible en los negocios personales de dimensión muy reducida y constituye un punto de vista escasamente viable en el complejo mundo económico de hoy.

En el otro extremo del abanico figura el empresario que no está dispuesto a aportar capital propio, pero sí a tomar prestado todo el que le sea posible, pues no es demasiado sensible al costo financiero que esta manera de actuar implica.

En definitiva, habrá que adoptar la decisión más conveniente, teniendo en cuenta el mayor volumen posible de información y armonizando debidamente el capital propio con las deudas que sea preciso contraer, sin perder de vista la relación costo-rentabilidad.

Un detalle adicional y no menos importante es la mayor flexibilidad de los préstamos ajenos, que pueden ser tomados exclusivamente por el tiempo que sean precisos, evitando una excesiva inmovilización del capital propio. Así mismo, será necesario estudiar cuidadosamente el costo del dinero, a la vista de la tendencia del mercado, pues el dinero, como cualquier otro tipo de mercaderías, oscila de precio en función del juego entre la oferta y la demanda.

Coeficiente capital/cifra de negocio. El capital que se precisa para la marcha normal del negocio debe guardar también una proporción correcta con la cifra de negocio –esto es, de ventas– que se esté produciendo.

Los aumentos en las ventas implican, por lo general, una necesidad mayor de financiación para atender al incremento normal del activo fijo, de las mercaderías, de la cuenta de clientes, etcétera. En efecto, el aumento en las ventas no se traduce de inmediato en un incremento de disponibilidad financiera, por lo que, si no se han tomado las medidas necesarias, se pueden producir tensiones financieras de cierta importancia que detendrían, incluso, el proceso expansionista de la empresa.

AUTOFINANCIACIÓN

La potenciación de la autofinanciación de la pequeña y mediana empresa es un objetivo trascendental que se ha de conseguir en el desarrollo de una política financiera eficaz.

ESTRUCTURA DE EMPRESA

El conocimiento de la estructura de la empresa y una previsión a corto, medio y largo plazo son condiciones previas a cualquier toma de decisión en el área financiera.

No debemos olvidar que una política errónea por parte de la empresa puede mermar su potencial y comprometer su futuro, si no se controla en todo momento su situación de liquidez.

Acceso a entidades financieras: los bancos

Todo empresario, cualquiera que sea la dimensión de su negocio, está en contacto prácticamente permanente con una o varias entidades bancarias o financieras, a las que debe ver como auténticas colaboradoras.

Los bancos no son el enemigo número uno de la empresa, puesto que la necesitan para realizar su negocio, y el empresario debe tratar con su banco como un elemento más del entorno económico en que se desenvuelve. Pero no sólo debemos pensar en el banco como una fuente para obtener un crédito en el preciso momento en que lo necesitemos. El banco ofrece, además, una gama de servicios que son totalmente necesarios para el empresario y que cada vez se amplían más.

Para conceder un préstamo, el banco suele requerir una serie de datos que le permitan conocer a fondo la empresa que se lo ha pedido. Su actitud no será la misma si cuenta previamente con unos informes completos y actualizados sobre lo que ha sido la vida de la empresa a lo largo de una serie de años, que si no conoce absolutamente nada y tiene que comenzar por pedir todos los datos pertinentes.

La estructura del capital de la empresa, de su activo fijo, de sus balances y cuentas de resultados, la situación global del sector, etcétera, son datos que es preciso facilitar al banco, convenientemente actualizados.

Cuando se presente la solicitud formal del préstamo, se habrá adelantado mucho terreno si esa información ya está en poder del banco. En primer lugar, se ganará tiempo en la tramitación del expediente, y la empresa gozará de una mayor credibilidad respecto a los datos que presente, que si suministra la información requerida por primera vez. Además, es probable que las condiciones en que obtenga el crédito sean más ventajosas y amplias, pues el banco poseerá mayor número de elementos de juicio sobre la empresa y una mayor seguridad de que el préstamo le será devuelto en los plazos establecidos.

Veamos algunos requisitos que se deben considerar en la concesión del crédito. Antes de que la pequeña empresa reciba un crédito de un banco u otra entidad financiera, será preciso estudiar una serie de conceptos clave para conocer la situación real de la misma y evaluar el riesgo de no devolución.

Los hombres se mantienen en sociedad gracias al intercambio.

ARISTÓTELES
Filósofo

MÁS ALLÁ

A menudo, los servicios que prestan las instituciones bancarias y financieras trascienden la simple otorgación de préstamos.

Estas mismas condiciones serán revisadas por la empresa cuando venda a crédito a sus clientes o, en circunstancias más extraordinarias, cuando facilite préstamos a otras empresas.

Prestigio. Además de todos los informes económicos usuales, el primer dato que considerará la entidad que vaya a conceder el préstamo es el prestigio que tenga la empresa solicitante, ganado a lo largo de sus años de actividad.

Capital propio. Constituye una información básica que de alguna manera es indicativa de la potencia de la empresa y del dinero que los propietarios o accionistas han invertido en ella.

Solvencia y cobertura. El banco estudiará con bastante detenimiento la composición del activo de la empresa, esto es, de qué bienes podrá disponer en caso de que la empresa no pudiera hacer frente a la devolución del préstamo concedido. Los inmuebles, las mercaderías de fácil venta y, en general, el activo inmediatamente realizable son las salvaguardias preferidas por los prestamistas.

Capacidad. La empresa tendrá que demostrar su capacidad para desarrollar sus actividades, indicando lo que ya ha conseguido y exponiendo sus previsiones para el futuro.

Otras circunstancias. La anterior relación de los factores que se deben considerar no tienen carácter de exclusividad. En cada coyuntura y ante cada caso concreto, los bancos estudiarán una serie de circunstancias que ayuden a formar una idea más comple-

Un volumen importante de facturas no cobradas impedirá hacer frente a las necesidades de la empresa.

◄ *La solvencia de los socios o propietarios de una PYME que solicita un crédito, es un factor importante que puede inclinar al banco a conceder el préstamo solicitado.*

ta de la conveniencia de conceder o no el crédito. Citaremos entre tales circunstancias las disponibilidades crediticias del banco, el precio del dinero en el mercado interbancario, los tipos de interés preferente —esto es, lo que los anglosajones denominan *prime rate*–, el estudio del sector en que se mueve la empresa y de sus posibilidades en el mismo, etcétera.

Por último, vamos a tratar de un aspecto que en nuestros días experimenta un desarrollo cada vez mayor y que no es otro que el asesoramiento financiero global que el banco puede ofrecer a la empresa, orientándola sobre la conveniencia o no de acudir a la financiación externa, qué tipo de crédito puede ser el más interesante, cuál es el momento más adecuado, etcétera.

Financiación externa de la pequeña y la mediana empresa

La aparición de nuevos factores en la realidad económica ha conducido al mundo empresarial a realizar un esfuerzo suplementario para competir con éxito en un entorno cambiante, caracterizado, en mayor o menor medida, según el sector y el país, por la inflación, la oscilación de la demanda, la mayor competencia en los mercados exteriores, etcétera. Pero todos estos aspectos, según indican los últimos estudios realizados, afectan por igual a las empresas situadas en países bien distantes geográficamente y con grados diferentes de desarrollo económico.

En el terreno de la financiación, y desde una perspectiva general, se pueden obtener las siguientes conclusiones:

- La pequeña y mediana empresa acuden al mercado de capitales con las mismas posibilidades que la gran empresa, aunque sus condicionamientos y sus necesidades específicas sean diferentes.
- Hay un deseo, más que una necesidad, de obtener capital ajeno, a veces sin haber potenciado debidamente las fuentes de financiación propias. El préstamo a plazo medio con aval es el instrumento más utilizado con este fin.
- Los reajustes económicos a que hemos hecho mención anteriormente han producido en las instituciones financieras una cierta rigidez en su política de concesión de créditos a largo plazo. Esta situación se traduce, lógicamente, en una mayor dificultad para muchas empresas que necesitan aumentar el capital propio o recabar fondos ajenos. Y, cuando se consiguen, su costo puede comprometer un tanto la rentabilidad de la inversión prevista.

El número de empresas que han tenido que recurrir a la financiación ajena ha ido aumentando progresivamente ante los estrangulamientos coyunturales de la liquidez propia. Por otra parte, junto a esta tendencia generalizada, también puede apreciarse el

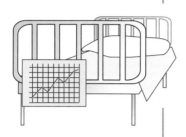

La estructura financiera desempeña un papel esencial en el mantenimiento de la salud empresarial.

GENERADORES DE CRÉDITO

Los acreedores y los proveedores son, en gran medida, agentes generadores de crédito para la empresa. Con frecuencia, el crédito puede ser facilitado por los propios proveedores.

◄ *La ampliación del local, la apertura de una nueva línea de fabricados o de servicios, la renovación de la maquinaria, etcétera, son algunas de las ocasiones en las que un crédito hace posible el crecimiento y consolidación de una empresa.*

fenómeno de aquellas empresas que han congelado voluntariamente su proceso expansionista por no estar plenamente convencidas de que el mercado sea capaz de absorber, en un momento dado, incrementos sustanciales de su producción.

Generalizando lo anterior, podemos indicar que la empresa ha pretendido resolver sus problemas de captación de recursos financieros principalmente a través de la financiación externa y, dentro de ella, básicamente por medio de créditos bancarios y comerciales. Los estudiaremos a continuación con más detalle.

Financiación externa

La tradición de acudir al banco cuando se presenta la necesidad de recabar nuevo capital continúa vigente en toda su amplitud. Los nuevos servicios y prestaciones que ofrece la banca y su contacto cada vez más directo con el cliente potencial permiten afirmar que la institución bancaria es la primera fuente de financiación para la empresa que necesita capital a largo y medio plazo, con garantía o sin ella.

La ampliación del mercado financiero, tan acentuada en los últimos tiempos, extiende el campo de posibilidades a otra serie de entidades que pueden ofrecer capital a la empresa, con lo cual se complementa la actividad tradicional de los bancos.

Junto a las entidades financieras a que hemos aludido, también cabe la posibilidad de obtener crédito de los mismos proveedores, pero la empresa que recibe este tipo de crédito tendrá que ofrecer a sus clientes idénticas facilidades, por lo que su situación no experimentará una variación sustancial.

DOMINIO DEL MERCADO

La competitividad es el conjunto de condiciones, ventajas o atributos que confieren a una empresa un cierto dominio sobre el mercado.

Aplicación de créditos

La tendencia más generalizada entre las modernas empresas consiste en solicitar la financiación, bien para ampliar o renovar el inmovilizado –instalaciones, maquinarias– mediante préstamos a medio o largo plazo, bien para potenciar el capital normal de explotación, tratando de conseguir unos préstamos a corto plazo, sin garantía.

Crédito comercial

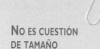

NO ES CUESTIÓN DE TAMAÑO

La planificación de las necesidades de financiación no es privativa de las empresas de gran tamaño.

Aparte de los bancos, el mayor porcentaje de financiación externa lo obtienen la pequeña y mediana empresa de los proveedores a quienes compran las materias primas y los artículos manufacturados que constituyen el objeto de su negocio. Las dificultades financieras «crónicas» por las que atraviesan actualmente todo tipo de firmas impulsa a muchos a tratar de conseguir la realización del pago en el momento más lejano posible al instante en el que se adquirieron los bienes. Cuanto mayor sea ese período, más fácil será conseguir la venta y el cobro de los artículos adquiridos. Una eficaz gestión del crédito comercial permitirá obtener una financiación muy importante para la empresa.

Esta tendencia sigue una línea ascendente, por lo que muchas empresas compradoras suelen renunciar al descuento por pronto pago –que puede ser importante y que rebajaría notablemente sus costos–, pudiendo así acudir al mercado en mejores condiciones respecto a la competencia.

Conviene tener presente qué tipo de crédito es más económico para la empresa, si el que se consigue a través de una entidad financiera o el que facilitan sus proveedores. Este último tiene la ventaja de su mayor flexibilidad –pudiendo pasar de una a otra fórmula de pago cuando se considere necesario–; no obstante, serán siempre las condiciones de intercambio entre el proveedor y la empresa las que permitan, en su caso, decidir sobre su conveniencia.

«Ratios» financieros en empresas necesitadas de capital

Es interesante considerar la situación financiera de las empresas que acuden al mercado de capitales en busca de financiación. Como comprobamos en el cuadro 8.1, una empresa que posea una relación entre su activo circulante y su pasivo a corto plazo superior a 2,5, difícilmente buscará esa financiación externa.

También se aprecia que las empresas con una estructura financiera más saneada quedaron más satisfechas del resultado obtenido en la negociación de los créditos.

CUADRO 8.1

		Activo circulante	Pasivo	Beneficio
		Pasivo a corto plazo	Activo	Activo
Buscaron financiación	Sí	1,71	0,40	0,07
	No	2,63	0,21	0,09
Satisfechos del resultado	Sí	1,70	0,38	0,07
	No	1,48	0,47	0,05

Comparación entre la pequeña y la gran empresa

Se considera normalmente que la pequeña empresa se encuentra en desventaja ante una empresa de gran potencial cuando decide solicitar capital ajeno. No obstante, esta primera impresión no se ajusta a la realidad. Existe, es cierto, una mayor estabilidad en los «ratios» financieros de la gran empresa, que está sometida a unos planes de los que difícilmente se puede desvincular.

Por otra parte, si bien las garantías de todo tipo que puede ofrecer una firma de dimensión reducida son menores, también será menor el crédito necesario y, además, las posibilidades de control son realmente mayores. El pequeño empresario debe perder cualquier complejo de inferioridad en esta área concreta y luchar con las armas que posee y que, fundamentalmente, son: una estructura racional de su empresa y un conocimiento exacto de sus necesidades.

ESTRUCTURA

La estructura financiera desempeña un papel muy importante en el mantenimiento de la salud empresarial.

◄ No es cierto que, cuanto más grande es la empresa, más fácil será obtener un crédito. Aunque la gran empresa ofrezca cierta estabilidad, la cantidad que las entidades financieras arriesgan es mucho mayor, además de que su control es más complejo.

■ Caso práctico

Un hombre con imaginación

Vamos a estudiar con todo detalle la problemática de una empresa de existencia real, dedicada a la construcción de pequeñas embarcaciones de recreo, tablas de surf y accesorios y equipos náuticos. Debido a la fuerte estacionalidad del negocio, nuestra firma necesitaba aumentar de manera sustancial su capital de explotación en dos épocas muy concretas del año.

En los meses de verano

La pequeña empresa objeto de nuestro estudio realizaba algunas ventas a sus clientes habituales de su ciudad —no demasiado numerosas por cierto, al tratarse de una pequeña localidad— y a varios compradores del entorno. No obstante, su negocio aumentaba considerablemente en el período de vacaciones, con la llegada de buen número de turistas deseosos de experimentar los placeres que ofrece el mar, procedentes en su mayoría de una ciudad que alcanzaba los dos millones de habitantes y distaba de la costa unos 100 kilómetros. Estos turistas poseían, en su mayoría, pequeñas casas en la zona.

Durante la época de vacaciones, el propietario del negocio contrataba a quince personas, aproximadamente, que se ocupaban de la venta de artículos, del alquiler de embarcaciones y de las reparaciones que había que realizar. La inversión efectuada para atender la demanda en esos tres o cuatro meses era importante, ya que ascendía, pongamos por caso, a unas 20 000 unidades monetarias.

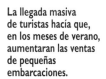

La llegada masiva de turistas hacía que, en los meses de verano, aumentaran las ventas de pequeñas embarcaciones.

Al aproximarse la llegada de la temporada alta, la firma adquiría material, repuestos y nuevas embarcaciones, que vendía sin dificultad, agotando las existencias al finalizar esos cuatro meses, cuando la gente ya empezaba a pensar en las próximas nieves, y se despedía del mar hasta la temporada siguiente.

Como resultante de esta situación, la empresa necesitaba una cierta financiación –importante, dado el volumen del negocio– al comenzar la temporada para atender los gastos de personal, que contrataba con alguna antelación, y para financiar las primeras ventas durante un mes y medio aproximadamente. O sea, la necesidad de capital de explotación durante dos meses crecía de manera sustancial. El resto de la temporada alta ya no había problemas de financiación, pues el beneficio obtenido por el empresario era considerable, al no tener ninguna competencia y contar con una clientela con recursos.

El problema de liquidez

Para solucionar ese problema de liquidez, la firma había contratado algunos créditos financieros a corto plazo, pues ya había desestimado el crédito de los proveedores, que cargaban unos gastos de financiación excesivos.

Como parte de la expansión natural de su negocio, decidió aumentar sus actividades durante la temporada baja, cuando los turistas no acudían, con la construcción de pequeñas embarcaciones destinadas a servir los pedidos que se conseguían en las vacaciones y que se podían cumplimentar en un plazo de siete u ocho meses.

Si había suerte, los pedidos alcanzaban un importe cercano a las 300 000 u.m. que, unidas a las pequeñas ventas que seguía realizando, al

Las tablas de surf suponían un caso aparte; dado su bajo costo, las ventas eran casi siempre al contado, lo que proporcionaba unos ingresos regulares durante los meses de verano.

servicio de custodia y a las reparaciones, constituían un saneado negocio del que se obtenían pingües utilidades.

Con sus propios ahorros y gracias a unas pequeñas ayudas de su familia y de algunos amigos, el empresario podía resistir las épocas de baja en el ramo de la construcción de embarcaciones sin tener que recurrir al mercado financiero.

Pero cuando había una importante cartera de pedidos de embarcaciones para construir, sí que necesitaba la financiación externa por un importe que podía remontarse hasta las 300 000 u.m.

Problemas y soluciones

Intentó conseguir de su clientela que le anticipara el 25 por ciento del importe total de cada contrato y pagos periódicos durante el proceso de construcción de las embarcaciones. Sin embargo, la resistencia ofrecida por los clientes le hizo abandonar este proyecto de trasladar al cliente la financiación del negocio.

Como la financiación de las operaciones excedía la capacidad del empresario, éste acudió a un banco, quien pidió que los compradores firmaran un contrato de compraventa como garantía de los préstamos.

Como a cualquier otro empresario, enseguida se le ocurrió acudir a los bancos locales, entre los que era bien conocido como persona de moral intachable y fiel cumplidor de sus compromisos con los propios bancos, con los clientes y con los proveedores. Sin embargo, tenía el problema de que necesitaba un volumen de financiación excesivo para la magnitud de su negocio y durante unos plazos demasiado largos; al mismo tiempo también jugaba en su contra otro factor: la empresa trabajaba en exclusiva contra pedido, por lo que dependía por entero de su volumen.

Por fin, llegó a la solución de crear un modelo normalizado de contrato de compraventa junto con un cuestionario indicativo de la solvencia crediticia, documentos que en conjunto ofrecían la seguridad requerida por los bancos.

Un cliente con bienes raíces valiosos, sólidos negocios o una profesión muy cualificada, sólo debía estampar su firma en el contrato y abonar en concepto de anticipo una cantidad que oscilaba entre el 15 y el 30 por ciento del pedido, en función de su posición económica.

Si esa posición era un tanto inestable, se le podía exigir al cliente que presentase una garantía equivalente al importe total de la embarcación.

De esta manera, nuestro empresario solucionó su problema financiero con la colaboración de los bancos, sin perjudicar excesivamente la economía de sus clientes, consiguiendo así un desarrollo sustancial de su negocio y una rentabilidad óptima.

Sin embargo, esta solución con un final tan feliz no siempre es fácil de conseguir en la práctica. Para ello, fue preciso que las circunstancias que rodeaban ese negocio –falta de competencia, solvencia de los clientes, buena disposición de los bancos– jugasen en favor de este empresario.

Conclusiones

Lo que sí interesa destacar aquí es su actitud de buscar una solución alternativa cuando la primera fracasó, en lugar de conformarse con su actividad cíclica, restringida a la época de vacaciones, lo cual habría frenado sus posibilidades de expansión. El empresario debe pensar que siempre hay una solución a sus problemas, pero que es preciso encontrarla. En el tema financiero, confiamos en que estas páginas le sean útiles.

Ejercicios de autoevaluación

Contestar a las siguientes cuestiones:

① Indicar qué entidades financieras le son conocidas, a cuáles acudiría para solicitar los diversos tipos de préstamos que hemos estudiado y las ventajas e inconvenientes que cada una de esas entidades ofrecen respecto a las demás. ¿Cuál concedería el crédito con más facilidad? ¿Cuál ofrecería un costo menor? ¿Cómo se podría agilizar la tramitación del expediente? ¿Qué entidad exigiría menos garantías?

② Ante un aumento inesperado del 40 por ciento en las ventas de una empresa, cuyo incremento se juzga estable, ¿se necesitaría aumentar el capital de explotación? En caso afirmativo, desarrollar un plan de actuación a corto y medio plazo.

③ Si el lector tuviese una empresa de fabricación de repuestos de automóviles en su propio país, ¿consideraría interesante incrementar la capacidad de producción? En caso afirmativo, ¿a qué fuentes de financiación acudiría? Razone la respuesta.

④ Si un amigo suyo le solicitara un préstamo para ampliar su negocio, ¿se lo concedería? En caso afirmativo, ¿qué medidas cautelares tomaría y qué garantías le pediría?

⑤ Si usted tuviese que solicitar un préstamo, ¿acudiría únicamente a los bancos con los que realiza la mayor parte de sus operaciones? ¿Por qué?

⑥ Considere las distintas alternativas que se presentan al empresario con sobrante de liquidez, señalando las ventajas e inconvenientes de cada una: adquisición de títulos en bolsa, compra de obligaciones, préstamos a otras empresas.

⑦ Explique las ventajas e inconvenientes de trabajar con un número reducido o excesivo de bancos a la hora de solicitar un crédito.

⑧ Si precisando financiación y no la consiguiera de los bancos y entidades financieras similares, indique qué medidas podría tomar para resolver esa difícil situación.

Soluciones

2 Si se estima que ese incremento tendrá un carácter estable, debería aumentarse el capital de explotación. A corto plazo habría que conseguir financiación de los socios mediante nuevas aportaciones o bien intentar la entrada de nuevos propietarios. A medio plazo, deberían revisarse las condiciones de cobro a los clientes y de pago a los proveedores, así como aumentar las líneas de crédito con los bancos u otras entidades financieras.

4 Se concedería, pero tomando las precauciones necesarias: conocer las perspectivas del negocio y su marcha en los últimos cinco años, así como las del sector en que trabaja. Las garantías dependen del grado de fiabilidad, pero la aceptación de unos efectos comerciales o pagarés sería muy conveniente.

5 Se debe acudir al mayor número de entidades posibles. Los bancos recientemente instalados en la plaza suelen ofrecer mejores condiciones para aumentar su clientela, y el costo del préstamo podría ser menor.

6 La adquisición de títulos en bolsa será conveniente en una situación alcista; no obstante, habrá que huir de ella en las épocas de recesión. Ofrece alta rentabilidad, pero elevado riesgo. Y siempre se habrá de saber escoger los valores más adecuados.

La compra de obligaciones ofrece un menor riesgo, pero el interés que dan estos títulos puede no compensar la tasa de inflación anual. Así mismo, se deberá considerar el plazo de amortización; si es muy largo, no convendrá esta alternativa.

Si se piensa realizar un préstamo a otra empresa, habrá que conocer su situación y exigir las garantías precisas. Dependerá esto de las relaciones operativas que nos unan a ella y de las ventajas que podamos obtener, además de las financieras. Como norma general, no olvidemos que a mayor rentabilidad, mayor riesgo, y ambos factores han de ser suficientemente evaluados.

7 Si se trabaja con pocos bancos, el volumen de nuestras relaciones y el grado de conocimiento será mayor. Pero si este trabajo está muy diversificado, tendremos la posibilidad de que sea un mayor número de bancos el que nos conceda el capital necesario.

8 Debería intentarse la captación de aportaciones de capital de los socios de la empresa, o bien la incorporación de otros nuevos, o, si fuera posible, préstamos de familiares y amigos. En caso de no obtenerlos, deberíamos adecuar nuestra actividad a las disponibilidades existentes.

LA GESTIÓN FINANCIERA

❏ OBJETIVOS

La gestión financiera tiene a su cargo dos funciones distintas como aportación para elevar al máximo el valor neto actual de la inversión de los propietarios de la empresa. Por un lado, asume la responsabilidad de las «finanzas». Por sí misma, la palabra «finanzas» puede entenderse como el hecho de proveer los medios para hacer frente a los pagos. En este sentido las finanzas cubren la planificación financiera, es decir, la estimación de los ingresos y egresos de tesorería, la producción de fondos y el control y distribución de esos fondos.

La eficacia de los directivos se ve influida por su propia manera de trabajar, y su actuación depende de la forma en que asimilan las presiones y los dilemas de su trabajo, y de la manera en cómo les hacen frente.

HENRY MINTZBERG
Empresario

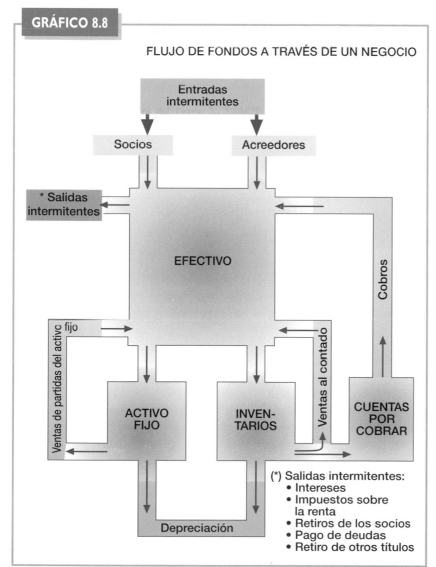

GRÁFICO 8.8

FLUJO DE FONDOS A TRAVÉS DE UN NEGOCIO

Entradas intermitentes

Socios

Acreedores

* Salidas intermitentes

EFECTIVO

Cobros

Ventas de partidas del activo fijo

Ventas al contado

ACTIVO FIJO

INVEN-TARIOS

CUENTAS POR COBRAR

Depreciación

(*) Salidas intermitentes:
• Intereses
• Impuestos sobre la renta
• Retiros de los socios
• Pago de deudas
• Retiro de otros títulos

◄ *Dentro de los ciclos financieros de la empresa, existen entradas y salidas que no son corrientes o regulares (llamadas intermitentes) y las regulares o continuas, que se suceden en todo el devenir de la empresa.*

El mantenimiento de una liquidez adecuada para pagar las deudas u otros compromisos reduce el riesgo de los propietarios y perpetúa la vida de la empresa. Por otro lado, debe buscar la obtención de beneficios invirtiendo el efectivo en operaciones que prometan un valor actual atractivo. La elevación al máximo del valor neto actual de la inversión de los propietarios demanda un equilibrio adecuado entre esos dos objetivos subsidiarios de liquidez y lucro. Por todo ello podemos decir que, fundamentalmente, el doble objetivo de la administración financiera es elevar al máximo el valor actual de la riqueza, procurando que se disponga de efectivo para pagar las cuentas a su tiempo y ayudar a la distribución más provechosa de los recursos que se encuentran dentro de la empresa.

En cierta medida, estos objetivos resultan opuestos. Idealmente, el administrador financiero debería balancear los ingresos y egresos de efectivo de manera tal que no se presentaran saldos no aplicados o inactivos que no devengaran ninguna utilidad para la empresa. Es decir, todos los fondos deberían invertirse y actuar en las cuentas por cobrar, las existencias, maquinaria, planta o alguna partida diferente al efectivo. Pero, pese a ello, y dado el hecho de que no es posible prever con exactitud los flujos de tesorería, el administrador financiero debe protegerse manteniendo algunos saldos disponibles que le permitan hacer frente a sus compromisos en forma y plazo. Esta circunstancia es la que le lleva al dilema de «optimizar» su gestión para compatibilizar al máximo sus objetivos «gemelos».

☐ REQUISITOS

Con el objeto de alcanzar los objetivos mencionados, el administrador financiero se ve envuelto en tres funciones principales: planificación y control financiero, consecución de fondos e inversión de éstos.

Planificación y control financiero

Para el desarrollo de esta función, el administrador financiero deberá obtener una visión amplia y total de las operaciones de la empresa. En un primer nivel están los planes a largo plazo para expansiones de planta, ampliaciones o sustituciones de maquinaria y equipo, y otros gastos que supongan salidas de efectivo excepcionalmente grandes.

Sobre las bases de su conocimiento de estos planes y estimaciones de las ventas para el futuro cercano, deberá estimar también los flujos de tesorería del negocio para un futuro próximo. Al desarrollar estos planes deberá reconocer que pueden ser obstrui-

ROTACIÓN

La pequeña y la mediana empresa han de estimular al máximo la rotación de sus inventarios para asegurar su estabilidad.

PLANIFICACIÓN

Las alteraciones en la respuesta del mercado se reflejarán en la planificación de la empresa.

dos por fuerzas externas sobre las que tiene poco control. Por ejemplo, la evolución tecnológica puede obligar a la empresa a inversiones no previstas en maquinaria y equipo para no perder competitividad dentro de su sector.

El reconocimiento de estas incertidumbres no deben aplicarse para descartar el programa, sino para constituir una base para la flexibilidad en las combinaciones financieras que permitan hacer frente a estas circunstancias imprevistas.

Habiendo planificado el flujo futuro de los ingresos de efectivo, y habiendo alcanzado los fondos necesarios previstos, el administrador financiero deberá ahora determinar si dichos fondos se han invertido hábil o «económicamente» dentro del negocio. Todo dinero invertido en un activo, sea éste circulante o fijo, tiene usos alternativos. Puede ser en efectivo, como una ayuda a la liquidez, o en un activo más lucrativo. Cuanto más tiempo permanezcan atados los fondos a una cuenta por cobrar o a una máquina improductiva, menos estará obteniendo una empresa por la inversión de estos fondos.

Más de la mitad de los nuevos productos que se lanzan al mercado no consiguen alcanzar los objetivos comerciales prefijados.

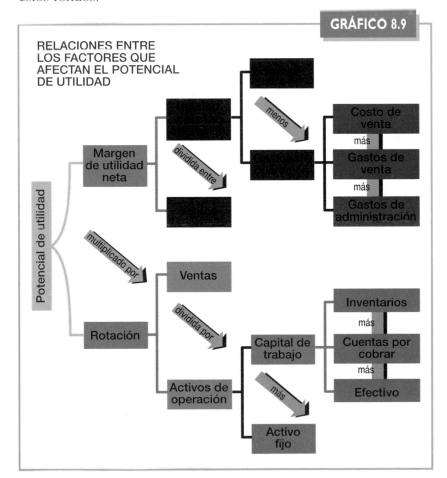

GRÁFICO 8.9

RELACIONES ENTRE LOS FACTORES QUE AFECTAN EL POTENCIAL DE UTILIDAD

◄ Este esquema nos plantea, como si fuera una pirámide, una serie de relaciones que marcan la aptitud operativa de una empresa: por un lado relacionamos las ventas, sus márgenes y los gastos, para llegar a los beneficios; y, por otro, la estructura de capital de trabajo con los volúmenes operativos.

La dinámica del mundo financiero ha convertido al empresario en un experto en el aprovechamiento de los recursos, en un verdadero malabarista.

Es imprescindible que, en el menor tiempo posible, la sociedad recupere el dinero de esos activos para pagar sus cuentas y reinvertir en otros activos para lograr una mayor expansión y aumentar sus beneficios.

Consecución de fondos

Si los egresos de efectivo previstos exceden los ingresos y los saldos disponibles, el administrador financiero se verá obligado a obtener fondos de fuentes externas de la empresa. Este mercado de dinero es altamente competitivo, debido a que no siempre los que disponen de dinero para invertir pueden entrar en contacto directo con los que necesitan estos fondos. Resulta claro que a este mercado concurren fondos provenientes de diversas fuentes, bajo diferentes tipos de acuerdos (precios y garantías) y por diferentes plazos. La problemática del administrador financiero es obtener la combinación más adecuada, que más se aproxime a las necesidades anticipadas de su negocio. Las posibilidades futuras de un mercado de dinero deberán ser relacionadas con las condiciones financieras esperadas por la compañía en un futuro cercano, más bien que con las condiciones establecidas a la fecha. Por ejemplo, es necesario decidir si el momento actual es mejor momento para la consecución de fondos, que lo que será dentro de seis meses, o bien, si es mejor aplazar decisiones de acción o de inversión para tomar fondos del mercado seis meses más tarde.

Por ello el administrador financiero añade a las necesidades de predicción sobre su propio negocio una segunda predicción del curso futuro de los mercados de dinero.

❏ METODOLOGÍA

Para una adecuada gestión financiera se hace imprescindible ejercer un adecuado control tanto de la administración de los activos de la empresa como de la obtención de los recursos que se han de invertir.

Para ello es necesario que se efectúe una serie de análisis de cada una de las partidas en que han invertido los fondos, tanto los propios de la empresa como los que ha obtenido de terceros. A continuación analizaremos los puntos esenciales que se deben controlar en las partidas más significativa del activo.

La importancia relativa de cada uno de los principales tipos de activos varía considerablemente de un grupo a otro de actividad económica. De esta manera la administración del efectivo adquiere mayor importancia en áreas industriales y comerciales que en servicios públicos: el manejo de las cuentas a cobrar en la construcción y en empresas mayoristas; las existencias en los activos de las industrias y comercios, tanto al por mayor como al por menor,y los activos fijos en las empresas de explotación de recursos naturales, servicios e industria.

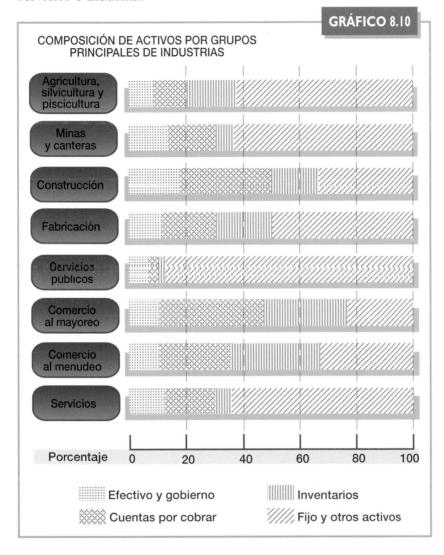

GRÁFICO 8.10

COMPOSICIÓN DE ACTIVOS POR GRUPOS PRINCIPALES DE INDUSTRIAS

- Agricultura, silvicultura y piscicultura
- Minas y canteras
- Construcción
- Fabricación
- Servicios públicos
- Comercio al mayoreo
- Comercio al menudeo
- Servicios

Porcentaje   0   20   40   60   80   100

▦ Efectivo y gobierno   ▥ Inventarios
▨ Cuentas por cobrar   ▨ Fijo y otros activos

◀ *De acuerdo con cada tipo de actividad las empresas destinan sus recursos, en proporciones diversas, a las existencias, activos fijos, cuentas por cobrar y disponible.*

■ Administración del efectivo en caja y bancos

En este punto se plantea el dilema entre liquidez y rentabilidad: mientras más efectivo tengamos disponible, más fácilmente podremos pagar nuestras cuentas.

Mientras más efectivo pongamos a trabajar efectivamente en el negocio, mayores serán nuestros beneficios, hasta tal punto que la pérdida de liquidez nos lleve a perder descuentos por pronto pago o genere desconfianza en los proveedores u otros acreedores en general.

RENTABILIDAD

Las empresas con grandes grados de rentabilidad se diferencian por la originalidad con que crean valor durante el ciclo de contactos con el cliente.

Antes de que podamos efectuar un presupuesto de efectivo, necesitamos determinar el nivel mínimo de efectivo que se necesite mantener en el negocio mes a mes.

Pese a que la administración del efectivo no ha llegado a una etapa en que pueda utilizarse una fórmula exacta para determinar la medida óptima para los saldos mínimos, se puede llegar a obtener una cierta información examinando los factores que intervienen en la misma.

Discrepancias predecibles entre la entrada y salida de efectivo

Una gran parte de los saldos de efectivo se mantienen con el objeto de proporcionar un amortiguador para aquellos períodos de tiempo en que sabemos que nuestras salidas de efectivo serán superiores a nuestras entradas. Estas discrepancias podrán tener lugar durante intervalos pequeños o sobre períodos más grandes. El pago de salarios puede causar una salida de efectivo superior a los ingresos de ese momento; los proveedores pueden requerir unas fechas de pago que incidan en un período determinado del mes mientras que nuestros clientes pueden hacer su pagos de una manera relativamente constante. Como sería laborioso obtener fondos para hacer frente a esas discrepancias a corto plazo, el saldo de nuestra reserva de efectivo debe ser suficientemente grande para cubrir esos desequilibrios temporales.

Cuando se prevé que esta circunstancia continuará por períodos más largos, se hace discutible si deben tenerse inmovilizados saldos de efectivo lo suficientemente grandes para compensar estos desajustes, o bien obtener fondos externos para su cobertura. Un ejemplo bastante típico es el de la acumulación de existencias para hacer frente a ventas estacionales, normalmente compensada en un futuro próximo con el cobro de dichas ventas. En estos casos se debe balancear el costo de obtener una financiación externa contra los beneficios derivados de emplear esos recursos financieros para otros fines. Todo ello implica, además, entablar negociaciones con clientes y proveedores para acompasar, en la medida que el mercado y sus prácticas lo permitan, las tensiones puntuales de tesorería, todo ello siempre de un modo preventivo. Para todo lo expuesto, la herramienta básica es el presupuesto de tesorería, éste debe revelar los puntos de máximas tensiones o de excesos de disponibilidad.

Discrepancias no predecibles entre las entradas y salidas de efectivo

Las huelgas, inundaciones u otro tipo de fenómenos naturales, incendios u otros accidentes, fallos en la capacidad de pago de clientes, se ciernen sobre cualquier negocio. Como estas circunstancias pueden interrumpir los flujos de ingresos de la empresa, o causar un gasto imprevisto y súbito, es necesario crear, bien un fondo (considerado como un seguro propio) o bien tener permanentemente abierto el acceso a fondos de terceros.

El volumen de este fondo depende del tipo de actividad económica desarrollada. Por ejemplo, en una empresa de servicios, la caída de ingresos resultante de una huelga probablemente se nivele con los salarios no pagados.

Pese a ello es imprescindible mantener siempre las puertas abiertas a la obtención de fondos externos. Por este motivo es conveniente mantener una política bancaria de seriedad que vaya acompañada de unas adecuadas garantías y solidez patrimonial.

▲ Aunque la empresa tenga una póliza de seguros adecuada, algunos fenómenos naturales de tipo catastrófico, como los huracanes o las inundaciones, no suelen estar cubiertos. Por ello conviene tener cierto fondo de previsión o recurrir a un tipo de ayuda que permita reanudar lo antes posible la actividad.

Control de las entradas de efectivo

Uno de los aspectos menos interesantes, pero no por ello menos importante de la gestión financiera, es el control de los ingresos de efectivo para asegurarse de que no existen desviaciones que lleven a la empresa a ser víctima de fraudes. El control adecuado de los cobros es un problema particularmente difícil para la pequeña y mediana empresa, que no pueden soportar pérdidas de fondos por esta vía y, sin embargo, no siempre están capacitadas para adoptar las precauciones más elaboradas a fin de prevenir o detectar este tipo de fraudes como las empresas de mayor tamaño.

El efectivo que se recibe en concepto de cobranzas de clientes puede ser dispuesto fraudulentamente de varias maneras. En algunas de ellas todo depende de cómo se distribuyen las tareas, en otras de los sistemas de control establecidos por la propia empresa. Por ejemplo, el pago de un cliente puede ser robado cerrando la cuenta de dicho cliente como incobrable o bien acreditando en dicha cuenta cantidades en concepto de devolución de mercaderías. Un método más elaborado se conoce como «traslapo», «jineteo» o reciclaje de fondos. Éste consiste en lo siguiente: un empleado retiene para sí el cobro efectuado de un cliente X. Para evitar que nadie pueda reclamar a dicho cliente X por su falta de pago, *a posteriori* retiene una cantidad igual o superior a otro cliente Y,

CONTROL

La empresa debe ejercer un discreto pero eficaz control del sistema de cobros y pagos en efectivo.

procediendo a contabilizar todo o parte de este segundo cobro como del cliente X, y así sucesivamente. De este modo lo que se produce, en un principio, no es más que una «demora» en el registro del pago de un cliente; en la práctica, y en el mejor de los casos, se genera una masa de dinero «constante» en manos del empleado defraudador.

El enfoque general para la prevención de este tipo de manipulaciones es la implementación de una normativa de control interno que, en la mayoría de las circunstancias, no requiere grandes costos adicionales. Por una parte, consiste en la separación de funciones o también llamada «control por oposición de intereses»; es decir, nadie puede realizar una operación desde el inicio hasta el final. Otra manera es la de establecer controles a cero:

▲ *La empresa debe crear un sistema de control interno para evitar el robo de dinero en efectivo, la desviación de caudales o el fraude. Uno de los medios consiste en no dejar el ciclo completo de una operación en una sola mano.*

esto consiste en que nadie mantiene relaciones permanentes con los clientes, bancos y registros contables. Otros requieren controles efectuados de modo independiente sobre las cuentas que presentan circunstancias poco habituales en el giro comercial, es decir, retrasos constantes o saldos no conciliados de modo permanente. Aunque una empresa pequeña vea incrementados puntualmente sus gastos administrativos, a medio y largo plazo se evitarán mayores costos e incalculables problemas, tanto financieros como de personal.

Control de las salidas de efectivo/bancos

También se presentan oportunidades para el fraude cuando el dinero sale de la empresa. Pueden hacerse pagos a proveedores inexistentes, o por servicios o compras no percibidos realmente. Nuevamente debemos hablar del control por «oposición de intereses». El hecho de que existan varias personas involucradas en un proceso administrativo dificulta, sino evita, la posibilidad de fraudes en esta materia. Por ejemplo: una compra ficticia es prácticamente inviable si: la orden de compra emana de una persona, la recepción del material de otra y la comprobación de que la factura a pagar proviene de una orden de aprovisionamiento y de la efectiva recepción del producto es de otra; únicamente la acción fraudulenta conjunta permite la concreción del delito.

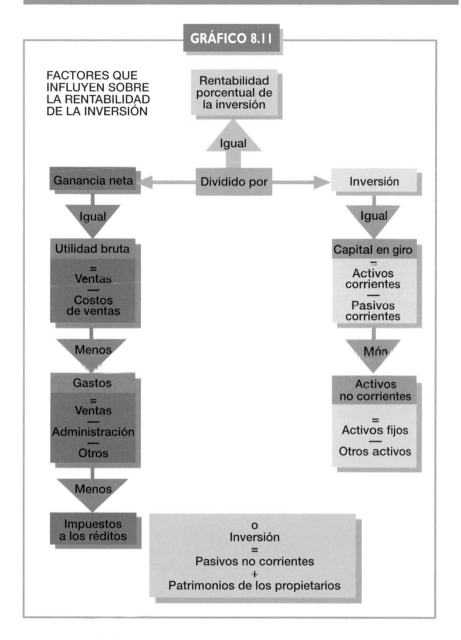

GRÁFICO 8.11

FACTORES QUE INFLUYEN SOBRE LA RENTABILIDAD DE LA INVERSIÓN

Rentabilidad porcentual de la inversión

Igual

Ganancia neta ← Dividido por → Inversión

Igual

Utilidad bruta
=
Ventas
—
Costos de ventas

Menos

Gastos
=
Ventas
—
Administración
—
Otros

Menos

Impuestos a los réditos

Capital en giro
=
Activos corrientes
—
Pasivos corrientes

Más

Activos no corrientes
=
Activos fijos
—
Otros activos

o
Inversión
=
Pasivos no corrientes
+
Patrimonios de los propietarios

EL EFECTIVO

El efectivo que se emplea para adquirir el capital circulante se invierte en la explotación normal de la empresa.

◄ *En este ejemplo se descomponen los dos elementos de la ecuación: los beneficios netos y la inversión. Como vemos, ambos son consecuencia de situaciones previas: ventas, gastos y, por otro lado, adiciones de capitales convertidos en activos corrientes y no corrientes.*

Empleo del efectivo ocioso

Si el presupuesto de tesorería y los informes diarios de caja indican que disponemos de fondos en exceso, debemos preguntarnos si esta circunstancia es puntual o se presenta con características de continuidad. Si los fondos están únicamente en exceso de un modo temporal, su inversión debe estar guiada hacia un objetivo fundamental: la seguridad del capital; estamos en una actividad comercial o industrial, no como especuladores de capital. Con el objeto de obtener un porcentaje adicional de beneficios no podemos hipotecar el futuro de las actividades básicas de la empresa en operaciones de riesgo. Por ello es necesario informarse sobre las opciones que brinda el mercado, priorizar la rentabilidad sí, pero por sobre todas las cosas la seguridad y la liquidez de dichas colocaciones, aun a costa de un menor rendimiento.

■ Administración de las cuentas por cobrar

Las políticas relativas a la administración de las cuentas por cobrar nos llevan nuevamente al dilema de la liquidez contra la productividad o rentabilidad. Hasta el grado en que otorguemos créditos en condiciones generosas tendremos comprometidos fondos en cuentas por cobrar y estaremos comprometidos en nuestra

La capacidad de información y acceso a todos los recursos que el medio ofrece al empresario se perfecciona con la práctica continua y la obvia acumulación de experiencia.

▶ *Las estructuras de los pasivos, según el tipo de actividad de la empresa, también sufren importantes variaciones. Notándose, sin embargo, la gran importancia del capital contable.*

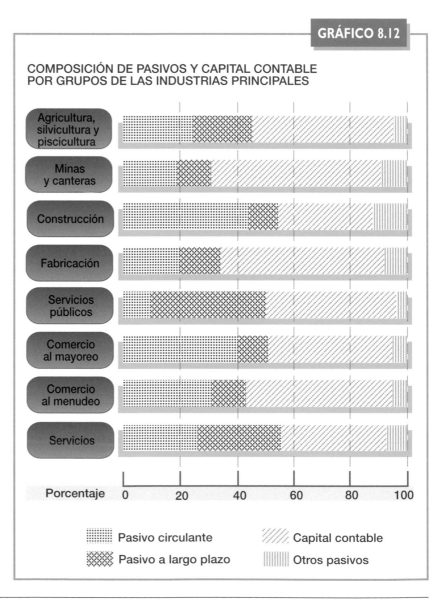

GRÁFICO 8.12

COMPOSICIÓN DE PASIVOS Y CAPITAL CONTABLE POR GRUPOS DE LAS INDUSTRIAS PRINCIPALES

Agricultura, silvicultura y piscicultura

Minas y canteras

Construcción

Fabricación

Servicios públicos

Comercio al mayoreo

Comercio al menudeo

Servicios

Porcentaje 0 20 40 60 80 100

▦ Pasivo circulante   ▨ Capital contable

▨ Pasivo a largo plazo   ▥ Otros pasivos

habilidad para poder hacer frente a nuestros pagos, o bien tendremos costos financieros adicionales para hacer frente a dichos pagos. Por otro lado, facilitaremos la venta de nuestros productos, y así esperamos mejorar nuestros beneficios.

Las políticas relativas a la concesión de créditos y a los esfuerzos de cobro determinarán la rapidez de la entrada de fondos, afectando, consecuentemente, no sólo el presupuesto de tesorería, sino también los costos financieros vinculados.

A diferencia del tratamiento de la tesorería, en las cuentas por cobrar existe un riesgo adicional. No sólo hablamos de inmovilizaciones de dinero, hablamos también de la pérdida directa que se deriva de nuestra imposibilidad de cobro.

Control de la aceptación de los clientes

Para determinar qué principios deben guiarnos al determinar nuestros procedimientos y políticas para conceder un crédito, fijaremos cuatro pasos básicos:

- Desarrollar una idea sobre la calidad del crédito, es decir, un punto límite en términos de riesgo.
- Investigar a cada solicitante.
- De acuerdo con la información obtenida, estimar la probabilidad de que el cliente pague sus compras.
- Por último, mediante la comparación de nuestra estimación del grupo de riesgo del crédito al cual pertenece el solicitante, con nuestro punto límite predeterminado (grado de riesgo que se pretende asumir y consecuencias del mismo) decidiremos, o no, aceptar la solicitud. Como este proceso no puede ser reducido a la probabilidad matemática, las políticas de crédito y las decisiones deben depender del juicio del gerente de créditos o del administrador financiero. Pese a ello, estas políticas y decisiones serán mejores si se aplica un desarrollo técnico para llegar a ellas.

Decisión del grado aceptable de riesgo

Conforme nos movemos de los grupos de clientes que muy probablemente pagarán sus deudas hasta clientes con menos probabilidades de pagarlas, hacemos dos cosas: añadimos a nuestros ingresos y añadimos a nuestros gastos.

La cantidad añadida a nuestros ingresos es igual a las ventas adicionales en el tiempo. La cantidad de gastos incrementados consiste en la suma de los gastos de producción, de administración y de ventas que se producen al aceptarse el pedido más aquellos derivados de la gestión de cobro.

El primer paso para saber cuál es nuestro negocio, es preguntar: ¿Quién es el cliente actual? ¿Y el potencial? ¿Dónde compra? ¿Cómo compra?

PETER DRUCKER
Asesor de empresas

EJEMPLO

Consideremos un 10 por ciento en el riesgo de no cobrar de los clientes adicionales. Teniendo en cuenta un costo de producción, de administración y ventas para esos adicionales, llegaríamos a la siguiente conclusión para estas ventas adicionales con un riesgo del 10 por ciento de no cobro.

—Ventas adicionales al aceptar el grupo del 10 % de riesgo	3 000
— Menos ventas no cobradas (10 %)	300
— Ingreso adicional	2 700
— Costos de producción, administración y ventas (60 %)	1 800
— Costos de cobro adicionales	400
— Gastos adicionales	2 200
— Incremento del ingreso anual neto	500

Hasta aquí el esquema. Pero ¿nos interesa este tipo de incremento? Consideramos que conforme la producción disminuye podemos aceptar más solicitudes marginales, y conforme la producción se aproxima a la capacidad nominal, debemos comenzar a eliminar los clientes con menor capacidad de pago.

▼ *Normalmente se tiende a que los activos circulantes sean cubiertos con los pasivos a corto plazo, y los activos fijos con las deudas a largo plazo y los fondos propios.*

Investigación del solicitante del crédito

Al recibir el pedido de un nuevo cliente debemos plantearnos de qué manera podemos obtener suficiente información para juzgar su posición crediticia. Existen dos factores que limitan el grado de nuestra investigación: tiempo y costo. No podemos tomarnos un

GRÁFICO 8.13

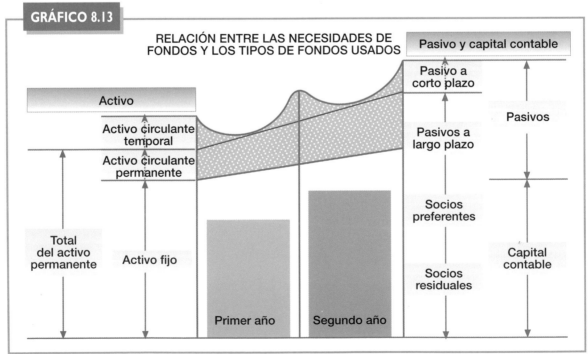

plazo excesivo para investigar al cliente, porque probablemente se cansaría y cancelaría el pedido. Tampoco podemos gastar grandes cantidades en el proceso de investigación. Existen compañías especializadas en informes comerciales, y la fiabilidad de sus informes depende del grado de conocimiento o de inserción en el mercado de cada una de ellas. Pese a ello, existen elementos complementarios que deben tenerse en cuenta. Para ello debe solicitarse al posible cliente una lista de los bancos con los que trabaja y un listado de sus proveedores y clientes más importantes. Todo esto, complementado con entrevistas personales, permite establecer un perfil razonablemente adecuado de la empresa en cuestión.

Análisis del valor del crédito del cliente

Determinar hasta qué punto tiene capacidad de compra un potencial cliente entra en un esquema de juicio personal. Sin embargo, a la luz de sus estados financieros se pueden analizar los plazos de endeudamiento que mantiene. Para ello tendremos en cuenta los siguientes ratios o índices:

$$\text{PROMEDIO DE COMPRAS DIARIAS} = \frac{\text{COMPRAS DE MATERIALES AÑO}}{360}$$

$$\text{DÍAS COMPRA EN CUENTAS POR PAGAR} = \frac{\text{CUENTAS POR PAGAR}}{\text{Promedio de compras diarias}}$$

Estos elementos nos indican la capacidad de pago promedio de la empresa.

En la medida en que fijemos unas condiciones de venta a dicho cliente debemos fijar también el grado máximo de riesgo que asumimos con el mismo.

Control de los cobros de clientes

Ordinariamente, los costos de cualquier esfuerzo de cobro no deben exceder los ingresos adicionales que pueden obtenerse con ese esfuerzo. Como regla general, debe considerarse también que los esfuerzos adicionales en el cobro de la cuenta de un cliente influyen no sólo en la cantidad adeudada por el mismo, sino también en las ventas futuras a ese cliente, como en los cobros futuros a otros clientes.

Además de tener un departamento de cobros eficiente, podemos asegurar parte de nuestras cuentas por cobrar mediante las diferentes formas de «seguros de crédito». Existen empresas que asumen, mediante unas primas determinadas, la garantía hasta unos topes determinados de crédito de un porcentaje de los impagos. En este

FACTORES

Factores intrínsecos, como la fiabilidad, o extrínsecos, como un buen servicio técnico de posventa, influyen mucho en la competitividad del precio de producto.

caso debemos tener siempre bien presente que este costo adicional está directamente vinculado a nuestros precios finales.

El costo de un seguro de crédito es, en promedio, no superior al uno por ciento de las ventas. La conveniencia de hacer este gasto depende de cada empresa en particular. Cuando las ventas son de alto riesgo, la compañía aseguradora puede considerarlas no asegurables o fijar primas en exceso elevadas. Si las ventas son muy diversificadas y la sociedad financiada con solidez, se puede optar por no asegurar las ventas. Sin embargo, si no estamos en una posición financiera fuerte o estamos vendiendo un número relativamente pequeño de grandes cuentas, el seguro de crédito puede ser muy aconsejable.

Controles que se deben efectuar sobre los saldos de clientes

Una vez fijada la política de crédito de la empresa, tanto en cuanto a su volumen como en lo que hace a los plazos de pago, es necesario evaluar periódicamente la estructura individual de las cuentas por cobrar. Para ello corresponde obtener la siguiente información primaria:

Listado por antigüedad de saldos		
Antigüedad	Saldos a cobrar	%
Menos de 30 días	100	40,82
30 a 60 días	80	32,65
60 a 90 días	45	18,37
Más de 90 días	20	8,16
TOTALES	245	100

En la medida en que se observe que estos porcentajes exceden las pautas fijadas se hace necesario obtener un listado individualizado de cada situación.

Listado por saldos ABC		
Importes	N.º de clientes	%
Saldos de más de 100 u.m.	40	6,25
Saldos entre 75 y 100 u.m.	200	31,25
Saldos entre 50 y 75 u.m.	300	46,88
Menores de 50 u.m.	100	15,62
TOTAL CLIENTES	640	100

■ Administración de las existencias en almacenes

La administración de inventarios merece especial atención por los siguientes motivos: por una parte comprende la parte principal

COBRAR A TIEMPO

El control de las cuentas de clientes es imprescindible para conseguir el cobro de lo adeudado en la fecha prevista.

ASEDIO

Las empresas de productos manufacturados sufren el asedio de las procedentes de los nuevos países industrializados o en vías de industrialización.

del activo total de muchas empresas, por otra, como son los activos menos líquidos, los errores en su administración no se remedian rápidamente.

Al analizar las existencias (o inventarios) de una empresa, cabe que hagamos una clasificación:

- *Suministros.* Comprenden aquellos materiales de consumo en la empresa, pero que no se incorporan al producto final (elementos de limpieza, de mantenimiento, etcétera).
- *Materias primas.* Son los materiales, componentes u otros artículos, ya sea comprados o de producción propia que formarán parte del producto terminado.
- *Productos en proceso.* Aquellos que ya no forman parte de materias primas y que aún no se han convertido en producto terminado.
- *Producto terminado.* Aquél que ya está en condiciones para su comercialización.

SENSOR

La empresa bien posicionada funciona como un sensor de las fluctuaciones del mercado.

Para desarrollar la comprensión completa de la administración de inventarios, consideraremos una empresa industrial, aun cuando los conceptos se aplican a otros tipos de negocios.

La determinación del volumen adecuado de los inventarios o existencias requiere un equilibrio entre los costos y los riesgos.

Costos de los inventarios. La tabla 8.1 nos detalla los costos explícitos del mantenimiento de un inventario y aquéllos que se derivan del propio nivel de inventario.

Tabla 8.1   Costos de mantenimiento de inventarios

	Explícitos o fijos	*Por el nivel o variables*
Costos de capital		Existencias Equipo para manejar y almacenar el inventario
Costos del espacio ocupado	Depreciación, mantenimiento, alquileres Calefacción, coste de servicios Auxiliares Limpieza	
Costos del servicio de inventarios	Registros y control del inventario	Seguros Mano de obra de recepción y almacenamiento Robos Deterioro
Riesgos en los inventarios		Disminución de precios Cambios de estilo y otras causas de obsolescencia

La función de los inventarios. Los inventarios tienen como función básica la de disponer de las cantidades mínimas necesarias para poder hacer frente a la demanda de la clientela. El punto en el que debe moverse la empresa es aquél en que se eviten las faltas de producto para entregar, también llamado «punto de ruptura de inventarios». Esto trae como consecuencia la necesidad de ejercer un control sobre las fluctuaciones de las existencias y, por otro lado, mantener permanentemente actualizada la previsión de las ventas y de los plazos de suministros y/o de producción de materias primas y de productos acabados. Ello significa que se debe llegar a la determinación del momento de pedido de reposición con la suficiente antelación para evitar la «ruptura del inventario», circunstancia ésta que también comporta el riesgo de no poder satisfacer las demandas de la clientela, con el consiguiente peligro de perder ventas y posiblemente al mismo cliente.

Valoración de la administración de inventarios. Un modo general de valorar la efectividad en las políticas sobre inventarios puede obtenerse fácilmente mediante el cálculo de la rotación de las existencias.

$$\text{ROTACIÓN DE INVENTARIOS} = \frac{\text{TOTAL COMPRAS ANUALES}}{\text{EXISTENCIA MEDIA ANUAL}}$$

Si bien éste es un dato ilustrativo, debe profundizarse en el mismo, ya que pueden existir encubiertos aspectos tales como: obsolescencias, desperdicios o inmovilizaciones innecesarias y, por otro lado, el resto de costos de mantenimiento de las existencias que se mencionaron en el apartado anterior.

En síntesis, podemos decir que una buena gestión de inventarios se puede valorar contestando a las siguientes preguntas:

- ¿Se encuentran las cantidades adecuadas de materiales donde deben estar?
- Si no es así, ¿por qué?
- ¿Pueden tomarse acciones para colocar los inventarios en concordancia con los planes generales o deben retocarse estos planes?

EL DILEMA

Un problema crucial consiste en la determinación de si se deben aumentar o reemplazar ciertos activos fijos. Los planes para la compra de una planta, maquinaria y equipo, por ejemplo, se convierte en un presupuesto de capital.

▼ *La existencia de reserva debe condicionar el punto de pedido y compensar el tiempo de entrega. Esto permite evitar las «rupturas de inventarios» y homogeneizar los ciclos de entrega o productivos.*

GRÁFICO 8.14

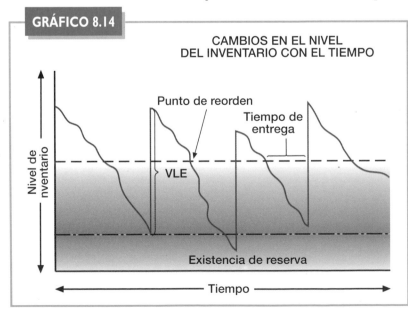

CAMBIOS EN EL NIVEL
DEL INVENTARIO CON EL TIEMPO

■ Administración del activo fijo o inmovilizado

Los activos fijos son aquéllos que proporcionarán servicios durante un período superior a un año. Constituyen, en definitiva, un gasto diferido que se aplicará en función del período de vida útil estimada para cada bien.

Si bien estos activos tienen pesos específicos muy diferenciados en función de la actividad que desarrolle cada tipo de empresa, es imprescindible mantener un preciso control sobre su utilidad práctica, su utilización eficiente y, en definitiva, su aportación a los beneficios de la empresa.

El volumen de inversión en este apartado suele ser, por lo general, de importes significativos, y, a diferencia de la decisión de conceder un crédito a un cliente o la de hacer un acopio mayor de un producto, las inversiones en activo fijo no pueden ser revertidas a corto plazo como en los casos de clientes y existencias. Es decir, las erogaciones de capital involucradas en los activos fijos implican pronósticos que se extienden hasta varios años en el futuro. Debido a que estas inversiones comprenden, por lo general, cantidades significativas de dinero por largos espacios de tiempo, cualquier error en su evaluación o control puede ocasionar graves contratiempos para la empresa.

La principal conclusión que sacamos de este enunciado previo es que existe un concepto de «VALOR + TIEMPO», es decir, que una cantidad de dinero que será recibida mañana no tiene el mismo valor presente que la misma cantidad recibida hoy. Por todo ello, el factor básico que se debe considerar es la capacidad que tiene el bien que se debe adquirir, a producir una serie de beneficios que permitan la recuperación o «retorno» de la inversión en un período determinado, considerando, así mismo, el valor actual de estos beneficios futuros.

El cuadro 8.2 expone de modo esquemático el contenido del plan a largo plazo.

CUADRO 8.2

Contenido del plan a largo plazo

SUPUESTOS DEL PLAN

Situación general de la economía
Previsiones de la industria
Hipótesis de política general
Limitaciones y marco legal
Presupuesto del gobierno
Relaciones internacionales

OBJETIVOS FUNCIONALES

Beneficio
Penetración del mercado interior
Penetración de los mercados internacionales
Investigación y desarrollo
Nuevos productos – Diversificación
Mejora de métodos y procesos
Productividad

POLÍTICAS

Organización y definición de responsabilidades
Salarios y atenciones sociales
Moral – Motivación – Formación
Nivel de calidad
Precios
Nivel de servicios

PLANES

Plan comercial
Plan de producción
Plan de personal
Plan de instalaciones
Proyectos mayores
Plan financiero y de resultados
    Cuenta de resultados
    Balances
    Presupuesto de inversiones
    Presupuesto de tesorería
    Estudios sobre dimensión y rentabilidad
Planes de adquisición
Planes de control

▼ *Implantar un sistema de control presupuestario exige dos tipos de requisitos: unos de carácter subjetivo y otros de carácter material.*

❏ LOS PRESUPUESTOS

■ Conceptos generales

Podemos tratar de alcanzar una definición previa del concepto presupuesto en la empresa por la vía de la reflexión. Si no fuera tan grande el número de negocios que quiebran o sufren graves colapsos económico/financieros, parecería ridículo preguntarnos: ¿por qué planificamos? Sin embargo, una proporción considerable de las dificultades financieras, en particular aquellas que afectan a la pequeña y mediana empresa, parecen proceder de la falta de planificación. Esto no significa que todas las quiebras puedan ser previstas mediante la presupuestación, pero ciertamente un buen número de ellas podrían evitarse. Existen pocos fallos planificados, pero los no planificados son innumerables.

Podríamos ahora acercarnos a una primera definición de presupuesto diciendo que es el esquema total del plan de operaciones de una empresa, para un período futuro, expresado en términos monetarios.

La presupuestación requiere varios puntos básicos:

- *Planificación general previa.* Comprende la definición de políticas y objetivos futuros por parte de la dirección.
- *La elaboración de programas.* Éstos traducen los objetivos generales en programas operativos de un modo detallado y analítico.
- *La cuantificación en términos monetarios de dichos planes operativos.*
- *El control.* Verificación de que los planes establecidos en el presupuesto se cumplen regularmente, o bien el análisis de las variaciones, sus causas y posibles ajustes y correcciones.

■ Implantación de un sistema de control presupuestario

La implantación de cualquier sistema constituye una tarea ardua y difícil. Existen

GRÁFICO 8.15

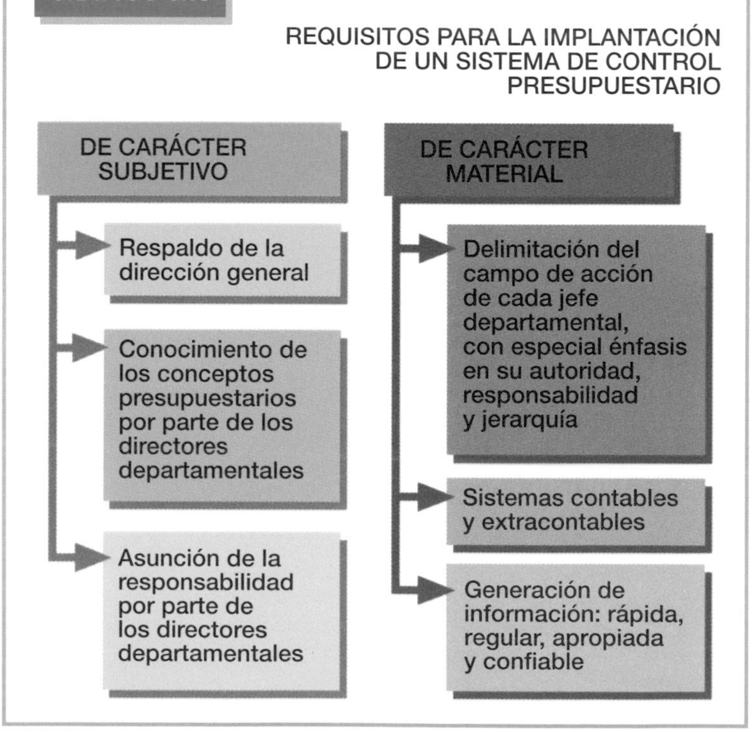

REQUISITOS PARA LA IMPLANTACIÓN DE UN SISTEMA DE CONTROL PRESUPUESTARIO

DE CARÁCTER SUBJETIVO	DE CARÁCTER MATERIAL
Respaldo de la dirección general	Delimitación del campo de acción de cada jefe departamental, con especial énfasis en su autoridad, responsabilidad y jerarquía
Conocimiento de los conceptos presupuestarios por parte de los directores departamentales	Sistemas contables y extracontables
Asunción de la responsabilidad por parte de los directores departamentales	Generación de información: rápida, regular, apropiada y confiable

problemas humanos, como los de resistencia al cambio, y otros de tipo material, como la falta de resultados evaluables a corto plazo.

Es por ello necesario que se cumpla, entonces, cierto tipo de requisitos, tanto en el campo psicológico como en el material para poder poner en marcha el sistema.

Desde un punto de vista subjetivo, es necesario que se cree y consolide el concepto de «filosofía del presupuesto» y, desde un punto de vista material, que se den las condiciones básicas de organización.

▼ *En un manual de presupuesto deben desvelarse las incógnitas sobre qué se debe presupuestar, cómo se expresa la información y qué incluye, así como la secuencia lógica de confección y control posterior.*

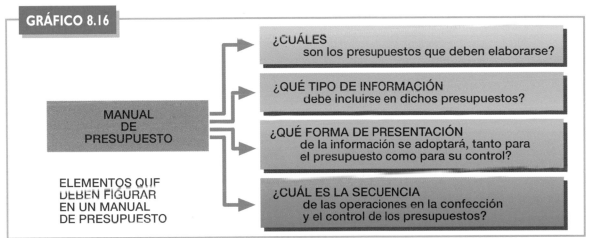

GRÁFICO 8.16

MANUAL DE PRESUPUESTO

ELEMENTOS QUE DEBEN FIGURAR EN UN MANUAL DE PRESUPUESTO

¿CUÁLES son los presupuestos que deben elaborarse?

¿QUÉ TIPO DE INFORMACIÓN debe incluirse en dichos presupuestos?

¿QUÉ FORMA DE PRESENTACIÓN de la información se adoptará, tanto para el presupuesto como para su control?

¿CUÁL ES LA SECUENCIA de las operaciones en la confección y el control de los presupuestos?

■ El manual de presupuesto

En él se enumeran los medios técnicos que permiten organizar el sistema (gráfico 8.16). El manual de presupuesto debe incluir también un esquema que permita establecer un cronograma o diagrama cronológico (gráfico 8.17). Dentro del manual de control presupuestario se incluyen elementos técnicos que permiten responder adecuadamente a las siguientes preguntas:

1. **¿Qué debe hacerse?**
   - Diagramas o gráficos de secuencia del proceso.
   - Plantillas de presupuestación.
   - Listados de presupuestos.
2. **¿Cómo debe hacerse?**
   - Instrucciones de organización
3. **¿Quién debe hacerlo?**
   - Organigramas.
   - Manuales de funciones y descripción de puestos de trabajo.
4. **¿Cuándo debe hacerse?**
   - Cronogramas de operación.

GRÁFICO 8.17

ELEMENTOS QUE DEBEN CONSIDERARSE PARA CONFECCIONAR UN CRONOGRAMA

CRONOGRAMA

Tarea que se debe desarrollar

Responsable

Tiempo en que debe materializarse la intervención de cada sector en el proceso

■ Ventajas del control presupuestario

El control presupuestario debe considerarse tanto un medio procesal como una herramienta psicológica de la dirección. Aunque su forma concreta sea la de cuadros de cifras, muchas de sus ventajas están en el pensamiento y relaciones que promueve entre los directores y jefes departamentales.

El control presupuestario contribuye a la planificación forzando a muchos directores a pensar con mayor anticipación y más específicamente las tareas futuras y cómo las ejecutarán, que no harían si no hubiera necesidad de preparar presupuestos. El gráfico 8.18 refleja esquemáticamente las ventajas inherentes de adoptar un control presupuestario. Cabe destacar que, una vez materializados todos los presupuestos, nos hallamos en condiciones de confeccionar estados contables previsionales.

Partiendo de los estados contables de cierre de un ejercicio, y añadiendo la síntesis de todos los presupuestos de la empresa, podemos llegar a las cuentas de explotación y pérdidas y ganancias, así como también al balance que, previsiblemente y como consecuencia de los presupuestos, se prevé que presentará la empresa al final del ejercicio presupuestado.

▼ *Las virtudes del control presupuestario exceden a los costes de preparación. Ayudan a obligarse a prever, coordina los diferentes sectores de la empresa y motiva el control a posteriori, realimentando este último todo el proceso.*

Deben detallarse, de modo esquemático, la estructura e interrelaciones que permiten llegar a estos estados contables previsionales. Estos datos contables previsionales son de vital importancia para poder evaluar anticipadamente la situación final prevista de un ejercicio.

Mediante el análisis de estos datos, pueden establecerse cambios de objetivos y las correspondientes estrategias para optimizar las políticas de la empresa.

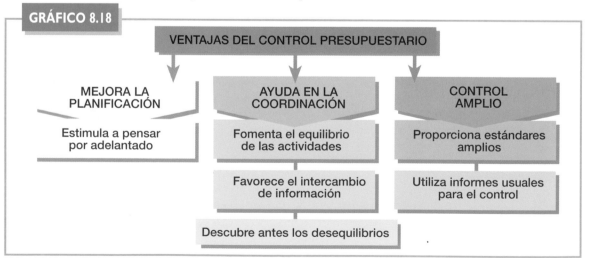

GRÁFICO 8.18

VENTAJAS DEL CONTROL PRESUPUESTARIO

MEJORA LA PLANIFICACIÓN	AYUDA EN LA COORDINACIÓN	CONTROL AMPLIO
Estimula a pensar por adelantado	Fomenta el equilibrio de las actividades	Proporciona estándares amplios
	Favorece el intercambio de información	Utiliza informes usuales para el control
	Descubre antes los desequilibrios	

Ejercicios de
autoevaluación

Conteste verdadero o falso a las siguientes afirmaciones:

1. Mientras más efectivo tengamos, obtendremos mayores beneficios.
2. Es necesario determinar provisionalmente los compromisos financieros de la empresa.
3. El control de los cobros de las cuentas de clientes es un tema secundario en la gestión de la empresa.
4. Los saldos de efectivo no utilizados no deben colocarse en inversiones transitorias o puntuales.
5. La concesión de créditos a clientes implica un análisis pormenorizado de cada uno de ellos, así como también de las características de la propia estructura financiera de la empresa que los concede.
6. La concentración de saldos por cuentas a cobrar en algunos clientes implica una concentración del riesgo que asume la empresa.
7. Los inventarios tienen como función básica la de disponer de las cantidades mínimas necesarias para poder hacer frente a la demanda de la producción o de la clientela.
8. Los activos fijos son aquellos que proporcionan servicios por períodos superiores a un ejercicio económico.
9. Al establecer un presupuesto no deben aceptarse desviaciones a lo previsto.
10. En la determinación de los presupuestos no deben intervenir los responsables de las diferentes áreas de la empresa.
11. Los presupuestos no permiten el intercambio de información entre los diferentes sectores de la empresa.
12. Un esquema de presupuestos nos permite llegar a cuentas de pérdidas y ganancias proyectadas en el tiempo.

Soluciones

1. Falso.	4. Falso.	7. Verdadero.	10. Falso.
2. Verdadero.	5. Verdadero.	8. Verdadero.	11. Falso.
3. Falso.	6. Verdadero.	9. Falso.	12. Verdadero.

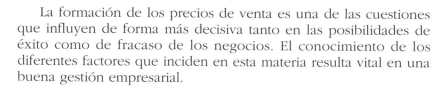

FORMACIÓN DE PRECIOS

☐ INTRODUCCIÓN

Los clientes
no comprenden
los verdaderos precios
que están pagando,
y nunca están
seguros de que estén
obteniendo el mejor
valor posible.

La formación de los precios de venta es una de las cuestiones que influyen de forma más decisiva tanto en las posibilidades de éxito como de fracaso de los negocios. El conocimiento de los diferentes factores que inciden en esta materia resulta vital en una buena gestión empresarial.

Existen dos enfoques básicos en el tratamiento de este problema: uno que se fundamenta en el costo total de las mercaderías, o sea, que toma en cuenta las distintas partidas que integran el costo corriente (alquiler, servicios, sueldos, etcétera); el otro, que es un método flexible, toma en consideración una serie de factores que pueden influir en la formación de precios. Pero, aparte del método utilizado, es conveniente que el empresario realice el mayor acopio de datos posible relacionados con estas cuestiones. Por consiguiente, es muy recomendable el mantenimiento de registros adecuados que ofrezcan la información necesaria para advertir al empresario, con suficiente antelación, de los cambios que se avecinan en las difíciles condiciones del mercado.

También puede ser de ayuda la aplicación del sistema del «buen juicio», el cual podría facilitar la elección de una decisión más acertada que cuando se aplica un conjunto de reglas fijas, puesto que se basa en un examen atento de la incidencia que podrían tener las posibles soluciones en las variaciones de los costos e ingresos de la empresa.

Formación de precios en mercaderías y servicios

Característica inherente a todo bien es su carácter de utilidad, o sea, que debe servir para algo, para satisfacer una necesidad sentida por la persona. Hay dos grandes tipos de bienes:

- Los tangibles, a los que denominamos artículos, productos, mercaderías.
- Los intangibles, que son los servicios.

Unos y otros son totalmente necesarios y de manera complementaria. Si una persona precisa un reloj (artículo), también precisará su reparación por un profesional (servicio). Pero no es lo mismo determinar el precio de un artículo que señalar la retribución que corresponde a la ejecución de un servicio; en este segundo caso, la imputación subjetiva de ciertos factores, difícilmente cuantificables, será mayor, con lo que la determinación final del precio del servicio podrá diferir notablemente según los criterios utilizados.

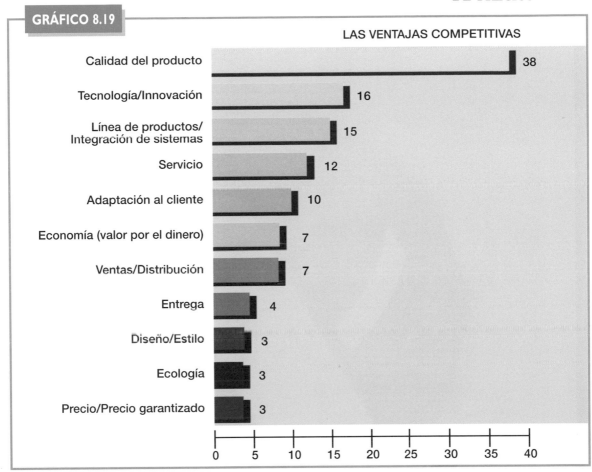

GRÁFICO 8.19

LAS VENTAJAS COMPETITIVAS

Calidad del producto	38
Tecnología/Innovación	16
Línea de productos/Integración de sistemas	15
Servicio	12
Adaptación al cliente	10
Economía (valor por el dinero)	7
Ventas/Distribución	7
Entrega	4
Diseño/Estilo	3
Ecología	3
Precio/Precio garantizado	3

0   5   10   15   20   25   30   35   40

Si acudimos a unos grandes almacenes a comprar una mesa, ya sabemos que está hecha de madera, que ha debido sufrir una serie de transformaciones, realizadas por unos operarios en una fábrica y con ayuda de la maquinaria apropiada. Y, lo que aún es más importante, conocemos aproximadamente lo que una mesa similar nos costaría en otra tienda o en un pequeño establecimiento del comercio del mueble.

Pero la situación será radicalmente distinta si debemos reparar nuestro aparato de televisión. Probablemente, la cantidad que nos pida el técnico nos parecerá excesiva.

Sólo tendremos en cuenta el tiempo que ha empleado en reparar la avería, y nos olvidaremos de los otros costos que tiene que soportar para ejercer su profesión: gastos de desplazamiento, impuestos, energía, puesta al día de sus conocimientos, etcétera.

Tradicionalmente, se valoran más las cosas tangibles que la realización de los servicios.

▲ *Cuando un consumidor analiza las ventajas de adquirir un producto, establece una escala de valores en la que pondera una serie de conceptos. En este ejemplo, que corresponde a bienes de uso doméstico, como los electrodomésticos, la calidad, el servicio posventa y el diseño pueden primar sobre el precio.*

▲ *A medida que aumenta el nivel de vida de una sociedad y quedan cubiertas las necesidades básicas, los individuos persiguen la satisfacción de otras necesidades, dando lugar a empresas cuyos servicios a veces son difíciles de cuantificar.*

GARANTÍA

Garantizar explícitamente un servicio puede ser una forma muy eficaz de asegurar los clientes.

Dadas las características especiales del sector de servicios, es difícil determinar a primera vista si su prestación es todo lo eficaz que debiera. Al comprar la mesa, *vemos* la mesa (el artículo), pudiendo comprobar si sus características satisfacen nuestra necesidad. Pero cuando reparan nuestro televisor, sólo podemos comprobar si vuelve a emitir imágenes y sonido, pero no estamos seguros de si la reparación será válida únicamente por unas semanas: el servicio no puede ser comprobado de inmediato. Además, en muchos casos la calidad del servicio prestado está lejos del óptimo exigible, factor que ha contribuido a que el cliente considere con recelo el precio que se le exige normalmente.

Por otra parte, analizando el desarrollo económico de los países más avanzados, apreciamos un constante aumento de todas las actividades relacionadas con la prestación de servicios. Cuando el hombre tiene cubiertas sus necesidades primarias: alimentación, vivienda y vestido, comienza su apetencia de servicios que, aunque no son fundamentales, harán su vida más grata, facilitando el desarrollo integral de su persona. Y esto se produce en todas partes a medida que la renta per cápita aumenta, creándose una importante clientela para las pequeñas empresas de servicios.

❑ MÉTODOS DE FORMACIÓN DE PRECIOS EN GENERAL

Toda empresa mercantil está caracterizada por un legítimo afán de lucro. Sea cual fuere su actitud, deberá obtener un beneficio para mantenerse y ofrecer una rentabilidad al capital invertido.

La ecuación general es:

Beneficio = Precio de venta – Precio de costo

Satisfacer esta ecuación implica conocer el precio de costo de la manera más exacta posible y, en función del mismo, determinar el precio de venta de acuerdo con el beneficio que se pretenda obtener. Esta última operación puede hacerse aplicando básicamente dos métodos.

■ Método rígido

Este método, también conocido como «*método del costo total*», consiste en determinar primero las diferentes partidas que integran el costo corriente; por ejemplo, el alquiler, los servicios, los sueldos, etcétera. Una vez determinado el importe que correspondería a un artículo, se le agrega el costo de las materias primas empleadas. A este total se le añade un porcentaje suficientemente alto para que pueda aportar una ganancia razonable.

▼ *Así como determinados objetos se deprecian con el uso o el paso del tiempo, otros adquieren mayor valor con los años, como es el caso de las antigüedades, cuyo precio está en función del nivel adquisitivo de la sociedad.*

La principal ventaja que ofrece este método es la simplificación del procedimiento en diferentes líneas de productos, ya que basta con sumar los costos y agregar el porcentaje de utilidad estimado.

A pesar de su simplicidad, el método resulta bastante controvertido. Sus defensores ponen de relieve la «protección» que el mismo ofrece al comerciante, pues, si se consideran todos los costos y a ese total se le agrega una ganancia, el comerciante *inevitablemente* gana dinero cada vez que vende un producto. No obstante, antes es necesario vender la mercadería, y aquí es donde estriba la clave de la ganancia.

En esto se basa la crítica que formulan los detractores del sistema, quienes aducen que la utilización de un método tan rígido e inflexible determina unos precios que, a menudo, son más elevados que los que cobra la competencia por un artículo similar, lo cual impide que se realicen las ventas estimadas.

■ Método flexible

Este método toma en consideración toda la gama de posibles influencias que puedan afectar al volumen de ventas.

El objetivo de las estrategias de determinación de precios basadas en la satisfacción consiste en aliviar la incertidumbre de los clientes.

Preferencias de los clientes. De una atenta observación del comportamiento de los clientes, se pueden obtener conclusiones que faciliten la adopción de los precios más adecuados. Por ejemplo, un comerciante puede cuantificar las compras que efectúan sus clientes de los diversos tipos de pastas dentífricas que tiene en existencia y entonces tratar de calcular el número de ellas que puede vender a 25 u.m., comparadas con las que se suelen vender a 27 u.m. Si de este cálculo obtuviera la conclusión de que el posible aumento de las ventas compensaría con creces la reducción de los precios, seguramente actuaría en este sentido.

Consideraciones sobre la calidad. Debe considerarse otra faceta de los precios, la referente a la calidad, pues el aumento de precio de un artículo de muy buena calidad disminuirá mucho el volumen de sus ventas; en cambio, el beneficio por unidad vendida será mucho más elevado. Por consiguiente, la ganancia total pare este artículo durante un período determinado sería superior a la que se habría producido sin efectuar ningún aumento de precio.

Consideraciones sobre la competencia. Es frecuente encontrar que algunos negocios ofrecen una mercadería similar a un precio mucho más bajo que otros. En estos casos, los comerciantes que utilizan un sistema flexible para la formación de precios pueden adaptarse rápidamente a los precios bajos en este artículo, al mismo tiempo que efectúan modificaciones de precios en otras líneas de productos para compensar la merma de beneficios que representa ajustarse a los precios de la competencia.

Otras consideraciones. Existen otros muchos factores que afectan a la política de precios. Por tanto, un enfoque flexible puede proporcionar una base ideal para la determinación de precios en un momento dado y, a la vez, permite introducir estos cambios con la rapidez requerida por la situación.

En la selección del sistema de formación de precios más adecuado para un negocio, es conveniente que el empresario exami-

INDICATIVO

A falta de experiencia personal con el producto, los clientes suelen utilizar el precio de un indicador alternativo de la calidad.

▶ Este gráfico nos indica el comportamiento clásico de un producto con alta estacionalidad en las ventas. En ciertas oportunidades, los precios deben ajustarse a esta circunstancia, ofreciendo variaciones a la baja en los períodos de menor demanda.

GRÁFICO 8.20

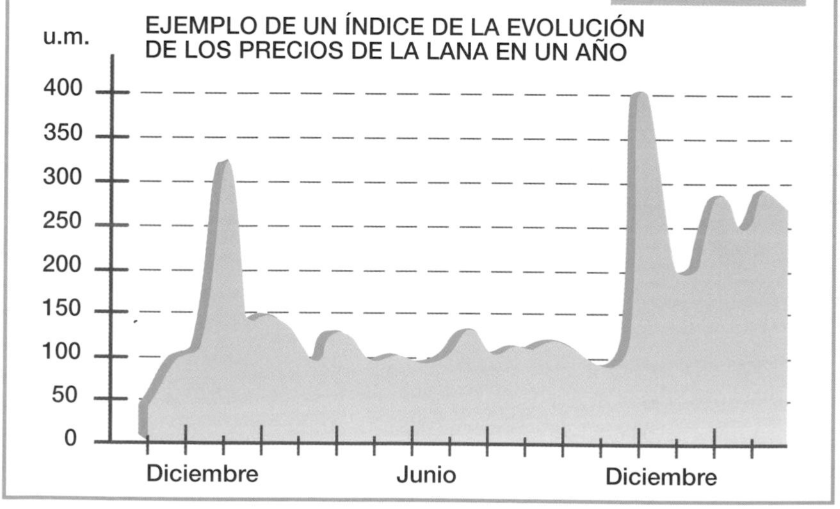

EJEMPLO DE UN ÍNDICE DE LA EVOLUCIÓN DE LOS PRECIOS DE LA LANA EN UN AÑO

u.m.

400
350
300
250
200
150
100
50
0

Diciembre   Junio   Diciembre

ne varios métodos específicos de esta clase, y que pondere las peculiaridades de cada uno de ellos que mejor parezcan adaptarse a las necesidades de su propia empresa, a fin de seleccionar el sistema más adecuado.

Para ello, el enfoque flexible de formación de precios es ideal, ya que permite la utilización de uno solo o de varios procedimientos combinados, con lo cual, puede ajustarse con mucha facilidad a las necesidades específicas de cualquier negocio.

■ Otros métodos

A través de la experiencia acumulada durante muchos años de práctica comercial, las empresas minoristas han desarrollado una serie de métodos para la formación de precios.

Entre éstos, los más corrientemente usados son los que se indican a continuación:

- Sistema basado en el costo total.
- Sistema flexible de márgenes.
- Formación de precios según las condiciones del mercado.
- Formación de precios sobre la base de márgenes brutos.
- Formación de precios sugeridos.
- Precios de dependencia.

A continuación se comentan en detalle cada uno de los anteriores métodos:

Sistema basado en el costo total. La creencia generalizada entre muchos hombres de negocios es que el precio de cada producto vendido debe cubrir todos los costos.

Consecuentemente, el precio asignado a un producto dado deberá incluir la mano de obra, los materiales, el costo de compra o fabricación, los gastos generales y un margen preestablecido de ganancia. Para ello, basta con calcular los costos reales de compra de un artículo, determinar la parte que le corresponde soportar de los gastos fijos, sumando al total así conseguido el margen normal de utilidad.

No obstante, la utilización estricta de este método es la excepción más bien que la regla. En efecto, aunque muchos pequeños comerciantes afirman que su política de precios está basada en el método del costo total, lo cierto es que, a la hora de determinar realmente sus precios, la decisión adoptada está influida por múltiples factores, entre los cuales el nivel de demanda por parte de los consumidores es uno de los que más se ponderan.

Por lo general, las empresas no tienen una adecuada información sobre sus costos, y mucho menos sobre los costos de la competencia.

EN CONSIDERACIÓN

La política de fijación de precios debe considerar una serie de factores intervinientes: competencia, publicidad, expansión, clientela, nuevos servicios, etcétera.

Sistema flexible de márgenes. Consiste en una práctica más usual que la anterior, pues se sirve del costo total como guía para determinar un «límite mínimo» de precio, por debajo del cual no debe descender y que, a la vez, se utiliza como punto de referencia para determinar los precios de venta mediante la adición al mismo de unos márgenes flexibles.

De este modo, el empresario puede adaptarse fácilmente a las variaciones de la demanda o a las exigencias que plantea la competencia, protegiéndose, al mismo tiempo, de las consecuencias producidas por errores cometidos en la determinación de unos precios de venta excesivamente bajos.

Formación de precios de acuerdo con las condiciones del mercado. En ciertos tipos de actividad comercial concurren otras circunstancias, en las que, para determinar el precio de venta, no priman las consideraciones del cálculo de costos. Aunque las empresas involucradas en esta clase de negocios no ignoran los costos en el momento de fijar sus precios, atribuyen una mayor importancia a factores externos, como la competencia y los precios que la gente está dispuesta a pagar por los artículos que ellos comercializan. Un ejemplo clásico en este sentido sería el caso de los viveros, puesto que en este sector resulta bastante difícil la determinación de los costos, debido a los factores meteorológicos, etcétera. Así que el empresario debe estar siempre atento a lo que cobran sus competidores, pues los márgenes no revisten tanta importancia, dada la irregularidad que existe en la determinación de los costos.

Tabla 8.2   Factores externos en la política de precios

Elasticidad de la demanda / Medida de elasticidad

Supuestos:

Costo del producto:	6 unidades monetarias (u.m.) por unidad
Volumen anual:	100 000 unidades
Precio de venta:	10 u.m.
Beneficio total:	para 100 000 unidades vendidas, 400 000 u.m.

Variaciones	Precio	Volumen (1)	Beneficio unitario (2)	Beneficio total (1 × 2)
A. Demanda elástica				
a.1. Reducción del precio	9	130 000	3	390 000
a.2. Aumento del precio	11	70 000	5	350 000
B. Demanda inelástica				
b.1. Reducción del precio	9	105 000	3	315 000
b.2. Aumento del precio	11	95 000	5	475 000

(2) precio de venta – costo del producto

De acuerdo con lo anteriormente expuesto, resulta evidente que, cuando la determinación del costo total de un artículo resulta muy problemática, la aplicación de márgenes para la formación de precios no es eficaz. No obstante, el análisis de las pérdidas y ganancias de la empresa puede evidenciar la necesidad de modificar los precios, pero lo que no es posible es determinar fácilmente cuál es el porcentaje específico que debe aplicarse a cada producto para fijar su precio de venta en estas situaciones.

Formación de precios sobre la base de márgenes brutos. El costo de compra a mayoristas es en muchas ocasiones la base utilizada por las empresas minoristas para determinar sus precios de venta al público, en lugar de utilizar la base del costo total. Para calcular este precio, al costo de compra a mayoristas le suman un margen, el cual se denomina a veces margen bruto y representa un porcentaje del costo total del minorista.

Aunque en el establecimiento de estos márgenes se toman en consideración los costos, las influencias de la demanda, los hábitos regionales de los clientes y otros factores que influyen en la demanda de los productos, sin embargo, las estimaciones del costo no deciden necesariamente la formación de los precios.

Precios sugeridos. Las listas de precios de venta al público y otras sugerencias similares que proporcionan algunos fabricantes o mayoristas ofrecen un enfoque simplificado para la formación de precios, que es adoptado con frecuencia por las pequeñas empresas minoristas. Este caso es común entre los comerciantes que son distribuidores de marcas acreditadas en el mercado que fijen sus precios de venta al público de acuerdo con las listas de precios sugeridas por los fabricantes de los artículos. Aunque, en estos casos, el empresario procura siempre conseguir el adecuado volumen de ventas que permita compensar los costos totales y proporcione una utilidad normal.

Precios de dependencia. Existen precios llamados de dependencia o monopolio en cuya fijación no interviene el pequeño comerciante, ya que los mismos vienen impuestos bien por disposiciones gubernamentales, bien por tarifas que fijan grandes compañías, que son los fabricantes exclusivos de un producto o marca.

▼ *En la mayoría de los casos el precio de venta viene fuertemente condicionado por factores externos a la empresa, como puede ser la demanda del producto y el comportamiento de la competencia.*

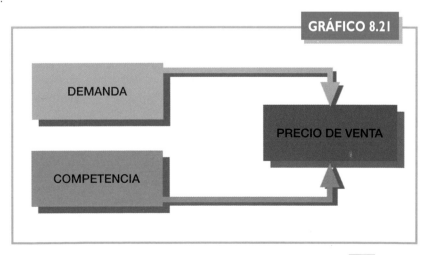

GRÁFICO 8.21

DEMANDA

COMPETENCIA

PRECIO DE VENTA

Un ejemplo de esta clase son las estaciones de servicio o gasolineras, en las que el precio de venta al público puede haber sido fijado por el Estado. Por regla general, los márgenes brutos incluidos en estos precios son bastante reducidos, por lo cual resulta muy atractivo utilizar estos puntos de venta para la comercialización de otros productos cuyos precios no estén regulados.

■ Métodos de formación de precios en empresas de servicios

Problemas específicos

Ya indicamos que las características de los servicios difieren, aunque sea en parte, de las de los artículos tangibles. Los servicios exigirán un tratamiento especial para fijar sus precios según su propia naturaleza.

No es buena política fijar los precios en función exclusiva de la competencia o de lo que los clientes estén dispuestos a pagar.

Aunque no son datos desdeñables, la empresa ha de conocer sus propios costos como premisa fundamental para fijar el importe que establecerá como contraprestación de sus servicios.

Política de precios. Es precisa la señalización de una política de precios realista, que fije lo que se cobraría al cliente por la prestación de los servicios. En tal sentido, la confección de una programación con criterios lógicos permitirá llegar a unos precios *normalizados.*

Un cliente habitual de una empresa de servicios estará en contacto con otras personas que reciban un servicio similar. Inevitablemente, surgirá la comparación entre el precio pagado y el servicio recibido. Una fuerte disparidad en ambos aspectos no beneficiará a la empresa ni a la seriedad de este sector, pues el cliente se sentirá confundido y tenderá a pensar si no habrá otras empresas con un precio aún menor y una calidad mayor. De aquí la importancia ya reseñada de los precios normalizados.

Toda empresa reconoce la importancia de establecer una adecuada política comercial, administrativa, de personal, etcétera, pero algunas carecen de una política seria de fijación de precios.

Vamos a señalar algunos condicionantes que se deben tener en cuenta al configurar esa política:

- El precio de un servicio se orientará a promocionar la demanda de servicios paralelos.

SERVICIOS

El precio de venta de muchos servicios no cubre la totalidad de los costos que les son imputables, pero la utilidad que se obtiene con otros servicios compensa sobradamente las pérdidas.

**POLÍTICA
DE PRECIOS**

La política de precios está sujeta a multitud de factores, no todos previsibles.

- El precio se fijará con vistas a la supervivencia de la empresa y a la consecución de un beneficio previamente estimado.

Formas de actuar. La manera más sencilla de fijar una tarifa es acudir a los precios establecidos y publicados para la realización de cada servicio. Si ello es posible, con esta manera de fijar el precio el cliente podrá conocer que aquello que se le pide es lo que está establecido, e incluso facilitará la negociación del precio definitivo.

- Un precio excepcionalmente bajo sólo tendrá sentido si promueve un aumento de las ventas y la obtención de una utilidad interesante.
- El sistema de fijación de precios permitirá contrastar fácilmente las variaciones de sus componentes.
- Se hace imprescindible la revisión periódica de los precios según el sector y las oscilaciones del mercado, o siempre que varíe algún factor de importancia. Esta revisión se hará con mayor frecuencia en los períodos de inflación acusada.
- A título orientativo, se considerarán los precios de la competencia como un aspecto que se debe tener en cuenta. Pero una firma *nunca* debe fijar sus precios basándose únicamente en los precios de sus competidores.

▲ *En la valoración de la prestación de determinados servicios hay que tener en cuenta múltiples variables, aunque ciertos parámetros permiten elaborar unas tarifas que resulten satisfactorias para la empresa y aceptables para el cliente.*

Comparaciones de precios. Una vez fijado el precio, la empresa deberá contrastarlo con los que se ofrecen en el mercado, para comprobar sus posibilidades de acceso al mismo. Si su precio es superior, o bien ofrece una mejora sustancial en el servicio, o poco tendrá que hacer. El conocimiento de los precios que oferta la competencia no es tarea fácil, pero se puede conseguir mediante una investigación sistemática.

Se puede acudir a sus establecimientos, examinar su publicidad, solicitar algún servicio por intermedio de un tercero, etcétera. Otras veces será posible hacer una petición directa, ofreciendo los precios propios de una manera leal. Para este estudio, habrá que huir de los rumores o comentarios, que pueden inducir a graves errores, y tener en cuenta la política de descuentos que tenga cada empresa, que a veces invalida la tarifa oficial de precios.

COMPETITIVIDAD

La competitividad significa que el sistema económico de un país, público y privado, actúa con eficacia con el objetivo de incrementar su presencia en los mercados internacionales.

Un sencillo cuadro comparativo, que ilustra lo que acabamos de decir, es el de una empresa que ofrece varios servicios.

▼ *El gráfico indica la secuencia que se debe seguir para poder desarrollar un producto que satisfaga las necesidades del mercado al que va dirigido.*

	Servicio A	Servicio B	Servicio C	Servicio D
Empresa 1	u.m. 9,25	u.m. 25	u.m. 6	u.m. 10,50
Empresa 2	u.m. 9,10	u.m. 24	u.m. 6,50	u.m. 10
Empresa 3	u.m. 9	u.m. 24	u.m. 6	u.m. 8,75
Empresa 4	u.m. 9,50	u.m. 24,50	u.m. 6,50	u.m. 11
Precio medio	u.m. 9,21	u.m. 24,38	u.m. 6,25	u.m. 10

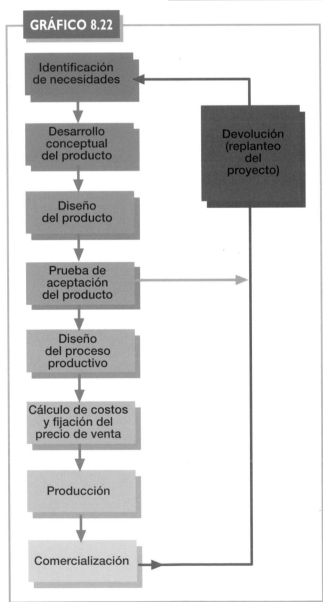

GRÁFICO 8.22

- Identificación de necesidades
- Desarrollo conceptual del producto
- Diseño del producto
- Prueba de aceptación del producto
- Diseño del proceso productivo
- Cálculo de costos y fijación del precio de venta
- Producción
- Comercialización
- Devolución (replanteo del proyecto)

Habiendo establecido este cuadro comparativo, tendremos una idea muy aproximada de qué precio podemos ofrecer; por ejemplo, el del servicio A, cuyo valor oscila en las empresas competidoras entre 9 y 9,50 unidades monetarias.

Aplicación del sistema de costo más beneficio. Parece evidente que ha de cobrarse por un servicio el equivalente a lo que cueste a la empresa su realización, más el beneficio que estime necesario para su supervivencia, y que esto debe ser tenido en cuenta por todas las empresas antes de ofrecer su gama de servicios completa.

Pero esta evidencia inicial no siempre tiene reflejo en la realidad. Si analizáramos pormenorizadamente un buen número de empresas de servicios mediante el estudio de sus costos, llegaríamos a conclusiones impensables *a priori*. El precio de venta de muchos servicios no cubre la *totalidad* de los costos que les son imputables. Lo que ocurre es que la utilidad que se consigue con otros compensa sobradamente esas pérdidas y la empresa obtiene el beneficio global que se ha fijado como objetivo principal.

Resulta obvio que la empresa que se encuentra en estas condiciones tiene una deficiente política de precios y que debería elevar el valor de esos servicios claramente deficitarios o suprimirlos. Sin embargo, esta primera conclusión habría que matizarla, pues un servicio que ocasione pérdidas puede atraer otros servicios complementarios que sí proporcionen beneficios.

Esta combinación debe ser conocida claramente por la empresa mediante el cálculo exacto de los costos en lugar de fijarlos al azar, práctica que es todavía más frecuente de lo que pudiera pensarse.

Un método elemental y seguro es, por tanto, el fijar el precio de venta como la suma del costo y del beneficio. Pero la dificultad surge al calcular el costo total como la suma de todos los costos principales que intervienen en la aplicación de un servicio.

Para ello, se sigue normalmente el método del «costo histórico», que tiene en cuenta aquél en que se ha incurrido en ejercicios pasados para calcular a partir del mismo un costo medio. No obstante, habrá que tener en cuenta la evolución de esos costos en el período en que estamos actuando, pues todos conocemos que, prácticamente, todos los costos aumentan de año en año.

> **BENEFICIO**
>
> El beneficio es igual al precio de venta menos el precio de costo.

▼ *Para el cálculo del costo de la mano de obra aplicable a una producción o un servicio, hay que tener presente todo tipo de conceptos (salario, incentivos, horas extras, gratificaciones, seguridad social, sustituciones por bajas temporales, etcétera).*

• *Cálculo del costo de la mano de obra.* Es necesario conocer qué parte de mano de obra se debe aplicar a la realización de cada servicio. Se debe considerar el importe que se pagó al personal en el año anterior por todos los conceptos, que incluye las horas extraordinarias realizadas, las gratificaciones no periódicas y cualquier otro concepto enmarcado dentro del servicio cuyo costo se está tratando de determinar.

Después, se dividirá ese importe total por el número de horas trabajadas, llegándose así al costo medio de la hora de trabajo.

A continuación, hay que averiguar la cantidad de trabajo que, por término medio, se utiliza en el servicio en cuestión. Para ello, se controlará el trabajo de cada operario, hasta concretar el número de veces que cada día completa una actividad determinada.

Si necesitamos conocer el tiempo que una empleada consume en rellenar una caja de un metro cuadrado de azulejos, contaremos las cajas envasadas a lo largo de la jornada y la duración de ésta.

Pero también habrá que tener en cuenta el tiempo que se tarda en la preparación de las cajas hasta que llegan al lugar de trabajo, y otros factores de menor importancia.

Si el *costo* por minuto de esta empleada es de 5 u.m. y se ha calculado que el tiempo que emplea es de 3 minutos, resulta que el costo directo de la mano de obra es de 15 u.m. por el embalaje de cada caja de azulejos de un metro cuadrado.

Análogamente se calcula el costo de los materiales empleados. En el ejemplo que estamos estudiando, se tratará de la caja de cartón impresa, la cola, la cinta adhesiva, etcétera.

Si en un día se envasaron 150 cajas y los materiales empleados costaron 30 u.m., el costo de material por caja será de 20 u.m.

- *Cálculo de los materiales empleados.* También será tratado con sumo cuidado, si se quiere llegar a un resultado fiable del costo medio, que es el dato que se pretende conseguir. Se deberán verificar los registros que la empresa posea, tanto más exhaustivamente cuanto menor sea la confianza que podamos depositar en ellos.

Habrá que tomar el total de los costos producidos y dividir el importe entre los servicios realizados, para llegar así al costo medio.

Si de los registros no pudiera obtenerse una información satisfactoria, habría que preparar un escandallo recogiendo los costos que se produzcan en un intervalo de tiempo y calculando el producto del material empleado por su costo actual. Finalmente, se dividirá esa cifra entre el número de servicios realizados.

Es importante, como ya hemos establecido, que todos los costos sean tenidos en cuenta. Pero también lo es que un mismo concepto no figure a la vez en este apartado y en el de gastos generales.

- *Cálculo de los gastos generales.* Entramos así en la problemática de los *gastos generales,* que constituyen los costos *indirectos y su* imputación. Los gastos generales recogen la totalidad de los costos, salvo los gastos directos de materias primas y de mano de obra. Citemos, como ejemplo, los gastos de energía, de alquiler del establecimiento, de impuestos, de teléfono o télex, etcétera.

¿Qué parte del recibo de la luz hay que aplicar al envasado de cada caja de azulejos? Ésta es la cuestión más delicada de la estimación del costo y es, por tanto, donde se cometen los mayores errores, calculándolos por exceso o por defecto.

Vamos a señalar algunos métodos generalmente utilizados para la determinación de los gastos generales.

- Como porcentaje del costo directo total.

Costo indirecto del servicio = M × costo directo del servicio

$$\text{siendo } M = \frac{\text{Costo indirecto total}}{\text{Costo directo total}}$$

Se considerarán todos estos costos directos o indirectos a lo largo de un período suficientemente largo, por lo general un año.

- Como porcentaje de la mano de obra directa.

Este método es similar al anterior, salvo que se emplea el costo (directo) de la mano de obra en vez del costo directo total.

- Como porcentaje de los materiales directos empleados. Es igual que el primer método contemplado, pero el denominador utilizado para el cálculo de M es el costo (directo) de los materiales.
- Según las unidades producidas.

$$\text{Gasto general de un servicio} = \frac{\text{Gastos generales totales}}{\text{N.}^\circ \text{ de unidades producidas}}$$

El período de tiempo que se toma será igual para la magnitud del numerador que para la del denominador; así se pueden computar los gastos generales del año anterior y las unidades físicas producidas en todo ese año.

A LA INVERSA

Las empresas han de evitar caer en el error de fijar los precios de venta según sus costos, ya que el único método que funciona es el inverso, es decir, fijar los costos en función de los precios.

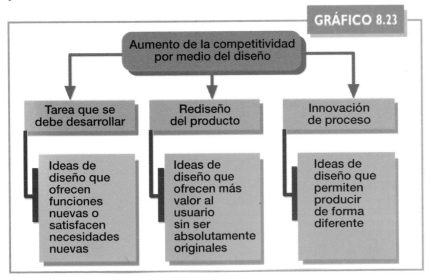

GRÁFICO 8.23

Aumento de la competitividad por medio del diseño

Tarea que se debe desarrollar	Rediseño del producto	Innovación de proceso
Ideas de diseño que ofrecen funciones nuevas o satisfacen necesidades nuevas	Ideas de diseño que ofrecen más valor al usuario sin ser absolutamente originales	Ideas de diseño que permiten producir de forma diferente

◀ En ciertas líneas de productos el factor diseño cobra una gran importancia para el consumidor final. Por este motivo la empresa debe plantearse cómo puede aumentar su competitividad en este aspecto.

El costo total queda definido como la suma del costo directo de la mano de obra y de los materiales empleados, más el costo indirecto imputado de los gastos generales.

El precio vendrá integrado por la adición, a ese costo total, del beneficio que se desee obtener.

Aplicación del sistema del costo estimado. El método que hemos explicado –costo más beneficio– es útil en períodos de muy alta estabilidad de precios, cuando es suficiente con volver la vista al pasado para conocer qué va a suceder en el futuro inmediato. Pero con sólo mirar nuestro propio entorno económico comprobaremos que los precios de todos los artículos varían, por lo general en más de una ocasión, en el transcurso del año.

Si para calcular los costos de este año consideramos el recibo del carburante gastado en el pasado ejercicio, o los justificantes de las nóminas pagadas al personal, con seguridad contemplaremos, en este año, unos costos muy inferiores a los reales, resultando por consiguiente muy distorsionados tanto el precio del servicio como nuestra utilidad.

Pero el mismo precio fijado influirá sobre la cifra de ventas. Y puede ocurrir que los costos indirectos calculados sobre la cifra de ventas del año anterior sean diferentes de los que habría que imputar en función de las ventas que se están produciendo realmente en el presente ejercicio.

También pueden aparecer –o desaparecer– nuevas partidas o gastos que no han sido tenidos en cuenta al hacer los cálculos anteriores.

A la vista de todo ello, la posibilidad de aplicación del método del «costo más beneficio» no ofrece un nivel de garantía suficiente.

Para obviar estos inconvenientes, se utiliza el método del costo estimado, en el cual, partiendo de los costos reales del pasado, se trata de hacer una prospección del futuro para conseguir un resultado más acorde con la realidad actual.

Con este procedimiento se controlarán los factores que sufran variación dentro de los determinantes del costo, efectuándose los ajustes correspondientes.

Pero la estimación de los costos no debe hacerse sobre la base de las impresiones subjetivas del empresario, siempre sujetas a error. Habrá que acudir a los registros estadísticos y contables de la empresa, y someter los datos así obtenidos a las estimaciones adecuadas. Y esto habrá de hacerse tanto para los materiales y

La estimación de los costos no debe hacerse sobre la base de la estimación subjetiva del empresario.

PRECIO DE VENTA
El precio de venta estará influido no sólo por las condiciones del mercado en que opera la empresa, sino también por los condicionamientos internos de la misma.

mano de obra utilizados, como para la correcta imputación de los gastos generales.

Un aumento de las ventas sin una paralela elevación de los costos generales, o con una elevación proporcionalmente menor, puede permitir una disminución en el precio del servicio ofrecido y, a pesar de ello, conseguirse una utilidad mayor que la anterior.

El principal objetivo al fijar cualquier método de costo es determinar el *costo mínimo*, por debajo del cual el empresario tendrá pérdidas. Esa situación sólo podrá mantenerse por un corto espacio de tiempo, o bien esa pérdida potencial tendrá que compensarse con la utilidad obtenida en otros servicios.

Elaboración de presupuestos

En la preparación de presupuestos, la empresa de servicios ha de ofrecer la mayor calidad con el menor costo posible, a fin de lograr que el trabajo le sea adjudicado frente a las ofertas de la competencia.

Un primer principio que se debe considerar es que la oferta que se realice habrá de basarse en las características del trabajo que se debe realizar mucho más que en la situación del mercado.

▼ *En los sectores donde el diseño es un factor preponderante, las empresas que potencian esta actividad tienen una mejor respuesta por parte del mercado y esto se traduce en mejores resultados a todos los niveles.*

Pero ofrecer un precio basado en ese principio exige llevar a cabo un estudio delicado de la cuestión y de las circunstancias que rodearán la realización del trabajo, para el cual no siempre se tiene la preparación necesaria, ni se está dispuesto a prestarle la debida atención. Es mucho más fácil estar al corriente de los precios de los competidores y actuar teniendo en cuenta sus ofertas.

Para facilitar la comprensión, desarrollaremos un ejemplo práctico que ilustre los análisis mínimos que se

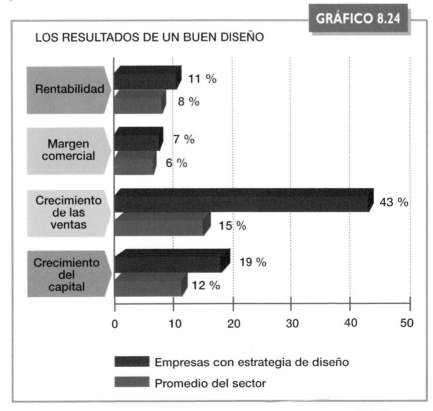

GRÁFICO 8.24

LOS RESULTADOS DE UN BUEN DISEÑO

Rentabilidad — 11 % / 8 %
Margen comercial — 7 % / 6 %
Crecimiento de las ventas — 43 % / 15 %
Crecimiento del capital — 19 % / 12 %

■ Empresas con estrategia de diseño
■ Promedio del sector

CRITERIOS LÓGICOS

La confección de una programación con criterios lógicos permitirá llegar a unos precios normalizados.

deben efectuar a la hora de confeccionar un presupuesto. Pensemos en el caso de una fábrica de muebles que aspira a equipar un gran hotel de próxima apertura.

Analizar las condiciones del cliente. Consiste en intentar comprender qué es lo que el cliente realmente quiere. En nuestro caso, el gerente del hotel normalmente no será un experto en mobiliario, por lo que la labor inicial de la empresa también incluirá el asesoramiento.

Reconocimiento del lugar del trabajo. Para que el trabajo resulte satisfactorio no es suficiente con que el fabricante de muebles examine la lista de las piezas que le han sido encargadas. Deberá visitar el hotel y comprobar si es apropiada la ubicación prevista para el mobiliario o si son necesarias modificaciones que se habrán de negociar con la dirección.

Enumerar los problemas que se pueden presentar. Siempre se presentarán dificultades que inicialmente son difíciles de valorar y aun de precisar. La experiencia juega aquí un importante papel, y el fabricante debe conocer cuál es la probabilidad de que le sea entregado el material necesario a su debido tiempo y sin elevación de los costos previstos, los eventuales problemas de mano de obra, los fallos en la maquinaria, dificultades de transporte, etcétera.

Considerar los elementos que utilizará. Deberá comprobar si, en el curso normal de su negocio, podrá atender al compromiso que piensa suscribir, tanto en cuanto al tiempo de ejecución como respecto a los costos. Puede ser de interés la contratación de personal eventual, o la realización de horas extraordinarias, el alquiler de alguna maquinaria, etcétera.

Análisis de los elementos que integrarán el costo total. El fin del presupuesto que se está elaborando es ofrecer un precio adecuado, basado en un cálculo estimativo de los costos.

El análisis que se debe efectuar comprenderá cada una de las partes en que pueda dividirse. Se comenzará por el material que se debe emplear: distintos tipos de madera, herrajes, colas, tapizados, etc., determinándose qué cantidad será necesaria.

Otro paso importante será negociar el precio con los proveedores para evitar posteriores subidas.

▲ *Aunque una empresa de servicios debe ofrecer la mayor calidad con el menor costo posible, en algunas actividades —por ejemplo, un restaurante de categoría— el cliente exige calidad no sólo en las materias primas y en su elaboración, sino también en la atención, lo que obliga a tener más personal y, por tanto, a un mayor costo.*

Se entrará después en el cálculo del equipamiento indispensable, el tiempo de utilización y cuál será su costo.

Se calculará el costo de la mano de obra necesaria para la ejecución del proyecto, considerando las horas de trabajo completas y la retribución *total* que corresponderá.

Para estos tres capítulos, es muy importante el conocimiento que se tenga de otros trabajos similares. Si nuestro empresario ha realizado ya otros equipamientos de instalaciones hoteleras, conocerá mejor las dificultades habituales y dónde se puede conseguir una reducción sustancial en los costos.

▼ *Este gráfico evidencia la interrelación de los presupuestos de una empresa, así como su secuencia. Así mismo, vemos que nos permite llegar a la elaboración de estados contables previsionales o proyectados (cuenta de pérdidas y ganancias y balances).*

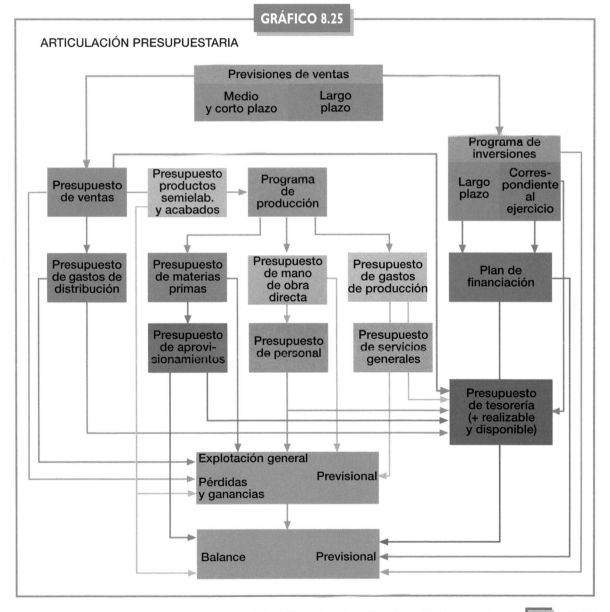

GRÁFICO 8.25

ARTICULACIÓN PRESUPUESTARIA

No debe reducirse el precio a costa de disminuir la calidad o fiabilidad del producto.

En todo tipo de trabajos se tiende a la especialización y, por tanto, las posibilidades frente a la competencia serán mayores cuanto más se domine el campo sobre el que haya de actuar.

Siempre es difícil realizar una correcta imputación de los gastos generales. ¿Qué porcentaje de los recibos de la luz corresponderá a cada sofá que se prepare para el hotel? ¿Qué coeficiente de amortización de la maquinaria empleada? También aquí será interesante comparar los resultados con los obtenidos en proyectos anteriores que se hayan realizado y estudiar cuál es el motivo de las desviaciones que se puedan producir.

Comprobado el cálculo correcto de estos costos, habrá que añadir la utilidad que se estime más conveniente, y se pasará a la confección definitiva y lo más detallada posible del presupuesto.

Estudio de otros factores. Junto al presupuesto considerado en sí mismo, hay que analizar una serie de circunstancias que rodean tanto a nuestro fabricante de muebles como a su cliente, el hotel.

La realización del proyecto será simultánea con otros trabajos, que pueden provocar dificultades si la magnitud del compromiso contraído es superior a las posibilidades de la fábrica. Por el deseo de acceder a una operación, no se puede fracasar en otras que ya están en marcha.

Otro punto de examen detallado será la solvencia del cliente: si efectúa sus pagos en las fechas convenidas, si da las facilidades necesarias para la ejecución de los encargos, en suma, si acostumbra a hacer frente a sus compromisos de todo tipo.

Si el volumen de la operación no es habitual, el fabricante puede encontrarse con problemas de financiación hasta que no empiece a cobrar los muebles entregados, pues es normal que, al ser mayor la operación, las condiciones de pago que deba ofrecer sean a más largo plazo. En este caso deberá estudiar qué posibilidades de financiación tiene y cuáles son las más ventajosas.

Para la ejecución de un proyecto de cierta envergadura, la empresa va a depender estrechamente de otras, que serán quienes suministren los materiales, equipos e incluso asesoramiento. Hasta qué punto puede tener confianza en ellas es otro factor que se debe tener en cuenta.

Después de considerar todas estas «recetas», la empresa presenta su presupuesto, que va a competir con otros presupuestos, elaborados también según las mismas reglas, al menos en un plano hipotético. Estaremos en la lucha leal que marca la economía de

VARIACIONES

El sistema de fijación de precios permitirá contrastar fácilmente las variaciones de sus componentes.

mercado. La gerencia del hotel encomendará el proyecto a una sola de las firmas que han acudido con sus presupuestos.

Hay que pensar que unas veces la adjudicación nos corresponderá a nosotros, y otras a los competidores. Si nuestros cálculos han sido correctamente efectuados y, aun así, no recibimos la misión de realizar la obra, no habremos perdido nada. Más se perdería si tuviésemos que hacerla experimentando pérdidas.

Nunca se debe entrar en una *guerra* de precios, pues, al final, pierden todos los competidores. El mercado es lo suficientemente amplio para que, según las características de cada tarea que se ha de realizar y de las empresas oferentes, haya trabajo para todas. La fiebre de conseguir por todos los medios cualquier tipo de proyecto llevará a la autodestrucción. Si se pierde en alguna ocasión, es posible que el perjuicio sea para el competidor que se quedó con la obra.

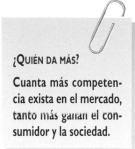

¿QUIÉN DA MÁS?

Cuanta más competencia exista en el mercado, tanto más ganan el consumidor y la sociedad.

Pero tampoco podemos dejar el mercado a la competencia de manera sistemática. Si habitualmente no conseguimos proyectos, habrá que replantearse la política de empresa, estudiando qué partes del análisis de costos que se efectúa están por encima de las condiciones corrientes del mercado, y adoptando las correcciones necesarias.

❏ CONSIDERACIONES SOBRE OFERTA DE PRECIOS

La empresa puede ofrecer al público sus artículos de muy diversas maneras, en especial con el fin de actuar de «gancho» para conseguir un volumen de ventas más elevado, lo cual constituye su finalidad última.

▲ *En más de una ocasión habrá que saber renunciar a entrar en liza con la competencia por los precios si se quiere evitar lo peor. En los momentos en que la competencia aprieta, hay que ser imaginativos y buscar nuevas ideas, cambios y promociones que nos permitan no quedar al margen.*

Por otra parte, la inmensa variedad de bienes que se ofrecen implica una gran complejidad al adjudicar a cada uno un precio diferente, por lo que a veces se opta por agrupar precios similares.

Precios por lotes

En el tratamiento de artículos comprados en grupos o conjuntos resulta muy conveniente el establecimiento de precios por lotes de mercaderías, pues esta práctica tiene la ventaja de poder ofrecer al cliente la oportunidad de adquirir un lote por menos cantidad que la que tendría que pagar si comprara el mismo artículo en unidades sueltas, acelerando además la rotación de las existencias en un período determinado. Por lo general, estos lotes se presentan adoptando la forma de ofertas y uno de sus exponentes más típicos es la exhibición de los lotes con precios como los siguientes: «60 centavos, 2 por u.m. 1», o «u.m. 2 cada uno, 3 por u.m. 5».

El aumento del volumen de ventas que se obtiene mediante este procedimiento compensa con creces la reducida pérdida en el margen de utilidades. Frecuentemente, los gastos de manipulación de los lotes de mercaderías no son superiores a los de unidades sueltas, pero, en cambio, las ganancias casi siempre resultan superiores.

Precios uniformes

Un comerciante hábil se aprovechará de las indecisiones de los compradores ofreciendo un surtido de tipos, estilos y colores, todo al mismo precio, para que el cliente los pueda examinar y elegir sin mayores titubeos y libre de las influencias que podrían ejercer sobre él las pequeñas diferencias de precios.

PRECIO UNIFORME

La utilización de líneas de precios uniformes simplifica el proceso de decisión del consumidor.

► *El éxito de los establecimientos que ofrecen productos a precios uniformes reside en la facilidad, por parte del cliente, de escoger un amplio surtido de artículos que carecen de precios de referencia en otros establecimientos, en que se puede adquirir un conjunto o equipo de forma parcial y progresiva, etcétera.*

La eliminación de una serie de precios similares, como u.m. 1,98, u.m. 2,00, u.m. 2,02 y u.m. 2,05, y su sustitución por un precio único, por ejemplo, u.m. 1,95 en este caso, constituye el establecimiento de una *línea de precios uniformes* y presenta una serie de ventajas: puede ofrecer a sus clientes surtidos completos con un reducido abanico de precios y simplificará el proceso de decisión por parte del comprador. La determinación de los precios depende de cada negocio, de los hábitos de los clientes y del entorno competitivo.

Análisis «ABC»

Hoy, cualquier negocio, por pequeño que sea, oferta al público una elevada cantidad de artículos diferentes. A primera vista, pues, el análisis de la incidencia que tiene cada uno de ellos en el volumen de negocio puede parecer una tarea abrumadora. Así sería si no existiera una técnica de análisis cuya utilización está muy generalizada en casi todos los campos de la gestión empresarial moderna. Esta técnica es la derivada del análisis «ABC».

El término «ABC» se utiliza en el campo de la gestión empresarial desde hace muchos años, asociado principalmente a las técnicas de control de inventarios.

Una clasificación «ABC» existe en cualquier situación; por ejemplo, una tarea asignada es más importante que otra, un papel sobre el escritorio es más importante que cualquier otro de los que se encuentran en ese mismo escritorio, una tarea doméstica deberá recibir atención antes que otra. Así, la suma de unas pocas cosas que tienen realmente más importancia probablemente representará la mayor proporción del total de problemas que se deben tratar en un momento dado.

Es así como Vilfredo Pareto, filósofo y sociólogo italiano (1848-1923), estableció una ley de validez general, según la cual la mayoría de la riqueza de la Tierra estaba concentrada en unos pocos individuos. No cabe duda que, aplicando este planteamiento a otros campos del saber humano, podemos simplificar de forma considerable algunos problemas que, a primera vista y por su volumen, nos parecerían inabordables.

Resulta lógico ordenar los elementos (problemas) de acuerdo con su importancia relativa respecto al conjunto. Así se pueden analizar aspectos tan diversos como los siguientes:

- Unos pocos clientes proporcionan al negocio la mayoría de los pedidos. Por ejemplo, un 5 por ciento de los clientes representan el 80 por ciento de las ventas. En este caso serían los clientes «A» de la clasificación.

ABC

El análisis **ABC** es un método estadístico destinado a agrupar series de datos y ordenarlos en tres niveles preestablecidos (A, B y C) según su importancia o valor relativo expresado en porcentaje.

Con frecuencia, los gastos de manipulación de los lotes de mercancías no son superiores a los de la manipulación de unidades sueltas.

- Unos pocos artículos aportan la mayor parte del volumen de ventas de un comercio.
- Unos pocos talleres realizan el mayor importe de trabajo de una fábrica.
- Unos pocos pedidos suponen la mayor parte de la carga de un taller.
- Unas pocas operaciones, de entre las que se produce desperdicio, son las que producen la mayor cantidad del mismo.
- Unos pocos proveedores causan la mayoría de los retrasos en las entregas.

PARALELOS

El precio de un servicio se orientará a promocionar la demanda de servicios paralelos.

Lo que pretendemos aquí es entender el principio subyacente en cada uno de los anteriores casos. Para ello es preciso efectuar una selección conforme con el objetivo que se haya señalado.

Para efectuar la selección, es necesario utilizar la unidad de medida que esté más de acuerdo con el objetivo que se persigue. Así tendríamos por ejemplo:

- Clientes ABC de ventas: importancia según el grado de dependencia que se tenga con el cliente. (Cifras de venta o número de pedidos por cliente.)
- Partidas ABC de inventarios: importancia económica (Cifras por cada elemento utilizado.)
- Pedidos ABC de carga: importancia por su tiempo de fabricación o utilización de equipo. (Horas reales o planificadas por cada taller o centro de carga.)
- Operaciones ABC de desperdicios: cantidad de desperdicio por operación.
- Proveedores ABC de retrasos: número de retrasos por proveedores.

▼ *Los insumos que se incorporan al proceso productivo deben coordinarse con éste para obtener productos que, en cantidades óptimas, cumplan con los estándares de calidad que se han establecido.*

Los anteriores son meros ejemplos de la forma de enfocar las selecciones en situaciones específicas, pues el método «ABC» puede ser aplicado en diversidad de situaciones.

En cualquier distribución o clasificación analítica hay una gran cantidad de elementos triviales y una relativa pequeña cantidad de elementos significativos. El reconocimiento de este principio y, como consecuencia, su correcta aplicación, puede permitir que el máximo esfuerzo y el más estricto se control ejerzan sobre

GRÁFICO 8.26

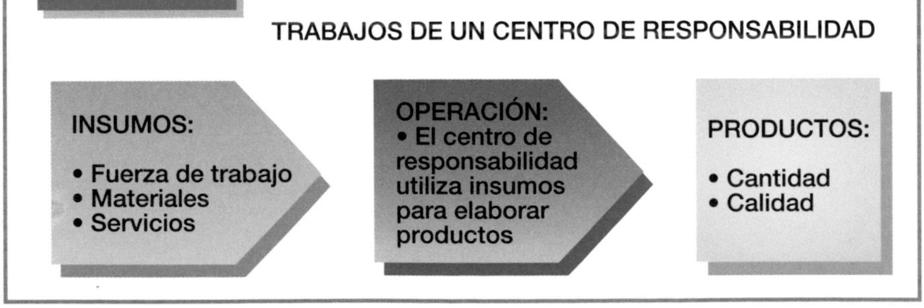

TRABAJOS DE UN CENTRO DE RESPONSABILIDAD

INSUMOS:
- Fuerza de trabajo
- Materiales
- Servicios

OPERACIÓN:
- El centro de responsabilidad utiliza insumos para elaborar productos

PRODUCTOS:
- Cantidad
- Calidad

aquellos pocos elementos vitales, y el control básico, menos caro, sobre el vasto número de los más triviales.

Por consiguiente, el separar los pocos elementos vitales de los muchos triviales nos permite actuar aplicando esfuerzos y recursos en consecuencia. En el mundo de los negocios no se alcanzan los objetivos sino por aproximaciones sucesivas, y el análisis ABC puede ser la base para muchas de ellas.

Una aplicación muy generalizada de este enfoque se nos muestra en la política de inventarios y, por derivación, en la formación de precios de venta. Resulta básico seleccionar y prestar una atención especial a los elementos de fuerte significación económica, siguiendo paso a paso todas sus fluctuaciones.

El análisis de los elementos del inventario descubre, en cualquier tipo de negocio, que un pequeño porcentaje de elementos representa un gran porcentaje del total del inventario; esta característica nos permitirá dedicar nuestro mayor esfuerzo a aquellos elementos cuyos resultados económicos pesan más en el resultado de la gestión. Esto es lo que se conoce por «análisis ABC de inventarios». Por este motivo, cada uno de los posibles grupos de elementos que por este análisis se clasifican se denominan, respectivamente, elementos A, B y C, dando a este orden alfabético un significado de graduación económica.

☐ CONDICIONAMIENTOS DE LA FORMACIÓN DE PRECIOS

Hemos venido describiendo hasta aquí las diferentes variantes que presentan el problema de la formación de los precios de venta y la forma de aplicación de varios procedimientos que son usuales en este campo. Ahora pasaremos a analizar los condicionamientos individuales de la política de formación de precios.

Por supuesto, al tratarse de consideraciones individuales, su incidencia en la determinación de precios variará según sean las características del negocio de que se trate.

Son seis los principales factores que inciden en la política de formación de precios. Los tres primeros son las características individuales, facilidades financieras y los servicios complementarios.

Características individuales

Ya hemos destacado con anterioridad una cuestión básica en el problema de la formación de precios; es la que reside en el entorno en que se realiza el negocio y que constituye su propio y particular conjunto de circunstancias. Por tanto, aquello que produce resultados prácticos en la empresa «A» no siempre será válido para la empresa «B», y recíprocamente.

Para poder ajustarse a las características individuales del negocio el comerciante debe adoptar una política flexible en la formación de precios, con vistas a aprovechar al máximo la demanda del consumo y, a la vez, a contrarrestar eficientemente la competencia.

Facilidades financieras

Una eficaz política de precios debe contemplar la posibilidad de modificarlos según las variables condiciones económicas de sus clientes. Por ejemplo, la facilidad de poder efectuar compras a crédito puede inducir a los clientes a adquirir artículos de precio más elevado.

Cuando se establecen los precios de venta de mercaderías que tienen un gran consumo, los comercios minoristas deben tener presente la inclinación del consumidor de comprar a crédito un determinado artículo, que normalmente no habría adquirido si las condiciones de la venta fueran sólo al contado.

Servicios complementarios

Se pueden adoptar una serie de prácticas comerciales encaminadas a contrarrestar la influencia negativa que los precios pueden ejercer sobre el volumen de ventas: establecimiento de los servicios de posventa, de reparto a domicilio, instalación y reparaciones, mantenimiento de una política flexible de canje y devolución

PROMOCIÓN

La política de promoción del negocio puede consistir en rebajar los precios de todos los artículos estacionales según se aproxima el fin de la temporada, rodeando estas reducciones de una buena campaña publicitaria.

▶ *Las facilidades financieras para la adquisición de ciertos artículos de precio elevado son un buen incentivo para el comprador. Incluso sectores sociales económicamente altos se dejan seducir por un sistema de ventas de pago por cuotas.*

de mercaderías, etcétera. La satisfacción de las necesidades del cliente es importante e influye de modo notable sobre el volumen total de ventas, facilitando, a la vez, una mayor flexibilidad a la política de formación de precios.

El punto de ubicación del negocio, la garantía que ofrezcan los artículos vendidos y los servicios complementarios que se facilitan al cliente, son factores interrelacionados que tienen una influencia favorable sobre la política básica de formación de precios. Es fundamental para la adopción de la política de precios la determinación del tipo de clientes a los que se orienta el negocio, pues esa cuestión decidirá cuál de los sectores de la gama de precios (inferior, medio o superior) es el más aconsejable. Una vez establecido el criterio básico con estos fundamentos, la política de precios puede contribuir eficazmente a la atracción que el conjunto del negocio puede ejercer sobre sus clientes.

Los tres restantes factores que influyen sobre la política de formación de precios son las «ventas-señuelo», la investigación del mercado y el ciclo vital del producto.

«Ventas-señuelo»

Además del análisis del efecto intrínseco de la formación de precios de ciertos artículos, el empresario debe prestar mucha atención al efecto que el precio de un artículo producirá sobre la venta de otros productos. La práctica de fijar el precio de algunos artículos con descuentos especiales es un ejemplo clásico de estos procedimientos.

El gerente del mañana no podrá seguir siendo un gerente intuitivo. Tendrá que dominar el sistema y el método. De lo contrario, fracasará.

PETER DRUCKER
Asesor de empresas

◄ *Una vieja técnica de venta que sigue dando resultados es la «venta-señuelo», que consiste en anunciar y ofrecer un artículo a un precio muy rebajado, a fin de que los potenciales clientes entren en el establecimiento atraídos por ese artículo, pero que acaben examinando y, quizá, comprando otros artículos de precio normal.*

La empresa
del futuro será,
además de un
sitio de creación
de riqueza,
un lugar de
creación
de valores.

LL. M. PUGÉS
Empresario

CICLO DE VIDA

En los últimos años se
han acortado los ciclos
de vida de los productos.

Otra técnica habitual es asignar a un producto muy conocido un precio inferior al promedio existente en el mercado, y con ese señuelo ampliar la afluencia de clientes al negocio, que seguramente se sentirán atraídos por otros artículos, rentabilizando su iniciativa.

Una variante de esta práctica consiste en ofrecer ciertos artículos al precio de costo, es decir, sin que rindan ninguna ganancia, por la simple razón de que esos artículos atraen clientes regulares al establecimiento. Como contrapartida, los artículos de una «marca regulada» que el comerciante tiene en representación exclusiva no estarán sujetos a la competencia de precios y, en este caso, un margen de utilidad más elevado es permisible. De todo lo expuesto se deduce que el menor importe producido por las «ventas-señuelo» se compensa con el aumento que las mismas inducen en otras líneas de precio de mayor rendimiento.

Investigación del mercado

En el mercado se producen toda una serie de factores colaterales que tienen gran influencia en la política de formación de precios. En consecuencia, antes de determinar sus precios, el comerciante debe reunir toda la información útil posible acerca de las condiciones del mercado. Si se pone de manifiesto que los clientes comparan precios en varios negocios, la determinación debe hacerse con mucho más cuidado, pues el comportamiento de aquéllos en un comercio estará poderosamente influido por los precios que marca la competencia.

La mejor solución para sondear la actitud de los clientes hacia los precios la constituye el sencillo método del tanteo, el cual, apoyado en una observación atenta a las variaciones en los hábitos de compra de los consumidores durante el período de prueba, puede ser un instrumento muy valioso para un comerciante dispuesto a realizar ensayos en materia de formación de precios.

Ciclo vital del producto

Especialmente en el caso de productos nuevos en el mercado, cuando se vayan a presentar al público, se debe distinguir entre un precio de aprovechamiento inmediato y otro que facilite la penetración y permanencia del producto en el mercado.

En el primer caso se trata de un precio elevado que sólo podrá mantenerse durante poco tiempo, ya que el beneficio se produce, principalmente, con la demanda inicial del artículo. Este método se suele aplicar cuando el comerciante no está seguro de la duración de la demanda del producto, por lo cual su rápida comercialización a precios elevados le garantiza una inmediata ganancia, antes de que el mercado se sature con artículos similares de otros fabricantes.

En cambio, el precio de penetración intenta promover de manera rápida el volumen de ventas de un producto nuevo mediante el establecimiento de precios inferiores que aseguren la repetición de las ventas hasta alcanzar un volumen permanentemente elevado de las mismas, produciendo una ganancia modesta. Es entre los artículos de consumo donde con más frecuencia se aplica esta practica; el atractivo del bajo precio induce al cliente a probar la mercadería, y si el producto resulta aceptable, seguirá siendo adquirido por buena parte de sus compradores iniciales.

Con independencia de los factores que acabamos de enumerar, existen algunos casos en que las decisiones acerca del precio de venta no dependen del comerciante, sino del fabricante del producto.

El ciclo vital del producto merece una análisis detenido y minucioso por parte del empresario.

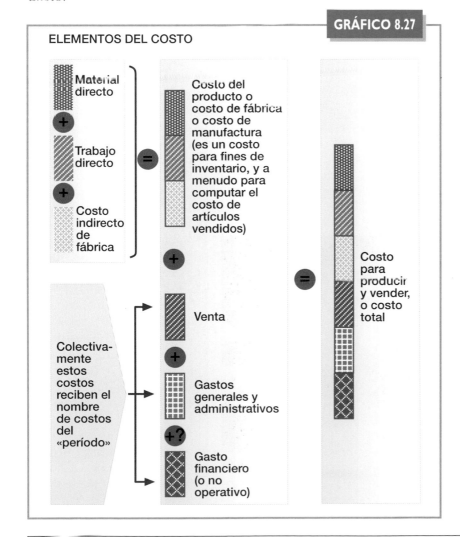

GRÁFICO 8.27

ELEMENTOS DEL COSTO

Material directo

+

Trabajo directo

+

Costo indirecto de fábrica

=

Costo del producto o costo de fábrica o costo de manufactura (es un costo para fines de inventario, y a menudo para computar el costo de artículos vendidos)

+

Colectivamente estos costos reciben el nombre de costos del «período»

Venta

+

Gastos generales y administrativos

+?

Gasto financiero (o no operativo)

=

Costo para producir y vender, o costo total

◄ *Los costos directos se utilizan para determinar el costo del producto a los fines de valoración de las existencias o el de los productos vendidos. Los costos del período, con las clasificaciones que se consideren adecuadas, se añaden para llegar al costo total.*

❐ FUNDAMENTOS DE LA POLÍTICA DE PRECIOS

Es preciso formular una política dentro de la cual se enmarquen las decisiones en materia de formación de precios, pues aquéllas son susceptibles de afectar a la buena reputación del negocio. Los precios adoptados por un comerciante ejercen un influjo algo más que pasajero sobre las ganancias, ya que, probablemente, un precio que aumenta las ganancias inmediatas puede repercutir de manera desfavorable en las utilidades a largo plazo.

Para exponer con claridad esta situación, vamos a plantear un caso donde el comerciante consigue en «exclusividad» regional un lote de productos de un determinado fabricante. El costo por artículo es de 5 u.m. y el margen promedio con que trabaja el negocio es el 35 por ciento del precio de venta, por lo que dicha mercadería puede venderse con un margen normal de utilidad a 7,69 u.m. Pero una conjetura basada en la «exclusividad» que se tiene del producto en esa zona determina que el artículo podría ser vendido a 9,50 u.m. y, por ello, se decide adoptar este precio más elevado, con el cual se venden varios centenares de unidades del producto, que aumentan inusitadamente las ganancias del negocio.

Pero el fabricante decide intensificar la distribución del producto debido a su extraordinaria demanda inicial a nivel nacional, y esto produce que ahora otros dos comercios de la zona puedan conseguirlo al mismo precio de costo y le asignen un precio de venta al público de 8 u.m.

Esta situación coloca en una posición difícil al vendedor original, pues aún le quedan en existencia varios centenares de unidades de este artículo y las soluciones alternativas que tiene este problema nunca resultarían favorables, pues, si decide reducir su precio a 8 u.m., o aun menos, para competir con los otros dos comercios puede correr el riesgo de enojar a su clientela, que lo adquirió a precios muy superiores, o puede decidirse por retirar de la venta las unidades que todavía tiene en existencia y sufrir su pérdida de forma discreta. Pero, en cualquier caso, esto podría significar un fuerte golpe para su prestigio.

▼ *Una política de precios errática o con cambios bruscos, lejos de atraer a la clientela puede generar su desconfianza. Por lo general, en productos de una cierta entidad, el consumidor valora la profesionalidad del establecimiento, un servicio posventa con garantías y los precios razonables y estables.*

■ Metas a largo plazo

Las metas a largo plazo que se fijen para una empresa son un factor fundamental de su política de formación de precios, ya que esta política debe reflejar la «imagen» del negocio que se fomenta.

Así, es posible que a un negocio se le presente la oportunidad de vender cierto artículo a un precio muy alto, porque se trata de la única existencia de ese producto que hay en la localidad. Pero, en lugar de aprovecharse de esa situación, lo vende a un precio inferior, dándole una buena publicidad a su gesto, para captar de ese modo la buena voluntad de sus clientes. La actuación de este comerciante demuestra más interés por sus ventas futuras y la proyección a largo plazo de sus utilidades que por la ganancia inmediata y finita que pueda obtener con la venta de una limitada cantidad de mercaderías. La imagen que se intenta crear del negocio configura su dedicación y las líneas de precios; por eso, cuando un establecimiento pretende convertirse en un popular centro comercial que vende productos de bajo costo, es probable que evite las mercaderías de precios elevados, procurando ajustarse a líneas de precios uniformes.

■ Metas a corto plazo

Enmarcadas dentro de las líneas generales de la política básica del negocio pueden existir prácticas de formación de precios a corto plazo. Si un comerciante desarrolla un sistema flexible de compras y rotación de existencias y puede conseguir productos nuevos y sugestivos en momentos en que son una atracción en el mercado, seguramente obtendrá considerables beneficios antes de que la competencia reaccione en tal sentido.

Muchos negocios han conseguido de este modo una buena reputación en cuanto a la novedad de sus modelos, lo que les ha brindado la oportunidad de mantener márgenes de utilidad superiores al promedio en productos específicos. Este sistema flexible puede ser aplicable a cualquier tipo de comercio, pues una inteligente selección de los artículos, una hábil promoción y una comercialización ágil son factores que facilitan la determinación óptima de precios.

■ Configuración de una imagen favorable a través del precio

Partiendo del principio de «ante todo, calidad», hay que intentar que nuestros precios estén en consonancia con los habituales del mercado y permitan una rentabilidad saneada del capital invertido.

IMPREVISTO

La política de compras y pagos permite resolver la eventualidad de un problema financiero imprevisto.

SEMBRAR

El comerciante puede reducir el precio de sus productos y, mediante la publicidad de este gesto, ganarse la simpatía del consumidor, obteniendo beneficios a largo plazo.

A TODA COSTA

La fiebre de conseguir por todos los medios cualquier tipo de proyecto llevará a la autodestrucción.

Es preciso mantenerse al corriente de los precios que ofrece la competencia y tratar de averiguar por qué hay empresas que luchan con precios más bajos. Aunque en muchas ocasiones esto se deberá a motivos exclusivamente coyunturales, conviene conocer las mejoras que nuestros competidores están en vías de introducir.

Sobre la base de ese conocimiento, la empresa puede optar por cubrir la demanda de alta calidad, en la cual el precio sea algo accesorio, o bien dedicarse a rebajar el precio hasta el mínimo posible, aunque, lógicamente, descienda la calidad que se pueda ofrecer.

Desde un punto de vista ideal, habría que abarcar la gama más amplia posible, pero en la práctica habitual esto raramente es posible, y muchas empresas quedan encasilladas enseguida dentro de esa escala.

Lo más beneficioso es permanecer en un plano intermedio, con ofertas ni demasiado elevadas ni muy económicas pero con muy baja calidad; en ese nivel se tendrá acceso a la mayor cantidad de posibles tareas a realizar.

Este principio general deberá ser cuidadosamente examinado a la luz de las características de la empresa y del sector económico donde ejecute su actividad.

▼ *Muchos establecimientos de cierto prestigio basan su imagen, además de en la calidad de sus artículos y en la atención al cliente, en el mantenimiento de un precio acorde con la categoría de los artículos que venden.*

Es importante conocer la imagen que la empresa tenga en el exterior, para ver si se ajusta a lo que se estima como más conveniente y, en caso contrario, realizar los ajustes pertinentes.

Pero el cambio de la imagen no es normalmente tarea fácil y requiere un tiempo considerable, sobre todo si lleva bastantes años desarrollando su actividad. Pudiera ocurrir, por ejemplo, que al tratar de elevar el techo de nuestras actividades, no consiguiéramos el nuevo mercado deseado y nos abandonarán los clientes habituales. Ese cambio habrá de hacerse poco a poco, pues estamos pensando en mejorar nuestra situación, y debemos evitar todo lo que contribuya a empeorarla.

Si tenemos un almacén de azulejos y baldosas para cocinas y cuartos de baño de precio económico, cuyo principal núcleo de clientes son los instaladores, se nos puede ocurrir la incorporación de modelos de lujo destinados a un público de más alto nivel, para el cual los arquitectos y constructores serán elementos que se han de considerar con todo detalle.

Como es lógico, se pretende obtener una utilidad mayor, disminuyendo el riesgo de las facturas impagadas y del volumen de operaciones, con lo que se necesitará menos personal, menos almacenes, etcétera.

Habrá que hacer una campaña publicitaria para dar a conocer la incorporación de los modelos de lujo importados, de la disposición de la representación exclusiva de firmas reconocidas internacionalmente, invitaciones al público y a los especialistas para que acudan a la nueva exposición, etcétera. Pero, a pesar de todo, habrá que seguir atendiendo con la diligencia habitual a los clientes de siempre, renovando así mismo los modelos más económicos, hasta que, en efecto, se haya conseguido la captación de la «nueva clientela» que se pretendía.

Política de descuentos. Para conseguir un mayor número de clientes se puede recurrir al ofrecimiento de descuentos sobre los precios habituales que figuran en la tarifa comercial.

Es difícil teorizar sobre este asunto pero, en general, los descuentos serán efectuados con gran cautela, pues se trata de rebajar nuestra utilidad prevista e, incluso, puede ocurrir que no se cubran los costos.

Descuento por pronto pago. Es una modalidad habitual y perfectamente realista, pues se evita la inseguridad que implica el cobro *a posteriori* y se logra sanear la situación financiera. Pero habrá que evaluar con detalle cuál es el porcentaje que se debe ofrecer, considerando el costo del dinero en el mercado financiero y la aplicación que se puede dar a los fondos así conseguidos.

Descuento por volumen de compras. Es el conocido «rappel por consumo» que se fija en función de la facturación producida a un cliente, según una escala preestablecida, y viene a constituir como un premio a los mejores clientes. Esa escala deberá atender a las condiciones que ofrecen los competidores y será importante determinar el límite que debe tener el porcentaje concedido.

Descuento para abrir mercados. Si se pretende captar nuevos clientes, una forma muy socorrida es la de ofrecer un buen descuento. Es éste un aspecto bastante delicado, pues los clientes habituales se pueden sentir perjudicados. Además, incurrir en esta práctica indiscriminada y sin saber hasta dónde se puede llegar, puede ser fatal para la empresa.

El descuento que se aplica por el pronto pago previene la inseguridad que representa el cobro más tarde.

En resumen, el descuento sólo debe ofrecerse por un motivo muy concreto que lo justifique plenamente, y siempre que pueda ser absorbido.

■ Política coherente de precios e información al cliente

La empresa no es un coto cerrado

De manera decidida están pasando al olvido los tiempos en que la empresa era una estructura encerrada en sí misma y todos sus detalles se guardaban celosamente. Las relaciones con los bancos, con clientes y proveedores de otros países, las modernas técnicas de publicidad, etcétera, hacen que la empresa sea ya, en alguna medida, patrimonio de toda la sociedad.

ACUERDO

Para llegar a un acuerdo definitivo con el cliente es necesario que exista buena voluntad por ambas partes.

► *La participación de los diferentes elementos del costo y, como consecuencia, los excedentes brutos generados por la venta (o margen de contribución) varían según el sector económico —o tipo de actividad— de que se trate.*

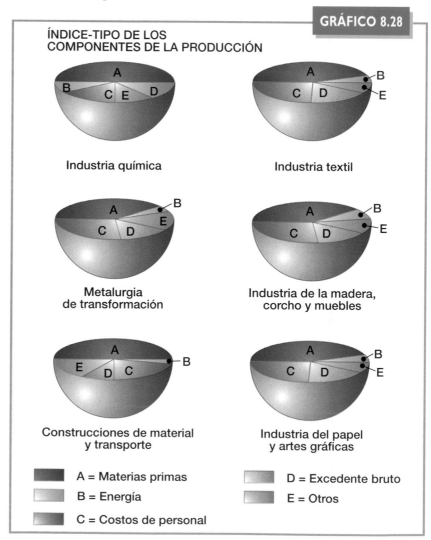

GRÁFICO 8.28

ÍNDICE-TIPO DE LOS COMPONENTES DE LA PRODUCCIÓN

Industria química

Industria textil

Metalurgia de transformación

Industria de la madera, corcho y muebles

Construcciones de material y transporte

Industria del papel y artes gráficas

A = Materias primas
B = Energía
C = Costos de personal
D = Excedente bruto
E = Otros

Toda determinación del precio está sujeta a posibles interpretaciones negativas. Las imputaciones de ciertos costos, el margen de utilidad que se aplica, etcétera, no siempre serán aceptados por el cliente, que tiende a pensar que el precio que se le pide es demasiado elevado.

Para evitar eventuales dificultades a la hora del cobro, el cliente deberá conocer, con la mayor exactitud posible, lo que habrá de pagar a la finalización del servicio. El envío de una comunicación escrita, en la que deberá manifestar su conformidad, es un método muy seguro de evitar la existencia de esos problemas.

No siempre es posible ajustar con exactitud el precio antes de realizar un trabajo, pues a menudo no se conoce el tiempo que se empleará. Pensemos en el caso de un abogado al que contrata circunstancialmente una empresa para un asunto de carácter laboral. Sus honorarios dependerán de cuánto se complique el pleito y de los trámites que haya que realizar, que no siempre se conocerán de antemano. Pero, aun en un caso como éste, el abogado sí deberá informar desde el principio de su tarifa por tiempo dedicado y de los honorarios que según las características se prevean para el caso. Así, aun cuando no se pueda ofrecer el importe fijo del servicio que va a realizar, se tendrá una base de estimación bastante ajustada a la realidad.

La explicación racional al cliente del precio que se le va a cobrar y de su posible ajuste resulta, por ende, de gran interés para quien vaya a prestar cualquier servicio.

INFORMACIÓN

Cuanto más abundante sea la información que se proporcione de un producto determinado, mayor será su éxito en el mercado.

◄ *En la prestación de determinados servicios profesionales, como las auditorías o asesoría legal, es bastante difícil fijar de antemano un costo, ya que no pueden preverse todas las incidencias que puedan surgir a lo largo del servicio. En cualquier caso, se puede proponer al cliente facturar por horas o tramos convenidos.*

Sin embargo, a pesar de haberse tomado todas estas precauciones, puede ocurrir que, en el transcurso de la tarea que se ha de realizar, se planteen reclamaciones sobre el precio fijado, en especial cuando se acerca la hora de efectuar el pago.

Esas reclamaciones deberán atenderse de inmediato, sin dejar el asunto para más adelante, pues el transcurso del tiempo suele dar lugar a que la postura del cliente sea más intransigente, aparte de deteriorar la imagen de la empresa.

Por regla general, basta con celebrar una entrevista en que se revisen nuevamente tanto los precios como los cálculos en que se han basado los mismos, insistiendo en las dificultades y en el esfuerzo requeridos por el servicio prestado.

Hay que oír al cliente, aceptar la justicia de alguno de sus planteos, si, efectivamente, tuviera razones suficientes, y aportar las soluciones más convenientes al conflicto planteado. En ocasiones es preferible ceder en algún punto determinado antes de romper la negociación y acudir a la vía judicial para la exigencia del compromiso contraído.

Esa política de ceder en los derechos propios tendrá ciertos límites, y habrá que considerar el fondo y la forma en que se ha producido la queja. En efecto, el cliente puede estar tratando de aprovecharse de nuestra buena disposición para conseguir una rebaja en el precio a todas luces ilegítima.

Es de desear que exista buena voluntad por ambas partes para llegar a un acuerdo definitivo y no volver a discutir sobre el particular unos meses después. También en este punto sería conveniente –para evitar posibles problemas– reflejar en un documento escrito la conformidad del cliente.

Aumentos y reducciones de precios

La elevación de los precios constituye una decisión desagradable para cualquier empresa, pero es una alternativa que debe aceptar en más ocasiones de las que quisiera.

El aumento de los precios de los materiales que transforma, del costo de la mano de obra, de la energía y de cuantos factores intervienen en el proceso productivo, conducen, necesariamente, a un incremento de sus precios finales si no quiere ver disminuidos peligrosamente sus márgenes comerciales.

Pero ese ajuste en el precio no debe provocar un descenso en las ventas, pues también podría producirse por esta vía un beneficio menor.

La elevación de los precios es una decisión que toda empresa debe asumir con más frecuencia de la que quisiera.

Comunicación con el cliente

Si el cliente encaja mal cualquier variación al alza de los precios a que está comprando, peor será su impresión si no lo esperaba de ninguna forma y recibe sólo una comunicación escrita con la notificación.

Conviene –en especial con los buenos clientes– comentar con anterioridad las causas que en un futuro próximo provocarán un aumento de precios, insinuándole que debería efectuar algún pedido importante que le supondría un considerable ahorro. De esta manera se mitigaría –al menos en parte– el efecto desfavorable que inevitablemente se crea.

También se procurará evitar un aumento muy importante de precios de una sola vez; es mejor aumentar periódicamente y en menor cuantía.

En los servicios estacionales, no causa buena impresión el aumento de precios que coincide con la temporada alta, pues se tiende a pensar en el aprovechamiento desleal de la situación. Y nuestros clientes no deben estar a disgusto cuando hacen sus compras, pues, a la menor ocasión que se les presente, acudirán a la competencia.

▼ *El aumento del precio de ciertos productos durante determinadas épocas de gran consumo –como puede ser durante las fiestas navideñas– suele ser mal visto por los clientes.*

Mejora en el servicio ofrecido

Tras producirse la elevación de precios se debe intensificar la atención al cliente de todas las maneras posibles, ofreciéndole servicios complementarios que puedan compensar el «perjuicio» (según el cliente) ocasionado, intentando que el cliente siga fiel a nuestra firma.

Será éste un buen momento para reorganizar nuestra red de ventas y perfeccionar algunos detalles. Las exigencias del mercado van a ser mayores y hay que atenderlas.

Ante el nuevo hecho –aumento de precios– habrá que practicar una nueva política comercial acorde con las circunstancias.

PSICOLOGÍA

Cuando se debe aumentar el precio de los productos de forma significativa, mientras sea posible es preferible hacerlo de manera progresiva y no de una sola vez.

▲ *Ciertos detalles de las empresas hacia sus clientes valen infinitamente más de lo que cuestan y permiten mostrar una de sus caras más cordiales.*

NEUTRALIZAR LA COMPETENCIA

Cuando la competencia se fundamenta principalmente en la política de precios, resulta operativo establecer una serie de ventajas o servicios a los clientes que ayuden a neutralizar los efectos de dicha competencia.

Con frecuencia este fenómeno provoca, en contra de lo que pudiera pensarse, un relanzamiento de la empresa y un afianzamiento en el sector en que desarrolla su actividad comercial.

No olvidar, en este sentido, la formación del profesional dedicado a la venta, a quien, en primer lugar, habrá que dar a conocer las causas que han motivado los nuevos precios, pues difícilmente podrá convencer a los clientes de su necesidad, si previamente él no está convencido.

La estimación y mayor comodidad del servicio. Siguiendo con las técnicas que permitan compensar el posible efecto negativo, vamos a examinar la conveniencia de subrayar la necesidad para el cliente del servicio que se le ofrece, así como su importancia social.

En muchos países el nivel de vida aumenta de día en día, y todo el mundo demanda una mayor calidad en el servicio que recibe, aun si tiene que pagar por él una cantidad algo mayor. Es de esperar que este proceso no se detenga, y, por tanto, se impone orientar la propia actividad procurando despertar las apetencias del mundo que nos rodea, y resaltando, con los pequeños detalles, la importancia del servicio que se ofrece.

Pensemos en esos detalles que pueden parecer insignificantes, pero que nos hacen ser habituales de un determinado hotel, garaje, tienda de ropa, etcétera.

EJEMPLO

El banco que regala libros un determinado día del año o que ofrece sus publicaciones a sus clientes de manera gratuita. El hotel que ofrece alguna consumición gratuita durante la estancia. El restaurante que ofrece el postre sin cargo para el cliente. O el establecimiento comercial del que recibimos la felicitación navideña.

Obviamente, en este campo de las relaciones públicas, el avance logrado en los últimos años ha sido inmenso. Cada empresa desea destacar sobre las demás ofreciendo algún distintivo.

Mayor comodidad en el servicio. El mayor nivel de vida a que antes nos referíamos también conduce a que todas las personas traten de llevar una vida más fácil y cómoda. Trabajar en este sentido es otra buena política para mantener a nuestros clientes.

■ Caso especial de la rebaja de precios

Menos habitual que aumentar los precios es rebajarlos. Pero, en efecto, es un tema que se debe estudiar, pues hay ocasiones en que se impone actuar de esa forma y conviene saber cómo debe hacerse.

Un cliente que pagó 100 u.m. por una chaqueta se mostrará contrariado cuando al mes siguiente la vea señalada a 92 u.m., y dudará de la seriedad comercial del establecimiento. Esta situación, por la que todos hemos pasado, se agrava en una relación comercial de importancia, pues el cliente se empeña en que lo que compró al anterior precio le sea reajustado en la próxima factura para no verse perjudicado ante su propia competencia.

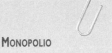

MONOPOLIO

En los precios de dependencia o monopolio no interviene el pequeño comerciante.

Se debería informar con anticipación, siempre que sea posible, de la próxima rebaja de los precios, aunque existe el indudable riesgo de que ocurra un descenso también en las ventas, pues los clientes esperarán a que se reduzca el precio.

Cuando un servicio se ofrece más barato, el cliente piensa normalmente si no descenderá la calidad de lo ofrecido. Continuando

Tabla 8.3 Relación entre tasa de costo de transformación y estimación del costo del pedido

	Categorías de costo directo	Cómo se cargan	Convertidos en costo del pedido	Costo estimado del pedido	
Costo de transformación incluidos en la tasa horaria	Presupuesto de distribución: gastos no identificables, ni producidos específicamente por un pedido o centro de producción	A centros de producción mediante la hoja de distribución de gastos			
	Presupuesto de gastos directos identificables directamente con centros de producción	Aditivo directo a la tasa horaria	Multiplicando la tasa por las horas de los equipos que intervienen	Costos directos de transformación	
	Tabla de composición de personal: mano de obra directa y otras cargas directamente asociadas con la mano de obra directa de los centros de producción	Aditivo directo a la tasa horaria			Costo directo total del pedido
Costos directos del pedido	Material directo	Aditivo directo al costo del pedido			
	Otros costos del pedido: costos específicamente producidos por el pedido: portes, comisiones de venta, etcétera		Aplicado directamente al costo del pedido	Costos directos del pedido	

con el ejemplo anterior, se preguntará si la chaqueta no tendrá ningún defecto inapreciable a primera vista.

Ésa es una imagen que la empresa debe borrar por todos los medios a su alcance, informando de los verdaderos motivos, que pueden ser un mejor estudio de los costos, una mayor racionalización del proceso productivo, compras a proveedores en mejores condiciones, etcétera.

No se debe incurrir en el error de rebajar los precios sólo porque así haya actuado algún competidor, o porque la situación financiera sea muy mala y se opte por la política de «liquidar existencias». En este caso, lo que se consigue es únicamente aplazar la muerte de la empresa.

Como síntesis, observaremos que sólo puede justificar un descenso en los precios una rebaja racional en nuestros cálculos de costos –por las circunstancias que rodean a la empresa– o un aumento de la productividad.

Nunca se debe entrar en una guerra de precios porque, al final, pierden todos los competidores.

■ Guerra de precios

Es muy habitual tratar de destruir (o mermar la capacidad) a un competidor bajando los precios sin motivo, a fin de que él participe en esa «guerra» y, en un corto plazo, tenga que abandonar el negocio. Mejor es no calificar éticamente esa postura, pero sí hay que constatar que, comercialmente, actuar de esa manera constituye un grave error. En la guerra comercial –y en las otras también– raramente alguien sale beneficiado, ya que todos los participantes pierden algo.

Por tanto, nunca debemos iniciar la guerra comercial, y haremos todo lo posible por quedar al margen, aunque, de momento, ello nos pueda crear dificultades al reducirse nuestras ventas. Pero esa situación no se prolongará demasiado tiempo –se trata de guerras cruentas, pero breves– y, a largo plazo, nuestra situación será mucho más favorable que si hubiésemos caído en la tentación de intervenir.

Pero tampoco debemos permanecer impasibles ante una maniobra que busque nuestra destrucción. En ese caso, se deberá estudiar cuál es la mejor respuesta: si la retirada del campo de batalla o la participación circunstancial en un momento muy preciso, sabiendo que seremos los vencedores.

Dado que el mercado es lo suficientemente amplio, lo deseable es que cada empresa actúe en un determinado terreno, sin interferir el esfuerzo de las demás.

MÁRGENES

Cuando la determinación del costo total de un artículo resulta muy problemática, la aplicación de márgenes para la formación de precios no es eficaz.

■ Inclusión del margen de utilidad en el precio

Vamos a analizar ahora un sistema elemental para llegar al precio final a que se debe ofrecer el servicio, que se fundamenta en su costo total y tiene como meta conseguir que el precio sea justo desde el punto de vista del cliente y que la empresa obtenga un beneficio razonable.

Principios generales

Podemos aplicar a la empresa de servicios el principio general de que cada producto que se fabrique debe proporcionar un beneficio. Aquí, cada servicio considerado por separado será un factor más para conseguir el beneficio total. Debemos, por tanto, desechar aquellos servicios que originen pérdidas y sean financiados con el éxito de los demás.

Sólo en circunstancias excepcionales y con carácter esporádico se podrá mantener esa política: en el caso de que la pérdida en un sector determinado contribuya, precisamente, a la utilidad global de la empresa.

Para conocer de manera exacta los costos en que incurre, la empresa debe tener una planificación contable y administrativa adecuada, que le confiera la seguridad de que allí está reflejada la vida pasada de la empresa.

No todos los costos son de igual naturaleza. Hay que saber distinguir los costos directos de los indirectos.

Costos directos son los que se producen al prestar un servicio concreto a un cliente. Si no se realizara el servicio, no habría costos. Si se trata de una empresa dedicada a la reparación de televisores, será costo directo la lámpara que se deba sustituir. Pero si no existe el cliente que demanda ese servicio, la empresa no incurre en ese costo.

Su determinación es sumamente fácil si se conoce realmente lo que ha costado el material empleado o la mano de obra utilizada.

Costos indirectos son los que la empresa tiene que soportar aunque no realice el servicio. Aunque no se atienda a ese cliente concreto, habrá que pagar el recibo de la electricidad y del agua, el alquiler del local, los impuestos, etcétera.

El problema surge al tratar de imputar a cada servicio que se realice un porcentaje adecuado de esos costos indirectos totales. ¿Cuántas unidades monetarias del recibo de la electricidad del taller de reparaciones deberá de pagar el señor que lleva a reparar

FACTORES

En los costos de fabricación de un artículo suelen intervenir numerosos factores que inciden en el precio final. Para determinar este precio debe realizarse un análisis minucioso, en el que se consideren todas las variables que intervienen.

A RECORDAR

El precio de venta es la suma del costo más el beneficio.

su televisor? Es evidente que hay que repartir esos costos entre todos los servicios realizados, pues el desconocimiento de esa evidencia produciría pérdidas de cierta importancia.

Habrá, pues, que determinar de alguna manera cómo imputar los costos indirectos a un servicio que se haya efectuado.

Análisis del costo

El camino que se debe seguir será el siguiente:

- Averiguar el costo indirecto de cada servicio efectuado.
- Conocer el costo directo de ese servicio.
- Sumando ambos, se obtiene el costo total.
- Fijar, en tanto por ciento, el margen de utilidad que se desea obtener con respecto a las ventas totales de la empresa. A continuación, se resta del 100 por ciento, y ya tenemos el complemento del costo.

Por ejemplo, si se quiere obtener un beneficio del 25 por ciento sobre las ventas totales, el complemento del costo es del 75 por ciento.

▲ *En el precio de determinados trabajos, como la mayoría de las reparaciones, entran en consideración factores especiales, atípicos respecto a la mayoría de empresas.*

Sea un libro cuyo costo resulta igual a 100, y hay que determinar a qué precio debe venderse para obtener un 25 por ciento de beneficio sobre la venta. Dividiremos 100 (costo) entre 0,75 (complemento del costo), resultando 133, con lo que se obtiene el beneficio apetecido.

En el caso, muy frecuente, de que la empresa realice servicios diversos, cada uno de ellos será considerado como un servicio independiente.

Influencia del costo en la determinación del precio

Cuando, tras realizar los cálculos adecuados, la empresa conoce los costos de los servicios que realiza, la fijación del precio será más sencilla.

Habrá que añadir —como se ha venido repitiendo— el porcentaje de utilidad que considera necesario. Vamos a operar con el 25 por ciento sobre las ventas en los supuestos numéricos que se van a desarrollar a continuación.

En u.m.	Servicio X	Servicio Y	Servicio Z	Total
Costos directos	270	325	270	865
Materiales	130	270	400	800
Publicidad	100	200	100	400
Costos indirectos				
Salarios de directivos y administrativos	100	100	200	400
Alquileres	35	35	65	135
Contribuciones e impuestos	35	65	35	135
Gastos generales	70	70	70	210
Total	740	1 065	1 140	2 945
Horas/mes de trabajo productivo	190,72	166,14	160,11	
Costo del servicio por hora de trabajo	3,88	6,41	7,12	

Tabla 8.4 Análisis de costos y servicios y de la hora de trabajo

En la práctica, ese porcentaje se obtiene por la información que se tenga de las empresas del mismo sector, y siempre que concurran unas características similares en cuanto a dimensión, personal, capital, etcétera. Esa información se puede obtener directamente de los otros empresarios, de las asociaciones profesionales, de publicaciones económicas.

Pero, además, se evaluará la capacidad de la propia empresa, sus posibilidades y sus necesidades, de una manera realista y sin subjetivismos peligrosos.

Teniendo en cuenta el cuadro en que se reflejan, para una empresa que realiza tres servicios, X, Y, Z, los costos de cada uno de ellos y de la hora de trabajo productivo –que reproducimos en la tabla 8.4, en esta página– vamos a realizar algunos cálculos de gran interés práctico.

Fijada una tasa de rendimiento del 25 por ciento de las ventas, el complemento del costo sería del 75 por ciento (100-25).

Examinaremos algunos de los aspectos estudiados para la imputación de los costos indirectos aquí reflejados.

Los salarios de los directivos y de los administrativos se han fijado según un doble criterio: por el tiempo estimado que se estima que se dedica a cada sector y por los documentos administrativos y contables que se manejan en cada servicio.

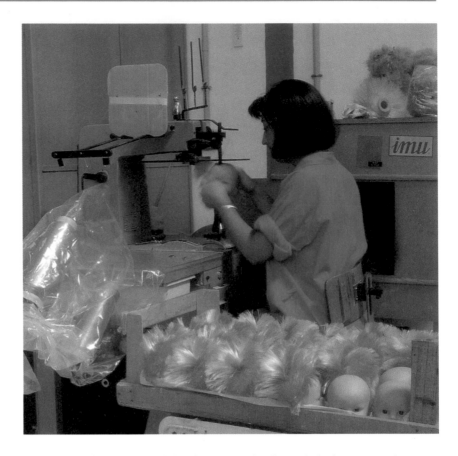

▶ *Al determinar
el precio de un producto
en el que la mano de
obra representa un factor
importante, conviene
valorar el costo de
ésta considerando
su rendimiento medio.*

ESPECIALIZACIÓN

Si una empresa se caracteriza por su nivel de especialización y equipo humano, ambos constituirán los fundamentos de la formación de los precios de sus productos.

Este último factor del servicio Z duplica el de los otros dos.

Los alquileres se distribuyen entre los metros cuadrados de almacenes y oficinas que emplea cada servicio. También el Z utiliza casi el doble que los otros dos.

Las contribuciones e impuestos se distribuyen según varios módulos combinados: cifras de ventas, ocupación de locales y personal utilizado, de lo cual resulta que el servicio Y casi duplica a los demás.

Los gastos generales, que engloban todos los costos indirectos restantes, se reparten en la misma proporción entre los tres servicios.

En cuanto a los costos directos que han sido considerados (mano de obra, materiales y publicidad), se ha computado la cifra que, según los registros estadísticos y contables, corresponde a cada uno de los servicios desempeñados.

Vamos a fijar los precios de venta, por hora, de los tres servicios, utilizando la siguiente fórmula:

$$\text{Precio venta} = \frac{\text{Costo servicio/hora} \times 100}{\text{Complemento del costo}}$$

Precios de venta

Servicio X	Servicio Y	Servicio Z
$\frac{3,88 \times 100}{75} = 5,17$ u.m.	$\frac{6,41 \times 100}{75} = 8,55$ u.m.	$\frac{7,12 \times 100}{75} = 9,50$ u.m.

Considerando que una unidad media de servicio exige 1,6 horas de trabajo, para el servicio X el precio de esa unidad sería 5,17 u.m. × 1,6 = 8,27 u.m.

Quiere esto decir que hay que hallar el producto de:

Horas empleadas en el servicio × Precio venta/hora

Puede ocurrir que el costo del material varíe según el cliente, o según la tarea concreta que se deba realizar dentro del mismo servicio. En este caso se calculará el costo del servicio y de la hora de trabajo, excluyendo el costo del material empleado, que se añadirá a *posteriori* con el margen de utilidad conveniente.

Método del multiplicador

El procedimiento que vamos a desarrollar adquiere su máxima relevancia cuando se dan las siguientes circunstancias:

- Es muy importante el costo de la mano de obra.
- El salario por hora es similar entre todos los operarios.
- La importancia del servicio varía según el tipo de cliente.

Supongamos una empresa de servicios en que se piense aplicar este método. Para poder fijar el factor –multiplicador– habrá que contar con la información de lo sucedido en una serie de años anteriores. Comprobamos así que siempre nos encontramos con lo fundamental, que es poseer unos registros adecuados.

Supongamos que durante doce años de la vida de la empresa: las ventas han ascendido a 168 000 u.m. y el costo total de la mano de obra ha sido de 80 000 u.m.

El multiplicador resulta ser:

$$\frac{168\,000}{80\,000} = 2,1$$

$$\text{Multiplicador} = \frac{\text{Ventas totales}}{\text{Costo total mano de obra productiva}}$$

Las actividades principales en la creación de riqueza no serán ni la asignación de capital para usos productivos, ni la «mano de obra» –los dos polos de la teoría económica de los siglos XIX y XX–. Ahora el valor se crea mediante la productividad y la innovación, ambas aplicaciones del saber al trabajo.

PETER DRUCKER
Asesor de empresas

Dentro del costo total de la mano de obra productiva no se considerarán los salarios del personal del departamento administrativo, sino sólo los del grupo implicado en el servicio directo al cliente.

Se determinará a continuación el precio del servicio cuando éste ha consumido un tiempo determinado, que puede ser de 5 horas, abonando la empresa 3,25 u.m. por hora.

El cálculo total del precio del servicio es:

$$3,25 \times 5 = 16,25$$
$$16,25 \times 2,1 = 34,12$$

Prescindiendo de las cifras, los factores que intervienen en este cálculo del precio son los siguientes:

Salario del operario $\times$ Tiempo empleado = Costo del operario
Costo del operario $\times$ Multiplicador = Precio de venta

Pero, según la definición del multiplicador, resulta que no se trata de un elemento estático. Imaginemos que las ventas crecen en proporción mucho mayor que los costos de la mano de obra productiva, o el caso contrario. Habrá que reajustar el multiplicador anteriormente obtenido a las nuevas condiciones que se dan en la marcha de la empresa.

No podemos dejar de insistir en que el cálculo de los costos y de los precios de venta, cualquiera que sea el método empleado, ha de estar sometido a una constante revisión. De esta supervisión permanente depende que se obtenga o no un beneficio y que la empresa siga desarrollando su tarea de acuerdo con los márgenes que se estimen más convenientes.

■ Análisis de casos concretos

Hasta ahora, los procedimientos utilizados se han basado, fundamentalmente, en las condiciones que se dan dentro de la empresa, y esto es lo más deseable. Pero no podemos olvidar que la empresa no está encerrada en sí misma, sino que vive en relación con otras firmas competidoras, con unos clientes determinados y con instituciones de todo tipo.

De esta manera, la libertad de que, en principio, goza el empresario dentro de una economía de mercado para fijar el precio de venta de sus servicios queda condicionada en alguna medida.

BENEFICIOS

El objetivo de toda empresa es que los beneficios conseguidos en un año sean aumentados en el ejercicio siguiente.

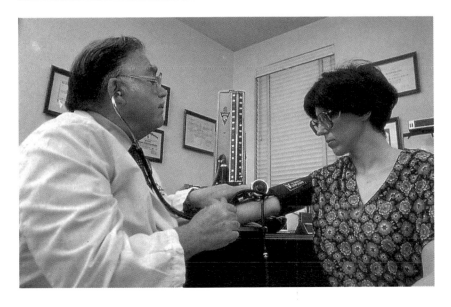

En ocasiones, la competencia obligará a situar los precios en un nivel similar para no quedar fuera del mercado, por lo que el rendimiento puede ser menor al previsto en un inicio y se debe sacrificar el margen de utilidad. Otras veces, debido a la imagen de marca conseguida a través de los años, a una calidad del servicio situada por encima de las firmas competidoras, a la prestación de servicios complementarios, la preferente ubicación, etcétera, se podrán establecer unos precios superiores a los «normales».

Serán en ocasiones los organismos institucionales, de carácter nacional o regional, los que fijen los precios concretos de cada servicio o bien marquen un precio máximo y un mínimo. También éste puede ser regulado por las asociaciones profesionales, que tienden a evitar bajas arbitrarias en los precios que perjudiquen a todas las empresas del sector.

A la hora de resaltar el factor más importante para la fijación de precios, nos encontramos, sin duda, con la calidad del servicio. Si ésta no existe, un precio barato resultará caro para el cliente y éste abandonará a esa empresa.

Si se consigue ofrecer un servicio óptimo, por encima de la competencia, las posibilidades de permancecer en el mercado con precios superiores serán mucho mayores.

■ Optimización del beneficio

La empresa desarrolla su actividad tratando de alcanzar la utilidad máxima. Ciertamente, el objetivo de todo negocio es que los beneficios conseguidos en un año se vean aumentados en el siguiente.

A primera vista, pudiera pensarse que se conseguirá este objetivo con una simple elevación de los precios de venta. Pero, en la realidad, esto no siempre sucede, pues la apreciación excesiva puede provocar un importante descenso en el número de unidades vendidas, y así queda reducida la utilidad. El verdadero objetivo que se debe conseguir es obtener una mayor productividad para hacer que los costos desciendan.

Concretamente, las pequeñas empresas de servicios pueden alcanzarlo programando eficazmente los trabajos que se deben realizar y concediendo una atención preferente a las tareas más urgentes y de mayor interés.

Un examen detenido de la propia organización se hace indispensable, pudiendo analizarse cuestiones como las siguientes:

- Competidores en la prestación del servicio en la zona.
- Implantación o intensificación de las campañas publicitarias.
- Búsqueda de nuevos clientes.
- Clasificación de la clientela.
- Conveniencia de elevar el nivel de los servicios.
- Creación de nuevos servicios.
- Expansión a otras zonas geográficas mediante la creación de sucursales.

El análisis convenientemente realizado de estos y otros puntos condicionarán la política de fijación de precios.

Pero, aun cuando la empresa no pueda fijar libremente sus precios y éstos vengan impuestos desde fuera, sigue siendo imprescindible el conocimiento de los costos para saber cuál es la situación real de la empresa. Ese precio externo será contrastado con el que resulte del estudio de los costos, para comprobar que no existen pérdidas y que la utilidad conseguida no se aleja de las previsiones iniciales.

Consideremos, por último, que la empresa de servicios no debe detener su desarrollo mientras el ingreso marginal supere el costo marginal; esto es, mientras el costo de la última unidad producida genere una utilidad mayor.

❑ ¿A CUÁNTO HAY QUE VENDER?

La obtención de los máximos niveles de ganancia es el objetivo que persigue la formación de precios. Aún persiste entre algunos hombres de negocio la creencia de que para aumentar las utilidades es preciso acrecentar el volumen de las ventas, pero, por sí sólo, el aumento del volumen no implica necesariamente una mayor ganancia. Los ingredientes de ésta son los costos, el precio de venta y el volumen de unidades vendidas. Lo mismo que cuan-

MEJORAS

El aparato productivo habrá de ser controlado y revisado periódicamente para introducir las mejoras que permitan optimizar el beneficio.

FIJANDO PRECIOS

El precio debe ser justo desde el punto de vista del cliente, y el beneficio razonable desde la óptica de la empresa.

do se prepara una receta culinaria, estos ingredientes deben concurrir en las proporciones adecuadas si se quieren obtener unos buenos resultados.

Al tratar de los precios conviene hacer algunas distinciones entre «mejor» y «elevado», pues el precio más elevado de un producto raramente es el que permite vender el mayor número de unidades, y consecuentemente tampoco será el que permita el mayor volumen de ventas. En cambio, se puede afirmar que el «mejor» precio es el que permite obtener el máximo nivel de utilidades.

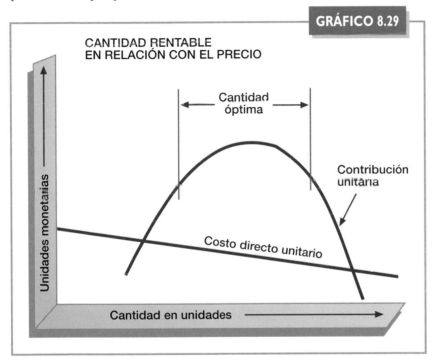

GRÁFICO 8.29

CANTIDAD RENTABLE
EN RELACIÓN CON EL PRECIO

Cantidad
óptima

Contribución
unitaria

Costo directo unitario

Unidades monetarias

Cantidad en unidades

◀ *En los procesos productivos existen diferentes grados de contribución o de eficiencia de acuerdo con el volumen que se alcance. Como vemos en este gráfico, existe una sección del arco que denominamos cantidad óptima, y es en la que se aprovecha mejor la caída del costo directo unitario.*

Ningún método de formación de precios, por sí sólo, determinará la ganancia más elevada. Para establecer el precio que aporte la ganancia máxima se deben estudiar los diferentes tipos de costos, su comportamiento y su incidencia en la actividad general.

También se requiere un conocimiento actualizado de las condiciones del mercado, porque un precio de venta es adecuado dentro de un cierto conjunto de condiciones, pero podría resultar desacertado si cambiaran las circunstancias.

Por consiguiente, el «mejor» precio de venta debe tomar en consideración el costo y el mercado. Ha de ser suficientemente elevado como para cubrir los costos, tanto los de fácil estimación o directos, como los costos indirectos, y producir una ganancia, y a la vez ser suficientemente reducido como para que atraiga clientes y proporcione un adecuado volumen de ventas.

Elementos del precio de venta

Hemos visto con anterioridad que la forma más apropiada de determinar el precio de venta está configurada por la consideración individual de sus elementos constituyentes:

- Costos directos.
- Costos indirectos (gastos generales de fabricación).
- Gastos generales y de administración.
- Utilidad.

Costo directo

La principal ventaja de este método de formación de precios es que suministra cifras conocidas que sirven como punto de partida cuando se determina el precio de venta de un producto, siendo especialmente útil si se trata de productos nuevos. Por ejemplo, se intenta determinar el precio de venta de un producto nuevo cuyos costos directos (material y mano de obra) son 3 u.m. Considérese, además, que se fija el precio de venta en 5 u.m. Esto produce una diferencia de 2 u.m., que es la «contribución» que se dispondrá por cada unidad vendida para absorber los costos indirectos y los gastos generales y de administración, y también dejar un remanente, que es la utilidad.

CUADRO 8.3

Esquema de punto de equilibrio
o punto muerto

Ventas necesarias para alcanzar el punto de equilibrio

$$\frac{\text{Gastos fijos}}{\text{Margen de contribución}}$$

$$\text{Donde el margen de contribución} = \frac{1 - \text{Costes variables}}{\text{Ventas}}$$

Punto muerto en unidades

$$\frac{\text{Gastos fijos}}{\text{Contribución unitaria}}$$

Punto muerto en unidades monetarias

$$\frac{\text{Gastos fijos}}{\text{Contribuciones totales}}$$

Relación precio-volumen

En el ejemplo del párrafo anterior, el costo directo por unidad eran 3 u.m. y el recargo o contribución se estimó en 2 u.m., con lo cual se determinó un precio de venta de 5 u.m. Sin embargo, cualquier precio que sea superior a 3 u.m., aportará una cierta contribución para absorber el resto de los gastos. La magnitud de esta contribución dependerá del precio que se elija y del número de unidades que se pueden vender a ese precio. En el siguiente cuadro ilustraremos la relación existente entre precio-volumen-contribución, considerando tres proyecciones diferentes:

Precio de venta	5 u.m.	4 u.m.	4 u.m.
Unidades	10 000	30 000	15 000
Volumen de ventas	50 000 u.m.	120 000 u.m.	60 000 u.m.
Costo directo (3 u.m./unidad)	30 000 u.m.	90 000 u.m.	45 000 u.m.
Contribución	20 000 u.m.	30 000 u.m.	15 000 u.m.

En este ejemplo se han considerado tres supuestos: el precio de venta de 4 u.m., suponiendo que se puedan vender 30 000 unidades, resultaría el «mejor» precio para el producto, pero si sólo pueden venderse 15 000 unidades a 4 u.m., el mejor precio sería el de 5 u.m. Aunque con este último precio se obtiene un menor volumen de ventas, en cambio, se obtiene una contribución de 20 000 u.m. que resulta superior a la de 15 000 u.m. producida por la venta de 15 000 unidades a 4 u.m.

La consideración de estas relaciones permite utilizar un enfoque basado en las posibilidades del mercado para determinar el precio de venta. Su finalidad es precisar qué combinación de precio-volumen reportará la máxima contribución a los costos indirectos y generales, así como también a las utilidades.

Factores limitativos

Existen ciertos factores que limitan las relaciones precio-volumen y que inciden de distinta manera según sea el tipo de negocio. Por ejemplo, si se trata de una empresa de compraventa y se puede conseguir tanta cantidad de un producto como es posible vender, el método del costo directo es perfectamente útil para determinar el precio de venta. Su éxito dependerá del acierto con que se pronostique el volumen de unidades que se pueden vender a precios distintos.

Sin embargo, en una empresa fabril entran en juego diferentes factores que hacen más compleja la formación de los precios de venta. Uno de ellos es la capacidad de fabricación, pues, en gene-

COMBINACIONES

Tanto cuando se elaboran diferentes productos, como cuando se produce uno solo, existen múltiples combinaciones en la determinación de los precios de venta.

INTERMEDIARIO

En una empresa de carácter intermediario, esto es, que se provea de un volumen de productos para comercializar, es fácil determinar el costo directo, es decir, la diferencia entre las compras y las ventas, y de acuerdo con él determinar el margen de beneficios que se desea conseguir.

► *Componer los precios de venta de los productos de una empresa fabril significa tener presente diversos factores, entre ellos si la producción va destinada a satisfacer un pedido o a formar existencias, si la entrada de materias primas es fluida, si la fuerza de trabajo interviene a pleno rendimiento, etcétera.*

ral, la cantidad de un producto que puede fabricarse en determinado lapso de tiempo es limitada. Así mismo, según se fabrique para servir pedidos de clientes o para formar existencias, habrá una incidencia diferente sobre la uniformidad del volumen de producción y la carga financiera. En otras ocasiones, las limitaciones vienen impuestas por la fuerza de trabajo, o se originan en el equipo, o en la disponibilidad de las materias primas, etcétera. Resulta necesario cuantificar esos factores en la formación de los precios de venta de las empresas fabriles.

■ Determinación del factor de recargo

En las empresas industriales, la determinación de la contribución que es preciso incluir en el precio de venta resulta muy compleja, por lo que, para efectuarla de forma práctica, hay que seleccionar las bases para su cálculo, y esto se hace generalmente mediante un recargo o porcentaje que se aplica sobre la base escogida.

Existen varios métodos para determinar el factor de recargo, pero los más usados son los siguientes:

- Recargo sobre el costo directo.
- Recargo sobre mano de obra directa.
- Recargo sobre unidad de peso.
- Recargo sobre hora de máquina.

Los mismos permiten adaptar la fórmula para la formación de precios al recurso particular que sea más significativo (mano de obra, equipo o materiales). A continuación pasamos a estudiar en detalle cómo funciona cada uno de estos métodos.

Recargo sobre costo directo

La determinación del porcentaje de recargo es un paso fundamental cuando se utiliza el enfoque del costo directo en la formación de precios. Existe la necesidad de revisarlo periódicamente, para tener la seguridad de que, en cualquier momento, cubre todos los gastos generales (incluidos los intereses del financiamiento de la adquisición de equipos nuevos o para crear existencias de productos acabados) y produce una cierta ganancia.

Este porcentaje se determina por lo general basándose en la información que ofrecen los registros de contabilidad. Vamos a desarrollar un ejemplo suponiendo que sobre esa base, y tomando también en consideración el volumen de ventas, se considera que un recargo del 40 por ciento es el más adecuado.

Teniendo en cuenta que el precio de venta constituye el 100 por ciento, el recargo del 40 por ciento significa que los costos directos (mano de obra directa y materiales) representan el 60 por ciento del precio de venta (100 − 40 = 60). A continuación desarrollamos el cálculo del precio de venta a partir de las cifras del costo directo, que eran las siguientes:

Mano de obra directa	0,10 u.m.
Materiales	0,27 u.m.
Costo directo	0,37 u.m.

El porcentaje de recargo se estimó en un 40 por ciento del precio de venta, pero, para facilitar los cálculos, se determina a qué porcentaje equivaldría sobre el costo directo como sigue:

$$\frac{40\%}{60\%} = 67\,\%$$

Ahora calculamos cuánto dinero representa este porcentaje de recargo sobre el costo directo:

RECARGO

El porcentaje de recargo se determina generalmente basándose en la información que ofrecen los registros de contabilidad.

COSTO DIRECTO

La determinación del porcentaje de recargo es un paso fundamental cuando se utiliza el enfoque del costo directo en la formación de precios.

Costo directo	0,37 u.m.
Recargo	× 67 %
Importe del recargo	0,25 u.m.

y determinamos el precio de venta como sigue:

Costo directo	0,37 u.m.
Recargo	0,25 u.m.
Precio de venta	0,62 u.m.

entonces comprobamos la exactitud del cálculo como sigue:

Precio de venta (100 %)	u.m. 0,62
Recargo	× 40 %
Importe del recargo	0,25 u.m.

En este método se da igual importancia a la mano de obra y a los materiales, ya que la base a la que se aplica el recargo es la suma de ambos factores. Esta característica hay que tenerla muy en cuenta debido a que el costo de la mano de obra suele permanecer invariable durante el período de un año y, en cambio, el precio de los materiales puede alterarse en cualquier momento.

Dado que el valor del material utilizado en la manufactura de un producto puede representar una parte importante del costo directo, este hecho puede afectar de modo decisivo a la formación del precio de venta.

Para ilustrar esta cuestión, vamos a suponer que unos meses después de la determinación de precios aludida en el ejemplo anterior el costo de los materiales bajó de 0,27 u.m. a sólo 0,15 u.m. y que la mano de obra se mantuvo igual; esta situación produciría el siguiente costo directo:

Mano de obra	0,10 u.m.
Materiales	0,15 u.m.
Costo directo	0,25 u.m.

si se deja vigente el factor de recargo establecido en el ejemplo anterior tendríamos:

Costo directo	0,25 u.m.
Recargo	× 67 %
Importe del recargo	0,17 u.m.

Ahora bien, el importe de este nuevo recargo es inferior en 0,8 u.m. al anterior y podría resultar insuficiente para absorber los gastos generales. En esta situación caben dos soluciones: una, rebajar el precio de venta en una cantidad igual a la reducción que experimentó el costo del material (0,12 u.m.) y de ese modo la contribución original de 0,25 u.m. se mantendría inalterable; la otra, recalcular el factor de recargo considerando el nuevo costo directo.

El aspecto principal que conviene recordar es que cuando los costos de material son menores, también disminuye la contribución si se mantiene el factor de recargo en una cantidad idéntica. Esta afirmación es válida aun necesitando la misma cantidad de mano de obra directa y el mismo nivel de utilización de las máquinas para convertir la materia prima en un producto acabado. Observamos de nuevo la importancia de una gestión flexible que permita asimilar los imprevistos.

Recargo sobre mano de obra directa

Cuando las continuas fluctuaciones del precio de los materiales dificultan la determinación del factor de recargo o cuando existen limitaciones a la producción, originadas por la escasez de fuerza de trabajo, se puede calcular el factor de recargo sobre la base de horas de mano de obra directa.

Este método se basa en aplicar un margen porcentual a los costos de mano de obra directa. El margen así calculado aportará

MANO DE OBRA

Cuando existen limitaciones a la producción o cuando la determinación del factor de recargo se ve dificultado por las fluctuaciones del precio de los materiales, este incremento del precio se puede calcular sobre la base de horas de mano de obra directamente utilizadas.

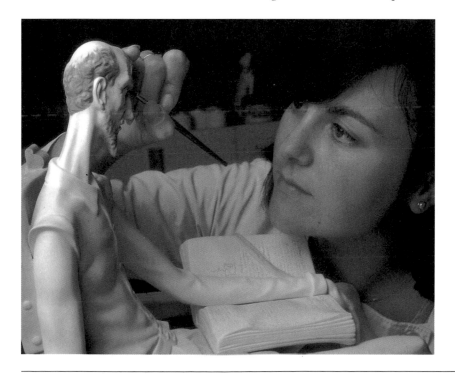

◄ Ciertos trabajos que requieren mano de obra especializada directa sufren, proporcionalmente, un importante recargo en el costo final del producto.

la contribución necesaria como porcentaje del precio de venta. Para calcular el porcentaje de recargo, pensemos en un caso donde el costo de la mano de obra directa es de 0,10 u.m. y la contribución necesaria representa 0,25 u.m. Con esos datos se procede a dividir el importe de la contribución entre el costo de mano de obra directa como sigue:

$$\frac{25}{10} \times 100 = 250 \text{ (factor de recargo)}$$

De esta operación obtenemos que el factor de recargo aplicable a los costos de mano de obra directa representan el 250 por ciento de las mismas.

Para calcular el precio de venta supondremos que el costo del material es de 0,15 u.m., por consiguiente, debemos realizar las siguientes operaciones:

Costo de mano de obra directa	0,10 u.m.
Factor de recargo	× 250 %
Importe del recargo	0,25 u.m.
Costo de la mano de obra directa	0,10 u.m.
Costo de materiales	0,15 u.m.
Precio de venta	0,50 u.m.

Cuando escasea la fuerza de trabajo, esta fórmula permite realizar la ganancia máxima por cada unidad monetaria invertida en mano de obra directa, sea cual fuere el costo de los materiales.

Recargo sobre unidad de peso

Es aconsejable utilizar como base del recargo aquél factor que limite la producción; por eso, cuando las materias primas escasean, se convierten en un factor limitativo y entonces se usa como base del recargo la cantidad de litros o kilogramos que se emplean en la elaboración del producto acabado.

Esta fórmula es similar a la que se utilizó para obtener el factor de recargo sobre el costo de la mano de obra directa. La diferencia estriba en que se determina el recargo con referencia al peso de los materiales en lugar del costo de la mano de obra directa.

Recargo sobre hora de máquina

En aquellos casos en los que la capacidad de la máquina es el factor limitativo de la producción, por las características intrínsecas de su capacidad, es aconsejable calcular el recargo sobre la hora

Si se sigue
una política
monetaria
de crecimiento
regular,
la economía
se asentará en
su grado natural
de desempleo.
Dado que el
equilibrio puede
lograrse con
cualquier grado
de inflación,
el objetivo de
la inflación
puede ser
muy bien cero.

JAMES TOBIN
Economista

de máquina al determinar los precios de venta para asegurar la obtención de la ganancia máxima.

La determinación del factor de recargo es aquí una tarea más compleja que cuando el cálculo se realiza en relación a la unidad de peso, pues si se elaboran distintos productos en la misma máquina, generalmente, cada uno consumirá un lapso diferente del tiempo de ésta. Esto significa que la producción total de cierta máquina en determinado período de tiempo puede variar de un producto a otro. Por consiguiente, la contribución en dinero que una empresa obtiene por hora de máquina también puede variar según sea el producto fabricado. Por ejemplo, los productos A, B y C se elaboran en la misma máquina y su respectiva contribución por hora de máquina es la siguiente:

Producto A	28,80 u.m.
Producto B	26,00 u.m.
Producto C	20,00 u.m.

▲ En algunos procesos industriales, las máquinas constituyen el factor limitativo de la producción y el recargo principal del costo.

En esta situación es necesario estimar la demanda de consumo de los productos que aportan la más elevada contribución por hora de máquina; es decir, en el caso del ejemplo anterior se deberían promover las ventas del producto A más que la de los productos B y C.

Para determinar la contribución por hora de máquina que alcance a cubrir los gastos generales fabriles y no fabriles se procede del siguiente modo:

• Se determina la capacidad total de horas de máquina en un período de tiempo dado.
• Se determinan los gastos fabriles y no fabriles que deben absorberse en el mismo período de tiempo.
• Se dividen dichos gastos entre el número total de horas.

Por ejemplo, vamos a suponer que el total de horas máquina disponibles en un año es de 5 000 y en ese mismo espacio de tiempo los gastos ascienden a 100 000 u.m.; así la contribución por hora de máquina será la siguiente:

$$\frac{100\,000\ \text{u.m.}}{5\,000} = 20\ \text{u.m.}$$

En este ejemplo hemos utilizado la capacidad teórica de fabricación, o sea, la capacidad total, pero cuando concurran factores que limiten la producción, por ejemplo, una insuficiente demanda de consumo del producto, se debe utilizar la capacidad práctica o probable de producción para determinar la contribución por hora de máquina.

Hasta ahora sólo hemos tomado en consideración el punto de equilibrio, o sea, que únicamente se han absorbido los gastos generales fabriles y no fabriles, pero no se ha producido ninguna utilidad. ¿Cómo se incorpora ésta en este método de formación de precios?

El enfoque más eficaz para determinar la cifra de utilidades es el método del rendimiento de la inversión que se ha realizado en el negocio. Por ejemplo, si la inversión fue de 300 000 u.m. y se desea obtener un rendimiento del 10 por ciento antes de deducir los impuestos, la utilidad debería ser de 30 000 u.m.

En este caso la contribución a las utilidades por hora de máquina se determinan dividiendo 30 000 u.m. entre 5 000 horas de máquina, lo que produce una contribución de 6 u.m. por hora. Aquí también deben tenerse presentes las anteriores condiciones acerca de la capacidad teórica y la práctica.

Tanto cuando se elaboran diferentes productos como cuando se produce uno sólo existen múltiples combinaciones en la determinación de los precios de venta. Por ejemplo, vamos a determinar el precio de venta del producto C mediante el factor de horas de máquina. En este caso vamos a asumir que el costo de los materiales es de 21,37 u.m. por unidad y el de la mano de obra directa es de 1,80 u.m., y que la producción de la máquina es de 1,25 unidades por hora.

Con anterioridad habíamos visto que la contribución era de 20 u.m. y de 6 u.m. a los gastos y a la utilidad, respectivamente, por hora de máquina. Como el precio de venta se fija por unidades y la producción por hora es de 1,25 unidades, hay que determinar los factores de recargo por unidad como sigue:

1. **Contribución a los gastos.** Para determinar el porcentaje de hora de máquina que se requiere para fabricar una sola unidad se considera que una hora equivale al 100 por ciento del tiempo, y como en ese tiempo se fabrican 1,25 unidad, tendremos el siguiente factor de tiempo por unidad:

$$\frac{100}{125} = 0,80 \text{ (factor de hora de máquina por unidad)}$$

y para determinar cuál es el importe de la contribución por unidad multiplicamos dicho factor por 20 u.m.

$$0,80 \times 20 \text{ u.m.} = 16,00 \text{ u.m.}$$

2. **Contribución a las utilidades.** El factor de hora de máquina por unidad (0,80) también se aplica aquí, de donde tendremos que si la aportación por hora a las utilidades era de 6 u.m., la aportación por unidad es como sigue:

$$0,80 \times 6 \text{ u.m.} = 4,80 \text{ u.m.}$$

Una vez formuladas las anteriores operaciones estamos en condiciones de determinar el precio de venta unitario de la siguiente forma:

Costo de material	21,37 u.m.
Costo de la mano de obra directa	1,80
Costo directo	23,17
Contribución a los gastos	16,00
Punto de equilibrio	39,17
Contribución de las utilidades	4,80
Precio de venta deseado	43,97 u.m.

Por consiguiente, si se quiere conseguir un rendimiento antes de impuestos del 10 por ciento de la inversión, se debe establecer un precio de venta unitario de 43,97 u.m. Pero en el supuesto caso de que las condiciones de venta que impone la competencia en el mercado impidan la venta del producto C a 43,97 u.m., se pueden contemplar las siguientes soluciones alternativas:

- Fabricar los productos A o B en lugar del C si proporcionan el rendimiento deseado y hay demanda para ellos en el mercado.
- Rebajar el precio de venta si el rechazo, por este motivo, de los pedidos del producto C ocasiona que las máquinas se encuentren ociosas.

Cualquier precio que sea superior al punto de equilibrio (39,17 u.m.) supondrá cierta ganancia y, en todo caso, esto es preferible a la carencia total de utilidades. Pero, si las 39,17 u.m. todavía significaran un precio muy alto para las condiciones del mercado, ¿se deben rechazar todos los pedidos del producto C que los clientes

Lo que la gente hace depende de lo que la gente cree, y si queremos que la gente cambie su estilo de vida, sólo obtendremos su cooperación si cree que el mensaje es moralmente correcto así como personalmente atractivo.

MARTIN W. HOLDGATE
Empresario

hayan solicitado a precios inferiores? Si no tiene pedidos de otros productos que le permitan aprovechar las máquinas, debe aceptar pedidos del producto C a menos de 39,17 u.m., debido a que cualquier precio entre 39,17 u.m. y 23,17 u.m. significa alguna contribución a la absorción de los gastos generales, y esos gastos se producirán aun cuando las máquinas permanezcan ociosas.

■ Caso práctico 1

Los Andes, S.A.

Los Andes, S.A. es una sociedad anónima dedicada al comercio minorista de artículos de ferretería, menaje para el hogar, juguetes y artículos deportivos, situada en una zona comercial de una próspera localidad de unos 50 000 habitantes, en la cual hay además otras cinco ferreterías y cuatro secciones de este género en grandes tiendas por departamentos de la ciudad que compiten vigorosamente entre sí.

Los Andes, S.A. lleva varios años establecida en la localidad y su organización administrativa está constituida por los departamentos de ventas, compras y contabilidad. La venta al público se realiza por las siguientes secciones: ferretería; pinturas y plásticos; artículos de deporte y jardinería, vajilla y menaje para el hogar; y por último, juguetes.

La venta de juguetes comenzó hace un año debido a que la supresión de las ventas de grandes aparatos electrodomésticos dejó vacante parte del espacio destinado a la exhibición y venta.

Debido a la fuerte competencia, la empresa comenzó una organización del negocio hace tres años; la decisión de suspender la venta de grandes electrodomésticos fue motivada por la división en secciones que se estableció, pues la misma demostró que durante dos años sucesivos dicha sección había experimentado importantes pérdidas.

La organización en secciones fue una acertada decisión y, si no hubiera sido por eso, probablemente Los Andes, S.A. habría seguido vendiendo grandes electrodomésticos, pues éstos representaban casi un cuarto del volumen total de ventas.

Se decidió entonces asignar el espacio vacante a la línea de juguetes, debido a que ningún comercio de la localidad dedicaba íntegramente una sección a este género de artículos, y además, se podían aplicar más elevados márgenes de utilidad. Como contrapartida, esta línea producía un menor volumen de ventas, ya que la mayor parte de las mismas se producían a fines de año.

Los Andes, S.A. utiliza un método flexible para la formación de sus precios de venta, tomando en consideración dos factores: los precios de la competencia y el índice de rotación de los inventarios. Esto significa que a los artículos competitivos se les aplica un porcentaje más reducido que al resto, y a los renglones de lento movimiento se les aplican márgenes más elevados. Sin embargo, una buena parte de las existencias se halla entre ambos extremos, y se les aplica un margen normal, pues se trata generalmente de mercaderías de poca competencia y con un razonable índice de rotación. La política de promociones del negocio consiste en rebajar los precios de todos los artículos estacionales según se aproxima el fin de la temporada, rodeando estas reducciones con una buena campaña publicitaria. De este modo, las rebajas no son tan considerables como las que habría que establecer una vez finalizada la temporada. Es también política de la empresa rebajar los precios de todos los artículos mantenidos sin movimiento por lo menos un año, si no se han incrementado los costos de reposición de los mismos.

Los estados financieros se confeccionan a principios del siguiente año y la utilidad se determina mediante un conteo físico de las existencias a fin de año. Hace dos años, el margen bruto de utilidad fue el 35,47 por ciento de las ventas y en la última anualidad ese porcentaje descendió al 34,62 por ciento. Después de efectuar un análisis de todos los factores que incidían en esta cuestión, se estimó que la razón principal de esta disminución del margen bruto era el resultado de la campaña de publicidad de la empresa, es decir, la promoción de ofertas especiales de margen muy reducido. Este plan pretendía atraer clientes al establecimiento mediante artículos de precio reducido, con el propósito de que adquirieran otros productos de precios normales. Así fue, en efecto,

En los casos en que la empresa comercializa una gama altamente variada de productos, no siempre es posible aplicar los mismos criterios de fijación de precios a cada una de las diferentes líneas de productos. Pese a ello, los productos con bajos índices de rotación pueden merecer un tratamiento más homogéneo.

pero no en la medida suficiente para compensar los reducidos márgenes de las ofertas. Consecuentemente, el negocio experimentó una pérdida neta en las operaciones del último año.

El exceso de ventas de productos en oferta especial supuso un aumento de la cifra total de ventas, pero con una rentabilidad menor.

Preguntas

1. ¿Es correcta la conclusión que se forma la dirección de la empresa acerca de la pérdida neta?
2. ¿Qué aspectos de la formación de precios fueron desatendidos por la dirección de la empresa?
3. A su juicio, ¿qué medidas correctivas se podrían haber tomado para evitar los desfavorables resultados experimentados?

Respuestas

1. Sólo en parte, ya que la disminución de 0,85 por ciento en el margen bruto, por sí sola, no determina la pérdida neta. En la misma también influyó el bajo volumen de ventas de la nueva sección, incapaz de absorber los mismos gastos generales que venía absorbiendo la desaparecida sección de grandes electrodomésticos.
2. La dirección prestó poca importancia a los siguientes aspectos:
   • Sistema adecuado de registros que facilitara una información útil y rápida.

- Relaciones precio-volumen-costos.
- Determinación de puntos de equilibrio.
- Factores que contrarrestaran la competencia de precios.

3. Las medidas aconsejables en ese sentido son las siguientes:

   a) Es prioritario establecer sistemas de registros que proporcionen una información adecuada con tiempo suficiente para:
   - Obtener conclusiones acertadas.
   - Adoptar medidas correctivas.

   b) Establecer un riguroso control de inventarios para los artículos de poco movimiento, a fin de mantener sólo las existencias rigurosamente necesarias para atender a los clientes y evitar que se produzcan inmovilizaciones que obliguen a efectuar drásticas rebajas.

   c) Mediante una clasificación «ABC», determinar las relaciones precio-volumen-costo para proceder así a efectuar las modificaciones de precios que fueran necesarias.

   d) Con la ayuda de los puntos de equilibrio, determinar el volumen de ventas requerido para obtener los resultados adecuados y ajustar al mismo las campañas de publicidad y promoción.

   e) Tratar de incrementar el volumen de ventas de la sección de juguetes, bien sea ampliándola, o bien mediante la revisión de sus márgenes y políticas de promoción.

   f) Prevenir los posibles resultados de las campañas de promoción y rebaja de precios.

   g) Establecer una serie de ventajas o servicios para los clientes que ayuden a compensar los efectos de una fuerte competencia, que está basada principalmente en la política de precios.

■ Caso práctico 2

Maquinaria de tintorería

Estudiaremos con detalle un caso práctico, ilustrativo de cómo una empresa puede variar sus costos con la introducción de nueva maquinaria, logrando que su beneficio sea mayor, a partir de una situación difícil de la firma.

Se trata de un negocio de tintorería en el cual su propietario, al cotejar las cifras que le ofrece el contable, comprueba que en el último ejercicio su utilidad ha descendido en un 10 por ciento respecto al anterior, en el que también bajó 4 puntos.

El negocio tiene unas dimensiones superiores a las normales entre la competencia, pués cuenta con doce empleados, un cajero administrativo y un contable por horas.

En los casos en que se tiene una sobredimensión operativa y una estructura pesada, hay que analizar siempre las alternativas: ¿se reduce estructura y capacidad para hacerla compatible con los volúmenes de que se dispone? o, por el contrario, ¿se busca ampliar el giro del negocio?

Su actividad fue ascendente desde su fundación, hace ocho años, hasta esos dos últimos ejercicios, y nuestro empresario se muestra preocupado, pues aunque trabaja con una utilidad media alta, comprende que, de persistir la situación, pronto incurrirá en pérdidas.

Tiene mucho trabajo todo el año, su personal rinde aceptablemente y no comprende cómo ha llegado a esta situación ni las decisiones que debe tomar para cambiar la marcha del negocio.

Analizando el problema con una empresa asesora, llega al convencimiento de que su dimensión es excesiva y de que, en este tipo de negocio, funcionan mejor las empresas familiares o con muy poco personal, pues a menudo debe aceptar trabajo de hoteles, colegios y restaurantes, que le reportan poca utilidad.

Piensa, pues, en la posibilidad de reducir su personal a cinco personas, pero renuncia a la idea, porque no le parece justo deshacerse de unos trabajadores que están cumpliendo a su satisfacción.

Tampoco se muestra partidario de elevar los precios, pues la competencia es fuerte y podría descender su nivel de ocupación.

De manera un tanto cir-
cunstancial, acude a una feria de
muestras en el extranjero y entonces piensa en la posibilidad
de importar una nueva plancha-
dora que podría reducir notablemente sus costos. Sin embargo, nuestro empresario es
consciente de que ese ahorro
no será tan importante como
manifiesta la firma vendedora,
sobre todo teniendo en cuenta
que su personal no está habituado a explotar este tipo de
maquinaria. Tampoco olvida que
incurrirá en un mayor costo derivado de esa adquisición y de
la amortización que tendrá que
contabilizar.

Veamos ahora cómo queda
un presupuesto típico (lavado
de ropa de un gran hotel) realizado antes y después de la adquisición de esa máquina.

La compra de una nueva
máquina de plancha
permite ofrecer sus servicios
a un gran hotel con costes
competitivos. Al llegar
a un nuevo volumen operativo,
la disminución porcentual
de las cargas estructurales
permite racionalizar
los procesos de fijación
de precios. Esto nos
capacita para acceder
a nuevos sectores de mercado
de un modo más competitivo.

Antes de la compra de la máquina:

Costos directos	154,50 u.m.
Materiales	35 u.m.
Transporte	6 u.m.
(20 km a	0,30 u.m.)
Energía	3,50 u.m.
(14 horas a	0,25 u.m.)
Operarios	110 u.m.
(20 horas a	5,50 u.m.)
Costos indirectos	47,45 um.
Equipamiento	23,25 u.m.
Gastos generales	24,20 u.m.
(22 % de la mano de obra)	
Costo total	201,95 u.m.
Utilidad	
(15 % sobre costo)	30,30 u.m.
Precio de venta	232,25 u.m.

Después de la puesta en marcha de la máquina:

Costos directos	125,75 u.m.
Materiales	35 u.m.
Transporte	6 u.m.
(20 km a	0,30 u.m.)
Energía	2,25 u.m.
(9 horas a	0,25 u.m.)
Operarios	82,50 u.m.
(15 horas a	5,50 u.m.)
Costos indirectos	48,22 u.m.
Equipamiento	30,27 u.m.
Gastos generales	18,15 u.m.
(22 % de la mano de obra)	
Costo total	173,97 u.m.
Utilidad	
(15 % sobre costo)	58,28 u.m.
Precio de venta	232,25 u.m.

Con la nueva situación, se ha conseguido casi duplicar la utilidad, lo cual permitirá reducir el precio de venta y adquirir más trabajos. Comprobamos así la importancia de ir a la vanguardia en la adquisición de maquinaria adecuada.

Este sencillo caso muestra cómo hay que hacer frente a todo tipo de situaciones hasta encontrar la solución más favorable.

Ejercicios de autoevaluación

A) Conteste a las siguientes preguntas:

① ¿A qué porcentaje del precio de costo equivaldrá un margen del 34 por ciento sobre el precio de venta?

② En un detenido estudio de la relación precio-volumen de un artículo se estima que la más probable relación entre precio y unidades vendidas será la siguiente:

	X	Y	Z
Precio de venta	5 u.m.	4 u.m.	3 u.m.
Unidades vendibles	10 000	20 000	30 000

El costo directo por unidad es de 2 u.m. Determine cuál de los tres posibles precios de venta es el más lucrativo.

B) Responda *verdadero o falso* a las siguientes preguntas:

① El método del costo total permite introducir cambios rápidos de precios.

② El precio de venta de cada producto deberá cubrir siempre todos los costos.

③ Una fórmula rígida se adaptará a cualquier circunstancia.

④ Los precios por lotes tienen por finalidad incrementar el volumen de ventas.

⑤ Los artículos de precio más elevado son los que determinan el mayor volumen de ventas.

⑥ En los artículos estacionales se deben efectuar rebajas en plena temporada.

⑦ Una política liberal de canje y devoluciones tiene influencia en la formación de precios.

⑧ El precio de aprovechamiento inmediato es equivalente al precio de penetración.

⑨ Ofrecer ventajas y servicios a los clientes es un medio de contrarrestar la competencia.

⑩ En la determinación del precio de un artículo novedoso se considerará su ciclo vital.

⑪ La elección del momento oportuno de iniciar una venta de novedades mejorará los beneficios.

⑫ En la determinación de las metas a largo plazo influye la consideración de la imagen que se intenta crear del negocio.

⑬ Si se dispone de información actualizada, se pueden detectar los problemas antes de que éstos ocurran.

⑭ Un sistema adecuado de registros es necesario para una eficiente formación de precios.

⑮ Separar los pocos asuntos vitales de los muchos triviales facilita la toma de decisiones.

⑯ La naturaleza de las mercaderías es un factor que se debe considerar en la formación de precios.

⑰ El control de gastos ejerce alguna influencia en la determinación del precio de venta.

⑱ El método de formación de precios sobre la base del costo directo toma en consideración el aumento del costo de los materiales.

Soluciones

A)
1. 51,5 por ciento.
2. Y.

B)
1. Verdadero.
2. Falso.
3. Falso.
4. Verdadero.
5. Falso.
6. Falso.
7. Verdadero.
8. Falso.
9. Verdadero.
10. Verdadero.
11. Verdadero.
12. Verdadero.
13. Verdadero.
14. Verdadero.
15. Verdadero.
16. Verdadero.
17. Verdadero.
18. Verdadero.

ANÁLISIS DE LA EMPRESA

 ANÁLISIS DE LA EVOLUCIÓN DE LA EMPRESA

❑ INTRODUCCIÓN

A lo largo de los diversos capítulos, hemos visto los diferentes aspectos que marcan la creación de la empresa, su organización, tanto jurídica como operativa, los diferentes sistemas de control, y los marcos externo e interno, es decir, las relaciones con la sociedad (y el mercado) y las relaciones humanas.

En este capítulo enfocaremos de qué manera podemos estudiar la evolución de la empresa, su situación económico-financiera y, en definitiva, su capacidad para actuar de un modo eficiente en el mercado en el que participa.

Para efectuar este análisis es necesario contar con una serie de informaciones sobre la evolución histórica de la empresa. Por un lado tenemos los estados contables (balances y cuenta de pérdidas y ganancias), por otro los aspectos jurídicos, tales como la forma que ha adoptado, y también el área de actividad en la que se ha desenvuelto.

❑ METODOLOGÍA

A los efectos de sistematizar nuestro trabajo, plantearemos primero un estudio de la evolución jurídica de la empresa. Estudiaremos si se han adoptado las formas societarias adecuadas y en qué medida esto ha permitido un adecuado funcionamiento empresarial.

A renglón seguido estudiaremos la evolución de su implantación física, para determinar si ha contado con las instalaciones industriales o comerciales adecuadas y en los lugares adecuados.

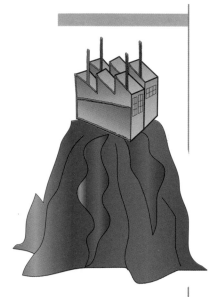

La implantación física de la empresa también es una faceta que se debe analizar, ya que aporta sustanciales datos sobre el crecimiento orgánico, el equilibrio de los departamentos, la optimización del espacio, la descentralización, la capacidad de expansión, el sistema de control, etcétera.

► *Para efectuar un análisis de la evolución jurídica de la empresa se deben recoger todos los datos desde su fundación, contemplar los estatutos, la incorporación de nuevos socios, los sucesivos cambios en la dirección, etcétera.*

Veremos en definitiva si es que han existido condicionantes derivados de una elección determinada de estructura jurídica o de ubicación física que puedan haber afectado el desarrollo de las actividades de la empresa.

Luego, y ya disponiendo de información contable, efectuaremos el análisis económico-financiero mediante la comparación de tres ejercicios sociales, lo que nos permitirá ver los aspectos en los que la empresa puede haber tenido puntos fuertes o frágiles en la búsqueda de sus objetivos.

❐ ELEMENTOS QUE SE DEBEN UTILIZAR

■ Evolución jurídica

Para efectuar este análisis es necesario recopilar la historia jurídica de la empresa desde su constitución. Debemos estudiar su forma jurídica, sus estatutos, sus cambios en el marco de la dirección, verificar si ha existido un órgano individual o colectivo de dirección, si éste se ha mantenido o se ha modificado en el tiempo.

Por otro lado, debemos comprobar si han existido incorporaciones de nuevos socios y qué incidencia ha tenido tanto en la dirección como en la evolución del capital de la sociedad. Debemos comprobar también si se han establecido contactos con otras empresas mediante la toma de participaciones en sus capitales o cualquier otro tipo de convenio de colaboración.

Una vez que dispongamos de esta información, debemos tabularla en el tiempo para asociarla más adelante con otros hechos,

tales como: cambios de ubicación de la sede social o del centro de actividades, períodos de crecimiento o de estancamiento, modificaciones en la organización operativa, etcétera.

■ Implantación física

En este apartado debemos centrar nuestra atención en el lugar en el que se ha desarrollado la actividad de la empresa a través de los años: si han existido cambios en la ubicación de la empresa, si se han efectuado reformas o ampliaciones de la planta o locales comerciales, si han existido aperturas de otros centros o locales y, en cada uno de estos casos, si esto ha obedecido a un crecimiento del volumen de negocios o a una ampliación o diversificación de sus actividades.

■ Análisis económico-financiero

Tanto la evolución jurídica de la empresa como la de su situación física, brindan un marco de referencia que permite una más adecuada interpretación del análisis económico-financiero.

No cabe duda de que cualquier decisión en materia jurídico/societaria o de un cambio de ubicación geográfica o de ampliación, ya sea de las plantas industriales o comerciales, creación de delegaciones o sucursales, deben de tener algún tipo de repercusión económica y financiera. Cualquier análisis frío de los datos numéricos de una empresa, aun comparando diversos ejercicios no ofrece la posibilidad de llegar a conclusiones válidas si no se contrastan con su evolución física y jurídica.

▼ *Las masas patrimoniales del balance pueden agruparse según su grado de disponibilidad en el activo y según su grado de exigibilidad en el pasivo; en el ejemplo se ha partido de un esquema que va de menos a más disponibilidad para el activo y de menos a más exigibilidad en el pasivo.*

GRÁFICO 9.1

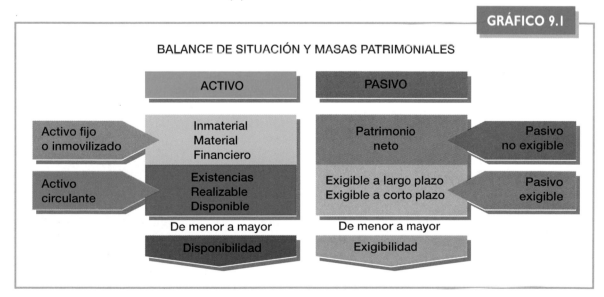

BALANCE DE SITUACIÓN Y MASAS PATRIMONIALES

Para llevar a cabo un análisis económico-financiero nos valdremos de una serie de ratios o números índices que relacionan partidas de los estados contables, para obtener datos que permitan interpretar las diversas circunstancias que marcan la vida de la empresa.

Para desarrollar esta tarea debemos fijar, previamente, una serie de conceptos. El análisis de una empresa se puede realizar desde dos ángulos diferentes: el estático y el dinámico. El estático no tiene en cuenta el tiempo. Se basa en el balance, que es el que refleja la situación de una empresa en un momento dado, es una «fotografía», una instantánea que nos dice cuál es la estructura de una empresa en «ese» momento y nos permite hacer comparaciones «verticales» de composición dentro del activo y del pasivo, y de las magnitudes dentro y entre ellos.

En el análisis dinámico se toma en consideración el tiempo, proporcionando la posibilidad de evaluar la situación de la empresa en varios momentos y, de este modo, determinar las tendencias en que se han movido las diferentes masas patrimoniales y sus interrelaciones.

Tanto el análisis estático como el dinámico pueden efectuarse mediante las cifras absolutas del balance o con cifras relativas. En el caso de las cifras relativas, se utilizan ratios o índices que constituyen una relación entre partidas del balance, de la cuenta de pérdidas y ganancias o entre partidas de ambos estados contables.

Debe tenerse presente que los ratios brindan un elemento orientativo sobre el punto que se desea analizar, proporcionan una base sobre la que emitir una opinión, y nunca nos brindan una conclusión absoluta; en cada caso habrá que evaluar su significado, relevancia y peso relativo. Podríamos asimilarlo al análisis que efectúa el médico de la sintomatología del paciente. No podemos prescindir del juicio del analista.

ANÁLISIS ECONÓMICO-FINANCIERO

☐ INTERPRETACIÓN Y COMPARACIÓN DE ESTADOS CONTABLES

Para interpretar los estados contables es necesario que revisemos una serie de conceptos. Sabemos que el balance está estructurado en dos partes: activo y pasivo.

El pasivo representa los medios de financiación de que dispone la empresa, tanto propios como de terceros, mientras que el activo indica en qué bienes y derechos se han invertido dichos medios.

Sabemos también que tanto el activo como el pasivo están compuestos por diversas partidas que pueden agruparse de acuerdo con su mayor o menor liquidez, es decir, la disponibilidad o su distancia a ella en cuanto al activo se refiere, o en su grado de exigibilidad en lo referente al pasivo.

De acuerdo con estos criterios podemos clasificar el activo de la siguiente manera:

Activo fijo o inmovilizado. Comprende aquellos valores que permanecerán de una manera durable en la empresa. Éstos pueden ser materiales o tangibles, tales como edificios, instalaciones, maquinaria, elementos de transporte, utensilios, etcétera, o inmateriales o intangibles, tales como marcas de fábrica, programas de computación, gastos de investigación y desarrollo, etcétera.

Activo circulante. Comprende aquellos bienes o derechos que están sometidos a un proceso de renovación constante, estrechamente vinculados a la propia actividad de la empresa. Las partidas que conforman el activo circulante pueden agruparse a su vez en dos grandes grupos:

- *Disponible*. Constituido por los saldos de caja y bancos.
- *Realizable*. Las existencias de primeras materias, productos en curso de fabricación, productos terminados o mercaderías comerciales y los saldos pendientes de cobro. Que estos activos sean más o menos líquidos depende del grado de «maduración» en que se encuentren. Por esta razón, estos activos pueden ser realizables a corto, mediano o largo plazo.

El pasivo. Partiendo del criterio de exigibilidad, el pasivo puede ser clasificado de la siguiente forma:

- *Fondos propios*. Son aquellos bienes aportados directamente por los propietarios de la empresa y los beneficios no distribuidos que pueden o no tomar la forma de reservas.

▲ *Las instalaciones de una empresa, los equipos de oficina, los vehículos de transporte, etcétera, son una parte tangible del activo fijo o inmovilizado.*

- *Capitales ajenos a largo plazo*. Fondos recibidos de terceros cuya exigibilidad no es inmediata.
- *Pasivo circulante*. Constituido por proveedores, acreedores diversos y anticipos de clientes, y por préstamos o créditos a corto plazo.

Establecidas estas definiciones y agrupaciones, podemos comenzar a interpretar los balances. La primera interpretación que debemos efectuar es cómo se reparten dentro del activo y del pasivo estas partidas de un modo porcentual. Es lo que llamamos un estudio «vertical» dentro de un planteo «estático».

Si pensamos que, como ya hemos comentado en capítulos anteriores, la empresa, para mantener una evolución equilibrada, debe ser capaz de hacer frente a sus compromisos de un modo puntual, se hace necesario que la estructura que hemos indicado tenga un grado de equilibrio. Equilibrio que exige que el activo fijo sea financiado con capitales propios o con pasivos a largo plazo y que el circulante se cubra con deudas a corto plazo. Esto se pone de manifiesto en el cuadro 9.1.

CUADRO 9.1

	ACTIVO	100 %		PASIVO	100 %
Fijo 30 %	Inmovilizado	30 %	Largo plazo 25 %	Fondos propios	20 %
				Pasivo a largo plazo	5 %
Circulante 70 %	Realizable	80 %	Circulante 75 %	Créditos a corto plazo	25 %
	Disponible	20 %		Proveedores/Acreedores, etcétera	20 %

Si pensáramos en financiar los activos fijos con deudas o capitales a corto plazo, podríamos hacer peligrar la continuidad de la empresa, ya que al vencimiento de los compromisos no existiría el realizable o el disponible suficiente y habría que obtenerlo mediante la venta de activos fijos o creando una situación de suspensión de pagos.

La venta de activos fijos o inmovilizados, a su vez, puede poner en aprietos la capacidad operativa de la empresa, disminuir su capacidad productiva o comercial y llevarla a un desequilibrio que, lentamente, puede conducirla a su desaparición.

Como también hemos indicado, una parte del circulante no es de inmediata realización, tal es el caso de las existencias de seguridad tanto de primeras materias como de productos terminados o mercaderías. Por ello, el equilibrio expuesto en el cuadro 9.2 debería exponerse según el cuadro 9.3.

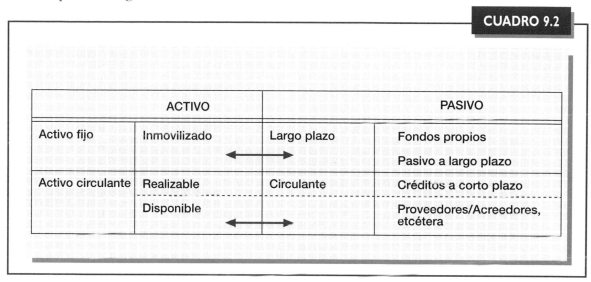

CUADRO 9.2

ACTIVO		PASIVO
Activo fijo	Inmovilizado	← Largo plazo →	Fondos propios
			Pasivo a largo plazo
Activo circulante	Realizable	Circulante	Créditos a corto plazo
	Disponible	← →	Proveedores/Acreedores, etcétera

Si una vez efectuado este análisis «vertical» y «estático» lo comparamos con otro ejercicio, haremos un análisis «horizontal» y dinámico a la vez que vertical. Así, si tomamos dos ejercicios, haríamos la siguiente comparación (véase gráfico 9.2) que nos permitirá un primer análisis de la evolución de la empresa.

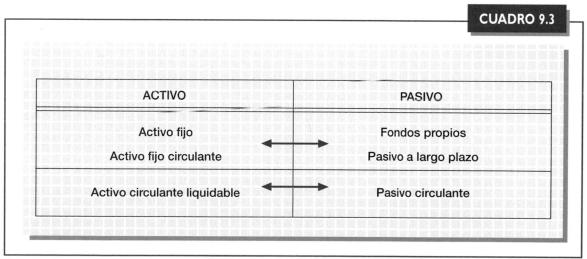

CUADRO 9.3

ACTIVO	PASIVO
Activo fijo	Fondos propios
Activo fijo circulante ← →	Pasivo a largo plazo
Activo circulante liquidable ← →	Pasivo circulante

Mediante unas barras, el gráfico 9.2 recoge la estructura de los balances de dos ejercicios consecutivos. Es fácilmente observable que la empresa ha financiado con capitales ajenos a corto plazo una parte de las inversiones en activos fijos.

GRÁFICO 9.2

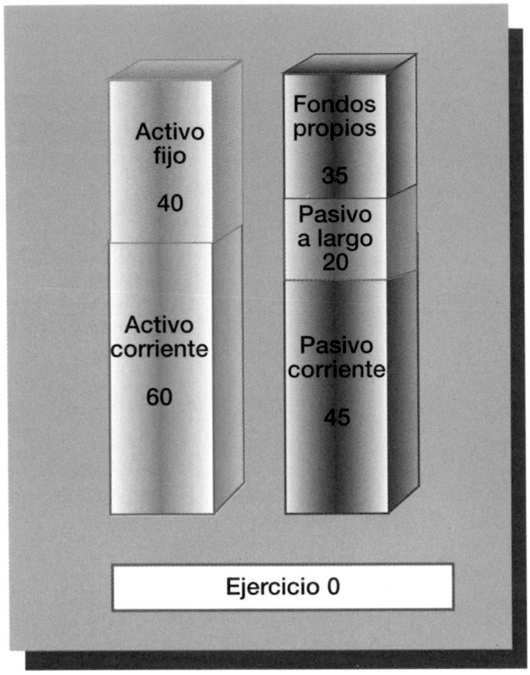

Activo fijo 40	Fondos propios 35
	Pasivo a largo 20
Activo corriente 60	Pasivo corriente 45

Ejercicio 0

Activo fijo 45	Fondos propios 30
	Pasivo a largo 20
Activo corriente 55	Pasivo corriente 50

Ejercicio 0 + 1

▲ *En la comparación porcentual de los dos ejercicios, vemos que la empresa ha financiado sus activos fijos con pasivos a corto plazo más que con los fondos propios o el endeudamiento a largo plazo.*

CUADRO 9.4

CUENTA DE PÉRDIDAS Y GANANCIAS - EJERCICIO N.º 0

	Unidades Monetarias (u.m.)	%
Ingresos por ventas	2 000	100
Menos: Coste de las ventas	– 1 750	87,5
Margen bruto	250	12,5
Menos: Gastos comerciales	– 65	3,25
Margen de contribución	185	9,25
Menos: Gastos financieros	– 4	0,2
Margen bruto operativo	181	9,05
Menos: Gastos de estructura	– 142	7,10
Resultado operativo	39	1,95
+ / – Resultados extraordinarios	+ 2	0,1
Resultado antes de impuestos	41	2,05

CUADRO 9.5

CUENTA DE PÉRDIDAS Y GANANCIAS

	Ejercicio N.° 0 (u.m.)	%	Ejercicio N.° 0 + 1 (u.m.)	%	Variación (u.m.)	%
Ingresos por ventas	2 000	100	2 180	100	180	+ 8
Menos: Coste de las ventas	1 750	87,5	1 900	87,2	150	+ 8
Margen bruto	250	12,5	280	12,8	30	+ 11
Menos: Gastos comerciales	65	3,25	71	3,3	6	+ 8,5
Margen de contribución	185	9,25	209	9,5	24	+ 11,5
Menos: Gastos financieros	4	0,2	5	0,2	1	+ 20
Margen bruto operativo	181	9,05	204	9,3	23	+ 11
Menos: Gastos de estructura	142	7,10	147	6,7	5	+ 3,5
Resultado operativo	39	1,95	57	2,6	18	+ 31
+ / – Resultados extraordinarios	+ 2	0,1	– 6	0,3	– 8	– 300
Resultado antes de impuestos	37	2,05	51	2,3	14	+ 27

Podemos efectuar este mismo planteo con la cuenta de pérdidas y ganancias. Sabemos que este estado contable recoge el resultado de las operaciones durante un período de tiempo determinado; por lo general, en nuestro caso nos referimos a un ejercicio social anual.

Pese a que el período considerado en el tiempo es un año, también podemos hacer análisis verticales o estáticos u horizontales/dinámicos a la vez que horizontales.

Veamos un ejemplo del análisis vertical en el cuadro 9.4.

Ahora hagamos la misma comparación horizontal dinámica a la vez que vertical (cuadro 9.5).

☐ LOS RATIOS O ÍNDICES EN LAS EMPRESAS

Al comparar dos elementos financieros podemos buscar dos tipos de valoraciones diferentes. Por un lado podemos estudiar la proporción existente entre dos valores, lo que nos lleva a un planteo estructural, por otro podemos comprobar su evolución en el tiempo, lo que nos lleva a una evaluación del propio activo de la empresa.

En el caso de los llamados ratios estructurales, nos encontramos con un análisis estático, mientras que los índices de análisis del activo tienen un carácter dinámico.

Para desarrollar este tipo de análisis, tomaremos un esquema que permita estudiar la rentabilidad global de la empresa y también su solvencia y capacidad de evolución. Para ello agruparemos los diferentes índices en una cantidad de apartados homogéneos según el gráfico 9.3.

Análisis de la rentabilidad

Este tipo de análisis pretende determinar cuál es el marco en que la empresa se encuentra para enfrentar el futuro. Una buena situación de rentabilidad puede ser una garantía de futuras solvencias, más significativa aún que una buena situación de solvencia actual. Si una empresa no tiene una adecuada rentabilidad, una buena solvencia puede deteriorarse con el transcurso del tiempo. Por el contrario, si existe una buena rentabilidad, puede equilibrar situaciones de deficiencia financiera.

Al estudiar la rentabilidad, lo hacemos siempre desde dos puntos de vista: por un lado, la relacionamos con los fondos propios de la empresa, que nos vinculará con la retribución al capital invertido, y por otro, al total del activo que establece la rentabili-

▼ *Al analizar la rentabilidad nos vemos obligados a descomponerla según los factores que intervienen en su determinación. Por un lado, la rentabilidad de las ventas menos los gastos de estructura y, por otro, los derivados de la situación financiera, las políticas de inversión y los costes del endeudamiento.*

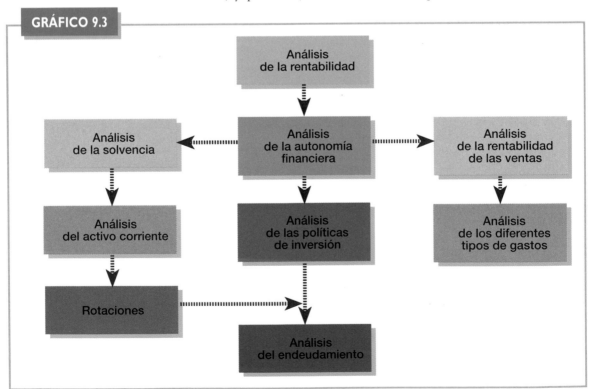

GRÁFICO 9.3

dad global de la empresa, que indica la remuneración media de todo el activo. Esto permite llegar a la conclusión de si conviene utilizar los fondos propios o buscar capitales ajenos. Si consideramos la rentabilidad global como la tasa de remuncración media de todo el activo, si el costo de los capitales ajenos es inferior a la rentabilidad global de la empresa, conviene recurrir a ellos. Por el contrario, cuando los costos del capital ajeno son superiores a la rentabilidad, no es conveniente recurrir a ellos aunque mejoren la liquidez, ya que su utilización empeorará la rentabilidad global.

Los índices que utilizaremos para evaluar la rentabilidad serán los siguientes:

• *Rentabilidad de los fondos propios*

$$\frac{\text{BENEFICIOS NETOS OPERATIVOS} \times 100}{\text{FONDOS PROPIOS}}$$

Este índice nos indica la tasa de rendimiento final de los capitales y beneficios no distribuidos que mantiene la empresa.

• *Rentabilidad del capital accionarial*

$$\frac{\text{BENEFICIOS NETOS OPERATIVOS} \times 100}{\text{CAPITAL EN ACCIONES}}$$

Obteniendo la tasa de rendimiento sobre el capital realmente invertido por los accionistas.

• *Recuperación del capital invertido*

$$\frac{\text{TOTAL DEL ACTIVO}}{\text{BENEFICIOS NETOS OPERATIVOS} + \text{AMORTIZACIONES}}$$

Este denominador también se llama *cash flow*, es decir, la generación neta de recursos por parte de la empresa y nos permite determinar en qué medida los beneficios implican una recuperación de los capitales invertidos en los activos.

Análisis de la rentabilidad de los activos totales

• *Rentabilidad sobre el activo total*

$$\frac{\text{BENEFICIOS NETOS OPERATIVOS} \times 100}{\text{ACTIVO TOTAL}}$$

LA FINANCIACIÓN PROPIA

Constituye en principio el medio de inversión más económico y el que suele originar menos problemas; consiste en hacer productivos los recursos que están ociosos dentro de la empresa.

Ésta es la tasa de rentabilidad global de la empresa.

• *Margen de beneficios sobre las ventas*

$$\frac{\text{BENEFICIOS NETOS OPERATIVOS} \times 100}{\text{VENTAS}}$$

Es el margen directo sobre las ventas.

• *Rotación del activo total*

$$\frac{\text{VENTAS}}{\text{ACTIVO TOTAL}}$$

Que nos indica cuántas veces al año se ha hecho girar el activo.

Existen dos índices combinados que permiten un análisis interesante al comparar dos circunstancias, una de rentabilidad y otra de rotación.

Si pensamos en una rentabilidad final, tal como hemos visto, el índice será:

$$\frac{\text{BENEFICIOS NETOS OPERATIVOS}}{\text{FONDOS PROPIOS}}$$

Pero si una empresa tiene una rentabilidad dada, ésta puede provenir de que mantiene un adecuado nivel de rentabilidad sobre ventas o bien porque con una rentabilidad más pequeña se ha dado un elevado número de veces la «vuelta» o rotación al capital o a los activos totales.

Así, se puede plantear la ecuación de la siguiente forma:

$$\frac{\text{BENEFICIOS NETOS OPERATIVOS}}{\text{FONDOS PROPIOS}} = \frac{\text{BENEFICIOS NETOS OPERATIVOS}}{\text{VENTAS}} \times \frac{\text{VENTAS}}{\text{FONDOS PROPIOS}}$$

Supongamos una empresa que tiene un volumen de ventas de 1 000 u.m, unos beneficios netos operativos de 100 u.m. y unos fondos propios de 300, este índice sería:

$$\frac{100}{300} = \frac{100}{1\,000} \times \frac{1\,000}{300}$$

Si la empresa pudiera mejorar sus beneficios, mediante una reducción de costos, hasta 150, manteniendo constantes tanto su volumen de ventas como los fondos propios, la ecuación quedaría como sigue:

$$\frac{150}{300} = \frac{150}{1\,000} \times \frac{1\,000}{300}$$

Si en lugar de aumentar sus márgenes de beneficios, se mantiene en el mismo porcentaje del 10 por ciento y aumenta su volumen de facturación hasta 1 200, con los mismos capitales propios nos encontraríamos con la siguiente situación:

$$\frac{120}{300} = \frac{120}{1\,200} \times \frac{1\,200}{300}$$

**La ciencia
se puede
aprender de
memoria, pero
la sabiduría no.**

LAURENCE STERNE
Escritor

Como podemos comprobar con este ejemplo, una empresa puede aumentar su rentabilidad, ya sea vendiendo la misma cantidad con un mejor margen de beneficios o bien manteniendo los mismos márgenes, pero aumentando el volumen de ventas.

Dentro de estos parámetros pueden darse las más diversas combinaciones, pero es evidente que según sea el tipo de mercado en el que se mueva la empresa existen soluciones alternativas. Llevar a cabo una política de precios agresiva con la competencia, reduciendo márgenes y aumentando el volumen; reducir costos para mejorar márgenes aunque no se aumenten las ventas; o una serie de combinaciones entre estas posibilidades y para cada producto.

▲ *Una política de precios agresiva permite activar las ventas y acelerar la rotación del activo. Aunque puede tener sus riesgos, suele conseguir beneficios adicionales.*

Análisis de la autonomía financiera

El nivel de autonomía financiera se determina mediante la siguiente ecuación:

$$\frac{\text{FONDOS PROPIOS}}{\text{TOTAL DEL ACTIVO}} \times 100$$

Éste nos indica la cantidad de activos de la empresa que quedan cubiertos con los fondos propios, marcando de este modo el grado en que la sociedad es autónoma en su funcionamiento y en qué medida depende de la financiación externa.

Llegados a este punto también es importante analizar en qué medida los capitales permanentes, es decir los fondos propios y las deudas a largo plazo, están equilibrados.

$$\frac{\text{FONDOS PROPIOS}}{\text{CAPITALES PERMANENTES}}$$

▼ *Al hablar de la situación financiera de una empresa, hay que distinguir el factor tiempo, es decir, la capacidad de que dispone a corto, medio y largo plazo para hacer frente a sus compromisos de pago.*

En la medida en que este ratio sea superior, se equilibra la autonomía de la empresa.

Análisis de la solvencia

Este tipo de análisis es de gran valor, ya que tanto los proveedores como las entidades crediticias lo toman como base de la fiabilidad de la empresa. Para desarrollar este análisis tenemos una serie de ratios o índices que profundizan sobre diferentes grados de la solvencia.

GRÁFICO 9.4

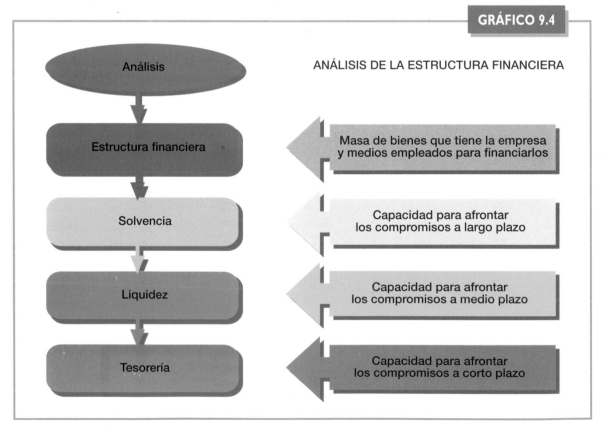

ANÁLISIS DE LA ESTRUCTURA FINANCIERA

Análisis

Estructura financiera — Masa de bienes que tiene la empresa y medios empleados para financiarlos

Solvencia — Capacidad para afrontar los compromisos a largo plazo

Liquidez — Capacidad para afrontar los compromisos a medio plazo

Tesorería — Capacidad para afrontar los compromisos a corto plazo

• *Solvencia total*

$$\frac{\text{TOTAL DEL ACTIVO}}{\text{TOTAL DEL PASIVO}}$$

Es un primer paso para determinar la solvencia: si la totalidad de los activos alcanzan para cubrir todas las deudas. Si este índice es superior a uno, los acreedores encuentran que sus saldos están totalmente garantizados con el activo total de la empresa. Si es igual a uno, los acreedores pueden considerarse garantizados de un modo muy justo, ya que cualquier pequeño desequilibrio les haría perder una parte de sus saldos. Si este ratio es inferior a uno, es una situación de quiebra de la empresa, es decir que con la totalidad de sus bienes no alcanza a cubrir sus deudas.

Sin embargo, hay que tener en cuenta que aunque este índice sea superior a uno, no es una garantía completa para los acreedores. Puede darse el caso de que si bien la empresa cubre en exceso sus deudas con sus bienes, ello no significa que en el momento del vencimiento de sus obligaciones disponga de la liquidez suficiente para hacerles frente. Es por este motivo que un índice más ajustado es el de la:

• *Solvencia técnica*

$$\frac{\text{ACTIVO CIRCULANTE O CORRIENTE}}{\text{PASIVO CIRCULANTE O CORRIENTE}}$$

Este tipo de ratio ya da una visión más aproximada de la capacidad de la empresa de hacer frente a sus compromisos. Aquí conviene aclarar que los ciclos de maduración de los activos y los pasivos no tienen que ser necesariamente homogéneos. Por ello hay que tener en cuenta los plazos medios de cobro de cuentas de clientes y los de pago a proveedores. Así mismo, hay que analizar las rotaciones de las existencias para saber el tiempo que tardan en ser vendidas. Inicialmente diremos que este índice debería situarse, para brindar una situación de solvencia adecuada, entre 1,5 y 2.

Para llegar a un análisis más objetivo y ajustado es conveniente separar, dentro del activo corriente, todas las partidas de existencias y llegar al índice de tesorería más ajustado.

• *Índice de tesorería o prueba ácida*

$$\frac{\text{DISPONIBLE + REALIZABLE}}{\text{PASIVO CIRCULANTE O CORRIENTE}}$$

SOLVENCIA

La solvencia de una empresa se refleja no sólo en que sus activos alcancen para cubrir todas sus deudas, sino también en la capacidad técnica para hacer frente a los compromisos.

De esta manera se obtiene la comparación entre los activos líquidos de la empresa y los de rápida realización con sus compromisos a corto plazo. Un índice de uno se considera aceptable, ya que indica que se tienen, con una cierta rapidez, los recursos necesarios para cubrir todas las deudas a corto plazo.

Un último índice es el de liquidez. Éste constituye la expresión más «dura» de este análisis.

- *Índice de liquidez*

$$\frac{\text{DISPONIBLE}}{\text{PASIVO CIRCULANTE O CORRIENTE}}$$

Indica las deudas a corto plazo que se pueden pagar con el dinero disponible; los valores aceptados como adecuados se encuentran entre el 0,10 y el 0,25.

Este índice no es de igual aplicación a todo tipo de actividad empresarial.

Estudio del activo circulante o corriente

Es de vital importancia mantener un adecuado control de estos activos, ya que en definitiva reúnen los elementos que son la base operativa de la empresa, y que por lo general siempre se mantienen en valores elevados.

La política de inventarios, con sus existencias mínimas, los plazos de producción, en su caso, las condiciones de venta y financiación a los clientes, condicionan los volúmenes de esta partida y, en muchos casos, el costo financiero de su mantenimiento.

Para efectuar un análisis pormenorizado nos valdremos de una serie de ratios que miden tanto su situación global como la de sus componentes.

- *Índice general*

$$\frac{\text{ACTIVO CORRIENTE}}{\text{ACTIVO TOTAL}}$$

Este primer índice nos destaca la importancia relativa de los activos corrientes y marca la mayor o menor necesidad de efectuar estudios más profundos mediante índices de rotación de cada partida. Si analizamos la secuencia con que se producen las actividades de una empresa, veremos que son una sucesión de ciclos. En

La liquidez es la capacidad de la empresa para hacer frente de un modo inmediato a sus obligaciones financieras, basándose principalmente en dinero y en bienes de fácil conversión en efectivo.

INVENTARIO Y BALANCE

Mientras el inventario debe reflejar fielmente la situación ecónomica de la empresa, detallando el activo y el pasivo, el balance es un resumen de aquél y sólo recoge las grandes magnitudes.

la medida en que algunas de las etapas de dichos ciclos tienen períodos de duración sensiblemente diferentes a los otros, alteran las ecuaciones de disponibilidad, rapidez de realización y, como consecuencia, capacidad de pago.

Supongamos un ejemplo de estos ciclos en una empresa comercial.

GRÁFICO 9.5

CICLO FINANCIERO DE LA EMPRESA

◀ *La secuencia
de los recursos
financieros sigue
el circuito de la actividad:
compra, producción,
almacenaje, venta,
cobro, y así sucesivamente
para retroalimentar
el sistema.*

En una empresa industrial habría que añadir los procesos de fabricación y de existencias de productos terminados.

Si vemos la incidencia e interrelación dinámica de estas etapas en cada uno de los ciclos, advertiremos la importancia del factor tiempo en todo el esquema.

Para continuar con el análisis, avanzaremos tratando de determinar la importancia del activo corriente con relación a las ventas totales de la empresa.

• *Rotación del activo corriente o circulante*

$$\frac{\text{VENTAS TOTALES}}{\text{ACTIVO CORRIENTE}}$$

Este ratio nos indica la cantidad de veces al año que ha girado la totalidad del activo corriente. Pongamos un ejemplo:

$$
\begin{array}{ll}
\text{Ventas anuales} & 1\ 000 \\
\text{Activo corriente} & 100
\end{array}
$$

$$\frac{1000}{100} = 10$$

Es decir que el activo corriente ha girado prácticamente una vez cada 36 días. Cabe señalar que para ajustar este tipo de ratios de «rotación» es aconsejable tomar los valores del activo circulante (o, más adelante, de sus componentes) como valores promedio. Así, y continuando con el ejemplo, podemos tomar el mismo monto de ventas, pero los valores del activo circulante, de inicio y cierre del ejercicio.

▼ *Al analizar la situación de una empresa podemos hacerlo por métodos diferentes, aunque se parta de la misma información. El método estático nos sitúa en un momento determinado, el dinámico lo analiza a lo largo del tiempo.*

Activo circulante inicial: 200

Activo circulante final: 100

Promedio activo circulante: 150

Con lo que el ratio resultaría: $\dfrac{1\ 000}{150} = 6{,}67$ vueltas al año

GRÁFICO 9.6

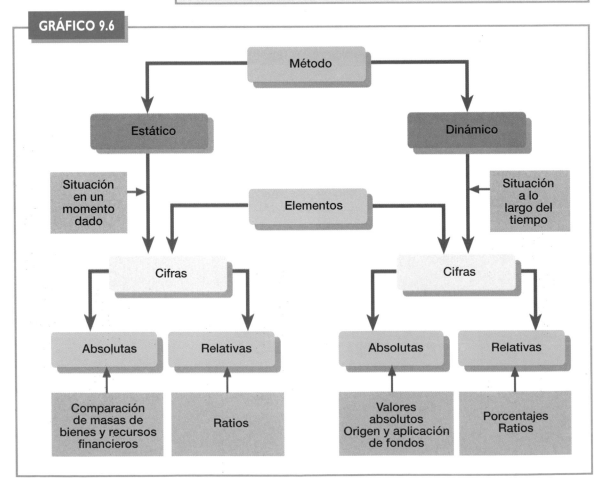

Lo que llevado a días representa que hemos dado la vuelta al circulante cada 54 días, prácticamente cada dos meses.

Continuando con este análisis, nos centraremos ahora en las partidas que componen el activo circulante. Desarrollaremos el planteo partiendo de la suposición de que se trata de una empresa comercial. Si fuera una empresa industrial, deberíamos dividir el ratio utilizado en tres: rotación de primeras materias, rotación de trabajos en curso de fabricación y rotación de productos terminados. Por ser una empresa comercial, quedará reducido a un solo índice de trabajo y otro de referencia:

▼ *La comercialización de productos de vida corta, como los vegetales frescos, suponen una rotación rápida del activo circulante, ya que el tiempo de almacenamiento es corto.*

• *Plazo de almacenamiento*

$$\frac{\text{EXISTENCIAS PROMEDIO}}{\text{COMPRAS ANUALES}} \times 12$$

Nota: tomaremos las existencias promedio como semisuma de las iniciales y finales. En el caso de poder obtener los datos, es la suma de las existencias mensuales dividido por doce. Este índice nos indica el tiempo promedio en meses en que las mercaderías están en los almacenes de la empresa.

Para determinar el tiempo promedio en meses que se tarda en vender, haremos:

$$\frac{\text{EXISTENCIAS PROMEDIO}}{\text{COSTO DE LAS VENTAS}} \times 12$$

• *Plazo de las ventas*

Una vez obtenidos estos datos y analizados sus resultados, debemos pasar a la etapa siguiente del ciclo de la empresa: cuánto tardamos en cobrar de los clientes.

$$\frac{\text{SALDO MEDIO DE CLIENTES}}{\text{TOTAL DE VENTAS ANUALES}} \times 12$$

• *Plazos de cobro*

Así obtenemos la cantidad de meses en que se tarda en cobrar de los clientes. Veamos a continuación un ejemplo de estos tres índices de rotación:

ALMACENAMIENTO Y VENTAS

El prolongado almacenamiento de productos acabados y los excesivos aplazamientos en el cobro de las ventas comportan para la empresa no sólo falta de liquidez, sino que a menudo hipotecan su viabilidad y desarrollo.

Compras anuales de mercaderías ... 900
Existencias promedio: ... 90
Costo de las ventas. ... 800
Ventas: ... 1000
Saldo medio de clientes ... 300

Plazo de almacenamiento: $\dfrac{90}{900} \times 12 = 1,2$ meses (36 días)

Plazo de las ventas: $\dfrac{90}{800} \times 12 = 1,35$ meses (40 días)

Plazo de cobro: $\dfrac{300}{1\,000} \times 12 = 3,6$ meses (108 días)

Vemos entonces que la empresa necesita un total de 140/150 días para madurar sus ingresos. Veamos ahora qué ocurre con los pagos a proveedores.

- *Plazo de pago a proveedores*

$$\frac{\text{SALDO MEDIO DE PROVEEDORES}}{\text{COMPRAS ANUALES}} \times 12$$

Siguiendo con el ejemplo anterior, indiquemos que el saldo medio de proveedores es de 200. El índice quedaría de la siguiente forma:

$$\frac{200}{900} \times 12 = 2,66 \text{ meses (80 días)}$$

En esta situación observamos que la empresa tarda en madurar su ciclo de ingresos entre 140/150 días, mientras que sus compromisos con proveedores quedan en 80 días.

Si tenemos en cuenta que existen otros gastos que se pagan mensualmente, tales como retribuciones al personal, cargas sociales y servicios, queda bastante claro que la empresa necesita recurrir constantemente a otras fuentes de financiación para hacer frente a sus compromisos.

Análisis de la gestión financiera y de inversiones

Como hemos comentado en puntos precedentes, para el logro de sus objetivos, la empresa necesita disponer de inmovilizaciones en activos fijos. En el transcurso de su vida se suceden las ampliaciones, las renovaciones y la adecuación tecnológica. Esto implica que existe una constante de inversión que debe ser evaluada.

Para ello comenzaremos con un ratio que mide la incidencia de las inmovilizaciones en activo fijo en comparación con los activos totales de la empresa.

- *Índice de activo fijo*

$$\frac{\text{ACTIVO FIJO O INMOVILIZADO}}{\text{ACTIVO TOTAL}} \times 100$$

Este índice tiene un valor específico en función del tipo de actividad de la empresa. Se mueve en un cierto sentido según sean empresas industriales, comerciales o de servicios.

Como ya comentamos, se entiende que los activos inmovilizados deben financiarse con los fondos propios y con capitales ajenos a largo plazo.

Por ello, plantearemos esta relación:

- *Financiación del activo fijo*

$$\frac{\text{FONDOS PROPIOS} + \text{FINANCIACIÓN A LARGO PLAZO}}{\text{ACTIVOS FIJOS}}$$

Evidentemente, podemos obtener tres tipos de resultados en esta ecuación:

- Que sea inferior a uno, lo que indica que hemos financiado inmovilizaciones con activos circulantes.
- Que sea igual a uno, que implica que únicamente el activo fijo se ha financiado con los fondos propios y financiación a largo plazo.
- Que sea superior a uno, lo que indica que parte de estos recursos se han aplicado a financiar partidas del activo circulante.

Dentro de estas posibilidades, es conveniente destacar que para que sea un índice positivo debe adoptar cifras superiores a uno, de lo contrario, quedaría en evidencia el hecho de que estamos financiando inmovilizaciones con operaciones a corto plazo. Esto implica que estamos restando capacidad operativa a la empresa, ya que sabemos que la regeneración de las inversiones en activos fijos dependen de su vida útil, por lo que necesitamos plazos largos para no desequilibrar las finanzas de la sociedad.

Un índice complementario al expuesto es el de rotación latente del activo fijo. Éste nos orienta hacia la vida útil pendiente del inmovilizado de la empresa.

ANÁLISIS

Las políticas de inversión en activos fijos deben ser analizadas siempre teniendo en cuenta la evolución tecnológica y la eficiencia operativa.

TAREA CONTABLE

Son diversas las modalidades adoptadas por las diferentes empresas para llevar un control exhaustivo de su gestión y facilitar de este modo la tarea contable a la hora de proceder al balance.

• *Rotación del inmovilizado*

$$\frac{\text{ACTIVO INMOVILIZADO NETO DE AMORTIZACIONES}}{\text{AMORTIZACIÓN DEL EJERCICIO}}$$

El resultado, como dijimos con anterioridad, indica los años de vida útil del inmovilizado al ritmo de amortización anual que aplica la empresa.

Nota: este tipo de ratio puede hacerse por cada tipo de inmovilizado, es decir, el material, el inmaterial o el financiero. También, y para un mayor grado de análisis, y en función de la importancia del inmovilizado, puede hacerse con las partidas más significativas, lo que nos puede dar una primera pauta del grado de «envejecimiento» de los activos fijos.

Otro aspecto que se debe destacar es la evaluación de la política de inversión de la empresa con relación a los activos fijos. Un índice de esta política se plantea de la siguiente forma:

**El camino
hacia la riqueza
depende
fundamentalmente
de dos palabras:
trabajo y ahorro.**

Benjamin Franklin
Filósofo, físico
y político

• *Política de inversión*

$$\frac{\text{VARIACIÓN ANUAL DE LOS FONDOS PROPIOS}}{\text{INVERSIÓN ANUAL EN ACTIVOS FIJOS}} \times 100$$

Este ratio nos indica en qué medida se utilizan los fondos propios en inversiones de activo fijo. Si bien entendemos que todos los ratios que hemos comentado deben ser siempre comparados entre sí durante varios ejercicios, puntualmente este último necesita una comparación más amplia, a los efectos de determinar si este tipo de inversión pudo haber afectado a uno o más ejercicios en el tiempo.

Por último, consideraremos la situación de endeudamiento global de la empresa como una medida de su capacidad de obtención de fondos en casos de emergencia o de su excesiva dependencia de los fondos de terceros.

• *Endeudamiento total*

$$\frac{\text{PASIVO HACIA TERCEROS (A CORTO Y LARGO PLAZO)}}{\text{FONDOS PROPIOS}} \times 100$$

Si bien el valor recomendable es alrededor de uno, si esta relación fuera superior, estaríamos frente a una situación de dificultades para la obtención de nuevas fuentes.

Análisis económico

El análisis económico se basa en la evolución de las relaciones entre las ventas, sus costos y el resto de gastos de la sociedad.

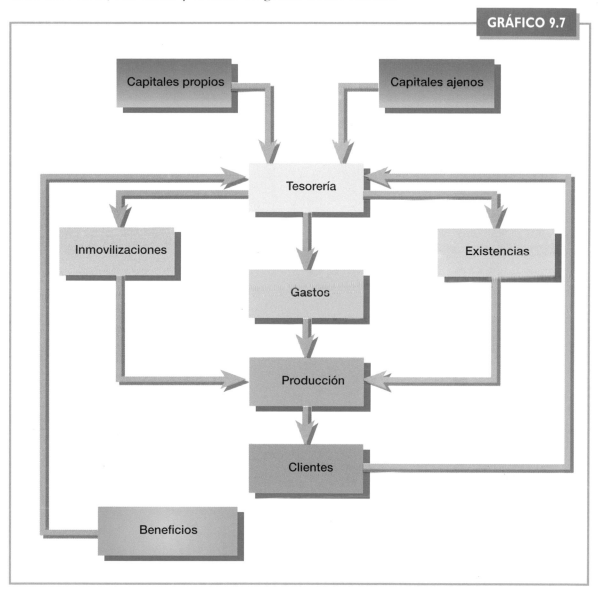

GRÁFICO 9.7

Los ratios referentes a las ventas y sus costos los podemos desarrollar por activa o por pasiva, así tendríamos:

$$\frac{\text{COSTO DE LAS VENTAS (CONSUMOS)}}{\text{VENTAS}}$$

o por su complementario:

▲ *La tesorería de la empresa se alimenta de los capitales propios, de los capitales ajenos y de los beneficios generados.*

• *Margen porcentual*

$$\frac{\text{VENTAS MENOS COSTO DE LAS VENTAS}}{\text{VENTAS}}$$

El resto de partidas que conforman la cuenta de pérdidas y ganancias deben compararse siempre con las ventas. Algunas de ellas pueden tener una relación directa, casi variable, como pueden ser los transportes de ventas, las comisiones sobre ventas, los gastos financieros vinculados al ciclo comercial, etcétera. Otros, si bien forman parte de los gastos necesarios para el funcionamiento de la empresa, no ofrecen este grado de relación directa o variable. Debemos tomar en cuenta estos últimos sólo por su significatividad en relación al volumen de actividad de la empresa y, en su caso, por el hecho de si son imprescindibles o no, por lo menos en cuanto al volumen que alcanzan. A título ejemplificativo indicaremos algunos de los más frecuentes:

1. Incidencia de gastos.
2. Gastos directamente vinculados a la venta:
   • Comisiones:

$$\frac{\text{COMISIONES SOBRE VENTAS}}{\text{VENTAS}}$$

   • Transportes de ventas:

$$\frac{\text{TRANSPORTES DE VENTAS}}{\text{VENTAS}}$$

   • Gastos de financiación

$$\frac{\text{TOTAL GASTOS FINANCIEROS CORRIENTES}}{\text{VENTAS}}$$

Nota. No deben incluirse los gastos financieros derivados de operaciones de compra de inmovilizado o activos fijos. Éstos deben formar parte de un análisis independiente para evaluar si ha sido acertada o no la política de financiación de las inversiones.

   • Otros gastos:

$$\frac{\text{GASTOS FIJOS O DE ESTRUCTURA}}{\text{VENTAS}}$$

CONCLUSIONES

Como ya hemos comentado, el principal objetivo de una empresa con fines de lucro es la maximización de los resultados económicos, la obtención de la mayor rentabilidad posible para retribuir los capitales invertidos. Por esto mismo debemos poner especial énfasis en el análisis de todos los factores que influyen en la consecución de estos objetivos.

La rentabilidad es aquello con lo que pagamos los capitales invertidos. Pero, y desde el punto de vista interno de la empresa, la rentabilidad es la suma de todos los beneficios que genera y está condicionada no sólo de un modo directo por los ingresos y gastos, sino también por la estructura financiera de la misma.

El grado de eficacia en la administración de los bienes de la empresa, la gestión operativa de las existencias y de las cuentas a cobrar, el equilibrio entre la obtención de liquidez y el pago de los compromisos, el costo de los capitales ajenos conforman un equilibrio y un tipo de interrelaciones que son medibles y evaluables. Es por ello que, mediante la utilización de estados contables comparativos, agrupados en masas patrimoniales claras y perfectamente definidas, obtendremos una primera aproximación no sólo a la situación de una empresa en un momento determinado, sino también a su evolución a lo largo de varios ejercicios sociales.

Incorporando el análisis mediante los ratios o índices podemos penetrar en los aspectos de gestión y en la evaluación de los resultados de las decisiones que se han adoptado en la empresa en el período de tiempo estudiado.

Para completar este esquema de análisis, desarrollaremos un último aspecto del análisis dinámico: el estado de origen y aplicación de fondos.

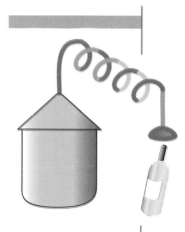

El cuidado con que se aborden las diversas fases de creación y comercialización de un producto repercutirá, indudablemente, en la economía de esfuerzos y tiempo, así como en un ahorro de los gastos generales que se dediquen a su planificación.

ESTADO DE ORIGEN Y APLICACIÓN DE FONDOS

Como ya hemos comentado, los balances de situación de una empresa tienen, desde el punto de vista de información, un carácter eminentemente estático. Es decir, que es un estado contable que presenta la situación financiera y patrimonial a una fecha determinada y, por lo tanto, no informa sobre las variaciones que puedan haber ocurrido durante el ejercicio.

Una de las primeras ideas que se nos ocurre para atenuar esta limitación es la comparación de balances de ejercicios consecutivos, agrupándolos por masas patrimoniales homogéneas. Esto, desde ya, constituye un enriquecimiento de la información pero

**ORIGEN
Y APLICACIÓN**

El estado de origen y aplicación de fondos permite explicar cómo y por qué ha variado a lo largo de un ejercicio la situación financiera de una empresa.

Nunca sopla
el viento
favorablemente
para aquél
que no sabe
adónde va.

AFORISMO ANÓNIMO

aún no nos permite adentrarnos en los pormenores del «qué y cómo» han sucedido las cosas dentro de esos ejercicios. Para simplificar la comparación y ampliar la comprensión, se ha desarrollado un estado contable que, partiendo de dos balances de situación, permite ahondar en el tema. A este tipo de estado se le ha llamado cuadro de financiación, estudio de fuentes y utilizaciones, fuentes y empleos, y, más generalmente estado de origen y aplicación de fondos, que es el término que utilizaremos en adelante.

Podemos decir que el estado de origen y aplicación de fondos es un estado contable cuyo objetivo es presentar, de una manera simplificada pero lo suficientemente analítica, los recursos obtenidos dentro del ejercicio, clasificándolos de acuerdo con sus diferentes orígenes, así como el empleo o aplicación de los mismos. Podemos añadir que no está concebido como un estado de variaciones patrimoniales, sino como una descripción de las fuentes de financiación de la empresa y de su empleo o inversión, es decir su aplicación. También tiene en cuenta su incidencia en las variaciones del circulante, todo ello referido a un ejercicio con su precedente. Por ello, y en forma esquemática, diremos que es un estado en el que se muestran, separadamente y de un modo ajustado, los totales de los orígenes y aplicaciones de fondos, así como la variación del circulante.

En este estado se analizan por separado los recursos originados y aplicados en elementos fijos o a largo plazo (inmovilizado, fondos propios y pasivo a largo plazo) y en elementos circulantes o corrientes (activo circulante y pasivo circulante).

Como consecuencia de esto, el estado de origen y aplicación de fondos evidencia el efecto que han tenido las diferentes operaciones que ha realizado la empresa sobre su capital circulante (activo circulante menos pasivo circulante). Esta información, como ya hemos visto, es de gran importancia por la incidencia que tienen, para la evolución de las empresas, las magnitudes que alcance este capital circulante o corriente.

■ Conceptos básicos

A lo largo de su actividad, la empresa necesita fondos para hacer frente a distintas circunstancias, algunas de ellas afectando a inversiones o mantenimiento de activos y otras a la cancelación de deudas o disminuciones de pasivos, que anteriormente permitieron efectuar inversiones o mantener la actividad económica de la empresa. En síntesis, podemos decir que las necesidades financieras de la empresa, en un período dado, estarán originadas por el incremento de inversiones en su activo o para reembolsar parte de su pasivo. Podemos esquematizarlo mediante el cuadro 9.6.

CUADRO 9.6

NECESIDADES DE FONDOS / APLICACIONES
VARIACIÓN CIRCULANTE

Para financiación del activo	Para cancelación de pasivos
1. Aplicaciones	***a.*** Aplicaciones
1.1 Aumentos del activo fijo	***a.1*** Disminución de deudas a largo plazo
1.2 Adquisición de acciones propias	***a.2*** Traspaso a corto de deudas a plazo largo
1.3 Disminución de capital	
1.4 Pérdidas	
1.5 Dividendos	
2. Aumentos circulante	***b.*** Aumentos circulante
2.1 Aumentos de existencias	***b.1*** Disminuciones de deudas a corto plazo
2.2 Aumentos de saldos a cobrar	
2.3 Aumentos de disponible	

Para hacer frente a estas necesidades de financiación, la empresa cuenta con una serie de recursos que, primariamente, podemos clasificar entre propios y ajenos. Entre los propios podemos hablar de los beneficios obtenidos de la propia actividad económica de la empresa y que no hayan sido distribuidos como dividendos o distribución de beneficios entre los socios. Estas cantidades de beneficios no distribuidos toman el nombre de reservas. Podríamos hablar también de «autofinanciación» o consolidación de los resultados positivos. Otra fuente de recursos propios la constituyen los incrementos de capital, es decir las nuevas aportaciones de los accionistas o socios de la empresa.

Entre los recursos ajenos podemos segregar dos grandes tipos: primero aquellos que provienen del endeudamiento a largo plazo, (ya sea por la emisión de obligaciones o por la financiación de inversiones con préstamos o créditos a largo plazo); por otro lado, cualquier tipo de incremento del pasivo a corto plazo o corriente.

Así mismo, la empresa puede obtener fondos mediante la reducción de sus partidas de activo; normalmente, se consideran únicamente aquellas que provienen del activo fijo, ya que las variaciones en el circulante suelen vincularse entre activos y pasivos.

A continuación expondremos esquemáticamente las fuentes básicas de financiación de la empresa. Para ello las agruparemos entre aquellas que afectan los activos fijos y pasivos a largo plazo, y aquellas que se relacionan con el activo y el pasivo circulante.

CUADRO 9.7

FUENTES DE FONDOS / ORÍGENES
VARIACIÓN CIRCULANTE

Por reducciones del activo	Por aumentos de los pasivos
1. Orígenes	a. Orígenes
1.1 Ventas de inmovilizado	a.1 Por beneficios
1.2 Venta de acciones propias	a.2 Por aportación de socios
1.3 Traspaso a corto de inversiones financieras	a.3 Por subvenciones recibidas
	a.4 Por incrementos de pasivos a largo plazo
2. Disminuciones circulante	b. Disminuciones circulante
2.1 Disminuciones de existencias	b.1 Aumento de deudas a corto plazo
2.2 Disminuciones de saldos a cobrar	
2.3 Disminuciones de disponible	

Al agrupar las partidas de origen y aplicación de fondos derivadas de o en activos fijos y capitales propios o ajenos a largo plazo y compararlas, nos encontraremos con excesos de orígenes sobre aplicaciones o viceversa. En este caso las diferencias, como veremos más adelante, se consideran aumentos o disminuciones del capital circulante. Para ello plantearemos una serie de ecuaciones básicas.

Sabemos que el activo de una empresa es igual a su pasivo. Así también sabemos que si restamos el activo del ejercicio 1 del activo del ejercicio 2, esta diferencia será igual a la que obtengamos de la resta de pasivos de los dos ejercicios. Por lo dicho anteriormente sabemos que:

orígenes de fondos =
aumentos de pasivos + disminuciones de activos;
aplicaciones de fondos =
aumentos de activos + disminuciones de pasivos

Como dentro de estos aumentos y disminuciones existe el factor temporal, deberemos descomponerlos en dos grupos: aquellos que afectan a los activos fijos y los capitales propios o ajenos a largo plazo y aquellos que afectan a los activos y pasivos corrientes.

Por ello, ajustaremos las proposiciones anteriores:

orígenes de fondos =
aumentos de pasivos a largo plazo +
disminuciones de activos fijos;
aplicaciones de fondos =
aumentos de activos fijos +
disminuciones de pasivos a largo plazo

Y construiremos un nuevo juego de ecuaciones:

aumento del capital circulante =
aumento activo circulante +
disminución pasivo circulante;
disminución del capital circulante =
aumento pasivo circulante + disminución activo circulante

Por lo tanto, podemos avanzar ya la estructura del estado de origen y aplicación de fondos. Para dar una mayor claridad hemos optado por un esquema que descompone este estado en dos cuadros, uno: el estado de origen y aplicación de fondos propiamente dicho y el segundo el estado de variaciones del capital circulante.

Seguidamente indicaremos qué partidas componen cada uno de estos estados y sus agrupaciones.

■ Preparación del estado de origen y aplicación de fondos

Como paso previo a la elaboración, cabe asegurarse que los balances que nos sirven de base son perfectamente comparables. Para ello debemos comprobar que los criterios contables aplicados son homogéneos entre sí. Es decir, si existen las mismas bases de valoración de las partidas, si son coincidentes los criterios de imputación de partidas y si se han mantenido constantes los criterios de agrupación.

Una vez que llegamos a la certeza de que los dos balances son comparables entre sí, pasamos a la fase específica de elaboración del estado de origen y aplicación de fondos.

Para ello se procede a una ordenación de las partidas de los balances que nos permitan comparar un ejercicio y otro. Cuando ya disponemos de este cuadro procedemos a analizar si han aumentado o disminuido cada una de ellas con relación al ejercicio precedente.

Una adecuada planificación y administración de los medios líquidos que están a disposición de la empresa pone de relieve la necesidad de una correcta actuación sobre determinadas magnitudes, como las compras, ventas, cobros y margen de utilidades.

► *La apertura de un
nuevo local de venta puede
determinar un aumento
de la deuda a medio
o largo plazo que debe
ser contabilizado en el
apartado de aplicaciones.*

Como nuestro objetivo es que este cuadro debe mostrar únicamente las aplicaciones y orígenes de fondos, las variaciones que existan deben ser analizadas para determinar si constituyen en realidad dichas aplicaciones y orígenes o, por el contrario, corresponden a simples ajustes contables, teniendo en cuenta además que, en la medida que sea posible, es necesario analizar los distintos movimientos para determinar si una variación no es más que una suma algebraica de más de una situación. Por ejemplo, un incremento de las deudas a largo plazo puede provenir de una o varias operaciones de endeudamiento, pero también de uno o varios aumentos y de una o varias disminuciones que arrojen finalmente, un incremento.

En la medida que sea posible, es importante que esta circunstancia se refleje en el cuadro final.

Pasaremos, a renglón seguido, a analizar las partidas que componen el cuadro, practicar los ajustes que se deben realizar y la forma en que las partidas deben expresarse en el estado final.

Aplicaciones de fondos

Los fondos del ejercicio pueden haberse aplicado a incrementar el inmovilizado, a disminuir los fondos propios o a disminuir el pasivo a largo plazo. Veamos cada una de estas situaciones:

Incremento del inmovilizado o activo fijo. Deben señalarse por separado los incrementos de las disminuciones. Como hemos indicado los incrementos significan aplicaciones, mientras que las disminuciones implican orígenes.

Se tomarán las variaciones en sus valores brutos, es decir, no se deben considerar las amortizaciones ni provisiones. Así mismo, debemos insistir en el hecho de que se tomarán sólo aquellos incrementos que obedezcan a inversiones efectivamente realizadas en el ejercicio. No se deben incluir traspasos entre diferentes partidas de inmovilizado; por ejemplo, si al final de un ejercicio una empresa tiene una partida de balance que indica que está en proceso de construcción una máquina o un edificio, y en el ejercicio siguiente esta inmovilización en curso está terminada, nos encontramos con que desaparece una partida de inmovilizado y tenemos otra nueva.

Pues bien, esto no constituye una aplicación de fondos por el total de la inmovilización terminada y un origen de fondos por la obra en curso que desaparece, ya que no es más que una reclasificación contable, y únicamente debe considerarse como aplicación la diferencia entre las dos partidas que, en definitiva, es la inversión real del ejercicio.

**VENTAS
Y UTILIDAD**

Una mala política comercial puede inducir al error de aumentar la cifra de ventas a expensas de la utilidad generada; la gestión del empresario puede parecer eficaz y, sin embargo, cuando se aplica de manera inadecuada, la solidez aparente se disuelve rápidamente.

CUADRO 9.8

ESTADO DE ORIGEN Y APLICACIÓN DE FONDOS

Aplicaciones	Orígenes

1. Pérdidas
2. Gastos de establecimiento y de formalización de deudas
3. Inversiones en inmovilizado
   a. Activos inmateriales
   b. Activos fijos materiales
   c. Inmovilizaciones financieras
4. Compra acciones propias
5. Reducciones de capital
6. Dividendos
7. Cancelación o traspaso a corto de deuda a largo plazo
8. Provisiones para riesgos o gastos
	1. Beneficios
	2. Aportaciones de socios
	   a. Aumentos de capital
	   b. Compensación de pérdidas
	3. Subvenciones de capital
	4. Deudas a largo plazo
	5. Venta de activo fijo
	6. Venta de acciones propias
	7. Cancelaciones anticipadas o traspaso a corto plazo de inmovilizaciones financieras

Total aplicaciones	Total orígenes
Exceso de orígenes sobre aplicaciones (Aumento del capital circulante)	Exceso de aplicaciones sobre orígenes (Disminución del capital circulante) ....
Totales	Totales ....

Dos errores comunes en la gestión de empresas son: el primero, negociar más allá de la capacidad financiera; el segundo, aplicar una proporción excesivamente elevada de endeudamiento para desarrollar el negocio.

Tampoco deben considerarse aplicaciones los incrementos derivados de revalorizaciones de los activos inmovilizados. En el caso de que hubieran existido en el ejercicio deben eliminarse con la cuenta de reservas que se hubiera creado a tal efecto.

Si existieran inversiones financieras que hubieran originado ajustes de su valor por revalorizaciones, originadas por diferencias de cambio, como, por ejemplo, mantener una cartera de acciones o de títulos de deuda en una moneda diferente a la que se expresa el balance, y haber ajustado el saldo al cambio del cierre del ejercicio, no debe considerarse un incremento del inmovilizado financiero y, por lo tanto, una aplicación de fondos.

En este caso se debe hacer un ajuste que deje la partida en su valor de origen y compensar dicha cantidad con una reducción de los resultados del ejercicio por diferencias de cambio positivas.

Disminución de los fondos propios. Las aplicaciones de recursos dentro de este grupo de cuentas se sintetizan en los siguientes conceptos: pérdidas en las actividades de la empresa, disminuciones de capital y pago de dividendos o distribución de beneficios.

El tratamiento de las diferentes partidas es el siguiente: pérdidas del ejercicio. Trataremos esta partida al final, ya que en su determinación existen una serie de ajustes que también son de aplicación en el caso de ganancias, partida que entraña un origen de fondos. Por este motivo, y con el objeto de lograr una exposición más clara, será analizada en conjunto con los resultados positivos.

Tanto las disminuciones de capital como los dividendos no ofrecen problemas de interpretación o planteo. Sólo incidiremos en el hecho de que debemos considerar únicamente las disminuciones reales de estas partidas, no los simples traspasos de cuentas.

Disminución de los pasivos a largo plazo. Como sabemos, los pasivos a largo plazo están compuestos por dos tipos de partidas; por un lado, las deudas a largo plazo y, por otro, las provisiones para gastos y riesgos.

En el caso de las deudas a largo plazo, se considerarán aplicaciones tanto su cancelación anticipada como su traspaso a corto plazo por el transcurso del tiempo.

En el caso de provisiones por gastos y riesgos, sólo suponen aplicaciones aquellas disminuciones que impliquen una utilización efectiva de las mencionadas provisiones, o bien su traspaso a corto plazo. Si se efectúan reducciones de provisiones, por considerarse que se habían calculado en exceso, no deben considerarse como aplicaciones. Esto originará simplemente un ajuste de los resultados del ejercicio.

Orígenes. Los orígenes de fondos del ejercicio pueden haberse obtenido de los propios beneficios, de la disminución del inmovilizado o activo fijo, de incrementar los fondos propios o del aumento del pasivo a largo plazo.

Como dijéramos en el caso de las aplicaciones, los resultados del ejercicio, en este caso las ganancias, serán tratadas al final de este apartado, habida cuenta de su especial importancia.

Disminuciones del inmovilizado o activo fijo. Sólo se considerarán aquellas disminuciones que hayan originado recursos efectivos, es decir, que los aumentos de las cuentas de provisiones o de amortizaciones que reducen contablemente el valor de los inmovilizados no tienen la consideración de una disminución a los efectos de este estudio, ya que por sí mismas no constituyen una generación real de recursos.

Tampoco deberán ser considerados como orígenes de fondos los meros traspasos contables, como pueden ser las disminuciones de inmovilizaciones en curso o los de anticipos por su terminación.

Los orígenes de fondos por disminuciones de los activos fijos se incluirán netos de todo tipo de elemento accesorio, ya sean gastos o intereses diferidos o que se deban distribuir en varios ejercicios.

Las disminuciones del inmovilizado deben considerarse por su valor neto, sumando o restando al valor neto contable el beneficio o la pérdida resultante de la operación.

Por ejemplo, si tenemos un inmovilizado por un valor de 1 000 u.m. que tiene amortizaciones acumuladas de 200 u.m. y lo vendemos por 600 u.m., la situación sería la siguiente:

> Valor neto contable: 800 (1 000 – 200) menos venta 600 = Pérdida 200

la disminución computable sería:

> 800 (valor contable) – 200 (pérdida) = 600

Del mismo modo, en el caso de venta de acciones propias que figuraban en cartera, los recursos que se originan deberán considerarse por el valor de venta de las mismas, que en definitiva comprende el resultado positivo o negativo de la operación.

Nosotros
no fabricamos
coches, ganamos
dinero.

HENRY FORD
Industrial

CAPITAL

El capital que se precisa para la marcha normal de la empresa debe guardar también una proporción correcta con la cifra de negocio –esto es, ventas– que se esté produciendo.

CUADRO 9.9

VARIACIÓN DEL CAPITAL CIRCULANTE	AUMENTOS	DISMINUCIONES
1. Accionistas por capital pendiente de desembolsar ingresado en el ejercicio		
2. Existencias		
3. Deudores		
4. Acreedores		
5. Inversiones financieras temporales		
6. Acciones propias		
7. Tesorería		
8. Ajustes por periodificación		
Totales		
Variación del capital circulante		

Incremento de fondos propios. En este caso debemos analizar las aportaciones de los socios, tanto sean como aumentos de capital o como aportaciones para la compensación de pérdidas.

En el caso de que las aportaciones de los socios se realicen con elementos del activo fijo o inmovilizado debemos considerarlas como origen, por dicha aportación, y como aplicación, porque es un aumento del inmovilizado.

En el momento en el que se produce una ampliación de capital y se va desembolsando de manera parcial, el origen de fondos se indicará en el ejercicio en que se materialice la aportación efectiva de los fondos.

Existen casos en que se conviene con acreedores a largo plazo la reconversión de la deuda en capital de la sociedad. En este caso se produce un origen por el aumento de los fondos propios y una aplicación por la disminución de las deudas a largo plazo, debiendo presentarse ambas en el estado separadamente.

Incrementos del pasivo a largo plazo. Estos incrementos de las deudas a largo plazo se incluirán por sus valores netos, es decir, una vez se hayan deducido los gastos financieros diferidos y cualquier otro tipo de gasto que no haya supuesto variaciones en el capital circulante.

◀ La renovación de
equipos o la ampliación
de las instalaciones
hace necesario contar
con capital suplementario;
para ello se recurre
a la financiación propia
o a la ayuda externa.

Tratamiento de los resultados del ejercicio en el estado de origen y aplicación de fondos. El resultado del ejercicio que refleja el saldo de la cuenta de pérdidas y ganancias debe ser objeto de un estudio minucioso en el momento de la preparación del estado de origen y aplicación de fondos, puesto que a lo largo del ejercicio social se han incorporado a esta cuenta una serie de anotaciones contables que obedecen a dos realidades diferentes de acuerdo con los aumentos o disminuciones reales de fondos.

Durante el ejercicio se contabilizan en esta cuenta ingresos y gastos que significan una entrada o una salida efectiva desde un punto de vista financiero. Así mismo, existen una serie de anotaciones que corresponden a ajustes de tipo contable que no tienen un efecto directo e inmediato en la situación financiera de la empresa.

Por tal razón, debemos efectuar una serie de reclasificaciones y de eliminaciones que permitan la aplicación ajustada del resultado del ejercicio en el estado de origen y aplicación de fondos.

Ingresos y gastos con repercusión financiera efectiva. Como hemos dicho, existen una serie de ingresos y gastos que en la cuenta de pérdidas y ganancias deben ser reclasificados para que, una vez sumados o restados de importes de cuentas del balance, nos permitan llegar al importe correcto del movimiento de los fondos, ya sea como orígenes o como aplicaciones.

A continuación presentaremos los casos más frecuentes de ingresos y gastos con repercusión financiera efectiva.

Partiendo del mismo ejemplo utilizado en las disminuciones de activos fijos, podemos decir: venta de un inmovilizado con un precio de compra de 1 000 u.m., con amortizaciones acumuladas de 200 u.m. y precio de venta de 600 u.m. En este caso el saldo de la cuenta de pérdidas y ganancias del ejercicio indica un beneficio de 1 300 u.m. Suponiendo que en el ejercicio no ha existido ningún otro tipo de operación que haya afectado al inmovilizado, al comparar los dos balances obtendremos las siguientes variaciones:

- Origen de recursos por variación del inmovilizado: 1 000 u.m. por disminución del inmovilizado.

Disminución de la cuenta de amortizaciones acumuladas de 200 u.m. (lo que en principio parecería una aplicación de recursos ya que la disminución de una partida negativa del inmovilizado «indicaría» un incremento del mismo).

BENEFICIO

Para determinar correctamente el beneficio contable se debe incluir en concepto de gastos un cálculo aproximado de las amortizaciones de las instalaciones y recursos materiales, los cuales promueven constantes inversiones por parte de la empresa.

- Beneficios del ejercicio, origen de fondos, 1 000 u.m. que llevan implícitos la pérdida de 200 u.m. por la venta del inmovilizado (valor contable 1 000 − 200 = 800 − precio de venta 600 = 200 u.m. de pérdida).

Si no efectuáramos ningún ajuste o reclasificación deberíamos indicar en el estado de origen y aplicación de fondos, entre otras partidas, lo siguiente:

• Aplicaciones	− Orígenes
Incremento de inmovilizado	200
Disminución del inmovilizado	1 000
Beneficio del ejercicio	1 300

La variación neta, si no existieran otras fuentes y aplicaciones sería de un aumento del capital circulante de 2 100 u.m.

Sin embargo, si efectuamos un análisis adecuado de toda la operación, veremos que en el caso de la venta del inmovilizado, los recursos originados por la venta serán de 600, es decir: valor de costo: 1.000 - amortización acumulada 200 - pérdida de la operación 200.

Por otro lado, el resultado del ejercicio, una vez eliminada la pérdida de esta operación será de 1 300 + 200 = 1 500.

• Aplicaciones	− Orígenes
Disminución del inmovilizado	600
Beneficio del ejercicio	1 500

◄ *La normativa contable
obliga a efectuar los
ajustes por facturación
en divisas al cambio
vigente en la fecha
del asiento. La estabilidad,
en circunstancias normales
del dólar, divisa en la que
se facturan muchos bienes,
simplifica los cálculos.*

Pese a que, y como es lógico, el resultado final no varía (aumento del capital circulante en 2 100 u.m.), la información presentada de esta segunda forma ofrece más posibilidades de análisis a fin de obtener unas consecuencias más ajustadas a la realidad económico-financiera de la empresa.

Otra situación que se presenta habitualmente es el caso de las cuentas del balance que presentan saldos en la moneda corriente pero que en origen están fijadas en una divisa diferente a la del país de que se trate.

Existen normativas contables que obligan a ajustar estos saldos al cierre del ejercicio al tipo de cambio vigente a esa fecha. Si bien es una práctica contable adecuada, desde el punto de vista del estudio del estado de origen y aplicación de fondos deben regularizarse tales ajustes ya que en sí no significan un efectivo origen o aplicación de fondos.

Otro tipo de ingresos y gastos que provienen de ajustes contables de diversas partidas que no tienen una repercusión financiera inmediata en la empresa, deben ser eliminados para poder ser incorporados al cuadro de financiación. A continuación detallamos los más significativos y frecuentes:

- Amortización del ejercicio de gastos de establecimiento y del inmovilizado o activo fijo.
- La dotación del ejercicio a las provisiones por depreciación del activo fijo y, por el contrario, la reducción por exceso de las mismas.

Las reclamaciones, que muchas empresas consideran el peor castigo, constituyen una fuente de información para detectar la aparición de no conformidad con el producto por parte de los clientes, con la posibilidad de satisfacer sus exigencias y mantenerlos como tales.

V. BOSCH
Empresario

► *Para incorporar
la partida de resultados
del ejercicio al estado
de origen y aplicación de
fondos, debemos depurarla
de todos aquellos
movimientos que
no implican ingresos
o salidas de efectivo.*

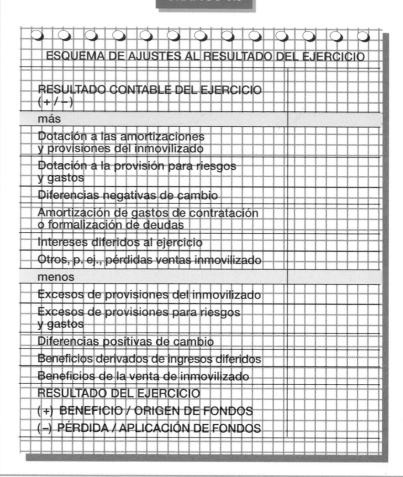

GRÁFICO 9.8

ESQUEMA DE AJUSTES AL RESULTADO DEL EJERCICIO

RESULTADO CONTABLE DEL EJERCICIO
(+ / −)

más

Dotación a las amortizaciones
y provisiones del inmovilizado

Dotación a la provisión para riesgos
y gastos

Diferencias negativas de cambio

Amortización de gastos de contratación
o formalización de deudas

Intereses diferidos al ejercicio

Otros, p. ej., pérdidas ventas inmovilizado

menos

Excesos de provisiones del inmovilizado

Excesos de provisiones para riesgos
y gastos

Diferencias positivas de cambio

Beneficios derivados de ingresos diferidos

Beneficios de la venta de inmovilizado

RESULTADO DEL EJERCICIO

(+) BENEFICIO / ORIGEN DE FONDOS

(−) PÉRDIDA / APLICACIÓN DE FONDOS

EXISTENCIAS

El valor de las existencias al final del ejercicio se determina, por lo general, por su precio de adquisición, o bien por el precio que las mercancías en bodega tengan en el mercado al final del ejercicio, o por su costo medio ponderado.

- La dotación de provisiones por riesgos o gastos y, por el contrario, la reducción por exceso de las mismas.
- La imputación a resultados del ejercicio de ingresos y gastos que se deben distribuir en varios ejercicios.

Todos estos casos son ajustes contables que no tienen trascendencia financiera para la empresa. Únicamente tienen un sentido «económico» que no alcanza un efectivo origen o aplicación de fondos.

Por todo lo expuesto se hace necesario efectuar una serie de ajustes al resultado del ejercicio antes de incorporarlo al cuadro de origen y aplicación de fondos como ganancia o pérdida del ejercicio.

A fin de simplificar esto, utilizaremos un esquema de conciliación para llegar al resultado contable que se debe utilizar.

Ejercicios de autoevaluación

A) Conteste verdadero o falso:

① El balance es el estado contable que refleja la situación de una empresa en un momento dado.

② La comparación de balances no permite efectuar análisis dinámicos ni establecer tendencias.

③ El pasivo indica los medios de financiación de que dispone una empresa, mientras que el activo indica los bienes y derechos en que se han invertido dichos fondos.

④ El hecho de financiar activos fijos o inmovilizados con deudas a corto plazo no interfiere la marcha normal de una empresa.

⑤ La cuenta de pérdidas y ganancias nos indica cuál ha sido el resultado de las operaciones de una empresa durante un período determinado.

⑥ Los ratios o índices constituyen una relación entre partidas del balance, de la cuenta de pérdidas y ganancias o entre partidas de ambos estados contables.

⑦ Si una empresa no tiene buena rentabilidad y su situación actual es de plena solvencia, no debe temer por su futuro.

⑧ Una buena rentabilidad puede llegar a equilibrar situaciones de deficiencia financiera.

⑨ Para determinar en qué medida se recupera el capital invertido, debemos dividir el total del activo por la generación neta de recursos (o *cash-flow*) de un ejercicio determinado.

⑩ Una empresa puede aumentar su rentabilidad vendiendo la misma cantidad con un mayor margen de beneficios o bien manteniendo los mismos márgenes y aumentando el volumen de ventas.

⑪ Las entidades financieras y los proveedores no conceden mayor importancia a la solvencia técnica, sino que prefieren el análisis de la solvencia total.

⑫ El índice de tesorería indica si se tiene la capacidad de cubrir los compromisos a corto plazo con recursos líquidos.

⑬ Los ciclos de una empresa no influyen en la liquidez de la misma.

⑭ Un período de maduración de ingresos que supere el período de maduración de pagos puede condicionar la evolución futura de la empresa, ya que a medio plazo le provocará una reducción de su liquidez o solvencia técnica.

⑮ Al financiar los activos fijos con operaciones de endeudamiento a corto plazo estamos restando capacidad operativa a la empresa.

⑯ Si el endeudamiento total de la empresa indica que el total de los pasivos hacia terceros (ya sea a corto como a largo plazo) es superior a los fondos propios, puede ser que se complique la obtención de nuevas fuentes externas de financiación.

⑰ La rentabilidad es aquello con lo que se retribuyen los capitales invertidos, sean propios o ajenos.

⑱ La rentabilidad está condicionada únicamente por los ingresos y gastos; la estructura financiera no influye para nada.

⑲ El estado de origen y aplicación de fondos permite efectuar un análisis estático de la empresa.

⑳ El estado de origen y aplicación de fondos, también llamado cuadro de financiación, es un estado contable que parte de la comparación de dos balances de situación o balances generales.

㉑ El estado de origen y aplicación de fondos tiene como objetivo la presentación ordenada de los recursos obtenidos en un ejercicio, clasificándolos según sus orígenes y cómo se han empleado o aplicado.

㉒ En el estado de origen y aplicación de fondos, o estudio de fuentes y aplicaciones, no se tiene en cuenta la variación del capital circulante.

㉓ Los orígenes de fondos provienen de un aumento de los pasivos a corto y a largo plazo.

㉔ Las aplicaciones de fondos se manifiestan en un aumento de los activos en general.

㉕ Un aumento del capital circulante proviene de un aumento del pasivo circulante junto con una disminución del activo circulante.

㉖ El pago de dividendos o distribución de beneficios implica una disminución de los fondos propios.

㉗ Las amortizaciones y las dotaciones a las previsiones por obsolescencia constituyen un origen de fondos.

㉘ La ecuación aumentos de pasivos a largo plazo + disminuciones de activo fijo nos indica el origen de los fondos.

㉙ La ecuación aumento de activos fijos + disminucion de pasivos a largo plazo nos indica la aplicación de fondos.

㉚ El aumento del capital circulante proviene de aumento del activo circulante + disminución del pasivo circulante.

㉛ La disminución del capital circulante viene dada por un aumento del pasivo circulante + una disminucion del activo circulante.

B) Conteste a las siguientes preguntas:

① ¿Con qué tipo de recursos financiaría una inversión en maquinaria o una ampliación de los edificios destinados a bodega?

② ¿Qué indica un ratio o índice de solvencia total o absoluta que sea inferior a uno? (Recordemos que este ratio es el que se obtiene de la división del total del activo por el total del pasivo.)

③ ¿Qué nos indican los ratios referidos a las siguientes rotaciones?

a) Del activo corriente.

b) De existencias o bodegas.

c) De clientes o plazos de cobro.

d) Proveedores o plazos de pago.

④ ¿Cuál es el objetivo que perseguimos al efectuar un análisis «vertical» de la cuenta de pérdidas y ganancias de un ejercicio?

⑤ ¿Que clasificación primaria haría de los fondos con que cuenta la empresa para hacer frente a sus necesidades?

⑥ ¿Cuales son las partidas que componen básicamente la aplicación de fondos de una empresa?

Soluciones

A) 1. V., 2. F., 3. V., 4. F., 5. V., 6. V., 7. F., 8. V., 9. V., 10. V., 11. F., 12. V., 13. F., 14. V., 15. V., 16. V., 17. V., 18. F., 19. F., 20. V., 21. V., 22. F., 23. F., 24. F. 25. F., 26. V., 27., F., 28. V., 29. V., 30. V., 31. V.

B) 1. Una inversión en activos fijos o inmovilizado debe realizarse con fondos provenientes de capitales propios o ajenos a largo plazo. De otro modo comprometeríamos seriamente la capacidad operativa de la empresa. Puede argumentarse que una empresa con una elevada rentabilidad podría hacer frente a estas inversiones mediante la utilización de un endeudamiento a corto plazo, sin embargo, esto entraña el riesgo que cualquier tipo de contratiempo comercial o caída de la rentabilidad pondría a la empresa en una situación límite que podría colapsar su giro económico normal.

2. Un índice o ratio de solvencia total o absoluta inferior a uno significa que la empresa no dispone de activos totales suficientes para hacer frente al total de sus deudas. Esto implica una situación formal de quiebra técnica. Pese a ello, si esta situación se planteara con una estructura de deudas en las que los compromisos a largo plazo fueran su gran mayoría, aún podría darse la posibilidad de que, con una elevada rentabilidad se alcanzara a superar la situación en un medio plazo.

3. Los significados de estos ratios son los siguientes:

a) Rotación del activo corriente: indica la cantidad de veces al año que ha girado el activo corriente.

b) Rotación de las existencias o bodegas: indica el período de tiempo que permanecen los productos en nuestras bodegas.

c) Rotación de clientes o plazos de cobro: señala el período de tiempo que tardamos en cobrar nuestras ventas.

d) Rotación de proveedores o plazos de pago: indica el plazo en que pagamos por término medio nuestras compras.

4. El objetivo perseguido al efectuar un análisis vertical de la cuenta de pérdidas y ganancias es el de determinar en qué medida inciden cada uno de nuestros costos y gastos por cada unidad monetaria de ventas. Es un análisis estático, ya que se refiere a un solo ejercicio. Si luego lo comparamos con otros ejercicios, se transforma en «dinámico».

5. Los fondos con que cuenta la empresa para hacer frente a sus necesidades provienen de sus capitales propios, beneficios y capitales ajenos.

6. Las partidas que componen las aplicaciones de fondos de una empresa son las inversiones en inmovilizado o activos fijos o la disminución de las deudas a largo plazo.

■ Caso práctico

Dado que el análisis de la empresa es uno de los principios básicos que han regido la redacción del presente libro, nos extenderemos en el desarrollo de un caso práctico que nos permita adentrarnos en la evolución de una empresa durante un período de tiempo lo suficientemente amplio como para comprender el de algunas situaciones particulares.

Para ello tomaremos en consideración tres momentos significativos de la vida de la empresa en cuestión: el cierre de un ejercicio social, el tercero, en el que los resultados no acompañan a los esfuerzos; el cierre del cuarto, en el que se ha conseguido incorporar a nuevos inversores como socios accionistas, y el quinto, en el que por fin se observan los resultados positivos. En ese momento saltaremos en el tiempo hasta los ejercicios noveno y décimo, para poder comprobar si se mantenían las expectativas del cierre del quinto ejercicio social.

Quimiven, S.A. (en sus inicios, S.R.L.)

Actividad principal: comercialización de primeras materias y productos intermedios para la industria química.

Evolución jurídica

Se constituye como una sociedad de responsabilidad limitada, sus tres socios participan por partes iguales en el capital social, quedando

Al terminar el tercer ejercicio contable, los tres socios fundadores de Quimiven se enfrentan a una situación poco satisfactoria.

también a su cargo la dirección general o gerencia y las de compras y comercial.

En el curso del tercer ejercicio social se observa que no existen los fondos suficientes para encarar las condiciones del mercado, y por tal motivo se busca la incorporación de nuevos socios que permitan contar con los fondos básicos de maniobra necesarios para una mayor inserción, competitiva, en el sector económico de su actividad. En el ejercicio cuarto, y con motivo del ingreso de los nuevos socios, toma la forma de sociedad anónima, creándose un consejo de administración o directorio que comprende a dos de los socios primitivos y tres de los nuevos accionistas que, en definitiva, representan en esa proporción la mayoría del capital.

A raíz de la nueva situación creada se tiene la oportunidad de ampliar y modernizar las instalaciones y equipos de almacenaje y distribución, a la vez que se amplía el campo de actividad gracias la obtención de nuevos productos y la penetración en otros sectores de mercado.

Mediante el estudio de los estados contables (balances y cuentas de pérdidas y ganancias) analizaremos los efectos que todas estas circunstancias han tenido sobre Quimiven, S.A.

Ningún conocimiento humano puede ir más allá de su experiencia.

JOHN LOCKE
Filósofo

Para ello, utilizaremos los análisis estáticos y dinámicos. Verificaremos la estructura de cada estado contable y lo compararemos con los de los demás ejercicios. También, y mediante los ratios o índices, veremos cuál es el comportamiento de los «síntomas» del paciente.

En este caso, se utilizará sólo una serie de ratios para no hacer demasiado complejo el análisis. Se prestará especial atención a los siguientes aspectos: rentabilidad, solvencia, períodos de maduración o ciclos, autonomía financiera y políticas de inversión.

Luego, y mediante estados de origen y aplicación de fondos, veremos las fuentes de financiación y su utilización, así como también la evolución del capital circulante.

Sin indicar, por ahora, ningún dato adicional, saltaremos hasta los ejercicios nueve y diez, efectuando los mismos análisis. Luego, compararemos las dos situaciones, la de «corte» del ejercicio cinco con la «actual» o ejercicio diez.

Con el objeto de brindar una mayor claridad a la exposición, se han condensado los estados contables de modo tal que únicamente se segregarán de las grandes masas patrimoniales aquellas partidas que nos sean imprescindibles para nuestro estudio.

A modo de ejemplo, y mediante los cuadros 9.10 y 9.11, indicaremos la estructura que tendrá cada uno de ellos.

CUADRO 9.10

BALANCE DE SITUACIÓN O BALANCE GENERAL

ACTIVO			PASIVO	
	u.m. %			u.m. %
INMOVILIZADO — Inmaterial — Material — (−) Amortizaciones acumuladas ACTIVO CIRCULANTE — Existencias — Deudores — Tesorería			FONDOS PROPIOS — Capital social — Reservas — Resultados del ejercicio ACREEDORES A LARGO PLAZO ACREEDORES A CORTO PLAZO — Proveedores — Otros acreedores	
Total del activo			Total del pasivo	

CUADRO 9.11

CUENTA DE PÉRDIDAS Y GANANCIAS

u.m. %

- Ventas
  Menos: Coste de las ventas .... _____

- Margen bruto
  Menos: Gastos comerciales .... _____

- Margen comercial
  Menos: Gastos financieros .... _____

- Contribución bruta
  Menos: Gastos de estructura .... _____

- Contribución neta (Cash-flow)
  Menos: Amortizaciones .... _____

- Resultado antes de impuestos
  Menos: Impuesto sobre beneficios .... _____

- Resultado del ejercicio .... _____

Información complementaria

Ejercicio n.º 3

1. **Aspectos comerciales**

Se comercializan cinco tipos de productos diferentes. Tres de ellos son de aplicación únicamente en un tipo de mercado determinado. Los dos restantes pueden ser utilizados por industrias diferentes.

Las retribuciones de los vendedores son a comisión, con un porcentaje directo sobre las ventas.

El área geográfica cubierta es eminentemente regional. No se utilizan medios de transporte propios para las entregas de los productos a los clientes.

La bodega de mercaderías cuenta con un solo elemento mecánico para el movimiento de productos, ya sea en su recepción, como en su colocación y posterior separación para las entregas.

Existe una sección en la que se fraccionan los productos en pequeños envases para la venta a clientes de poco consumo, lo cual emplea a una persona a tiempo parcial.

La bodega de mercaderías cuenta con un solo elemento mecánico, lo que es insuficiente si se quiere ampliar el negocio.

2. **Características de la planta y del equipo**

La empresa cuenta con locales propios que constan de las oficinas administrativas y comerciales y el almacén de mercaderías y la pequeña sección de fraccionamiento.

En las bodegas disponen de una máquina elevadora y transportadora de productos, los correspondientes equipos de medición y pesaje, y para pequeños desplazamientos, un vehículo utilitario que, a su vez, permite pequeñas entregas de ventas o de muestras.

3. **Dirección**

Como ya hemos dicho, los tres socios asumen las funciones de dirección, tanto en lo que se refiere a la empresa en su conjunto, dirección general, como en las áreas de abastecimientos y de ventas. El director general se encarga, así mismo, de la planificación y de la administración financiera y contable.

4. Política de empresa

Se pretende la capitalización de los beneficios para potenciar el aumento de los fondos propios, logrando así una mayor autonomía financiera.

No existen retribuciones directas al capital. Se pretende fomentar una «obligación» de «crear empresa», anteponiéndola al lucro directo, inmediato, personal.

Una parte significativa de las ventas se hace directamente desde la empresa o, por lo menos, por acción activa de sus socios. Ello implica que no existen comisiones sobre tales ventas.

5. Situación global

CUADRO 9.12

QUIMIVEN, S.R.L.
BALANCE DE SITUACIÓN

	Ejercicio 3	
A C T I V O	u.m.	%
INMOVILIZADO	250	12
Inmovilizado inmaterial	50	
Inmovilizado material	250	
Menos: Amortizaciones acumuladas	– 50	
ACTIVO CIRCULANTE	1 800	88
Existencias	600	
Deudores	1 000	
Tesorería	200	
TOTAL DEL ACTIVO	2 050	100
P A S I V O		
FONDOS PROPIOS	260	12
Capital social	200	
Reservas	10	
Resultado del ejercicio	50	
ACREEDORES A LARGO PLAZO	100	6
ACREEDORES A CORTO PLAZO	1 690	82
Proveedores	1 190	
Otros acreedores	500	
TOTAL DEL PASIVO	2 050	100

En el segundo y tercer ejercicio social, se advierte que la evolución comercial se ve seriamente afectada por la falta de recursos. Se requieren nuevas inversiones en planta. Las bodegas no ofrecen las condiciones adecuadas para el tipo de actividades de la sociedad: poca capacidad de maniobra, tanto en recepción, manipulado como expedición. Se necesita acondicionar áreas del mismo para productos especiales. Hacen falta zonas de seguridad para productos peligrosos y otras que requieren instalaciones de control de temperaturas. Todo esto condiciona los lotes de compra y, por lo tanto, también la capacidad de respuesta frente a los pedidos de los clientes.

Esto hace pensar que es necesario buscar recursos para hacer frente a las necesidades que la propia actividad crea: 1.º adecuar las instalaciones y el equipo a la realidad del negocio; y, 2.º financiar las existencias mínimas que la propia clientela requiere.

Frente a esto aparece un dilema: hasta qué punto los socios fundadores pueden y deben, aunque sea para la supervivencia de la propia empresa, dar entrada a socios puramente capitalistas.

Se sabe que este tipo de incorporaciones implica una seria limitación a la capacidad decisoria de los socios fundadores. También se sabe que los objetivos tal vez no sean comunes. Pero, frente a la evidencia de un estancamiento, y quizás a una recesión, la opción parece clara: incorporar a nuevos socios, transmitirles la filosofía del negocio y, si aún fuera posible, la propia filosofía de la empresa.

Por esta razón, a fines del tercer ejercicio social, se conviene en aceptar aportaciones de nuevos socios, pese a que ello signifique la pérdida del control de la empresa y, lo que es más importante, de la lógica empresarial que lo ha conducido hasta ese momento.

Ejercicio n.º 4

1. Aspectos generales

Se produce la incorporación de nuevos socios, lo cual implica, por condicionamiento de éstos, la transformación de sociedad de responsabilidad limitada en sociedad anónima. Pese a que esto pueda parecer solamente un aspecto formal, también significa una voluntariedad de los nuevos accionistas de hacer de la sociedad un ente menos personalizado. Se pretende, al fin y al cabo, crear una empresa que no dependa, que no tenga tanto que ver con las personas, dando un cierto grado de prioridad al capital. Esto también se pone en evidencia al comprobar la composición del capital y la del órgano ejecutivo, es decir, el consejo de administración o directorio. Frente a un primer intento de mantener en un grado de igualdad los capitales preexistentes con las nuevas aportaciones, y ante la evidencia de que los socios fundadores no tenían la capacidad financiera de equiparar los aportes de los nuevos socios, que, por otro lado llegaban a cubrir las cantidades adecuadas para encarar los proyectos de reorientación, expansión y consolidación de la empresa en su mercado, los socios fundadores permiten que los nuevos accionistas alcancen una cómoda mayoría, tanto en el capital como en los cuerpos decisorios de la empresa. Por tal motivo se quedan con un tercio de las acciones, la misma proporción en el directorio o consejo y, pese a su falta de convencimiento, ceden la dirección estratégica al nuevo grupo.

Entre los socios iniciales, las cosas tampoco transcurren de manera apacible. No todos tienen la misma capacidad financiera para alcanzar a nivelar sus participaciones originales. Así, uno de ellos se ve obligado a quedar como «minoría entre la minoría»; en compensación retiene el departamento de abastecimientos, con el cargo de director.

Como veremos al analizar los diferentes ejercicios sociales, esto se pondrá de manifiesto en lo referente a las políticas de la empresa fren-

La cultura ejerce una clara influencia sobre cada aspecto del proceso de negociación, y ciertamente con mayor intensidad en una situación intercultural.

J. L. SEGURADO
Empresario

te a los gastos de estructura y a la retribución del capital, es decir, los dividendos.

2. Planta y equipo

En este ejercicio se produce la inversión en ampliación y mejora de la nave en que se encuentran los almacenes. No sólo se amplían, también se acondicionan las áreas correspondientes a fin de que mantengan las adecuadas condiciones de seguridad y ambientales para el almacenaje y manipulación de los productos especiales.

También se invierte en equipos que permiten una más eficaz manipulación, acelerando los procesos y optimizando los medios. De aquí se pueden obtener ahorros por la aplicación sistemática de procesos más racionales.

3. Aspectos comerciales

La nueva capacidad operativa, creada mediante las inversiones en planta y equipo, unida a una mayor aptitud financiera, permite afrontar la búsqueda de nuevos mercados. El hecho de poder acceder a nuevas fuentes de aprovisionamiento, incluso en los mercados exteriores, habilita a la empresa para poder competir en un ámbito más amplio. Se comienza a comercializar más allá del ámbito regional y, lo que es más importante, se puede tener acceso a ciertos tipos de empresas que estaban fuera de la capacidad de oferta en los ejercicios precedentes. La estructura comercial no varía. Se mantienen los esquemas retributivos como en los ejercicios anteriores.

4. Política de empresa

Se mantiene el concepto de autocapitalización como base para consolidar la expansión. Pese a ello, existen divergencias entre los conceptos retributivos de cada uno de los componentes de la dirección y del capital.

Se comienza a plantear la posibilidad de encarar una expansión geográfica del mercado. Ya se tienen productos y capacidad operativa francamente competitivos. El mensaje es: ¡Potenciar nuestras capacidades! Ya estamos en condiciones.

Ejercicio n.º 5

1. Aspectos generales

Se produce la apertura, mediante una inversión moderada, de una sucursal. Esto permite un acercamiento de la empresa a sus consumidores finales. Mayor eficiencia en la relación comercial y una mayor rapidez en los servicios.

2. Planta y equipo

La inversión se concentra en la adecuación de la sucursal, tomada en alquiler, con equipos e instalaciones netamente funcionales, es decir, se invierte para funcionar de un modo adecuado. No se cometen excesos en las áreas de imagen o representación; todo se dedica a dotar a la filial de los elementos básicos para recibir, almacenar y entregar del modo más eficiente.

3. Aspectos comerciales

A los efectos de potenciar los nuevos mercados, se realizan esfuerzos para obtener representaciones exclusivas de nuevos productos por parte de fabricantes, tanto nacionales como extranjeros.

Para rentabilizar esta actividad se crea un sistema de incentivos orientado a los vendedores. Se pretende llevar a cabo una política más agresiva. Ello implica, por otro lado, entrar en zonas de alta competencia. A tal efecto se crea un sistema de formación técnica del cuerpo comercial, no sólo para hacer frente a las propias necesidades de la comercialización de productos con un alto componente de especificaciones cada vez más complejas, sino también para obtener una «marca de empresa» de vanguardia que la distinga en un mercado con un alto grado de separación entre las concurrentes de alto nivel y los advenedizos.

4. Política de empresa

No existe una actitud equilibrada en la toma de decisiones en cuanto a la contención de los gastos estructurales y a las retribuciones referidas al elemento directivo y al capital.

Ejercicio n.º 9

1. Aspectos generales

La evolución de la empresa desde el ejercicio cinco hasta el nueve, ha tenido los siguientes puntos de referencia:

Al incorporarse nuevos socios, las expectativas cambian: las diferentes políticas de inversión en activos fijos, la incidencia de las políticas de capitalización de beneficios y la variación del margen de contribución de las ventas marcan la situación de la empresa en los diferentes ejercicios.

2. Planta y equipo

Se produce la compra de un local para bodega y oficinas para la sucursal, en sustitución de la que se tenía en alquiler. Esto también ha incidido en las instalaciones y elementos de carga y descarga.

No se han ampliado los locales de la sede principal, simplemente se han realizado las inversiones mínimas para mantenerlos en un adecuado estado de funcionamiento.

3. Aspectos comerciales

Se mantiene la misma línea de productos. Se ha continuado potenciando la formación del equipo de ventas con las mismas políticas retributivas.

4. Política de empresa

Los resultados se han mantenido en una evolución positiva.

Se ha mantenido también la política de retribuciones a los cargos directivos y al capital.

Al contar con una nueva financiación, la empresa Quimiven puede mejorar su equipamiento y abrir un nuevo local para ampliar su producción.

Ejercicio n.º 10

1. Aspectos generales

Se emprende una nueva etapa de expansión geográfica con la compra de un nuevo local para crear la segunda sucursal.

2. Planta y equipo

Las inversiones de la nueva sucursal conllevan también la adecuación de la misma a igual nivel de la ya existente. El crecimiento de las operaciones, unido a la mayor dispersión geográfica, hace que se efectúen inversiones en los sistemas de computación. Esto permite mantener un control más eficaz de las operaciones y asegura la eficiencia de los servicios.

3. Aspectos comerciales

Se mantienen las mismas políticas. No existen nuevas líneas de productos. No se incorporan nuevas representaciones comerciales.

4. **Política de empresa**

Se mantiene la política de retribución de los capitales propios mediante el pago de dividendos. No se mantiene el criterio de autocapitalización mediante la constitución de reservas. Se recurre al endeudamiento a largo plazo para hacer frente a las inversiones en planta y equipo.

Estudio de la evolución de la empresa

Una vez que disponemos de los estados contables (balances y cuentas de pérdidas y ganancias) y de la información complementaria de los ejercicios tres a cinco, nueve y diez, vamos a proceder a su estudio.

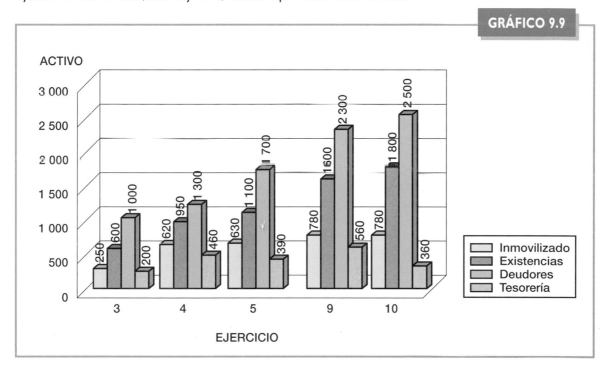

GRÁFICO 9.9

Estructura patrimonial

1. **Activo**

Si bien no se observan, porcentualmente, variaciones significativas en la estructura del activo en los diversos años estudiados, puede apreciarse un salto inicial entre los ejercicios tres y cuatro. Queda claro en este momento que existe una firme vocación de expansión por parte de la empresa.

El inmovilizado inmaterial crece en un 60 por ciento y el material en un 260 por ciento. Como vemos en los datos complementarios, se evidencia una política de consolidación de la estructura operativa de la

Al comparar la composición de las masas del activo, vemos que existe un incremento significativo de las existencias y de las cuentas por cobrar, mientras que las inmovilizaciones en activo fijo han crecido menos que proporcionalmente y la tesorería no presenta variaciones significativas.

empresa. Se crean las condiciones para poder actuar de un modo eficiente en el mercado. Se amplían las bodegas, se dotan de los elementos técnicos que permitan una recepción, manipulación y entrega de las mercaderías. Se busca, en definitiva, posicionar a la empresa en el mercado con las mayores garantías de respuesta frente a la competencia.

Si bien existe un aumento de capital, éste no se dedica por completo a las inmovilizaciones de planta, también se dotan las partidas del activo circulante. Aumentan las existencias, para poder dar una respuesta más rápida a los clientes; paralelamente, esto se pone de manifiesto en el incremento de los saldos de cuentas por cobrar, sin que por ello se resientan las disponibilidades de tesorería.

Entre los ejercicios cuatro y cinco se desacelera el programa de inversiones en activo fijo y se mantiene una política equivalente en cuanto a las existencias de mercaderías y de financiación a los clientes. Se aprecia una caída de los recursos líquidos.

Estas circunstancias tienen pequeños cambios al considerar los ejercicios nueve y diez. Si bien se puede observar que la tendencia de crecimiento del inmovilizado material entre los ejercicios cuatro y cinco (crece a un ritmo del 15 por ciento) se mantiene hasta el ejercicio diez, esto no mantiene un equilibrio con el resto del activo. Cabría pensar que se considera que la empresa ya estaba dotada de las plantas y equipos necesarios para su evolución positiva. También puede llegar a pensarse que se pretende potenciar el giro económico.

Si se comparan los activos destinados a ello (existencias y saldos de clientes) entre los ejercicios cinco y el diez, veremos que implican el 73 por ciento y el 79 por ciento del total, respectivamente. Tal situación puede significar: que se pretenda ampliar el mercado ofreciendo más facilidades de pago, manteniendo al mismo tiempo unas existencias altas para satisfacer rápidamente las demandas o, por el contrario, que se deba a una mala gestión comercial, de bodegas (compras incluidas) o de cobro de las ventas. Más adelante, al efectuar otro tipo de análisis, podremos profundizar más en el tema.

2. **Pasivo**

Dejando de lado el aumento de capital que se produce en el ejercicio cuatro, las únicas variaciones sustanciales que se aprecian son las que implican un salto cualitativo entre los ejercicios cinco y nueve, que se ve consolidado en el diez: crece la financiación a largo plazo. Es decir, la empresa opta por la financiación externa de sus proyectos de inversión en lugar de la autocapitalización.

Sabiendo que se ha mantenido una adecuada tónica de beneficios, se puede observar que, por el contrario, las reservas no sufren variaciones significativas. Es más, éstas descienden entre los ejercicios nueve y diez.

La degradación medioambiental es consecuencia de cada una de las etapas de la actividad industrial, no de la fabricación en sí.

J. SARKIS – A. RASHEED
Empresarios

En lo que se refiere al pasivo a corto plazo, puede verse que existe un adecuado manejo del mismo. La tendencia de que «debemos a nuestros proveedores lo mismo que nos deben nuestros clientes» se mantiene. La limitación última de este aforismo es que, explicándolo a la inversa, la empresa se está financiando a largo plazo, incluso no ya en parte de sus existencias comerciales, sino más allá de ellas.

En el gráfico 9.12 se comparan las masas patrimoniales entre los cinco ejercicios analizados; podremos constatar el comportamiento de cada una de ellas, incluso frente a las demás.

Es importante observar no sólo las cantidades relativas, es decir, los porcentajes dentro de cada año y su evolución, sino evaluar los diferentes volúmenes que se indican al pie de cada ejercicio.

GRÁFICO 9.10

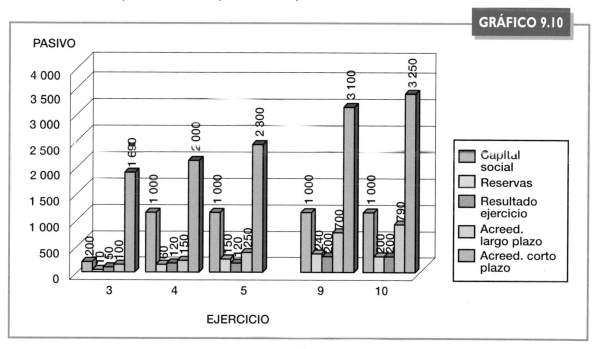

3. Comentarios finales sobre este apartado

Una vez en este punto, se puede lanzar una primera conclusión: nos encontramos frente a una empresa sólida. No se ponen de manifiesto discrepancias notorias entre los diferentes balances ni entre las masas patrimoniales que los componen. Se aprecia únicamente una tendencia a financiar las operaciones con capitales ajenos a largo plazo y a retribuir el capital invertido del modo más alto posible; por ello no se aprecia una gran capitalización de los beneficios. Las reservas pasan de 10 u.m. a 200 u.m. entre los ejercicios tres y diez. Si observamos que al finalizar el ejercicio cinco éstas alcanzaban las 150 u.m., puede concluirse de inmediato que se ha distribuido casi la totalidad de los beneficios de los ejercicios cinco al nueve.

Pese al aumento de capital del ejercicio 4, no se aprecia una correcta política de capitalización de beneficios; existe una tendencia al endeudamiento a corto plazo que puede comprometer la liquidez de la empresa.

Como ya hemos señalado, la estructura del pasivo a corto plazo cumple aceptablemente su función.

CUADRO 9.13

QUIMIVEN, S.R.L. / QUIMIVEN, S.A.
BALANCES DE SITUACIÓN (GENERALES) COMPARATIVOS

QUIMIVEN, S.A.

	Ejercicio 4		Ejercicio 5		Ejercicio 9		Ejercicio 10	
ACTIVO	U.M.	%	U.M.	%	U.M.	%	U.M.	%
INMOVILIZADO	620	19	630	16	780	15	780	14
Inmovilizado inmaterial	80		80		80		80	
Inmovilizado material	650		750		1 300		1 450	
Menos: Amortizaciones acumuladas	– 110		– 200		– 600		– 750	
ACTIVO CIRCULANTE	2 710	81	3 190	84	4 460	85	4 660	86
Existencias	950		1 100		1 600		1 800	
Deudores	1 300		1 700		2300		2 500	
Tesorería	460		390		560		360	
TOTAL DEL ACTIVO	3 330	100	3.820	100	5 240	100	5 440	100
PASIVO								
FONDOS PROPIOS	1 180	35	1 270	33	1 440	27	1 400	26
Capital social	1 000		1 000		1 000		1 000	
Reservas	60		150		240		200	
Resultado del ejercicio	120		120		200		200	
ACREEDORES A LARGO PLAZO	150	5	250	7	700	13	790	15
ACREEDORES A CORTO PLAZO	2 000	60	2 300	60	3 100	60	3 250	59
					2 300		2 400	
Proveedores	1 500		1 700		800		850	
Otros acreedores	500		600					
TOTAL DEL PASIVO	3 330	100	3 820	100	5 240	100	5 440	100

Comparación de las cuentas de pérdidas y ganancias

1. Evolución de las ventas

Frente al explosivo salto que existe entre el ejercicio tres y cuatro (un incremento del 37,5 %) vemos que este crecimiento cae al 18,2 por ciento entre los ejercicios cuatro y cinco. Si proyectáramos esta tasa de evolución hasta el ejercicio nueve, llegaríamos a unas ventas teóricas, para dicho año, de 12 600 u.m. La realidad es otra: 10 000 u.m. Debemos suponer que las circunstancias del propio crecimiento no estaban totalmente controladas por la empresa. El ritmo de crecimiento existente entre los ejercicios cuatro y cinco, proyectado hasta el nueve, nos llevaría a un incremento global del 93,8 por ciento, mientras que, históricamente, ha llegado al 53,8 por ciento. Por un lado, podemos suponer que existe un «límite» en el mercado que cubre la empresa.

Quizá por esta razón se afronta una expansión geográfica en el décimo ejercicio. Esto se manifiesta aún de manera más acentuada al observar que el crecimiento correspondiente al ejercicio diez es del 10 por ciento.

Habría que analizar si los problemas son del propio mercado, de los productos que ofrece la empresa, de la política comercial de la misma o, por fin, de la competencia.

Cada uno de estos planteos está interrelacionado, pero, a su vez, tiene su propia entidad.

Mercado: Debemos analizar si el mercado al que concurre la empresa se encuentra en una fase estática, de expansión o de recesión.

Productos: Analizar si se trata de productos de «larga vida» o que se hallan en fases de gran implantación o de desaparición. Si todos, o alguno de ellos, compite o no con otros; determinar, en suma, si la oferta de todos y cada uno de los productos de la empresa cuenta con una demanda firme, sostenida o decreciente; todo esto ya sea por sus propias características o por las de los otros que se ofrecen en el mercado.

Política comercial: ¿Cuál es la filosofía comercial de la empresa? ¿Se efectúa una búsqueda constante de nuevos productos? ¿Se analizan nuevos sectores del mercado para ofrecer, en cada una de sus aplicaciones todos y cada una de sus productos? ¿Se mantiene una política de marketing adecuada? ¿Cómo se gestiona la red comercial? La respuesta a estas preguntas nos pueden acercar al porqué del crecimiento limitado del volumen de ventas.

Si una empresa no renueva su oferta, si no se amolda a las nuevas necesidades del mercado, ni tampoco sabe «incidir» en dichas necesidades, no tiene demasiado porvenir. Por otro lado, se debe profundizar en todas las aplicaciones que tienen los productos que ofrecemos; con ello sabremos que hemos intentado llegar a todos los consumidores potenciales.

La política de marketing «quiénes somos, qué hacemos, cómo lo hacemos y qué vendemos» es imprescindible. No pueden aceptarse negligencias ni dejaciones en la tarea de comunicar todo ello a la clientela, tanto a la directa como a la potencial. Por último, todo lo expuesto no tendrá consecuencias positivas si no existe una eficaz y altamente profesionalizada actitud de la red comercial. Y al referirnos a esto, no hablamos sólo del «vendedor o comercial» de una empresa, lo entendemos desde y hasta todos los niveles del departamento. Objetivos, organización, coordinación, motivación y control, todo ello desarrollado de un modo continuado y con la aplicación de los cambios de una manera dinámica para hacer frente a la continua realidad cambiante de las circunstancias.

Competencia: El control sobre el comportamiento de la competencia es esencial para no llegar a una situación de marginalidad en el mercado. Si bien sabemos que no siempre es posible mantener a la competencia en una situación de permanente desventaja, sí es posible evitar que ella haga esto con nosotros. No se puede competir si se parte del desconocimiento. Ante todo debemos mantener un adecuado grado de

Los gráficos 9.13 a 9.18 de las páginas siguientes son una representación gráfica del cuadro 9.14.

CUADRO 9.14

QUIMIVEN, S.R.L. / QUIMIVEN, S.A.
CUENTAS DE PÉRDIDAS Y GANANCIAS COMPARATIVAS

	QUIMIVEN, S.R.L.		QUIMIVEN, S.A.							
	Ejercicio 3		Ejercicio 4		Ejercicio 5		Ejercicio 9		Ejercicio 10	
	U.M.	%	U.M.	%	U.M.	%	U.M.	%	U.M.	%
VENTAS	4 000	100	5 500	100	6 500	100	10 000	100	11 000	100
Menos: Costo de las ventas	3 200	80	4 400	80	4 960	76,2	7 500	75	8 300	75,5
MARGEN BRUTO	800	20	1 100	20	1 550	23,8	2 500	25	2 700	24,5
Menos: Gastos comerciales	100	2,5	140	2,5	230	3,5	400	4	440	4
MARGEN COMERCIAL	700	17,5	960	17,5	1 320	20,3	2 100	21	2 260	20,5
Menos: Gastos financieros	120	3	140	2,5	240	3,7	500	5	550	5
CONTRIBUCIÓN BRUTA	580	14,5	820	15	1 080	16,6	1 600	16	1 170	15,5
Menos: Gastos de estructura	534	13,35	575	10,5	820	12,6	1 170	11,7	1 275	11,6
CONTRIBUCIÓN NETA (CASH-FLOW)	46	1,15	245	4,5	260	4	430	4,3	435	3,9
Menos: Amortizaciones	30	0,75	60	1,2	90	1,4	140	1,4	150	1,4
RESULTADO ANTES DE IMPUESTOS	16	0,4	185	3,3	170	2,6	290	2,9	285	2,5
Menos: Impuesto sobre beneficios	6	0,15	65	1,2	50	0,8	90	0,9	85	0,7
RESULTADO DEL EJERCICIO	10	0,25	120	2,1	120	1,8	200	2	200	1,8

información con relación a lo que pasa en el sector de mercado en el que nos movemos: productos, consumidores, precios, volúmenes de consumo y, por sobre todas las cosas, quién, qué, a quién y a cuánto lo vende. Sólo teniendo a mano esta información, y posteriormente, analizándola y administrándola, podremos ser, cuando menos, competitivos.

2. **Margen bruto**. Si bien en los dos primeros ejercicios considerados se mantiene el mismo nivel de márgenes, se ve que en el siguiente ya se produce una sensible mejora. Podríamos atribuir este fenómeno a una «mejor y mayor» capacidad o aptitud de compra. Es posible, en este caso, que esto también se vea acompañado por una «mezcla» de ventas diferente. La incorporación de nuevos productos, con el consiguiente acceso a nuevos mercados y consumidores, puede haber afectado positivamente esta situación.

Pese a lo expuesto, vemos que, al llegar a los ejercicios nueve y diez, estos márgenes brutos han variado un tanto a la baja, pero que tienden a una pequeña recuperación. Todo ello nos hace suponer que la empresa mantiene un adecuado control sobre los precios de venta y los de sus costos, pero no puede mejorarlos sensiblemente.

3. **Gastos comerciales**. Se aprecia un incremento de los mismos a partir del ejercicio cinco. Este incremento aún se acentúa al llegar al ejercicio nueve y queda fijo en el décimo. Se entiende que esto obedece a la política de incentivos creada a partir de la necesidad de consolidarse en el mercado. Pese a ello, debe mantenerse un control riguroso sobre este apartado, ya que afecta seriamente el margen resultante.

4. **Margen comercial**. Si comparamos la situación del margen comercial al final del ejercicio cinco con el del ejercicio diez, veremos que inciden dos circunstancias diferentes: un mejor margen bruto y un mayor costo comercial nos llevan a una pequeña diferencia porcentual entre ambos. La pregunta que debe formularse es: ¿Ya que hemos realizado una tarea encomiable en el área de precios y de costos de los abastecimientos, es posible que no hayamos hecho lo mismo con los costos comerciales? ¿Ha-

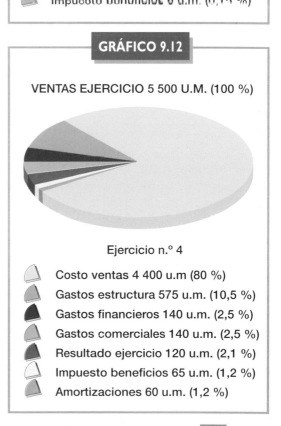

GRÁFICO 9.11

VENTAS EJERCICIO 4 000 U.M. (100 %)

Ejercicio n.º 3

- Costo ventas 3 200 u.m (80 %)
- Gastos estructura 534 u.m. (13,35 %)
- Gastos financieros 120 u.m. (3 %)
- Gastos comerciales 100 u.m. (2,5 %)
- Amortizaciones 30 u.m. (0,75 %)
- Resultado ejercicio 10 u.m. (0,25 %)
- Impuesto beneficios 6 u.m. (0,15 %)

GRÁFICO 9.12

VENTAS EJERCICIO 5 500 U.M. (100 %)

Ejercicio n.º 4

- Costo ventas 4 400 u.m (80 %)
- Gastos estructura 575 u.m. (10,5 %)
- Gastos financieros 140 u.m. (2,5 %)
- Gastos comerciales 140 u.m. (2,5 %)
- Resultado ejercicio 120 u.m. (2,1 %)
- Impuesto beneficios 65 u.m. (1,2 %)
- Amortizaciones 60 u.m. (1,2 %)

bríamos alcanzado las cotas de ventas finales si hubiéramos contenido los costos de comercialización? Consideramos que la respuesta más válida es que debe reconsiderarse el planteo frente a los costos comerciales. No existen unos incrementos de ventas tan significativos que, por su volumen, justifiquen «primar» ventas que, finalmente, no mejoran el margen comercial final.

5. **Gastos financieros**. La evolución de estos costos sigue, en un principio, a la situación de capitales propios de la empresa. Altos ante una incapacidad de los fondos propios, descienden con el aumento del capital y la constitución de reservas, y crecen, nuevamente, con el incremento de la financiación de terceros a largo plazo y la no capitalización de los beneficios.

Más adelante veremos si esta política es acertada: si la decisión de utilizar capitales ajenos reporta una mejor opción (al accionariado) que la utilización de los fondos propios de la empresa.

Como sabemos, los costos financieros pueden provenir de la financiación de inversiones o de la propia operativa de la empresa, si optamos por capitales de terceros para financiar nuestro activo fijo o bien si necesitamos financiar a nuestros clientes y nuestras existencias más allá de lo que nos financian nuestros proveedores.

Si bien llegamos a unas consecuencias que repercuten de un modo similar en nuestra cuenta de pérdidas y ganancias, estos dos diferentes motivos merecen ser tratados de modo específico.

- La financiación de inversiones depende de si se dispone o no de recursos propios y, también, si se considera rentable utilizarlos en lugar de solicitar financiación ajena. Depende primariamente de una capacidad y luego de una especulación.
- La financiación del circulante depende ante todo de una disponibilidad, pero implica también una capacidad de gestión y de negociación.

Asumiendo que no se dispone de la capacidad de financiación propia del circulante, podemos mejorar la gestión del propio activo circulante y de las deudas a corto plazo. En el caso del activo, depen-

GRÁFICO 9.13

VENTAS EJERCICIO 6 500 U.M. (100 %)

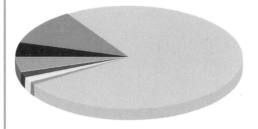

Ejercicio n.º 5

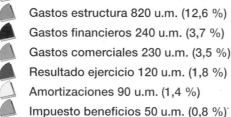

Costo ventas 4 960 u.m (76,2 %)

Gastos estructura 820 u.m. (12,6 %)

Gastos financieros 240 u.m. (3,7 %)

Gastos comerciales 230 u.m. (3,5 %)

Resultado ejercicio 120 u.m. (1,8 %)

Amortizaciones 90 u.m. (1,4 %)

Impuesto beneficios 50 u.m. (0,8 %)

GRÁFICO 9.14

VENTAS EJERCICIOS 10 000 U.M. (100 %)

Ejercicio n.º 9

Costo ventas 7 500 u.m. (75 %)

Gastos estructura 1 170 u.m. (11,7 %)

Gastos financieros 500 u.m. (5 %)

Gastos comerciales 400 u.m. (4 %)

Resultado ejercicio 200 u.m. (2 %)

Amortizaciones 140 u.m. (1,4 %)

Impuesto beneficios 90 u.m. (0,9 %)

de principalmente de la administración de las existencias y del crédito concedido a los clientes, sus plazos y cumplimientos. Vemos entonces que se trata más de una función «administrativa o de gestión», en un segundo nivel de «negociación». En el caso del pasivo circulante entramos en una política de compras y es un asunto eminentemente de «negociación».

6. **Contribución bruta**. Al llegar a este nivel de las cuentas de explotación debemos considerar qué hemos obtenido del aporte «directo» de las ventas. Con ello pretendemos decir que, una vez pagado el costo de lo vendido, los gastos que implica vender y los costos financieros que nos permiten seguir vendiendo, obtenemos una aportación o contribución que permite sufragar el gasto de mantener la empresa en marcha. Es una contribución bruta porque aún no ha «pagado» aquello que, de un modo no directo, con cada venta le permite «existir» en un mercado.

En la evolución de los ejercicios considerados aquí puede observarse que existen pequeñas oscilaciones; el incremento sostenido en los tres primeros (ejercicios tres a cinco) se ve disminuido en los dos últimos ejercicios.

Queda claro que confluyen las circunstancias mencionadas: mejora de margen bruto y empeoramiento de gastos comerciales y de gastos financieros.

Esta cifra es la que nos tendría que permitir llegar al punto de equilibrio (o umbral de rentabilidad/punto muerto) de la empresa.

Como ya hemos mencionado en otros capítulos, este punto de equilibrio es aquel volumen de ventas que, con una CONTRIBUCIÓN BRUTA determinada, permite cubrir los gastos fijos o de estructura de la empresa. La fórmula que se debe aplicar es la siguiente:

GRÁFICO 9.15

VENTAS EJERCICIO 11 000 U.M. (100 %)

Ejercicio n.º 10

Costo ventas 8 300 u.m (75,5 %)

Gastos estructura 1 275 u.m. (11,6 %)

Gastos financieros 550 u.m. (5 %)

Gastos comerciales 440 u.m. (4 %)

Resultado ejercicio 200 u.m. (1,8 %)

Amortizaciones 150 u.m. (1,4 %)

Impuesto beneficios 05 u.m. (0,7 %)

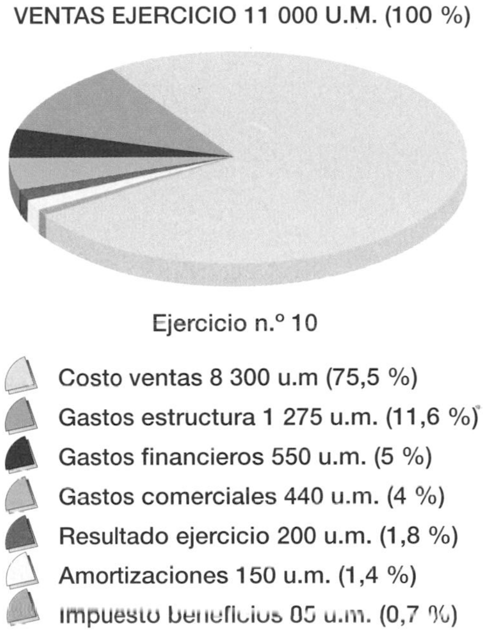

La estructura de las diferentes cuentas de pérdidas y ganancias se muestran como elementos componentes del total de las ventas. En cada ejercicio adquieren una representación como un porcentaje del total facturado. Esto nos permite visualizar en qué medida cada uno de los gastos se «lleva» una parte del total generado.

Venta en el punto de equilibrio = $\dfrac{\text{Gastos de estructura}}{\dfrac{1 - \text{Costos variables}}{\text{Ventas}}}$

Donde: $\dfrac{1 - \text{Costos variables}}{\text{Ventas}}$ = Contribución bruta

y: Gastos de estructura = Gastos fijos de la empresa

Podríamos considerar esta expresión como el punto de equilibrio financiero ya que se contemplan los desembolsos efectivos como gastos. Si se añaden a los gastos las amortizaciones, obtendríamos un punto de equilibrio económico, quedando la fórmula de esta manera

$$\text{Ventas en el punto de equilibrio} = \frac{\text{Gastos de estruct.} - \text{amortiz.}}{1 - \dfrac{\text{Costos variables}}{\text{Ventas}}}$$

y simplificando:

$$\frac{\text{Gastos de estructura}}{\text{Contribución bruta}} \quad y \quad \frac{\text{Gastos de estructura} + \text{Amortizaciones}}{\text{Contribución bruta}}$$

Veamos ahora cuál hubiera sido, para cada uno de los ejercicios, el volumen de ventas necesario para alcanzar dicho punto de equilibrio o umbral de rentabilidad, es decir, aquel nivel de ventas que, con un margen de contribución determinado, nos permita pagar todos los gastos (y en el segundo análisis cubra las amortizaciones) y, a partir del cual, cada incremento de ventas con la misma contribución aporte un incremento de beneficios igual al porcentaje de esta contribución bruta.

Como un ejemplo más, veamos qué ha ocurrido en un ejercicio cualquiera. Tomemos el cinco, por ejemplo, y consideremos el punto de equilibrio económico, es decir, incorporando las amortizaciones para su cálculo:

Ventas en equilibrio:	5 482
Ventas reales:	6 500
Diferencia:	1 018

Si aplicamos el margen de contribución bruta del 16,6 por ciento a estas ventas que sobrepasan el «punto de equilibrio», veremos que llegamos a 170, que son los resultados antes de impuestos.

Otro tipo de análisis interesante es el de medir el impacto de la pérdida de contribución bruta de un ejercicio a otro.

Así vemos que en el ejercicio nueve, dicha contribución era del 16 por ciento y que en el ejercicio diez ha descendido al 15,5 por ciento. Comprobemos ahora cuál hubiera sido el efecto, para este último ejercicio, si se hubiera mantenido la contribución que existía en el anterior.

$$\text{Ventas en equil. (ej. 10)} = \frac{\text{Gastos de estructura} + \text{Amortizaciones}}{\text{Contribución bruta (ejercicio n}^\circ\text{ 9)}}$$
$$= \frac{1\,275 + 150}{0,16} = 8\,906$$

Es decir que, en lugar de necesitar llegar a un nivel de 9 193 u.m. de ventas para cubrir la estructura, hubieran sido suficientes 8 906.

Del mismo modo podríamos decir que los resultados antes de impuestos hubieran sido de 335 u.m. en lugar de los 285 alcanzados en la realidad.

Todo esto nos permite hacer resaltar la importancia que tiene el mantener un severo control de los elementos que nos llevan a la determinación de esta contribución bruta.

GRÁFICO 9.16

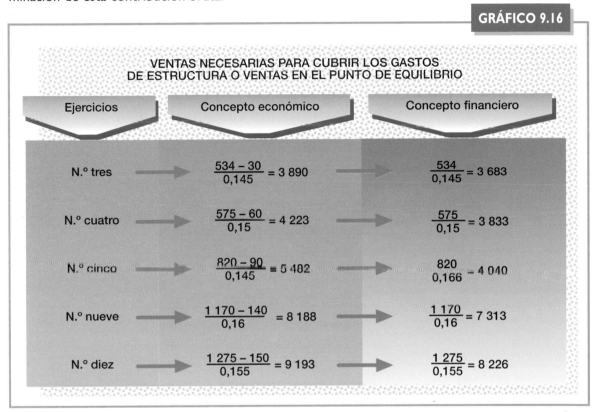

VENTAS NECESARIAS PARA CUBRIR LOS GASTOS
DE ESTRUCTURA O VENTAS EN EL PUNTO DE EQUILIBRIO

Ejercicios	Concepto económico	Concepto financiero
N.º tres	$\dfrac{534 - 30}{0,145} = 3\ 890$	$\dfrac{534}{0,145} = 3\ 683$
N.º cuatro	$\dfrac{575 - 60}{0,15} = 4\ 223$	$\dfrac{575}{0,15} = 3\ 833$
N.º cinco	$\dfrac{820 - 90}{0,145} = 5\ 482$	$\dfrac{820}{0,166} = 4\ 040$
N.º nueve	$\dfrac{1\ 170 - 140}{0,16} = 8\ 188$	$\dfrac{1\ 170}{0,16} = 7\ 313$
N.º diez	$\dfrac{1\ 275 - 150}{0,155} = 9\ 193$	$\dfrac{1\ 275}{0,155} = 8\ 226$

7. **Gastos de estructura**. Este tipo de gastos engloban todos aquellos que, por un lado, no están directamente implicados en el proceso productivo o comercial y que, por otro, no tienen que seguir una correlación directa con el volumen de ventas.

Entre éstos tenemos los gastos del personal directivo, de administración y los de servicios comunes; los servicios y suministros generales, tales como electricidad no productiva, teléfonos y gastos diversos.

Al analizar la evolución de estos gastos en los ejercicios considerados, vemos que existe una sensible disminución entre los ejercicios tres y cuatro. Sin duda, su crecimiento es menos que proporcional al de las ventas. Esta tendencia, aunque menos acentuada, se mantiene en el ejercicio cinco y, en cambio, casi desaparece en el diez. Esto es un dato significativo. Como hemos dicho, este tipo de gastos no guardan, ni deben guardar, una relación directa con el volumen de ventas dado su carácter

En el concepto económico se restan las amortizaciones del resultado del ejercicio, mientras que en el concepto financiero no se tienen en cuenta ya que no significan salidas efectivas de fondos.

de gastos fijos o semifijos. En realidad, nos podemos encontrar con una estructura que no está adecuadamente dimensionada con las necesidades operativas de la empresa. Cuando se aprecia que este tipo de gastos crecen de un modo proporcional, o casi proporcional con el nivel de ventas, se puede llegar a la conclusión de que la empresa no mantiene una política rigurosa frente a ellos o que la empresa está sobreestructurada.

En el análisis con el concepto económico del ejercicio n.º 5, vemos que la incidencia de una disminución en el margen de contribución y el aumento de las amortizaciones, eleva el volumen de ventas necesario para cubrir los gastos.

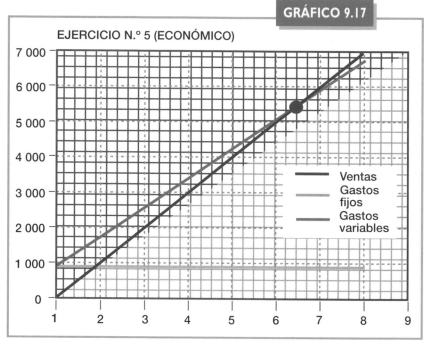

GRÁFICO 9.17

EJERCICIO N.º 5 (ECONÓMICO)

En este caso, mediante el análisis con criterio financiero del ejercicio n.º 5, sólo se ve afectado por la disminución del margen de contribución.

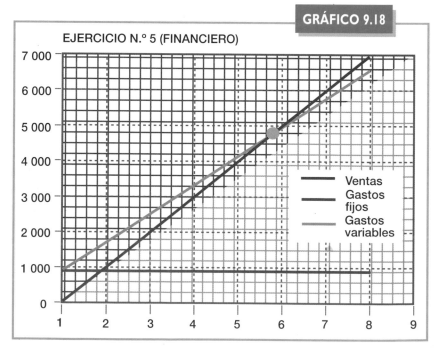

GRÁFICO 9.18

EJERCICIO N.º 5 (FINANCIERO)

En el caso que nos ocupa, aparentemente, la coexistencia de las figuras de directores o gerentes en las personas de accionistas, con la particularidad de que las participaciones en el capital de cada uno de ellos son diferentes, repercute en un incremento desproporcionado de la retribución a los cargos directivos y del resto de gastos diversos que ellos mismos ocasionan.

De todo esto se desprende que una política de descontrol sobre los gastos estructurales puede desequilibrar la evolución de la empresa. Veamos esto con un ejemplo: si en el ejercicio cinco se hubiera mantenido el nivel de los gastos de estructura del ejercicio cuatro, es decir, que hubieran alcanzado el 10,5 por ciento de las ventas y no hubieran ascendido al 12,6 por ciento, la contribución neta hubiera sido de 397 u.m. en lugar de 260 u.m.

8. **Contribución neta.** Este apartado, también llamado «cash flow» o flujo de fondos, implica la generación neta de recursos que proviene de las operaciones de la empresa.

Como hemos visto, depende de todos los factores que la afectan: el volumen de ventas, el margen bruto de las mismas, los gastos comerciales y financieros y, por último, los gastos de estructura. Por todo ello, al analizar esta partida, debemos considerarla como una consecuencia de la actividad toda de una empresa.

No es razonable opinar sobre una cantidad en concreto, debemos hacerlo sobre cada una de las variables que confluyen en su determinación. Esta cifra constituirá un punto de partida para comparar dos o más ejercicios y, luego, entrar en el análisis de sus componentes.

Por otro lado, esta contribución neta o generación de fondos (en caso de beneficios) procedente de las operaciones, constituye una partida que hemos de utilizar en el cuadro de origen y aplicación de fondos.

9. **Amortizaciones.** Las amortizaciones son la expresión de la distribución de un costo a través de un período de tiempo. Para comprender mejor esta definición, debemos aclarar una serie de conceptos. Existen bienes que se consumen a diario, tales como papelería, materiales de mantenimiento, etcétera. Por otro lado, hay bienes que tienen una mayor duración, tales como maquinarias, mobiliario, instalaciones, etcétera.

En el primer caso, el costo de esos bienes consumibles se considera como un gasto del ejercicio en el que son utilizados y, en el segundo, se aplica una distribución del costo de esos bienes durante el período de vida útil estimado de cada uno de ellos. Con estos conceptos podemos reformular la definición de amortizaciones de la siguiente manera: entendemos por amortizaciones de activos fijos la distribución del costo de los mismos a través de un espacio de tiempo, que es su vida útil estimada. Como ya hemos visto en capítulos anteriores, existen dife-

Tenemos que
unirnos con
los gobiernos
y la industria
si creemos
sinceramente
que puede existir
un futuro
próspero dentro
de la capacidad
productiva
del planeta.

MARTIN W. HOLDGATE
Empresario

rentes métodos para efectuar el cálculo de qué tipo de amortización utilizaremos. Podemos optar por una amortización lineal en el tiempo, por ejemplo, si estimamos que una máquina tiene una vida útil de diez años, la amortizaremos a razón de un 10 por ciento anual. Otro criterio sería el de considerar que la máquina tendrá un rendimiento decreciente, y en este caso podemos practicar una amortización decreciente

En el ejercicio n.º 9, la mejora del margen de contribución queda paliada por el incremento de las amortizaciones, pese a ello presenta mejorías con relación al ejercicio n.º 5.

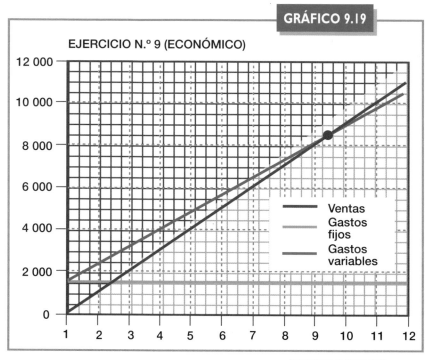

GRÁFICO 9.19

EJERCICIO N.º 9 (ECONÓMICO)

Ventas
Gastos fijos
Gastos variables

La mayor incidencia de las amortizaciones en el análisis económico se pone de manifiesto cuando prescindimos de ellas en el financiero. Las ventas necesarias para cubrir gastos, en este caso, son significativamente menores.

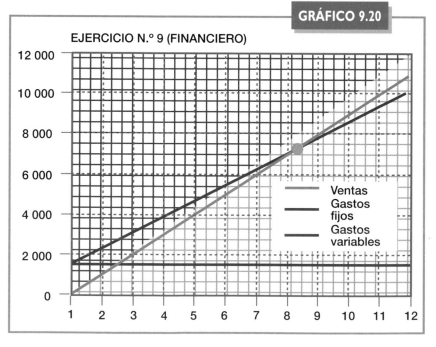

GRÁFICO 9.20

EJERCICIO N.º 9 (FINANCIERO)

Ventas
Gastos fijos
Gastos variables

o acelerada, por ejemplo: 20 por ciento el primer ejercicio, 17 por ciento el segundo, 15 por ciento el tercero, y así sucesivamente.

En el caso que nos ocupa hemos optado por una amortización lineal. Por esta razón se observa que cada vez que existen incrementos del inmovilizado, existe un crecimiento de las amortizaciones.

Aunque no se ha considerado en los casos que analizamos, existen otras partidas, además de los activos fijos materiales e inmateriales, susceptibles de ser amortizadas. Por lo general, se trata de gastos que se efectúan una vez, pero que crean las «condiciones» para que la empresa funcione durante varios años. Éste es el caso de los gastos de constitución, los de organización o puesta en marcha, reorganización, aumentos de capital, etcétera, que, en definitiva, y tal como hemos dicho, si bien se han realizado en un ejercicio determinado, tendrán efectos en los ejercicios siguientes.

10. **Impuesto sobre beneficios**. Las diferentes legislaciones fiscales dan tratamientos disímiles a este tipo de impuesto. No sólo en cuanto a su fórmula de cálculo o a sus alícuotas, sino también a las partidas de ingresos y gastos que se deben incluir.

En el caso que nos ocupa, hemos supuesto que todos los ingresos y gastos de la sociedad entran en el cálculo del impuesto. Por otro lado, existen sistemas fiscales que prevén desgravaciones o bonificaciones en función de una serie de factores. Esto se vincula directamente a las políticas económicas del país de que se trate. Algunas pueden provenir del interés del Estado de promover alguna zona geográfica del país, otras, de hacer frente a problemas tales como el desempleo, la subindustrialización o el mejor aprovechamiento de los recursos naturales de cada región o país, etcétera. En el caso que exponemos no hemos considerado ninguno de estos factores.

Si bien las alícuotas varían notoriamente de un país a otro, en los casos expuestos se ha mantenido en una franja que va desde el 30 al 35 por ciento de los resultados netos de cada ejercicio.

Análisis mediante ratios o números índices

A continuación plantearemos nuestro enfoque de modo que se analicen cada uno de los ejercicios mediante ecuaciones que vinculan diferentes partidas del balance entre sí, de las cuentas de pérdidas y ganancias, y también entre ellas mismas; a diferencia de los apartados anteriores, se interrelacionan partidas de activos con pasivos y de las cuentas de pérdidas y ganancias con el balance.

Los ratios que hemos utilizado para cada uno de los ejercicios y sus correspondientes cálculos son los que exponemos en los cuadros 9.15, 9.16, 9.17 y 9.18.

La ética internacional de las empresas debe reflejar una moderación moral, un camino medio entre el etnocentrismo, que es la razón fundamental entre el neocolonialismo y el imperialismo por un lado, y el relativismo o una postura negativa en que nada funciona, por el otro.

THOMAS DONALDSON
Empresario

Comenzaremos ahora el estudio de cada uno de ellos:

A) **Análisis económico**

1. **Rentabilidad de los fondos propios**. La evolución de este índice está condicionada por dos factores: por un lado los beneficios obtenidos en cada ejercicio y, por otro, el monto de los fondos propios. En la medida en que la empresa consigue su despegue en el ejercicio cuatro, pese al crecimiento de los beneficios, el aumento de capital primero, y la posterior capitalización de beneficios en forma de reservas, hace que hasta el ejercicio cinco se compense la rentabilidad de los fondos propios. Al llegar a los ejercicios nueve y diez se observa que, al no haber crecido de modo significativo el monto del neto patrimonial o recursos propios, el porcentual de rentabilidad de los mismos se ve entonces incrementada.

2. **Recuperación del capital invertido**. Si entendemos que la empresa ha dedicado todos sus esfuerzos a invertir en el activo, esta ecuación nos indica la cantidad de años que serían necesarios, a un tipo de beneficio determinado, para recuperar todo el activo. Así, en el ejercicio tres, se ve que a ese ritmo se necesitarían 51 años, luego esa cifra disminuye a 18 años primero, y a 15 años después, pese al incremento intermedio de capital.

Otra forma de evaluar esta situación consiste en utilizar la siguiente fórmula:

$$\frac{\text{Capital social}}{\text{Beneficio neto operativo}}$$

Si la aplicamos a cada ejercicio, veremos que en el número tres se necesitarían 20 años para recuperar el capital invertido, siendo 8 años para los ejercicios cuatro y cinco, y de 5 años para los ejercicios nueve y diez.

3. **Rentabilidad económica**. En este caso se pretende determinar el rendimiento que la empresa obtiene de sus activos. La evolución, una vez superado el estrangulamiento del ejercicio tres, presenta una estabilización, lo que hace suponer que no se alcanza a influir en este apartado de un modo significativo.

Esto queda evidenciado en la no correspondencia de la evolución de la rentabilidad de los capitales propios y la evolución económica.

4. **Rentabilidad de las ventas**. Se encuentra prácticamente estancada. La pequeña variación existente, de un máximo del 2,2 por ciento a un mínimo del 1,8 por ciento, implica que existen elementos de mercado y estructurales que la limitan y la dejan en una franja de poca maniobra.

5 y 6. **Rotación del activo y rotación de los fondos propios**. Si se observa la correlación existente entre estas dos rotaciones entre los ejercicios cuatro y diez, veremos que es netamente creciente en ambos índices. Sin embargo, si comparamos ambos índices entre sí, observaremos que crece más que proporcionalmente la rotación de los fondos propios que la del activo. Esto es originado por el hecho de que la

CUADRO 9.15

ANÁLISIS ECONÓMICO

1. Análisis económico	Ejercicio N.º 3	Ejercicio N.º 4	Ejercicio N.º 5	Ejercicio N.º 9	Ejercicio N.º 10
1.1. Rentabilidad de los fondos propios $\dfrac{\text{Beneficio neto operativo}}{\text{Fondos propios}}$	$\dfrac{10}{260} = 3,8$	$\dfrac{120}{1\,180} = 10$	$\dfrac{120}{1\,270} = 9$	$\dfrac{200}{1\,440} = 14$	$\dfrac{200}{1\,400} = 14,3$
1.2. Recuperación del capital invertido $\dfrac{\text{Total del activo}}{\text{Beneficio neto operativo} + \text{Amortizaciones}}$	$\dfrac{2\,050}{40} = 51$	$\dfrac{3\,330}{180} = 18$	$\dfrac{3\,820}{210} = 18$	$\dfrac{5\,240}{340} = 15$	$\dfrac{5\,440}{350} = 15$
1.3. Rentabilidad económica $\dfrac{\text{Beneficio neto operativo}}{\text{Activo total}}$	$\dfrac{10}{2\,050} = 0,5$	$\dfrac{120}{3\,330} = 3,6$	$\dfrac{120}{3\,820} = 3$	$\dfrac{200}{5\,240} = 4$	$\dfrac{200}{5\,440} = 3,5$
1.4. Rentabilidad de las ventas $\dfrac{\text{Beneficio neto operativo}}{\text{Ventas}}$	$\dfrac{10}{4\,000} = 0,25$	$\dfrac{120}{5\,500} = 2,2$	$\dfrac{120}{6\,500} = 1,8$	$\dfrac{200}{10\,000} = 2$	$\dfrac{200}{11\,000} = 1,8$
1.5. Rotación del activo $\dfrac{\text{Ventas}}{\text{Activo total}}$	$\dfrac{4\,000}{2\,050} = 1,95$	$\dfrac{5\,500}{3\,330} = 1,65$	$\dfrac{6\,500}{3\,820} = 1,7$	$\dfrac{10\,000}{5\,240} = 1,91$	$\dfrac{11\,000}{5\,440} = 2$
1.6. Rotación de los fondos propios $\dfrac{\text{Ventas}}{\text{Fondos propios}}$	$\dfrac{4\,000}{260} = 15$	$\dfrac{5\,500}{1\,140} = 4,6$	$\dfrac{6\,500}{1\,270} = 5$	$\dfrac{10\,000}{1\,440} = 7$	$\dfrac{11\,000}{1\,400} = 8$

empresa no ha incrementado sus fondos propios en la misma proporción que sus activos.

Como conclusión, podemos decir que la evolución a nivel económico es positiva, pero dentro de unos límites muy acotados. La pequeña rentabilidad de las ventas se ve acompañada por una rotación del activo y de los fondos propios no muy elevada. Una pequeña mejoría de la rentabilidad o de las rotaciones marcaría un cambio muy significativo en los resultados finales. Por ejemplo: si en lugar de llegar al ejercicio diez con una rentabilidad del 1,8 por ciento, se alcanzara el 2,8 por ciento y si la rotación de los fondos propios subiera de ocho veces al año a nueve, la rentabilidad de los capitales propios sería del 25,2 por ciento en lugar del 14,3 por ciento. Queda claro que cualquier esfuerzo en ambos sentidos daría unos resultados altamente satisfactorios.

B) Análisis financiero

1. **Control del activo o autonomía financiera**. Se observa una situación positiva pero en franca disminución. La empresa va perdiendo la titularidad de sus activos. Esto implica que, pese a encontrarse aún en una situación de garantía, si la tendencia sigue, puede afectar la obtención de nuevos préstamos de terceros.

2. **Proporción de capitales propios y ajenos.** Al igual que en el apartado anterior, se aprecia que la tendencia es a incrementar la participación de los capitales ajenos. No es una situación alarmante, pero sí debe mantenerse rigurosamente controlada.

3. **Solvencia total**. Este ratio nos indica sólo que la empresa tiene capacidad de hacer frente a los pasivos de terceros con el total de sus activos. Es una situación positiva, pero en un paulatino descenso.

4. **Solvencia técnica**. La situación en este apartado es francamente buena. Vemos que se ha ido consolidando a través de los años. Esto se debe a que la empresa está financiando sus inversiones con pasivos de terceros a largo plazo y, quizá, parte de estos recursos, aunque sea puntualmente, se utilizan para financiar parte del circulante.

5. **Tesorería**. Este índice refleja aún más lo mencionado en el apartado anterior; se ve con claridad que la empresa puede hacer frente con su tesorería y sus cuentas al cobro de la casi totalidad de sus deudas a corto plazo. Todo esto depende sólo de los ciclos de cada uno de los elementos, es decir, el período de maduración de los cobros y de los pagos. De todos modos, y teniendo en cuenta el elevado porcentaje de cobertura (entre el 88 % y el 92 %), se puede considerar que en este aspecto la empresa se encuentra en una situación bastante desahogada.

6. **Liquidez pura**. La información reflejada por este índice debe considerarse sólo como un indicador de la mayor o menor comodidad

en la administración de los recursos más líquidos. Pese a su descenso, no ofrece indicativos de riesgo.

C) Análisis del circulante

1. **Rotación del activo circulante**. Este ratio se mantiene con pocas variaciones en los ejercicios tres al cinco, mejorando levemente

ANÁLISIS FINANCIERO

2. Análisis financiero	Ejercicio N.º 3	Ejercicio N.º 4	Ejercicio N.º 5	Ejercicio N.º 9	Ejercicio N.º 10
2.1. Control del activo					
$\dfrac{\text{Fondos propios}}{\text{Total del activo}}$	$\dfrac{260}{2\,050}=12,7$	$\dfrac{1\,180}{3\,330}=35,4$	$\dfrac{1\,270}{3\,820}=33,2$	$\dfrac{1\,440}{5\,240}=27,5$	$\dfrac{1\,400}{5\,400}=26$
2.2. Proporción de capitales propios y ajenos					
$\dfrac{\text{Fondos propios}}{\text{Capitales permanentes}}$	$\dfrac{260}{360}=72$	$\dfrac{1\,180}{1\,330}=89$	$\dfrac{1\,270}{1\,520}=84$	$\dfrac{1\,440}{2\,140}=67$	$\dfrac{1\,400}{2\,190}=64$
2.3. Solvencia total					
$\dfrac{\text{Total del activo}}{\text{Total del pasivo}}$	$\dfrac{2\,050}{1\,790}=1,14$	$\dfrac{3\,330}{2\,150}=1,5$	$\dfrac{3\,820}{2\,550}=1,5$	$\dfrac{5\,240}{3\,800}=1,4$	$\dfrac{5\,440}{4\,040}=1,35$
2.4. Solvencia técnica					
$\dfrac{\text{Activo circulante}}{\text{Pasivo circulante}}$	$\dfrac{1\,800}{1\,690}=1,07$	$\dfrac{2\,710}{2\,000}=1,36$	$\dfrac{3\,190}{2\,300}=1,39$	$\dfrac{4\,460}{3\,100}=1,44$	$\dfrac{4\,660}{3\,250}=1,43$
2.5. Tesorería					
$\dfrac{\text{Disponible + realizable}}{\text{Pasivo circulante}}$	$\dfrac{1\,200}{1\,690}=71$	$\dfrac{1\,760}{2\,000}=88$	$\dfrac{2\,090}{2\,300}=91$	$\dfrac{2\,860}{3\,100}=92$	$\dfrac{2\,860}{3\,250}=88$
2.6. Liquidez pura o «prueba ácida»					
$\dfrac{\text{Disponible}}{\text{Pasivo circulante}}$	$\dfrac{200}{1\,690}=11,8$	$\dfrac{460}{2\,000}=23$	$\dfrac{390}{2\,300}=17$	$\dfrac{560}{3\,100}=18$	$\dfrac{360}{3\,250}=11$

en el nueve y diez. De todos modos, se observa una cierta pesadez que puede afectar a la rentabilidad total. Para una mejor comprensión de esto, debemos proceder a analizar los índices de rotación restantes y su evolución a lo largo de estos ejercicios.

2. **Plazo de ventas o rotación de las existencias.** Vemos que se lleva una gestión adecuada de los almacenes de la empresa. La gestión de compras, que implica qué comprar y en qué plazos parece correcta. Se ha pasado de mantener mercaderías en existencia para un período de más de tres meses en el ejercicio tres, a plazos que oscilan entre un poco más de dos meses a dos meses y medio para los ejercicios restantes. Si bien son unos plazos mejorables, no podemos decir que parezcan exagerados. Esto es justificable por la existencia de más de una bodega, lo que implica en algunos casos una dificultad añadida en el momento de aprovechar lotes de entrega o marcar puntos de pedidos de reposición a los proveedores. Si estas circunstancias pudieran optimizarse, se tendría que plantear como objetivo el no mantener mercaderías en existencia más allá del mes o mes y medio. Para alcanzar este

CUADRO 9.17

ANÁLISIS DEL CIRCULANTE

3. Análisis del circulante	Ejercicio N.º 3	Ejercicio N.º 4	Ejercicio N.º 5	Ejercicio N.º 9	Ejercicio N.º 10
3.1. Rotación del activo circulante $\dfrac{\text{Ventas totales}}{\text{Activo circulante}}$	$\dfrac{1\,400}{1\,800} = 2{,}22$	$\dfrac{5\,500}{2\,710} = 2$	$\dfrac{6\,500}{3\,190} = 2$	$\dfrac{10\,000}{4\,460} = 2{,}25$	$\dfrac{11\,000}{4\,660} = 2{,}4$
3.2. Plazo de ventas o rotación de las existencias $\dfrac{\text{Existencia promedio}}{\text{Coste de las ventas}} \times 12$	$\dfrac{600}{3\,200} \times 12 = 3{,}37$	$\dfrac{775}{4\,400} \times 12 = 2{,}11$	$\dfrac{1\,025}{4\,950} \times 12 = 2{,}48$	$\dfrac{1\,600}{7\,500} \times 12 = 2{,}56$	$\dfrac{1\,700}{8\,300} \times 12 = 2{,}4$
3.3. Plazo de cobro $\dfrac{\text{Saldos de clientes}}{\text{Ventas}} \times 12$	$\dfrac{1\,000}{4\,000} \times 12 = 3$	$\dfrac{1\,300}{5\,500} \times 12 = 2{,}8$	$\dfrac{1\,700}{6\,500} \times 12 = 3$	$\dfrac{2\,300}{10\,000} \times 12 = 2{,}76$	$\dfrac{2\,500}{11\,000} \times 12 = 2{,}73$
3.4. Plazo de pago a los proveedores $\dfrac{\text{Saldo de proveedores}}{\text{Compras anuales}} \times 12$	$\dfrac{1\,190}{3\,200} \times 12 = 4{,}46$	$\dfrac{1\,500}{4\,750} \times 12 = 3{,}78$	$\dfrac{1\,700}{5\,350} \times 12 = 3{,}87$	$\dfrac{2\,300}{8\,800} \times 12 = 3{,}45$	$\dfrac{2\,400}{8\,500} \times 12 = 3{,}3$

objetivo se hace necesaria la actividad coordinada de los responsables de compras, los del área comercial y los de los almacenes.

En el área de compras, obteniendo las mejores condiciones de entrega por parte de los proveedores y analizando hasta qué punto son eficaces o cumplen con los compromisos asumidos. Todo ello para evitar, por un lado, la ruptura de las existencias, o dicho de otro modo, no poder atender los pedidos de los clientes por falta de producto, y, por otro, mantener existencias innecesarias, tanto en tiempo como en cantidad. Para todo ello debe desarrollar una actividad constante de seguimiento de los proveedores y, al mismo tiempo, una búsqueda sistemática de suministradores alternativos, ya sea como cobertura o respaldo, ya sea para una sustitución definitiva en los casos de incumplimientos o faltas de capacidad de los existentes.

Todo este trabajo de los responsables de compras debe apoyarse en la información que reciben del área comercial. Es necesario crear los canales de comunicación, constantes y fluidos, que permitan adelantarse a las necesidades. Los presupuestos de ventas y la información que los responsables del área comercial puedan obtener de los clientes facilitan una mejor gestión de las existencias.

Por último, es importante la actitud y eficiencia de los responsables físicos de las bodegas. Esto se traduce en un sistema coherente de movimientos de los productos, en un estudio e implantación de lugares y sistemas de almacenaje y manipulación de las mercaderías y en una ágil tramitación de los movimientos de entrada y salidas de bodega.

Las empresas de venta directa tienen una ventaja. Pueden preguntar directamente al usuario qué es lo que quiere.

MICHAEL DELL
Empresario

3. **Plazos de cobro**. Los plazos de cobro se han mantenido prácticamente estables a lo largo de los ejercicios considerados. Aunque se reducen por algunos momentos, siempre se encuentran situados alrededor de los tres meses. Esta situación puede provenir de las características del mercado en el que se mueve la empresa o de una política de comercialización determinada. En estos casos conviene siempre efectuar averiguaciones que permitan establecer las causas reales que conducen a esta «invariabilidad» de los plazos de cobro.

Existen mercados, o sectores de los mismos, que por sus características propias no permiten alterar ciertos tipos de condiciones de venta. Son los llamados mercados de compradores, que, en definitiva, son los que imponen las condiciones a los vendedores. Por otro lado, puede ser importante la actitud de la competencia. Quizá las ansias de ganar participación en el mercado les fuerza a conceder condiciones más favorables a los compradores. De todos modos, frente a unas circunstancias como las que se presentan en nuestro caso, se deben agotar todos los recursos para agilizar este período de maduración de los cobros.

Esto es de capital importancia ya que, como veremos, el período de maduración de los cobros, unido al de las existencias, forman un ciclo indisoluble que puede condicionar la evolución misma de la empresa. Si no se mantiene como objetivo la aceleración de estos ciclos, se puede llegar a la paradoja que, frente a un crecimiento espectacular de las ventas, una empresa no cuente con los recursos líquidos suficientes para poder afrontarla. En este punto se entraría en una espiral de mayores necesidades de financiación externa que llevarían a unos mayores costos por este concepto y a afectar la rentabilidad total de la empresa.

4. Plazo de pago a los proveedores

La situación inicial, de más de cuatro meses de plazo de pago, aparece como la más interesante para la empresa. Sin embargo, al regularizarse la actividad con los aumentos de los fondos propios, estos plazos quedan situados por encima de los tres meses, pese a que se acortan en los ejercicios nueve y diez.

Cabe suponer que pueden influir varios factores en esta reducción de plazos. Como ya hemos señalado, puede depender de una actitud más condescendiente por parte de la empresa en la negociación con los proveedores; por otro lado, pueden haber variado las condiciones del mercado en general, pero no debe descartarse la dependencia del proveedor. Todos sabemos que si no existen posibilidades de sustituir al abastecedor de un producto que es de vital importancia en nuestra actividad, a medio plazo se crea una situación de sumisión que obliga a aceptar precios y condiciones. Por ello, como ya hemos dicho, resulta imprescindible para la empresa la búsqueda constante de nuevos productos y nuevos proveedores, de modo tal que en la «mezcla» de unos y otros ninguno tenga el peso específico tan fuerte que obligue a la empresa a seguir el ritmo que le marcan sus suministradores.

En los ejercicios analizados observamos que, mientras pagamos a un ritmo de tres meses y medio, mantenemos unas existencias en bodega del orden de los dos meses y medio y tardamos en cobrar alrededor de los tres meses. Todo esto nos lleva a la siguiente situación:

Un producto que entra hoy en la empresa debo pagarlo al cabo de tres meses y medio y puedo cobrarlo al cabo de cinco meses y medio desde que lo he recibido. Esto implica una exposición de dos meses derivada del ciclo de mi operativa comercial. Mientras tanto, debo suponer que los beneficios acumulados y mis recursos (propios o ajenos) me permitan cubrir el resto de compromisos cotidianos (sueldos y gastos generales). De no disponer de recursos, quizá nos veamos obligados a desacelerar el ritmo de ventas para no caer en estrangulamientos financieros.

C) Análisis del activo fijo y las inversiones

1. **Financiación del activo fijo.** Mientras que en el ejercicio tres se aprecia que los activos fijos absorben una buena parte de los capita-

les permanentes (fondos propios y deudas a largo plazo), esta situación va cambiando de modo paulatino. En el ejercicio cuatro, y pese al aumento de capital, esto se ve como «razonable». En definitiva, la entrada de nuevos capitales en la empresa suponía una serie de inversiones en activos fijos, pero también aumentar la capacidad operativa de una empresa que, como hemos visto, tiene unos ciclos operativos que tienden a crear desfases entre la maduración de los activos corrientes y los pasivos a corto plazo.

Todo esto se pone aún más de manifiesto en los ejercicios cinco y nueve, donde las inversiones en activos fijos no parecen tan significativas. Esto resulta muy importante en este último, ya que en el período que transcurre desde el ejercicio cinco, los inmovilizados brutos (sin tener en cuenta las amortizaciones) pasan de las 830 u.m. a 1 380 u.m., mientras que los fondos propios y deudas a largo plazo van de las 1 520 u.m. a las 2 140, es decir, que mientras los inmovilizados crecen en 550 u.m., los capitales permanentes lo hacen en 620 u.m., por lo que es evidente que en este período los capitales a largo plazo (propios y ajenos) financian

CUADRO 9.18

ANÁLISIS DEL ACTIVO FIJO Y LAS INVERSIONES

4. Análisis del activo fijo y las inversiones	Ejercicio N.º 3	Ejercicio N.º 4	Ejercicio N.º 5	Ejercicio N.º 9	Ejercicio N.º 10
4.1. Financiación del activo fijo $\dfrac{\text{Fondos propios + Deudas Largo}}{\text{Total del activo}}$	$\dfrac{360}{250} = 1{,}44$	$\dfrac{1\,330}{620} = 2{,}15$	$\dfrac{1\,520}{630} = 2{,}41$	$\dfrac{2\,140}{780} = 2{,}74$	$\dfrac{2\,190}{780} = 280$
4.2. Rotación del activo fijo $\dfrac{\text{Activo fijo}}{\text{Amortizaciones del ejercicio}}$	$\dfrac{250}{30} = 8{,}3$	$\dfrac{620}{60} = 10.3$	$\dfrac{630}{90} = 7$	$\dfrac{780}{140} = 5{,}5$	$\dfrac{780}{150} = 5{,}2$
4.3. Política de inversiones $\dfrac{\text{Variación fondos propios}}{\text{Inversión en activos fijos}}$	$\dfrac{50}{10} = 5$	$\dfrac{920}{430} = 2{,}3$	$\dfrac{90}{100} = 0{,}9$	$\dfrac{210}{100} = 2{,}1$	$\dfrac{-40}{150} = -7$
4.4. Endeudamiento $\dfrac{\text{Pasivo hacia terceros}}{\text{Fondos propios}}$	$\dfrac{1\,790}{260} = 6{,}8$	$\dfrac{2\,150}{1\,180} = 1{,}8$	$\dfrac{2\,550}{1\,270} = 2{,}01$	$\dfrac{3\,800}{1\,440} = 2{,}6$	$\dfrac{4\,040}{1\,400} = 2{,}9$

parte del circulante. Esta situación se revierte en el ejercicio diez, las inmovilizaciones brutas crecen en 150 u.m. y los capitales permanentes sólo en 50 u.m., si bien esto puede ser debido a la política de no capitalización de beneficios llevada por la empresa.

2. **Rotación del activo fijo**. Este ratio nos indica el tiempo de vida útil que asignamos a nuestros activos fijos al ritmo de amortización que estamos aplicando.

Llegado este punto, cabe señalar que no siempre el período de vida útil que hemos estimado para cada bien del inmovilizado corresponde con su duración real. Hemos adoptado un criterio de distribución del costo y esto no implica que necesariamente llegado el final del plazo fijado el bien sea inútil o que debamos desprendernos de él. Lo que sí queda en claro es que este ratio o índice nos indica el grado de antigüedad media que tienen nuestros activos. El resultado obtenido nos aproxima, pues, a plazos teóricos de reemplazo de algunos activos, no necesariamente de todos. Para un análisis más ajustado deberíamos considerar cómo está compuesto nuestro inmovilizado material. Una planta industrial, una bodega, una edificación, pueden llegar a tener una vida útil, sin grandes inversiones de mantenimiento, que puede duplicar o triplicar la de otros activos fijos. A su vez, un tipo de máquina puede durar, funcionando a pleno rendimiento, mucho más que otra de características diferentes. Por ello debemos considerar este índice como un elemento meramente orientativo del grado de «vejez» del conjunto de nuestro inmovilizado.

3. **Política de inversiones**. El objetivo de estos índices es comprobar en qué medida el incremento de los fondos propios han contribuido, año por año, a la financiación del activo fijo.

Una política conservadora diría que en el momento de invertir en activos fijos lo correcto es recurrir a la reinversión de los fondos propios. En otras palabras, con los beneficios netos y realizados financiamos nuestras inversiones en inmovilizado. Invertimos lo que hemos ganado, no nos endeudamos para crecer en activos fijos.

Ésta, claramente, no es la política de la empresa objeto de análisis. En el momento en que la empresa era más débil, en cuanto a su estructura patrimonial, dedicaba proporcionalmente la parte más significativa del crecimiento de sus fondos propios a la inversión en inmovilizaciones, y tan sólo una quinta parte de dicho aumento. En los años siguientes, decrece este índice, para llegar, en el décimo ejercicio, a una situación negativa, por la disminución de los fondos propios.

Estos resultados son coherentes con lo que nos indicaron los ratios precedentes. Todo ello nos conduce a pensar que, o bien la empresa no necesita de grandes o complejas instalaciones de inmovilizado para su actividad, o que está descuidando este apartado, ya sea por falta de visión empresarial o por incapacidad financiera. De todas estas posibilidades, la que evidentemente no es verdadera es la última. La empresa aún dispone de una fuerte capacidad para obtener recursos ajenos. Se muestra sólida en su estructura y su rentabilidad, sin ser exagerada, y entra dentro de lo positivo por su aptitud de generar fondos para hacer frente a los compromisos de pago de intereses y cancelación de sus deudas a largo plazo.

4. **Endeudamiento**. Si comparamos el endeudamiento total de la empresa (con relación a sus fondos propios), vemos que tiene una tendencia al crecimiento, lo cual hace suponer que ofrece las suficientes garantías, tanto a sus proveedores como a sus inversores externos. Esto no hace más que confirmar que no radica en su falta de capacidad de endeudamiento su débil política de inversión.

Debemos inclinarnos por una falta de necesidad o por un enfoque empresarial poco ambicioso o temeroso.

Análisis de la evolución financiera de la empresa. Generación e inversión de fondos

A continuación comenzaremos el estudio del origen de los recursos de la empresa y el modo en que éstos se han aplicado. Tal como indicáramos anteriormente, para la elaboración del estado de origen y aplicación de fondos, y de su complementario de variaciones del capital circulante, debemos partir de la comparación de dos balances de situación o balances generales.

Dado que disponemos de tres ejercicios consecutivos (3, 4 y 5) y, luego de un paréntesis, de otros dos (9 y 10), estamos en condiciones de preparar los estados de los ejercicios 4, 5 y 10.

A) Determinación de los orígenes y aplicaciones de fondos

Tal como sabemos, las aplicaciones de fondos pueden resumirse en los siguientes conceptos:

- Aumento del activo fijo o inmovilizado.
- Disminución de deudas a largo plazo.
- Disminuciones de los fondos propios.
- Pérdidas.

A su vez, los orígenes proceden de:

- Disminución del activo fijo.
- Aumento de las deudas a largo plazo.
- Aumento de los fondos propios.
- Beneficios.

Hay mucho escepticismo acerca de la eficacia de ciertos programas de capacitación gerencial, y en algo está justificado. Una buena parte de la formación se hace en condiciones que no parecen guardar relación con el lugar de trabajo del mundo real.

T. L. QUICK
Empresario

Aplicando estos conceptos, compararemos estas situaciones entre los ejercicios tres y cuatro. Previamente, reclasificaremos los resultados de los ejercicios 4, 5 y 10 según el detalle del cuadro 9.19.

CUADRO 9.19

ESTADOS DE FONDOS Y APLICACIÓN DE FONDOS

Ajustes a los resultados de los ejercicios

	Ejercicio N.º 4	Ejercicio N.º 5	Ejercicio N.º 10
Resultado del ejercicio	+ 120	+ 120	+ 200
Más: Dotaciones de las amortizaciones del inmovilizado (inmaterial y material)	+ 60	+ 90	+ 150
Resultados ajustados	+ 180	+ 210	+ 350

Grupos	Ejerc. 3	Ejerc. 4	Aumentos	Dis. patrim.
I. Inmovilizado				
a) Inmaterial	50	80	30	
b) Material	250	680	400	
2. Fondos propios				
a) Capital	200	I 000	800	
3. Deudas a largo plazo	100	150		50
4. Beneficios (I)			180	
(I) Beneficios + amortizaciones = 120 + 60 = 180				

Efectuaremos el mismo planteo con los ejercicios 4 y 5

Grupos	Ejerc. 4	Ejerc. 5	Aumentos	Dis. patrim.
I. Inmovilizado				
a) Inmaterial	80	80		
b) Material	650	750	100	
2. Fondos propios				
a) Capital social	I 000	I 000		
b) Reservas	180	150		30
3. Deudas a largo plazo	150	250	100	
4. Beneficios (I)		210	210	
(I) Beneficios + amortizaciones = 150 + 60 = 210				

Igual procedimiento para los dos restantes ejercicios:

Grupos	Ejerc. 9	Ejerc. 10	Aumentos	Dis. patrim.
1. Inmovilizado				
a) Inmaterial	80	80		
b) Material	1 300	1 450	150	
2. Fondos propios				
a) Capital social	1 000	1 000		
b) Reservas	440	200		240
3. Deudas a largo plazo	700	790		90
4. Beneficios (1)			350	350
(1) Beneficios + amortizaciones = 200 + 150 = 350				

Obtenidos los aumentos y disminuciones de cada partida, los reclasificaremos de acuerdo con sus características de aplicaciones u orígenes de fondos, lo que queda expresado en el cuadro 9.20.

CUADRO 9.20

ESTADOS DE ORIGEN Y APLICACIÓN DE FONDOS

	Ejercicio N.º 4 (u.m.)	%	Ejercicio N.º 5 (u.m.)	%	Ejercicio N.º 10 (u.m.)	%
APLICACIONES						
1. Aumento del inmovilizado						
a. Inmaterial	30	7				
b. Material	400	93	100	77	150	38,5
2. Dividendos			30	33	240	61,5
Total aplicaciones	430	100	130	100	390	100
Exceso de orígenes sobre aplicaciones (aumento del capital circulante)	600		180		50	
Totales	1 030		310		440	
ORÍGENES						
1. Beneficios	180	17,5	210	67,7	350	79,5
2. Aumento de capital	800	77,7				
3. Aumento de las deudas a largo plazo	50	4,8	100	32,3	90	20,5
Total orígenes	1 030	100	310	100	440	100

Veamos ahora la interpretación que podemos dar a estos tres estados de origen y aplicación de fondos.

Ejercicio n.º 4

• *Aplicaciones*. Existe una inversión en activos fijos por un total de 430 u.m., 30 en inmovilizados inmateriales y el resto en materiales.

• *Orígenes.* Los beneficios del ejercicio (o contribución neta menos impuestos) se añaden al aumento de capital y al incremento de las deudas a largo plazo, generando un total de recursos que asciende a 1 030 u.m.

Como puede apreciarse, el excedente de orígenes sobre aplicaciones se ha dedicado a la financiación del activo circulante, lo que implica que el 58,3 por ciento de los fondos generados se dedica a potenciar la operatividad comercial de la empresa, mientras que el 41,7 por ciento restante se aplica a inversiones puras.

Ejercicio n.º 5

• *Aplicaciones.* Se incrementan los activos fijos y se distribuyen dividendos a los accionistas. (Disminuyen las reservas y resultados anteriores.)
• *Orígenes.* La generación de recursos proviene de los beneficios y del aumento de las deudas a largo plazo. Otra vez el excedente de orígenes sobre aplicaciones, en este caso del 58 por ciento, se dedica al aumento del capital circulante.

Ejercicio n.º 10

• *Aplicaciones.* Se incrementa el inmovilizado material en 150 u.m. y se pagan dividendos a los accionistas por 250 u.m., llegándose a una aplicación total de 390 u.m.
• *Orígenes.* Los recursos provienen de las operaciones (beneficios) y del aumento de las deudas a largo plazo de la empresa. Esta vez el aumento del capital circulante resulta ser del 11,4 por ciento del total de los orígenes.

Veamos ahora el comportamiento del capital circulante. Para ello, compararemos sus partidas constitutivas entre los mismos ejercicios considerados en la determinación de los estados de origen y aplicación de fondos precedentes.

Así tendríamos:

Grupos	Ejerc. 3	Ejerc. 4	Aumentos	Dis. patrim.
1. Activo circulante				
a) Existencias	600	950	350	
b) Deudores	1 000	1 300	300	
c) Tesorería	200	460	260	
2. Pasivo circulante				
a) Proveedores	1 190	1 500	310	
b) Otros acreedores	500	500		

Para los ejercicios 4 y 5 tendríamos:

Grupos	Ejerc. 3	Ejerc. 4	Aumentos	Dis. patrim.
1. Activo circulante				
a) Existencias	950	1 100	150	
b) Deudores	1 300	1 700	400	
c) Tesorería	460	390		70
2. Pasivo circulante				
a) Proveedores	1 500	1 700	300	
b) Otros acreedores	500	600	100	

Ahora llegamos a los ejercicios 9 y 10:

Grupos	Ejerc. 3	Ejerc. 4	Aumentos	Dis. patrim.
1. Activo circulante				
a) Existencias	1 600	1 800	200	
b) Deudores	2 300	2 500	200	
c) Tesorería	560	360		200
2. Pasivo circulante				
a) Proveedores	2 300	2 400	100	
b) Otros acreedores	800	850	50	

Una vez llegados a este punto, trasladaremos las variaciones del capital circulante al estado que las expone en su claro sentido (cuadro 9.21).

CUADRO 9.21

VARIACIONES DEL CAPITAL CIRCULANTE

	Ejercicio N.º 4 (u.m.)	%	Ejercicio N.º 5 (u.m.)	%	Ejercicio N.º 10 (u.m.)	%
AUMENTOS						
1. Existencias	350	58	150	83	200	400
2. Saldos de clientes	300	50	400	222	200	400
3. Tesorería	260	43				
DISMINUCIONES						
4. Tesorería			− 70	− 38	− 200	− 400
5. Aumento deuda a corto plazo	− 310	− 51	− 300	− 167	− 150	− 350
Total neto aumentos del capital circulante	+ 600	100	+ 180	100	+ 50	100

Una vez en nuestra disposición el estado de variaciones del capital circulante, podemos efectuar una serie de comentarios.

Tal como habíamos avanzado al analizar los estados de origen y aplicación de fondos, existe un déficit de financiación del circulante por sí mismo. Esto se cubre con aportaciones netas de fondos, ya sean de capitales propios como de capitales ajenos.

Una vez comprobada la situación, es de gran utilidad analizar de qué manera se ha utilizado esta financiación del capital circulante.

Por un lado, vemos que en el transcurso de todos los ejercicios existe un incremento de los saldos de las existencias y de los deudores (clientes básicamente). Por otro lado, vemos que existe una disminución de los recursos más líquidos (tesorería). También se aprecia un incremento del endeudamiento a corto plazo, pero de un modo más desacelerado.

La suma de las interpretaciones de los estados de origen y aplicación de fondos y de variaciones del capital circulante nos enfrenta a una serie de conclusiones e incógnitas.

Por una parte, se puede apreciar que existe un moderado interés en la utilización de los recursos propios en la financiación de las inmovilizaciones. Por otra, no se detecta una actitud de aumentar de modo exagerado el endeudamiento a largo plazo. Tampoco se aprecia una inmovilización exagerada de capitales.

En este punto del análisis, debemos retrotraernos a consideraciones anteriores:

¿Existe una falta de visión o de voluntariedad empresarial para enfocar el negocio en sí o planificar su expansión? O, bien:

¿Nos encontramos con una empresa que no requiere serias inversiones en inmovilizados (activos fijos) para su desarrollo?

¿Puede ser que las pugnas interiores entre accionistas, directivos o directivos/accionistas marquen objetivos diferentes a la empresa?

Consideramos que, como suele ocurrir, no siempre existe la verdad, única e incontrovertible.

También creemos que todo lo expuesto no contribuye a la búsqueda de esa verdad utópica. Creemos que mediante un análisis riguroso de la vida de una empresa, que queda de manifiesto en una serie de estados contables (balances y cuentas de pérdidas y ganancias), podemos establecer una cantidad de parámetros para, si no encontrar la total y absoluta respuesta, cuando menos comprenderla.

Todo esto no debe descartar el estudio de las circunstancias que rodean a la empresa en sí misma. En el momento en que nos planteamos la existencia de la pequeña y la mediana empresa, estamos considerando que es un espécimen que vive en un mundo sujeto a una serie de avatares un tanto lejanos de su poder decisorio. Estamos frente a un ente (la pequeña y mediana empresa) que debe adaptarse a un medio en el que no tiene grandes posibilidades de incidir, cuando menos para variarlo de un modo significativo.

CONCLUSIONES

A modo de resumen, podríamos pretender efectuar una revisión de todos los apartados vistos hasta aquí de esta obra, aunque nada más lejos de nuestra intención.

Se ha pretendido incidir, de un modo positivo, en las características más habituales de la pequeña y mediana empresa. Quiénes la componen, qué objetivos tienen, en qué espacios (mercados) se mueve, y, básicamente, de qué manera se puede contribuir a su salud, crecimiento y consolidación.

Para ello se ha hecho una serie de aproximaciones en todos sus aspectos y en todas las dimensiones de la propia empresa y de su vida. Se ha mantenido un nivel de esquematización, estudio y recomposición que pueda permitir a cualquier estudioso del tema, o a cualquier directo interesado, acceder a la sistemática de visión, planteo y conclusiones finales que le faculten a «rever» o «replantear» la realidad «histórica» en la que ha vivido o vive. No creemos

◀ Ante un problema planteado en la empresa, no basta con que la dirección disponga de un diagnóstico acertado, sino que debe ser capaz de aplicar la solución más adecuada.

que existan fórmulas «mágicas». No creemos que en cada situación similar puedan existir soluciones o respuestas exactas. Entendemos que la única vía para poder acceder a una interpretación de la vida y función de la pequeña y mediana empresa es la utilización de un método de análisis que permita hacer un diagnóstico y, en función del mismo, adoptar las terapias que consideremos más adecuadas.

De la afirmación precedente se desprenden dos conclusiones (o mejor dicho, la afirmación precedente incluye dos condicionantes) tener una capacidad de estudio o análisis para emitir el diagnóstico, y, lo más importante, una vez que disponemos de un diagnóstico lo más acertado posible, tener el grado de capacidad para tomar las decisiones (terapias) más adecuadas.

Como suele suceder en todos los ámbitos de la vida, no siempre los diagnósticos son ciertos (o completos) en todos los sentidos. Del mismo modo consideramos que, salvo honrosas excepciones, no existen terapias fiables al cien por cien.

De lo que sí estamos convencidos, y por ello lo acentuamos en estos párrafos finales, es de que, considerando que existe una voluntariedad empresarial, que se pretende llevar adelante una actividad, que comprendiendo que esa actividad lleva consigo la suma de una gran cantidad de objetivos personales e independientes, no existe una forma «escrita» de cómo hacerlos convergentes.

Podemos intentar motivar, podemos, además, retribuir, pero, y finalmente, si no somos capaces de llegar a puerto, ¿ha servido de algo?

Aceptando todas las limitaciones expuestas, consideramos que nuestra voluntad es la de poder acercar una serie de enfoques de todo lo que se refiere a la pequeña y mediana empresa y a su entorno. Hemos tratado de dimensionar los problemas y su ámbito de repercusión, manteniendo un grado de rigor, tanto en la percepción del «modelo», en su análisis, como en su redefinición y su proyección.

Consideramos que la vía de salida de la pequeña y mediana empresa pasa por el ejercicio de una gestión empresarial acorde con la realidad del momento y lugar, teniendo en cuenta que, en este momento, cada vez más el lugar es todo el mundo.

Hasta aquí se han tenido en cuenta los aspectos iniciales de la vida de la empresa: su constitución, el momento del «génesis», que por lo general se presenta mucho antes de que exista su nacimiento «práctico» y aún mucho antes de que exista su nacimiento «formal». Si se habla del empresario individual, todo esto puede nacer

SOLUCIONES

Los problemas de tipo empresarial, que surgen continuamente, presentan una gama de alternativas de cuya feliz resolución depende el éxito de la gestión.

GRÁFICO 9.21

RAZONES DE LA VENTAJA COMPETITIVA

Entrega

Información

Comunicación

Producto
o servicio
básico

Servicio

Relación con
los clientes

Formación
del cliente

Marca / imagen

◀ *Se ha querido expresar en este gráfico la percepción del consumidor frente a productos similares del mercado. Como se puede observar, existe un equilibrio entre la mayoría de los factores, de entre los cuales se destaca únicamente el conjunto marca/imagen, que puede decantar la elección final.*

de una inquietud o de una necesidad; en el caso de que estas inquietudes o necesidades impliquen a más de una persona, nos encontramos con una forma económica que se denomina sociedad (cualquiera que sea el apellido o condicionamiento que se le agregue: colectiva, anónima, etcétera). En este momento nace el elemento que distingue no sólo a la sociedad en sí misma, sino a la propia actividad ejercida de un modo colectivo, el «afectio societatis» que implica la voluntariedad de un grupo de individuos para llevar, en común, el desarrollo de una actividad, de un proyecto, en suma: para trabajar de un modo conjunto en la consecución de un objetivo común.

Nuestra intención ha sido la de brindar una serie de elementos básicos (pero no únicos ni exluyentes) que permitan el desarrollo armónico de este trabajo colectivo.

Hemos dedicado parte de nuestra exposición a estudiar el objeto, es decir, la empresa; en otros momentos hemos estudiado a los integrantes de la misma (empresarios, directivos, dependientes); otras veces hemos considerado sus interrelaciones, tanto en el aspecto individual como colectivo, las relaciones que se crean entre ellos, los sistemas de organización, su comunicación y proyección individual y colectiva, para, y en otra dimensión, establecer qué elementos de control y evaluación pueden (y en algunos casos deben) ser utilizados para medir lo que hemos hecho. Y también para poder saber si esto nos permite sacar conclusiones, y establecer los lineamientos que permitan la consecución de los objetivos marcados.

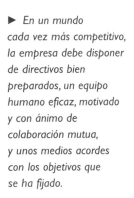

► *En un mundo cada vez más competitivo, la empresa debe disponer de directivos bien preparados, un equipo humano eficaz, motivado y con ánimo de colaboración mutua, y unos medios acordes con los objetivos que se ha fijado.*

Queremos, por último, insistir: no basta con establecer objetivos, no basta tampoco con saber si los hemos alcanzado o no, necesitamos conocer el por qué de una cosa o de la otra, y para ello consideramos que debe establecerse una metodología.

Éste ha sido el objetivo de nuestro trabajo: aportar elementos para desarrollar un método que permita una mejor percepción de los hechos, de la realidad, que nos habilite a interpretarla del modo más adecuado, y que, a su vez, nos capacite para definir objetivos y establecer estrategias y políticas que nos permitan conseguirlos de la manera más eficiente y armónica.

EL PROCESO ELECTRÓNICO DE DATOS

 INTRODUCCIÓN

No hace demasiados años, la computación y los programas computacionales eran conceptos sumamente alejados del entorno cotidiano del pequeño empresario. Hoy por hoy, resulta inconcebible una pequeña empresa que carezca por completo de algún tipo de sistema computacional. Cada día son más los usos que se da a las computadoras en las PYMES y mayor el número de empleados cuyo trabajo se desarrolla ante una de estas máquinas, al menos durante una parte muy importante de su horario laboral.

Desde el control de entrada y salida de los trabajadores a la contabilidad, pasando por los procesos de producción, las computadoras están presentes en el día a día de las empresas.

Sin embargo, son muchos los que aún dan un paso atrás ante la avalancha de conceptos nuevos y palabras en inglés con los que se asocia indefectiblemente la computación. En este manual trataremos algunos de estos conceptos, pero centrándonos en los aspectos prácticos con los que debe enfrentarse el pequeño empresario a la hora de afrontar la puesta en marcha, el mantenimiento y la actualización del sistema computacional de su negocio.

Plan del capítulo

Tras un somero resumen de la historia de la computación y un breve paseo por los distintos tipos de computadoras, nos centraremos en las microcomputadoras, cuya evolución y aumento de prestaciones las ha convertido en el elemento más útil para empresas de tamaño pequeño y mediano. Veremos en primer lugar los componentes físicos de las mismas, haciendo hincapié en los factores que se deben evaluar a fin de conseguir un óptimo rendimiento sin disparar los costos de forma innecesaria. A continuación se analizarán los lenguajes de las computadoras, con una breve introducción a los sistemas operativos y los lenguajes de programación, y un análisis algo más profundo de las aplicaciones de mayor uso en las pequeñas empresas, poniendo un énfasis especial en algunos conceptos de las bases de datos que constituyen la columna que sostiene los programas de gestión integral de las PYMEs. Seguiremos con algunas consideraciones sobre las necesidades de formación del personal, consejos prácticos relativos a la contratación de servicios para la creación de programas a medida y el mantenimiento del sistema computacional. Por último, trataremos de hacer una introducción al tema de las comunicaciones, el trabajo en grupo y las redes locales.

Dado el propósito eminentemente práctico de este capítulo, se ha tratado de huir en la medida de lo posible de los excesivos tecnicismos. No obstante, en algunos casos resulta inevitable la mención de términos que se explican con posterioridad. En ocasiones, la computación se convierte en el feudo de lo críptico, aun cuando la mayoría de sus fundamentos son plenamente comprensibles. Detrás de este problema no es raro encontrar a algunos responsables de computación que hacen de sus departamentos un reino de taifas aislado del resto de la empresa.

En la actualidad, los términos en inglés y en español de algunos conceptos conviven sin que ninguno de los dos acabe de im-

▼ *La computadora no sólo ha venido a facilitar multitud de tareas en la pequeña y mediana empresa, con aplicaciones que van desde la contabilidad hasta el diseño, sino que también ha invadido la vida doméstica.*

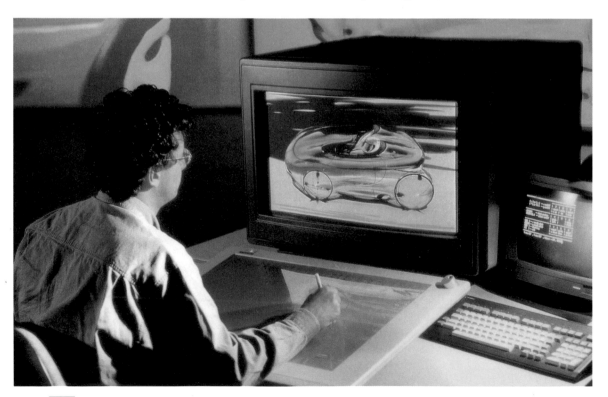

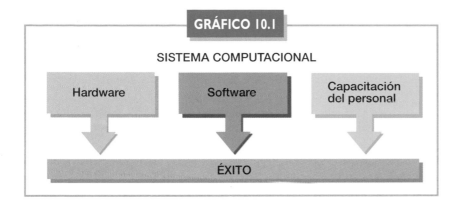

GRÁFICO 10.1

SISTEMA COMPUTACIONAL

Hardware | Software | Capacitación del personal

ÉXITO

◄ *La clave del éxito de un sistema computacional radica en el correcto equilibrio entre el equipo físico, la calidad de los programas que se implementan y la capacidad del personal para aprovechar las posibilidades que éstos brindan.*

ponerse. En estos casos se han preferido siempre los términos en español, si bien se da entre paréntesis su equivalente en inglés. Por otra parte, y aunque hemos tratado de aclarar la terminología nueva sobre el terreno, hemos creído conveniente incluir algunas definiciones en el glosario general que se encuentra al final de este volumen.

☐ UN POCO DE HISTORIA

Hoy entendemos por «computadora» una máquina electrónica capaz de realizar cálculos y procesos de datos de forma automática y a gran velocidad, de acuerdo con una secuencia dada de instrucciones.

Desde tiempo inmemorial se realizaron intentos de idear máquinas que sirvieran para llevar a cabo cálculos rápidos y precisos. Fue a mediados del siglo XVII cuando el genial matemático Blaise Pascal concibió un ingenio basado en ruedas dentadas que era capaz de sumar y restar.

Algo más tarde, en 1672, Gottfried Wilhelm Leibniz construyó una máquina que sumaba, restaba, multiplicaba, dividía y buscaba raíces cuadradas. Ya a principios del siglo XIX, el francés Jacquard creó la que puede considerarse la primera máquina de producción programada mediante tarjetas perforadas. La máquina en cuestión tejía siguiendo los dibujos de las tarjetas.

En 1937, el inglés Alan Turing desarrolló la teoría matemática de la computación, contribuyendo a la fundamentación teórica de las máquinas digitales que se desarrollaron en los años cuarenta.

En ese mismo período, John von Neumann terminó de sentar las bases de la ciencia de la computación; hasta tal punto que en la actualidad sus análisis siguen siendo estudiados en la mayoría de las facultades de computación del mundo.

MICROPROCESADOR

La aparición de los microprocesadores fue el hecho que puso la computación al alcance de las pequeñas empresas y de los usuarios domésticos.

Las generaciones de computadoras

En 1946 se construyó la primera computadora en serie, el ENIAC, que marca la primera generación de computadoras. A partir de ese momento, la evolución de la computación se ha dividido en lo que se ha dado en llamar generaciones.

Primera generación. Es la formada por computadoras al estilo del ENIAC, basadas en válvulas de vacío y cuyo único lenguaje era el lenguaje máquina. La programación de las mismas se realizaba mediante cintas y tarjetas perforadas. Estos engendros de la modernidad ocupaban grandes salas dedicadas únicamente a ellos.

Segunda generación. El hecho que marca el paso a la segunda generación es la sustitución de las válvulas de vacío por los transistores de germanio. A ello hay que añadir una considerable reducción de las dimensiones y la introducción de la ferrita como soporte para el almacenamiento de memoria.

Estos avances fueron seguidos en el campo del *software* con el desarrollo del lenguaje ensamblador y de los primeros lenguajes de alto nivel, como el FORTRAN y el COBOL.

Tercera generación. Marcada por la aparición en la década de 1960 del *chip*, que reunía en una sola pastilla resistencias, condensadores y otros elementos electrónicos. La progresiva miniaturización abrió las puertas a la SSI *(small scale integration)*. Es también el momento en el que aparecen los discos magnéticos y se desarrollan los primeros sistemas operativos.

Constituye
un grave error
creer que las
computadoras
pueden pensar
como las personas.
No pueden.
De hecho,
no poseen más
inteligencia propia
que la que pueda
tener una cortadora
de césped.

PETER LAURIE
Publicista

Tabla 10.1   Evolución de la computación

	Año de inicio	Hardware	Software	Entrada de datos	Almacenamiento de la información
Primera generación	1950	Válvulas de vacío	Lenguaje máquina	Tarjetas perforadas	Tambor magnético
Segunda generación	1958	Transistores de germanio	Lenguaje ensamblador	Tarjetas perforadas	Memorias de ferrita y cintas magnéticas
Tercera generación	1965	Circuitos integrados	Sistemas operativos y aplicaciones en lenguajes de alto nivel	Teclado	Discos magnéticos
Cuarta generación	1971	Microprocesador	Sistemas operativos de entorno gráfico y lenguajes 4 GL	Teclado Ratón	Discos duros
Quinta generación	1981	ULSI (Sistema de integración a escala ultragrande)	Inteligencia artificial	Teclado Ratón Voz	Discos ópticos

Cuarta generación. Marcada por la integración de toda la unidad de proceso en un solo chip, al que se denominó procesador. La aparición de los microprocesadores constituyó el pistoletazo de salida para la construcción en serie de las microcomputadoras, que por primera vez estuvieron al alcance de las empresas e incluso de las familias.

Quinta generación. Todavía en fase de experimentación, pretenden introducir los avances en inteligencia artificial y conseguir una comunicación por medio de la voz humana.

TIPOS DE COMPUTADORAS

Existen distintas maneras de clasificar las computadoras, atendiendo a su potencia, al objeto para el que están diseñadas, al lenguaje que utilizan, etcétera. La clasificación más habitual, basada en la potencia de la computadora, es la siguiente:

Supercomputadoras. Utilizadas en grandes proyectos de carácter científico. Pueden encontrarse en organismos gubernamentales destinados, por ejemplo, a la investigación espacial.

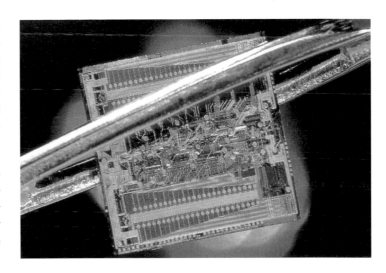

MICROCOMPUTADORAS

La evolución de las microcomputadoras hace de ellas una solución ideal para la informatización de las **PYMEs**.

Grandes computadoras o *mainframes*. De uso común en grandes bancos y empresas multinacionales o de gran volumen de negocio. Permiten la conexión de un gran número de usuarios mediante terminales.

Minicomputadoras. Son computadoras de tipo medio, que pueden realizar una amplia gama de funciones.

Microcomputadoras. En principio pensadas para un uso personal y doméstico, su extraordinario desarrollo las ha convertido en un elemento fundamental en las empresas pequeñas y medianas. La rápida evolución hace que las microcomputadoras actuales ofrezcan prestaciones muy superiores a las de las minicomputadoras de hace sólo unos pocos años. La posibilidad de su conexión en red ha terminado de consolidarlas como la alternativa más económica y práctica para la mecanización de los sistemas de información de las pymes. Dentro de las microcomputadoras, en las que centraremos este capítulo, se distinguen distintos tipos. Así atendiendo a la función que realizan podemos clasificarlas en:

▲ *La mayor capacidad, velocidad y disminución del tamaño de las computadoras se debe, en buena parte, al diseño y desarrollo de chips increíblemente pequeños, como el de la ilustración, que cabe en el ojo de una aguja.*

• Servidores.
• Estaciones de trabajo.
• Estaciones monopuesto.

El procesador es el elemento que determina la compatibilidad entre distintas familias de microcomputadoras que se han disputado el mercado durante décadas. En la actualidad, se detecta una marcada tendencia hacia la compatibilidad plena, que depende de poco más que de una pura decisión comercial.

En el análisis de hardware y software que sigue no hacemos hincapié en las diferencias entre los distintos tipos de microcomputadoras, ya que las analogías entre todas ellas son evidentes.

CUADRO 10.1

Elementos de una computadora

PROCESO DE DATOS

CPU

MEMORIA DE TRABAJO

RAM	Memoria caché

ENTRADA DE DATOS

Teclado	Lápiz óptico
Lector de código de barras	Ratón
Tableta digitalizadora	Módem

SALIDA

Monitor	Plotter
Impresora	Módem

ALMACENAMIENTO

Disco duro	CD-ROM
Disquete	Disco óptico

COPIA DE SEGURIDAD

Cartuchos	Unidades ZIP
Cintas	

PERIFÉRICOS

Comunicaciones	Escáner
Módem	Lápiz óptico
Fax-módem	

HARDWARE

A diario nos encontramos ante la palabra inglesa *hardware*, que se ha impuesto en español pese a algunos intentos por traducirla por la expresión *soporte físico*, expresión perfectamente válida por otra parte. Se conocen con el nombre de hardware los componentes materiales de una computadora o de un sistema computacional: pantalla, impresora, chips de memoria, disco duro, placa de video, etcétera.

En definitiva, todo lo que resulta palpable en un sistema computacional y que permite que, mediante una serie de instrucciones o programas *(software)*, sea posible realizar toda suerte de tareas.

Una computadora está formada básicamente por los siguientes componentes:

• Unidad central de proceso.
• Dispositivos de entrada.
• Dispositivos de salida.

◼ La placa base

La placa base o placa madre (en inglés, *motherboard*) de la computadora es uno de sus elementos más importantes.

Resulta inútil tener un procesador de elevadas prestaciones si la placa madre le impide rendir al ciento por ciento. Debemos rechazar aquellas placas que presenten puentes o cableados no integrados, que denotan correcciones chapuceras de errores de última hora.

Otro aspecto que se debe considerar en las placas es el número y tipo de ranuras de expansión *(slots)* y si permite el cambio de procesador para actualizaciones posteriores.

En las placas madre encontramos algunos de los elementos más importantes de la computadora:

Procesador

También llamado unidad central de proceso o CPU (del inglés *Central Process Unit*). El procesador incluye una unidad de control y una unidad de cálculo aritmético-lógica.

Cuando todos los componentes de un procesador se unieron en una sola pastilla de circuito integrado, un chip, se le dio el nombre de microprocesador. A efectos prácticos, debemos considerar el procesador como el cerebro de la computadora.

En las últimas décadas las computadoras se han convertido en una herramienta esencial en las pequeñas empresas

El microprocesador está conectado a un oscilador que genera impulsos eléctricos a una frecuencia determinada. La CPU, por lo general, divide esta frecuencia base por una constante para implementar un ciclo de máquina. En función de su complejidad, cada instrucción de programa requiere un número determinado de ciclos de máquina. La cantidad de ciclos de máquina que es capaz de ejecutar un procesador determina, en definitiva, su velocidad. Esta velocidad se mide en megahercios (Mhz), es decir, en millones de ciclos por segundo, y constituye un factor determinante a la hora de adquirir una computadora, ya que afecta directamente al tiempo de respuesta en las operaciones con datos.

▲ *Aspecto de una placa base o placa madre, que alberga los elementos más importantes de una computadora, como la unidad central de proceso, el canal de comunicación entre las unidades funcionales, las ranuras de expansión, el reloj, la memoria caché, etcétera.*

El bus

El bus es el canal de comunicación entre las distintas unidades funcionales del sistema. Las computadoras disponen de ranuras de expansión o *slots* que están conectados al bus. De este modo, al instalar una tarjeta de expansión de cualquier tipo (una tarjeta de sonido o un módem, por ejemplo), ésta queda automáticamente conectada al bus de control.

El bus está compuesto por distintas líneas por las que circula la información en formato binario. Cada línea corresponde a un bit. Así, un bus de 32 bits tendrá 32 líneas de conexión. Es obvio que el rendimiento de la computadora depende de modo fundamental de este dato. Por el tipo de información que transmiten se distinguen tres clases de buses: bus de direcciones, bus de datos y bus de control.

ROM

Del inglés *Read Only Memory* (memoria de sólo lectura). Es aquí donde se almacenan las instrucciones necesarias en «código máquina» que permiten interpretar las órdenes o mandatos del sistema operativo. El contenido de la ROM no puede ser modificado por programadores ni usuarios, y viene dispuesto por el fabricante. En general, la computadora ejecuta la rutina escrita en la ROM al ponerse en funcionamiento.

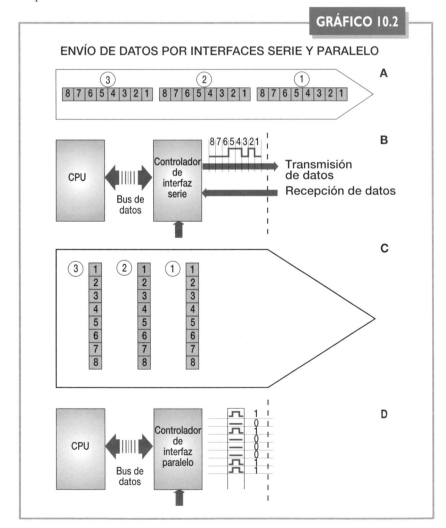

GRÁFICO 10.2

ENVÍO DE DATOS POR INTERFACES SERIE Y PARALELO

▶ *En la transmisión en serie, los datos se envían de bit en bit a través de un único cable. En la transmisión en paralelo, la información se envía agrupada: los ocho bits de un byte de datos se transmiten de forma simultánea, a través de ocho hilos independientes de un cable.*

RAM

La RAM *(Random Access Memory)* es la memoria de trabajo de la computadora, es decir, la memoria en la que se graban las partes de los programas que se están utilizando y los datos con los que se debe operar. Esta memoria está compuesta de circuitos electrónicos capaces de almacenar cada uno un bit (o sea, un 1 o un 0). La CPU, o unidad central de proceso, es capaz de leer dichos bits y de modificarlos escribiendo encima de ellos.

No hay que olvidar que la memoria RAM se borra al apagar la computadora, por lo que para almacenar datos y programas debemos utilizar otros dispositivos, como el disco duro o el disquete.

Una característica de la memoria RAM es que es mucho más rápida que la del disco duro. Cuando la computadora agota su memoria RAM, crea ficheros temporales en el disco, llamados ficheros de intercambio o memoria virtual. Una vez que deja de necesitar los datos grabados en los archivos temporales del disco duro, éstos son borrados de forma automática. La cantidad de memoria virtual puede configurarse manualmente, pero en general es una tarea que controla el sistema operativo por sí solo.

La cantidad de memoria RAM es un factor determinante del rendimiento de la microcomputadora. De nada sirve un procesador que funcione a gran velocidad si no se dispone de la necesaria memoria de trabajo. La cantidad de memoria RAM ideal de un equipo varía según el tipo de programas, e incluso de sistemas operativos, que se vaya a utilizar. En este sentido, la aparición de los entornos gráficos y la progresiva sofisticación de las aplicaciones que requieren una gran cantidad de RAM han incrementado notablemente las necesidades de este tipo de memoria.

La RAM experimenta una evolución permanente, lo cual aparte de las evidentes mejoras, comporta una serie de inconvenientes que deben tenerse en cuenta. Sin entrar a hacer historia sobre los distintos soportes de la memoria RAM, sí señalaremos que éstos han ido variando, lo que implica que en ocasiones sea imposible llevar a cabo las ampliaciones necesarias, bien porque hayamos agotado los bancos de memoria (lugar destinado a la colocación de la RAM), bien porque el tipo de soporte ha cambiado (distinto número de contactos) y los circuitos que se encuentran en el mercado no son compatibles con aquéllos de los que disponemos. En otras ocasiones, si bien es posible contar con los componentes anteriores que han quedado obsoletos, la actualización no resulta rentable. Otra posible sorpresa a la hora de ampliar la memoria RAM es que nos hallemos ante una memoria teóricamente compatible, pero más rápida que la original y que acabe dando problemas de paridad. Es, pues, importante consultar con el vendedor de

MEMORIA RAM

La **RAM** es la memoria de trabajo de la computadora, y su contenido se borra al apagar ésta.

la computadora antes de comprar ampliaciones de RAM que pueden resultar incompatibles con aquélla ya instalada en nuestra computadora.

Pese a lo dicho, a la hora de adquirir un equipo es importante no quedarse cortos de memoria RAM y asegurarnos la posibilidad de ampliarla, al menos en el momento en que se realiza la compra. El segundo factor que se debe tener en cuenta es la velocidad de acceso o, para ser más exactos el tiempo de acceso. Un tiempo de acceso que, como se ha señalado, es muy inferior al del disco duro y que no se mide en milisegundos, sino en nanosegundos (la milmillonésima parte de un segundo).

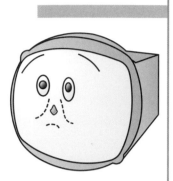

Antes de ampliar la memoria RAM, debe verificarse la compatibilidad de la memoria que se desea adquirir con la que ya se posee.

▶ *El desarrollo tecnológico de la memoria RAM está estrechamente ligado al de los microprocesadores. Los procesadores de las primeras computadoras compatibles sólo eran capaces de utilizar un megabyte de memoria RAM. No todos los sistemas operativos pueden utilizar todos los tipos de memoria.*

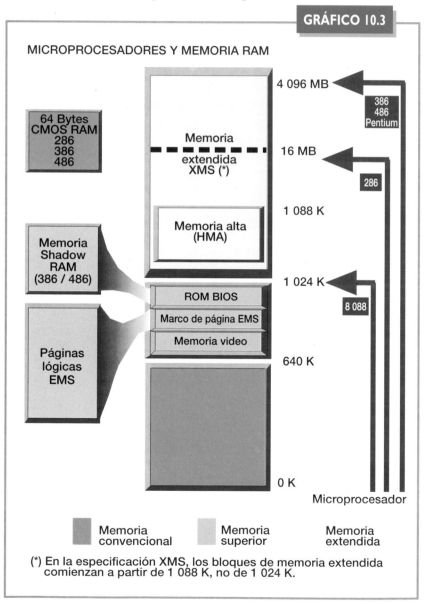

GRÁFICO 10.3

MICROPROCESADORES Y MEMORIA RAM

(*) En la especificación XMS, los bloques de memoria extendida comienzan a partir de 1 088 K, no de 1 024 K.

Memoria caché

Las modernas computadoras incluyen un nuevo tipo de memoria que se conoce con el nombre de memoria caché. Esta memoria es extraordinariamente rápida (incluso más que la RAM) y es utilizada por el procesador para almacenar los datos a los que se ha accedido en forma reciente. De este modo, un subsiguiente acceso a los mismos datos resulta mucho más rápido. Este tipo de memoria es utilizada fundamentalmente por el procesador. También algunos programas de red la utilizan con el fin de evitar que se realice un nuevo proceso de conexión cuando se necesita acceder por segunda vez a una información.

Cuando los datos son leídos de la memoria principal o escritos en ella, se almacena una copia en la memoria caché. Los programas comprueban antes de buscar un dato si éste sigue en la caché, en cuyo caso no es necesario iniciar la búsqueda en la memoria principal. En cambio, si el dato no se encuentra en la memoria caché, se busca en la principal y de inmediato se almacena en la caché.

Esta memoria, que como hemos dicho es más rápida que la memoria principal, en ocasiones está ubicada en el mismo circuito integrado que la CPU, a fin de reducir aún más el tiempo de acceso. En este caso se conoce como memoria caché primaria.

Si bien no todos los programas son capaces de leer este tipo de memoria, sí lo son la mayoría de los de última generación. La existencia de la memoria caché es la responsable de que el acceso a determinados programas se minimice a partir de la segunda vez que se realiza.

Es, pues, un importante factor que se debe tener en cuenta entre las prestaciones que ofrece la placa base de la computadora. Por otra parte, es interesante que esta memoria sea ampliable en el futuro sin necesidad de cambiar la placa base.

MEMORIA ULTRARRÁPIDA

La memoria caché es un tipo de memoria ultrarrápida, que almacena la información que ha sido utilizada más recientemente, incrementando así el rendimiento global del sistema.

■ Dispositivos de almacenamiento de la información

Hasta ahora hemos analizado la memoria de trabajo de la computadora. Conviene insistir en que esta memoria es una memoria volátil, que se borra en cuanto apagamos la computadora o bien en el caso de un corte de luz o incluso una bajada de tensión.

Si queremos guardar el trabajo realizado, debemos recurrir a otros dispositivos de almacenamiento de datos. Antes de hablar de ellos, nos detendremos en una breve descripción de las unidades de medida utilizadas.

Bytes, megas y gigas. Pese a la cotidianidad con la que oímos hablar de *bytes*, *megas* o *gigas*, el significado de estos términos a menudo permanece velado. En computación, la unidad mínima de información es el *bit*. Un bit es un dígito binario, es decir, que puede tomar el valor de un 0 o un 1 (encendido o apagado). Sin embargo, esta unidad teórica no forma parte del lenguaje habitual de las microcomputadoras. Al conjunto de 2, 4 u 8 bits (esta última cifra, por lo general) se le llama *byte,* que es la unidad menor con la que nos podemos encontrar. Dejando de lado los planteamientos teóricos, en los que no vamos a profundizar, un byte es el equivalente a un carácter. Es decir, si utilizamos un editor de textos sin formato, un escrito de 3 000 caracteres (letras y espacios) ocupará 3 000 bytes. Teniendo claro qué es un byte, veremos que el resto de unidades no son más que múltiplos de esta unidad, cuyas denominaciones se han ido abreviando a medida que han entrado a formar parte del lenguaje cotidiano. Así pues, un kilobyte equivale a unos mil bytes, un megabyte a un millón de bytes y un gigabyte a mil millones de bytes. Decimos unos mil, ya que en computación se trabaja en código binario y no en el decimal, al que

Tabla 10.2   Unidades de medida

Conceptos	Unidades y múltiplos	Elementos relacionados
Velocidad de proceso	Megahercio	Procesador
Almacenamiento de datos	*bit*: dígito binario, unidad mínima de información	
	byte: 8 bits, un carácter *Kb*: kilobyte o simplemente K, 1 024 bytes *Mb*: Megabyte. 1 024 K, aprox. un millón de bytes *Gb*: gigabyte, o simplemente giga, aprox. mil millones de bytes	RAM Memoria caché Disco duro
Transmisión de datos	*baudio*: *bps*: bits por segundo	Módem Fax-módem
	Kb/s	Disco duro CD-ROM Disco óptico Disquete
	Mbits/s: megabits por segundo	Servidores de redes telefónicas (ancho de banda)
Resolución	Píxel *ppp*: puntos por pulgada	Monitor Impresora Escáner
Tiempo de acceso	*ms*: milisegundo *ns*: nanosegundo	RAM Disco duro

estamos acostumbrados. Así un kilobyte equivale exactamente a 1 024 bytes, que no es más que la décima potencia de la base 2, es decir, el resultado de multiplicar 2 por sí mismo diez veces, 2^{10}.

Existen diferentes soportes para almacenar los datos, algunos de los cuales están integrados con el mecanismo que permite su lectura, mientras que en otros casos el soporte físico necesita una unidad lectora. Veamos algunos de estos dispositivos:

Disquete

El disquete es un soporte magnético flexible que no incluye unidad lectora. Es el dispositivo de almacenamiento más común desde el nacimiento de las microcomputadoras a principios de la década de 1970. Existen dos formatos de medida: el de 5 $^1/_4$ pulgadas y el de 3 $^1/_2$, siendo este último el que se ha impuesto por su mayor capacidad y fiabilidad. Las unidades lectoras de disquetes han sido desde hace más de dos décadas un elemento presente en cualquier microcomputadora y proporcionan el soporte ideal para la copia de documentos y programas.

La capacidad de los disquetes está determinada por el número de pistas que se disponen de forma concéntrica. Las pistas están divididas en sectores a los que la unidad lectora puede acceder mediante un cabezal de lectura. La característica innovadora que introdujo el disquete con respecto a las cintas es que la unidad lectora puede acceder a cualquiera de las pistas del disquete sin necesidad de realizar una búsqueda secuencial, lo que implica una considerable rebaja en el tiempo de acceso.

◄ *Las microcomputadoras actuales utilizan un modelo de disquete, o soporte magnético flexible, de un formato estándar de 3$^1/_2$ pulgadas, de gran fiabilidad y de tres tipos de densidad, que proporcionan una menor o mayor capacidad de almacenamiento de datos.*

Sin embargo, el desarrollo de software con muy superiores prestaciones ha llevado aparejado un aumento de volumen muy considerable. De este modo, programas que en sus primeras versiones se almacenaban en un sólo disquete, ahora requerirían tal cantidad de ellos que resulta más práctico y económico el uso de soportes con mayor capacidad.

Pese a ello, el disquete continúa siendo útil para el archivo de documentos creados con una gran variedad de programas. Su fácil portabilidad es otra de las ventajas de este tipo de soporte que han ayudado a su pervivencia en el tiempo.

▲ *El disco duro
es una unidad de
almacenamiento de datos
de la computadora que
dispone de su propia
unidad de grabación
y lectora. La moderna
tecnología los produce
cada día más rápidos,
potentes y asequibles.*

Disco duro

También llamado disco rígido (*hard disk* según la terminología inglesa), este dispositivo magnético incluye su propia unidad lectora. Desde finales de la década de 1980 todas las computadoras incluyen, al menos, uno de ellos. Por lo general, se monta en el interior de la computadora, de modo que la única noticia de su funcionamiento es la luz indicadora que aparece en la caja de nuestro equipo.

El factor determinante a la hora de elegir un disco duro es su capacidad, que en pocos años ha pasado a medirse en gigabytes, es decir, hasta miles de veces más que un disquete. Otro factor que se debe tener en cuenta es la velocidad de almacenamiento y de acceso a la información. En cualquier caso, es el principal dispositivo de trabajo en la computadora.

De especial interés son los discos extraíbles, mal llamados discos *removibles* (del inglés *removable disk*), que no son más que discos duros que pueden desconectarse de la tarjeta controladora sin necesidad de herramienta alguna y sin abrir la computadora.

Pese a que al igual que la RAM la capacidad de almacenamiento del disco duro se mide en megabytes, es importante distinguir estos dos conceptos. La RAM *(Random Access Memory)* es la memoria de trabajo de la computadora y su contenido se pierde al apagarla, mientras que lo que grabamos en el disco duro permanece una vez desconectado el equipo.

CD-ROM

VELOCIDAD

La velocidad de acceso a la información de un CD-ROM es superior a la de un disquete, pero muy inferior a la de un disco duro.

La tecnología de los discos compactos se desarrolló en el mundo discográfico con objeto de conseguir un soporte para la grabación de música que estuviera libre de los problemas provocados por el polvo o el desgaste causado por las agujas de los tocadiscos tradicionales. Como estos discos son capaces de almacenar cualquier información digitalizada, pronto pasaron a ser utilizados para almacenar programas y todo tipo de ficheros de gran tamaño.

La capacidad de cada CD es superior a los 650 Mb, por lo que resultan muy adecuados para almacenar grandes bases de datos o presentaciones multimedia. El bajo costo de producción de estos discos los convierte en un vehículo ideal para la distribución de material promocional, de catálogos, etcétera. Debe tenerse en cuenta, no obstante, que en estos discos, como indica su nombre (ROM, *Read Only Memory* [memoria de sólo lectura]), no podemos escribir datos.

Las primeras unidades lectoras de CD-ROM eran capaces de transferir 150 Kb por segundo, lo que se consideró la velocidad estándar. A partir de ese momento, la velocidad de estas unidades no ha dejado de aumentar y se indica en forma de múltiplos de esa medida inicial de 150 Kb. Así, una unidad lectora 4x funciona a 600 Kb/s y una de 24x, a 3 600 Kb/s.

Al igual que sucede con los discos duros, el otro factor que se debe tener en cuenta es el tiempo de acceso al disco. La mayoría de unidades incorporan una memoria intermedia *(buffer)* que permite reducir el número de lecturas secuenciales e incrementar así el rendimiento global.

Los CD-ROM se conectan a una tarjeta controladora. Algunos requieren una tarjeta propia, lo cual, si bien no es en sí mismo negativo, sí reduce la capacidad de expansión de la computadora.

ENCICLOPEDIA INTERACTIVA
COMPUTACIÓN

COMPACT
disc
DATA STORAGE

CD-ROM interactivo
versión Windows
ISBN: 84-494-0500-9
Depósito legal: B-2468-98

OCEANO MULTIMEDIA
© MCMXCVII OCEANO GRUPO EDITORIAL, S.A.
Reservados todos los derechos

▲ *Disco CD-ROM (Compact Disk-Read Only Memory), soporte de gran capacidad de memoria de sólo lectura; necesita una unidad lectora específica, pero es de bajo costo y fácil conservación.*

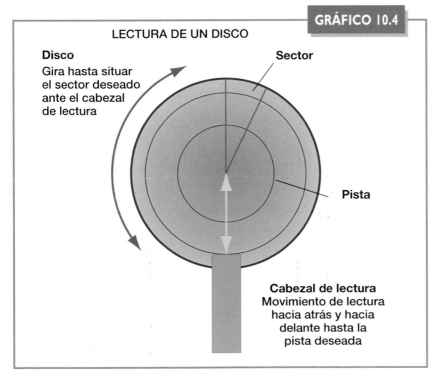

GRÁFICO 10.4

LECTURA DE UN DISCO

Disco
Gira hasta situar el sector deseado ante el cabezal de lectura

Sector

Pista

Cabezal de lectura
Movimiento de lectura hacia atrás y hacia delante hasta la pista deseada

◄ *El número de pistas y sectores de un disco magnético determina su capacidad. La lectura no secuencial de la información almacenada se consigue gracias al movimiento de giro del disco, unido al movimiento hacia delante y hacia atrás del cabezal.*

Como se ha dicho, un CD puede ser utilizado como sistema de archivo. Para este fin existen –eso sí, a un precio superior– unidades que permiten la grabación de discos compactos. Su costo tampoco es exagerado, por lo que la compra de una de estas unidades es actualmente algo accesible. Otra posibilidad es recurrir a una de las muchas empresas que ofertan el servicio de grabación de este tipo de discos.

Discos ópticos

A diferencia de los CD-ROM, los discos ópticos pueden ser grabados en sucesivas oportunidades, lo que los convierte en un elemento imprescindible para empresas que requieren almacenar grandes volúmenes de información. La velocidad de lectura de los discos ópticos es muy superior a la de los CD-ROM, si bien no alcanza la de los discos duros.

50921011

▲ *El disco óptico es un disco parecido al disco flexible de 3¹/₂, pero en lugar de un soporte magnético utiliza un soporte magnetoóptico, que permite la lectura y escritura mediante un láser.*

■ Dispositivos de copias de seguridad

Aunque algunos de los dispositivos ya citados son utilizados a menudo para guardar copias de seguridad, ésta no es su utilidad específica. Los dispositivos de copia de seguridad, como las cintas o los cartuchos, almacenan datos que no pueden ser reutilizados sin antes ser volcados de nuevo en un disco duro. Las ventajas que suponen un disco óptico y los cartuchos llamados ZIP respecto a la velocidad y capacidad hacen que cintas y cartuchos tradicionales tiendan a desaparecer.

■ Tarjetas controladoras

Todos los dispositivos citados se conectan a lo que se denomina tarjetas controladoras, que a su vez están conectadas al bus de la computadora. Por lo general, una sola de estas tarjetas es capaz de gestionar el funcionamiento de dos discos duros, dos unidades de disquete y una de CD-ROM. Éste es un tema del que no suele hablarse cuando se adquiere un equipo. Sin embargo, un disco duro de alta velocidad que se conecta a una tarjeta de bajas prestaciones reduce su rendimiento de forma más que considerable.

Elegir un buen teclado incide de forma extraordinaria en el rendimiento real del sistema.

■ Dispositivos de entrada de datos

Teclado

Con la desaforada guerra de precios que se desató sobre todo a principios de la década de 1990, el teclado fue sin duda el peor parado. En la actualidad, el costo de un teclado normal, que se vende junto con la computadora, es mínimo. Sin embargo, el teclado es un elemento que incide en la productividad más que otros factores a los que se presta una gran atención. Supongamos el caso de trabajar con un procesador de textos o un programa de contabilidad. Una vez que los programas han sido cargados en memoria, es la velocidad y la precisión de la persona que teclea lo que determina la productividad; es entonces cuando se agradece disponer de un teclado con el que nos sintamos a gusto.

Merece la pena probar el teclado antes de adquirir una computadora y averiguar el incremento en el costo que supone la compra de otro de superior calidad. En una apuesta en esta dirección algunos fabricantes de hardware se han especializado en el diseño de teclados ergonómicos, que al igual que sucede con los ratones tienen un brillante futuro por delante.

▲ En los últimos tiempos han aparecido diversos modelos de teclados ergonómicos, que permiten la utilización seguida de la computadora con menor fatiga para las manos, factor que no se debe desdeñar de cara a la productividad y a la salud.

Aunque en un principio parezca absurdo, conviene insistir en que un teclado es mucho más que una máquina de escribir y en las posibilidades que brinda cada tecla y la pulsación de combinaciones de teclas.

Si dividimos el teclado en cuatro bloques, según se indica en el gráfico 10.5, éstas son las teclas que encontramos y sus funciones principales. Las funciones de muchas teclas varían según el programa que se utilice, por lo que no es el propósito de estas líneas dar una descripción exhaustiva.

- **Bloque alfanumérico**. Constituye la parte más similar a una máquina de escribir. Cada letra dispone de mayúscula y minúscula. Al igual que en una máquina de escribir es posible fijar las mayúsculas o determinarlas de modo individual. Dentro de este bloque encontramos también algunas otras teclas.

Tabulador: se utiliza para sangrar texto en procesadores o para cambiar de ventana activa en algunos entornos gráficos.

← : llamada tecla de retroceso. La principal utilidad es la de borrar hacia atrás.

Bloq. mayús.: fija las mayúsculas.

Mayúscula (⇧): la pulsación simultánea de esta tecla y una letra cualquiera tiene como efecto la mayúscula. Ej. ⇧ + ñ ⇒ Ñ. En adelante se abreviará como May.

GRÁFICO 10.5

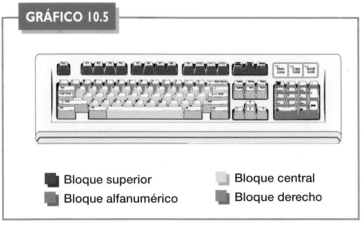

■ Bloque superior
■ Bloque alfanumérico
■ Bloque central
■ Bloque derecho

Ctrl: llamada tecla Control. Es utilizada de forma diferente por distintos programas. Se usa siempre en combinación con otras teclas para realizar funciones fijadas por el software.

Alt: el teclado nos presenta el conjunto de caracteres más usados en el país en el que nos encontremos. Así, un teclado alemán incorporará el signo *ß*, mientras que carecerá de la letra *ñ*. Cada carácter tiene un valor numérico en la tabla de caracteres ASCII *(American Standard Code for Information Interchange)*. Pulsando la tecla Alt y el valor ASCII correspondiente podemos ver signos que no están representados en nuestro teclado.

 ▲ *El teclado es mucho más que una máquina de escribir. Además del bloque alfanumérico, en un teclado disponemos de diversas teclas que, usadas solas o en combinación con otras, nos permiten ejecutar distintas funciones determinadas por el software.*

Alt Gr: algunas de las teclas del grupo alfanumérico tienen tres opciones. Para la primera basta con pulsar la tecla en cuestión. La segunda, requiere pulsar May + Tecla y la tercera, Alt Gr + Tecla. Por ejemplo, para escribir la arroba (@) hay que pulsar simultáneamente la tecla Alt Gr y la tecla 2.

Intro: también llamada Enter o Retorno. Debe pulsarse después de una orden (se ha extendido la palabra comando por una mala traducción del término inglés *command*) para que ésta se ejecute. En procesadores de textos equivale al retorno de carro de la máquina de escribir.

Barra espaciadora: se utiliza para separar palabras.

Algunos teclados están especialmente diseñados para trabajar con sistemas operativos concretos e incorporan, dentro de este bloque, teclas con funciones específicas.

HARD Y SOFT

Se denomina *hardware* a los componentes tangibles de la computadora, y *software* a los programas que permiten explotar sus posibilidades.

• **Bloque superior**

Esc: llamada tecla de escape. Por lo general, se utiliza para cancelar una orden o salir de un programa.

Teclas de función: numeradas de F1 a F12, estas teclas tienen distintos cometidos en cada programa. Siempre se utilizan para ejecutar una función de un programa. En casi la totalidad de las aplicaciones se reserva la tecla F1 para ejecutar el programa de ayuda.

- **Bloque central**

Impr Pant: en la mayoría de sistemas operativos se utiliza sola o en combinación con otras teclas para imprimir el contenido de la pantalla.

Bloq Despl: fija el bloque de desplazamiento o Scroll Lock.

Pausa: interrumpe el programa en ejecución. Es especialmente útil para detener los programas de procesamientos por lotes.

Insert: cambia entre las opciones de desplazar el texto a medida que se escribe y la opción de sobreescritura.

Supr: borra el texto seleccionado o el carácter que se encuentra sobre el cursor.

Inicio: tiene distintos usos según los programas. Por lo general permite, en combinación con otras teclas, ir al comienzo de un documento.

Fin: de uso similar a la anterior, pero en este caso para desplazarse al final de un documento.

FUNCIONES

Las funciones de las diferentes teclas varían según el programa que se esté utilizando.

Tabla 10.3 Tabla de equivalencias entre el teclado inglés y el español

Leyenda español	Descripción español	Leyenda inglés	Descripción inglés
Esc	Escape	Esc	Escape
Bloq. mayús.	Bloque mayúsculas	Caps. Lock	Caps. Lock
⇧	Mayúscula	⇧	Shift
⇥	Tabulador	⇥	Tab
Ctrl	Control	Ctrl	Control
Alt	Alt	Alt	Alt
Alt Gr	Alt Gr	Alt Gr	Alt Gr
Insert	Insertar	Ins	Insert
Supr	Suprimir	Del	Delete
Inicio	Inicio	Home	Home
Fin	Fin	End	End
RePág	Página atrás	PgUp	Page Up
AvPág	Página adelante	PgDown	Page Down
Pausa / Interr.	Pausa / Interrumpir	Pause	Pause
↵	Intro / Retorno	↵	Intro
Impr Pant	Imprimir pantalla	Print Scr	Print Screen
⬭	Barra espaciadora	⬭	

El ratón es un
dispositivo de
muy fácil manejo,
que simplifica
extraordinariamente
el trabajo con
programas.

RePág: por lo general, permite desplazarse a la página anterior, pantalla anterior o registro anterior según los casos.

AvPág: lo mismo, pero en sentido inverso.

Teclas de desplazamiento (↑ , ← , ↓ , →): permiten el movimiento o «navegación» (según otro de los neologismos de moda) a través de un documento.

• Bloque derecho

Todas las teclas de este bloque están disponibles en otras partes del teclado. Las funciones de algunas varían según se active o no el bloque numérico.

El ratón

El ratón (*mouse* en inglés) es el más popular de los dispositivos señaladores. Al mover el ratón sobre la mesa, vemos que un indicador de aspecto variable, llamado puntero, se mueve por la pantalla, de forma que nos facilita acceder a las diferentes opciones y seleccionarlas mediante los distintos botones.

Por lo general, el número de botones de un ratón es de tres, cuyas funciones vienen determinadas por cada uno de los programas. No obstante, existen unas convenciones que casi siempre se respetan y que nos permiten resumir las funciones del ratón.

- Botón izquierdo: un clic selecciona un objeto; en los menús ejecuta la opción. Doble clic (dos pulsaciones rápidas): ejecuta las acciones de los iconos.
- Botón central: no está presente en todos los ratones y es configurable por el usuario. Resulta muy útil prepararlo de modo

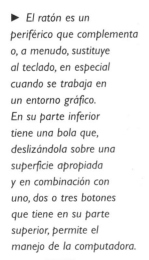

▶ *El ratón es un periférico que complementa o, a menudo, sustituye al teclado, en especial cuando se trabaja en un entorno gráfico. En su parte inferior tiene una bola que, deslizándola sobre una superficie apropiada y en combinación con uno, dos o tres botones que tiene en su parte superior, permite el manejo de la computadora.*

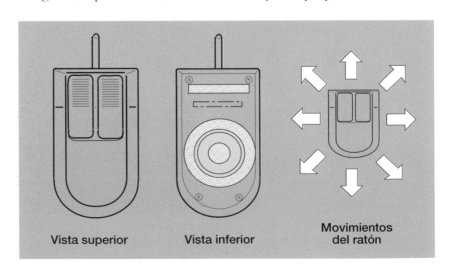

Vista superior   **Vista inferior**   **Movimientos del ratón**

que una sola pulsación del botón central equivalga al doble clic del botón izquierdo.

- Botón derecho: activa el menú contextual de un objeto en sistemas operativos como Windows 95 y posteriores.

En los entornos gráficos el ratón es utilizado para realizar tareas antes complejas de forma simple. En estos sistemas operativos, para mover archivos de una carpeta a otra basta con realizar la operación conocida como «arrastrar y soltar» *(drag and drop)*. Esta operación consiste en situar el puntero sobre el icono del objeto que se ha de arrastrar, pulsar el botón izquierdo y, sin soltarlo, mover el ratón hasta colocar el icono sobre el objeto de destino (una carpeta, el icono de una impresora, etcétera). Cuando el objeto de destino está activado (cambia de color), basta con soltar el botón izquierdo para ejecutar la operación deseada.

Al igual que hemos dicho al referirnos a los teclados, un buen ratón es siempre un pequeño gasto que se agradece mucho.

La base del ratón es la bola situada en la parte inferior, que desplaza el puntero por la pantalla. Existen variantes del mismo dispositivo en las que no se desplaza el ratón, sino que directamente se mueve la bola — en este caso situada en la parte superior— con el dedo. Algunos modelos permiten la comunicación con la computadora sin necesidad de cables, gracias a un dispositivo de radiofrecuencia.

El mal funcionamiento del ratón, que en ocasiones parece desplazar el puntero a saltos o de forma intermitente, en muchos casos se debe a la suciedad acumulada. Para solucionar el problema basta con girar el ratón, abrir el receptáculo que contiene la bola y limpiar cuidadosamente ésta y los rodillos que mueve.

RATÓN ASUSTADO

El funcionamiento sincopado o a saltos del ratón a menudo tiene por única causa la suciedad que se ha acumulado en la bola y los rodillos de la parte inferior.

■ Dispositivos de salida

Monitores y tarjetas gráficas

Dos son los factores que determinan la calidad de la imagen de nuestro equipo: el monitor y la tarjeta gráfica.

Debe tenerse en cuenta que estos dos elementos actúan de forma combinada y que, por tanto, de nada servirá disponer de una tarjeta gráfica de alta resolución si dicha resolución no es soportada por el monitor. Por lo general, las computadoras vienen configuradas con una resolución estándar de 640×480, y ésta es fácilmente modificable mediante el software del sistema operativo o bien el que incluye la tarjeta gráfica. No siempre es conveniente seleccionar la máxima resolución posible, ello depende de los programas que estemos ejecutando. Adviértase también que la máxima resolución de una tarjeta gráfica está pensada para monitores de gran tamaño y que resulta inadecuada con pantallas de 14″ o 15″.

Hay que considerar que hay trabajadores que pasan toda su jornada laboral delante de un monitor, y por ello deben tomarse las medidas oportunas para que éste no dañe la vista ni perjudique el nivel de atención.

CUADRO 10.2

Consejos prácticos

1. Utilizar monitores de baja radiación y no entrelazados.

2. No situarse a menos de medio metro de distancia del monitor.

3. Seleccionar en cada programa la combinación de colores que resulte menos fatigosa para la vista. A menudo, la configuración por defecto busca resultar impactante para el posible comprador, pero no es la más adecuada para pasar largas horas delante de la computadora.

Por otro lado, es interesante sacar partido de las prestaciones que ofrece el hardware. Los monitores actuales incorporan una opción de ahorro de energía que debe activarse a través del software que casi siempre incluyen los sistemas operativos.

Puertos de entrada y salida

La computadora incluye unas puertas de entrada y salida que pueden hallarse bien en la placa principal o, más comúnmente, en una tarjeta conectada a la misma. Estos denominados puertos de entrada y salida están conectados directamente al bus de la computadora y permiten la conexión de dispositivos periféricos como un módem, un ratón, una impresora o un escáner.

Existen dos maneras posibles de conectar estos dispositivos a la red: en paralelo y en serie. Ejemplos de dispositivos que se conectan, por lo general, en paralelo son las impresoras, mientras que en serie se conectan módems y dispositivos señaladores, como los ratones o las tarjetas digitalizadoras.

En el momento de comprar la computadora debe tenerse en cuenta la futura configuración del sistema; conviene preguntar al vendedor para que nos indique el número de puertos serie y paralelo que serán necesarios para la conexión de los periféricos.

IMAGEN

Los elementos que determinan la calidad de la imagen de la computadora son el monitor y la tarjeta gráfica.

Impresoras

Pese a la difusión de nuevas tecnologías y a la facilidad con la que es posible presentar datos en pantalla y almacenar éstos en soportes magnéticos u ópticos, la información en papel sigue siendo la preferida por la gran mayoría de usuarios. La impresora es la herramienta que permite plasmar en papel los datos procesados por la computadora. Existen básicamente tres tipos de impresora:

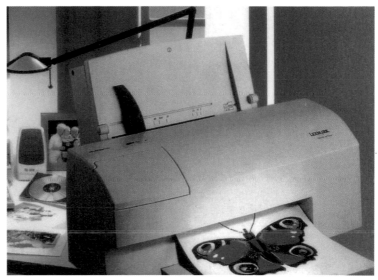

- *Matricial.* Aunque tienden a desaparecer como acompañantes de la computadora de uso doméstico, todavía resultan útiles para las pequeñas empresas por la facilidad de imprimir multitud de documentos oficiales que requieren copia. Sin embargo, la tendencia es clara hacia la extinción de este tipo de máquinas.
- *Inyección de tinta.* Permite obtener documentos de muy superior calidad, con la incorporación de color, a precios muy asequibles.
- *Láser.* Consiguen la mayor calidad en documentos a una tinta y la velocidad es la máxima, sobre todo a partir de la segunda copia.

▲ *El tipo de documentos que suelen imprimirse determina la elección de la impresora: las de tipo láser son preferibles para textos; las de inyección de tinta consiguen una mayor calidad en los elementos gráficos.*

■ Otros accesorios

Existe una gran variedad de accesorios que pueden ser controlados desde la computadora y que cumplen diversas funciones. Nos centraremos sólo en aquéllos cuya utilidad para la pequeña empresa es más que notable.

Módcm

El módem (*mo*dulator + *dem*odulator) es un dispositivo que permite conectar nuestra computadora con otras computadoras o redes de computadoras a través de la línea telefónica.

En la actualidad es un complemento imprescindible por la cantidad de posibilidades que brinda, y que veremos más adelante.

El módem permite la intercomunicación entre computadoras a través de la línea telefónica.

Los factores que se deben tener en cuenta a la hora de adquirir un módem son los siguientes:

- *Velocidad de transmisión.* Se mide en baudios, es decir, en señales por segundo, o bien en bits por segundo (a menudo lo veremos expresado como bps *[bits per second]*). Por poner un ejemplo, un módem de 28 000 bps transmitirá un fichero de

► *El módem es un dispositivo encargado de transformar la señal digital de la computadora en una señal analógica que se pueda enviar a través de la línea telefónica y de realizar la operación inversa para recibir datos procedentes de otra computadora.*

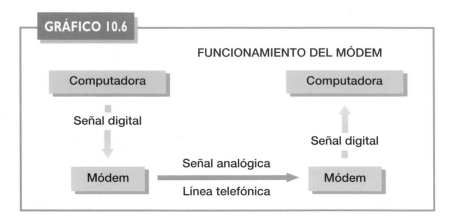

GRÁFICO 10.6

FUNCIONAMIENTO DEL MÓDEM

Computadora

Señal digital

Computadora

Señal digital

Módem

Señal analógica

Línea telefónica

Módem

1 Mb en aproximadamente 5 minutos. Un módem que doble esta velocidad lo hará, pues, en la mitad de tiempo.

- *Externo o interno.* En función del resto de configuración de nuestro equipo puede resultar más ventajoso uno u otro.
- *Capacidad de enviar faxes.* Hoy en día es una capacidad que incorporan casi la totalidad de los módems. Las empresas pueden sacar gran partido de esta prestación que presenta muchas más posibilidades que un fax convencional a un precio mucho menor.
- *Capacidad de admitir voz.* Permite mantener una conversación telefónica tradicional utilizando la computadora. Existen módems con la capacidad *full duplex*, capaces de recibir sonido a la vez que lo emiten y que permiten una conversación idéntica a la que podemos mantener mediante un teléfono. Otros *(half duplex),* en cambio, no permiten la transmisión bidireccional de forma simultánea.
- *Protocolos de comunicación.* Existen diversos protocolos de comunicación (distintos lenguajes), por lo que antes de comprar un módem debemos informarnos de que sea compatible con las últimas novedades en el siempre cambiante mundo de las comunicaciones.

▼ *El escáner es un periférico que permite capturar imágenes (y también textos) y digitalizarlas, ya sea para almacenarlas, modificarlas o reproducirlas.*

Escáner

Un escáner es bási-camente un aparato que permite la digitalización de imágenes, que luego podremos utilizar y manipular desde la computadora. El funcionamiento del escáner está basado en un dispositivo capaz de medir la intensidad lumínica y transformarla en una serie de bits que representan los colores básicos. Por lo general, este dispositivo va montado junto con una fuente de luz fluorescente sobre un carro que se desplaza a lo largo del documento original. El escáner analiza éste línea a línea utilizando filtros que permiten el paso de la luz de los colores básicos.

La utilidad de un escáner puede ir desde captar el logotipo de nuestra empresa para incorporarlo a la correspondencia con los clientes, hasta la adición de la imagen de nuestros productos en un catálogo.

Otra de las utilidades del escáner está ligada a la utópica ambición de la oficina sin papeles. En la medida en que las legislaciones lo van permitiendo, un escáner se puede usar para digitalizar todo tipo de documentos de archivo y conservarlos en discos ópticos o CD. De este modo es posible ahorrar muchos metros de valioso espacio en las oficinas.

No menos importantes son las aplicaciones de reconocimiento óptico de caracteres (OCR, *Optical Character Recognition*) que evitan tener que copiar todo tipo de documentos.

Los factores que se deben valorar a la hora de adquirir un escáner son los niveles de resolución horizontal y vertical, el software que incorpora y en particular la facilidad de uso de éste (herramientas de retoque y OCR, sobre todo). Existen distintos tipos de escáneres:

ESCÁNER

La digitalización de documentos mediante un escáner permite reducir enormemente el espacio destinado a archivos.

▼ *Partes y funcionamiento de un escáner de sobremesa. La luz procedente del objeto escaneado es transformada en corriente eléctrica y convertida en información digital, comprensible para la computadora.*

FUNCIONAMIENTO DE UN ESCÁNER

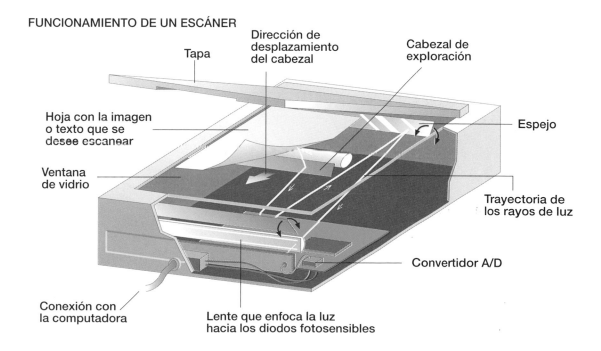

Tapa

Dirección de desplazamiento del cabezal

Cabezal de exploración

Hoja con la imagen o texto que se desee escanear

Espejo

Ventana de vidrio

Trayectoria de los rayos de luz

Convertidor A/D

Conexión con la computadora

Lente que enfoca la luz hacia los diodos fotosensibles

- *Manuales*. Sólo recomendables para obtener la digitalización de pequeñas imágenes. En general, no serán de utilidad para una empresa.
- *De rodillo*. Son más económicos que los de sobremesa, pero cuentan con serios inconvenientes si lo que deseamos digitalizar no es una hoja de papel de formato y gramaje estándares. Está basado en la tecnología del escáner de sobremesa, al que se la ha incorporado un pequeño motor que hace avanzar el documento a medida que éste es leído. Es un tipo de escáner útil si lo que precisamos digitalizar son simplemente documentos en forma de hoja y, por otra parte, disponemos de poco espacio en la mesa de trabajo.
- *De sobremesa*. Sin duda, es el tipo de escáner más recomendable por su versatilidad.

Dispositivos de sonido

El sonido es un elemento relativamente reciente en las computadoras. Si entendemos las computadoras como potentes máquinas de proceso de datos, el sonido resulta realmente un elemento accesorio. Sin embargo, cuando utilizamos una computadora en una sala de reuniones con objeto de presentar un nuevo producto o un nuevo sistema de producción, el sonido se convierte en un medio de primer orden para una exposición clara de nuestras ideas. Las tarjetas de sonido son, pues, un elemento de precio muy accesible que se debe incorporar a determinados equipos en los que pueda resultar de utilidad.

Lectores de códigos de barras y TPV

Los dispositivos capaces de generar y leer códigos de barras son de gran utilidad para los equipos destinados a la venta al por menor. Para este uso específico se diseñan unas computadoras llamadas terminales punto de venta, o TPV, que incorporan el software necesario para elaborar tiquetes, facturas de venta, gestión de bodega, etcétera.

La sencillez de funcionamiento y manejo de estos dispositivos los convierte en herramientas muy apreciadas para supermercados, librerías y comercio en general.

■ Computadoras portátiles

Mención aparte merecen las computadoras portátiles. Pese a que el precio de una computadora portátil por lo general ha estado muy por encima del de una de sobremesa de idénticas prestaciones, los equipos portátiles han sido siempre un elemento interesante para el empresario.

Portabilidad, seguridad y confidencialidad son los elementos más valorados por un empresario al decidirse por la compra de una computadora portátil.

La posibilidad de transportar todo tipo de datos en un viaje de trabajo o a una reunión es quizás el atractivo máximo de estos equipos. La adicción al trabajo sin horarios es, sin duda, otra circunstancia que revaloriza las computadoras portátiles. Por no alargarnos alabando las virtudes de estas pequeñas máquinas, sólo resaltaremos otro de sus valores: la seguridad y confidencialidad que proporcionan. Pese a la existencia de sistemas de seguridad como puedan ser las contraseñas, existen documentos que un empresario prefiere no dejar en la oficina.

Muchos empresarios tienden a sustituir su propio equipo de sobremesa con un portátil. Si bien las prestaciones son similares, en principio no es la tarea para la que fueron diseñados, y eso termina notándose. Pasar varias horas delante del teclado de un portátil acaba cansando mucho más que hacerlo ante una computadora de sobremesa, puesto que la postura que se adopta ante ellos dista mucho de ser cómoda.

Es posible conectar estas computadoras portátiles con un monitor, ratón o teclado externos para trabajos de larga duración, pese a que estos tres elementos vienen incorporados en el equipo.

Los factores que se deben valorar antes de adquirir un portátil son básicamente los mismos que en el caso de una microcomputadora convencional. Sin embargo, merece la pena destacar algunas pequeñas particularidades.

▼ Las computadoras portátiles reúnen actualmente las virtudes de sus hermanas de mayor volumen (velocidad, capacidad, multimedia, etcétera), pero con la gran ventaja adicional de su reducido tamaño y ligereza de peso. En igualdad de prestaciones, todavía son un poco más costosas que los PC normales.

- *Teclado*. Ante todo hay que probarlo y buscar la comodidad. Como hemos dicho, se puede conectar un teclado externo, pero el que incorpora el portátil es de suma importancia. Ni todos tenemos dedos iguales, ni las teclas de todos los portátiles tienen el mismo tamaño ni la misma sensibilidad.
- *Pantalla*. La mayoría incluyen pantallas de color de matriz activa que proporcionan una adecuada visión sin reflejos y de alta resolución.
- *Batería interna*. Es éste un elemento fundamental. La autonomía que proporcionan, el tamaño y peso son algunos de los factores clave de las computadoras portátiles.

- *Dispositivo señalador*. Es el equivalente al ratón del equipo convencional. Como ya hemos dicho con respecto a los ratones, no es un elemento que deba olvidarse, ya que afecta considerablemente a nuestro rendimiento. Debe probarse siempre y buscar un modelo que nos proporcione comodidad.
- *Interfaz de infrarrojos*. Estos modernos dispositivos permiten enviar datos a impresoras sin necesidad de cable alguno. Debe considerarse el alcance y la velocidad de transmisión.
- *Tarjeta de sonido y altavoces*. La mayoría de portátiles llamados multimedia incorporan tarjeta de sonido y pequeños altavoces. En el caso de realizar presentaciones multimedia resultan de gran utilidad para efectuar pruebas, aunque obviamente es mejor utilizar los puertos de salida que permiten la conexión a altavoces externos.
- *Disipador de calor*. El recalentamiento es uno de los problemas más acusados de un portátil. Lo ideal es que éste disponga de un sistema de conducción pasiva que expulse el calor generado por el disco duro y la CPU hacia el exterior.

❏ CONSEJOS PRÁCTICOS PARA LA COMPRA DE UNA COMPUTADORA

Hemos visto hasta el momento los distintos elementos de una computadora que deben sopesarse antes de dirigirnos al comercio o establecimiento comercial en el que deseamos realizar la compra.

La compra de hardware no sólo es una inversión potencialmente importante, sino que determina las posibilidades futuras del sistema computacional que nos disponemos a construir. Es por ello conveniente asesorarse con un experto en la materia al que debemos indicar el uso que vamos a dar al equipo que buscamos, el software que pensamos utilizar, la cantidad de usuarios, etcétera.

En el mercado es posible encontrar las más diversas configuraciones de computadoras de todas las marcas. Se debe valorar cuál de ellas se ajusta a nuestras necesidades. Otra posibilidad es la de recurrir a empresas que montan equipos a nuestra medida, utilizando componentes de distintas marcas. No hay que olvidar que una computadora, pese a componerse de distintas partes, forma un todo homogéneo. Por este motivo, si queremos conseguir un rendimiento óptimo, no debemos olvidar algunos detalles que pueden ralentizar todo el conjunto. Así, un procesador de alta velocidad que carezca de la necesaria memoria RAM no podrá rendir como de él se esperaría.

Sea cual fuere nuestra elección, es importante valorar la garantía y el soporte técnico que nos proporciona el vendedor (véase el apartado dedicado a la obtención de ayuda).

RENDIMIENTO

La velocidad del procesador es uno de los elementos que determinan el rendimiento de una microcomputadora.

Muchas marcas ofrecen servicios adicionales de configuración, instalación del equipo en la empresa e incluso unas primeras lecciones de manejo. Otros, en cambio, tan sólo venden la máquina y posiblemente sea necesario recurrir a los servicios de un experto en computación para que la configure, instale los primeros programas y la deje a punto para ser un instrumento útil para la empresa.

Algunos fabricantes incorporan programas de software propios que se acoplan al sistema operativo. Si bien el objetivo de estos programas es facilitar el manejo, en ocasiones resultan excesivamente cerrados. Por otra parte, el particular diseño de algunas marcas obliga a remitirse a ellas para posteriores ampliaciones del hardware.

Hay que tener en cuenta que la industria de la computación experimenta una constante evolución; por ello deben adquirirse equipos abiertos a fáciles ampliaciones que permitan el manejo de las nuevas versiones de los programas, ya que si bien éstas incluyen cada vez más prestaciones, también requieren un hardware más potente.

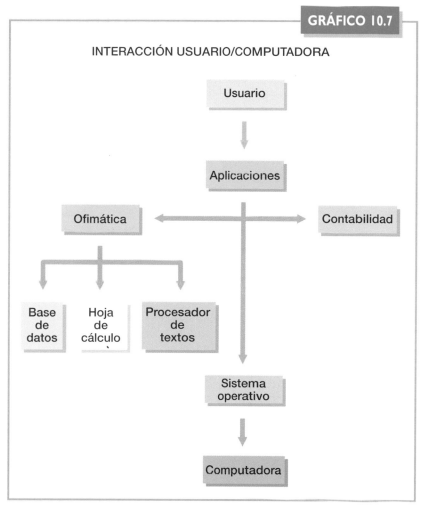

GRÁFICO 10.7

INTERACCIÓN USUARIO/COMPUTADORA

No son pocos los usuarios que se sienten estafados tras la compra de su equipo computacional. Las informaciones de los vendedores no resultan tan claras como deberían y el cumplimiento de lo acordado a veces brilla por su ausencia. Veamos, a continuación, algunos aspectos en los que debe uno fijarse en el momento de la compra:

▲ *El sistema operativo es en cierto modo un intermediario entre las aplicaciones de todo tipo que utilizan el usuario y la computadora.*

• En primer lugar, deben verificarse los precios. Las variaciones en éstos son tales que en ocasiones el vendedor pretende no respetarlos aunque ya se haya formalizado un presupuesto. Antes de concretar un pedido deben comprobarse los precios y aclarar

▲ *Si se adquiere un equipo clónico, esto es, sin una marca de conjunto conocida, hay que asegurarse de que la empresa que lo monta y configura sea de absoluta confianza y ofrezca plenas garantías de asistencia.*

si incluyen o no impuestos como el IVA o gastos de envío.

- Las computadoras, especialmente en el caso de las construidas con elementos de distintas marcas, requieren un período de montaje y prueba. Concrete, por escrito si lo considera necesario, el plazo de entrega máximo.

- Se debe exigir un detalle en la factura de todos los elementos que forman parte del equipo (monitor, RAM, placa madre, disco duro). Esta lista debe incluir el modelo, la marca e incluso el número de serie.

- Lo antes posible hay que verificar que la computadora incluye todos los componentes por los que se ha pagado. En principio no es necesario abrir el equipo, pero sí comprobar en las pantallas de arranque y configuración datos como: cantidad de memoria RAM y caché, capacidad del disco duro, memoria de video, velocidad del procesador, etcétera. En caso de detectar que alguno de los componentes ha cambiado, debe contactarse cuanto antes con el vendedor para pedir explicaciones. Con frecuencia, las tiendas no disponen del stock suficiente y sustituyen unos componentes por otros. En cualquier caso, estos cambios nunca deben ir en detrimento de la calidad del equipo por el que, no hay que olvidarlo, ya se ha pagado.

- Por último, si se siente engañado, no dude en acudir a una organización de defensa de los consumidores, donde le informarán de las posibilidades de presentar algún tipo de denuncia.

GARANTÍA
Y SOPORTE

A la hora de comprar una computadora no debe olvidarse la importancia de la garantía y el soporte técnico.

SOFTWARE

❏ EL LENGUAJE DE LAS COMPUTADORAS

Las computadoras son capaces de realizar una amplia variedad de tareas que sin ellas resultarían o bien extremadamente laboriosas o sencillamente imposibles de llevar a cabo. Sin embargo, para que realicen esas funciones es necesario «programarlas», es decir, instruirlas de forma precisa de las operaciones que deben efectuar. La computadora sólo es capaz de comprender instrucciones en código binario, formadas por ceros y unos.

Si bien éste era el lenguaje que se utilizaba en un principio, resultaba sumamente complejo. Por ejemplo, la simple operación de sumar las direcciones de memoria 3 y 6 requiere la siguiente instrucción:

```
0100 000011 000110
```

donde 0100 corresponde a la instrucción, 000011 al 3 y 000110 al 6.

Tabla 10.4 Decimal a binario			
Sistema decimal	Sistema binario	Sistema decimal	Sistema binario
0	0000	8	1000
1	0001	9	1001
2	0010	10	1010
3	0011	11	1011
4	0100	12	1100
5	0101	13	1101
6	0110	14	1110
7	0111	15	1111

A fin de simplificar este proceso se diseñó el lenguaje ensamblador, ya que un lenguaje simbólico no es comprensible por la máquina. El programa que traduce este lenguaje al código binario se denomina igualmente ensamblador.

En este tipo de lenguaje cada línea de código corresponde a una orden para la computadora.

Sin embargo, este lenguaje es diferente para cada tipo de máquina, por lo que a partir de la década de 1950 se empezó a trabajar en la creación de lenguajes de alto nivel, más próximos a la lengua humana y válidos para todo tipo de computadoras. Los más populares entre estos son:

- FORTRAN. Acrónimo de *FORmula TRANslation*. Creado en 1956 por IBM, tuvo gran aceptación entre los medios científicos por su similitud con el lenguaje matemático.
- COBOL. Acrónimo de *COmmon Business Oriented Language*. Emplea instrucciones tomadas del idioma inglés y fue creado en 1960.

Durante décadas destacó como el lenguaje más utilizado en las aplicaciones de gestión comercial.

El hombre no será sustituido por una computadora hasta que ésta pueda reírse de los chistes del jefe.

JOE GRIFFITH
Empresario

PROGRAMA

Conjunto de instrucciones que permiten que la computadora realice una tarea.

- BASIC. Fue diseñado en 1965 con el objeto de crear un lenguaje simple que sirviera para concebir todo tipo de aplicaciones.
De ahí el nombre: *Beginners All-purpose Symbolic Instruction
Code.* Versiones evolucionadas del BASIC original siguen siendo las más utilizadas para crear toda clase de programas en los
actuales entornos gráficos.
- PASCAL. Toma el nombre del matemático Blaise Pascal y fue
creado por Niklaus Wirth en 1971. Al igual que el BASIC, se ha
utilizado en todo tipo de aplicaciones.
- C. Diseñado en 1972. Está en la base del sistema operativo
UNIX y en la de múltiples programas de gestión comercial.

▲ *El lenguaje
de programación
conversacional BASIC
fue ideado en 1965
en el Colegio Darmouth
(Nueva Hampshire) y tuvo
una enorme difusión gracias
a su sencillez de aprendizaje
y utilización; todavía hoy
se emplea en versiones
actualizadas y adecuadas
a los nuevos entornos.*

Estos lenguajes son he-
rramientas lógicas en ma-
nos de los profesionales
de la programación, destinadas al desarrollo de aplicaciones. Para que la computadora pueda ejecutar
una de estas aplicaciones
es necesario traducir ésta
al lenguaje máquina. Este
proceso se denomina com-
pilación y se lleva a cabo
mediante un programa tra-
ductor (compilador). El
programa que se ha de traducir, escrito en cualquiera de los lenguajes de alto
nivel, se denomina código
fuente y el programa re-
sultante una vez compilado recibe le nombre de programa objeto.
Este programa objeto no es modificable, por lo que si deseamos
efectuar cambios en una aplicación, deberemos modificar el programa fuente o código fuente y volverlo a compilar (véase el apartado
dedicado a la programación a medida).

■ Tipos de programación

Como se ha dicho, para que una computadora desarrolle una
tarea es necesario instruirla paso a paso de las operaciones que
debe realizar. No sólo existen múltiples lenguajes de programación, sino que existen múltiples formas de entender la programación como herramienta lógica. Desde el principio surgieron distintas escuelas que fueron desarrollando marcos teóricos diferentes.

Veamos de forma sucinta algunas características de dos de las
corrientes de programación más en boga en la actualidad:

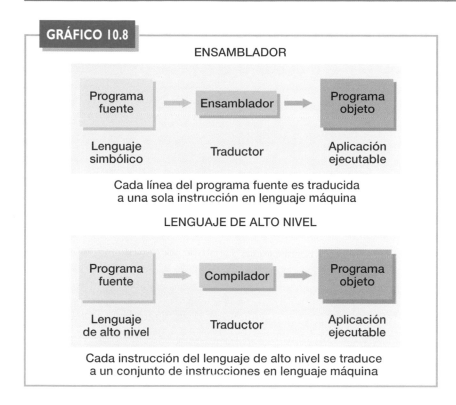

GRÁFICO 10.8

ENSAMBLADOR

Programa fuente → Ensamblador → Programa objeto

Lenguaje simbólico — Traductor — Aplicación ejecutable

Cada línea del programa fuente es traducida a una sola instrucción en lenguaje máquina

LENGUAJE DE ALTO NIVEL

Programa fuente → Compilador → Programa objeto

Lenguaje de alto nivel — Traductor — Aplicación ejecutable

Cada instrucción del lenguaje de alto nivel se traduce a un conjunto de instrucciones en lenguaje máquina

◄ *Para la creación de una aplicación computación se escribe una serie de instrucciones utilizando distintos lenguajes de programación. Estas instrucciones son luego traducidas a un lenguaje comprensible por la computadora mediante un traductor.*

Programación por procedimientos

En este tipo de programación, las aplicaciones tienen un principio y un fin. Los elementos que las caracterizan son: pantallas de entrada de datos, pantalla de selección de operaciones que se han de realizar y pantallas de salida de datos.

En la programación procedimental se han utilizado los lenguajes más comunes: Cobol, Fortran, Pascal, Basic.

El esquema básico de estas aplicaciones consiste en un módulo principal al que se van añadiendo distintas subrutinas que ejecutan funciones concretas. Esta concepción modular permite reutilizar algunos de estos módulos en su totalidad o con mínimos retoques. El procedimiento para obtener una aplicación ejecutable consiste en compilar los distintos ficheros que contienen el código fuente obteniendo programas objeto, que luego se enlazan *(linkage)* para dar el archivo ejecutable definitivo.

Programación orientada a objetos

En este tipo de programación, surgida en la década de 1980, la computadora se divide en objetos a los que uno puede dirigirse por separado. El propósito es desarrollar un código que se pueda independizar del conjunto del programa.

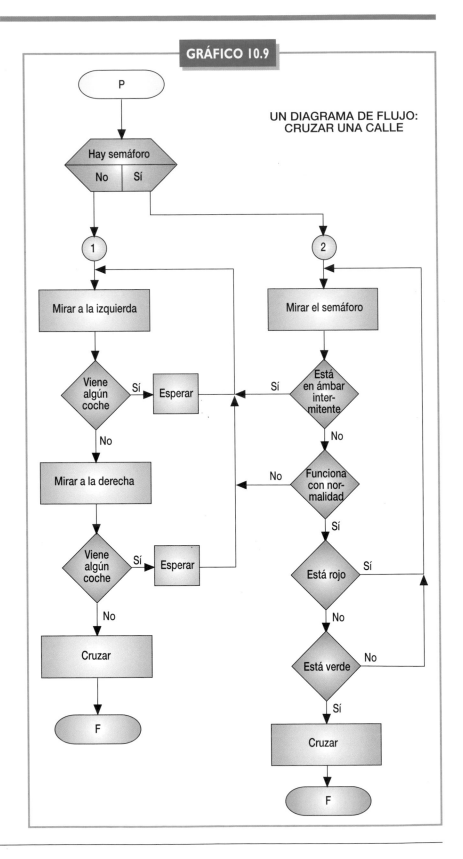

GRÁFICO 10.9

UN DIAGRAMA DE FLUJO:
CRUZAR UNA CALLE

COMPILACIÓN

La compilación es el proceso que permite obtener un programa ejecutable por la computadora a partir de un código fuente.

▶ En computación, los algoritmos se suelen representar normalmente en forma gráfica y entonces reciben la denominación de diagramas de flujo. Los diagramas de flujo constituyen el mejor método que se puede utilizar en la construcción de programas y, como toda metodología, dispone de unos convenios y de una simbología específicos para su desarrollo.

Las principales ventajas que se derivan de este concepto de programación son fundamentalmente la modularidad, la herencia y el polimorfismo.

Modularidad. Cada objeto es sustituible sin afectar al conjunto global. Por ejemplo, para optimizar el código del mismo. La única condición será conservar los elementos que lo conectan con los demás.

Herencia. Esta característica es la más potente de la programación orientada a objetos. Permite crear nuevos objetos a partir de uno ya existente, del cual heredará sus características, sin reescribir su código. Bastará con hacer referencia al objeto existente para tener acceso a sus funciones. También es posible añadir nuevas funciones al objeto resultante, con lo que el viejo sueño del programador de aprovechar al máximo el código y las rutinas de aplicaciones anteriores se vuelve casi una realidad.

Polimorfismo. El polimorfismo es la posibilidad que brinda este tipo de programación de aplicar los mismos procedimientos a una amplia diversidad de objetos. Estas características de la programación orientada a objetos hacen que la modificación de una aplicación y la implementación de nuevas funciones resulten mucho más simples.

■ Interfaz de usuario

Al margen del sistema de programación que se utilice, un aspecto en el que se centran las aplicaciones más actuales es el cuidado de la interfaz de usuario. La interfaz de usuario es la vía de comunicación entre el programa y la persona que lo utiliza. En este sentido se observa una clara tendencia a conseguir interfaces cada vez más fáciles de utilizar.

En los últimos años se ha buscado la creación de las llamadas interfaces intuitivas, cuyo objetivo es que el usuario aprenda a manejar un programa en el menor tiempo posible.

Entre los elementos que forman parte de las interfaces de usuario encontramos los siguientes:

- *Menú*. Permite clasificar las operaciones que se han de realizar de modo temático, organizándolas en forma de árbol. Si bien los menús resultan claros, a medida que aumenta el número de niveles y subniveles aumenta también la confusión. Los menús son accesibles desde el teclado y el ratón, y a las opciones más comunes se les asignan atajos de teclado (combinaciones de teclas que ejecutan una acción de forma inmediata).

Los lenguajes de programación han evolucionado desde el código binario hasta lenguajes más próximos al lenguaje humano.

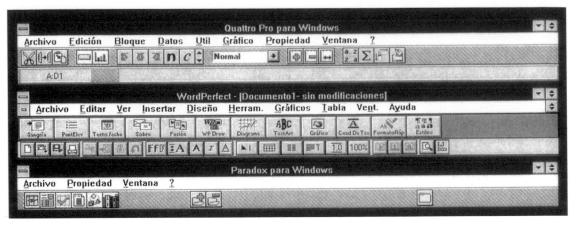

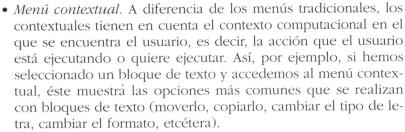

INTERFAZ

La interfaz de usuario es el medio de comunicación entre éste y el programa. Una interfaz de usuario agradable e intuitiva favorece el aprendizaje de las posibilidades del software.

- *Menú contextual.* A diferencia de los menús tradicionales, los contextuales tienen en cuenta el contexto computacional en el que se encuentra el usuario, es decir, la acción que el usuario está ejecutando o quiere ejecutar. Así, por ejemplo, si hemos seleccionado un bloque de texto y accedemos al menú contextual, éste muestra las opciones más comunes que se realizan con bloques de texto (moverlo, copiarlo, cambiar el tipo de letra, cambiar el formato, etcétera).
- *Botones de acción rápida.* Se han popularizado en los últimos años y son pequeños cuadrados con una imagen en su interior que indica el tipo de acción que van a realizar. Un botón con un disquete sirve para acceder al menú de archivo; un botón con la imagen de una impresora sirve para imprimir según los valores predeterminados. Las distintas marcas de software han dado distintos nombres a este innovador elemento de las interfaces gráficas.
- *Comandos.* Es el sistema más tradicional de ejecutar un mandato. Consiste en escribir una orden y pulsar la tecla «intro».
- *Ventanas.* Permiten acotar el área de trabajo de cada documento y trabajar con varios documentos e incluso varios programas al mismo tiempo.

☐ SISTEMAS OPERATIVOS

En las primeras computadoras los usuarios debían escribir todas los mandatos en lenguaje ensamblador. Los sistemas operativos surgieron con el fin de ahorrar las partes de programación comunes a todas las aplicaciones, sirviendo así de intermediario entre la aplicación y la computadora.

El primer sistema operativo difundido ampliamente fue el OS360 que introdujo IBM en 1964, y que era utilizable por toda la gama de computadoras IBM360. Este cambio representó una revolución que permitía por primera vez actualizar el equipo computacional sin necesidad de volver a escribir todas las aplicaciones.

Con el triunfo de las microcomputadoras se aseguró la compatibilidad de los sistemas operativos con las sucesivas gamas de computadoras que fueron saliendo al mercado.

El sistema operativo (SO) tiene la función de evitar los puntos muertos que se producen cuando dos procesos requieren al mismo tiempo el uso de un mismo recurso; se evita así que el procesador entre en un bucle infinito.

Cada sistema operativo tiene su propio lenguaje de mandatos, por lo que no entraremos a detallar cómo se realiza cada tarea. Los sistemas operativos gráficos tienden a facilitar las operaciones más comunes mediante menús e iconos que pueden manejarse con el ratón.

▲ La empresa IBM presentó en 1964 su computadora IBM360, que utilizaba una unidad central de tercera generación, introducía el circuito integrado y, por primera vez, podía ser interconectada en forma de red a otras computadoras de su misma serie.

■ Funciones de los sistemas operativos

Gestión de la unidad central de proceso

El SO se encarga de asignar y sincronizar los accesos al procesador de los distintos programas, así como de asignar el uso de los periféricos.

Gestión de memoria

El SO distribuye la memoria central disponible entre los distintos programas que deben ejecutarse en forma simultánea o consecutiva. También permite asignar parte del disco duro como memoria virtual de trabajo en los casos en que la memoria principal es insuficiente.

Manejo de archivos

Se entiende por archivo el conjunto de información que forma un todo, que es manejable mediante una instrucción única. Ejemplos de archivos son una carta comercial, la ayuda de un programa o el listado de proveedores, es decir, cualquier tipo de información que hemos almacenado en la computadora dándole un nombre.

SISTEMA OPERATIVO

El sistema operativo sincroniza los accesos al procesador de los distintos programas.

Los archivos pueden almacenar todo tipo de datos. Así, hay archivos de texto, de programa, de base de datos, de configuración, de sonido, etcétera.

En las versiones de sistemas operativos de entorno no gráfico, como todas las versiones de MS-DOS, los archivos tenían un nombre de hasta ocho caracteres alfanuméricos y una extensión de tres caracteres, que normalmente se reservaba para indicar el tipo de programa con el que se había creado.

En los sistemas operativos de entorno gráfico, más actuales, no existe esta limitación en el número de caracteres y no hay inconveniente para que un archivo se llame «Planes de computación de la empresa».

Los archivos pueden tener diferentes atributos o características, que se determinan desde el SO. Así, podemos definir archivos de sólo lectura –cuyo contenido no puede ser modificado–, ocultos –para evitar problemas de borrado accidental– o de sistema.

Es función del SO el permitir dar nombre a los archivos y modificarlos, así como moverlos de su posición dentro del disco o copiarlos a otra posición de la unidad o bien a otra unidad.

Los sistemas operativos recientes incluyen utilidades que facilitan la recuperación de archivos borrados y la búsqueda de un archivo dentro de la unidad, una opción que resulta más útil a medida que el volumen de información almacenada aumenta; sobre todo, si no se es sistemático en el proceso de almacenamiento.

Al igual que agrupamos en una carpeta distintos documentos relacionados, el sistema operativo permite agrupar los archivos en directorios o carpetas (según la nomenclatura más reciente). Estas carpetas pueden contener archivos o tantas subcarpetas como se desee.

Es importante tratar de mantener el orden en la computadora de la misma forma que lo haríamos con los documentos en la oficina. Una buena opción es organizar los archivos en carpetas por temas, independientemente de los programas con los que dichos

---

ADIÓS ARCHIVO

Los sistemas operativos disponen de utilidades que permiten la recuperación de archivos borrados accidentalmente.

Tabla 10.5 Valor del bit en función de la posición								
Posición del bit	7	6	5	4	3	2	1	0
Valor del bit	$2^7 = 128$	$2^6 = 64$	$2^5 = 32$	$2^4 = 16$	$2^3 = 8$	$2^2 = 4$	$2^1 = 2$	$2^0 = 1$

archivos hayan sido creados. Una carpeta sobre el lanzamiento de un nuevo producto puede contener todo tipo de archivos relacionados con el tema, desde cartas en las que se notifica el lanzamiento hasta gráficos del estudio de mercado. Este tipo de ordenación resulta más clara que seguir la tiranía que a veces tratan de imponer las distintas aplicaciones en las que los documentos se almacenan sobre la base de los programas con los que han sido creados.

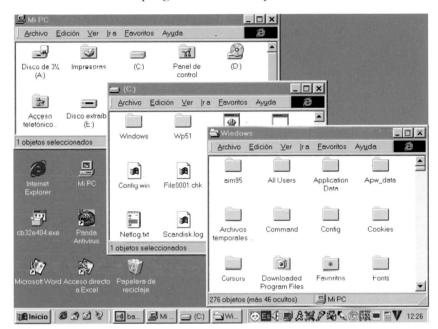

◀ *Los archivos del disco de una computadora se organizan en diferentes niveles de carpetas. Una bien meditada ordenación de los archivos y un uso inteligente de las posibilidades en este sentido del sistema operativo redunda siempre en un ahorro de tiempo y problemas.*

Manejo de discos

Otra función básica de todo sistema operativo es el control de las unidades lógicas. En este sentido, los SO asignan las distintas unidades lógicas a los dispositivos conectados de forma interna o externa a la computadora: disqueteras, discos duros, unidades de respaldo, CD-ROM, etcétera.

Entre las funciones más comunes que se realizan con discos destacaremos:

- *Formateo*. El proceso de formateo, también llamado de inicialización, es el que prepara al disquete o disco duro para el trabajo con el sistema operativo que estamos utilizando. Es habitual que las cintas magnéticas o los disquetes ya vengan formateados de fábrica, con lo que esta opción sólo la utilizaremos si por algún motivo deseamos repetir el proceso.

Es muy importante tener en cuenta que el formateo de un disco implica el borrado de todos los datos grabados en él con anterioridad. Una de las opciones del formateo es el llamado

Es conveniente realizar periódicos análisis de la superficie del disco duro.

formateo rápido, que consiste en el borrado de todos los archivos y carpetas, incluyendo posibles archivos ocultos.

- *Duplicación*. Ya hemos visto que los archivos pueden ser copiados de una unidad a otra. Sin embargo, el proceso de duplicación consiste en una copia pista por pista y sector por sector de un disco.
- *Etiquetado*. Todo disco puede llevar una etiqueta de volumen que no es más que un nombre interno que servirá para una rápida identificación del disco en cuestión.
- *Defragmentación*. Dada la gran capacidad de los discos duros en la actualidad, este tipo de utilidad que proporcionan diferentes SO resulta fundamental para mantener un óptimo rendimiento del disco.

A medida que vamos grabando y borrando datos y programas en el disco, la información queda fragmentada en diferentes partes de la superficie del mismo, de forma que la lectura se convierte en un proceso más lento. La defragmentación permite mejorar la velocidad de respuesta del disco, por lo que es importante ejecutar esta utilidad de forma periódica.

- *Análisis de superficie*. Problemas como un corte de luz o un bloqueo del sistema pueden tener como consecuencia la acumulación de archivos conteniendo datos temporales que resultan de nulo interés y ocupan espacio. El análisis de superficie permite recuperar el espacio ocupado por estas cadenas e incluso corregir errores en el disco. Al igual que en el caso de la defragmentación, conviene realizar periódicos análisis de la superficie del disco duro.

Control de periféricos

Otra tarea del sistema operativo es el control de los dispositivos periféricos conectados al equipo. Cada dispositivo tiene asignada una solicitud de interrupción. Mediante el SO podemos con-

COMPUTACIÓN

La computación debe concebirse como un medio para conseguir los objetivos fijados, nunca como un fin.

Tabla 10.6 Memoria gráfica, color y resolución			
Resolución	**Número de colores**	**Memoria requerida**	**Monitor recomendado**
640 × 480	256	300 Kb	14"
640 × 480	16 millones	1 200 Kb	14"
800 × 600	256	470 Kb	15"
800 × 600	16 millones	1 875 Kb	15"
1 024 × 768	32 768	1 536 Kb	17"
1 024 × 768	16 millones	3 072 Kb	17"

trolar estas asignaciones a fin de evitar que dos dispositivos compartan los mismos recursos y se produzcan conflictos entre ambos que lleven a un mal funcionamiento. Cada periférico es reconocido por el sistema mediante un archivo en el que se almacena la información sobre el mismo. Este archivo recibe el nombre de controlador (*driver*, en inglés).

Instalación de hardware y software

El SO gestiona la instalación de nuevos dispositivos de hardware, asignando a cada uno de ellos una dirección lógica y un controlador o *driver* que permite la comunicación entre la computadora y el dispositivo periférico (una impresora, un módem, un escáner).

Al instalar nuevos programas, el sistema asigna los recursos necesarios para su correcto funcionamiento.

Pantalla

El SO permite variar la resolución de pantalla dentro de los límites impuestos por el hardware (tarjeta gráfica, memoria de video, monitor). Así mismo es posible cambiar la apariencia de la misma: colores, presentación gráfica.

Gestión de programas

Es función del SO asignar recursos a los distintos programas, así como determinar si un programa se cargará en memoria al iniciarse (ponerse en marcha) la computadora o qué tipografías estarán disponibles al arrancar el sistema.

■ Tipos de sistemas operativos

Los primeros sistemas operativos se basaban en el procesamiento por lotes, es decir, gestionaban la ejecución de las diferentes órdenes o programas colocándolos en una cola o lista de espera y ejecutándolos uno tras otro. Con posterioridad aparecieron sis-

GRÁFICO 10.10

Memoria Interna
ROM de sólo lectura
RAM de acceso aleatorio

Dispositivos de entrada
Teclado
Ratón

Procesador

Dispositivo de salida
Monitor
Impresora

Dispositivos de almacenamiento
Disco duro
Disquete
Disco óptico

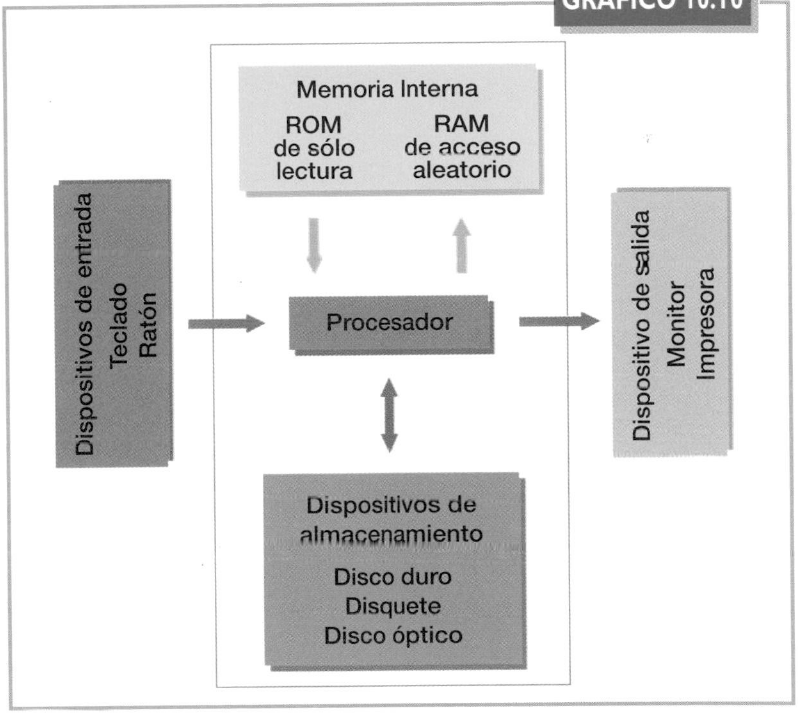

▲ *El procesador es el cerebro de la computadora. Recibe las instrucciones a través de los dispositivos de entrada, las ejecuta apoyándose para ello en la memoria interna y luego, si es necesario, almacena el resultado o lo envía para que lo muestren los dispositivos de salida.*

temas operativos multitarea, que permitían ejecutar al mismo tiempo (al menos aparentemente) varios programas mediante una distribución del uso del procesador. De esta forma el procesador aprovecha los tiempos muertos en la ejecución de un programa para ejecutar instrucciones de otro. Deben distinguirse de los SO multiproceso que permiten gestionar sistemas con varios procesadores.

Por último, cabe destacar los sistemas operativos de red que permiten el control no de una única computadora, sino de una serie de computadoras interconectadas.

■ Compatibilidad

Pese al insistente trabajo orientado a conseguir una plena compatibilidad entre diferentes sistemas operativos, actualmente la mayoría de programas están diseñados para funcionar en un SO concreto y no es posible su utilización en otro distinto. En el caso de las sucesivas versiones mejoradas del mismo SO, por lo general éstas permiten el uso de las aplicaciones de la versión anterior, si bien esto no es siempre exacto y a menudo se presentan problemas. Por este motivo debe consultarse con un experto sobre el uso de las aplicaciones de la empresa en un nuevo sistema antes de implementar cambio alguno.

Por último, debe señalarse que cada SO está diseñado para un hardware específico y, por tanto, es necesario verificar las compatibilidades con el SO antes de adquirir nuevo hardware.

❑ SOFTWARE DE APLICACIÓN

■ Ofimática

Se entiende por ofimática el conjunto de técnicas computacionales utilizadas para facilitar los trabajos que se realizan en una oficina.

Es en este área donde las grandes empresas de software compiten más enconadamente por un amplio mercado, que va desde el usuario doméstico hasta cualquier tipo de negocio o actividad profesional. Sin entrar a valorar las diferencias entre los distintos fabricantes de software –que por lo demás son mínimas–, veremos brevemente las caracterís-

---

OFIMÁTICA

Se conoce por ofimática el conjunto de aplicaciones destinadas a la automatización de las tareas de una oficina.

CUADRO 10.3

Clasificación de los sistemas operativos

EN BASE AL NÚMERO DE USUARIOS

Monopuesto
Multipuesto

EN BASE AL PROCESADOR

Por lotes
Multitarea
Multiproceso

EN BASE A LA INTERFAZ

Gráficos
Texto

ticas de estas aplicaciones a las que se suele llamar paquetes integrados o *suites*. Los productos que componen una *suite* ofimática son básicamente cinco: procesador de textos, base de datos, hoja de cálculo, aplicación de gráficos y organizador personal. Por supuesto sigue existiendo la posibilidad de adquirir estos productos por separado y persisten los fabricantes de software que están especializados en cada una de estas cinco áreas. Sin embargo, el desarrollo progresivo de los paquetes integrados, así como un precio con clara tendencia a la baja, hacen muy interesante la adquisición de una de estas *suites*.

Como se ha dicho los atributos de los distintos productos son similares y mejoran con cada versión. Dado que es raro el año en que no aparezca al menos una nueva versión, no entraremos en un análisis comparativo ni pormenorizado. No obstante, las mejoras se centran sobre todo en la interfaz de usuario y en una cada vez más amplia gama de ejemplos, plantillas y asistentes que permiten el desarrollo de tareas de una forma simple.

Es posible encontrarse con paquetes integrados que presentan dos variantes del mismo producto, por decirlo así, una versión de gama alta o profesional y otra destinada al mercado doméstico, que en ocasiones no cuenta con las cinco aplicaciones citadas.

A la hora de decidirse por una u otra *suite*, los factores que se deben valorar –además de las peculiaridades de cada aplicación que analizaremos a continuación– son el precio, el nivel de integración entre las distintas aplicaciones y las facilidades para el trabajo en equipo, algo muy a tener en cuenta si disponemos de una red o pensamos instalar una en un plazo de tiempo breve.

La ventaja más notoria de adquirir un paquete integrado es la facilidad que ofrece para compartir datos entre las distintas aplicaciones. Por ejemplo, los datos de una agenda de contactos son accesibles y automáticamente incorporables a un documento de texto. Del mismo modo podemos incluir en un documento de texto un gráfico generado por la aplicación específicamente destinada a ello que a su vez haya tomado los datos de una hoja de cálculo o de una base de datos.

Ahora
hay miles de
personas que
esperan poder
conectar sus
microcomputadoras
para efectuar sus
cálculos, procesar
un texto o
entretenerse
con algún juego,
y a las que
desconcierta por
completo la simple
idea de manejar
un soldador.

PETER LAURIE
Publicista

◄ *Ciertos programas permiten multiplicar sus prestaciones cuando actúan complementados con otros compatibles con ellos; bajo esta idea se basan los denominados paquetes integrados, que ponen en manos del usuario un entorno potente y con una enorme variedad de aplicaciones.*

Aspectos comunes

Existen una serie de operaciones que son comunes a todas las aplicaciones del paquete integrado y que tienen la ventaja de presentar pantallas idénticas, con lo que el usuario aprende al mismo tiempo el manejo de todas ellas. Entre los citados aspectos comunes destaca el manejo de los archivos. Cualquier aplicación presenta invariablemente un menú para el trabajo con archivos, en el que siempre encontramos, entre otras, las siguientes opciones:

- *Crear un archivo nuevo.* Permite la creación de un nuevo documento al que deberemos darle un nombre y guardar en una de las carpetas o directorios disponibles. Por lo general, todas las aplicaciones modernas permiten no sólo la creación de un fichero desde cero, sino a partir de asistentes y plantillas. Existen plantillas que nos ayudarán a crear una base de datos de facturas, un fichero de clientes o un informe comercial, por citar sólo algunos de los cientos con los que se presentan los diferentes paquetes integrados. Por otra parte, resulta muy simple y útil la creación de nuestras propias plantillas.

- *Abrir un archivo existente.* Permite recuperar y modificar un documento. Es posible guardar un documento con otro nombre, con lo que podremos mantener distintas versiones del mismo. Algunos programas permiten que un sólo archivo mantenga varias versiones, lo cual contribuye a la claridad.

- *Imprimir.* El menú de impresión permite especificar qué impresora deseamos utilizar. Sobre todo cuando se trabaja en red, es posible disponer de varias impresoras que pueden ser de distinto tipo. Por ejemplo, una impresora matricial de carro ancho para informes con copias, una de inyección de tinta para correspondencia y una láser, para documentos de calidad con múltiples copias. Por lo general, el módem-fax se configura como una impresora más y bastará con seleccionarlo y seguir las instrucciones para enviar un fax. El menú de impresión permite, así mismo, especificar el número de copias deseadas, las páginas o partes del documento que deseamos imprimir, etcétera. Por otra parte, es posible configurar la cali-

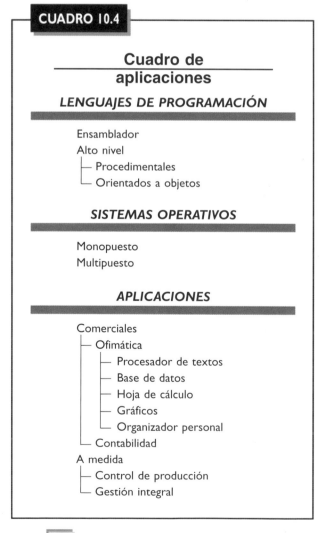

CUADRO 10.4

Cuadro de aplicaciones

LENGUAJES DE PROGRAMACIÓN

Ensamblador
Alto nivel
  — Procedimentales
  — Orientados a objetos

SISTEMAS OPERATIVOS

Monopuesto
Multipuesto

APLICACIONES

Comerciales
  — Ofimática
      — Procesador de textos
      — Base de datos
      — Hoja de cálculo
      — Gráficos
      — Organizador personal
  — Contabilidad
A medida
  — Control de producción
  — Gestión integral

dad de la impresión. A menudo una impresión en borrador es suficiente para nuestras necesidades, al tiempo que resulta más rápida y redunda en un considerable ahorro de tinta. Otras posibilidades que brinda este menú son imprimir un documento en orden inverso (con lo que las páginas quedan automáticamente ordenadas) o agrupar copias. Esta última opción (también llamada «intercalar») permite que si deseamos imprimir siete copias de un documento de diez páginas, las siete copias queden separadas y listas para ser grapadas o encuadernadas.

Antes de imprimir un documento es posible ver una presentación preliminar en pantalla que facilita una última revisión.

- *Enviar*. Del mismo modo que imprimimos, podemos enviar el documento a otro usuario de la red (o a todos ellos), o bien a un usuario que no forma parte de la red local, utilizando el correo electrónico.

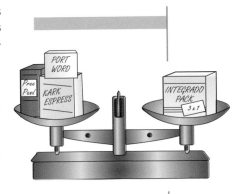

La facilidad de aprendizaje es una de las ventajas de los paquetes integrados.

Procesador de textos

El procesador de textos es quizás el tipo de aplicación que tuvo un más temprano desarrollo desde el nacimiento y rápida popularización de las microcomputadoras. Un procesador de textos es mucho más que la más sofisticada de las máquinas de escribir. Esta aplicación nos servirá, en principio, para crear todo tipo de documentos de texto: cartas, memorandos, informes, etcétera.

Un procesador permite la fácil corrección de errores sin necesidad de volver a teclear nada, como sucedía con las todavía no desterradas por completo máquinas de escribir. Sin embargo, esta notoria ventaja no es ni mucho menos la única que nos ofrece esta herramienta indispensable en toda oficina. Veamos algunas de las funciones que brinda cualquier procesador de textos moderno.

Edición. Todo procesador de textos tiene una serie de herramientas que aceleran considerablemente la edición de textos.

- *Copiar y mover texto*. Ésta es una de las funciones más utilizadas. Nos permite seleccionar un bloque de texto y moverlo a otra posición de nuestro documento o bien de otro documento. Igualmente resulta sencillo copiar fragmentos de texto en otra posición del escrito o en otro escrito.

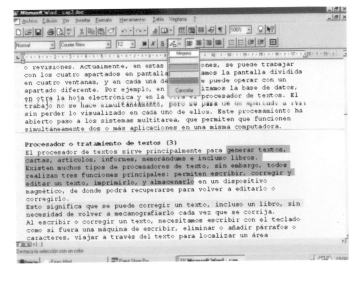

▲ *El procesador de textos, una de las aplicaciones más sencillas de los computadores, permiten escribir, corregir y editar un texto con una enorme diversidad y perfección de presentaciones, además de permitir acciones como el mailing, el trabajo en grupo, etcétera.*

- *Buscar y reemplazar*. Esta facilidad permite encontrar cadenas de texto, lo cual resulta muy útil en documentos de una cierta extensión. Los modernos procesadores incluso permiten encontrar una frase entre todos los documentos que tengamos archivados. De esta forma resulta sencillo encontrar una carta en la que ofrecíamos a un proveedor el producto «Destornillador de estrella imantado», pese a no recordar el nombre del archivo en el que la guardamos.

La principal utilidad de la opción reemplazar sirve para cambiar el contenido de cadenas de texto. De esta manera podemos actualizar una oferta buscando la frase «marzo de 1997» y sustituyéndola por «abril de 1999».

- *Movimiento por el texto*. El cursor, por lo general representado por una línea horizontal o vertical, es el indicador luminoso que marca el lugar en el que se escribirá nuestra próxima pulsación. El movimiento por el texto, es decir, el movimiento del cursor, se consigue de diferentes formas: mediante las flechas de desplazamiento del teclado; mediante las teclas RePág y AvPág que permiten avanzar página a página. Y en entornos gráficos, además: mediante la barra de desplazamiento situada, por lo general, a la derecha de la pantalla. Esta barra tiene unos indicadores en forma de flecha en los extremos que si son pulsados con el ratón nos permiten la «navegación» por el texto. Además, la barra incluye un botón que permite un desplazamiento más rápido al ser arrastrado con el ratón.

Si bien en los documentos de unas pocas páginas suele bastar con los métodos citados, los procesadores modernos incluyen utilidades que facilitan ir a una página determinada, al principio del texto, al final, etcétera.

Interfaz. Es tal vez éste uno de los aspectos en el que encontramos más diferencias, si bien hay una notable tendencia uniformadora. Los programas suelen permitir la personalización de la pantalla de trabajo. Éste es un punto que debe tenerse en cuenta. Para pasar largas horas delante de un procesador de textos es conveniente conocer las distintas opciones de presentación de los documentos y buscar la que nos resulte más cómoda para cada tipo de trabajo. Es habitual que un empleado acabe sufriendo problemas de cansancio visual por el simple hecho de desconocer que la interfaz gráfica que presenta el procesador de textos puede cambiarse con suma facilidad. En una pantalla podemos distinguir distintas partes que son totalmente configurables:

- *Área de trabajo*. Es la parte de la pantalla en la que vemos el documento que estamos creando. Existe la posibilidad, a menudo muy útil, de hacer que esta área ocupe toda la pantalla.

Una vez que un usuario prueba un procesador de textos, no volverá a dirigir la mirada a una máquina de escribir.

- *Barra de menús.* Normalmente situada en la parte superior de la pantalla. El tipo de menú más común es el desplegable, que muestra distintas opciones en forma de árbol. Así encontraremos siempre las opciones: Archivo, Edición, Ver, etcétera. La opción Ver del menú permite elegir qué componentes de los que estamos describiendo se desean tener en pantalla.
- *Barras de botones.* Consisten en una línea de botones con iconos o dibujos que permiten la realización de las tareas más usuales con un sólo clic del ratón. Así, un solo clic sobre el botón con el dibujo de una impresora bastará para imprimir el documento con las últimas preferencias que se hubieran fijado.

Tabla 10.7 Elementos de una pantalla en una interfaz gráfica

	Ubicación habitual	Función	Teclado	Ratón
Barra de menús	Superior	Todas	☐	☐
Botones de desplazamiento	Derecha inferior	Movimiento por el documento		☐
Barra de herramientas	Superior lateral	Acceso rápido a funciones		☐
Regla	Superior	Tabuladores Control de precisión		☐
Barra de estado	Inferior	Información		☐
Ventana de trabajo	Móvil	Trabajo	☐	☐
Barra de tareas	Inferior	Selecccionar entre los programas abiertos		☐

- *Regla.* Permite fijar con facilidad los tabuladores. Actúa de modo similar a la regla de tabulación de las máquinas de escribir.
- *Barra de estado.* Por lo general, en la parte baja de la pantalla. Nos proporciona información sobre el documento y la posición del cursor (número de página, de línea, de columna).

Es importante no confundir las opciones de visualización con las de impresión. Que nos interese trabajar con un fondo azul porque nos relaja la vista, no quiere decir que tengamos que imprimir el documento con fondo azul.

Aspecto del documento. Los modernos procesadores de textos permiten la creación de documentos de una apariencia que antes sólo se obtenía en los centros de edición profesionales. Entre los elementos para conseguir documentos bien diseñados hay que destacar, en primer lugar, una amplia variedad de tipografías. En este caso –como en muchos otros en el campo de la computación– es frecuente encontrar traducciones aberrantes de palabras ingle-

INTERFAZ

Debe configurarse la interfaz de usuario de un procesador de textos para conseguir sentirse cómodos ante la pantalla.

sas en las versiones en castellano de los programas. Así, es sumamente común topar con el término *fuente* (del inglés, *font*) como sinónimo de *tipo*, *tipo de letra* o *tipografía*. El conocimiento y buen uso de los tipos de letra es uno de los pilares en los que descansa el diseño gráfico. La excesiva experimentación con los tipos lleva a generar documentos abigarrados que resultan desagradables de leer. Por el contrario, un uso estudiado de la tipografía y la elección clara de un tipo en concreto contribuyen a crear imagen de empresa y documentos reconocibles al primer vistazo.

Las posibilidades de creación no acaban con los tipos de letra. Es posible igualmente la inclusión en los documentos de imágenes previamente digitalizadas, de gráficos, etcétera.

Los programas disponen de funciones para la numeración de páginas, la fácil justificación del texto, la composición en varias columnas y la fijación de toda la variedad de tabuladores. Igualmente resulta simple la creación de tablas y fórmulas.

Herramientas. Otro de los campos en los que los procesadores de textos avanzan sin cesar es en el desarrollo de herramientas cada vez más potentes que facilitan el trabajo y evitan errores. Son de destacar los completos diccionarios de ortografía (algunos detectan incluso errores gramaticales) y sinónimos que se incorporan. Éstas son herramientas que ayudan en gran medida al usuario a conseguir textos de calidad en ámbitos como la correspondencia comercial. Si bien cualquier carta comercial (pongamos por caso, una que notifique a los proveedores el cambio en el día de pago) no se cuida como la correspondencia de marketing, no por ello deja de influir de forma importante en la imagen de la empresa y,

▶ *Una de las herramientas más interesantes de los procesadores de texto son los diccionarios, que solucionan problemas gramáticales, pulen errores ortográficos, aportan sinónimos, etcétera, lo que permite generar documentos y correspondencia con absoluta corrección.*

por tanto, son de agradecer todas las ayudas que hacen más simple la creación de documentos con un alto grado de corrección.

Otra herramienta que puede resultar útil es la que permite proteger archivos mediante contraseñas que impiden el acceso no deseado a determinados documentos. En este sentido la mejor política es tener una sola contraseña personal y poner la misma a todos los archivos protegidos, ya que el uso de distintas contraseñas implica el riesgo de acabar olvidándolas. Igualmente útiles son las funciones estadísticas que permiten valorar a cada usuario su propia productividad. Existen funciones que informan del tiempo que se ha trabajado en un documento, de cuando se ha creado o revisado, del número de páginas, líneas o párrafos, de los tipos utilizados, etcétera.

Mención aparte merecen las llamadas macros. Una macro no es más que una sucesión de órdenes. Crear macros permite luego ejecutar esa sucesión de instrucciones en forma de procesamiento por lotes. La facilidad de creación de éstas aumenta en cada nueva versión que sale al mercado, al tiempo que las posibilidades que abre son también mayores.

Las macros suelen ser grandes desconocidas para el usuario, que no suele dedicar un mínimo tiempo a explorar su funcionamiento. Sin embargo, una buena utilización de estas macros, que pueden ser creadas por el propio operador, ahorra una cantidad a veces inimaginada de tiempo de trabajo. Es éste uno de los campos en que los responsables de computación de la empresa no suelen entrar por considerarlo en cierta manera una forma de rebajarse. No obstante, su orientación y enseñanza a los usuarios redundaría en una sustancial mejora de la productividad. Por lo general, debe tomarse como norma que toda tarea repetitiva que realiza un trabajador ante su procesador de textos (o ante cualquier otra aplicación) puede ser ejecutada en un tiempo ínfimo mediante la programación de macros.

MACRO

El uso de macros permite reducir el tiempo invertido en todo tipo de tareas repetitivas.

Por último, veamos un ejemplo práctico en el que la aplicación de las macros y la combinación con una base de datos nos permitirá la rápida elaboración de un *mailing*. En primer lugar crearemos una carta comercial a la que dotaremos de la apariencia deseada mediante los elementos ya citados. Si deseamos que las cartas sean personalizadas, bastará con insertar campos en el documento. Seguidamente utilizaremos la base de datos de clientes para escribir la cabecera y las etiquetas o los sobres. Por otra parte, si se desea realizar un *mailing* por fax, los procesadores de textos permiten la conexión y el envío.

El trabajo en grupo. Los procesadores actuales están concebidos para el trabajo en grupo. Podemos crear un documento y permitir que desde otra computadora conectada a la red otro usuario introduzca sus valoraciones y comentarios. En el documento del responsable final quedarán reflejados los comentarios de cada colaborador debidamente identificados, de forma que se podrá saber a quién corresponde cada sugerencia.

Bases de datos

Importancia de las bases de datos. Desde los años cincuenta las computadoras han sido utilizadas para el archivo y proceso de datos. Una base de datos no es más que un conjunto de información. Una agenda telefónica o una colección de recortes de prensa son, en sentido amplio, bases de datos. Desde el punto de vista de la computación, una base de datos es un sistema de registros destinado a introducir y almacenar información.

Si nos fijamos en una empresa, cualquiera que sea ésta, veremos que las bases de datos nos rodean por doquier: el fichero de clientes, el catálogo de productos, las fichas del personal. Una visión más escrutadora comprobaría que también la facturación, los pedidos o la contabilidad no son otra cosa que aplicaciones de las bases de datos.

El buen diseño de una base de datos se fundamenta tan sólo en la buena organización de la información.

En este apartado trataremos de explicar los conceptos básicos de estas potentes herramientas que son las bases de datos. Lo haremos mediante un sencillo ejemplo. Supongamos que deseamos guardar información sobre los empleados de la empresa. En primer

► *Las bases de datos son uno de los aspectos más provechosos del software de aplicación. De hecho, una base de datos es una aplicación que permite ordenar, organizar y modificar numerosos tipos de información distinta (ficheros de clientes, existencias de productos, fichas de personal, etcétera).*

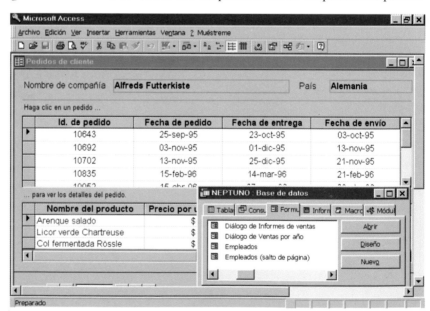

lugar nos planteamos qué datos deseamos guardar de cada empleado y decidimos que en un primer momento almacenaremos la siguiente información: nombre, apellidos, sexo, fecha de nacimiento, departamento y categoría. Cada uno de los datos que vamos a guardar (en este caso nombre, apellidos, etcétera) se llama, en el lenguaje de las bases de datos, un campo. El conjunto de los datos del empleado Jorge González (nombre, apellidos, sexo, fecha de nacimiento, departamento y categoría) constituye un registro.

El primer paso para crear una base de datos es el diseño del registro. Para ello daremos nombre al fichero que deseemos crear (por ejemplo, «empleados») y especificaremos los campos que constituirán cada registro. Deberemos especificar el tipo de datos que contendrá cada uno de los campos. Así, para el campo «nombre» determinaremos que el contenido del campo será texto. En ocasiones deberemos fijar el máximo de caracteres que admitirá el campo. Es éste un aspecto en el que se debe meditar, ya que si indicamos 100, estaremos malgastando recursos del sistema a la vez que complicando innecesariamente las cosas. Si, por el contrario, establecemos un valor máximo de 8 caracteres, nos veremos ante la necesidad de abreviar algunos nombres más largos.

Los distintos tipos de campo son:

- *Texto.* Almacena caracteres alfanuméricos. Este tipo de datos permitirá posteriores manipulaciones de cadenas de texto.
- *Numérico.* Admite únicamente números que podrán usarse en operaciones aritméticas. Existen distintos tipos de campos numéricos según el tipo de número que almacenan. Así se distinguen: byte, doble, entero y entero largo.

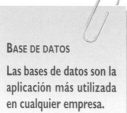

BASE DE DATOS

Las bases de datos son la aplicación más utilizada en cualquier empresa.

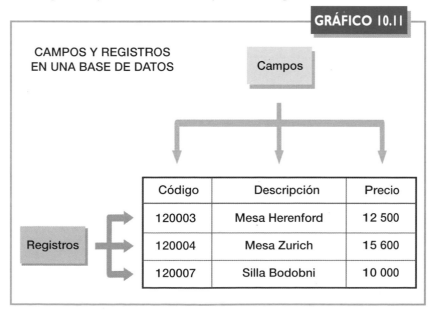

GRÁFICO 10.11

CAMPOS Y REGISTROS EN UNA BASE DE DATOS

Campos

Registros

Código	Descripción	Precio
120003	Mesa Herenford	12 500
120004	Mesa Zurich	15 600
120007	Silla Bodobni	10 000

◄ *Un registro es el equivalente a una ficha tradicional de cliente, proveedor, producto, etcétera. Los campos son cada una de las unidades de información que forman el registro.*

Cabe remarcar la diferencia entre el separador decimal en inglés (.) y en castellano (,). La confusión entre el separador de miles en castellano y el separador decimal inglés puede conducir a catástrofes importantes. No es lo mismo 2.341 (dos mil trescientos cuarenta y uno) que 2,341 (dos coma trescientos cuarenta y uno).

- *Lógico*. Admite los valores verdadero y falso.
- *Fecha*. Para almacenar fechas. Si almacenamos las fechas en un campo de texto, las posibilidades de operación posterior quedan restringidas. Un ejemplo de falta de previsión es el uso de dos dígitos para indicar el año. Muchas aplicaciones contables y de gestión programadas en los años setenta y ochenta se encuentran con el problema de falta de previsión con la llegada del año 2000.

En algunas aplicaciones, este tipo de campos también se utiliza para almacenar la hora de un evento. Es importante insistir en los distintos formatos de fecha existentes, que varían según los países. Así, el hecho de que en inglés el mes preceda al día, a diferencia de lo que sucede en castellano, puede acarrear problemas si no se tiene en cuenta este particular.

- *Memo*. Se utiliza para almacenar grandes cantidades de texto. La información archivada en un campo memo (a diferencia de lo que sucede con un campo de texto) no permite trabajar con operadores lógicos.

Las modernas bases de datos de entorno gráfico admiten otros tipos de campo más sofisticados, como imágenes o sonido.

Una vez diseñada la estructura de un registro, se puede empezar a introducir datos.

El conjunto de los registros se denomina fichero. En el pasado, una base de datos se identificaba con un fichero, pero la tendencia actual es a denominar base de datos al conjunto de ficheros que guardan entre sí algún tipo de relación.

Así pues, nuestro fichero de empleados constará de tantos registros como empleados haya en la empresa. Los ficheros reciben también el nombre de tablas. Los campos se identifican con las columnas de la tabla y su número queda fijado durante la fase de diseño del registro que hemos comentado. Por su parte los diferentes registros se identifican con las filas de la tabla y su número no está limitado.

Acceso a los datos y mantenimiento. Una vez creado el fichero podemos acceder a él para modificarlo. Los distintos programas de bases de datos tienen lenguajes diferentes, por lo que

LÓGICO

Los operadores lógicos permiten realizar búsquedas complejas en un sistema de bases de datos.

no entraremos aquí a explicar la sintaxis de cada uno de ellos. Los programas de entorno gráfico permiten realizar las acciones más simples mediante menús. Así podremos ver los registros uno a uno en forma de ficha, o bien en forma de tabla. En este último caso basta con un simple clic para acceder a los registros.

Tabla 10.8 Transformación de tabla de base de datos a hoja de cálculo

Base de datos	Hoja de cálculo
Nombre de campo	Cabecera de columna
Campos	Columnas
Registros	Filas
Selección	Rango

De igual forma resulta sencillo buscar un registro indicando el valor de uno de los campos (por ejemplo, *apellidos* = «Pérez»). Una vez que accedemos al registro deseado, es posible su modificación, impresión o eliminación.

Para realizar una búsqueda, igual que para crear un filtro o establecer una consulta, es posible utilizar operadores lógicos. Los principales operadores lógicos son: Y, O, NO, >, >=, <, <=. Este tipo de operadores permite realizar búsquedas más complejas, como, por ejemplo, localizar a un empleado cuyo departamento no es el de bodega, tiene un sueldo inferior a 1 500 dólares mensuales y su nombre empieza por P.

Filtrar, ordenar. También a través de los menús del programa es posible ordenar los datos por uno de los campos. De esta forma podremos emitir listados de los empleados por apellidos o por departamentos.

El concepto de filtro es un aspecto en el que merece la pena detenerse. Mediante el uso de filtros podemos trabajar con los datos de una parte del fichero. Por ejemplo, es posible establecer un filtro en la base de datos para que ésta muestre sólo los registros de los empleados de un determinado departamento. Hay que recalcar que el funcionamiento interno del sistema de filtro es secuencial, por lo que puede ralentizar mucho el trabajo cuando el volumen de registros es muy elevado (en relación, claro está, al hardware que estamos utilizando).

Índices y campos clave. Cuando el volumen de información es considerable, la búsqueda se convierte en un factor determinante. Supongamos una ferretería con un fichero de 20 000 productos.

Equivocarse es humano, pero para muchos errores se necesita una computadora.

JOE GRIFFITH
Empresario

La posibilidad de encontrar un producto pasando los registros uno a uno quedará rápidamente descartada. La posibilidad de realizar búsquedas por el valor de un campo también resultará lenta, ya que el procedimiento que lleva a cabo la computadora es el de ir comprobando los registros uno a uno de forma secuencial.

Es aquí donde comprobamos la capital importancia que tienen los índices. Mediante el proceso de indexación, los registros quedan ordenados por el campo clave (por código, pongamos por caso) y las búsquedas se aceleran de manera considerable. Es posible tener un fichero indexado por distintos campos. En este sentido es importante indexar por tantos campos como nos convenga, pero evitando crear índices innecesarios o poco necesarios. Por poner un ejemplo, resulta absurdo ordenar los registros de un fichero de empleados por el número de teléfono. Tampoco crearemos un índice para mantener los registros ordenados por edad de los trabajadores, teniendo en cuenta que si necesitamos puntualmente este tipo de ordenación siempre podremos obtenerlo.

Un índice es una lista que guarda la posición de los registros en una tabla de datos, que generalmente se almacena en un archivo aparte y es mantenida por el propio programa. Esto último no siempre es así y en ocasiones (véase el comentario sobre manipulación externa de datos en el apartado dedicado a los programas de contabilidad) tendremos que reindexar la base de datos.

Existen opciones avanzadas de indexación que permiten indexar por una combinación de dos o más campos.

Como veremos más adelante al hablar de las bases de datos relacionales, a veces resulta imprescindible la existencia de una clave principal. En un índice pueden existir valores duplicados (dos empleados que se apelliden Gómez), mientras que una clave principal identifica de manera única cada registro.

Tablas, informes, formularios, consultas. Los actuales programas de bases de datos distinguen entre dos formas de ver y manipular los datos: tablas y formularios.

En una tabla, los datos se presentan de forma similar a una hoja de cálculo (de hecho, todas las *suites* del mercado permiten la conversión automática de una tabla en una hoja de cálculo). Los campos forman las columnas y los registros las filas.

En un formulario, los registros se visualizan uno a uno. Es posible diseñar formularios de entrada de datos que faciliten esta tarea.

Las consultas muestran los datos de una tabla o de varias tablas relacionadas entre sí que cumplan los requisitos establecidos. Además, en una consulta es posible indicar el orden en que deseamos que la nueva tabla muestre los datos.

CUADRO 10.5

La programación

FASES

Análisis	Desarrollo	Puesta en marcha
Empresario	Programador	Usuario
Programador		Programador

ASPECTOS QUE SE DEBEN VALORAR

Usuario	Programador	Sistema
Facilidad de uso	Claridad del	Funcionamiento
Sistemas de ayuda	código fuente	en red
Manual de índices	Documentación	Integración
Control de errores	Modularidad	

La mayoría de sistemas gestores de bases de datos utilizan el lenguaje SQL *(System Query Language)* para generar consultas. La estandarización de este lenguaje de fácil aprendizaje es un aspecto muy positivo que ha incidido en la popularización de los sistemas gestores de bases de datos entre usuarios sin excesivos conocimientos técnicos.

Tipos de bases de datos

- *Base de datos jerarquizada.* En este tipo de bases de datos la información se organiza en forma de árbol. A cada uno de los elementos de esta estructura se les denomina nodos. Cada nodo está vinculado a un solo nodo de nivel superior, pero puede relacionarse con varios de nivel inferior.
- *Base de datos en red.* Los datos se relacionan entre sí en forma de red. No es necesario recorrer un camino jerarquizado y cada nodo puede vincularse a varios, tanto de nivel superior como inferior.
- *Las bases de datos relacionales.* Pese a que, como hemos visto, el sistema de bases de datos relacionales no es el único que existe, sí es el más difundido en la actualidad y el más aceptado como marco teórico para el desarrollo de aplicaciones. Las bases de datos relacionales se componen de tablas que se relacionan entre sí por la identidad de los campos clave. Cada tabla debe tener un campo clave principal que identifique cada registro de manera única.

ÍNDICES

Los índices aceleran extraordinariamente la velocidad de acceso a un registro de una base de datos.

GRÁFICO 10.12

**BASES DE DATOS.
ENFOQUE JERARQUIZADO**

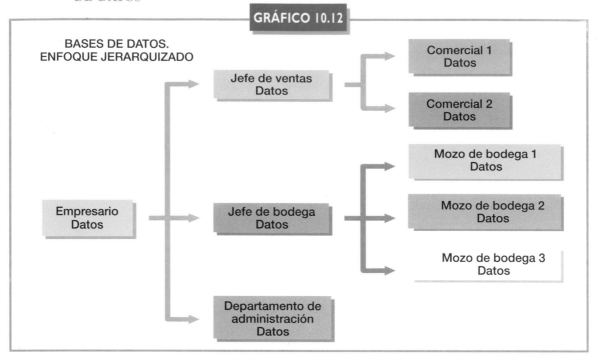

▲ *En una base
de datos jerarquizada,
cada dato del nivel
inferior sólo puede
relacionarse con
un dato del nivel
superior.*

Las normas básicas para la creación de una buena estructura de base de datos relacional son no repetir información y no imponerse límites.

Supongamos que nuestra empresa realiza pagos de comisiones a colaboradores externos por venta realizada y deseamos llevar un control de los mismos. El primer paso es crear la ficha de cada colaborador con los datos o campos que queremos conservar. Supongamos la siguiente estructura de registro:

MODELO

El modelo relacional es aceptado, por lo general, como un marco teórico ideal para el desarrollo de aplicaciones.

> • Código
> • Nombre
> • Teléfono
> • Zona
> • Fecha comisión 1
> • Cantidad comisión 1
> • Fecha comisión 2
> • Cantidad comisión 2
> • Fecha comisión 3
> • Cantidad comisión 3

Esta estructura está abocada inevitablemente al fracaso. En primer lugar, habrá colaboradores ocasionales que sólo efectúen una operación, con lo que estaremos desperdiciando recursos del sistema. Esto es un mal menor comparado con el que se presentará el día que tengamos que pagar una cuarta comisión a un colaborador.

Lo correcto ante una situación como la que se nos plantea sería crear dos tablas, una con los datos del agente y otra con la de las liquidaciones de comisiones. Veamos una distribución lógica de los campos en las dos tablas.

Tabla 1 (Datos del agente)	Tabla 2 (Datos de comisiones)
Código	Código
Nombre	Fecha comisión
Teléfono	Cantidad comisión
Zona	

Siguiendo este esquema de trabajo para ver la información relativa a un agente se mostrará una cabecera con los datos de la tabla 1 y un detalle que contendrá las fechas en que fueron pagadas las comisiones y la cantidad que se pagó en cada caso. Los datos de este detalle provendrán de todos los registros de la tabla 2 cuyo campo código coincida con el campo código del registro de la tabla 1 que se está mostrando.

El gráfico 10.13 muestra un ejemplo algo más elaborado del mismo método de trabajo. El objetivo es crear un sistema de albaranes o remitos. La clave del éxito radica en distribuir los datos en

▼ *La distribución correcta de datos en tablas y las relaciones entre éstas son la clave del éxito de una base de datos relacional. La estructura de la base de datos debe meditarse cuidadosamente antes de empezar el trabajo, porque de lo contrario tendremos sorpresas desagradables.*

GRÁFICO 10.13

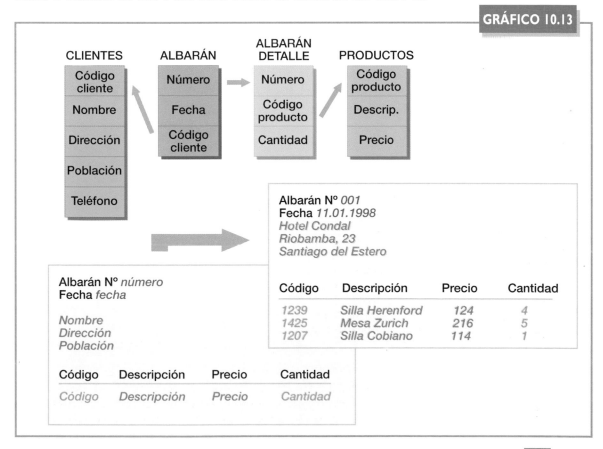

las tablas de forma que no se repita información y establecer correctamente las relaciones entre las distintas tablas. El sistema puede hacerse crecer sobre la misma filosofía hasta generar aplicaciones de gestión que controlen toda la administración de la empresa.

Seguridad y permisos. Un aspecto que se debe tener en cuenta al desarrollar un sistema gestor de bases de datos es el de la seguridad de los mismos. Veamos algunos conceptos fundamentales en este sentido.

Los correcta elección de campos clave es la puerta del éxito en el diseño de un sistema gestor de bases de datos de enfoque relacional.

- *Validación*. Se entiende por validación el proceso mediante el cual se analiza un dato introducido por el usuario para decidir si se almacena o no. Una buena aplicación debe utilizar los mecanismos de validación para limitar al máximo la posibilidad de error. Así, en una tabla que tiene definida una clave principal ésta debe introducirse necesariamente. De esta forma se debe imposibilitar, por ejemplo, que se introduzca en la base de datos un artículo sin código. De la misma forma, si el código es la clave principal de la tabla (el elemento que identifica de forma única cada registro), debe prevenirse el hecho de que dos registros tengan el mismo código.

Es posible diseñar sistemas de validación que impidan la introducción de datos erróneos o al menos reducir al máximo la posibilidad de errores. Un ejemplo de esta tendencia a reducir los errores de entrada de datos podría ser establecer una condición de validación que impida que se acepte una fecha de antigüedad en la empresa de un empleado anterior a la fecha de creación de la empresa.

- *Registros y campos de sólo lectura*. Cuando se trabaja con bases de datos relacionales, es importante tener presente las consecuencias que pueden derivarse de la modificación o borrado de un registro. En una aplicación de gestión, por ejemplo, debe valorarse si el borrar la ficha de un cliente implica el borrado de todas sus facturas, o si la eliminación de un artículo puede provocar la pérdida de datos en facturas que lo incluían.

Hojas de cálculo

La seguridad de los datos es un aspecto fundamental en todo sistema y debe tenerse en cuenta en el momento del diseño del programa.

Si bien la utilización de las hojas de cálculo no está tan extendida como la de las bases de datos, su facilidad de uso y versatilidad las convierten en una herramienta sumamente eficaz en la pequeña y mediana empresa.

La facilidad para convertir los datos de un sistema gestor de bases de datos en una hoja de cálculo hacen de estas últimas un instrumento ideal para obtener información puntual que a menudo no ofrecen las aplicaciones a medida. Todo ello sin interferir en el proceso habitual de gestión de datos de la empresa.

También en el campo de las hojas de cálculo el progreso ha ido orientado a dar al usuario una mayor facilidad de uso. De esta forma es posible obtener un excelente resultado de las hojas de cálculo sin necesidad de dominar ningún lenguaje de programación ni complicados lenguajes de programación de macros. La inclusión de plantillas, ejemplos y funciones integradas han hecho de las hojas de cálculo un instrumento de fácil manejo para cualquier usuario. Mucho más que potentes calculadoras, las hojas de cálculo constituyen el instrumento de análisis preferido por miles de empresarios

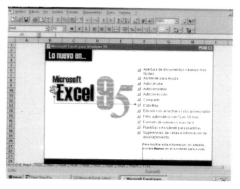

◄ La hoja de cálculo u hoja electrónica es una aplicación que permite elaborar informes, planificaciones, presupuestos, etcétera, a partir de la introducción de datos numéricos, títulos alfanuméricos y fórmulas de cálculo.

en todo el mundo. Para ellos, la característica más apreciada de estas deseadas herramientas es su flexibilidad. Las situaciones en las que las hojas de cálculo muestran su máximo valor son básicamente dos: los cálculos de carácter repetitivo y el análisis de escenarios.

Un ejemplo simple del primer caso puede ser el cálculo de ventas por comerciales o por secciones. Bastará con crear el esquema necesario e introducir mensualmente los datos para obtener a partir de ellos los análisis requeridos. Una vez verificado el correcto funcionamiento de todas las fórmulas, conviene proteger éstas para evitar su borrado o modificación accidental, en especial en aquellas aplicaciones que se manejan básicamente con el ratón.

En una hoja de cálculo se pueden introducir tres elementos distintos: texto, números y fórmulas. Si queremos no caer en la pérdida de tiempo y en el caos más absoluto, es importante separar las fases de entrada de datos, de generación de procesos y de obtención de resultados.

Una vez creado un esquema de análisis de cualquier situación (pongamos por caso un balance de situación), resulta simple cambiar las distintas variables que inciden para obtener de forma instantánea la repercusión en los resultados.

En resumen, una hoja de cálculo constituye una herramienta inapreciable para el análisis de posibilidades, pero siempre que seamos metódicos en el proceso de llevarlo a cabo y que mantengamos clara la frontera entre valores reales, valores ficticios, fórmulas y área de resultados.

HOJA DE CÁLCULO

La flexibilidad y la facilidad de uso son las características más valoradas por los empresarios que utilizan las hojas de cálculo.

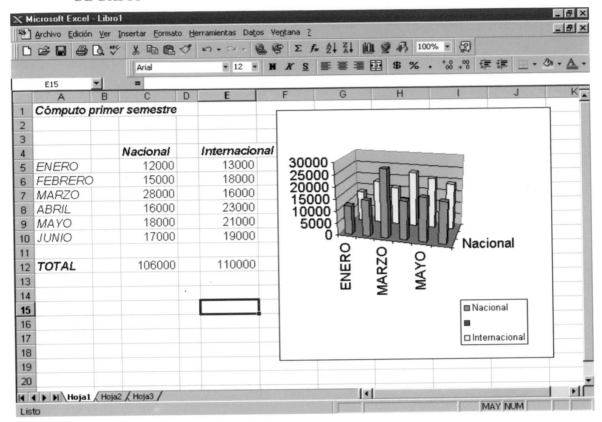

| X | Microsoft Excel - Libro1 | | | | | | | | | | _ | □ | X |

Cómputo primer semestre

	A	B	C	D	E
1	**Cómputo primer semestre**				
2					
3					
4			**Nacional**		**Internacional**
5	*ENERO*		12000		13000
6	*FEBRERO*		15000		18000
7	*MARZO*		28000		16000
8	*ABRIL*		16000		23000
9	*MAYO*		18000		21000
10	*JUNIO*		17000		19000
11					
12	**TOTAL**		106000		110000

(Gráfico 3D de barras: ENERO, MARZO, MAYO — Nacional / Internacional; eje vertical 0, 5000, 10000, 15000, 20000, 25000, 30000)

Por último, hay que resaltar que la notable evolución de las hojas de cálculo las ha hecho superar el ámbito de mera herramienta de análisis del directivo para convertirse en un potente y sencillo lenguaje de programación.

Si bien no es lo más recomendable que un directivo se desempeñe como programador, en ocasiones con la ayuda de un experto un ejecutivo puede llegar a controlar muy de cerca la programación de aplicaciones basadas en las hojas de cálculo.

Gráficos y presentaciones

En los últimos años ha tomado gran auge el software diseñado para la creación de presentaciones gráficas multimedia, hasta el punto de que actualmente todos los paquetes integrados incluyen un programa de este tipo. Este modo de aplicación es de gran utilidad para los empresarios y directivos, tanto en su trabajo interno en la empresa como para la presentación de nuevos proyectos o nuevos productos ante un auditorio de clientes o proveedores.

Casos en los que estas aplicaciones son de inestimable ayuda son, por ejemplo, la presentación a los comerciales de la empresa de un plan de ventas o la presentación de la empresa y las condiciones de trabajo ante un grupo de posibles distribuidores.

Esta clase de presentaciones multimedia se basa en una proyección de diapositivas desde la computadora. Como dispositivo de salida puede utilizarse una pantalla de video o de computadora de grandes dimensiones, o incluso el propio monitor de la microcomputadora o de un portátil si el grupo de oyentes es reducido.

Cada una de estas imágenes, que podemos considerar el equivalente a las tradicionales diapositivas o transparencias, puede incluir texto, gráficos de resultados de ventas, imágenes o gráficos de organigramas de estructura laboral, por citar sólo unos pocos ejemplos.

Es posible fijar el tiempo que cada diapositiva permanece en pantalla o controlarlo de forma manual, de manera que se adapte al tiempo de nuestras explicaciones o de las preguntas de la audiencia. Por otro lado, resulta sumamente simple crear todo tipo de efectos en la transición entre una diapositiva y la siguiente o la inclusión de sonido, música o voz pregrabada.

▲ *El uso de programas para la generación de presentaciones multimedia ha revolucionado el modo de concebir las reuniones internas de trabajo y las presentaciones de nuevos productos.*

El desarrollo de la tecnología multimedia, sin duda, ha incidido en el éxito de estas aplicaciones. Sin el uso de este moderno software, la presentación de una idea o de un producto requería otras tecnologías, como diapositivas, video, proyección de transparencias con gráficos y, sobre todo, muchas horas de dedicación.

Mediante las herramientas que incorporan estas aplicaciones gráficas es posible crear una efectiva presentación en cuestión de un par de horas, gracias principalmente a las plantillas y asistentes.

Una de las ventajas de este tipo de software es la portabilidad, ya que permite grabar una presentación para ser vista en otra computadora, sin necesidad de que esta última posea el programa con el que ha sido creada.

Organizadores personales

Como última herramienta, los paquetes integrados presentan los organizadores personales. Éstos han evolucionado hasta ser mucho más que una agenda electrónica y van, sin duda, bastante más allá que las agendas tradicionales.

MULTIMEDIA

Las presentaciones multimedia constituyen una herramienta de marketing de primer orden.

Tabla 10.9 Organizadores personales	
Datos	*Transferencia a otros programas*
Lista de contactos	Posibilidad de añadir o quitar campos
	Posibilidad de crear grupos
	Selección manual
Diario	Enlace de citas a lista de contactos
	Clasificación por iconos
Lista de tareas	Clasificación por prioridad
	No confirmadas
Alarmas	Posibilidad de que funcionen sin tener el programa abierto en primer plano
Control	Gastos
	Llamadas
Interfaz	Intuitiva
	Atajos de teclado
Trabajo en grupo	Gestión de citas

MUY PERSONAL

Un organizador personal es una herramienta de uso diario, por lo que debe poseer una interfaz que nos resulte atractiva y simple.

Este componente de las *suites* ofimáticas es el más personal de todos y éste es el motivo por el que debe ponerse un especial cuidado a la hora de decantarse por uno de ellos en concreto. A esto contribuye el hecho de que sea la aplicación que presenta más aspectos particulares dentro de cada paquete integrado. Además, la transferencia de datos entre un organizador y otro no siempre resulta automática. Entre las funciones que incorpora este tipo de software hay que contar: agenda telefónica, lista de tareas, diario, alarmas, control de gastos, control de llamadas, gestión de grupos, etcétera.

Si bien todas las aplicaciones presentan completísimas fichas de contactos, siempre resulta una ventaja importante el hecho de poder modificarlas, agregando o eliminando campos. Otras interesantes posibilidades son las de clasificar la lista de contactos por grupos y la de marcarla manualmente a fin de, por ejemplo, imprimir etiquetas de los contactos seleccionados.

En cuanto al diario de citas y tareas, son preferibles aquellos programas que permiten una clasificación rápida, ya sea mediante la asignación de iconos como mediante la posibilidad de cambiar el color de cada entrada. También a través de iconos es fácil distinguir citas no confirmadas y establecer alarmas. En este sentido es fundamental que éstas permanezcan activas sin necesidad de tener el programa abierto en pantalla en primer plano. Otra de las prestaciones de algunas agendas son los enlaces entre la cita en el diario y la ficha con su número telefónico.

Los organizadores personales también permiten clasificar las tareas como finalizadas, pendientes o en proceso. Por otra parte, es posible marcar la prioridad de las tareas o cambiar la hora o fecha de una cita (en algunos casos simplemente utilizando el ratón para «arrastrar y soltar»).

Para acabar, si deseamos que el organizador sea una herramienta de trabajo diario, es sumamente importante una interfaz de usuario atractiva, intuitiva y que facilite el acceso rápido mediante atajos de teclado a las funciones más utilizadas.

■ Contabilidad

La contabilidad es quizás el área en que la mayoría de las empresas iniciaron su proceso de automatización. La causa fundamental hay que buscarla en el bajo costo de este software (algo lógico si tenemos en cuenta el inmenso mercado) y en el hecho de que la carga de apuntes contables es un acto esencialmente repetitivo. Veamos algunos puntos que se deben considerar para una exitosa automatización del sistema contable.

▼ Sin duda, el software de contabilidad es uno de los más sencillos y productivos de entre los que puede utilizar la pequeña y mediana empresa. A la hora de escoger una aplicación contable, se le debe exigir flexibilidad, integración y compatibilidad.

Elección del software

¿Quién debe elegirlo? El responsable de computación tiene que asesorar sobre algunos aspectos técnicos, pero la elección recae en última instancia en manos del responsable de contabilidad.

Los principales aspectos que se deben valorar en el momento de elegir la aplicación contable son:

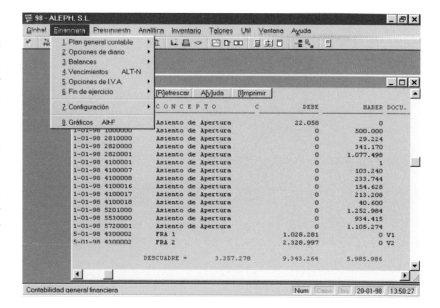

- *Flexibilidad*. Es importante saber elegir un programa flexible aunque, por lo general no es necesario crear un programa a medida. Hay programas que permiten el control de más de una empresa o la posibilidad de abrir un año contable sin necesidad de cerrar el anterior, la posibilidad de introducir apuntes no correlativos en el tiempo, etcétera.
- *Integración*. En la medida de lo posible, el software contable debe integrarse con la facturación. Es absurdo hacer un apunte contable manual de cada factura emitida.

- *Compatibilidad.* Por mucha información que ofrezca un programa contable, seguramente en uno u otro momento le hará falta algún informe que el software no le ofrece. Por este motivo es importante que los ficheros de datos puedan ser utilizados de forma externa desde una aplicación de bases de datos. Si bien no hay problema en analizar de forma externa los datos del programa contable, es conveniente no modificarlos nunca. Pese a ello, se dan casos que constituyen motivos de peso para realizar una entrada o modificación de datos desde fuera del programa. Por ejemplo, si deseamos importar toda una base de clientes al plan contable o toda la facturación de un año. En estos casos todo el proceso debe ser supervisado por el departamento de computación, teniendo en cuenta el manual de instrucciones del programa. Por lo general, después de una operación de este tipo deberán recomponerse los índices de las bases de datos y recalcularse todos los saldos de las cuentas, para lo cual la mayoría de los programas contables están preparados.

Implantación del software

- *Plan de cuentas.* Es importantísimo codificar correctamente el plan de cuentas para que éste se adapte no sólo a la legislación nacional, sino también a las necesidades de información de la empresa.
- *Predefinición de asientos.* El responsable de contabilidad y el de computación deben realizar una previsión de las situaciones más comunes y predefinir una serie de asientos antes de la puesta en marcha del sistema. De esta forma, el operador ahorrará una considerable cantidad de horas a lo largo del año.

Una vez cumplidos estos requisitos, el resto del trabajo es el puramente mecánico de entrada de asientos.

Los principales datos que ofrece un programa de contabilidad son:

Diario
Balance de sumas y saldos
Mayor
Balance de situación
Pago de impuestos

■ Programas de gestión integral

Un programa de gestión integral es aquel que cubre al menos estos aspectos: facturación, movimientos de almacén, control y valoración de stocks.

RESPONSABILIDAD

La adquisición y puesta en funcionamiento de un programa de contabilidad no debe dejarse sólo en manos del responsable de computación.

Otros ámbitos a los que deberían atender este tipo de programas son el de elaboración de nóminas de los empleados, formularios de la Seguridad Social, control de impuestos de la sociedad, etcétera.

Posiblemente, la mayor ventaja de la puesta en marcha de un sistema de gestión integral es la facilidad de aprendizaje.

■ Programas de control de la producción

Por la especificidad de cada empresa, el control del proceso productivo y de sus costos es el más firme candidato a las aplicaciones a medida. Estas aplicaciones están fundamentadas en los sistemas gestores de bases de datos y para su programación es necesario que el programador sea un informático experto, pero aún más importante es que conozca a la perfección el proceso de producción de la empresa. En ocasiones, dado el elevado costo de realización de estos programas, los proyectos son gestionados por los distintos gremios.

❏ PROGRAMACIÓN A MEDIDA

Hemos visto brevemente algunas de las distintas aplicaciones que se encuentran en el mercado y que, como vemos, cubren distintas necesidades de la pequeña y mediana empresa. Sin embargo, a menudo no basta con las aplicaciones de ofimática, ni siquiera con los completos sistemas de gestión de bodegas, facturación y contabilidad que se encuentran en el mercado.

CUADRO 10.6

Programa de gestión integral

Administración
└─ Control de stock y bodegas
    ├─ Depósitos
    ├─ Movimientos entre bodegas
    ├─ Albaranes de entrada
    └─ Albaranes de salida
└─ Facturación

Contabilidad
└─ Control de cuentas bancarias

Gestión de personal
├─ Control de entrada y salida
├─ Nóminas
└─ Seguridad Social

Es en esos casos en los que se pone de manifiesto la necesidad de elaborar un programa a medida, que cubra los aspectos específicos del funcionamiento de la empresa que escapan a las aplicaciones de que ya se dispone. Con frecuencia, la creación de un completo paquete integrado que cumpla con todas las necesidades de la empresa resulta muy conveniente. Veamos algunas consideraciones que se deben tener en cuenta antes de embarcarse en el importante proceso de informatización de la empresa.

Determinación de las necesidades y fase de análisis

Si no queremos tener sorpresas presupuestarias graves, es necesario determinar con absoluta claridad las prestaciones que

COMPATIBILIDAD

La compatibilidad de los datos de un programa contable con aplicaciones de bases de datos resulta sumamente útil.

deseamos de la aplicación. Hecho esto, y antes de seguir adelante, se debe analizar el software disponible en el mercado y ver si existe alguno que cumpla las necesidades de la empresa. Conviene consultar guías de software específicas que describan los productos con detalle, consultar con empresas de similares características y con el gremio al que la empresa esté afiliado.

Una vez descartada la posibilidad de utilizar una aplicación ya comercializada –ya sea por su elevado precio o por su inadaptación a la especificidad de la empresa–, se debe solicitar un presupuesto lo más detallado y firme posible.

Hay que tener en cuenta que es imposible realizar un presupuesto sobre ideas vagas de lo que se pretende. Sin que deba descartarse la posibilidad de que encontremos profesionales de la programación que acepten encargos de realización de aplicaciones sobre análisis vagos, está comprobado que un programa basado en la improvisación y que no se cimienta en un profundo análisis previo está abocado como mínimo a una pérdida de tiempo y dinero considerables, cuando no a un fracaso absoluto. Por otra parte, un buen análisis de las necesidades posibilita el crecimiento ordenado de la aplicación en el futuro.

Así pues, debemos determinar qué pretendemos del programa con todo detalle:

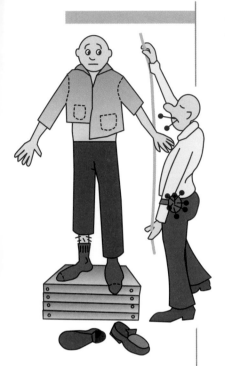

Un programa a medida que no esté fundamentado en un análisis sólido está abocado al fracaso.

▶ *No se debe empezar nunca la casa por el tejado. Sin embargo, es muy habitual que se piense en adquirir un programa computacional sin el necesario análisis previo. Este intento de ganar tiempo siempre acaba llevando al fracaso del proyecto.*

- Cómo se introducirá la información.
- Qué datos esperamos obtener (salidas por pantalla e impresora).
- Número de puestos de trabajo.

Es imprescindible que el programador conozca hasta el último detalle el proceso que se desea automatizar. Una vez, más hay que insistir en que la computación es sólo una herramienta y lo más importante es saber qué se quiere hacer. Es el empresario el que debe marcar la pauta en este sentido y comprobar que el informático ha comprendido el objetivo del programa que se le está encargando.

Determinar el equipo necesario

El costo de la creación de un programa a medida no suele ser bajo, por lo que hay que valorar si el programador debe amoldarse al hardware existente o si, por el contrario, se deben realizar inversiones en equipo que permitan sacar el máximo rendimiento al nuevo programa que se vaya a desarrollar. Es importante que esto quede claro desde el principio y que el programador trabaje pensando en los equipos en los que su aplicación va a funcionar. No conviene diseñar una interfaz gráfica muy sofisticada si los equipos que se utilizarán no serán capaces de sacarle partido o el programa se ralentizará de forma notable. Por regla general, una actualización del hardware está justificada para aprovechar las posibilidades de un programa a medida.

◄ La colaboración entre el empresario y el programador a la hora de desarrollar una aplicación computacional es un factor fundamental para obtener una aplicación fiable, fácil de usar y a la medida de nuestras necesidades. En esta colaboración debe quedar clara la función de cada partícipe.

▶ *Por sencillo que sea el software que se vaya a aplicar en la empresa, su rendimiento y el del personal que debe manejar los equipos de computación depende de su grado de formación y capacitación.*

Capacitación del personal

Hemos dicho que hay que valorar el hardware disponible y determinar si será mejor adaptarse a él o hacer las compras necesarias para que el programa pueda utilizar otro tipo de recursos. Lo mismo cabe decir del personal que va a utilizar el software que se está diseñando. El programador debe tener en cuenta sus limitaciones, diseñar un programa de ayuda acorde con los conocimientos de los usuarios finales, determinar qué conocimientos en temas como sistemas operativos deben tener y, por último, impartir un curso específico sobre el manejo del programa. Es importante que este curso trate las posibilidades del programa en profundidad: es absurdo diseñar un software de elevadas prestaciones si los usuarios no van a ser capaces de utilizar todas y cada una de ellas de forma correcta.

Fase de desarrollo

Es la fase en la que el programador escribe el código y realiza las pruebas necesarias. En esta fase son muy útiles los intérpretes que permiten ejecutar el programa orden a orden, sin necesidad de compilarlo. Existen múltiples herramientas de depuración que permiten al programador ir encontrando y subsanando los errores lógicos. Sin embargo, es el programador el que debe diseñar un completo banco de pruebas que contemple todas las situaciones posibles con las que se encontrará la futura aplicación. Para esto, una vez más, es imprescindible que el programador conozca a fondo la empresa. No obstante lo dicho, es utópico pensar que un programa a medida funcionará a la perfección a la primera. Será en el momento en que éste se encuentre en funcionamiento con datos reales cuando se planteen casos específicos no contemplados de antemano, que impliquen pequeños retoques o añadidos en el programa. Cuanto mejor haya sido el análisis, menores serán los retoques que habrá que realizar.

Un programa no debe considerarse terminado hasta que haya pasado una siempre necesaria fase de pruebas con datos reales.

▲ Al crear una aplicación computacional no se debe olvidar nunca a quién está dirigida. Las sugerencias de los futuros usuarios deben ser tenidas en cuenta y su nivel de formación valorado de forma adecuada.

Control de errores

Como se ha dicho, el programador debe tener en cuenta todas las posibilidades. En ello se incluye la búsqueda de posibles causas que puedan generar un error en el programa y tenerlas en cuenta para que el programa no se bloquee. Por poner un ejemplo, si un usuario trata de imprimir y la impresora no está conectada, el programa no debe bloquearse, sino que debe generar un mensaje que indique la causa del problema y la manera de solucionarlo.

Es quizás en este área donde la fase de pruebas es más importante, ya que por regla general un usuario no familiarizado con la computación es capaz de cometer errores que al programador no se le habían pasado antes por la cabeza. En este sentido es primordial prever al máximo estos errores y tratar de contenerlos mediante reglas de validación: impedir que un usuario pueda introducir dos artículos con el mismo código, impedir que se pueda grabar una ficha de cliente a la que falta un valor necesario, etcétera.

Ayuda al usuario

Por último, una parte de la programación a medida, que suele dejarse por lo general de lado, es la creación de programas de ayuda realmente eficaces. Todo programa de ayuda bien estructurado debe tener la posibilidad de acceder a él de forma temática. Ésta es la organización del menú de ayuda más parecida a lo que constituiría un manual de usuario; aprovechemos para recalcar que un programa de ayuda no sustituye el manual impreso y que

¡Socorro!

Los manuales de usuario y la ayuda en pantalla son elementos irrenunciables en todo programa, incluso en uno a medida.

todo programa que se precie debe disponer de un manual del usuario.

La segunda forma de acceso a la ayuda debe permite el acceso por palabras clave, de forma análoga al índice analítico de un libro. Para ello la mejor política es utilizar enlaces hipertexto que permitan moverse por las distintas pantallas de ayuda.

Por último, pero no menos importante, un programa de ayuda debe proporcionar ayuda contextual. En la fase de desarrollo el programador debe estar abierto a los comentarios de los usuarios y observar dónde éstos se encuentran con problemas, a fin de construir una ayuda eficaz.

Documentación y fuentes

Al hablar de los distintos lenguajes de programación se ha explicado brevemente el proceso para conseguir una aplicación ejecutable. Como se ha dicho, con independencia del lenguaje que se utilice, el programador escribe un código fuente que luego es compilado para obtener un archivo ejecutable. Este archivo permite el trabajo con el programa, pero su estructura y su contenido no son visibles, por lo que no es posible llevar a cabo modificaciones. Para modificar un programa sólo hay una forma: reescribir las partes necesarias del código fuente y volver a ejecutar el proceso de compilación.

Es por ello fundamental, sobre todo cuando se compra una aplicación a una empresa de software, saber qué es lo que estamos adquiriendo. Debe quedar claro si compramos sólo el programa o si adquirimos también el código fuente. En el primer caso, para cualquier modificación que se quiera realizar del programa se estará a merced de la empresa que lo haya concebido. En el segundo caso, será posible contratar a otros programadores para que lleven a cabo las modificaciones que deseemos implementar.

Sin embargo, para que este segundo caso sea posible y rentable, no basta con disponer del código fuente,

▼ *Una vez diseñado,*
el programa de ayuda
debe ser efectivo y,
al mismo tiempo, útil
para solventar las dudas
de quienes deben usarlo.

sino que éste debe ser claro, con explicaciones y bien estructurado. Éste es un aspecto que debe ser vigilado de cerca, ya que no sólo el programa final debe estar bien estructurado, sino que para que éste pueda crecer y hacerlo de una forma ordenada es imprescindible que el código fuente también lo esté. Por lo general, si se ha hecho un buen análisis antes de empezar a escribir el código, el resultado será un programa fuente claro y fácil de comprender por cualquier otro programador. En cambio, si se ha empezado a escribir el código de forma apresurada antes de haber determinado con claridad el funcionamiento deseado, el resultado será un código fuente incomprensible. Incomprensible para cualquier otro programador que no sea el que lo ha escrito y, lo que es más, incomprensible para el mismo autor cuando vuelva a encontrarse ante su propia obra para modificarla al cabo de pocos meses.

Cuando se habla de documentación de un programa nos referimos a un concepto más amplio que la simple claridad en el código fuente. La documentación debe incluir:

- Descripción del hardware necesario.
- Diagramas de flujo del programa.
- Nombre y descripción de todos los archivos.
- Descripción de las rutinas y funciones.
- Descripción de errores encontrados.

Una regla de oro al documentar un programa es que debe explicarse todo, incluso lo más obvio. Lo que es obvio en el momento de escribir la aplicación no resulta tan obvio dos años más tarde.

Otras ventajas de la programación a medida

Entre las ventajas que debe ofrecer la programación a medida, y a las que no se debe renunciar, está la de la facilidad de manejo. Esto debe ir encaminado a hacer posible el manejo del programa por personal que no esté especialmente cualificado en el campo de la computación. Por ello, el programa de ayuda debe ser claro y nunca presuponer un nivel de conocimientos alto en el usuario.

▼ *El trabajo del programador no acaba con la escritura de la última línea de código y la compilación del programa. Una aplicación no está acabada hasta que los usuarios son capaces de utilizarla de forma óptima.*

EL ELEMENTO HUMANO

En las páginas precedentes hemos tratado de dar unas primeras pautas sobre el hardware y el software. No menos importante es el tercer elemento que permite el perfecto equilibrio de un sistema computacional: el aspecto humano. Por altas que sean las prestaciones materiales y por muy sofisticados que sean los programas, el sistema no funcionará si no se dispone de trabajadores capacitados para la tarea que deben desempeñar. Como venimos repitiendo, la computación es una herramienta más de la empresa. Como tal, su funcionamiento debe ser conocido en diversos grados y de distinta forma por el empresario, los trabajadores que la utilizan y los expertos que los afinan y ponen a punto.

❏ FORMACIÓN DEL EMPRESARIO

En una PYME es posible encontrar los dos polos opuestos de empresario en relación al grado de implicación en el proceso de computación de la empresa. Así, encontramos empresarios que se muestran incapaces de delegar siquiera el menor aspecto de control del sistema computacional y llevan de forma personal la compra de los equipos, la instalación de las aplicaciones y, en algunos casos, incluso la programación.

Por lo general, el empresario que trata de crear sus propias aplicaciones tiene más voluntad que conocimientos, lo que le hace aprender siguiendo un método de ensayo y error. La mayoría de las veces la aventura acabará en fracaso o, como mucho, en una aplicación cuya personal estructura interna la hará difícilmente utilizable por otros trabajadores de la empresa. Lo más probable es que al final deba recurrir a la ayuda de un programador y que éste, tras analizar el trabajo desarrollado, tenga que volver a empezar por el principio. El único fruto que podrá recoger el empresario es el de una valiosa experiencia y el de una familiarización con el funcionamiento de la programación. Aun en el caso de que un empresario tenga los conocimientos necesarios para crear una aplicación, sin duda, sus ho-

▼ *No es necesario que los directivos sean expertos en computación, pero sí deben tener unos conocimientos básicos para saber el rendimiento que se obtiene tanto de los equipos como del personal que se sirve de ellos.*

ras de trabajo son demasiado valiosas para dedicarlas a la programación. Un segundo problema es que la aplicación posiblemente refleje su propia concepción del trabajo y resulte difícil de entender por segundas personas que deban utilizarla. Es posible incluso que un mal entendido orgullo hacia un programa cuya concepción le ha costado ímprobos esfuerzos le impida adoptar una actitud comprensiva ante las dudas de los trabajadores. Los conocimientos del empresario son un bien preciado que debe ser explotado en otros sentidos.

Un empresario con nociones de programación tendrá más fácil llevar a cabo un buen análisis de la aplicación que se desea implementar, ya que comprenderá las dificultades técnicas con las que se puede encontrar el programador. En segundo lugar, su formación le permitirá no estar a merced de la buena voluntad del profesional de la computación y controlar de cerca su trabajo. Durante la fase de desarrollo podrá establecer una muy interesante relación de colaboración con el programador.

En el otro extremo encontramos empresarios cuyo desconocimiento de la computación es total. A este hecho a menudo se une una actitud de claudicación ante la posibilidad de aprender, derivada, por lo general, de anteriores experiencias negativas. Un empresario para el cual la computación sea una asignatura pendiente, no podrá nunca afrontar la computerización de su empresa con garantías de éxito. En primer lugar, difícilmente sabrá qué tipo de aplicaciones desea en su empresa porque desconoce las posibilidades reales. En segundo lugar, si recurre a un asesor computacio-

INÚTIL

Sin unos usuarios debidamente preparados, el mejor hardware y las mejores aplicaciones son totalmente inútiles.

◄ Los conocimientos básicos de computación que muchos empresarios necesitan en algún momento de su andadura laboral no deben dejarse al azar. Un corto cursillo es una manera más eficaz y rápida de aprender que a base de tanteo y error.

PROGRAMADOR

La formación en computación de un empresario no tiene por objeto que se constituya en programador.

nal, estará siempre en manos de éste, y no hay que olvidar que por muy experto que sea en computación no conocerá la empresa. Por otro lado, la sensación del empresario de que puede ser engañado con facilidad incidirá negativamente en la relación con el responsable de computación y, por ende, en el buen funcionamiento del proyecto de modernización.

Por lo general, un empresario que desconoce por completo el terreno que pisa, acaba claudicando y deja la computación de la empresa en manos de un responsable designado al efecto.

Es conveniente que el dueño de un taller conozca el funcionamiento de todas sus máquinas. Que sepa cuándo es conveniente cambiarlas por otras más modernas, qué productividad puede obtener el operador, qué factores inciden en ella, etcétera. No es necesario, sin embargo, que sea él quien maneje permanentemente la máquina. Una vez más, la computación no es una excepción ni un territorio aparte.

Herramientas de trabajo del empresario

Hasta ahora hemos hablado del empresario en relación con la puesta en marcha de un sistema computacional en la empresa, pero existe una serie de herramientas que están pensadas en especial para que las utilice de forma personal.

Las hojas de cálculo son quizá la aplicación favorita del empresario por su capacidad de análisis. En un aspecto más práctico e igualmente importante como es la organización del tiempo destacan los organizadores personales. Por último, como herramienta para la exposición de ideas y proyectos, las aplicaciones de presentaciones gráficas son de gran ayuda. Algunas de las posibilidades de estos tres elementos ya han sido descritas en el apartado dedicado al software. Es en este campo donde debe tratar de formarse lo suficiente para sacar el máximo provecho de estas aplicaciones.

☐ FORMACIÓN DE LOS USUARIOS DEL SISTEMA

Si bien, por lo general, no es necesario que los empleados que se sientan a trabajar ante una computadora sean expertos en programación, sus conocimientos en distintas áreas de la computación redundan, sin duda, en un notable aumento de la productividad.

- *Hardware.* Es casi imprescindible un mínimo conocimiento de cómo funciona una computadora. Sin estos conocimientos mínimos la relación entre el trabajador y su herramienta de trabajo será distante, y el menor problema causará que el usuario

interrumpa su labor. Resulta inconcebible que un trabajador
necesite ayuda para realizar tareas tan simples como cambiar
un cartucho de impresora o corregir un problema provocado
por un cable que se afloja.

- *Sistema operativo.* Aunque el trabajo diario se desarrolle con
un software específico, unos míni-
mos conocimientos del sistema operativo son siempre necesarios en uno
u otro momento: configurar la pantalla, copiar disquetes, seleccionar una
impresora.

- *Ofimática.* Es muy importante que
los usuarios conozcan a fondo las
aplicaciones de ofimática que utilizan.
Un buen conocimiento, por ejemplo,
del procesador de textos –y de algunas de las funciones avanzadas como
las macros– redunda en un considerable ahorro de tiempo de trabajo.

- *Programa a medida.* Es el elemento
con el que el trabajador interactúa de
forma más cotidiana y está concebido
pensando en él. Por tanto, no caben
excusas respecto al buen manejo de
todas y cada una de las posibilidades
que ofrezca este software. Es muy importante que los usuarios reciban un
curso a fondo del programa en el momento en que éste se implementa y
que estén informados de las modificaciones que en él se efectúan. No
basta con crear un programa a medida, sino que debe establecerse una
clara metodología de trabajo con el
mismo.

Funciones del
departamento computacional

HARDWARE

Mantenimiento de equipos
Investigación de mercado

RED

Administración de la red
Configuración de la red
Puesta en marcha
Análisis de rendimiento del sistema

USUARIO

Organización de cursos
Escuchar opiniones sobre
el funcionamiento del sistema
Sistema de ayuda
Manuales de uso y rutinas

PROGRAMACIÓN

Mejoras en el programa
Documentación del sistema

EMPRESARIO

Análisis de mejoras del sistema a medida

❏ SERVICIO COMPUTACIONAL

Una pregunta habitual en el seno de las PYMES es cuándo es
necesaria la contratación de una persona dedicada en exclusiva al
desarrollo y mantenimiento del sistema computacional. Ésta es una
pregunta imposible de responder sin tener en cuenta las necesidades particulares de cada empresa. Habrá empresas que requerirán
todo un departamento de computación, mientras que a otras les
bastará con una pequeña asesoría externa. Las necesidades varían
no sólo en función de las dimensiones de la empresa, sino también de la organización interna. Por otra parte, hay que distinguir
entre fases de desarrollo y puesta en marcha de sistemas y fases de

mantenimiento. Sin embargo, y por mínimas que sean las necesidades, siempre es imprescindible un mantenimiento a distintos niveles. El empresario es quien conoce mejor qué herramientas se requieren para conseguir que su negocio evolucione en todos los campos y evitar que quede estancado.

La contratación de un servicio de mantenimiento externo que cubra tanto al hardware como al software es una posible solución. No obstante, uno de los problemas que puede plantearse en estos casos es que desaparece por completo la necesaria labor de investigación. Es importante estar al corriente de las novedades y precios en el mercado del hardware y software para no perder el tren tecnológico y aprovechar las posibilidades de modernizar el sistema a un bajo costo y con una gran incidencia en el aumento del rendimiento. Esta tarea de vigilancia del mercado y de estudio crítico del sistema implantado en la empresa con vistas a pensar en posibles mejoras es más fácil de realizar desde dentro de la empresa. En este caso es importante que el responsable computacional escuche las sugerencias de los usuarios del sistema y compruebe cuáles son las dificultades con las que se encuentran en el desarrollo de su trabajo día a día.

 ▲ *Las prestaciones de los equipos y de los programas de computación aumentan cada día; por ello, conviene que la empresa esté conectada –ya interna o externamente– a las novedades y soluciones que de forma continua aparecen y permiten optimizar el rendimiento de personas y equipos.*

MEDIOS

El empresario debe procurar los medios para que el personal tenga la debida formación en las aplicaciones instaladas en la empresa.

CONSEJOS PRÁCTICOS

❏ LA COMPATIBILIDAD DE LOS DATOS

Antes de implementar un sistema computacional, uno de los factores que se deben tener en cuenta es el de la compatibilidad de los datos. Cualquier empresa que haya informatizado sus procesos administrativos, de producción, contables o de gestión de personal ha experimentado alguna vez la frustración de encontrarse de la noche a la mañana con una cantidad de información procesada que le resulta inútil para nuevos proyectos. Si bien con el paso de los años la facilidad de conversión de datos entre diferentes sistemas ha ido evolucionando de manera notable, éste es todavía un problema que no se debe perder de vista. El progreso meteórico del hardware y de los lenguajes de programación hacen posible obtener cada vez más rentabilidad de nuestra información. Así encontramos programas con mayor capacidad de análisis de datos y con una presentación de los mismos que facilita enormemente la toma de decisiones. Resulta, pues, inevitable e incluso conveniente que los programas de gestión, producción o contabilidad sean modificados, actualizados y en ocasiones sustituidos por otros de mayor potencial. Sin embargo, no está justificado el hecho de que la puesta en funcionamiento de un nuevo sistema acarree horas y horas de introducir una vez más todos los datos que formaban parte del sistema anterior. Tampoco resulta aceptable que debamos utilizar simultáneamente dos programas para obtener información de períodos diferentes. Así pues, a la hora de implantar un sistema computacional es de capital importancia que los datos scan archivados en un formato que no sólo sea de uso común en el momento de adquirir la aplicación, sino que permita su conversión al resto de los formatos habituales. Sólo de esta manera garantizaremos la larga vida de la información que se vaya procesando. En el caso de que el formato en cuestión quede superado por uno nuevo (algo que inevitablemente ocurrirá en un período más corto que largo), el hecho de haber utilizado uno de los estándares del momento garantiza que a buen seguro el nuevo sistema que se imponga facilitase la transformación de nuestros archivos. Pero ésta no es la única ventaja de la utilización de un sistema abierto. Si la información queda encapsulada de un modo críptico en la aplicación que utilizamos, ésta no sólo tiene el inconveniente de su corta vida, sino que también nos imposibilita el trasvase de información a otros sistemas. Un sistema cerrado siempre acaba tornándose obsoleto e incapaz de responder a necesidades futuras que resultan imposibles de prever en el momento de establecer el sistema.

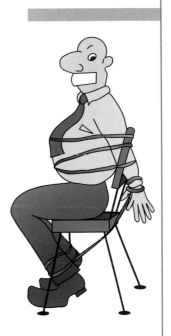

Un empresario sin conocimientos de computación está a merced de la buena voluntad de los expertos a los que pida asesoramiento.

☐ ALGUNAS CONSIDERACIONES SOBRE EL MANEJO DE ARCHIVOS

No hay duda de que cuanto más familiarizado se está con el medio computacional, más organizado y meticuloso se es en la organización de los archivos en el disco duro. Consideremos el disco como el equivalente a un despacho. A medida que los papeles se van acumulando sin orden empieza a resultar imposible encontrar lo que uno busca.

La primera medida que se debe tomar es la creación de carpetas en las que los documentos se van clasificando por temas. En este sentido es importante que sea el usuario el que imponga la manera de clasificar los documentos. Una buena política es tener en cuenta a qué proyecto corresponde un documento y no con qué programa se ha creado. Podemos crear tantos niveles de car-

FORMACIÓN
CONTINUA

La formación de los trabajadores en materia computacional debe entenderse como una tarea continuada.

► *Antes de comenzar a archivar información se debe pensar con detenimiento la clasificación temática de la misma, el rotulado de los documentos, etcétera. A menudo, un dato o un documento mal archivado puede ser un dato o un documento cuya recuperación requiera mucho tiempo o que se haya perdido.*

petas como nos parezca conveniente. Nótese que una carpeta con doscientos documentos resulta caótica. Si analizamos la situación no tardaremos en dar con alguna forma lógica de subdividirla en carpetas temáticas. Por el contrario, tener doscientas carpetas en varios niveles para contener 230 documentos es la manera contraria de complicar las cosas.

Antes de crear las carpetas debe buscarse una jerarquía lógica de las mismas. Crear una carpeta en cualquier parte del disco (o archivar un documento en cualquier carpeta), de forma provisional o para ahorrar tiempo, inevitablemente tiene la consecuencia contraria: pérdida de tiempo.

La mayoría de sistemas operativos actuales permite utilizar nombres de archivo sin limitación en el número de caracteres. Resulta sumamente práctico explotar esta posibilidad de forma que el nombre sea suficientemente explicativo. Esto no quiere decir que pongamos siempre nombres larguísimos que acaban resultando pesados y engorrosos de manejar. Es mejor política añadir un comentario a cada documento que describa un poco más en detalle su contenido (siempre que el sistema operativo ofrezca esta posibilidad). Perder un minuto en escribir un comentario contribuye a la claridad y a la larga acaba ahorrando tiempo y evitando problemas.

❏ LA SEGURIDAD DEL SISTEMA

La seguridad es uno de los factores fundamentales a la hora de implementar un sistema computacional. En el caso de las empresas, en ocasiones con el sistema computacional está en juego el futuro de las mismas. Existen tres tipos de valores que deben ser protegidos de forma adecuada:

Hardware

Son dos los tipos de riesgos a los que se enfrenta el hardware de la empresa. El primero de ellos es el de los ataques deliberados, fundamentalmente vandalismo y robo.

El segundo es el de accidentes. Dentro de estos últimos los más frecuentes son los provocados por los cortes de luz y las variaciones en la tensión. Estos fallos, que de entrada causan la pérdida de datos no archivados, pueden llegar a dañar el hardware. El mejor modo de prevenirlos es instalar un estabilizador de corriente eléctrica. En el mercado se encuentran distintos tipos de estabilizadores. Los más elementales protegen contra las subidas y bajadas de tensión y, en caso de corte del suministro eléctrico, proveen de la energía necesaria a fin de que el equipo siga funcionando el tiempo suficiente para guardar los datos y desconectar el sistema. Otros permiten, además, un cierto grado de autonomía, proporcionando energía durante períodos de tiempo más o menos largos.

Una de las averías más frecuentes en las microcomputadoras y en periféricos como las impresoras o los monitores tiene su causa en la fuente de alimentación. Es necesario comprobar siempre el voltaje de la corriente eléctrica cuando se efectúan cambios de emplazamiento físico, y apagar los equipos cuando éstos no han de ser utilizados durante largos espacios de tiempo (al finalizar la jornada laboral, en especial).

Por último, cabe insistir sobre la falta de atención en el área de trabajo en la que se encuentran las computadoras. Un elemental cuidado de los equipos redunda en el buen funcionamiento. Debe evitarse que se acumule el polvo en el teclado, posar la taza de café sobre el monitor, etcétera.

Software

Respecto al software, los problemas más comunes son los virus computacionales (a los que dedicamos una sección especial) y el borrado o desconfiguración accidental.

Los problemas de borrado accidental no deben presentar ningún tipo de complicación (salvo el del tiempo perdido, evidentemente) si se mantiene una copia de seguridad del software y una copia de los archivos de configuración. Hay que insistir en que no se debe borrar aquello cuyo contenido se desconoce. Es frecuente que un usuario reconozca algunos de los ficheros por ser documentos que él ha creado y en cambio se sorprenda de la aparición

SEGURIDAD

Con la seguridad del sistema computacional está en juego el futuro mismo de la empresa.

REGISTRO

Es importante registrar el software en el momento de la compra para gozar del soporte técnico del programa.

Una correcta política de copias de seguridad es la mejor vacuna contra desagradables sorpresas.

► *Pese a las innumerables ventajas que supone para una pequeña empresa un sistema computacional, éste se halla expuesto a muchos y muy diversos riesgos que a menudo no son sopesados en su justa importancia por el empresario, tal vez por una cuestión de falta de información.*

de otros y sienta la tentación de eliminarlos para ganar espacio. Entre estos ficheros (de configuración, de control generados por algún antivirus) puede haber algunos cuyo borrado implica fallos generales del sistema. Estos borrados accidentales disminuyen si se lleva a cabo una buena gestión del disco y se organizan los documentos del usuario en carpetas que no contengan ningún otro tipo de archivos.

Datos

Los datos son el aspecto más vulnerable de la seguridad del sistema, a la vez que constituyen también el valor más preciado.

Son dos los peligros contra la seguridad de los datos. El primero es el de la posible pérdida o borrado. La única y mejor defensa contra este peligro es mantener una estricta política de copias de seguridad.

Las copias de seguridad deben efectuarse cada vez que los datos se modifican. Éstas deben mantenerse correctamente identificadas. Lo habitual es sobreescribirlas de forma sistemática, pero es conveniente mantener algunas copias completas del sistema en fechas determinadas (por ejemplo, a final de ejercicio).

Los disquetes, discos ópticos y otros dispositivos de almacenamiento de datos deben estar siempre protegidos en sus cajas y adecuadamente etiquetados a fin de prevenir el borrado accidental.

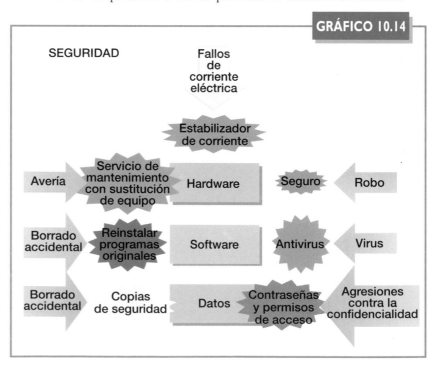

GRÁFICO 10.14

SEGURIDAD

Fallos de corriente eléctrica

Estabilizador de corriente

Avería — Servicio de mantenimiento con sustitución de equipo — Hardware — Seguro — Robo

Borrado accidental — Reinstalar programas originales — Software — Antivirus — Virus

Borrado accidental — Copias de seguridad — Datos — Contraseñas y permisos de acceso — Agresiones contra la confidencialidad

El segundo problema es el de la confidencialidad de los datos. Éstos deben resultar accesibles sólo a aquellas personas autorizadas. Las medidas que se deben adoptar son la imposición de restricciones de acceso en los sistemas en red y la implantación de las necesarias contraseñas en los sistemas monousuario.

Cuando se dispone de una red conectada a la línea telefónica, deben extremarse las medidas de seguridad y mantener los datos internos de la empresa en ubicaciones no accesibles en forma remota. Otra posibilidad que se debe considerar cuando se envía información a través de la línea telefónica es la de encriptación o adecuada codificación de los datos, a fin de reforzar la seguridad contra la posible interceptación del envío.

Para terminar, hay que insistir en la importancia de mantener un control paralelo en las fases de desarrollo de programas, sobre todo cuando se trate de software realizado a medida. En este último caso –y al margen de las pruebas que haya realizado el programador o la empresa de software– debe tenerse en cuenta que el software está siendo puesto a prueba. Por lo general, las situaciones reales siempre superan el marco de pruebas que establece en la teoría el programador.

❑ VIRUS COMPUTACIONALES

Los virus computacionales son capaces de causar estragos en las computadoras personales. Aun cuando dispongamos de copias de seguridad de todos los programas y archivos, la pérdida de tiempo que ocasionan es importante.

Un virus es un pequeño programa –normalmente de no más de 5 000 bytes– que se reproduce a sí mismo y es capaz de aplicar su código a otros programas impidiendo su correcto funcionamiento. Por su propio modo de actuar, los virus no suelen infectar los archivos de datos. Una vez infectado un programa, al ejecutarse éste se ejecuta también el código contenido en el virus. Otra característica de los virus computacionales es su capacidad de permanecer ocultos en la computadora hasta que son activados. Existen virus que se activan en una fecha determinada.

Tipos de virus

- *Troyanos*. Han recibido este nombre por la historia del caballo de Troya. Permanecen ocultos en la computadora hasta que se activan cuando se cumple alguna condición (una fecha, por ejemplo). Entre los daños que pueden causar están los de formatear el disco duro o modificar o borrar la FAT (la tabla de asignación de archivos).

La compra de un programa antivirus no garantiza la inmunidad del sistema.

- *Gusanos*. No tienen una misión destructiva específica; se limitan a reproducirse sin parar, con lo que acaban por llenar discos enteros o bloquear el funcionamiento de la red.
- *Macros*. Utilizan el lenguaje de las macros de los programas más populares y se activan al crear nuevos documentos o editar otros.

Cómo se transmiten

Cada vez que volcamos información de una computadora a otra por cualquier medio (soporte magnético, conexión en red, conexión telefónica) corremos el riesgo de transmitir un virus computacional. Un factor preocupante en este sentido son las autopistas de la información, donde los archivos se transmiten por todo el mundo sin demasiado control. A este hecho hay que sumar la facilidad con la que se puede fabricar un virus. En la actualidad ya no hace falta ser un genio de la computación para programar este tipo de ingenios destructivos.

Cómo protegerse

Existe una amplia variedad de programas antivirus, algunos de ellos de uso libre. Estos programas cumplen tres funciones diferentes: detección, prevención y eliminación de virus.

El proceso de detección efectúa, en primer lugar, un análisis de la memoria RAM, luego del sector de arranque y por último del sistema de archivos. Al instalar el programa antivirus se debe ejecutar esta opción de detección y buscar en todas las unidades de nuestro equipo la existencia de virus. Luego puede ejecutarse periódi-

		Tabla 10.10 Los virus			
Tipos	*Contagio*	*Efectos*	*Antivirus*	*Otras medidas de seguridad*	*En caso de virus*
Gusanos	Copia de discos	Mensajes inofensivos	***Funciones**:* • Detección • Limpieza • Escudo	Copias de seguridad	No contestar a preguntas que aparezcan en pantalla
Troyanos	Conexión entre dos computadoras	Desconfiguración		Controlar las copias e instalaciones de programas	
Macros		Pérdida de datos	***Otros factores que se deben valorar:*** • Integración con el sistema • Gasto de recursos del sistema • Servicio posventa (actualizaciones)		No apagar el equipo
	Conexión a una red	Formateo de discos		No dar acceso externo a los datos	Avisar al responsable computacional o al proveedor del antivirus
		Desarreglos en la FAT			

camente, pero es imprescindible analizar todos los disquetes, CD-ROM, discos ópticos, etcétera, antes de copiar información de éstos en nuestro equipo.

Hay que tener en cuenta que también, como se ha dicho, los virus pueden transmitirse vía módem o a través de la red. Este hecho hace imprescindible la función de prevención. Mediante el análisis heurístico, los programas antivirus controlan los accesos al disco y a la tabla de particiones, y analizan las secuencias de órdenes de un programa mientras éste se ejecuta. También comprueban de forma automática los ficheros antes de copiarlos de una red de acceso telefónico. Al margen de la cantidad de virus que es capaz de detectar el programa y de su capacidad para determinar la posible presencia de virus nuevos, es importante que estos escudos de protección (que evidentemente son residentes en memoria) se integren bien con el sistema operativo, no ocupen más recursos de los necesarios y no ralenticen excesivamente el sistema.

La función de eliminación de virus es capaz de acabar con un gran número de ellos (los programas incluyen una lista de aquellos virus que pueden eliminar). Sin embargo, si el virus ya se ha activado, es posible que los daños sean irreparables.

Hay que hacer notar, por último, que no siempre los mensajes que indican la presencia de posibles virus deben ser motivo de alarma. Un cambio en el tamaño de un archivo ejecutable como consecuencia de una modificación llevada a cabo en un programa a medida, por ejemplo, puede ser causa de este tipo de mensajes, como también pueden serlo las modificaciones que realicemos en ficheros de configuración del sistema o la instalación de un nuevo programa.

¿Basta con un antivirus?

Como hemos dicho, la proliferación de nuevos virus va en aumento por los motivos ya expuestos, y lo cierto es que un antivirus no garantiza una seguridad absoluta.

He aquí algunos consejos prácticos:

- Instalar programas de protección en todas las computadoras o estaciones de trabajo de la red.
- Actualizar las versiones del programa antivirus de forma periódica. Cada día aparecen virus nuevos, por lo que un antivirus pierde su vigencia en pocos meses y sólo sirve para ralentizar el sistema.
- Establecer con claridad que los usuarios del sistema de la empresa no pueden copiar por su cuenta y riesgo. Si en la em-

La única razón para ser prudentes ante la computadora reside justamente en el hecho de que ésta nos aporta tantas cosas útiles que debemos impedir que se haga peligrosa.

BÖRJE LANGEFORDS
Empresario

presa existe un responsable del sistema computacional, éste debe encargarse de verificar el buen cumplimiento de esta norma.
- Analizar con un antivirus todos los discos, CD-ROM, discos ópticos, etcétera, antes de copiar.
- Realizar copias de seguridad y mantener más de una versión de ellas, ya que los virus pueden estar latentes.
- Si existe una conexión telefónica, mantener siempre activado el programa de prevención antes de realizar una conexión. No olvidar que de nada sirve disponer del mejor software de prevención si no lo utilizamos correctamente.
- En caso de que aparezca algún mensaje de un virus (o que se sospeche que es de un virus), no se debe tomar ninguna decisión precipitada (apagar el equipo, contestar a las preguntas que aparezcan en pantalla). Lo más acertado es avisar al responsable computacional de la empresa o ponerse en contacto con el soporte técnico del programa antivirus.

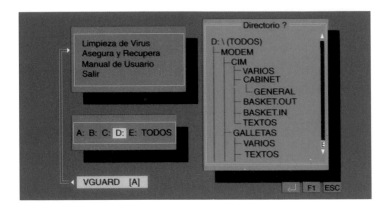

▲ *Los programas antivirus para computadoras permiten controlar cualquier disquete que se inserte en las unidades de disco, detectar si contienen virus y, en caso positivo, eliminarlos.*

☐ CONSEGUIR AYUDA

La presencia de las computadoras se ha impuesto de tal manera que los fallos en el sistema computacional pueden llegar a colapsar por completo el funcionamiento de la empresa. Por este motivo hay que estar preparado para solucionar de forma rápida toda suerte de inconvenientes que se presentan en el uso cotidiano de las computadoras, porque de lo contrario se perderán horas de trabajo, imagen de empresa y posibilidades de negocio.

En este sentido es importante que el personal de la empresa sepa qué hacer en caso de encontrarse ante un fallo de su computadora, por ejemplo, que su monitor se quede en blanco. En el caso de que haya un responsable del sistema computacional, el empleado deberá dirigirse a él de forma inmediata sin tratar antes de solucionar por su cuenta el problema, ya que de esta forma posiblemente sólo logrará empeorar la situación. El responsable del sistema deberá tratar de dar solución al problema. La mayoría de las veces éste no irá más allá de cuestiones de configuración o problemas físicos de cableado de los equipos.

En el caso de averías de hardware de mayor envergadura, se debe recurrir al soporte técnico telefónico o solicitar ayuda a través de las redes de comunicación que ofrecen las empresas de hardware. Es importante a la hora de comprar el equipo saber en qué consiste la garantía. Si ésta cubre las piezas reparadas o también la mano de obra de los técnicos y su desplazamiento. Si la dependencia con respecto al sistema computacional es muy alta, se debe sopesar la posibilidad de contratar un servicio de mantenimiento que garantice una respuesta rápida que incluya el reemplazo de los equipos mientras éstos son reparados.

De esta manera, si un monitor o una impresora fallan, la empresa de mantenimiento nos proporcionará otros de similares características en tanto el nuestro no esté disponible. No deshacerse de monitores e impresoras viejos cuando éstos se actualizan por otros de mayores prestaciones puede servir para salir de apuros en ciertas situaciones.

Un elemento que se debe tener en cuenta cuando se adquiere software es el registro del mismo. Si se olvida rellenar y enviar la tarjeta de registro de un programa, nos encontraremos con sorpresas

▼ *Actuar con precipitación ante la aparición de un problema no suele dar como resultado la rápida solución que se busca. Seguir un método prefijado permite ir descartando posibilidades hasta dar con la causa del problema y a partir de ahí buscar una solución por nosotros mismos o saber exactamente qué tipo de ayuda externa requerimos.*

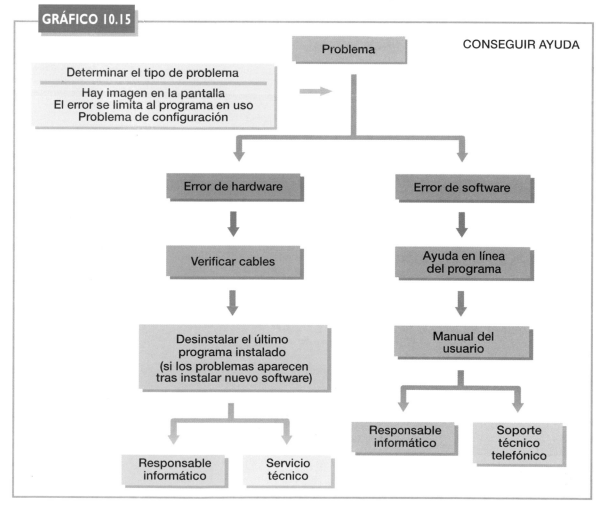

GRÁFICO 10.15

CONSEGUIR AYUDA

Problema

Determinar el tipo de problema

Hay imagen en la pantalla
El error se limita al programa en uso
Problema de configuración

Error de hardware → Verificar cables → Desinstalar el último programa instalado (si los problemas aparecen tras instalar nuevo software) → Responsable informático / Servicio técnico

Error de software → Ayuda en línea del programa → Manual del usuario → Responsable informático / Soporte técnico telefónico

Tabla 10.11 Soporte técnico telefónico		
Al comprar	**Antes de llamar**	**Al realizar la llamada**
Verificar la factura	Consultar la ayuda en línea	Tener a mano la garantía
Verificar los componentes	Consultar el manual de usuario	Anotar exactamente el mensaje de error
Leer atentamente las condiciones de garantía	Verificar cables	Tener el equipo conectado junto al teléfono
Rellenar la garantía y registrar el software	Desinstalar el último programa	Tener paciencia

desagradables a la hora de solicitar ayuda técnica, aunque hayamos pagado cantidades considerables por la adquisición de la aplicación. En estos casos vuelve a ponerse en evidencia la necesidad de mantener actualizadas las copias de seguridad y la documentación de configuración del sistema, tareas que debe controlar el responsable del sistema computacional de la empresa siempre que exista tal.

Para terminar, he aquí una pequeña lista que se debe revisar antes de consultar al servicio técnico. Antes de llamar:

- Comprobar que los cables estén firmemente sujetos.
- Consultar la ayuda en línea y el manual sobre el problema en cuestión.

Al efectuar la llamada:

- Tener a mano la garantía.
- Anotar exactamente el mensaje de error.
- Tener el equipo conectado junto al teléfono.
- Tener paciencia.

❏ ERGONOMÍA

A diario, millones de trabajadores ocupan su lugar de trabajo delante de una computadora o una terminal. Al final del día muchos de ellos sufren pequeñas molestias físicas que pueden llegar a convertirse en problemas más serios y que sin duda inciden en su rendimiento laboral. Un estudio detallado del puesto de trabajo conseguirá solventar estos problemas o al menos reducirlos a su mínima expresión. Veamos, pues, algunos de los elementos que forman el entorno del trabajador.

PROBLEMAS

La incorrecta disposición de los elementos de trabajo puede acarrear molestias e incluso problemas de salud.

Monitor

Como se ha dicho, el monitor debe ser de baja radiación y en su defecto, debe poseer un filtro tratado por las dos caras. El punto central del monitor debe estar situado por debajo de los ojos del usuario, formando un ángulo de unos 20°. Esto proporcionará un grado aceptable de confort visual, al tiempo que evitará dolores musculares en el cuello. Si el monitor se sitúa por encima de la horizontal del ojo se obliga a doblar el cuello hacia atrás, con la consiguiente tensión en las cervicales. Por el contrario, una inclinación hacia delante de la cabeza en ángulos superiores a los 30° produce dolores en la nuca.

Por lo que hace a la distancia, ésta dependerá de la agudeza visual del usuario, pero oscilará entre los 40 y 80 cm. Es importante que la profundidad de la mesa de trabajo permita regular esta distancia, así como que la pantalla permita su giro e inclinación. En la medida de lo posible, es conveniente alternar el trabajo ante el monitor con otro tipo de trabajos a fin de descansar la vista y evitar dolores de cabeza.

Si se está trabajando con documentos en papel al mismo tiempo que con la computadora, es recomendable el uso de un atril de altura e inclinación regulables y situar el atril y el monitor en el mismo plano de visión. Existen también los llamados atriles flotantes, que se acoplan al monitor y resultan ideales cuando el espacio disponible es reducido.

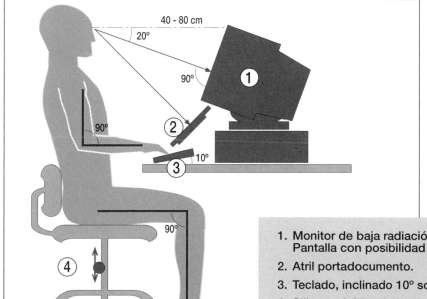

◄ *Con la utilización de los equipos de computación han aparecido nuevos trastornos profesionales, que afectan en especial a la espalda, las manos, los brazos y los ojos del usuario. En el dibujo, algunos requisitos ergonómicos para prevenir ciertas dolencias relacionadas con la mala postura o la defectuosa utilización.*

1. Monitor de baja radiación.
   Pantalla con posibilidad de ser girada e inclinada.
2. Atril portadocumento.
3. Teclado, inclinado 10° sobre la horizontal.
4. Silla regulable, sin brazos.

Teclado

Deben descartarse los que permanecen pegados al resto del equipo. La inclinación ideal del teclado es de entre 5 y 15° respecto a la horizontal. Es recomendable el uso de teclados de tamaño pequeño, que permitan el apoyo de las manos y muñecas en la mesa. La posición ideal del teclado con respecto al cuerpo es a la altura del ombligo, es decir, notablemente más bajo que en las tradicionales mesas de despacho. Son de gran ayuda las almohadillas reposa-muñecas que evitan el síndrome del túnel carpial. Es importante que las teclas no sean brillantes. Últimamente algunas empresas de hardware han apostado por la ergonomía y han roto con el diseño tradicional del teclado, llegando a dividir éste en dos partes.

Ratón

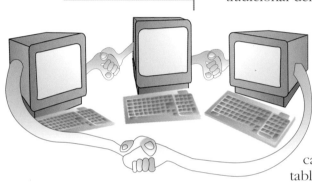

También en este campo la ergonomía ha llegado a modelos revolucionarios. Un ratón necesita un ángulo de curvatura de 45°, que permita que la mano descanse sobre él y un tamaño que facilite una posición natural de la mano. El tradicional movimiento del ratón por la mesa ha sido sustituido en algunos casos por modelos que permanecen fijos sobre el tablero y que disponen la bola en la parte superior.

Un atento seguimiento de las novedades del mercado computacional es fundamental si no se quiere quedar desfasado en poco tiempo.

Mobiliario

Una silla ergonómica debe ajustarse a las necesidades del usuario. Debe permitir la regulación de la altura y de la inclinación de asiento y respaldo, así como disponer de ruedas y soporte lumbar. Las sillas con brazos no son recomendables. La altura de la silla dependerá de la altura del usuario y la distancia entre la parte superior del asiento y el teclado será de unos 25 cm.

Por lo que respecta a la mesa, lo ideal sería que se adaptara a la altura del usuario y que dispusiera del suficiente espacio para no impedir el movimiento de las piernas.

Otros factores que se deben valorar

Otra de las cosas que más molesta al trabajador que pasa el día entre computadoras es el ruido. A veces, al dejar el puesto de trabajo y salir a la calle es cuando realmente el trabajador se da cuenta de los ruidos y zumbidos que ha tenido que soportar. Por lo que hace al equipo de computación, los elementos más molestos son: fuentes de alimentación, discos duros, módems e impresoras. En la medida de lo posible deben alejarse estos elementos, sobre todo los dos últimos. El nivel de ruido ambiental máximo del puesto de trabajo no debería superar los 55 decibelios.

EL TRABAJO EN GRUPO

El buen funcionamiento de una empresa descansa cada día más en el buen manejo de la información. Son frecuentes los casos de empresas que, si bien han iniciado un progresivo acercamiento a las nuevas tecnologías y han ido computacionando el conjunto de los procesos de producción, todavía permanecen ancladas en un sistema de trabajo individualizado que lleva a una inevitable y poco rentable duplicación de procesos e impide un acceso a la información en tiempo real.

Por otro lado, una red local permite compartir un gran número de recursos que de otro modo deberían formar parte de cada estación de trabajo, como impresoras, módems, servidores de ficheros, etcétera.

Finalmente, las redes proporcionan una útil herramienta de intercomunicación en el interior de la empresa, posibilitando un fácil intercambio de todo tipo de información entre los usuarios que constituyen cada uno de los nodos de la red.

La electrónica no resuelve los problemas por el procedimiento más simple, pero sí por el más eficaz.

FRÉDÉRIC DUCHÂTEAU
Empresario

☐ ¿QUÉ ES UNA RED LOCAL?

El término red local proviene del inglés *Local Area Network* (LAN). La palabra «local» alude a la limitación de la red en el espacio. Una red local, pues, está destinada a conectar computadoras y periféricos que se encuentran próximos entre sí, si bien esta proximidad puede variar entre un mismo despacho hasta un complejo de edificios. De hecho, utilizando determinados dispositivos de transmisión la distancia máxima entre dos nodos puede ser de varios kilómetros.

Tabla 10.12 Documentación de un sistema de red			
Hardware	**Usuario**	**Administrador del sistema**	**Programador**
Equipos • Servidores • Estaciones de trabajo	Rutina de conexión	Control de flujo	Control de flujo del programa
Tarjetas interfaz	Manual	Control de accesos	Código fuente
Cableado	Ayuda en línea	Mensajes de error	
Periféricos		Soluciones a errores	
		Contraseñas	

Una red local, según la definición del Comité IEEE 802, es «un sistema de comunicaciones que permite que un número de dispositivos independientes se relacionen entre sí».

Lo que caracteriza a una red es que cada uno de los puntos o nodos de la misma puede comunicarse con cualquier otro. Los factores que determinan la conveniencia de instalar uno u otro tipo de red son: velocidad de transmisión de ficheros, distancia máxima a la que pueden situarse los nodos, grado de flexibilidad con que permite la instalación de nuevos nodos, costo y prestaciones del tipo de cable que se utiliza o incluso redes sin cable, etcétera.

▼ *Para obtener*
el rendimiento óptimo
de una red es fundamental
elegir la topología u
ordenación adecuada
de los equipos. La existencia
de un canal o bus por
el que circulan los datos
es el primer paso
para la racionalización
de una pequeña red.

❑ COMPONENTES DE LA RED LOCAL

■ Servidor

Para obtener un óptimo rendimiento de la red es conveniente configurar una o varias computadoras como servidores (*server*, en inglés). Un servidor es el equipo computacional que comparte sus

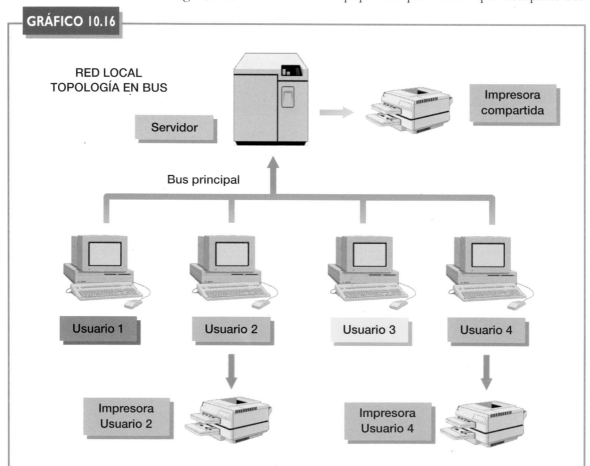

GRÁFICO 10.16

RED LOCAL
TOPOLOGÍA EN BUS

Servidor

Impresora
compartida

Bus principal

Usuario 1

Usuario 2

Usuario 3

Usuario 4

Impresora
Usuario 2

Impresora
Usuario 4

recursos con otras estaciones de trabajo. A medida que la red vaya creciendo, lo normal es que utilicemos varios servidores, cada uno de los cuales tendrá una función específica. Una primera clasificación entre servidores es aquella que distingue un servidor dedicado de uno no dedicado. Un servidor no dedicado es el que funciona a su vez como estación de trabajo. En estos casos, la memoria RAM debe estar dividida. A poco que la red crezca, se comprenderá la necesidad de utilizar servidores dedicados. El equipo que se utiliza como servidor debe ser el de mayor capacidad y prestaciones, pues de él dependerá en gran medida el rendimiento de la red.

Servidor de ficheros

Un servidor de ficheros permite que todos los usuarios dispongan de acceso a la información contenida en ellos. De esta forma, no es necesario que la base de datos de clientes o la del inventario de bodega estén en cada una de las estaciones de trabajo que necesitan acceder a ella. La segunda ventaja es que los datos están permanentemente actualizados. Supongamos, por ejemplo, que existen 10 unidades de un determinado producto en stock y el

▼ *El bloqueo de información es necesario para evitar que dos usuarios de la red modifiquen datos al mismo tiempo, generando de esta forma problemas graves en la integridad de los datos. El bloqueo ideal es aquel que garantiza la seguridad de los datos causando el mínimo de problemas al usuario.*

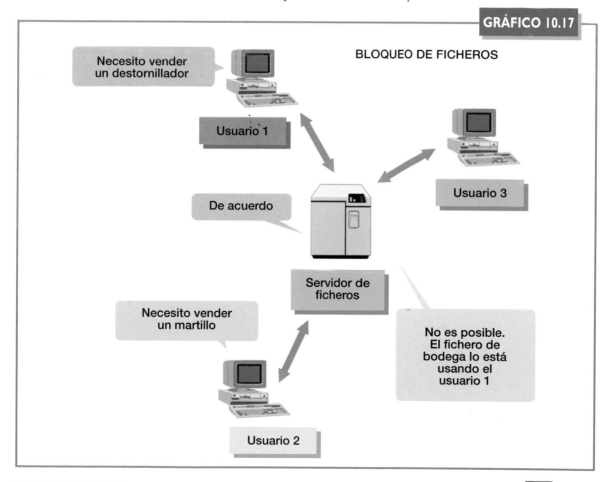

GRÁFICO 10.17

BLOQUEO DE FICHEROS

Necesito vender un destornillador

Usuario 1

Usuario 3

De acuerdo

Servidor de ficheros

Necesito vender un martillo

No es posible. El fichero de bodega lo está usando el usuario 1

Usuario 2

usuario 1 vende ocho y elabora un albarán o remito desde su estación de trabajo; éstos serán automáticamente descontados del stock y cuando acceda el usuario 2, verá que sólo quedan disponibles 2 unidades. Por supuesto, dos usuarios no pueden elaborar al mismo tiempo un remito de venta del mismo producto, como explicaremos más adelante y como se observa en el gráfico de bloqueo de ficheros y registros.

Por supuesto, en un servidor de ficheros es posible restringir los accesos de forma que, por ejemplo, el jefe de personal pueda ver las nóminas de los empleados, pero no pueda hacerlo el jefe de bodega.

Para un sistema medio basta con un solo servidor de ficheros, pero en ocasiones, y a fin de ganar velocidad de acceso, es posible asignar servidores diferentes a departamentos cuyos datos no están relacionados.

Servidor de impresión

Del mismo modo que un servidor de ficheros permite compartir el uso de un disco duro, un servidor de impresión es aquél destinado a compartir el uso de una o varias impresoras.

El servidor de impresión debe poseer el software adecuado y en él se suele instalar un programa de *spooler*. El *spooler* es una memoria intermedia en la que se almacenan los trabajos que las distintas estaciones mandan a imprimir. En principio, éstos se van imprimiendo por orden de llegada, pero a menudo es posible programar la hora deseada de impresión para, por ejemplo, imprimir documentos largos fuera de las horas de oficina, de modo que la impresora no quede bloqueada para necesidades más urgentes.

Servidor de comunicaciones

Pese a que es habitual que cada nodo de la red disponga de su propio módem, también resulta útil tener un servidor destinado a las comunicaciones. Estos servidores son accesibles desde cualquier estación de trabajo y liberan a éstas de la labor de transmisión de la información. Por supuesto, en una red de dimensiones reducidas un solo servidor puede desempeñar todas las funciones citadas.

■ Estación de trabajo

Una estación de trabajo es cualquier computadora o periférico que está conectado a la red. Para convertir una computadora en una estación de trabajo debemos instalar una interfaz de red y

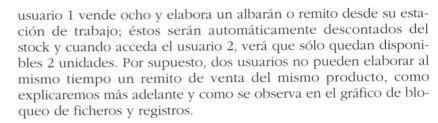

TRABAJO EN RED

La posibilidad de compartir recursos y la información en tiempo real son dos de las ventajas más notables del trabajo en red.

Los servidores son computadoras dedicadas a facilitar recursos al conjunto de usuarios de una red.

conectarla con cables (o incluso sin ellos, en el caso de las redes inalámbricas) a un servidor. Para realizar esta conexión es necesaria una tarjeta interfaz que debe colocarse en una de las ranuras de expansión del equipo. Mediante el software adecuado es posible ejecutar programas que se encuentran en el servidor, imprimir en una impresora conectada a un servidor de impresión o enviar mensajes a otra estación de trabajo.

Las estaciones de trabajo suelen tener una partición del disco duro destinada al trabajo personal, en la que se instalan programas de uso no compartido.

◼ Cableado

Pese a que no es uno de los aspectos que suelen estudiarse más a fondo a la hora de implementar una red, el cable tiene una importancia vital en el rendimiento global del sistema, en su seguridad y en la posibilidad de ampliación del mismo. Existen distintos tipos de cables y cada uno de ellos tiene características muy definidas que lo hacen más propicio para uno u otro tipo de configuración de red.

Cable de par trenzado. Está compuesto por dos hilos de cobre de grosor variable trenzados entre sí. Este tipo de cable puede ser sin blindar o blindado. El cable sin blindar se utiliza en las instalaciones telefónicas y, si bien resulta fácil de instalar, acaba siendo una fuente constante de inconvenientes.

Cable coaxial. Está formado por un cable conductor central rodeado por una lámina de aluminio cilíndrica. Esta protección exterior minimiza considerablemente las interferencias y posibilita un mayor ancho de banda y una velocidad de transmisión superior.

Cable de fibra óptica. La fibra óptica está compuesta por un núcleo conductor de la luz, recubierto a su vez por otro material, cuya superficie interna refleja la luz hacia el interior de la fibra. Finalmente, el conjunto se recubre con una cubierta opaca protec-

ECHAR UN CABLE

El tipo de cable utilizado determina el rendimiento de una red local.

Tabla 10.13 Cableado			
Cable	Corta	Media	Larga
Par trenzado	☐		
Coaxial		☐	
Fibra óptica		☐	☐
Red inalámbrica	☐	☐	

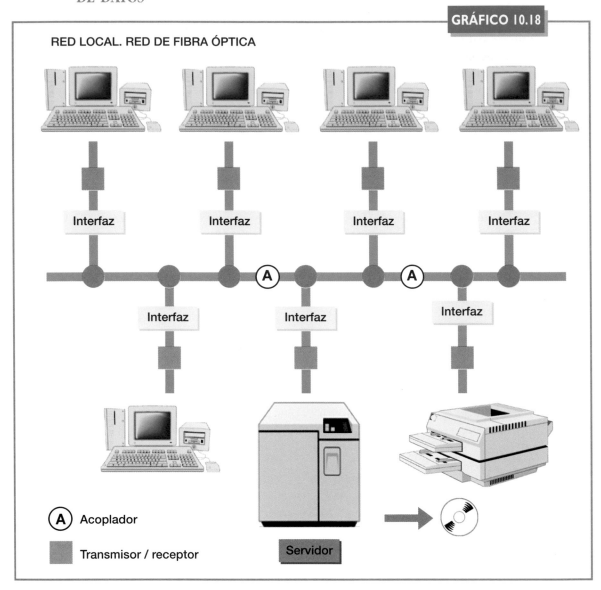

RED LOCAL. RED DE FIBRA ÓPTICA

Interfaz   Interfaz   Interfaz   Interfaz

Ⓐ   Ⓐ

Interfaz   Interfaz   Interfaz

Ⓐ Acoplador

▨ Transmisor / receptor

Servidor

▲ *El uso de cables de fibra óptica en una red local reduce a mínimos óptimos la seguridad de la transmisión y resulta ideal para efectuar transmisiones de datos a gran velocidad. El precio es el único posible inconveniente de este tipo de cable.*

tora. Este tipo de cable tiene la ventaja de ser prácticamente insensible a las interferencias, de forma que el índice de error es despreciable. Por otra parte, el ancho de banda es inmensamente superior al del cable de cobre, lo que lo convierte en el candidato ideal para cualquier red por la que deba circular un gran volumen de información. Su único inconveniente es, desde luego, el precio.

■ Concentrador o *hub*

Si bien el *hub* no es estrictamente necesario para pequeñas redes, resulta en la práctica imprescindible. Un *hub* de conexiones o concentrador es un dispositivo que permite la conexión de un número variable de computadoras. Si conectamos las computadoras mediante un cable coaxial punto a punto, el fallo en cualquiera de ellos puede llegar a provocar (según la topología empleada) un fallo en todo el sistema. El *hub* permite la incorporación de nuevos usuarios sin tener que modificar toda la configuración de la red y facilita la localización de los fallos, a fin de evitar el colapso de todo el sistema.

■ Sistemas operativos de red

El sistema operativo determina, junto con el hardware, las posibilidades futuras de la red, por lo que es de suma importancia analizar sus características antes de efectuar la compra. Existen sistemas operativos de red orientados a un funcionamiento cliente/servidor, mientras que otros están pensados para redes punto a punto o entre iguales. Veamos los aspectos más importantes que deben valorarse en un sistema operativo de red.

- *Número de usuarios*. Los sistemas operativos presentan, por lo general, distintas versiones que admiten un mayor o menor número de nodos conectados a la red.
- *Gestión de ficheros*. En algunos sistemas operativos el administrador puede definir un fichero como compartido o no compartido, establecer claves de acceso al fichero e incluso designar ficheros como compartidos con bloqueo de registros, de forma que sólo se bloqueen para otros usuarios aquellos registros que están siendo modificados en un momento dado.
- *Gestión de impresión*. Valorar si es posible crear varias colas de impresión para la misma impresora y, al revés, tratar una cola de impresión en varias impresoras. En la mayoría de sistemas es posible, en mayor o menor grado, establecer prioridades que permitan imprimir los archivos menos urgentes fuera del horario laboral.
- *Gestión de la red*. Entre los diferentes sistemas operativos, algunos facilitan enormemente la administración de la red, ofreciendo pantallas que muestran las conexiones y el nivel de permisos. Otras funciones de suma utilidad son las que permiten analizar las distintas versiones de un archivo, las funciones estadísticas o las que facilitan la posibilidad de llevar a cabo una auditoría de la red.
- *Compartir recursos*. El sistema operativo es el encargado de gestionar qué recursos (impresoras, módems, ficheros) se comparten y de qué manera.
- *Seguridad*. Algunos sistemas operativos tienen como única opción de seguridad la introducción de contraseñas, en tanto que otros han desarrollado una gran variedad de herramientas destinadas a conseguir un sistema seguro. Así algunos permi-

SISTEMAS

La gestión de la seguridad de la red es una importante función de los sistemas operativos de red.

Los planes no son nada, lo que cuenta es la planificación.

DAVID EISENHOWER
Militar y político

ten especificar el nivel de acceso de cada usuario a ficheros, carpetas e impresoras.

- *Comunicaciones.* Constituye otro aspecto que se debe valorar por su utilidad, la facilidad para intercambiar mensajes de correo electrónico entre los usuarios de la red. Muchos sistemas operativos de red permiten también la charla en tiempo real.
- *Simplicidad de manejo.* Por último, y al margen de las prestaciones que ofrece cada sistema operativo, es muy importante la facilidad de aprendizaje del mismo: los menús de ayuda, la disponibilidad de manuales del usuario en castellano. En definitiva, todo lo que redunde en una simplicidad de manejo.
- *Compatibilidad.* Debe verificarse la compatibilidad del sistema operativo con el software de aplicación que deseemos instalar.

▼ *La ventaja del bloqueo de registros frente al bloqueo de ficheros es que dos usuarios pueden modificar datos de una misma tabla, siempre y cuando no afecten al mismo registro.*

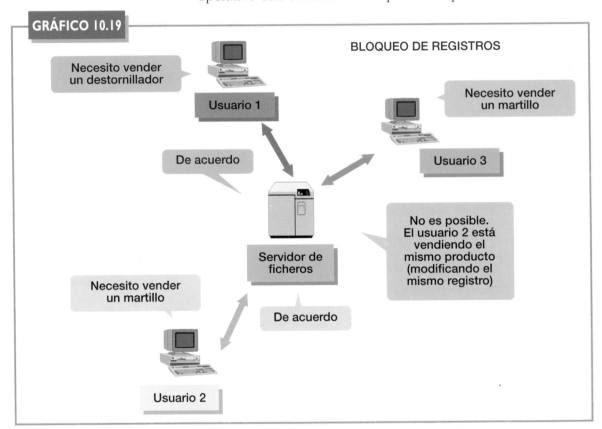

GRÁFICO 10.19

BLOQUEO DE REGISTROS

Necesito vender un destornillador

Usuario 1

Necesito vender un martillo

Usuario 3

De acuerdo

Servidor de ficheros

No es posible. El usuario 2 está vendiendo el mismo producto (modificando el mismo registro)

Necesito vender un martillo

De acuerdo

Usuario 2

■ Redes punto a punto (*peer-to-peer*)

La bajada de precios de algunos componentes de hardware, en especial de los discos duros y otros dispositivos de almacenamiento, han hecho que muchas empresas puedan volver los ojos hacia un tipo de red denominada punto a punto red entre iguales. La característica principal de estas redes es que los distintos nodos trabajan en régimen de igualdad, es decir, sin diferenciarse entre servidores y estaciones de trabajo.

☐ CONFIGURACIÓN, MANTENIMIENTO Y GESTIÓN DE LA RED

La puesta en funcionamiento de una red local no es una tarea que pueda llevarse a cabo de una forma desordenada. De hecho, el éxito final del proceso depende de una cuidada planificación. Es conveniente recurrir a un experto en computación y sobre todo en redes locales para que nos asesore en el proceso de puesta en marcha del sistema de red. Conjuntamente con él deberemos tomar una serie de decisiones.

El primer paso que debemos dar es determinar cuántas unidades de trabajo necesitamos y los lugares físicos en los que se van a instalar. Por otra parte, debe establecerse dónde se instalará el servidor o servidores.

Una vez conectados estos puntos, se debe decidir el hardware necesario, evaluando en primer lugar qué parte de los equipos de que se dispone son aprovechables. En ocasiones, incluso equipos que habían sido arrinconados pueden servir para cumplir determinadas funciones en la futura red. Por el contrario, debe tenerse en cuenta que el objetivo principal es el buen funcionamiento global y que la reutilización de hardware nunca justifica una ralentización del conjunto del sistema. En este punto debemos hacer una lista detallada de todo el hardware necesario: equipos, discos duros, impresoras, cintas de copias de seguridad, módems, tarjetas de red, etcétera.

Para conectar los distintos equipos que formaran la red, debemos continuar con la instalación de las tarjetas de comunicaciones necesarias en cada una de las estaciones de trabajo, así como en el servidor. Existen distintos tipos de red cuya idoneidad responde a los distintos usos que le vayamos a dar (véase el apartado dedicado a la topología).

A continuación se debe proceder al cableado de la red. También es éste un punto importante que no debe dejarse al azar. El cable elegido incide en gran medida en el rendimiento de la red.

Por último, debe instalarse el software de toda la red y configurarlo de modo que reconozca todas las estaciones de trabajo. Cada estación de trabajo tiene un nombre y una clave, y debe determinarse a qué unidades del servidor puede acceder. Esto, no obsta para que cada usuario disponga de su propio disco duro o parte de éste para realizar trabajos desconectado de la red.

El proceso tanto de instalación como de mantenimiento de la red es una tarea compleja y que requiere un responsable al que generalmente se conoce como *administrador de la red*. El grado de

PUNTO A PUNTO

Las redes punto a punto permiten el trabajo en grupo en régimen de igualdad entre los nodos.

La utilización de equipos antiguos en una red no se justifica si incide negativamente en el funcionamiento global de la misma.

dedicación de esta persona depende, obviamente, de la complejidad y puesta al día de la red, por lo que deberá establecerse en cada caso la necesidad de que éste sea un servicio interno o externo.

La responsabilidad del administrador de la red es obtener el rendimiento óptimo del sistema al mejor precio posible. Debe encargarse de la puesta en marcha diaria de los equipos o al menos supervisarla, de asignar derechos de acceso, de las copias de seguridad, de la recuperación de datos y del mantenimiento del sistema en general (fallos en el cableado o en los equipos) y de la valoración del rendimiento. Por otra parte, el administrador de la red debe estar informado de los avances de la tecnología y de la evolución de la empresa, a fin de planificar con tiempo suficiente las mejoras que sean necesarias.

Las modernas redes locales suelen disponer de lo que se denomina centro de control. Éste puede estar instalado en un nodo de la red o bien en una estación de trabajo dedicada exclusivamente a ello. Desde el centro de control es posible evaluar el funcionamiento del sistema y determinar dónde se encuentran los errores o los cuellos de botella que hacen más lento el principal cometido de la red: la circulación de la información. Estos centros de control permiten incluso la detección de errores en el cableado.

DOCUMENTACIÓN

El administrador de la red debe mantener una documentación completa del funcionamiento del sistema.

■ Documentación

Al igual que en el caso de los programas, un aspecto central de una red local es su documentación. Una sistema no está definitivamente en funcionamiento hasta que el usuario es capaz de sacarle rendimiento.

La documentación de una red debe incluir una descripción detallada de ésta, tanto del hardware como del software. En cuanto al primero, debe incluirse una descripción de los servidores, las estaciones de trabajo, el cableado y los periféricos.

La parte de la documentación destinada al administrador del sistema debe reflejar todo lo necesario para el funcionamiento correcto del sistema. Esto es de vital importancia, en el momento en que el administrador del sistema tiene que implementar modificaciones en la red o bien en el caso de que cambie la persona encargada del sistema. Una empresa no puede permitirse la paralización de su sistema computacional por el hecho de que deje de contar con la persona responsable de desempeñar esa función. Esta documentación deberá incluir una descripción detallada de los permisos de acceso, de los mensajes de error, un control de flujo, un informe en el que se describa la aparición de problemas y la solución adoptada.

Por otra parte, debe existir una documentación orientada al usuario, que sirva de manual de manejo del sistema. Esta documentación debe contar con un índice detallado que permita un rápido acceso a la información. Así mismo, el lenguaje utilizado debe ser claro y pensando en que los usuarios no tienen por qué ser expertos en computación y mucho menos en redes. Los términos técnicos deberán ser explicados con claridad. La documentación del usuario deberá explicar cómo conectarse y desconectarse de la red, cómo compartir información y cómo acceder a las aplicaciones y periféricos compartidos.

El manual de funcionamiento y la ayuda contextual en línea no se excluyen y ambas tienen una importancia capital, que acostumbra a percibirse demasiado tarde.

☐ TOPOLOGÍA

Se entiende por topología de red la forma en que se conectan los diferentes elementos que la componen. Veamos de forma breve las topologías de red más populares.

Topología en bus. En la topología en bus existe un único canal al que se conectan los distintos equipos mediante las interfaces correspondientes. En una topología en bus toda la información fluye por el canal principal y cada estación posee una dirección. Si el mensaje (la cabecera del mismo que contiene los permisos) reconoce la dirección en cuestión, la estación de trabajo puede tener acceso a él.

Este tipo de topología tiene como ventajas principales su facilidad para conectar nuevos dispositivos. Es adecuada para sistemas con una carga de información no muy alta, ya que la capacidad de respuesta disminuye rápidamente cuando aumenta el tráfico en la red. Otra de las ventajas es que permite una fácil ampliación, si bien como hemos dicho no es adecuada para grandes volúmenes de información. Debe hacerse notar que la avería en una de las estaciones de trabajo no afecta al funcionamiento del resto de la red.

Tabla 10.14 Topologías			
Topología	**Corta**	**Media**	**Larga**
Bus	☐	☐	
Árbol		☐	
Anillo		☐	☐
Estrella		☐	

Topología en árbol. Una red en árbol no es más que una red en bus a la que se añaden otras redes en bus menores a modo de ramas. A menudo se recurre a este tipo de configuración cuando la red está distribuida en distintos pisos de un mismo edificio, en cuyo caso cada piso constituye una red en bus que se conecta como una rama al cable principal o tronco.

GRÁFICO 10.20

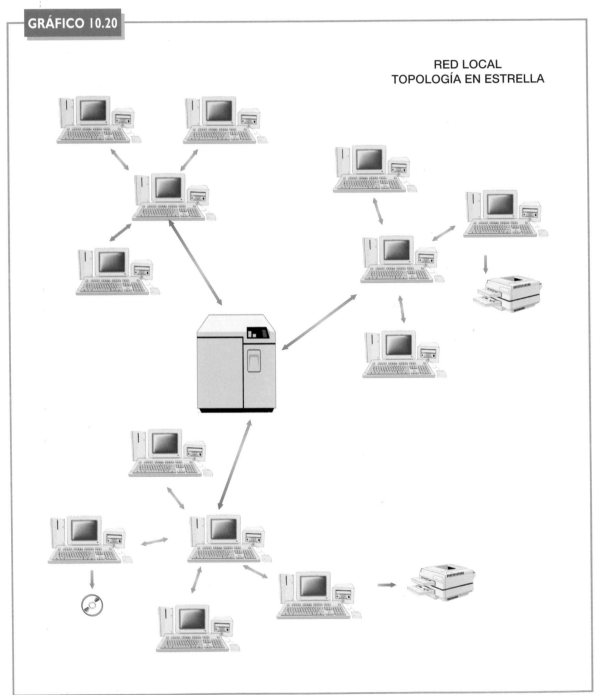

RED LOCAL
TOPOLOGÍA EN ESTRELLA

Topología en anillo. En una red en anillo cada estación se conecta a la contigua mediante una conexión punto a punto. Los mensajes recorren cada una de las estaciones hasta llegar al destino adecuado.

Este tipo de red permite un reparto equitativo de los recursos y es ideal para un número pequeño de usuarios en un área física reducida. Si bien el tiempo de espera es superior al de una red en bus, éste no aumenta significativamente cuando el tráfico aumenta, lo que la convierte en un sistema más adecuado para tráfico alto.

Uno de los mayores inconvenientes de esta topología es el hecho de que el mal funcionamiento de una sola estación bloquea todo el sistema.

Topología en estrella. En este tipo de topología cada estación se conecta punto a punto a un servidor central que retransmite el mensaje a la estación de destino.

El nodo central puede procesar la información recibida y enviarla a destino, o bien enviarla a otra estación de trabajo para que sea procesada. El nodo central determina de forma clara la potencia de este tipo de redes y si éste falla, el sistema obviamente se detiene. El nodo central de una red puede ser, a su vez, una estación de trabajo de una red mayor o estar conectada telefónicamente a otra red remota. El control centralizado facilita la detección de errores en las estaciones de trabajo, cuyo funcionamiento no afecta al general de la red.

El número de estaciones que pueden conectarse a un nodo central es limitado, por lo que la expansión puede resultar compleja.

❏ EL USUARIO DE LA RED

Ya hemos dicho que el rendimiento de una aplicación depende en gran medida de la persona que lo maneja. En el caso de las redes locales depende del conjunto de los usuarios, es decir: el mal uso de la red del operador de uno de los nodos puede repercutir en el mal funcionamiento del conjunto de la red. En consecuencia, cada usuario debe tomar conciencia de los problemas que puede causar al conjunto de la red el hecho de que, por ejemplo, se vaya a tomar un café sin antes desbloquear un registro de una base de datos.

Obviamente, el administrador de la red debe advertir a los usuarios de los problemas que causa una actitud descuidada respecto a la red y, por otra parte, establecer períodos máximos para la modificación de registros.

TOPOLOGÍA

No existe una topología de red mejor que otra, sino una topología adecuada a cada necesidad específica.

DEDICADAS

Las líneas dedicadas permiten la mayor velocidad en la transmisión de datos.

COMUNICACIONES

El desarrollo de las comunicaciones es quizá la revolución más importante de finales del siglo xx. La cantidad de información que se nos brinda ha crecido de forma notable o manifiesta en los últimos años. Tenemos la sensación de estar sometidos a un bombardeo de información y los nuevos sistemas de comunicación abren posibilidades prácticamente ilimitadas. Sin duda, este manual no es el lugar adecuado para abordar esta problemática, por lo que nos limitaremos a esbozar algunas consideraciones sobre el tráfico de la información y cómo repercute en la pequeña y mediana empresa. En el mundo que hemos descrito resulta difícil procesar y aprovechar la información. ¿Cómo servirnos de la información de que disponemos? ¿Cómo hacer llegar nuestra información al destino deseado sin que ésta se pierda en la marea de datos que nos rodea?

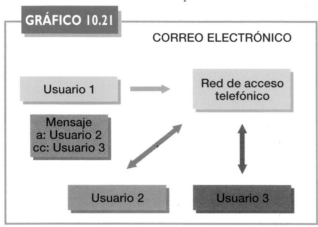

GRÁFICO 10.21

CORREO ELECTRÓNICO

Usuario 1

Red de acceso telefónico

Mensaje
a: Usuario 2
cc: Usuario 3

Usuario 2

Usuario 3

▲ *El hecho de que no sea necesario que los destinatarios de un mensaje estén conectados en el momento del envío es una de las grandes ventajas del correo electrónico.*

☐ COMUNICACIONES POR VÍA TELEFÓNICA

Comunicaciones punto a punto

Los tiempos en que la línea telefónica servía para transmitir únicamente voz y sonido empiezan a parecer lejanos. El desarrollo de la televisión por cable y de las redes de computadoras ha sido meteórico. Para acceder a un nuevo universo de comunicaciones basta una computadora, un teléfono y un módem (véase el apartado correspondiente a hardware). La primera posibilidad que abre el módem es la de intercambiar información entre dos equipos conectados a la línea telefónica. Con sólo marcar el número deseado podemos enviar cualquier tipo de información desde la computadora. Así, es posible hacer llegar a un distribuidor desde un fax hasta la base de datos que contiene nuestro catálogo fotográfico de productos. Para ello sólo hace falta un programa de comunicaciones y, como hemos dicho, un módem. Existen sofisticados programas de comunicaciones, pero por lo general basta con utilizar los que incorporan los sistemas operativos de entorno gráfico como Windows, OS2 y posteriores.

Algunos de estos programas permiten operar una computadora desde otra computadora remota conectada por vía telefónica, es decir, no sólo permiten el intercambio de ficheros, sino que resultan de gran utilidad para un soporte técnico a distancia, permitiendo la solución de problemas de configuración o pequeños problemas de software sin necesidad de que el técnico en computación se desplace hasta nuestra empresa.

Otra posibilidad que abre la comunicación actual es la videoconferencia. Para ello bastará con conectar una pequeña cámara de video a la computadora.

Consideraciones sobre las líneas telefónicas

No todas las líneas telefónicas son iguales. Si tratamos de implementar un sistema de comunicación basado en la telefonía, no podemos olvidar que las líneas telefónicas son una pieza de importancia igual o mayor que el equipo computacional propiamente dicho. Veamos los distintos tipos de línea telefónica con los que nos podemos topar.

Analógicas. Es una especie en vías de extinción. Se trata de las líneas de peor calidad. En ellas el «ruido» influye de forma muy negativa en la transmisión de datos y en su fiabilidad.

Tabla 10.15 Velocidad de la conexión		
Proveedor	**Línea telefónica**	**Usuario**
Ancho de banda	Digital, analógica o dedicada	Procesador
Número de módems	Tráfico (cantidad de usuarios conectados a la vez)	Memoria gráfica
		RAM
		Velocidad del módem

Digitales. El aspecto que se debe considerar en las líneas digitales y que determina la cantidad de usuarios que puede conectarse a una red de forma simultánea es el ancho de banda. El ancho de banda indica la cantidad de megabytes de información que se pueden transmitir por segundo.

La nueva tecnología digital se conoce a menudo con el nombre de RDSI (Red Digital de Servicios Integrados) o por sus siglas en inglés ISDN.

Dedicadas. Por último, merecen mención aparte las líneas dedicadas. Se llama línea dedicada a aquélla que conecta dos pun-

El desarrollo de las comunicaciones y el proceso de globalización son el fenómeno más revolucionario del fin de siglo.

tos mediante cable telefónico de manera permanente. Este tipo de líneas ofrecen la velocidad de transmisión más alta.

❏ REDES DE ACCESO TELEFÓNICO

Hemos visto cómo mediante un módem y la línea telefónica se puede acceder a otra computadora e intercambiar información, pero las posibilidades de comunicación que brinda el módem no terminan ahí.

Por medio de una conexión telefónica es posible acceder a enormes redes de computadoras interconectadas entre sí a escala planetaria.

Las autopistas de la información

Fue el vicepresidente de Estados Unidos Al Gore quien acuñó el término de *autopistas de la información*, que se popularizó para designar las grandes redes de computadoras conectadas a través de la línea telefónica.

Algunas de estas redes se intercomunican formando enormes redes con distintos propósitos: educativos, militares, comerciales, etcétera.

HELLO!

Una simple llamada local permite el acceso a una computadora situada en el otro extremo del mundo.

▶ *El uso de la red Internet para realizar llamadas telefónicas tradicionales de larga distancia reduce de forma notable los costes, dado que el emisor —aunque, eso sí, también el receptor— debe pagar una tarifa local y no internacional.*

GRÁFICO 10.22

LLAMADA TELEFÓNICA INTERNACIONAL

Conexión por vía telefónica

Emisor · Receptor

Línea telefónica

Tarifa internacional · Sin coste

Conexión por vía Internet

Internet

Tarifa Local · Tarifa Local

Sin duda, la más importante de estas redes de redes y la que cuenta con un mayor número de empresas conectadas es Internet.

Un poco de historia

Durante la época de la guerra fría, el Departamento de Defensa de Estados Unidos escuchó el planteamiento de una empresa de la industria militar de aquel país que proponía crear una gran red que conectara ciudades y bases militares.

Para evitar que el centro de la red se convirtiera en posible objetivo militar, en 1964 se decidió que se adoptaría una estructura de funcionamiento descentralizada.

De este modo, la red se constituyó con nodos autónomos, capaces de generar y vehicular mensajes hacia cualquier otro nodo.

Años más tarde, en 1968, la Agencia de Proyectos e Investigación Avanzados (ARPA) del Pentágono tomó las riendas para crear una nueva red, a la que se le dio el nombre de ARPANET. Se decidió que los nodos estarían constituidos por las más potentes computadoras de la época. En otoño de 1969 se instaló el primero de ellos en la Universidad de California, en Los Ángeles (UCLA). A finales del mismo año ya eran cuatro los nodos repartidos por el territorio de Estados Unidos. Se establecieron entre ellos líneas dedicadas, y todas las computadoras tenían la capacidad de operar con los otros de forma remota.

El primer protocolo de comunicaciones utilizado fue el NCP *(Network Control Protocol),* que en 1982 fue sustituido por el TCP/IP *(Transmision Control Protocol/Internet Protocol).*

Los primeros usuarios de esta red fueron los investigadores y las universidades, que encontraron en ella un foro de debate científico. En 1983 las autoridades militares estadounidenses decidieron abandonar la red y crear la suya propia, MILNET.

Un año después, en 1984, se introdujo el DNS *(Domain Name System),* que simplificó extraordinariamente las direcciones de los nodos.

En 1992 se creó la Internet Society con el objetivo de orientar la evolución técnica y abrir un foro de debate sobre el futuro de las redes.

En 1993 apareció el primer visualizador gráfico que marcó la entrada masiva de los grandes medios de comunicación y las empresas en la red.

La computadora es un instrumento capaz de multiplicar por mil la estupidez humana.

LE DUC THO
Político

■ Conceptos fundamentales

Anfitrión

Se conoce por anfitrión (o *host*, según la terminología inglesa) a cualquier computadora conectada a la red que dispone de un número IP y un nombre definido, es decir, cualquier computadora capaz de enviar información a otra o de recibirla.

Protocolo de transmisión

En Internet, el protocolo de transmisión que se ha impuesto es el conocido con el nombre de TCP/IP. Este protocolo es, en cierto modo, el lenguaje universal que permite que las computadoras se «entiendan» entre sí y sea posible la interconexión de distintos tipos de computadoras que utilizan distintas vías de acceso telefónico.

Una característica del protocolo IP es que la información que se quiere transmitir está fragmentada en paquetes. Cada paquete se envía a la dirección de la computadora destino y viaja independientemente del resto. Los paquetes IP pueden utilizar cualquier medio y tecnología de transporte. Los encargados de conectar las diferentes redes y decidir por dónde es mejor enviar un paquete según el destino son los direccionadores o *routers*.

El protocolo TCP se encarga de subsanar las deficiencias en la llegada de los paquetes de información a su destino, para conseguir un servicio de transporte fiable. Este mecanismo de funcionamiento requiere que todas las computadoras conectadas tengan direcciones distintas.

Las direcciones TCP/IP

Cada computadora conectada a la red tiene una dirección asociada. Estas direcciones son números de 32 bits con el formato a.b.c.d., donde a,b,c,d son números entre 0 y 255.

La primera parte de la dirección identifica la red entre todas las redes conectadas a Internet, y de ella se sirven los direccionadores para encaminar los paquetes. La segunda identifica la computadora dentro de las conectadas en la misma red.

Una dirección Internet identifica de forma unívoca a una computadora. Las aplicaciones dentro de una computadora se identifican mediante un número contenido en la cabecera de los paquetes TCP/IP, llamado puerto.

Este tipo de direcciones resultaban sumamente engorrosas y difíciles de memorizar, por lo que se ideó un servicio que se bauti-

Lo que hoy ha comenzado como novela de ciencia ficción, mañana será completado como reportaje.

ARTHUR C. CLARKE
Novelista y científico

DIRECCIÓN

Cada computadora posee una dirección que la identifica de manera unívoca en el conjunto de la red.

zó con el nombre de DNS (*Domain Name System*, Servicio de Nombres de Internet). Este servicio permite utilizar nombres más fáciles de memorizar, que son transcritos automáticamente a direcciones numéricas comprensibles por el sistema.

El DNS es una base de datos distribuida de forma jerárquica por toda la red. Esta jerarquía permite repartir la responsabilidad de garantizar que no existen nombres repetidos dentro del mismo nivel o dominio, ya que el administrador de cada nivel es responsable del registro de nombres dentro de su nivel y garantiza que éstos sean únicos.

Organización de la red

Internet es una red de redes donde cada una de sus integrantes conserva su independencia, es decir, no está gobernada por nadie. Por ese mismo motivo se la ha calificado en más de una ocasión de caótica o anárquica.

PROTOCOLO

Los protocolos de comunicaciones constituyen el lenguaje que permite la comunicación entre computadoras.

■ Conexión a Internet

¿Qué le hace falta a una pequeña empresa para conectarse a la red Internet? Si bien hay varias formas de conseguir esa conexión, los elementos imprescindibles son:

Computadora. Cualquier tipo de microcomputadora sirve, independientemente del tipo de procesador y del sistema operativo que se utilice.

Protocolo de comunicaciones. Es la llave de entrada al sistema. Este protocolo debe estar instalado en la computadora. Actualmente, el protocolo estándar de comunicaciones en Internet es el mencionado TCP/IP.

Módem. Permite la conexión telefónica entre nuestra computadora y la computadora anfitrión *(host)* interconectada a su vez al resto de la red.

Proveedor. La empresa proveedora proporciona acceso a los diferentes servicios que se pueden encontrar en Internet a través de un anfitrión (la computadora madre que ejecuta la conexión).

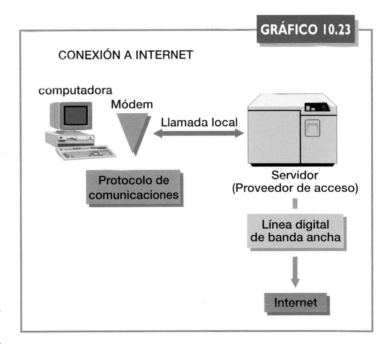

GRÁFICO 10.23

CONEXIÓN A INTERNET

computadora
Módem
Llamada local

Protocolo de comunicaciones

Servidor
(Proveedor de acceso)

Línea digital
de banda ancha

Internet

▲ *La clave para obtener una conexión rápida a Internet es evitar cuellos de botella, ya sean provocados por nuestra línea telefónica, por la del servidor o por el uso de un módem de bajas prestaciones.*

Además de dar el acceso a la red, el proveedor puede ofertar diferentes servicios propios que residen en los discos de su anfitrión: correo electrónico, biblioteca de ficheros, foros de debate temáticos, etcétera.

Direccionadores. Los direccionadores (*routers*, en inglés), que poseen los proveedores, son los encargados de encontrar dentro de la red el mejor camino para hacer llegar lo más rápidamente posible nuestra conexión al servidor que buscamos.

☐ PRINCIPALES SERVICIOS DE LAS REDES INTERNACIONALES

■ El correo electrónico

Es uno de los servicios más populares de las redes de acceso telefónico. Estos servicios permiten el envío de mensajes que llegan a su destino (en cualquier punto del mundo) de forma casi instantánea. Uno de los aspectos más atractivos de este medio de comunicación es que permite el envío no sólo de texto, sino también de cualquier fichero: bases de datos, imágenes, sonido, etcétera.

Los mensajes pueden ser enviados tanto a un solo destinatario como a un conjunto de ellos. No hace falta que el destinatario del mensaje esté conectado a la red, ya que los mensajes quedan almacenados en el espacio de disco dedicado a ese usuario en su computadora anfitriona. Es decir, el funcionamiento es análogo al de un buzón de correos.

Los distintos programas permiten mantener agendas donde almacenar direcciones de correo electrónico e información adicional sobre los diferentes contactos establecidos. Estas pequeñas bases de datos permiten clasificar las entradas. Así, si creamos una carpeta llamada «distribuidores», no resultará difícil enviar un mensaje a todos ellos.

La rapidez y las amplias posibilidades del correo electrónico lo convierten en uno de los servicios más interesantes de las redes.

Tabla 10.16 Ventajas del correo electrónico respecto a otros medios tradicionales*				
Coste	Velocidad	Posibilidades	Seguridad	Comodidad
Prácticamente nulo, independientemente del lugar de destino	Unos segundos. Mucho más rápido que el correo postal o cualquier servicio de mensajería de documentos	Envío de texto y archivos de cualquier tipo: imágenes, documentos, bases de datos	Muy alta, especialmente si se aprovechan las opciones de encriptación de datos	El usuario puede contestar en el momento que lo desee

*Teléfono y correo postal

También es posible organizar los mensajes recibidos en distintas carpetas.

Es importante hacer notar que no es necesario estar conectado a la red para escribir un mensaje. Así pues, se debe trabajar desconectado de la red y sólo conectarse a ella para enviar los mensajes y comprobar si se ha recibido correspondencia.

Dirección de correo. Al igual que una dirección de correo tradicional consta de varias partes (nombre, calle y número, ciudad, país), una dirección de correo electrónico también es desglosable en diferentes elementos. Veamos un ejemplo.

jperez@oceano.es

En esta dirección distinguimos claramente dos partes separadas por el signo @.

La primera parte *jperez* indica el nombre de usuario en la computadora en la que mantiene su buzón electrónico. La segunda parte indica el nombre de dominio, es decir, el nombre que tiene en la red la computadora que proporciona la conexión al usuario jperez. En este caso la computadora se llama *oceano.es*, donde *.es* indica el país en la que se halla dicha computadora, en este caso España.

A modo de curiosidad diremos que el signo @, que en castellano y portugués recibe el nombre de *arroba*, es posiblemente el menos internacional de todos los símbolos computacionales y que su nombre es completamente distinto en idiomas como el inglés *(at)*, el francés *(escargot)*, el italiano *(chiocciola)* o el alemán *(Klammeraffe)*.

Este nimio detalle causa más de un apuro en el momento de facilitar telefónicamente nuestra dirección de correo a un estadounidense, un francés o un italiano.

■ Las páginas Web

La aparición en 1993 del primer visualizador gráfico de páginas Web popularizó enormemente el uso de las redes, en especial de la red Internet.

Una página *web* soporta todo tipo de presentaciones multimedia, es decir, texto, imágenes, sonido y video. Se trata de un entorno hipertexto que facilita enlaces con otras partes del mismo documento.

Todas las ideas que tienen consecuencias inmensas, son siempre sencillas.

LEON TOLSTOI
Escritor

WEB, WEB

La posibilidad de combinar texto, imagen y sonido hacen de las páginas *web* una plataforma ideal para el marketing de las pequeñas y medianas empresas.

Todo lo dicho, unido a la facilidad de programación de este tipo de páginas, las convirtió en muy poco tiempo en el elemento más característico de las redes.

El origen de esta revolución hay que buscarlo en 1989. Fue entonces cuando Tim Berners-Lee, un físico del CERN (Centro Europeo para la Investigación Nuclear), propuso un proyecto de unificación del acceso a todos los datos que poseía este organismo. Se desarrolló una superficie hipertexto y un protocolo de comunicación (HTTP: *HyperText Transfer Protocol*) que permitía a los científicos que trabajaban en proyectos del CERN consultar toda la información disponible que se encontraba diseminada en las diferentes computadoras de las instituciones que colaboraban con el CERN.

El éxito del proyecto superó todas las previsiones y se empezó a definir un lenguaje de creación de documentos estructurados llamados HTML *(HyperText Markup Language)*, que no sólo permite

CUADRO 10.8

Letras y números en Internet

PÁGINA WEB

http://www.oceano.es/pyme/ejemplo.htm

http://	*hypertext transfer protocol*. Protocolo de transferencia hipertexto
www	Siglas de la red mundial llamada World Wide Web
oceano	Dominio. El nombre de la empresa u organismo que mantiene la página web
es	Indicativo de dominio. Especifica el país en el que está alojado el servidor, en este caso España
/pyme	Directorio del servidor en el que está almacenada la información
/ejemplo	Nombre del fichero
.htm	Extensión del fichero que indica de qué tipo de archivo se trata. En este caso es una página de formato html *(hypertext markup language)*

191.1.102.34
Formato de dirección con el que trabaja la red. Los nombres son transcritos a este formato mediante la base de datos DNS *(Domain Name System)*. Está compuesta de tres cifras entre 0 y 255. Las tres primeras identifican a la red y la última a la computadora anfitrión.

DIRECCIÓN DE CORREO ELECTRÓNICO

jperez@oceano.es

jperez	Nombre de usuario
@	Distintivo separador entre las dos partes de una dirección de correo
oceano	Dominio. Servidor en el que está alojado el buzón de correos electrónico
es	Indicativo de país, en este caso España

incluir hiperenlaces, sino que también permite dar formato al texto (ordenar párrafos, poner cabeceras, destacar texto).

Este formato permite «navegar» por las redes mediante enlaces incluidos en los mismos documentos, es decir, sin necesidad de menús.

Esta universalización en el acceso precisa una identificación unívoca de los recursos de la red, que se consigue mediante los URL *(Universal Resource Locator)*. Éstos identifican la información, el sistema donde reside y la aplicación necesaria para acceder a ella.

La idea básica es que los documentos contienen referencias a otros documentos y, en general, a cualquier tipo de información residente localmente o a sistemas remotos. Estas referencias pueden ser palabras, frases o incluso dibujos.

▼ *Puede utilizarse la red Internet para comunicar distintas redes de uso privado y cuya información está restringida a los usuarios autorizados de o por la empresa.*

GRÁFICO 10.24

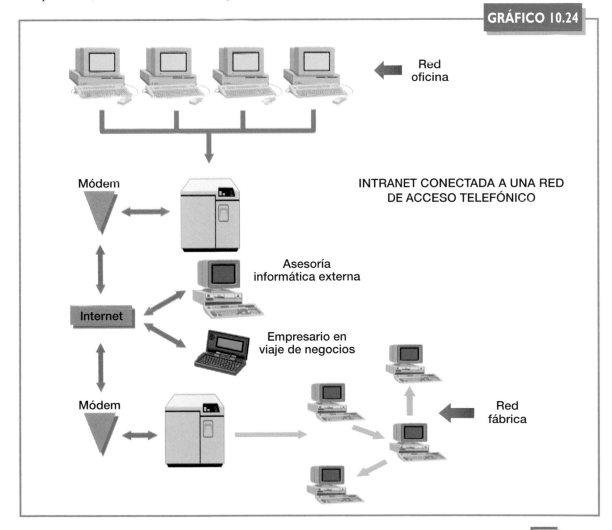

Red oficina

Módem

INTRANET CONECTADA A UNA RED DE ACCESO TELEFÓNICO

Asesoría informática externa

Internet

Empresario en viaje de negocios

Módem

Red fábrica

Es sin duda esta posibilidad de transferir texto, imagen y sonido de forma simple y económica la que marcó la entrada masiva de las empresas en Internet, un lugar antes centrado en el intercambio de información académica y científica.

Listas de distribución y foros de debate. Una lista de distribución es una dirección electrónica a la que puede suscribirse cualquiera que disponga del servicio de correo electrónico. Cuando un suscriptor de la lista envía un mensaje a dicha dirección, éste es automáticamente reenviado al resto de los suscriptores de la misma.

Existen miles de listas relativas a la más inimaginable variedad de temas y cada día se crean decenas de ellas. Es posible crear listas de libre acceso o de acceso restringido.

Los foros de debate (*news*, en inglés) constituyen la forma más simple de contactar con personas, empresas y colectivos afines a un tema. El funcionamiento es similar al de las listas, pero con la diferencia de que los mensajes no son depositados en el buzón de correo de cada suscriptor, sino en una especie de tablón de anuncios electrónico público.

Transferencia de ficheros. Los protocolos de transferencia de ficheros (*File Transfer Protocol*, o FTP) son una herramienta que nos permite grabar en nuestra computadora todo tipo de ficheros disponibles en cualquier otra computadora del mundo conectada a la red. La oferta de los servidores de FTP es muy variada: software gratuito, documentos técnicos, etcétera.

Para conectarse a una computadora remota y copiar los ficheros disponibles es necesario tener la correspondiente contraseña. Esta utilidad se ha popularizado también para la venta de software. El comprador formaliza un pago mediante tarjeta de crédito y recibe una contraseña que le permite acceder a una carpeta específica de la computadora remota y copiar («bajarse», según la jerga de las redes) el programa. Así mismo, algunas empresas proporcionan

▼ *Una línea telefónica y un módem a cada extremo de ésta son los elementos que hacen posible el intercambio de todo tipo de información entre dos computadoras, abriendo un mundo de posibilidades que convierte las computadoras no sólo en centros de proceso de información, sino también en vehículo de comunicación.*

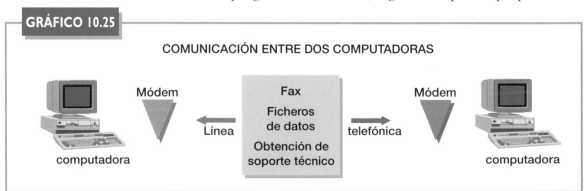

GRÁFICO 10.25

COMUNICACIÓN ENTRE DOS COMPUTADORAS

Módem — Fax / Ficheros de datos / Obtención de soporte técnico — Módem

Línea — telefónica

computadora — computadora

una contraseña a los usuarios registrados de sus productos para que éstos puedan acceder a información técnica, algunas actualizaciones del software, etcétera.

Por otro lado, existen muchas computadoras conectadas a la red que permiten lo que se conoce como FTP anónimo, es decir, una conexión libre que no requiere contraseña.

Conexión remota. Los programas de conexión remota, el más popular de los cuales es Telnet, permiten conectarse a bases de datos, bibliotecas y otras fuentes de información de todo el mundo.

Mediante este sistema es posible suscribirse a enormes bases de datos de todo tipo. Algunos organismos gubernamentales de distintos países facilitan claves gratuitas a las pequeñas empresas para acceder a información sobre impuestos, ayudas a la exportación, etcétera.

Búsqueda de ficheros. Existe una amplia variedad de herramientas destinadas a facilitar la localización de información en la red. Con gran velocidad, estos programas son capaces de facilitar listas de enlaces con todos los documentos de la red que contengan la palabra o frase que forma la condición de búsqueda.

Estos programas permiten utilizar operadores lógicos que limiten la condición de búsqueda, de forma similar al lenguaje explicado al hacer referencia a los sistemas de bases de datos. Es posible también establecer filtros que acoten la fecha de creación de las páginas o la localización geográfica del fichero buscado.

Acceso a bases de datos: WAIS. La WAIS *(Wide Area Information Servers)* es un servicio accesible a través de Telnet que permite la búsqueda en redes de bases de datos y bibliotecas.

Conversación en la red. Existe una amplia gama de programas (muchos de ellos gratuitos) que facilitan la conversación telefónica a través de la red. Este tipo de programas permiten establecer conexiones privadas con otro usuario de cualquier parte del mundo por el precio de una llamada local. También es posible contactar con varios usuarios a la vez, intercambiar ficheros, utilizar el teclado para enviar texto, etcétera.

☐ LAS **PYMES** Y LAS REDES MUNDIALES DE COMUNICACIÓN

El desarrollo de Internet, sobre todo desde la aparición de la llamada World Wide Web en 1992, es un fenómeno imparable que

UN LUGAR EN EL MUNDO

Para una empresa, formar parte de una red internacional es, en primer lugar, una cuestión de imagen y, por tanto, una decisión que no debe tomarse apresuradamente.

La información es el petróleo del siglo XXI.

JACQUES DELORS
Economista y político

se considera como uno de los avances más espectaculares de finales del siglo XX.

Los múltiples beneficios que las redes internacionales, en especial la red Internet, proporcionan a las empresas a costos muy bajos han extendido la creencia de que nadie debe quedar al margen de este fenómeno de la comunicación mundial. Esta idea pone de manifiesto el peligro que supone entrar a formar parte de esta gran red de un modo precipitado y a menudo por puro mimetismo con la competencia.

Las pequeñas empresas, en las que el dinero no acostumbra a sobrar, deben plantearse claramente para qué quieren acceder a la red. La primera ventaja obvia de la red es el hecho de que ésta constituye una vidriera al mundo en el cual exponer nuestros productos. Es pues y ante todo, una oportunidad para vender imagen de empresa y por ello debe cuidarse hasta el último detalle a fin de vender buena imagen.

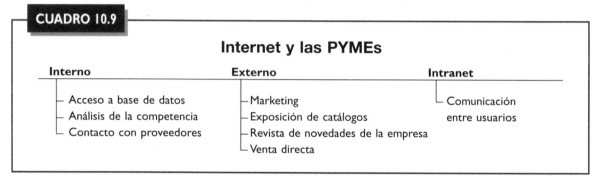

CUADRO 10.9

Internet y las PYMEs

Interno	Externo	Intranet
— Acceso a base de datos	— Marketing	— Comunicación
— Análisis de la competencia	— Exposición de catálogos	entre usuarios
— Contacto con proveedores	— Revista de novedades de la empresa	
	— Venta directa	

Una premisa que se debe tener en cuenta para montar un sitio *web* de nuestra empresa es no precipitarse a la hora de hacerlo accesible. Antes de abrirlo al mundo, deben conseguirse unos resultados óptimos en un sistema cerrado.

El primer elemento necesario es un servidor conectado a la telaraña internacional de computadoras. Un servidor es una computadora que tiene por objeto acoger el software que presentará los productos de nuestra empresa y dar entrada y salida a los visitantes que se conectarán a través de la línea telefónica. De hecho, las conexiones telefónicas son la partida más cara de la inversión. La capacidad del cable de conexión es la que determina el número máximo de usuarios que pueden acceder al mismo tiempo y marca la velocidad a la que se realizarán las conexiones. Es difícil esperar que un potencial cliente espere minutos para establecer una conexión y cargar el software necesario para ver nuestra vidriera electrónica.

Si el costo de montar un servidor propio resulta excesivo para la disponibilidad económica de la empresa, existe la posibilidad de

SEGURIDAD

La seguridad en las transacciones electrónicas es el factor que hace posible la venta directa en la red.

alquilar un espacio en una de las múltiples empresas que ofrecen este servicio a precios muy asequibles. También en este caso hay que valorar el precio y la velocidad de acceso que se proporciona.

Solucionado el aspecto material, debemos abordar el aspecto técnico. Si bien las dificultades técnicas que ofrece el diseño del software no son excesivas, y en general no constituirán un problema para el departamento de computación o el responsable computacional de la empresa, hay que valorar varias cuestiones.

Considerar las limitaciones del hardware. Hay que evaluar siempre la velocidad de acceso a nuestra *web* y no caer en la tentación de crear páginas de diseño exquisito, pero cuyo tamaño hará que el posible visitante se canse de esperar. En la medida en que la velocidad en las comunicaciones aumente, podremos mejorar el contenido de las páginas.

Valorar la imagen de la empresa. Si bien el responsable de computación debe cuidar las cuestiones técnicas de creación de páginas *web* y reparar lo antes posible las averías, no se debe olvidar de que está en juego la imagen de la empresa y de que, por tanto, deben ser los responsables de marketing e imagen los que marquen la pauta. En este sentido, hay que asegurar que los inevitables problemas técnicos sean resueltos con celeridad. La mala imagen que genera una dirección electrónica inaccesible durante semanas es comparable a la que causaría una luna rota en la vidriera de un pequeño comercio.

Renovar la imagen. Al igual que cualquier vidriera, el sitio electrónico en la red debe actualizarse periódicamente, a fin de que no se convierta en un lugar aburrido.

Publicidad. La dirección electrónica debe difundirse junto a la dirección de la oficina. En este sentido, no hay que olvidar su inclusión en papelería de la empresa, publicidad en prensa y medios audiovisuales, tarjetas, etcétera. Otro medio de publicitar un sitio *web* es la misma red. Una de las posibilidades es insertar publicidad en algunos de los lugares más visitados.

Por último, existe otra forma de promoción que es el patrocinio de otras páginas *web* de carácter deportivo o musical que tengan garantizada una gran afluencia de público o la publicidad en otros lugares virtuales relacionados con el ámbito de la empresa, por ejemplo, la página del gremio correspondiente.

Pero la red no es sólo un lugar ideal para el marketing. Las enormes inversiones en investigación que han realizado los grandes bancos y proveedores de tarjetas de crédito han logrado el objetivo de alcanzar un nivel de seguridad óptimo en las transaccio-

IMAGEN

El mal funcionamiento de una parte de la empresa en la red acarrea una mala imagen entre los clientes.

nes económicas a través de la red. Esta seguridad es la que ha impulsado de forma excepcional la venta directa a través de Internet. Sin duda, se mantiene un cierto grado de provisionalidad en cuestiones tan importantes como el pago de impuestos por este tipo de transacciones económicas. En tanto no se determinen las cargas impositivas que se derivan de una venta en un «espacio virtual», se abre para las pequeñas empresas un mercado internacional.

Una consecuencia de la globalización que ha supuesto la popularización de las redes de computadoras es la de limitar las diferencias de precios en el mercado internacional. Ello pese a los intentos de algunas multinacionales de utilizar triquiñuelas técnicas para determinar el país de procedencia de un pedido realizado a través de la red. En función de la situación de mercado en el país del cliente, las multinacionales elaboraban una oferta personalizada.

Internet dentro de la empresa

Es posible la presencia en la red de una empresa únicamente frente al exterior. No obstante, parece razonable el hecho de dar acceso también a los empleados, en la medida en que ello suponga una opción de mejora en su trabajo. Hay que tener en cuenta que las posibilidades son múltiples y que la red puede servir para obtener cualquier dato que sin ella costaría mucho más tiempo averiguar: la cotización del dólar, el horario de aeropuertos, los precios de venta al público de la competencia.

Prescindir de estas posibilidades sólo por el temor de que algunos empleados pierdan tiempo mirando la tabla de goleadores del campeonato italiano de fútbol no parece una justificación lógica *a priori*. El software y la estructura técnica de la red Internet puede, asimismo, ser aprovechado para implementar pequeñas redes de acceso restringido, bautizadas con el nombre de *intranets*.

■ Caso práctico

La modernización de Indemol

Cuando finalizó su poco exitosa carrera como tenista profesional, Alfonso Trueba decidió entrar a formar parte de Indemol, la empresa familiar de fabricación de moldes para piezas de caucho. Trató de aprender todos los detalles del oficio y años después, al jubilarse su padre, se hizo cargo de la dirección. Fue en ese momento cuando se planteó por primera vez la modernización de algunos aspectos de la empresa y, entre otras iniciativas, pensó en implantar un sistema computacional. Dadas las

INTRANET

Es un sistema computacional interno, basado en la tecnología de Internet (como servicios Web, protocolos de comunicación TPC/IP y HTTP, lenguaje HTML, etcétera), que facilita a las empresas y a las organizaciones comunicarse con sus empleados, socios o clientes vía Internet.

inversiones que ya había realizado en la compra de dos nuevos tornos con objeto de aumentar la producción, decidió comenzar el proceso de informatización por el sistema contable. Como se daba el caso de que desde hacía años tenía un cierto interés por la computación y disponía incluso de una computadora portátil, tomó personalmente la decisión en la compra del equipo necesario. Lo cierto es que en ese momento a Alfonso –que desde hacía mucho le venía planteando a su padre la necesidad de proceder a la informatización de la empresa– se le acumulaban todo tipo de asuntos derivados de sus nuevas funciones como responsable máximo de la empresa familiar. El exceso de problemas de urgente solución fue la causa principal de que pasaran ocho meses entre la adquisición del equipo y el momento en que decidió que no iba a esperar más y salió a la calle dispuesto a comprar un programa de contabilidad. Analizó brevemente la oferta y se decidió por un paquete de gestión contable que funcionaba en entorno gráfico y era compatible con su sistema operativo.

Los primeros problemas

Al día siguiente procedió a la instalación del programa. Su primera sorpresa fue que éste se presentaba en formato CD-ROM y no en disquetes como esperaba. Al realizar la compra del equipo había considerado que el CD-ROM era más propio de computadoras multimedia de uso doméstico (en parte porque el vendedor del equipo

le había explicado entusiasmado que la unidad de CD-ROM le permitiría escuchar su música favorita mientras trabajaba) y por eso no lo había incluido en su configuración original. Así pues, llamó por teléfono a la tienda en la que había adquirido el equipo y pidió hablar con el comercial que lo había atendido. Éste ya no trabajaba allí, pero una mujer le explicó amablemente las prestaciones de los distintos modelos de que disponían y las diferencias entre ellos. Se decidió por uno en concreto y preguntó si se lo podían instalar. La respuesta que recibió fue que la instalación era sencilla, que bastaba abrir la unidad central y conectar el cable de 49 contactos, de modo que la banda roja coincidiera con el 0 de la controladora SCSI. Alfonso, que entendió alguna palabra porque de vez en cuando compraba revistas de computación en el quiosco, decidió que había otros asuntos que requerían su atención y a los que debía dedicar su tiempo. Echó una rápida mirada hacia el taller, con la mente puesta en la posibilidad de que alguno de los trabajadores pudiera lle-

El primer contacto con la computación puede llegar a resultar traumático y derivar en una auténtica ciberfobia o aversión a todo lo relacionado con la computación. No hay que dejarse amedrentar por el lenguaje a menudo innecesariamente críptico del mundo de la computación y conviene contar con una buena asesoría que nos guíe en los primeros pasos.

var a cabo la instalación de su unidad lectora de CD-ROM. No tardó en contestar a la amable mujer de la tienda de computación que le enviaran un técnico para que le solucionara el problema. La mujer le respondió que no había ningún inconveniente en colocar la unidad de CD-ROM, pero que debía llevar el equipo a la tienda. Le informó del precio/hora que cobraba el servicio técnico y le aseguró que la computadora estaría lista y perfectamente configurada (recalcó mucho esto último) en dos días. Alfonso, que empezaba a experimentar los primeros síntomas de «ciberfobia», envió a su transportista a llevar la computadora a la tienda, que curiosamente se llamaba Soluciones Computacionales Integrales.

Tres días después, al finalizar su jornada laboral, Alfonso se quedó solo en la oficina dispuesto a instalar el programa contable. Media hora más tarde se encaminaba a casa satisfecho tras ver en pantalla el mensaje «Instalación completada con éxito». Sin embargo, no duró mucho su alegría, pues al día siguiente a las primeras de cambio la computadora se destapó con otro mensaje: «Memoria insuficiente». Nueva llamada a la tienda donde le informaron de que debía adquirir más memoria RAM. De hecho, según le explicó el técnico, debía sustituirla toda porque si no, se encontraría con problemas de paridad. Alfonso, muy enfadado con el técnico (que era el primer día que trabajaba en la tienda) acabó por colgar el teléfono.

La cadena de errores

Una semana más tarde, más tranquilo, decidió volver a tratar el problema y llamó a un empresario amigo. Éste le recomendó encarecidamente los servicios de su asesor externo, un estudiante de último curso

El elemento humano es clave para obtener el máximo de una aplicación computacional. Debe tenerse en cuenta la capacitación del personal y adoptar métodos para mejorarla, lo que ayudará a evitar errores que pueden resultar peligrosos.

de computación. El joven se desplazó a la oficina de Alfonso y le explicó que no era necesaria más memoria RAM, que de hecho había más que suficiente y que bastaba con modificar un archivo de configuración. De este modo, Alfonso pudo quedarse varios días al terminar su trabajo poniendo en marcha el plan contable. Poco después Cecilia, la administrativa, empezaba a introducir los asientos contables de todo el año. Cecilia no había trabajado nunca con una computadora, pero mostraba un gran interés y ganas de aprender.

De hecho, fue aprendiendo de sus propios errores. Así, al cabo de un par de semanas, su inexperiencia con el sistema operativo le llevó a una confusión que provocó la pérdida de todos los datos que había introducido hasta entonces. Desesperada, Cecilia decidió no decir nada a Alfonso y quedarse algunas horas para tratar de recuperar el tiempo perdido. Alfonso acabó enterándose y decidió llamar a Santiago, el joven asesor computacional. Por fortuna, éste se desplazó de inmediato a la empresa con su moto y tras unos rápidos movimientos del ratón anunció con una sonrisa que los datos habían sido recuperados. Luego, él y Alfonso establecieron unas rígidas pautas que se habían de seguir en materia de copias de seguridad. Además, Alfonso propuso que la empresa le costeara a Cecilia un curso para el uso del sistema operativo, visto que éste no resultaba tan intuitivo como aseguraba la propaganda del mismo.

En el transcurso de los meses siguientes, los progresos de Cecilia fueron más que notables y Alfonso se sentía plenamente satisfecho de la relación establecida con Santiago, que se presentaba siempre con rapidez en la empresa cada vez que surgían todo tipo de problemas, algunos tan nimios como la instalación de un nuevo cartucho de tinta en la impresora.

Sin embargo, hacia el final del año, los problemas se presentaron de modo inesperado cuando Alfonso llamó al asesor contable que colaboraba con la empresa desde hacía más de veinte años. Éste examinó el nuevo programa de contabilidad, explicó a Alfonso que no proporcionaba un tipo de listado fiscal que era necesario presentar al cabo de tres meses y criticó la organización del sistema de cuentas. Santiago informó a Alfonso de que, por suerte, los ficheros de datos del programa contable eran manipulables de forma externa desde una base de datos. Aunque harían falta unas cuantas horas de trabajo extra, sería posible obtener la información necesaria sin tener que volver a introducir todos los asientos.

Analizando la situación

Como colofón a su primer año al frente de la empresa familiar, Alfonso hizo balance de su gestión. Aunque los créditos no dejaban de agobiarle, la nueva maquinaria había reducido de forma considerable los costos de producción y las ventas habían aumentado. En lo que respecta a su tímido intento de informatizar la gestión, Alfonso estaba satisfecho, pues consideraba que había pasado una primera etapa de aprendizaje. No obstante, se propuso analizar, solo y con la ayuda de Santiago, los errores que se habían cometido. Éstas fueron sus conclusiones:

- El primer error había sido sobrevalorar sus conocimientos en computación y no consultar con un experto antes de embarcarse en la compra de hardware, aunque su inversión fuera mínima. En este sentido, lo que más lamentaba era no haber valorado otros factores al margen del precio, como la garantía y las condiciones del servicio posventa. Tampoco había previsto, antes de comprar el equipo, el uso que le iba a dar ni los programas que iba a utilizar.
- Su segundo error fue considerar que un sistema computacional se componía de hardware y software, olvidando el aspecto humano. No contaba con el personal necesario para llevar a cabo su proyecto, y tuvo suerte con el interés que Cecilia mostró.
- El tercer desacierto fue el de concebir la computación como fin. La computación es y debe ser siempre una herramienta al servicio de otros fines. Por ello, antes de comprar un programa de contabilidad debía haber consultado con su asesor contable, del mismo modo en que había consultado a su asesor financiero antes de pedir el crédito para invertir en nueva maquinaria.

No obstante, su valoración final era positiva y decidió que los resultados económicos del ejercicio le permitían afrontar un intento más serio de informatización de los procesos de producción y gestión, de forma que ofreció a Santiago un empleo de media jornada y empezaron a colaborar en el diseño de un plan destinado a la implantación de un nuevo sistema.

El diseño de un nuevo equipo

Su colaboración pronto se plasmó en proyectos concretos. En una primera fase, Alfonso quería desterrar las calculadoras y máquinas de escribir y automatizar la gestión.

En esta ocasión, Alfonso estaba decidido a analizar primero y actuar después, y con la ayuda de Santiago determinaron sus necesidades en todos los campos que afectan al proceso de automatización.

Hardware. Decidieron instalar una red con cuatro estaciones de trabajo. La inversión que requería no era en absoluto exagerada y permitía añadir más estaciones de trabajo en el futuro. Vieron en qué forma se podía aprovechar el hardware de que disponían (computadora, impresora y monitor) y presu-

En la compra de aplicaciones computacionales o el encargo de programas a medida, uno de los factores clave que se han de considerar es su compatibilidad con otros productos de computación, y su adaptación a las capacidades del hardware que se posea, con el fin de garantizar su operatividad y la obtención de la información requerida en el soporte que se estima más conveniente.

puestaron el resto del material: computadoras, cable, tarjetas interfaz, etcétera.

Software. En principio, consideraron que bastaría con un sistema operativo de red con licencia de uso de hasta 10 puestos y un paquete de ofimática. Por otro lado, decidieron adaptar su sistema administrativo al de un paquete de gestión de facturación y bodegas. Para la compra de éste valoraron en especial la facilidad de exportar datos al programa contable, y su carácter abierto, que permitía manipular los datos desde la base de datos del paquete integrado de ofimática. Por descontado que desde el principio habría que establecer los permisos de acceso a la información de los diferentes usuarios.

En una segunda fase, Alfonso pensaba desarrollar un sistema de control de costos de producción que condujera a una optimización de la compra de materias primas y redujera el tiempo que se dedicaba a la elaboración de presupuestos. Para ello determinó que Santiago dedicara unas horas de su jornada a aprender el funcionamiento del proceso productivo y observara el modo en que se realizaban los presupuestos de forma manual. El objetivo era realizar un buen análisis que permitiera que él mismo creara un programa a medida de presupuestos y evaluación de costos.

Recursos humanos. Alfonso se sentía plenamente satisfecho del rendimiento y la actitud hacia la empresa de los trabajadores, la mayoría de los cuales llevaba bastantes años en el negocio y conocía a fondo el sector. No obstante, comprendía que la capacitación computacional de la mayor parte de ellos era casi nula. Santiago le explicó a Alfonso que los conocimientos que requería el personal serían sólo en relación con el usuario, pues el programa de gestión y el futuro programa de control de la producción serían de fácil manejo. Dadas las circunstancias, lo mejor sería que la empresa organizara un curso de adaptación para el conjunto de sus trabajadores.

La apertura al exterior

Al final de este segundo año el sistema de gestión funcionaba de forma plena y, una vez superada la fase de análisis, Santiago estaba depurando un programa del que Alfonso se sentía muy satisfecho. Una vez puesta en funcionamiento la aplicación y corregidos los últimos detalles, Santiago anunció a Alfonso su intención de dejar Indemol. El programa estaba correctamente documentado e Indemol era propietaria del código fuente, por lo que a otro programador no le resultaría difícil, tras un estudio de la empresa, seguir mejorando el programa de costos y adaptarlo a las nuevas necesi-

A la hora de implementar una red local, resulta fundamental la disposición de los equipos que deberán conectarse entre sí, con el fin de evitar cuellos de botella que reduzcan innecesariamente las prestaciones del conjunto.

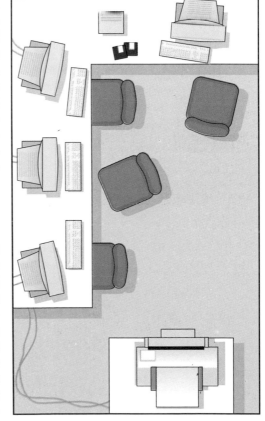

dades que sin duda irían surgiendo, sobre todo teniendo en cuenta que Alfonso seguía con una política de modernización de toda la maquinaria de producción.

Para esa época, la mayor empresa de la competencia —de recursos muy superiores a la empresa de Alfonso— había entrado a formar parte de la red Internet. Alfonso, conociendo el formidable interés de Santiago por las nuevas tecnologías, le propuso que se quedara un año más en la empresa con el objetivo principal de colocar ésta en la red. Santiago aceptó el reto e Indemol se embarcó en el nuevo proyecto.

El objetivo era conseguir crear una vidriera virtual de los productos que ofrecía la empresa e incluso obtener pedidos a través de la gran red de acceso mundial. Alfonso sabía que la modernización del proceso productivo que había emprendido le permitiría competir a nivel mundial y que la red le ofrecía extraordinarias perspectivas de abrirse al mercado internacional.

Habiendo aprendido de sus primeros errores, empezaron por utilizar el acceso a la red para contactar con proveedores de otros países, al tiempo que analizaban a fondo el servicio que ofrecía la gran empresa de la competencia. El acceso a este servicio resultaba lento y parecía no estar nunca actualizado. Sin duda, no serían la primera empresa nacional del sector en entrar a formar parte de la red, pero sí estaban decididos a sacar el máximo partido de las posibilidades que ésta les brindaba.

La red Internet se ha convertido en una vidriera virtual que ofrece múltiples ventajas a un precio más que asequible. Por ello, las pequeñas empresas no deben perder la oportunidad de integrarse en un mercado global. No obstante, deben hacerlo sabiendo antes el terreno que pisan o las consecuencias sobre la imagen de la empresa serán muy negativas.

En ese momento, la instalación de un servidor propio con las líneas telefónicas y el ancho de banda que permitieran un acceso óptimo estaban más allá de sus posibilidades, por lo que se decidió alquilar un espacio en un servidor de altas prestaciones.

Siguiendo algunos consejos de una asesoría de marketing y las ideas de Alfonso, Santiago diseñó las páginas de Indemol, tratando de conseguir que resultaran atractivas sin necesidad de incluir ficheros de gran tamaño que ralentizaran el acceso de los posibles clientes. Tras una fase de pruebas internas, en las que se evaluó el rendimiento de la futura web con distintas configuraciones, se decidió «subir» la web a la red. Por último, Alfonso contrató a un nuevo empleado al que asignó la tarea del mantenimiento del sitio de Indemol en la red y se le asignó la responsabilidad de gestionar con las personas adecuadas que la correspondencia electrónica recibida fuera respondida a la mayor brevedad. Así mismo, el nuevo empleado estaba encargado de buscar vías de publicitar el nuevo sitio electrónico de la empresa de Alfonso, donde dos años antes todavía reinaban las calculadoras y las máquina de escribir (electrónicas, claro).

Ejercicios de autoevaluación

① ¿Cuál de estas memorias no se borra al apagar la computadora?
   a) Memoria caché.
   b) Disco duro.
   c) RAM.

② ¿Qué elementos influyen en la resolución de la imagen de la computadora?

③ ¿Cuál de estos dispositivos tiene un tiempo de acceso menor?
   a) Disquete.
   b) CD-ROM.
   c) Disco duro.

④ ¿Qué tipo de impresora es ideal para cumplimentar formularios con varias copias?
   a) Láser.
   b) Matricial.
   c) De inyección de tinta.

⑤ ¿Qué dispositivo permite digitalizar una imagen?
   a) Módem.
   b) Impresora.
   c) Escáner.

⑥ ¿Cuál de estos dispositivos es de sólo lectura?
   a) Disco duro.
   b) CD-ROM.
   c) Disco óptico.

⑦ ¿Qué tipo de memoria es más rápida?
   a) Memoria caché.
   b) Memoria RAM.
   c) Disco óptico.

⑧ ¿Qué unidad de medida no se utiliza para el almacenamiento de datos?
   a) Megahercio.
   b) Megabyte.
   c) Bit.

⑨ ¿Cuál de estos elementos es comparable al cerebro de la computadora?
   a) Disquete.
   b) Procesador.
   c) Módem.

10 ¿Qué dispositivo permite conectarse telefónicamente con otra computadora?

a) Módem.

b) Escáner.

c) Disco óptico.

11 Qué elementos deben valorarse en la compra de una computadora.

12 ¿Cuál es el valor en formato decimal de estas cifras representadas en formato binario?

a) 110101

b) 100001

c) 101011

13 ¿Por cuántas instrucciones de lenguaje máquina se traduce cada instrucción en lenguaje ensamblador?

a) Una o más.

b) Siempre una.

14 Enumere las principales funciones del sistema operativo

15 ¿En qué incide la defragmentación periódica del disco duro?

a) En una mayor capacidad.

b) En una mayor velocidad de acceso a la información.

c) En ambas cosas.

16 ¿Qué se entiende por ofimática?

17 ¿Qué son y para qué sirven las macros?

18 ¿Cuál de estos tres modelos teóricos es más utilizado en los sistemas de gestión de bases de datos y por qué?

a) Jerárquico.

b) De red.

c) Relacional.

19 Los campos de una base de datos se corresponden en una hoja de cálculo con:

a) Columnas.

b) Filas.

c) Rangos.

20 La diferencia entre ordenar e indexar se hace más patente cuando:

a) Se utilizan bases de datos jerárquicas.

b) Se utilizan filtros.

c) Aumenta el número de registros.

21 ¿Qué diferencia hay entre un índice y una clave principal?

22 ¿Qué se entiende por validación?

23 ¿Quién debe elegir un programa contable?

24 ¿Cuáles son las ventajas de un programa a medida?

25 ¿Cuáles son los componentes principales de un sistema de ayuda?

26 ¿Qué se precisa para modificar con facilidad un programa a medida?

a) Disponer del código fuente.

b) Que el programa esté bien documentado.

c) Ambas cosas.

㉗ ¿En qué debe aprovechar un empresario sus conocimientos en computación?

㉘ ¿En qué condiciones es más ventajoso contar con una asesoría computacional externa y en cuáles es preferible organizar un departamento de computación?

㉙ ¿Cuáles son las ventajas de un sistema computacional de carácter abierto?

㉚ ¿Qué elementos permiten una buena organización de la información en un disco?

㉛ ¿Qué medidas deben tomarse para proteger la integridad de los datos?

㉜ ¿Es suficiente con instalar un antivirus para proteger los programas y datos?

㉝ ¿A qué distancia del monitor debe situarse el trabajador que utiliza una computadora?

㉞ ¿Cuál de estos tipos de cable permite un mayor rendimiento de una red?
a) De par trenzado.
b) Coaxial.
c) De fibra óptica.

㉟ ¿Qué diferencia hay entre un servidor y una estación de trabajo?

㊱ ¿Qué sistema es mejor: el bloqueo de ficheros o el bloqueo de registros? ¿Por qué?

㊲ ¿Qué elementos son necesarios para conectar dos computadoras a través de la línea telefónica?

㊳ ¿Qué es un protocolo de comunicaciones?

㊴ ¿Es necesario que el destinatario de un mensaje de correo electrónico esté conectado a la red en el momento del envío?

㊵ ¿Qué tipo de líneas telefónicas permiten una transmisión de datos más rápida?

㊶ ¿Qué utilidad puede tener Internet para una pequeña empresa?

Soluciones

1. *b*) Disco duro
2. Tarjeta gráfica, memoria gráfica, monitor
3. *c*) Disco duro
4. *b*) Matricial
5. *c*) Escáner
6. *b*) CD-ROM

7. *a*) Memoria caché
8. *a*) Megahercio
9. *b*) Procesador
10. *a*) Módem
11. Adaptación a las necesidades específicas (programas, cantidad de usuarios), garantía, facilidad de ampliación, presupuesto claro.
12. 53, 33, 43
13. *b*) Siempre una
14. Gestión de la unidad central de proceso, gestión de la memoria, gestión de archivos, discos y periféricos.
15. *b*) En una mayor velocidad de acceso a la información
16. Conjunto de programas destinados a la gestión de una oficina. Por lo general: base de datos, hoja de cálculo, procesador de textos, programa de agenda y aplicación de gráficos.
17. Las macros son series consecutivas de órdenes que sirven para automatizar todo tipo de tareas repetitivas.
18. *c*) Relacional. Por las amplias posibilidades que ofrece partiendo de un marco teórico simple.
19. *a*) Columnas
20. *c*) Aumenta el número de registros
21. La clave principal identifica un registro de forma unívoca.
22. Una validación es una comprobación que realiza el sistema para detectar posibles errores en la entrada de datos antes de grabarlos.
23. En primer lugar el responsable de la contabilidad de la empresa, aunque con la asesoría del responsable de temas informáticos.
24. Adaptación total a las necesidades de la empresa, facilidad de manejo, integración de todas las aplicaciones.
25. Acceso temático, ayuda según el contexto, enlaces hipertexto, manual impreso.
26. *c*) Ambas cosas
27. En la supervisión de la labor del programador y en la concepción de la estructura del programa, aunque sin entrar en aspectos técnicos.
28. Depende del número de ordenadores, de la existencia o no de programas a medida, de si se trabaja en red y de si se desea introducir mejoras en el sistema de forma permanente.
29. Posibilidades de ampliación, posibilidad de cambiar de persona responsable de forma no traumática ni excesivamente costosa.
30. Claridad en la sistematización y hacer prevalecer los criterios propios a los impuestos o sugeridos por el fabricante de cada programa
31. Copias de seguridad, control de accesos, bloqueo de registros, restricción de los datos a los que cada usuario puede acceder.
32. No.
33. Entre 30 y 80 cm.
34. *c*) De fibra óptica
35. Un servidor es el equipo informático que comparte sus recursos con otras estaciones de trabajo.
36. El bloqueo de registros, ya que asegura la integridad de los datos con menores restricciones de uso.
37. Computadora y módem.
38. Un conjunto de reglas que permite el entendimiento entre dos computadoras.
39. No.
40. Dedicadas.
41. Facilita la relación con clientes y proveedores. Permite dar a conocer la empresa y sus actividades a nivel mundial.

GLOSARIO DE TÉRMINOS EMPRESARIALES

A _____

A la par
Dícese del título cuyo valor efectivo coincide con su valor nominal.

A la vista
Se dice de los depósitos constituidos por el público en los bancos y movilizables mediante cheque.

Acción
Título que representa cada una de las partes alícuotas del capital social.

Acción preferente
Título con uno o varios derechos prioritarios sobre los de las acciones ordinarias. Pueden referirse a dividendos (acumulativos y participantes; acumulativos y no participantes; no acumulativos y no participantes), o al reparto del haber líquido final. Como contrapartida, no suelen gozar de los derechos políticos de voto.

Aceptación
Declaración formal e incondicionada del librado o persona a la que se gira una letra, contenida en la misma y por la que se obliga a su pago.

Actitud
Modo de ser y de comportarse propio de cada individuo, según sus vivencias personales y experiencias sociales. Resulta un factor clave en la dirección y en el trabajo en equipo.

Activo
Conjunto de bienes y derechos que pertenecen a la empresa.

Activo circulante
Bienes que se renuevan normalmente dentro del ciclo de explotación de una empresa.

Activo fijo
Conjunto de elementos patrimoniales que sirven de forma duradera en la actividad de la empresa, así como los gastos de establecimiento y los gastos a distribuir en varios ejercicios.

Acuerdo general sobre aranceles y comercio (G.A.T.T.)
Institución económica internacional en el marco de la cual se celebraron, desde 1947, diversas rondas de negociaciones con el objeto de regular las relaciones comerciales entre los países miembros, siendo su finalidad principal la liberación del comercio internacional. En 1995 fue sustituida por la OMC.

Adeudar
Contabilizar en una cuenta las partidas correspondientes al debe de la misma

Administrador de la red
Persona responsable del buen funcionamiento de una red informática y de la correcta gestión de sus recursos.

Agente
Intermediario o corredor que posibilita la realización de una operación comercial o financiera a cambio de una comisión o corretaje.

Agente de aduanas
Persona que por cuenta de otra realiza ante la aduana los trámites correspondientes al despacho de mercancías.

Ahorro
Abstención del consumo presente para dedicar recursos a la inversión.

Alza
En sentido general, es el aumento de los precios de mercado. En términos bolsísticos, tendencia al aumento de cotización de los valores en bolsa.

Amortización
Operación mediante la cual se distribuye el coste del capital fijo entre cada uno de los períodos que componen su vida económica. Es la expresión contable de la depreciación de los elementos de inmovilizado.

Análisis económico
Análisis de la cuenta de pérdidas y ganancias de la empresa.

Análisis financiero
Conjunto de técnicas utilizadas para diagnosticar la situación y las perspectivas de la empresa, a partir del estudio del balance.

Anfitrión
Computadora que actúa como nodo central de una red.

Anticipo
Operación consistente en la entrega de dinero a cuenta de una suma que se ha de percibir más adelante. En banca son frecuentes las operaciones de anticipo sobre letras de cambio, embarques, imposiciones a plazo o certificaciones de obras.

Anticipos sobre exportaciones
Operación de crédito consistente en el adelanto a un exportador de todo o

parte del importe de una exportación realizada y no cobrada, o pendiente de realizar, si existe pedido en firme, con el establecimiento en cualquiera de ambos casos de las oportunas garantías. Puede concederse en la unidad monetaria vigente en el país del exportador o en la divisa en que esté cifrada la operación comercial.

Antivirus
Programa informático destinado a detectar, eliminar y reparar o solucionar los problemas creados por un virus.

Anualidad
Cantidad periódica que se destina a la amortización de un préstamo, empréstito, etcétera, más sus intereses, o a la formación de un capital en determinado número de años.

Aplicación
Programa informático destinado al usuario final.

Aptitud
Conjunto de características que posibilitan que una cosa o persona resulte útil, apropiada para cierta función, trabajo o fin. Factor que permite determinar la idoneidad y capacitación para ocupar un puesto o ejercer determinado cargo.

Apunte contable
Véase **Asiento contable.**

Arancel de aduanas
Relación de derechos o tasas impuestas a la entrada, salida y tránsito de mercancías.

Arbitraje
1. Operación de compra de un bien en un mercado y de venta simultánea en otro a un precio superior. La diferencia de precios permite, a quien realiza la operación, la obtención de un beneficio. 2. Mediación de una o varias personas (árbitros) en un litigio, con el fin de encontrar una solución beneficiosa para los contendientes, sin recurrir a la vía judicial.

Archivo
Conjunto de instrucciones o datos que pueden manejarse mediante una instrucción única.

Arrastrar y soltar
Método que incorporan algunos sistemas operativos gráficos que permi-

te realizar múltiples tareas de forma simple mediante el uso del ratón.

Arrendamiento financiero
Operación por la que las empresas tienen la posibilidad de disponer de unos elementos a cambio de unas cantidades periódicas de dinero, con posibilidad final de adquisición real.

Arrendamientos y cánones
Gastos ocasionados por el alquiler de bienes muebles o inmuebles que están a disposición de la empresa.

Arrendar
Cesión del uso y disfrute de un bien o derecho a una persona a cambio de un precio.

ASCII
Siglas de *American Standard Code for Information Interchange.* Código alfanumérico normalizado utilizado para representar letras, signos ortográficos, números y otros símbolos. Utilizado en computación.

Asiento contable
Anotación en los registros de la contabilidad de una operación de la empresa.

Audiencia bruta
Número de personas que frecuentan regularmente un medio de comunicación determinado.

Audiencia útil
Parte de la audiencia de un medio de comunicación que coincide con el perfil de posible consumidor de los productos de una empresa.

Auditoría de cuentas
Revisión de las cuentas realizada por una persona experta independiente.

Autarquía
Ideal de autosuficiencia, perseguido por países que desean bastarse por sí mismos para satisfacer sus propias necesidades.

Autofinanciación
Fondos generados por la empresa que se reinvierten.

Autonomía
Grado de independencia de una persona, que le permite resolver las gestiones del cargo que ocupa sin tener que recurrir a otros.

Aval
Garantía de carácter comercial realizado por un tercero, que se convierte en co-obligado del pago de efecto.

B

Bajar
Copiar un archivo de una red en una computadora.

Balance de situación
Estado contable en el que aparecen, debidamente ordenados y agrupados, los elementos patrimoniales de activo, pasivo y neto.

Balanza básica
Suma de la balanza de capitales a largo plazo y de la balanza por cuenta corriente, compuesta, a su vez, por las balanzas comercial, de servicios y de transferencias.

Balanza comercial
Parte de la balanza de pagos que recoge los intercambios de mercancías realizados entre un país determinado y el resto del mundo, a lo largo de un período de tiempo dado. Su saldo determina la diferencia entre los ingresos por exportaciones y los pagos por importaciones.

Balanza de capitales
Parte de la balanza de pagos que comprende las entradas y salidas de capitales, oro y otros metales.

Balanza de pagos
Registro sistemático de todas las transacciones económicas efectuadas entre un país y el resto del mundo durante un período de tiempo determinado.

Balanza de servicios
Parte de la balanza básica que comprende los ingresos y pagos realizados entre un país determinado y el resto del mundo, en concepto de servicios, tales como transporte, turismo, etcétera.

Balanza de transferencias
Parte de la balanza básica que comprende los ingresos y pagos unilaterales entre dos países, es decir, sin que supongan para el país receptor de un ingreso la obligación de desembolsar bienes o servicios (remesas de emi-

grantes, donativos, transferencias públicas y privadas, etcétera.)

Banco central
Institución básica del sistema monetario y bancario que actúa, dependiendo del país, bien independientemente, bien bajo la supervisión estatal. Entre sus principales funciones se encuentran la emisión de dinero de curso legal, el crédito al sistema bancario y la supervisión y el control del sistema crediticio.

Banco corresponsal
Banco establecido en otra plaza a través del cual se realiza una serie de operaciones bancarias. Suele ser usual el establecimiento mutuo de cuentas y de tarifas y comisiones, así como el intercambio de claves telegráficas y de libros de firmas.

Banco emisor
En un crédito documentario, banco que, siguiendo las instrucciones de un cliente (ordenante), realiza la apertura del mismo a favor de una tercera persona (beneficiario), asumiendo el compromiso estipulado en su condicionado.

Banco notificador
Banco encargado de avisar o notificar al beneficiario la apertura de un crédito documentario a su favor.

Bancos comerciales
Modalidad de bancos especializados en la admisión de depósitos y concesión de créditos a corto plazo.

Bancos industriales
Modalidad de bancos especializados en la emisión de bonos para captar capitales que prestan a medio y largo plazo a las empresas.

Barra de botones
Conjunto de iconos, cada uno de los cuales permite ejecutar una orden con un solo clic del ratón.

Barra de estado
Barra situada, por término general, en la parte inferior de la pantalla y que muestra información sobre el documento en uso.

Base de datos
Conjunto de información organizada según unas reglas y manipulable desde una computadora.

Base de datos jerarquizada
Enfoque teórico de organización de bases de datos en el que cada nodo está vinculado a un solo nodo de nivel superior, pero que también puede relacionarse con varios de nivel inferior.

Base de datos relacional
Enfoque teórico de organización de bases de datos basado en tablas que se relacionan entre sí por la identidad de los campos clave.

BASIC
Sigla de *Beginners all-purpose symbolic instruction code*. Lenguaje de programación.

Baudio
Unidad que mide la velocidad de la transmisión digital de la información, equivalente a símbolos transmitidos por segundo. La abreviatura que lo representa es bps.

Beneficio neto
Saldo favorable entre ingresos y gastos de una operación económica concreta o de la explotación de una industria, después de deducidos los impuestos.

Bien de consumo
El destinado a satisfacer de forma inmediata necesidades humanas.

Bien de equipo
Aquel que, no satisfaciendo directamente necesidades humanas, sirve para facilitar la producción de otros bienes.

Bien de lujo
Es aquel bien que no satisface alguna necesidad primaria humana, y cuyo consumo tiene un carácter suntuario.

Bien de primera necesidad
Aquel bien o servicio que satisface alguna necesidad humana primaria, como son la vivienda, la alimentación, el vestido, etcétera.

Bienes económicos
Principio contable de carácter general que indica que los estados financieros se refieren siempre a bienes económicos, es decir, a bienes materiales o inmateriales que posean valor económico, y por lo tanto susceptibles de ser valorados en términos monetarios.

Bit
Dígito binario. Un bit es la unidad mínima de información. Puede tener dos valores: el 1 y el 0.

Bloqueo de ficheros
Sistema de protección integrado en la red que impide que dos usuarios modifiquen de forma simultánea un mismo fichero.

Bloqueo de registros
Sistema de protección de una base de datos en red que impide que dos usuarios modifiquen al mismo tiempo un mismo registro.

Bonos de caja
Títulos de renta fija y amortizables a plazo medio, emitidos por los bancos industriales.

Boom
Fenómeno que, en su acepción económica, se refiere a un aumento brusco y desproporcionado de variables tales como los precios, los costes o el volumen de ventas.

Brokers
Agentes intermediarios o corredores que posibilitan la realización de una operación comercial o financiera, a cambio de una comisión o corretaje.

Buffer
Véase **Memoria intermedia**.

Bus
Circuito que comunica los distintos componentes de una computadora.

Búsqueda secuencial
Tipo de búsqueda de datos en la que el programa examina uno por uno todos los registros hasta dar con el que cumple los requisitos solicitados.

Byte
Unidad de información compuesta por un número determinado de bits, en general 8. Es el espacio necesario para almacenar un carácter.

C

Caja
Cuenta del activo de una empresa que refleja la cobertura en metálico que posee.

Cambio comprador
Precio al que un banco compra divisa contra moneda nacional.

Cambio de divisa
Operación bancaria consistente en la compraventa, contra moneda de curso legal, de billetes, cheques o efectos extendidos en moneda extranjera.

Cambio fijo
Sistema por el cual las fluctuaciones de una divisa están limitadas al intervalo entre los puntos de intervención (bandas de fluctuación) señalados por el Fondo Monetario Internacional.

Cambio flotante
Sistema según el cual no hay paridades fijas, fluctuando libremente los tipos de cambio, según la oferta y la demanda.

Cambio oficial
El que es fijado por la autoridad monetaria de forma impositiva.

Cambio vendedor
Precio al que un banco vende divisa contra moneda nacional.

Campo
Cada uno de los elementos mínimos en que se descompone la información que constituye un registro de base de datos.

Canje
Operación por la cual se cambian unos títulos emitidos con carácter provisional (o inscripciones nominativas representativas de valores) por otros definitivos, o se sustituyen unos títulos por otros diferentes.

Capacidad de crecimiento
Importancia de los recursos generados por la empresa en relación a sus necesidades financieras.

Capital circulante
Conjunto de recursos que la empresa necesita a lo largo de su proceso productivo.

Capital desembolsado
Capital realmente aportado por los accionistas de una sociedad.

Capital fijo
El destinado a instalaciones y equipos de carácter permanente de la sociedad.

Capital social
Fondos aportados por los accionistas o socios y que no tienen la consideración de deudas.

Capital variable
En la legislación mercantil de algunos países, aquella sociedad cuyo capital es susceptible de posteriores aumentos o disminuciones en razón de las necesidades del momento, y siempre mediante los mecanismos reconocidos por ley. El sufijo «de c.v.» debe constar obligatoriamente tras la denominación societaria de que se trate.

Capitalización
Proceso de incorporación de recursos aportados por los accionistas o generados por la propia empresa para la financiación de sus inversiones.

Capitalización bursátil
Producto del valor de un título según cotización en bolsa por el número de acciones que componen el capital.

Carpeta
Lista que agrupa una serie de ficheros. También llamada directorio.

Carta de crédito
Documento extendido por un banco en el que éste solicita a los corresponsales designados en él, que pongan a disposición del titular las sumas de dinero que el mismo precise, hasta un determinado límite. En la carta o documento se van anotando las cantidades satisfechas, enviando el banco pagador por cada una de éstas un recibo firmado por el titular del banco emisor.

Cártel
Unión o agrupación de empresas del mismo sector con el fin de llevar a cabo una política común, que produzca una limitación de la competencia y una mejoría de los beneficios.

Cash-flow
Diferencia entre la tesorería del final de un período y la del comienzo del mismo, desde el punto de vista estadístico.

Caución
Acuerdo por el cual una persona física o jurídica se obliga a cumplir compromisos contraídos por otras personas en el caso en que éstas no lo hiciesen.

CD-ROM
Siglas de *Compact Disk Read Only Memory*. Dispositivo de almacenamiento de datos en soporte digital.

Cédula
Documento en que se reconoce una deuda u otra obligación.

Cédula hipotecaria
Título al que se incorpora el crédito hipotecario y en virtud del cual, únicamente puede ser transferido éste.

Certificado de depósito
Medio de pago a plazo fijo nacido en función de un depósito realizado en una entidad de crédito.

Certificado de origen
El emitido por una entidad oficial, como una cámara de comercio, relativo a la procedencia de una mercancía.

Chip
Circuito integrado de silicio capaz de desarrollar por sí mismo una función específica en una computadora.

Ciclo de caja
Plazo que transcurre desde que se pagan las primeras materias hasta que se cobra de los clientes.

Ciclo de maduración
Plazo que transcurre desde que entran las primeras materias en la empresa hasta que se cobra del cliente.

Ciclo de vida de un producto
Etapas por las cuales pasa un producto desde que nace hasta que deja de producirse y comercializarse.

Cierre
1. Final de un ejercicio determinado. 2. Liquidación de una cuenta. 3. Cese de negocio. 4. Momento último de la sesión de un mercado.

CIF
Abreviatura de *cost insurance and freight*. Término comercial que expresa que en el precio de venta de la mercancía, además del coste, está incluido el valor del seguro y los fletes contratados.

Cifrado
Mecanismo de seguridad que imposibilita que personas ajenas accedan a una información si no disponen de las claves necesarias.

Circulación fiduciaria
Volumen de billetes y moneda metálica en circulación en un país.

Cláusula multidivisa
Cláusula establecida en un préstamo en divisas, mediante la cual el prestatario adquiere el derecho a modificar la divisa en la que se cifra su deuda en cualquiera de las renovaciones periódicas características de los *roll-over*.

Clave principal
Índice principal de una base de datos. Una clave principal identifica de forma única a un registro o, dicho en otros términos, no puede haber más de un registro con la misma clave principal.

Clearing
Compensación de cobros y pagos del comercio entre dos o más países cuyas monedas no son convertibles entre sí.

Clima laboral
Condiciones sociolaborales percibidas por los miembros de una organización.

Cobertura
Sinónimo de garantía que se exige en operaciones de préstamo o crédito.

Cobol
Acrónimo de *[CO]mmon [B]usiness [O]riented [L]anguage*. Emplea instrucciones tomadas del idioma inglés y fue uno de los lenguajes de programación más utilizados en las aplicaciones de gestión comercial.

Cobro
Movimiento en la tesorería como consecuencia de las ventas de bienes y servicios que lleva a cabo la empresa.

Código binario
Código que sólo emplea la combinación de dos elementos, 0 y 1. Es utilizado en informática, por la facilidad con que se puede representar electrónicamente (encendido/apagado).

Código fuente
Programa informático escrito en cualquiera de los múltiples lenguajes de programación y que luego debe compilarse para ser utilizado como aplicación. Para modificar un programa es imprescindible disponer del código fuente.

Comerciante
Persona que ejerce de manera habitual una actividad mercantil.

Comercio
Actividad de compra y venta de mercancías y servicios.

Comercio bilateral
Aquel que se refiere a mercancías no sujetas a comercio liberalizado ni globalizado.

Comercio globalizado
Aquel que requiere una autorización previa de la administración fijando ésta, además, un límite máximo de importación.

Comercio liberalizado
Aquel que se realiza automáticamente, sin intervención administrativa o con una intervención mínima.

Comisión
Retribución a agentes intermediarios por su intervención en operaciones de compra y venta.

Comparabilidad
Relación de parecido entre dos sociedades o empresas.

Compatibilidad
Término que se refiere a la capacidad de un programa o de un dispositivo de hardware para ser utilizado con diferentes tipos de computadora. También indica la capacidad de un documento para ser leído por programas diferentes.

Compensación bancaria
Simplificación diaria de las bases de las operaciones de cobros y pagos interbancarios consistente, en primer lugar, en llegar a un saldo o total a liquidar por cada entidad bancaria con las demás y, posteriormente, en calcular la transferencia neta o liquidación global de la plaza.

Competencia
Característica propia de un mercado en el que se ofertan productos sustitutivos de los producidos por la empresa.

Compilación
Proceso mediante el cual el código fuente se convierte en programa informático utilizable por una computadora.

Compilador
Programa que traduce a lenguaje máquina una aplicación escrita en un lenguaje de alto nivel.

Computación
Conjunto de técnicas que hacen posible el tratamiento de la información mediante una computadora.

Computadora
Máquina automática de tratamiento de la información capacitada para la realización de una gran variedad de operaciones de diverso tipo a través de programas informáticos que han sido introducidos en ella.

Concentrador
Dispositivo que permite centralizar el cableado de una red con el fin de que resulte más simple su gestión. En inglés, *hub*.

Concesionario
Persona física o jurídica a la cual una firma concede la explotación de una parte de su negocio para un territorio determinado.

Conciliación bancaria
Análisis de las diferencias existentes entre la contabilidad y el extracto de la cuenta corriente bancaria; es un elemento esencial en el control de la contabilidad.

Confiscación
Retención de bienes por las autoridades judiciales o aduaneras.

Conocimiento de embarque
En la terminología del transporte marítimo, documento en el que se reconoce que las mercancías han sido puestas a bordo.

Consumo de explotación
Comprende la suma de las compras más la diferencia entre las existencias iniciales y las finales para un mismo ejercicio.

Contabilidad
Conjunto de conocimientos y funciones que tienen por objeto la elaboración, comunicación, auditoría, análisis e interpretación de la información acerca de la situación económica y financiera de la empresa, para que tanto terceras personas como los directivos de la empresa puedan adoptar sus decisiones.

Contabilidad nacional
Presentación contable de los principales datos macroeconómicos de un país en un período de tiempo determinado (generalmente un año).

Contingente
Límite en importe o cuantía establecido por un país a la importación de determinadas mercancías. También se denomina cupo.

Contrato
Acuerdo de voluntades en virtud del cual dos o más partes consienten en obligarse sobre materia o cosa determinada.

Contrato psicológico
Designa el grado de identificación de un empleado con los objetivos y el sistema de valores de la empresa.

Control de flujo
Esquema de las decisiones y derivaciones de un programa informático.

Control de gestión
Actividades de control efectuadas periódicamente destinadas a conocer la evolución de las actividades de la empresa, comparando resultados con previsiones en los ámbitos comercial, técnico, económico y financiero de la misma.

Control interno
Actividades desarrolladas por la empresa para garantizar la salvaguarda de los activos y para optimizar los procedimientos administrativos.

Control presupuestario
Conjunto de técnicas utilizadas para formular informes previsionales de balances, cuentas de pérdidas y ganancias, tesorería y otros estados contables, así como para controlar el cumplimiento y las desviaciones de estas previsiones.

Controlador
Pequeño programa que identifica a un dispositivo periférico y permite su correcta gestión por parte de la computadora a la que está conectado. En inglés, *driver*.

Convenio de doble imposición
Pacto entre dos países con el objeto de reducir a uno solo de ellos el ámbito de gravamen de un mismo hecho imponible.

Conversión
Sustitución, cambio o canje de unos títulos por otros, produciéndose junto con este hecho una variación en las condiciones de los mismos.

Convertibilidad
Cualidad de algunas monedas de ser cambiadas por otras o por oro.

Copia de seguridad
Sistema destinado a garantizar la seguridad de la información que consiste en la copia periódica de los datos en un dispositivo de almacenamiento de datos.

Corredor de comercio
Agente cuya función consiste en la gestión de los intereses de otra persona, en cuya representación actúa, y a la que está ligado por una relación contractual.

Correo electrónico
Sistema que permite el intercambio de mensajes entre usuarios conectados a una red de computadoras. En inglés, *e-mail*.

Corretaje
Comisión o retribución que recibe un agente o corredor por haber realizado funciones de intermediario.

Coste unitario
Resultado de dividir el total de los costes por el número de bienes producidos.

Costo
Consumo requerido para la obtención de un producto o servicio.

Costo de adquisición
1. Principio contable generalmente aceptado que establece que todos los bienes y derechos se contabilizarán por su costo de producción o adquisición. 2. Valor pagado por un activo si ha sido adquirido en el exterior, o costo de producción si es la propia empresa la que lo ha fabricado.

Costo de las ventas
Diferencia entre las ventas y los gastos variables correspondientes a dichas ventas.

Costo de producción
Costo que resulta de añadir al precio de adquisición de las materias primas, los costos directos y una parte de los indirectos, en la medida en que tales costos correspondan al período de fabricación.

Costo fijo de estructura
Costo que no sigue una relación directa con el nivel de actividad de la empresa.

Costo variable
Costo en relación directa con el nivel de actividad de la empresa.

Cotización
Cualquiera de los precios o cambios que van alcanzando las acciones en las diferentes sesiones.

Coyuntura
Situación en un momento dado de una empresa, un sector de actividad o una comunidad, obtenida como resultado de la consideración de los diferentes indicadores económicos.

CPU
Siglas de *Central Process Unit*. Unidad central de proceso de una computadora.

Crédito
1. Confianza depositada en una persona. 2. Entrega de un objeto o una cantidad dineraria a otra persona, con el compromiso por parte de ésta de devolverla a su acreedor en un plazo de tiempo convenido, junto con los intereses que se produjeran.

Crédito a la exportación
Medida de política comercial de fomento a la exportación tendente a proveer al exportador de financiación en unas condiciones favorables de precio en relación al plazo de la misma.

Crédito bancario
Crédito concedido por un banco.

Crédito comercial
Aplazamiento de pago concedido al comprador por el vendedor.

Crédito con garantía hipotecaria
Crédito cuya garantía de pago consiste en un derecho real sobre un bien, normalmente inmueble, afecto a su buen fin.

Crédito con garantía real
Crédito cuya garantía de pago radica en un bien mueble o inmueble que queda afecto al buen fin del mismo.

La garantía real puede ser hipotecaria o pignoraticia.

Crédito de firma

Operación de crédito en la que el banco no entrega dinero al peticionario, sino que simplemente le presta su firma para permitirle obtener fondos de otra entidad crediticia o concertar contratos en los que la otra parte exija que se le garantice el cumplimiento de unos determinados compromisos.

Crédito disponible

Importe del crédito aún no utilizado por el beneficiario. Es la diferencia existente entre el límite de crédito autorizado y el dispuesto en un determinado momento.

Crédito dispuesto

Importe del crédito utilizado por el beneficiario en un determinado momento.

Crédito documentario

Compromiso tomado por un banco, actuando por cuenta de un cliente suyo (comprador), o por orden de otro banco por cuenta de un cliente de éste, garantizando al beneficiario (vendedor) que las estipulaciones de pago, aceptación o negociación, contenidas en el crédito, serán debidamente cumplidas, siempre que se respeten todas las demás cláusulas y condiciones estipuladas.

Crédito documentario confirmado

Modalidad de crédito documentario por el cual el banco notificador o avisador se compromete a pagar al beneficiario, perdiendo el recurso contra éste y manteniéndolo contra el banco emisor.

Crédito personal

Crédito concedido en base a la solvencia y las cualidades personales del beneficiario y del garante en su caso, sin hacer traba de ningún bien o derecho para garantizar el buen fin de la operación.

Cuadro de financiación

Véase **Estado de origen y aplicación de fondos.**

Cuadro de mando

Documento de síntesis en el cual se reflejan los datos más importantes que necesita la dirección de la empresa para su información y control.

Cuenta

Registro que recoge las variaciones experimentadas por un elemento patrimonial, poniendo de manifiesto su situación en una fecha determinada.

Cuenta corriente vista

Contrato de depósito irregular entre banco y cliente, por el cual el primero se compromete a custodiar el dinero que reciba y a realizar los pagos mientras haya saldo para ello. El banco puede autorizar disposiciones de efectivo que superen las disponibilidades existentes en cuenta (descubierto).

Cuenta de pérdidas y ganancias

Estado contable donde se reflejan los resultados de la empresa.

Cuota de mercado

Parte de las ventas de un determinado sector económico que corresponden a una empresa.

Cupón

Parte recortable de un título-valor por el que puede ser ejercido el derecho al cobro de dividendos, intereses, primas, etcétera.

Cursor

Indicador luminoso parpadeante que marca el lugar en el que aparecerá el siguiente carácter introducido desde el teclado.

D

Debe

Parte del sistema contable de partida doble. Se encuentra a la izquierda de la operación, registro o asiento contable. Representa: a) un bien que ingresa en nuestro poder; b) un gasto; c) una deuda que pagamos; d) lo que nos quedan debiendo.

Déficit

Saldo que presenta una cuenta cuando los ingresos son inferiores a los gastos.

Deflación

Descenso del nivel general de precios.

Defragmentación

Operación por la cual se reorganiza la información en un disco duro u otro dispositivo magnético con el fin de que el acceso a la misma sea más rápido.

Demanda

Cantidad de un bien a la que puede darse salida a cada precio posible durante una unidad de tiempo determinada y en un mercado dado.

Depósito bancario

En sentido retringido, que es el más utilizado, se entiende por tal el depósito en la banca de una suma de dinero realizado por un cliente, quien, de acuerdo con el contrato que lo regula, puede reclamarlo en cualquier momento si se trata de un depósito a la vista, o tras cumplir un plazo establecido si se trata de un depósito a plazo. En sentido más amplio, se refiere a cualquier depósito efectuado en un establecimiento bancario, siendo los objetos de depósito más comunes, aparte de los de dinero, los valores mobiliarios, documentos y joyas.

Depreciación

Disminución del valor neto contable de un activo a causa de agentes externos a la actividad de la empresa.

Depuración

Fase de la programación en la que se prueba el programa para detectar y corregir errores.

Derecho

Deuda que tengan con la empresa los clientes y deudores.

Descapitalización

Proceso de reducción del peso de los capitales propios en la empresa a través del incremento de las deudas.

Descubierto

Saldo deudor presentado por una cuenta corriente vista.

Descuento

1. Reducción en el precio de una mercancía. 2. Diferencia entre el precio de emisión de un valor determinado y el precio que se paga por esa misma clase de valor, siendo este último menor. 3. Adquisición de un documento mercantil negociable (talón, letra de cambio, recibo, etcétera) realizada antes de su vencimiento tras el pago de su valor nominal menos una suma correspondiente a intereses y comisiones. 4. Diferencia entre el ti-

po de cambio al contado de una divisa y el tipo de cambio a plazo, cuando éste es menor.

Descuento comercial
Disminución del precio de venta de un producto debido a épocas de rebajas, campañas de promoción o mediante negociación.

Descuento por pronto pago
Descuento financiero concedido por la empresa a un comprador por adelantar éste el momento del pago.

Desempeño
Rendimiento de los empleados según el cargo que ocupan.

Deuda del Estado
Títulos negociables y transferibles cuyo objeto es la financiación de gastos extraordinarios del Estado.

Devaluación
Operación legal consistente en elevar el tipo de cambio de la unidad monetaria de un país, lo que significa una revalorización relativa de las monedas extranjeras.

Devengo
Principio contable de carácter general en el que se indica que los ingresos y gastos deberán imputarse en función del momento en que se establece el vínculo contractual o jurídico, con independencia del momento en que se cobren o paguen.

Diagrama de flujo
Esquema del funcionamiento de un programa, con las distintas opciones y operaciones lógicas a realizar.

Direccionador
Dispositivo que enlaza dos redes que utilizan protocolos de comunicación diferentes. En inglés, *router*.

Directorio
Véase **Carpeta**.

Disco duro
Dispositivo magnético de almacenamiento de datos de gran rapidez y capacidad que incorpora un cabezal de lectura/escritura.

Disco óptico
Dispositivo de almacenamiento de la información de gran capacidad y rapidez que incorpora la tecnología láser.

Disponible
Recoge las cuentas contables que reflejan los saldos de efectivos financieros, siempre y cuando sean líquidos.

Disquete
Dispositivo magnético de almacenamiento de datos de capacidad muy inferior a la del disco duro y que no incorpora su propia unidad de lectura/escritura.

Dividendo activo
Parte que, al distribuir la totalidad o una fracción de los beneficios netos de una compañía mercantil, corresponde a cada acción.

Dividendo pasivo
Parte del capital suscrito y no desembolsado cuyo pago es requerido por la sociedad de una sola vez o de una manera fraccionada a los accionistas.

Divisa
1. Documento de pago expresado en moneda extranjera para su abono en país distinto al emisor de dicha moneda. 2. Depósito constituido en el extranjero, en moneda extranjera, a favor de un residente de otro país.

DNS
Siglas de *Domain Name System*. Sistema que designa una identificación unitaria a computadoras que forman parte de una red.

Documentación
Conjunto de informaciones destinadas a facilitar la modificación de un sistema informático, ya sea un programa o una red local.

Documento
Archivo que contiene datos que pueden ser leídos y modificados mediante un programa informático.

Domiciliación bancaria
1 Designación de un banco como lugar donde han de efectuarse comunicaciones y presentarse las deudas para su cumplimiento. 2. Obligación contraída por los titulares de determinadas licencias de exportación e importación, de depositarlas en un banco concreto con el objeto de controlar los pagos y cobros con el extranjero.

Draw-back
Sistema de fomento a la exportación que permite la posibilidad de obtener el reembolso total o parcial de los derechos arancelarios satisfechos o la importación de determinadas mercancías cuando éstas u otras equivalentes se reexporten, ya transformadas o bien simplemente aplicadas a productos fabricados.

Dumping
Práctica comercial consistente en vender un producto en un mercado extranjero a un precio menor al que tiene en el mercado interior, con el objeto de expulsar a la competencia.

Duplicación
Copia exacta de un disco basada en la reproducción pista a pista del original.

E

E-mail
Véase **Correo electrónico**.

Economías de escala
Condición del proceso productivo en que un aumento simultáneo y en la misma proporción de los *inputs* conlleva un incremento más que proporcional del nivel de *output*.

Efecto fiscal
Relación entre el beneficio antes de intereses e impuestos y el beneficio antes de impuestos; se utiliza para evaluar la incidencia del impuesto sobre el beneficio en la rentabilidad de los capitales propios.

Eficacia
Característica de un resultado cuando se ajusta lo máximo posible a los objetivos marcados *a priori* por la empresa.

Eficiencia
Valoración del logro de objetivos en la realización de una tarea. Supone la mejor manera de realizarla en función de los recursos con los que se cuenta.

Elementos patrimoniales
Los distintos conceptos que forman parte del patrimonio de una empresa.

Embargo
1. Retención de los bienes del deudor hasta que haga frente al pago de

sus deudas o sean subastados para cubrir las mismas. 2. Limitaciones legales a la importación o exportación de determinados bienes o servicios.

Emisión
Colocación o introducción en el mercado financiero y bursátil de nuevos valores.

Empeño
Garantía ofrecida sobre objetos muebles por el pago de una obligación.

Empresa comercial
Empresa caracterizada por tener un fuerte componente de servicio y poseer un elemento patrimonial característico que son las mercaderías, susceptibles de almacenamiento.

Empresa en marcha
Principio contable de carácter general que indica que, salvo expresión manifiesta en contrario, los estados financieros se refieren siempre a una empresa en marcha o en activo, es decir, que pertenecen a un ente económico cuya existencia temporal es vigente y con proyección futura.

Empresa filial
Empresa controlada por otra que es propietaria de la totalidad o de la mayoría de sus acciones.

Empresa matriz
En un holding de empresas, la compañía que controla al resto debido a la tenencia de acciones de las mismas en su patrimonio.

Empresa multinacional
Empresa que opera en un ámbito internacional. Sus actividades económicas en los países en que opera pueden ser idénticas o distintas, aunque también puede ocurrir que formen parte de un mismo proceso de producción.

Endoso
Declaración escrita, por lo general al dorso de un documento extendido *a la orden de*, mediante la que el poseedor o titular del mismo (endosante) transmite sus derechos a otra persona (endosatario).

Endoso en blanco
Aquel que no lleva fecha ni cláusula de valor, ni nombre del tenedor. Sólo lleva la firma del endosante, hacien-

do del instrumento correspondiente un documento al portador.

Enlace hipertexto
Elemento que permite acceder de forma rápida a otro documento situado en la misma computadora o en otra conectada en red.

Enlazar
Técnica que permite relacionar varios programas objeto para crear un programa ejecutable.

Ensamblador
Compilador que permite la traducción de un programa escrito mediante el lenguaje simbólico conocido como lenguaje ensamblador a un programa en código máquina.

Ente
Principio contable de carácter general que establece: los estados financieros se refieren siempre a un ente donde el elemento subjetivo o propietario es considerado como un tercero. A nivel personal, puede decirse que una persona puede tener diversos estados financieros, por ejercer diferentes actividades empresariales o entes.

Entornos gráficos
Sistemas con una interfaz que facilita la comunicación entre usuario y computadora, incorporando, además de texto, otros elementos gráficos.

Envase
Recipiente, recuperable o no, normalmente destinado a la venta junto con el producto que contiene.

Equilibrio financiero
Correspondencia entre la naturaleza de las fuentes financieras y la naturaleza de las inversiones.

Ergonomía
Estudio de datos biológicos y tecnológicos aplicados a problemas de mutua adaptación entre el hombre y la máquina, especialmente en relación al entorno laboral y con el objeto de aumentar el rendimiento y evitar problemas físicos.

Escáner
Dispositivo óptico que permite la digitalización de un documento, a fin de que luego pueda ser manipulado por una computadora.

Especulación
Búsqueda de un beneficio aprovechando los cambios previstos en los precios de los bienes, como consecuencia de las fluctuaciones, naturales o provocadas, de la oferta y la demanda.

Estabilización
Restablecimiento del equilibrio económico a través del de la oferta y la demanda.

Estabilizador de corriente
Dispositivo de seguridad que provee corriente eléctrica en casos de fallos en el suministro y previene los accidentes que puede causar una subida o una bajada brusca de tensión.

Estación de trabajo
Computadora conectada a una red.

Estado de flujos de tesorería
Informe sobre cobros y pagos de la empresa referido a un período determinado.

Estado de origen y aplicación de fondos
Informe sobre las variaciones producidas en los activos y pasivos de una empresa durante un período determinado.

Estados contables
Síntesis de la información acumulada por la contabilidad a través de su proceso de identificación, valoración y registro de los hechos contables.

Estándar
Norma o patrón de medida o calidad.

Estandarización
Uniformización en el tratamiento de los programas informáticos y el hardware que tiene como fin conseguir una mayor compatibilidad.

Estudio de mercado
Conjunto de operaciones destinadas a conocer todos los hechos y circunstancias que afectan a un mercado, en cuanto a composición del mismo, necesidades de los consumidores, competencia, etcétera.

Ex ship
Término comercial que se completa con el nombre del puerto de destino. Significa que el vendedor se compromete a poner la mercancía a disposi-

ción del comprador sobre el barco, desestiba incluida, en el puerto indicado.

Ex works
Término comercial que significa que el vendedor está obligado a poner la mercancía en sus propios almacenes a disposición del comprador.

Exención
En materia fiscal, eliminación de la obligatoriedad de pagar un impuesto.

Exigible
Partidas de pasivo que constituyen la financiación ajena de una unidad económica.

Existencias
Bienes de la empresa que no forman parte del inmovilizado, utilizados en el proceso de producción.

F

Factoring
Actividad que pone en escena a tres personajes (el cliente, el deudor y el *factor*) y que consiste en la cesión al factor, por parte del cliente, de sus créditos comerciales, encargándose aquél de efectuar el cobro, cuyo buen fin garantiza en caso de morosidad o de fallido.

Factura comercial
Documento en el que se fijan las condiciones de precio de venta de la mercancía expedida. Representa el cumplimiento por parte del vendedor de su obligación de entregar la mercancía.

Factura pro-forma
Documento que bajo la forma de presupuesto u oferta orientativa expide un comerciante con objeto de informar al comprador potencial de las condiciones en que estaría dispuesto a vender una mercancía.

Fase de análisis
Fase de la programación en la que se analizan los requisitos de una aplicación informática.

Fase de desarrollo
Fase de la programación en la que se escribe el código de un programa.

Fianza
Obligación constituida subsidiariamente para asegurar el cumplimiento de otra (obligación principal) contraída por un tercero.

Fichero o archivo
Serie organizada de informaciones homogéneas que puede ser tratada de forma unitaria.

Fichero de intercambio
Archivo temporal que crea un programa durante su ejecución para realizar operaciones internas y que es borrado automáticamente en cuanto deja de ser necesario.

FIFO
Método de valoración de las existencias en que el valor de la primera unidad en salir es el de la primera en entrar.

Filtrar
Seleccionar una serie de registros de una base de datos que cumplen una condición determinada.

Financiación
Estudia el volumen de dinero que necesita una empresa en ese momento y en el futuro cuando en ella aparece una necesidad monetaria.

Financiar
Operación consistente en dotar de recursos monetarios u otros medios de pago a una unidad económica.

Flechas de desplazamiento
Elementos del teclado (por lo general, cuatro teclas: arriba, abajo, derecha e izquierda) que permiten desplazarse por un documento.

Flete
Precio del transporte marítimo y aéreo. También se denomina así a la propia carga transportada.

Flexibilidad
Capacidad de una aplicación informática para adaptarse a las necesidades del usuario.

Fluctuación
Alza y baja de precios en un mercado debida a la acción de la oferta y la demanda.

Flujo de tesorería
Diferencia entre los cobros y pagos referidos a un período determinado.

Flujo financiero
Movimiento que experimenta un recurso financiero como consecuencia de las entradas y salidas de medios financieros.

Fondo
Valor intrínseco en dinero de cada una de las cuentas contables representativas de las diferentes partidas que integran el balance.

Fondo de comercio
Conjunto de bienes inmateriales (imagen de marca, posicionamiento en el mercado, etcétera) que implican valor para la empresa.

Fondo de maniobra
Diferencia entre el activo circulante y las deudas a corto plazo.

Fondo de rotación
Diferencia entre el capital permanente y el activo fijo.

Fondos de inversión
Sociedades emisoras de certificados que se cotizan en bolsa y que son títulos de copropiedad, dado que representan partes del activo.

Fondos propios
Véase **Neto patrimonial**.

Formateo
Proceso mediante el cual se prepara un disco para ser utilizado por un tipo concreto de computadora. Este proceso implica el borrado de cualquier información que el disco pudiera contener.

Formulario
Plantilla de entrada de datos en la que los registros de la tabla principal de una base de datos se presentan de uno en uno.

Fortran
Acrónimo de *[FOR]mula [TRAN]slation*. Lenguaje de programación que fue creado por la empresa IBM y utilizaba analogías con el lenguaje matemático.

Franchising
Sistema por el cual una empresa gestora pone a disposición de sus afiliados (particulares o empresas) un programa de marketing uniforme y completo, a cambio de una remuneración o un precio.

Franco
Libre de gastos y/o aranceles.

FTP
Siglas de *File Transfer Protocol*. Protocolo que permite la transferencia de ficheros entre computadoras conectadas por vía telefónica.

Fuente de financiación
Recursos financieros que posee una empresa para poder llevar a cabo su actividad.

Fuente de financiación ajena
Recursos espontáneos y recursos negociados.

Fuente de financiación propia
Recursos procedentes de aportaciones de los propietarios o socios de la empresa y los incrementos patrimoniales generados por la propia empresa y que se quedan en ella.

G

Garantía bancaria
Compromiso que un banco contrae ante una persona o firma por cuenta de uno de sus clientes. La finalidad de la garantía es la de permitir al cliente la realización de una obra o la obtención de una financiación, un servicio o un suministro.

Gasto
Operación económica que origina una doble circulación económica en la empresa, compuesta por una salida de dinero en contrapartida de la cual se recibe algo real, bienes o servicios que colaborarán en el proceso productivo. Es distinto a una pérdida.

Gasto a distribuir en varios ejercicios
Gasto que se distribuye por la empresa por considerar que tiene proyección económica futura.

Gasto anticipado
Gasto que ha sido contabilizado en el ejercicio que se cierra y que, de hecho, corresponde al siguiente o siguientes ejercicios.

Gasto de establecimiento
Gasto que contribuye a la creación de la empresa.

Gasto de investigación y desarrollo
Gasto dedicado a la adquisición de nuevos conocimientos y/o superior comprensión en los terrenos científicos o técnicos, para su posterior aplicación al producto o al proceso productivo.

Gasto de personal
El referido a las retribuciones al personal, cuotas a organismos de seguridad social y demás gastos de carácter social.

Gasto extraordinario
Gasto de cuantía significativa que no debe ser considerado periódico al evaluar los resultados futuros de la empresa.

Goodwill
Valor de todas las aptitudes y circunstancias interiores y exteriores favorables a la empresa. Véase **Fondo de comercio**.

Gráfico secuencial o de flujo
Véase **Diagrama de flujo**.

H

Haber
Parte del sistema contable de partida doble. Se encuentra a la derecha de la operación, registro o asiento contable. Representa: a) un bien que sale de nuestro poder; b) una deuda que cobramos; c) una ganancia; d) lo que quedamos debiendo.

Hardware
Soporte físico. Los elementos materiales que constituyen un sistema informático.

Hecho contable
Acontecimiento que afecta o puede afectar significativamente al patrimonio de la empresa de una forma directa y concreta.

Hexadecimal
Codificación de la información basada en el sistema de numeración de base 16. Utilizado en computación.

HIFO
Método de valoración de las existencias en que el valor de la primera uni-

dad en salir es el de la más cara que haya entrado.

Hipoteca
Derecho de prenda inscrito en el Registro de la Propiedad sobre un bien mueble o inmueble. Sin necesidad de desplazar su posesión, los bienes hipotecados están afectados al pago de la obligación que garantizan.

Hoja de cálculo
Aplicación informática para el análisis de datos presentados en forma de tablas.

Holding
Empresa que, teniendo su activo formado (en su totalidad o en su mayor parte) por acciones de otras sociedades, realiza actividades financieras de control y gestión del grupo de empresas en el que ejerce su dominio.

Host
Véase **Anfitrión**.

Hot Money
Masa monetaria de gran volatilidad que circula de un país a otro, siendo especialmente sensible a las oscilaciones de los tipos de interés del mercado monetario.

HTML
Siglas de *HyperText Markup Language*. Lenguaje con el que se desarrollan las páginas web.

HTTP
Siglas de *HyperText Transfer Protocol*. Protocolo de comunicación hipertexto característico de la red Internet.

I

Importación
Flujo de mercancías adquiridas en un país extranjero.

Importancia relativa
Principio contable que pondera la importancia de los hechos o las situaciones de acuerdo con su materialidad, significancia o importancia con relación al todo.

Imposiciones a plazo
Depósito bancario no exigible hasta finalizar un determinado plazo y que,

como compensación a esta privación de liquidez, produce intereses más altos.

Impuesto
Tributo exigido sin contraprestación como consecuencia de la posesión de un patrimonio, la circulación de los bienes o la obtención de una renta.

Impuestos directos
Los que gravan las rentas y los capitales de los contribuyentes según la capacidad económica de los mismos.

Impuestos indirectos
Los que gravan el consumo de bienes y servicios sin atender a la capacidad económica del consumidor o usuario al cual le son repercutidos total o parcialmente.

Indexación
Proceso de creación de un índice de base de datos.

Índice
1. Medida estadística obtenida por la comparación de los diferentes valores que toma una variable a lo largo del tiempo respecto a una base. 2. Clave interna que especifica el orden en que están introducidos los registros en una base de datos. Véase **Clave principal**.

Inflación
1. Existencia de un proceso de subida persistente de los precios. 2. Situación de la economía de un país, caracterizada por un alza continua en el nivel general de precios; lleva inevitablemente consigo una disminución del poder adquisitivo de su moneda.

Informática
Véase **Computación**.

Ingreso
Circulación económica en la empresa compuesta por una entrada de dinero en contrapartida de la cual se entrega un bien o se presta un servicio. Es distinto a una ganancia.

Ingreso anticipado
Ingreso contabilizado en el ejercicio que se cierra y que corresponde al siguiente o siguientes ejercicios.

Ingreso extraordinario
Ingreso de cuantía significativa que no debe ser considerado periódico al

evaluar los resultados futuros de la empresa.

Iniciativa
Capacidad de actuación independiente para la consecución de acciones o soluciones respondiendo de los riesgos y las responsabilidades que puedan derivarse de éstas.

Inmovilizado
Elementos patrimoniales de la empresa que constituyen las inversiones permanentes de la misma.

Inmovilizado en curso
Bienes de carácter permanente que aún no son susceptibles de aplicarse al proceso productivo.

Inmovilizado inmaterial
Incluye la titularidad de ciertos derechos o la propiedad de ciertas técnicas o sistemas productivos que no tienen naturaleza tangible, pero producen la realización del proceso productivo durante varios años.

Inmovilizado material
Activos tangibles propiedad de la empresa que dedica a la actividad productiva a lo largo de una serie de períodos.

Insolvencia de explotación
Registro contable del riesgo que se produce por la posible insolvencia de los deudores.

Instalación
Proceso en el que se copian los archivos necesarios en el disco duro de una computadora y se configura la misma para posibilitar el uso de un programa en concreto.

Integración
Adaptación de un programa informático al entorno de sistemas operativos, redes y otros programas con los que se relaciona.

Intereses de demora
Interés que devenga una deuda desde el momento en que se ha cumplido el plazo para el cumplimiento de la misma, sin que éste haya tenido lugar. Suele pactarse como «cláusula penal».

Intereses y asimilados
Rentas procedentes de las inversiones de una operación crediticia.

Interfaz de usuario
Conjunto de elementos que un programa informático presenta en pantalla para facilitar la interacción entre el usuario y el programa.

Internet
Nombre de la red mundial de computadoras interconectadas mediante líneas telefónicas.

Intérprete
Traductor que transcribe, instrucción a instrucción, un programa escrito en un lenguaje de programación a uno en lenguaje máquina.

Intranet
Red de computadoras que utiliza los protocolos de Internet y el acceso telefónico, pero que está restringida a los usuarios registrados, como por ejemplo los trabajadores de una empresa.

Inventarios
1. Véase **Existencias**. 2. Recuento físico de cualquier componente del balance para su posterior valoración y comparación con los registros contables.

Inversión
Forma de gasto que está representada por la colocación de recursos con objeto de obtener de los mismos un beneficio, o por lo menos, una conservación del valor.

Inversión financiera
Aquella en que los recursos colocados se emplean en las adquisiciones que son necesarias para poder llevar a cabo el proceso productivo.

L

Leasing
Véase **Arrendamiento financiero**.

Lenguaje de alto nivel
Lenguaje simbólico utilizado para escribir algoritmos.

Lenguaje de programación
Cualquiera de los lenguajes simbólicos utilizados para la creación de aplicaciones informáticas.

Lenguaje ensamblador
Véase **Ensamblador**.

Lenguaje máquina
Código específico que el procesador de una computadora es capaz de interpretar.

Letra de cambio
Documento representativo de un crédito privado entre el librador o acreedor y el librado o deudor en el que se ordena al librado el pago, en cierto tiempo y determinado lugar, de la cantidad de dinero a que asciende el crédito.

Librado
Persona a cuyo cargo se extiende un documento de giro (letra de cambio, talón, cheque, etcétera).

Librador
Persona que extiende un documento de giro (letra de cambio, talón, cheque, etcétera).

Libro diario
Libro contable en el que se anotan los hechos contables por riguroso orden cronológico.

Libro mayor
Refleja el movimiento de cada cuenta individualmente.

Licitación
Concurso al que se acude con el fin de conseguir una venta o la adjudicación de la realización de una obra o un servicio.

LIFO
Método de valoración de existencias en que el valor de la primera unidad en salir es el de la última en entrar.

Límite de crédito
Cuantía máxima de que una o varias veces puede disponer el beneficiario de una operación de crédito. Para rebasar dicho importe, el beneficiario precisa la autorización del banco, y se produce entonces un sobregiro.

Línea digital
Línea telefónica que transmite datos en forma digital. Ofrece mayor velocidad y precisión que las analógicas.

Liquidez
Grado de capacidad de un activo para ser convertido en dinero líquido.

Logotipo
Expresión gráfica de una marca.

M _____

Macro
Conjunto de instrucciones que se ejecutan de forma sucesiva y agilizan el desarrollo de tareas repetitivas.

Manuales de organización
Aquellos que tienen por objeto el indicar por escrito a cada jefe sus funciones y tareas, su responsabilidad y autoridad y sus comunicaciones.

Marca
Nombre o símbolo que identifica los productos de una empresa, diferenciándolos de los de la competencia.

Margen
Diferencia entre ingresos y costos.

Margen bruto
Diferencia entre los ingresos por ventas y los gastos proporcionales de fabricación y comercialización.

Margen de contribución unitario
Indica el margen con el cual cada producto considerado contribuye a cubrir los costos fijos de la empresa.

Marketing
Disciplina económica destinada al estudio del mercado en toda su extensión y las posibles actuaciones de las empresas sobre el mismo.

Masas patrimoniales
Agrupaciones de elementos patrimoniales que tienen una misma significación económica y financiera.

Megabyte
Unidad de información compuesta por 1 048 576 bytes.

Megahercio
Unidad que mide la velocidad del procesador de una computadora en millones de ciclos por segundo.

Memo
Tipo de campo de una base de datos que permite almacenar una gran cantidad de información en forma de texto, pero no manipularla mediante operadores lógicos.

Memoria caché
Tipo de memoria ultrarrápida que incorporan las actuales computadoras.

Memoria de video
Memoria destinada a la aceleración de las transiciones de pantalla.

Memoria intermedia
Banco de memoria que almacena temporalmente información para compensar velocidades de transmisión o adaptar recepciones asíncronas.

Memoria virtual
La que se crea en el disco duro emulando a la memoria RAM en los casos en que ésta resulta insuficiente.

Menú
Presentación en la pantalla de una computadora de una lista de opciones operativas.

Menú contextual
Menú que varía en función del contexto en el que se halla el usuario.

Mercado
Sección de la población a la que van dirigidos los productos de la empresa, delimitada por razones geográficas, económicas, sociales, culturales, sexuales, etcétera.

Microcomputadoras
Computadoras destinadas al uso doméstico y empresarial que incorporan un microprocesador.

Microprocesador
Circuito electrónico integrado que funciona como elemento central de una microcomputadora.

Módem
Acrónimo de [mo]dulator [dem]odulator. Aparato conectado a la computadora que convierte datos en señales que se pueden transmitir a través de la línea telefónica o viceversa. Su velocidad de transmisión se mide en baudios por segundo o bps.

Modularidad
Técnica de programación que divide un programa en módulos de menor tamaño que pueden reutilizarse en otras aplicaciones.

Moneda de cuenta
Principio contable de carácter especial que establece que los estados financieros, referidos a diferentes partidas, se hacen homogéneos al valorarlos mediante una moneda única o de cuenta.

Monopolio
Situación del mercado en la que se enfrenta un solo vendedor con muchos compradores.

Motivación
Término que se refiere a la disposición anímica o psicológica que tiene una persona respecto de la realización de una función o tarea. En el ámbito de los recursos humanos, la motivación se advierte como uno de sus motores fundamentales.

Muestra
Unidad o parte de un producto enviada por el vendedor al comprador para que éste compruebe si es lo que desea comprar, o bien para estimular su consumo.

Multimedia
Término que se aplica al elemento o equipo informático que es capaz de desarrollar diversos medios como audio, video o televisión.

Multiproceso
Capacidad de un procesador o sistema operativo para realizar más de una tarea de forma simultánea.

N

Navegación
Desplazamiento en el marco de un documento o entre diversos documentos relacionados mediante enlaces hipertexto.

Neto patrimonial
Incluye las aportaciones iniciales y posteriores hechas por los socios a la empresa, así como los beneficios que no son retirados de la empresa.

NIFO
Método de valoración de las existencias en que el valor de la primera unidad en salir es el valor de reposición en ese momento.

Nivel de acceso
Grado de utilización de programas y de acceso a datos de que dispone el usuario de una red.

Nivel de resolución
Grado de definición del monitor de una computadora; se basa en el nú-

mero de puntos y colores que el dispositivo es capaz de mostrar. Depende del tipo de monitor y de la tarjeta gráfica utilizada.

O

Obligación
Deuda que tiene la empresa con los bancos, proveedores o acreedores.

Obsolescencia
Pérdida de valor experimentada en los activos materiales (bienes de equipo, procesos de desarrollo), por la aparición en el mercado de otros activos, producto de una nueva tecnología y de mayor eficacia productiva.

OCR
Siglas de *Optical Charachter Recognition*. Reconocimiento óptico de caracteres. Técnica que permite convertir en un archivo informático de texto un documento previamente digitalizado mediante un escáner.

Oferta
Cantidad de un bien o servicio que los vendedores están dispuestos a ofrecer a un precio determinado.

Oferta en firme
Oferta considerada cono definitiva, es decir, no sujeta a modificación alguna en las modificaciones previamente estipuladas.

Ofimática
Conjunto de técnicas informáticas utilizadas para facilitar los trabajos que se realizan en una oficina.

OPA
Siglas de *offre publique d´achat*, oferta pública de compra de las acciones de una sociedad con el fin de adquirir con la mayoría el control de la misma.

Operación con prima
Emisión de acciones por encima de la par.

Operación triangular
Operación de compraventa realizada a través de un intermediario; especialmente cuando tanto éste como el comprador y el vendedor pertenecen a países distintos.

Operaciones a plazo
Aquellas operaciones bursátiles en las que el cambio del valor o título por el metálico se realiza en el plazo establecido por los contratantes de mutuo acuerdo.

Operador lógico
Símbolo que indica una operación de carácter lógico: Y, O, SI.

Organigrama
Cuadro que formaliza la estructura de una empresa conjugando los diferentes factores que inciden en la misma: las áreas de responsabilidad, los niveles jerárquicos y las dependencias funcionales.

P

Pagaré
Documento que contiene un compromiso escrito de pago de una cierta cantidad de dinero en un plazo determinado. Será refutado como documento mercantil si se genera en una operación de comercio.

Página web
Página que permite el acceso a otros documentos mediante el uso de enlaces hipertexto.

Pago
Desembolso que realiza una empresa de su tesorería como consecuencia del pago de nóminas, gastos relacionados con el personal empleado, compras de mercaderías, servicios, etcétera.

Países desarrollados
Países que tienen un alto grado de desarrollo industrial y una elevada renta per cápita.

Países en vía de desarrollo
Países que se encuentran en un grado intermedio de su desarrollo industrial.

Países subdesarrollados
Países que se encuentran en un grado de escaso desarrollo industrial.

Papel comercial
Todo título representativo de una operación comercial, como letras de cambio, facturas, talones, etcétera.

Paquetes integrados
Conjunto de aplicaciones computacionales comercializadas como una unidad y que ofrecen entre sí un alto grado de compatibilidad. Véase **Integración**.

Paridad
Tipo oficial de cambio entre dos monedas.

Participación de control
Número de acciones, poseídas directa o indirectamente, que pretenden ejercer una influencia preponderante sobre la gestión de la sociedad.

Partida doble
Sistema contable aplicado universalmente. Se basa en el concepto de que toda operación que realiza la empresa da lugar a dos situaciones opuestas que se equilibran o balancean entre sí, ya se trate de entradas o salidas de valores, de la creación de compromisos a cobrar o pagar, de pérdidas o de ganancias.

Partida estadística
Código numérico para identificar los productos de exportación e importación dentro del arancel.

Pascal
Lenguaje de programación ampliamente utilizado en todo tipo de aplicaciones.

Pasivo
Deudas de la empresa a terceras personas distintas de los socios, origen de los fondos invertidos.

Patente
Derecho exclusivo a utilizar en la industria, por un cierto tiempo, una invención determinada.

Patrimonio
Conjunto de bienes y derechos que pertenecen a una empresa y el conjunto de obligaciones a que ha de hacer frente.

Pedido
Solicitud formal de una mercancía o un servicio.

Perfil
Conjunto de características que resulta del análisis de las necesidades de la empresa y el puesto a través del que se espera cubrir estas necesidades.

Perfil de audiencia
Características sociales, económicas, sexuales, etcétera, de la audiencia de un medio de comunicación.

Periférico
Dispositivo conectado a una computadora, como la impresora, un escáner o un micrófono.

Periodificación
Fase del proceso contable en la que quedan reflejados, para el ejercicio actual, los gastos e ingresos que pertenezcan a dicho período contable.

Período de maduración
Período medio que tarda en regresar a la tesorería de la empresa el dinero invertido en la actividad.

Pignoración
Nombre con el que se conoce el acto de entregar bienes muebles al acreedor como garantía de un préstamo.

Plan de contabilidad
Instrumento establecido por las diferentes legislaciones en el que se determinan un plan de cuentas dado y unos principios y normas contables para su aplicación. Puede incluir también modelos de diversos estados contables (Balances, Cuenta de Pérdidas y Ganancias, Cuadro de financiación, etcétera).

Plan de cuentas
Lista o detalle pormenorizado de las cuentas que serán utilizadas para anotar, por el sistema de la partida doble, todas las operaciones de la empresa.

Plan de marketing
Herramienta que utiliza el departamento de marketing para integrar su estrategia con sus actividades y su presupuesto; está compuesto por la política de producto, precio, distribución, promoción, publicidad y relaciones públicas.

Planificación
Acción orientada a la determinación de objetivos, estrategias, prioridades y tiempo disponible para la consecución de determinada tarea de forma satisfactoria.

Plantilla
Documento que sirve de patrón para la creación de otros similares.

Pleno empleo
Se dice de una economía que está en pleno empleo cuando prácticamente la totalidad de su población activa se encuentra empleada.

Plusvalía
Aumento de valor de los bienes, experimentado sin adición de nuevas inversiones en los mismos.

Póliza de crédito
Autorización hasta cierto límite, pactada con antelación, para tener un descubierto en cuenta con una entidad de crédito; tiene la consideración de deuda a corto plazo por la parte utilizada.

Póliza de seguro
Documento en el que se formaliza el contrato de seguro.

Posición arancelaria
Cada una de las subdivisiones comprendidas dentro de una partida estadística del arancel.

Potencial
Indicador de las capacidades de la persona que orienta en la estimación del avance profesional de dicha persona dentro de la empresa.

Precio de adquisición
Precio de la base que aparece en las facturas, sin impuestos, más todos los gastos adicionales que se produzcan hasta que los bienes se hallen en la bodega.

Precio de adquisición, principio del
Teoría que señala que los bienes, incluidos las existencias, deben valorarse al precio de adquisición.

Prescripción
Concepto jurídico que expresa la modificación de una relación de derecho al transcurrir un determinado plazo de tiempo y bajo ciertas circunstancias.

Préstamo bancario
Contrato por el cual el banco pone a disposición del peticionario una cantidad de dinero por un plazo y tipo de interés determinados. Aunque en una acepción general préstamo y crédito vienen a tener una significación análoga, en una precisa terminología bancaria existe una sensible diferencia. En la operación de préstamo, el

banco entrega el importe concedido en el momento en que se formaliza la misma. En la operación propia de crédito, el banco procede a la apertura de una cuenta corriente a favor del beneficiario en la que se fija un límite de disponibilidad de fondos, comprometiéndose a satisfacer las cantidades que éste le solicite dentro del límite concedido; a su vez, el beneficiario podrá hacer entregas en efectivo que disminuyan el saldo dispuesto de la cuenta. Naturalmente, mientras en la operación de préstamo el banco percibe intereses por la totalidad del importe entregado al beneficiario, en la operación de crédito el banco únicamente percibe intereses por las cantidades dispuestas en cada momento por el titular de la cuenta.

Presupuesto
Informe expresado en unidades monetarias sobre planes de acción de la empresa para el futuro.

Presupuesto de tesorería
Informe respecto a los flujos de caja positivos y negativos que se espera que tenga la empresa en un período futuro.

Price asset ratio
Cociente entre la capitalización bursátil y el valor sustancial.

Price earnings ratio
Cociente entre la capitalización bursátil y el beneficio, o rendimiento financiero neto.

Principio contable fundamental (o postulado básico)
Orienta decisivamente a los expertos contables y subordina el resto de los principios generales y normas particulares que se enuncian. Este es el de la equidad, que cabe enunciar de la siguiente manera: la equidad entre intereses opuestos debe ser una preocupación constante en contabilidad. Los estados financieros deben prepararse de tal modo que reflejen con equidad los distintos intereses en juego en una sociedad o empresa dadas.

Principios contables generalmente aceptados
Conjunto de conceptos básicos y reglas presupuestas que condicionan la validez técnica del proceso contable y su expresión final, traducida en los estados financieros.

Procesador de textos
Aplicación informática que permite la creación, modificación, impresión y archivo de textos.

Procesamiento por lotes
Sistema en el que una computadora realiza un conjunto de tareas de forma simultánea.

Productividad
Capacidad de los diversos factores de producción para incrementar el producto total.

Producto nacional bruto (PNB)
Conjunto de bienes y servicios producidos por una nación en una unidad de tiempo (generalmente un año), valorados a precios de mercado.

Producto nacional neto (PNN)
El producto nacional bruto menos el valor del capital consumido en la producción. El producto nacional neto, deducidos los impuestos indirectos, es la renta nacional.

Programa a medida
Se denomina así a la aplicación creada por un profesional de la informática, según los requerimientos específicos de un cliente.

Propiedad industrial
La que adquiere el inventor o descubridor de cualquier innovación relacionada con la industria, y que el fabricante o el comerciante reflejará mediante la creación de signos especiales con los cuales aspira a distinguir de otros similares los productos obtenidos.

Proteccionismo
Corriente de ideas que propugna la implantación de barreras, tarifarias y/o no tarifarias, a la importación de bienes y servicios del exterior con objeto de proteger artificialmente la producción nacional.

Protesto
Acta extendida por notario en la que consta que el portador de la letra de cambio practicó las diligencias necesarias para su aceptación o pago, sin conseguirlo.

Protocolo de comunicación
Denominación que recibe el conjunto de reglas que permiten la comunicación entre dos computadoras.

Prudencia
Principio contable que establece que es extremadamente adecuado contabilizar las pérdidas cuando se conocen y los beneficios únicamente cuando se hayan realizado.

Publicidad
Forma de comunicación de la empresa con los posibles consumidores a través de los medios de comunicación con fines comerciales.

Puertos de entrada y salida
Los distintos puntos de un equipo informático que se conectan con un dispositivo externo.

Punto de equilibrio
Véase **Punto muerto**.

Punto muerto
Nombre con el cual se conoce aquella situación en la que no existen ni beneficios ni pérdidas para la empresa, es decir, aquel volumen de ventas que nos proporciona unos ingresos exactamente iguales que los gastos que se han provocado.

Q

Quiebra
Estado de insolvencia definitiva que es declarado por los tribunales civiles cuando no se puede hacer frente al pago de las deudas contraídas.

R

RAM
Siglas de *Random Access Memory*. Memoria de trabajo de la computadora, cuyo contenido se pierde al apagar el equipo.

Ranura de expansión
Espacio destinado a la colocación de placas que mejoran el rendimiento de una computadora y que está conectado al bus. En inglés, *slot*.

Rappel sobre ventas
Descuentos y similares que se basen en haber alcanzado, por parte de los clientes de la empresa, un determinado volumen de pedidos.

Ratio
Cociente entre dos magnitudes.

Ratón
Aparato de un sistema informático que sirve para señalar y dar órdenes. El nombre de ratón, en inglés *mouse*, deriva de sus pequeñas dimensiones.

RDSI
Siglas de *Red Digital de Servicios Integrados*. Sistema de líneas telefónicas de alto rendimiento utilizadas en las redes informáticas, que permiten la transmisión de datos, voz, imágenes, video, etcétera.

Realizable
Recoge los saldos a favor de la empresa frente a terceros; es decir, el destino de los fondos invertidos por exigencias de la propia actividad.

Recesión
Situación económica caracterizada por un decaimiento de la demanda global, infrautilización de la capacidad productiva y desempleo.

Recursos ajenos
Medios de financiación de una empresa exigibles por los no accionistas.

Recursos generados
Riqueza generada por la propia empresa como consecuencia de su actividad.

Recursos humanos
Dentro de una organización, el área que se ocupa de atender y gestionar lo referente a las personas que la integran. Incorporación de personal, selección, desarrollo, capacitación y política salarial son algunas de las gestiones que comporta esta área.

Recursos propios
Para una empresa, son los formados por el capital, las dotaciones fundacionales y cualquier tipo de reservas y de fondo de previsión.

Red comercial
Conjunto de establecimientos de venta y/o asistencias de una firma, distribuidos de forma que cubran su mercado real o potencial en un espacio físico determinado.

Red local
Sistema de computadoras interconectadas en un área reducida con el fin de compartir datos y recursos e intercambiar información.

Regularización
Fase del período contable en la que se determina el resultado del período y otras magnitudes de gastos e ingresos; al final de la misma, los saldos de las cuentas reflejan la auténtica situación de los diferentes elementos patrimoniales de la empresa.

Reinversión
Beneficios obtenidos por una persona física o jurídica que son nuevamente invertidos en la misma actividad o en otra distinta.

Relación real de intercambio
Relación por cociente entre el índice de los precios de exportación dividido por el índice de los precios de importación.

Relatividad
Aliciente subjetivo unido a las ventajas obtenidas por la adquisición o la cesión de un paquete de acciones.

Remanente
Parte del beneficio obtenido por una empresa que se queda sin asignar.

Remesa documentaria
Instrumento de cobro muy utilizado en operaciones de comercio internacional que consiste en una o varias letras de cambio a cargo del importador acompañadas de ciertos documentos, que únicamente podrán ser entregados contra pago, aceptación, recibo de fideicomiso u otra carta de compromiso suscrita por el mismo.

Remesa simple
Remesa de una o varias letras de cambio, aceptadas o no, pagarés a la orden, cheques, recibos u otros documentos análogos que permiten obtener el pago de sumas de dinero.

Rendibilidad
Aptitud para la producción de ingresos o beneficios o rendimientos financieros.

Rendimiento
Renta que produce un capital invertido.

Rentabilidad
Relación entre los beneficios y una masa patrimonial del balance de situación.

Rentabilidad económica
Relación entre el beneficio antes de intereses e impuestos y el total del activo.

Rentabilidad financiera
Relación entre el beneficio neto y los capitales propios.

Reparaciones y conservación
Cuenta que incluye los gastos debidos al sostenimiento de los bienes incluidos dentro del inmovilizado.

Reserva
Beneficios que se mantienen a disposición de la empresa y no incorporados al capital.

Reserva estatutaria
Reserva dotada en cumplimiento de lo establecido en los estatutos de la propia sociedad. Suele exigirse hasta el límite de un determinado porcentaje del capital social.

Reserva legal
Reserva que ha de hacer la empresa obligatoriamente como consecuencia del cumplimiento de la ley.

Reserva voluntaria
Aquella constituida libremente por la empresa.

Resultado de explotación
Diferencia entre los ingresos obtenidos y los gastos de explotación.

Resultado económico de la actividad
Diferencia entre los gastos que han sido aplicados al desempeño de una actividad con los ingresos derivados de la misma.

Resultado extraordinario
Diferencia entre los beneficios y los ingresos extraordinarios y las pérdidas y los gastos extraordinarios.

Resultado financiero
Diferencia entre los ingresos obtenidos y los gastos financieros.

Resultado ordinario del ejercicio
Suma de los resultados de explotación y financiero.

Return on equity ratio
Cociente entre el beneficio, o rendimiento financiero neto, y la financiación propia.

Return on investment ratio
Cociente entre beneficio neto, más los gastos financieros de las deudas a medio y largo plazo, y la suma de la financiación propia y las deudas a medio y largo plazo.

Return on market ratio
Cociente entre los dividendos, o rentabilidad, y la capitalización bursátil.

Revalorización
Nombre con el que se conoce el aumento del poder adquisitivo de una moneda.

Revaluación
Reconocimiento expreso por parte de las autoridades monetarias de un país de que su moneda está revalorizada, procediendo a disminuir el tipo de cambio de la unidad monetaria.

Riesgo
En general, es la posibilidad de un perjuicio. En banca, los riesgos más comunes son los referidos a las operaciones de crédito. La evaluación del riesgo de cada caso particular viene determinada principalmente por el plazo de reembolso y el importe.

Roll-over
Préstamo a medio plazo cuyo tipo de interés no es fijo durante toda la vida de la operación, sino ajustable periódicamente (por lo común cada tres o seis meses).

ROM
Siglas de *Read Only Memory*. Memoria de sólo lectura, donde se almacenan los programas necesarios para el inicio de la actividad de la computadora. A diferencia de lo que sucede con la RAM, su contenido permanece intacto tras el apagado.

Rotación
Proporción que representan las ventas sobre una determinada partida, normalmente del activo del balance; en principio interesa que sea lo más elevada posible.

Router
Véase **Direccionador.**

Royalty
Tributo de ámbito internacional que grava las extracciones mineras, la cesión de uso de una patente industrial y los derechos de autor.

S

Saldo
Diferencia entre la suma deudora y la acreedora de una cuenta contable; se denomina acreedor cuando es negativo y deudor cuando es positivo.

Sector
Nombre genérico que se aplica a cada uno de los tres grandes grupos en que convencionalmente se divide la actividad económica de un país (sector primario: agricultura, pesca y minería; sector secundario: industria; y sector terciario: servicios).

Sector de arranque
Parte del disco duro en el que se almacena la información necesaria para la puesta en marcha del sistema.

Seguro
Contrato que se celebra con una entidad constituida especialmente para operar en esa rama del comercio y en virtud del cual la misma toma a su cargo la indemnización de un posible riesgo, mediante el pago por el contratante de una prima convenida.

Servicios bancarios y similares
Cuenta que contiene las cantidades satisfechas en concepto de los servicios bancarios.

Servicios de profesionales independientes
Cuenta que incluye el importe que se satisface a los profesionales por los servicios prestados a la empresa.

Servicios exteriores
Servicios de naturaleza diversa adquiridos por la empresa que no forman parte del precio de adquisición del inmovilizado o de las inversiones financieras.

Servidor
Computadora que constituye un nodo central de una red y en la cual se almacenan programas y datos que utilizan las distintas estaciones de trabajo.

Sin gastos
Cláusula que puede aparecer en la letra de cambio, mediante la cual el librador advierte al tomador de la letra que si ésta no es aceptada o pagada, el librador se compromete a abonar su importe al tomador sin necesidad de presentarla al protesto.

Sistema monousuario
Sistema informático que no permite el trabajo en grupo.

Sistema multiusuario
Sistema informático en el que distintos usuarios pueden intercambiar información y programas.

Sistema operativo
Conjunto de programas que controlan el buen funcionamiento de una computadora.

Sistema operativo de red
Sistema operativo que permite la gestión de varias computadoras interconectadas.

Sitio web
Página web o conjunto de páginas web en una red de computadoras. En inglés, *website*.

Slot
Véase **Ranura de expansión.**

Sobregiro
Disposición de fondos de una cuenta de crédito por importe superior al límite establecido en la póliza que la ampara.

Sociedad anónima
Sociedad mercantil cuyo capital está dividido en acciones y en la que los socios no responden personalmente de las deudas sociales, ya que esta responsabilidad recae sobre el patrimonio social. La denominación de sociedad anónima (o las siglas S.A.) debe constar obligatoriamente junto al nombre.

Sociedad cerrada
Sociedad cuyas acciones están en manos de un número relativamente pequeño de personas que, con frecuencia, son miembros de una misma familia. Como las cesiones de acciones se efectúan a intervalos irregulares, el precio convenido refleja raras veces el valor real del título.

Sociedad colectiva
Sociedad personalista con fines mercantiles en la que los socios responden subsidiaria y solidariamente de las deudas sociales.

Sociedad de responsabilidad limitada

Sociedad mercantil cuyos socios no responden personalmente de las deudas sociales y cuyo capital está dividido en participaciones no negociables.

Sociedad en comandita

Aquella en la que alguno o algunos de los socios mantienen la responsabilidad ilimitada (comanditados) y otro u otros tienen una responsabilidad limitada a sus aportes de capital (comanditarios), no pudiendo estos últimos intervenir en la gestión mercantil, así como tampoco figurar en el nombre social.

Sociedad en comandita por acciones

Sociedad en la que el capital de los socios comanditarios se encuentra representado por acciones.

Sociedades de inversión

Entidades financieras cuyo capital está formado por aportaciones de ahorradores privados e invertido en la compra de valores mobiliarios.

Software

Conjunto de programas y rutinas que permiten a una computadora ejecutar determinadas tareas.

Solvencia

Capacidad de pago de deudas.

Spooler de impresión

Programa específico que gestiona el orden y la forma de impresión de los documentos.

SQL

Siglas de *System Query Language*. Lenguaje para la gestión de bases de datos basado en la consulta.

Stock

Cantidades de mercancías o de materias primas que las empresas mantienen almacenadas.

Subproductos

Bienes de escaso valor relativo obtenidos durante la producción de otro bien, objeto principal del proceso productivo que se considera.

Subrogación

Adquisición que se lleva a cabo voluntariamente de los derechos y/u obligaciones de un tercero.

Suministros

Cuenta que incluye los gastos de electricidad, gas, agua, teléfono y cualquier otro abastecimiento que no sea almacenable.

Superávit

Diferencia positiva entre ingresos y gastos.

Suspensión de pagos

Nombre con el cual se conoce la situación que se produce cuando una empresa no puede atender sus deudas a corto plazo.

Suspensión de pagos técnica

Situación que se produce cuando el fondo de maniobra de una empresa es negativo.

T

Tabla

Estructura de base de datos.

Tarjeta controladora

Elemento de hardware que relaciona el procesador con otro dispositivo: disco duro, CD-ROM, disquetera, disco óptico.

Tarjeta de crédito

Documento (otorgado por una empresa especializada, que cobra una comisión al establecimiento) que justifica la solvencia de su titular, siendo aceptado como medio de pago en un determinado número de establecimientos de venta de bienes de consumo y de servicios.

Tarjeta gráfica

Elemento de hardware que junto con el monitor determina la calidad de la imagen de la computadora.

Tarjeta perforada

Sistema de introducción de datos utilizado por las primeras computadoras.

Tasas

Tributos obligatorios que se exigen por la prestación de un servicio o la realización de una actividad por la Administración.

TCP/IP

Siglas de *Transmission Control Protocol/Internet Protocol*. Protocolo de comunicaciones en el que se basa la red Internet.

Tesorería

Conjunto de bienes líquidos disponibles por la empresa.

Test

Prueba que se realiza para evaluar las capacidades, destrezas o aptitudes de una persona.

Tiempo de vida útil

Duración prevista para el bien para el cual se va a calcular la amortización.

Tipo de cambio

Precio de una unidad (o de cien unidades) de moneda extranjera expresado en unidades de moneda nacional.

Topología de red

Disposición física de una red de computadoras.

TPV

Terminal punto de venta. Computadora especialmente diseñada para funcionar como terminal de venta.

Trabajo en equipo

Capacidad de integración en un grupo respetando las normas establecidas y cooperando para alcanzar los objetivos comunes.

Transferencia bancaria

Servicio bancario que permite a un cliente remitir fondos de una cuenta a otra, ya estén situadas dentro de la misma oficina, en oficinas de la misma entidad bancaria o en bancos distintos de la misma o diferente plaza.

Transitario

Intermediario comercial que contrata con el arrendatario (fletante) la utilización de un buque por cuenta del arrendador (fletador), percibiendo por ello una comisión.

Transporte

Cuenta que incluye los transportes a cargo de la empresa realizados por terceros.

Trust

Agrupación de varias empresas que, perdiendo cada una de ellas su personalidad jurídica, se funden en una, generalmente para conseguir una situación de monopolio en el mercado de un determinado bien o servicio.

U

Umbral de rentabilidad
Véase **Punto muerto**.

Unidad de cuenta
Entidad puramente abstracta, que si bien en muchas ocasiones coincide con la unidad básica de un patrón monetario, no es necesario que ello ocurra, empleándose en estos casos como instrumento contable.

Unidad monetaria
Unidad de cuenta de carácter monetario.

Uniformidad
Principio contable que establece que los principios contables deben ser aplicados uniformemente de un ejercicio a otro. En caso contrario, debe hacerse mención de los cambios aplicados. De otro modo no podríamos comparar los estados contables de dos ejercicios entre sí.

URL
Siglas de *Uniform Resource Locator*. Localizador uniforme de recursos. Etiqueta que identifica de forma única a una computadora en la red Internet.

V

Validación
Procedimiento de control previo a la grabación de un dato y cuyo fin es servir de filtro a posibles errores.

Valor añadido
Diferencia entre los ingresos que genera una empresa y los consumos de primeras materias, los servicios exteriores y los trabajos realizados por otras empresas; indica la capacidad de generación de valor que tiene una empresa.

Valor de enajenación
Valor real recibido en contraprestación o transmisión de un bien.

Valor de producción
Comprende el valor de los materiales, mano de obra y gastos directos e indirectos en la fabricación de un bien.

Valor de reposición
Valor actual de los bienes de la empresa si se compraran de nuevo.

Valor matemático o intrínseco (valor según libros)
Valor del activo neto compuesto del capital social, de las reservas constituidas y del beneficio no distribuido. Cuando existe una sola clase de acciones, el valor matemático de cada una de ellas es el cociente del activo neto por el número de acciones. Si existen varias clases, en especial acciones preferentes, el valor intrínseco de cada acción depende de las disposiciones estatutarias relativas al derecho a los dividendos acumulativos y a la prioridad en caso de liquidación de la empresa.

Valor medio
Método que valora las salidas de la bodega utilizando la media del coste de todas las mercancías del mismo tipo existentes en aquélla.

Valor nominal de una acción
Resultado de dividir el capital social por el número de acciones.

Valor residual
Valor previsto para el bien cuando se venda al final de su vida útil.

Valor teórico de una acción
Resultado de dividir el neto patrimonial por el número de acciones.

Venta en consignación
Modalidad de venta a través de intermediario, en la cual el vendedor no puede considerar realmente vendida la mercancía hasta que aquél no logra venderla a un tercero.

Virus
Pequeño programa que se reproduce a sí mismo y es capaz de aplicar su código a otros programas.

Z

Zona de libre comercio
Área geográfica resultante de un acuerdo entre varios países cuya finalidad es evitar los aranceles mutuos, manteniendo, sin embargo, independencia en cuanto a las tarifas aduaneras a aplicar a países no miembros.

Zona franca
Territorio de un país expresamente excluido de su jurisdicción aduanera, de forma que las mercancías importadas a esta área no han de satisfacer derechos arancelarios hasta que no salgan con destino al mercado nacional.

ÍNDICE TEMÁTICO